Iohannis Porta De Annoniaco Liber De Coronatione Karoli Iv. Imperatoris. Edidit Ricardus Salomon

Porta, Johannes, de Annoniaco, 14th cent, Salomon, Richard, 1884-1966

SCRIPTORES

RERUM GERMANICARUM

IN USUM SCHOLARUM

EX

MONUMENTIS GERMANIAE HISTORICIS

SEPARATIM EDITI.

IOHANNIS PORTA DE ANNONIACO
LIBER DE CORONATIONE KAROLI IV.
IMPERATORIS.

HANNOVERAE ET LIPSIAE
IMPENSIS BIBLIOPOLII HAHNIANI.
1913.

IOHANNIS PORTA DE ANNONIACO

LIBER DE CORONATIONE KAROLI IV. IMPERATORIS.

EDIDIT

RICARDUS SALOMON.

HANNOVERAE ET LIPSIAE

IMPENSIS BIBLIOPOLII HAHNIANI.

1913.

HANNOVERAE. TYPIS CULEMANNORUM.

HOC TOMO CONTINENTUR:

PRAEFATIO EDITORIS.

Ad librum Iohannis Porta de Annoniaco denuo edendum studiis meis ad Constitutiones et Acta publica Karoli IV imperatoris spectantibus adductus sum. Nam cum Karolus Zeumer et ego has Constitutiones in Legum sectione IV publicandas colligeremus, etiam Iohannis librum nos inspicere oportuit, cui epistolarum actorumque insertorum series haud parva singulare quoddam tribuit pretium. Sed cum editionem novissimam a Constantino Hofler ante hos quinquaginta annos paratam [1], quae sola totum textum complectitur, versaremus, tot mendis eam scatere mox cognovimus, ut ad acta in nostra collectione edenda adhiberi non posse videretur. Ad libros ergo manuscriptos recurrere coacti non solum acta inserta, sed etiam reliqua capitula relationis Iohannis denuo contulimus. Paulo post, cum exemplaria editionis Hoflerianae paucis exceptis apud bibliopolas exhaustas esse comperissemus, totum librum ad historiam Karoli IV imperatoris et expeditionis Romanae a. 1355. factae elucidandam gravissimum inter Scriptores rerum Germanicarum lege artis criticae edendum esse censuimus. Est ergo haec editio quasi prodromus tomi XI. Constitutionum nostrarum, qui acta ad Karoli IV. expeditionem Romanam spectantia inter alia complectetur.

De auctore et de libro [2] fusius egi in commentario, quem nuper in annalibus nostris publici iuris feci [3], ubi etiam de omnibus quaestionibus ad textum et tenorem pertinentibus late disputatur. Ad quem commentarium lectorem velim dele-

1) 'Beiträge zur Geschichte Böhmens. Herausgegeben von dem Vereine für Geschichte der Deutschen in Böhmen. Abt. I. Band II. Die Krönung K. Karls IV. nach Iohannes dictus Porta de Avonniaco. Herausgegeben von K. A. C. Höfler. Prag 1864.' 2) De quo etiam K. Palm, 'Italienische Ereignisse in den ersten Jahren K. Karls IV. (Göttingen 1873)' p. 60 sqq. sagaciter disseruit. 3) Richard Salomon, 'Iohannes Porta de Annoniaco und sein Buch über die Kaiserkrönung Karls IV.', in 'Neues Archiv' t. XXXVIII, p. 227—294.

gatum. Hic tantum quae maxime ad rem faciunt strictiore sermone absolvere liceat.

Iohannes Porta clericus, Francogallus natione, oriundus ex oppido Annoniaco (hodie 'Annonay') Viennensi civitati vicino, capellanus familiaris secretarius fuit Petri de Columbario, cardinalis episcopi Ostiensis et Velletrensis, qui iubente Innocentio VI. papa anno 1355 *Karolum IV imperatorem diademate imperiali coronavit. Quo anno natus sit ignoramus: mortuus est post* 1361 *Iul.* 5, *quo die eius ut inter vivos existentis mentio fit in testamento cardinalis, domini sui*[1]. *Quem dominum cum ad coronationem celebrandam in Februario a.* 1355 *Avinione Romam proficisceretur et mandatum papae executus inde ad curiam rediret, Iohannes in toto itinere comitatus est. Litteras et acta ad hanc expeditionem pertinentia a cardinali iussus*[2] *iam, antequam profecti sunt, Avinione, postea in itinere congessit praeterea item ordinante domino quae memorabiliora in itinere incidebant omnia notavit. Ex qua materia, postquam Avinionem reversus est, librum, qui hic lectori proponitur, composuit. Anno* 1356 *ineunte*[3] *opus confectum domino dedicavit*[4], *a quo praefatione exornatum est*[5].

Ad narrationem parandam Iohannes praeter ea, quae in itinere ipse viderat, audiverat, notaverat, nonnulla, quae ab aliis ei relata sunt, adhibuit[6]. *Libros scriptos adhibuisse vel exscripsisse nullatenus videtur. Acta et litteras, quas collegerat, nulla voce mutata integras fere omnes descripsit: excepto quod in c.* 7 *notas quasdam a domino sibi traditas in relationem redegit*[7].

Ingenio magno noster certe non fuit praeditus, nec tamen omnino rudis mihi videtur, qui tanta cum veneratione de Francisco Petrarca poeta celeberrimo loquatur[8]. *Ex antiquis Vergilium*[9] *et Lucanum*[10] *aliquando adducit, Scripturam sacram saepe affert. Veritatis amans est*[11], *etsi gloriae cardinalis augendae gratia praecipue scribit. Quod virtutes domini sui saepius celebravit, nonnumquam laudes eius nimia pietate praedicavit, nemo erit qui miretur, ex consilio eum a vero recessisse, ut rem in gloriam domini verteret, nonnisi*

1) *Fr. Duchesne, 'Histoire de tous les cardinaux françois de naissance' II (Parisiis* 1660), *p.* 359 *sqq.* 2) *V. infra p.* 4. 5. 3) *V. p.* 129. 4) *V. p.* 127. 5) *V. p.* 1 *sqq.* 6) *Ex. gr. cc.* 78—81. *Cf. commentarium, p.* 276 *sq.* 7) *Cf. commentarium, p.* 277. 8) *c.* 73. 9) *p.* 100. 10) *p.* 113. 11) *Ad sequentia v. commentarium meum, p.* 283 *sqq.*

uno loco[1] *suspicari poteris; aliis locis*[2] *ubi falsa retulit, pro certo habeo eum minus recte informatum fuisse. Sermone utitur plerumque pedestri et plano, hic illic, ut illo tempore moris erat, adnominationibus*[3] *et argutiis syntacticis*[4] *exornato; interdum rerum narrandarum gravitate ad tumorem verborum inducitur*[5], *quibus locis nimium obscure, parum apte loquitur.*

Ab aliis rerum scriptoribus liber Iohannis Porta non ante saec XVII expilatus esse videtur, quo tempore monachi duo ordinis Coelestinorum, Goussencourt et Grasset, de quibus infra p. X sqq. latius disserebitur, historiae Petri cardinalis Ostiensis operam dantes relationem Iohannis in usus suos verterunt

Partes quaedam operis eodem saec XVII in lucem publicam prodierunt. Primus Petrus Frizon S I[6] *specimen parvum edidit, paraphrasin quandam Francogallicam, de qua v infra p X, rursus in Latinum vertens, non multo post Philippus Labbé S I*[7] *et Franciscus Duchesne, Andreae celeberrimi filius*[8], *plura viris doctis proposuerunt. Denique a.* 1864 *Constantinus Hofler*[9] *codice bibliothecae universitatis Pragensis I. C. 24 nisus totum textum prelo dedit. Sed cum haec editio uno tantum codice eoque satis depravato uteretur, apparatu critico et commentario fere omnino careret, iam diu viri docti optaverunt*[10], *ut in eius locum novus textus arte critica instructus succederet.*

Ad quem textum constituendum, cum codex Iohannis Porta autographus, qui saec XVII. in monasterio Coelestinorum Columbariensi, Annoniacensi civitati vicino, exstabat, nunc deperditus sit, hi codices et libri impressi codicum deperditorum vices gerentes mihi praesto fuerunt

P) Cod univ Pragensis I. C 24, *(saec. XV.) f.* 112—166′. *Hic codex solus totum textum operis servavit*

1) *V p* 70, *n* 2 2) *c* 60 *sqq*, *cf commentarium l c* 3) *Ex. gr p* 52, *l* 9; *p* 61, *l* 33, *p* 93, *l* 2 *p* 102, *l* 9, *p* 115, *l* 32. 4) *p* 125, *l* 9 *sqq* 5) *Praesertim in c* 61 *et* 82 6) *Gallia purpurata, Parisiis* 1638, *p* 353—354. 7) *Nova Bibliotheca manuscriptorum I, Parisiis* 1657, *p* 354—358. 8) *'Histoire de tous les cardinaux françois de naissance', Parisiis* 1660, *II*, *'Preuves' p* 345—358. 9) *Loco supra p VII, n* 1 *citato* 10) *K. Palm, l c p* 66

*Quem descripserunt W Wattenbach in commentariis nostris antiquioribus 'Archiv der Gesellschaft für ältere deutsche Geschichtskunde' X (*1851*) p.* 657 *sqq. et Ios. Truhlař, Catalogus codd mss lat. bibliothecae universitatis Pragensis, I (Pragae* 1905*) nr* 116. *Praeter librum Iohannis Porta alia quaedam ad historiam Karoli IV. imperatoris spectantia continet: Pulkavae chronicon Bohemiae (f* 1—82*), Vitam imperatoris quam ipse conscripsit (f.* 90—111'*), Auream bullam a* 1355 *et* 1356 *(f* 171'—185'*) In fine codicis (f.* 319—384'*) alia manus seriem diplomatum et litterarum ad ius publicum et historiam regni Bohemiae spectantium conscripsit, adhibito, ut videtur, vetere quodam copiario archivi coronae Bohemicae nunc deperdito. De qua collectione cf. 'N. Arch.' XXXVI, p.* 495 *Non dubium est, quin hic codex in Bohemia exaratus sit Scriptus est una manu, ineleganter, non raro parum distincte Capitum superscriptiones minio exaratae sunt, litterae initiales item minio pingendae desunt, quarum locum parvae litterae atramento nigro scriptae tenent. Errores, qui permulti inveniuntur, librario inepto vitio dandi sunt (ex gr. p* 21, *c* 13, *n.* a; *p.* 54, *n.* b, *p.* 59, *n.* g, *p* 122, *n.* b*). — Hunc codicem a praefecto bibliothecae Pragensis bis benignissime Berolinum transmissum a Theodoro Hirschfeld adiutus ipse contuli.*

F 1*) Matthaei de Goussencourt*[1]*, ordinis Coelestinorum, 'Histoire Célestine' in cod. bibl Arsenalis Parisiensis lat* 3556 *(saec. XVII) Hic codex, auctoris propria manu scriptus, a* 1616 *vel* 1626 *confectus*[2]*, ab ipso Goussencourtio postea hic illic emendatus et auctus, in foliis* 456—462' *narrationem brevem de itinere Romano Petri cardinalis Francogallica lingua conscriptam continet. Ad quam componendam auctor excerptis quibusdam (E) ex autographo Iohannis Porta Columbariensi, quae ex monasterio illo acceperat, usus est Ad textum genuinum statuendum F* 1 *parvi pretii fuit, cum uno tantum loco Goussencourt ipsius Iohannis Porta verba Latina retinuerit (c* 77 *in.), maioris ad codicum stemma efficiendum*[3]*; quomodo praeterea hic illic usui fuerit, vides p* 70, *c.* 31, *n.* b, *c.* 32, *n.* a *Apud Petrum Frizon (cf supra p IX) Goussencourtii narra-*

1) *a* 1583—1660 *Cf (A. Becquet) Gallicae Coelestinorum congregationis ordinis S Benedicti monasteriorum fundationes, Parisiis* 1719, *II, p* 203, *L. Delisle, 'Le cabinet des mss' II,* 218 2) *'Catalogue de la Bibliothèque de l'Arsenal' III* (1887), *p* 428 3) *Cf. commentarium, p* 242 *sqq*

tio Francogallica iterum abbreviata, in Latinum rursus versa exstat. — Hunc codicem Parisiis examinavit et excerpsit A Hofmeister, paginas quasdam descripsit H. Lebègue

S) Sexternio eidem codici Goussencourtii Parisiensi *insertus, 6 folia duplicia complectens, quae nunc tamquam fol* 444—455 *ipsius codicis numerata sunt, item saec XVII, sed alia manu ac reliqua pars codicis exaratus. Praebet horum fragmentorum operis nostri textum Latinum Itinerarii, c.* 48, *c.* 14 *ex parte (p.* 25, *n* f—*p.* 30, *n.* a*), c.* 77. *In prima pagina Goussencourt hanc notitiam scripsit.* Monsieur Cecy m' a esté recomandé. Quand vous aurez pris ce que [vous] désirez, je vous prie de le nous renvoyer à . . . [1] Goussencourt vers (?) le 16 aoust 1635. Celuy qui a transcrit cecy a beaucoup retranché plusieurs choses d'importance, qui sont descrites en . . . . [2] voyage comme l'on poura voir dans mon liure des Chroniques de l'ordre des Celestins ou j'ay mis ce voyage en françois. *Ad textum F* 1 *conscribendum Goussencourt hunc sexternionem, qui ex alio codice quam F* 1 *profectus est, non adhibuisse videtur. — Sexternionem examinavit et contulit A. Hofmeister.*

F 2*) Petri* Grasset, *monachi monasterii Columbariensis*[3] *ordinis Coelestinorum, 'Discours généalogique de la noble maison des Bertrand et de leur alliance avec cels de Colombier' Cum codicem autographum a.* 1648. *confectum*[4], *qui quondam fuit doctoris Desgrand civis Annoniacensis, a* 1889 *ab Albino Mazon*[5] *postremum adhibitum et descriptum, nunc ut videtur deperditum, a.* 1911 *Annoniaci et Columbarii frustra quaesiverim, duobus apographis saec XIX scriptis me contentum esse oportuit. Utrumque in bibliotheca civitatis* Annoniacensis *asservatur; alterum (ms* 23*)*[6] *ab Iulio Rousset a. fere* 1840, *alterum (ms.* 22*)*[7] *ab abbate Darnaud a.* 1873 *confectum. Quae inter se prorsus conveniunt. — In hoc opere Francogallica lingua conscripto Petrus Grasset vitam Petri cardinalis, fundatoris monasterii,*

1) 2 *vel* 3 *verba legi non potuerunt* 2) *Locus rasus in S* 3) *In quo a* 1607 *professus, a* 1661 *vel paulo post mortuus est Non sine erroribus de eo disseruit A Mazon, 'Le père Grasset, Chroniqueur Célestin du XVII. siècle', in 'Revue du Lyonnais' a* 1889 4) *Id quod ipse Grasset in prooemio dicit* 5) *L c et passim in libro cui inscribitur 'Essai historique sur l'Etat du Vivarais pendant la guerre de cent ans', Tournon* 1889. 6) *'Catalogue général des mss des bibliothèques publiques de la France', XV, p* 115, *nr* 23 *(*12406*)* 7) *Ibid. nr* 22 *(*10901*)*

longe lateque explicavit. Ad iter Romanum enarrandum relationem Iohannis Porta diligenter adhibuit, nec dubium videtur, quin eodem codice autographo usus sit, ex quo excerpta Goussencourtio transmissa prodierunt. Qua de re Grassetii narrationem ad textum statuendum mihi auxilio non parvo fore speraveram. Haec spes me fefellit, nam tot mendaciis, tot rebus proterve inventis monachum istum librum suum foedavisse mox intellexi, ut ad editionem meam ex eius textu nihil nisi voces et nomina quaedam, quae melius quam alii codices servavit, depromere liceret. V. ex gr. p 58, *n* a; *p.* 62, *n.* a; *p* 72, *n.* d, *p* 92 *c* 54, *n.* a

G) capitula ea, quae G r a s s e t *textu Latino servato verbotenus fere descripta narrationi Francogallicae inseruit, scilicet c.* 2—6. 8 *ex parte,* 9. 23, 29. 45 *ex parte.* 48 *ex parte.* 77. *Qui textus melioris notae est quam reliqua pars operis, sed neque hic librarius inventionibus se omnino abstinuit*[1]

L) Phil L a b b é, *Nova Bibliotheca manuscriptorum I, Parisiis* 1657, *p* 354—358 *Hic sub titulo* Romanum Iter D. Petri de Columbario cardinalis Ostiensis ad coronationem Caroli IV. imperatoris Romani *Itinerarium (p.* 130 *sqq.) dedit in stilum strictiorem contractum, ut hoc exemplo ostenditur.*

Iohannes Porta (p. 140*)*	*L:*
Item die Sabbati sequenti, XXX. dicti mensis Maii, fuit in prandio in burgo de Verseto seu de Verse. Et ibidem fuit tota die ipsa, et die Dominico sequenti etiam fuit ibidem in festo sancte Trinitatis. Et distat a dicto loco Pontremuli per duodecim mil.	Sabbato, XXX. Fuit in prandio in Burgo de Verseto seu de Verse, et ibidem fuit tota die ipsa et die Dominico sequenti, festo sanctiss. Trinitatis, et distat a loco Pontremuli per duodecim milia.
Item die Lune sequenti, I. die Iunii, fuit in prandio in burgo vocato Trenchin seu Terencha. Et ibidem incipit Lombardia. Et distat a dicto burgo de Verseto per duodecim mil.	Die Lunae prima Iunii, fuit in prandio in Burgo vocato Trenchin, seu Trencha, et ibidem incipit Lombardia, et distat a Verseto per duodecim milia.

1) *Cf ex gr. p* 12, *n.* v, *p.* 57, *notas ad c* 23.

Iohannes Porta (p. 140):	*L.*
Item dicta die Lune fuit in sero in burgo de Fornovo Parmensis diocesis, et distat a dicto loco de Terrenchio per octo mil.	In sero fuit in burgo de Fornovo diœcesis Parmensis, et distat a Terrenchio per octo mil.

Labbei textus quamvis abbreviatus non omni pretio caret, desumptus est ex codice MS communicato a D. de Vyon Domino d'Herouual, *ut editor p 354 scribit. qui codex unde provenerit, inferius p. XIV demonstrabo Errat C. Hofler*[1], *cum librum manuscriptum a Labbeo adhibitum nihil nisi Itinerarium praebuisse dicit, id quod ex varia lectione p. 134, n. d facile efficitur.*

D) Fr Duchesne, 'Histoire de tous les cardinaux françois de naissance', Parisiis 1660, *tom. II, 'Preuves',* p 343—358 *Ad vitam Petri cardinalis, quae in huius operis tomo I, p.* 525—531 *enarratur, illustrandam hoc loco partes quaedam operis nostri editae sunt, scilicet Itinerarium, quod hic in fronte positum est, c.* 1—6 *(4—6 rubricis carentia),* 7 *ex parte,* 8—14, 15 *(initium),* 76, 77, 30, 31, 48, 46, 47 *(rubrica carens) Ad initium editionis legitur* Extrait d'un liure MS. gardé aux Célestins de Colombiers, *at non directe sed mediantibus aliis codicibus textum Duchesnii ex codice Columbariensi hodie deperdito profluisse lectiones variae docent (v infra p XIV).*

Quibus codicibus ad singula capita operis restituenda usus sim, haec tabula indicat[2].

Praef. card	*P*	20—22	*P*
c. 1	*PD*	23	*PG*
2—6.	*PDG*	24	*PF*2*
7—9:	*PD*	25—27·	*P*
10·	*PDG*	28	*PF*2*
11—12.	*PD*	29	*PG*
13	*P*	30	*PD*
14	*PDS**	31	*PD F*1* *F*2*
15—18	*P*	32	*P F*1* *F*2*
19:	*PG*	33·	*P*

1) *In editione sua p* 57 2) *Asterisco eos codices signavi, qui nonnisi partem capituli exhibent, F* 1 *et F* 2 *ubique (c* 77 *excepto) ad singulas voces tantum emendandas adhibui*

34 *P F2**	49—53 *P*
35—38 *P*	54: *P F2**
39 *P F2**	55—75 *P*
40—44. *P*	76 *PD*
45 *PG**	77 *PDGSF1**
46—47: *PD*	78—82. *P*
48 *PDG*S*	*Itinerarium* *PDLS.*

Iam quo modo codices inter se coniuncti sint, videamus.

X codex Iohannis Porta autographus, olim in bibliotheca monasterii Columbariensis, in quam simul cum aliis libris Petri cardinalis Ostiensis et Velletrensis pervenerat[1], *asservatus hodie desideratur. Quo codice iam saec. XVII. is, qui Matthaeo de Goussencourt excerpta illa (E) hodie deperdita, in conscribenda relatione Francogallica F1 adhibita subministravit, necnon Petrus Grasset, monasterii Columbariensis monachus, in narratione Francogallica F2 et apographis latinis G conficiendis usi sunt.*

Alii quos habemus textus PDLS ex codice autographo mediantibus libris quibusdam deperditis profecti sunt. Ex eo, quod narratio Iohannis (p. 5—129) itinerarium (p. 130—143) in DLS sequitur, in P praecedit[2], *necnon ex variis lectionibus p.* 134, *n.* n, *p.* 135, *n.* n, *p.* 140, *n.* e, *p.* 141, *n.* l, s, t *codices DLS ex uno et eodem codice (Y) prodiisse intelliges, contra quem P solus stat. Eadem res quoad DS his lectionibus efficitur: p.* 25, *n.* g, h, *p.* 26, *n.* d, *p.* 87, *n.* b, *p.* 119, *n.* f, *p.* 133, *n.* c, *quibus locis L deest. Ponamus ergo P una, DLS = Y alia ex parte ex autographo X desumptos, contra quam rem ex eo, quod paucis locis (p.* 136, *n.* a, e, *p.* 138, *n.* d, w*) PS deteriores, DL meliores lectiones simul praebent, nihil probatur, ut in commentario meo p.* 268 *sqq. fusius demonstravi. His enim locis lectiones deteriores inter menda archetypi X habendae sunt, meliores ex coniectura librarii cuiusdam natas esse putaverim, qui codicem V inter Y et DL statuendum scripsit. Quem codicem V domini de Vyon supra p. XIII nominati fuisse verisimile est, ut in commentario p.* 269 *sq. dixi. Inter P et X demum, cum P saec. XV. in Bohemia scriptus sit, codicem*

1) *Cf. testamentum cardinalis apud Duchesne l. c. p.* 365: etiam si sint in vasis aureis, argenteis, libris , *v. K. Palm, 'Italienische Ereignisse in den ersten Jahren Karl IV', p.* 64. 2) *Id quod in commentario p.* 266 *meliorem lectionem esse probavi.*

quendam π ex Francia in Bohemiam transmissum[1] *hodie deperditum interponamus oportet.*

Affinitas ergo codicum hoc stemmate[2] *depingitur:*

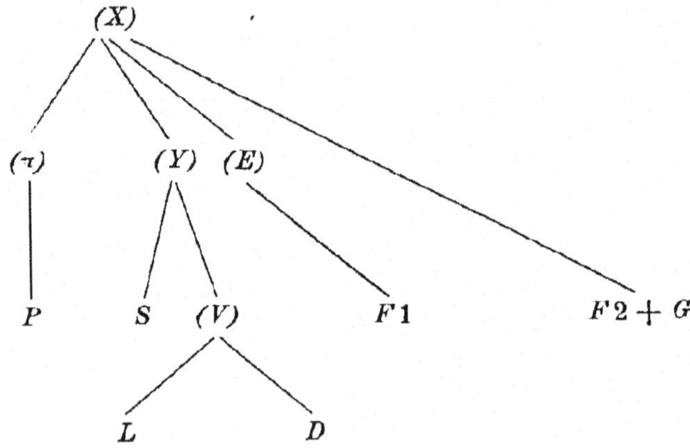

De ratione editionis meae pauca dicenda sunt. In orthographicis codicem P antiquissimum et amplissimum secutus sum. Minutias quasdam (ex gr. olym *p. 93, l. 31; p. 107, l. 20;* aderymus *p. 24, l. 19;* neccessarius *p. 65, l. 28, p. 66, l. 6, p. 122, l. 13, p. 128, l. 4;* humilime *p. 79, l. 1;* longewam *p. 82, l. 6) ad normam orthographicam hodie observatam reduxi, mentione expressa non habita; pro -ci- ante vocalem* -ti- *posui*[3]. *Ad c. 14. et 15. emendanda etiam textum Registri Vaticani 239 adhibui, quem sub siglo 'R' adnotavi. In margine numeros foliorum codicis P adnotavi, numeros capitulorum ex editione Hofleriana retinui. In notis ubi nomen Aemilii Werunsky vel non apposito libri titulo citavi, ad eius librum 'Der erste Romerzug Kaiser Karl IV. (1354—1355)', Oenoponti 1878, lectorem delegatum volo.*

Restat, ut eorum, qui de hac editione bene meriti sunt, grato animo meminerim. Karolus Zeumer magister mihi semper venerandus editionis praeparandae codicumque inspiciendorum facultatem petenti mihi praebuit, deinde, cum diversorum librorum lectiones collectas perlustrarem, in codicum stemmate

1) *Quem codicem a cardinali Karolo IV. imperatori dedicatum fuisse coniectavit Palm l. c. p. 65, ego librum ab imperatore arcessitum esse potius crediderim. Cf. commentarium, p. 241.* 2) *Litterae uncinis inclusae codices deperditos designant.* 3) *Excepta forma* nunccius, *quam ubique retinui.*

*et libelli textu statuendis optimus dux mihi fuit et laboris socius indefessus. Qui saepe singulari sua artis criticae experientia usus in viam veram me induxit, postea, cum opusculum confectum prelo daretur, in plagulis corrigendis operam quam maximam navavit. Adolfus Hofmeister socius codices F*1 *et S accuratissime examinavit et contulit, in plagulis summa cum industria inspectis multa, quae ad tenorem formamque textus et apparatus critici spectabant, acriter correxit. In plagulis corrigendis etiam Ernestus Perels socius me adiuvit. Theodorus Hirschfeld Berolinensis codicem Pragensem mecum contulit. Annoniaci, cum in Septembri a* 1911. *in vestigia Iohannis Porta inquirerem, auxilium mihi humanissime praebuerunt nobilis femina de Canson, Columbariensis castri domina, quae ad archivum suum aditum mihi concessit, Emanuel Nicod civis Annoniacensis, historiae patriae cultor diligentissimus, P. Sauzet bibliothecarius. Nec minore pietate colam eos, qui me quaerentem utilia docuerunt: M. Goldstaub b. m., P. F. Kehr Romanum, H. Lebègue Parisiensem, W. Levison Bonnensem, F. Madan Oxoniensem, H. Meisner Berolinensem, B. Schmeidler Lipsiensem, W. Wiederhold Goslariensem. Quibus omnibus gratias ago candidissimas.*

Scripsi Berolini in Decembri a 1912.

RICARDUS SALOMON

PRAEFATIO PETRI CARDINALIS OSTIENSIS.

112 **Scripsi*[1] *in libro et signavi*, Ieremie XXXII. *Ier* 32, 10

Ego Petrus de Columbario Viennensis dyocesis, miseratione divina cardinalis Ostiensis et Velletrensis[a] episcopus[2], attente considerans et diligentia pleniori in statu fluxibili humane nature ex humoris interioris distractione necnon obiecti ulteriori[b] elongatione labilitatem memorative potentie, quam incurrit, ipsam reperi indigere summe tenore quodam representativo ad memorandum. Ideo 'scripsi'. Nam humana natura plurimum laborat *infirmitate memorie*, de qua loquitur iurisconsultus ff. De acquirenda possessione l. *Peregre* circa principium[3]. Ipse enim Deus adhibuit subsidium medicine, ut accedat, quod legitur in Aute(ntica) *Consti(tutio) hec innovat* in princ., collationis VIII[4], Extr. De summa trinitate c. I[5], et ob hanc causam est signum voluntarie institutum pro convenienti remedio adinventum, ut puta impressio scripturarum. Deus enim fluxibilis machine mundialis tenax vigor, continuus . . .[c], precipuus conservator legem suam Moysi in lapideis tabulis ad soliditatem firmiorem et perpetuam memoriam dedit scrip-

*) *In P haec superscriptio minio exarata praecedit:* Hic continetur modus coronationis invictissimi principis et domini domini Karoli Romanorum imperatoris quarti, casus quoque et eventus in via pro consumatione sue coronationis eidem contingentes. Et primo habetur collatio Iohannis dicti Porta de Annoniaco super gestis totius operis subsequentis[6].

Praefatio P. — a) Velleren *P.* b) *corr. ex* ulterioris *P* c) *post* continuus *substantivum quoddam excidit, lacunam signavi ego*

1) *De praefatione cf. R. Salomon 'Iohannes Porta' (in N. Arch. XXXVIII fasc. 1) c. VI.* 2) 1353—1361 *Cf. Salomon l. c. c. I.* 3) *Cf. Dig. XLI*, 2, 44. 4) *Scil.:* Quod medicamenta morbis, hoc exhibent iura negotiis, *Novella CXI.* 5) *Ad quaenam verba hic alludatur, non apparet. Sequentia forsan ex Decretalibus Gregorianis petita sunt, sed non inveni.* 6) *De hac superscriptione v. Salomon l. c. c. VII.*

cf. Exod. 31, 18 tam; scribitur enim Exo. XXXI *Dedit Dominus*[a] *Moysi completis huiusmodi sermonibus in monte Synay duas tabulas testimonii lapideas scriptas digito Dei.* Nonne etiam edicta[b] scribebat pretor[c] in albo? Quin ymo acta queque ad iudicium pertinentia in scriptis redigi iubentur, De probationibus c. *Quoniam*[1]. Unde Deut. XXIIII *Scribet libellum repudii*, sed etiam cuiuscumque actionis, De libelli oblatione c. I[2]. Ad firmiorem ergo memoriam requiritur tenor representativus sciendorum, quia 'scripsi'. Hoc de primo.

Deut. 24, 1

Sed secundo animadvertens diligenter in prerogativa iura statutorum et privilegiorum quorumcumque ad cardinalis episcopi Ostiensis ministerium seu officium regulariter spectantium, que pro magna sui parte non sine gravi periculo quandoque sunt neglecta, auctoritate privilegiative gratie, quam acquirit, reperi insuper ipsum cardinalem Ostiensem episcopum aliqualiter indigere tenore quodam recollectivo ad conservandum. Idcirco 'scripsi in libro'. Nam eapropter *iura antiqua civilia, prius vage dispersa, sunt in unum recollecta in libris Veteris et Novi Digestorum et Inforciati[3], ut in titulo Digesti[d] De origine iuris[4] evidenter declaratur. Sed etiam nova in Codice et aliis libris novi iuris enucleata recolliguntur luculenter, ut dicti Codicis titulus De veteri iure enucleando[5] limpidius attestatur. Quin etiam ille *scriba velocissimus* Esdras, qui legem Dei inspiratione divina ex integro reparavit[6] et in uno recollegit volumine, quod Vetus dicitur Testamentum, evidenter hoc ostendit. Canonum vero statuta, veterum patrum decreta, veridice sententie et epistole decretales saluberrima auctoritate summorum pontificum insimul compilate, vim legis retinentes propter eius[e] collectionem sapientiam atque scientiam universalem ecclesiam debite regendi stabilius fundaverunt, ut in prologis magni voluminis Decretalium et VI libri intuenti innotescit. Dicta igitur privilegia tenore indigent, ut premittitur, collectivo. Igitur bene dicitur 'in libro', sicut parabole sententie

*f. 112v.

cf. Esr. 7, 6

a) enim P, correxi secundum Vulg. b) edita P c) precor P d) digestis P e) *an* eorum *legendum?*

1) c. 11 X *de probationibus (II, 19)*. 2) c. 1 X *de libelli oblatione (II, 3)*. 3) *Cf. R. Sohm, 'Institutionen' § 6 (ed. 1911, p. 18).* 4) *Dig. II, 1.* 5) *Cod. II, 17.* 6) *Cf. Nicolai de Lyra Postillam ad Esdr. 7, 6, praeterea 4. Esdr. 14 et Herzog-Hauck, 'Realencyclopadie fur prot. Theol.' IX, p. 743.*

sapientissimi regum terre, Salomonis, diversis temporibus per eundem prolate ab ingeniosis auditoribus velut dicta autentica conservatione digna memoriter sunt retenta. De his enim Proverb. XXV. scribitur. *Hee quoque parabole Salomonis, quas transtulerunt viri Ezechie regis Iude,* cf Prov 25, 1. secundum glo. *ipsi audientes ab eodem*[1]. Et ideo, *sicut colliguntur* ⟨*ova*⟩[a], *que derelicta sunt,* Ysa. X, Is 10, 14 sic colligi[b] expedit privilegia antedicta ad conservationem tutiorem. Et ideo 'in libro'

Verum in ministerio seu officio imposito cardinali episcopo Ostiensi, quod iubet implendum apostolus, inquiens II. ad Thimot. IIII · *Ministerium tuum imple,* 2 Tim 4, 5 revolvens in animo sagacitatem ordinative prudentie, quam requirit, reperi[c] ipsum indigere summe tenore quodam regulativo ad conformandum. Quia dicitur: 'signavi', quoniam prudentie proprie inniti prohibetur Proverb. III. et De constitutionibus c. *ne innitaris prudentie tue*[2], Prov 3, 5 et tam lex naturalis quam divina, tam civilis[d] quam humana sunt signa et regula, secundum que debemus conformari Secundum autem Gregorium[3], et recitatur XXIX Di., *regule sanctorum patrum pro tempore, loco, persona et pro negotio instante necessitate tradite sunt*[4], et ideo De constitutionibus c I *canonum statuta ab omnibus custodiri*[5] iubentur velut signum directivum[e]. Nam *sagittatores signum habentes magis adipiscuntur, quod oportet,* I Ethicor.[6]. Et ideo regula prima, metrum primum et
13 supremum, mensura omnium, Deus ipse *volens, ne Moyses in edificatione sui thabernaculi inniteretur proprie prudentie, precepit dicens *Fac secundum exemplar, quod tibi in monte monstratum est,* Exo. XXV. Exod 25, 40

Et eapropter magne antiquitatis privilegia diuturna ex pronunciationis decreto domini Innocentii pape VI. et de assensu consilioque dominorum cardinalium, ut inferius plenius continetur, Ostiensis cardinalis de iure et consuetudine longeva officio debita ad[f] unctionis[f], benedictionis et coronationis imperatoris Romani impe-

a) *om P, suppleri ex Vulg* b) collegi *P* c) reperio *P* d) civilis *P* e) directivum *P* f) adiunctionis *P*

1) *In glossa ordinaria et in interlineari ad Prov* 25, 1 *non inveni* 2) *c* 3 *X de constitutionibus (I, 2)* 3) *Mansi X, p* 438, *cf Jaffé-E* † 1944 4) *c* 2 *Di.* 29 5) *c.* 1 *X de constitutionibus (I, 2)* 6) *Aristotelis Ethic Nicomach c I (II)*

rialia insignia secundum morem sancte matris ecclesie solempniter celebranda[a] necnon dicte solempnitatis normam debitam, actus omnes ipsam contingentes, processus quoscumque ad hec necessario requisitos, etiam quod fieri debuit et fuit hactenus observatum, insuper quod Deo coadiuvante per me gestum est, facta quin ymmo ratione legationis seu commissionis a domino nostro papa mihi facte qualitercumque emergentia, litterarum copiam hinc inde directarum, et super hec formas varias notabiles atque scripta dictam coronationem tangentia, cupiens memoriter observari etc[b], — ideo 'scripsi'. In futurum enim prodesse poterit, *quia omnium habere memoriam est* divinum potius *quam* humanum, Cod. De ve. iure enucleando l. II. *Si*[c] *quid autem*[c] [1], et hominum memoria quandoque non habetur ultra annum, ff. De probationibus l. *Si arbiter* [2], ca[d] IIII q. II *Placuit*, versu *In criminali*, circa finem in glo [3].

Igitur eadem dispersa in unum redigi volumen, ordinari, componi feci et mandavi, —ideo 'in libro' —per capellanum et secretarium meum infrascriptum secundum patrum sanctorum tradita, modo quo potui meliori, videlicet in forma expressiva agendorum, ut stabilius memorentur, —quia 'scripsi' —, in summa . . . . .[e] statutorum, ut congruentius conserventur, —quia 'in libro'—, in norma directiva successorum, ut regularius conformentur[f]. Igitur bene ab initio premisi 'scripsi in libro et signavi' —'scripsi', inquam, in permanentiam firmiorem, —'in libro' ad continentiam pleniorem, —'et signavi' ad observantiam certiorem

Et hoc anno Domini etc , ut in exemplari continetur.

a) celebrando *P.* b) *videlicet* describi feci *vel simile aliquid* c) s^m p^i mū *P*, *ex quo haud difficile* si q^i d au *emendaveris* d) no *P* e) *post* summa *adiectivum quoddam excidit, lacunam signavi ego.* f) *om. videtur* quia 'et signavi'

1) *Cod I*, 17, 2, § 13(14). 2) *Cf Dig XXII*, 3, 28 3) *c* 2 *C* 4 *qu* 2—3.

RELATIO IOHANNIS PORTA.

1.[1] In[a] nomine Domini amen Anno nativitatis[b] eiusdem millesimo trecentesimo LIIII°[c], indictione septima, mensis Novembris die XIIII[d], pontificatus vero sanctissimi in Christo patris et domini nostri domini Innocentii VI. divina providentia sacrosancte Romane ac universalis ecclesie summi pontificis anno secundo, ordinatus est liber iste per reverendissimum[e] in Christo patrem et dominum dominum Petrum de Columbario Viennensis dyocesis, Ostiensem et Velletrensem[f] episcopum cardinalem, et scriptus per me Iohannem Porta 113' *de Annoniaco Viennensis[g] dyocesis, capellanum et familiarem domesticum commensalem reverendissimi in Christo patris et domini domini Petri[h] miseratione divina Ostiensis et Velletrensis episcopi, eiusdem sacrosancte Romane ac universalis ecclesie cardinalis, quem quidem dominum cardinalem sanctissimus dominus noster papa predictus, cum tam in consistorio quam extra propter nonnullorum auctoritatis quidem non modice dominorum[i] [2] hesitationes et dubia de complendis, exercendis et ministrandis illustrissimo principi domino[i] Karolo Dei gratia Romanorum regi semper augusto debitis benedictionis, inunctionis et coronationis honoribus solita maturitate tractasset ac post multa tandem diversis temporibus et diebus audita colloquia reverendorum patrum dominorum cardinalium vota sive auricularia consilia iuxta morem sancte matris ecclesie singulariter explorasset, pridie[k], videlicet die Lune, X. die mensis Novembris in consueto consistorii Avinionensis[l] loco[l] de dictorum dominorum

[1354 · Nov. 14. · Nov. 10]

c. 1. *PD* — a) *praecedit in P*: Sequitur annus in quo collectus est liber iste, *in D*: Quaedam observata per reverendissimum dominum patrem Petrum de Columbario cardinalem Ostiensem in coronatione serenissimi domini domini Caroli IV in regem Romanorum ad summum imperatorem semper augustum b) a nativitate *D* c) 1355 *D* d) XIII *D* e) reverendum *D* f) Velitrensem *D* g) Wienen. *P* h) P. *P* i) *om. P* k) *sic PD* l) loco videlicet Avignon *D*

1) *Numeros capitum ex editione Constantini Hofler recepi* 2) *Cf. Werunsky, 'Der erste Römerzug Karls IV', p.* 101, *n.* 3

1354. cardinalium communi[a] consilio et assensu pronuncciavit atque decrevit, quin ymmo verius Ostiensis et Albanensis ac Portuensis ecclesiarum longe diuturnitatis antiqua privilegia in omnium Romanorum imperatorum coronationibus observata recensens, una cum reverendis patribus dominis Albanensi[1] et Portuensi[2] episcopis cardinalibus futurum[b] ac eos una cum eodem[c] domino Ostiensi episcopo cardinali futuros esse debere de iure ac de[c] consuetudine longeva legatum et legatos ad complenda seu celebranda, exercenda seu ministranda dictarum imperialium benedictionis, inunctionis et coronationis consueta[d] solempnia declaravit[3], ad registrandum omnes et singulas litteras, quas eidem domino Romano(ium) regi vel quibuscumque prelatis[e], principibus aut nobilibus[c], communitatibus[f] aut[g] personis ratione dicte sue legationis destinare vel scribere seu ab illis et eorum singulis recipere eum continget, necnon et omnes et singulos actus quos per eum vel circa[h] eum contigerit exerceri, ac omnes et singulas novitates, que per Ytaliam et maxime in terris, per quas ipse transibit[i], tempore dicte sue commissionis emergent[k].

2. Epistola domini Petri de Columbario Viennensis[a] dyocesis, Ostiensis et Velletrensis episcopi cardinalis[b], ad imperatorem super declaratione facta per papam, qui cardinales episcopi deberent esse in coronatione domini imperatoris.

Serenissimo[c. 4] *principi et inclitissimo domino domino Carolo Dei gratia regi Romanorum semper augusto.*

Serenissime princeps[d], *inclitissime*[e] *domine*[e]! *Licet de regie maiestatis*[f] *vestre*[f] **felicibus letisque successibus ex innato nobis ad eam intime devotionis instinctu*[e] *necnon* *f 114

a) commui P. b) futuris PD. c) om D. d) consimilia add D e) vel add D f) comitatibus P, om D g) aliis D. h) etiam P i) transierit D k) emergeret P

c 2 PDG — a) dioc Vienn D b) om D c) reverentissimo ac serenissimo G, ser — aug (l. 29) om. D d) et add G. e) om P f) v m G

1) *Talayrando* 2) *Guidone.* 3) *Cardinales aliquos ad coronationem exequendam sibi concedi exposcerat Karolus IV rex in litteris in Octobri exeunte vel Novembri ineunte scriptis, a Theoderico episcopo Mindensi Avinionem perlatis, nunc deperditis, ad quas respondit papa in epistola Nov 21 data, Reg imp VIII 'Pabste', nr. 42 Cf etiam infra c 5.* 4) *Reg. imp VIII 'Reichssachen', nr* 218

et ex eo, quem[a] *sui gratia*[b] *mansuetudinem*[c] *regiam videmus* 1354
ad nos[d] *gerere, benignitatis affectu*[e] *summa respersis caritate precordiis gaudeamus ardenter, eo tamen ardentius iubilum exultationis erumpimus, quo gaudium nostrum cum*[f] *vestro pariter*[f] *impleri*[g] *conspicimus et felicitatis vestre participes nos effectos non minus ex desiderii fervore quam debito cum maxima cordis gratulatione sentimus. Nuper siquidem, illustrissime princeps, X. videlicet die Novembris, cum sanctis-* Nov 10
simus dominus noster papa tam in consistorio quam extra de complendis vestre coronationis honoribus solita ac debita maturitate tractaret[h] *ac post multa tandem diversis temporibus audita colloquia dominorum meorum cardinalium vota salubria seu sana consilia iuxta morem sancte matris ecclesie singulariter exploraret, de dictorum dominorum*[i] *communi*[k] *consilio et assensu decrevit, quin ymo verius*[l] *Ostiensis, cui quamvis immeriti presidemus, et Albanensis ac Portuensis ecclesiarum longe diuturnitatis antiqua privilegia in omnium*[l] *Romanorum imperatorum coronationibus observata*[m] *recensens, reverendos patres et dominos meos dominos Albanensem et Portuensem ac nos insuper Ostiensem episcopos sacrosancte Romane ac universalis ecclesie cardinales futuros esse debere non minus ex beatitudinis eius gratia quam de iure legatos ad complenda seu celebranda vestrarum benedictionis, inunctionis et coronationis consueta solempnia, ut ita dixerimus, declaravit. De quo tanto*[n] *ferventiori gaudio habundamus tantoque*[o] *uberiori consolatione replemur ac intus*[p] *et extra iocunda nimium alacritate*[q] *conspergimur, quanto semper et diu*[r] *ante vestre*[s] *regie celsitudinis ac serenitatis imperialis auspicia vos in*[t] *conserta*[t] *devotionis caritate dileximus*[u] *et velut vestri proprii, non*[k] *fortune devoti, vestros fervide zelamus honores et*[v], *quod vestro semper inclito nomini fideliter genua cuncta mundi climata flectant, summis desideriis affectamus. Hec ergo, rex invictissime, vobis non solum ad gaudium, quod nullus a vobis auferet*[w], *duce Deo gaudio repleti nunc scribimus, sed ut diem expectationis nostre diutine ac modum insuper sive formam, quibus iter nobis tam gaudiosum arripere*[x] *debeamus in Christi nomine, tamquam*[y] *vobis in omnibus complacere dispositis*[z], *quando*

a) quod *D*, qua *G* b) gratie *D* c) mansuetudine *P* d) vos *PD* e) affectum *P* f) p. c. v. *P* g) compleri *D* h) tentaret *D* i) *om. D* k) *om. G* l) omnibus *G* m) reservata *add. D* n) tanta *P* o) tantaque *PD* p) intra *G* q) claritate *P* r) diu ante *om. G*, diu na *D* s) vestra *D* t) *corruptum videtur*, in consjta *P*, inconserta *DG*, *an* in consueta *legendum?* u) dilexerimus *P* v) et — affectamus (*l. 33*) *om. D* w) aufferret *P*, auferre *G* x) arr. in Chr. nom. deb. *D* y) *ante* tamquam *supplendum videtur* nobis z) dispositis *D*

1354 *vestre regie maiestati placuerit, rescribatis, reputantes nos iam esse paratos ad vestra regia mandata quecumque*[a] *ac ea, que ut*[b] *Ostiensi episcopo circa coronationem *vestram nobis incumbunt, coadiuvante*[c] *Domino feliciter exequenda. Celsitudinem vestram Dominus conservet ad votum semperque felicitet*[d] *actus eius*[e]. *f. 114'

Nov. 13 *Datum Avinione, die XIII. mensis Novembris, VII indictione.*

3. Epistola[a] imperatoris ad dominum cardinalem predictum super insinuatione[b] accessus ipsius cardinalis ad eundem faciendi[c].

Reverendissimo[d] [1] *in Christo patri domino Petro*[e] *Ostiensi et*[f] *Velletrensi episcopo cardinali, amico nostro*[g] *carissimo.*

Reverendissime pater et amice karissime! Cum nobiles Matheus, Barnabas et Galeaceus fratres Vicecomites de Mediolano[h], *nostri et*[i] *imperii sacri fideles, per solempnes ambasiatores suos cum maiestate nostra tractatus inierint*[k] *ac in eisdem tractatibus*[2] *et*[l] *eorum limitatione*[m] *adeo processum fuerit, quod*[n] *non dubitamus, ymo scimus firmiter tractatus eosdem*[o] *ad honorem imperii breviter consummandos, nos circa destructionem gravissimam Christianam populi et multa tedia, quibus universitas plebis opprimitur, regie benignitatis, ymmo verius pie compassionis oculos obtinentes, presertim cum pauperum ipsorum periculis*[p] *et iacturis*[q] *in tanta gentium multitudine, quam*[r] *non solum de compagna*[s] [3] *in forma stipendii, verum ex multis aliis nunc habemus et habituri sumus cottidie*[t], *difficulter*[u] *remedia valerent apponi*[v], *quin*[w] *eo amplius eosdem gravari contingeret, quo magis transitus noster sive progressus regius impediretur, scribimus*[4] *igitur domino nostro summo pontifici et*[x] *sancti-*

a) queců P b) om. PG c) coadunante P, quo adiuvante G. d) feliciter PD e) om. P

c. 3. PDG. — a) superscriptionem om. G b) insinuacione P c) faciendum P d) rev. — car. (l. 13) om. D e) om. P f) et Vell. om. G g) meo P. h) Mediolanen. P i) om. PD k) inierunt P l) ad P m) limitationem P, imitationi D n) quia G o) nostros G p) per — et om. D q) facturis D r) qm P s) sic PDG, et add. G. t) quotidie DG u) difficultates D v) opponi P w) sic G, quā P, quin — imped. (l. 29) om. D. x) om. P

1) *Reg. imp. VIII, nr.* 1952. 2) *De quibus cf. Werunsky p.* 19 *sq.* 3) *I. e. de Magna Compagnia, cui dux erat comes de Landau, quae usque ad id temporis in servitiis ligae contra Vicecomites factae steterat, tunc autem Karolo rege suadente partim dimissa erat. Cf. Matteo Villani IV, c.* 29 *et Werunsky p.* 18. 4) *Quae litterae servatae non sunt, sed*

tatem ipsius attenta supplicatione precamur, quod dominos 1354
cardinales pro solempnitate nostre coronationis decretos in curia ad[a] itineris assumptionem expediat et gressus eorum constituat maturari, ut omni dilatione semota ad nos versus Pisas per viam civitatis Ianue vel aliam quamcumque procedant, quam cognoverint breviorem[b]. Et intellecto, quod ad prosecutionem[c] tam singularis honoris nostri vos tamquam specialem amicum nostrum sedis apostolice benignitas duxerit eligendum, dilectionem vestram affectuose petimus et rogamus, quatenus contemplatione nostri, qui de paternitate vestra indubia presumptione confidimus, ad hoc, quod huiusmodi sedis apostolice decretum ad nostre promotionis honorem more cuiuslibet sublato dispendio desiderato fine claudatur, velitis tam in assumptione quam in acceleratione presentis itineris ea laborare solertia, qua pridem nostris promovendis honoribus diligentis amicitie studio frequentius intendistis,
115 *disposituri taliter, quod *dies gressus vestri nobis[d] insinuetur celerius cum presentium ostensore, tanto[e] utique[f] nobis maioris dilectionis ostendentes insignia, quanto ad assecutionem honoris predicti pro reipublice[g] gratis[h] compendiis et subiecti[i] nobis[k] populi universalis[l] salute amplioribus desideriis anhelamus.*

Datum Mantue, die XII mensis Decembris, regnorum Dec. 12
nostrorum anno nono.

Carolus[m] Romanorum et Boemie rex[1].

4. Alia[a] epistola imperatoris ad ipsum cardinalem super acceleratione itineris.

Carolus[2] *Dei gratia Romanorum rex semper augustus et Boemie[b] rex[c] domino et[c] amico suo domino Ostiensi*[d]

a) ad — assumpt. *om.* D b) uberiorem D c) persecutionem PD d) *om.* P e) tandem P f) itaque G g) republica D h) quaesitis D i) subiecta PG, subita D k) vobis DG l) universali DG. m) Signatum C. R. R. et Bavariae G, *subscriptionem omnino om.* PD
c. 4 PDG — a) *superscriptionem om.* DG b) Boemorum P c) *om.* G d) episcopo *add.* D

fit earum mentio in litteris Karoli regis Petro cardinali die 9. m. Ian. scriptis infra cap. 5, p. 10, l. 30. 1) *De subscriptionibus Karoli regis in litteris ad cardinales missis v. Th. Lindner, 'Das Urkundenwesen Karls IV. und seiner Nachfolger', p. 79 et 97.* 2) *In Reg. imp. VIII deest. Ab ipso imperatore manu propria hanc epistolam scriptam esse cardinalis testatur in epistola die 22. m. Ian. data infra c. 6, p. 11, l. 30. Post medium mensem Decembrem scriptam esse existimat Werunsky, p. 105, n. 2, ego eodem fere tempore quo prae-*

1354. *Reverendissime pater et domine! De speciali confidentia, quam ad paternitatem vestram habeo, rogo vos, ut acceleretis adventum vestrum, quia periculum est in mora*[1] *et super hoc credere velitis venerabili episcopo Mindensi. Carolus*[a] *Romanorum et Boemie rex.*

1355 5. Epistola[a] imperatoris ad dominum Petrum de Columbario Viennensis dyocesis, Ostiensem et Velletrensem episcopum cardinalem

Reverendissimo[b] [2] *in*[c] *Christo patri ac domino domino cardinali episcopo Ostiensi, amico nostro karissimo*

Reverendissime pater et amice karissime! Licet alias per venerabilem Theodricum[d] *Mindensem episcopum, principem et consiliarium nostrum dilectum, paternitati vestre intimandum duxerimus, qualiter intenderemus die Circum-*
Ian 1 *cisionis dominice in ecclesia sancti Ambrosii Mediolani corona ferrea insigniri, qua*[e] *inter triphanias imperii sacri coronas Romanorum*[f] *reges, predecessores nostri, in secunda sui coronatione sunt soliti coronari, tamen ex*[g] *certis causis*
Ian 6 *coronatio huiusmodi fuit usque in diem Epiphanie necessario prorogata, qua quidem die in predicta ecclesia a venerabili Roberto electo*[h] *Mediolanensi*[i] *assistentibus nobis venerabilibus Nicolao patriarcha Aquilegensi*[k]*, fratre nostro, necnon episcopis*[l]*, principibus*[l]*, proceribus ac baronibus in multitudine innumerosa consecrati fuimus et inuncti ac eadem corona ferrea Deo auspice solempniter insigniti*[3]*. Sane accelerationem coronationis nostre in urbe Romana*[m] *celebrande prospicientes non solum ad honorem sancte Romane ecclesie ac sacri imperii, verum etiam totius rei publice comodum eodem Deo propitio ac*[n] *salutem*[n]*, sicut per ipsum episcopum Mindensem nuper domino nostro pape*[o] *supplicavimus*[4]*, ita denuo supplicamus, ut vos et alios dominos cardinales pro coronatione nostra ad urbem Romanam*[p] *a se*

a) Carolus rex Romanorum et Bohemiae *G*, *subscriptionem omnino om* *D* *c* 5 *PDG*. — a) *superscriptionem om DG* b) reverendo *D* c) in Chr *om D*, in — dom *(l. 9) om G* d) Theodoricum *D* e) que *P*. f) Romani *D* g) de *D* h) epo *G*, *om D* i) Mediolano *D* k) Aquilensi *D* l) princep *D*, episcopis *om P* m) Roma *D* n) *om D*. o) papa *P* p) Romam *D*

cedentem datam esse autumaverim In illa enim rex se papae 'scribere' dicit, has litteras papae directas a Theoderico latas esse vides infra l 29 sqq in c 5 1) *Cf Liv XXXVIII*, 25, 13 2) *Reg imp VIII* nr. 1968 3) *De coronatione v. Werunsky, p.* 32 *sqq.* 4) *Cf supra p* 8, *n* 4

115'. *decretos statuere dignetur *iter arripere et, quanto breviori spatio potuerint*[a], *maturare. Hinc est, quod dictam paternitatem vestram sub confidentia, quam de vobis gerimus, attentius deprecamur, quatenus regie contemplationis intuitu ad hoc*[b] *niti velitis et*[c] *benevole*[d] *intendere cum effectu*[e], *ut nostra*[f] *in hiis desideria pro honore sancte matris ecclesie necnon sacri imperii et totius rei publice comodo pariter*[g] *et salute cessante more dispendio compleantur, singulare nobis in eo sincere dilectionis indicium*[h] *ostensuri.* 1355.

Datum Mediolani, die nona Ianuarii, regnorum nostrorum anno nono. Ian. 9.

Carolus[i] *Dei gratia Romanorum rex semper augustus et Bohemie rex.*

6. Epistola[a] domini Petri de Columbario Viennensis dyocesis, Ostiensis et Velletrensis episcopi cardinalis, ad imperatorem super certificatione recessus sui de curia ad eundem faciendi[b].

Serenissimo[1] *principi et inclitissimo domino domino Carolo Dei gratia regi Romanorum semper augusto.*

Serenissime princeps, inclitissime domine! De receptis nuper in Mediolano iuxta litterarum vestrarum[2] *seriem, quam avide nimium et letanter inspexi*[c], *vestre secunde coronationis honoribus gavisus sum gaudio magno valde, rogans Altissimum summa letitie consolatione repletus, ut de bono in melius vestros*[d] *amplificet cum votiva felicitate successus. Ad ea demum, que venerabilis pater dominus*[e] *Theodoricus*[f] *Mindensis episcopus pro parte vestra mihi narravit, gratissimam mihi deferens credentie litteram regia vestra propria manu scriptam*[3], *licet pro variis qualitatibus temporum et pro non parvis et propriis incumbentibus mihi negotiis*[4] *varium potuissem dare predicto*[g] *episcopo in*[h] *persona vestra*[h] *me requirenti responsum, sicut et reverendi patres et domini mei domini*[i] *Albanensis et Portuensis epi-*

a) poterint *P*. b) h^c *P*. c) et — intendere *om. D*. d) benigne *P*. e) affectu *P*. f) vestra *D*. g) pariterque *P*. h) iudicium *PD*. i) *subscriptionem om. PD*.

c. 6. *PDG*. — a) *superscriptionem om. DG*. b) faciendum *P*. c) aspexi *D*. d) nostros *P*. e) dictus *P*. f) *sic G*, G. *P*, Guillelmus *D*. g) dicto *G*. h) v. i. p. *P*. i) *om. PD*.

1) *Non est in Reg. imp. VIII.* 2) *Supra c. 5.* 3) *Supra c. 4.* 4) *Praecipue cogitandum de tractatibus inter nuntios regum Angliae et Franciae tunc in curia Avinionensi habitis, cf. infra c. 16.*

1355 episcopi cardinales eorum iustis respectibus[a] tam domino nostro pape quam eidem episcopo reddiderunt circa eorum et meum de curia Romana discessum pro vestre coronationis in Urbe solempniis celebrandis[1], tamen, quia secundum mei nominis
cf Eccles 26, 24 derivationem insitam habens petre solide firmitatem ac iuxta interpretationem ipsius[b] agnoscens me vobis de premissorum
cf Deut 32, 13 observantia placiturum, de me ipso velut erga vestre serenitatis devotionem saxo firmissimo dulce michi plus, quam scribere valeam, oleum humilitatis ebibi, promissionem[b*] meam de veniendo Romam ad vestre maiestatis honores tam[c] ex domini nostri[d] pape[e] mandato quam ex eius, cui licet immeritus[f] presum[g], Ostiensis[h] ecclesie debito[i], *sed nec minus *f 116 ex mee devotionis ad celsitudinem regiam ferventissimo zelo non obstantibus nonnullorum obloquentium linguis, quorum[k] nunc avaritie, nunc timoris, nunc laboris, nunc de regali munificentia desperationis aculeis stimulabar, firmiter observare decrevi. Ecce igitur confidens in[b] Domino[b], qui super
cf Ps 31, 8 me suos in hac via, qua gradiar, oculos confirmabit ac
cf Iudith 13, 17 in regie grate maiestatis instinctu, que sperantes in se non deserit, sed eam diligentibus remuneratrix existit, necnon habens in predicti Mindensis episcopi verbis me pro[l] parte vestra in optima spe constituentis[m] fiduciam[n], in vestrum
Febr 3 obsequium venire disposui, et in crastino[o] Purificationis domine nostre proxime successuro[p] meus erga vos purissimus et firmissimus animus apparebit, quia tunc[2] de Romana curia iustis dumtaxat[q] impedimentis[q] cessantibus Domino[r] concedente discedam[r] et, donec vos et me locus unus habuerit, per breviorem et aptiorem quam[s] potero viam[s] meas incessanter duce Domino continuabo dietas, ut tunc et semper exercear[t], velut opto[t], in beneplacitis regie maiestatis. Quam Dominus conservet ad votum et semper felicitet actus eius.
Ian. 22. Datum Avinione, die XXII Ianuarii[u].

Petrus[v] miseratione ⟨divina⟩[w] Ostiensis et Velletrensis episcopus cardinalis.

a) responsionibus *G* b) *om.* *P* b*) prouisionem *P.* c) mihi *add.* *D* d) mei *D* e) *om* *D* f) sinceritas *D* g) prae est *D* h) Ostiensi *G.* i) debitum *P* k) quarum *P,* quam *D.* l) *om* *G* m) constitutis *P* n) fiducia *D.* o) crasti[a] *P,* crastinum *D* p) successure *P,* successurum *G* q) i d *P* r) disc conc Dom *P* s) v q p *P* t) velut aptus exercear *P* u) 1355 *add* *G* v) *subscriptio in PD perperam titulum c 7 sequitur, in G temere mutata est* P de Columbario Bertraudus episcopus Ostiensis cardinalis tituli sanctae Suzannae legatus apostolicus w) *om* *PD,* *supplevi*

1) *Cardinales Albanensis Portuensisque, de quibus cf supra p. 6, tandem Avinione remanserunt neque ad regem coronandum profecti sunt, cf Werunsky p* 102 *sq*, 107 2) *Re vera cardinalis die* 9. *m. Februarii profectus est, cf. infra c* 16

7. Petitio domini Petri de Columbario in consistorio facta pape super pallio sibi tradendo[1]. 1355

Anno nativitatis Dominice MCCCLV, indictione VIII, die Mercurii IIII mensis Februarii, pontificatus vero Febr. 4. dicti sanctissimi patris et domini nostri domini Innocentii VI. divina providentia pape anno III, idem sanctissimus pater Avinione tunc residens in consueto loco palatiorum suorum tenuit consistorium, in quo fuerunt infrascripti domini[a] cardinales: videlicet miseratione divina

dominus Petrus Prenestinus[b],
dominus Thalayrandus Albanensis,
dominus Bertrandus Sabinensis,
dominus Guillelmus[c] Tusculanensis,
dominus Guido[d] Portuensis et
dominus Petrus Ostiensis et Velletrensis[e] ecclesiarum[f] episcopi cardinales,
dominus Ugo tituli[g] sancti Laurentii in Damaso,
dominus Pastor tituli[g] sanctorum Marcellini et Petri,
dominus Raymundus tituli[g] sancte Crucis in Ierusalem,
dominus Petrus tituli[g] sancti Martini in Montibus,
116' *dominus Arnoldus tituli[g] sancti Sixti,
dominus Nicolaus tituli[g] sancti Vitalis,
dominus Guillelmus tituli[g] sancte Marie[a] in Transtyberim et[a]
dominus Adrianus[2] tituli[h] sanctorum Iohannis et Pauli presbyteri[a] cardinales[a],
dominus Galliardus[i] tituli[h] sancte Lucie in Silice,
dominus Bernhardus tituli[h] sancti Eustachii,
dominus Guilielmus tituli[h] sancte Marie in Cosmedin,
dominus Nicolaus tituli[h] sancte Marie in Via lata,
dominus Petrus S. Marie Nove,
dominus Iohannes sancti Georgii ad Velum aureum et
dominus Raynaldus sancti Adriani diaconi[a] cardinales[a].

In quo quidem consistorio dictus reverendissimus pater dominus Petrus de Columbario Viennensis[k] dyocesis, Ostiensis et Velletrensis episcopus, sacrosancte Romane

c 7 *P, D partim* — a) *om D* b) Penestrinensis *D* c) *sic D,* Guillms *P et sic infra* d) Quido *P* e) Welletren *P* f) eccl — card *(l 17) om D* g) ecclesie *P* h) ecclesie *P, om D.* i) Galliandus *P*, Gaillardus *D* k) Vienen *P.*

1) *De pallio episcopo Ostiensi in consistorio cardinalium tradendo v. I. H. Bangen 'Die Romische Curie'* (1854) *p.* 79 *sq.* 2) *Recte Audoinus.*

1355 ecclesie cardinalis, qui propter longe diuturnitatis antiqua privilegia[1] sue Ostiensis ecclesie supradicte et consuetudinem hactenus in omnibus Romanorum imperatorum coronationibus inviolabiliter observatam necnon et propter[a] sue multiplicis virtutis industriam[b] ad benedictionis, inunctionis et coronationis predictarum solempnia celebranda per dictum dominum Innocentium VI. papam de consensu dominorum cardinalium predictorum declaratus extiterat et deputatus pariter et assumptus[2],
Febr. 4. eadem die Mercurii, IIII videlicet mensis Februarii supradicti, coram dominis papa et cardinalibus supradictis dixit. quod ratione prefate[c] sue ecclesie Ostiensis, etiamsi numquam esset ad celebranda solempnia coronationis huiusmodi accessurus, pallium de corpore beati Petri sumptum, in quo plenitudo pontificalis officii designatur, habere debebat[3]; propter quod ipsum pallium petiit et supplicavit instanter, instantius et instantissime sibi tradi[d], aliqua primo de officio seu ministerio, quod sibi ratione dicte sue ecclesie Ostiensis conpetit, subiciendo, secundo et breviter persuadendo, quod gratia illorum sibi nomine quo supra debetur pallium

Circa primum non obmittendo, quod *rex Almanie in imperatorem promovendus* ratione regni *a Coloniensi* archiepiscopo inungatur, ut notat Hostiensis in Summa Extra De sacra unctione, penultimo versu *Unctio regis*[4], *et corona ferrea per eundem Aquisgrani coronatur, ut recitat Iohannes An(dree) Extra De iureiurando, c. *Romani,* ibi *Porro,* in Clement.[5], secundum quem debet intelligi, quod notat Innocentius Extra De electione, c. *Venerabilem,* in glo *Cassavit enim* etc.[6], ad que facit epistola CCCXXXIX.[e] Clementis pape IIII, que incipit *Post clare*[7], dixit, *quod ex privilegio speciali episcopus Ostiensis consecrat*[f] *papam et inungit imperatorem*, *ita notat* *fol 117

a) proprie *D* b) industria *D* c) prefati *P* d) *hucusque D*
e) CCCXIIII *P* f) cum consecrat *P*

1) *V supra p* 2 2) *V supra p* 5—6 3) *Iam Marcus papa a* 336 *episcopo Ostiensi pallium tribuerat, v MG. Gesta pontif I, p.* 73, *Kehr, Italia pontificia II, p* 15, *n* 1 4) *Hostiensis (Henrici de Segusio cardinalis) Summa ad X de sacra unctione (I,* 15), *num* 8 5) *Cf c un de iureiur (II,* 9) *in Clem* 6) *Innocentii IV Apparatus ad c* 34 *X de elect (I,* 6) 7) *Reg Vatican* 33, *n*. 339, *Martène, Thesaurus II,* 196, *n* 190, *Potth* 20051, *B-F-W.* 9792, *Iordan, 'Les Registres de Clement IV' p* 407, *n* 1215

Hostiensis Extra De privilegiis c. Antiqua[a] [1], et Archi- 1355
d(iaconus) XXIII. distinctione c. *In nomine Domini*[2]. Illud, quod dictum est de consecratione pape, videtur habuisse ipse Ho(stiensis) a beato[b] Marcho papa et confessore, ut infra dicetur[3]. Iterum quod dictum est de unctione imperatoris, notat etiam ipse Host(iensis) in allega(to) c. *Venerabilem* super verbo *inungimus*[4]. Coronam vero impendit[c] papa secundum eundem Host(iensem) ibidem super verbo *coronamus*[5], et hoc se fecisse testatur Honorius papa III. in personam Friderici, ut patet in X. coll. De statutis et consuetudinibus contra libertates ecclesie factis, ibi: *Honorius* etc.[6], et habetur in cronica de ipso Honorio facta per fratrem Guidonem Bernardi de ordine Predicatorum[7]. Et ipsam recepisse fatetur ipse Fridericus de manu pape, ut habetur in eadem coll. et titulo incipiente[d] *Fridericus* in principio[8]. Et secundum predicta[e] videtur intelligendus textus predicti c. *Romani*, ibi: *Prefatis*[f], ibi *et decernentes unctionem et coronationem* etc.[9], et Specula ti(tulo)[g] De[g] lega(tis), ibi. *Nunc ostendendum*, versu XXXIX[10]. Item in Pontificali Romano in parte illa, qua cavetur de benedictione electi in regem Romanorum, inter cetera fit mentio de tribus episcopis videlicet Ostiensi, Portuensi et Albanensi, et ulterius, quod Portuensis unam orationem Albanensis vero aliam habent in ipsa benedictione dicere, Ostiensis vero habet inungere et quasdam orationes dicere[11], et[h] adhuc[i] aliqualiter recensendo antiqua[i] se retulit dominus noster papa in hoc, quod dominos Albanensem et Portuensem necnon me episcopum Ostiensem nominavit, ut est supra dictum, rubrica 'Declaratio facta' etc.[12]. Nec dicatur huiusmodi Pontificalis allegationem fore vanam. Nam

a) antiquo *P* b) b̄o *P* c) impedit *P* d) inc̄o *P* e) predictum *P* f) prefati *P* g) tido *P*. h) *verba* et — etc *(l. 30) notam a cardinali adiectam, in copia conficienda in textum receptam esse crediderim* i) *textu corrupto mederi non potui Alludi videtur ad verba* antiqua *et recensens supra p* 6 *lin* 3 et 5

1) *Hostiensis Lectura ad c* 23 *X de privil (V, 33)* 2) *Archidiaconi (Guidonis de Baysio) Apparatus ad Decr ad c* 1 *D*. 23 3) *Infra p.* 17 4) *Hostiensis Lectura ad c* 34 *X de elect (I, 6)* 5) *Ibid paululo infra* 6) *Coll X Const Frid II tit* 1 *in fine (= Codex Iust ed. Krüger p* 513, *nr* 12*), ubi tamen de coronatione nihil dicitur* 7) *Muratori, SS rerum Ital III*, 569 *D* 8) *Coll X Const Frid. II tit* 1 *in princ (= Codex l c p* 512*)* 9) *Cf c un de iureiur (II, 9) in Clem* 10) *Guilelmi Durantis Speculum iudiciale I partic* 1 *cap* 2 *'nunc ostendendum'* § 39 11) *In Pontificalibus Romanis adhuc iuris publici factis (F A Zaccaria, Bibliotheca ritualis, I, p* 164*) hoc non legitur* 12) *I e cap* 2, *cf supra p* 6, *l* 25

1355 et C(lemens) papa V. ad quoddam propositum suum allegavit dictum Pontificale, ut patet in allega(to)[a] c.[a], ibi *Prefatis*[b], ibi quando dicitur: *iuramentum prestitit corporale, quod in libro pontificali Romano prestandum* etc.[1], et hoc est, quod ibidem super verbo *pontificali* notat Iohannes *An(dree) post Host(iensem), qui dicit dictum *librum* esse *f. 117 *autenticum*, prout ipse Iohannes An(dree) ibidem deduxit[2]. Iterum in cronicis fratris Guidonis[3] supradicti in parte, qua cavetur de Henrico[4] imperatore, dicitur, quod tres cardinales episcopi, videlicet domini Nicolaus Ostiensis, Leonardus Albanensis et Armandus[5] Sabinensis ecclesiarum episcopi necnon dominus Lucas de Flisco dyaconus cardinalis fuerunt per predictum C(lementem) V. missi Romam[c] ad coronandum ipsum Henricum electum in regem Almanie et Romanorum, licet tres tantum in ipsa coronatione predicta interfuerunt ob hoc, quod predictus Leonardus episcopus Albanensis, antequam Romam pervenisset, obiit, que quidem cronica videtur esse glo(sa) verborum positorum in alleg(ato) c., ⟨ibi⟩[d]. *Prefatis*[b], ibi quando dicitur: *Postremo*[e] *idem Henricus consecrationis et coronationis sue tempore aliud eisdem cardinalibus, quos ad impendendum sibi huiusmodi consecrationis et coronationis insignia miseramus ⟨ad⟩*[d] *Urbem* etc.[1], q(uasi) d(iceret) 'cardinales missi pro hoc fuerunt illi, qui supra nominati sunt'. Nec dicatur cronicarum allegationem fore peregrinam. Nam et Bernardus et Ho(stiensis) in alle(gato) c. *Venerabilem* et Archidiaconus in alle(gata) salutatione VI. libri[6] allegat cronicas. Hec coadiuvant[f]. Nam scripturis antiquis credendum est, ut habetur Extra De prescriptionibus c. *Ad audientiam*[7] cum ibi alle(gatis), et argumentum ff. Fini regun.[g] le.[h] *In finalibus*[8]. Colligitur clare ex premissis, quod ius consecrandi papam et inungendi electum in regem Romanorum futurum imperatorem ad episcopum Ostiensem ratione sue ecclesie pertinet.

Circa secundum dixit, quod, quia episcopus Ostiensis papam consecrat et imperatorem inungit, ut est supra

a) allegacōe *P*. b) prefatus *P*. c) Roe *P*. d) *om. P, supplevi*. e) postque *P*. f) coadiuratur *P*. g) regū *P*. h) li *P*.

1) *c. un. de iure iurando in Clem. (II, 9)*. 2) *V. glossam ibid.* 3) *In parte scilicet, quae luci publicae data non est.* 4) *VII.* 5) *Recte Arnaldus.* 6) *Cf. glossam ad formulam salutationis in prooemio VIti.* 7) *c. 13 X de praescriptionibus (II, 26)*. 8) *Dig. X, 1, 11.*

dictum, inde est, quod propter hoc palleatus est, quod 1355
ita fit. Notat hoc Host(iensis) in alle(gato) c *Antiqua*[1],
ubi dicit, quod ideo utitur palleo, quia papam consecrat
et imperatorem inungit Item probatur hoc clare in
officio matutinali beati Marci supradicti[2], quod est in
mense Octobris, ubi cavetur, quod ipse *constituit,* quod
*episcopus Ostiensis, qui episcopos Urbis consecrat, palleo
uteretur et ab eodem episcopus Rome consecraretur* Idem
etiam narratur in cronicis fratris Guidonis sepe dicti,
videlicet in cronica facta de prefato beato Marco[3]. Hoc
idem cavetur in prima cronica predicti fratris Gwidonis[4],
ubi, postquam fecit mentionem de episcopis cardinalibus
dixit, quod episcopus Ostiensis dignior est aliis propter
consecrationem pape et utitur palleo. Istud et quedam
alia, que supra dicta sunt per eundem fratrem Guidonem, videtur ipse habuisse ex cronicis fratris Martini[5]
Secundum predicta intelligendus est Host(iensis) in
f. 118. Summa Extra De usu pallii r(ubrica)[a] *Cui concedendum*[6] in
principio, ubi enarrat certos episcopos, inter quos est
episcopus Ostiensis, quibus palleum debetur Nec dicatur
ab aliquibus, quod ipse Ostien(sis) circa predicta non
sit credendus, quia pro se seu ecclesia sua dixit et loquebatur, prout Iohannes Monachi de se ipso ut sub
numero cardinalium existente seu contento notavit in
Extravag Bonifacii[b] pape VIII que incipit: *Excommuni-
camus*[7]. Nam prout supra patet, eius opiniones sunt
per alios antea dicte et per alios confirmate, non est
ergo ipse solus in opinione sua Quin autem beatus
Marcus papa, de quo supra dictum est, ipsum Ostiensem
precessit, non est dubium, nam preesse incipit anno
CCCXXXVIII, ut habetur in cronica de ipso facta per (336)
dictum fratrem Gwidonem[3], de qua superius est facta
mentio Ostiensis vero Summam suam fecit anno Domini
MCCXXXIX, ut notat eadem Summa Extra De fide 1239
instrumentorum r(ubrica)[a] II in II columpna[8], Apparatum

a) *sic signum quoddam in P minus clare scriptum interpretor* b) bonifacii *P*

1) *Hostiensis Lectura ad c 23 X de priv. (V, 33)* 2) *Breviarium Romanum ad Oct* 7 3) *In Floribus cronicorum, apud A. Mai, Spicilegium Rom VI, p* 54 4) *In parte quadam inedita* 5) *Oppaviensis, MG SS XXII, p* 407, *l* 18 6) *Hostiensis Summa ad X de auctoritate et usu pallii (I, 8) num* 3 7) *Extravag comm V de sententia excomm c.* 1 *in glo. ad verbum 'clericos'.* 8) *Hostiensis Summa ad X de fide instr (II, 22) num 3, in fine Cf autem I F von Schulte 'Geschichte der Quellen und Litteratur des kanonischen Rechts' II, p* 126

1262 vero anno Domini MCCLXII[a], prout notat in alle(gato) ti(tulo) De fide instrumentorum c. *Inter dilectos* super 1355 verbo *in annotatione*[1] Ulterius laxando dixit episcopus prefatus, quod *in conciliis post papam sedet primus ex speciali privilegio concesso ecclesie Ostiensi*, que *sic favorabilior visa est pro eo, quod papam habet ⟨suus episcopus⟩*[b] *consecrare et imperatorem inungere, propter quod palleatus est*, sicut dictum est Sic notat Host(iensis) in alle(gato) c. *Antiqua*[2]. Quedam alia privilegia seu prerogativas dixit[c] dictam ecclesiam suam habere, que diligens indagator per se invenire poterit. Et hiis fuit contentus.

Auditis vero supradictis dominus[d] papa velle super hoc deliberare cum fratribus tunc respondit.

8. Decretum domini[a] pape, qualiter dominus[a] episcopus[a] Ostiensis est pallio decorandus

Febr. 6. Sequenti vero die Veneris, VI. die videlicet mensis Februarii supradicti, anno, indictione ac pontificatu predictis[b] prefatus dominus noster papa prius habita cum omnibus et singulis dominis[c] cardinalibus suprascriptis super petitione ac supplicatione facta per dictum reverendissimum patrem dominum Petrum[d] Ostiensem episcopum de pallio supradicto discussione ac deliberatione matura, etiam, ut moris est, absente dicto domino Ostiensi[e] de dictorum dominorum cardinalium consilio et assensu, licet aliqui pauci tum[f] nimis forte voluntarie, cum de iure seu consuetudine non deberent, oppositum dicerent, deliberavit, decrevit et declaravit ipsum dominum Ostiensem episcopum et successores eius in episcopatu predicto ratione dumtaxat iurisdictionis et prerogative, quibus ipsa Ostiensis ecclesia gaudere dinoscitur, pallium habere debere ac esse honore pallii decorandos[g] et illud sibi *nunc et suis in posterum successoribus rationa- *f 11

a) MCCXLII *P*. b) *om P, supplevi ex Hostiensi* c) dicit *P* d) *hinc denuo incipit D, praecedit qui c. 8 PD, in G textus temere corruptus, (cf Salomon l. c. c. IV nr 5 B), in fine mutilus, hic non adhibitus* — a) *om D* b) supradictis *D* c) *om D* d) Bertrandi *D* e) Ostiense *D* f) tum — deberent *(l. 26) om D* g) decorandum *P*

1) *Rectius* 'super verbo indictionis', *Hostiensis Lectura ad c 6 X de fide instrumentorum (II, 22)* 2) *Hostiensis Lectura ad c. 23 X de privilegiis (V, 33)*

biliter esse tradendum, et mandavit, ut moris est, reverendis in Christo patribus dominis Galhardo de Mota sancte Lucie in Silice ac Bernhardo de Turre sancti Eustachii primis tunc dyaconibus cardinalibus antedictis, ut eidem domino episcopo Ostiensi pallium iuxta ritum ecclesie traderent atque[a] darent[a] Et superhabundanter etiam[a] declaravit omnibus predecessoribus suis in episcopatu predicto pallium predictum debitum extitisse atque[b] eis[a] illud competisse[c] portare ratione dumtaxat Ostiensis ecclesie supradicte. 1355.

9. Traditio pallii de mandato pape per cardinales domino Petro de Columbario Viennensis[a] ⟨diocesis⟩[b], Ostiensi et[c] Velletrensi[c] episcopo cardinali[c].

Sequenti vero die Sabbati, VII videlicet[d] die[d] mensis[c] Febr 7 Februarii supradicti[c], anno, indictione ac pontificatu predictis, fuit ipsi domino Petro[c] episcopo Ostiensi de mandato et[e] commissione dicti domini nostri summi[e] pontificis[f] vive vocis oraculo illis facta[g] ipsum pallium iuxta Romane[h] ritum ecclesie[h] in capella consistorii, in[i] qua singulis aliis assignatur, assignatum et traditum per reverendos patres et[c] dominos[c] de Mota et de Turre cardinales superius[k] nominatos, ad assignationem huiusmodi, sicut dictum est, specialiter deputatos. De cuius quidem pallii assignatione[c] et[c] traditione dicti domini de Mota et de Turre cardinales[c] eidem domino Ostiensi ad eternam rei memoriam suas patentes litteras eorum sigillis sigillatas concesserunt Quarum tenor sequitur in hec verba

10 Declaratio[a] dominorum cardinalium commissariorum de traditione pallii domino episcopo Ostiensi

Universis presentes litteras inspecturis Galhardus sancte Lucie in Silice[b] *et Bernhardus sancti Eustachii*

a) *om* D b) ac D c) competisse D.

c 9 *PD* — a) Viennen *P*, *om* D b) *om* *PD* c) *om* D d) d v *P* e) et — summi *om.* D f) domini pape D g) facto D. h) rit Ro eccl D i) in — et *(l. 21)* *om* D k) sup. — deput. *(l. 24)* *om* D

c 10 *PD*, *textus G abbreviati lectiones varias non omnes adnotavi* — a) *superscriptio sic G*, copia littere apostolice de traditione pallii supradicti *PD*, applicatae *per errorem legit Hofler, id quod Werunsky p. 107. perperam approbavit* b) silicie *P*

1355 *miseratione[a] divina[1] dyaconi cardinales, commissarii ad[b] infrascripta[b] a sanctissimo[c] in Christo patre et[c] domino nostro domino[d] Innocentio divina[b] providentia[-] papa[e] VI specialiter deputati, salutem in Domino sempiternam.*

*Ad universitatis vestre notitiam presentium[f] tenore[f] deducimus, quod nos de mandato et[b] commissione[b] specialibus[g] eiusdem domini nostri pape per[h] eum[h] vive vocis oraculo super hoc nobis factis[i] pallium de corpore beati Petri sumptum, plenitudinem videlicet[k] pontificalis officii[l], reverendo in Christo patri et[m] domino domino Petro Dei gratia[m] Ostiensi et Velletrensi episcopo sancte Romane ecclesie cardinali ratione ecclesie sue Ostiensis in hoc ab antiquo privilegiate debitum et per ipsum dominum Petrum ut Ostiensem episcopum cardinalem ab eodem domino nostro papa *cum debita instantia postulatum prefato domino Petro prout[n] Ostiensi episcopo cardinali[o] die date presentium Avinione in papali[e] palatio iuxta ritum et[p] consuetudinem* *f 11 *eiusdem sancte Romane ecclesie assignavimus et tradidimus in hec verba:*

'Ad[1] honorem Dei omnipotentis et beate Marie virginis[e] et beatorum apostolorum Petri et Pauli et domini Innocentii pape VI. et sancte Romane ecclesie necnon Ostiensis ecclesie vobis commisse tradimus[q] vobis pallium de corpore beati Petri sumptum, plenitudinem videlicet[h] pontificalis officii[r], ut eo certis diebus utamini, qui et prout exprimuntur in privilegiis eiusdem vestre Ostiensis ecclesie super hoc ab apostolica sede concessis, recepto primitus a vobis dicti domini nostri pape et ipsius sancte Romane ecclesie nomine fidelitatis debite solito iuramento.'

In cuius rei testimonium presentes litteras sigillorum nostrorum iussimus[c] et[e] fecimus appensionibus roborari.

Datum in loco[s] predicto[s], anno nativitatis[e] Domini[e]
Febr 7 *MCCCLV, die VII mensis Februarii, pontificatus domini[t] nostri[t] pape anno tertio.*

a) in d *hoc loco in G posita, verbum* Galhardus *praecedunt in PD* b) *om DG* c) sanct — et *om D* d) papa *D* e) *om D* f) ten pr *G* g) speciali *D*, *om G* h) *om P* i) facto *DG* k) *om G* l) designans *add G* m) *pro* et — gratia *D* domino n) ut *D* o) *pro* cardin — trad (*l 18*) *G* in ecclesia consistorii palatii p) et — eiusdem (*l 18*) *om D* q) tradidimus *P* r) denotans *add G* s) ecclesia consistorii *G* t) D nostri *G*, dicti nostri domini *P*.

1) *De hac formula v Hinschius 'Kirchenrecht' II, p 30, cf I, p 209 sqq, II, p 23 sqq, Ferraris, Prompta bibliotheca canonica s v. 'archiepiscopus' (ed 1844 I, p 395); Chr Marcelli Sacrarum cerimoniarum lib I, s 10 c 5 apud Hoffmann, Nova scriptorum collectio II, 424.*

11. Visitatio cardinalium qualiter fuit[a] facta per[b] dictum[b] cardinalem in recessu suo de[c] curia[c]. 1355.

Interea tamen[c] et antea et postquam hec acta sunt, dictus reverendissimus[c] dominus Petrus[c] Ostiensis et[d] Velletrensis episcopus cardinalis[d] tam per litterarum[e] et nuncciorum[f] predicti domini regis Romanorum[g] frequenter eum incitantes aculeos[h] quam et non minus ex innato sibi festine sollicitudinis et diligentissime cure pruritu necnon et maxime per evolati semel sue de accessu promissionis emissi verbi memoriam in se ipso continue stimulatus magis ac magis satagens, ut verbo cf Eclus 37,20
simul verax inveniatur et opere, diebus contiguis[c] et[c] continuis visitat[1] omnes et[c] singulos[c] confratres[i] eius et patres[k] dominos cardinales, cum multis ex eis recreationem specierum seu confectionum et potus non[l] preter[m] consuetudinem Romane militantis ecclesie pro sincere caritatis indicio fraterne recipiens, et ab illis exceptus in gaudio gaudiose recedit.

12. Qualiter domini cardinales visitant dominum Ostiensem.

Simili modo ceteri[a] domini[a] cardinales omnes[1] et singuli singulariter visitant eundem dominum Ostiensem episcopum[b] cardinalem[b], qui recreationem similem omnibus honorifice nimium et caritative[c] preberi more suo letissimo corde mandavit[d].

13. Zelus et fervor, quos habet dominus Ostiensis ad implendum mandatum domini nostri pape Innocentii.

*Et licet visitationem huiusmodi cum fervcnti studio
119' sollicitudinis agat, tanto tamen ad confirmandam[a] illam ferventius incitat, quanto per dominum papam et per litteras commissionis eiusdem, quarum *mandatum latum* cf Ps 118,96

c 11 *PD* — a) fuerit *D* b) per predictum *D* c) *om* *D* d) et — card. *om* *D* e) litteris *D*. f) nuncios *D* g) Romani *P*. h) aculeos — sue (*l.* 10) *om*. *D*. i) fratres *D* k) et *add* *P* l) vero *D* m) propter *D*.
c. 12 *PD* — a) ceterique *P* b) *om* *D* c) caritatē *P* d) mandat *D*
c. 13 *P* — a) *fortassis* conficiendam

1) *Cf. Iacobi Caietani Ordinarium, nr* 117 (*apud Mabillon, Museum Italicum II, p.* 438).

1355. *nimis* atque latissimum *finis consumationis* huiusmodi existit tenoris et continentie subsequentis, expressius incitatur

14. Copia commissionis pape super coronacione imperatoris formam ipsius coronationis continentis[a].

Innocentius[1] *episcopus servus servorum Dei venerabili fratri Petro episcopo Ostiensi, apostolice sedis nuntio, salutem et apostolicam benedictionem*

Ps 44, 3 Speciosus forma pre filiis hominum *Iesus Christus militantem ecclesiam, sponsam suam, sicut potestatis plenitudine*[b] *ad salutare orbis regimen communivit*[c], *sic etiam, ut decoro gloria sponso iuncta*[d] *pulchrior appareret*[e], *honorum*[f] *fascibus et scemate dignitatum quasi quibusdam renitentibus*[g] *margaritis ornavit*[h] *Sed illud ei concessit glorie potioris insigne, quod ipsa sublimioribus quibuscumque potestatibus, quibus idem ipse Christus eam pretulit, universaliter omnibus velut sol copiosus*[i] *proprii luminis erogator ad ornatum adiciens quo largius de plenitudine honorum suorum communicat aliis, eo refulget*[k] *amplius, eo resplendet*[l] *potius et est honoratior in se ipsa.*

Dudum siquidem post electionem de karissimo in Christo filio nostro Carolo rege Romanorum illustre celebratam[2] *concorditer*[m] *per principes regni Almanie in*[n] *electione regis Romanorum vocem habentes, cum imminet pro tempore facienda, felicis recordationis Clementi pape sexto, predecessori nostro per solempnes dicti regis ambasiatores et nuncios*[3] *ad ipsius predecessoris presentiam destinatos electionis eiusdem presentato decreto*[4] *ac tam super ipsius electionis*

c 14 *P*, *D partim (p 22 l 4 — p 29 l 25)*, *S partim (infra p 25 l 16 — 30 l 3)* *Extat praeterea in Registro Vaticano 239 f 6 ep 6 (R), quem textum secundum editionem ab A Theiner, Codex dominii temporalis s Sedis, II, p 279 paratam ad corrigendas vel confirmandas aliorum librorum lectiones hic illic adhibui* — a) continens *D* b) *sic R*, plenitudinem *P* c) etc *add D*, sic — ipsa (*l* 21) *om D* d) *sic R*, iuncto *P* e) *sic R*, appet *P* f) honorem *P* g) *sic R*; remittentibus *P*. h) *sic R*, ornatur *P* i) *sic R*, cupiosus *P* k) refulgit *P* l) resplendit *P* m) misericorditer *D*. n) *om P*.

1) *Reg imp VIII 'Pabste' nr.* 46, *cf Reg imp VIII, nr* 2014, 2015, *quibus litteris haec commissio ad verbum inserta est Eiusdem tenoris commissionem papa eodem die Aegidio (Albornoz) cardinali legato misit, quam habes apud A Theiner, Codex dominii temporalis s Sedis, II, p* 280 *Qui legatus ad coronationem non venit* 2) *De qua cf MG Const VIII nr* 1 *sqq* , *nr* 63—72. 3) *Quinam fuerint, non satis apparere iam notavimus MG Const VIII, p* 93 4) *Cf MG. Const VIII, p* 92 *In verbis sequentibus repetuntur ea, quae dixit*

forma quam super ydoneitate ac sufficientia et habilitate[a] 1355
persone dicti regis informatione habita diligenti per quosdam[1] ex fratribus predecessoris ipsius, de quorum numero tunc eramus[2], quibus idem predecessor informationem huiusmodi duxerat committendam, ac per commissarios huiusmodi facta predecessori memorato in presentia dictorum fratrum de informatione habita super hiis relatione fideli, dictus predecessor de fratrum consilio predictorum ad devote ac humilis supplicationis instantiam per dictos ambasiatores et nuncios eidem predecessori frequenter effusam prefatum regem in specialem filium suum et ecclesie memorate suscepit, sibi suos favorem et gratiam benigne concedens, ac ipsius
120 regis persona ydonea reputata eum denominavit[b], denunciavit, assumpsit et declaravit regem Romanorum, et approbans[c] personam ipsius eum[d] sufficientem et[d] habilem[e] declaravit ad suscipiendum[f] imperialis celsitudinis dignitatem, decernens unctionem, consecrationem et coronationem imperiales per manus suas eidem regi oportunis loco et tempore impendendas, ac supplens ex certa scientia et de plenitudine apostolice potestatis omnem defectum, si quis aut ratione forme aut ratione regis predicti aut electorum suorum personarum seu ex quavis alia ratione vel causa in huiusmodi electione intervenerat quovis modo, ac precipiens omnibus fidelibus et vasallis imperii, ut prefato regi sicut regi Romanorum in imperatorem promovendo intenderent efficaciter ac parerent. Postmodum vero[g] predecessore ipso, prout Domino placuit, nature debitum exsolvente[3] nobisque licet immeritis ad fastigium apostolice dignitatis assumptis[4] prefatus rex per venerabilem fratrem nostrum Theodericum episcopum Mindensem, nuncium et ambasiatorem, ac litteras[5] eius nobis intimare curavit, quod ipse Ytalie partes eidem imperio subiectas intraverat et ab incolis et habitatoribus civitatum aliorumque locorum Lombardie honorifice pacificeque receptus unctionem et dyadematis imperialis insignia in basilica principis apostolorum de Urbe Deo propitio susci-

a) huilitate P. b) connominavit D. c) approbat P d) om D e) sic R, humilem P, om D f) suscipiendum D. g) om P

a. 1346 Clemens VI in approbatione Karoli IV, MG Const VIII, nr 100, p 163, ad quae cf. etiam instrumentum super approbatione ibid nr 101 1) Sex cardinales; cf Const l c p 164 2) Innocentius VI. tunc (a 1342—1352) tituli S. Iohannis et Pauli cardinalis erat. 3) 1352 Dec. 6 4) Electus 1352 Dec 18, consecr Dec 23. 5) Hodie deperditas, cf supra p. 6 n 1

1355 *pere in proximo disponebat, et intuens sicut princeps discretionis et circumspectionis virtute conspicuus quod nobis in partibus cismontanis*[a] *multorum gravium et urgentium negotiorum involucro prepeditis huiusmodi unctionis et coronationis insignia per manus nostras non possent ei in basilica memorata concedi, per dictos episcopum et litteras nobis humiliter supplicavit, ut per aliquos de fratribus*[b] *nostris huiusmodi unctionis et coronationis aliaque insignia impendi in dicta ei basilica facere dignaremur. Nos autem qui ad ipsius regis honoris et status incrementa ex paterne caritatis instinctu affectionem gerimus promptiorem, huiusmodi antefati regis litterarum serie et que idem episcopus verbo subiunxit diligentius intellectis, attendentes, quod, sicut idem quoque rex consideravit prudenter et provide, sic huiusmodi negotiorum pondere premimur et eorum nodis implicitis implicamur, quod coronationis et unctionis et aliis solempniis peragendis eisdem non possemus nostram presentiam exhibere, et cupientes in executione solempniorum ipsorum, quibus mente aderimus, per ministros, quos tanti negotii celebritas exigit, suppleri corporalis absentie nostre vices, ad te ac*[c] *dilectum filium nostrum Egidium tituli sancti Clementis* *f. 120 **presbyterum cardinalem apostolice sedis legatum, quos virtutum grandium*[d] *splendor illustrat*[e] *quosque in magnis et arduis operarios utiles multa experientia comprobavit, considerationis nostre direximus oculos et sperantes quod industria tua et legati prefati, que in quibuscumque semper operibus emicuit clarior, hoc*[f] *etiam insigne opus ad Dei laudem et gloriam ac honorem et decus ipsius ecclesie sponse sue ipso prestante, qui bonorum director est actionum, laudabiliter exequetur, memorati regis devotis supplicationibus inclinati te dictumque legatum ad celebritatem huiusmodi honorabiliter*[g] *peragendam*[h] *ministerii deputamus. Quocirca*[1] *fraternitati tue per apostolica scripta mandamus, quatenus ad eandem Urbem te personaliter conferens ac ibidem die, quam idem rex ad hoc duxerit eligendam*[2], *cum legato conveniens*[i]

a) *sic DR*, transmontanis *P*. b) confratribus *P* c) ad *P* d) gaudium *P* e) *om. P* f) hoc — inclinati (*l* 30) *om D* g) *sic R*, honoral *P*, honorabilem *D* h) peragenda *P* i) conveniretis *P*

1) *Ad sequentia et ad ordinem coronationis cf commissionem coronationis Henrici VII a* 1311. *a Clemente V papa cardinalibus datam (MG Const IV, nr* 644, *p* 609 *sqq), quae ad verbum fere hic repetitur* 2) *Diei ad coronationem eligendi permissionem regi papa dedit in litteris item Ian* 31. *scriptis, Reg imp VIII 'Pabste', nr* 44

memorato tu[a] in dicta basilica missam celebres et regem 1355

inungas eundem et tu[a] dictusque legatus regi prefato et karissime in[b] Christo[b] filie nostre Anne regine Romanorum illustri, uxori sue, mitras et dyademata imperii ac eidem regi sceptrum, pomum et gladium ac alia solempnia, prout infra patentius clariusque distinguitur, tribuatis ipsorumque inclitos vertices insigniis eorundem adhibitis[c] vetuste consuetudinis solempnitatibus[c] decoretis. Et ne quis in huiusmodi peragendis solempniis[b] error possit intervenire, quod absit, modum et formam agendorum, et ubi et per quas personas agenda fuerint, particulariter et distincte duximus presentibus inserenda[d], prout in archivo ipsius ecclesie et pontificali ordinario[1] continetur.

Quorum forma talis est.

[ORDO CORONATIONIS][e][2]

Cum[f] rex in[g] imperatorem[h] electus pervenerit ad portam Collinam[i][3], que est iuxta castellum Crescentii, recipiatur honorifice a clero Urbis cum crucibus et thuribulis et processionaliter deducatur usque ad gradus basilice sancti Petri, cantantibus universis 'Ecce mitto angelum meum' etc., camerariis eius missilia spargentibus ante ipsum et prefecto Urbis gladium preferente. Cum autem pervenerit ante basilicam in platea, que Cortina vocatur, dextrandus est a senatoribus usque ad gradus predictos, ubi eo descendente tradendus est equus, cui rex insederat, illis. Interim autem summus pontifex cum omnibus ordinibus[k] suis[k] preparet[l] se in secretario tamquam celebraturus divina, et processionaliter exiens usque ad suggestum aree superioris, que est in capite graduum, super faldestorium ibi sedeat consedentibus super gradus a parte dextra episcopis et presbyteris, a sinistra vero dyaconis cardinalibus, et in proximiori

*f. 121 gradu subdyaconis *et accolitis, primicerio et cantoribus astantibus circa illos cum magnatibus et nobilibus, officialibus et ministerialibus aule papalis. Tunc rex cum archiepiscopis et episcopis, principibus et magnatibus suis ascendens ad

a) cu P. b) om. P. c) sol. vet. cons. adhib. P. d) inferenda P. e) hanc superscriptionem addidi. f) abhinc S. g) om. DS. h) imperator DS. i) Collinam P, Colinam S. k) s. ord. P, suis om. S. l) preparat PD.

1) I. e. in libro tali, qualem saec. XIV. conscripsit Iacobus Caietanus (ed. Mabillon, Museum Italicum II, 243 sqq., cf. Labande in 'Bibliothèque de l'école des chartes' LIV (1893) p. 45 sqq.). 2) Ordinem enotavit I. Schwarzer in 'Forschungen zur Deutschen Geschichte' XXII, 166, nr. 18. Cf. etiam supra p. 24 n. 1. 3) Porta Castello

1355 *summum pontificem reverenter osculetur pedes ipsius, et offerens ei aurum, quantum sibi placuerit, benigne recipiatur ab eo ad osculum et amplexum. Quo demum surgente rex ipse a parte dextra et prior dyaconorum a parte sinistra deducant eum usque in ecclesiam sancte Marie in Turribus*[1], *ubi ante altare subdyacono euangelii textum tenente rex super illud corporaliter prestet huiusmodi iuramentum*

'Ego Carolus rex Romanorum, futurus annuente Domino imperator, promitto, spondeo et polliceor coram Deo et beato Petro, me de cetero protectorem et defensorem fore summi pontificis et sancte Romane ecclesie in omnibus necessitatibus et utilitatibus suis, custodiendo et conservando possessiones, honores et iura eius, quantum divino fultus adiutorio fuero, secundum scire ac[a] *posse meum recta ac*[b] *pura fide. Sic me Deus adiuvet et haec*[c] *sancta evangelia'*[c].

Forma[d] *autem iuramenti prestiti in Avinione per procuratores et nuncios predicti regis Romanorum tempore sue coronationis renovandi talis est*

'Vobis[2] *sanctissimo patri et domino ⟨domino⟩*[e] *C(lementi) divina providente clementia pape VI nos Arnestus archiepiscopus Pragensis, Ademarus comes Valentinensis, Henricus comes de Salmis, Gerardus de Grandiprato de Euzalisia*[3], *Gautherus de Montilhio et Iohannes de Asperomonte, Gerardus de Magnaco*[f] *archidiaconus de Bauthesio*[g] [4] *in ecclesia Constantiensi*[5], *Rodulphus dictus Loyze officialis Treverensis, Iohannes de Pistorio decanus ecclesie sancti Salvatoris Traiectensis et Nicolaus de Lucemburgo prepositus ecclesie Sacensis Pragensis dyocesis, nuncii et procuratores serenissimi principis domini Caroli Romanorum regis habentes ad omnia infrascripta plenam et generalem ac liberam potestatem et speciale mandatum ab eodem, prout constat per predictas patentes litteras*[6] *et per aliud publicum instrumentum*[7], *quorum tenores superius*[8] *continentur, ipsius vice et nomine domini nostri regis predicti et in animam*

a) et *P* b) et *DR* c) *sic S*, hec sancta etc *D*, hec etc *P* d) Forma — renovabit *(p 27 l 20) om DS* e) *om P, suppleri ex R* f) *sic R*, Magrato *P* g) *sic R*, Borithosio *P*.

1) *Cf Armellini 'Le chiese di Roma' p* 381 2) *Continetur in instrumento super approbatione regis* 1346. *Nov* 6 *dato, MG Const VIII, nr* 101, *p* 165 3) *I e. Huffalisia.* 4) *Baupte* 5) *Coutances* 6) *MG Const VIII, nr* 95 7) *Ibid nr* 98 8) *Videlicet in instrumento super approbatione supra n* 2 *citato, ex quo hoc iuramentum petitum est*

ipsius promittimus et iuramus per Patrem et Filium et 1355
Spiritum sanctum et per hec sancta Dei ewangelia et per hoc lignum vivifice crucis et per has reliquias sanctorum: quod nunquam vitam aut membra aut ipsum[a] honorem, quem habetis, sua voluntate aut suo consensu aut suo consilio aut sua exhortatione perdetis. Et in Roma nullum placitum aut ordinationem faciet de omnibus, que ad vos pertinent aut ad Romanos, sine vestro consilio et assensu. Et quidquid f. 121v. de terra Romane ecclesie *pervenit ad ipsum aut perveniet, vobis reddet, quam citius poterit. Et quandocumque in Lombardiam aut Tusciam[b] aliquem mittet[c] pro terris aut iuribus suis gubernandis, quotiens mittet, faciet iurare eum, ut adiutor vester sit ad defendendum terram Romane ecclesie et Romanam ecclesiam secundum suum posse. Et si permittente Deo dictus dominus noster rex Romam venerit, sanctam Romanam ecclesiam et vos, rectorem ipsius, et successores vestros exaltabit secundum suum posse. Et cum Rome vel alibi per vos in imperatorem fuerit coronatus, dominus noster rex predictus dictum iuramentum et alia fieri consueta ad requisitionem vestram tempore coronationis sue personaliter renovabit.

Deinde summus pontifex cum ordinibus suis[d] ad altare procedit et facta ibi oratione[e] ad sedem ascendit, rege cum suis tribus episcopis, videlicet Ostiensi, Portuensi[f] et Albanensi in ecclesia sancte Marie in Turribus remanente, ubi a canonicis sancti Petri receptus in fratrem imperialibus induatur insigniis, dato ipsius pallio camerario domini pape. Qui precedentibus illum canonicis et cantantibus: 'Petre amas me' etc. cum ad hostium basilice principis apostolorum pervenerit, que porta argentea nuncupatur, deducentibus eum hinc inde comite Lateranensis palatii et primicerio iudicum Romanorum, Albanensis episcopus ante ipsam portam argenteam hanc super eum benedictionem effundat 'Deus, in cuius manu corda sunt regum' etc. Cum autem intra ecclesiam in medio[g] rote[g] [1] pervenerit, Portuensis episcopus hanc orationem super eum decantet 'Deus inenarrabilis auctor mundi' etc. Qui cum ad confessionem beati Petri pervenerit, prosternat se pronus in terram et prior dyaconorum super eum faciat letaniam. Qua finita prior presbyterorum dicat orationem Dominicam cum capi-

a) sic R, ipsius P. b) Bustiam P. c) mittat P. d) om. D. e) coronatione P. f) et Port. P. g) sic R, mediorate P, medio rate D.

1) Lapis ille celeberrimus rotundus porphyreticus in pavimento basilicae.

1355 *tulis istis 'Salvum fac servum tuum, Domine', 'Mitte ei auxilium de sancto'[a], 'Domine, salvum fac regem'. Ac deinde dicat orationem istam 'Actiones nostras quesumus, Domine' etc. Post hec procedant ad altare sancti Mauritii, ubi Ostiensis episcopus ungat ei de oleo exorcisato brachium dextrum et inter scapulas, hanc orationem dicendo 'Domine Deus omnipotens, cuius est omnis potestas' etc. item aliam orationem 'Deus, Dei filius[b], Iesus Christus' etc. His itaque peractis ascendat[c] rex ad altare beati Petri, ubi summus pontifex facta confessione recipiat eum ad osculum sicut unum ex dyaconibus, ipseque procedat ad pulpitum vel ambonem, ubi thalamus constructus de lignis *et ornatus de* *f. 12
palleis[d] debet ei esse paratus, cum suis archiepiscopis et episcopis principibus et magnatibus secundum capacitatem loci consistat. Primicerius autem et scola cantorum in choro ante altare decantent introitum et post Kyrie eleyson et ympnum angelicum decantata summus pontifex dicat orationem, que competit illi[e] diei[e], et hanc orationem[e] pro ipso imperatore 'Deus regnorum omnium' etc. Item aliam[f] orationem 'Suscipe[g], Domine, preces' etc. item aliam orationem[g] 'Deus, qui ad predicandum' etc.[f]. Cum lecta fuerit epistola et graduale decantatum, imperator ascendat processionaliter ad altare, ubi summus pontifex imponit ei mitram clericalem in capite ac[h] super mitram imperatorium dyadema dicens: 'Accipe signum glorie' etc. Deinde sceptrum et pomum aureum tradit[i] ei et post cetera gladium ita dicens 'Accipe gladium ad vindictam' etc. Qui coronatus incedens[k] portet[l] in dextera manu pomum, in sinistra sceptrum et sic ad thalamum redeat. Ipsoque ibi cum principibus suis consistente prior subdyaconorum cum subdyaconibus Romane curie et capellanis aule imperialis ad pectorale dextrum ante crucifixum argenteum laudem imperatori alta voce decantent hoc modo 'Exaudi Christe'. Scriniarii vero Urbis sericis capis induti ante pectorale consistentes in choro respondeant 'Domino C(arolo) invictissimo Romanorum imperatori et semper augusto salus et victoria'. Qua laude tertio repetita prior subdyaconorum cum suis tribus vicibus dicat 'Salvator mundi', et scriniarii vicissim respondeant: 'Tu illum adiuva'. Deinde iste cum suis duabus vicibus dicat 'Sancta Maria', et illi vicissim respondeant 'Tu

a) alto sancto *P*. b) filio *P*. c) ascendit *P*. d) palliis *DR*. e) *om. S*. f) pro aliam — etc. (l. 21) plures orationes *S*. g) susc. — orat. *om. P*. h) et *PS*. i) tradidit *P*, tradat *R*. k) accedit incedens *P*, accedens *S*. l) portans *S*.

illum adiuva'[a]. Et[b] sic[b] deinceps 'Sancte Michael', 1355
'Sancte Gabriel', 'Sancte Raphael'[c], 'Sancte Ioannes Baptista', 'Sancte' Petre'[d], 'Sancte Paule', 'Sancte Andrea' 'Sancte Stephane', 'Sancte Laurenti', 'Sancte Vincenti', 'Sancte Silvester', 'Sancte Leo', 'Sancte Gregori' 'Sancte Benedicte', 'Sancte Basili'[e], 'Sancte[f] Saba', 'Sancta Agnes', 'Sancta Cecilia'[d], Sancta Lucia'*. Quibus finitis isti bis dicant 'Kyrie eleyson', et illi vicissim respondeant 'Christe eleyson', ac deinde simul omnes 'Kyrie eleyson'. Post hec[g] evangelio[a] decantato imperator corona et manto depositis accedat ad summum pontificem et offerat ad pedes eius aurum, quantum sibi placuerit. Ipsoque pontifice descendente pro perficiendis missarum misteriis ad altare imperator
122' more subdyaconi offerat ei calicem *et ampulam et stet ibi donec pontifex ad sedem reversus communicet, sacramque communionem de manu eius suscipiat cum osculo pacis, ac sic ad thalamum rediens in ambone resumat mantum pariter et coronam. Missaque finita pontificalem benedictionem reverenter accipiat et statim procedat ad locum, ubi debet summus pontifex equitare. Et cum ipse pontifex equum ascenderit, teneat stapedium selle eius et arrepto freno aliquantulum ipsum addextret. Morque suum equum ascendens procedat iuxta summum pontificem usque ad ecclesiam sancte Marie in Transpadina[1], ubi dato sibi osculo ad[h] invicem non corde sed corpore separentur[i].

Si vero regina fuerit coronanda, debet super lectorium ex opposito thalamus preparari, ubi cum duabus ad minus puellis et aliquibus ex principibus imperii tam ecclesiasticis quam mundanis resideat. Et post coronationem imperatoris deducatur ad altare ante summum pontificem amicta regalibus indumentis. Cui summus pontifex mitram imponat ita quod cornua mitre sint a dextris et sinistris et super mitram imponat coronam ita dicendo 'Accipe coronam imperialis excellentie' etc. Coronata vero regina reducatur ad thalamum. Et post evangelium ducatur ad oblationem summo pontifici exhibendam stetque in gradibus iuxta obsidiam[k] [2].

*) sancta Catharina *add.* P.

a) *sequitur* litaniis finitis et evangelio in fine S. Et — evangelio *(l. 10) om.* S. b) etc. *P.* c) Raphael — sancte *(l. 3)* om. *D.* d) etc. *add.* *D*, Sancte Paule — Cecilia *(l. 7) om.* *D.* e) Blasi *P.* f) sancti *P.* g) hoc *P.* h) ab *P.* i) *hucusque* D. k) *sic PS*, absidiam *R.*

1) 'S. *Maria in Traspontina*', *in via* '*Borgo Nuovo*'. 2) *I. e. apsidem.*

1355 *versus altare sancti Leonis, donec de manu summi pontificis post imperatorem sacram communionem accipiat. Et tunc ad thalamum reducta permaneat usque ad finem misse*[a].

Consuevit autem imperator larga presbyteria omnibus ordinibus exhibere, quibus ea, cum coronatur[b], *summus pontifex elargitur, videlicet episcopis, presbyteris et dyaconis cardinalibus, primicerio et cantoribus, subdyaconis, basilicariis et regionariis, universitati cleri Romani, capellanis et ceteris officialibus et ministerialibus curie, prefecto Urbis, senatoribus, iudicibus, advocatis et scriniariis ac prefectis navalium.*

Consuevit etiam rex, quando descendit de monte Gaudii[1] *et venit ad ponticellum*[2] *prestare hoc*[c] *iuramentum Romanis.*

'Ego Carolus[d] *rex futurus imperator iuro me servaturum Romanis bonas consuetudines suas. Sic me Deus adiuvet et hec sancta Dei' etc.*

Quia[3] *vero propter nostram absentiam nonnulla solempnia ex predictis personam nostram tangentia expedit intermitti, volumus atque decernimus, quod non obstantibus hiis, que superius describuntur, in gradibus scalarum dicte *basilice principis apostolorum idem rex Romanorum solempnitate et honorificentia debitis recipiatur ad osculum per te ac legatum eundem stantes in ordinibus vestris, indutos tamen omnes pluvialibus, processionaliter obviantes eidem cum subdyaconis et accolitis, primicerio et cantoribus, astantibus circa te dictumque legatum magnatibus nobilibus et officialibus ac ministerialibus aule nostre. Aurum vero, quod rex in eisdem gradibus apostolico consuevit offerre post*[e] *genus flectionem et deosculationem pedum, obmissis illis, quas nec tibi nec dicto legato faciat idem rex, quia soli Romano pontifici competunt et debentur, in eodem loco per eundem regem tibi et dicto legato humiliter offeratur ita dicentem*[f]:

'Si sanctissimus pater dominus noster dominus Innocentius summus pontifex esset hic presens, sibi offerrem

*f. 123

a) *hucusque S adhibetur. Textus corruptus valde abbreviatus, qui ibi sequitur, nullius est momenti.* b) *sic R*, coronatione *P*. c) *sic R*, hic *P*. d) Karulus *P*. e) *sic R*, non *P*. f) *sic R*, dicente *P*.

1) *Scilicet in introitu Urbis, v. Waitz, 'Deutsche Verfassungsgeschichte' VI*², *p.* 240. 2) *Pons parvus quidam extra Urbem situs, cf. infra c.* 45 *et Diemand 'Das Ceremoniell der Kaiserkrönungen' p.* 53. 3) *In sequentibus ordo noster ab ordine a.* 1311 *dato supra p.* 24, *n.* 1 *citato hic illic discrepat.*

aurum istud presentialiter[a], *sed propter eius absentiam* 1355
offero sibi aurum istud vobis, dominis episcopo et legato, recipientibus illud vice ac nomine dicti domini nostri pape'.

Quo facto idem rex existens in medio tui et dicti legati veniat cum utroque vestrum ad altare sancte Marie in Turribus et, cum ibidem fuerit, publice in presentia tui et dicti legati recipientium nostro et ipsius Romane ecclesie nomine prestet idem rex sacramentum suo expresso proprio nomine de verbo ad verbum, prout superius continetur[1]. *Renovet etiam sacramentum per procuratores suos prestitum sue approbationis tempore coram vobis secundum tenorem suprascriptum*[2]. *Et si in adventu suo in gradibus, ubi eidem tu et legatus obviabitis, antefatus renovationem predictam facere preelegeret*[b], *contentamur. Tu vero, ut premittitur, missam celebres et regem predictum inungas, prout in ordinario*[3] *continetur. Letanias dicat dyaconus, qui tibi celebranti in missarum solempniis ministrabit. Orationem autem, quam dicere deberet*[c] *prior presbyterorum cardinalium, dicat idem legatus. Prestito autem in capella sancte Marie de Turribus iuramento predictus legatus cum rege remaneat memorato. Orationem vero, que dicenda competit episcopo Albanensi, tu dicas loco et tempore debitis; sed orationem, quam dicere deberet*[c] *Portuensis episcopus, si adesset, dicat prefatus legatus. Receptio*[d] *autem ad osculum inter dyaconos cardinales post confessionem in altari beati Petri factam, quia soli Romano pontifici competit et concurrit cum osculo pectoris, obmittatur. Tu autem et predictus legatus imponatis*
123' *mitras suo modo regi suoque*[e] *regine predictis, *prout in dicto ordinario de summo pontifice continetur, et dyademata regi et regine predictis. Verba vero dicenda in impositione dyadematum, scilicet 'Accipe signum glorie' quoad regem, item 'Accipe coronam imperialis excellentie' quoad reginam, dicat idem legatus alte atque sonore, ita quod ab assistentibus*[f] *audiantur. Licet enim ratione presbyteratus*[g] *hoc eidem*[h] *legato non competat, quia tamen ipse in legatione nostram representat personam, hoc per eum volumus adimpleri. Et tu verba eadem voce submissa dicas, sic ut nequaquam audiri possint*[i], *sicut in consecrationibus prelatorum fieri con-*

a) *sic R*, principaliter *P* b) *sic R*, preeligerit *P* c) *sic R*, debet *P* d) *sic R*, recepto *P* e) *scil.* modo, sueque *PR*, *correxi ad fidem ordinis a.* 1311 *MG Const. IV, p.* 612, *l.* 31 f) assistantibus *P.* g) poratus *P* h) *sic R*, idem *P* i) *sic R*, possit *P*

1) *Supra p.* 26 *l.* 8 *sqq.* 2) *Supra p.* 26 *l.* 19 *sqq.* 3) *Cf. supra p.* 25, *n.* 1

1355 *fuerit per coassistentes principaliter consecranti. Verba autem competentia in assignatione gladii post sceptrum et pomum aureum ipsumque gladium per te et legatum eundem tradita, scilicet 'Accipe gladium ad vindictam malefactorum' etc., tu idem alta et sonora voce dicas et proferas, predicto legato submissa voce eadem verba dicente, prout in verbis impositionum mitrarum et dyadematum superius est expressum. Decantato autem euangelio rex coronandus ⟨offerat aurum⟩[a], quod ad pedes Romani pontificis consuevit offerri, ad pedem maioris altaris, quod tu et legatus idem simul nostro recipiatis nomine. Cetera vero solempnia peragantur cum omni solempnitate et honorificentia, prout in ordinario continentur. Oblatio vero calicis et ampulle per imperatorem iam coronatum decantato euangelio corona et manto depositis more subdyaconi Romano facienda pontifici et assistentia eidem facienda per imperatorem, donec Romanus pontifex ad sedem propriam revertatur, quia soli[b] Romano pontifici competunt obmittuntur. Idem tamen imperator, si voluerit, statim sacram communionem de manu recipiat celebrantis osculo tamen obmisso. Quibus peractis ad thalamum rediens in ambone resumat mantum pariter et coronam. Processus autem eiusdem imperatoris ad locum, ubi summus pontifex deberet equitare, et detentio stapedii sellae eius et arrepto freno equi, cui Romanus pontifex insideret, adextratio officiique stratoris exhibitio, quia soli Romano pontifici competunt et presentiam ipsius exigunt corporalem, obmittuntur omnino. Reliqua autem solempnia, prout exprimuntur in ordinario, *solemniter et* *f 12
honorifice compleantur.

Quia autem, ut ex predictis apparet, multe observantie multaque solempnia multeque reverentie et honorificentie Romano pontifici competentia propter nostram absentiam obmittuntur[c], protestamur et volumus et apostolica auctoritate decernimus, quod nullum ex hoc iuris vel facti Romane ecclesie aut nobis nostrisque successoribus preiudicium generetur, quin, cum casus regis Romanorum ⟨in⟩[d] imperatorem coronandi occurreret, omnia exhibeantur[e] et[f] fiant[f] per coronandos reges Roman(is) pontificibus, sicut in forma, que in archivo ecclesie et pontificali ordinario continetur eisdem, superius descripta seriosius est expressum. Ad eiusdem autem ecclesie Romane, nostram et successorum nostrorum conservationem iuris atque cautelam volumus per te ac dictum legatum ab

a) *om. P, supplevi ex R* b) solo *P* c) *sic R*, obmittantur *P*. d) *om. P, supplevi ex R* e) adhibeantur *R* f) *sic P*, ut fiant *P eodem tam*[a] *rege coronando quam imperatore coronato expresse hiis nostris protestationi et decreto consentiente recipi patentes litteras quadruplicatas*[1] *de verbo ad verbum tenorem presentium continentes suo regali primum sigillo ac postmodum sua imperiali bulla aurea communitas, quas tu et idem legatus aut alter*[b] *vestrum nobis aut camere nostre fideliter assignetis Quod si te vel dictum legatum, cui similes litteras mutatis mutandis dirigimus, contigerit forsitan impediri*[2], *ille vestrum*[c], *qui executioni premissorum vacare potuerit, ea omnia exequatur* 1355

Datum Avinione, II Kl Februarii, pontificatus nostri anno tertio Ian 31

15. Copia[a] alterius commissionis domino Petro de Columbario Wiennensis dyocesis, Ostiensi et Velletrensi episcopo cardinali, ex parte domini[b] pape facte formam iuramentorum imperatoris continentis.

Innocentius[3] *episcopus servus servorum Dei*[c] *venerabili fratri Petro episcopo Ostiensi apostolice sedis nuntio, salutem et apostolicam benedictionem*

Carissimus in Christo filius noster Carolus rex Romanorum illustris sicut filius benedictionis et gratie, humilitatis a Domino virtute preventus devotionis et fidei sue zelum Romane ecclesie matri sue olim offerens reverenter iuramentum, quod series infrascriptarum litterarum suo pendenti munitarum sigillo continet seriose, dudum in manibus bone memorie Geraldi episcopi Tridentini[4], *tunc archidyaconi de Baulhesio*[d] [5] *in ecclesia Constantiensi*[6], *capellani sedis apostolice, de*
124' *mandato per felicis recordationis* **C(lementem) papam VI. predecessorem nostrum, eidem Geraldo facto predecessoris et ecclesie predictorum ac apostolice sedis nomine recipientis et*

a) *sic R*, tn̄ *P* b) *sic R*, alius *P* c) *sic R*, nostrum *P*

c 15 *P In D nil nisi superscriptio et initium capituli Ad corrigendas codicis P lectiones adhibui Reg Vatican 239 f 9 ep 8 (R) secundum editionem ab A Theiner, Codex dominii temporalis s Sedis, II, p 252 paratam et editiones litterarum huic commissioni insertarum infra suo loco annotatas* — a) *praecedit* sequitur *D* b) *om D* c) *hucusque D, sequitur* Quia oblonga est et ut credimus vobis non necessaria, eam non descripsimus d) Banthesio *P*.

1) *Quas Karolus die coronationis (April 5) dedit, Reg imp VIII. nr.* 2014 *et* 2015 *Priores litterae sub sigillo regio 'ante susceptionem imperialis coronae', alterae sub imperiali 'post susceptionem imperialis coronae' datae sunt* 2) *Immo vero Aegidius cardinalis coronationi non interfuit; de qua re v infra c* 56 3) *Reg imp VIII 'Päbste', nr* 47 4) *Obiit electus a* 1348 5) *Baupte* 6) *Coutances*

1355 *tactis per eum sacrosanctis ewangeliis, sicut per easdem litteras plene constat, corporaliter prestitit*[a], *promittens seque firmiter obligans cum omni efficacia et effectu, quod post imperialis dyadematis ab eo coronationem susceptam omnia in iuramento et litteris contenta predictis ratificaret, confirmaret, recognosceret, faceret, servaret et iuraret ac de predictis omnibus infra octo dies idem rex suas patentes litteras daret quadruplicatas predictarum seriem continentes ad perpetuam rei memoriam et ad securitatem et cautelam dicti predecessoris et successorum ipsius ac Romane ecclesie et sedis apostolice predictarum imperialis maiestatis typario communitas. Cum igitur de nostro et ecclesie ac sedis predictorum honore tamquam ipsius ecclesie membrum nobile, sicut pro certo tenemus, credimus et speramus, te attentior et continua cura sollicitet nosque in hiis et aliis, que ipsius ecclesie contingunt honorem, in te cum securitate plenissima quiescamus, volumus et fraternitati tue per apostolica scripta mandamus, quatenus ratificationem, confirmationem, recognitionem ac iuramentum predicta et premissa omnia et singula a rege predicto, quem super premissis et quolibet eorundem requirimus et etiam exhortamur*[1], *post susceptum predictum dyadema ab eodem et quadruplicatas litteras in eis tenore predictarum litterarum inserto, imperialis maiestatis typario, ut predicitur, communitas nobis per eum super predictis omnibus concedendas prudenter petere, requirere, recipere et habere ipsasque nobis deferre procures*[2]. *Nos enim ratificationem, confirmationem, recognitionem, iuramentum et predicta omnia et singula petendi, requirendi, recipiendi et habendi a rege predicto et omnia alia, que circa predicta et quodlibet*[b] *predictorum agenda fuerint, faciendi, gerendi et exercendi plenam tibi et dilecto filio nostro Egidio tituli sancti Clementis presbytero cardinali, apostolice sedis legato, et utrique vestrum auctoritate apostolica tenore presentium et aliarum litterarum nostrarum, quas super hoc eidem legato dirigimus*[3], *concedimus facultatem.*

Tenorem[c] *autem predictarum litterarum nobis super iuramento per eum in manibus dicti Geraldi, ut premittitur, prestito concessarum, *ut de ipsis plenam certitudinem habeas* *f. 125 *et procedere valeas cautius in premissis, de verbo ad verbum presentibus inseri fecimus. Qui talis est:*

a) prestiterit *P*. b) quolibet *P*. c) tenor *PR*.

1) *In litteris eodem die ac nostrae regi directis, Reg. imp. VIII, 'Päbste', nr.* 45. 2) *Quas litteras quadruplicatas imperator die* 5 *m. Aprilis dedit, Reg. imp. VIII, nr.* 2016. 3) *Editae non sunt.*

Sanctissimo[1] in Christo patri et domino suo domino C(lementi) sacrosancte Romane ac universalis ecclesie summo pontifici Carolus Dei gratia Romanorum rex semper augustus et Boemie rex cum reverentia debita et devota[a] pedum oscula beatorum. 1347.

Summis et ferventibus desideriis in spiritu humili cupientes sanctitatis vestre pedibus et apostolice sedi toto corde et animo zelum nostre[b] reverentie, fidei et devotionis offerre vestris sanctis dispositionibus, monitis, exhortationibus et mandatis nos pro totis viribus coaptando, reverenter et devote in manibus discreti viri magistri Geraldi de Magnaco archidyaconi de Balthesio[c] in ecclesia Constantiensi capellani vestri[d], vestro, sancte Romane ac universalis ecclesie et sedis apostolice nomine de mandato vestro[e] speciali eidem super hoc facto recipientis promissiones, iuramenta et concessiones omnes et singulas infrascriptas sigillatim et specifice, tactis sacrosanctis ewangeliis ⟨renovavimus⟩[f], renovamus, fecimus et de novo facimus, prestitimus ⟨et prestamus⟩[f], approbavimus et approbamus, ratificavimus et ratificamus.

(I) Et primo facimus, prestamus, concedimus et promittimus omnia iuramenta, omnes obedientias, promissiones, concessiones, donationes, ratificationes et confirmationes et[g] cetera omnia, que clare memorie dominus Henricus ultimus imperator, avus noster, per se vel per alium seu alios fecit, prestitit, promisit, concessit et confirmavit, necnon et alia omnia iuramenta, obedientias, promissiones, concessiones, donationes, ratificationes et confirmationes et cetera omnia, que olim electi in reges Romanorum et assumpti ad imperium sive etiam non assumpti, sive antequam assumerentur sive post, per se vel alios summis pontificibus et sancte Romane ecclesie seu[h] eorum[h] alteri per se vel alios reperiuntur suis temporibus prestitisse, fecisse et confirmasse[i] seu quomodolibet concessisse.

(II) Item omnes processus factos et quaslibet sententias latas et quecumque alia, quocumque nomine censeantur, Rome seu ubicumque alibi gesta per Ludovicum de Bavaria, per ecclesiam de heresi et scismate iusto iudicio condempnatum

a) debita P b) vestre P c) Balthesis P d) nostri P e) nostro P f) om. P g) etc. P h) se neorum P i) se add. P

1) MG Const. VIII, nr. 166 = Reg. imp. VIII, nr. 319. Promissiones his litteris insertas Karolus rex primo a. 1346 die 22. m. Aprilis dederat (Const. VIII, nr. 9. 10. 12) et eodem anno bis (Sept. 19, l. c. nr. 91. 92; Nov. 7, l. c. nr. 103. 104) renovaverat.

1347 *ac privatum omni iure, si quod per electionem in regem Romanorum de ipso factam ei fuerat acquisitum, seu per alios eius nomine vel auctoritate sub imperiali tytulo, quem sibi indebite usurpavit, necnon et omnia, *que per se vel* *f 12 *alium in Ytalia fecit seu gessit, etiam sub regali nomine, et cetera etiam omnia ubicumque gesta ab eo per se vel alium, que ex defectu iurisdictionis vel potestatis facere sibi non licuit, nulla esse ac cassa et irrita pronunciamus et declaramus, illa etiam, quatenus processerunt de facto, anullamus et penitus in hiis scriptis revocamus.*

(III) Item promittimus et ⟨ad⟩[a] *sancta Dei ewangelia corporaliter per nos tacta iuramus, quod non occupabimus nec recipiemus nec acquiremus nec quovis modo usurpabimus Romam aut provincias, ducatus marchionatum*[b] *Anconitanum, comitatus, Ferrariam*[c], *civitates, opida, castra, terras alias seu territoria vel loca ecclesie Romane seu ad ipsam mediate vel immediate spectantia in Ytalia vel ubilibet extra Ytaliam, sicut est comitatus Wenayssini*[d], *qui ad Romanam ecclesiam pleno iure noscitur pertinere, et plura etiam alia ad eandem ecclesiam pertinentia extra Ytaliam constituta, et specialiter nec regna Sicilie, Sardinie, Corsice, que de dominio directo, iure et feudo eiusdem Romane ecclesie esse noscuntur, nec alia feuda, retrofeuda seu quelibet alia loca ad eandem ecclesiam mediate vel immediate spectantia nec iura, personas vel res aliquas in eisdem, nec aliquibus invadentibus seu occupantibus vel quomodolibet usurpantibus, seu invadere, occupare vel quomodolibet usurpare attemptantibus seu volentibus predicta regna Sicilie, Sardinie vel Corsice seu Romam aut provincias, ducatus aut marchionatus, comitatus, Ferrariam*[c], *civitates, opida, castra, terras alias seu territoria vel loca ecclesie Romane seu ad ipsam ecclesiam mediate vel immediate spectantia, sive sint intra Ytaliam sive extra Ytaliam, seu aliqua predictorum, non iuvabimus nec eis adherebimus, nec ipsis etiam dabimus aliqualiter auxilium, consilium vel favorem, quin ymmo quoscumque invadentes, occupantes seu quomodolibet usurpantes seu invadere, occupare ⟨vel⟩*[e] *usurpare volentes vel attemptantes dicta regna Sicilie, Sardinie et Corsice et urbem Romanam ac ducatus, marchionatus, comitatus, provincias, Ferrariam, civitates, castra et terras seu quevis alia loca Romane ecclesie vel aliqua*[f] *ex eisdem retrahemus et impediemus posse nostro, eisdem nos cum armis opponendo et, ne conatus talium effectum habeat,*

a) om. P b) marchionatus P c) Ferrarien. P d) Wenayssin P
e) om. P f) alique P

26. *cum tota potentia nostra resistendo ac vobis et Romane ec- 1347.
clesie pro defensione regnorum, provinciarum, terrarum et locorum[a] predictorum contra quoscumque occupatores, invasores et usurpatores seu occupare, invadere vel usurpare attemptantes fideliter assistendo, nec dabimus vel concedemus ullo umquam tempore, in perpetuum vel ad tempus, aliquid de predictis sub colore, condicione[b] vel titulo quibuscumque, quodque predictam Romanam ecclesiam aut vos, dominum nostrum papam, seu successores vestros vel officiales, ministros, vasallos et subditos vestros non inquietabimus vel quomodolibet molestabimus in dictis regnis Sicilie, Sardinie et Corsice nec in urbe Romana, terris, provinciis, ducatibus, marchionatibus comitatibus, Ferraria, civitatibus, castris, opidis et aliis terris et territoriis supradictis seu aliquo predictorum, sed nec extra[c] loca predicta ratione quorumlibet delictorum et excessuum in locis eisdem commissorum vel committendorum aliquem vel aliquos puniemus vel alias persequemur, nisi hoc ad nos de iure pertineret ex alia ratione quam territorii, cum territorii ratione hoc ad regem vel imperatorem Romanum, quantum ad loca predicta, nullo modo valeat pertinere. Et hoc casu promittimus et iuramus ut supra, quod tales contra iustitiam non gravabimus nec eis etiam in casu aliquo reges predictorum regnorum aut ministros, vasallos et subditos eorundem[d] in regnis predictis seu pro eis seu qualibet[e] eorum parte aliquatenus molestabimus, nec aliquod dominium, iurisdictionem, superioritatem, servitutem, potestariam, capitaneatum vel aliud officium, quocumque nomine censeatur, accipiemus vel vendicabimus vel per nos vel per alios exercebimus in predictis Roma, regnis, provinciis[f], ducatibus, marchionatu, comitatibus[g], Ferraria, civitatibus, opidis, castris, villis, terris et territoriis supradictis vel in aliquo de eisdem, nec etiam fidelitatem, recognitionem vel advocationem aliquam quovis modo recipiemus per nos vel alium seu alios pro in[h] seu[h] Roma, regnis, provinciis, ducatibus, marchionatu, comitatibus, Ferraria, civitatibus, opidis, castris, locis, terris et territoriis supradictis vel pro aliquo eorundem, nec etiam pro quibuslibet rebus vel iuribus in premissis Roma, regnis, provinciis, ducatibus, marchionatu, comitatibus, Ferraria, civitatibus, opidis, castris, locis, terris et territoriis supradictis vel in eorum seu aliquibus pertinentiis
26' constitutis, *etiam ⟨si⟩[i] nobis a quibuslibet communitatibus

a) loco *P*. b) condicionis *P* c) et *P* d) et corundem *P* e) quolibet *P* f) provincia *P* g) comitibus *P* h) *sic P*, *cf MG Const VIII, p. 233, n b* i) *om P*

1347. *vel personis singularibus offerentur, nec nos etiam aliud qualecumque vendicabimus, acquiremus vel occupabimus seu quomodolibet per nos vel alium seu alios usurpabimus, recipiemus vel exercebimus, nec concedemus etiam recipi vel haberi in Roma, regnis, Wenayssino, provinciis, ducatibus, marchionatu, comitatibus, Ferraria, civitatibus, opidis, castris, locis, terris et territoriis supradictis vel in aliquo de eisdem, et specialiter in provinciis, civitatibus, terris et locis expressis in quibusdam litteris dicti quondam Henrici imperatoris, quarum tenor inferius*[1] *est insertus*

(IV.) Ad evitandum quoque occasionem veniendi contra predicta vel aliquod eorundem promittimus ut supra, quod ante diem nobis pro coronatione nostra imperiali prefigendam[a] *non ingrediemur urbem Romanam quodque eadem die, vero et legittimo impedimento cessante, imperialem recipiemus coronam, et quod, sive illa die sive vere et legittime impediti die alia*[b] *dictam recipiemus coronam, ipsa die, qua coronam huiusmodi receperimus, dictam urbem, vero et legittimo impedimento cessante, exibimus cum tota etiam, quantum in nobis fuerit, gente nostra et cessante etiam impedimento legittimo continuatis moderatis dietis extra totam terram Romane ecclesie nos recto gressu transferemus versus terras imperio subiectas, numquam postmodum ad Urbem, regna predicta Sicilie, Sardinie et Corsice, provincias, civitates vel alias terras Romane ecclesie nisi de speciali licentia sedis apostolice, accessuri. Iuramus quoque super sancta Dei evangelia per nos corporaliter manu tacta, quod super hiis vel eorum aliquo nullum impedimentum fingemus aut prestabimus aut fingi aut prestari per alium vel alios, quantum in nobis fuerit, permittemus*

Item promittimus, quod contra predicta vel eorum aliquod nullatenus per nos vel alios veniemus et, si contrarium quovis modo contingeret fieri per nos vel alios nostro nomine quandocumque, statim cum hoc ad nostram notitiam deductum fuerit, illud revocabimus et, quantum in nobis fuerit, faciemus effectualiter revocari et pro non facto volumus et decernimus haberi et etiam reputari

*(V.) Item si per prefatum quondam Henricum imperatorem, avum nostrum, vel iamdictum Ludovicum seu per quemcumque alium seu alios ipsorum vel alterius eorum nomine seu auctoritate alique sententie fuerint *promulgate seu pro-* *f. 127

a) prefigenda *P* b) illa *P*

1) *p* 40 *l.* 34 *sqq*

cessus aliqui facti seu arrestationes personarum aut rerum 1347.
vel aliqua ad iurisdictionem pertinentia attemptata in Roma, regnis, provinciis, ducatibus, marchionatu, comitatibus, civitatibus ⟨Romane ecclesie⟩[a] *mediate vel immediate subiectis, illa omnia decernimus et in hiis scriptis pronunciamus esse nulla; quodque, si alique fidelitates, homagia, obedientie, recognitiones, donationes, advocationes seu concessiones qualescumque a predictis Henrico et Ludovico vel eorum altero per se vel alium seu alios facte fuerint vel recepte pro Roma, regnis, provinciis, ducatibus, marchionatu, comitatibus, civitatibus, opidis, castris, locis, terris et territoriis supradictis vel eorum aliquo vel pro quibuslibet rebus vel iuribus in eis vel sub eis etiam constitutis a quibuscumque universitatibus vel personis singularibus quovis modo, illa omnia fore nulla pronunciamus et, quatenus processerunt de facto totaliter revocamus et etiam pro non factis volumus et decernimus haberi.*

(VI) Item promittimus et iuramus, quod, quandocumque in Lombardiam et Tusciam vel earum[b] *alteram aliquem vel aliquos mittemus pro terris et iuribus imperii gubernandis, quotiens illum vel illos transmittemus, faciemus eum et eos iurare, ut adiutor vel adiutores domini pape sint ad defendendum terram sancti Petri et Romane ecclesie secundum suum posse.*

(VII) Item promittimus et iuramus ut supra, quod omnia et singula suprascripta per nos promissa et per nos prestito iuramento vallata bona fide et inviolabiliter observabimus, faciemus, implebimus et integraliter attendemus iuxta presentium continentiam et tenorem. Et nihilominus ipsa omnia et singula premissa post inunctionem, consecrationem et coronationem ⟨imperialem infra octo dies inunctionem, consecrationem et coronationem⟩[c] *eandem immediate sequentes pro maiori firmitate omnium predictorum ipsa omnia et singula ratificabimus et etiam renovabimus singulariter et expresse, et super premissis omnibus et singulis dabimus litteras nostras quadruplicatas eiusdem tenoris patentes et sufficientes imperialis maiestatis typario communitas.*

Item super sancta Dei euangelia corporaliter manu tacta iuramus, quod nullam omnino promissionem, nullum pactum nullumque iuramentum nec aliquid aliud fecimus, per quod premissis vel eorum alicui possit in aliquo quo-

a) *om P.* b) eorum *P* c) *om P*

1347 *modolibet derogari. Et nihilominus super sancta Dei euangelia corporaliter manu tacta iuramus premissa omnia et singula nos facturos *et completuros et nullo umquam* *f. 127
tempore per nos vel alios contra illa vel aliquod de illis venturos. Et si, quod absit, contigerit nos facere, dicere, promittere vel iurare aliqua vel aliquod, que premissis vel eorum alicui possent quomodolibet obviare vel nos ad aliquid secus agendum inducere vel nobis occasionem agendi contra predicta vel eorum aliquid quomodolibet ministrare, nichilominus illis nequaquam obstantibus predicta omnia et singula complebimus et inviolabiliter observabimus ⟨et ad ea complenda et inviolabiliter observanda⟩[a] *ex promissionibus et iuramentis premissis semper volumus nos remanere efficaciter obligatos, et exnunc*[b] *etiam attestamur et protestamur nos velle et intelligere premissa omnia et singula sic exclusa fore ab omnibus factis et promissionibus et iuramentis specialibus vel generalibus per nos quomodolibet faciendis, per que premissis vel eorum alicui posset quomodolibet derogari, quod illorum pretextu vel occasione nobis nullo modo liceat licereve possit mutare aliquid in premissis vel facere contra ea vel aliquid de eisdem. Promittimus etiam bona fide, quod intrusos in ecclesiis infra nostrum regnum et imperium constitutis*[c]*, qui prebendas contra ius et libertatem, superioritatem et auctoritatem Romane ecclesie detinent occupatas vel detinuerint in futurum, si super hoc per vos, dominum nostrum papam, vel sedem apostolicam fuerimus requisiti, expellemus et pro posse faciemus expelli de illis, et provisos per sedem apostolicam iuvabimus et faciemus iuvari, ut ad ecclesias, quibus de eis per sedem apostolicam provisum*[d] *est vel fuerit in futurum, realiter admittantur suisque iuribus libere uti possint.*

Tenor autem supradictarum litterarum quondam Henrici imperatoris sequitur ⟨sub⟩[e] *hiis verbis*

1312 *Sanctissimo*[1] *in Christo patri et domino suo domino C(lementi)*[2] *sacrosancte Romane et universalis ecclesie summo pontifici Henricus divina favente clementia Romanorum ⟨imperator⟩*[e] *semper augustus cum reverentia debita pedum oscula beatorum*

a) *om.* P b) extunc P c) constitutos P d) promissum P e) *om.* P

1) *MG Const. IV, 2, nr.* 807 = *Böhmer, Reg. imp.* 1246—1313 *p.* 303, *nr.* 496. 2) *Videlicet quinto.*

Dudum antequam susceperimus imperii dyadema in 1312 humilitatis spiritu, *que virtutum comprobatur origo, sicut* cf. Dan 3, 39 *sancte matris ecclesie filius nostre devotionis et fidei zelum vobis et ipsi ecclesie ferventi desiderio ostendere cupientes reverenter in manibus discreti viri Iohannis de Molans scolastici Tullensis, capellani vestri*[a] *de mandato per vos ei facto vestro*[b], *ecclesie predicte et sedis apostolice nomine recipientis sacrosanctis ewangeliis per nos corporaliter tactis* 128. *prestitimus *iuramentum, quod tenor nostrarum litterarum super hoc confectarum nostro regio pendenti munitarum sigillo continet, seriose promittentes nosque firmiter obligantes cum omni efficacia et effectu, quod post imperialis dyadematis a nobis coronationem susceptam omnia in iuramento et litteris contenta predictis ratificaremus, confirmaremus, recognosceremus, faceremus, servaremus atque iuraremus et de hiis omnibus infra octo dies post coronationem huiusmodi ad perpetuam rei memoriam ac vestram et successorum vestrorum et ecclesie ac sedis predictorum securitatem atque cautelam vobis patentes quadruplicatas imperialis maiestatis typario communitas traderemus litteras huiusmodi litterarum nostrarum seriem continentes, que talis est.*

Sanctissimo[1] *in Christo patri et domino suo domino* 1310 *C(lementi) sacrosancte Romane ac universalis ecclesie summo pontifici Henricus Dei gratia Romanorum rex semper augustus cum reverentia debita devota pedum oscula beatorum.*

Ferventi desiderio cupientes sanctitatis vestre pedibus et apostolice sedi[c] *toto corde et animo zelum nostre reverentie, fidei et devotionis offerre, vestris sanctis monitis, exhortationibus et mandatis nos pro viribus coaptando, et honorem vestrum ac sancte Romane ecclesie et aliarum ecclesiarum iura diligere et pro posse protegere ac servare, attendentes propensius, quod nichil est, quod homine*[d] *clariore prefulgeat quam recta fides in principe, nichilque est, quod ita nequeat occasui subiacere quam vera religio, et quod ad Dei timorem servandum mandataque eius custodienda factus est omnis homo, sed precipue imperialis et regalis potestas que a domino Deo est et ad eius ministerium exequendum, ad*

a) nostri *P* b) nostre *P* c) sedis *P* d) legittime *P*

1) *Promissio Lausannensis quae vocatur*, *MG Const* IV, 1, nr. 454 = *Böhmer l. c. p.* 283, nr. 332.

1310 *fidem et reverentiam sui nominis dilatandam in omnes regiones et regna, promittimus et obligamus nos cum omni efficacia Deo omnipotenti vobisque domino nostro C(lementi) summo pontifici vestrisque successoribus ac sacrosancte sedi apostolice et Romane ecclesie, que ecclesiarum omnium caput est et magistra, quod sacrosanctam catholicam et apostolicam* cf. Eph 2,20 *ecclesiam fidemque catholicam fundatam* supra fundamentum apostolorum et prophetarum, ipso *scilicet* angulari lapide Christo Iesu, in quo omnis edificatio constructa crescit in cf. Philipp 2,10 templum sanctum in Domino, in *cuius* nomine omne genu cf. Act 4, 12 flectetur celestium, terrestrium et infernorum, nec est nomen aliud sub celo, *in quo salvari oporteat *credentes, toto corde et animo, pura fide et sancta intentione conservabimus, venerebimur atque defendemus totis viribus et toto posse, ac omnem heresim et scisma extollentem se contra sanctam catholicam et apostolicam ⟨ecclesiam⟩[a] exterminabimus pro viribus et omnes hereticos, cuiuscumque secte et conditionis existant, facies quidem habentes diversas, sed caudas ad invicem colligatas quibus vineam Domini Sabbaoth perdere et vastare nituntur, omnesque fautores et adiutores, validores et receptatores et defensores eorum, et quod nullo tempore coniungemur, confederabimur parentela[b] vel federe vel unione quacumque cum quocumque Sarraceno vel pagano vel scismatico rege vel principe vel quocumque alio fidei catholice communionem non habente neque cum aliquo rebelle vel inimico ipsius Romane ecclesie vel eidem manifeste suspecto*

Item promittimus et obligamus nos cum omni efficacia et effectu, quod personam vestram, statum et honorem et successorum vestrorum contra quemcumque seu quoscumque homines, cuiuscumque status, preeminentie vel dignitatis existant, conservabimus, defendemus et manutenebimus necnon omnia privilegia regum et principum et imperatorum Romanorum, predecessorum nostrorum, cuiuscumque tenoris et continentie existant, quocumque tempore concessa sancte Romane ecclesie ac Romanis pontificibus et sedi apostolice et quibuscumque ecclesiis, prelatis et ministris ipsarum[c] conservabimus et manutenebimus, nec aliquo umquam tempore contraveniemus vel aliquem, quantum in nobis erit, venire permittemus quacumque occasione vel titulo allegato iuris et facti Ymmo ad perpetuam rei memoriam et sancte ecclesie

a) *om* *P* b) parentele *P* c) ipsorum *P*.

securitatem atque cautelam ipsa privilegia omnia pro nobis 1310.
et successoribus nostris ratificamus, confirmamus recognoscimus, innovamus et de novo concedimus, prout melius et plenius possumus, ex certa scientia cum omni efficacia et effectu. Volentes ac etiam decernentes, quod ista generalis ratificatio, confirmatio, recognitio, innovatio et de novo concessio perinde robur obtineat perpetue firmitatis, ac si omnia et singula privilegiorum verba de verbo ad verbum presentibus inserta fuissent singulariter et expresse. Specialiter autem et expresse cum omni efficacia et effectu supradictis rati-
129. *ficamus *et confirmamus, recognoscimus et innovamus et de novo concedimus omnia privilegia Constantini, Caroli, Henrici, Ottonis quarti, Friderici secundi atque Rudolphi regum et principum seu imperatorum Romanorum quocumque tempore concessa super quibuscumque, cuiuscumque continentie vel tenoris existant, sancte Romane ecclesie, Romanis pontificibus ac sedi apostolice.*

Promittimus etiam et obligamus nos cum omni efficacia et effectu, omni iure et forma, quo melius et efficacius fieri potest, manutenere et conservare omnia privilegia, cuiuscumque tenoris vel conditionis existant, et nullo umquam tempore contravenire vel aliquem, quantum in nobis est venire permittere[a] *quacumque occasione vel causa vel titulo allegato iuris vel facti, per quoscumque reges vel principes seu imperatores Romanorum, et precipue per supradictos Constantinum, Carolum, Henricum, Ottonem quartum, Fridericum secundum atque Rudolphum concessa sancte Romane ecclesie ac Romanis pontificibus et apostolice sedi super recognicione*[b]*, innovatione, advocatione concessione, quitatione, renuntiatione et libera dimissione terrarum et provinciarum sancte Romane ecclesie ubicumque positarum, precipue marchie Anchonitane cum omnibus civitatibus, terris, limitibus, terminis et finibus suis integraliter et cum omnibus iuribus et iurisdictionibus earundem, exarchatus Ravenne et Penthepolis ac Romandiole et Bertenorii*[1] *comitatus cum civitate Bononie et cum omnibus civitatibus, terris, limitibus, terminis et confinibus integraliter et cum omnibus iuribus*[c] *et iurisdictionibus earundem, vallis quoque que Spoletana dicitur sive ducatus cum civitatibus Perusii atque Castelli*[2] *et cum omnibus civitatibus, terris, limitibus terminis et confinibus*

a) permittemus *P* b) recognicionem *P* c) iuris *P*

1) *Bertinoro* 2) *Città di Castello.*

1310. *integraliter et cum omnibus iuribus et iurisdictionibus earundem, Masse quoque que Trabaria nuncupatur cum omnibus civitatibus, terris limitibus, terminis et confinibus integraliter cum omnibus iuribus*[a] *et iurisdictionibus earundem, patrimonii etiam sancti Petri in Tuscia cum civitatibus Tuderti. Narnie*[b]*, Urbisveteris et Reate et cum omnibus civitatibus, terris, limitibus, terminis et confinibus integraliter et cum omnibus iuribus et iurisdictionibus earundem, comitatus quoque Sabine cum civitate Interamnensi*[1] *et cum Arce*[c] *Cesarum*[c] *et terra que dicitur Arnulphorum*[2] *cum omnibus civitatibus*[d]*, terris, limitibus, terminis et confinibus *integraliter et cum omnibus iuribus et iurisdictionibus earundem, comitatus quoque Campanie atque Maritime cum omnibus civitatibus, terris, limitibus, terminis et confinibus suis integraliter et cum omnibus iuribus et iurisdictionibus earundem.* *f. 12c

Et ex habundanti de novo ad maiorem cautelam supradictas omnes terras atque provincias cum omnibus iuribus et iurisdictionibus, terminis, limitibus et confinibus earundem et ius ac possessionem et proprietatem ipsorum cum omni plenitudine recognoscimus iure plenissimo ad ius et proprietatem sancte Romane ecclesie spectare et omnimodo pertinere, ac ipsas omnes terras atque provincias de novo avoamus[e] *et innovamus atque concedimus et quitamus libere et dimittimus restituimus et renuntiamus. Necnon ad omne scrupulum removendum et, ut pax quies atque tranquillitas inter*[f] *ecclesiam et imperium iugiter vigeat et futuris dante Domino temporibus feliciter augeatur et omnis contentionis et dissensionis cuiuslibet materia precludatur, prout melius et efficacius fieri et intelligi potest, concedimus ipsas, conferimus ac donamus*[g] *de novo. Promittentes et obligantes nos, prout plenius et efficacius possumus, quod nullo umquam tempore occupabimus vel occupari, quantum in nobis est, permittemus civitates, loca, castra, terras et provincias supradictas vel aliquam ipsarum vel earum partem, nec in ipsis vel aliqua ipsarum vel earum parte iurisdictionem aliquam per nos vel per alium geremus vel exercebimus nec iura aliqua, possessiones vel tenutas habebimus vel possidebimus in eisdem terris vel provinciis vel aliqua ipsarum seu parte earum, nec officium aliquod geremus per nos vel per alium potestarie*

a) iuris *P* b) Narñ *P* c) archecesorũ *P* d) comitatibus *P* e) anovamus *P* f) intra *P* g) et *add.* *P*

1) *Terni.* 2) *Inter Spoletum et Neram flumen sita.*

vel capitanee seu quocumque nomine censeantur in ipsis vel 1310
aliqua ipsarum vel earum parte. Et quod tamquam catholicus princeps, advocatus et defensor sancte Romane ecclesie iuvabimus ipsam sibique assistemus contra quoscumque occupantes, invadentes vel turbantes provincias ipsas, civitates, loca, castra et terras vel aliquam ipsarum seu earum partem, et quoscumque inobedientes seu rebelles ecclesie, precipue in provinciis, civitatibus, locis, castris et terris eisdem, in nullo fovebimus vel manutenebimus seu per quoscumque foveri seu manuteneri, quantum in nobis est, permittemus, sed contra
130. ipsos assistemus *consiliis, auxiliis et favoribus oportunis sancte Romane ecclesie ac Romanis pontificibus et apostolice sedi, quousque rebelles et subditi ad plenam reverentiam et obedientiam reducantur.

Promittimus[a] quoque dictam Romanam ecclesiam et ecclesias alias ac libertatem ecclesiasticam et bona, iura, prelatos et ministros ipsarum manutenere, conservare et pro viribus defensare, vasallos quoque ecclesie Romane contra iustitiam non offendere, et quoslibet devotos et fideles ecclesie, etiam in imperio constitutos, benigne tractabimus et contra iustitiam non opprimemus neque per alium, quantum in nobis est, opprimi permittemus, sed conservabimus in iuribus et iustitiis eorundem.

Predicta autem omnia et singula inviolabiliter observare et observari facere et nullo umquam tempore contravenire iuramus ad sancta Dei ewangelia tacto libro in manibus discreti viri Iohannis de Molans scolastici ecclesie Tullensis, vestri capellani, nomine Romane ecclesie ac sedis apostolice ac vestro[b] ac de vestro mandato specialiter recipientis. De qua etiam receptione tam per nostras presentes quam per ipsius recipientis litteras seu instrumentum publicum plene[c] constat. Et ad predictorum omnium perpetuam rei memoriam et sancte Romane ecclesie ac sedis apostolice ac Romanorum pontificum securitatem atque cautelam presentes litteras regie maiestatis sigillo munitas fecimus communiri. Promittentes et obligantes nos cum omni efficacia et effectu, quod post imperialis dyadematis coronationem susceptam predicta omnia ratificabimus ⟨confirmabimus⟩[d] et recognoscemus et faciemus et servabimus atque iurabimus et de supradictis omnibus infra octo dies nostras patentes dabimus litteras quadruplicatas harum seriem continentes, ad perpetuam rei

a) promittentes P. b) nostro P. c) bene P. d) om. P.

1310 memoriam et ad securitatem et ad cautelam vestram et successorum vestrorum et sancte Romane ecclesie et apostolice sedis imperialis maiestatis typario communitas.

Oct. 11 Datum Losanne, V. Idus Octobris, anno Domini MCCC decimo, regni vero nostri anno secundo.

1312 Tanto itaque ferventius ad sanctitatem vestram, sanctam Romanam ecclesiam et apostolicam sedem zelo fidei et devotionis accensi, quanto sumus amplius per susceptionem imperialis dyadematis divine gratie munere sublimati, omnia in iuramento et litteris contenta predictis ratificamus, confirmamus, recognoscimus et ea servabimus et etiam faciemus ac predicta omnia et singula inviolabiliter *observare et *f. 130'* observari facere et nullo umquam tempore contravenire de novo iuramus[a] ad sacrosancta evangelia corporaliter tacto libro in manibus venerabilium dominorum miseratione divina Arnoldi Sabinensis apostolice sedis legati et fratris Nicolai[1] Ostiensis et Velletrensis episcoporum nomine Romane ecclesie, sedis apostolice ac vestro et de mandato vestro[b] specialiter recipientium. De qua receptione tam per nostras presentes quam ipsorum recipientium litteras plene constat. Et ad predictorum omnium perpetuam rei memoriam et sancte Romane ecclesie ac sedis apostolice et Romanorum pontificum securitatem atque cautelam presentes litteras quadruplicatas, tenore predictarum litterarum nostrarum eis inserto, imperialis maiestatis typario communitas iuxta promissionem et obligationem nostras predictas sanctitati vestre concessimus et eas[c] per eosdem dominos Sabinensem et Ostiensem episcopos duximus transmittendas.

Jul. 6 Datum Rome aput sanctam Sabinam, II. Nonas Iulii, anno Domini MCCCXII, regni nostri anno quarto, imperii vero nostri anno primo.

1347 Item[2] nos Carolus rex Romanorum predictus, quia per clare memorie Henricum ultimum imperatorem, avum nostrum, seu auctoritate ipsius plures processus facti fuisse et etiam plures sententie capitales et proscriptiones bonorum et aliarum penarum et mulctarum diversarum inflictive diversis temporibus promulgate fuisse dicuntur tam contra clare

a) iuravimus *P*. b) nostro *P*. c) et add. *P*.

1) *Cf. infra c.* 60. 2) *MG Const. VIII, p.* 235.

memorie Robertum regem Sicilie quam contra quondam 1347
Iohannem ducem Duracii, regis eiusdem germanum, ac etiam contra vasallos et alios eidem regi immediate vel mediate subiectos regni Sicilie et comitatus Provincie et aliarum terrarum regis eiusdem quam contra nonnullos cives et incolas civitatis Romane necnon contra civitatem et commune Florentinum ac potestates, capitaneos, officiales, ministros et nonnullas personas singulares eiusdem civitatis et etiam contra alias civitates et loca et contra nonnullas personas singulares, que quidem civitates et persone tempore dicti Henrici adheserunt regi prefato, omnes huiusmodi processus et sententias, propter quoscumque etiam et qualescumque excessus, inobedientias, rebelliones et iniurias ipsi processus facti et sententie promulgate fuerunt, quatenus processerunt, revocamus et eos et effectum eorum annullamus et tollimus in totum. Et quidquid etiam ex eis secutum est vel ob eos,
1 *et *insuper omnes excessus, rebelliones, inobedientias, iniurias et offensas, qui vel que commissi seu commisse fuerunt per regem et alios supradictos vel ipsorum aliquem vel aliquos et per civitates, communitates et loca predicta in partibus Ytalie contra prefatum Henricum vel suos officiales seu contra imperium quovis modo, in quantum processerunt et ad nos et imperium pertinere possunt, remittimus, tollimus et penitus abolemus et in integrum adversus predicta restituimus omnes et singulos suprascriptos ac civitates, communitates et loca predicta sic, quod illorum occasione vel causa ipsi vel successores eorum non possint per nos aut nostros quoslibet successores vel per alios nostro vel eorundem successorum nomine ullo umquam tempore impeti seu inquietari vel etiam alias quomodolibet molestari, nec successores dicti regis Sicilie ratione vel occasione cuiuscumque commissionis, confiscationis seu incursus seu ex quavis alia causa pro preterito tempore super comitatibus Provincie, Folcarquerii et Pedemontis inquietabimus, molestabimus nec aliquod ius in eis nec aliquo eorum vendicabimus ob premissa vel aliqua eorundem*

Item ob reverentiam vestri domini nostri pape, et propter etiam bonum pacis vobis, domino nostro pape concedimus irrevocabiliter et damus per presentes plenam et liberam potestatem quitandi vel remittendi omnibus civitatibus vel communitatibus[a] *quorumcumque locorum omnium partium Ytalie, necnon et quibuslibet personis singularibus partium*

a) communitatibus *P*

1347. *earundem, cuiuscumque status aut conditionis existant, omnes iniurias et rebelliones, inobedientias et offensas commissas hactenus quandocumque et quomodocumque contra imperium et reges ac imperatores Romanorum seu officiales, ministros vel gentes eorum, ac etiam processus quoscumque et sententias inde secutas, quatenus ad reges et imperatores eosdem, qui fuerunt pro tempore, pertinuit cognitio et punitio predictorum et ad nos illorum prosecutio iure regni vel imperii poterunt pertinere, tollendi, cassandi, revocandi ac totaliter annullandi penasque quaslibet corporum et bonorum, mulctas etiam et infamias a iure vel homine illorum excessuum occasione vel causa inflictas et infligi possibiles in futurum remittendi et penitus abolendi et contra predictos excessus, processus, sententias, penas et infamias huiusmodi in integrum restituendi et alias de illis et super illis omnibus et singulis, quandocumque et quomodocumque vobis placuerit, insimul vel divisim per vos[a] vel alium ordinandi et disponendi alte vel *basse pro libito voluntatis, quidquid placuerit vestre sancti- *f. 1 tati, et hoc in scriptis vel sine scriptis, nobis[b] etiam absentibus et non vocatis nec alio[c] quocumque[e] pro nobis nec etiam requisitis Ratum quoque et gratum[d] per nos[e] et ⟨pro⟩[f] successoribus nostris habituri promittimus, quidquid super premissis et eorum quolibet per sanctitatem vestram remissum, sublatum, cassatum, anullatum, revocatum, restitutum et abolitum fuerit vel quomodolibet ordinatum, et super hoc sufficientes iuxta voluntatem vestram patentes vobis concedemus[g] litteras nostras munitas sigillo, quotiens per vos[h] super hoc fuerimus requisiti. Potestatem autem premissam durare volumus per annum integrum computandum a tempore quo potestatem huiusmodi vobis concesserimus et nos eiusdem concessionis potestatis litteras fecerimus[i] assignari, eo tamen adiecto, quod, si post approbationem predictam durante anno predicto illi vel aliqui ex eis, de quibus premittitur, nobiscum amicabiliter convenirent, possimus eis vel pro eis remissionem ac alia predicta facere, concessione sanctitatis predicte super hiis facta nequaquam obstante, que tamen in suo pleno effectu remaneat quoad alia omnia, de quibus sic non duxerimus[k] ordinandum.*

Item cum, sicut est per diversas orbis partes longe lateque diffusum et notum ac etiam divulgatum, Lodovicus

a) nos *P* b) vobis *P* c) aliocumque *P* d) ratum *P* e) vos *P* f) *om* *P* g) concedimus *P* h) nos *P*. i) fecimus *P* k) diximus *P*

de Bavaria[1] *propter multiplices graves, execrabiles et enormes* 1347 *atque notorios eius excessus, offensiones, iniurias, rebelliones, contumacias et contemptus ac hereses et scismata aliaque*[a] *nonnulla detestabilia crimina notorie commissa per eum ac exigentibus suis demeritis et culpis horrendis fuerit et*[b] *sit*[c] *per sedem apostolicam pluribus variis et diversis excommunicationum et anathematum ac aliis penis et sententiis innodatus*[d] *ac omni iure, si quod umquam sibi in regno et imperio Romano competere potuisset, necnon omnibus feudis, que tunc a Romana vel aliis ecclesiis vel dicto imperio obtinebat, et specialiter ducatu Bavarie et etiam bonis suis aliis omnibus mobilibus et immobilibus, iuribus*[e] *et iurisdictionibus privatus perpetuo*[f] *iustitia mediante et suadente ac de heresi et scismate ac aliis diversis criminibus et excessibus condempnatus ac hereticus et scismaticus publice nunciatus et propterea in penas et sententias diversas tam in* 132 *processibus dicte sedis huiusmodi occasione habitis contra eum contentas quam in iure contra tales inflictas*[g] *incidisse et eas omnino incurrisse sit et fuerit declaratus ac etiam Christi fidelibus expositus impugnandus: nos tamquam devotus ecclesie Romane filius verusque cultor catholice fidei obstinatam et perniciosam nimiam Ludovici prefati pertinaciam et perfidiam abhorrentes et consultius attendentes processus sedis eiusdem, ut premittitur, habitos contra eum, et considerantes etiam, quod heretici et scismatici sunt a catholicis pro viribus expugnandi et quod eisdem fidelibus non licet cum ipsis hereticis vel scismaticis amicitias, societates, confederationes, pactiones et colligationes vel ligas aliquas facere vel habere, ob zelum Dei et eiusdem fidei ac ad honorem ipsius sancte Romane ecclesie, nostre matris, et ob devotionem, quam habemus ad ipsam, ac etiam conscientia merito nos urgente, intendentes Lodovicum prefatum iuxta ipsorum processuum seriem, prout nobis erit possibile, impugnare, bona fide promittimus et ad sancta Dei euangelia per nos corporaliter sponte tacta iuramus, quod, quamdiu idem Lodovicus in huiusmodi perfidia, heresi, scismate, pertinacia, excessibus et criminibus permanebit, et quamdiu subiacebit*[h] *penis et sententiis supradictis et quamdiu erit extra gratiam dicte sedis, nullam amicitiam, societatem,*

a) aliasque *P* b) etiam *P* c) sic *P* d) innodata *P*. e) iuris *P* f) perpetue *P* g) conflictus *P* h) sequitur dni *P*

1) *Qui tempore renovationis litterarum iam plus septem annos mortuus erat. Diem supremum obierat a.* 1347 *Oct.* 11.

1347. *confederationem, pactionem colligationem vel ligam cum eo faciemus, et si aliquas hactenus fecissemus, eis de cetero non utemur. Item promittimus et iuramus, quod nullam parentelam, consanguinitatem ⟨vel affinitatem⟩*[a] *cum aliquo vel aliqua seu aliquibus ab eodem Ludovico per masculinam vel femininam lineam descendentibus contrahemus Romano pontifice inconsulto et absque ipsius sedis licentia speciali; nec eidem Ludovico consilium, auxilium vel favorem impendemus*[b] *per nos vel alium seu alios directe vel indirecte, publice vel occulte, quin ymo eundem Ludovicum iuxta eorundem processuum continentiam totis nostris viribus impugnabimus, expugnabimus et persequemur, et super hiis faciemus totaliter, realiter et efficaciter posse nostrum. Que quidem omnia et singula ex causis predictis et ob eas modo predicto recta et pura fide, sine omni dolo et fraude promittimus et ad sancta Dei euangelia corporaliter sponte tacta iuramus nos efficaciter servaturos et completuros toto posse, et quod contra premissa vel eorum aliqua per nos vel alium seu alios directe vel indirecte publice vel occulte aliqua ratione, occasione vel causa, *ingenio vel colore nullatenus veniemus.* *f 132

Et ad predictorum omnium perpetuam rei memoriam et sancte Romane ecclesie ac sedis apostolice et Romanorum pontificum securitatem atque cautelam presentes scribi litteras et regie maiestatis sigillo fecimus communiri, promittentes et obligantes nos cum omni efficacia et effectu, quod post imperialis dyadematis coronationem susceptam predicta omnia ratificabimus, ⟨confirmabimus⟩[a] *et recognoscemus et faciemus et servabimus atque iurabimus et de supradictis omnibus infra octo dies nostras patentes litteras dabimus quadruplicatas harum seriem continentes ad perpetuam rei memoriam et ad securitatem atque cautelam vestram et successorum vestrorum et sancte Romane ecclesie et sedis apostolice imperialis maiestatis typario communitas.*

April 27 *Datum Tridenti, V. Kl. Maii, anno Domini MCCCXLVII°, regnorum nostrorum anno primo.*

1355 Jan 31 *Datum Avinione, II Kl. Februarii, pontificatus nostri anno tertio.*

a) om. P. b) impendere P.

16. Modus iter arripiendi ad Urbem pro coronatione imperatoris per dominum Petrum de Columbario Wiennensis dyocesis, Ostiensem et Velletrensem episcopum cardinalem et sedis apostolice nunccium specialem. 1355 *Itinerarium* 1 1

Quibus receptis litteris et earum tenoribus intellectis idem reverendissimus pater dominus Petrus Ostiensis episcopus cardinalis, ut obedientie filius et humilitatis alumpnus vestimenta sua sibi velut Petrus accingens, (*cf Act* 12, 8) *timens dominum et obediens voci* eius (*cf 1 Reg* 15, 24) statim iter arripuit et die Lune, predicti mensis Februarii nono, (*Febr* 9) cum[2] de predicti domini pape speciali conscientia et mandato pro quibusdam arduis et ponderosis negotiis, que inter excellentes dominos Borbonie[a] [3] et Lencastrie[4] duces et nonnullos alios serenissimorum principum dominorum Francie et Anglie regum illustrium ambasiatores et nunccios predictorum regum invicem dissidentium, iam est diu, cunctis[b] mortalibus optate pacis et concordie bono, (*cf Esth* 13, 2) quod non solis regnis eorum, sed cunctis mundi climatibus fructum ferret uberrimum, in quibus predicti domini cardinalis Ostiensis presentia propter eius operosam industriam erat non dicam expediens sed multipliciter oportuna, citius implere nequiverit promissionem, quam fecerat de discessu, Avinionensem civitatem exivit[5] et omnes et singuli domini cardinales cum eodem domino Ostiensi 183 secundum ecclesie *Romane consuetudinem exeuntes associaverunt eum per unius leuce spatium extra civitatem predictam Et cum in apto loco fuerint, ibi[c] secundum gradus et ordines eorundem longam de se ipsis aciem facientes eundem dominum Ostiensem singuli singulariter osculantes ab invicem licentiam receperunt, et sibi ipsis alterutrum terga vertentibus et in civitatem predictam redeuntibus illis hic elongatus ab eis transiit per navem flumen Ruencie[6] et apud Novas[7] opidum Avinionensis diocesis toto die nocteque sequenti quiescit.

c 16 P — a) Bolbonie P b) *ante* cunctis *excidisse videtur* tractabantur pro restituendo *vel simile aliquid* c) sibi P

1) *Quod habes infra ad calcem huius relationis* 2) *Sequentia usque* negotiis *(l 13) ad verbum fere sumpta sunt ex c 19 infra p 53, l 21—23 Ad rem cf H Denifle 'La désolation des églises monastères et hôpitaux en France' II, p 85, Delachenal 'Histoire de Charles V' I, p 89* 3) *Petrum* 4) *Henricum* 5) *Cf Continuationem Matthiae Neuenburg (Bohmer, Fontes IV) p. 292, ubi dies discessus* (crastino purificacionis) *perperam indicatur Ad hoc cf supra p 12, n 2* 6) *Durance De nomine cf infra c 74* 7) *Noves.*

1355. It 2—10.

17. Honor exhibitus Nicie domino cardinali

[Febr 10] Sequenti vero die Martis decimo Februarii supradicti de Novarum castro descendens versus Orgonum[1] arripuit iter et ibi etiam, quia multa negotia tam sua quam suorum inexpedita remanserant, ut eorum finem [Febr 11] felicem inspiceret, pernoctavit. Deinde postera[a] die Mercurii mane consurgens per civitatem Aquensem[2] et villam [(Febr 12)] beati Maximini[3], qui corpus Magdalene recondit[4], et per [(Febr 17)] civitatem Grassensem[5] gressum eius continuans in die [Febr 18] Cinerum, que fuit XVIII. mensis eiusdem, Nicie[6] civitatem [Febr. 20] intravit et ibi usque ad sequentem diem Veneris moram traxit. Fuitque per cleros et populos dictarum terrarum multipliciter honoratus. Erat autem in quodam claustro Nicie vicino, quod dicitur Monachus[7], miles nobilis Ianuensis, quem dominum Carolum de Grimaldis[8] vulgus appellat, longa maritimarum ac terrestrium rerum experientia doctus, non minus animi puritate[b] quam genere seu temporis antiquitate vel moribus venerandus. Hic extimplo, cum sentiit[c] dicti domini cardinalis adventum, parva puppi Niciam ferri festine se iussit et dicto domino cardinali gratam maiorem corde quam corpore reverentiam faciens eum in quibus potuit honoravit. Sed tam ipse quam alii Provinciales et Ianuenses predictam Niciam habitantes fama dumtaxat et virtute laudabiles fuerunt per dictum dominum cardinalem tam convivando quam aliter honorati.

18. Destinatio nunciorum ex parte dicti domini cardinalis ad imperatorem

[Febr. 20.] Die vero Veneris, XX. Februarii scilicet, adveniente predicto dictus dominus cardinalis tamquam ille, qui in agendis suis presens et futurum abhorrens magis preterito gaudet, nihil de oportunis aut expedientibus actibus obmittere volens, duos de familiaribus suis, venerabilem

c 17 *P* — a) postea *P*. b) feritate *P* c) sencit *P*
c. 18 *P* *Adhibetur praeterea F 2*

1) *Orgon.* 2) *Arx* 3) *St Maximin* 4) *AA SS. Iul tom V, p.* 215, § 154 *sqq* 5) *Grasse.* 6) *Nizza* 7) *Monaco.* 8) *De quo v E Cais de Pierlas, 'Documents inédits sur les Grimaldi et Monaco (Turin 1885)' p.* 27 *sqq*, *Werunsky p* 112, *n* 4 *errat, cum dicit eum monachum fuisse*

*f 133' videlicet ac nobilem *virum dominum Petrum Raptoncini[a] 1355. de Florentia domini pape ac eiusdem domini cardinalis capellanum et Lellum Petri Stephani de Thosectis[1] de Urbe predicti domini cardinalis domicellum ac serenissimi principis domini regis Francie servientem armorum ad excellentissimum principem dominum Carolum Romanorum regem semper augustum et Boemie regem illustrem per viam maris[2], ut terras applicent Pisas, ubi dictus dominus rex Romanorum eundem dominum prestolans morabatur, premittere curat ad excusandum se, quia non sic cito de Avinione discesserat, ut promisit, et anunciandum eidem cum quanta comode poterit celeritate progressum, per eos eidem domino Romanorum regi litteras destinans tenoris et continentie subsequentis

19. Epistola[a] dicti domini Petri cardinalis ad imperatorem super responsione quadam differenda.

Serenissimo[b, 3] principi et inclitissimo domino Carolo gratia Dei regi Romanorum semper augusto.

Serenissime princeps et precarissime domine! Regie sublimitati presentibus innotescat, quod de sanctissimi patris domini nostri summi pontificis speciali conscientia et expresso mandato pro quibusdam arduis et ponderosis negotiis coronam Francie tangentibus[4], ad que feliciter consummanda[c], certus existo ferventer nimium desideria regie serenitatis aspirant[d], que latores presentium vestre celsitudini reserabunt, promissionem meam[e], quam de discessu meo feceram[5], non servavi, propter quod me regia mansuetudo recipiet excusatum Et licet adhuc illa non essent in plena conclusione negotia, tamen penes dominum nostrum papam pro licentia mea frequentius instans illam obtinui et tandem die nona mensis Febr 9 *Februarii de Avinione discedens versus Urbem pro negotio imminentis coronationis vestre ad imperialis dignitatis*

a) Raptoxani *P*, Captoncini *F2*, v. *infra p* 55, *n* a c 19 *PG* — a) *superscriptionem om G* b) Ser — aug. (*l* 19) *om P* c) consumanda *P*, consummenda *G* d) conspirant *P* e) *om G*

1) *Idem est ac Laelius, Francisci Petrarcae amicus familiaris. Poeta eum in litteris Mediolani die 25 m Februarii datis regi commendavit; Ep fam XIX, 4 (ed Fracassetti II, p* 524, *cf p* 523, *n*. 3 *in fine) De gratus ei a rege impensis v. infra c* 33 2) *V. infra c* 20 3) *Non est in Reg imp VIII* 4) *Cf supra p* 51, *l* 11 *sqq* 5) *Cf supra p* 12

1355. *fastigium arripui iter meum, prosecuturus[a] illud, iuxta que mihi per vestros regios apices[1] intimastis per ripariam Ianuensem, non vitata vie huiusmodi asperitate notoria, continuatis dietis, non parcendo laboribus, prout possibilitatem Dominus ministrabit. Igitur, eximie principum, prout alta[b] regalis providentia decens fore providerit, ad suscipienda precelsa huiusmodi coronationis et inunctionis vestre solempnia diem aliquam ad hoc aptam et congruam michi e[c] vestigio[c] intimandam, infra quam ad huiusmodi exequenda magnalia ad dictam Urbem accedere comode valeam, eligat et deputet regia magnitudo, providendo *interim apparatus magnificos* *f. 131
necessarios ad predicta, ita quod die adveniente prefata negotium ipsum et omnia illud tangentia ad Dei laudem[d], sacro- f. 133.
sancte Romane[e] ecclesie honorem et regni decorem culminis quiete, honorabiliter et decenter favente Domino peragantur. Ceterum noverit eiusdem magnitudinis vestre sublimitas, quod
Febr. 17. *die XVII mensis eiusdem, qua ad civitatem Grassensem perveni, applicuerunt ibidem aliqui milites Anglici[f] ex parte ducis Lancastrie[g] et comitis Arundelle[h], qui ad vestram regalem excellentiam, ut audivimus, destinantur, et probabiliter presumitur, quod super negotiis dominorum regum Francie et Anglie transmittantur[2]. Sane, gloriosissime princeps, nostis, quod eadem vestra sublimitas eidem domino regi Francie ac Dalphino aliisque[i] regalibus inclite domus Francie tanta sanguinis idemptitate[k] coniuncta in ipsorum regum negotio non mediocriter tangitur et vestrum[l] in ipso negotio interesse versatur, propter quod vestre prudentie magnitudo velit prudenter attendere et notare solleciter per dictos milites exponenda, et, ne ipsorum persuasionibus circumveniri parte altera inaudita possitis, responsionem vestram dictis militibus faciendam, sicut previa consultatio[m] vestra[n] dignum fore putaverit, usque ad adventum meum, qui omnibus tractatibus coram dicto domino nostro et sacro collegio pro parte dictorum regum deductis et habitis in negotio pacis tacte semper interfui, differre velitis, ut intellecta seriosius ipsius veritate negotii consultius, clarius et*

a) persecuturus *G*. b) lata *P*. c) evestigio *P*. d) *om.* *P*. e) eccl. Ro. *P*. f) Anglie *P*. g) Lancastere *P*. h) Arundell *G*, Irwidelle *P*. i) aliis *P*. k) indeputate *P*. l) nostrum *P*. m) conciliatio *G*. n) nostra *P*.

1) *Supra c. 3.* 2) *Cf. R. Salomon, 'Zur Geschichte der englischen Politik Karls IV.' in 'Historische Aufsätze Karl Zeumer dargebracht' (Weimar 1910) p. 405.*

citius ad respondendum debite dictis militibus procedere valeatis. Nos insuper magistrum Petrum Raptoncini[a], dicti[b] domini nostri pape nostrumque carissimum capellanum, et nobilem virum Lellum[c] Petri[d] Stephani[d] de Tosectis de[d] Urbe[d] servientem armorum domini regis Francie nostrumque carissimum domicellum, imperialis culminis devotissimos et fideles, ad serenitatis vestre presentiam propterea specialiter destinamus, quibus credere placeat tamquam mihi. Per quos vel alium, quem malueritis, mihi[e] honoris ⟨vestri⟩[f] ferventissimo zelatori velitis rescribere in his et aliis vestre beneplacitum voluntatis[g], ad quod delectabiliter exequendum paratum et promptum reperietis[g] continue posse meum. 1355.

Datum Nicie, die Veneris[h], XX mensis Februarii, Febr. 20 *VIII.[i] indictionis[i].*

Petrus[k] miseratione divina Ostiensis et[l] Velletrensis[l] episcopus cardinalis et sedis apostolice nuncius.

134' 20. *Qualiter nuncii domini Petri cardinalis arripiunt iter ad imperatorem

Continuo igitur his habitis litteris, ut predicti domini mandatum implerent, fideles et solliciti nuncii supradicti navim unam sub comite navis[1] Georgio condescendentes velis et remis accelerant versus Pisas. Sed ventis contradicentibus non multum proficiunt remigando, propter quod, cum ad portum Mauricii[2] perveniunt, videntes famulos cum equis eorum gavisi sunt gaudio magno valde et descendentes in terram continuaverunt postea gressus suos

21. Reformatio pacis inter illos de Albingana[a] [3] et convicinos[b] per dominum Petrum de Columbario Wiennensis diocesis, Ostiensem episcopum etc. Febr. 11—16

Eodem etiam die Veneris, XX. Februarii, ut predixi, Febr. 20. prefatus dominus cardinalis de Nicia discessit et pernoctans

a) *sic G*, Raptontini *P*, *cf. supra c.* 18, *p* 53, *n* a b) *om G* c) Lallum *P*, Bellum *G* d) *om G* e) mei *P* f) *om PG* g) *om P* h) *om G* i) 1355 *pro* VIII. ind *G* k) *praecedit* Signatum *G* l) *om G*
c 20 *P*
c 21 *P* — a) Albingaria *P* b) comitivos *P*

1) *I. e. praefectus navis, cf Du Cange s. v 'comes' (ed. Favre II, p 423—424) Italis hodie 'comito' = 'Galeerenkommandant'* 2) *Porto Maurizio.* 3) *Albenga.*

1355 transiens in Turbia[1] fuit ibi etiam per dictum dominum Carolum de Grimaldis, qui iam in castrum Monachi rediverat, quod dicto loco Turbie subiacet[a], honoratus. Et deinde, quanto comodius et celerius potest pro status (Febr. 21) eius decentia, continuat iter suum, et cum pervenit (Febr. 25) Albinganam[b], occidentalis Ianuensis riparie civitatem[c], per episcopum[2], clerum et populum honoratur. Et die (Febr. 26) sequenti per eundem episcopum in castro episcopatus sui quod dicitur Petra[3] letanter excipitur et letantius honoratur Ibi reverendissimus idem pater dominus Ostiensis auditis quibusdam dissensionibus nonnullorum de Albingana supradicta et opidis convicinis, propter quas dic- (cf Ps 44, 8) tarum terrarum status pacificus turbabatur, *iustitiam* (cf Is 32, 17) *diligens*, cuius *opus* est *pax*, dissidentes illos monitionibus (cf I Reg 12, 23) paternis exhortans *vias* iustitie *docens* et eosdem ad illam non obstante cordium duritate convertens, fecit eos *fruc-* (cf Iac 3, 18) *tum iustitie*, qui *in pace seminatur*, cum animorum aviditate gustare ac inter se bone voluntatis pacem et concordiam reformare.

(It 17—18) 22 Honor exhibitus Saone domino Petro cardinali et adventus sui nunccii, magistri ordinis fratrum Predicatorum.

Sequenti vero die dictus reverendissimus pater dominus Petrus Ostiensis episcopus cardinalis castri Petre (Febr. 27) ostium exit et versus amenam civitatem Saone[4] gressus (Febr. 28) accelerat, ac de Finali[5] tandem ad illam applicans, per clerum et populum civitatis eiusdem honoratus, ibidem viro[a] cuidam canicie honorando, scientia venerando, conscientia metuendo et habitu reverendo, *fratri Simoni *f. 135 scilicet sacre theologie profundissimo[b] professori, Predicatorum ordinis generali magistro[6], predictus dominus obviat. Qui frater Simon iuxta suam[7] interpretationem in eundo ad dictum dominum regem Romanorum illustrem

a) subicet *P* b) Albingrinam *P* c) civitate *P*
c 22 *P* — a) uno *P* b) profundissime *P*.

1) *La Turbie* 2) *Iohannem* 3) *Pietra* 4) *Savona.*
5) *Finale* 6) *a 1352—1366 Postea episcopus fuit Nannetensis Natione erat Gallus oriundus e Lingonis i e 'Langres', non 'Lingen', ut ait Bohmer, Reg imp VIII, 'Reichssachen', nr. 240 Cf Quetif et Echard, SS ord Praed I, p 639 sqq* 7) *Videlicet nominis sui; cf. Hieronym de nomin hebr. (Migne, Patrol lat t XXIII, col 829)* Simeon, exauditio

ex parte dicti domini cardinalis et in redeundo ad eum 1355.
a dicto domino Romanorum rege remissus nedum obediens sed ipsa verius obedientia fuerat. Quem dictus dominus cardinalis desiderabiliter intuetur et sincere caritatis affectibus amplexatur et ab eo recipit quandam litteram regiam subscriptam seriem continentem

23. Littera[a] imperatoris de gaudio iocundi adventus domini Petri de Columbario Viennensis diocesis, Ostiensis et Velletrensis episcopi cardinalis ac sedis apostolice nuncii, ad eundem

Reverendissimo[b] [1] domino cardinali episcopo Ostiensi, amico nostro karissimo.

Reverendissime pater et amice karissime! Litteras[c] paternitatis vestre vicinum ad nos vestrum desiderabilem nostre celsitudini nunccciantes adventum tanto ampliori letitia et affectione[d] recepimus[e], quanto ardentiori desiderio[f] paternitatis[g] vestre presentiam[g] iam dudum optavimus, cuius interest regem[h] Romanorum inungere[i], consecrare et ad perficienda imperatorie sublimitatis insignia in sacra urbe Romana aureo imperiali dyademate coronare, quantoque personam paternitatis vestre nobis plurimum predilectam strictioris pre ceteris amplexi semper sumus et amplectimur brachiis caritatis. porro etsi facile quidem epistolis non possit edisseri, quantum de dicte vestre paternitatis gratulamur adventu, ad annuncciandum tamen, quantum fieri potest, concepta provide mentis nostre gaudia religiosum fratrem Simonem magistrum ordinis Predicatorum, devotum nostrum[k] dilectum, exhibitorem presentium, ad vestre duximus paternitatis presentiam destinandum, cui in dicendis super[l] his[l] ex parte nostre celsitudinis fidem petimus[m] credulam adhiberi[n].

Datum Pisis, die undecima mensis Februarii, regnorum Febr. 11
nostrorum anno IX.

Carolus[o] Dei gratia Romanorum rex semper augustus et Boemie rex

c. 23 *PG. De textu G temere corrupto cf. Salomon, 'Iohannes Porta' c. IV 5B.* — a) *superscriptionem om. G.* b) rev. — kar. *(l. 13) om. P.* c) nuntios ac litteras *G.* d) ac benevolentia *add. G.* e) et audivimus *add. G.* f) in amore *add. G.* g) pr. pat. v. *P.* h) reges *P.* i) ungere *G.* k) vestrum *P*, confessorem ac predicatorem et consiliarium *add. G.* l) omnibus *pro* super his *G.* m) petimus *G.* n) adhibebitis *G.* o) *subscriptio superscriptionem capituli 24 sequitur P.*

1) *Reg. imp. VIII, nr.* 1984.

1355 Mart. 19–20. **24. Honor exhibitus Ianue dicto domino cardinali et adventus nuncciorum domini imperatoris ad eundem.**

(Mart. 2) Veniente autem altera die predictus reverendissimus pater versus civitatem Ianuensem gressus eius continuat; sed cum longum scabrosumque sit iter, civitatem illam intrare non potuit illa die. Mansit igitur in oppido quodam vocato Vultre[1], *quod medium est inter Ianuam et *f. 13
(Mart. 3). Saonam[a], indeque postea discedens Ianue civitatem intravit et ibidem per clerum et populum nimis desiderabiliter expectatus[2] cum magno civium plausu sub pallio recipitur et cum letis altisque vocibus crebrius exaltantibus nomen eius, qui per omnes communiter propter grata per eum illis impensa servitia cum amoris quadam prerogancia diligitur, per spissam habitationibus altissimis civitatem mediam ducitur ad fratrum Predicatorum locum pulcherrimum et ibi devotissime ac letanter cum omni gratulatione recipitur et vocaliter et realiter honoratur, quin[b] preter voluntatem suam dictus dominus cardinalis
(Mart. 3. 4). per biduum retinetur ibidem et ab omnibus expensarum oneribus relevatur. Sed plausu hoc tam grati, tam placidi multiplicis civium honoris obmisso dictus dominus cardinalis honorem alium ab exteris recipit. Nam dictus dominus rex Romanorum illuc de Pisis ei premiserat venerabilem patrem dominum Augustensem episcopum[3] et magnificum dominum proclavium[c, 4] de Lutemberg[d, 5] ad congaudendum secum de adventu suo et ad conducendum eum tute, si que in ullo dubietas itineris extitisset. Quos dictus dominus cardinalis tum propter eos tum propter reverentiam eos mittentis lete nimium et benigne recipiens modis omnibus, quibus melius potuit, honoravit et discretius agens, quia propter itineris et locorum angustias simul recipi non poterant hospitando, rogavit eos, ut ad dominum, qui eos miserat, redeuntes

c. 24. P. *Adhibetur etiam F2.* — a) Booenam *P.* b) quia *P.* c) *sic P,* Proclavie *F2.* d) *sic F2,* Bictunberg *P.*

1) *Voltri.* 2) *Iam die 2. m. Martii cardinalem Ianuam venturum esse rex die 24. m. Februarii fratribus de Gonzaga scripserat: Reg. imp. VIII, nr. 6136, quod unde comperit, non apparet.* 3) *Marquardum.* 4) *I. e. purggravium.* 5) *Cogitandum videtur de landgravio de Leuchtenberg, cf. Salomon, 'Iohannes Porta' c. IV. 5. A.*

precederent eum in via. Qui verbum domini cardinalis 1355. iustum et rationabile recogitantes ac eidem domino complacere volentes, prout dominus cardinalis rogavit, sic fecerunt, et in Ianuam descendentes gressus eorum continuant versus Pisas.

25 Regressus domini cardinalis nuncciorum de imperatore.

Dum autem hec Ianue, Pisis alia fiunt. Nam applicantes illuc domini cardinalis duo nunccii supradicti [1], quos de Nicia miserat dictus dominus cardinalis [2], coram domino Romanorum rege predicto cuncta per illum illis imposita diligenter exponunt et responsione dicti regis audita et plena eius informatione recepta volentes dicti domini cardinalis observare mandatum, unus eorum, Lellus videlicet, versus eundem dominum credens ei citius obviare[a], quod[b] fecerat festino[b], posse revertitur et eum aput Brignanam[c] [3] civitatem vix propter sterili-
13b tatem eius opidi vocabulo dignam *per spatium sex dierum expectat. Quo dictus dominus non potuit citius applicare tam ex retentione ⟨populi⟩[d] Ianuensis supradicti tam ex asperitate[e] itineris, quia per abrupta[f] montium, que solis ibi[g] avibus pervia sunt[g], oportuit eum venire.

26. Grata receptio filiorum ducis Lucani per n 24 dominum cardinalem predictum facta.

Tandem die Lune, mensis Martii nono, dictus do- Mart 9 minus aput dictum locum applicuit nobilesque duos ibi reperit, eum quasi per mensem desiderabiliter expectantes, dominum Henricum videlicet militem et Walleramum etiam fratrem eius, filios quondam memorabilis evo domini Castrucii [4], qui se ducem Lucanum, dum viveret,

c 25 *P.* — a) abviare *P* b) *locus corruptus videtur An* quam *pro* quod *legendum?* c) Brignanū *P* d) *om P, supplevi* e) aspirite *P* f) ibruta *P* g) ibi abj p ma sut *P* *Coniecturam dedit Hofmeister, hac sententia nisus, quae legitur in Ottonis Frising Gestis Friderici imp l II, c 40, (p 119 ed Waitz, p 148 ed de Simson)* predictam rupem cunctis mortalibus inpermeabilem, solis avibus perviam fore c. 26. *P.* —

1) *Petrus Raptoncini et Lellus de Tosectis* 2) *V. supra c* 18 3) *Brugnato, ut videtur Id quod Werunsky p* 116 *de adnominatione in hac sententia facta censuit, facile erroneum cognosces, nam noster nil nisi Brignanam* civitatem vix opidi *nomine dignam esse dicit* 4) *Castracani. Obierat a* 1328 *Sept* 3. *De quo v. F. Winkler, 'Castruccio Castracani, Herzog von Lucca', Berlin* 1897

1355 inscribebat, eiusdem domini patrocinium penes dominum regem Romanorum predictum de quibusdam eorum utique non parvis negociis[1] supplicantes. Quod idem dominus eis cum ampla cordis liberalitate promittit et id, cum Pisas applicuit, cepit illis, ut promiserat, impertiri, ac ad felicem etiam perduxisset eventum, nisi se ipsos postea divino pariter et humano favore nequiter spoliassent[2]. Ibi siquidem pre rerum penuria locique strictura taliter qualiter dictus dominus pernoctavit.

It. 25—26 27. **Destinatio nuncciorum ex parte domini cardinalis ad imperatorem super denuncciacione predicta adventus sui.**

Mart. 10 Sequenti vero die Martis Martii decimo, de Brignana sterili civitate descendit et gressus eius accelerat, ut aput Sarrazanam[a] [3] Lunensis[b] [4] episcopatus opidum opulentum, quod episcopus Lunensis[5] ⟨et⟩[c] commune Pisanum detinent occupatum[6], se, gentes et equos alpestris itineris asperitate iam lassos quietis et cibi pabulo refocillet. Ubi cum adfuit, magistrum Predicatorum et Lellum etiam antedictos Pisas absque tarditate premittit, ut Romanorum regi predicto se vicinum annuncient et Mart. 12 quod circa diem Iovis, quo duce Domino Pisas intrabit, velut cordis et corporis humilitate vestito sibi nullus occurrat, instantissime supplicent. Quod a domino rege nec minus a prelatis et proceribus eius, qui, cum sicut cf. Eccles. 10, 2 *iudex populi sic et eius ministri*, cum rege ipso de dicti domini vicinitate nimium colletantur, cum maxima difficultate reportant. Et sic obtentum finaliter predicto Mart. 11 domino cardinali, qui continuo die Mercurii mane, XI. Martii supradicti, castrum intraverat Petre sancte[7], quod

c. 27: *P.* — a) Barratanam *P.* b) Lunen̄ *P.* c) *om. P.*

1) *De quibus v. Werunsky p.* 86, *n.* 2. *Errat autem Werunsky, cum dicit (p.* 87) *hos filios Castrucii Castracani iam Kal. Febr. Pisis dignitate militari a rege donatos esse, nam Raineri Sardo (ed. Bonaini in 'Archivio storico Italiano' VI,* 2 *[1845]) c.* 87, *cui ille nititur, non Castrucii sed Francisci fratris eius filios a Karolo rege milites factos esse narrat. Cf. stemma ap. Werunsky l. c.* 2) *V. infra c.* 60. 3) *Sarzana.* 4) *Luni.* 5) *Gabriel de Malaspinis.* 6) *Quo tempore occupatio facta sit, nescio; a.* 1353 *potestatem oppido Sarzanae a Pisanis delegatum esse legitur apud R. Roncioni 'Delle istorie Pisane ll. XVI' in 'Archivio storico Italiano' VI,* 1 *(1844) p.* 821. 7) *Pietrasanta.*

commune Pisanum Lucanis usurpat[1], prout eis mandatum extiterat, eodem die Mercurii per dominum Petrum Raptoncini[a] capellanum predictum cum fideli celebritate rescribunt. 1355

28 Honor exhibitus predicto domino cardinali per imperatorem et eius comitivam Pisis necnon per clerum et cives eiusdem[a] n. 27. 1356

Die[2] vero Iovis, XII. Martii, lucescente dictus dominus cardinalis de castro Petre sancte descendens iter festinus[b] arripuit versus Pysas, sed non minorem diligentiam adhibet dominus rex predictus, ut venienti domino de Pisis occurrat. Surgit etenim summo mane, audire missam sine cantu festinat et gentes omnes, cives et exteros, equos ascendere iubet; et ipse demum equum ascendit et velut mansuetissimus hominum vestis humilis ornatum accepit et excellentis equi superbiam refugit Et sic humilitatis gemma que splendidior est in omni, maxime presidentis, ornatu, princeps principum rutilans exit Pisas[3] et versus dominum cardinalem prelatos omnes antecedere precepit et quod post se medium cunctorum turba sequatur. Hoc igitur ordine tantum ultra procedit, quod[c] per tria miliaria, que leucam unam faciunt, quia usque ad pontem magnum ligneum, per quem eundo de Pisis ad turrim de Siliacara[d] [4] transitur, accessisse comperitur, non ex errore, sed ex certa scientia certoque proposito, ut dictum dominum cardinalem *honore preveniens* devotissimus ille religionis antistes[5] dignitatum suarum fastigium debitum servare non curans eidem domino, quem per exhibitionem operis liberalem sibi pariter et fidelem probavit amicum, necnon et in eo sancte Romane ecclesie, quam in cunctorum et suam matrem catholicam reveretur, iuxta posse placeret Ibi rex iste regum et temporalium presidentium preses et dominus Mart 12 cf Rom 12, 10

a) Raponaini P
c 28 P Adhibetur etiam F2. — a) *supplendum* civitatis b) festiuuus P
c) *sic* P d) *sic* P, Cosiliacari F 2

1) *Cf Giovanni Sercambi l I, c 128, ed Bongi (1892) tom I, p 91* 2) *Ad hoc caput v Ranieri Sardo c 97.* 3) *Hora tertia, Ranieri Sardo l c* in sulla terza 4) *Quam turrim in districtu Pisano frustra iam quaesivit Werunsky p 117. At nominis formam in P corruptam esse ita crediderim, cum simile nomen* (Siliceara) *etiam in alio territorio inveniatur, v Ughelli, Italia sacra, I², col 102 m* 5) *I e rex*

1355 cardinalis predictus sibi invicem obviant. Et antequam dexteras mutuo sibi darent aut se alio quoquo tactu contingerent, dictus dominus, humilitatis norma et curialitatis exemplar, capellum suum tunc variis foderatum uni suo militi tradens ac demum capucium, quod vestitum gemmisque perstrictum, non, ut alii faciunt, super humerum positum deferebat, ammovit. Et dominus cardinalis capellum similiter et biretum deposuit et, ut moris est, domicello cuidam domestico suo tenenda donavit. Et facti sibi iam contigui et dextris mutuo receptis alterutrum alacri facie, sed alaciori corde se invicem osculantur. Et dictus rex amplius capello non utitur, sed capucium priori modo vestivit. Et dominus cardinalis biretum reposuit ac capellum, et invicem visionis mutue fruitione letati simul postea gradiuntur Et pre nimia peditum, equitum pressura lento passu procedunt, hora tertia iam elapsa tandem iussis illis non absque cornea vel arundinea *monitione virgali vocibus frequen- *fol.
tibus ire magis, hii libere veniunt et, cum ad quasdam domos[1] muro civitatis et vallo per iactum duplicem baliste[a] distantes est ventum, spissum ibi civium agmen domini prefati reperiunt Qui siquidem cives post exhibitam reverentiam debitam super amborum dominorum capita pallium sericeum auro contextum, dicto dumtaxat tunc domino cardinali dispositum ordinati cives ad hoc nomine populi extenderunt Et sic dicti presules eodem pallio obumbrati simul incedunt. Et cum portam que Leonis dicitur[2] eiusdem civitatis approximant, ubi clerum totum inveniunt processionaliter preparatum, et cum archiepiscopus[3] civitatis illius pontificalibus ornamentis amictus crucis vere signum et lignum domino cardinali pedes offerret, dictus dominus cardinalis zelo fervide devotionis accensus velox equo descendit, quem et rex descendendo similiter comitatur. Et dicte cruci aliisque reliquiis per eosdem flexis genibus reverentia debita devotissime prestita civitatem ipsam Pisanam sub eodem pallio tunc non equitantes ulterius intraverunt, et sic pede-

a) basilice *P*, cf *F2* environ la portée de deux mousquetades

1) *'Casa Seccamerenda', Ranieri Sardo l c* 2) *Hodie conclusa Sita erat in angulo muri inter Baptisterium et Campum Sanctum, cf R. Grassi, 'Descrizione storica ed artistica di Pisa, Parte storica (Pisa 1836)', p* 70 3) *Iohannes Scarlatto*

stres[a], cum prope dictam portam sita sit ecclesia cathe- 1355
dralis, in ipsam ecclesiam accesserunt manibus vocibusque
plaudentibus gentibus universis. Et simul ante altare
maius in ordinato pro eis loco genu flectentes per aliqualem morulam oraverunt. Cum demum postea sur-
gerent, dictus dominus cardinalis more solito dicens·
'Sit nomen Domini benedictum', benedictionem populo
dedit et orationem dominicam[b] dixit Et cum exirent
ecclesiam, ut iterum equitarent, dominus cardinalis rogavit
dictum dominum regem, ut omnino discederet, quia pro
voluntate civium adimplenda et eorum consueta ceri-
monia observanda quasdam carrerias civitatis[c] adextratus
a civibus, ut est moris eorum, sub pallio etiam circuire[1]
debebat. Qui dominus rex precum domini cardinalis importunitate devictus equitavit instanter et corde gerens dictum
dominum cardinalem in omnibus honorare pro posse de
platea ecclesie tota secessit. Dominus autem credens, quod
dictus rex viam suam continuaret ad domum, ad dictorum
civium instantiam ascendit iterum equum suum et intrans sub pallio progredi cepit, quo ducebant eum cives.
Et cum inciperet exire plateam, invenit dominum regem,
137' qui eum ibi ordinatis aciebus expectat et dominum cardinalem eundo vult penitus sociare fecitque. Venit enim
sub pallio cum eodem circueundo[d] carrerias civitatis
iuxta consuetudinem civium in similibus actibus observatam et sic eum sociavit usque ad portam episcopalis
palatii, ubi dictus dominus cardinalis hospitari debebat,
et inde se tunc ab illo licencians rediit ad domum,
quod gentes ipsius et Pisani ceterique omnes quasi ad-
mirabiliter attendentes, actum regium ponderantes et
animum, honorem huiusmodi notabilem iudicant et eundem
dominum cardinalem et suos per dies singulos plus
honorant. Predictus autem dominus cardinalis cibo re-
creatus et sompno volens honoris huius dicto regi possetenus rependere vices, statim dum de sompno surgere
tunc hora veniret, cum sibi naturaliter insita summa diligentia surgit, ut quod mane de preveniendo dictum regem
in honoris exhibitione nequiverat, saltim in vesperis
adimpleret. Sed quia cogitationes hominum invicem

a) pedester P. b) unicam P. c) civitates P. d) circuendo P.

1) 'carrerias circuire' = 'per magnas vias ire'; *cf etiam Raineri Sardo l. c. Corrigenda igitur quae commentatus est Werunsky p.* 119.

1355. quandoque concurrunt et in eundem actum aliquando conveniunt, non potuit complere totaliter, quod volebat. Nam licet ipse dominus cardinalis omnem, quam in equitando potuit, sollicitudinem adhibuit, non tamen tantum potuit festinare, quin rex ipse tantundem et amplius festinasset. Prius enim quam ad plateam communem dominus cardinalis attingeret, extra plateam ipsam venienti regi celerius obviavit. Et licet dominus cardinalis ultra, quam deceret, insisteret, ut ad domum dicti regis accederet, *nil valuere preces*[1], quin ymmo dicti domini cardinalis renitentia non obstante redeunt ambo ad dictum archiepiscopale palatium, et ibi descendentes simul in cameram ascenderunt et mutuo ibi sibi consilium habuerunt usque ad solis occasum, quo dictus dominus rex inde discessit. Sequentibus diebus Veneris
Matt. 13, 14 et Sabbati dictus dominus cardinalis mane consurgens dictum dominum regem in suis domibus visitavit, et sic
cf. Rom. 12, 10 vicissim alterutrum visitantes ac se *invicem prevenientes honore* in omnibus et singulis actibus sibi ipsis plus quam esset credibile complacebant se possetenus honorantes. Verumtamen predicto die Veneris mane dictus dominus cardinalis quandam collationem faciens dictum dominum regem alloquitur.

29. Collatio[a] domini Petri de Columbario Viennensis dyocesis, Ostiensis et Velletriensis episcopi cardinalis, super causa sui adventus ad imperatorem.

Gloriosissime rex et princeps ac[b] domine[b] serenissime! *f. 13
Quia dignum et iustum est gloriosam regie maiestatis celsitudinem non latere causam[c] adventus mei licet gravis et laboriosi, quia ambulavimus vias difficiles, attamen[d] summe voluntarii ad eandem regiam maiestatem, idcirco[e] ad insinuandum prefate regie celsitudini, qualiter et quare venerim, possum in persona beatissima sanctissimi in Christo patris ac domini nostri domini Innocentii dignissima Dei providentia sacrosancte Romane ac universalis ecclesie summi
cf. Is. 6, 8. 9 *pontificis et[f] mea[f] dicere, quod[g] scribitur Ysaia VI. c.[g]*

c. 29 PG. — a) *superscriptio in G:* Oratio domini cardinalis ad serenissimum imperatorem Carolum quartum *G.* b) *om. P.* c) tamen *P.* d) ac tamen *P.* e) ideo *G.* f) et mā *P*, inter alia *G.* g) audio illud quod Isaie VI dicitur *pro* quod — c. *G.*

1) *Attende versus heroici fragmentum, cf. infra p. 108, n. 4.*

Audivi vocem Domini dicentis Quem mittam? et quis ex 1355
vobis ibit? Et dixi: Ecce ego, mitte me. Et dixit Vade.
VIII[a] q c. circa medium[1], Extra De renunc. c Nisi cum
pridem[2]. *Maiores[b] enim et magis ardue cause maioribus reser-*
vantur. Ideo salus humani generis tamquam causa nimis ardua
magnarumque maxima fuit Dei filio[c] delegata, quoniam[d], cum
venit plenitudo temporis, misit Deus filium suum factum cf Gal 4, 4 5
de muliere, factum sub lege, ut eos, qui sub lege erant,
redimeret, *ad Galath IIII.* Lex *etiam* in manu mediatoris cf Gal 3, 19
per angelos *missos* ad homines *extitit* ordinata, *de quibus*
dicit apostolus Omnes sunt administratorii spiritus missi cf Hebr. 1, 14
propter eos, qui hereditatem capiunt salutis, *ad Hebre I*
Sane coronatio[e] vestre precelse sublimitatis regie in im-
peratoriam maiestatem causa vel negotium non solum de
maioribus ecclesie, sed et mundi totius non inmerito reputata,
quia per ipsam et in ipsa de dignitate maxima seculari vel
laicali provisum persone, que ceteris debet esse melior et
insignior, per impositionem imperialis dyadematis declaratur,
ex quibus prefatum negotium sive[f] causa tamquam maxima
domino pape, patri patrum, noscitur reservata, in cuius manu
sunt omnes potestates et omnia iura regnorum, quia in manu Ps. 94, 4.
eius sunt omnes fines terre, et altitudines montium ipsius
sunt, *Ps.[g], cum sit Christi vicarius generalis, qui dicit*
Omnia mihi tradita sunt a patre meo, *Mat. XI, ut* Matth 11, 27.
merito dominus noster papa dicere possit, quod scribitur
Mat. ultimo Data est mihi omnis potestas in celo et Matth. 28, 18
in terra. *Quam ob rem sibi soli, domino scilicet domino*
nostro pape, fuit et est fidelium populorum de necessariis ad
138' *salutem provisio[h] universaliter demandata, cui cum *Petro*
dicitur: Pasce agnos meos *sive* oves, *Io XXI, insuper et* Io 21,15—17
legis immaculate Domini[i], fidei videlicet orthodoxe, defensio
specialiter reservata, cum eidem dicatur[k]. Ego pro te rogavi, cf Luc. 22, 32
ut non deficiat fides tua, et tu aliquando conversus con-
firma fratres tuos, *Lucas XXII. Quorum in se prehabet[l]*

a) VIII — pridem *om. G, et sic semper indicationes locorum allatorum omissae.* b) maior *P*, magne et ardue *pro* maiores — ardue *G.* c) consilio *G.* d) quem *G*, *om. P* e) coronatione *P* f) sine *P* g) pars *P*, *om G* h) *om* P i) Dominicae *G* k) dicitur *G.* l) pene habent *G*

1) *Ad quemnam canonem Decreti haec notitia mutila spectet, ignoro*

2) *c. 10 X de renunciatione (I, 9) Quare hoc allegatum sit, non apparet, sequentia verba in Corpore iuris canonici sic non leguntur Cf autem c 3 C 2 qu. 6:* Si autem difficiles cause et maiora negotia orta fuerint, ad maiorem sedem referantur

1355. *non tam typum vel figuram quam veritatem ipsam, quoad aliqua*
specialius inclita[a], *coronatio memorata, per quam merito*
sperare[b] *de*[b] *salute spirituum et corporum omnium fidelium*
populorum volumus et debemus, cum vobis, serenissime princeps
et domine, summe proprie ⟨dictum⟩[c] *videatur, quod scribitur*
Is 49, 6. *Ysa. XLIX*: Dedi te in lucem gentium, ut sis[d] salus
mea usque ad extremum terre, *proviso per industriam*
prepotentem[e] *populo catholico de duobus summe necessariis*
cf. Iac. 3, 18. *pace scilicet, fructu arboris pulcherrime iustitie legalis, et ipsa*
iustitia, virtutum domini[f] *summe clara, ut de vobis, mi*
Ps 71, 7. *domine, dici possit*[g] *veraciter:* Orietur in diebus eius iustitia et habundantia pacis, *maxime autem* iustitia fidei,
Rom 4. 5. *de qua Paulus ad Rom IIII. et V. capitulo, ut*[h] *sic fides*
saluberrima vestris temporibus per vestram clementissimam
pietatem gignatur in[i] *infidelibus, ab hereticis defendatur,*
roboretur[k] *in minoribus et pusillis et in maioribus nutriatur,*
que quatuor scientie theologice velut[l] *propria attribuit doctor*
eximius Augustinus[1]. *Siquidem* cunctos populos, quos
clementie vestre regit imperium, in ea vultis religione, *id*[m]
est fide[m], versari *etc.*, *C. De sum trini. et fide catholica*
c. I.[n] [2] *Cumque*[o] *prefatus dominus noster papa prelibate*
coronationis vestre solempnitatem celeberrimam non valet in
propria persona perficere, prout summe cordialiter cupiebat,
Rom 7, 15 *multipliciter impeditus, ut possit dicere sicut Paulus*: Non
enim, quod volo bonum, hoc ago, *ad Rom. VII, ideirco*
non precipitanter aut subito vel etiam inconsulte dominus idem
ordinans et procedens, sed plures et frequenter super ipsa
vestra coronatione plurimum ab ipso domino et ab omnibus
dominis cardinalibus affectata[p] *deliberavit et voluit consultius*
de dominorum consilio prefatorum cardinalium ordinare.
Cuius quidem deliberationis et processus materia satis clare
cf. Is. 6, 8 9 *tangitur in verbis thematis preassumpti, cum dicitur* Audivi
vocem Domini dicentis Quem mittam? et quis ibit ex
vobis? Et dixi Ecce *ego, mitte me Et dixit Vade *f 139
cf. Hebr 5, 4. *Et tanguntur quatuor.* *Quia enim* nec quisquam
assumit[q] sibi honorem, sed qui vocatur a Domino sicut
Aaron, *ad Hebr V, ideo*

a) *corruptum videtur* b) *praecedit* et *P* c) *om PG, supplevi* d) sit *G*, *om P* e) prepouentem *P* f) omnium *P* g) p̅t *P* h) et *P* i) *om G* k) roboret *P* l) vel *P* m) id — fide *(l 20) om P* n) II *P* o) et cum *G* p) presentita *G* q) assumat *P*

1) *Non inveni* 2) *Cod I, 1, 1* cunctos populos, quos clementiae nostrae regit temperamentum, in tali volumus religione versari

primo tangitur intimatio luminosa mandati superioris, cum 1355.
dicitur: 'Audivi vocem Domini dicentis',
secundo: inquisitio seriosa legati[a] *comodioris*[b], *cum subditur*[c]:
'Quem mittam? et quis ibit ex vobis?'
tertio: exhibitio non exosa voluntatis sincerioris, cum additur:
'Et dixi: Ecce[d] *ego, mitte me.'*
quarto[e] *diffinitio vel ordinatio gratiosa potestatis sublimioris, cum concluditur 'Et dixit*[f] *Vade.'*

(I.) Primo ergo tangitur intimatio luminosa mandati superioris, cum dicitur. 'Audivi vocem Domini dicentis'. Siquidem filii[g] *debent audire vocem patrum suorum imperante*[h] *qui ait*[h] *Gen XLIX:* Congregamini Gen 49, 2 et audite filii Iacob, audite Israel patrem vestrum, *et subditi vocem audiunt*[i] *dominorum et maiorum, propter quod dicebat Samuel* Loquere, Domine, quod audit[k] servus 1 Reg. 3, 9 tuus *I. Reg III, insuper et discipuli vocem magistrorum* Dominus erigit mihi aurem, ut[l] audiam *cum* quasi cf Is 50, 4 magistrum, *Ys. L. Cum igitur omnes sint subditi, discipuli sed et filii domini nostri pape, quia* omnes filii sumus cf Gen 42, 11 unius viri, *Gen. XLII, ideo a nobis audiendus est, ut ego possim dicere:* Domine, audivi auditionem tuam, *Abakuc* Hab 3, 1 *III.* Audite *ergo* celi *i. e. maiores, cuiusmodi sunt filii,* Is. 1, 2. et auribus percipe terra *i. e minores, quales sunt subditi et discipuli,* quia dominus *noster papa* locutus est, *Deuteron.* Deut 32, 1 *XXXII Ego etiam dicere possum* Audiam, quid loquatur cf Ps 84, 9 in[m] me Dominus[m], quia loquetur pacem in plebem suam.

(II.) Quod sperans dominus papa firmiter, victoriosissime rex et princeps, vos facturum ubique, dicens vobis. Fiat pax Ps 121, 7 in virtute tua, *pro facto vestre gloriosissime coronationis desiderate plurimum et optate volens ad vos mittere coronatorem ydoneum, sicut decet, dixit*[n] *quod in themate sequitur 'Quem mittam? et quis ibit ex vobis?' supple. 'ad coronandum nostrum filium predilectum*[o] *Carolum regem Romanorum in*[p] *imperatorem Romanorum'. Ubi tangitur, ut dictum est, secundo inquisitio seriosa legati comodioris. Cum enim iam deliberasset idem dominus noster papa mittere non quemcumque, sed de maioribus, acsi*[q] *iam*[q] *dixisset* Ecce cf Malach 3, 1 ego mittam angelum meum, et[r] preparabit viam[s] ante faciem meam[t] Et statim veniet ad templum suum dominator, quem vos queritis, *Malach. III, postmodum 'quis*

a) legatio *P* b) modioris *P* c) dicitur *P* d) *om* *P* e) quarta *P* f) dicit *P* g) alii *PG.* h) imp—ait *om* *P.* i) *om* *P.* k) audivit *P.* l) et *P.* m) *corr ex* Dom in me *P.* n) dicit *P.* o) predictum *P* p) in—Romanorum *(l 31) om* *P* q) ac suam *P* r) qui *G* s) meam *add* *P* t) tuam *P*

1355. *est ille*[a] *angelus, 'nuntius scilicet*[b] *et legatus?' consultius* *f 139 *inquisivit dicens: 'Quem mittam? et quis ex vobis ibit?' Attendens etenim viarum difficultatem, aliorum concurrentium multiplicem gravitatem et etiam presentis negotii necessitatem non immerito prefatus dominus questionem hanc fecit*[c], *ac si dicat apertius 'Cum vestrum*[d] *cuiuslibet absentia non immerito nos contristet, et cum carissimus noster filius rex Romanorum semper augustus pro sua coronatione rationabiliter nos infestet et euntem quemlibet ex vobis viarum gravitas et aliorum multiplex difficultas merito*[e] *miro modo molestet, quem mittam? et quis ibit ex vobis? Quem, inquit, mittam* [cf 3 Reg 1,34,16,1sqq] *sicut Samuelem*[f] *ad David inungendum, sicut Sadoch ad*[g] *regem Salomonem constituendum?' Siquidem omni prorsus adulatione seclusa mirabili in vobis*[h] *relucet David in fortitudine manus et misericordia, de quo dicitur I. Mach. II. c* [cf 1 Mach. 2,57] David in sua misericordia consecutus est sedem regis in secula, *similiter et Salomon in sua summa sapientia, quia* [Matth. 12,42] ecce plus quam Salomon hic, *Mat. XII. Volens ergo dominus noster papa, quod*[i] *esset possibile reperire alterum Samuelem aut Sadoch ad vos inungendum, ut decet, et ut convenit, coronandum, dixit*[k] *cum dominis cardinalibus inquirendo 'Quem mittam? et quis ibit ex vobis'.*

(III) Videns autem prefatum dominum in dicto negotio sic perplexum, non arroganter et presumptuose, sed humiliter et devote dixi: 'Ecce ego, mitte me', nolens tam necessarium ac salubre negotium propter defectum coronantis[l] *amplius impediri vel plus debito*[m] *retardari. Et hoc est tertium, scilicet exhibitio non exosa voluntatis sincerioris. Sciens enim, quod nemo invitus bene facit, etsi*[n] *bonum est, quod facit quia non placent Deo coacta servitia, qui plus pensat affectum*[o] *quam censum*[p, 1], *quasi voluntarie* [Ps 39,8,9] *sacrificans volui*[q] *me offerre dicens illud* Ecce venio, *quia* in capite libri scriptum est, ut facerem voluntatem [Ps 72,24] tuam, *quoniam* in voluntate tua deduxisti me, *sicut* et cum [Abd 1] gloria suscepisti me, *ut dicere possint omnes* Auditum audivimus a Domino, et legatum ad gentes misit, *Abdie unico cap.*

a) iste G b) om P c) facit P d) nostrum P e) om P f) Samuel P g) om P h) nobis P i) quam G k) dicit PG l) coronationis P m) om G n) sed si P o) effectum P p) sensum G q) voluit P

1) *Cf Gregor. Moral X, 30 § 49 (Migne, Patr. lat. LXXV, col. 948)* non est ergo census in crimine sed affectus.

(IV) Et hoc verificatum fuit, quando dominus noster 1355.
*summus pontifex dixit mihi 'Vade', quod erat quartum
thematis membrum, scilicet diffinitio graciosa potestatis sublimioris domini nostri pape, processum prefatum diffiniendo
totaliter terminantis, *cum dixit 'Vade', acsi diceret*
140. 'Ad omnia, que mittam te, dicit Dominus, ibis et, que cf. Ier. 1,7.
mandavero tibi, loqueris, *Ier. I. Venerunt siquidem omnes
isti domini pro sepedicto vestre coronationis facto celeberrimo
sub typo vel parabola designati lignorum, de quibus Iudicum IX. scribitur* Ierunt ligna, ut ungerent super se Iud. 9, 8.
regem, *dicentes vobis*[a], *sicut viti ficulnee et olive* Veni et Iud. 9, 12, cf. 8—11
impera nobis, *ut tandem de vobis*[a] *possit dici* Dilexisti Ps. 44, 8
iustitiam et odisti iniquitatem, propterea unxit te Deus
*Quod attendens prefatus dominus noster papa dicere mihi
potuit, sicut Gedeoni fuit dictum* In hac fortitudine tua Iud. 6, 14
vade, *Iudic VI, ad modum, quo Ionatas dicit David*
Vade in pace, *I. Reg. XX.* 1 Reg. 20, 42

Et ideo veni saliens in montibus, transiliens colles, Cant. 2, 8
Cant. II[o] *Verum*[b] *quia* bonorum laborum gloriosus est Sap. 3, 15
fructus, *Sap. III, ideo* venit mihi gaudium a sancto cf. Baruch 4, 22
super misericordia, que venit nobis ab eterno salvatore
nostro, *Baruch IIII*[c], *misericordia scilicet*[d] *primo coronationis, quia* coronat te in misericordia, *ut*[e] *secundo veniat* Ps. 102, 4
*super vos misericordia regni celestis et eterne beatitudinis,
de qua Mat. V* Beati misericordes, quia ipsi misericor- cf. Matth. 5, 7
diam consequentur, *quam nobis concedat Pater*[f] *et Filius
et Spiritus sanctus. Amen.*

30. Qualiter[a] predictus dominus[b] cardinalis solempniter missam celebrat[c] in ecclesia Pisana.

Adveniente autem die Dominica, que fuit quinde- Mart. 15
cima Martii, qua[d] Letare Ierusalem devota cantat ecclesia, dictus dominus cardinalis in ecclesia cathedrali Pisana missam celebrat alta voce presentibus ibi dicto domino rege et regina multisque[e] prelatis et comitum et baronum ac aliorum militum multitudine copiosa.

a) nobis *P* b) *om G* c) V *P* d) sed *P* e) ut—mis. *(l. 24) om P.* f) etc *pro* Pater—Amen *G*
c. 30 *PD* — a) quomodo *P.* b) *om P* c) celebraverit *D* d) in qua *D* e) multis *D*

1355. 31. Qualiter anniversarium imperatoris Henrici per dictum[a] dominum cardinalem cum sermone fuit[b] solempniter celebratum.

Mart 16 Altera quidem die Lune, videlicet XVI [c] dicti mensis, dictus dominus cardinalis ad preces dicti domini regis missam in eadem ecclesia[d] cantavit pro anniversario inclite[e] recordationis domini Henrici VII.[1] quondam Romanorum imperatoris et semper augusti, predicti domini regis avi, et post dictam missam venerabilis[f] et religiosus ille reverendus[g] vir dominus frater Symon ordinis fratrum Predicatorum generalis magister solempniter et subtiliter predicavit, ipsum quondam dominum[d] imperatorem Henricum, prout merito debebat et poterat, multipliciter commendando. Et circa XXti[h] numero venerandi[i] prelati *tam Ytalici quam Germani, pontificalibus ornamentis amicti secundum Romane[k] curie[k] stilum circa feretrum orationes dixerunt singulariter unusquisque. *f. 140'

32. Missio armatorum in auxilium domini Egidii cardinalis legati.

Singulis autem diebus, quibus in dicta Pisana civitate morantur, predictus dominus cardinalis ecclesie Romane negotia cum dicto rege pertractat. Et tandem ad eius instantiam[2] venerabilis pater dominus Spirensis episcopus[3] per dominum regem in Marchiam mittitur cum CCC[a] armatis equitibus in subsidium reverendi in Christo patris domini Egidii[4] miseratione divina tituli sancti Clementis presbyteri cardinalis, sedis apostolice tunc le-

c 31 *PD Adhibentur etiam F1 F2* — a) *om P* b) fuerit *D* c) 15 *D* d) *om. P* e) incliti *P* f) *om P*, V *D* g) *om. D* h) vingt *F1*, XXV *F2*, *cf. Salomon, 'Iohannes Porta' c IV, 4 A* i) bene magni *P* k) dictae Romanae *pro* Rom cur. *D*

c 32 *P Adhibentur iterum F1 F2.* — a) mille *P*, 300 *F1 F2*, *cf etiam n 2*

1) *In eadem ecclesia cathedrali sepulti.* 2) *Aut errat aut mentitur hic noster Nam episcopus Spirensis ante adventum cardinalis die 28 m Februarii cum CCC auxiliariis ad Aegidium cardinalem legatum missus erat, ut habes apud Ranieri Sardo, c 93, ubi numerum dierum corrigas secundum Werunsky p* 201 *n.* 4 *Cf etiam Matt Villani l IV, ubi auxiliarii missi esse c* 67, *cardinalis Pisas venisse multo post c* 71 *dicuntur Nec praetereundum episcopum Spirensem Romae die* 5 *m Aprilis coronationi regis interfuisse (Reg imp VIII, m* 2019*), id quod fieri non potuisset, si demum mediante m Martio Pisas exiisset Cf. etiam 'Memorie di Perugia* 1352—1398*' apud Fabretti 'Cronache di Perugia' I (Torino* 1887*), p* 29 3) *Gerhardus* 4) *Albornoz*

1355 gati et terre[a] ecclesie per Ytaliam vicarii generalis, qui contra nobiles illos de Malatestis, qui fere omnes terras ecclesie in dicta provincia nequiter occupabant, totis viribus nitebatur[1], ut eos ad gremium ecclesie reducere ac terras ipsas recuperare valeat. Et dictum regem sic solide, sic constanter in ea quam gerit ad ecclesiam devotione confirmat, quod nihil ab eodem rege requiritur, quod ecclesie statum honoremque concernat, quin dictus rex statim et magna cordis gratulatione concedat.

33. Missio nuncciorum ad senatum et populum Urbis super denuncciatione coronationis imperatoris.

Dominica vero, que Ramos palmarum immediate precedit, que per Ytaliam[2] dicitur Passionis, XXII. Martii *Mart. 22.* supradicti, ambo predicti domini rex et cardinalis videlicet inter se digesto consilio nobilem illum superius[3] nominatum Lellum scilicet Petri Stephani de Tosectis de Urbe, quem dictus rex ad eiusdem cardinalis instantiam per plures dies ante in consiliarium et familiarem domesticum iam receptum cesaris ac fiscalem imperii procuratorem fecerat per totam Ytaliam generalem[4], ad dictam Urbem cum celeritate premittunt[a] ad senatum et populum dicte Urbis cum sola credentie littera dicti regis[5], ut eorum adventum eisdem senatui populoque notificet et dispositum diem gloriose videlicet Resurrec- *April 5* tionis dominice tunc instantem ad sue coronationis solempnia celebranda denuncciet et de aliis, que fienda sunt in predicto coronationis celebri die, cum illis, ut poterit, ordinate disponat. Qui quidem Lellus, veluti *fidelis servus* *Matth. 24, 45.* *et prudens*, mandatum huiusmodi curans curiosius exequi
111. gressus suos versus Urbem celeriter[b] dirigit *et die Iovis, XXVI. Martii, tunc immediate sequenti[c] hora prandii *Mart 26* Romam intrat ac continuatis passibus Capitolium ascendit, senatoribus loquitur et generale Romanorum concilium ordinat pro crastino convocari. Et die Veneris *Mart 27*

a) terram *P*
c 33 *P* — a) permittunt *P* b) celebriter *P* c) sequentis *P*

1) *Cf Werunsky l. c. p* 196 *sqq.* 2) *Necnon alibi, cf Grotefend 'Zeitrechnung' (ed 2) I, p.* 43. 3) *p* 53 4) *De qua re litterae non exstant.* 5) *Servata non est*

1355. mane tunc immediate sequenti in eodem generali concilio congregato dictus Lellus iuxta Romanorum consuetudinem et tantorum dominorum decentiam, quas expertus optime noverat, ambasiatam impositam eleganter exponit et mandata mittentium exequitur diligentius.

Iu. 28–30 34. Recessus domini cardinalis de Pisis et honor sibi exhibitus per Iohannem Angelum

Mart. 22 Eodem die Dominico Passionis predicto ambo dicti domini de dicta Pisana civitate descendunt, sed pro maiori comoditate diversis itineribus gradiuntur, quia dictus dominus rex itinerat per Vultras[1], ubi per episcopum[2] et suos[a] mirabiliter honorabatur, et dictus dominus cardinalis iter continuat per Castellum Florentinum[b] [3] et Podium Bonici[c] [4] versus Senas[5], antiquam et floridam Tuscie civitatem, quam regina iam prius die
Mart. 23 Lune videlicet XXIII dicti mensis, intraverat hastiludiis et pallio et diversis civium plausibus variisque modis honorum multipliciter honorata et in domibus cuiusdam nobilis divitis et potentis, quem Iohannem Angelum de Salimbenis[d] [6] vulgus appellat, cum omni debita solempnitate recepta, ubi predicti domini sui regis prestolabatur
Mart. 24 adventum. Et civitatem ipsam Senensem sequenti die post regine introitum idem dominus cardinalis per episcopum[7] et clerum ac populum tam pallio quam aliis honoribus honoratus ingreditur et in eiusdem episcopi domibus cum magno plausu recipitur et multum gratiose videtur[e] et ibi etiam dictum regem expectat[8].

c. 34 *P. Adhibetur etiam F 2.* — a) *an* cives *corrigendum?* b) flerēuū *P* c) Boraci *P* d) Salimbeni *F 2*, Salimbarus *P.* e) *sic P, cf. infra p. 76, l. 23.*

1) *Volterra.* 2) *Philippum de Belfortibus.* 3) *Castelfiorentino.* 4) *Poggibonsi.* 5) *Siena.* 6) *Qui iam Pisis una cum septem civibus Senensibus ad homagium praestandum apud regem fuerat; Cron. Sanese apud Muratori SS. rerum Ital. XV, col. 146 C. Domum eius in platea nunc 'Piazza Vittorio Emmanuele' nuncupata sitam fuisse docet Werunsky, p. 150 n. 2.* 7) *Azolinum de Malavoltis.* 8) *Hic et in capituli sequentis initio ordo chronologicus confusus est. Iohannes non solum aliis fere omnibus scriptoribus (Ranieri Sardo, c. 100, Cron. Sanese l. c. col. 147 B, Matt. Villani IV, c. 80), qui regem die 23. m. Martii Senas venisse tradunt, sed etiam sibi ipse contradicit, cum in Itinerario c. 30 notaverit:* Die XXIV. Martii (cardinalis) fuit in civitate Senarum . . . et etiam ibidem invenit dominum imperatorem. *Ex quo intellegitur nec cardinalem adventum imperatoris expectavisse*

35. Honor exhibitus imperatori et cardinali per cives Senenses et fidelitas cardinali ostensa ad refrenandum quendam[a] motum civium. 1355

Sequenti vero die Mercurii, XXV. mensis Martii supradicti, dictus dominus rex civitatem Senensem predictis omnibus modis et pluribus honoratus ingreditur Sed cum descendere credit, rogatur ascendere. Nam maiorum et plebeiorum civium animas passa iam octuaginta annis[1] quodammodo servitus per concives eorum medii status civitatis eiusdem regimen exercentes[2] illis prorsus exclusis iniecta[b] maxime libidinis generans dominandi seu libertatis bonum ampliandi pruritum magis ac magis incitat in tumultum, ut dictum dominum regem *quamvis eorum omnium naturaliter dominum etiam de novo constituant et omne sibi tribuendo dominium civitatem totam illi subiciant, conclamando. Et quidam equi sui manibus continentes habenas, vestimentorum fimbrias alii, pugno claudentes stapedas[c] alii cum illis et tibias brachio perstringentes, alii quoque pedes osculis devotissimis lambentes[d], gaudiosas alii circum voces 'Vivat rex in eternum!' ad ethera offerentes nullatenus eum descendere permiserunt, sed voluntatem[e] suam[e] ad finem conceptum deducere sathagentes, regem ipsum et equum ipsius propriis eorum pectoribus humerisque perstrictos versus eorum commune palatium invitos ire compellunt Quod cives quidam medii rectores illi custodiunt clausumque defendunt et absque cause cognitione sic reddere contradicunt Sed serenissimus ille presul, Aquilegensis videlicet patriarcha[3], non tamen ex recta linea regis predicti germanus, necnon et virtuosus alter Pragensis antistes[4] ac exiguus corpore, magnus industria regni

Mart 25

141'

c 35 P. — a) quondam P. b) in dicta P. c) scapidis P. d) lambientes P e) voluntates eum P

nec regem demum die 25 *m. Martii Senas venisse. De quibus rebus fuse disseruit Werunsky p* 149 *sqq Eundem errorem atque apud Iohannem invenies, quod satis miranda, in 'Cronichetta d'incerto' (auctore ut videtur Florentino quodam), ed. Manni, 'Cronichette di vari scrittori del buon secolo della lingua Toscana', (Firenze* 1733*), p* 181 adi XXII di Marzo entrò in Volterra, adi XXV. di Marzo entrò in Siena 1) *Inde ab anno* 1277, *quo homines maioris status ab officiis exclusi fuerunt.* 2) *Collegium Novem virorum a* 1285 *institutum* 3) *Nicolaus* 4) *Arnestus*

1355. Boemie maraschallus[1] galeatis[a] eorum stipati ferocibus illos inde descendere non sine qualis sanguinis effusione compellunt, quos[b] vix de manibus aliorum eripere valuerunt. Quibus per dictum dominum cardinalem a principio rumoribus auditis statim velut cordatus dominus et fidelis amicus ad defensionem pariter et salutem dicti regis et suam[c] gentes eius iubet arma recipere ac ad dictum regem cum acceleritate[d] transmittit, quid facturum se placeat diligenter exquirens Quod dictus dominus rex a nunccio vix pre cursu loquente percipiens diligentiam dicti domini cardinalis et fidem ad celos extollens[e] ei gratiatur habunde ac, ut in bono sese confirmans animo fortis efficiatur et constans neve[f] pro[g] status[g] eius decentia, cum quoque tunc non expediat, de domo discedat, resperso corde sinceritatis[h] hortatur[i]. Et sic eodem nunccio cum celeritate remisso solempnes duos eius proceres ad eundem dominum cardinalem cum eadem sententia destinare festinat, velut ille, qui semper in singulis sue circumspectionis industriam et iudicii discretionem exercet.

36 Reformatio civium Senensium et quorundam convicinorum castrorum per imperatorem facta.[a]

Cum autem rex in plateam communis, que Campus vulgo dicitur[2], pervenisset, veluti rex pacificus, mansuetus dominus, princeps pius verbis clementibus loquitur, *iram *f. 142 populi mitigat, furorem civium comprimit et eorum cordibus caritatem accendens ad pacem et concordiam eos inducit et caritativis affectibus eos exortans, ut verba eius pauca recolligam, ita dicit: 'Fidelissimi cives! Querite pacem civitatis et orate pro illa ad Dominum, quia in pace illius erit pax vestra.' At illi vocibus altioribus exclamando 'Rex in eternum vive!' dixerunt 'Tunc in iocunditate pacis agemus, cum cuncta corrigentur per tuam providentiam, etenim sine regali providentia im-

a) gelcatis *P* b) quod *P*. c) sua *P* d) *sic P* e) oculos *add. P* f) ve ve *P* g) prostratus *P* h) *sic P* i) hortatus *P* c. 36. *P* — a) factum *P*.

1) *Czenko de Lipa Cf supra p 72, n 6* 2) *Hodie 'Piazza Vittorio Emmanuele.'*

possibile est pacem rebus dari'. Quibus auditis obsti- 1355
natam et diu conceptam eorum voluntatem attendens et communem utilitatem considerans, eorum petitionibus acquiescens[a] descendit de equo et iuxta desiderium civium palatium communis ascendens[1] cepit regimen civitatis exercens civitatem ipsam et homines reformare, multis de medii status ordine ita dictis et maxime nonnullis[b] tunc regentibus non ex iussu, sed ex libito proprie voluntatis exulibus et propriarum rerum aliqua dampna passis. Et sic terra, que per commotionem civium tremuit, conquievit. Et cetera castra seu ville Senensium iurisdictioni subiecte, quarum quedam, ut earum matrem et dominam sequerentur, quedam, ut a servitutis iugo, quo per Senenses cives premi solebant, eximerentur, in totum se dicti regis regimini subiugarunt; de quibus ultimis Grossetana[2] et Massetana[3] civitates necnon et Polizanense[4] ac Alcini[c] montium[5] castra fuerunt. Quorum omnium et ipse rex iuramenta fidelitatis accepit, faciens etiam reformationes aliquas in eisdem.

37. Qualiter custodes ordinantur per imperatorem pro custodia civitatis Senensis

Quibus sic peractis et propter mansuetudinem regis pacifice quietatis dictus dominus cardinalis in dicto communis palatio visitat dictum dominum regem et post felicis mutuam congratulationem eventus ad propriorum negotiorum colloquia redeunt et pro consummanda[a] celeriter dante Deo dicti regis coronatione decernunt, quod reverendus pater dominus Pragensis archiepiscopus cum propria non modica gente sua Senis remaneat[6] eius[b] nomine pro custodia civitatis et magne experientie vir, quamvis statura pusillus, pollens tamen consilio, et iuris utriusque professor, dominus videlicet Iohannes de Vice-

a) -ens *corr. ex* -endens *P* b) non illis *P.* c) altini *P*
c 37: *P* — a) conservanda *P.* b) eis *P*

1) *Cf Matt Villani VI, c.* 81 *sq.; Ranieri Sardo, c* 100*; Cron Sanese l c col* 147 *D sqq* 2) *Grosseto, cf Reg imp. VIII, nr* 2112, *Cron. Sanese, col* 152 *B* 3) *Massa Marittima, cf Cron Sanese, col* 152 *D.* 4) *Montepulciano, cf Cron Sanese, col* 153 *A* *Ad notam* 3—5 *cf Matt. Villani V, c* 8 5) *Montalcino.* 6) *Cf. Matt Villani IV, c* 89, *Ranieri Sardo, c* 100, *Cron Sanese, col* 149 *C.*

1355. dominis[a] de Aretio[1], staret ibidem ad potestatis officium exercendum, quousque rex ipse coronatus feliciter de Roma rediret.

R 31–34. 38. **Honor exhibitus Viterbii domino cardinali, et qualiter custos eiusdem prohibuit ingressum imperatori et imperatrici.**

*Post hec et alia sic, ut predicitur, ordinata predicti *f. 14'
domini et regina iter eorum accelerant versus Urbem et, licet non omnino comode simul recipiantur in via, tamen ut prudentes et providi *faciunt de necessitate virtutem*[2]
(Mart 28 29) ac per Sanctum Quiricum[3] ac altum Radicofanum[a] [4] et
(Mart 29) deinde per Aquam pendentem atque Bolsenas[b] et iuxta
(Mart. 30) Montem Flasconem attingunt Viterbium, ubi nec rex nec regina introire permittuntur, quia cives eius propter partialitates eorum magna conspiratione vivebant, propter quod rector patrimonii beati Petri in Tuscia[5], cuius ipsa civitas quasi caput existit, custos tunc civitatis eiusdem, pati noluit dicti regis introitum nec regine, quia per dictum regem inimicis eorum dicte civitatis exulibus preberi favorem, ut redirent ad propria, dubitabant. Sed dictus dominus cardinalis reverenter ibi recipitur et lete videtur[c], quia civitas illa pertinet ad Romanam ecclesiam pleno iure. Oportuit ipsum regem preterire Viterbium et aput Vicum[6] recipi transeundo et apud civitatem Sutrii hospitari, et dominus cardinalis etiam
April 1 idem fecit, quod fuit die Mercurii sancto, prima die mensis Aprilis.

a) Vice dominus *P*
c. 38. *P* — a) Radicohinum *P*. b) Belseuas *P* c) *cf supra p* 72, *l* 27

1) *Cf. Cron. Sanese, col* 149 *A*, *Reg. imp VIII, nr* 1995 2) *Cf Hieronym contra Rufinum* 3, 2 *(Migne, Patr lat XXIII, col* 479*)* 3) *Sanquirico. Cf etiam Matt Villani IV, c* 85 *et Werunsky p* 169, *n* 2 4) *Castellum Radicofani* 5) *Nobilis vir Iordanus de Filiis Ursi, cf K H Schafer, 'Deutsche Ritter und Edelknechte in Italien'*, *I* (1911), *p* 24 6) *Vico*

39. Honor exhibitus domino cardinali per cives Romanos et qualiter secreto imperator ingreditur Urbem. 1355 II 35—36

Die Iovis autem sancto de mane, secunda die iam dicti mensis Aprilis, de dicta civitate Sutrii discedentes apud Cezanum[1], opidum comitis Anguillarie, quod ab Urbe miliari quartodecimo distat, simul et in una mensa prandium sumunt ac deinde statim equos ascendunt et celeribus passibus properant versus Urbem. Et cum ad ecclesiam Magdalene[2], que sita est per unius miliaris distantiam extra, dictus dominus cardinalis attingit, ibi reperit senatores[3] et populum, ut uno verbo concludam maiores, medios et plebeios, unanimes et concordes ad dictos dominos omni modo, quo poterant, honorandos Sed dictum regem tunc honorare non possunt, quia tunc ex certa scientia diverterat et Urbem intrare noluit publice recta via propter certas rationes et causas iustas et rationabiles quas habebat[4]. Obmissis itaque viis, que ducunt ad portam castelli Crescentii[5], quod sancti Angeli ⟨vocatur⟩[a] [5], quam omnis Romanorum rex debet in imperatorem coronandus intrare, necnon et ad portam

113 Viridariam[b] [6], *per quam dominus cardinalis intravit per universum populum summo cum gaudio receptus, tam pallio quam aliis cerimoniis et plausibus notabiliter honoratus, supra montem Gaudii, quo quasi cernitur tota Roma, suum secretum iter arripiens, tandem ⟨per⟩[a]

April 2

c 39 P Adhibetur etiam F2 — a) om P, supplevi b) Vidiriam P

1) *Cesano* 2) *Ad pedem montis Marii sitam, cf Adinolfi, 'Roma nell' età di mezzo' I (1881), p 138 sqq Gregorovius, 'Geschichte der Stadt Rom'* V^4, *p 604, n. 2* 3) *Ursum Andreae f de Ursinis et Iohannem Thebaldi f de S Eustachio, cf Gregorovius l c* VI^4, *p 369.* 4) *Iuramentum scilicet, quo promiserat se ante diem coronationis Urbem non intraturum esse, ante electionem suam a 1346 April 22 datum et postea pluries renovatum MG Const. VIII, nr 9, p 14, IV, nr. 91, p 118, IV, nr 96, p. 130, IV, nr 166, p 233, IV Errat Theiner (Raynald Ann eccles 1355 § 2), cum ex litteris Innocentii VI papae a 1355 Ian 31. datis (Theiner, Cod dominii temporalis S Sedis II, p 278, Reg imp VIII, 'Päbste', nr 44) efficit, Karolum regem ab huius iuramenti religione solutum esse, in quibus litteris nil nisi licentia diei coronationis ab ipso praefigendi ei conceditur.* 5) *Porta Castello* 6) *Eadem ac Porta S Peregrini vel 'Porta S Pietro', v Adinolfi l c p 138, Gregorovius l c* III^4, *p 97, C Quarenghi, 'Le mura di Roma' (1884), p 144 sqq. Cf etiam infra c 46*

1355. portam illam, que Pertusu[a] * dicitur[1], ingressus est Urbem[2] et in claustro canonicorum basilice principis apostolorum primo descendens, ubi cum domino Benedicto de Ursinis basilice predicte[b] canonico hospitatus est illo sero. Media tamen nocte surgens cepit de nocte sanctuaria visitare et dominus cardinalis etiam cum eodem. Et in eadem basilica media quasi nocte sacrosanctam Christi Veronicam sibi per dictum dominum cardinalem ostensam devotissime rex ipse catholicus adoravit.

40. Qualiter dominus cardinalis Veronicam sanctam ostendit, ⟨et imperator⟩[a] ecclesias et sanctorum reliquias visitavit[b].

Apr. 3. Et die tertia Veneris sancto crastino veniente aput monasterium sancti Pauli cibi potusque penitentiam agens demoratus est cum abbate nec illa die propter venerande Dominice passionis memoriam ulterius equitavit. Sed dictus dominus cardinalis in basilica principis apostolorum misse ministerium facit et Veronicam sanctam universis ostendit. Et in eodem die post solis occasum dictus dominus rex alia sanctuaria circuiens venit ad sacrosanctam Lateranensem basilicam, que mater et caput ecclesiarum Urbis et orbis in Salvatoris nostri nomine primitus consecrata per Constantini pii atque Silvestri pape necnon et aliorum sanctorum statuta ipsius est imperatoris et Romani pontificis prima sedes, ibique reliquias[3] omnes et singulas, inter quas circumcisionem domini nostri Iesu Christi[4] et de sanguine quodam vasculo cristallino per felicis recordationis dominum Bonifacium VIII. papam in una magni valoris

*) Perforata F2

a) Percusu P b) predicto P
c. 10 P. — a) om. P. b) visitaverit P

1) *Porta Pertusa vel Perforata in monte Vaticano sita, hodie conclusa, Gregorovius III[4] p 95, Adinolfi l c p 145* 2) *Cf. Benessium de Weitmil, in Fontibus rerum Bohemicarum IV, p 522, Henricum de Diessenhoven apud Bohmer, Fontes IV, p 97, Matt Villani IV, c 92* 3) *Cf. O Panvinii De praecipuis urbis Romae sanctioribusque basilicis librum (ed. 1570) p 148 sq* 4) *Cf H Grisar, 'Die angebliche Christusreliquie im mittelalterlichen Lateran (Praeputium Domini)' in 'Romische Quartalschrift' XX (1906), p 109—122.*

capsa deposito devotissime vidit et humillime veneratus 1355 est, ac in sacristie locum accedens mensam, in qua cum apostolis suis cenavit dominus Iesus Cristus, reverentissime vidit et fervore spiritus ardens unam[a] recepit particulam de eadem, tandem inde descendens ad beate Marie maioris basilicam, ubi etiam reliquias[1] omnes vidit, inter quas puerperium[b], panniculum scilicet, quo quilibet infans de ventre matris involutus egreditur, humiliter adoravit. Et quia iam medie noctis hora transiverat, ad contiguum ibi monasterium beate Praxedis accessit ibique columpnam, que Christum ligatum sustinuit fustis cesum[2], quam sancte recordationis dominus Iohannes de Columpna dudum tituli sancte Praxedis pres- 143′. byter cardinalis[3] apostolice sedis *in orientalibus partibus tunc legatus, qui per illos tunc infideles captus extitit et inter duas postes cordis astrictus usque ad gravedinem[c] cum effusione sanguinis sectus[d] Christi fidem intitubanter[e] non negavit, sed ex illorum inspiratione miraculose dimissus obstinatos illos ad fidem Christi convertit et per quasdam constitutiones, que usque hodie editionis eius titulum habent, sub mandatis ecclesie reformavit, argenti et auri aliaque magni valoris enxenia renuens cum multis aliis reliquiis Romam tulit et eam dumtaxat in eodem monasterio collocavit, vidit adoravitque devote et ab abbate eiusdem loci devotionis instinctu plures dono reliquias reportavit. Et ibi cum magna cordis recreatione quievit. Mane[f] autem Sabbati tunc sequentis April 4 summo diluculo residua sanctuaria circuit et caput verum Iohannis baptiste in monasterio sancti Silvestri, quod est prope marmoream Antonini columpnam[4] sculptura

a) vnam *P* b) puerptum *P* c) grauen̄ *minus clare scriptum P* d) sextus *P* e) in tytulum *P* f) *praecedit rubrica c.* 41 *P. De superscriptionum c.* 41—43 *ordine confuso cf Salomon, 'Iohannes Porta' c VII*

1) *Cf P de Angelis, Basilicae S. Mariae Maioris de Urbe descriptio (Romae* 1621*), p* 110 2) *Quae columna etiam hodie in hac ecclesia asservatur, de qua fusius, sed non sine erroribus, egit B Davanzati, 'Notizie al pellegrino della Basilica di Santa Prassede' (Romae* 1725*) p.* 409 *sqq* 3) *Creatus a* 1212; *obiit a.* 1245 *Sequentia unde sumpserit noster, non satis clare dispiciendum Cf autem Salomon, 'Iohannes Porta', c. VI in fine.* 4) *Columnam scilicet Marci Aurelii Antonini imperatoris in platea, quae vulgariter 'Piazza Colonna' dicitur, sitam.*

1355 pulcherrima et prestancia celsitudinis excellentem[a], devotissime vidit. Et demum ad principis apostolorum basilicam rediens in pulcherrimo ibi palatio papali descendit et cibo sompnoque refectus se patentem exhibuit omnibus eum volentibus visitare[1].

41. Celebratio[a] ordinum per dominum cardinalem in ecclesia sancte[b] Martine[b].

Eodem Sabbato sancto mane dictus dominus cardinalis ad ecclesiam suam sancte Martine[2] predicto episcopatui Ostiensi annexam, que inter ecclesiam sancti Adriani et locum carceris apostolorum principis situata monti Tarpeio[c] subiacet, in quo usque hodie Capitolium manet, accessit et ibi pontificaliter et pallio utens solempniter celebravit et diversos clericos ad diversos gradus ordinum ordinavit.

42. Manifestatio[a] imperatoris populo et eius visitatio per maiores urbis Rome

Cum itaque delatum est senatoribus et consilio dicte Urbis, quod dictus rex accessibilis est et se prebet omnibus manifestum, statim per omnes et singulos unanimiter est decretum, quod ad dominum Romanorum regem ambasiata solempnis absque intervallo temporis mitteretur, factumque est ita Sed quia solempnior fieri non poterat quam[b] de personis illis, que Urbem ipsam et totum populum *representant, ideo senatores ipsi et cum illis Romani populi sindici totumque consilium, vide- *f. 141
licet XIII[c] capita regionum Urbis predicte ac XVIII boni viri necnon et consules bobatteriorum[d] [3] et mercatorum ac aliarum artium dicte Urbis ad dictum dominum regem stantem in predicto principis apostolorum basilice palatio insimul accesserunt

a) excellente *P*

c. 41 *P* — a) *Hic P rubricam c. 42 habet, cf supra p 79, n f* b) sancti Martini *P* c) Tarpere *P*

c. 42 *P* — a) *Hic P rubricam c. 43 habet* b) que *P* c) LXIII *P* d) robattanorum *P*

1) *Cf. Benessium l c. p* 522 2) *Hodie 'SS Martina e Luca'.* 3) *Proprie* = *'bubulci', Italis hodie 'boattieri'. Cf G. Ricci 'La Nobilis universitas bobacteriorum Urbis' in 'Archivio della Società Romana di storia patria' XVI* (1893), *p* 131—180

43. Qualiter[a] electus ab[b] maioribus[b] urbis Rome imperatori explicat articulos ex parte dicte Urbis 1355.

Et quis eorum omnium, quis[c] loquendi modus ornatior tam Rome quam regi necnon senatoribus et toti consilio antedictis plus ad gloriam cederet et honorem, diutius disceptato tandem nobili viro Lello quondam Petri Stephani de Tosectis Romani populi sindico supradicto[1], domicello dicti domini cardinalis, propositionis huius fuit onus impositum. Qui, sicut scriptum est, *timens populum et obediens voci* eius eorum iussui, quantumcumque sit, subito velut *obedientie filius* in *humilitatis spiritu* paruit et voluntates eorum et impositos ei distinctos articulos, elegantem orationem et plus quam rethoricam faciens, luculenter et grate nimium audientibus explicavit

1 Reg 15,24; cf 1 Petr 1,14; cf Dan 3,39

44. Qualiter imperator annuit petitionem urbis Rome civium.

Quibus omnibus pacienter auditis predictus dominus rex veluti mansuetissimus hominum responsum placidum et mitissimum reddidit, se[a] posseque suum liberaliter offerens ad omnia, que Romano populo cederent ad comodum et honorem, atque[b] armigeros et equites, quos ambasiatores predicti petiverant, cum leto vultu magnaque cordis liberalitate concessit pro quatuor mensibus in servitium Romane reipublice moraturos, ac ambasiatores suos una cum Romanorum nunccius in Romanam curiam se missurum et eorum reditum expectaturum[c] in Tyburtina civitate predicte Urbi[d] per XV miliaria vicina[e], que sola pertinet ad imperium circa Urbem[2], cum ingenti verborum assertione promisit.

c 43 *P* — a) *cf supra c 42 n a* b) ab omnibus *P*, *cf supra p 80, l 17* c) civis *P*
c 44 *P* — a) sed *P* b) et que *P* c) expectantium *P*, *cf Kern loco infra n 2 citato p 389* d) urbe *P* e) vicine *P*

1) *V supra p 71* 2) *Cf F Kern, 'Karls IV Kaiserlager vor Rom' in 'Historische Aufsatze Karl Zeumer dargebracht'* (1910) *p.* 391 *sq*

1355. 45 Qualiter imperator iurat Urbi iuramento ab imperatore fieri consueto.

Apr 5 Die[1] vero Dominica, quinta mensis Aprilis, qua Pascha Dominice resurrectionis celebratum est, predictus dominus rex in aurora consurgens debitas volens cerimonias observare ac omnia iuxta longevam Romanorum imperatoris consuetudinem et ritum et ordinem sacrosancte Romane matris ecclesie solempniter consumare, gentibus suis armatis, quibus tunc nulle pulchriores in mundo, tam in ponte sancti Petri[2] quam per alia civitatis Leonine loca ex innata sibi prudentia et industria[a] cautela[a] dispositis, certa[b] secum quantitate retenta civitatem exivit, rediit ad predictam ecclesiam Magdalene[3] et usque ad lucescentes solis radios moratus est ibi. *Quibus iam apparentibus tubas clangere iubet et signa moveri, lentoque passu, prout congredi volentium moris *f 14 est acierum, flammeo quodam rubeo colore vestitus cf Luc 17, 21 *fulgur is coruscantis* ad instar sicut *rex regum et dominantium* cf 1 Tim 6, 15 *dominus* intraturus Urbem in pompa revertitur, qui gestu corporis et habitu mansuetus et zelo mentis humilior ut peregrinus intraverat Sed cum ad parvum[c] pontem[d] Almacie[d 4], qui recte in bivio situs est super modicam aquam, tamen ex pluviarum inundatione crescentem, ipsum dominum regem contigit pervenisse, sindicis et cancellariis Urbis obviat, qui iuxta predecessorum suorum omnium Romanorum imperatorum consuetudinem in honorem debitum Romano populo continue observatam iurare quosdam articulos eum requirunt. Qui[e] rex ipse tamquam verus augustus alme[f] Urbis honores et ipsius Romani populi iurisdictiones augere desiderans ac paratum se offerens omne Romanorum beneplacitum

c 45 *P, G partim (p 83 l 9—21) Adhibetur etiam F2* — a) industri candela *P* b) certe *P* c) pium *P, cf infra p* 84, *l* 19 d) ponte di Dalmacia *F2* e) quod *P, cf infra p* 89, *l* 10 f) olive *P*

1) *Ad hoc cap cf. Matteo Villani IV, c* 92, *Benessium p* 522 *sq Henricum de Diessenhoven l c p* 97 2) *Pons Angeli.* 3) *V supra p* 77. 4) *'Almachia' vel 'Dalmachia', quod nomen ex 'Naumachia' corruptum est, inde a saeculo XI regio appellatur palatio papae moderno et arci S Angeli e septentrione vicina, cf Librum Pontificalem (ed Duchesne) II,* 25, 28, 47 (115), *Schiaparelli in 'Archivio della Società Romana di storia patria' XXIV* (1901), *p* 474: *Tomassetti ibid IV* (1881), *p* 362 *sqq, Bullarium Vatic. I* (1747) *p* 29 *Pons haud dubie idem est, cuius in ordinibus coronationis non semel mentio fit (ex gr supra p* 30). *Apud Iacobum Volaterranum (saec. XV, Muratori SS rerum Ital XXIII, col.* 178) *'pons Sacclli' appellatur, cf. Adinolfi, 'Roma nell'età di mezzo' I, p* 141.

adimplere, narratos per nobilem virum Nicolaum de Monte Nigro, tunc domicellum, cancellarium Urbis, articulos observare se asserit et super apertum librum ewangeliorum, quem predictus nobilis vir Lellus Petri Stephani de Tosectis Romani populi sindicus in manu tenebat tamquam rempublicam representans, corporaliter et publice tactum iuravit et sacramentum prestitit, ⟨quod⟩[a] a dicto Lello Petri Stephani audivit in hec verba 1353

**Ego*[b] [1] *Carolus Dei gratia Romanorum rex semper augustus et Boemie rex, imperator futurus, iuro et promitto me esse et esse velle conservatorem*[c], *protectorem*[d] *et defensorem catholice fidei Christiane et sacrosancte Romane matris*[e] *ecclesie ac totius fidelis*[f] *populi Christiani ac iurium et honoris sacri Romani imperii suorumque fidelium omnium, necnon iuro conservare pacem et securitatem senatoribus, senatui populoque*[g] *Romano*[g] *tam in personis quam in rebus et iuribus universis, quantum valeo atque possum, ac omnes bonos usus et consuetudines urbis Romane ac etiam omnes iurisdictiones et libertates prefate Urbis et populi Romani protegere et manutenere, quantum in me fuerit*[h]. *Sic me Deus*[i] *adiuvet et hec sancta Dei ewangelia.*

46. Qualiter imperator nepotes domini Petri[a] de Columbario[a] cardinalis Ostiensis et cum eis multos, tunc[b] domicellos, militari titulo decoravit[c]

Deinde [2] recedens versus portam Crescentii [3], Viridariam portam [4] relinquens ad dexteram, ad levam arripit
145 iter. Et licet galeatos equites ob temporis brevitatem et multiplicium cerimoniarum misterium et maxime discrete compatiens dicto domino cardinali, ne tedium in tanta solempnitatis prolixitate reciperet, festinos[d] ne iuberet eorum tamen, qui diu[e] speratum[f] in tam insignis

*) *Praecedit in P:* Forma predicti iuramenti[k] imperatoris sequitur.

a) *om. P.* b) *abhinc G.* c) *sic corr.*, communicatorem *PG.* d) prot. — def. *om. G.* e) *om. G.* f) pop. fid. *G.* g) populisque Romanis *P.* h) erit *G.* i) Dominus *G.* k) iuramentum *P.*
c. 46. *PD.* — a) P. de C. *om. D.* b) tunc *hoc loco om. D.* c) *praecedit* tunc *D.* d) festiuos *P.* e) domini *D.* f) spatium *D.*

1) *Iuramenti formula brevior datur supra c. 14, p. 30. Ad eandem breviorem formulam Henricus VII a. 1312 iuramentum Romanis praestiterat, v. MG. Const. IV, 2, p. 790.* 2) *Ad sequentia cf. Benessium l. c. p. 522 sq.* 3) *Porta Castello.* 4) *V. supra p. 77, n. 6.*

1355 Urbis introitu militarem habere titulum sathagebant, obsistente pressura iussus regius impleri nequibat. Ad
cf Ps 86, 3 portam ipsam tandem perveniens *civitatem Dei, de qua gloriosa*[a] *dicta sunt*, Urbem almam ingreditur. In quo quidem Urbis ingressu nobiles viros Petrum de Sancto Desiderio dictum[b] Testardum[b, 1] et Petrum de Monasterio[2] necnon et Petrum de Alovesco[c 3], dicti domini Petri cardinalis[d] Ostiensis[d] nepotes, tunc domicellos, militari titulo decoravit. Et ibi per senatum aliaque dicte Urbis officia totumque populum cum magno plausu sub pallio iuxta honorantium et honorati decentiam cum consueta solempnitate recipitur et per maioris[e] ac[f] medii et[g] infimi status viros honorabiles electos ad hoc specialiter addextratur et versus beati Petri principis apostolorum basilicam eadem impediente pressura vix ducitur. A dextris enim et a sinistris, ante faciem etiam et post tergum, nunc ense, nunc baculo, nunc virga, nunc manu, diversarum originum viris militarem caracterem[h] imprimebat, nec[i] umquam a parvo ponte predicto usque ad predictam basilicam ab[k] huius honoris impressione vacavit. Sed cum ad introitum platee predicte basilice, que Cortina vocatur, qui est ante beatissime virginis Catherine monasterium[4], cum innumeris fluctibus acierum antiquorum pariter militum et novorum non sine multis membrorum collisionibus inermis[l] totaliter applicasset, inibi reperit[m] senatores, qui iam de suis equis descenderant, ut servatam ab olim consuetudinem[5] observarent. Quorum unus a dextris et alter a sinistris equi regii frenum recipiunt et ipsum per totam plateam, que Cortina dicitur, supradictam usque ad scalarum gradus marmoreos, per quos in basilicam memoratam ascenditur, adextrant[n]. Ibique tunc rex ipse descendit et, ut moris[5] est, predictis senatoribus illum quem consederat equum dedit, et eosdem gradus predictis sena-

a) glosa *D* b) *om* *D* c) Alonesco *P* d) Ost card *P* e) maiores *D* f) et *D* g) ac *D* h) carecterem *P* i) ne *P* k) ob *P* l) *sic PD, corruptum videtur.* m) repetit *P* n) adextravit *P*, adextrarunt *D*

1) *De quo cf A Mazon, 'Essai historique sur le Vivarais pendant la guerre de cent ans (Tournon 1889)' p* 12 2) *Huius nepotis mentionem facit cardinalis in testamento suo apud Duchesne 'Histoire de tous les cardinaux françois' II, p* 363. 3) *Lalouvesc (Dép Ardèche, arr Tournon) Cf etiam Duchesne l. c.* 4) *S Caterina delle Cavallerotte, v Armellini, 'Le chiese di Roma', p* 175 5) *Ad sequentia v. supra p.* 25 *sqq.*

toribus et aliis dicte[a] Urbis officiis necnon et ducibus, 1355.
marchionibus, comitibus ac[b] baronibus et[c] prelatis innumeris et Romano populo circumfultus[d] ascendit

47. Qualiter[a] imperator aurum offert domino Ostiensi tamquam persone summi pontificis

In[1] quorum graduum summitate dictus reverendus dominus meus[b] dominus Ostiensis episcopus[c] cardinalis
45' pallium ex Ostiensis *ecclesie privilegio gestans aliisque pontificalibus ornamentis amictus cleroque Romano multisque prelatis et religiosis omnibus singulis in eorum ordinibus preparatis processionaliter sociatus eundem regem ad osculum recipit et[d] amplexum, ac eidem domino cardinali tamquam persone domini nostri pape predicti representanti aurum obtulit, ut in pontificali Romano continetur[2]. Et eum ad dexteram suam tenens duxit[e] ad ecclesiam sancte Marie in Turribus, que est[f] inter primam et secundam portam basilice beati Petri[3]; et ibi ante altare eiusdem ecclesie dictus dominus rex coram dicto domino cardinali super ewangelicum textum, quem subdyaconus tenebat in manibus, sacramentum prestitit in[g] hec verba[g].

48. Iuramentum imperatoris summo pontifici et[a] Romane[b] ecclesie, et qualiter ipse imperator et[c] imperatrix[c] per dictum dominum cardinalem coronantur[d].

Ego[4] Carolus rex Romanorum, annuente Domino futurus imperator, promitto, spondeo et polliceor atque iuro coram[e] Deo et beato Petro, me de cetero protectorem ac[f] defensorem[f] fore summi pontificis et sancte Romane ecclesie in omnibus necessitatibus et utilitatibus suis, custodiendo

a) in dictae *D* b) et *D* c) ac *D* d) circum fluctus *P*
c 47 *PD* — a) *rubricam om* *D* b) *om* *D* c) *om* *D* d) ac *P*.
e) ducit eum *P* f) *om.* *P* g) etc. *pro* in — verba *D*
c 48 *PDS*, *S partim* (*p* 85, *l* 27 — *p* 86, *l* 4). — a) in *D* b) ratione *D*
c) *om* *P* d) coronatur *P* e) *om* *in fine lineae* *P* f) *om* *D*

1) *Ad* c. 47—49 *cf* *Matt* *Villani* *V*, *c* 2 2) *V* *supra* *p* 26 *et* *p* 30 *sqq* 3) *Cf* *Armellini*, *'Le chiese di Roma'*, *p* 381 *sq* 4) *V* *supra* *p.* 26. *Cf.* *Diemand*, *'Das Ceremoniell der Kaiserkrönungen'*, *p.* 111

1355 *et conservando possessiones*[a], *honores et iura eius, quantum divino fultus adiutorio fuero, secundum scire et posse meum recta et pura fide Sic me Deus adiuvet et hec sancta Dei evangelia*

Deinde dictus dominus cardinalis cum ordinibus suis inde discedit et singulos actus et cerimonias tam verbo quam facto et debitis locis iuxta sacrosancte Romane[b] ecclesie ritum et ordinarii libri pontificalis et bullarum etiam traditionem exequitur Et dictus dominus cardinalis et rex ipse, qui per canonicos dicte basilice in eadem ecclesia sancte Marie de Turribus receptus extiterat in canonicum et in fratrem, complessi[c] manibus nec minus et animo, sic[d] simul[d*] intrant ordine processionali basilicam, ubi tantus est civium plausus, tanta[e] simul exterorum letitia, tantus insuper sonus omnis generis musice concrepans, quod nec fulguris conscindentis[f] ecclesiam ⟨fragor⟩[g] audiretur, nedum quod invicem minime se[h] loquentes audirent, nec mirum dictu, sed nec visu mirandum est consideranti potissime, quod inaudita tam diu matris ac filii, sororis et fratris, sponse simul ac sponsi fruitio mutuaque[i] letitia tunc videtur Merito igitur Urbs ipsa[k] letatur, cum se vaginam a se procedentem utrumque[l] gladium[l] conspicit continere
Prov 11,13. Sed nimis[m] prope, proch dolor, *extrema*[n] sui *gaudii*[o] *luctus occupat* et *risus*[p] eius *dolore miscetur* nam, ut infra patebit, cupite diu respirationis[q] letitie spe frustratur[r]

Nunc tempus est, ut ad propositum redeam et, ut brevius *quivero, solempnia tante coronationis exponam. *f 146
Qui[s] iuxta[t] libri pontificalis ordinem diversas illi benedictiones in diversis locis ecclesie et omnes debitos actus exercuit et eosdem regem et reginam ante altare beati Mauritii munxit iuxta ordinem Romani pontificalis predicti. Gradiuntur itaque simul spiritualis presul et temporalis antistes et tandem ad maiorem eius[u] basilice tribunam perveniunt. Ibique rex sibi dedicatum in dextro latere conscendit ad thalamum et in sinistro simili regina consedet ac in sede marmorea papali[v] tribune

a) penes *P* b) matris *add D* c) complexi *D* d) *om D* d*) *om. P*, similiter *S* e) tanto *P* f) conscidentis *P*, concindentis *D* g) *sic D ex coniectura, om PS* h) sunt *P* i) mutuoque *P* k) ista *P* l) *om P* m) minus *P*, nimis *D* n) extremi *D* o) gladii *P* p) visus *D* q) respiqionis *P*. *cf infra p 91, l 2* r) frustratus *P* s) *ante* qui *quaedam omissa videntur*, qui — predicti (*l 33*) *om D* t) intra *P*. u) eiusdem *D* v) populi *S*, pontificali *D*.

predicte medio sita stat dominus cardinalis et ad missam 1355.
tunc solempnissime celebrandam se pontificalibus induit ornamentis. Rex etiam[a] et regina similiter amicti sunt vestimentis eorum imperialibus, que ad huiusmodi[b] coronationis celebranda solempnia requiruntur. Tunc officium singularissimi cantores capelle dicti domini cardinalis incipiunt et missa decantatur[c] et omnes actus et cerimonie in debitis locis fiunt, que et ubi secundum ordinarii libri[d] pontificalis et litterarum apostolicarum[1] ordinem fieri debent. Sed in hoc toto tempore dictus rex ab impressione militari non vacat, quia Romanos et Gallicos, Etruscos[e] [2] et Anglicos, Lombardos et Siculos[f], Ispanos et Vascones[g], Germanos et Apulos[h] ac de ceteris nationibus orbis terre honoris titulo militaris[i] ascribit[3] Distinctis itaque locis atque temporibus predicti rex et regina per dictum dominum cardinalem benedicuntur, inunguntur, coronantur, offerunt et communicant secundum ritum ecclesie et[k] antiquam Romanorum imperatorum consuetudinem observatam seu traditionem libri ordinarii supradicti.

49 Regressus imperatoris et imperatricis coronatorum, et qualiter Columpnenses militavit, et eorum de Urbe egressus.

Missa demum et coronationis imperialis celebritate quod dictu mirum est et incredibile multis, cum pace protinus et quiete finitis, predicti cardinalis et rex, iam in Dei nomine imperator, simul et post eos domina imperatrix, non depositis vestibus et ornamentis solempnibus, que tenebant, de tribuna predicta cum ingenti plausu et letitia[a] gentium descendentes usque ad locum summum scalarum basilice supradicte, ubi dictus dominus imperator per dictum dominum cardinalem receptus extiterat, gravibus passibus cum magna cordis iocunditate perveniunt. Et ibidem imperator et cardinalis inter se pacis

a) *om* *D*. b) huius *DS* c) cantatur *DS* d) *om* *P* e) et Tuscos *P* f) Sicilios *D*, Syculos *S* g) Vascanes *P* h) Apuleos *P* i) militares *D* k) ac *DS*

c 49 *P* — a) licentia ppli *deleta praecedunt* *P*

1) *Supra* c. 14. 2) *Cf* *Ranieri Sardo*, c 102. 3) *Cf* *Historiam Cortusiorum XI*, c 4 (*apud* *Muratori*, *SS rerum Ital* *XII*, *col*. 945 *E*)

1355. osculum[a] sibi dantes ab invicem discesserunt. Et ibi
etiam dictus dominus cardinalis licentiam ab imperatore
recepit et dictos gradus *imperator et imperatrix non *f. 116
sine gentium armatarum pariter et inermium pressuris
descendunt. Ad quorum infimum equos eorum paratos
inveniunt et illos cum inenarrabili populi plaudentis
exultatione[b] tum[b] ascendunt. Et recte mihi visum est
Apoc 19, 11 impletum esse, quod scribitur *Ecce* videlicet *equus*[c] *albus
et qui sedebat super eum vocabatur Fidelis et Verax.* Tunc
ordinati nobiles, medii et plebei Romani singuli singula
exhibentes obsequia, quidam eorum circa dominum imperatorem, alii circa dominam imperatricem intendunt.
Aliqui frena, aliqui stapedes, aliqui clamidem auream,
aliqui pallium super[d] eorum capitibus sustinentes pedites
eos[e] adextrant usque ad sacrosanctam Lateranensem basilicam supradictam, ad quam, cum quia per unius
magne leuce[f] spatium iter durat, tum quia manus imperatoris adhuc a novorum militum creatione non vacat[1],
tum et maxime quia Romani cives, mares et femine, pre
cf. Ps 41, 2. maxime devotionis et dilectionis ardore, sicut *cervus de-
siderat ad fontes aquarum,* sic ad pedum imperialium oscula festinabant, adeo quod officiales imperii aliique Romani per consilium dumtaxat ad hec specialiter ordinati
necnon et ille, qui magnam et omnis forme pecunie
summam continue spargebat in via, ad cuius collectionem
simul pergentium[g] animos divertebant, vix eum defendere poterant a pressura, tandem circa horam vesper-
tinam perveniunt. Et in aula solempni[2], per quam de
dicta Lateranensi basilica in contiguam[h] basilicam ad
Sancta Sanctorum, in qua beatorum apostolorum Petri
et Pauli capita[3] sub altari et per alia loca dicte basilice
sanctorum plurium et sanctarum reliquie conservantur,
accedit, paratum invenit, ut qui spirituali cibo mane refectus extiterat in altari, corporali tunc ibi reficeretur

a) osculo *P.* b) excellentia natum *P.* c) equos *P.* d) supera *P.* e) eo2p *P.* f) lauce *P.* g) spgeciũ *P.* h) continuam *P.*

1) *More solito praesertim in ponte S. Angeli militum creationes factae sunt; v. testimonia apud Werunsky p. 184, n. 4 enotata.* 2) *I. e. in Triclinio Leoniano, quod in palatio Lateranensi antiquo, paucis annis post (a. 1361) igne destructo situm erat, palatium illud basilicam S. Iohannis et capellam Sancta Sanctorum inter se coniungebat. Cf. G. Rohault de Fleury, 'Le Latran au moyen âge (Paris 1877)' p. 387 sqq. et tab. IV.* 3) *Cf. de Waal, 'Die Häupter Petri und Pauli im Lateran' in 'Römische Quartalschrift' V (1891), p. 340—348.*

in mensa Sed vere vir[a] *ad laborem nascitur*. Nam cum 1355 vellet manus abluere, Columpnensium militandorum tunc *cf Iob* 5, nobile genus genua flectit humiliter supplicans, ut in Lateranensem ecclesiam iterum redire dignetur et eos ante altare illud sanctissimum, cetera mundi altaria precellens dignitate, pontificalis et imperialis tituli prerogativa dotatum, in quo publice primitus extiterat celebratum et sub quo singulis annis crisma sacrum die Iovis sancto miraculose recipitur[1], cingulo militari decoret. Qui dominus imperator ex innate mansuetudinis zelo et proprie sue ferventis dilectionis affectu, quo[b] dictos Columpnenses[c] prosequitur, benignissimos pedes movens mitem[d] se prius opere quam verbo ostendit[e]. Et cum in ecclesiam venit, ad sacratissimum illud altare se contulit illosque ibi cum ingentissimo gaudio *militavit Et 147 illi tunc etiam novos alios per se ipsos milites creaverunt. Et sic omnibus solempniter pacifice consumatis ad sumendum tam diu dilatum[f] prandium imperator ipse rediit Sed cum imperiales cerimonias exercere se cogitat[2], propter solis occasum instantem surgere cogitur, quoniam iuramento perstrictus in Urbe predicta non poterat pernoctare[3] Festinus itaque surgit et equos duci mandavit ac suum velox ascendit et ad venerabile monasterium sancti Laurentii, quod est per mediam leucam foris muros Urbis ipsius, in quo beatorum Stephani prothomartiris et eiusdem Laurentii corpora et aliorum quam plurium martirum requiescunt, accessit et post se iussit dominam imperatricem accedere ac totam aliam gentem sequi Quod, sicut mandaverat fieri, est factum, et ibi nocte statim superveniente quievit.

50. Qualiter dominus cardinalis imperatorem visitat et recipit licentiam ab eodem, et confirmat promissa Romanis imperator[a] et[a] Ursinos militat *Il* 36

Die vero Lune sequenti, VI. dicti mensis Aprilis, *April* 6 in mane predictus dominus cardinalis imperatorem ipsum

a) vix *P* b) quos *P* c) Columpnieñ *P* d) emitem *P* e) respondit *P*, *in archetypo haud dubie scriptum erat* oñdit, *id quod librarius perperam* rudit *interpretatus est* f) dilatam *P*, *praecedit* latam *del*
c 50* *P*. — a) et imp. *P*

1) *Cf C Rasponi, De basilica et patriarchio Lateranensi, p.* 44*sqq.* 2) *Cf. Benessium l c p* 523. 3) *V locos supra p* 77, *n* 3. *enotatos*

1355 aput sanctum ⟨Laurentium⟩[a] visitat multaque simul de negotiis ecclesie conferunt Et tam de discessu quam de loco, ubi debeant convenire, concordant. Et dictus dominus cardinalis ab illo tunc licentiam recepit videre suam ab Urbe per quatuor leucas seu XII miliaria distantem Ostiensem ecclesiam accessurus, nec imperator voluit eum retinere, quoniam omnes representantes rempublicam Romanorum, quos in die Sabbati sancto supra[1] descripsi, necnon omnes et singuli nobiles et tam antiqui quam novi milites dicte Urbis secum invitati pranderent Post prandium vero dictus dominus imperator nobilem Nicolaum de Ursinis comitem palatinum et Iohannem de Sancto Eustachio[2] militavit iterumque confirmat promissiones, quas in predicto die Sabbati sancto Romanis fecerat supradictis[3], dicens, quod ex se nuncios mittant de negotiis Urbis et eorum intentionibus informatos

It. 37—38 51. Qualiter cardinalis offert crucem pulcherrimam ecclesie Ostiensi, et barones suos ad gwerram paratos invicem pacificat imperator.

April. 7. Veniente autem die Martis mane sequenti dictus dominus imperator versus Tiburtinam civitatem[4] et (April. 8) dictus dominus cardinalis[5] versus Ostiam civitatem predictam iter arripiunt. Qui dominus cardinalis ibidem April 9 pernoctavit et die Iovis sequenti in eius maiori ecclesia cathedrali, que beate Auree, cuius corpus ibi reconditur, titulo decoratur, velut in domo sponse sponsus decoratus pallio solempniter celebravit et crucem argenteam super deauratam magne pulcritudinis *ad perpetuum decorem ecclesie magna cum devotione donavit *f. 147' Deinde die ipsa post prandium ad Urbem redivit, et senatores cum consilio nuncios eligunt destinandos, credentes indubie, quod imperator predictus in dicta civitate Tyburis debeat, ut promiserat, expectare ac ad

a) *in fine lineae om* P.
c 51 P

1) *p* 80 2) *Senatorem Urbis; cf supra p* 77, *n* 3. 3) *V supra c* 44 4) *Ad hoc cf Ranieri Sardo*, c. 102 *et F Kern loco supra p* 81 *citato p* 385—395 5) *Qui vero die Mercurii* 8 *April profectus est, v Itinerarium nr* 37.

aliqualem inclinate simul et miserabilis Urbis alme 1355 respirationem intendere. Sed Deus aliter ordinat, aliter negotia disponuntur. Nam inter duos magnos Alamannie proceres, Stephanum scilicet de Bavaria ducem, Czenconem comitem de Lippa, quedam dissensionis materia exoritur, propter quam tota gens imperatoris eiusdem hinc inde dividitur, et sumptis armis cordibus extuantes[a] ferocibus acies ordinant[b] et ad congrediendum in invicem se disponunt. Et vere campus ille Romanus Germanorum sanguine non superficialiter sed funditus maduisset, nisi *magnus* ille *consilii*[c] *angelus*[1], *princeps pacis*, imperator videlicet, celeriter medius illis *Is 9, 6* obstitisset, equanimitate cuius in rectitudine voluntatis attenta furore deposito treugalem inter se partes pacis prenuncciat incipere quietem Sed quia rancoris et odii iam fixa venis *letalis arundo* pectoribus *heret*[2], optata pacis dulcedo non sequitur nec iuxta mentis imperatorie zelum credita cum aviditate gustatur, quin ymo timentibus animis pars[3] utraque vivit et *novissimus* ille *priore* *cf. Matth 27, 64; 24, 33, 2 Petr 2, 20* *deterior* iam cunctis adest in ianuis *error*

52 Qualiter[a] imperator expectat Romanorum nuncciosª.

Propter quod et propter defectum victualium, quem, si remansissent diutius, prout gentes imperatoris asserunt, incurrissent[b], sed nec minus, ymo potissime, quia pecuniam non habebant, adveniente die Mercurii mane, iam dicti mensis Aprilis VIII, predictus dominus imperator *April 8* et tota gens eius de dicta civitate Tiburis discesserunt, et versus Reatinam civitatem iter arripiunt et per Interamnensem[c] [4] transeunt civitatem et per Aquasparitas[d] postmodum accedentes, civitatem Tuderti[5] sitam eis ad sinistra latera non ascendunt et Perusii civitatem a dextra non intrarunt[6], sed media per utriusque districtus

a) *i. e.* aestuantes b) ordinavit *corr. ex* ordinavitur *P* c) concilii *P* c. 52 *P* — a) qual — nuncciós *sic P Rubrica ad capituli tenorem non quadrat An legendum* non expectat? b) incursissent *P* c) Interamnensem *P* d) aquas portas *P*

1) *Cf* magni consilii nuntius *Is* 9, 6 *secundum Septuaginta, cf Hieron Comm in Is l III (Migne Patr lat. XXIV, col. 129), Otto Frising (ed. Hofmeister) p* 444, *n* 7; *Missale Rom. introit ad maior Missam nativitatis, 'N Arch.' XXXVII, p* 721. 2) *Cf Verg Aen IV*, 73 haeret lateri letalis arundo 3) *In verbis* pars — priore et deterior — error *attende rhythmum quasi hexametricum* 4) *Terni* 5) *Todi* 6) *Introitum in Perusinam civitatem a civibus imperatori permissum non esse affirmat Ranieri Sardo, c* 102

1355. castra tenentes dictum Montispolitiani castrum solempnissime intrant et benigne nimis ibi recepti fuerunt

It 39—42 **53. Qualiter dominus cardinalis in sua ecclesia Velletrensi est receptus et suos reditus remisit eidem.**

April 11 Captata itaque sibi hora die Sabbati, scilicet XI dicti mensis Aprilis, mane diluculo *de Roma discedit, *f 148 et ad civitatem ipsam Velletrensem accedit, ubi tam magnifice, tam munifice fuit receptus, quod primus conditor civitatis eiusdem magnificentius et munificentius recipi nequivisset, et in eiusdem ecclesia civitatis sub beati Clementis vocabulo consecrata pallio decoratus[a] pontificaliter celebravit et spiritu devotionis allectus omnes redditus, quos ex dicta ecclesia percipit, in utilitatem evidentem eiusdem ecclesie laudabiliter dispensavit Et die XIII dicti mensis Aprilis[1] plus quam summe contentus inde discessit et gressus suos dirigit versus Tybur, quo de[b] sero[b] applicuit, et dormivit ibidem.

It 43—44 **54 Liberalitas domini cardinalis exhibita suo capellano depredato**

April 14 Die autem Martis, XIIII. dicti mensis Aprilis, dominus cardinalis discedit ab Tybure, verum quia

omnis[a], *que niveo*[b] *volucris plumescit amictu*[2],

non est, quam[c] simulat[c], vera columba[d], tum[d] sibi[e] quod non[e] verebatur accidit illo die Nam cum transiret per territorium castri Columbarie, quod Palumbaria[3] dicitur in vulgari, quod circa se satis est nemorosum, quidam de dicto castro videntes quendam capellanum suum et domini nostri pape scriptorem, Iohannem de Verulis nuncupatum, solum et inermum[f] post omnem gentem dicti domini cardinalis, non tamen per magnum spatium, equitantem, captato sibi tempore atque loco disroba-

c 53 P — a) decorata P b) deserto P
c 54 P *Adhibetur praeterea F 2* — a) omnis — amictu *latine citatum in textu francogallico F 2* b *sic F 2*, vinco P c qui simulet P d) columbratum P e non sibi quod P f) merutum P

1) *Haec et sequentia (c 54) discrepant ab eo, quod in Itinerario nr 41—45 rectius, ut mihi quidem videtur, traditur* 2) *Unde sumptum sit, nescio* 3) *Palombara*

verunt[a] eum equo, breviario, vestibus et pecunia, quam habebat. Locus igitur columbarius[b] factus est colubrinus[c] et confidentis domini cardinalis honorem, ut de capellani incomodo[d] taceam, venenose momordit[e]. Dictus tamen dominus ut vere magnanimus hoc non curans, cum apud castrum Montisopuli[1], quod est abbatie Farfensis, de sero descenderet, dicto capellano suo totum et plus quam liberaliter emendavit. Et in dicto castro sicut fieri potuit honoratus nocte illa dormivit. 1355 (April 15)

55. **Qualiter dominus cardinalis Sabinie[a], Perusii, Clusii[b] honorifice fuit receptus et ibi vidit anulum, quo beata Virgo fuit desponsata** It 15–55

Mane autem facto dictus dominus cardinalis inde (April. 16)
discedens pervenit in Narniam optimam Sabinie civitatem, ubi dictus dominus cardinalis est cum honore magno receptus et cum omni reverentia honoratus. Et inde[c] suas continuando dietas per castrum sancti Gemini[2] et per Aquaspartas[d], ubi reverendum in Christo (April 18)
patrem dominum Egidium tituli sancti *Clementis pres-
148' byterum cardinalem, tunc apostolice sedis in partibus Ytalie legatum, prefatum invenit[3], qui eidem domino cardinali Ostiensi ibidem obviam venerat, transitum faciens venit Fulgineum[4] civitatem in ducatu Spoletano (April. 19)
sitam, quo[e] iverat[f] ad eum legatum videndum et visitandum, ubi per episcopum[5] et populum civitatis illius plurimum extitit honoratus. Deinde a dicto domino legato discedens et per Assisium[g] transiens intravit Pe- (April 20)
rusium et honoranter ibi receptus pernoctavit ibidem. (April 21)
Demum inde discedens venit apud Clusium civitatem, (April 23)
olim caput Etrurie, et ibi in ecclesia beate Mustiole[h] vidit anulum, cum quo Ioseph[i] beatam Mariam desponsavit[6]. Deinde per Montem[k] Policianum[7] et per sanctum (April 24)

a) disroboraverunt *P*. b) columbanus *P* c) colubrius *P* d) comodo *P* e) *praecedit* se *P*

c. 55 *P*. — a) Saburie *P* *Librarius in conscribenda rubrica vocem* Sabinie *per errorem nomen civitatis putavit* *Scribendum erat* Narnie b) Tlusci *P* c) eum *P* d) aquasportas *P* e) qui *P* f) inerat *P*. g) Assium *P* h) Mistiole *P* i) Iozeph *P* k) pontem *P*

1) *Montopoli di Sabina* 2) *S Gemini* 3) *Econtra cf. Itinerarium nr* 48 4) *Foligno* 5) *Paulum* 6) *De anulo hodie in ecclesia cathedrali Perusina asservato v. Werunsky p.* 191, *n.* 1 7) *Montepulciano*

1355 Quiricum[1] Senas intravit et ibi dominum imperatorem (April 25). invenit Qui plus quam gratiosissime eum recepit, et grata mutuo congratulati[a] fruitione sunt simul.

56. Qualiter dominus cardinalis Ostiensis legatum pape ad bonam amicitiam imperatoris reformavit

Sed quanta fuerit dicti domini cardinalis sinceritas caritativa et animi rectitudo, lector, attende. Considerans enim et ex verisimili coniectura concludens, quod dictus dominus imperator de prefato in Christo patre domino Egidio tituli sancti Clementis presbytero cardinali, tunc apostolice sedis in Ytalia legato et comissario una cum dicto domino Ostiensi ad coronationis predicte solempnia celebranda, ut in litteris predictis[2] apparet[a], per sedem apostolicam deputato, non contentabatur ad plenum pro eo, quod dictus dominus legatus a domino imperatore per eius nunccios et litteras requisitus in dicte sue coronationis solempniis noluit interesse[3], omnem quam potuit operam dedit, ut, antequam imperator ipse de dicta Senensi civitate discederet, reconciliarentur in invicem. Et dum imperatori[b] predicto de reconciliatione huiusmodi loqueretur, bene reperit, quod credebat. Et nisi concordiam ipsam pro speciali gratia petivisset, pro certo predictus dominus legatus imperatoris prefati non remansisset amicus pro eo, quod imperatoris animo et suorum iudicata iam erat opinio, quod per dictum legatum non stetit, quin opus et dispensa perierit et dictus imperator corona sibi debita privatus existeret et delusus. Sed dictus dominus

a) congratulanti *P*.
c. 56 *P* — a) apparet et *P* b) imperator *P*

1) *Sanquirico* 2) *Supra c.* 14 3) *Non praetereundum, quod papa legatum* 1355 *Febr.* 10 *Romam ire iusserat ea condicione,* si absque preiudicio negociorum, quorum promocioni deputatus es, poteris *(Theiner, Codex dominii temporalis S Sedis II, p* 287*)* *Et primo coronationi interesse in animo fuit legato, id quod ex notitia apud Theiner, Codex dominii temporalis S Sedis II, p* 379, *col* 2 *intellegitur, quam iam adhibuerunt Gregorovius VI*^{4}, *p* 375, *Werunsky p* 194, *n* 4 *Cur postea Romam non venerit, non certe apparet, sed vix dubium esse putaverim quin negotiis bellicis in marca Anconitana tunc temporis retentus sit, cf etiam H Wurm, 'Cardinal Albornoz'* (1892) *p.* 81 *sqq. Cf praeterea supra p* 33, *l.* 7 *sqq*

1355

Ostiensis in tantum imperatoris et suorum animos induratos mellifluis inductionibus et effectivis precibus
149 emollivit, quod ad velle suum illos habuit inclinatos et statim scripsit legato predicto, quod statim Senas accederet. Litteris eius visis et ille sic fecit[1]. Appropinquante[a] igitur illo Senas[2] predictus dominus Ostiensis (Mai 1) obviam sibi vadit et eum de omnibus actis et agendis informat. Sed exeuntis huius discretionem advertas, quod in cappa sua rubeo colore non utitur, sed eam coloris induit celestini, ut legati venientis honori deferret, quamvis pro auctoritate sibi commissa ante adventum et post reditum legati predicti colore rubeo uteretur[3]. Paulo autem post exeuntem hunc dominum Ostiensem sequitur imperator et ex innata sibi mansuetudine nec minus ad dicti domini Ostiensis instantiam legatum venientem, donec ista videret, incredulum, honoravit. Simul itaque venientes predicti domini cardinales et imperator medius inter eos Senensem civitatem intrarunt et dicti domini cardinales iuxta doctrinam apostoli se ipsos *invicem prevenientes honore* per viam equitantes cf Rom 12, 10 nullatenus signaverunt[4]. Imperator autem, cum communis, in quo stabat, appropinquaret pallacium, cardinales ambos facto vale dimittit et *in domum suam iustificatus* ipse *descendit*. cf Luc 18, 14 Cardinales autem simul ultra procedunt. Et dictus dominus Ostiensis sociavit dictum legatum usque ad locum fratrum Heremitarum sancti Augustini, ubi pro eo etiam erant hospitia preparata, et demum rediit ad domos episcopales, in quibus ipse moratur. Sequentibus autem duobus diebus imperator (Mai 23) et ipse se invicem visitant et honore preveniunt, sicut possunt[5].

a) appropinquare P

1) *Non solum ad redintegrandam benevolentiam imperatoris, sed praesertim ad negotia rei publicae tractanda legatum Senas venisse ex Matt. Villani V, c. 15 intellegitur.* 2) *De die v. Matt. Villani l. c.* 3) *Cappam rubeam nonnisi legato apostolico concedit Iacobi Caietani Ordinarium nr.* 118 *(apud Mabillon, Museum Italicum II, p.* 441 *sq.).* 4) *'signare' = 'signum crucis efficere', 'benedictionem dare', id quod praesentibus duabus personis ecclesiasticis ad eam spectat, cuius maior est iurisdictio, cf. Wetzer et Welte, 'Kirchenlexicon' t. XI, col.* 69. 5) *Senis etiam litterae datae sunt (April* 25*), quibus imperator cardinalem pensione annua donavit. Reg. imp. VIII, nr.* 2078.

1355 57 **Victoria ecclesie contra eius hostes et qualiter tyrannus[a] reddidit ecclesie certas civitates et terras.**

(April 29) Hiis autem diebus post predicti legati de marchia Anchonitana discessum magnus armorum congressus habitus est prope ipsam civitatem Ancone[b] ad duas leucas[1] inter gentes ecclesie, quas legatus ipse dimiserat, et nobiles Malatestam[c] et Galleottum de Malatestis milites tunc Romane ecclesie rebelles, et, sicut Domino placuit, gentes ecclesie victoriam habuerunt et vulneratus ibi predictus Galleottus post occisos sub ipso tres equos pedes inventus, captus, ductus est et detentus. Multi autem hinc et inde mortui fuerunt. Honor autem cf Eph. 5, 23. remansit *ecclesie, cuius caput est Christus,* qui non deserit causam suam. Receptis autem novis huiusmodi gaudiosis legatus ipse totus exultans a suis predictis victoriosis gentibus repetitus redire *festinat. Et cum *f 149' predictis domino imperatore et domino Ostiensi concludens licentiatus ab illis in Marchiam redit. Et post temporis modicum dominus[d] Malatesta Pisas veniens[2], ab imperatore ac Ostiensi premonitus, ut ad ecclesie gremium revertatur, et maxime de redemptione fratris cf Ps 108,17 *corde compunctus* ad concordiam venit cum legato predicto[3] et certas civitates et terras ex hiis, quas[e] tenebat, ecclesie Romane restituit et certas retinuit sub annuo certo censu. Et sic fratrem de carcere liberans cum ecclesia pacem fecit et de Saulo Paulus effectus in ecclesie beneplacitis usque hodie se exercet[4]

58. **Qualiter imperator et cardinalis recedunt ab invicem usque Pisas.**

Omnibus hiis itaque peractis predictus dominus Ostiensis prudenter attendens, quod iam tempus esset, ut reverteretur ad eum, qui misit eum, imperatorem

c 57 *P* — a) tyrannis *P* b) Anconē *P.* c) Moletestani *P* d) dños *P* e) qua *P*
c 58 *P*

1) *Apud oppidum Paterno d'Ancona. De quo proelio cf Matt. Villani V, c* 18 2) *Die* 9 *m. Maii, cf Raineri Sardo, p* 130 3) *Tractatus a* 1355. *Iun* 2 *Eugubii factus exstat apud Theiner 'Codex dominii temporalis S. Sedis' II, p* 292, *nr* 303 4) *Cf 'Cronichetta dei Malatesti' (ed Zambrini, Faenza* 1846) *p.* 42.

alloquitur et[a] secum de hiis, que agenda sunt, confert. 1355.
Dominus autem imperator infra sui pectoris claustra revolvens, quod propter maximam partem suarum gentium diminutam, quia post deliberationem eius de suorum omnium consilio Senis factam, quod videlicet per totum annum illum in Ytalia et maxime in Tuscia remaneret, quasi omnes ab eo, tamen petita licentia et obtenta, discesserant[1], deliberationem ipsam non poterat observare[2] ex eo potissime, quod pecuniam non habebant, dixit cardinali predicto, quod ibi non erat amplius conferendum, sed quod Pisas accederent et ibi plene de omnibus loquerentur. Quibus idem dominus cardinalis assentiens petiit licentiam ab eodem. Et die Lune, quarta *Ii* 56
mensis Maii, de Senensi civitate discessit Florentiam *Mai* 4
accessurus.

59. Qualiter imperator Pisis est receptus relicto fratre suo patriarcha defensore Senensis civitatis.

Audientes autem et videntes hoc cives civitatis eiusdem statim ad dominum imperatorem accedunt et propter deliberationem, quam fecerant, supradictam de discessu huiusmodi conqueruntur[a] et, ubi aliter fieri non possit, petunt cum importunitate rogantque, ut fratrem suum Aquilegiensem patriarcham[3] ibi dimitteret pro rectore, quod magna precum[b] instantia devictus imperator eis annuit. Et de dicta civitate recedens rectorem (*Mai* 5)
illum ibi dimisit[4]. Aliis vero singulis omnibus, qui cum ipso deberent aliqua terminare, simile ei, quod domino cardinali reddiderat[5], dat responsum, ita quod omnes cum illo negotiantur[c]. *Turba sequitur illum Pisas ubi propter (*Mai* 6)
50. nova coronationis insignia quasi novus dominus summo cum honore per Pisanos excipitur[b] et, qui prius in[d] hospitiis[d] Gambacurtorum[e] steterat, in pallatio communis

a) eciam *P*.
c. 59. *P*. — a) conquiruntur *P*. b) precium *P*. c) *sic P*, *forsan* egrediantur *emendandum*. d) *sic emendavi* morus *P*.; *cf.* p. 98, l. 16. e) Gambacurtor⁻ *P*.

1) *Vasellos imperii iure feudali non ultra diem coronationis in Italia retinere ad hunc locum iam monuit Werunsky p.* 219. *Cf. Homeyer, 'System des Lehnrechts'* (= *'Des Sachsenspiegels zweiter Teil', II*), *p.* 380, *nr.* 6, *cf. etiam Benessium l. c. p.* 523. 2) *Ad quod cf. Reg. imp. VIII, 'Reichssachen', nr.* 235. 3) *Nicolaum.* 4) *Cf. Matt. Villani V, c.* 20. 5) *V. supra l.* 10. 6) *Ad sequentia v. notitiam ex codice Oxoniensi infra p.* 144 *sq. editam, cf. praeterea Ran. Sardo, c.* 105.

1355 non solum propter antiquum[a] imperatorum[b] successionis
titulum, sed propter novam proprietatis atque dominii[c]
donationem ei spontanee, priusquam coronaretur, in Pisis
et, postquam coronatus est, iterum Senis factam[1] de
communi omnium voluntate descendit. Et civitatem
ipsam incepit tam in officialibus quam in multis aliis
tamquam universalis et proprietarius dominus reformare
et verum dicte civitatis dominium exercere[2].

II 58—63 60. **Qualiter dominus cardinalis in pluribus civitatibus honorifice usque Pisas[a] est receptus.**

Cardinalis[3] autem dominus meus predictus die
Maii 6 VI mensis Maii Florentiam intrat et per Florentinos
communiter honoratur et maxime per Albertos[b] [4] cives
et mercatores, qui tunc temporis Romanam curiam sequebantur,
in quorum hospitiis dictus dominus ad preces
eorum sibi factas in curia[c] tunc descendit Sed die
Maii 9 Sabbati, IX mensis Maii predicti de Florentia descendens
de[d] his, que dictus dominus imperator sibi commiserat,
nil obtento[5] castrum optimum, quod Paratum[e] [6] vulgo
dicitur, in quo natus est ille flos olim Ytalie recolende
memorie dominus frater Nicolaus[7] ordinis Predicatorum

a) antiquam *P* b) imperatorem *P* c) dñi *P*
c 60 *P* — a) Pisis *P* b) alb'ertos *P* c) cuna *P* d) que *P* e) ptū *P*

1) *De traditionibus dominii civitatis Pisanae in Ianuario Pisis et in Aprili exeunte vel Maio ineunte Senis imperatori factis v Matt Villani IV, c 48 et Ran Sardo, c 104, de quibus fuse egit Werunsky p 60 sq, p 226 sq* 2) *Cf Reg imp VIII, nr 2113 sq* 3) *Ad sequentia cf Matt. Villani V, c 23.* 4) *De hac familia cf. G. Capponi, 'Storia della repubblica di Firenze' I (1875), p 379 sqq* 5) *Quibus de rebus cardinalis cum Florentinis egerit, non certe constat De civitate Lucana Florentinis maximo pretio vendenda eum negotiatum esse, Werunsky p 237 sq, c 64 huius libri adhibito, non sine ratione coniectavit Cf etiam id quod die 21 m Maii ambasciatores quidam civitatis Florentinae scripserunt de ambasciata ad cardinalem mittenda* a ciò che non para presa indegniazione alcuna *('Archivio storico Italiano, Appendice' VII [1849] p 107), praeterea v Benessium l c p. 524 sq Ad eandem rem spectare videtur quod exstat in 'Cronica d'Orvieto' apud Muratori SS rer Ital XV, col 684 D* 6) *Prato* 7) *Nicolaus Alberti, circa a 1250 natus, episcopus Spoletanus a 1299—1303, Ostiensis cardinalis a 1303—1321, obiit Avinione a 1321. In historia ecclesiastica propter electionem Clementis V papae ab eo paratam celeberrimus, a 1312 Henricum VII imperatorem coronavit De scriptis et vita eius v Quétif et Echard, SS ord Praed I, p. 546, A M Bandini 'Vita del cardinale Nicolò da Prato' (Livorno 1757), quae mihi ad manus non fuit Cf supra p 46, l 16 et praeterea MG Const IV, 2, p 1496*

sacre theologie magister eximius et in consilio naturali 1355
conspicuus, Spoletane dudum ecclesie presul et demum Ostiensis episcopus cardinalis, qui mortuus est Avinione et sepultus est ad dexteram maioris altaris ecclesie fratrum Predicatorum ibidem, de quo, ut brevi cuncta sermone complectar, inter ceteros versus super sepulchro sculptos eiusdem hoc dicitur, quod

si foret unus
In patria similis, minus[a] *esset flebile funus*[1],

plurimum honoratus ingreditur. Et ibidem cingulum beatissime Virginis maxime[2], quod miracula multa facit, cum fervore devotionis adorat Et exinde discedens in Pistoriensem civitatem recipitur et per clerum et populum et potissime per episcopum[3], qui ab antiquo suus extiterat singularis amicus, multipliciter honoratur. Deinde vadit in civitatem Lucanam et ibi etiam per (Maii 11.12)
clerum et populum, sed magis per episcopum[4], Cetitanum[b] origine, similiter honoratur Lucam autem egrediens versus Pisas accelerat. Et accedens montem medium, propter quem civitates ambe predicte videre se nequiunt[5], et descendens venientem sibi obviam usque in pedem
10' montis illius, qui ab utraque civitate per quinque *miliaria distat, imperatorem invenit, qui, acsi numquam dictum dominum cardinalem vidisset, eum ferventibus caritatis precordiis amplexatur. Et mutua simul gratulatione loquentes cum cordis magna utriusque letitia Pisas intrant die videlicet Martis, XII. Maii, et continuis Maii 12
colloquiis postea seu quandoque conviviis recreantur invicem Et quia portum se quietis adeptos existimant, sunt quasi laborum habitorum immemores iam effecti.

a) *sic correxi, ving P* b) *sic P*

1) *Epitaphium editum est apud Petrum Frizon, Gallia purpurata (Lutetiae Parisiorum 1638), p 262, ubi hi versus desiderantur Haud scio an legantur ap Ioa. Mahuet, Praedicatorum Avenionense seu historia conventus Avenionensis FF Praedicatorum (Avenione 1678), qui liber mihi in promptu non fuit.* 2) *In ecclesia cathedrali asservatum, Cappelletti, 'Le chiese d' Italia' XVII, p 156 sqq* 3) *Andream Ciantori* 4) *Berengarium, qui, antequam cathedram adeptus est, rector ecclesiae de Cerviano (Biterrensis dioecesis) fuit. cf Eubel, Hierarchia catholica, I, p 327* 5) *Monte S Giuliano sive Monte Maggiore, cf Dante, 'Inferno' XXXIII, 30* . al monte,
Per che i Pisan veder Lucca non ponno

1355 61. Conspiratio quorundam Pisanorum de Sardinia[a] contra imperatorem.

Sed quia nulla moles labore mentis est gravior et nullum insidiosius bellum, quam ubi fida credulitas infidis[b] blanditiis oppugnatur, michi penitus aliena mens, quoniam mentales cogitationes illis insurgunt, labores illis corporeos geminatos inspicio. Nam dira illis undique bella fremunt et duri scopuli mortemque minantes[1] equoribus mersi[c], sub unda iacentes, iam frontes erigunt (Ps 103, 25) et se collisuros navigantibus illis *hoc mare magnum et spatiosum* opponunt. *Angues* quoque mortiferi *sub herba latentes*[2] iam caudas circumvolutas extendunt et pressis humo capitibus supra se iam oculos elevant, mordere festinant, ut dimittendis in ulcere dentibus paratum iam in gutture virus liniendo perfundant. Iam imperatori potissime examen quoddam paratum est, per quod orbis universus intelligit, qualis quantusque vir factus est, qui per multa precipitia casuum in summum status humani fastigium perductus extitit. Iam enim ulterius intendendum non est, ut altius ascendat, sed ut ascensu sese approbet non indignum et regium hereditarium sceptrum et imperiale ⟨non⟩[d] fortuitum et[e] sanguini debitum, sed virtuti. Iam enim propter invidiam multorum spiritus (cf. Sap 2, 24) concupiscit. *Invidia* namque *dyaboli mors intravit in* (cf. Ps 10, 3) Tusciam et nonnullorum mentes accendit, qui *paraverunt sagittas in pharetra*[f], *ut sagittent in occulto rectos corde*. Quidam namque Pysani cives, origine vero non Pisani, sed Sardi[3], Franciscus, Lottus et Petrus ac Bartholomeus germani fratres[4], quos Gambacurtos[g] vulgus ibi cognominat, (cf. 2 Thess 2, 3) velut *perditionis* et proditionis *filii* et iniquitatis alumpni, (cf. Is 8, 14) *offensionis lapides et scandali petre*, *Deum* non recognos(Luc 18, 4)centes in dominum *nec hominem reverentes* beneficiorum ab utroque receptorum immemores et, que per illos data est eis, gratiam negligentes conceperunt dolos et ini(cf. Ioh 11, 47)quitates malignissimas *pepererunt. *Collegerunt* enim *f 1

c. 61 *P. In hoc capitulo, praesertim p. 102, locos quosdam nimium corruptos sanare non potui.* — a) Sardinis *P.* b) infidus *P.* c) morsi *P.* d) *om. P, supplevit Hofler.* e) sed *P.* f) pharatra *P.* g) Gābutultes *P.*

1) *Cf. Vergil. Aen. I, 162 sq.:* minantur in caelum scopuli. 2) *Vergil. Ecl. III, 93.* 3) *De Gambacurtarum origine incerto cf. Litta 'Famiglie celebri italiane', fasc. 49.* 4) *Petrus non frater, sed patruelis erat aliorum.*

Pharisei predicti, qui septem annis et ultra[1] fuerant [1355.] quasi *pontifices* Pisanorum, *consilium, ut* imperatorem [Matth 26, 4.] et cardinalem[2] eosdem ac gentem eorum *dolo tenerent et occiderent.* Et circa hoc omnem viam dolositatis exquirunt, sed, ut ex multis pauca recolligam, invisi Deo et hominibus maligni predicti cum multis et ex vicinis civitatibus aratr(um)[a] in lune[a] et a suis exercentes tractatum subterraneum firmaverunt, ut[b], cum in civitate Pisana tumultum concitatum perciperent, statim Pisas accederent cum armatis gentibus in succursum, cum aliquibus autem aliis, ut et ipsi etiam seditionem in eorum civitate moverent, ut gentes imperatoris diverterentur ad illos, firmis precedentibus pactis agunt. Sed ex qua causa seu quomodo tumultum Pisis incipiant, hic eis labor, hoc[c] opus est, quoniam, ut infra[3] legetur, *cogitaverunt consilia, que non potuerunt stabilire* [Ps 20, 12]. Nam die Lune XVIII. mensis Maii [Mai 18] susurraverunt imperatori predicto, quod quidam nobiles, videlicet dominus Henricus et Valeramus[d] germani fratres et filii quondam domini Castrucii supradicti[4] ex parte una et dominus Franciscus Castracani[e] patruus eorum ex alia, olim cives, extunc exules civitatis Lucane, sequentes imperatorem de Garfangana pedites Pysanam intrare fecerant civitatem[5], ut infra illam seditiones moverent, scandala sererent et bella mitterent. Quibus auditis dominus imperator predictus, licet illos ab etatis teneritate[f] diligeret velut suos in quadam singularitate devotos, ad rem tamen publicam et honorem suum magis allectus et maxime, quia *pacem inquirit et sequitur* [cf 1 Petr 3, 11] horrens gwerras, eosdem nepotes et patruum sub pena capitis eadem hora precipit civitatem exire. Quod predicti omnes, licet egre ferentes, *timentes* tamen *dominum et voci eius obedientes* [cf Deut 30, 2; 1 Reg 15, 24] executi sunt statim, verum nepotes ipsi mente concipiunt, quod propter eorum predictum patruum expellantur. Nec ob hec abstinent[g], quin aput locum quemdam, qui

a) *locus corruptus* b) et *P.* c) hic *P* d) Valentanius *P* e) Castrutiini *P* f) temeritate *P* g) abstineret *P*

1) *Inde ab anno* 1347 *exeunte, cf. Tronci, 'Annali Pisani', (ed* 1843*) II, p.* 66 *sqq.* 2) *De cardinali interficiendo eos cogitavisse verisimile non est, ut merito iam monuit Werunsky p* 243, *n* 3. 3) *c* 65, *v. praesertim p* 109, *l* 25. 4) *V supra p* 59 *sq.* 5) *Ad hoc et sequentia cf Ran Sardo c* 106, *Matt Villani V, c* 27; *Cronica di Pisa apud Muratori SS rer Ital XV, col* 1032 *sq., Giovanni Sercambi p I, c* 145 *sq (ed Bongi tom I, p* 111 *sq)*

1355 dicitur Missa[1], inter Pisas et Lucam quasi media via situm simul in eodem hospitio receptentur cum patruo, eadem simul epulentur[a] in mensa et lectis etiam simul iaceant in eisdem. Predicte tamen nequissime conceptionis instinctu prefati nepotes magis ac magis in animis agitantur, ut eundem eorum patruum[b] et gratissimum quendam eius virtuose indolis filium[2] iugulent aut gladio cedant[c]. Sed noctis leti suspicione perplexi flagitiosum scelus ac sceleste flagitium in crastinum distu- (*Mai 19*). lerunt. Quo lucescente diluculo surgunt, arma consueta recipiunt, equos ascendunt iter simul arripiunt Et quon- *cf Gen 8,21* iam *ab adolescentia sua prona est in malum humana* natura, in concepta dampnabili *dispositione persistunt **f 151* Et cum ad quasdam habitationes pulcherrimas quondam patris eorum perveniunt, quas iam per XIIII annos minime viderant, quandam ad hereditarium locum teneritudinem ostendentes patruum, ut introeant, secreto rogant. Quod cum patruus annueret, vocato filio primus incedit Nepotes autem obstinatis minis[d] eum sequentes familiaribus certis secum retentis omnes alios iter ceptum dispositum[e] iubent, locum solitarium habere querentes, quem sine teste Deo reperire non possunt heremi. Castruci[f] peroptime[1] qui fidem hostibus servabas illesam, genuisti filios illam amico patruo non servantes, qui magnifice virtutis exemplo generosos plurimos feceras, *Hebr. 2, 7* filios degeneres procreasti; qui *gloria et honore* Tusciam *coronasti*, fedantes eam ignominia natos habes. Fallit ergo, quod scribitur, quod ad matrem[g] nata respondet, fallit etiam sepe illud in illis, quod[h] solent filii similes esse patris[i]. Quid vagor ulterius? Quid volo rethoricos amplius colores ordiri? En, quamvis aperta[k] conclusio colligatur ex dictis, quamvis ultra quam velit dolens animus dixerit, quoniam calamus ad alia trahitur, oportet cause finem imponere, necesse est, quam usque nunc distuli, conclusionem inferre Intrant, proch dolor, *cf Gen 22* execrabiles domos nepotes et patruus, qui velut Abraham

a) epulantur *P*. b) *praecedit* eundem *P* c) cedent *P* d) minus *P* e) *sic corruptum P, expectaveris infinitivum continuare vel simile aliquid Etiam in sequentibus usque terram (p. 103, l 8) multa corrupta sunt* f) Castruti *P* g) meu *P*, *correxit Hofler* (meu *ex* mrm *corruptum*) h) quo *P* i) pr̃ seu patri *P* k) apata *P*

1) *Massa Pisana At in S Maria del Giudice eos pernoctavisse ait Ron. Sardo l c* 2) *Iacobum*

pater Ysaac filium suum secum nesciens ad victimam 1355
ducit Et cum infra se invicem vident, turbantur animi,
torvi[a] sunt oculi, color abscedit, porte non ad instar cf 4 Reg 4, 33–35.
Helysei pro suscitando, sed pro occidendo puero clau-
duntur. Manus ad arma ruunt versus patruum tene-
rumque fratrem, nepotum pariter et fratrum pedes accelerant Arma vibrantur, resonant et ictibus[b] con-
fossa pectora premuntur trementia terram Parricide,
sicharii, proditores nephandi festini recedunt patruo
mortuo simulque fratre semivivo relictis Nam Deus
bone, cur tam *fortis* et longanimus[c] es et *non irascens* cf Ps 7, 12
per singulos dies? Usque quo Deus *sanctus, verus* et iustus, cf. Apoc 6, 10, 19, 2
non vindicabis sanguinem servorum tuorum? Da, domine cf Ps 71, 2
Deus, iudicium tuum regi et iustitiam tuam filio regis, ut
imperator iste, qui est rex et filius regis quique ⟨*non*⟩[d] cf Rom 13, 4
sine causa gladium portat, — *vindex enim* tuus *est in iram*
ei, qui malum agit. — illos capere valeat et *iudicium* et cf 2 Par 19, 6
iustitiam *exercere*. Sed quia *tibi vindictam* ut[e] *tu retri-* cf Hebr 10, 30
buas, reservasti cum inimicis tuis, de hiis inimicis tuis
illam fac, domine Deus meus, et *innocentis sanguinis*[1] cf. Ios. 20, 3.
ultor esto[2]

152. 62 Evasio patriarche predicti de Senis obsessi

Eodem die Martis, XIX. mensis Maii, notificatus est Mai 19.
casus iste imperatori predicto, qui plus, quam valeam
scribere, turbatus in animo, capiendi eos omnem modum
exquirit, sed impossibile fuit, quia iam[a] a civitate Pisana
et eius districtu longe aberant illa hora. Sed nec fortuna contenta est turbationem hanc imperatoris animo
prestitisse[b], quin ymo et aliam preparat sibi Senis[3].
Namque eadem die Martis ibidem ficte ordinatus est
atque factus tumultus in populo contra dominum patriarcham Aquilegiensem fratrem domini imperatoris predicti, qui, sicut dictum est[4], Senis remanserat pro rectore
Pretendebant enim causam habere iustissimam, ut eis

a) corvi P b) sequitur pectora P c) sic P d) om P e) et P
c 62 P — a) non P b) prostitisse P

1) *In Vulgata passim, ex gr Deut* 21, 8. 2) *Paulo post quam haec scripsit noster, scilicet die* 11 *m Februarii a* 1356 *Henricus Castracani Bononiae aliam ob causam iudicatus et decapitatus est, Matt Villani VI, c* 7; *Giov Sercambi l c p I, c* 149 3) *Cf Matt Villani V, c* 29. 4) *Supra c* 59

1355. videlicet omnes terre, quas ante adventum imperatoris
tenuerant, que se ipsas imperatori donaverant tenende[1],
ut prius ad eorum dominium redderentur. Cuius tumultua-
tionis pretextu nonnulli nobiles civitatis eiusdem facie
quadam simulatione velata se medios inter patriarcham
et populum ostendebant Et sub hoc simulationis umbra-
culo circa plateam comunis que Campus dicitur lignis
et sparris obstruxere carrarias predicto patriarche dicentes, quod dubitantes, ne minutus sive plebeius populus
irrueret contra eum, in favorem eius hec omnia faciebant.
cf. Prov 1,17 Sed *frustra rethe proicitur ante oculos pennatorum* Nam
ipsemet patriarcha se tenebat obsessum et imperator
etiam hoc idem reputavit et tenuit, quando scivit. Propter
quod cum ambasiatoribus civitatis eiusdem ad se venien-
cf. Luc 24 28. tibus *longius ire se fingens*, acsi non cognosceret, que
fiebant, fratrem sibi necessarium pretendebat Et terras
restituit, prout fuerant sibi date, et vicarios ibidem
constituit iuxta voluntatem Senensium predictorum, et
hoc modo patriarcha predictus rediit ad eundem[2].

63. Qualiter imperator et imperatrix evaserunt incendium impositum per unum suum garcionem seductum.

Maii 19 Hoc[3] eodem die Martis, hora medie noctis, Gambacurti[a] predicti videntes, quod nullus eorum tractatus ab
extra veniebat ad lucem, quam videre spiritu reprobi
nimium exardebant, cogitaverunt illud ab intra temptare,
quod illos adiuvante demonio effecerunt Nam Boemum
quendam vilissimi status de imperatoris predicti curia
trecentorum florenorum auri summa illi persoluta ⟨vel⟩[b]
deposita seduxerunt, ut in sala[c] maiori comunis pallatii
supradicti, *que balistis generum diversorum pulcherrimis *f 152
et infinitis arnesiis ad exercitum necessariis plena erat,
quorum valor ad[d] summam florenorum auri XX[ti] milium
ascendebat, mitteret ignem, corde gerentes, quod imperatorem ipsum et dominam consortem ipsius in illo,
sicut dixi, pallatio tunc iacentes flammis consumerent

c. 63 *P* — a) Gambaturci *P*. b) *om* *P* c) salo *P* d) a *P*.

1) *Cf supra c 36* 2) *Senas eriit die 27 m Maii (Matt Villani V, c 36); imperatorem Petrae sanctae invenit die 2 m Iunii (Ran Sardo, c 114)* 3) *Ad hoc cap. cf Ran Sardo, c 107.*

vel saltem propter dampnum huiusmodi fieret in civitate 1355 commotio, per quam possent ad — quod ardentibus visceribus ambiunt — civitatis dominium pervenire. Quod proditor ille, sicut hii premonuerant, ita fecit Sed per eius gratiam, qui tres pueros de ardentis ignis *cf. Dan 3,12 sqq* camino salvavit, imperator et imperatrix et eorum gens tota, que in pallatio predicto iacebat, de predictis flammis erepti sunt et ad comunes domos canonicorum ecclesie Pysane cum salute producti, aliqua de suis suppellectilibus dampna passi[1]. Nec submissus hic ignis ad conclusionem aliam valuit Gambacurtis[a], quia, sicut Dominus prebens Danieli subsidium *leonum ora conclusit*, *cf Dan 6,22* recte sic ⟨in⟩[b] imperatoris auxilium arescentibus[2] *faucibus* *cf Ps 21,16* Pysanorum iussit *linguas herere* ac ipsorum *labia scelestia* *cf Prlus 2,14* consumens oribus omnium custodiam et frenum iniecit.

64 Qualiter predicti seductores concitant plebem adversus imperatorem et dominum cardinalem.

Quod clarescente[a] iam die Mercurii, XX. Maii, sepe- *Mai 20* dicti percipientes ad sensum proditores nequissimi supradicti medicorum ad instar, qui remedia successive ministrant et non valentibus levibus ad violenta recurrunt, falso suggerunt suggerique faciunt populo, quod imperator predictus domino cardinali tractante civitatem Lucanam, quam Pysani cives omnes et singuli *ut pupillam* *cf Ps 16,8* *oculorum custodiunt* et *diligunt ut se ipsos*, pro pretio du- *cf Lev 19,18* centorum milium florenorum vendiderat Florentinis et dominus cardinalis ex hoc XX milia lucrabatur De quo iam magnum[b] per Pysanos murmur incipitur ingensque dolor iam pectora pulsat Sed hoc proditoribus illis inmanibus non est satis Nam rumorem populus adhuc non prorumpit. Aliud ergo querunt remedium, ut ferro compleant, quod ignis incendio nequiverunt. Scribunt enim civitatis Lucane rectoribus, quos eorum tempore potentatus ipsi prefecerant, quod statim Pisas remittant duos

a) Gambacurtis *P* b) *om* *P*
c 64 *P* — a) clarescende *P* b) magno *P*

1) *De quibus damnis Ran Sardo, c* 115. 2) *Cf Claudian V,* 8 arescere fauces, *id quod proverbialiter dictum esse coniectat Oertel in Thesauro linguae latinae II, col* 509 *l* 63

1355 dumtaxat eorum somerios lectis et cophinis[a] oneratos[b], ut per hoc dent intelligere civibus venditam esse Lucam et rectores ipsos *redire debere. Sed hoc non est nisi paucis *f. 153 dumtaxat et eorum complicibus manifestum. Imperator autem propter murmurationem huiusmodi, quam per singulorum civium ora circumvolvi percepit, anzianos[c] omnes et circa XX de potentioribus civitatis post comestionem ad se iubet accedere, ut se de infamiis divulgatis excuset[d] et[e] in civitate pacanda remedium imponat

65. Tumultus populi contra imperatorem et conflictus magnus, incendiumque[a] in rebus et domibus Gambacurtorum

Venientibus autem omnibus preter Franciscum et Lottum Gambacurtos[b] predictos, qui ad proditionem huiusmodi melius ordinandam venturi tamen domi remanserant, eos imperator alloquitur et se ipsum et dominum cardinalem excusat et eorum ad civitatem Pisanam et populum bonam, meliorem et optimam voluntatem [cf Apoc 21, 5, 22, 6] ostendit[c]. Et vere, sicut scriptum, *verba hec fidelissima* [cf Matth 22, 16.] *sunt et vera*, et quia *verax* est et eos de intentione sua *in veritate docet*, verbum suum ab illis facile creditur et in eorum cordibus quietis et tranquillitatis radices mittit, propter quod humiliter ei respondent, quod credunt firmiter, quidquid dixit. Et cum vane[d] voces populi audiende non sint, supplicant, ut dignetur de vanis falsisque detractionibus huiusmodi non curare, ac se redituros et maius consilium vocaturos[e], informaturos omnes et singulos de tam liquida veritate promittunt [cf Eclus 25, 34.] Sed alium res finem habebit, alius *aque dabitur exitus* [cf Matth 26, 45.] Ecce enim *appropinquat hora, ut filius hominis*, imperator videlicet, seditiose *tradatur* et crudeliter occidatur, nisi [cf. Luc 1, 66] *manus Domini sit cum illo* et eum *in excelso et extento brachio*[1] tueatur[f]. Ecce namque civitatem introeunt somerii[g] supradicti petiti et, ut scriptum extiterat, onerati[2], quos nonnulli per Gambacurtos[h] ad hoc in certis passibus

a) cophinos *P* b) guenitos *P*, *cf infra l* 34 c) Anozinos *P* d) excusent *P*, *cf infra l* 17. e) ut *P*.
c. 65 *P* — a) incediumque *P* b) Gambaturtos *P* c) respondit *P*, *cf supra p* 89, *n* e. d) mane *P*. e) vacaturos *P* f) teneatur *P* g) *praecedit* pediti *punctis suppositis del P* h) Gambaturtos *P*

1) *In Vulgata passim*, *cf ex gr Exod.* 6, 6, *Deut* 4, 34
2) *Cf Matt Villani V*, *c* 32

ordinati videntes et Lucam esse venditam exclamantes 1355
populum incitant in furorem, singulos stimulant ad tumultum. Cives ergo *trepidantes timore, ubi non erat timor*, *cf Ps* 13, 5
— nam rei veritas aliter se habebat, — arma recipiunt[1] et in partes duas[a] singuli dividuntur, quorum quidam ad domos domini Paffecti comitis de Donoratico[b. 2] ac domini Ludowici de Rocha[c] clamantes: 'Vivat imperator et populus' congregantur[d], quidam vero, sed plures, ad domos Gambacurtorum[e] clamantes: 'Vivat dumtaxat populus' reducuntur. Hec autem cum ad aures imperatoris adveniunt, secum consultantibus civibus illa notificat et claudi firmissime ianuas
153' *illius habitacionis[f], ut nullus exire valeat, statim mandat. Imperatoris gentes arma recipiunt. Sed non omnes possunt imperatori succurrere, quia strenuissimus ille vir princepsque magnanimus dominus Iohannes marchio Montisferrati[g] ultra flumen Arni, quod per mediam civitatem in mare proximum ad . . [h] miliaria labitur, habitans transire citra non potest, quia gentes ille Gambacurtorum[i] statim currerunt ad domos olim comitis Raynerii de Donoratico[k. 3] finitimas eis, que hodie sunt domini Ugolini de Gonzaga[l], qui tunc erat citra cum imperatore, et depredando raubam[m] et equos eius muniерunt domos illas ad offensam et defensam. Et munierant pontes videlicet superiorem et de Spina[4], medium veterem[5] et infimum novum[6]. Ante vero, quam hec fierent, Franciscus et Lottus Gambacurti[n] predicti videntes, quod rumor invalescebat, postquam totum, quod faciendum erat, posuerant in ordine, magis ut simularent se non esse proditionis huiusmodi principium, quam ut mandatum imperatoris implerent, ad palacium[o] imperatoris venerant festinanter,

a) cos *P* b) domnatico *P* c) rotha *P* d) congregatur *P* e) Gambaturtorum *P* f) *emendavit Hofler*, habitacionibus *P* g) Montifferari *P* h) *lacuna in P* i) Gambaturtorum *P*. k) domoratico *P*. l) Gutaga *P* m) randam *P* n) Gambaturti *P*. o) placitum *P*

1) *Ad sequentia cf Cron di Pisa apud Muratori SS rer Ital XIV, col* 1030 *B sq , Matt Villani V, c* 32 33, *Ran Sardo, c* 108 *Heinricum de Diessenhoven apud Bohmer, Fontes IV, p* 98 2) *Iacobus (Gherardesca) comes de Monte Scudario.* 3) *Rainerius Novellus comes Obierat a* 1347. 4) *Hodie 'Ponte alla Fortezza', cf Grassi, 'Descrizione di Pisa, Parte artistica' I, p* 12 5) *'Ponte di Mezzo', Grassi l. c* 6) *Non est 'Ponte a mare', ut habet Grassi l c sed iungebat vias, quae hodie dicuntur 'S. Maria' et 'S Antonio', vicina ecclesiae S Mariae de Spina, cf Werunsky p* 52. 252

1355. sed, ut supradictum est, erant iam ianue clause nec aperiebantur celeriter, ut volebant, propter quod illi timentes periculum, quod eis imminebat, ad domos archiepiscopi confugiunt, ut sub domino cardinali, quem ordinaverant[a] occidere, salvarentur[b]. Quos cum dominus cardinalis
cf. Matth. 5, 44 inspexit, tamquam mitissimus dominus *benefaciens his, qui eum oderunt,* volens in se peccantibus indulgere in cameram illos recipi iussit et velut amicos intimos benigne tractari. Imperator autem audiens magis ac magis tumultum exardere[c] seu excrescere civibus illis reclusis in camera certisque super illos custodibus Germanicis constitutis arma recepit et equum ascendit et posuit se in platea maioris ecclesie Pisane; nec secum ducentas barbutas habebat. Mandavit etiam imperatricem equum ascendere, que non sine lacrimis et suspiriis mandatum implevit et statim fugit[d] ad portam[e] Leonis[1], et socie ipsius eam pedites sequebantur. Dum autem circa maiorem Pisanam ecclesiam ista fiunt, venerabilis pater dominus episcopus Augustensis[2], cui dominus imperator gubernationem civitatis commiserat, antequam Pisis descenderet vadens Romam, cum nonnulla gente sua voluit, an transire[3] posset per pontem veterem, experiri; *nil valuere preces, nil arma quiverunt*[f] [4], ymo percussus fuit, licet leviter, et perdidit quosdam de suis, *inter quos *f. 154
extitit nepos eius. Et hoc idem et longe peius aliis accidit transire nitentibus pontem novum. Nam arma eorum non valuerunt adversus illos, quin ymo flumen Arni[g], cui pons ille novus iugum imponit, regeneratio baptismatis fuit. Audiens autem hoc imperator et, quod gentes sue parum aut nihil poterant prodesse, considerans, apposuit duo remedia in instanti. Primum, quod iussit dimitti de camera illa, in qua cives predicti clausi manebant, dominum Paffectum de Donoratico[h] et dominum Ludowicum de Rocha[i] predictos et aliquos alios de complicibus eorundem. Secundum autem, quia ipsemet de platea maioris ecclesie in principalem plateam comunis accessit cum gente, que secum remanserat, parva tamen.

a) *ita coniecit Hofler*, ordinavit *P* b) *ita coniecit Hofler*, salvaretur *P* c) exercere *P* d) fuit *P* e) portum *P* f) *melius gratia forsan* quierunt *emendandum* g) arui *P* h) dom oricio *P* i) rotna *P*.

1) *Cf. supra p. 62, n. 2.* 2) *Marquardus.* 3) *Scilicet de ripa dextra fluminis in sinistram, cf. Ran. Sardo l. c.* 4) *Unde sumptum sit, nescio. Ovid. Met. XIII, 89:* valuere preces. *Cf. supra p. 64, n. 1.*

Cives autem illi dimissi ad arma currentes cum vicinis 1355
et sequacibus eorum, qui[a] iam, ut dixi, ad domos eorum
convenerant, iverunt ad pontem de Spina nec rumpere
poterant inimicos. Sed marchio Montisferrati[b] hoc sentiens, qui hospitabatur, ut dixi, longe satis a ponte, ad
pontem ipsum cum gente sua festinus accelerat et tam
ferocissimis animis super emulos irruunt, quod eos necessario convertunt in fugam. Et tunc domini Ludowicus
et Paffectus predicti transeunt dictum pontem et cum
dicto marchione se uniunt et simul ad pontem veterem
veniunt recta via. Quod videns dictus dominus Augustensis episcopus statim cepit dictum pontem veterem
ingredi, ut[c] iterum transire temptaret. Sed inimici videntes se non posse tunc adversus utrosque resistere,
imperialibus signis terga dederunt. Et videntes hoc illi
de ponte novo similiter dispersi sunt velut *pulvis ante* cf. Is 17, 13
faciem venti. Et sic gentes imperiales per predictos
pontes transeunt non sine sanguinis utriusque partis
effusione ac occisione et submersione multorum et specialiter Germanorum, quos inermes[d] [1] ut plurimum copiose bellantes balista transfixit. Quid plura? Dominus
imperator tamquam *iustus dominus*, qui *iustitiam diligit* cf. Ps 10, 8
et *equitatem* aspicit *vultus eius*, propter innocentiam suam
et propter detentionem illorum civium, quos in camera
detinebat, qui nequiverunt eorum cognita[e] *consilia sta-* Ps 20, 12
bilire[f] seu calcaneum ordite[g] rebellionis erigere, necnon cf. Ioh 13, 18
et tertio propter marchionem predictum, qui se reperiit
ultra pontes, victoriam triumphalem obtinuit, sed cru-
entam. Et dominus cardinalis ereptus est *de laqueo ve-* Ps 90, 3.
nantium et a verbo aspero. Domina vero imperatrix audiens, quod domino imperatori cuncta prospere succe-
154' debant, licet *rumor ex toto sedatus non esset, reduxit
se in domibus domini cardinalis et ibi cenavit et pernoctavit ac die sequenti remansit cum tota gente sua,
et dominus imperator, postquam rediit, cum dicto domino cardinali cenavit. Deinde tota nocte armatus cum
gente sua civitatem ipsam circuivit et custodivit[2]. Et

a) quo *P*. b) Montifferrati *P*. c) et *P*. d) inermis *P*. e) *fors. u* cogitata *legendum, cf. supra p.* 101, *l.* 15. f) stabire *P*. g) orditi *P*.

1) = 'sine scutis'? 2) *Hac nocte agricolas ex vicinis pagis Pisas venisse imperatori minantes scribunt ambasciatores Florentini (de quibus v. supra p.* 98, *n.* 5) *l. c. p.* 407.

1355. sic terra, que primo tam merito tremuit, acquievit[a]. Sed sedatus est rumor, non tumor; multorum enim civium sunt animi lesi et eorum tempus expectant congruum ad vindictam. Deinde autem Ludovicus et Paffecta[b] predicti, ut eorum, que iam passi fuerant, ulciscantur, Gambacurtorum[c] domibus ignem poni precipiunt et omnem suppellectilem in predam exponunt; oves et boves insuper et bubulas multas et possessiones illorum applicant sibipsis, quod[d] imperator equanimiter sustinet, nolens iustitiam avaritia maculare

66. Tumultus in Luca inter Guelfos[a] et Gibellinos et sedatio eorumdem.

Mai 21 Die[1] Iovis autem, XXI. mensis Maii, de mane sequenti factus est etiam in civitate Lucana tumultus inter Guelfos[a] et Gibellinos[b] civitatis eiusdem, ferunt etenim egre Guelfi[c] dominium Pisanorum. Et duravit Mai 23 rumor iste in Luca usque ad diem Sabbati proximum succedentem, quo[d] per[d] gentes imperatoris[2] et Pisanorum, qui statim Lucam hostiliter et communiter accesserunt, in totum sedatus est Et Pisani cum imperatoris auxilio victoriam habuerunt et Lucam custodiunt sicut prius

67. Captio et separata incarceratio proditorum.

Mai 21. Eodem[3] die Iovis in mane dictus dominus imperator Franciscum ⟨et⟩[a] Lottum de Gambacurtis[b] esse in domo archiepiscopi Pisani predicti per quosdam suos et imperii fideles explorat statimque mittit dictum dominum marchionem et cum eo dictum dominum Ugolinum de Gonzaga[c] predictum et dominum Raymundum milites, ut[d] volentes[e] aut invitos eos captos adducant

a) et quievit *P* b) *ita hoc loco P.* c) Gambacurtorum *P* d) quia *P*
c 66 *P* — a) Gaelfos *P* b) Gibellos *P* c) Gueln *P* d) quapropter *P*
c 67 *P* — a) *om P* b) Gambatuitis *P*. c) Ganeaga *P* d) et *P*
e) bolētes *P*.

1) *Ad hoc cap cf Ran Sardo, c* 110, *Cron di Pisa l c. col* 1031 *B sq*, *Giovanni Sercambi l c p I, c* 141 *sq.* 2) *Errat noster, nam milites imperatoris iam die* 19. *in Maii arcem civitatis Lucanae occupaverant. Pisanis civibus non faventes, die autem* 22 *Pisas redierant* 3) *Ad sequentia cf. Ran Sardo, c* 111, *Matt Villani V, c* 37

Qui continuo faciunt imperiale mandatum et superiori 1355 quadam camera secretissime stantes diligentissime quesitos[a] inveniunt, confestim capiunt et ad domum imperatoris adducunt, et statim in separatis cameris includi iubentur, ne cum aliis detentis consilium imant[b] et se confederent in dicendis.

f. 155 68. *Confessa conspiratio per dictos proditos[a] proditores in questione positos.*

Eodem mane Bartholomeus frater eiusdem Francisci ad potestatis palatium ducitur, examini questionis expositus et conscientia lesus proditionis ordinem et tam perniciose rei conscios absque molestia confitetur[b]. Hinc inde reducitur et primo suo carceri redditur et nemini plus loqui permittitur. Singulariter etiam interrogantur et alii, potissime tamen supradicti Lottus et Franciscus, qui machinationis huius nequissimum intentivum et totam conspirationis seriem non ligati nec torti[1] spontanee narraverunt. Et licet tunc dominus imperator per eorum confessiones ultroneas ultimo posset eos dare supplicio[2], tamen iuxta doctrinam apostoli *nemini cito* volens *manum* cf 1. Tim 5, 22 *imponere* libenter iudicium protraxit in dies, ut[c] *nocti* cf Ps 18, 3 *nox*, que dat vulgo consilium, *scientiam indicet* et *dies diei verbum* clarioris informationis *eructet*, benigne passurus eorum excusationis indaginem, si quam possent ad culpe[d] et infamie purgationem habere. Sed quoniam, ut scriptum est, veritas super omnia vincit[3] et *adversus eam* nihil cf 2 Cor. 13, 8 *posse nos* dicit apostolus, et quoniam *excusationes* eorum cf Ps. 140, 4. *in criminibus excusassent*, melius illis visum est tacere quam loqui[4] et anime potius quam corpori providere. Ideo flebiliter confessores exposcunt, eorum culpas illis crebre fatentur et iuxta fragilitatis humane potentiam divino beneplacito se coaptant.

a) questores P. b) sic P.
c. 68 P. — a) productos P. b) constitetur P. c) et P. d) culpam P.

1) *Econtra Matt. Villani l. c., cf. Werunsky p. 273, n. 1.* 2) *Cf. litteras, quas de rebellibus puniendis imperator principi cuidam his diebus scripsit, Reg. imp. VIII, nr. 2131.* 3) *Cf. Hieronym. adv. Pelag. 1, 25:* Veritas vinci non potest *(Migne Patr. lat. XXIII, col. 542).* 4) *Locus communis, qui etiam occurrit e. g. in Annalibus Fuldensibus ad a. 875 in fine (p. 85 ed. Kurze). Cf. Eccles. 3, 7; v. etiam infra p. 127, l. 2.*

1355. 69. Qualiter imperator laureavit poetam Cenobium.

Maii 24 Die[1] vero Dominica, XXIIII. videlicet Maii, succedente, qua festum Penthecostes erat, dictus dominus cardinalis in ecclesia cathedrali Pisana missam solempnem pontificaliter et cum pallio celebravit, ubi dictus dominus imperator et imperatrix cum omnibus eorum proceribus et prelatis et Pisanus populus universus interfuerunt. Et missa finita continuo dictam ecclesiam exeuntes dictus dominus imperator super gradus marmoreos[a] circumstringentes ecclesiam supradictam iuxta vas quoddam marmoreum super erectam ibi columpnam[2] positum[b] quendam poetam vocatum Zenobium de Florentia[3] dicto domino cardinali ac ceteris aliis supradictis presentibus laureavit[4]. Qui quidem poeta Zenobius orationem[5], quam conceperat se dicturum coram domino imperatore predicto, complere non potuit, sed oportuit eum *esse principio dumtaxat et conclusione contentum. Sed *f. 155' dictus dominus cardinalis, qui libenti animo virtuosos honorat, illum secum in prandio tenuit. Et post sumptum cibum coram dicto domino cardinali multisque baronibus et prelatis, qui etiam comederant cum eodem, orationem conceptam totam multum laudabiliter explicavit.

70. Decapitatio proditorum et nomina eorumdem.

Maii 26 Veniente[6] demum die Martis, XXVI.[a] mensis supradicti, timendi mortis illis tremor indicitur et mortis dire supplicium indicatur; pallent facies, obumbrantur oculi, colliguntur fauces, tremescunt mentes, raucescunt

c. 69 *P*. — a) marmores *P* b) positam *P*
c. 70 *P*. — a) XXI *P*

1) *Ad hoc cap. cf. Matt. Villani V, c. 25, Cron. di Pisa, col.* 1032 *D sq.* 2) Colonna del Talento *Cron. Pis. l. c.* 3) *Zanobi da Strada, de quo v. Tiraboschi, 'Storia della letteratura italiana'* V, 2 (1823), *p.* 897 *sqq.* 4) *Quid de hac coronatione senserint coaevi, vides ex litteris Francisci Nelli Francisco Petrarcae directis apud H. Cochin, 'Le lettere di Francesco Nelli al Petrarca' (= 'Biblioteca Petrarchesca' I,* 1901*) p.* 81. 5) *Exstat in ms. Vindobon.* 4498 *f.* 112—125 *et in aliis codicibus, editionem iam praeparavit v. cl. Burdach; de tenore v. Friedjung 'Kaiser Karl IV. und sein Anteil am geistigen Leben seiner Zeit'* (1876) *p.* 308 *sq.* 6) *Ad hoc cap. cf. Ran. Sardo, c.* 111, *Matt. Villani V, c.* 37, *Cron. di Pisa, col.* 1032 *B sqq., Historiam Cortusiorum XI, c.* 5 *(Muratori SS. rer. Ital. XII, col.* 946 *C).*

voces, sensus ebent[a], membra rigor invadit *volvuntque lumina circum*[1] et nimium[b] *attoniti stant corde gelato*[2], vix pedibus actum natureque motum indicere queunt. Iussi tamen sed tremuli surgunt et ut flamme luminum consumptionis ad finem fortius inardescunt, sic vires exanimes quasi roburque resumunt. Tendunt in celos intuitum et in[c] scelaria[c] flentes *mittunt suspiria sursum*[1]. Affigitur collo canapis retorta manusque inplicat, et lictor distinctim singulis adest nudum stricto ferens atrocem pungno mucronem, iussus, ut, si populus pro eorum ereptione forsan fureret in tumultum, statim quem[d] ducit ense confodiat, donec vita privetur. Sed demum VII eorum de carceribus exeunt, inter armatas equitum acies pedites eunt, notos humiliter vocant et, ut singulos ad pietatem alliciant et per consequens ad rumorem incipiendum inducant, se protinus asserunt innocentes. Tandem in plateam communis adveniunt et, ut videantur ab omnibus, in eminenti loco ponuntur. Eminentiori tamen et super eos nominatim expressos imperialis illa sententia legitur, et ad perditionem capitis eorum quilibet condempnatur, eorum bona omnia confiscantur imperio. Et trunca corpora iam terre prostrata sub pena capitis cesareo iussu preco iubet intacta protinus et insepelienda iacere. Sed licet hoc ad terrorem edixerit, mitissima[e] tamen imperatoris humanitas id pati non potest, quin ymo venientibus religiosis et de ipsorum supplicantibus sepultura petitionibus annuit et eis iacentia corpora humo tradi iubet. Quorum nomina scriptura presens ad futuram memoriam edocebit. Fuerunt enim, ut sequitur in hec verba seu nomina.

156 'Franciscus, Lottus et Bartholomeus, germani fratres de Gambacurtis[f].
Nerius Papa,
Iohannes de Brachis,
Cechus Cinquinus et
Ugo Guiti[g]

a) i. e. hebent. eborit P b) nimirum P c) *sic P, forsan* sua scelera *legendum* d) *ita correxit Hofler*, que P e) victissima P f) Gambagurtus P. g) Gurci P

1) *Non inveni.* 2) *Cf. Lucan. Pharsal. VII, v. 39 sq.* Stat corde gelatus | attonitus. *In sequentibus usque ad l. 7 attende rhythmum dactylicum.*

1355. 71. **Qualiter consciі conspirationis in exilium mittuntur et bona eorum confiscantur.**

Petrus autem de Gambacurtis[a], germanus frater trium predictorum, qui erat tunc temporis anczianus[b], simili non datur supplicio, nam, licet proditionum et machinationum huiusmodi conscius ⟨secundum⟩[c] confessionem, a fratribus omnino dissentiens illis in nullo voluit se commiscere. Sed quoniam de morte cesaris et apostolici nunccii[1] tractabatur et idem Petrus hoc secretum tenuit non revelans, ideo dimissus in vita exilio datus est et in civitate Famagustensi Ciprensis insule relegatur[2]. Ceteri vero, qui fuerant cum illo detenti, relegati sunt per Ytaliam, sicut imperatoris consilio visum est expedire. Quamplures alii de civitate Pisana conscii sibi ipsis absque cuiusquam alterius expectatione mandati arbitrio proprio in exilium se dederunt. Imperator autem predictus confiscationem illam bonorum omnium predictorum imperio factam populo Pisano donavit, et quia regimen anczianorum tunc temporis finiebatur, novos anczianos creavit et venerabilem patrem dominum Augustensem episcopum supradictum Pisanis petentibus vicarium suum ibi constituit et, cum postea recessit, nomine suo dimisit ibidem.

It 61—66 72 **Recessio[a] imperatoris et imperatricis et cardinalis a Pisis et recessus cardinalis ab eisdem.**

Et rebus ita dispositis et pacifice ordinatis imperator et cardinalis cogitant de recessu, verum quod diebus quampluribus dominum cardinalem oportuit expectare, quoniam imperator non permittebat ipsum recedere sine eo, qui dicti patriarche reditum expectabat, et nondum erant omnia, que volebant, per Tusciam expedita,
Maii 27 tandem die Mercurii post Penthecosten, XXVII. die mensis Maii predicti, ambo simul de civitate Pisana recedunt[3] et hospitantur in castro Petre sancte[4] predicto, quod, ut dixi[5], commune Pisanum Lucanis civibus occupat. Et ibi dominus cardinalis non stat nisi per noctem et in
Maii 28 prandio sequentis diei, post quod arcem dicti castri,

c 71 P — a) Gambaturtis P b) anczionus P c) om. P
c 72 P — a) rubrica in P post verbum expedita (l 32) posita

1) Cf supra p 101, n 2 2) Ran Sardo, c 111 3) Cf Ran Sardo, c. 112 4) Pietrasanta. 5) Supra p 61, l. 1.

quam licet strictam imperator et imperatrix inhabitant 1355. communiter, eminentem ascendit et se ab imperatrice licentiat Et cum hoc idem facere cum imperatore temptaret, nullatenus hoc imperator sustinuit, sed statim iussit 'equos adduci et extra totum castrum cum tota
56' gente sua plus quam per unam leucam sociavit eundem. Et ab invicem cum tanta caritate discedunt, et[a] quasi vix poterant[a] oculos a lacrimis continere. Deinde non corde, sed corpore[1] post repetitos[b] amplexus et iterata pacis et sinceritatis oscula separantur. Redit igitur imperator in castrum, et dominus cardinalis versus castrum Sarzane[c] progreditur.

73. Qualiter dominus cardinalis est per *R 65–71* quosdam comites in Mediolano honoratus et receptus.

Mane autem die Iovis, XXVIII. predicti mensis *Mai 28*
Maii, consurgens per castra Sancti Stephani[2] Lunensis diocesis et Ville Francze[3], que est illorum de Malaspina, *(Mai 29)*
versus Pontem Tremulum[a] [4], quod[b] dominus Matheus de Vicecomitibus de Mediolano custodit[c], iter agit. Ubi cum applicat, reperit certos familiarios dicti domini Mathei ad hoc missos, qui eum[d] ⟨et⟩[e] gentem suam recipi faciunt honoratos[f] et eos continuatis[g] dietis usque Mediolanum[h] reverenter associant et tute conducunt. *(Iun. 6 7)*
Ubi duo dominorum Vicecomitum, videlicet Matheus et Galeaceus, se presentes inveniunt, dominus autem Barnabas aput Modeciam permanebat. Dictus autem dominus Matheus visitat, enceniat et honorat dominum cardinalem, et dominus eum invitat et insimul convivantur, dominus vero Galeaceus semel dumtaxat eum visitans honoravit. Ibi dictus dominus cardinalis invenit[5] virum unum non solum, de qua natus est, Florentie florem, verum et

a) *expectaverunt* ut — potuerint. b) repetitas *P* c) Sarrane *P* c 73 *P* — a) Crenullum *P* b) *sic P* c) custoditur *P* d) cum *P* e) *om. P* f) honoratus *P.* g) contumaces *P* h) Mediolanen. *P*

1) *Cf. supra p.* 29, *l* 25 2) *S Stefano di Magra.* 3) *Villafranca in Lunigiana* 4) *Pontremoli* 5) *Errat St Baluzius in Vitis paparum Avenionensium I, col* 929, *cum ad sequentia spectare opinatur ea quae Franciscus Petrarca narrat in Epp var nr* 56 *(ed Fracassetti, Epp fam et var III, p* 460*). In hac epistola non de Petri cardinalis ingressu in civitatem Mediolanensem, sed de Aegidii (*1353 *Sept* 14*) verba fiunt*

1355 toto[a] in[a] terrarum orbe notabilem, ymo verius unicum singularem poetam, quo nullus maior natus umquam esse credatur, dominum scilicet Franciscum Petrarcam[b], iam diu est, per senatum et populum solempnissime laureatum in Urbe[c] [1], ubi solum poetas huiusmodi laureari fas est absque pape vel imperatoris presentia. Qui de omnibus et singulis Ytalie conditionibus, prerogativis et gratiis, quibus ultra ceteras mundi provincias est dotata, et de cunctis mundi climatibus dictum dominum cardinalem informat et tanquam devotissimus eius cum quanta potest reverentia eum honorat.

It 76–94 74. **Regressus domini cardinalis de Mediolano usque ad castrum Insule[2]; ubi ⟨dum⟩[a] fuit, Avinionem scribit adventum**

Iun 8. De Mediolano autem die Lune, VIII. die mensis
Iunii, recedit dominus cardinalis prefatus et continuatis
dietis suum versus Avinionem gratum arripit iter ac
*Novariensem[b] civitatem ingreditur et de sero pernoctat *f. 15
(Iun 9) De mane demum super Cogne[c] [3] fluminis lympidissimam aquam, que singularissimos[d] pisces, etiam auratas[e],
cibat, navi[f] transfertur et aput Vercellas[g] nocte quies-
(Iun 10) cit Deinde per Clanosium[h] [4], dicti marchionis Montisferrati[i] castrum pulcherrimum, et Thaurinum et Sanc-
(Iun 13 14). tum Ambrosium[5] subsequenter[k] aput Secusium[6] Sabaudie comitatus ad pedem Alpium hospitatur. Deinde vero montanum iter ad sinistram arripuit et, qui iam in presbiterio cardinem vertens[7] Susanne titulum habuit[8],

a) totum *P*. b) pertiactum *P*. c) urbem *P*
c 74 *P*. — a) *om P, suppl Hofler* b) Nonanen *P* c) Cofinū *P* d) *sic conieci, cf. supra p* 87, *l* 6. *et infra p* 117, *l* 15, sincerissimos *P* e) aure *P* f) nā *P* g) Vertellas *P* h) *sic P* i) Montifferrati *P* k) subsequentis *P*. *Supplendum pergens vel simile aliquid*

1) *a* 1341 2) *L'Isle-sur-Sorgue* 3) *Haud dubie Agogna fl Novariae civitati vicinum, forma nominis in P corrupta 'Cogna' nomen etiam in tabulis recentioribus (saec XVII) legitur, ut benevolenter me docuit v cl H. Meisner Cf etiam A Amati, 'Dizionario corografico dell' Italia' I, p* 114 *s v 'Agogna'* le sue acque . sono abbondanti di pesce e sopratutto di trote squisite — Ticinum *erronee hic coniecerat Hofler, de quo v Palm, 'Italienische Ereignisse in den ersten Iahren Karl IV' p* 66 4) *Recte* Montemcalvum, *Moncalvo, cf. Itin. nr.* 78 5) *S Ambrogio di Torino.* 6) *Susa* 7) *'Cardinem vertere' tropice = 'cardinalem esse'* 8) *Petrus cardinalis presbyter tituli S Susannae a* 1344—1353 *fuerat*

1355. transit per opidum quoddam, quod Susanna[1] vocatur, et durum exinde Genebrensem[a] montem[2] ascendit, cuius quodam vertice fons modicus oritur ac planum denique deductus in alveum et per aquas alias in eum decurrentes adauctus flumen efficitur, quod etiam ab ipso fontis initio nimis meo iudicio proprie Ruentia[3], sed vulgo Durentia[4] nominatur. Cui cunctarum aquarum cum illa ruentium[b] nomina cedunt, donec et[c] aliorum et suum inter Avinionem et Berbantense[5] castrum, in quem labitur, Rodano[d] nomen reddat. Deinde dictus dominus cardinalis Briansonum[e] ingreditur, nec inde tunc propter ho- (Iun 16) ram necessitatis egreditur. Mane autem suo more consurgens planiorem viam eligit, montosam abhorrens, et per Ebredunum[f] [6] et Sextaneum[7] transitus ad castrum (Iun 17) Insule[8] comitatus Venesini, ⟨ubi⟩[g] singularissimus ille (Iun 25). Soigie[h] [9] fons, qui aput Vallem clausam[10] Cavallicensis[i] [11] diocesis per unius leuce spatium ⟨prope⟩[k] supradictum castrum Insule sitam, cuius inhabitatio loci propter amenitates et prerogativas innumeras, quas in plerisque suis prosaicis quidem atque intentis[l] locis[12] dictus poeta summus enumerat, est eidem acceptior, scaturizat, alveum ducit, gaudiose pervenit, die scilicet Iovis, XXVI Iunii. Iun 26 Et exinde suum Avinionem scribit adventum, ibidem introitus sui de curia manifestum expectat.

75. Accessus domini cardinalis ad papam cum comitiva cardinalium sibi obviantium[a], ut moris est. It. 95

Quo[b] recepto ab innata sibi sollicitudine[c] stimulatus die Sabbati, XXVII. mensis Iunii, ante auroram Iun. 27 surgens equitare festinat et simul cum lucescente sole

a) Gerebenne P b) ruentia P c) ut P d) Rodang P e) Brisansonum P f) Ebreduum P g) om P h) Sorlegis P i) Canallicensis P k) om P l) sic P, metricis coniecit Hofler

c 75: P — a) obviencium P b) suo P c) solitudine P

1) *Cesana.* 2) *Mont-Genèvre (Latine. Genebra)* 3) *Cf supra* p 51, l 34 4) *Durance* 5) *Barbentane* 6) *Embrun* 7) *Sarmes* 8) *L'Isle-sur-Sorgue* 9) *Sorgue* 10) *Vaucluse* 11) *Cavaillon* 12) *Ex gr: Epp var* 42, *Epp. fam. XI*, 4, *XVI*, 6; *XVII*, 5; *Epp poet lat I*, 7 v 156 *sqq*, *I*, 8, *De vita solitaria II*, 10, 2, *cf G Korting, 'Petrarcas Leben und Werke'* (1878) p 130 *sqq*

1355. ad monasterium sancte Praxedis[1] distans[a] ab Avinione per leucam iocundus applicuit. Et usque ad locum illum, ut moris[2] est, redeunti cardinales omnes obviam exiverant et eo secundum ordinem ipsorum et consuetudinem antiquatam ad osculum cum iocunditate recepto omnes redeuntes *in curiam eum precedunt, ut in con- *f. 15
sistorio papam associent, preter duos ultimos dyaconos cardinales, qui secundum ritum Romane ecclesie ipsum usque ad scabellum apostolice sedis associaverunt. Et post pedis et manus et oris oscula omnes tres cardinales predicti, sociatus et sociantes videlicet, inter alios dominos consessuri ad eorum loca[b] propria rediverunt. Deinde capellani omnes eiusdem domini cardinalis tunc redeuntis et post eos etiam singuli domicelli ad papalis pedis osculum consuetam et debitam reverentiam exhibentes humiliter accesserunt. Post hoc autem omnes et singuli preter dominos cardinales dumtaxat de consistorio predicto licenciati fuerunt et post eos ianua consistorii clausa preter et contra consuetudinem semper in talibus observatam, quia Romanus pontifex in reditu cuiuscumque cardinalis legati vel nuncii solet sermonem publicum facere ad laudem redeuntis et gaudium aliorum, dictus autem dominus noster papa Innocentius VI hoc facere non curavit, sed solum quomodo cardinalis fuisset, postquam de curia discesserat, sibi coram aliis cardinalibus et ceteris aliis questione proposita et addita brevi responsione contentus statim de sede surrexit et omnes more solito simul ad prandium cum eodem summo pontifice accesserunt. Et diebus sequentibus dictus dominus cardinalis omnes alios cardinales singulariter visitat et e converso per illos omnes et singulos visitatur.

a) *bis scriptum P* b) lete *P*

1) *Hodie 'La Tour d'Espagne', non longe a vico Montfavet distans, cf Granget, 'Histoire du diocèse d'Avignon', II (Avignon 1862)'. p* 418 *Fundatum est a* 1348 *a Petro cardinali episcopo Sabinensi, cf Ciaconius-Oldoinus, Vitae pontificum et cardinalium II* (1677) *col* 428
2) *De cerimoniis in regressu cardinalis legati vel nuntii ad curiam regulariter observandis hic, ut etiam noster supra l* 23 *notat, aliquantulum mutatis vel neglectis v. Iacobi Caietani Ordinarium n* 118 *(apud Mabillon, Museum Italicum II, p* 440 *sqq)*

76. Relatio domini cardinalis[a] super sua legatione domino[b] pape facta. 1355

Die autem Lune, V. scilicet mensis Octobris, dictus *Oct* 5.
dominus[b] cardinalis in consistorio presentibus omnibus dominis cardinalibus suprascriptis relationem suam fecit in forma cuiusdam collationis[1] bene[c] dispositam, et illas XII litteras[2] tam sigillis cereis[d] regiis[3] quam bullis imperialibus aureis[4] pendentibus sigillatas, quas idem dominus cardinalis tam ante quam post eius imperatoris coronationem iuxta mandatum per suprascriptas[b] apostolicas litteras[5] sibi factum ab eodem habuerat, resignavit ibidem Et in archivis ecclesie Romane diligentissime conservantur. Et sic per Christi gratiam dictus dominus cardinalis, ut[e] alibi scribitur, *functus est* sua *legatione* *Mach* 4,11
legittima et de cunctis eidem incumbentibus et comissis plus quam laudabiliter expeditus. Tenor autem[b] collationis, quam[f] fecit dictus dominus cardinalis, sequitur in hac[g] forma

77 Forma[a] collationis per dominum Petrum de Columbario[b] Viennensis[c] diocesis[d] in consistorio super legatione sua pape[e] explicanda[e].

158 *Domine, factum est, ut imperasti, *Luce*[f] *XIIII.* *Luc* 14,22
transsumptive ponitur XXIII q IIII c Displicet *ad finem*[6]
Ista verba, que fuerunt servi ad dominum, dirigo ad te, patrem sanctissimum, de comisso mihi per sanctitatem tuam[g] *negotio respondendo*[h] Domine, factum est, ut imperasti.

(I.) Igitur. 'domine', qui es supremus auctoritate, altissimus[i] *potestate*[i]*. plenus iurisdictione. sublimis prelatione que sunt proprie*[k] *domini*[l] *conditiones et tibi, pater beatissime congruunt excellenter. qui es* magnus dominus et laudabilis, *cf Ps* 144,3.
cuius magnitudinis non est finis, *Ps* [k].

c 76 *PD* — a) Ostiensis *add D* b) *om D* c) benigne *D* d) *om P* e) ut — scribitur *om D* f) quam — card *om D* g) hec *P*

c. 77. *PGDS, l* 23—31 *Latine in F* 1. — a) *superscriptio in G* oratio b) Colomb *D*, Columberio cardinalem *S* c) Vien dioc *om D* d) facta *add D* e) *om D* f) Luce — finem *(l 24) om G, ubi indicationes locorum allatorum plerumque omittuntur.* Luce — imperasti *(l. 28) om. DS* g) *sic GF*1, tuo *P* h) dicens *add G* i) pot alt *P.* k) *om D* l) pape *add. D*

1) *Sic etiam praescribitur apud Iac Caietan l c* 2) *Reg imp. VIII, nr.* 2014. 2015 2016, *omnes quadruplicatas* 3) *nr* 2014 4) *nr.* 2015 2016 5) *Supra c* 14. 6) c 38. *C* 23 *qu.* 4

1355 *(I) Ideo*[a] *convenienter michi debet aptari, quod scribitur*
Deut 6,13 *Deuteron. VI*: Dominum tuum timebis, et illi soli servies. *Ubi videte, quod dominus noster est timendus amandus et serviendus propter tria 'Servies illi', inquit, 'soli',*

(1) *quia habet conditionem liberiorem, quia 'dominus' est*
(2) *quia habet dilectionem uberiorem, quia 'tuus' est*
(3) *quia habet prelationem superiorem, quia 'solus' est, ut quia dominus noster non solum regna, sed universalem ecclesiam bene*[b] *regit*

(II) Ideo sibi nomen regie dignitatis aptetur[c], *secun-*
cf Dan 11,3 *dum*[d] *quod scribitur Daniel. XI* Surrexit rex fortis et dominabitur ditione[e] multa *Et videte, quod in domino nostro est*[f]

(1) *sublimitas insuperabilis, quia 'rex',*
(2) *stabilitas incomminuibilis*[g], *quia 'fortis'*,
(3) *auctoritas indepressibilis*[h], *quia 'dominabitur ditione*[i] *magna'*.

Nam sicut dicit Rychardus libro secundo[k] *de Trinitate c XV* Ille *est*[l] veraciter[l] dominus, cuius *potestas* nulla potestate premitur, cuius *potentia* nulla possibilitate prepeditur, veraciter autem dici dominus non potest, qui aliene[m] *potestati subditus*[n] servit *aut* cedit[1]

(III) Ideo domino nostro proprie[o] *dicitur, quod scribitur*
Gen 27,29. *Gen. XXVII*. Esto dominus fratrum tuorum — *cardinalium* — et incurventur ante te filii matris tue *Et hoc propter tres conditiones, quas habes, pater sancte, que in prelato et domino necessario colliguntur*

(1) *Primo habes constantie vigorem. 'Esto dominus',*
(2) *clementie dulcorem. 'fratrum tuorum',*
(3) *iustitie rigorem 'incurventur ante te filii matris tue'.*

Sis[p] *ergo, pater sancte,*

(1) *constans et solidus et immutabilis 'Esto dominus*[q]*'.*
(2) *dulcis et*[q] *fluidus*[q] *et compassibilis: 'fratrum tuorum',*
(3) *fortis et*[q] *rigidus*[q] *et penetrabilis 'incurventur etc'*

(1) *Habes igitur, pater sancte, constantie vigorem 'Esto'. Istud*[r] *verbum 'sum, es' significat*[s] *constantie vel existentie veritatem Et prelatus nec verbis nec factis debet a sancto proposito faciliter immutari*[t], *quia, sicut dicit*[u] *Ipocras*[v],

a) *om* *D*, et ideo *G*. b) benigne *D* c) aptet *G*. d) sibi *PGDS* e) dominatione *G* f) *om* *P* g) ingonnābilis *P*, incommensibilis *D* h) indempsibilis *D* i) dominatione *G* k) VI *G*, I *D*, *om* *S* l) ver. est *G* m) alieni *P* n) subiectus *G* o) pape *GD* p) his *D* q) *om* *D* r) illud *S*. s) signat *P* t) immutabiliter *P* u) *om* *D* v) Ipocs *P*, ypocrat *S*, Hypocrates *GD*

1) *Sic fere Ricardus de S Victore de Trin II, c 15, Migne Patr lat CXCVI, col 909.*

subite[a] et ⟨multe⟩ mutationes[a] fallaces sunt et nature 1355. 158' penitus inimice[1]. *Non igitur mutetur prelatus exemplo 'illius bestie*[2], *cuius sexus de masculo in femellam*[b] *mutatur, sic quod interdum fit masculus per strenuitatem, interdum femina per imbecillitatem, contra*[c] *id*[d], *quod scribitur Deut. XXII*: cf Deut 22,5 Non induetur vir veste feminea, *sed habeat constantiam et boni propositi firmitatem.* Esto *igitur, pater sancte*, cf 1 Reg 18,17 vir fortis et preliare prelium Domini, *I.*[e] *Reg*[f] *XVIII*.

(2) *Secundo habeto ad subditos clementie dulcorem, quia 'dominus fratrum tuorum', ut dicas fratribus tuis*[g] *illud Gen. XIII*: Ne, queso, sit iurgium inter te et me, fratres cf Gen 13,8 enim sumus. *Magis enim uti debet prelatus fraterna ammonitione quam aspera correctione, quia, ut dicit Seneca libro de clementia ad Neronem*, servis imperare moderate laus est[3] *et* remissius imperanti melius paretur[h] [4]. *Habeto igitur clementie dulcorem.*

(3) *Tertio iustitie rigorem: 'incurventur ante te filii matris*[i] *tue'. Curvare enim debes*[k] *per iustitiam illos, quos nequis*[l] *per clementiam emollire. Unde*[m] *Gaius*[n] *in epistola*[o]: Qui corripit peccantem, peccare impedit[5]. *Ideo scribitur Ecclesiastici XXX*: Curva cervicem eius in Eclus 30,12 iuventute et tunde latera eius[p], dum infans est.

Igitur Domine' Dominus noster, quam[q] admira- Ps 8,2 bile est nomen tuum in universa terra, *Ps*[p].

(II) Sequitur[r] *'factum est' officium mihi impositum non a me vel a quacumque infima virtute, sed a divina et suprema*[s] *potestate. Ps*[p]: Ipse *enim* dixit et facta sunt, cf Ps 32,9

a) subito et mutationes *PS*, subito et immutationes *D*, subite nec immutationes *G* b) femella *GS*, femello *D* c) contra — firm. (*l. 7*) *om. D* d) illud *P* e) prima *P* f) Rö *P* g) *om. P* h) pareitur — dulcorem (*l. 16*) *om. D* i) tue *pro* matrie *D* k) debet *P* l) nequit *P* m) *om. P* n) *sic PS*, Caius *D*, Augustinus *G* o) epo *P* p) *om. D* q) *om. P* r) *om. D*, postea sequitur in themate *G* s) superna *D*

1) *Cf. Hippocratis Aphorism. part. II, 51* . . . aliter quomodolibet corpus movere fallax est et omnino nature inimicum, *ubi Thaddaeus in expositione § 2 annotat*: omnis mutatio multa et subita est inimica nature. *De Thaddaeo v. Puschmann-Neuburger-Pagel, 'Handbuch der Geschichte der Medizin' I (1902) p. 667 sqq.* 2) *Scil. hyaenae. Quae fabula in scriptis medii aevi non semel invenitur. cf. sententiam quam ex latino quodam Physiologi exemplari mecum benevolenter communicavit Maximilianus Goldstaub b. m. de hoc librorum genere optime meritus*: duas naturas habet hyaena, aliquando quidem masculus est, aliquando vero femina. *Cf. Vincent. Bellovac. Speculum naturale l. XX, c. 61.* 3) *Seneca de clem. c. 18.* 4) *Ibid. c. 24.* 5) *De quo Gaio hic cogitandum sit, nescio. in epistola Gaii papae Pseudoisidoriana (Decret. Pseudoisidor. ed. Hinschius p. 214 sqq.) haec non leguntur. Nomen fortasse corruptum est.*

1355 mandavit et creata sunt. *Factum enim coronationis tam prudenter inchoatum, excellenter mediatum*[a], *feliciter consummatum in divinam reducitur auctoritatem. Sicut enim*

(I) bonus artifex solet bona opera facere,

(II) bona causa solet bonum effectum[b] *producere*[b],

cf. Math. 7,17 (III) bona arbor *solet* bonum fructum *procreare*,

sic Deus,

(I) cum sit artifex, qui errore non decipitur,

(II) cum sit causa, que occasione[c] *non deluditur,*

(III) cum[d] *sit arbor, que a*[c] *caumatibus*[e] *non impeditur*[d], *istum*[f] *bonum et optimum effectum inchoavit*[g], *mediavit, consummavit*[h]. *Narrare*[i] *si placet aliquid. Ideo*

Gen. 1,31 *Gen. I*: Vidit Deus cuncta que fecerat, et erant valde bona. *Mirabiles enim cause non faciunt nisi mirabiles effectus. Et vere Deus non est nisi causa mirabilis, quia non necessario aut violenter, sed libere*[k] *seu*[l] *voluntarie,*

Ps 76,15 *omnipotenter et spiritualiter operatur. Ps*[l]: Tu es Deus, qui facis mirabilia.

cf. Io 17,4 *Ideo dico*[m] *tibi*[m], *pater sancte, quod scribitur Io XVII*: Opus consummavi, quod dedisti michi, ut facerem, *non principaliter, virtualiter vel efficaciter, sed instrumentaliter. 'Domine', igitur 'factum est'.*

(III) Sequitur[n]: *'ut imperasti', quia imperium *imperatori dedisti, quia per ecclesiam obtinuit dictum imperium,* *f 159 *vel 'ut imperasti', quia per tuum imperium mihi factum, quantum*[o] *mihi erat possibile, circa*[p] *dictum imperatorem omnia perfecisti. Imperasti enim, quod circa dominum imperatorem fieret*

(I) aliquid temporale,

(II) aliquid spirituale,

(III) aliquid supernaturale.

(I) Primum pertinet ad imperium terrene iurisdictionis,

(II) secundum ad imperium ecclesiastice dominationis,

(III) tertium ad imperium eterne sublimationis.

(I) Primum fuit, quod dominus imperator acciperet et universaliter[q] *imperii pacificam potestatem plenissimam et perfectam, quod et fecit. Narrare*[i] *aliquid*[r]. *Istud terrenum imperium frequenter turbatur*[s] *adversitatibus, ut per multas imperatorum historias clare patet. Ideo*[t] *temporale*[t]

cf. Iud 9,8 *imperium* oliva *legitur recusasse, quando* dixerunt *sibi arbores*. Impera nobis, *Iudic. IX.*

a) meditatum *G* b) profectum educere *P* c) actione *D*. occas — a (*l* 10) *om P* d) cum — imp. *om D* e) cammatibus *P*, cauuatibus *S*, casualitatibus *G* f) istud *D* g) sic inchoavit *D* h) consummavit *P* i) narr. — mirab. (*l* 18) *om D* k) *om P* l) *om P* m) tibi domine *pro* dico tibi *P*, tibi dico *D* n) *om D* o) qualiter *D*. p) directa *P* q) utiliter *D*, viriliter *S* r) *om D* s) curabatur *P*, turbabatur *S* t) ideo tale *P*, 10 Clem. *D*

(II) Secundo precepisti, pater sancte, quod circa dominum imperatorem fieret aliquid spirituale, quod pertinet ad imperium ecclesiastice dominationis, et ista fuerunt iuramenta fidelitatis, que dictus dominus imperator die coronationis sue Romane ecclesie fecit constanter, humiliter et etiam reverenter. Narrare[a] *modum*[a]. *Et istud ecclesiasticum imperium dotatur multis virtutibus, quibus*[b] *dominus imperator est multipliciter insignitus, primo fide, spe*[b*], *caritate, que sunt* [cf. 1 Cor 13,13.] *theologice virtutes, iustitia, fortitudine, temperantia et prudentia, que sunt cardinales virtutes. Narrare*[c] *aliquid, si placet. Ideo est a Deo mirabiliter sublimatus. Ps.* Dabit imperium regi suo et sublimabit[d] cornu christi sui. [1 Reg 2,10] 1355

(III) Tertium, quod precepisti, pater sancte, quod circa dominum[e] *imperatorem fieret aliquid, quod significet aliquid supernaturale, quod pertinet ad imperium eterne sublimitatis*[f]. *Et hoc fuit domini*[g] *imperatoris reverendissima et pacifica coronatio facta in Pascha, V die Aprilis. Pascha transitus*[1]. *Imperator transire videbatur de mundo in celum, de carne in spiritum, de spiritu in Deum per divini*[h] *amoris incensum desiderium, ut*[i] *dicat illud Eccles. II:* Transivi ad contemplandam sapientiam[k]. *Quod factum* [Eccl 2,12] *est in Aprili. Aprilis dicitur quasi aperilis*[k*], *quia tunc terra aperitur*[l] *et flores germinantur*[m] [2]. *Tunc enim aperta fuit terra cordis domini imperatoris et germinati*[n] *sunt*[n] *flores* [cf Is 45,8] *pulcherrimi suavissimi et delectabilissimi odoris, bone conversationis, voluntatis*[o] *et sancte operationis, ut diceretur illud Canticorum II:* Flores apparuerunt in terra nostra[i]. [Cant 2,12]
159' *Et tunc reverenter *fuit corona posita in capite eius tamquam pretiosissimum ornamentum, quia, ut dicit Isidorus XIX*[o]. *Etimologiarum*[o]: Corona est primum ornamentum in signum victorie, que in capite regum et principum ponitur[3]. *Ista autem coronatio ad imperium eterne sublimitatis rationabiliter dicitur*[p] *pertinere, tum quia corona circularis est, carens principio atque fine, tum quia corona pugnantes in mundo meritorie premiantur. Thobie III:* Vita, [Tob 3,21] si in probatione fuerit, coronabitur. *Ps.* Gloria et [Ps 8,6] honore coronasti eum.

a) *om* D b) quia P b*) et *add* G c) narr. — placet *om* D d) sublimavit P e) dictum PDS f) sublimationis D g) dicti PD h) deum P. i) ut — II *om* D. k) I Ecclesiasti *add* D k*) aperire D, apersibilis G l) aperit S m) graminantur P, germinat DS n) germinavit G, germina eorum PDS o) *om* D p) *om* P

1) *Cf Isidor Etym* VI, 17, 11: Pascha ... a transitu Hebraeo verbo Pascha appellatum est. 2) *Cf ibid.* V, c 33, 7. 3) *Ibid.* XIX, c 30, 1.

1355 cf Cant 3,11 Egredimini *ergo*, filie Syon — *omnes devote et con-
templative persone — et videte regem Salomonem — *sa-
pientissimum imperatorem* — in dyademate, quo coronavit
eum mater sua, *sancta scilicet mater ecclesia, in Canticor. III.
Istud autem imperium est plenum tranquillitate, Eccle-*
Eclus 47,15 *siastici XLVII* Salomon — *id*[a] *est imperator*[a] — imperavit in diebus pacis *Quam pacem nobis concedat etc*[b]

78. Recessus imperatoris ad Almaniam

Imperator autem, qui aput castrum Petre sancte
remansit, fratrem suum patriarcham[1] expectat, qui, cum
post plures dies rediit propter eos, quos quidem magnos et
mentis et corporis diurnos et nocturnos labores habuerat,
discrasiam quandam passus est, propter quam imperatorem predictum adhuc oportuit amplius expectare Sed
cum volente Domino saluti pristine restitutus est, simul
de discessu consultant Et post firmatum consilium
(Iun 11) primo faciunt imperatricem recedere ac venerabiles patres dominum Arnestum archiepiscopum Pragensem et
Iohannem episcopum Lutomisl(ensem) cum eadem, et
recta via per Lombardiam iter agentes continue per tres
dietas imperatorem ipsum usque ad Almaniam ante-
cedunt. Post discessum autem imperatricis eiusdem
marchio Montisferratii[a] et dominus Ugolinus de Gonzaga[b] necnon et quamplures Ytalici nobiles cum eiusdem imperatoris grata licentia non absque dolore mentis
ingenti recedunt et ad propria redeunt, magna gwerra-
rum onera cum predictis Mediolanensibus subituri[2].

79. Qualiter imperator quandam fundat et consecrat ecclesiam pro gratiarum actione.

(Iun 11). Sic[3] igitur dispositis omnibus tandem de castro
Petre sancte discedit in Boemiam profecturus et suas[a]
*militares continuando dietas per terras omnes et sin- *f. 160

a) I imperator *S*, I imperator *D*, primus imperator *G*, imperator *P*
b) *sic PG*, qui sine fine vivit et regnat. Amen *DS*
c 78 *P* — a) Montisferrarii *P* b) Gentaga *P*
c 79: *P* — a) suos *P*

1) *Qui demum die 2 m Iunii Petram sanctam venit* 2) *Ligam contra Vicecomites marchio Montisferrati et domini de Gonzaga cum aliis a* 1355. *Oct* 30 *inierunt, cf Muratori, 'Antichità Estensi' II, p* 124, *Cipolla, 'Storia delle signorie Italiane dal* 1313 *al* 1530' *(Milano* 1881) *p* 135. 3) *Cf Ran. Sardo c* 117, *Matt Villani V, c.* 54.

gulas, per quas dictus dominus cardinalis accesserat, iter 1355.
agit. Sed cum ad oppidum quoddam, quod Terrentium[a] [1] vulgo dicitur, pervenisset, ubi, cum iam Romam venerat, inde transiens domum quandam de recordationis inclite domini Iohannis dudum illustris regis Boemie, patris sui, nimium commendando mandato fidelis et obediens ipse filius emerat ad ecclesiam catholicam et devotam sub beate Crucis vocabulo ad omnipotentis Dei reverentiam construendam, ut, ubi[2] per carnalis actum concupiscentie violentum predictum dominum patrem suum mors peccati momorderat, ibi[2] per spiritualis fructum penitentie seu talentum vita sibi per pietatis opus et divini cultum officii surgeret et medela, ecclesiam ipsam, dum Romam iverat et rediverat, iam quasi perfectam fecit per venerabilem patrem Johannem Olom(ucensem) episcopum magnumque suum thezaurarium multis prelatis atque proceribus assistentibus illi de speciali sedis apostolice ⟨mandato⟩[b] solempniter[c] consecrari Domus ergo, que voluptatis et lascivie fuerat, nunc honestatis et sanctimonie facta est et, que[3] terrestris hospitalitatis et carnalitatis exemplum et mortifere negociationis infecta, iam[3] celestis caritatis et spiritualitatis est templum et salutifere contemplationis effecta domus orationis vocabitur, et non minus exequenti genito quam genitori iubenti[d] auctore Domino proderit ad salutem Nam, ut continue divinus cultus ibi refloreat, quosdam in illa capellanos instituit et de noviter emptis possessionibus illos reddituavit habunde

80 Accessio imperatoris ad Cremonam et qualiter incessit pedes per pontem.

Inde cibo refectus post omnia consummata discedit (Iun 17).
et aput Burgenses sancti Domnini[a] sero illo pernoctat

a) Terretum P, cf It m 70 71 b) om P c) solempt; P d) videnti P
c. 80 P — a) domini P

1) *Terenzo In hoc oppido Karolus imperator iuvenilem aetatem agens (a. 1333) somnium illud mysticum viderat, quod ipse fuse narravit in Vita sua apud Bohmer, Fontes I, p* 244 *Cf etiam Reg. imp VIII, nr.* 1989 2983 2) *Attende concentum verborum* ubi — violentum *et* ibi — talentum, *ubi singulis vocibus singulae respondent* ubi — ibi, per — per, carnalis — spiritualis. 3) *In verbis* que — infecta *et* iam — effecta *iterum concentum attende subtilem Inter se congruunt* terrestris — celestis, mortifere — salutifere, infecta — effecta *etc Utraque verborum complexio* 34 *syllabas continet*

1355 (Iun. 18). et mane, videlicet die sequenti, etiam ibi prandet, statimque post prandium exinde recedit et versus Cremonam accelerat. Sed[1] cum ad pontem ligneum, qui Pado flumini[a] maximo iugum ponit, advenit, libere transire non potest, sed oportuit illum cum gentibus suis ad primum pontis introitum seu[b] littus fluminis expectare, donec fuit cum vicariis dictorum Vicecomitum de Mediolano[c] *terram illam regentium[d] de numero equitum, qui secum *f. 160 intrare debeant, concordatum. Et cum sibi fuit huiusmodi concordia per magistrum sue curie nuntiata, ipse idem ad huius vituperii notam menti[e] sue fortius et firmius imprimendam primus et pedes pontem illum ingreditur, et virga, quam manu gestabat, motum omnibus interdicit vocansque singulariter singulos iubet illos ingredi pontem. Et cum ad firmatum numerum ventum fuit, equum ascendit et cum illis intrat sub pallio et alias multum honorabiliter civitatem, quam per octingentos equites domini Barnabonis[f] de Vicecomitibus eiusdem civitatis regimini presidentis pluries discursam invenit. Erat illis etenim dubium et non iniusta forte suspicio, ne propter eorum proprii domini, videlicet imperatoris, adventum contra tyrannicum regimen populus insurgeret Apoc. 19, 11 in rumorem, quod et volenti populo *fidelis et verax* dominus tunc temporis nullatenus consensisset. Descendens igitur in magnis episcopatus palatiis de introitu illorum, qui foris remanserant, illos rogavit. Quod illi videntes gentium paucitatem ad imperatoris instantiam concesserunt. Et post eorum introitum ad aures imperatoris eductum imperator cibo refectus est et illo sero pernoctavit ibidem.

81. Recessus imperatoris ad Boemiam.

(Iun. 19). Altera quidem immediate sequenti die Veneris quadam imperator inde recessit et in proximum Cremonense castellum inibi pransurus accessit et suas continuando dietas per dictam Brixiensem[2] civitatem versus Boemiam redire festinat. De cuius postea felici progressu

a) fluuiū P. b) se P. c) Mediolanen P. d) regentibus seu regentium P. e) mentis P. f) Barnabōis P. c. 81. P.

1) *Cf. relationem nuntiorum civitatis Florentinae in Archivio storico Italiano, App. VII* (1849), *p.* 408, *Matt. Villani V, c.* 54. 2) *Brescia.*

non possem nisi ex eo, quo sepe fallimur, auditu con- 1355
scribere, propter quod tacendum esse[a] potius, quam
mendaciter aut imperfecte loqui[1] considerans, quantum
ad gesta per ipsum et predictum cardinalem, fesso iam
calamo concessi quietem.

82 Excusatio et recomendatio huius fidelis scriptoris ad dominum Petrum de Columbario Viennensis dyocesis, Ostiensem et Velletrensem episcopum cardinalem, quem Deus conservet in secula seculorum. Amen.

61 *Reverendissime pater et domine, mi singularissime 1356
benefactor! Quoniam labilis naturaliter est humana memoria et preteritorum aliquando reminisci delectat
aut[a] suimetipsius aut aliorum ad gloriam, ad[b] quam
quisque perpetuandum vel pro tempore saltem attin-
gendum[b] accenditur, ut simul habeat in se de se gaudium et operose virtutis laudabilem posteris relinquat
exemplum, idcirco de virtuoso proposito, quo vester animus magis ac magis agitatur in dies pro vestris et
Ostiensis ac Velletrensis, que titulus vestri cardinalatus
existunt, necnon et aliarum ecclesiarum vestrarum iuribus et privilegiis conservandis non solum, verum etiam
ampliandis, mecum ipse scripsi memoriam, ista vobis per
scripturam offerre[c], ut ex eius, cum[d] placeat[d], lectione
frequenti patrati non tantum[e] boni cor vestrum cum
iocunditate letetur, sed *in virtutem de virtute* procedens, *cf Ps* 83, 8
ut *Deum deorum videat in Syon,* semper ad opus bonum
ferventius inardescat Et quoniam inter ceteros laudabiles actus, quos diebus vestris exercere possetis, accessus
vester ad Urbem memoria dignus et imitatione censetur,
volui mihi venienti vobiscum onus imponere, ut ea, que
in itinere vestro Romano vobis et aliis memorabiliter
contigerunt, in scripture munimento redigerem et com-
pendiosam illorum memoriam compilarem Sed si voluntatem et dispositionem huiusmodi tardus impleverim,
supplex precor, ut, que me totum possident, spes, fides *cf* 1 *Cor* 13, 13

a) est *P*
c 82 *P* *Textum plus solito corruptum hic illic sanare non potui* — a) et *P*
b) quam quisque perpetuandum vel pro tempore saltem ad attingendu *P* c) *supple* desiderans *vel simile aliquid* d) compliceat *P* e) tm *P*

1) *Cf. supra p* 111, *n* 4

1356. et caritas defectum hunc tarditatis excusent et, quam
propria virtute non mereor, ipse mihi veniam interceden-
tes implorent Sepe[a] enim spes et fides, quas in et de
paternitatis vestre benignitate concepi, fructum ex eis
immeritus persepe degustans, exercende caritatis in alios,
dum inutilis obsequii mei necessarium velut opus habebant[b], restricta michi lora laxarunt placendi eis libere
nec petitam equidem, sed nec multo minus obtentam,
presumptam tamen ob illas licentiam ministrantes
cf 2 Cor 3, 12 *Habens* namque *spem talem multa fiducia usus*[c] sum, ut
et aliis serviam, dum viam mandatorum vestrorum, quam
Rom 1, 14 semper volui, currens incedo. *Sapientibus* enim *et insi-
pientibus debitor sum,* quantumcumque non Paulus Et
Luc. 6, 30. cum scriptum sit: *Omni petenti te tribue,* ad exhibendum
ministerium, cuius nulla gloria mihi surgit, reputo me
cunctis obnoxium, ut, si qua virtus, si qua laus, si qua
*insuper operis gratia, si quis etiam sufficientie color, *non* *f 161'
cf 2 Cor 3, 5 6 *quod sufficiens sim cogitare aliquid a me quasi ex me, sed*
gratia, quecumque sit michi, *ex Deo est, qui et ydoneum
me fecit ministrum non littera, sed* obedientie *spiritu,* quan-
cf 1 Cor 9, 22 tumcumque non ille, tamen *omnia* sicut ille *sim omnibus*
et cuique[d] meum[e] modicum petenti ministerium promptus,
exhibeam glebas[f] licet duras et tribulos sterilis mee tel-
luris inculte, ac, si aliud offeram quam speretur, quia

pluribus extensus minor est ad singula sensus[1].

aput paternitatis vestre discretionem, supplico, me placeat
cf Act 3, 1–6 excusatum admitti, maxime cum[g] et apostolorum princeps templum cum Iohanne conscendens excusatus ora-
verit donans petenti pauperi, quod habebat. Quod licet,
ut ille, de materiali substantia prolatum forte verbum
exprimere valeam, non minus tamen hoc idem mistico
possum intellectu proferre, nam, ut in Moralibus Gregorius inquit, *in argento eloquium, in auro solet vite cla-*
Act 3, 6 *ritas designari*[2] *Argentum* igitur *et aurum non est mihi*
quoniam illis, ut ille, materialiter careo, et verbi, que
non illum, facundia viteque splendor me reddit ineptum
Excusatum ergo dignemini ac in bonum suscipere servum vestrum ad plura quam credatis obstrictum[h], si[i]

a) spe *P* b) *praecedit* heant vel, heant *punctis suppositis del et cancellatum P* c) versus *P* d) cuiusque *P* e) in eum *P* f) *ita coniecit Hofler,* globes *P* g) tamen *P* h) obstractum *P* i) sed *P*

1) *In eadem fere forma hoc proverbium exstat in collectione, quam nuper publicavit Iac. Werner, 'Lateinische Sprichworter und Sinnspruche des Mittelalters' (Heidelberg* 1912*) p* 70, *nr* 74 2) *Greg. Moral XVIII,* 26, *nr* 39 *(Migne Patr lat LXXVI, col* 58*).*

velut in radicibus arbor arescens insipidum et inutilem fructum ferat aut tamquam ficus fatua palmites infructuosos emittat et hoc paternitati vestre, quod habet, cum devota mentis humilitate presentet, vestre non[a] solum sed cuiuscumque familiaris vestri discrete correctionis id iugo submittens Recommendo me igitur gratie paternitatis vestre, quam Dominus conservet ad votum semperque felicitet actus eius 1356.

Scriptum Avinione, die primo Februarii, anno nativitatis Dominice MCCCLVI°, indictione IX, pontificatus vero sanctissimi in Christo patris et domini nostri domini Innocentii VI divina providentia sacrosancte Romane ac universalis ecclesie summi pontificis anno quarto *Febr 1*

Vester humilis familiaris vult recommendationem debitam humilem et devotam ac operis quandoque presentis degustationem . . . [b].

a) sed *P* b) infulsari *P*. *Quod plane non intelligendum est*

ITINERARIUM CARDINALIS
AUCTORE IOHANNE PORTA.

1355 c. 16.[1] *Anno nativitatis Domini M°CCC°LV[a], indictione *f. 16* octava, die Lune, IX. die[b] Februarii, prefatus[c] dominus[d] reverendissimus[d] in Christo pater dominus Petrus de[e] Columbario[e], Ostiensis et Velletrensis[f] episcopus cardinalis, exivit Avinione[g] eundo Romam pro coronatione et inunctione domini[c] imperatoris predicti[h], et dietas suas continuavit, ut inferius apparebit, ac suos fecit transitus eundo et redeundo per civitates, castra, terras et loca, que inferius conscribuntur.

1. Et primo fuit dicta[i] die Lune in prandio in Novis[2] prope Avinionem[k] ad duas leucas et ibi iacuit illo sero.

c. 17 2. Item die Martis sequenti, X. die dicti mensis, fuit in prandio in Argone[3] et ibidem[l] pernoctavit, et distat a dicto loco de Novis per tres leucas.

3. Item die Mercurii sequenti, XI. dicti mensis fuit in prandio in civitate Aquensi[4] et ibi pernoctavit, et distat a dicto loco de Argone[m] per septem leucas.

4. Item die Iovis sequenti, XII. die predicti mensis, fuit in prandio in Sancto Maximino[5] et ibidem iacuit illo sero, et distat a dicta civitate Aquensi per sex leucas.

5. Item die Veneris sequenti, XIII.[n] mensis predicti fuit in prandio in Brinonia[o] seu Brignola[6] et ibidem iacuit, et distat a dicto loco sancti Maximini per tres leucas.

6. Item die Sabbati sequenti[n], XIIII. dicti[p] mensis Februarii, fuit in prandio apud Lonegues[q 7], et distat

Itinerarium PDLS. In DS itinerarium relationem praecedit. Abbreviationes textus L, de quibus cf. Salomon 'Johannes Porta' c. IV, 4, non adnotari. — a) 1355 *D*, M°CCC°50°5° *S*, millesimo trecentesimo quinquagesimo quinto *L*. b) mensis *P*. c) *om.* *DLS*. d) r. d. *DLS*. e) *om.* *P*. f) Velitrensis *D*, Veletrensis *L*. g) *sic L*, Avinioñ *P*, Avenionem *D*, Avinionen *S*. h) Caroli *DLS*. i) *om.* *DL*. k) Avenionem *DL*. l) ibi *P*. m) Orgone *P*. n) XIII — Sabb. sequenti (*l.* 26) *om.* *P*. o) *sic L*, Brinonia *DS*. p) die *P*. q) Loneques *DL*.

1) *Numeri, quos in margine apposui, ad capita operis praecedentis remittunt.* 2) *Noves.* 3) *Orgon.* 4) *Aix.* 5) *St Maximin.* 6) *Brignoles.* 7) *Lorgues.*

a dicto loco de Brinonia[a] per quatuor leucas. Et iacuit in Draguiniaco seu Draguinham[b] [1]; et distat a dicto loco de Lonegues[c] per duas leucas. Et in dicto loco de Draguiniaco fuit per totam diem Dominicam sequentem, diem XV. dicti mensis Februarii, Dominicam carnisprivii. 1355.

7. Item die Lune sequenti, XVI. die predicti mensis, fuit in prandio[d] in[e] Faencia[2] Foroiuliensis[3] diocesis, et distat a dicto loco de Draguiniaco per quatuor leucas. Et ibidem iacuit

8. Item die Martis sequenti, XVII die dicti mensis Februarii, fuit in prandio[e] in civitate Grasse[f] [4] et ibidem iacuit; et distat a dicto loco Faencia per quatuor leucas.

9. Item die Mercurii sequenti[g] Cinerum, XVIII[h] die[h] dicti mensis Februarii, fuit in prandio in civitate Nicie[5] et ibidem iacuit, et[i] distat a dicto loco de[k] Grassa per quinque leucas.

10. Item die Iovis sequenti, die XIX dicti mensis Februarii, fuit in prandio in dicta civitate Nicie et ibidem iacuit.

11. Item die Veneris sequenti, XX.[k] die dicti mensis Februarii, fuit in prandio in castro de Turbia[6] et ibidem iacuit, et distat a dicta civitate Nicie per novem mil, que valent tres leucas. c 21.

12 Item die Sabbati sequenti, XXI. die dicti[l] mensis Februarii, fuit in prandio in civitate Vintimiliensi seu de Vintemilha[m] [7] et ibidem pernoctavit Et fuit ibi[n] die Dominico sequenti[o], videlicet Dominico[o] in quadragesima, per totam diem, et distat a dicto loco de Turbia per decem mil, que valent tres leucas et tertiam partem unius leuce. Et ibi incipit terra domini de Mediolano et ripperia[p] Ianue[q].

13. Item die Lune sequenti, in vigilia beati Mathie apostoli, XXIII. Februarii, fuit in prandio in sancto Romulo[8] diocesis Albinganensis[r] [9], et distat a dicto loco

a) *sic L*, Briuonia *PDS* b) Draguham *P*, Draguinhau *S*, Dreguignan *D* c) Loreques *DL* d) prandio in *om D* e) in — prandio *(l 11) om P* f) de Grassa *D* g) *om P* h) die XVIII *DS* i) *om D* k) *om P* l) *om D* m) Vintemilla *P* n) in *P* o) seq — Dom *om P* p) riperia *L*, confinia *D* q) Geunae *D*, ianuae *S*, *quod postea alio atram corr in* Genuae r) Albigensis *D*, Albiganen *P*

1) *Draguignan.* 2) *Fayence.* 3) *Fréjus* 4) *Grasse.* 5) *Nizza* 6) *La Turbie* 7) *Ventimiglia* 8) *San Remo* 9) *Albenga*

1355 de[a] Vintimilia[b] per decem mil, que valent tres leucas et tertiam partem unius leuce. Et ibidem pernoctavit

14. Item die Martis sequenti in festo beati Mathie apostoli, XXIIII. Februarii, fuit in prandio in Portu Mauricii[1] predicte dyocesis et ibidem iacuit, et distat a dicto loco sancti Romuli per quindecim mil., que valent quinque leucas

15. Item die Mercurii sequenti, XXV Februarii, fuit in prandio in civitate Albingana et ibidem iacuit, et distat a dicto loco Portus Mauricii per viginti miliaria, que[b*] valent sex leucas et duas partes unius leuce. Et ibidem fuit bene hospitatus in domo cuiusdam nobilis de Albenga et multum bene honoratus per communitatem civitatis, et multa fuerunt ibi[c] presentata

16 Item die Iovis sequenti, die XXVI. Februarii, fuit in prandio in castro de Petra seu de[d] la Prea[d] [2], quod est episcopi Albinganensis[e] predicti, et ibidem iacuit, et fuit ibidem ad expensas dicti episcopi Et distat a dicta civitate Albinganensi per decem miliaria, que valent tres leucas et tertiam partem unius leuce.

c 22. 17. Item die Veneris sequenti, XXVII Februarii, fuit in prandio in loco Finarii seu Finar[f] [3] diocesis Saonensis[4], et distat a dicto loco de Petra per quinque miliaria, que valent unam leucam et duas[g] partes[g] alterius. Et ibidem fuit tota die cum dominis Gregorio, Manuele et Alerano[h] de Carreto[i] marchionibus Saone, dominis dicti loci Finarii[k], et fuit in eorum domo ad expensas eorum egregie cum tota familia hospitatus.

18. *Item die Sabbati sequenti, XXVIII. dicti mensis, fuit in civitate Saonensi in prandio et ibi iacuit; et distat a dicto loco de Finar[l] per quindecim mil, que valent quinque leucas. Et in dicta civitate fuit per totam Dominicam diem sequentem, I diem Martii secundamque Dominicam quadragesime. *f. 16

c 24 19 Item die Lune sequenti, II. die Martii, fuit in prandio in loco de Vulture[m] seu de Voltre[n] [5] Ianuensis[o] diocesis[o] et ibidem[p] iacuit, et distat a dicta civitate

a) per *P* b) vintỹ *P* Vintimilien *S* b*) *om.* *P* c) illi *D* d) *sic* *PL*, de Laprea *S*, Laprea *D*. e) Albingen *PS* f) Final *L* g) II partes *S*, secundam partem *D* h) Alecano *D*. i) Carrero *L*, Careto *P* k) Finar *P* l) Final *L* m) Wltrē *P* n) Votre *LS*, *praecedit* Vult *del* *S*, Utre *P* o) Genuensis dioecesis *D*, diocesis Iannensis *L*, Ianuen dioc *P* p) ibi *P*

1) *Porto Maurizio* 2) *Pietra* 3) *Finale* 4) *Savona* 5) *Voltri*

Saonensi per viginti mil., que valent sex leucas et duas partes unius leuce. 1355

20. Item die Martis sequenti, III. die Martii, fuit in prandio in civitate Ianue[a] a clero et populo multimode honoratus et in domo Predicatorum dicti loci egregie hospitatus. Et ibidem fuit dicta die Martis et die Mercurii ad expensas communitatis dicte[b] civitatis[b] et die Iovis sequenti ad expensas suas

21 Item die Veneris sequenti, VI die Martii, fuit in prandio in loco vocato Roco[1] dicte diocesis[c] et ibidem iacuit, et distat a dicta civitate per duodecim mil, que[b] valent quatuor leucas.

22. Item die Sabbati sequenti fuit aput Clarii[d, 2] dicte diocesis in prandio et ibidem iacuit, et distat a dicto loco de[b] Roco per duodecim mil, que valent quatuor leucas.

23. Item die Dominica sequenti, tertia[e] quadragesime[e], videlicet VIII die[f] Martii, fuit in prandio in loco vocato Cestre[3] dicte diocesis et ibidem iacuit, et distat a dicto loco de Clarii[d] per quinque miliaria, que valent unam leucam et duas partes alterius leuce

c. 26

24. Item die Lune sequenti, IX. die Martii, fuit in prandio in civitate vocata Brignan[g] [4], loco sterili et male edificato et pauperrimo, et ibidem iacuit et distat a dicto loco de Cestre per octodecim[h] miliaria, que valent sex leucas.

c. 27

25. Item die Martis sequenti, X die Martii, fuit in prandio in burgo vocato[i] Serzana[k] [5] Lunensis diocesis et ibidem iacuit; et distat a dicta civitate Brignancensi[l] per octodecim[h] miliaria, que valent sex leucas.

26. Item die Mercurii sequenti, XI. die dicti mensis Martii[m], fuit in prandio in burgo de Petra sancta[6] diocesis Luquensis seu de Luca et ibidem iacuit, et distat a dicto loco de Serzana[n] per sexdecim mil, que valent quinque leucas et tertiam partem unius leuce.

a) Genuae *D* b) *om* *P.* c) civitatis diocesis *DS*, dicte dioc *om* *L* d) Chaim *P.* e) in XL^a^ *P*, *ex quo intelligitur in archetypo* III XL *extitisse* f) mensis *D* g) Brignani *DS*, Bregnau *P* h) *sic* *L*, XVIII *PDS* i) dicto *L* k) Serzana *D*, Ferzano *P* l) Brignanensi *D*, Brignatensi *P* m) *om* *D* n) *sic* *LS*, Serzana *D*, Sazana *P*

1) *Recco* 2) *Chiavari* 3) *Sestri Levante* 4) *Brugnato* 5) *Sarzana* 6) *Pietrasanta*

1355 c 28—33 27 *Item die Iovis sequenti, XII. die dicti mensis Martii, fuit in prandio in civitate Pisarum[a]. Et ibi invenit prefatum dominum imperatorem, tunc Romanorum[b] regem, qui dicto domino cardinali obviam venit et eum multum[c] honoravit, ut superius[d] videre potuistis[d]. Et ibi fuit[c] die[e] Iovis predicta, diebus[e*] Veneris, Sabbati, Dominico[f], Lune, Martis, Mercurii, Iovis, Veneris et Sabbati sequentibus per totam diem, et distat a[g] dicto loco de Petra sancta viginti miliaria, que valent sex leucas et duas partes unius leuce f. 16b

c 34 28. Item die Dominico[h] sequenti, XXII. die Martii, fuit in prandio in loco seu burgo Sancti Miniati seu[i] Samminat[i] [1] Luquensis diocesis et ibi iacuit, et distat a dicta civitate Pisarum[k] per viginti miliaria, que valent sex leucas et duas partes unius leuce magnas. Est[l] bonum iter

29. Item die Lune sequenti, XXIII. Martii, fuit in prandio in burgo Podii Bonizii[m] seu de Pogiboni[n] [2] Flor(entine)[n] diocesis, et est de dominio Florentinorum Et ibidem iacuit, et distat a dicto loco Sancti Miniati per viginti miliaria, que valent sex leucas et duas partes unius leuce.

30 Item die Martis sequenti, XXIIII Martii fuit

c 35—37. in prandio in civitate Senarum[o] [3] et ibidem fuit dicta die Martis, diebus Mercurii, Iovis et Veneris sequentibus, et distat a dicto burgo[p] Podii Bonizii[q] per[r] viginti mil, que[r] valent sex leucas et duas partes unius leuce[r] Et ibidem[s] etiam[s] invenit dominum imperatorem[t] prefatum[t] [4]

c 38 31 Item die Sabbati sequenti, XXVIII Martii[5] fuit in prandio in burgo de Bono Conventu seu de Bon convent[u] [6], et distat a dicta civitate de Senis per duodecim mil, que valent quatuor leucas. Et dicta die iacuit in burgo vocato[v] Sanctus[w] Quiricus[w] seu Sanqui-

a) *sic LS*, Pisarae *D*, pysozo *P* b) Romanum *D* c) *om P* d) inferius patebit *DSL* e) *om PDS* diebus *L* *Cf infra l* 25 e*) *om L* f) Dominica *DL* g) de *P* h) Dominica *PL* i) *om DL*, seu *del* Samini *om S*, seu Samini ac *I* k) *sic LS*, Pisarae *D*, Pis *P* l) et *P* m) *sic LS*, Bonziy *D*, Bonizi *P* n) Podi boni Flor *P*, Pegibonifloris *D*, Pegi boni floris *L* Pegi, boni floris *S* o) Cenarum *P* p) loco *I*, *om S* q) Bonisij *L* Bonizi *P* r) per—leuce *om P*, que—leuce *ut semper om L* s) et ib *DLS* t) pref imp *DLS* u) Boncouvent *P* v) *om DLS* w) S Quironis *D*, S Quirici *L*, Sanctus Quiritus *P*

1) *S Miniato* 2) *Poggibonsi* 3) *Siena* 4) *Cf supra p 72* 5) *Cf Matteo Villani IV, c 89* 6) *Buonconvento*

rico[a]; et distat a[b] dicto loco de Bono Conventu per octo mil., que[c] valent duas leucas et duas partes unius leuce. 1355

32. Item die Dominico sequenti, XXIX. dicti mensis, fuit in prandio in castro de Raticofano[d] seu de[c] Radicofeno[e], quod est de patrimonio ecclesie, et distat a dicto loco de sancto Quirico[f] per duodecim[g] mil., que valent quatuor leucas. Et dicta die iacuit in burgo vocato Aquependentis[h] seu d'Aygapendent[i] [1], qui est de patrimonio ecclesie, et distat a dicto loco de Radicofano[k] per duodecim mil., que valent quatuor leucas. Malum iter est et longum.

164 33. *Item die Lune sequenti, XXX. die dicti mensis Martii, fuit in prandio in castro de Montisflascone[l] [2], quod est de patrimonio ecclesie, et distat a dicto loco Aquependentis[m] per sedecim[n] mil.[n] Et ipsa die Lune iacuit in civitate Viterbiensi, que est de patrimonio ecclesie, et[o] distat a dicto loco de Montisflascone per octo mil., que valent duas leucas et duas partes unius leuce. Et ibidem fuit die Martis tota die.

34. Item die Mercurii sequenti, I. die Aprilis, fuit in prandio in civitate de Sutrie[p] [3], que est de patrimonio ecclesie, et ibidem iacuit, et distat a dicta civitate Viterbiensi[q] per duodecim mil. valentia[r] quatuor leucas. Iacuit etiam ibidem dominus rex Romanorum.

35. Item die Iovis sequenti, II. die[s] Aprilis, fuit in prandio in loco seu castro de Sezano[4], et distat a dicto loco de Sutre[t] per duodecim miliaria valentia[u] quatuor leucas. Et[v] ibi fuit pransus dictus dominus imperator cum dicto domino cardinali[v]. c 39

36. Item die Iovis predicta intravit Urbem, que distat a dicto castro per viginti[w] miliaria. Et in dicta Urbe fuit diebus Veneris, Sabbati[x] sanctis[y] et Dominico[z] Pasche, quo fuit facta[a] coronatio et inunctio imperatoris[b] prefati[b]. Et die Lune sequenti de mane fuit ad c 39 sqq c 50

a) Santquirito *P* b) de *P* c) *om* *P* d) Radicofano *L* e) Radincoferno *P*, Radiconfeno *S*, Radicoufeno *D* f) Quirito *P* g) *sic L*, *XII PS*, *XXII D* h) Aquae pendens *D*, Aquependen *S*, Aquapendente *L*, aqponden *P* i) diagapendēt *P* k) Radecofañ *P* l) Montisflacone *P* m) Aquepend *S*, Aquependenti *D*, Aquapendente *L*, aquopedē *P* n) *lacuna in DLS* o) *om* *D* p) *sic LS*, Sutae *D*, Sucre *P*. q) Viterben *P* r) valent *P* s) *om* *D* t) *sic LS*, Sutae *D*, Sucre *P* u) valeut *P* v) Et — card (*l* 30) *om P*. w) *sic L*, *XX PS*, duo *D*. x) et Sabbati *L* y) sancti *D* z) Dominica *P* a) *om*. *P* b) pref imp *DLS*

1) *Acquapendente* 2) *Montefiascone* 3) *Sutri* 4) *Cesano*

1355 dictum dominum imperatorem in sancto Laurentio extra muros Urbis, postea revenit in prandio in Urbe, ubi fuit die[a] illa et die Martis sequenti.

c. 51 37. Item die Mercurii, VIII. die Aprilis, predictus* dominus cardinalis fuit in Ostia in prandio et ibi iacuit. Et fuit ibidem die Iovis sequenti in prandio.

38 Item dicta die Iovis, IX[b] Aprilis, fuit in vespere[c] in Urbe. Et ibidem fuit die Veneris sequenti tota die.

39. Item die Sabbati sequenti, XI die Aprilis, fuit in prandio in monasterio beate Marie de Crota[d] Ferrata[1]; et sunt monachi Greci Et distat ab Urbe per decem mil valentia tres leucas et tertiam partem unius leuce

c. 53 40 Item dicta die Sabbati fuit in[e] sero in civitate Velletrensi, et ibi fuit diebus Dominico et Lune[2] sequentibus, et distat a dicto monasterio de Crota[f] Ferrata per octo mil. valentia[g] duas leucas et duas partes unius leuce.

41 Item die Martis sequenti, XIIII.[h] Aprilis[h], fuit in prandio in castro de Zagarolo, quod est domini Agapiti[i] de Columna[k], et distat a dicta civitate Velletrensi per octo miliaria *valentia[g] duas leucas et duas partes *f. 164v. unius leuce

42. Item dicta die Martis in sero fuit in civitate Tiburtina[l] seu de Tiole[m]; et distat a dicto loco de Zagarolo[n] per octo mil. valentia duas leucas et duas partes unius leuce.

c. 54 43 Item die[o] Mercurii sequenti, XV. Aprilis, fuit in prandio in castro de Fara, quod est abbatis beate Marie de Farfa; et distat a dicta civitate Tiburtina per sedecim mil. valentia[p] quinque leucas et tertiam partem unius leuce

*) *pro* pred — Ost *(l 5) P.* predictus imperator redivit de Roma, fuit in Offas.

a) in die *PS* b) X die *P* c) vesperis *P* d) Crata *P* e) *om PS.* f) Crata *P.* g) que valent *P* h) XIIII. die mensis Aprilis *P.* i) Agapithi *D* k) Columpna *P* l) Teburtia *P* m) *sic P,* Tyole *S,* Tyuoli *DL* n) Serra *P* o) ipsa die *P* p) que valent *P*

1) *Grotta Ferrata* 2) *Cf ea, quae supra p 92, n 1 dixi*

44. Item ipsa die Mercurii fuit in sero in castro 1355.
de Montepolino[a] [1], quod est dicti abbatis, et distat a dicto loco de Fara per[b] quatuor mil. valentia[c] unam leucam et tertiam partem unius leuce.

45. Item die Iovis sequenti, XVI. Aprilis, fuit in c 55
prandio in castro Turrii[2], quod est ecclesie, infra comitatum Sabine, et distat a dicto loco de Montepolino[d] per octo mil. valentia[c] duas leucas et duas partes unius leuce.

46. Item dicta die Iovis fuit in sero in civitate Nernie[e] seu Nerni[f] [3], que est[g] ecclesie[g], infra dictum comitatum, et ibidem fuit die Veneris sequenti tota die, XVII. Aprilis, et distat a dicto loco Turrii[h] per quatuordecim mil. valentia[c] quatuor leucas et duas partes unius leuce.

47. Item die Sabbati sequenti, XVIII. Aprilis, fuit in prandio in castro Aquesparte[i] [4], quod est communitatis[k] Tudertine[l] seu[m] de Tode[n] et diocesis[o] dicte civitatis de Tode[n] et[o] infra comitatum de Tode[n], et ibidem iacuit, et distat a dicta civitate Nernie[p] per decem mil valentia[c] tres leucas et tertiam partem unius leuce.

48. Item die Dominico sequenti, XIX. Aprilis, fuit in prandio in loco de Montifalcone[q] [5], quod est diocesis et comitatus predictorum, et distat a dicto loco Aquesparte[r] per quindecim miliaria valentia[c] quinque leucas Et ibidem fuit dominus legatus[6].

49. Item dicto[s] die Dominico[t] fuit in sero in civitate de Fullino[u] [7], que est communis[v] dicte civitatis, et distat a dicto[w] loco de[x] Montifalcone[y] per quinque mil. Et ibidem invenit[z] dominum legatum, ubi[z] pransus fuit die Lune sequenti Et ipsa[a] die Lune fuit in sero in civitate Assisii, ubi est corpus beati Francisci,
165 et distat a dicto loco de Fullino *per quinque mil. valentia[b] unam leucam et duas partes alterius[c] leuce.

a) Montepelino *L*, monte palimo *P*. b) *om* *P*. c) valent *P* d) monte palino *P* e) Nernae *D*, Narniae *L* f) Nerni *D*, de Nerni *S* g) ecca est *P* h) Turri *P* i) Aquasparte *P* k) comitatus *P*. l) *sic L*, Tudertine *DS*, Tudertinis *P*. m) *om*. *P*, *cf notam praecedentem* n) Todi *DL* o) dioc — et *om* *P* p) Nerniae *D* q) Montisfalcone *D* r) Aquaspartae *P* s) dicta *DS* t) Dominica *DS* u) Fulino *P*. v) cōis *P*, communitatis *L*. w) *om*. *D* x) *om* *PS*. y) Montis falcū *P*, Montisfalcone *D*, Montefalcone *L* z) invenit — ubi *om*. *P* *Haec verba in archetypo forsan in margine scripta erant* a) ipse *L*, ibi *P* b) valent *P* c) unius *P*

1) *Sic pro Montopoli* (*cf. supra* c 54 in castro Montisopuli) 2) *Torri in Sabina* 3) *Narni*. 4) *Acquasparta* 5) *Montefalco*. 6) *Aegidius Albornoz*. *Econtra cf* c 55. 7) *Foligno*

1355. 50. Item die Martis sequenti, XXI Aprilis, fuit in prandio in civitate Perusii et ibidem iacuit et stetit die Mercurii sequenti[a] tota die, et distat a dicta civitate Assisii per decem miliaria magna

51. Item die Iovis sequenti, XXIII Aprilis, fuit in prandio in monasterio sancti Archangeli, et distat a dicta civitate Perusii per octo mil. valentia[b] duas leucas et duas[c] partes[c] unius leuce

52 Item dicta die Iovis fuit in sero in[d] civitate[d] Clusii seu de Clusa[1], que est communis[e] Perusii; et distat a dicto monasterio per decem mil. valentia[b] tres leucas et tertiam partem unius leuce. Et in dicto loco de Clusa est anulus[f] beate Marie[g] virginis in[h] monasterio beate Mustiole[h].

53. Item die Veneris sequenti, XXIIII. Aprilis, fuit[i] in prandio[i] in Monte Policiano[k], qui[l] est communis[e] Senarum, et distat a dicto loco Clusii per octo mil. valentia duas leucas et duas partes unius leuce Et ipsa die Veneris in[m] sero fuit[m] in loco Sancti Quirici[n] seu de Sanquirico[o]; et distat a[p] dicto[p] loco Montis Policiani[q] per decem mil. valentia[r] tres leucas et tertiam[s] partem unius leuce

54. Item die Sabbati sequenti in festo sancti[t] Marci Evangeliste, XXV dicti mensis, fuit in prandio in Bono Conventu[3], et distat a Sancto Quirico[u] per octo mil.

55 Item ipsa die Sabbati fuit in sero in civitate de[v] Senis[v], et distat a Bono Conventu per decem mil Et ibidem[w] fuit diebus Dominico, Lune, Martis, Mercurii, Iovis, Veneris, Sabbati et Dominico sequentibus

c 58 56. Item die Lune sequenti, IIII Maii, fuit in prandio in burgo Podii Bonisii[4] et ibidem iacuit, et distat a dicta civitate Senarum per duodecim miliaria.

57. Item die Martis sequenti, V. Maii, fuit in prandio in burgo Sancti Cassiani[5], quod est communis[e]

a) *om* *P* b) valent *P*. c) *ita correxit Hofler*, tertiam partem *IDS*, *in L ut semper om* d) *om* *PS* e) communitatis *L* f) anulus *DLS* g) *om* *P* h) in — Must *om* *P* i) f i p *om* *P* k) Politiano *L*, policiano *P* l) que *P* m) f in s *DS* n) *sic L*, Quiri i *P*, Quiricii *S*, Quiriaci *D* o) S Quirio *D*, Santquirio *P*, sanctō Quirio *S* p) ab ab illo *D* q) montispolictam *P* r) valent *P* s) unam *P* t) beati *P* u) quirito *P* v) Senarum *P* w) ibi *PS*

1) *Chiusi* 2) *Montepulciano* 3) *Buonconvento.* 4) *Poggibonsi* 5) *San Casciano.*

Florentie, et ibidem iacuit, et distat a dicto burgo 1355 Podii[a] Bonisii[a] per duodecim miliaria.

58 Item die Mercurii sequenti, VI Maii, fuit in c. 60 prandio in civitate Florentie, et ibidem fuit diebus[b] Iovis et Veneris sequentibus, et distat a dicto burgo Sancti Cassiani per octo mil.

59. Item die Sabbati sequenti, IX. die Maii, fuit in prandio in castro de Prato diocesis Pistorie, quod est communis[c] Florentie, et distat a dicta civitate Florentie[d] per decem mil.

165' 60 *Item dicta die Sabbati fuit in cena[e] in[e] civitate Pistorie et distat a dicto castro de Prato per decem miliaria. Et ibidem fuit die Dominico tota die

61 Item die Lune sequenti, XI. Maii, fuit in prandio in burgo vocato de Paissa[f] [1], quod est communis[g] Florentie et diocesis Lucane, et distat a dicta civitate Pistorie per decem mil. Et ipsa die fuit in cena in civitate Lucana, que est communis[g] Pisarum[h], et distat a dicto burgo per decem mil.

62. Item die Martis sequenti, XII. Maii[i], fuit in prandio in eadem civitate Lucana[k].

63 Item dicta die Martis fuit in cena in civitate Pisarum[l], et distat a civitate Lucana per decem mil Et ibidem fuit usque in diem Mercurii post Penthecosten in[m] prandio[m], XXVII. die Maii, ita quod stetit ibidem XV diebus. c. 72

64. Item die Mercurii post Penthecosten, XXVII. Maii, fuit in cena in Petra sancta[2], et distat a dicta civitate Pisana[n] per viginti mil

65. Item die Iovis sequenti, XXVIII Maii, fuit in prandio in dicto loco de Petra sancta, ubi erat dominus imperator c. 73

66. Item ipsa die Iovis fuit in cena in burgo de Serzana[o] [3], et distat a Petra sancta per sedecim mil

67. Item die Veneris sequenti, XXIX Maii[p], fuit in prandio in burgo de Villafranca quod est marchionis de Malaspina; et distat a dicto burgo de Serzana per quatuordecim mil

a) Podibonisii *P.* b) die *P* c) communitatis *L* d) *om. DLS* e) ornatu *P* f) Payssa *P* g) communitatis *L* h) *sic LS*, Pisarae *D*, Pysarum *P* i) dicti mensis Maii *P* k) Leucana *D* l) Pysarum *P* m) *om D* n) pysana *P* o) Serzana *D* p) die dicti mensis Maii *P*

1) *Pescia* 2) *Pietrasanta* 3) *Sarzana*

1355 68. Item dicta die Veneris in sero fuit in burgo Pontremuli[a] seu de[b] Pontremel[c] [1], que est domini Mediolanensis, et distat a dicto burgo de Villafranca per octo mil.

69. Item die Sabbati sequenti, XXX dicti mensis Maii, fuit in prandio in burgo de Verseto[d] seu de Verse[2]. Et ibidem fuit tota die ipsa, et die Dominico sequenti etiam fuit ibidem in festo sancte Trinitatis. Et distat a dicto loco Pontremuli per duodecim mil.

70. Item die Lune sequenti, I. die Iunii, fuit in prandio in burgo vocato Trenchin seu Terrencha[e] [3]. Et ibidem incipit Lombardia. Et distat a dicto burgo de Verseto[f] per duodecim[g] mil.

71. Item dicta die Lune fuit in sero in burgo[h] de Fornovo[i] *Parmensis diocesis, et distat a dicto loco de Terrenchio[k] per octo mil. *f. 166.

72. Item dicta die Martis sequenti, II. Iunii, fuit in prandio in burgo seu loco burgi Sancti Donnini[l] [4] et ibidem iacuit, et distat a dicto loco de Fornovo per duodecim mil. Et ibidem[m] incepit[m*] facere expensas dominus Mediolanensis.

73. Item die Mercurii sequenti, III. die Iunii, fuit in prandio et in cena in civitate Placentie seu[n] de Plecyenza[o], et ibidem fuit die Iovis sequenti in festo corporis Christi tota die. Et distat a dicto loco burgi Sancti Donnini[l] per viginti mil valentia[p] sex leucas et duas partes unius leuce[p].

74. Item die Veneris sequenti, V. die Iunii, fuit in prandio et in cena in civitate Laude seu de Lode[q] Gallice[r], et distat a dicta civitate Placentie[s] per viginti mil.

75. Item die Sabbati sequenti, VI. die Iunii, fuit in civitate Mediolanensi, et ibidem[t] fuit die Dominico sequenti tota die, et distat a dicta civitate Laudensi[u] per viginti mil.

a) *sic L*, Pontemuli *S*, Pontermuli *D*, pont'emli *P* b) *om D* c) Pontremul *P* d) Verreto *D* e) *sic P*, Trencha *DLS*, *cf infra l* 16 f) Verreto *D*, Versato *P*. g) X *P* h) longo *L*. i) Fornono *L* k) therentio *P*. l) *sic S*, Dominni *L*, Domini *D*, Dominu *P* m) ibi *P* m*) incipit *P* n) seu — Plec (*l.* 21) *om. P*. o) Pleyzensa *L*, Plenzcnsa *S*. p) val. — leuce *om P*. q) Laude *D* r) galliot *P*, galhoc *S* s) Placentina *DS* t) ibi *P* u) Laudenensi *D*

1) *Pontremoli.* 2) *Berceto* 3) *Terenzo* 4) *Borgo San Donnino.*

76. Item die Lune sequenti, VIII die Iunii, fuit 1355
in prandio in loco vocato Mezero[1], et distat a dicta[c] 71
civitate Mediolanensi per quindecim mil. Et dicta die Lune fuit[a] in cena in civitate Novarie seu[b] Novayra[b], et distat a dicto loco Mezerone[c] per decem miliaria

77 Item die Martis sequenti, IX. Iunii, fuit in civitate Vercellensi seu[d] de Vercelle[e] tota die, et distat a dicta civitate Novariensi per duodecim mil Et est in Pedimonte.

78 Item die Mercurii sequenti, X. die Iunii, fuit in burgo de[f] Montecalvo[f] [2], qui est marchionis Montisferrati[g], et fuit ibi tota die, et distat a dicta civitate Vercellensi[h] per viginti miliaria

79 Item die Iovis sequenti, XI. die Iunii, fuit in civitate Astensi[h], que est dominorum Mediolanensium et ibidem fuit tota die, et distat a dicto loco Montiscalvi[i] per octo mil

80 Item die Veneris sequenti, XII. Iunii, fuit in prandio in castro de Querio seu de Quier[3] Taurinensis[k] diocesis, quod est comitis[l] Sabaudie[4] et principis Moravie[m] [5], et ibi fuit in sero Et distat ab[n] Astensi civitate[n] per sedecim mil

81. Item die Sabbati sequenti, XIII Iunii, fuit in prandio in burgo Sancti Ambrosii[6] diocesis[o] Taurinensis[o], quod est abbatis Sancti Michaelis dicti loci, et ibidem iacuit, et distat a dicto loco de Querio per sedecim mil.

82 Item die Dominico sequenti, XIIII. Iunii, fuit in prandio in loco de Secusia[p] seu de Suza[7] dicte Taurinensis diocesis, que est comitis Sabaudie, et ibidem iacuit,
166' et distat a dicto burgo Sancti *Ambrosii per decem miliaria valentia[q] quinque leucas

83 Item die Lune sequenti, XV Iunii, fuit in prandio in loco Ultiensi[r] seu[s] d'Ouz[t] [8] videlicet[s] in monasterio, qui locus est prefati comitis, et ibidem iacuit; et distat a dicto loco de Secusia[u] per quatuor leucas

a) fuerat *P*. b) *om* *P* c) Meserone *P* d) seu de Verc *om* *P* e) Vercene *D*, Vercens *S* f) Calvo *P*. g) Montisfarrati *P* h) Astenensi *D*. i) Montiscali *S*, Montisfarriarii *P* k) Taurinen *vel simile P* l) communitatis *DLS* m) Moramae *L* n) ab Asten *PS*, ab Astenensi *D*, a civitate Astensi *L* o) Taur dioc *D* p) Segusia *D*. q) que valent *P* r) Ultienensi *D*, Ulnen *P* s) *om* *DLS* t) donj *P*, *om*. *DLS* u) Segusia *D*

1) *Mesero* 2) *Moncalvo* 3) *Chieri* 4) *Amadei VI, comitis Verdis.* 5) *i. e Moreae. Est Iacobus de Pedimonte comitis consanguineus, qui a* 1346 *ad principatum Achaiae aspiraverat Hic et Amadeus comes dominium civitatis Cherii inde ab anno* 1347. *communiter exercebant, cf L Cibrario, 'Delle Storie di Chieri'* (1827) *I, p* 391 *et documentum ibid II, p* 315 *sqq* 6) *S. Ambrogio di Torino* 7) *Susa* 8) *Oulx*

1355 84. Item die Martis sequenti, XVI. Iunii, fuit in prandio in burgo de Briansonio[1], qui est Dalphini[a], et ibi iacuit, et distat a dicto loco Ultiensi[b] per quinque leucas

85. Item die Mercurii sequenti, XVII. Iunii, fuit in prandio in castro Sancti Crispini[2], quod est archiepiscopi Ebredunensis[3]; et distat a Briansonio per quinque leucas.

86. Item ipsa die Mercurii fuit in sero in civitate Ebredunensi[c], que est communis[d] Dalphini[e] et archiepiscopi; et distat a Sancto Crispino per tres grossas leucas. Et ibidem fuit die Iovis sequenti tota die

87 Item die Veneris sequenti, XIX Iunii, fuit in prandio in burgo Caturicarum[f], seu de Chaorge[4], quod[g] est Dalphini[h] et archiepiscopi Ebredunensis, et distat a dicta civitate[i] Ebredunensi[k] per quatuor leucas.

88 Item die Sabbati, XX Iunii, fuit in prandio et in cena in civitate Vapincensi[5], et distat a dicto loco Caturicarum[l] per tres leucas. Et ibidem fuit die Dominico sequenti tota die.

89. Item die Lune[i] sequenti, XXII. Iunii, fuit in prandio in monasterio Alamoni[m][6]; et distat a dicta civitate Vapincensi per quatuor leucas.

90. Item dicta die Lune fuit[n] in sero[n] in civitate Cistericensi[o] seu de Cistero[7], que est domini Ludovici regis Sicilie[p,8], et distat a dicto loco Alamoni per quatuor leucas

91. Item die Martis sequenti, XXIII Iunii[q], que fuit vigilia nativitatis sancti[r] Iohannis Baptiste, fuit in prandio in castro seu loco de Forcalqueyo seu de Forcalquier Cistericensis[s] diocesis, qui locus est dicti domini[t] regis, et ibidem iacuit, et distat a dicta civitate Cistericensi[u] per sex leucas magnas.

92. Item die Mercurii sequenti, in festo nativitatis sancti[v] Iohannis Baptiste, XXIV. Iunii, fuit in prandio

a) delphini *P* b) Ultienensi *D* c) Ebrundimen *S* d) communitatis *L* e) delphini *P* f) *sic LS*, Caturiacarum *P*, Caturicarcensi *D* g) qui *P*, quae *DLS* h) delphini *P* i) *om P* k) Ebred *P*, Ebrundimen *S* l) Caturicarcensi *D* m) Almōī *P* n) *i s f P* o) Cistericiensi *D*, Cistit'i *P*. p) Cecilie *P*, Cicilii *S* q) *om D* r) beati *P* s) Cistirciensis *D* t) *om. P* u) Cistericensi *D*, Cistricensi *P* v) beati *P*.

1) *Briançon.* 2) *St-Crépin* 3) *Embrun* 4) *Chorges* 5) *Gap* 6) *Le Monêtier-Allemont* 7) *Sisteron* 8) *Ludovici de Tarento, mariti Iohannae I reginae, ad quam Provincia hereditate venit Cf. Ed de Laplane, 'Histoire de Sisteron', I (Digne 1843) p 110 sqq.*

in castro seu loco vocato Cyresta[a] [1], et distat a dicto 1355
loco de[b] Forcalqueio per tres leucas.

93 Item[c] dicta die Mercurii fuit in cena in civitate Aptensi[2], et distat a Cyresta[d] per tres[e] leucas[c]

94. Item die Iovis sequenti, XXV. Iunii, fuit in prandio in loco seu burgo Insule[3] Cavallicensis[4] diocesis qui est domini pape, et ibidem iacuit; et distat a dicta civitate Aptensi per quinque leucas grossas. Et[f] ibidem[f] fuit[f] die Veneris tota die.

95. Item die Sabbati sequenti XXVII. Iunii, in- c 75
travit Avinionem[g], qui[h] distat ab Insula Cavallicensi[i] per quatuor leucas[k].

a) Seyresta *DS*, Styresta *P* b) *om.* *DS*. c) Item — leucas *(l. 4) om.* *D* d) Ste'yesta *P*, Seyresta *S* e) IIII *P* f) item fuit ibidem *P* g) Avenionem *D* h) que *D*. i) *om* *P*. k) *sequitur*: Finis *D*, Laudetur Deus. Amen *LS*, Deo gratias *P*.

1) *Céreste.* 2) *Apt.* 3) *L'Isle-sur-Sorgue* 4) *Cavaillon*

ADDITAMENTUM

Ad capp. 58 sqq. explicanda non inutilis videtur notitia, quam in fine codicis Oxon. Bodl. Canon. lat. class. 70 (saec. XIV), librarius post Lucani Pharsaliam addidit. Quam publici iuris iam fecit H. Coxe, Catalogus codd. mss. bibl. Bodl. III, 140; denuo contulit v. d. F. Madan bibliothecae Bodleianae praefectus. Cf. etiam 'Neues Archiv' IV, 381

1355 Finito libro referamus gratias Christo,
Qui scripsit, scribat, semper cum Domino vivat,
Vivat in celis, salvetur omnibus horis

Ego F. . . filius . . . . . hunc librum et comprehensa in eo scripsi.

Nota ad eternam rei memoriam, qualiter die Mercurii, que fuit die sexta mensis Madii,
Mai 6
anno Domini ab incarnacione eiusdem millesimo trecentesimo quinquage[si]mo sexto[1], indictione octava, dominus Karolus de Buemmia imperator et semper augustus redit de Roma et intravit incoronatus[a] in civitatem Pisanam per portam sancti Marci et cum mangno palio de sirico portato per mercatores et cives Pisanos, et similiter domina imperatrix, et ambo sub diversis paliis iverunt per carrariam pontis Spine et transiverunt Arnum et iverunt iusta Arnum usque ad pontem novum et per dictam carrariam pontis novi iverunt ad ecclesiam maiorem. Et deinde iverunt ad palatium anthianorum[b], et ibi hospitati fuerunt diebus quindecim. Et postea fuit acensus ingnis in dicto palatio et quasi combustum; et ivit ad habitandum in domo Pisani archiepiscopi[2], et ibi existente

a) incoratus *c., s in loco raso* b) anthior: *c.*

1) *Secundum stilum Pisanum.* 2) *Rectius in domos canonicorum.*

fuit suscitatus rumor in civitate Pisana a quibusdam contra eum, ex qua de[a] causa fuerunt ab eiusdem vicario decapitati Franciscus, Bartholomeus et Loctus Gambacurte, Cecchus Cinquinus[b], Nerius Papa, Iohannes de Brachiis; et ergo coniuncti cives et domini dicte civitatis suprascriptis[c] anno et indictione, de mense May, et dicta die ego . . . . .[d] notarius complevi dictum librum scribere. 1355

a) *sic c* b) cinqnus *c* c) ftis *c* d) *vox erasa c*

INDEX NOMINUM.

Maior numerus paginam, minor lineas quinas indicat

B.

C. K.

H.

I. Y.

Q.

R.

S.

—

INDEX RERUM ET VERBORUM.

Maior numerus paginam, minor lineas quinas indicat

ADDENDA ET EMENDANDA.

P. 8, l 3 *lege* [ut][b], *in notae* b *initio adde sic ex coniectura D*
P 9, l. 31 *n* d *lege om. PG.*
P. 11, l 28 *lege* T(heodricus), *in notae* f *initio lege.* Theodoricus *G.*
P 18, l 35 *lege* · *c IV. ni* 3 *B*
P 29, l 2 *lege* · *Iohannes*
P 46, l 30 *lege nostri.*
P 57, l 36 *lege c IV. ni* 3 *B*
P 67, l 7. *dele 'vel ordinatio', ad 'diffinitio' adde notam* c*) vel ordinatio *add P*
P 70, l 30 *lege c IV*, 2 *A*
P. 75, l 17. *lege:* Polizanen(sis).
P 117, l 6 *ad interpretationem nominis Durentiae fl cf K Burdach et P Piur, 'Briefwechsel des Cola di Rienzo, III (= Vom Mittelalter zur Reformation II, 3, Berlin* 1912'*) p* 136
P. 123 l 14 *pro* dominum *pone* dictum
l. 39 *in nota* e *lege* dominum *G*
P. 141, l 42, *lege Viridis*

In unserm Verlage erschienen

Arndt, Wilh, **Kl. Denkmäler aus der Merowingerzeit.** gr. 8°. 1874 1 60 M

Chrodegangi, S, **Metensis episcopi** (742—766) regula canonicorum Aus dem Leidener Codex Vossianus latinus 94 mit Umschrift der tironischen Noten herausgeg v Wilh Schmitz Imp-4° (VI, 26 S m. 17 Lichtdr.-Tafeln) 1889. In Mappe 8 M

Dederich, A., **Der Frankenbund.** Dessen Ursprung und Entwicklung. gr 8° (137 S) 2 40 M

Forschungen zur Geschichte Niedersachsens Herausgeg. vom Histor Verein f N 2 Bde in 11 Hftn (Verzeichnis steht zu Diensten)

Franklin, Dr Otto, **Sententiae curiae regiae.** Rechtssprüche des Reichshofes im Mittelalter gr. 8° (XVI, 148 S.) 1870. 3 M.

Grotefend, Dr H, **Taschenbuch der Zeitrechnung** des deutschen Mittelalters und der Neuzeit 3. verm u. verb Aufl 8° (II, 216 S) 1910 In Lwd 4 80 M.

do Zeitrechnung des deutschen Mittelalters und der Neuzeit.

1 Bd Glossar und Tafeln (VIII, 214 S. u 148 S Taf) 1891 4°. 16 M

2. Bd 1 Abtlg Kalender der Diözesen Deutschlands, der Schweiz und Skandinaviens Lex-8° (IV, 250 S) 1892. 10 M

2 Bd. 2 Abtlg. (Schluss) Ordenskalender Heiligenverzeichnis Nachträge z Glossar 4° 9 M.

Gundlach, Wilh, **Der Streit der Bistümer Arles und Vienne um den Primatus Galliarum.** Ein philologisch-diplomatisch-histor Beitrag. (Erweit Abdruck aus d Neuen Archiv) gr 8°. XXII, 294 S 1890 6 M

Hammerstein-Loxten, V C C Frhr v, **Der Bardengau,** eine historische Untersuchung über dessen Verhältnisse und über den Güterbesitz der Billinger Nebst einer Karte des Bardengaus gr 8° 1869 12 M

Hansens, Bruder, Marienlieder aus dem 14. Jahrhundert. Nach einer bisher unbekannt gebliebenen Handschrift der Kaiserl öffentl Bibliothek zu St Petersburg Herausgeg v R Minzloff Lex-8°. (Mit Abb in Farbendr) XXIII, 364 S 1863 (12 M) Herabges. auf 6 M

Heskamp, Dr H, **Deutsche Mythologie** und Heldensage (VIII, 111 S) 1877 1 50 M., geb 2 M

Hoffmann, Dr Ferd, **Nachklänge altgermanischen Götterglaubens** im Leben und Dichten des deutschen Volkes gr 8° (144 S) 1888 1 80 M

Hoogeweg, Dr. H, **Verzeichnis der Stifter und Klöster Niedersachsens** vor der Reformation, umfassend die Prov Hannover, die Herzogtümer Braunschweig und Oldenburg, die Fürstentümer Lippe-Detmold u Schaumburg-Lippe, die freien Städte

Jürgens, Dr Otto, Geschichte der Stadt Lüneburg gr. 8° (120 S m 6 Kunstbeilagen in Lichtdr) 1891 3 M

Quellen und Darstellungen zur Geschichte Niedersachsens Herausgegeben v Histor Verein f Niedersachsen 27 Bde (Verzeichnis steht auf Wunsch z Verfügung.)

Hahnsche Buchhandlung in Hannover.

SCRIPTORES

RERUM GERMANICARUM

IN USUM SCHOLARUM

EX

MONUMENTIS GERMANIAE HISTORICIS

SEPARATIM EDITI.

IOHANNIS ABBATIS VICTORIENSIS
LIBER CERTARUM HISTORIARUM.

Tomus I.

HANNOVERAE ET LIPSIAE

IMPENSIS BIBLIOPOLII HAHNIANI

1909.

in Hannover und Leipzig.

SCRIPTORES RERUM GERMANICARUM UND FONTES IURIS GERMANICI ANTIQUI IN USUM SCHOLARUM EX MONUMENTIS GERMANIAE HISTORICIS SEPARATIM EDITI.

Zur gefälligen Beachtung!

Vollkommene Neubearbeitungen, durch welche die in der Folio-Ausgabe herausgegebenen Stücke kassiert werden sollen, so dass nur die Oktav-Ausgaben benutzt werden dürfen, sind:

1. *** Vitae sancti Bonifatii archiep. Moguntini.** Der grössere Teil des Inhalts dieses Bandes steht nicht in der Folioserie.
2. *** Annales Mettenses priores.** In der Folioserie steht nur eine spätere Ueberarbeitung des Werkes, die ohne Benutzung der jetzt bekannten (Berliner) Handschrift gedruckt ist.
3. *** Einhardi Vita Karoli Magni. Edit. quinta.**
4. **Nithardi Historiae. Ed. tertia.**
5. *** Annales Bertiniani.**
6. *** Annales Xantenses et Annales Vedastini.**
7. **Vita Anskarii et Vita Rimberti.**
8. **Gesta abbatum Fontanellensium.**
9. **Thietmari Merseburgensis episcopi Chronicon.**
10. **Annales Hildesheimenses.**
11. *** Lamperti monachi Hersfeldensis opera.** Der Schluss der Vita Lulli steht allein hier, fehlt in deren Ausgabe SS. XV, 1.
12. *** Vita Bennonis II. episcopi Osnabrugensis.** Der in der Folioausg. SS. XII herausgegebene Text ist durch massenhafte Fälschungen entstellt.
13. *** Ottonis et Rahewini Gesta Friderici I. imperatoris. Ed. alt.**
14. *** Helmoldi Cronica Slavorum.** Ed. alt. Die hier beigegebenen Versus de vita Vicelini et Sidonis epistola sind bisher nicht in den MG. herausgegeben.
15. *** Gesta Federici I. imperatoris in Lombardia.** Der darin herausgegebene Bericht Ex Iacobi Aquensis Ymagine mundi steht nicht in der Folioausgabe.
16. *** Chronica regia Coloniensis.** Was darin S. 300—302 u. 316—369 steht, ist überhaupt in der Folioserie nicht herausgegeben.
17. **Annales Marbacenses.**
18. *** Iohannis Codagnelli Annales Placentini.**
19. *** Monumenta Erphesfurtensia saec. XII—XIV.** Was S. 525—602 und S. 693—810 da herausgegeben ist nebst einigen früheren Abschnitten (S. 6—14, 25—33), steht garnicht in der Folioausgabe.

Die einzelnen Bänden vorgesetzten Sterne sollen bezeichnen, dass die früheren Ausgaben derselben in der Folioserie am wenigsten den heutigen Anforderungen genügen.

Nur in dieser Sammlung, nicht in der grossen Scriptores-Serie, sind herausgegeben:

1. **Iohannis abb. Victoriensis Liber.** Von den ersten drei Büchern, die der I. Band enthält, war bisher nur die zweite Rezension (B) in ungenügender Weise herausgegeben.
2. **Alberti de Bezanis Cronica.** Hier zum ersten Mal herausgegeben. Die Chronik war bis jetzt unbekannt, es wusste auch fast Niemand von ihrer Existenz.
3. **Chronicon Moguntinum.**

Sehr bedeutend im Text oder in der sachlichen Bearbeitung verbessert sind folgende Bände, so dass sie allein oder doch notwendig neben der Folio- oder Quart-Ausgabe benutzt werden müssen:

1. **Ionae Vitae sanctorum.**
2. **Annales regni Francorum et Annales qui dicuntur Einhardi.**
3. **Annales Fuldenses.**
4. **Reginonis abbatis Prumiensis Chronicon.**
5. **Liudprandi episcopi Cremonensis opera omnia. Ed. altera.**
6. **Widukindi Rerum gestarum Saxonicarum libri tres. Ed. quarta.** Der darin im Anhang herausgegebene Libellus de origine gentis Swevorum steht nicht in der Folioserie.
7. **Wiponis Gesta Chuonradi II. ceteraque quae supersunt opera. Ed. alt.** Enthält S. 78—81 einiges, was nicht in der Folioausgabe steht.
8. **Richeri Historiarum libri IIII. Ed. altera.**
9. **Annales Altahenses maiores. Ed. altera.**
10. **Brunonis de bello Saxonico liber. Ed. altera.**
11. **Vita Heinrici IV. imperatoris. Ed. tertia.**
12. **Carmen de bello Saxonico** ist nur aus der Folioserie abgedruckt, aber Conquestio Heinrici IV. imp. darin S. 24—28 steht nicht in der Folioserie. In der sachlichen Bearbeitung wesentlich verbessert ist:
13. **Adami Gesta Hammaburgensis ecclesiae pontificum. Ed. altera.**

SCRIPTORES

RERUM GERMANICARUM

IN USUM SCHOLARUM

EX

MONUMENTIS GERMANIAE HISTORICIS

SEPARATIM EDITI.

IOHANNIS ABBATIS VICTORIENSIS
LIBER CERTARUM HISTORIARUM.

HANNOVERAE ET LIPSIAE

IMPENSIS BIBLIOPOLII HAHNIANI

1909.

IOHANNIS
ABBATIS VICTORIENSIS
LIBER CERTARUM HISTORIARUM.

EDIDIT

FEDORUS SCHNEIDER.

TOMUS I.

LIBRI I—III.

HANNOVERAE ET LIPSIAE
IMPENSIS BIBLIOPOLII HAHNIANI
1909

HANNOVERAE TYPIS CULEMANNORUM.

PRAEFATIO.

De Iohanne II abbate monasterii S. Mariae de Victoria (Victring) in Carinthia inter stagnum sanctorum Primi et Feliciani[1], *nostris 'Worther See', et Dravum flumen siti, ordinis Cisterciensis, eiusque scriptis res gestas tractantibus cum inter alios Augustus Fournier in libro quem 'Abt Johann von Viktring und sein Liber certarum historiarum' (Berolini 1875) inscripsit fusius egerit*[2] *nosque in commentariolo 'Studien zu Johannes von Victring', 'N. Archiv' XXVIII, p.* 139—191. *et XXIX, p.* 399—442, *praecipuas quaestiones denuo retractaverimus, hic nobis breviter quae maioris momenti sint complecti visum est.*

Ubi, quando, quibus parentibus Iohannes noster natus sit, nescimus, e dicendi vero genere et ex orthographia iam pridem eruditi concluserunt eum nec Germanicae nec Sclavonicae nationis, sed ex Gallus ortum esse. quod si veritate nititur, facile fieri potuit, ut abbatiam Victoriensem ingrederetur, praesertim cum haec filia monasterii Villariensis ('Weiler-Bettnach', Francogallice 'Villers') in Lotharingia siti ad Iohannis usque tempora a novis monachis Gallicis peteretur[3]. *Ibi Iohannes ante a.* 1312 *Dec.* 21, *fortasse inde a die Febr.* 15, *abbatis officio fungi coepit*[4]: *sunt etiam qui eum iam antea Victoriae degisse existiment, quod nobis quidem dubium est. Fridericum ducem Austriae a.* 1314. *Ian. in Carinthia Elisabeth de Aragonia, sponsae suae, occurrentem ipse vidisse creditur*[4] *Ante a* 1330 *Oct. Heinricum*

1) *Hoc nomine lacus Iohannis tempore censebatur, cf. infra p* 119, *l* 8. 2) *Cf recensionem quam de hoc libro Ioh Heller, 'Gott gel Anz'* 1875. *p* 177—190. *scripsit* 3) *Cf quae in favorem huius opinionis disseruimus 'N Archiv' XXVIII, p* 148—151, *regestis tabularum, in quibus Iohannis mentio fit, additis Cf nunc et Lindner, Monasticon dioecesis Salzburgensis I, p* 97, *de tempore, quo Iohannes monasterio Victoriensi praefuerit* 4) *De tempore cf. 'N Archiv' XXVIII, p* 153 *Quando Victoriam intraverit, incertum est, cum non probandum sit eum quasdam res a* 1307 *et* 1308 *gestas, de quibus cf ib. p* 178, *nr* 1 *et* 1*a, ipsum vidisse.* — 4) *Ib nr* 2 *Neque quidem id absque dubio est*

ducem Carinthiae novit, quo mandante tunc temporis Iohannem regem Bohemiae Tridentum usque comitatus est[1]. Postea, a. 1334. circiter Heinrici ducis capellanus, familiaris et secretarius factus est, cuius morti a. 1335. Apr. 2. in castro Tyrol interfuisse videtur[2]. Certe quidem sine mora legatus Margaretae Maultasch filiae ducis defuncti et Iohannis Heinrici mariti eius Linzam ad Albertum II et Ottonem duces Austriae profectus est, penes quos et Ludovicum IV. imperatorem vidit. Sed pro principibus suis parum profecit, cum monasterium Victoriense semetque ipsum ducibus ita commendaret, ut ante a. 1341 ab Alberto in capellanum adscisceretur[3], cui tunc Vindobonae degens Librum suum certarum historiarum dedicavit. A. 1335. Iulii 2, cum Otto dux Carinthiae inthronizaretur, interfuit. Et in aliorum virorum aevi sui praecellentium familiaritate versabatur, ut Berthrandi de Sancto Genesio Aquitani, inde ab a. 1334. patriarchae Aquilegiensis[4].

A. 1338. Apr. 18. monachus quidam Villariensis ab abbate Morimundi deputatus cum monasterium Victoriense ad personas regulares et proventus ac redditus taxandos visitasset, omnia optime se habere cognovit[5]. Aliquantae tabulae testantur Iohannem in monasterio suo regendo satis sedulum et apud clerum provinciarum illarum non parvae auctoritatis fuisse, quod quidem et e binis litteris colligitur, quas codex Wessobrunnensis, de quo iam dicturi sumus, nobis servavit; quarum alteris Iohannes arbiter formam concordiae inter praepositum et decanum de Volkermarkt statuit, quorum alter alterum de vicio indicibili infamasse dicitur[6].

Iohannes obiit inter a. 1345. Iul. 30 et 1347. Oct. 31, ut nobis quidem constat, a. 1345. Nov. 12 postquam praefuit annos 33, menses 8, dies 26[7], ultimisque annis summa

1) Ib. p. 183 sq., nr. 34. 35. 2) Ib. p. 186, nr. 48. 49. 3) Ib. p. 188, nr. 65. Fournier l. c. p. 9—11, cui assentiendum est dicenti Iohannem inde ab a. 1335 pluries Vindobonae fuisse. 4) De quo cf. Fournier p. 11—14, qui tamen indolem praelati huius, qui ipse scripsit se subditos in virga ferrea regere (Zahn, Austro-Friulana, Fontes rerum Austr., sectio II, XL, p. 51, nr. 41), minime cognovit; aliqua addidimus 'N. Archiv' XXVIII, p. 162. Cf. Hist. Cortusiana V, c. 7 et X, c. 3 et vitam patriarchae a quodam capellanorum suorum conscriptam, Acta SS. 6 Iunii I, p. 783—802. 5) Cf. 'N. Archiv' XXVIII, p. 159 et 187, nr. 57. 6) De tabulis cf. supra p. V, n. 3. Litteras ed. Fournier l. c. p. 126—128. 7) Cf. 'N. Archiv' XXVIII, p. 153, n. 2. huic diei a nobis tamquam veri simillimo statuto nuper Lindner in libro supra p. V, n. 3 allato aeque ac sententiae nostrae de tempore Iohannis abbatis benedicti assensum tribuit.

industria Libro suo certarum historiarum manus admovit, quem tamen imperfectum reliquisse videtur.

Multi posterorum, qui antiquitatis memorias collegerunt, Iohannis Victoriensis Librum certarum historiarum attulerunt, aliquot eum expilarunt vel excerpserunt, ut iam paulo post mortem Iohannis anonymus ille quem Leobiensem dicunt et Continuator Martini Oppaviensis ab Eccardo editus, Burchardus etiam Gamoretl capellanus Hallensis vallis Oeni a. 1414, *saec. XVI. intrante Iacobus Staindel presbyter Pataviensis, quorum in libris alii res a Iohanne relatas legerunt, ut Thomas Ebendorfer*[1] *et Heinricus Surdus*[2].

Hieronymus et Bernhardus Pez fratres eruditi atque optime meriti de scriptoribus historiae Germanicae primi post quatuor fere saecula Librum certarum historiarum autographum viderunt, cum duos eius codices reperirent, Wessobrunnensem illum et alterum, qui quo interim asportatus sit nescimus[3], *et aeque codicem Claustroneoburgensem Anonymi Leobiensis. Sed cum hunc solum typis excudendum curarent codices Iohannis neglegentes*[4], *usque ad saeculi elapsi primordia vera operis forma viros doctos latuit. Tandem Ioh. Fr. Boehmer a.* 1843. *e codice Wessobrunnensi fragmenta nitidius a librariis Iohannis scripta (B) ab a.* 1217. (1215) *(a p.* 177. *nostrae editionis) edidit*[5], *lacunas ex Anonymo Leobiensi (D) supplens. Theodiscam versionem Waltherus Friedensburg et hac editione et codice Wessobrunnensi usus paravit*[6], *qui partes quasdam deperditas*

1) *Quem Anonymo Leobiensi usum esse Pribram, 'Mitteil. d. Inst. f. Österr. Geschichtsf., Erg.-Bd.' III, p.* 78—81, *ostendit; cf. 'N. Archiv' XXIX, p.* 400, *n.* 1. 2) *Cf. Lorenz, 'DGQ' ed.* 3 *I, p.* 260, *cui tamen Heinricum etiam de Hervordia Iohannis librum lectitasse affirmanti nescimus an assentiamur. Cf. quae de Chron. Escurial. P. III* 25. *saec. XV. G. Waitz, 'N. Archiv' VIII, p.* 174 *sq. (cf. ib. VI, p.* 269 *sq.) statuit.* 3) *De qua re fusius egimus 'N. Archiv' XXIX, p.* 399 *sq.* 4) *Deperditi codicis praefationem solam, infra p.* 141 *sq.* 144. 146, *praef. I, Hieronymus Pez publici iuris fecit.* 5) *Fontes rerum Germanicarum I, 'Iohannes Victoriensis und andere Geschichtsquellen Deutschlands im XIV. Jahrh.', p.* 271—450, *cf. et p.* 486—488. *Boehmer optime scivit recensionem A edendam fuisse, quam, ut ipse p. XXXIII testatur, tempore deficiente praetermisit. Econtra non cognovit multa ea quae in textu B correcta sunt ipsi Iohanni attribuenda esse. — Iam a.* 1827. *Hormayr quatuor capita Iohannis, l. I, c. II—IV, l. II, c. IV, ediderat, 'Wiener Jahrbücher der Litteratur'* 1827, *XXXIX, 'Anzeigeblatt'.* 6) *'Das Buch gewisser Geschichten von Abt Johann von Victring', 'Geschichtschreiber der deutschen Vorzeit' LXXXVI* (1899), *saeculi XIV. t. VIII, cf. 'N. Archiv' XXIX, p.* 401.

huius recensionis, finem videlicet primi et exordium secundi librorum, e priore Iohannis recensione (A) supplevit[1], sed inde a sexto capite libri quinti ultimam ac maximi momenti partem e Boehmeri editione assumpsit. Codici Wessobrunnensi totique Iohannis operi cognoscendis multum profuit liber quem iam laudavimus Augusti Fournier[2].

Cum interim Boehmeri editione exhausta tandem aliquando integra quae Libri certarum historiarum supersunt, imprimis recensio prior a Iohanne ipso scripta, typis excudenda esse viderentur, Oswaldus Holder-Egger V. Cl. benignissime facultatem nobis dedit, ut inter Scriptores rerum Germanicarum editio haec reciperetur.

Cui editioni parandae principale subsidium codex ille Wessobrunnensis 107, nunc Monacensis bibliothecae regiae Lat. nr. 22107[3], chartaceus, 4°, saec. XIV. et XV., foliorum 206, quorum folia 1—149'. saec. XIV. medio conscripta ad Iohannem spectant, fuit, qui nescimus quomodo iam saec. XV. ex coenobio Victoriensi in monasterium Wessobrunnense asportatus saec. XIX. intrante Monacum ablatus est. Qui plures recensiones diversis temporibus a Iohanne et duobus librariis eius scriptas signis diversis distinguendas continet:

A) prima recensio ipsius auctoris manu scripta, multis correctionibus et additamentis postea illatis, f. 1—44', quam Iohannes[4] Librum certarum historiarum inscripsit, cui praefationem dedicatoriam ad Albertum II. ducem Austriae anteposuit. Narratio annos 1231—1341. complectitur, tota a 1340. et 1341. scripta esse videtur[5].

1) *Sed multa difficiliora lectu omisit, alia perperam legit vel intellexit, ut hae partes versionis maxima cum cautela legendae sint, cf. quae l. c. monuimus.* 2) *De Ottokari Lorenz in Iohannem meritis cf. ibidem p.* 401. 3) *Uberius de eo egerunt Boehmer p. XXIX—XXXII, Fournier p. 24—32, nos 'N. Archiv' XXIX, p. 405—408.* 4) *Cf. ib. p. 405, n. 5.* 5) *Cf. ib. p. 406, n. 1. 2. — Adiungimus pauca, quae Hier. Pezius, SS. rer. Austr. I, c. 753, nobis e deperdito illo codice (cf. supra p. VII) asservavit. Initium erat:* Anno Domini MCCXVII Fridericus II. Heinrici VI. filius Sicilie rex et Suevie dux, ex Constantia Rogerii regis Siculorum filia, a principibus sub Innocentio III. concorditer electus, *etc. Ad a. 1336 haec ex eo affert (c. 947):* Quod licet (Iohannes Heinricus dux Carinthie et Karolus marchio Moravie) attentaverint clausure comitum Goricie pro parte ducum introitum vetaverunt. *Rebus a. 1339 enarratis codex desiit his verbis (Pez c. 753):* In his ergo tribus *(scilicet duobus filiis Ottonis et Rudolfo filio Alberti II. ducum Austriae)* spes Australium habetur tota, exultantes, quod heredes

B) Initium posterioris recensionis Iohannes iam ab a. 1217 fecit, cuius fragmenta in eodem codice f. 45. 47—120'. a duobus librariis scripta extant, B1 et B2 inscripsimus[1]. *Textus quidem, quem sigla*

B1) signavimus, f 45. 47—110'. conscriptus[2] *huius recensionis maiorem partem, librorum I, c. 1—6.*[3] *II, c 3*[4] *—10. III—IV, 2.*[5] *IV, 3.*[6]*—10. V, 1—6 exhibet, quo in capite medio B1 explicit Desunt ergo secundus quaternio et septimi folia primum et ultimum*[7] *duoque vel tres quaterniones sequentes Incertum est, num folium ante f. 45. excisum praefationem quandam continuerit*[8]. *Integra recensio B1 a Iohanne magna diligentia recognita et correcta est; sed postea iam absoluta ad conficiendum exemplar novae redactionis vel potius novarum redactionum utebatur, unde in marginibus et inter lineas permulta ipsius manu addita, in contextu quaedam deleta vel correcta sunt Textus. quem*

B2) signavimus, alia manu f. 111—120'. exaratus libri III, c. 7. dimidiam fere partem[9] *et sequentia usque ad l. IV, c. 10.*[10] *exhibet, intercedente lacuna partem c. 1. et 2. libri IV. comprehendente, cum f. 114. totum fere evulsum sit. Textum simillimum ac B1 praebet. nisi quod quaedam, quae ei aeque ac recensioni A desunt, B2 ante B1 scriptum esse ostendant*[11] *Et*

habere meruerunt naturales, ad quod Virgilii versus mitto, qui dicit *(Aeneis III, v. 493 et IX, v 446 sq)*

Vivite felices, si quid mea carmina possunt,
Nulla dies unquam memori vos eximet aevo

Vides hanc recensionem res a 1217—1339 exhibuisse cf Fournier p 32, n 3 et 'N Archiv' XXIX, p 399

1) *Num nomen Pettowarn, cui Iohannes in notis marginalibus quaedam mandat, ad alterum librariorum referendum sit, quorum unum monachum Victoriensem fuisse ex eo colligi possit, quod eiusdem manu tabulae quaedam donationum monasterio Victoriensi datae et multae notae in dorsis tabularum eiusdem conscriptae sint, plane incertum est, cf 'N Archiv' XXIX, p 409 Versus dedicatorios ad Albertum II. ducem missos, qui f 46' exstant, huc pertinere ib p 412. coniectum est, vide eos infra p 180—182* 2) *Tabulam folii 47. vide apud Arndt, 'Schrifttafeln', ed 4 curante Michaele Tangl II, tab 27, cf infra p 90, n 2* 3) *Cuius extrema pars deest; cf infra p 202* 4) *Paucis exordii deperditis, cf. infra p 273, n a.* 5) *Cuius finis deest* 6) *Aliquantis in exordio deperditis* 7) *Fournier p 27* 8) *Ib p 25. et 29—31, 'N Archiv' XXIX, p 410 n. 1. 411 hanc praefationem non fuisse eandem, quam Pezius edidit (cf supra p VII, n. 4), ut quidem Boehmer l c p XXXI et Fournier p 25. opinabantur, ostensum est* 9) *Infra p 376, l 6* 10) *Post cuius prima verba explicit* 11) *Cf. Fournier p 63—65. et 'N Archiv' XXIX, p. 407.*

textus B 2 a Iohanne recognitus et aliquotiens correctus est, sed non totiens

Quamquam res a. 1261—74. *et inde ab a.* 1328. *gestae in rec. B non supersint, pro certo habemus eam a.* 1342. *absolutam res a.* 1217—1342. *complexam esse*[1].

C) littera signavimus tria breviaria historiae antiquioris ab a. 687. *vel a* 700. *vel a.* 715. *coepta, scripta ab ipso auctore f.* 46. *et* 121—142'. *atque in marginibus f.* 47—50'[2] *Iam enim composita historia recensionum A et B res gestas priorum saeculorum enarrare Iohannes sibi praeposuit, quas illi praemittere voluit Quod ut perficeret, complures aggressus tria commentaria conscripsit Atque primum Iohannes, cum tunc rerum narrationis exordium inde ab a.* 687. *(vel* 700. *vel* 715.[3]*) facere proposuisset, composuit recensionem*

C 1) signatam, f. 122—130', *quae res a.* 715—919. *gestas in XI capita distributas uberiorique stilo expositas complectitur.*

C 2) f. 142. 133—136'. *historiam a* 700[4]—1125 *continet. Iohannes namque, qui, ut e tabula capitum f.* 45. *scripta*[5], *in qua postmodum pro* capitula primi libri *correxit* secundi *et ita librorum sequentium*[6] *numeros immutavit, evincitur, unum solum librum res a.* 700. *(vel* 687*)*—1217. *complexum sex recensionis B libris anteponere tunc volebat, non potuit non animadvertere se eodem modo ac in C* 1 *res describere pergentem spatium unius libri multo excessurum esse. Quo factum est, ut in C* 2 *materia in brevius contracta sit, sed hoc breviarium neque in capita digestum neque ultima lima perpolitum est.*

C 3) Tertium commentarium, f. 121—121'. 132—132'. 138'—140. 141—141' 46 *et in marginibus foliorum* 47—50. *scriptum, res a* 687—1271. *continet, multis tamen deperditis, ut a.* 870. *circiter* — 1000[7] *et a* 1190—1214[8]; *aliis bis enarratis*[9]. *Capita distinguere coepit tantummodo, cum inscriptiones f* 132 De sancto Heinrico et Chunrado eiusque filio Heinrico tercio. Cap VI^m.[10] *et*

1) *Cf. Fournier p* 66 *sq. et infra p* 138, *l* 7 2) *Cf tabulam folii* 47' *laudatam p IX, n* 2 3) *Cf infra p* 61 41 1 4) *Primam huius recensionis partem Iohannes in folio* 142 *ter conscripsit, infra p* 41—43. *exordio facto ab a* 700, *pro quo in una harum redactionum annus* 750. *positus est* 5) *Infra p* 177—180. 6) *Cf. Fournier p.* 97, *n.* 1. 7) *Infra p.* 67. 8) *Infra p.* 89. 9) *In capite de Heinricis IV et V, infra p* 72—77 10) *Infra p* 68

in f. 138'. *altera* De Heinrico quarto et quinto[1] *leguntur. Ultima pars in marginibus f.* 47—50' *conscripta res primi recensionis B libri brevissime narratas complectitur, ut hae nostrae editionis* 12 *tantum paginis*[2] *contineantur. Iohannes enim interim opus in sex libros distinctum conservare et res a.* 687—1271 *in primo libro tractare statuit, cuius ratio e tribus materiarum tabulis, quarum unius nonnisi fragmentum superest, facile colligitur. Prima tabula recensionis C* 2 *instar res ad tempora Ottonis IV. imperatoris deducens potius tamen cum C* 3 *concordat, cum eius capita VI et VII. re vera eadem argumenta habeant ac C* 3[3], *sed aeque patet Iohannem, cum hanc tabulam scriberet, C* 3 *nondum executum esse, quia posterior pars recensionis C* 3 *quoad maiorem brevitatem potius ad secundam tabulam referenda est, quacum tertiae fragmentum concordat. Et in hoc quidem praefationis cuiusdam mentio fieri videtur, quam*[4] *aeque ac carmen dedicatorium ad Berthrandum patriarcham Aquilegiensem*[5] *datum et fragmentum alterius praefationis, quae ad eundem Berthrandum referenda esse videtur*[6], *in calce huius editionis adiungendam duximus, ubi et additamenta quaedam de rebus annorum* 1342. *et* 1343. *fini recensionis B connectenda*[7] *atque breves notitias de a.* 1216—1300[8], *quarum prior pars ad a.* 1278 *usque cum Annalibus S. Rudberti Salisburgensibus cohaeret, quibusdam vero discrepantibus, quae maxima ex parte in C* 3 *leguntur, invenies.*

Accedunt in codice Wessobrunnensi excerpta ex Martini Oppaviensis libro[9] *et epistolae pontificum e Reginonis Chronico exscriptae*[10], *quae, cum nullius momenti sint, omittenda videbantur.*

Ex additamentis, quae modo laudavimus, et ex Anonymo Leobiensi, de quo dicturi sumus, cum is operis Iohannis recensione C absoluta, quae nobis deperdita est, usus fuerit, colligimus haec tria commentaria anno 1343. *scripta, sed fortasse iam a.* 1342. *coepta esse*[11].

1) *Infra p.* 72, *textus posterior f.* 139. *scriptus, de quo cf. p. X, n.* 9, *habet* De Heinrico IIII et filio eius Heinrico quinto *(p. 73).* 2) *Infra p.* 89—101. 3) *Cf. supra n.* 1 *et p. X, n.* 10. 4) *F.* 133'. 5) *F.* 142'. *ed. Fournier p.* 124—126. *Novam recensionem C Berthrando, aeque ut priorem Alberto, dedicatam esse et utramque recensionem praefationes oratione pedestri scriptas ac carmina dedicatoria praecessisse 'N. Archiv' XXVIII, p.* 150 *sq. coniecimus.* 6) *F.* 142'; *editum iam 'N. Archiv' XXVIII, p.* 150 *sq.* 7) *Eodem f.* 142'. 8) *F.* 138. 9) *F.* 44'. *Cf. Fournier p.* 25 *et* 72, *'N. Archiv' XXIX, p.* 406. 10) *F.* 132. 132'. 11) *Cf. Fournier p.* 101—105, *cui 'N. Archiv' XXIX, p.* 407 *consensimus.*

Iam sequuntur tres tabulae materiarum[1]

I[2].

*f. 142. 'De Karolo Magno et Lůdewico filio eius.
De posteritate Lůdewici et divisione terrarum in filios et filiorum filios.
De Arnulfo, et quomodo stirps Karulorum in Alemannia defecerit
De Heinrico duce Saxonum, primo rege Teuthonicorum, et Ottone Magno filio eius
De Ottone secundo et tercio
De sancto Heinrico imperatore, Chunrado et Heinrico filio eius.
De Heinrico IIII° et quinto.
De Lothario item gentis Saxonice.
De Chunrado.
De Friderico primo.
De eodem et translacione trium regum
De Heinrico VI°[3], Philippo et Ottone IIII

II[4]

*f. 46. 'De ortu et gestis quibusdam Karoli Magni. Capitulum I
De Lůdewico et filiis eius ac divisione terrarum. II.
De Arnulfo et defectu stirpis Karuli in Alemannia. III.
De Heinrico duce Saxonum, Ottone primo, secundo et tercio. IIII.
De sancto Heinrico Norico, Chunrado[5] et Heinrico III° filio eius. V.
De Heinrico IIII° et quinto VI.
De Lothario et Chunrado et incidentibus illius temporis. VII.
De Friderico primo, gestis[6] eius et de tribus regibus. VIII.
Item[7] de eodem ⟨et[1] incidentibus quibusdam⟩ IX.
De[8] Heinrico VI°, Ottone IIII° X.
De Friderico secundo et vacacione Austrie et Styrie[9] XI
De[10] ⟨Otakaro[1] et⟩ statu imperii usque ad Rudolfum. XII

1) *A Iohanne deleta uncis inclusa sunt.* 2) *Hanc capitum tabulam iam edidit Fournier p 97, n 1; cf 'N Archiv' XXIX, p 435* 3) *Sequitur* et *deletum* 4) *Ed Fournier p 92 sq* 5) *Sequitur* Franchorum *deleta* 6) gestis — regibus *Ioh correxit ex* et gestis suis 7) *Praecedunt* De aliis incidentibus *deleta* 8) *Sequitur* Friderico *deletum.* 9) *Super haec Ioh* alteracione A et St. *scripsit* 10) De — Rudolfum *pro* Item de fluctivago statu imperii usque ad Rudolfum *deletis*

III[1].

De* Heinrico duce Saxonum, primo Theutonico, et eius posteritate. f 138

De sancto Heinrico ⟨imperatore⟩ et Chunrado ⟨eiusque filio Heinrico⟩.

De Heinrico IIII° et eius filio Heinrico V^{o}.

Iam perspicies recensionem A unam in codice Wessobrunnensi integram ad nos pervenisse; propterea e votis contigit, quod iis quae ab expilatoribus ex Libro certarum historiarum assumpta erant lacunae reliquarum recensionum suppleri possint.

Et primae quidem recensionis excerpta, quae signavimus

A 2) in volumine II collectaneorum Angelo Rumpleri abbati Formbacensi adscriptorum, Monaci in tabulario regio, 'Klosterlitteralien Formbach' $5^{1}/_{3}$, *chart., saec. XVI in., f.* 13—60', *exstant, quae a Iohanne Staindel presbytero Pataviensi, qui principio saec. XVI. floruit, facta esse Ludovicus Oblinger, 'Angelus Rumpler, Abt von Formbach', 'Archival. Zeitschr. N. F.' XI, p.* 88. *ostendit. Recte idem Oblinger haec e Iohannis Libro certarum historiarum profecta esse neque cum ulla recensionum nobis servatarum plene concordare monuit. Sed magna ex parte cum B* 2 *conveniunt, cum tamen priori tempore quam B* 2 *codex is, quo Staindelius usus sit, conscriptus esse quibusdam locis potius recensionem A attingentibus evincatur. Cumque aliquotiens in exemplari Staindelii correctiones et additamenta, ex parte minus apte priori lectioni innexa, fuisse videantur, nobis quidem constat hunc codicem Iohannis aut autographum aut manu auctoris recognitum, certe recensionem imperfectam fuisse certo non fuit* Chronicon Carinthiae *illud Peziorum deperditum. Ab a.* 1217. *circiter initium eius factum fuisse videtur, cum autem Staindelius ea tantum quae ad res Germanicas spectant exscripsisse videatur, perpaucis aliis additis, et ea quae assumpsit*

*) *Paulo superius scripta* De aliquarum parcium orbis, deserviens materie subnotate . . .[2].

Decursus imperii per defluxionem in Germanos[3].

1) *Haec tabulae materiarum fragmenta in margine inferiore folii 138 scripta sunt.* 2) *Reliqua abscisa.* 3) *Sequitur* ⟨Defluxio *delet*⟩ reges Francorum ⟨per imperium *delet*⟩.

haud raro immutaverit vel ad similitudinem sui temporis sermonis effecerit, terminos, quibus codicis narratio coeperit et desierit, pro certo scire non possumus.

Recensionem post breviaria C 1. 2. 3 absolutam

D) inscripsimus, cuius quae supersunt omnia Anonymus ille qui L e o b i e n s i s *dicitur*[1] *cum aliorum librorum excerptis coniuncta nobis servavit. Huius librum non multo post Iohannis obitum, certe saec. XIV. confectum esse alibi contendimus. Pretiosissimus est, tum quia unica recensio Libri certarum historiarum absoluti, quae integra fere ad nos pervenerit, tum propter fidem et curam, quibus compilator codicem Iohannis quo utebatur exscripserit, tum cum in eu sola perspicere nobis liceat, quomodo Iohannes commentaria C 1. 2. 3 rudia et imperfecta postremo transformaverit. Principium narrationis Iohannes ab a. 687. fecit eamque ad a. 1343. usque perduxit. In D maximas correctiones recensionis B liber primus passus est, cuius X capita in II contracta similiter atque in C 3 ostendunt quo brevitatis studio Iohannis affectus fuerit. Cumque in II*[2] *capitum tabula XII capita distinxerit, XI tantum D exhibebat, distributione materiae in tab. II. instituta immutata. Reliqui quinque libri non prorsus retractati, sed aliquantis locis correcti, lituris breviati, additamentis adaucti erant. Denique notare iuvat breviaria illa C 1. 2. 3 Iohannis lima ita interim perpolita fuisse, ut recensio D nusquam fere correctionibus vel additamentis ineptius illatis vel sermonis vitiis foedata esse videatur.*

Et codices Anonymi Leobiensis alicuius pretii sunt:

D 1) codex bibliothecae V a t i c a n a e *Palat. Lat. nr.* 971, *membranaceus fol., a.* 1508, *f.* 36'—205. *Cf. quae de codice adnotata sunt 'Archiv'* V. *p.* 200. *et 'N. Archiv'* XXIX *p.* 416—419.

D 2) codex bibliothecae monasterii C l a u s t r o n e o b u r g e n s i s *nr.* 143, *chart. et membr. maximi folii. saec.* XV. *ex., a partis posterioris*[3] *f.* 4', *col.* 2 *ad finem codicis. De quo cf. Pez l. c. I. c.* 754, *'Archiv'* VI. 188, *Dobenecker*

1) *Ed. Hier. Pez, Scriptores rerum Austriacarum I, col.* 751—972. *I. von Zahn, 'Über den Anon. Leob.' (Beiträge z. Kunde steierm. GQ.' I, p.* 47—102) *et Anon. Leob. Chronicon (Graz* 1865) *adhibito Chronico quodam Grazensi (cod. Graz. bibl. universitatis* 39/32) *auctores expilatos discernere conatus est, cui non in omnibus, quae contendit, consentire possumus; cf. 'N. Archiv'* XXIX, *p.* 415—433. 2) *Supra p. XII.* 3) *Cuius partis folia separatim numerantur.*

'Mitteil. d. Instituts f. Oesterr. Geschichtsf., Erg.-Bd.' I, p. 215[1].

D 3) codex bibliothecae palatinae Vindobonensis *n.* 3445, *chart. folii minoris, saec. XV, f.* 173—310, *qui quidem codex textum D solummodo inde a verbis* De Friderico secundo *(infra p.* 129, *l* 10; *cf. p.* 102*) exhibet. Cf. Dobenecker l. c. p.* 208. *et 'N. Archiv' XXIX, p* 419. *Ex D* 3 *codices bibl. palat Vindobonensis n.* 8221. *et* 8223. *transscripti sunt cf. 'N Archiv' XXIX, p* 420. *et Dobenecker l. c p* 207 *sq*

Recensione D absoluta Iohannes, ut notae marginales aliquantae in B 1 *ab eo conscriptae, sed a D omissae, ostendunt, opus suum corrigere et adaugere perrexit*[2], *quod utrum finierit an imperfectum reliquerit, non constat. Sed quandam saltem compositionem extitisse ex eo concludimus, quod librarius quidam quatuor Iohannis capita nobis servaverit, quae non ex B* 1 *assumpsisse videtur*[3] *Littera*

E) signavimus fragmenta Stamsensis *coenobii tabularii, chart.,* 5 *foliorum, a* 1414. *a Burchardo Gamorett presbytero Brixinensis diocesis et capellano Hallensi vallis Oeni, ut ipse profitetur, ad petitionem magistri Iohannis Schroff de Hall, doctoris in medicina et confratris fratrum eiusdem monasterii, conscripti, perperam* Chronicon Hallense s. XV. *inscriptum, re vera, ut Burchardus Gamorett ei subscripsit,* Cronica illustrium fundatorum monasterii in Stams ordinis s. Benedicti *est Prior pars deest, cum f* 1. *verbis* dux arbitrans se contempni[4] *incipiat, sequuntur libri III. c* 2 *et* 9 *et libri IV. c.* 3. *Burchardus Gamorett ille nil aliud fecit, nisi aliquot Iohannis capita ad monasterium Stamsense vel duces Carinthiae e gente Meinhardi, eius fundatores, pertinentia integra, numerum ipsum unius capitis*[5] *servans, transscripsit. E mendis quibusdam colligi videtur codicem Iohannis, quo Gamorett usus sit, recensionem B* 1 *codicis Wessobrunnensis Iohannis manu emendatam extitisse*

1) *De codice* Zwettlensi *nr* 59, *qui cum D* 2 *omnino convenire videtur, quem tamen adhibere nobis non licuit, cf Dobenecker l c p* 213 2) *Cf. Fournier p* 97, *n* 1. 102—104 106, *cuius coniectura nunc fragmentis Stamsensibus (E) repertis recta fuisse facile evincitur, cf 'N Archiv' XXIX, p* 438—42 3) *Cf. ib. p* 442 4) *L II, c* 7, *infra p* 293, *l.* 28 *Maiorem itaque capituli partem E iam non exhibet* 5) *L III, c* 9

Restat, ut Continuatoris Martini Oppaviensis Eccardiani[1] *mentionem faciamus. Hic autem cum permulta in Iohannis libro scripta omiserit et alibi summarium potius quam excerpta assumpserit, ad Iohannis textum restituendum minimi pretii est, unde et sufficiat monuisse a Continuatore illo quandam Libri certarum historiarum recensionem exscriptam esse, quae cum D magna ex parte convenerit, et ipsam a. 1343. confectam, sed ante rec. D absolutam editam esse, cum quaedam magis cum textu B a Iohanne correcto vel cum C 3 conveniant, ut Augustus Fournier opportune monuit*[2].

Iohannes abbas Victoriensis tum propter notitiam personarum et rerum aevi sui, quam habuit, exactissimam, tum propter narrandi rationem elegantem et vividam sermonisque ornatum, cui maximo opere studuit, effusiorem quandoque in primis commentariis, quam quidem rem cum persensisset, emendavit, licet quaedam neglegentius scripta remanserint, semper a viris doctis laudibus elatus est. Parvi itaque momenti est id, quod ipse in praefatione II profitetur[3], *se* fasciculum de diversis floribus colligatum — *librum suum dicit* — non murenulis aureis argento vermiculatis, scilicet sapiencia coturnata vel eloquencia phalerata, sed sermone simplici *colorasse, cum omnia sermonis lenocinia, quae tunc temporis in usu erant, ut sonum similem extremorum verborum nostris 'Reimprosa', clausulasque sententiarum ad numeros alligatas, quarum usum cursum Leoninum vocant*[4], *necnon sententias auctorum antiquorum saepissime adhibuerit.*

Quorum non paucos affert: inter poetas Latinos praecipue Ovidium[5] *Horatiumque, paulo rarius Maronem*[6], *Lucanum, Silii Iliadem Latinam, Iuvenalem, Persium, Petronium*[7], *Statium, Serenum Sammonicum, Claudianum, Maximianum, inter Christianos poetas Prudentium, Prosperum, Anshelmum Cantabrigensem, Gualterii ab Insulis Alexan-*

1) *Quem Iohannes Georgius Eccardus, Corpus historicum medii aevi I, c. 1413—1460 a. 1723 e codice Weissenburgensi bibliothecae ducalis Guelferbytanae edidit, cf. eius praefationem nr. XX et Fournier p. 78—83, cui non assentimur non omnia apud Eccardum edita a Iohanne profecta esse arbitranti; cf. 'N. Archiv' XXIX, p. 413. et 437, n. 5.* 2) *P. 80 sq.* 3) *Infra p. 145, et in praefatione I, ibidem p. 144, eadem fere asserit.* 4) *Cf. 'N. Archiv' XXVIII, p. 173—176.* 5) *Cuius et scholia legisse videtur, cf. infra p. 151, n. 3.* 6) *Servii quoque commentarios ad Vergilium adhibuisse videtur.* 7) *Cuius sola epigrammata, fortasse suppositicia, legit.*

dreidem[1] *et quosdam versus antiquorum et medii aevi, quorum auctores non constant vel inter scriptores anthologiae Latinae traditi sunt*[2]. *Inter auctores pedestri oratione usos Ciceronem auctoremque ad Herennium, Sallustium, Senecam, Valerium Maximum, Vegetium, Augustinum, Boethium, Symmachum, Cassiodorum, Iosephum a Rufino translatum, posteriorum Isidori Origines et alia, Bedae homiliam suppositiciam LXXI, Bernhardum Claravallensem, Pauli diaconi Hist Romanam, Hist miscellam, Petri Comestoris Hist. scolasticam, Helinandi de Monte-frigido de bono regimine principum sermonem, Iohannis Saresberiensis Polycraticum lectitasse eum videmus*[3]. *Iohannes autem cum non semper locos auctorum recte transscripserit interdumque nomina eorum confuderit, non omnium opera genuina, sed quaedam ex iis quae assumpsit in florilegiis, quaedam in Helinandi et Iohannis Saresberiensis libris legisse videtur*[4]. *Non monendum est eum Bibliae Vulgatae sententiis saepissime sermonem suum adornasse. Carmen quoque quoddam Gallicum, quo gesta Karoli Magni et suorum fabuloso modo exornata celebrabantur, habuisse videtur, quae vero inde affert, ad carmina eius generis nobis nota non referenda sunt*[5]

Librorum, quibus Iohannes ad opus suum componendum usus est, praecipui sunt Annales S. Rudberti Salisburgenses, e quibus annorum dispositionem quasi fundamentum assumpsit[6]. *Vitae archiepiscoporum Salisburgensium, imprimis Virgilii et Chunradi libellusque de conversione Bagoariorum et Carantanorum Continuationem Weichardi de Polhaim et alteram canonicorum Salisburgensium post a.* 1343. *demum recensione D absoluta nactus multa ex iis in recen-*

1) *Cf praeter eos, quos Boehmer et Friedensburg minus bene enumerarunt, Fournier p* 53—56 *et 'N Archiv' XXVIII, p* 165 *sq*
2) *Cf 'N Archiv' XXVIII, p.* 166, *n* 1
3) *Cf Fournier p* 54 *et* 56 *et 'N Archiv' XXVIII, p* 167—170
4) *Iam monuimus haec l c. p* 166
5) *Cf praeter alios locos infra p* 10—12 15—17 19 *Quidam loci, qui de Karolo Simplice sunt, neque ex auctoribus Iohannis nobis notis profecti esse videntur, neque ad idem vel aliud carmen Gallicum referenda sunt, cf infra p* 31—34 36 46 108 *Ubi de Alcuini scriptis, quae ipsum legisse nobis non constat, legerit (cf p* 16 *sq), nescimus*
6) *Codice A usus est (cf infra p* 129, *l* 1 interficere) *Sed inde ab a* 1240 *circiter iam non nostris Annalibus S Rudberti, sed aliis aeque Iuvavi conscriptis, qui cum illis et praecipue cum cod S. Petri (B) magna ex parte concordabant, deperditis utebatur, ut notis a* 1208—1300 *supra p XI allatis et quibusdam locis, exempli gratia infra p* 298, *l.* 10—13, *probatur, ea quoque, quae infra p* 187, *n * ex A* 2 *edita sunt, Iohannem Staindelium e Iohannis libro integra assumpsisse nobis quidem constat; cf vero ibi n* 5

sionis B marginibus addidit[1] Subsidio ei praeterea fuerunt Martini Oppaviensis Chronicon[2], cuius Continuationem Romanam adhibuisse videtur[3], sed et alteram eum legisse ea quae persaepe accurate de rebus et temporibus pontificum Romanorum extremi saec XIII. et intrantis XIV. tradit fidem faciunt. Aeque Ottonis episc. Frisingensis Chronicon[4] et Gesta Friderici I imperatoris[5] saepissime adhibuit cum Continuatione Rahewini, Einhardi Vitam Karoli Magni imp., Reginonis Chronicon[6] eiusque Continuationem, Vitam Heinrici II imp auctore Adalberto. Gotifredi Viterbiensis Pantheon vel potius Chronicon quoddam brevissimum Italicum eo usum, Roberti monachi S Remigii Remensis De Christianorum principum in Syriam profectione et . . Hierosolymitani regni occupatione historiam[7], Exordium Magnum ordinis Cisterciensis[8], Flores Temporum[9], Iacobi de Varagine Legendam Auream[10]. Unus saltem locus[11] de Hermanno Contracto cum Caesarii Heisterbacensis Expositiuncula sequentiae Ave praeclara maris stella cohaeret. Antiqua quoque Historia fundationis monasterii Victoriensis usus est[12]. Maioris fortasse ad historiam suam componendam momenti quam omnes libri quos diximus Iohanni Ottacari Chronicon

1) Cf quae Fournier p 102 sq disseruit, primus Osualdus Holder-Egger V Cl nobiscum communicavit ea quae e quibusdam Annalibus Salisburgensibus post a 1240 assumpta sunt non ex Annalibus S Rudberti profecta esse — Annalium Austriae porro Continuationem Praedicatorum Vindobonensium legisse videtur, quam Anonymus Leobiensis cum alibi non exscripserit, e Iohannis libro assumere debuit, cf p 136 2) Quo eius codice usus sit, nobis non constat, e loco p 83, l 17 colligendum videtur eum codicibus 9 vel 10 vel 11 usum, e p 106, l 36 potius codice 8, quem vero, cum ei verba in Lateranum (infra p 67, l 10) desint, exscripsisse non potest Cf et p. 64, l. 3, ubi Martini codd 1 et 6 cantat aeque ac Iohannes habent Ex p 67, l 10 et p. 106, l 39 cognoscimus eum quodam classis C codice usum esse — Fournier p 71—75 errat statuens Iohannem Martinum demum completa recensione A legisse, cum in rec. A conficienda iam adhibitus sit 3) Cf infra p. 284, n 5 286, n 1 et 4 4) Codicem eius 5 habuit, cf infra p 78, l. 15 5) Eius codicem B 1 habuit, ut infra p 83, l 30 (et p 81, l 14) collata haud difficulter cognosces 6) Cuius codicem Victoriensem (A 1c) Iohannem legisse e quibusdam locis Libri certarum historiarum apparet De epistolis pontificum, quas Ioh e Regnone transscripserit, cf infra p XX n 11 7) Ex qua in alio libello, quem de fundatione sui monasterii scripsit, plura assumpsit 8) Et eo in libro modo laudato componendo uberius usus est 9) Quorum, nisi ex opere deperdito notitiam habuit, codicem A 4 adhibuit, cf infra p 22, n 6 10) Codicem 2 legit, cf. infra p 70, l. 29 11) Infra p 54 sq 70 112 Cf de hoc scripto A. Schönbach, 'SB d Wiener Akad, Phil-hist Cl' CLIX, 4, p 2 sq et O Holder-Egger, 'N Archiv' XXXIV, p 555, nr 289 12) Cf infra p XXI

rhythmicum Austriae fuit[1], *ex quo permulta in usum suum convertit, alia in sermonem Latinum de verbo fere ad verbum transferendo, alia brevissime complectendo, multa corrigendo, non tamen penitus neglegentiam evitando, cum et rationi temporum ab Ottacaro inductae, haud raro mendosissimae, aut ubi non debuit fidem adhiberet, aut nova menda inferret. Et Ottacari Chronicis imperatorum deperditis, quae sermone Latino conscriptae erant, Iohannem usum esse iam A Fournier*[2] *coniecit. Sed Iohannes et alios auctores, quorum libri iam non supersunt, legisse videtur, cum inde a saec XII quaedam, quae alibi non leguntur, referat*[3].

Vitas sanctorum Bedae brevissimam et alteram auctore Cuthberto, Bernhardi auctoribus Gaufredo, Guillelmo[4] *et Ernaldo, Bonifatii auctore Othloho, Brunonis Carthusiensis antiquam, Caroli I. imperatoris scriptam iussu Friderici I, Dionysii Areopagitae auctore Hilduino eiusque Translationem auctore Othloho, Edmundi auctore Abbone, Emmerami auctore Othloho, Guilielmi eremitae*[5] *auctore Theobaldo, Hedwigis, Kiliani breviorem, Maximiliani, Pirminii, Remigii auctore Hincmaro, Thomae Aquinatis similem vitae eius auctore Guilielmo de Thoco*[6], *Udalrici auctore Gerhardo, Walburgis auctore Philippo episc. Eichstettensi, fortasse et Aegidii, nec non Translationem ss. Chrysanthi et Dariae, Visiones Wettini et cuiusdam pauperculae mulieris, fabulosum praeterea Libellum de Udone episcopo Magdeburgensi legit*

Iohannem Corpus iuris canonici optime novisse e plurimis locis colligitur. Econtra Vincentium Bellovacensem et Tholomeum Lucensem, quibus cum quaedam, quae in Iohannis libro leguntur, ex parte conveniunt, non legisse videtur, neque Iohannem auctores quosdam Germanicos coaevos vel paulo anteriores, ut Chronicon Colmariense[7], *Gotfridum de Ensmingen, Petrum abbatem Aulae-regiae, Matthiam Neuenburgensem, neque ipsos illius librum legisse statuendum est*

1) *Cf Theodorum Iacobi, De Ottocari chronico Austriaco (Breslau* 1839), *Fournier p* 40—44, *'Deutsche Chron' V*, 1, *p CXXV Codex Ottacari, quo Ioh usus est, maxime cum illius cod.* 1 *(Gammingensi) convenit, cf infra p* 138, *l* 25 *et* 258, *l* 7 2) *L c. p.* 38—40 3) *Cf exempli causa infra p* 79, *l* 8—14 81 *sq* 84, *l* 1—4 88, *l.* 10—15. 89, *l* 4—9 *et quae ad p* 131, *l* 23 *adnotata sunt* 4) *Qua saltem in historia fundationis Victor usus est* 5) *Cum responsoriis officii ecclesiastici ad s Guilielmum pertinentibus, cf p* 84, *n* 4, *Alberti Vitam s Guil ed G De Waha, Explanatio vitae s Guilelmi Magni, Leodii* 1693, *non legit* 6) *Vel Bernardo Guidonis, quem Guilielmi auctorem fuisse Endres, 'Hist Jahrbuch' XIX, p* 536 — 558, *statuit* 7) *Cf Fournier p* 42, *n* 2

Quin etiam aliquot viros, qui Iohanni res gestas retulerunt novimus. Praeter Albertum II ducem Austriae, Heinricum ducem Carinthiae, Berthrandum patriarcham, a quibus multa audire potuit[1], *inter reliquos Conradum de Aufenstein marschalcum et capitaneum Carinthiae*[2], *Heinricum episcopum Tridentinum, antea abbatem Vallis-Utrinae ordinis Cisterciensis et cancellarium Heinrici VII. imperatoris, Matthaeum episcopum Brixinensem, Lupoldum de Weltingen canonicum Herbipolensem, postea monachum Halsprunnensem, quem Alberti I. regis Romanorum* secretorium auricularium *appellat, quendam Ulricum fratrem ordinis Minorum et fratrem Ludewicum conversum Victoriensem, qui antea Parisius moratus erat, Iohannes ipse dicit*[3].

Diplomatum et tabularum studiosissimus praeter archivum coenobii sui[4], *cuius tabulis pluries usus est*[5], *diplomata Aquilegiensia*[6], *fortasse et Salisburgensia*[7], *insuper quasdam encyclicas tempore litis inter Fridericum II. imperatorem et pontifices Romanos datas*[8], *diploma Karoli Magni pro Frisonibus confictum*[9], *Friderici I. imperatoris privilegium Aquensibus concessum*[10], *alia adhibuit*[11].

His subsidiis Iohannes semper caute et prudenter ut vere historiae studiosus usus, quamquam aliquotiens, cum ex iis rerum seriem non perspexisset, quaedam minime vera commentus est, nusquam odio vel studio motus veritatem offuscavit aut mendacia dixit. Nemo itaque eruditus Iohannem negabit omnium fere sui temporis auctorum insignissimum in rebus gestis enarrandis, aequissimi iudicii virum, veritatis amantissimum, peritissimum rerum sui aevi, quas, ut ipse dicit[12], ab illis *percepit,* qui ... presencialiter affuerunt vel per relationem veridicam didicerunt, *sive ipse vidit.*

1) *Heinricum et Berthrandum auctores suos fuisse ipse dicit, cf. Fournier p. 58—60.* 2) *Carus et successorem Ulricum de Pfannberg novit; cf. eius tabulas pro coenobio Victoriensi datas, 'N. Archiv' XXVIII, p. 188, nr. 67.* 3) *Alios, quos Iohanni quasdam res retulisse concedendum est, Fournier p. 61. enumerat.* 4) *De eo cf. A. v. Jaksch, Mon. hist. ducatus Carinthiae III, p. XL—L. Iohannes in dorsis omnium fere tabularum suo tempore in archivo Victoriensi reconditarum notas conscripsit, cf. l. c. p. XLIII sq.* 5) *Cf. p.* 91, *n.* 2. 156, *n.* 4. 193, *n.* 1. *Multis tabulis in sua Historia fundationis componenda, de qua dicturi sumus, usus est.* 6) *Infra p.* 74, *n.* 1 *et* 88, *n.* 3 *et* 129, *n.* 3. 7) *Infra p.* 184, *n.* 2. 8) *Infra p.* 182. 184. 191, *n.* 2 *et Fournier p.* 75—78. 9) *Infra p.* 13, *n.* 2. 10) *Infra p.* 217, *n.* 8. 11) *Epistolas pontificum Romanorum ex Chronico Reginonis in foliis* 132. *et* 132' *codicis Wessobrunnensis transscripsit, cf. supra p. XI. XVIII, n.* 6. 12) *In praefatione recensionis A, infra p.* 144, *cf. et p.* 145.

De indole et opinionibus Iohannis cum in commentariolo nostro actum sit[1], *ibi scripta retractare non ex re visum est.*

Praeter Librum certarum historiarum Iohannes composuit commentarium Historiae Romanae, quod ipsum in codice Wessobrunnensi exstat[2], *et Historiam fundationis coenobii Victoriensis, quam A. Fournier e codice traditionum monasterii Victoriensis nr. IV. publici iuris fecit et commentariis instruxit*[3]. *Primus G. de Ankershofen cognovit eum, qui antiquiorem fundationis historiam retractaverit et cultu et ornatu orationis composuerit, Iohannem fuisse; sed quae ratio inter utramque intercederet, cum Fournier non vidisset, Augustus de Jaksch, qui ea quae in utroque libello maioris momenti sunt denuo edidit, primus ostendit*[4].

Minoribus litteris in hac editione ea excudenda curavimus, quae Iohannes ex libris nobis servatis exscripsit, mediis litteris ea quae aliunde assumpta penitus retractavit, ea imprimis, quae ex Ottakari Chronico rhythmico in sermonem Latinum convertit, qua in re magna libertate usus est. Recensiones C 1 2. 3 nec inter se nec cum aliis plane concordantes anteposuimus, sequuntur recensionum D, A, B libri primi, sequentium librorum recensio A semper recensionem B. D praecedit, cum in iis B non ita a D discrepet, ut separatim singulae edendae fuerint. Textus posteriorem formam, quam Iohannes efficere voluit, restituere curavimus, cum tamen aliquanta corrigere tantum coepisset, quorum transformatione nondum absoluta foedissimae mendae deletis omissis relinquerentur oratioque prorsus claudicaret. e re visum est ea quae Iohannes delevit non e textu removere, sed uncis ⟨—⟩ solummodo includere.

Restat, ut grato animo eorum recordemur, qui in editione paranda nobis astiterunt, imprimis clarissimorum praefectorum bibliothecarum Monacensis, qui codicem illum Wessobrunnensem pretiosissimum liberaliter Berolinum nobis trans-

1) *'N. Archiv' XXVIII, p.* 155—161. 2) *F.* 143—149'. *cf. Fournier p.* 28. *et* 84, *n.* 1; *'N. Archiv' XXIX, p.* 408 *et* 413, *n.* 1. *Historia Romana adhuc inedita huic editioni inserenda non visa est, cum eam ad Librum certarum historiarum pertinere non constet, cumque ad res antiquitatis cognoscendas minimi pretii sit. Auctores praecipui, quos ad eam componendam Iohannes adhibuit, sunt Ottonis Frisingensis Chronicon, Pauli Historia Romana, Iohannis Saresberiensis Polycraticus.* 3) *P.* 128—154. 4) *Monumenta historica ducatus Carinthiae III, p. XLI—XLIV et* 289—295, *nr.* 749. — *Iohannes et in hoc libello multos auctores antiquos attulit; cf. Fournier p.* 129—131.

misit revolvendum, Vindobonensis, Vaticanae, Claustroneoburgensis, qui codicem D 2 Vindobonam nobis in Institutum historiae Austriae promovendae transmisit, Grazensis, tabulariorum Monacensis, Vadi-querimoniarum, Stamsensis. Adolfi Hofmeister, qui indices in calce alterius fasciculi addendos scribendo optime de editione meritus est, Rudolfi de Heckel amici, qui benigno animo, cum ipsi Romae degentes aliquot locos codicis Wessobrunnensis difficiliores lectu recognoscere non valeremus, hoc pro nobis fecit, Pauli de Winterfeld b. m., Michaelis Tangl V. Cl., Augusti equitis de Jaksch clarissimi praefecti tabulariorum Carinthiae, Ludovici Schonach Oenipontani, qui nos quaerentes utilia docuerunt; sed inter omnes praecipue Oswaldi Holder-Egger V. Cl., qui non modo in plagulis corrigendis, verum etiam alias in editione paranda semper summa benevolentia et doctrina nos adiuvit. Quibus omnibus gratias agimus quam maximas.

Romae a. d. VIII. Kal. Maias a. 1909.

FEDORUS SCHNEIDER.

HOC TOMO CONTINENTUR.

Iohannis abbatis Libri certarum historiarum

LIBER I. (REC. C1).

Assit principio sancta Maria meo! Amen[1]. *f. 122.*

De[a] Karolo Martello avo Karoli Magni et gestis sui temporis. Capitulum primum.

Anno Domini DCC°XV°, Gregorio II° sedem apostolicam gubernante, Arthemio, qui Anastasius dictus est, habenas imperii tenente in partibus Orientis, Dagoberto quoque Francorum rege sublato, Pippinus, qui dictus est Magnus, regni ipsius amministrator, ex hoc seculo emigravit. Porro ab exordio huius regni atque a[b] primis regibus, qui de sanguine Troyanorum processerant, reges Francie nomen regium quasi nativum gerebant, et hoc usque ad tempora Hylderici. Habebatur autem de regno pocior maior domus vel prefectus vocatus, qui res bellicas, regem[c] et regni negocia procurabat. Hoc officium successione hereditaria Pippinus ex patre Anchyse progenitus susceperat; qui Anchyses sanctum Arnulfum Metensem episcopum habuit genitorem et eiusdem officii strennuum curatorem. Anastasio imperatore in prelio capto et in presbiterum ordinato Theodosius III[us] succedit; post Pippinum Karolus Martellus filius eius ex concubina natus suscepit hoc officium gubernandum. Hic multum bellicosus Frisiam, Bawariam, Alemanniam superiorem, que Suevia dicitur, Burgundiam, Provinciam, Vaschoniam, Aquitaniam Francorum subdidit potestati. Hoc tempore Richoldus dux Frisonum a Wulframo archiepiscopo Senonensi baptizandus quesivit, ubi de suis progenitoribus plures essent, in paradiso an in inferno; respondit episcopus dolenter: 'In inferno plures sunt'. Et tracto pede de fonte resiliit, sicque ludificatus die tercia moritur et ad suos progenitores abiit in infernum. Theodosio imperatore victo in prelio et clerico ordinato Leo III[us] imperium est adeptus.

Otto V, 15. 16. Mart. Opp. A. S. Rudb. 715. Otto I, 25. Einh. c. 1. Einh. c. 2. Otto V, 21. 13. Mart. Imp. Reg. 655 sqq. Mart. Imp. Otto V, 16. Mart. Pont. cf. Otto V, 17.

Anno Domini DCC°XVIII Gregorius papa vocatum ad se Bonifacium, qui Winfridus alio nomine dictus est[2], ortum ex

A. S. Rudb. 718. Otto V, 18. Reg. 650.

a) *capituli inscriptio in marg. super.* b) *sequitur* rege Meroueuo *a Ioh. delet.* c) *sic.*

1) *Cf. Wattenbach, 'Schriftwesen', ed. 3 p. 492.* 2) *Cf. Otloh. Vita Bonifatii I, 13, ed. W. Levison, SS. R. G. p. 128, et Ann. S. Rudb.*

Mart Pont Reg Britannia, urbi Maguntine episcopum destinavit; qui verbum Dei predicans Germanie apostolus est[a] effectus

A S Rudb 722 *Mart Opp Reg* 655 Anno Domini DCC°XXII° ossa beati Augustini a Sardinia, quo[b] propter barbaros [fuerant[c]] transportata, per Liuprandum Longobardorum regem in Papiam, que et Tycinum dicitur, magno precio[d] sunt translata. Cerebrum eius in Runensi monasterio Cisterciensis ordinis Salczpurgensis dyocesis, quod est in Styria, quasi saliens et tripudians motu continuo fidelibus demonstratur*

A S Rudb 724 *Otto V, 16 ad* 714 *Reg* 655. Anno Domini DCC°XXIIII° Karolus Sarracenos Gallias intrare volentes iuxta Narbonam delevit et iterum, cum capta provincia Arelatum vastarent, eos expulit et auxilio Liuprandi regis Longobardorum effugavit Alia quoque vice, dum Aquitaniam ingressi essent, cum uxoribus et filiis octoginta milia[1] prostravit, sicut epistola Eudonis ducis Aquitanie missa ad papam Gregorium protestatur.

A S Rudb 729 *Otto V, 18 Mart. Pont.* Anno Domini DCC°XXVIIII° subducto Gregorio II° Gregorius IIIus sedem suscipit, qui adunata synodo Leonem imperatorem sanctorum ymagines ab ecclesiis auferentem et comburentem omnesque sibi in hoc coherentes anathematizavit[e] per sentenciam generalem, et quia eciam Germanum patriarcham Constantinopolitanum de sede sua pepulit, Anastasyum instituit et confirmata veneracione ymaginum depositum promulgavit, quia ammonitus crebrius incorrigibilis[f] habebatur Persuasione eciam eius ab eo Ythalia Hesperia, id est Hesperia, se traxerunt. Hoc [tempore[g]] rex Longobardorum Romam obsidens ecclesiam valde pressit, papa autem [Gregorius[h]] misit ad Karolum Martellum postulans, ut ecclesie succurreret de [sub]pressione[i] sancti Petri, dirigens sibi claves

cf V Pirm c 5 Otto V, 18 cf Fl temp ⟨His[k] diebus beatus Pirminus in Augiam insulam venit Constanciensis dyocesis, multorum monasteriorum pater effectus[2], qui habere d[icitur[l]] calicem[l] ad venenum propellendum, unde nomen eius mensarum utensilibus inscribi ad venenı remedium consuevit⟩.

A S Rudb 730 *V Bed. c 1 seq.* Anno Domini DCC°XXX° Beda Venerabilis presbiter Anglice nacionis[3] monachus post multa scripta graviter infirmatus

Otto V, 18 *) *Hic inseruit auctor signo apposito verba in marg. scripta.* Anno Domini DCC°[XVIII] sanctus Pi[rminius] etc. *Reliqua deperdita sunt*

a) *seq* vocatus *delet* b) quo — transportata *in marg* c) *hoc verbum in marg abscisum, s aut f legitur, propter cursum potius* fuerant *quam* erant d) magno pr *in marg* e) anathemizauit *c* f) incorr *temporis robigine paene deletum.* g) *in marg tres litterae desectae,* temp *suppleri* h) *supplevi, tres aut quatuor litterae deperditae.* i) *locum vix legendum sic restituendum esse puto* k) *uncis inclusa ab auctore deleta* l) d[r]. *legere mihi visus sum,* calicem *paene evanuit.*

1) CCCLXXV milia *Regino l c.* 2) *Haec Iohannes ex Vitae Pirminii c 5, SS XV, p 25, hausisse videtur; cf Otto Fris, Chr V, 18* 3) *Haec* (Anglice nacionis) *ex Bedae Vita brevissima (v infra p 3, n 2) addita.*

eger plurima dictavit, decumbens cum antiphona *O rex glorie, domine virtutum*, quam cecinit, continuans et replicans *Gloria patri et filio* in Domino obdormivit[1]. *V. Bed.* Fertur de eo, quod senio confectus [atque [a]] oculorum caligine pressus, cum ad alloquendum populum declamatorie a rectore suorum gressuum *ad magnum acervum lapidum duceretur, **f. 122'.* turbam hominum existimans dulcissime predicavit, et dum in fine, ut est moris, commemoracionem faceret et concluderet 'per omnia[b] seculorum', lapides responderunt: 'Amen, venerabilis pater Beda'. Et ob hoc huius nominis titulus eius tumulo est inscriptus. Alii dicunt, quod propter aptitudinem metri alio nomine ad hoc non apto vocetur; unde versus magis congruit, cum dicitur:

Hac recubant fossa Bede Venerabilis ossa[2].

Otto V, 19. Mart. Imp. A. S. Rudb. 733—738. Leone imperatore mortuo anno Domini DCC°XXXIII° Constantinus V filius eius succedit. Hic multum infestus fuit ecclesiis, nefandissimam eciam vitam ducens. His diebus Karolus Vaschoniam, Saxoniam et Provinciam subiugavit et[c] contra Sarracenos in Gothia pugnavit.

A. S. Rudb. 738—740. Mart. Opp. Anno Domini DCC°XXXVIII° subducto Gregorio III° sedem suscepit vir eximius Zacharias.

Anno Domini DCC°XL° Karolus moritur, et beatus Etherius episcopus Aurelianensis vidit eius animam in inferno, quia, dum in diversis partibus prelia gessit, possessiones et decimas ecclesiarum diripuit et in feodum militibus erogavit, preterea[d] hoc assensu pape Zacharie actum [pro] causis ecclesie defendendis. Filios tres reliquit: Grifonem, Karlomannum et Pippinum. *Otto V, 19.* Grifo iunior natu uxorem duxit Swenhyldim consanguineam Odilonis ducis Bawarie[3], cuius consilio fratribus suis se opposuit, quem fratres persequentes obsidione cingunt in civitate Lauduuensi, postea fugatus in Saxoniam, postremo in Vaschonia est occisus. *Reg. 747. 748. 750.*

De[e] Pippino Parvo et[f] Karlomanno fratre eius. Capitulum II[m].

Reg. 741 sqq. cf. Einh. c. 1. Anno Domini DCC°XLI° Pippinus et Karlomannus susceperunt pariter prefecturam aule regalis et parantes expedicionem contra Hunoldum ducem Aquitanie processerunt et in ipsa via iuxta Pictavum Vetus regnum Francorum sorcialiter diviserunt, deinde contra Odilonem ducem Bawarie pugnantes

a) *ita tres litteras paene deletas legendas esse censeo.* b) secula *omissum.* c) et contra — pugnavit *in marg. signo apposito hic inserta.* d) pret. — defendendis *in marg. signis appositis.* e) *inscriptio capituli in marg.* f) *seq. ab auct. deleta* diversis incidentibus temporis sui cap[m] II[m].

1) *Huc usque haec e Vita Bedae auctore Cuthberto profecta sunt.* 2) *Utraque fabula ex Bedae Vita brevissima, Migne, Patrol. Lat. XC, col. 53 sq., profecta, collato, ut videtur, Iacobi de Voragine Leg. aureae c. 181, ubi versus legitur:*

Hac sunt in fossa B. V. o.

3) *Perperam noster Ottonis verba intellexit.*

Reg. 743 sq. triumphaverunt et in Saxoniam simul cum copiis euntes contra Theodericum, qui obses Saxonum fuerat, rebus bene *Einh. c. 2.* gestis in Franciam redierunt, et Karlomannus quidem animum semper intentum habuit ad Dominum, meditans apud se, quomodo viam apprehenderet seculum relinquendi, Pippinus[a] vero duxit uxorem Berthradam [f]iliam[b] nobilissimi [v]iri Florii, quam genuit [e]x eleganti domina [que] Blanczeflûr est vocata[1].

Anno Domini DCC°XLII° sancta crux, quam Nychodemus ad formam salvatoris in cruce pendentis furtive in nemore Ramoth Galaath fabricavit, in urbem Lucanam divinitus est transvecta, nam cum Ioseph ab Aramathia[c] videret nudum in cruce Dominum, inclamavit mulieres iuxta crucem stantes, cur sibi dilectum sic pendere paterentur; quarum una mox in montem Syon properavit ferens velum, quo totum corpus a vertice usque ad plantas contexit. In quo tota disposicio crucifixi tam insigniter et tam proprie est impressa, ut sculptori esset sufficiens speculum et exemplar. Fuere autem in ea condite reliquie subnotate scilicet unus de clavis Domini, de unguibus et capillis Domini, que beata virgo secretissime conservavit, quarta eciam pars spinee corone Domini, pars vestimentorum Domini et id quod de umbilico eius est precisum et ampulla sanguinis atque sudarium, quod circa collum tulit Dominus, dum hec crux et ymago fabricaretur, in nemore fons evasit, cuius haustu omnis infirmitas curabatur, et dum dominus nemoris hominum accessum faceret suum questum[d], fons subito exsiccatur. Cuidam eciam cytharedo pauperi coram se suavissime cytharizanti calciamentum argenteum dextri pedis optulit pro mercede, super quo dum furti argueretur, munificenciam circa se ymaginis sacratissime predicavit[2]. Quendam eciam simplicem temporalia postulantem orare inter alia sic instruxit: 'Adiutor, protector et defensor sis nobis, benignissime, sanctissime et misericordissime domine Iesu! Amen'. Sepissime

a) Pippinus — vocata *in marg.* b) *uncis inclusa in marg. desecta supplevi.* c) *corr. ex* Arimathia. d) questum *difficile lectu.*

1) *Cf. Gaston Paris, 'Hist. poétique de Charlemagne', ed. 2, Paris 1905, p. 223 sqq. Fortasse noster carmen dictum 'Berte aux grans piés' (Gröber, 'Grundriss' II, 1, p. 782) vel Gesta dicta 'Chansons des Loherains', quae non integra edita sunt, legit.* 2) *Cf. carmen Francogallicum 'Del tumbeor Nostre-Dame', ed. W. Förster in 'Romania' II, 315 sqq., ubi simile aliquid de Maria refertur.*

quoque compertum est Lucanos presidio sancte crucis multociens de hostibus triumphasse et gloriosas victorias cum laudibus reportasse.

Anno Domini DCC°XLIIII° beatus Bonifacius ordinatis terminis episcopii Moguntini monasterium Vuldense in introitu Thuringorum famosum et nobile construere est exorsus. Hic eciam Iohannem ecclesie Salczpurgensi prefecit episcopum, Ermbertum fratrem sancti Corbiniani *Frisingensem, Gaubaldum Ratisponensem, Burchardum Wirczburgensem, Willibaldum Aureatensem[1], que[a] alio nomine Eistet appellatur Huius frater fuit Wunnibaldus sanctissimus abbas monasterii in Haydenhaim, quorum soror fuit virgo clarissima Walpurga in predicta civitate Aureatensium requiescens, splendida luminaria orta in Hybernia, nunc vero ecclesiam totam et specialiter illustrancia confinia Reciarum[2]

A. S. Rudb Otto V, 25. Mart. Imp — A S Rudb. 745 — *f 123 — V Walb c 1 4 5

<Et[b] nota, quod in Vita beati Maximiliani[3] legitur, quod sedes Sabinionensis, que nunc est in Prisna, Liburniensis, que est in Karinthia circa fluvium Travum, Soliensis, Cylegiensis, Petoviensis, Gardensis per Liburniam, que incipit a Lico flumine, descendens per decursum Travi fluminis usque ad Danubium, olim Laureacensi prothoflamini subfuerunt, quarum sedium civitatumque loca a Rugis Ythaliam ingredientibus penitus destructa vix parvum vel nullum sui nominis vestigium reliquerunt. Sed et per Mesiam et Pannoniam plures et magne sedes iurisdictione et auctoritate eiusdem Laureacensis archiepiscopi seu prothoflaminis regebantur. Est autem Laureacum locus super Anasum fluvium in Norico Ripensi, nunc ipsius fluminis nomen habens, beati Floriani martiris martirio et nomine decoratus, ad quem quoque Patavia, Frisinga, Ratispona, Ymbripolis dicta, pluribus annis ante adventum beati Rŭdperti ad Iuvavum cum subiectione debita pertinebant. Imperatores autem Phylippus et filius eius Phylippus et beatus Quirinus martir, coheres eorum, de suo patrimonio, quod latissimum habuerunt, Christiani effecti et stabiliti in fide catholica fundaverunt Laureacensem ecclesiam et multis possessionibus dotaverunt>.

a) *sic c* b) *uncis inclusa postea deleta*

1) *Hanc formam Latinam in urbe Eichstatt non ignotam (cf. Gundechari Lib pont. Eichst*, *SS VII*, p 245, l 15 *sq) auctor e Vita s Walburgis addidit Annalibus S Rudb* 2) *Haec e Philippi episcopi Eichstattensis* (✝ 1322) *Vita s. Walburgis, Acta SS* 25 *Febr III*, p 558 *sqq* 3) *Pez, SS. Austr. I*, p. 22 *sqq. Cf Hist episc. Patav*, *SS. XXV*, p 617 *sqq.*

A. S. Rudb. Mart. Imp. Reg. 746 Anno Domini DCC°LI° Karlomannus frater Pippini monachus Rome efficitur et postea ad Montem Cassinum se transtulit, ibidemque dum iuxta statuta religionis fratribus in opere coquinario deserviret, a quodam coquo bibulo alapis ceditur per tres vices, 'sic', inquit, 'decet te fratribus ministrare?' Qui aliud non respondit, sed dixit 'Indulgeat tibi Deus, frater, et Karlomannus' Quod collega suus, suorum conscius secretorum, dissimulare non valens in coquum irruit et concursum omnium et tumultum concitavit, contra se omnibus clamantibus, quod presumeret hoc fecisse, quousque nobilitate Karlomanni exposita omnes sibi peterent indulgeri, eius pacienciam admirantes in reliquum ei reverenciam exhibentes

Mart. Opp. Mortuo[a] Zac[haria][b] papa Steph[anus][b] II. sedit.

Otto V, 21. Reg. 749 cf. Einh. c. 1 Igitur Pippinus procuracionem iam regni solus tenens, Hylderico regnante tantum vocaliter, ut est dictum[1], misit Burchardum presulem Wirczburgensem et cappellanum suum Furaldum[c] ad papam[d], ut quererent, de regibus Francie quid sibi videretur, de regni eciam consuetudine sciscitando. Mandavit autem papa Pippino melius sibi videri illum vocari regem, qui curam gereret et laborem, quam eum, qui laboris expers in ocio viveret et vacaret *cf. Mart. Imp.*

De[e] exaltacione Pippini ad [regnum[f]] et gestis suis. Capitulum 3m.

A. S. Rudb. Reg. 750 Otto V, 22 Anno Domini DCC°LII° de consensu optimatum[2] Pippinus a beato Bonifacio predicto[3] in civitate Suessionis auctoritate[g] papali rex ungitur et coronatur et deposito amministracionis nomine et officio in reliquum rex vocatur[4]. Eo *Mart. Pont.* tempore monachi de Cassino fulti patrocinio Karlomanni Romam veniunt poscentes, ut papa litteras ad regem Francorum dirigat, quatenus de monasterio Floriacensi, quod est in dyocesi Aurelianensi, eis corpus beati Benedicti redderetur, quod cum corpore beate Scolastice sororis eius translatum illuc fuerat tempore summi pontificis Theodati, ut superius est premissum[h] [5]. Rex vero dum annueret, monachi Floriacenses flentes et ieiunantes restiterunt Nuncii autem, qui missi erant, corpus deferre volentes, percussi cecitate infecto negocio sunt reversi, quamquam in legenda beati Heinrici imperatoris aliter habeatur[6].

a) Mortuo — sedit *in marg* b) *uncis inclusa in marg. abscisa* c) *sic c.*, Folradum *Reg. et Otto* d) ad papam *in marg* e) De — 3m *in marg.* f) *uncis inclusa abscisa supplevi* g) auct. pap. *in marg* h) ut — premissum *inter lineas litteris minutissimis post add*

1) *Vide supra initium huius recensionis cap.* 1, *p.* 1. 2) *Cf. Regino.* secundum morem Francorum 3) *Cf. cap.* 2, *p.* 5. 4) *Cf. Einh. V. Kar. c.* 3, *Otto, Chr. V,* 15. 5) *In hac recensione nihil horum legitur, sed cf. infra rec. D* 6) *Cf. Adalb. Vita Heinrici II, c.* 23 *sq.*, *SS. IV, p.* 806 *sq.*, *ubi narratur sanctorum reliquias, de quorum furto imperator audierat, se in Monte Cassino exstare miraculis ostendisse*

Anno Domini eodem beatus Bonifacius in Frisia cum sociis suis martirio coronatur, corpus eius ad Vůldense monasterium transportatur[1]. *A S Rudb Otto V, 25 Mart Pont.*

Anno Domini DCCºLIIIº Stephanus papa venit Parisius[2] orans Pippinum, quatenus contra Aystolfum regem Lombardorum ecclesie succurrere dignaretur. Factum est, dum papa Parisius moram traheret, contigit ipsum graviter infirmari et mirabiliter sanari, sicut sua epistula protestatur, que talis est. *Otto V, 22 sq. Reg. 753*

Stephanus episcopus, servus servorum Dei. Sicut nemo debet se iactare de suis meritis, sic non debet opera Dei, que in illo per sanctos suos fiunt sine suis meritis, silere, sed predicare, quia angelus *admonet sic Thobyam.* *f 123'. *Unde ego per oppressionem*[a] *sancte ecclesie a rege atrocissimo et blasphemo et nec dicendo*[b] *Aistolfo ad optimum et sanctum dominum Pippinum, christianissimum regem, in Franciam veni, ubi egrotavi usque ad mortem et mansi aliquod tempus apud pagum Parisiacensem in venerabili monasterio sancti martiris Dyonisii, et cum iam medici desperarent, fui sicut in oracione in ecclesia eiusdem martiris subter*[c] *campanas et vidi ante altare sanctum Petrum et Paulum magistrum gencium et nota mente cognovi illos ex illorum surcariis, et dominum Dyonisium stantem ad dextram beati Petri subtilem et longiorem, dixitque sanctus Petrus 'Hic frater noster postulat sanitatem', et respondit Paulus 'Modo sanabitur', et extendit manumque misit ad pectus beati Dyonisii amicabiliter respiciens ad sanctum Petrum, qui ait ad beatum Dyonisium 'Tua gracia est sanitas eius', et statim beatus Dyonisius thuribulum incensi et palmam in manu tenens cum presbitero et dyacono, qui in parte stabant, venit ad me et dixit michi 'Pax tecum, frater, noli timere, non morieris, donec ad sedem prospere revertaris. Surge sane*[d] *et hoc altare in honore apostolorum Dei Petri et Pauli, quos vides, dedica, missas graciarum agens'. Moxque sanus factus sum, et volens im-*

*) *In marg infer. Ioh alio atramento add* Pippinus quorundam pravis persuasionibus quandam villam Laudunensis ecclesie que Anisiacus dicitur sibi ad censum nisus est app[ropriare[e]], sicut et alias quasdam fecit. In qua cum dormiret, venit sanctus Remigius dicens 'Tu quid hic facis, quare intrasti in villam, quam michi homo te devocior [dedit[f]], quam et ego ecclesie sancte Dei genitricis donavi?' Et flagellavit eum satis duriter[g] ita, ut postea livores in corpore eius parerent. Et cum sanctus Remigius disparuisset, Pippi[nus][f] surrexit et correptus valida febre quantocius ab illa villa recessit. In qua febre non modico t[empore][f] laboravit . . [h] regni . [i]. *Hincm V Rem c 67.*

a) pro oppressione *Reg* b) *seq* Ayst *delet* c) subtus *Reg* d) sanus *Reg* e) *abscisae 4 vel 5 litterae accipere Hincm.* f) *uncis inclusa abscisa supplevi ex Hincm* g) acriter *Hincm* h) 5 *litterae legi non possunt* i) *reliqua desecta*

1) *Cf. Otlohi Vita Bonifatii II,* 31, *ed Levison p* 215 2) *Immo* Carisius, *ut Otto Fris. l l dicit.*

Reg. *plere quod mandatum fuerat, et dicebant, quod dementabam. Quapropter retuli regi et suis que videram et omnia adimplevi.'*

Igitur papa inter missarum sollempnia et consecracionem altaris unxit in reges Francorum Pippinum et duos filios eius Karolum et Karlomannum et Berthradam reginam gracia septiformis spiritus consignavit in nomine Domini, atque Francorum proceres apostolica benedictione sanctificans auctoritate sancti Petri sibi tradita obligavit, et obtestatus est, ut numquam de altera stirpe per succedencium temporum curricula ipsi vel quicumque ex eorum progenie orti super se regem presumerent aliquem constituere nisi de eorum progenie, quos et divina providencia ad sedem apostolicam tuendam eligere et per eum, scilicet sancti Petri vicarium, immo domini Iesu Christi, in potestatem regiam dignatus est sublimare et unctione sacratissima consecrare.

Otto V, 23. Rex ergo Pippinus et omnes nobiles a sacramento fidelitatis facto Hylderico absolvuntur, et ipse Hyldericus tonsoratus in monasterium est retrusus[a]. *Reg. 751. 753.* Anno[b] Domini supradicto Pippinus expedicionem in Ythaliam parat et in Papya obsedit *Otto V, 25.* Aystulfum[c] pro iusticiis sancti Petri; qui datis XL^{a} obsidibus *Reg. 751. 753.* iuravit, quod ecclesiam amplius non turbaret. Karlomannus autem missus ab abbate suo fratri suo Pippino ante ingressum Ythalie occurrerat in Vienna mansitque cum Berthrada regina et[d] langore correptus ibi ultimum vite fecit.

Anno Domini DCC°LV° Pippinus audiens Aystulfum in pactis non persistere revertitur et iterum eundem concludens *Otto V, 25.* compulit, ut que iuraverat adimpleret optulit quoque Ra- *Reg. 753.* vennam cum aliis pluribus urbibus Ythalie sancto Petro. Reverso Pippino in Franciam Aystulfus iterum que promiserat infringere meditatur; sed cum venacionibus inserviret, Dei iudicio percussus vitam cum regno terminavit, cuius regnum Desiderius subintravit.

Reg. 756. Anno* Domini DCC°LVI° Constantinus Grecorum imperator misit Pippino organum artificiosissime fabricatum et alia multa dona, apud Compendium rege tunc temporis existente; venitque illuc Thassilo dux Bawarie et hominium sibi fecit iuravitque Pipino et filiis suis super corpus beati Dyonisii et sancti Germani et sancti Martini; similiter fecerunt sui homines *cf. ib. 763.* meliores, [sed][e] omnia postea [po]stergavit [imm]emor omnium que [iur]avit.

Mart. Pont., cf. A. S. Rudb. 757. Stephanus papa anno Domini DCC°LVII°, id est ultimo sui pontificatus anno, Romanum imperium in personam magnifici Karoli

Mart. Imp. *) *In marg. signis binis appositis ante* Anno Domini DCC°LVI° *haec:* [Eo[f]] tempore a Roma [e]ciam[f] per Fulradum abbatem [sancti[f]] Dyonisii corpus sancti [Vit]i[f] martiris. Nota de villa scilicet Vittig[is][g] [1].

a) *corr. ex* retrasus. b) Anno — suprad. *in marg.* c) *corr. ex* Aystolfum. d) *seq.* languore *delet.* e) [sed] omnia — [iur]avit *in marg., quae abscisa sunt uncis inclusa supplevi.* f) *ex Martino desecta supplevi quae uncis inclusa sunt.* g) vittig . . *optime legitur,* is *non satis certum, sed verisimile est.*

1) *Unde haec deprompta sint vel quo spectent, nescio.*

adhuc iuvenis a Grecis transtulit in Germanos. Quo subducto [Mart. Pont.] Paulus successit, qui viduis, orphanis, pauperibus, incarceratis, pupillis loca eorum lustrando beneficia plurima exhibuit pietatis. Eodem anno Pippinus Saxoniam ingre- [Reg. 757] ditur, quos artavit ibidem sanguine multo fuso ad dedicionem et solvere sibi tributum singulis annis equos trecentos.

Anno Domini DCC°LVIII° Pippinus Aquitaniam invadit contra [A. S. Rudb. Otto V, 25] Waifarium, qui crudeliter ecclesias molestavit; qui dato obside filio suo Adalgario promisit se ablata omnia eccle- [Reg. 760-768] siis redditurum; quorum oblitus Pippinum concitavit civitates, castra, villas tres illius destruere et per vices quinque ipsam terram vastare et hostiliter introire.

[*f. 124] *Anno Domini DCC°LVIIII° beatus Othmarus in insula Reni [A. S. Rudb. Otto V, 25] que Stain dicitur in Domino requievit. Eclypsis solis facta est in Septembri.

Anno Domini DCC°LX° Pippinus expedicionem nullam fecit[1], [Reg. 760] sed audiens Waifarium iuxta suam consuetudinem iterum dolum meditari et iuramenta velle irritare, qualiter huic dolo occurreret, animo revolvebat.

Anno Domini DCC°LXI° Constantinus moritur rex Gre- [A. S. Rudb. Mart. Imp.] corum, et succedit filius eius Leo. Hic[a] cuidam ecclesie coronam preciosam, ornatam carbunculis, raptam suo capiti superponit et subito moritur.

Anno Domini DCC°LXII° eclypsis solis facta est in Iunio. [A. S. Rudb.]

Anno Domini DCC°LXIII° Pippinus iterum vacavit[2]. [cf. Reg.]

Anno Domini DCC°LXIIII° Iohannes Salczpurgensis presul [A. S. Rudb. Conv. Bag. c. 4. 5.] moritur, et succedit beatus Vergilius, qui ecclesiam maiorem construxit et dedicavit et in ea corpus beati Růdperti locavit [cf. V. Virgilii] translatum ex ecclesia sancti Petri. Hic Liburniam a summo usque ad ima predicando permeavit et prima semina verbi iaciens in Karinthia ipsius Sclavice gentis sub duce Cecacio[3] apostolus est effectus[4].

Anno Domini DCC°LXV° Odilo dux Bawarie senior moritur, [A. S. Rudb.] et Thassilo reconciliatus Pippino dux ab eo preficitur illi terre. Eodem anno contra Waifarium Pippinus procinctum [Reg. 767] sexte movet expedicionis et captis multis castris, speluncis et rupibus venit Bituricas, ibique nunciatum est ei, quod Paulus papa transierit ex hac vita, et Stephanus tercius [Mart. Pont.]

a) Hic — moritur *in marg.*

1) *Annus* 760 *vacat in Ann. S. Rudberti, cum autem noster a Reginone ad hunc annum relata iam ad a.* 758 *attulisset, hoc loco aliqua Reginoni non quidem contraria commentus est.* 2) *Annus iterum in Ann. S. Rudb. vacat.* 3) Cacatius *in Conv. appellatur.* 4) *Haec auctor brevitati operam dans minus recte exscripsit e Conversione Bagoar. et Carant. collata Vita Virgilii, SS. XI. p.* 87 *sq.*

[Reg. 768] successisset Ipseque profectus venit Sanctonas ibique dimissa regina Berthrada perrexit Petragoricas et auxiliante Deo interempto Waifario cum triumpho glorie Sanctonas est reversus. [cf. Mart Imp] Et revertens in Franciam venit Turonis, ad oracionem pergens ad [cf. Otto V, 25] Sanctum Martinum cepit infirmari et Parisius vix pervenit ibique VIII° Kal Octobr vir magnorum operum ultimum diem [Mart Imp] clausit et ad Sanctum Dyonisium honorifice sepelitur.

De Karolo Magno et gestis suis. Capitulum 4m.

[A S Rudb. 766] Anno Domini DCC°LXVI° Karolus et Karlomannus patri suc- [Reg. 768 Einh. c 3 18] cedunt in regno, qui ad nutum optimatum regnum insimul diviserunt. Passus est autem Karolus multas a fratre suo [A S Rudb. Einh c 3] iniurias, quas modestissime sufferebat. Quo mortuo anno Domini DCC°LXX°[a] uxor eius ad Desiderium regem Lombardorum [Einh c 18.] inconsulto Karolo commigravit. Huius filiam Karolus habuit in matrimonio, sed post annum eam repudiavit duxitque Hyldegardam Alemannam Suevice nacionis et genuit ex ea inter alios liberos Ludewicum, Karolum et Pippinum, plures[b] quoque uxores et concubinas et pueros legitur habuisse.

[A S Rudb Mart. Pont] Post Stephanum anno Domini DCC°LXXII° sedem Ro- [Einh c 5] manam suscepit Adrianus primus Igitur rex primum bellum habuit contra[c] Humoldum Aquitanie ducem, qui post interitum Hunoldi[d] se opposuit, fugit ad ducem Vaschonum Lupum, cui Karolus mandat profugum reddere sine mora Qui non solum illum, sed se ipsum optulit eius gracie cum provincia, quam tenebat Hoc anno Thassilo dux Bawarie sibi Karinthiam subiugavit

[A S Rudb Einh c 6] Anno[e] Domini DCC°LX[XIII°] bellum rex habuit contra [Reg 773 sq] Desiderium regem, quod rogatu Adriani pape suscepit, quia idem Desiderius ecclesiam perturbans sancti Petri iusticiam ad se [Einh c 6 Mart. Imp] traxit. Fatigavit autem eum Karolus in Papia et obsedit captumque in exilium relegavit; qui Aquisgrani est sepultus[1] [Reg] Filius eius Adalgysus navigio fuga lapsus in Greciam se trans- [Einh] posuit, et sic ablata ecclesie restituuntur, Ythaliaque regis facta est subdita dicioni In[f] hoc prelio Rolandi et Oliveri virtutes dicuntur plurimum claruisse, qui fuere comites palatini, ac signa sue strenuitatis ac fortitudinis demonstrasse. Ceciderunt hic eciam Amelius et Amicus, de quorum sociali federe mirabilia leguntur,

a) A D DCC°LXX° *in marg* b) plures — habuisse *in marg.* c) *seq* Hvmaldum *delet.* d) *Ioh scribere voluit* Waifarii e) A D DCC°LX. *(absc.) in marg* f) In hoc — DCC°LXXVI° *(p 11, l. 10) in marg*

1) *Hoc ab Aegidio Aureaevall., SS. XXV, p 47, et in Pauli diac. Contin. Lomb, SS Langob p 219, relatum unde noster hauserit, ignoro Cf Simson, 'Jahrbücher d D Reichs unter Karl d Gr' I, p 194, n 4*

nam Amicus Amelium accusatum et iudicatum ad duellum pro nota cum regis filia de mortis periculo per exposicionem sue persone pro eo, et Amelius Amicum de lepre contagio filiorum s[uorum][a] sanguine liberavit. Tanta enim in eis fuit similitudo vultuum et proporcio morum, ut nulla in eis posset differencia comproba[ri][a]. Apud Mediolanum ambo in uno tumulo sunt locati[1] iuxta illud: *Amabiles et decori in vita sua in m[orte][a] quoque* (2 *Reg.* 1, 23.) *non sunt divisi.*

(*A. S. Rudb. Einh. c.* 7) Anno Domini DCCºLXXVIº bellum fuit contra Saxones inchoatum, quos sepius et cum multis laboribus aggressus et illis multociens vacillantibus novissime ad dedicionem compulit (*A. S. Rudb.* 774) et baptismum suscipere salutarem. Leone imperatore (*Otto V*, 28; *Mart. Imp.*) Grecorum mortuo Constantinus filius eius cum matre Hyrene imperavit, quorum tempore tabula Constantinopoli in quodam tumulo est inventa, in qua scriptum erat: 'Christus nascetur ex Maria virgine, et credo in eum; sub Constantino et Hyrene imperatoribus, o sol, iterum me videbis'. Constantinus autem matre (*Otto V*, 31) procurante pacem habuit cum Karolo et cum Francis. Qui (*Otto V*, 29) Constantinus* a matre est cecatus, ut ipsa posset fiducialius imperare. (*Mart. Imp.*) Hanc Karolus peciit in uxorem, que dum annueret, (*Otto V*, 31. 32.) Ecius patricius impedivit et ipsam in monasterio retrusit et Constantino inhabili facto ad imperium[2] proprium fratrem Nycephorum sublevavit, quo a Bulgaris interfecto Mychael imperator efficitur gener suus. Hic pacem inter Grecos et Karolum renovavit. Qui a Bulgaris fugatus in prelio monachus est effectus. Cui successit item alius Leo, et cepit (*Mart. Pont.*) languescere potencia Grecorum Sarracenis prevalentibus contra eos. Hoc tempore beatus Gangolfus occiditur a quodam *clerico, (*f. 124') qui cum uxore sua adulterium perpetravit; et dum miraculis claresceret, mulier dixisse fertur, quod sic miraculis clareret, sicut caneret anus suus. Et continuo, dum loqueretur, et in reliquum semper anus suus turpiter resonabat.

Anno Domini DCCºLXXVIIº rex Hyspanias introivit et (*A. S. Rudb. Reg.* 778.) veniens Pampilonam perrexit inde ad Cesaraugustam, ubi ad eum de diversis partibus innumerabiles confluxerunt, et pugnatum

*) *Sequuntur deleta:* cuidam ecclesie coronam, *cf. supra ad a.* 761. *Apud Mart. Oppav. haec praecedunt.*

a) *uncis inclusa in margine desecta supplevi.*

1) *Cf. Acta Amici et Amelii et quae annotantur Acta SS* 12. *Oct. VI, p.* 124 *sqq. et carmen Francogallicum quod inscribitur 'Amis et Amiles' ed. Conradus Hofmann, Erlangen* 1852. 2) *Haec Ioh. addidit.*

est ibi atrociter, ibique ceciderunt Rolandus et Oliverus *Reg* proceres supradicti. Electisque de Pampilona Sarracenis Cesaraugustana civitas cincta est et pressa, datisque obsidibus et immenso auri pondere, murisque Pampilone civitatis dirutis et Vaschonibus subiugatis, rex in Franciam est reversus. In[a] hac via creditur filiam regis Toleti Galienam accepisse et secum abduxisse, que maxima incantatrix virtute cuiusdam gemme, que anulo inclusa fuit, eum adeo excessive in sui amorem traxerit, ut anulus in ore mortue positus ipsum ad opus libidinis incenderit cum cadavere[1], et hoc fertur esse peccatum, quod beato Egidio erubuerit confiteri, orante tamen sancto angelus sacrificii tempore ipsum peccatum scriptum in cedula attulit super aram, et confessus meruit veniam, vovens se nullatenus amplius *Reg* commissurum[2]. Anno Domini DCC°LXXVIII Saxones audientes regem agere in remotis, immemores[b] fidei, quam dederunt, hostiliter venerunt in Turcium[3] ex opposito Colonie cedibus, rapinis et incendiis omnia devastantes. Quod audiens rex venit Autysiodorum et misit principes, qui in fugam Saxones converterunt et maximam multitudinem prostraverunt.

Anno Domini DCC°LXXX° Karolus cum regina Hyldegarde *Mart. Imp.* Romam perrexit oracionis causa et appropinquans ad miliare ivit pedes, frequentans ecclesias et deosculans altaria cum *Reg. 781.* maxima devocione, multa offerens et distribuens, ubi baptizatus est filius eius Pippinus a papa Adriano et de sacro fonte levatus, quem idem papa unxit in regem Ythalie, Ludewicum *cf. Reg.* vero in regem Aquitanie consecravit, Karolum vero maiorem natu[4] pater suo voluit lateri adherere magna cogitans de eodem, quia eciam multum extitit bellicosus, per eum enim *Otto V, 28* bella plurima ministravit. Populus autem Romanus ipsum cum *Iac. c. 181 Mart. Pont.* senatu Romanorum[5] patricium acclamavit. Papa quoque synodo centum[c] LIIII[c] episcoporum contracta, consencientibus episcopis auctoritatem ei dedit et ius eligendi pontificem et sedem apostolicam ordinandi. Investituras eciam episcoporum per omne regnum sibi contulit pro reverencia speciali.

a) In — commissurum *in marg.* b) immemores — hostiliter *in marg. sin. signis huc illata.* c) centum *in dextera marg.*, LIIII ep. *in marg. sinistra post add.*

1) *Forma haec fabulae notae (de qua vide J. Grimm, 'Deutsche Mythologie' I, ed. 3, p.* 406; *Gaston Paris, 'Histoire poétique de Charlemagne', ed.* 2, *Paris* 1905, *p.* 382 *sqq.* 5~~44~~ *sq.*, *A. Pauls, 'Der Ring der Fastrada', Aachen* 1896) *neque in carminibus Gallicis neque alibi invenitur, cum partes mulieris cuiuscumque hic tantummodo in Galienam (de qua cf. Paris l. c. p.* 385 *sqq.) translatae sint.* 2) *Cf. Vitam s. Aegidii c.* 3, *Acta SS. Sept. I, p.* 299 *sqq.* 3) Tuciam *Regino.* 4) *Ex Einhardi V. Kar. c.* 19: Karolum qui natu maior erat. *Cetera auctor in Cron. Reginonis de bellis Caroli minoris legens commentus est.* 5) *Haec temporibus illis minime congrua auctor addidit.*

Anno Domini DCC°LXXXIII° [1] Saxones cum Frisonibus se opposuerunt et Westfali; cum his pugnavit Karolus regis filius et devicit; rex vero super Saxones irruens et committens cum eis, pauci fugam capiunt, alii occiduntur. Hoc tempore Saxones datis obsidibus baptizantur et Francis perpetualiter subiugantur, Frisones eciam, qui a beato Willibrordo iam dudum ad fidem catholicam sunt conversi, a Karolo libertate, qua hodie gloriantur, sunt donati [2], scilicet quod nullum super se habeant principem extraneum, sed per se ipsos suam rem publicam ad proprium commodum moderentur, et sic eos in fide ac religione rex prudentissimus stabilivit. Hoc [a] tempore rex misit exercitum in Britanniam cum Odulfo principe coquorum, qui receptis castris terre primates captos regi Wormaciam presentavit

Reg. 784 — cf Reg 785 — A S Rudb. 688 — Reg 786.

Anno Domini DCC°LXXXIIII° beatus Vergilius transiit, et abbas Berthricus eligitur pro eo, sub quo corpora Gavinii et Idwini de suis tumulis elevantur. Post quem Arno sedem suscipit, et eclypsis solis facta est Anno Domini DCC°LXXXVI° Thassilo dux Bawarie misit [b] Arnonem episcopum cum aliis ad [pap]am [c], ut eum gracie Karoli reformaret, sed est inventum ficticium [d]oli [c] in Thassilone, et ergo [contra [c]] eum in Bawariam rex manu valida proficiscitur et ad hominium compulit, dato obside filio Theodone; et cum iterum Thassilo Ungaros super regnum induceret et pollicita inceperit oblivisci, rex venit in Ingelnhaim, ubi Thassilo accusatus de multis perfidie sue actibus, incitatus per uxorem, que filia Desiderii regis fuit, confessus est omnia esse vera accepitque sentenciam capitalem. Cui miseratus rex, ad subplicacionem propriam ipse cum filio Theodone [3] tonsoratus ad Laureacense monasterium, quod ipse construxerat, est retrusus Hoc anno [4] mandavit rex Arnoni episcopo Salczpurgensi, Ingone ducatum Karinthie tenente, ut populum Karinthianorum,

A S Rudb — Reg. 787 sq. — Otto V, 29 — Conv Bag c 6 7, cf 10

a) Hoc — presentavit in dextera marg add pro deletis se opposuit contraquo Karolus b) misit — Bawariam rex in marg. c) uncis inclusa abscisa supplevi

1) *Codex Regmonis olim Victoriensis (A 1c), quem Iohannes penes se habuit, annum 783 praebet* 2) *Hoc multis locis leges Frisicae, quae 'Kuren' nuncupantur, narrant, cf v Richthofen, 'Untersuchungen zu fries Rechtsquellen' I, p 33, 'Fries Rechtsquellen' p 2 sqq, R Koegel, 'Geschichte der deutschen Litteratur' I, 1 (1894), p 243, Ph Heck, 'Ursprung der gemeinfries. Rechtsquellen' ('N Archiv' XVII, p 568 sqq) Cf. et diploma spurium Caroli Magni (802, Laterani) pro Frisonibus, DD Car I, nr. 269, p 393, quod Ph Heck, 'Altfries Gerichtsverfassung' p 431 sq anno 1247, Mühlbacher vero postea fictum esse credit* 3) *Haec ex Regin a 788.* 4) *Pippinum Caroli regis filium hoc fecisse a 796 tradit Conversio, cuius materiam Iohannes confuse excerpsit*

quem beatus Vergilius traxit ad fidem, per ministros et presbiteros in fide catholica confirmaret. [Reg 795 sq] Rex iterum Saxones pressit rebellantes et Hunos in dedicionem suscepit per Heinricum ducem Foriulii, qui Iringum principem exspoliavit et aliis proceribus regni intestina clade peremptis thesaurum maximum priscorum regum per longa secula congregatum attulit Aquisgrani, quem rex sancto[a] Petro, optimatibus, [A S Rudb 791] clericis, laycis et aliis fidelibus liberaliter erogavit. [cf Reg 791 796; Einh c 13] Cepit eciam Ungariam ab Anaso fluvio usque ad Rabam fluvium, que provincia Pannonia nuncupatur.

[A S Rudb; Mart Pont; Einh c 25] Anno Domini DCC°XCII° claruit Albinus, qui et Alkwinus, vir eruditissimus de Britannia Saxonice nacionis. [Reg. 796] Mortuo Adriano papa Leo successit, qui statim[b] misit regi legatos cum muneribus portantes claves confessionis sancti Petri et vexillum urbis Romane. [A S Rudb] Anno Domini DCC°XCVI° Leo papa Arnonem archiepiscopum fecit et pallio honoravit*, [*f 125; cf A S Rudb 628] *transactis a transitu beati Rŭdperti annis circiter centum et LXXª.

[A S Rudb 797 sq; Otto V, 30] Anno Domini DCC°XC°VII° Romani Leonem in letania maiori lingua et oculis privaverunt. [Reg. 799] Interea pugnatum est cum Hunis, ubi signifer Geroldus occisus est et inter martires reputatus, sicut legitur in visione Witini monachi Augiensis[c] [1], quia zelo Dei pro defensione ecclesie decertavit.

[A S. Rudb; Mart. Pont] Anno Domini DCC°XC°VIII° in die nativitatis Domini papa visum recepit mirifice et loquelam, et proficiscens ad Karolum [Reg 800; Otto V, 30; Mart Pont] persuasit secum venire Romam, qui[d] cum reliquiis, crucibus et vexillis reverentissime est susceptus, coram[e] se papa gloriose de omnibus obiectis criminibus expurgavit.

Item de eodem. Capitulum 5m.

[A S Rudb. 800; Reg 801; Mart Pont; Otto V, 31] Anno Domini DCCC° Karolus in die nativitatis Domini cum maxima acclamacione populi a Leone est in imperatorem ablato[f] patriciatus titulo, sollempniter coronatus et presidens iudicio, pape innocencia indagata, omnes qui eum leserant, dum in eos acrius desevire intenderet, interventu pape perpetuo exilio relegavit.

[Reg] Episcopus[g] Ierosolimorum misit hoc tempore ad imperatorem Zachariam presbiterum cum duobus monachis, quorum unus f[uit][h] de monte Oliveti, alter de Bethlee[m][h], qui ei claves

[Reg 787] *) *In marg infer signo fortasse post* Wormaciam presentavit *(p 13, l 15) posito add verba:* Rex modo vacans Romam perrexit et iussu pape intravit provinciam Beneventanam, ubi ab Herigiso duce acceptis XII obsidibus et filio suo Grimaldo cum multis muneribus est reversus ad summum pontificem, referens ei gesta.

a) sancto P *in marg add.* b) statim — Leo papa *in marg infer.* c) Augiensis — decertavit *in marg.* d) qui — susceptus *in marg.* e) *seq* eo quo *delet.* f) ablato patr tit *in marg add.* g) Episcopus — detulerunt *in marg.* h) *quae abscisa sunt uncis inclusa.*

1) *Heitonis Vis. Wett. c. 27, Poetae Lat. II, p* 274.

de sepulchro Domini et loci Calvarie et claves civitatis cum vexillo detulerunt. *Reg.*

⟨Imperator[a] cum Grecis pacem firmavit et rediens in Alemanniam Salczpurgam pertransiens, terremotus factus est magnus; Saxones adiit iterum rebellantes et transtulit eos in Franciam, ut sic gentem distractam ad loca alia quietaret, disponit⟩. *A. S. Rudb. 801—803; cf. Reg. 804*

Dedit quoque imperator ducatum Spoletanum et Beneventanum ecclesie, confirmans ea que prius ecclesie contulit pater suus. *Mart. Imp.* Dispositis itaque in Urbe et Ythalia rebus ecclesiasticis et privatis venit Spoletum, et ecce terremotus magnus factus est, quo tota Ythalia est concussa, et ipso anno plura loca circa Renum in Gallia et Germania per terre motum tremuerunt, et propter mollitiem hyberni temporis maxime pestilencie sunt secute. *Reg. 801* Venitque Ravennam et Papyam, et venit nuncius Iudeus[b] nomine Ysachar[1] adducens a rege Persarum elephantem cum aliis muneribus preciosis, et firmata pace cum Grecis per internuncios[2] reversus in Alemanniam Salczpurgam venit atque Saxones iterum rebellantes transtulit in Franciam, si forte sic traheret populum inquietum a sui animi levitate[3]. *A. S. Rudb. 801 sq.* Anno Domini octingentesimo IIII° nunciatum est imperatori sanguinem salvatoris in Mantua repertum, mandatque pape poscens super hoc inquirere veritatem. *Reg. 801* Papa vero occasione[c] ex hoc sump[ta] veniendi ad [eum] mandat, quod secum vellet natale Domini celebrare. Cui in occursum mittit filium suum Karolum in Agaunum ad locum[4] sancti Mauricii, ut honorifice susciperetur et esset itineris sui ductor. Ipse vero Remis ei obviam est profectus ibique susceptum Carisiacum duxit et secum ibi natale Domini celebravit. Deinde Aquis perduxit et honoratum magnis muneribus per Bawariam revertentem Ravennam deduci fecit. In hac via Leo in multis locis ecclesias dedicavit et maximis indulgenciis decoravit[3].

Anno Domini DCCC°V° imperator per filium suum Karolum Bohemos compescuit, qui eorum ducem Lexonem occidit omnem terram depopulando et imperio subiugando. *A. S. Rudb.; Reg. 805* Post hoc imperator naves bellicas plurimas in diversis partibus instauravit contra Mauros, Northmannos et Dalmatos et alias gentes, que non poterant competenter sine classibus coerceri[5]. *Einh. c. 17; cf. Reg. 810*

Invitatus[d] ergo non solum a patriarcha Ierusalem, sed et ab imperatore Grecorum perrexit Ierosolimam per *cf. Mart. Imp.*

a) uncis inclusa Ioh. delevit. b) Iudeus n. Ys. in marg. c) occasione — ad [eum] in marg. continuavit auctor, uncis inclusa abscisa supplevi. d) Invit. — frequentantur (p. 16, l. 15) in infer. marg., supra quae Ioh. alio ductu ecclesiam salvatoris scripsit.

1) Isaac nomen eius refert Regino. 2) Cf. Ottonis Chron. V, 31. 3) Haec Iohannes ipse commentus est. 4) Nota Iohannem Reginonis verbis ad s. Mauricium haec e Passione s. Mauricii et sociorum eius, Acta SS. Boll. 22. Sept. VI, p. 342 sqq., addidisse. 5) His ex Einhardi Vitae Kar. c. 17 exceptis Ioh. classem contra Dalmatas missam esse ex Reginone addidit, ubi eandem classem ad Dalmatiae litora vastanda misit.

Ungariam et Bulgariam iter c[arpens][a], nam iuxta civitatem Budensem, ubi castra fixerat, usque hodie balnea *Mart. Imp.* termalia, que construxerat, videntur. Recuperato ergo sepulchro Domini et aliis pluribus civitatibus, que pagani tenebant, per Constantinopolim rediit, quem imperator auri, argenti, gemmarum preciosis muneribus[us][a] honoravit, que omnia parvipendit petens reliquias sanctorum, et facta oracione et premisso ieiunio imperator dedit ei octo spinas de coron[a Domini] cum parte corone, cui erant infixe, et ea die, qua de theca sua fuit exposita, flores protulit, qui in manna visibil[iter sunt][a] conversi[1]. Insuper camisiam beate virginis et cinctorium, quo [puerulum[a] in cunabulis *Mart. ib.* cinxit], ... et omnia Aquis in basilicam beate virginis collocavit, et a fidelibus tocius mundi frequentantur[2] . . . .

A. S. Rudb. Reg. 806 Anno Domini octingentesimo VI[o] eclypsis solis facta III[o] Ydus Febr. et in eodem mense IIII[o] Kal. Marcii eclypsis lune, et apparuerunt in celo acies mire magnitudinis in ipsa nocte. Anno Domini *Einh. c. 16 Reg.* octingentesimo VII[o][b] Aaron rex Persarum misit imperatori papilionem et tentoria varii coloris et mire pulchritudinis, pallia olosericа, odoramenta, balsamum et ungenta, orologium ex aurichalco arte mechanica mirifice compositum cum punctis suis et fenestris XII subtilissime cum XII equitibus exilientibus, pronun*A. S. Rudb.* ciantibus ipsas horas. ⟨Anno[c] Domini DCCC[o]X[o] Karolus filius *Reg. 810 sq.* imperatoris obiit, patre nimium cum regni primoribus con*A. S. Rudb. cf. Reg. 818.* turbato. Transiit eciam Pippinus rex Ythalie. Anno Domini DCCC[o]XI[o][3] in suum locum a Karolo filius eius Bernhardus rex levatur⟩.

Einh. c. 25 Porro imperator adeo studiosus fuit, ut frequenter et aliis disciplinis[d] intenderet multa cum diligencia[e], habuit enim in grammatica Petrum Pisanum, in rethorica, astronomia et *Mart. Pont.* dyaletica[f] Alqwinum predictum preceptores. Hunc prefecit monasterio sancti Martini Turonis, in quo omnes monachos duo angeli iugulaverant in dormitorio, quia inordinate vixerant contra regule instituta, uno tantum monacho relicto *f. 125'* superstite, qui hoc vidit *et vix vitam ab angelis impetravit. Hic Alqwinus* multa scripsit et specialiter ad impera-

*) *In marg. nullo signo apposito, quo indicetur, ubi haec inserenda sint, alio ductu Ioh. scripsit:* Hic composuit historiam de sancto Stephano Hesterna et de sancta trinitate.

a) *abscisa uncis inclusa supplevi.* b) *pro deletis* Ipso anno *sic correxit auctor.* c) *uncis inclusa post Ioh. delevit.* d) disciplinis *in marg. suppl.* e) *seq.* disciplinis *delet.* f) *sic c.*

1) *Cf. litteras servatas in Chron. S. Petri Erford., Monum. Erphesfurt. p.* 267. 2) *Cf. Vitam Caroli imp. scriptam iussu Friderici I imperatoris II, c.* 31 *sqq. et Gaston Paris l. c. p.* 337 *sqq.* 543. 3) *A Reginone ad a.* 814, *sed in eius codd. cl. A 1 ad a.* 813 *haec referuntur.*

torem librum de sancta trinitate[1], Augustinum super Iohannem breviavit[2]. Studium ab urbe Roma Parisius trans- *Mart Pont* tulit et ibidem cum consensu imperatoris et patrocinio ordinavit, quod ab inde orbem inebriat et illustrat, accurrentibus ad ipsum viris scientificis de gymnasio Bede Venerabilis, quos ipse sapiencie radiis imbuebat. Hoc *Otto V prol* studium Abraham a Chaldea vexit in Egyptum, ut vult Iosephus[3] Astrologiam enim et arismethicam[a] ibi docuit; tantum enim profecit ibidem, ut gens sacerdotum ex admiracione ceperit philosophari secundum Aristotelem, et Egyptus mater arcium sit vocata. Ab Egypciis transiit in *Aug civ VIII, 3 sq* Grecos ad urbem Atheniensium, que nutrix fuit philosophorum secundum Augustinum[4], ibi enim Pytagorica, Achademica, *ib VIII, 12* Perypathetica dogmata floruerunt A Grecia tempore Iulii Ce- *Otto ib* saris[5], Scipionis, Cathonis et Tullii ac aliorum ad consistoria vehitur Romanorum Postremo ad Gallias ducitur, Britones et Hyspanos, sub illustribus doctoribus Berengario, Anshelmo, Managoldo latissime se diffudit. ⟨Hoc[b] [6] anno eciam im- *Reg 806.* perator tribus filiis regnum divisit in tres partes pro pace inter eos conservanda et tamquam testamentum decreta manu Leonis pape confirmavit⟩ Imperator ad numerum alphabeti *Mart Imp* monasteria construxit et in unoquoque litteram auream magni precii reliquit, ut ex litterarum ordine monasteriorum prioritas et posteritas nosceretur Filios et filias liberalibus artibus *Einh c 19* instituit, hos venandi et equitandi, dum etas sinebat, periciam edocuit, illas opus genicium, scilicet texere, filare, lusum columque disposuit exercere Quas secum esse semper constituit nec nuptui tradidit, dicens casa[a] earum dilectione devinctum adeo, quod earum carere presencia

---

librum, ex quo hystoria est de sancta trinitate *Gloria tibi trinitas* cecinisse dicitur propter hereticos, qui tempore Karoli plures fuere.

a) *sic c* b) *uncis inclusa a Ioh post deleta*

1) *Ed. Froben Ratisponae* 1777, *I, p.* 703 *sqq* *Cf Baehr*, *'Geschichte der romischen Litteratur im karolingischen Zeitalter'* *p* 321 *sq*
2) *Alcuini Commentaria in s Iohannis evangelium ed Froben I, p* 457 *sqq.*, *cf Baehr l c p* 319 *sq* *Sed Alcuinus praeter Augustinum alios auctores secutus est, ut Ambrosium et Bedam* 3) *Ios Antiq. I cap* 6. *in Rufini versione:* Arithmeticam quoque eis contulit et quae de astrologia sunt ipse contradidit Nam ante adventum Abraham in Aegyptum haec Aegyptii penitus ignorabant A Chaldaeis enim haec plantata noscuntur in Aegypto, unde etiam pervenisse noscuntur ad Graecos
4) *De civitate Dei VIII, 3 sq* 12 5) circa caesarum tempora *Otto*
6) *Id est anno* 811 *Regino haec ad a* 806 *posuit, quem Ioh fortassis perperam intellexit* V *numero pro* X *lecto*

[Einh.] non valeret, et quamvis in aliis felix, in hoc adversitatem fortune expertus est, quod tamen dissimulavit, quamvis numquam [Reg. 813] fedi aliquid perpetrassent. Synodos et concilia plurima habuit in[a] diversis locis kathedralibus episcopis presentibus et quod illi statuerunt ipse subscriptionibus[b] et approbacionibus confirmavit, cuius eciam statutum, ut Innocencius III[us] scribit, dicitur esse, quod misse officium [Einh. c. 29] audiendum et celebrandum sit a ieiunis[1].* Ventis et mensibus nomina imposuit, leges plurimas priscis imperatorum legibus adiecit secundum quod viderat sibi subiectis nacionibus [A. S. Rudb.] convenire. Anno Domini octingentesimo IX. eclypsis solis fuit in Iunio et Decembri. Anno Domini octingentesimo X° Karolus filius imperatoris obiit cum patris et tocius imperii gravi luctu. [Reg. 810; Einh. c. 19. 24] Mortuus eciam est Pippinus rex Ythalie, filius suus, cuius [cf. Reg. 812] mors eque patrem inconsolabiliter contristavit; qui reliquit filium nomine Bernhardum. Fuit autem imperator cibo temperatus, ut IIII[or] ferculis in mensa et tribus potibus uteretur [Mart. Imp.] et raro excederet istum modum. Barbam ad pedis longitudinem [Einh. c. 23. 17] deferebat. Peregrina vestimenta horrebat, in sollempnitatibus coronatus et imperialibus ornatus induviis pro- [cf. Otto V, 32] cedebat. Palacia multa in diversis locis et pontes trans Renum [Einh. c. 22] Moguncie et Colonie[2] atque thermalia, quibus multum delec- [ib. c. 16] tabatur, plurima fabricavit. Regum orbis terre et principum ardentissime amicicias acquisivit et tenacissime conservavit.

[A. S. Rudb.; Einh. c. 30] Anno Domini DCCC°XII°[c] vocavit ad se Lûdewicum filium suum, regem Aquitanie, et Aquisgrani, ubi decubuit[3], coram optimatibus imposito sibi dyademate post se pronunciat [ib. c. 19.] regnaturum. ⟨Bernhardum[d] nepotem in Ythalia regem constituit pro patre Pippino, filiabus, quas idem Pippinus reli- [Mart. Imp.] quit, inter suas filias reputatis.⟩ Apertis eciam thesauris suis [Einh. c. 33] coram episcopis et abbatibus et optimatibus gloriosum condidit testamentum, Romane ecclesie et precipuis Gallie

*) *In marg. iuxta haec nullo signo apposito, quo indicetur, ubi haec inserenda sint.* [Iac. Leg. aur. c. 181; Gotifr. Panth. 23, 13] de missis. et officium Ambrosianum intermissum est ipso agente et Gregorianum tamquam magis planum et lucidum approbatum; de pace. cum Leone eciam, patricii filio, Grecorum imperatore composuit amiciciam et concordiam eternalis memorie pro se et filiis eorundem, ut ille orientis, hic occidentis imperium possideret.

a) in div. — kathedr. *in marg. posuit Ioh.* b) subscr. et appr. *litteris minutis inter lineas add.* c) *numerum ex* DCCC°XIII° *Ioh. corr.* d) *uncis inclusa a Ioh. deleta sunt.*

1) *In eo qui de s. altaris officio est Innocentii III. libro haec non leguntur.* 2) *Unum pontem commemorant Einhardus et Otto Fris. l. l., pontem Coloniensem Ioh. ex Mart. Imp. sub Carolo Magno, SS. XXII, 461, l. 35, addidit.* 3) *Haec auctor ex Einhardi c. 30 et Ottonis Chron. V, 32 composuit.*

et Germanie ecclesiis, pueris eciam suis atque pauperibus pro necessariis eorundem maximis donariis distributis. [Reg. 813]

Anno Domini octingentesimo XIII°, V° Kal. Febr., regni Francorum XLVII°[1], imperii vero XIIII°, etatis LXXII° Aquisgrani [A. S. Rudb. 812] [Otto V, 32] in Domino requievit, ubi plurima localia reliquit, sicut gemmeum vas potatorium, gladiolum et cornu cum aliis quibusdam decentibus rebus et preciosis, que in archivis eiusdem ecclesie conservantur[2]. Ibi quoque sub conditorio [Einh. c. 31] ymagine et titulo sui nominis insignito honorifice sepelitur. [Reg. 813] Consequenti[a] tempore agente Friderico primo ab Alexandro III° est canonizatus[3]. [1177.] Aquenses diem transitus sui cum cantu et officio ecclesiastico festivis laudibus sollempnizant iuxta Oracium[4], qui dicit

Presenti tibi maturos largimur honores.

*De Lůdewico[b] imperatore, filio Karoli. Capitulum 6m. [*f. 126]

Anno Domini octingentesimo XV° Lůdewicus sceptra suscepit. [Otto V, 33. Reg.] Post Leonem Stephanus IIIIus sedit et hic Lůdewicum accessit [Mart. Pont.] in Franciam et multos captivos abductos redemit et ipsum [Otto V, 33] Lůdewicum in civitate Suessionensium[5] coronavit. Huic [Mart. Pont.] succedit Paschalis. Hoc tempore Bernhardus rex Ythalie [Otto] contra imperatorem cum quibusdam civitatibus dicitur conspirasse, quem ad se vocatum Aquisgrani privatum oculis [Reg. 818] interemit. Quedam paupercula[6] vidit nomen eius ante paradisum terrestrem oblitteratum et obscurum, [Vis. paup.] et nomen Bernhardi regis, quem occidit, aureis litteris splendidius refulgere pre ceteris, quorum ibi nomina scripta erant, et informata per ductorem suum, quod nomen imperatoris quasi abolitum apparuit propter homicidium, nomen vero Bernhardi tam clarum signare ipsum ad paradisi introitum esse scriptum, et iussa est sub interminacione privacionis visus, ut imperatori omnia nunciaret; que cum negligeret, cepit caligare visu, et sic statim universa que viderat principi nunciavit. Qui penitenciam promeruit, quia in aliis vir per omnia pius fuit. Hic Bernhardus habuit filium nomine Pippinum, qui genuit Bernhardum, Heribertum et Pippinum. [Reg. 818] Imperator tres filios habuit, [Mart. Imp.]

a) Conseq. — canonizatus *in infer. marg.* b) *sequuntur* et filiis suis ac divisione terrarum *a Ioh. deleta.*

1) *XLVI annum regni habet Otto Fris., ex quo haec Ioh. hausit.* 2) *Cf. Vita s. Caroli II,* 39. 3) *Cf. Gotifredi Viterb. Pantheon XXIII,* 13, *SS. XXII, p.* 220. 4) *Epist. I,* 1, 15. 5) *Immo Remis, ut Otto Fris. l. l. recte dicit, cf. Simson, 'Jahrb. Ludwigs d. Fr.' I, p.* 66 *sqq.* 6) *Haec deprompta sunt e Visione cuiusdam pauperculae mulieris edita a W. Wattenbach, 'DGQ.' I*[6], *p.* 277 *sq.*

[Reg 853] Lotharium, Karolum[1] et Lůdewicum, habuit et quartum Pippinum nomine mire pulchritudinis, quem dum pater ad clericatum intenderet et promovere et Drugoni eum Metensi episcopo erudiendum disciplinis liberalibus et ecclesiasticis commendasset, Lotharius frater eius obstitit, sed non in prosperum, quia commessacionibus et ebrietatibus vacans amaniacam incidit passionem et cum dedecore terminum vite fecit Huic pater Aquitanicam *[Mart Imp]* provinciam concessit, et ivit cum patre in Britanniam, quam ferro *[Reg 853]* et incendio devastavit Hic reliquit filium in regno Aquitanico nomine Pippinum, de quo inferius aliqua sunt notata[2] *[A. S Rudb.]* Anno Domini octingentesimo XXI° Arno primus archiepiscopus Salczpurgensis obiit, et Amilion abbas succedit *[Mart Pont]* Post Paschalem Eugenius IIus sedit, quem Romani oculis privaverunt, et *[A S Rudb 821 824]* postea meruit martirio coronari Amilioni presuli Alramus succedit in ecclesia Iuvavensi, quem Eugenius palliavit Imperator[3] ⟨studiosus[a] fuit et devotus, mare transiit et bona opera exercuit, ut in concilio Cleromontensi invenitur⟩, ab imperatore Grecorum Michaele reliquam partem corone Domini comparavit et Parisius collocavit, ubi a fidelibus colitur et veneratur in cappella celebri et famosa Est[b] autem vel usque hodie questio inter Romanorum et Francorum reges de ipsa corona, dicunt[c] ad imperium pertinere, quia sub titulo imperii est optenta. *[Iac c 181 Mart Imp]* Idem eciam imperator misit sibi libros beati Dyonisii pro maximo munere, qui dum in festivitate eius super altare in monasterio ponerentur, decem et novem signa in cura diversarum infirmitatum divinitus pro gloria martiris sunt patrata[4]. Abbas eciam monasterii Dyonisii Hildewinus[d] ipso petente scripsit sibi vitam et passionem gloriosi martiris sermone lucido et ornato[e], dispersa ex veteribus in unum corpus compilando[5]

[A S Rudb Otto V, 34] Anno Domini DCCC°XXIIII° filium suum Lotharium misit in *[Mart Pont.]* Ythaliam regnum ⟨nepotis[f], scilicet⟩ Bernhardi appre- *[Otto]* hendere ⟨et[f], ut secum imperaret, constituit⟩, ibique moratus res bene gessit cum[g] patre incipiens imperare *[Mart Opp]* et secum annis XXVque imperavit[6] Eugenio pape successit Valentinus. Quo tempore Heroldus[h] rex Danorum cum

a) *uncis inclusa Ioh delevit* b) Est — optenta *in marg* c) *ante* dicunt *fortasse una littera* q *aut* q̇ (= qui) *vel* q² (= quia) *periit in marg* d) Hild *in marg. suppl.* e) *post corr ex* ornatum, ex *vet* collectum textum in unum corpus insimul compilavit f) *uncis inclusa in marg deleta* g) cum — imperavit *in marg* h) Heneldus *Mart*

1) Pipinum *Martinus p* 462, *sed Ioh secutus est Ottonem Fris V*, 35 *vel Iacobum de Varagine c* 181, *qui hos tres filios dicunt.* 2) *Infra p* 23 3) *Ad sequentia cf Roberti mon l I, c* 1 4) *Cf Vincentii Belloiac Spec hist XXIV*, 27 5) *Cf Vitam Dionysii Areopagitae auctore Hilduino abbate, Migne, Patrol Lat CVI, col* 23 *sqq.* 6) *Perperam computavit auctor tempus*

uxore et filiis et maximo terre sue populo apud Mogunciam *Mart Opp* baptizatur Valentino Gregorius IIIIus succedit Hic consensu Lůdewici imperatoris et omnium episcoporum instituit festum omnium sanctorum agi in Francia et Germania, sicut Bonifacius in Urbe iam dudum ordinaverat celebrandum Huius tempore Romanorum quidam sceleratissimi miserunt ad soldanum Babilonie, ut veniens Ythaliam possideret, et venerunt Sarraceni operientes faciem terre sicut locuste, Romam obsiderunt[a], ecclesias spoliaverunt, de ecclesia sancti Petri equorum stabulum statuerunt et omni Thuscia quasi in solitudinem redacta cum Romanorum maximo opprobrio discesserunt *A S. Rudb 836 851* Alramo episcopo Salczpurgensi successit Liuprammus, quem Gregorius palliavit Hic corpus beati Hermetis ab Urbe[1] attulit in Salczpurgam Huius tempore* *Conv c 12.* Met[ho]dius[b] quidam Grec[us] presbiter[2] litteris [Scla]vonicis de [no]vo repertis in Sclavo[rum] provincia [sta]tuit agere divinum officium, que perti[nebat] dicionis [sancte] ecclesie Iuva- *ib c 6* v[ensis] ⟨circa[c] Travum⟩ per descensum Danubii

⟨Anno[c] Domini octingentesimo XXXIIII° regni optimatibus *A S Rudb Mart Imp* imperatoris filiis adherentibus cum consensu pape de imperiali imperator destituitur dignitate et custodie mancipatur *Reg 838* Ipso *Mart* tamen anno a Lůdewico filio suo et Francis eruitur et pristine redditur potestati Lotharius reversus in Franciam iterum Ythaliam introivit⟩. *Reg 839 840* Imperator filium suum Lůdewicum persequens graviter infirmatur trans Renum iuxta *Ingelnhaim, **f. 126'* anno Domini octingentesimo XL° moritur et in civitate Metensi in beati Arnulfi basilica sepelitur

De[d] filiis Lůdewici Lothario, Karolo, Lüdewico [Capitulum 7m].

Lůdewicus et Karolus graviter ferentes, quod Lotharius iterum *Reg 840. 841. Otto V, 35* ex Ythalia reversus imperatoris fulgeret nomine, contra eum conflant exercitum et conveniunt in territorio Autysiodorensi *cf Mart. Imp* prope Fontaniacum, ubi adeo grave bellum conseritur, ut pene tota virtus milicie Francialis perierit et Affricam, Hyspaniam, Northmanniam permoverit et alias provincias concitaverit ad imperium invadendum. Anno Domini octingentesimo[e] *Reg 842 Otto V, 35* fratres hii regnum dividunt, et Karolo quidem regna occidentalia usque ad Mosam a mari Britannico deputantur, Lůdewico tota Germania provenit usque ad Renum et trans Renum in Alzacia[3]

*) *In marg haec* Huius tempore Privina Sclavus etc *Conv c 10-12* Hic episcopum captivavit[4]

a) *sic c* b) *uncis inclusa desecta supplevi auxilio Conversionis Bag c 12* c) *uncis inclusa Ioh delevit* d) *Ioh primo inchoavit capitulum in summo folio 127, deinde hoc loco titulum addidit, scribae suo mandans* incipe ca^m a° d^i DCCC°XLI°. *Haec et titulus in marg, supplevi numerum capituli* e) *sic c, omisso numero* XLIII

1) *Verba* ab Urbe *Ioh e Convers Bag et Car. c 9, SS XI, p 10, l. 46, addidit* 2) *Vocem* presbiter *addidit ex Conv c 14, l l p 14, l. 25* neque presbyteri aliunde veniens. 3) *Additamentum Iohannis* 4) *Nihil de episcopo captivato in Conversione legitur*

[Reg. 842. Otto V, 35.] alique civitates. Lothario vero imperium, Provincia et Ythalia tota cessit et Gallia Belgica, quam a suo nomine Lothoringiam ap- *[Reg. 851.]* pellavit. Hic[a] duxit uxorem nomine Irmgardem et genuit *[Mart. Imp.]* ex ea Lotharium, Karolum, Lůdewicum, ⟨qui[b] cum patre V^que annis imperavit⟩. Floruit hoc tempore Rabbanus episcopus Moguncie[1], prius abbas Vůldensis, maximus theologus philosophus et poeta. Cuius est ille sermo *Legimus in ecclesiasticis hystoriis*[2], quem ecclesia in die sanctorum omnium legit. Hic inter alia scripta librum edidit de laudibus sancte crucis, *[Mart. Imp.]* metro et figuris mirificum et insignem[3], habuitque discipulum famosum et litteratum Strabum, qui imperatori Lůdewico egregium de officio ecclesie librum scripsit.

[A. S. Rudb. Mart. Pont.] Anno Domini octingentesimo XLIII° post Gregorium Ser- *[Iac. c. 181.]* gius II^us sedit, qui Lotharium[4] coronavit; hic dictus fuit Os-Porci, et mutatum est ei nomen duplici racione, vel propter prioris nominis deformitatem vel propterea, quia Dominus apostolorum principi Symoni Petrus nomen dedit[5]; et ideo post *[Reg. 860.]* ipsum omnia pontificum Romanorum mutari nomina con- *[cf. Otto VI, 2.]* sueverunt. Ludewicus rex Germanie contra Sclavos forcia bella gessit et principem eorum nomine Rastum[c] oculis spoliavit. *[Fl. temp.]* Hic XIIII^or duces Bohemorum baptizari et in fide instrui procu- *[Reg. 866. Otto VI, 3.]* ravit[6]. Hic in regnum Francie vocatus a nobilibus contra Karolum fratrem suum, dum se crederet profecisse, deficientibus ab eo hiis qui eum vocaverant[d], in Germaniam rediit, et orte *[Reg. 868.]* sunt inter eum et Karolum gravissime simultates. Huius eciam tempore gens Vulgorum fortissima baptizatur; rex vero terre adeo devotus factus est, quod in die apparatu regio incederet, nocte sacco vestitus cubaret in ecclesie pavimento, deinde monachus effectus se nimiis ieiuniis, oracionibus et vigiliis castigavit, regnum committens filio seniori, qui dum contra patris consilium commessacionibus et libidini vacaret et ad gentilitatis ritum populum revocaret, habitu posito pater filium persequitur et capit et oculis privat atque incarcerat[7] regno preficiens filium iuniorem, interminatus, quod similia pateretur, si a fidei Christiane rectitudine deviaret. Ipse vero religionis habitu *[Mart. Imp.]* reassumpto in conversacione sancta reliquum vite duxit. Hoc tempore[8] corpus beati Viti a Parisiorum urbe ad monasterium quod

a) Hic — imperavit (l. 5) *in marg.* b) *uncis inclusa Ioh. delevit.* c) *sic Otto,* Rastiz *Reg.* d) vocaverat c.

1) episc. Mog. *ex Ann. S. Rudb. a.* 841 *et* 856. 2) *Qui sermo exstat inter Bedae homilias subditicias n. LXXI in ed. Coloniensi VII, p.* 151 *et fortasse in Iohannis collectione sermonum Hrabano perperam adscribebatur. Cf. Cron. Minoris codd. D, Monum. Erphesfurt. p.* 604, *n.* v. 3) *Quem postremo edidit Ad. Henze Lipsiae* 1847. 4) *Immo, ut recte Martinus, cuius quidem aliquot codd.* Lotharium *habent,* Ludovicum II. filium Lotharii. *Idem habent Flores temp., SS. XXIV, p.* 243. 5) *Cf. Flores temp. l. l.* 6) *Haec codex A 4 Florum temporum p.* 235 *saec. XIV. addita praebet, quo libro vel cuius simili Ioh. usus esse videtur.* 7) *Cf. ad haec etiam Iacobi Leg. aureae c.* 181. 8) *Sub Ludowico I. Pio Martinus haec habet.*

Corbeia dicitur in Saxoniam est perlatum presagando, quod imperium Francorum esset ad Saxones transferendum. Karolus rex Francorum pugnavit contra Britones, fugit et exercitus post eum, Britones spoliatis et direptis tentoriis abierunt. Rex autem Britonum nomine Noemeticius[a] ecclesiam Dei crudeliter persequebatur et vidit beatum Maurelionem Andegavensem presulem baculo se percucientem, dicentem, ut cessaret; nec frustrabatur visio, quia induratus, non emendatus corruit continuo, faciens casum gravem et vitam cum tyrannide terminavit. Filius eius Herispeius[b] Karolo se subdidit et veniens ad eum acceptis ab eo muneribus ad propria remeavit.

Mart Imp. — Reg 860 — Otto VI, 2 — Reg 862 Otto

Anno Domini octingentesimo LII°[1] Karolus nepotem suum Pippinum regem Aquitanie cepit et consilio episcoporum Suessionis in monasterio sancti Medardi misit, quia multa mala in Aquitania fiebant, que non punivit, et provincia ab indigenis vastabatur, et propter hoc eum Aquitanici accusabant[2]. Fugit tamen ex monasterio et iterum capitur et in castro munitissimo collocatur. ⟨Lotharius[c] autem gloriose imperium gubernavit et genuit ex regina Irmgarde tres, Karolum, Lotharium, Lůdewicum. Anno Domini octingentesimo LIIII° vero Lotharius[3]⟩, sicque regnum eius ad Karolum est deductum. Lotharius autem imperium magnifice gubernavit et tocius virtutis ac probitatis actibus insistebat. ⟨Filius[c] vero eius Lůdewicus cum eo quinque annis imperat⟩. Anno imperii eius nono corpus beate Helene, matris Constantini, ab urbe Roma in Franciam ad Altovillariense monasterium in Remensem dyocesim est translatum*. *Anno Domini octingentesimo LV° Lotharius convocatis primoribus regni filiis suis divisit regnum. Lůdewico nomen imperiale cum Italia contulit, quem predictus Sergius coronavit[4]. Hic cum patre quinque annis imperavit. Karolo[d] Provinciam et Galliam Celticam disposuit, Lothario Lothoringiam ordinavit. ⟨Karolo[c] Provinciam et Celticam Galliam disposuit, qui non diu supervixit, sed[e] vexatus a dyabolo est in presencia patris et optimatum per tres dies, quia contra patrem conspiracionem tracta-

A. S. Rudb. 851 — Reg 853 — cf. Reg 855 Mart. Imp. — Reg 851 — Reg 855 — Mart. Imp. — Reg *f 127 cf Otto VI, 1 — cf Mart Pont. — Reg cf Otto — cf Reg 858 — Mart. Imp.

*) *In marg. deleta (v. supra p. 21, n. d)*:

De Lothario ⟨imperatore et filiis suis ca^m^ 7 *deleta*⟩ primo et Lůdewico II° imperatore, filio eius, et aliis ca^m^ 7.

De Lothario imperatore et filiis suis Karolo, Lůd imperatore et rege Lothario ca^m^ 7.

a) *sic c. et Otto Fris.*, Nometieius *Regino in cod. A 1*. b) *sic c. et Otto*, Herispoius *Regino*. c) *uncis inclusa Ioh. delevit*. d) Karolo — disposuit *deleta, sed in marg. iterum addita*. e) sed — fatebatur *in marg. add., post deleta*.

1) *Iohannes inter Ann. S. Rudb. et Reginonem viam, ut ita dicam, mediam videtur elegisse, et id optimo iure, quia quae narrat a.* 852 *sunt facta, cf. Dummler, 'Ostfr. Reich' I², p.* 355, *n.* 4. 2) *Haec Regino non dicit*. 3) regnum divisit *etc. fere scribere voluit; cf. l.* 28. 4) *Cf. supra p.* 22, *n.* 4.

Reg 858 verat, prout ipse publice fatebatur; quo mortuo inter Karolum patruum suum, fratrem patris, et Lotharium fratrem eius orta est gravis dissensio pro Provincia, quam regebat Lůdewicus igitur⟩[1].

Reg 855 Otto VI, 1 Lotharius ergo imperator ad monasterium Prumense se contulit ibique tonsoratus monachus est effectus, qui *Mart Imp.* dum moreretur, angeli et demones pro anima altercantur, ita ut corpus hinc inde distrahi videretur, sed monachis orantibus *cf Otto VI, 4* demones abscesserunt*. Lůdewicus igitur in Ythalia res *Mart Imp* agebat, et Dani Angliam vastantes Edmundum[a] regem piissimum occiderunt, cuius gladio Anglorum reges in prelio uti solent, sanctitas eius innumeris oraculis est probata In archa, que continet corpus suum, carbunculus tam miri splendoris inclusus tanta preminet claritate, ut, sicut sol *Mart Imp* diem, ita illuminet tenebras nocturnales[2]. Hiis diebus Iohannes Scoticus, vir litteratissimus, in Franciam venit, qui rogatu Lůdewici imperatoris Ierarchyam beati Dyonisii transtulit in Latinum Qui confossus est stilis a discipulis, quos docebat. Hoc tempore corpora Urbani pape et Tyburcii Autysiodorum sunt transvecta et ad ecclesiam sancti Germani locata Northmanni in Aquitaniam pervagantes Andegavensem, Turonensem, Pictaviensem urbes vastaverunt. Apud Piziam[b] urbem Lombardie tribus diebus et noctibus tribus sanguis de celo *Mart Pont* pluit**. Sergio pape successit Leo IIII^{us}, huius tempore Adolfus rex Anglie venit Romam et optulit sancto Petro in tributum sempiternum de qualibet domo aureum[c] nummum unum Hic papa pro Neapolitanis contra Sarracenos pugnantibus composuit collectam: *Deus, cuius dextera beatum Petrum* etc. Basilicas sanctorum Petri et Pauli et alias ecclesias, quas Sarraceni[d] devastaverant, reparavit Insuper dum muros civitatis Leonine[e] perfecisset et seras portis imposuisset, dixit orando collectam: *Deus, qui apostolo tuo Petro collatis clavibus* etc. Huic successit Iohannes Anglicus puella, que cum amasio suo pergens Athenas tantum profecit, ut Rome trivium legeret, et tam celebris est effecta, ut in summum pontificem sumeretur Fuit tamen per suum amasium[f] impregnata, et dum de Sancto Petro pergeret Lateranum, peperit in via et moritur; quem locum semper summus presul propter feditatem f[acti][g] di-

*) *In marg* Hic termina capitulum, sed non incipe aliud, sed ibi *Lotharius rex (infra p 25, l 4).*
**) *Sequuntur deleta* Rex Francie Karolus tres filios habuit, Karlomannum, Karo.

a) Aymundum *Martin* b) Brissia *Martin* c) argenteum *Martin* d) *seq* destruxerant *delet* e) Leoniane *Martin* f) familiarem *Martin* g) *sic Martin*, acti *legi nequit*

1) *Ioh haec delevit, quia postea vidit non hunc Carolum, sed filium Ludowici Germanici secundum Martinum in resaniam incidisse.* 2) *Haec non ex Abbonis Vita s. Edmundi deprompta sunt*

citur declinare In dechalago[a] pontificum non habe- *Mart Pont* tur* Iohanni[b] Anglico successit Benedictus IIII^us, et post hunc sedit vir sanctissimus Nicholaus Anno Domini DCCC^oLVI^o *Reg 856* Lotharius rex** duxerat Thîbergam sororem abbatis Hugberti, viri nobilis et prudentis, cui commisit ducatum inter Iurum *Reg 859* et montem Iovis gubernandum Superduxit autem Lotharius Waldragam[c], quam adhuc in domo patris vivens *Reg 864* adamavit Dum vero Thiberga odio haberetur et contempneretur*** ab eo, quesite sunt[d] omnes vie repudii†, ut Waldradam ducere posset Guntharium ergo Colo- *Otto VI, 3* niensem consulit promittens, quod duceret neptem suam, si quocumque modo divorcium procuraret, qui associato sibi Th^t^gaudo presule Treverensi, Metis concilium statuitur[e], ubi Thîberge incestus cum fratre obicitur et divorcium celebratur Post[f] hoc Waldrada Aquisgrani copulatur, et promissione Col[oniensis][g] episcopus est frustra[tus], semel tamen, ut [dicitur], eius neptis s[tu]prata a Lothario cum deri[sione] [omnium] ad av[unculum] est remissa Thîberga ad papam negocium per[h] fratres suos deduxit†† Anno Domini *Reg 865* octingentesimo LXV° papa duos legatos in Galliam misit, qui pecunia corrupti in regno Lotharii nullum iurisperitum esse *Otto VI, 3* dixerunt vel eruditum in sacris canonibus, inefficaciter redierunt Deinde misit Arsenium episcopum et consiliarium *Reg 866* suum, qui allocutus est Lotharium, ut unum eligat e duobus vel ut dimissa pelice uxorem legitimam resumat aut anathematis gladio sciat se cum omnibus fautoribus feriendum, qui iureiurando interposito promisit legitimam reassumere et amplius non accedere superductam Waldrada itaque incitat iterum Lotharium contra Thîbergam, ita ut ea mortis periculum imminere formidaret, et ob hoc in Franciam ad Karolum declinavit Cui papa scripsit epistolam de hoc ne-

*) *Sequuntur deleta*· Huic Benedictus III^us succedit, post *Mart Pont* quem Nycholaus sedem suscipit, magnus iusticie emulator

**) *Huc spectat nota in marg* . Hic incipe capitulum de filiis Loth[arii][i] imperatoris Loth[ario][i], Karolo et Lůdewico imperatore.

***) *Sequuntur deleta*· ad papam negocium est deductum, qui Lotharium excommunicacionis gladio est aggressus scripsitque sibi super eo

†) *Sequuntur deleta* et invente.

††) *Sequuntur deleta* et ad Karolum regem Francie decli- *Reg 866* navit, papa Lothario mandavit, ut resipisceret a via erroris et peccati

a) cathalogo *Martin* b) Ioh — Nicholaus *in marg* c) Waldradam *Regino* d) quesivit *ex* quesite sunt *Ioh corr* e) *sic c* f) Post — remissa *in marg crucis signo apposito, ubi adnotatum* interius c[ruc]is signo g) *in marg desecta supplevi ex Reginone, vestigia litterarum secutus* h) per fr s *in marg* i) *uncis inclusa desecta supplevi*

Reg. 866 gocio, errorem Lotharii insinuans, scripsit et Waldrade et Lothario peccati et excessus enormitatem reprobans et condemnans. Scripsit[a] et epistolam episcopis per Germaniam et Galliam constitutis causas excommunicacionis conti[nentem][b]. Direxit *Reg. 865* quoque Lothario epistolam super facto[1]. Interea Guntharius et Thigaudus papam accedunt, ut se de facto divorcio excusarent, sed papa habito concilio eos deposuit ac suis dignitatibus spoliavit, qui accedentes imperatorem Lûdewicum, *f. 127'.* fratrem Lotharii*, 'eius patrocinium implorantes, et dum nichil proficerent, confusione respersi ad propria redierunt et iterum atque iterum sedem apostolicam adeuntes pro recuperacione sui status nichil agentes novissime in Ythalia *Reg. 867* moriuntur. ⟨Anno[c] Domini octingentesimo LXVIIII° Sarraceni Beneventanam provinciam invaserunt, contra quos Ludewicus imperator exercitum contrahit et fratrem suum Lotharium in adiutorium accersit⟩.

A. S. Rudb. Anno Domini octingentesimo LVIIII° Liuprammus archiepiscopus obiit, et succedit Adelwinus, qui a Nycholao papa pallio honoratur. Hic corpora sanctorum Crisanti et Darie a Roma detulit in Salczpurgam, quamvis oppidum quod Monasterium[2] dicitur in territorio Coloniensi habere se eadem corpora glorietur.

Anno[d] Domini DCCC°LXVI Lûdewicus in Ythalia res *Reg. 867* agebat. Anno Domini octingentesimo LXVIII° Sarraceni in partibus Apulie imperium infestabant, contra quos imperator Lûdewicus exercitum componit Lotharium in auxilium vocans, et commissis ibi plurimis preliis, triumpho cedente imperatori, exercitus Lotharii gravi peste, aeris[e] intemperie, dissenteria, aranearum morsibus fatigatus, periclitata innumerabili multitudine, ipse gravi suorum dispendio est reversus. Anno

Reg. 859 et Mart. Imp. *) *In marg. infer. signo ⊕ apposito, quod in contextu non exstat (vide supra p. 23, l. 33)* Anno Domini DCCC°LVIIII° Karolus filius Lotharii, cui Provincia cesserat, moritur. Hic coram patre et in presencia optimatum per tres dies a dyabolo est vexatus; nam contra patrem se fecisse conspiracionem publice est confessus. De cuius regno inter Karolum patruum suum, regem Francie, et Lotharium fratrem suum, regem Lothoringie, grave litigium est exortum[3].

a) Scripsit — facto *(l. 5) in marg. signo non apposito, sequitur* nota in ultimo his epistolis *(cf. n. 1).* b) *in marg. desecta e Reginone supplevi.* c) *uncis inclusa Ioh. delevit.* d) Anno — agebat *in marg.* e) aeris int. *bis scriptum, alterum delet.*

1) *Cf. epistolas Jaffé, Reg. pont. ed. 2 nr.* 2872. 2873. 2808, *quarum fragmenta Regino ad a.* 866 *habet, quae Ioh. paucis praetermissis f.* 131. 131' *codicis Monacensis descripsit.* 2) *Novum Monasterium, cf. Transl. SS. Chrysanti et Dariae, SS. XV, p.* 374 *sqq.* 3) *Martinus historiolam hanc de Carolo filio Ludovici, non Lotharii, narrat.*

Domini octingentesimo LXVII°[a] Nycholaus papa, vir sanctissimus, [Reg 868] transiit* Eius tempore apud Coloniam orta tempestate in [Mart Pont] basilicam beati Petri populo confugiente fulmen instar ignei draconis scindens basilicam, tres homines occidens, tres[b] semivivos relinquens. Corpus eciam beati Clementis a Cersona, ubi in mare proiectum fuit, mari siccato ablatum per beatum Cyrillum Romam est deportatum. Adrianus IIus Nycholao succedit, cui Lo- [Reg 868 cf Mart Pont] tharius scripsit epistolam se excusans quantum potuit de commissis, et quod venire ad eius presenciam affectaret. Cui papa rescripsit: si inculpabilis seu immunis existeret, absque [Reg 869] hesitacione veniret[c]. Et profectus Romam venit, pontifex sciscitatur, [et Otto VI, 1] si monita Nycholai pape observasset; respondet: 'Sic, ac si fuissent divinitus imperata', proceres qui secum venerant idem testabantur; invitantur ergo ad communionem sacrosancte eucharistie, ad quam rex et optimates accesserunt cordibus induratis. Pontifex, si ita hec se haberent, dedit eis corpus Domini in vitam eternam, si vero aliter, in iudicium et dampnacionem. Rex, quia false iuraverat, reversurus in patriam apud Placenciam moritur, omnes quoque qui secum iuraverant infra ipsius anni terminum decesserunt. Filium [Reg 883 885] reliquit Hugonem nomine**, de quo inferius dicetur[1]. Karolus rex Francie comperto[d] morte Lotharii venit Metis, [Reg 869] Aquis et Coloniam, ut sibi Lothoringiam subiugaret, frater vero eius Ludewicus rex Germanie infirmus in Bawaria iacens[d] mandavit, quod abscederet aut prelium expectaret[2], vel quousque convalesceret, ut super hoc tractatus de iure cuiuslibet videretur, et sic Karolus in Franciam se recepit. Anno Domini octingentesimo LXX° apud [Reg 870] Marsanam super Mosam convenerunt regnum Lotharingie [Otto VI, 4] dividentes ita, ut palacium Aquisgrani inter alia cederet Lůdewico, que divisio fortissimis pactis est firmata. Hoc [Reg 870] anno Karolus rex Francorum in filiis infelicitatem maximam [Mart. Imp] experitur, tres enim filios habuit, Karlomannum, Karolum, Lůdewicum. Karlomannus clericus et dyaconus effectus retrocessit et ecclesias tyrannice infestavit, quem pater captum oculis spoliavit; Karolus vero periit, dum cum quodam luctans vellet robur corporis experiri. Anno Domini octingentesimo [Reg. 871] LXXI° Adrianus migravit ad Dominum, et succedit Iohannes VIIIus

*) *Sequuntur deleta:* et succedit Adrianus

**) *Sequuntur deleta.* qui regnum usurpans contra Karolum Grossum, ut inferius patebit[3], et Northmannorum regem sibi acquisivit auxilium, capitur et cecatur et [Reg 885] in monasterium sancti Galli retruditur, novissime in Priuma terminum vite fecit.

a) *corr ex* LXVIIII — *Ann S Rudb* 867 Adrianus papa sedit b) sex *Martin* c) *in marg* has epistolas in ultimo quere folio *(f 131')* d) *sic c*

1) *Vide infra p* 32 2) *Haec non leguntur apud Reginonem. Cf Otto Fris VI, 6* 3) *P* 32

[*A. S. Rudb. 872. Reg. 871. 872 et Otto IV, 4.*] Anno Domini octingentesimo LXXII° Lůdewicus exercitum in Samnium transfert contra Adalgisum, qui fuit dux Beneventi et Grecorum adiutorio plures civitates Campanie, Lucanie ab eo avertit. Dux hoc senciens eius gracie se subiecit, sed in dolo. Imperator, dum crederet se securum, circumdatus a duce pene fraudulentissime est occisus et compulsus est iurare, quod illuc amplius non veniret, et veniens Romam contumeliam queritur[a]. Adelgisus hostis rei publice a senatu et papa[1] iudicatus imperatore contra eum procedente in Corsicam insulam se recepit.

[*A. S. Rudb.*] Anno Domini octingentesimo LXXIII° Adelwinus archiepiscopus Salczpurgensis obiit, cui Albertus, venerabilis vir, successit. [*Mart. Pont.*] Hoc tempore a Sarracenis monasterium sancti Benedicti per Ythaliam decurrentibus est destructum, et Iohannes dyaconus ecclesie Romane ad Iohannem papam ecclesie presidentem scripsit in IIII^or libris vitam sanctissimi pape Gregorii stilo pulchro.

[*f. 128*] *De Karolo Calvo imperatore et filiis Lůdewici regis Germanie. Capitulum 8m.

[*A. S. Rudb. Reg. 874.*] Anno Domini octingentesimo LXXIIII° Lůdewicus imperator, qui regnum Ythalie tenuit, moritur, vir per omnia misericors et benignus. [*Reg. 876 et Otto VI, 6.*] Anno Domini octingentesimo LXXV° Lůdewicus rex Germanie ab Aquis, ubi infirmabatur, Franchenfurt est perlatus[2], ibique vivendi finem fecit et in monasterio beati Nazarii sepelitur. Tres filios reliquit, Karlomannum, Karolum, Lůdewicum. Karlomannus Ythaliam intravit ad imperium optinendum. Karolus quoque rex senior, qui Franciam gubernavit, Lotharii imperatoris et Lůdewici predicti Germanie regis frater, similiter Ythaliam introivit et a Iohanne papa interveniente maximo precio imperiali dyademate coronatur; [*Mart. Imp. Reg. 876 et Otto VI, 6.*] qui est Karolus Calvus dictus. Qui audita morte fratris sui Lůdewici nimium exultavit et regnum Lotharii integraliter, exiens ab Ythalia, apprehendere cogitavit, et venit Aquis atque Coloniam cum copiis. Lůdewicus autem frater Karlomanni et Karoli premissorum mandavit rogans, ut abscederet et contentus staret funiculo distribucionis et sorte que sibi provenerat, cum divideret Lothoringiam cum patre ipsorum, et pactorum que fecerat memor esset. Quod dum surda transiret aure et diceret se cum Lůdewico fratre suo, non cum filiis suis pacta habere, utrique ad prelium parantur et prope Andrenacum in vico Megmensi conveniunt. Ubi acerrime pugnantes in primo congressu comes Reginardus[b], vexillifer Karoli, est prostratus; mox acies Karoli irrumpuntur, et sicut in stipula furit ignis, ita vires adversariorum a Lůdewici sociis prosternuntur. Et quamvis cruenta, nichilominus Lůdewico cessit

a) corr. ex conquer. b) Reginarius *Regino*.

1) *Verba* et papa *Ioh. inseruit.* 2) *Haec falsa sunt neque ab auctoribus a Iohanne lectis, quos habemus, tradita.*

victoria gloriosa, et Karolus, suis fugientibus qui gladium evaserunt, ipse vitam fuga celeriter conservavit, in Franciam cum dedecore est reversus. Karlomanno ex Ythalia iam reverso tres fratres predicti paternum regnum sorcialiter diviserunt; Karlomanno Bawaria, Pannonia, Karinthia[1], Moravia, Bohemia provenerunt, Karolus Alemanniam, que est superior pars Suevorum, incipiens[a] in Recia Curiensi[2], cum aliquibus civitatibus Altzacie[b] est sortitus, Ludewicus Orientalem Franciam, Thuringiam, Saxoniam, Frisiam, Lothoringiam est adeptus. Imperator in Francia et Ythalia multa monasteria construxit et collapsas ecclesias reparavit. Huius tempore Flandria surrexit in comitatum et cepit habere nomen, cum antea a forastariis regum Francie regeretur. Ludewicus filius eius superstes[c] duxit uxorem Asgaredem[d] sine patris consciencia et genuit ex ea Ludewicum et Karlomannum. Sed pater moleste ferens de ipsa coniuge filium impulit, quod hanc dimisit et aliam superduxit, que[e] dicta est Aleydis et peperit filium post mortem mariti, quem Karolum appellavit.

[Reg. 876 et Otto VI, 6; Mart. Imp.; Reg. 878]

Anno Domini octingentesimo LXXVIIII° eclypsis solis facta est. Imperator cupiens regibus dominari Bosoni fratri uxoris sue Hyrmgardem filiam imperatoris Ludewici copulavit, dans ei Provinciam, dyadema imponens, quem Ludewicus et Karlomannus fratres semper persecuti sunt; alii quoque reges audire nomen eius nullatenus potuerunt; quorum omnium insidias ipse semper modo callido evitavit, qui postea Lugdunum ingrediens ab Aureliano urbis episcopo et aliis episcopis et regni optimatibus[3] in regem Burgundie est sollempniter coronatus. Regnum eius Arelatense, Lugdunense, Burgundicum et Bosonicum legitur appellatum[4]. ⟨Hoc[f] tempore corpus beati Martini propter infestacionem et timorem Northmannorum Autysiodorum ad Sanctum Germanum est perductum, ubi multis miraculis patratis redeunte pacis tempore Turonis est relatum[5]⟩. Imperator reversus in Ythaliam Papie consedit, quem Karlomannus invadere attemptavit, in Ythaliam exercitum conglobavit, quod Karolus audiens in Franciam iter flectit, et veniens inter Alpes infirmatur graviter et a quodam Iudeo impocionatus

[A. S. Rudb.; Reg. 877-879; Mart. Pont.; Reg. 877; cf. Otto VI, 6 et Mart. Imp.]

a) inc. — Curiensi *in marg.* b) et aliquae civitates ex regno Lotharii *Reg.* c) sup. *in marg.* d) Ausgard *Regino*, Asg. s. p. consc. *in marg.* e) que — Aleydis *in marg.*, Adalheidis *Reginonis cod. A 1.* f) *uncis inclusa Ioh. delevit.*

1) Carentanum *Otto Fris. VI, 6*, et Carnutum, quod corrupte Carantanum dicitur *Regino.* 2) *Alibi Ioh. Alemanniam superiorem vocat, ut eam distingueret a Germania tota, quam aeque Alemanniam appellavit.* 3) *Haec Ioh. ipse addidit.* 4) *Apud Reginonem et in chronicis Ottonis Frisingensis episcopi haec non leguntur, neque alii auctores Iohannis omnia nomina praebent.* 5) *Haec non ex Translatione s. Martini, edita ab E. Dümmler, 'Archiv f. österr. Geschichtsq.' XXII, p. 296, sed aliunde addita sunt.*

Reg. 877 anno[a] Domini octingentesimo LXXVII° moritur, et post biennium[1] Parisius ad monasterium sancti Dyonisii transportatur. *Reg.* 878. 879. Cui succedit Lůdewicus filius eius, dictus Balbus, quia impedicionis lingue fuit. Quo mortuo Lůdewicus frater Karlomanni *cf. ib.* 876. et Karoli, qui Orientalibus Francis, Thuringis, Saxonibus, Frisonibus, Lothoringis imperavit, transvadata Mosa invasit regnum eius; cui filii sui Lůdewicus predictus et frater eius Karlomannus occurrerunt et per pacta concordaverunt sine cede ita, ut permitterent sibi illam partem Lothoringie, quam avus et pater eius habuerunt, addicientes sibi Atrabatis, abbaciam sancti Amandi[2]; et sic pactis firmatis Lůdewicus revertitur et in via pugnavit cum Northmannis, Hugone filio, quem ex pelice habuit, interfecto, nichilominus prostratis *Reg.* 880. plurimis triumphavit. Karlomannus frater eius post multa *l. 128'.* *Otto VI, 7.* prelia mirifica *paralisi percussus moritur et in Otinga Bawarie sepelitur. Hic reliquit filium non legitimum, sed tamen de nobili femina ex Orientali Francia genitum[3], quem Arnůlfum ob reverendam memoriam beati Arnulfi Metensis episcopi nominavit, de cuius felici germine regum Francorum posteritas pullulavit. Huic contulit ducatum Karinthie in montanis cum castro ibidem, quod Mospurch, quia paludes circumiacent, est vocatum. Lůdewicus vero frater eius venit Ratisponam, quam Karlomannus statuerat[b] [4] caput regni omnesque nobiles terre sue subdidit potestati, dans et confirmans Arnůlfo patris donacionem de Karinthia, ne expers paterne hereditatis penitus remaneret.

De Karolo Grosso et suis gestis. Capitulum IX[m].

A. S. Rudb. *Reg.* 881. Anno Domini octingentesimo LXXX°[5] Karolus, qui Alemanniam superiorem[6] tenuit, qui Grossus dictus est, frater Karlo- *cf. Otto VI, 8.* *Mart. Imp.* manni et Lůdewici, Ythaliam ingressus a Iohanne papa et se- *Mart. Pont.* natu sollempniter imperiale suscipit dyadema. Iohanne papa mortuo Martinus succedit. ⟨Post[c] hunc sedit Adrianus IIIus; hic statuit, ut nullus imperator de electione summi pontificis ingerere se presumat. Post hunc sedem suscipit Stephanus Vus.⟩ Huius tempore propter timorem Northmannorum corpus beati Martini Autysiodorum est perductum et sancti Germani corpori vicinatum, monachi autem propter oblaciones dissenciebant miracula que fiebant sancto Germano

a) anno — oct. LXXVII° *in marg.* b) statuerit *c.* c) *uncis inclusa Ioh. delevit.*

1) post aliquantos annos *Regino. Cur auctor haec immutarit, nescio.* 2) *Immo sancti Vedasti, ut Regino dicit.* 3) *Haec Ioh. ipse adiecit e coniectura.* 4) *Hoc rursus auctor coniecit ignorans iam sub Ludovico Germanico Ratisponam* caput regni *vel, ut Otto Fris. Chron. VI, 7 dicit,* Boioariae metropolim *fuisse.* 5) *Ex Annalibus S. Rudb. non nisi annum desumpsit* (880 Karolus imperator consecratur). 6) *Cf. supra p. 29, n. 2.*

ascribentes. Contigit autem leprosum ibi inter corpora sanctorum [*Mart. Pont.*] positum sanitatis beneficium expectare, et ecce, nocte instante curatur in illo latere, quod ad sancti Martini corpus versum habebat, et altera nocte aliud latus ad eundem sanctum exhibuit et in ipso latere similiter est curatus, et sic beatus Germanus suum hospitem honoravit. Alberto presuli Salczpurgensi successit Dītmarus, qui corpus [*A. S. Rudb. 880*] beati Vincencii attulit in Salczpurgam.

Anno Domini octingentesimo LXXXII⁰ Lůdewicus rex Francie, [*A. S. Rudb. 882*] Lůdewici Balbi filius, moritur, et frater eius regnum suscipit [*Reg. 883*] Karlomannus. Quorum frater Karolus, quia ex alia matre [*cf. ib. 879*] natus est, superstite adhuc matre Lůdewici et Karlomanni, ut premissum est, a Francicolis minime curabatur[1]. Northmanni igitur regnum Lůdewici in partibus inferioribus circa [*Reg. 881, Otto VI, 8*] Walum fluvium et in Frisia[2] crudeliter devastabant et palacium in Novomagio[a], Leodium[b], Traiectum, Tungris combusserunt, Coloniam, Bunnam, Iuliacum, Tulpecum[c] et pene totam Ribauriam[3] vastaverunt, Prumam monasterium, Aquis palacium et monasteria per Arvenniam[d] undique combusserunt et rapinas plurimas abstulerunt. Ipse vero graviter infirmatus [*Reg. 882, Otto*] in Franchenfurt ultimum vite fecit et in monasterio sancti Nazarii[4] apud patrem sepelitur. ⟨Filium[e] habuit legitimum⟩ ex consorte sua Luthgarda, qui, dum pater ⟨Karlomanni[e] fratris sui regnum intraret, puer adhuc existens cecidit de fenestra palacii apud Ratisponam et omni domui regie maximum luctum fecit⟩. Regis morte comperta Northmanni tripudiantes congregati in die sancte cene Domini civitatem Treverensem irrumpunt, spoliant et exurunt omniaque in circuitu devastantes[f] Metis tendunt, quibus urbis episcopus in prelium occurrit, in quo ipse cecidit, reliqui fugerunt. Imperator in Ythalia res agebat, et principes Gallie et Germanie consternati de Northmannorum incursione mandaverunt ei, ut regnum Lůdewici sibi hereditarium suscipere non tardaret, quod per Normannicam insolenciam vastabatur. Qui nichil cunctatus rediit et subiectione[g] terrarum accepta, sumptis Lombardis, Saxonibus, Thuringis, Bawris, Frisonibus, Alemannis contra Northmannos, qui adhuc in regno[h] fuerant, procedebat. Quos dum abigere non valeret, regi eorum Gothfrido filiam Lotharii Gyselam dedit uxorem et provinciam Frisiam[i] baptizatumque eundem et de sacro fonte levavit et sic

a) Niumagi *Regino*, Noviomagense *Otto*. b) Leodium — abstulerunt *in marg.* c) Tulpiacum *Regino*. d) Arduennam *Regino*. e) *uncis inclusa Ioh. delevit verbis* ex consorte — pater *temere relictis*. f) devastatis *c*. g) subiect. t. acc. *in duobus marginibus suppl.* h) regione *Otto*. i) Fresiam *Regino*.

1) *Hanc causam Ioh. ipse commentus est. Vide supra l. I, c. 8 p. 29, l. 17 sqq.* 2) *Ioh. verba* et in Frisia *addidit, fortasse Traiectum in Frisia sitam esse opinatus.* 3) *Hoc regionis nomen, quo saepe utitur, non e Reginone neque Ottone deprompsit, sed ipse invenit auctor.* 4) Lorasham *Regino*, Laureacensi *Otto*. *cf. Regino a.* 876: in monasterio s. Nazarii quod Lorasham nuncupatur.

Mart Imp — Reg 881. — *f 129

abscedere persuasit Concessit autem eis regionem ultra Secanam, que usque hodie dicitur Normandia a Northmannis*. Anno Domini octingentesimo LXXXIIII° Karlomannus rex *Francie crebras incursiones Northmannorum sustinere non valens XII milia pondera argenti tradidit, ut annis XII in suum regnum non venirent. Qui postea in venacione aproᵃ percussus occubuit vel, ut quidam dicunt, a quodam sibi infesto, dum a venacione rediit, clam necatur[1] Quo mortuo pociores regni pacem habere non poterant a Northmannis, nisi tanta pecunia sicut prius donaretur. Super quo metuentes Francigene, fratrem Karlomanni Karolum pro nichilo ducentes[2], miserunt ad imperatorem, ut regnum susciperet super eos, et veniens optimates regni obvios habuit, qui statim se per sacramenta, ut moris est, sue subiciunt dicioni

Reg 883 885

Anno Domini octingentesimo LXXXV° Hugo Lotharii bygami regis filius patris regnum cupiens apprehendere persuasionibus malignorum et inter alias calliditatis vias Gothfrido Northmannorum regi, ut sibi esset auxilio, pepigit mediam regni partem. Qui missis ad imperatorem legatis, qui dicerent, quod sibi Confluenciam, Andrenacum, Sinczigam, ubi est vini crementum, addiceret ad Frisiam, alias se non posse nec velle persistere in promissis Imperator dolum senciens in Patuam[b] insulam cum Coloniensi episcopo misit Heinricum quendam spectabilem comitem[3] cum rege[c] Gothrido negocia pertractare, ubi rex Gothfridus occiditur, et hoc commocio conquievit, Hugoque postea captus in monasterium sancti Galli retruditur, postremo in Prumensi monasterio moritur Hoc anno Martino pape succedit Adrianus tercius Hic statuit, ut nullus imperator de electione summi pontificis ingerere se presumat. Post hunc suscepit sedem Stephanus V[us]

A S Rudb 885 — Mart Pont — Reg 887 Otto VI, 9

Anno Domini octingentesimo LXXXVII° imperator, dum in huius celsitudinis culmine consisteret et imperium, regnum Francorum et Alemannorum teneret, cepit rebus ac animo deficere et vacillante fortuna ad ultimam inopiam devenire Defluxerunt enim ab eo res et honores, optimates se subduxerunt[4] inutilem iudicantes, omni eum gloria privantes,

A S Rudb 885

*) *Sequuntur deleta:* Gothfridus[d] autem rex postea ab imperatoris fidelibus est occisus Igitur ut supra dictum est.

a) *sic et Reg cod A1*; ab apro *Regino et Otto* b) Batuam *Regino* c) *seq* Gothfr *deletum* d) Gotfhrid9 *c*

1) *Regino contrarium dicit* a quodam .. improvide arma ferenti, *et* · non sponte, sed invitus hoc facinus commiserat 2) *Haec auctor addidit recordatus Carolum (Simplicem) superfuisse, quamquam apud Ottonem VI, 8 legebat* Karolum imperatorem, qui tunc solus ex stirpe Karolorum superesse videbatur 3) *Ducem eum Regino semper appellat* 4) *Cf Martin Oppav p* 463 Karolus .. imperator deficiens corpore et spiritu ab optimatibus regni repudiatur

sibi parere amplius rennuerunt. Principes ergo Germanie [*Reg.* 887. 888. *Otto VI*, 10] et Francie Orientalis Arnûlfum ducem Karinthie accersitum statuunt sibi regem. Occidentales Franci Odonem Roperti ducis[1] filium, Parisiorum comitem et ducem, de consensu Arnûlfi, virum elegantissimum, elevant et regem proclamant, Karolo Lûdewici filio postergato[2]. Karolus quondam imperator misit ad Arnûlfum, ut sibi dignaretur de vite sustentaculo providere, commendans sibi filium suum Bernhardum; qui filium secum servans[3] patri in Alemannia fiscos aliquos deputavit. [*Mart. Imp.* *Reg.* 887] Hic Karolus uxorem suam suspectam habens, que Richardis dicta est, cum episcopo Vercellense sibi dilecto ⟨Livardo[a]⟩ eamque in concionem vocavit, et cum ipse fateretur se eam numquam cognovisse, licet eam decennio habuisset, ipsa quoque nec ab aliquo se umquam carnaliter cognitam et hoc ignitorum vomerum examine vel singulari certamine velle probare responderet, facto discidio ad monasterium sanctimonialium se optulit summo regi immunis ab amplexibus tam episcopi quam proprii viri quam omnium aliorum.

[*Reg.* 888. *A. S. Rudb.* 887] Anno Domini octingentesimo LXXXVIII° Karolus in summa moritur egestate et in Augiensi monasterio in insula laci Alemannici Constanciensis territorii sepelitur. Hec deiectio ei ad probacionem creditur contigisse, quia in Dei opere [*cf. Otto VI*, 9] ferventissimus semper fuit, nec dubium, quin per pacienciam coronam meruerit sempiternam. Qui convenienter cum Iob dicere potuit: *Ego ille quondam opulentus repente contritus sum*, [*Iob* 16, 13] et Boecius[4]:

Quid me felicem tociens iactastis, amici?
Qui cecidit, stabili cecidit[b] *ille loco.*

[*A. S. Rudb.* *Reg.* 889 *Mart. Imp.*] Anno Domini octingentesimo LXXXVIIII° gens Scitarum[c] egressa Hunos eiecit Pannoniam Ungariam[d] optinens, ubique interimens et occidens, crescens robustata est adeo, ut multas terras suis incursionibus et infestacionibus provocarent spoliis atque bellis, Karinthyam, Marahensium ac Vulgorum fines percursitans, victum querens.

De Arnulfo imperatore, filio Karlomanni. Capitulum X^m.

[*cf. Reg.* *Mart. Imp.* *Otto VI*, 11] Anno Domini octingentesimo XC°[5] Arnulfus dux Karinthie monarchiam suscipit Germanorum. Hic Northmannos, qui Lothoringiam, Ardaniam[e] circa Leodium, Moguntiam, Treverim, Colo-

a) *nomen Ioh. delevit.* b) non erat ille gradu *Boeth.* c) *corr. ex* Scigarum. d) Ungariam — bellis *in marg.* e) Dardan *Martin.*

1) *Rotbertus a Reginone a.* 861 *comes vocatur, a.* 867 *dicitur marcam tenere, sed nusquam dux appellatur.* 2) *Additamentum auctoris, cf. supra p.* 29 31 *sq.* 3) *Hoc Ioh. e coniectura addidit. Bernhardus a.* 891 *contra Arnolfum conspirans occisus est.* 4) *De consol. phil.* *I*, 1, 21. 5) *Supra l.* 2. *Arnulfus recte a.* 887 *rex creatus esse dicitur.*

[* 129'] niam[1] per annos pene XL[a] crudeliter attriverant, incredi- [Otto VI, 11] bili plaga stravit *Filius Lůdewici regis Francie novissimus [cf. Reg 892] Karolus, qui a Francis minime curabatur[2] cum Odone predicto, quem sibi Franci regem statuerant, concertaciones gravissimas semper gessit Arnůlfus Odonis fautor [Reg 888, Otto VI, 10] extitit[a], quia de suo scitu fuerat sublimatus[3] Interea Ythali videntes altercaciones et audientes scissuras Francorum et Germanorum duos constituunt sibi reges, scilicet Berengarium ducem Fori-Iulii et Widonem ducis filium Spoletani [Mart Imp] qui prevalens Berengarium effugavit Fuerunt autem successive Ythalie principatum tenentes. Berengarius primus [cf Reg] Wido, Lampertus, Lůdewicus, Berengarius II[us], Berengarius III[us], Lotharius, Berengarius IIII[us] cum Alberto filio suo, quorum quidam [Mart Pont] obscure et tirannice[b] regnaverunt Mortuo Stephano papa [Reg 894, Otto VI, 12 13.] Formosus succedit Anno Domini octingentesimo XC°IIII° Arnolfus Ythaliam introivit et subiugatis pluribus civitatibus terrorem suum circumfudit Apud Pergamum Ambrosium comitem suspendit et* alia bene gessit Hoc tempore** Wido, qui imperium in Ythalia tenuit, moritur, et filius eius Lambertus in [cf A S Rudb 894] Urbe ad imperialem gloriam sublimatur, et Arnulfus Burgund[iam] ingressus eam subicit regno suo*** Bosone etenim rege Burgundie mortuo⁺ Lůdewicus[c] eius filius in Provincia [Reg 888, cf. 866 896] morabatur. Interea primores de regno Burgundie Rudolfum cuiusdam Chunradi comitis illius provincie filium apud Sanctum Mauricium statuunt sibi regem, quem Arnůlfus cum filiis suis omni tempore perse[quebat]ur[d], sed ille in locis tutissimis se [Reg 901, cf Otto VI, 14] servavit Habuit enim Arnulfus duos filios, Lůdewicum, [Reg 890] quem regem constituit Germanie, habuit et alium ex pelice, [Otto VI, 11] quem pro dilectione et familiaritate regis Marahensium Zwende-

*) *Sequuntur a Ioh deleta*: aliis rebus bene gestis in Alemanniam est reversus.

**) *Sequuntur a Ioh deleta* Boso rex Burgundie moritur, *pro quibus* Wido — moritur *in marg addita*

***) *Sequuntur a Ioh deleta* Karolus eciam, quia Rudolfus cuiusdam Chunradi comitis *et inter lineam*: reliquit filium

⁺) *Sequuntur a Ioh deleta* et Lamperto Widonis filio subli- [Reg 896] mato, Ludewicus Bosonis filius Ythaliam est vocatus, cuius successus.

a) ext *superscr* b) *sequitur deletum* imperabant c) manebat *deleto* Lůd — morabatur *in marg suppl* d) *desecta supplevi*

1) Trev Col *e Reginonis Cron a 891 addidit ceteris e Martino desumptis* 2) *Cf supra p 33, n 2* 3) *Haec ab auctoribus Iohannis non narrantur, sed conicere potuit collatis Reginonis Cron. a 888 896, Ottone VI, 11 12*

boldi, cui ducatum concesserat, vocari voluit Zwendeboldum*. Hic Zwendeboldus immemor beneficiorum Arnulfo postea *Reg* se opposuit, qui cum copiis ingrediens fines eius incendiis et rapinis compulit pacem querere, pro qua servanda obsidem filium suum dedit. Arnulfus autem in *Reg 894.* egressu ex Ythalia Rudolfum querit in Agauno[1], ubi sanctus Mauricius quiescit, sed deprehendere eum non potuit**. Terra autem illa vastata, que est inter Iurum et montem Iovis[a], reversus Wormaciam venit, ubi interveniente[b] Hyrmengarde[b] Bosonis relicta[c] Lůdewico suo[d] et Bosonis filio contulit quasdam civitates, quas Rudolfus tenebat, de cuius tamen non poterant erui potestate. Interea quidam primores regni *Reg 892 893* Francie recesserant ab Odone et Karolum Lůdewici ex Aleyde filium prius abiectum cum episcopis et comitibus in civitate Remensium[e] statuunt sibi regem, qui venit Wormaciam multis muneribus Arnulfum sibi concilians, de manu eius regnum suscipit et adiutorium[f], ut regno potiri posset, ab episcopis et nobilibus circa Mosam residentibus impetravit; qui ab Odone impediti procedere non valebant. Anno Domini octingentesimo XC°V° *Reg 895* Arnulfus iterum Wormacie conventum publicum celebravit, ubi Zwendeboldum filium preficit Lothoringis de consensu optimatum regni illius, qui prius[g] ad hoc consensum tribuere recusabant. *cf Reg 894* Interfuit et Odo rex, oblatis multis[h] muneribus Arnulfo que voluit omnia impetravit. Misit et Karolus nuncios episcopum quendam et comitem, quos Odo rediens obvios habuit et fugavit aliquosque vulneravit, ex quibus comes occubuit. Zwendeboldus filius Arnulfi parcium Karoli, ut[i] asserebat, in eius favorem, sed magis pro se ipso, ut suum dilataret regnum, Lugdunum obsedit cum exercitu, quem Odo ex Aquitania veniens recedere coegit cum omnibus copiis, licet ibi diu et strenue dimicasset. Anno Domini octingentesimo XC°VI° Ar- *Reg 896 Otto VI 13* nulfus secundario Ythaliam ingressus et urbe Roma potencialiter capta a Formoso papa imperiale suscipit dyadema. Quo iterum revertente Lampertus filius Widonis moritur, et Lombardi Lůdewicum Bosonis filium vocatum ex Provincia preficiunt *A S Rud 892 896 Mart Pont* sibi regem. Post Formosum Bonifacius VI[us] XV diebus sedit,

*) *Sequuntur deleta* hunc prefecit [ducem] principem *Reg 891 894* Lothoringis, licet prima vice non admitterent principes regni illius, postea nihilominus admiserunt, *pro quibus Ioh in marg scripsit* Hic Zw — dedit

**) *Sequuntur a Ioh deleta* quasdam tamen civitates regni Lůdewico Bosonis filio tradidit, quas [tamen] Rudolfus dimittere recusavit. Karolus rex

a) *sequitur* rex *delet* b) *sequitur bis* matre *a Ioh delet* c) *bis vel superscr* d) suo et *superscr* e) *sequuntur deleta* elevant et f) *sequitur* eius *deletum, pro quo Ioh* ut r p posset *in marg adiecit* g) *sequitur* annuere *deletum hic magnis Regino h l, sed ad 893 eius cod 1* multis muneribus i) ut — regnum *inter lineas add*

1) in Agauno *Ioh ipse Reginonis narrationi addidit*

[Reg. 898] quo subducto Stephanus VI[us] sedere suscepit. Lůdewicus[a] Bosonis filius cum Berengario in Ythalia gwerravit, per- [Transl. S. Dion. c. 1-4. 10] rexitque Romam et imperatoris nomen suscipit et coronam. Interea Arnulfus in Franciam cum exercitu proficiscitur et, dum[b] exactis propter que venerat[c] in tentoriis quiesceret, de corpore alicuius sancti et specialiter sancti Dyonisii medi- [*f. 130] tatur, quod quidam clericus Gyselbertus nomine furatum *sibi presentavit. Ipse vero secum Ratisponam detulit et sancto Emmerammo consociavit; post eius vero obitum annis C^m^La corpus inventum est et lapidibus inscriptum fuit, quod sub Arnulfo imperatore et Odone rege et abbate Sancti Dyonisii Ebulone et episcopo Ratisponensi Tutone translatum et sublatum sit per clericum Gyselbertum*.[1]

[A. S. Rudb.] Anno Domini octingentesimo XC°VII° Dītmarus archiepiscopus Salzpurgensis exiit in prelium contra Ungaros cum Ottone et Zacharia episcopis, qui pariter sunt occisi. Dītmaro successit [Mart. Pont. A. S. Rudb.] Pilgrimus. Stephanus papa effossum corpus Formosi et exutum veste papali indutumque laicali, duobus digitis precisis de dextra manu, in Tyberim manus proici iussit, propter quam causam Ste- [Mart. Pont. A. S. Rudb. 898] phanus est depositus de papatu, cui succedit Romanus et huic Theodorus, post hunc Iohannes nonus sedit. Hic confir- [Mart. Imp.] mavit ordinaciones Formosi et statuta Stephani reprobavit. Hoc [Reg.] tempore beatus Wentzeslaus dux Bohemorum a fratre suo [Otto VI, 13] Bolezlao occiditur, ut solus dominio potiretur. Anno Domini octingentesimo XC°VIII° Odo rex moritur et condigno honore apud Sanctum Dyonisium sepelitur. Universi autem regni principes congregati Carolum elevant et iterum eligunt sibi regem. Hic[d] dictus est Karolus Simplex, eo quod in regni ne- [Cont. Reg. 9..2. Reg. 893] gociis[e] deses esset. Cui adversarius maximus suscitatur Růdpertus[f] Odonis frater, longas et graves secum gwerras duxit[g]. Postremo apud Suessionis conveniunt, ubi Karolus

[Reg. 905] *) *Sequuntur a Ioh. deleta*: Igitur Lůdewicus rex Ythalie, Bosonis regis filius, Berengarium II[2] a regno expulit et in Bawariam effugavit. Ipse vero toto regno Ythalico ad libitum potitus dimisso milite venit Veronam, ut quieti operam daret. Veronenses Berengarium ex Bawaria clam vocantes, Lůdewico tradicionem penitus ignorante, Berengarius intromissus Lůdewicum cepit et oculis spoliavit regnumque Ythalie iterum introivit.

a) Lůdew. — coronam *a Ioh. in marg. addita.* b) *sequuntur deleta* triumpho glorie. c) *sequuntur deleta* de dum. d) Hic dictus — esset *in marg.* e) negocii c. f) *supra lineam h. l. ir., nescio cuius momenti, forsan* invasor regni, *ut Cont. Reg. a.* 922. g) *corr. ex* ducens.

1) *Haec ex antiquissima s. Dionysii Translatione, quam b. m. L. de Heinemann 'N. Archiv' XV, p.* 340 *sqq. edidit, cf. Otto Fris. Chron. VI,* 11. 2) *Immo Berengarium I. Iam supra enim p.* 31 *Ioh. Martinum secutus Berengarios quatuor statuit.*

Rûdbertum confossum lancea interemit Zwendeboldus eciam non bene cum suis optimatibus concordavit, aliquos enim *Reg 898 900* expulit et possessionibus spoliavit[a] et adversitates sibi plurimas acquisivit[b] *A S Rudb*

Anno Domini nongentesimo post gloriosas victorias et *Reg 899* mirifica facta in Ratispona[1] Arnûlfus moritur et in mona- *Otto VI, 13* sterio sancti Emmerammi honorifice sepelitur, hunc locum *Otto VI, 11* specialiter dilectum multis possessionibus locupletavit, preciosis *Transl* iocalibus, libris, vestibus et variis ornamentis[c] ad Dei cultum *s Dion c. 5* pertinentibus[d], corona sua, ciborio gemmis et auro ornato et libro aureis precapitulato[e] litteris decoravit

De Lûdewico filio Arnulfi et Chunrado primo. Capitulum XI

Anno Domini nongentesimo principes in oppido Forchaim *Reg 900 Otto VI, 14* Orientalis Francie convenientes in regem tollunt Arnulfi filium *Mart Pont* Lûdewicum Post Iohannem Benedictus sedit, cui successit *A S Rudb 901 sqq* Leo Vus[2] Leonem papam Christoforus presbiter suus incarceravit et ei successit, qui electus propter nephas perpetratum monachus est effectus, et successit Sergius Hic Formosum effossum induit pontificalibus et decollatum in Tyberim mergi iussit, impedivit enim eum quondam et reppulit de papatu Hunc piscatores inventum et positum in basilica sancti Petri, vise sunt quedam ymagines adorasse et venera- *Reg 901* biliter salutasse. Hoc tempore Ungari egressi successive Lom- *Otto VI, 14 15.* bardiam, Bawariam, Franconiam, Alemanniam, Saxoniam, Thurin- *Cont Reg 907 sqq* giam percursitantes spoliaverunt et innumerabiles occiderunt Lûpoldum quoque ducem Bawarie in prelio occiderunt[f], qui reliquit filium Arnûldum[g] strennuum et cordatum Plures ex eis in diversis locis similiter[h] sunt prostrati, et in Karinthiam *A S Rudb 902* venientes sine numero sunt occisi Sergio pape Anasta- *Reg 900* sius succedit Hoc tempore Lothoringi Lûdewicum regem *Otto VI, 14* invitant, quia Zwendeboldus eos, ut videbatur, indebite et multipliciter molestavit, quod dum comperit Zwendeboldus, regnum rapinis, incendiis et multis cedibus cruentavit, novissime ipse in prelio a regni nobilibus est occisus, et Lûdewicus iterato vocatus regnum suscipit consencientibus universis[3]

a) *sequuntur deleta* aliquos fugavit b) *in marg* hic incipe cam c) *corr ex* ornatibus d) *sequitur* specialiter *delet* e) hic prec dec *propter cursum ab auctore transposita* prec litt dec f) 11 pr occ *in marg, super quae verba* qui — cordatum g) Arnolfus *Cont Reg* h) sim *superscr*

1) *Nec Regino neque Otto dicit Arnulfum Ratisbonae obiisse, sed Translat S Dionysii c 4, 'N Archiv' XV, p 344, narrat eum ibidem infirmatum,* in Odingas *eum sepultum esse tradit Regino, cuius cod A 1b, ex quo Iohannis codex A 1c profectus est, correxit eum in Ratispona tumulatum* 2) Leo V *Ann S Rudb a* 904, Leo VI *Martin Recte Ioh Annales S Rudb sequitur* 3) *Hoc Regino et Otto expressis verbis non dicunt*

Anno[a] Domini nongen[tesimo] IIII° Lůdewic[us][b] Bosonis filius R[o]me imperatoris nomen sortitus Berengarium [ex]pulit ex Ythal[ia] in Bawariam. Ipse vero quietis causa venit Veronam. Veronenses autem notificant hoc Berengario, qui cum copiis venit et clam intromissus Lůdewicum captum oculis privavit, et ipse Ythaliam ingreditur iterum sicut ante et amplius tyrannizans[1]. Hanc mutacionem, que facta est in Augusto, v[idetur] cometa, que ipso anno in Maio a[pparuit], presagasse.

Hiis temporibus Albertus comes ex Orientali Francia, vir nobilis et nepos Ottonis ducis Saxonie ex filia, in castro Babenberch residens contra Chunradum comitem Hazzie, qui Arnulfi filius[2] et Lůdewici regis frater dicitur, incursiones et predas exercebat. Chunradus[c] autem cum multitudine equitum et peditum apud civitatem Fritslariam positus et frater eius Gebardus in Wedrebia cum suis eiusdem Alberti irrupcionem expectabant. Cui dum Chunradus cum suis copiis occurreret, occiditur. Hic reliquit filium Chunradum nomine, virum per omnia animi excellentis. Lůdewicus rex conventum habens apud Tribuias Albertum, ut racionem de perpetratis reddat, invitat, qui dum venire rennueret, eum in quodam castro obsedit, in quo se videns artatum exiit et ad graciam regis venit spondens emendam, in qua sponsione dolus est deprehensus. Postea conductu Hattonis archiepiscopi Moguntini venit et ab eo derelictus capitur et per sentenciam omnium optimatum, quia alias pacem regni sepius turbaverat, decollatur. Ex huius Alberti sanguine Albertus creditur processisse, qui postea Orientalem marchiam sive Pannoniam superiorem de manibus Ungarorum cum Lůpoldo filio suo rapuit et Romano imperio subiugavit[3]. Ipseque gubernandam suscepit et suis sequacibus dereliquit. Omnes vero possessiones decollati rex inter nobiles divisit, et in loco sue mansionis episcopatus Babenbergensis postea est constructus de possessionibus que sue fuerant dicionis[4]. Anno Domini nongentesimo X[5] Lůdewicus rex sine herede decessit, et regnum Ottoni duci Saxonie, qui in regno clarissimus habebatur, ab omnibus destinatur, qui propter senium recusavit, sed Chunradum predicti Chunradi occisi filium recipi persuasit. Hic adhuc superstes de

a) Anno — presagasse *in marg. nullo signo apposito post notas marginales p. 37, n. f descriptas. Aliqua resecto margine perierunt, quae uncis inclusa supplevi.* b) *in marg. huius notae marginalis* qui fuerat. c) Chunr. — expectabant *in marg.*

1) *Similia de Berengario II (falso IV) dicit Martin. Oppav.* p. 464. 2) *Nec Regino neque Otto Chunradum* comitem Hassiae *dicunt, eum Arnulfi filium fuisse Ioh. conclusit, quod Otto eum fratrem Ludowici creditum esse dixerit.* 3) *A.* 1043 *cum filio, qui eodem anno* ab ipso rege *(Heinrico III.)* marchio promotus *est (Herim. Aug.), contra Ungaros pugnavit.* 4) *Non constructum, sed solummodo locupletatum dicit Otto. Fortasse Ioh. et Adalberti Vitam Heinrici II. c.* 8—10 *consuluit.* 5) 911 *Ann. S. Rudb. et Cont. Reg.*, XII regni sui anno *Otto, quem secutus Ioh. falsum numerum computassé videtur. Ludowicus obiit a.* 911.

germine Karoli in Alemannie regno fuit. Anno Domini nongentesimo XI° post Sergium Anastasius sedere suscipit. [A. S. Rudb. Mart. Pont. cf. Cont. Reg.] Anno Domini nongentesimo XII. Ungari egressi ab Arnůldo duce Bawarie [Otto VI, 16] iuxta Enum favente sibi Domino occiduntur, qui triumphum glorie secum reduxit. Anno Domini nongentesimo XIII° Pilgrimus [A. S. Rudb.] archiepiscopus Saltzpurgensis obiit, et successit Oudelbertus. Anastasio papa mortuo Lando succedit. [Mart. Pont.] Anno Domini nongentesimo XIIII° Arnuldus dux Bawarie regi rebellavit et eius imperium formidans ad Ungaros fugiens commigravit; [A. S. Rudb. cf. Otto VI, 16] nam rex dissimulare noluit, quia possessiones et decimas[1] ecclesiarum et monasteriorum militibus distribuit. [Otto VI, 18] Post Landonem Leo VI^us sedit; cui successit Iohannes X^us. [A. S. Rudb. Mart. Pont.] Repperi tamen in quadam chronica[2] ante Leonem hunc Iohannem positum. Hic [Mart. Pont.] Iohannes missus in carcerem a[a] militibus cuiusdam Guidonis comitis strangulatur, cui iterum succedit alius Iohannes, qui quia male intraverat, statim eicitur et ob hoc in cathalogo pontificum non habetur. Anno Domini nongentesimo XV° Ungari Alemanniam vastantes[b] Basileam urbem insignem destruxerunt. [A. S. Rudb. 915. 917] Růdolfus [cf. Reg. 888] Burgundie rex in montanis habitans non poterat comprehendi, sed rex Burchardum, virum strenuum et audacem, Alemannie ducem constituit, ut ad arcendum Rudolfum daret operam[c] prout posset, quia contra imperium tenuit ipsum regnum, de quo gloriose cum eo prelians triumphavit[3]. [cf. Otto VI, 18. A. S. Rudb. 918]

Anno Domini nongentesimo XVIII° rex per annos novem[4] [A. S. Rudb. 918. Cont. Reg. 919.] prospere rebus gestis, Alemannis, Bawaris, Saxonibus sibi resistentibus viriliter superatis, diem sibi senciens ultimum imminere, convocatis fratribus et amicis pro regno litigium interdixit, suadens et iubens, ut Heinricum Ottonis ducis Saxonie filium consenciant recipere, cui coronam, sceptrum cum reliquis ornamentis regiis destinavit. Anno Domini nongentesimo XIX° rex transiit et in Vůldensi monasterio sepelitur; [Otto VI, 17.] sicque posteritate Karoli in orientalibus regnis deficiente Romanum [cf. Mart. Imp.] imperium, quod adhuc in Ythalia dilacerabatur et concuciebatur per eos, qui ibi crudeliter imperabant, transiit in Germanos. Super quo Christi regnum laudemus, quod [Dan. 2, 44]

a) a mil. — comitis *in marg.* b) *corr. ex* vastaverunt c) *transposita ex* op. dar.

1) *Causam auctor sibi confinxit, nec de decimis quidquam apud Ottonem legitur.* 2) *Martini Oppaviensis, qui Leonem VII (pro quo Ann. S. Rudb. ad a.* 914 *Leonem VI,* 928—929, *laudant) post Iohannem X,* 914—928, *recte ponit. Ioh. et hoc loco perperam Annalibus S. Rudb. fidem praebuit.* 3) *Haec Ioh. e brevibus notitiis Annalium S. Rudberti conclusit, cf. Otto VI,* 18. Burgundia regem per se habente, *Regino a.* 888. 894. 4) *Auctor annos ipse computavit; Otto VI,* 16 *et Mart. Imp. habent septem annos.*

in eternum non dissipabitur, ut Daniel testatur, *et populo alteri non tradetur*. A coronacione autem Pippini Parvi, patris Karoli Magni, usque ad obitum huius Chunradi primi anni ducenti triginta et unus, in quo in Alemannia genus Karoli regnare desiit, computantur[a] [1].

a) *f.* 130' *desinit haec recensio, in f.* 131. *et* 131' *scripta sunt excerpta epistolarum summorum pontificum, quas Regino praebet, inter f.* 131'. *et* 132 *folium excisum est*.

1) *Hanc computationem esse mendosam facile vides*.

**f. 112. Einh. c. 1. Mart. Imp.*

Anno Domini [septingentesimo[a]][1] Hyldericus rex[b] solo nomine Francorum iuxta mores Francorum tenuit principatum; Pipinus vero prefectus fuit palacii, negocia disposuit et filio suo Karolo Martello officium hoc reliquit. Hic Suevos, Bawaros[c], Saxones, Alemannos, Aquitaniam, Burgundiam cum suis ducibus subiugavit et habuit duos filios, Karlomannum, cui ea que in Germania subiecerat tradidit, Pipinum, cui Burgundiam et Provinciam consignavit. Et *(Einh. c. 1. 2.)* Karlomannus quidem monachus est effectus, et Pipinus princi-

Einh. c. 1. Mart. Imp.

Anno[d] Domini septingentesimo Pipinus sub Hylderico rege Francorum tenuit palacii prefecturam et regni[e] negocia procuravit, rex vero solo nomine regio utebatur, sicut dicitur de ducibus Venetorum. Pipinus moriens filio suo Karolo Martello officium hoc reliquit. Hic bellicosus Suevorum, Bawarorum, Alemannorum duces et Saxones Aquitaniamque atque Provinciam debellavit, genuitque duos filios, Karlomannum, cui ea que in Germania subegerat consignavit, et Pip[inum, cui][f] Aquitani[am][f] et Burgundiam deputavit, et Karlomannus quidem monachus [est[f]] effectus. *(et Einh. c. 1. 2.)* Pippinus terras omnes cum

2 Mart. Imp. et Einh. c. 1. 2.

Anno[g] Domini[h] septingentesimo quinquagesimo[2] mortuo Pipino, qui fuit Hilderici prefectus palacii regis Francorum, successit ⟨eius[i] filius⟩ Karolus Martellus in eodem officio. Hic Suevos, Bawros[k], Saxones, qui sunt de lingua Germanica, devicit. Hic genuit Karlomannum et Pippinum. Karlomanno successit Thuringia et Austria, Pipino Burgundia et Provincia. Karlomannus relicto regno monachus est effectus, Pipinus vero guber-

*) *Sequitur a Ioh. deletum:* ad morem ducum Venetorum.

a) *numerum partim desectum supplevi.* b) *seq.* Francorum *a Ioh. delet.* c) Bawaro *c.* d) *haec cum reliquis duobus huius recensionis initiis in dextera solummodo paginae parte scripta sunt, ut sinistra tabulae materiae vacet.* e) et regnique *c.* f) *desecta supplevi.* g) Anno — invitavit *(p. 43, l. 7) in marg. primae huius capituli compositionis a Ioh. scripta sunt, sed cancellata.* h) *seq.* M⁰ *c.* i) *uncis inclusa a Ioh. deleta.* k) *sic c.*

1) *Anni numerum in primis schedis saepe ad arbitrium auctor posuit.* 2) *Annum non huc spectantem Ioh. e Martino Constantinum V. ad a. 754 referente male assumpsisse videtur.*

Mart Imp Einh c 1 2 patum optinuit maiorque domus sub [Hylderico[a]] prefecturam palacii gubernabat Hyldericus autem tamquam deses et rex inutilis[b] in monasterio a Francis truditur, et Pipinus ad nutum Zacharie pape per Bonifacium Moguntinum archiepiscopum in Francorum regem consecratur *Mart. Opp Otto V, 22.* Mortuo Zacharia Stephanus succedit. Hic Pipinum contra regem Lombardorum Astulphum pro[c] iuribus sancti Petri invitavit in Franciam vadens, *Reg 753.* ubi de incurabili infirmitate per beatum Dyonisium et sanctos apostolos Petrum et Paulum mirabiliter est curatus. *Reg 752* Hic confirmavit Pipinum unctione sacra in regnum et duos filios suos unxit in Francorum reges, Karolum et Karlomannum Pipinus, postquam in Lombardia prospere *cf Mart et Reg* res gesserat, moritur, et filii *Einh c 3* ex equo regnum dividunt, mortuoque Karlomanno Karolus *Mart Pont* solus[d] suscipit Franciam anno Domini etc[e] Stephano subducto succedit vir venerabilis Adrianus[f] [1] Adrianus et

prefectura regni Francie *Mart I[mp] Einh c[…]* suscipit gubernandas Hyldericus autem, cum esset inutilis atque deses, a Francis in monasterium truditur, et ad nutum Zacharie pape Pipinus rex sustollitur et[g] per sanctum Bonifacium Moguntinum archiepiscopum, qui[h] Fuldense *Mart O[…]* fundavit monasterium et post in Frisia adeptus est martirium, in Francorum regem ungitur et sollempniter consecratur. Mortuo Zacharia Stephanus succedit, qui in Franciam veniens Pippinum contra Aystolfum Longibardorum regem pro sancti Petri iuribus invitavit, qui Pa- *Reg 75[…]* risius exiens per beatos apostolos Petrum et Paulum et sanctum Dyonisium de infirmitate maxima corporis mirabiliter est curatus Unxitque *Reg. 75[…]* et[i] confirmavit Pippin[um][k] duosque filios suos Karlomannum et Karolum in reges Franc[orum][k], transtulitque Romanum imperium *Mart […]* a Grecis in personam magnifici Karoli adhuc in iuvenili etate positi in Germanos. Pippinus reversus in Franciam prospere *Reg 75[…] Einh c[…]* rebus gestis moritur, et filii ex equo dividunt principatum; Karlomanno post breve tempus sublato soli Karolo relinquitur monarchia Mor- *Mart […]* tuo Stephano papa et post

---

Mart Imp Einh c 1 2 nacula principatus tenuit et[l] maior domus racione officii vocabatur, nam rex solo nomine regnabat, et ad consultum ⟨Zacharie[m]⟩ pape Hyldericus deses in regno concluditur in monasterio[n] tonsuratus[o], mox Franci Pipinum constituunt sibi regem, qui genuit Ka-

a) Hyld *deest, suppleri* b) *sequitur a Ioh deletum* ad nutum pape Zacharie c) pro i. s P *in marg add* d) *seq delet* optinuit principatum e) ao d[i] etc *in marg, ubi auctor numerum postea supplere voluit* f) *sequitur ab auctore delet*. Adrianus in synodo *(deleto* concilio*)* Rome presente dedit ei g) et *bis scriptum.* h) qui Fuld. — martirium *in marg add* i) *seq* coronavit papa *delet* k) *desecta suppleri* l) *seq delet* Zacharie pape m) *uncis inclusa a Ioh deleta* n) *seq* M[o] c o) tons *in marg*

1) *Nota ab auctore brevitatem sectante tres Hadriani I. antecessores h. l. omissos esse*

sancta synodus, quam Rome celebravit, dedit Karolo [ius[a]] eligendi pontificem et sedem apostolicam ordinandi

eum Paulo, Constantino, Stephano[1] succedit Adrianus. Anno Domini etc[b]

---

rolum et Karlomannum Mortuo Zacharia succedit Stephanus, qui Pipinum et filios coronavit et contra Astulphum Lombardorum principem invitavit

---

*Hic[c] habuit filiam Desiderii regis Longobardorum, quam repudiavit, et Desiderium in exilium relegavit et filium eius Adalgisum ab Ythalia expulit, in prelio eius contra Desiderium Amilius et Amicus, de quorum primo sociali federe mirabilia leguntur, sunt familiares[d] secreti occisi et in Mediolano pariter in uno sarchofago concumbati[2] Duxit[e] autem post repudiacionem filie Desiderii Hilthegardam Suevice nacionis, ex qua genuit Lŭdewicum, Karolum et Pippinum. Anno Domini septingentesimo LXXXI° Karolus rex Francorum sub Adriano papa subiugatis gladio multis nacionibus, Bulgaris Pannoniis, Bawaris, Aquitanicis, Northmannis, Britonibus, Sclavis, Vaschonibus[f], Frisonibus, Danis, Saxonibus et Germanis et pluribus baptizatis, patricius efficitur Romanorum Hoc[g] tempore studium Parisiense est exortum Pipinum Ythalie regem, alterum Lŭdewicum in regem Aquitanie predictus pontifex coronavit. Anno Domini septingentesimo LXXXVIII° mandavit Arnoni archiepiscopo Iuvavensi Karinthianorum populum sub Ingone ducatum tenente, sub Decacio[3] et aliis ducibus et beato Virgilio ad fidem conversum, verbo Dei per fideles ministros in fide katholica confirmari[4]. Anno[h] Domini octingentesimo primo a Leone papa, qui Adriano successit, ablato titulo patriciatus, in imperatorem gloriose [cum[i]] acclamacione populi coronatur Causam eciam pape in hiis, qui eum flagiciosissime exoculacione et lingue abscisione tractaverant, discussam decollacione, sed interventu pontificis exilio iudicavit

Mortuo Pippino Bernardus filius suus successor eius in regno Ythalico est effectus Anno Domini octingentesimo XIII° Karolus Aquisgrani moritur et in basilica beate virginis, quam ipse summa devocione construxit et multipliciter exornavit,

a) ius om c *supplevi e Martino* b) *sequuntur tabula materiae libri primi, quam alio loco descripsi, et fragmenta dedicationis ad Bertlhrandum typis excussa 'N Archiv' XXVIII, p* 150 c) *sequentia folio* 133' *medio post praefationem secundae editionis (cf 'N Archiv' XXIX p* 436) *scripta huc pertinere et cum superioribus cohaerere demonstratum est 'N Archiv' XXIX, p.* 433 *sqq* d) famil — concumbati *in marg* e) Duxit — Pippinum *in marg* f) Vasch *in marg* g) Hoc — exortum *in marg* h) Anno — iudicavit *in marg partim desecta* i) *duas vel tres litteras in marg desectas supplevi*

1) *Nota hos tres pontifices in prioribus schedis omissos esse* 2) *Cf supra p* 11, *n* 1 3) *Immo Ceeacio sive Cacacio, ut in Conv Bag. et Car appellatur* 4) *Ioh Conversionem confuse sequitur, annum secundum Reginonem computavit Supra p* 13 *haec ad a* 786 *posuit non minus perperam*

in conditorio sub arcu deaurato, ymagine et titulo sui nominis insignito, honorifice sepelitur*. Post cuius transitum Ludewicus suscipit sceptra regni, Aquis[a] eligitur, a Leone[1] papa imperator in civitate Remensium coronatur, Lotharium consortem regni elegit, Karolum Aquitanie, Ludewicum regem Bawarie declaravit. Hic ad se vocatum Bernardum fratris filium propter conmiracionem, ut ferebatur, contra se factam cepit, exoculavit et postea interemit, atque Ythalie regnum Lothario filio suo dedit. Deinde regno pulsus et iterum restitutus anno Domini octingentesimo XL° moritur et apud Sanctum Arnulfum in civitate Metensium tumulatur. Quedam devota[2] mulier in spiritu ducta ante paradisum terrestrem vidit omnium qui intrare digni essent nomina aureis caracteribus in muro altissimo exarata et nomen regis Bernardi pre aliis clarius decoratum, nomen vero *Ludewici[b] obscurum, cui sciscitanti ductor eius respondit nomen Ludewici prius valde splendidum, sed deletum propter homicidium et obductum. Hic[c] Bernardus habuit filium nomine Pippinum, qui tres filios genuit, Bernardum, Pippinum, Heribertum.

Huius[d] tempore libri beati Dyonisii transferuntur, et in oblacione eorum super altare miracula multa fiunt[3].

Nota[e] de reliquiis spinee corone.

Post patris mortem filii dissidentes et invicem preliantes paternum regnum diviserunt: Karolo occidentalia regna a Britannico mari usque ad Mosam, Ludewico orientalia, id est omnis Germania usque ad Renum et trans Renum alique civitates, Lothario Gallia Belgica, quam a suo nomine Lothoringiam vocavit. Provincia, cum imperio Ythalia tota cessit. Exinde pars Karoli occidentale Francorum regnum appellatur, et porcio Ludewici atque Lotharii optinens palacium Aqu[is][f] orientale[g] regnum dicitur Romanorum. Porro Lotharius tribus filiis suis dedit regnum suum, Ludewico nomen imperiale cum Ythalia, Karolo Provinciam, Lothario Lothoringiam deputavit. Hic est Lotharius, de cuius bygamia terribiliter canones sacri tonant[4]. Hiis transactis Lotharius pater horum in Prumensi monasterio monachus tonsuratur[h]. Frater eius Ludewicus, qui orien-

*) *Nota in marg. infer. huc spectans:* In qua urbe sedem regni constituit, et eius anime festum a clero et populo celebratur.

a) Aquis — declaravit *in marg. hoc loco inserenda.* b) *praecedunt sex lineae continentes fragmentum libri sexti, vide infra.* c) Hic — Heribertum *in marg.* d) Huius temp. — fiunt *in marg. f. 131, sed ad res Ludowici spectantia.* e) Nota — corone *in marg. infer. f. 133'.* f) is *suppletur ex Ottone l. c.* g) occidentale *c. perperam, cf. Ottonem Fris. l. c.* h) tons. *pro deleto est effectus.*

1) *Immo Stephano (816 mense Octobri), ut recte habet Otto Fris.* 2) *Sequentia e Visione cuiusdam pauperculae mulieris edita a W. Wattenbach, 'DGQ' I⁶, p. 277 sq. Cf. supra p. 19.* 3) *Cf. supra p. 20, n. 4.* 4) *Cf. Decreti Gratiani C. 24, q. 3, c. 19. C. 33, q. 2, c. 4. C. 27, q. 2, c. 26. C. 11, q. 3, c. 3. C. 31, q. 2, c. 4. Regin. ad a. 866.*

tale regnum suscepit, tres filios genuit, Karlomannum, Karolum, *Otto VI, 6* Lûdewicum hii convencione facta dividunt patris regnum, et Karlomannus quidem Bawariam, Pannoniam, Karinthiam, Bohemiam Moraviam, Lûdewicus Orientalem Franciam, Thuringiam, Saxoniam, Frisiam, Lothoringiam, Karolus Alemanniam, id est superiorem partem Germanie, scilicet Sueviam [1], et Lothoringie quandam partem in Alzacia [1] sorciuntur Porro[a] Lotharius b[ygamus[b]] *Reg 883 885* filium Hugonem nomine h[abuit[b]], qui rebell[avit][c] imperatori an . . . contractis ad se plurimis . . paternum regnum in[vadit][c] quantum posset studiis u . , sed Deus noluit, ut . . . sui nominis . . . . . regnum conscend[eret][d] . ., imperator Hugone[m cepit][d] et exocu[l]avit; qui[d] in monasterio [Prumen]si[d] monachus tons[oratus][d] moritur et hu[matur][d], iuxta imprecacionem Ny[cholai][d] pape super Lothario horribile est fulm

Karolus, cui occidentalis Francia seu Celtica cessit Gallia [2], *Reg 874 Otto VI, 6* anno Domini octingentesimo LXXXV° [3] a Iohanne papa, ut fertur, *A S Rudb 876* ad imperium Romanorum magno precio sublimatur Hic Bosoni, qui fuit frater Richildis regine sue consortis, Lûdewici *Reg 876* imperatoris filiam copulavit et Provinciam tradidit regiumque dyadema imposuit, ut videretur eciam regibus dominari, et *Otto VI, 6* postquam idem Karolus ab Ythalia in Franciam redire disposuit, *cf Reg 876* inter Alpes ultimum diem clausit Lûdewicus autem *Reg 878* Karoli iunioris filius duos filios habuit, Lûdewicum et Karlomannum, quorum matrem patre agente dimisit et aliam superduxit, que celerius impregnata ipsoque celeriter mortuo filium genuit, quem Karolum appellavit Anno *Reg 879* Domini octingentesimo LXXXIX°[e] Boso de Provincia exiens in Lugduno ab episcopo urbis in regem Burgundie coronatur, propter quod a Lûdewico et Carlomanno aliisque regibus semper persecucionem gravissimam est perpessus, quam subtilitate ingenii et securitate domicilii, quia habitavit in montibus [1], cautissime declinavit* Ipsius eciam regnum Bosonicum legitur vocitatum [5]. Anno Domini octingentesimo *Reg. 880* LXXX° Karlomannus filius Lûdewici, qui Bawariam in divisione prehabita est sortitus, moriens filium reliquit non ex

*) *Sequuntur deleta* · regnum eius, sicut prehabitum fuit, ut in quibusdam chronicis

a) Porro — est fulm *in marg., ex parte abscisa* b) *uncis inclusa abscisa* c) *supplevi ex Reginone l c* d) *supplevi ex aliis recensionibus* e) *neglegenter scriptum pro* LXXIX, *ut Regino*

1) *Haec auctor coniciendo adiecit. Cf supra p* 29 2) *Cf Otto Fris VI,* 17 *etc* 3) *Immo a* 875 *Dec* 25 *A* 874 *habent Regino et Otto,* 876. *Mart Oppav et Ann S Rudb, e quibus Ioh. a.* 875 *coniecit, quia ibi mors Ludovici Germanici, quam ante coronationem Caroli Calvi contigisse sciebat, ad a* 875 *narratur* 885 *pro* 875 *lapsu calami scriptum est* 4) *Haec Regino non habet. Ioh. Bosonem cum Rudolfo I rege Burgundiae confudit, de quo Regino ad a* 894 *similia narrat.* 5) *Ubi hoc Ioh legerit, nescio.*

[Reg 880] legitima, sed nobili femina natum, quem Arnulfum nominavit, cui Lůdewicus rex occidentalis[a] Francie[b] regno fratris [Otto VI, 8. Reg 881 882] optento ducatum contulit Karinthanum. Anno Domini octingentesimo LXXXI° Karolus, cui Alemannia superior provenerat, Rome a Iohanne papa in imperatorem coronatur, et Lůdewicus, cui Orientalis Francia cum aliis provinciis cesserat, moritur et in Laureacensi monasterio sepelitur Regnum eius Northmanni invadunt per Walem fluvium irrumpentes, Novomagium, Coloniam, Treverim, Aquis, Bunnam, castella, vicos miserabiliter devastantes Principes vero Karolum imperatorem ex Ythalia pro regni defensione, fratrum suscepcione et defensione[c] patrie interpellant Lůdewicus eciam Karoli occidentalis Francie filius moritur, Karlemanno[d] fratri regnum reliquit, qui in venacione apro percussus interiit, et regnum heredem non habuit nisi Karolum Lůdewici filium, fratrem Lůdewici et Karlmanni[a], de quo Francigene parum vel nichil sencientes [1] Karolum im- [*f 134'] peratorem accersiunt[d] *et sue se subiciunt dicioni, qui post [Otto VI, 9. cf Reg 887] tantam gloriam ad ultimum egestatis punctum devenit, ut novercante fortuna, corpore[e] deficiens atque mente, regno inutilis est effectus Principes Arnůlfum[f] ducem Karinthie ad regnum tocius Germanie eligunt et sustollunt, quo regnante Karolus pro vice sue necessitatis[g] eum consulit [Otto VI, 10. cf Reg 888] et fiscos aliquos in Alemannia suscipit ab eodem Franci occidentales rebus sic se variantibus Odonem Roperti filium, virum strenuum, regem sibi statuunt, animi et corporis elegantis Ithali eciam sibi constituunt duos reges, Berengarium Forniulianum et Widonem Spoletanum, Berengarius autem expellitur a Widone. [Otto VI, 11 12.] Inter Karolum quoque Lůdewici filium, fratrem Karlomanni et Lůdewici, et Odonem maxima lis consurgit Anno Domini octingentesimo nonagesimo IIII° Arnulfus Ythaliam ingrediens civitates sibi plurimas subiugavit Interea Boso Burgundie rex moritur, et Arnulfus reversus in Alemanniam Bosonis filio Lůdewico civitates aliquas contulit in montanis Wido quoque rex Ythalie moritur, et Lampertus filius eius Rome imperator procla- [Otto VI, 12—14] matur Arnůlfus filios duos habuit, Zwendeboldum et Lůde- [Reg 896. A S Rudb 896] wicum, quorum primum regem Lothoringie declaravit, et rediens in Ythaliam armis Urbem cepit et anno Domini octingentesimo XCVI° a Formoso papa imperiale suscipit dyadema Quo iterum redeunte prospere rebus gestis Lampertus Widonis filius [Otto VI, 15. Reg 905 898. Mart Imp] moritur et Ythali Lůdewicum Bosonis filium preficiunt, qui[h] Berengarium in Ythaliam reversum iterum expulit Defuncto [Cont Reg 921] eciam Odone Francorum occidentalium rege similiter Ropertus[i] [Otto VI, 13] quidam regnum invasit, sed Franci Karolum predictum sibi

a) sic c b) seq delet veniens Ratisponam c) sic iterum c d) in infer marg scriba primi fragmenti (cf N Archiv XXIX, p 106) calami, ut ita dicam, experimentum scripsit Anno Dni M°CCC° e) corpore — mente in marg f) corr ex Arnustum g) emendavi, Ioh scripsit perperam necessarius h) qui — expulit in marg i) super Rop Ioh scripsit Odonis volens secundum Reg 893 addere frater

1) Nota ab ipso Iohanne haec esse addita de Carolo Simplici, quem Ioh speciali quadam intentione semper prosequitur, cf Regino 892 893 et supra p 31, n 1, p 32, n 2 p 33, n 2

concorditer regem creant, qui cum Roperto concertacione [Cont. Reg. 921. 922.] habita diutina ipsum novissime extinxit, lancea[a] per os infixa posteriora corporis penetravit. Hic reliquit filium Hu- [ib. 946.] gonem nomine, satis strennuum et valentem. Per idem tempus [Reg. 888.] Radolfus cuiusdam Chunradi comitis[1] filius, qui provinciam inter Alpes Appenninas et Iurum tenuit, apud Sanctum Mauricium a primoribus et episcopis[2] Burgundie rex levatur. Bosonis filio Lůdewico in Ythalia res agente[3], quem Arnůlfus cum filio Zwendeboldo persequi non cessavit. ⟨Karolus[b] rex Francorum [Cont. Reg. 925. cf. 939.] filium genuit Lůdewicum, qui in Hyberniam in exilium est retrusus. Pater captus moritur in custodia car[cerali]⟩. Anno [A. S. Rudb. 900.] Domini nongentesimo Arnulfus moritur, et in Ratispona in mona- [Reg. 899.] sterio sancti Emmerammi eius tumulus demonstratur. Hic dicitur [Otto VI, 13. 11.] corpus beati Dyonisii ex occidentali Francia furto[4] sublatum ad predictum monasterium transvexisse. Lůdewicus filius eius ab [Otto VI, 14. Reg. 900.] optimatibus Orientalis Francie rex creatur. Frater eius Zwendeboldus occiditur a Lothoringis, ipseque eius regnum de consensu principum subintravit. Berengarius a Bawaria vocatus [Reg. 905. Otto VI, 15.] contra Lůdewicum Bosonis filium in Verona clam a necessariis intromissus ipsum cepit et orbatum oculis interfecit et Ythaliam est adeptus, [quam[c]] effusione multi sanguinis maculavit. Contigit interea, ut Albertus, nobilis vir, comes Orientalis Francie[5], nepos ex filia Ottonis ducis Saxonum, Chunradum, virum eque nobilem et preclarum, in prelio occideret, quem in castro Babenberch Lůdewicus sentencia principum decollavit [Reg. 906.] eiusque possessiones regalibus infiscavit. Anno Domini nongentesimo X°, Lůdewico sine herede sublato, consilio ducis Ottonis [A. S. Rudb. 911. Cont. Reg. 911.] predicti Chunradus, vir cordatus[6], predicti Chunradi comitis [Otto VI, 15. 16.] occisi filius, ad solium regium ab omnibus orientalis Francie principibus sublimatur, qui adhuc de germine superfuit Karulorum[7]. Cui dum vite terminus immineret, persuasit [Cont. Reg. 919.] Heinricum ducis Ottonis filium eligi tamquam in regni corpore preminentem, anno[d] Domini nongentesimo XVIIII°, et in Fuldensi monasterio sepelitur. In quo iam ex integro in par- [cf. Otto VI, 17.] tibus Germanie Karoli posteritas ⟨terminatur[e]⟩, et imperii dignitas in Germanos quasi iure successionis hereditarie in reliquum propagatur. ⟨Revera[f] in hiis Da-

a) forsan supplendum qui. b) uncis inclusa deleta; carcerali supplevi cursum secutus. c) vocem desectam supplevi. d) anno — sepelitur in marg., signo apposito. e) vox a Ioh. deleta, sed hoc loco necessaria. f) uncis inclusa a Ioh. deleta.

1) Eum comitem fuisse dicit Regino a. 866, SS. R. G. p. 91. 2) Regino: adscitis secum quibusdam primoribus et nonnullis sacerdotibus. 3) Hanc causam Ioh. perperam suspicatur, quia Ludowicus III (Caecus) a. 898. Italiam est ingressus. 4) Patet Iohannem antiquissimam s. Dionysii Translationem a. b. m. Lothario de Heinemann editam 'N. Archiv' XV, p. 340 sqq. inspexisse. Cf. supra p. 36. 5) nobilissimus comes Francorum Otto VI, 15. 6) Hanc laudem a suis fontibus alienam Ioh. regi ipse vindicavit. 7) Cf. Otto Fris. VI, 16.

Dan. 2, 14 nielis oraculum est impletum, quod Deus transferret regna.)

cf. Reg. 888. Otto. Et[a] vide latam potenciam imperancium[b] et imperii angustatam regnorum in provincias et provinciarum in regna redactione, scissionibus, translacionibus, mutacionibus, alteracionibus[c] laceratam, de quorum omnium commocione et concussione quia plurimi[1] tractaverunt, Dan. 4, 14 nichil addicere valeo nisi hoc solum dicere, quod *excelsus*[d] *in regno hominum dominatur*, ut Daniel attestatur, *et cui* Dan. 2, 44 *voluerit, dabit illud*, et quod *regnum eius in eternum non dissipabitur et populo alteri non tradetur*; et ut Anshelmus de humanis regnis dicit[2]

Non faciunt lutos regia sceptra suos.

*f. 135. Cont. Reg. 919. 920 Otto VI, 18 cf. A. S. Rudb. 918 *Anno Domini nongentesimo XX° Henricus [filius[e]] ducis Ottonis ex Saxonia, que est clara fortisque pars Germanie, ab orientalis regni optimatibus, Alamannis[f], Bawris[g], Saxoni[bus] et Thuringis primus ex Theutonicis[h] [3] ad regale solium elevatur[i], exorsus est pace regni primordia stabilire, unde ib. 921. 923. 936 omnes pacis adversarios insectatus et compertos atrociter compescuit et punivit. Karolus Lůdewici filius Francis occidentalibus imperans contra Heinricum conflat exercitum, Lotharingicum[k] regnum[l] Belgice circa Renum, partes Wangionum usque Wormaciam ingrediens, eas sibi gestiens usurpare, Heinrici[m] fideles cum copiis occurrentes cedere compellebat[n], ipsoque tempore Metensem urbem obsidens suis parere iussionibus constringebat. Otto VI, 18 Karolus cum esset in oppido Bunna, conven[tum est[o]], ut Heinrico cederet Belgica totumque regnum Lotharingicum et palacium Aquisgrani sibique et posteris[p], Karolo Celtica et Aquitania et pars quedam Gallie remaneret[q] ib. et A. S. Rudb. 922 Lugdunensis; nam Burgundia regem per se habuit Radolfum[4], cuius habita est mencio in premissis[5], a quo Heinricus sacram lanceam beati Mauricii, que actenus in thesauro regalium custoditur, minis dicitur extorsisse*.

Otto VI, 18 *) *Sequuntur quaedam a Ioh. deleta et aetate plane confecta*: qui dum Romam tenderet ad coronam, post preclaros

a) *sequentia alio atramento ductuque quasi tremente exarata.* b) imp. et imp. *in marg.* c) *sic h. l. c., in infer. marg. nullo signo apposito* alternacionibus. d) exc. *pro deleto* altissimus. e) filius *om. c., seq. delet.* gentis Saxonice. f) Al. — Thuringis *in marg. partim desecta.* g) *sic c.* h) *seq. delet.* rex creatur. i) *sequuntur aliqua deleta vix legenda*: magnifice gubernavit exorsus et. k) *ante et post* Loth. *nonnulla deleta, sed atramenti maculis prorsus obruta.* l) regnum — eas *in marg. suppl.* m) Heinr. *c., praecedunt aliqua a Ioh. deleta, quae legere non valui.* n) *seq. delet.* Tandem in oppido Bunna conveniunt et. o) *prius scriptum erat* convencionem faciens, *quod Ioh. ex parte delevit, sed propter maculas cognosci non potest, quam partem vocis* convencionem *deleverit, forsan* conventum est *voluit.* p) *seq. deletum* stabilitur. q) reman. *in marg.*

1) *Ut Otto Fris. VI, 17.* 2) *In carmine de contemptu mundi, ed. Gerberon p. 199, Migne, Patrol. Lat. CLVIII, col. 702.* 3) *Cf. Otto Fris. VI, 17.* 4) Rudolfus *dictus in Ann. S. Rudb. 922 et ab Ottone VI, 15.* 5) *Supra p. 47, l. 5.*

Heinricus[a] Hermanno nobili Alemanniam contulit [Cont. Reg. 926] transferens . . regium et titulum . . one[b] filiorum Lo- [cf. 910] tharii ducatum[1].

Heribertus filius[c] Pippini filii Bernardi a Lůdewico filio [Cont. Reg. 921 sq.] Karoli interempto[d] Karolum regem Francie cepit, et in [cf. Reg. 818] captivitate mortuus filium reliquit Lůdewicum, qui in Hybernia exulabat. Franci autem eius immemores Rudolfum quendam, virum nobilem, eligunt sibi regem, qui viribus quibus [cf. Cont. Reg. 939] poterat res agebat, sed redeunte Lůdewico et amicorum [Otto VI, 19] suffragante patrocinio Rudolfus succubuit, et regni possessor efficitur Lůdewicus[2].

Anno Domini nongentesimo XXXVI Heinricus post gloriosos [A. S. Rudb. 936] triumphos de adversariis in eternam memoriam apud [Cont. Reg. 936] Martinopolim collocatos et sui regni terminis undique dilatatis, [Otto VI, 18] dum[e] Romam tenderet ad coronam imperii, moritur, duos[f] filios relinquens, Ottonem scilicet et Heinricum. Otto filius [cf. Cont. Reg. 939] [g] consensu omnium rex levatur. [Cont. Reg. 936] Heinricus contra regem cum quibusdam regni primoribus conspiravit, cuius complices [Cont. Reg. 937—942] interempti, morte vel exilio condempnati, ipse ad graciam receptus dux Lotharingie[h] est effectus, ubi expulsus [945] iterum rebellavit, et iterum graciam consecutus dux efficitur Bawarorum. Lůdewicus autem Celtice Gallie rex [Cont. Reg. 939 cf. 925] ex Hibernia reversus causam, quam pater suus Karolus cum Heinrico patre Ottonis transegerat, floccipendens Alsaciam ingreditur, [Otto VI, 19] quem Otto manu expulit violenta, et ingressus Belgicam totam in reliquum Theutonicorum regibus subdidit possidendam. [Cont. Reg. 946] Deinde Lůdewicus a regno pellitur et adiutorio Ottonis, cuius sororem Gerbirgam duxerat, potencialiter [cf. 929. 939] reducitur, nam rex Gallias ingrediens u[rb]em[i] Remensem, [Otto VI, 19; Cont. Reg. 946] Laudunum, Rothomagum cum castellis et municionibus et[k] pene omnibus regni maioribus, excepto Hugone Růperti filio, cuius supra mencio est habita[3], sibi subegit, et sic in Germaniam est reversus.

---

triumphos ab Ungaris et aliis hostibus in civitate Martinopoli conservatos, anno regni sui X°VII° debitum mortis solvit. Porro Bernardus rex Ythalie [Reg. 818] a Lůdewico Karoli filio occisus filium habuit Pippinum, qui genuit tres filios, Karolum[4], Pippinum, Heribertum, hic[5].

a) Heinr. — ducatum *in marg.* b) dro° *videre mihi videor.* c) filius — interempto *in marg.* d) *sic c.* e) *Ioh. post in marg. addidit* Otto. f) duos — Heinricum *in marg.* g) *5 vel 6 litterae inter lineas exaratae legi non possunt.* h) *ex* lothor *corr.* i) *duas litteras atramenti macula tectas supplevi.* k) et — habita *in marg.*

1) *Nescio, unde haec assumpta sint.* 2) *Haec omnia Ioh. commentus est sciens Ludovicum IV. regem Franciae postea ab a. 936 regnasse; Cont. Reg. a.* 939; *Otto VI,* 19. 3) *P.* 46, *l.* 42, *ubi invasor Franciae fuisse dictus est.* 4) Bernardum *Regino.* 5) *Ioh. Reginonis continuatorem a.* 924 *secutus narrare noluit quae l. 4 sqq. in textu leguntur.*

Cont Reg 939–954; Otto VI, 19; cf Cont Reg 947

Hic primo habuit filiam regis Anglorum* Habuit[a] eciam quatuor filios. Brunonem Colonie[1] ⟨archiepiscopum[b]⟩, Wilhel[mum] archiepiscopum Moguntinum[c], Lůdolfum ducem Alemanorum, Ottonem suum in imperio successorem; et ingrediens in Ythaliam Lotharii imperatoris Ythalici relictam Aleydem a Berengario captam liberavit, post sue prime consortis obitum duxit et rediens in patriam ducem Wormacie[d] [2] Chunradum reliquit ad Berengarium persequendum, cuius hortatu et Lůdolfi filii regis Berengarius** in Saxoniam regem sequitur et in graciam recipitur et remissus ad regnum Ythalie gubernandum, excepta marchia Veronensium et Aquilegiensium***, multa[e] facinora sicut prius omnium in se odium excitavit

Otto VI, 20; cf Cont Reg 955; V Udalr c 11

Anno Domini nongentesimo LV° rex de Ungaris usque Licum venientibus meritis beati Ulrici Augustensis episcopi gloriosissime triumphavit, ita ut occisis omnibus et eorum principibus suspensis[3] ultra ingredi Germaniam non auderent

*Otto VI, 21–23; Cont Reg 963; Otto VI, 23 24; Cont Reg. 964; ib 966 963; Otto VI, 24; Mart Imp *f 135'*

Anno Domini nongentesimo LX° filium suum Ottonem Aquis in palacio regem sublimavit et ingressus Ythaliam a Iohanne summo pontifice in imperatorem coronatur Berengarium obsidione vallavit, et filius eius Albertus in insulam Corsicam declinavit, papa autem Iohanne partem Alberti et Berengarii tenente, promissa[f], que imperatori fecerat, necligente, imperator Leonem ei substituit, Berengarium cepit et in Bawariam in exilium relegavit, ⟨qui[g] in Babenberch transiit ex hac vita⟩ Sinodum episcoporum Ythalie et Romanie[h], et multi de Germania et Angelfredus patri[archa]; omnemque Ythaliam et[i] imperium[k] *ad Theutonicos resarcivit

Cont Reg 961; Otto

⟨Anno[l] Domini nongentesimo LXVII°⟩ Romani imperatoris mortem clanculo meditantur, quod dum presentiret[m], ex eis stravit multitudinem infinitam, et centum obsides ab eis recipiens cum iure iurando transiit in Spoletum et interventu pape obsides relaxavit Post eius abscessum Romani Leonem expellunt et Iohannem quantocius introducunt. Leo mox properat ad augustum, calumpniam factam deflens Interea

*) *Sequuntur deleta:* Duos filios genuit, Ludolfum scilicet et Ottonem, Ludolfum ducem Alemannie creavit

Otto VI, 19 **) *In marg non bene add* · in Augustam deinde

Cont Reg 952 ***) *Huc pertinent in marg* que Heinr[ico] fratri regis condonat[ur]. *et in sequente linea* duci Bawarie

a) Habuit — successorem *in marg signo apposito pro deletis suppl* b) arch *a Ioh delet* c) moguntinum lůdo *bis scripta* d) Worm *minutis litteris super lineam* e) per multa *legendum esse puto* f) promissa — necligente *in marg signo apposito* g) qui in Bab — patri *in marg, uncis inclusa a Ioh deleta* h) *seq delet* convo; *supple* convocavit, cui interfuerunt i) *corr ex* ad k) *seq delet* reparauit reformauit l) *uncis inclusa a Ioh. deleta* m) persent *Otto*

1) *Bruno frater, non filius Ottonis Magni fuit* 2) *Errat Ioh hunc titulum Conrado adscribens secundum Ottonis Chron. VI, 20* 3) *Haec e Gerhardi Vita s Udalrici c 11, SS IV, p 400, assumpta sunt. Cf et Gotifredi Viterb Pantheon, SS XXII, p 234 l 10 sqq*

papa Iohannes moritur, et Benedictus mox substituitur a Ro- *Otto VI, 24* manis. Augustus inflammatus Urbem obsidet et incredibili fame pressam in dedicionem suscipit, Leonem restituit*, XIII Romanorum maiores post prefectum, qui in Leonis facto culpabiles extitere, patibulo suspendit; et filio suo Ottone coronato abiit, Benedictum secum abducens Hic Grecos in Apulia et Calabria superavit et Romanorum imperium Francis Orientalibus restituit, XXXVII° anno regni sui, imperii XIII apud Martinopolim moritur et in ecclesia Madeburgensi[a] metropoli Saxonie tumulatur Berengarius cum uxore[b] apud Babenberch exules moriuntur; et Ythalia pacata imperatorum dominio subiacebat *Mart Imp*

Anno Domini nongentesimo LXXV° Otto filius primi et *Otto VI, 25* Magni Ottonis Grecos in Calabria persequitur incaute, et amisso multo milite ⟨natando[c]⟩ exiliit a navi, sic evadens Hic cepit *cf Mart Imp.* Beneventum, que olim Samnia dicebatur [1], et ossa beati Bartholi[2] dicitur deportasse et in concha porphoretica collocasse et, ut ea in suam patriam transduceret, cogitasse nec hoc propter exempcionem eius a vita prefelici effectui[d] mancipasse et sic preciosum thesaurum Romanis reliquisse Ipse anno imperii sui nono moritur et in ecclesia beati Petri in concha marmorea honorifice tumulatur

Anno Domini nongentesimo LXXXIIII° Otto tercius, filius *Otto VI, 26* eius, adhuc puer patri successit Huius[e] tempore beatus Al- *cf Mart Imp* bertus Pragensis episcopus Brucenis predicans verbum Dei martirio coronatur**.

Anno[f] Domini nongentesimo nonagesimo VI° electio impe- *cf Mart Pont* rialis actenus confusa et indistincta proceriatis[g] principibus tam ecclesiastice [quam] laice potestatis sub Gregorio V°, imperatoris consanguineo, [c]um assistentia officialium designatur, ⟨et[h] ita scrupulum[i] controversie Gallie Celtice [et] Ythalice et adversitatum quarumlibet [ab]dicatur⟩. Unde in Belgica Treverensis, Moguntinus, Coloniensis, de cor[d]e Theutonice Germanie [ma]rchio Brandenburgensis, [du]x Saxonie, comes[k] palatinus [R]eni, super omnes dux Bohemorum [a]rbiter deputatur[3], et

*) *Seq deletum* Benedictum secum abducens depositum *Otto VI, 24*

**) *Sequuntur deleta* Anno imperii sui, *deinde signum* +, *tum deleta* · Hic patrem in multis sequens

a) *nescio num* Madeb. *an* Mædeb *Ioh scripserit, quoniam atramentum confluxit* b) *seq inter lineas additum, post deletum* et filius c) *init a Ioh delet* d) effectu *c* e) h⁹ *ex* hic *corr* f) *signo + apposito in marg sinistra exhibentur eodem fere tempore scripta* Anno — Bohemus *(p 52, l 9) uncis inclusa margine resecto abscisa supplevi* g) ,p (pro) *paene prorsus evanuit* h) et — dicatur *a Ioh deleta* i) sipulum *vel* scipulum *c* k) Comes *c. cum littera initiali*

1) *Cf Reginonem a* 871 Imperator in provincia Samnitica exercitum transfert petiturus harum provinciarum caput Beneventum 2) Bartholomaei *Otto h l, qui* in tumba porforetica *habet, sed Gotifr Viterb l. l p* 237: in chonca porfiretica, *cf. Mart Imp sub Ottone II. p.* 465 3) *Haec ex parte cum Tolomei Lucensis Hist eccl*

Mart Imp quidem Maguntinus [Ger]manie, Coloniensis Ythalie, Treverensis [G]allie archi[can]cellarii, dum hiis in partibus [ver]santur imperii negocia, denotantur[a], palatinus dapifer, marchio camerarius, dux gladii baiulus, Bohemorum princeps pincerna privilegiis eternalibus instaurantur; unde quidam

Moguntinensis, Treverensis, Coloniensis,
Quilibet imperii fit cancellarius horum
Est palatinus dapifer, dux portitur ensis,
Marchio prepositus camere, pincerna Bohemus

Otto VI, 26 cf Mart Imp Res egregias operatus in imperio se exhibuit magnificum ⟨et potentem[b]⟩, ferocis animi, actus strennui una cum patre extitit[c] et mirabilium operum perpetrator, ita ut pater eius Sanguinarius seu Pallida mors Sarracenorum, iste Mundi mirabilia diceretur Anno imperii sui XVII° transiit, ⟨et[d] Aquisgrani in ecclesia beate virginis eius sepulchrum venerabile demonstratur[1]⟩. *V. Heinr c 8 9* Heinrico[e] duci Bawarie possessiones amplas circa Babenberch consanguineo suo dedit sub privilegio, quia heredem non habuit, ne deflueret a Germanis

. . . .

iam suis regibus, duobus scilicet Berengariis . . . .[f].

Otto VI, 27 V Heinr c 4 sq Anno Domini M°I° Heinricus dux Noricorum eligitur. Hic pius et devotus, dum contra gentem Sclavorum, Bohemorum Polonorum ac Moravorum pugnaret, vidit gloriosos martires Laurencium[g 2] et Adrianum, cuius ipse gladio utebatur, sibi assistere et vires suis tribuere, aciebus hostium internicionem. *A S Rudb 1009 Mart Pont* Hic sororem suam Gyselam Stephano Ungarorum regi tradidit et ad baptismi graciam provocavit; qui mire sanctitatis filium eque pudicissimum Hemmiricum habuit, *cf Otto* de quibus idem regnum sollempnizat et predicat esse sanctos. *Otto VI, 27 Mart Imp V Heinr c 9 12 14 cf Reg 906* Hic eciam episcopatum Babenbergensem nobilem fundavit de proprio patrimonio, addiciens possessiones, quas Otto tercius ei contulerat, et eas, quas Lůdewicus Arnůlfi filius Alberto comiti sublatas propter homicidium in Chunradum comitem perpetratum sibi et regno infiscaverat, apostolica et imperiali auctoritate, dignitate et rerum temporalium ubertate[h] mirifice decoravit *ib c 23.* Hic in Calabria[3] et Apulia mirifica opera gessit et in Montecassinum[i] veniens calculi morbo la-

a) *num* devocantur *an* denotantur *scriptum sit in c, nescio* b) et pot *a Ioh delet, sequitur delet* tam c) extiti c d) *uncis inclusa a Ioh deleta* e) Heinr — Berengarus *partim in columna, partim in marg.* f) *spatium 12 fere linearum vacat* g) *seq* Gregorium *delet.* h) rerum *iterum add.* i) *sic c*

XVIII, 2, Muratori, SS. XI, col 1048, *concordant, minus cum Glossa Henrici de Segusio, ut quidam volunt Ceterum cf de hoc loco quae G Waitz, 'Die Reichstage zu Frankfurt und Würzburg, Forschungen z deutschen Gesch.' XIII, p* 208 *sq, annotavit* 1) *Haec Ioh addidit;* sepelitur *Otto* 2) *Georgium Ioh. omisit* 3) *De Calabria Iohannis auctores hoc loco nihil tradunt.*

borans meritis beati Benedicti et sororis sue Scolastice sanitatem integram consecutus. Viso[a] beatus Benedictus apparens sibi in visione forma medici locum infirmitatis secans calculum eiecit, et mane facta[b] sanus Dei mirabilia enarravit, ipsum monasterium vasis ac ornamentis aureis variis ditavit. *(V. Heinr. c. 23. 24.)*

Hic consortem suam suspectam habens zelo prave suggestionis, ignito ferro se mundam et innocuam demonstravit, quam moriens sub omni flore castitatis ducibus fratribus consignavit, que una secum quiescens miraculis crebris et claris Babenbergensem ecclesiam illustrat et ecclesiam universam*. *(ib. c. 21; ib. c. 32; Mart. Imp.; cf. Otto c. 27 et V. Heinr. l. II passim.)*

Hoc[c] tempore floruit Iohannes patriarcha, qui huic fundacioni' cum omnibus suis suffraganeis . . commendabilis et astipulacionem suam dedit per privilegium sollempne, quo mortuo Popio successit, vir commendabilis. *(V. Heinr. c. 14.; cf. Otto VI, 37)*

Anno[d] Domini nongentesimo XXXVII Radolfus rex Burgundie moritur, et succedit . *(A. S. Rudb. 1032.)*

Anno Domini M°XXV° Chunradus[e] ex Troyanorum antiquo germine clarissimo genitus, Orientalis Francie indigena, uxorem habuit Gisilam, que de progenie Karulorum processerat, que prius habuit Ernustum ducem Suevorum, ex quo genuit Ernustum et Hermannum**. Hic Ernestus fratrem habuit Poponem[f] episcopum Treverensem et Albertum marchionem Pannonie superioris seu marchie orientalis, quam cum Lůpoldo [filio][g] suo pulsis Ungaris expugnavit eamque imperio adiectam[h] in reliquum cum sua posteritate potencialiter gubernavit. Habuit[i] et filium Ernustum, ducem strennuum et robustum. *(A. S. Rudb. 1025; Otto VI, 28; Otto VI, 32. cf. 15. 28; cf. G. F. I, 10 et A. S. Rudb. 1036. 1075; Otto VI, 34.)*

*Hic rex strennuus et devotus duces Polonorum Balizlaum prius[k] ab Heinrico imperatore subactum et Misiconem filium suum reges vocari et ab imperio dividere se volentes subiecit, et Misico quidem patre mortuo graciam invenit. Otto frater eius dyadema, quod pater fecerat, regi cum optentu sue gracie resignavit, et provincia scissa in tres partes, rex sibi unam partem, duobus fratribus duas dedit, ita ut servirent imperio sub tributo. Hic ex Gisila[l] Heinricum genuit filium, quem adhuc infantulum post se regem designavit, et ingressus Ythaliam anno Domini M°XXVII° inter duos reges *(*f. 136; Otto VI, 28; ib. c. 29)*

*) *Seq. delet.*: Sub hoc fuerunt apostolici[m] Iohannes, Leo, Damasus, Benedictus. *(Mart. Pont.)*

**) *Seq. delet.*: deinde huic nupsit Chunrado. *(Otto VI, 28)*

a) *sic c.* b) *sic c., lege* facto. c) Hoc — commendabilis *in marg.* d) Anno — succedit *in marg. parte inferiori desecta.* e) *seq. delet* clarissimi sanguinis. f) *corr. ex* Poponem. g) *vox atramenti macula tecta.* h) imp. adi. *supra lineam add.* i) Hab. — robustum *alio atramento et ductu addita.* k) prius — subactum *supra lineam add.* l) gilila *c.* m) apti *c.*

Otto VI, 29. 30 scilicet Anglie, qui avunculus regine fuit[1], et Rodolfum[a] Burgundie regem, a Iohanne summo pontifice coronatur. Radolfus[a] rex Burgundie moriturus Heinrico regis filio, nepoti suo, Burgundie regnum sub testamento disponit, dyadema regni cum aliis insignibus destinavit. ib c. 31 Quod dum Odo quidam Celtice Gallie comes calumpniaretur esse sororis sue et ad se iure hereditario pertinere, Burgundiam est ingressus, sed imperator expeditis negociis in Polonia Odonem[b] repressit adeo valide, ut iureiurando regnum abiuraret, sed et principes omnes in dedicionem recepit[c] cum primate Lugdunensi, datis obsidibus in patriam repedavit, et iterum ingressus Ythaliam plures civitates et presules sibi contrarios cohercens, periclitatis pluribus de suis, scilicet duce[d] Hermanno, filio[e] imperatricis, et Chunegunde sponsa Heinrici filii regis et duce Francorum Chůnone, imperator autem in Traiecto inferiori moritur anno regni XVII°, imperii XIII°, corpus in Spirensium civitatem transportatur.

ib c 28 29 Ernustus[f] privign[us] regis se oppos[uit] et in exilium m[issus] moritur, fratri Her[manno] suo ducatus su[us] conceditur.

ib c 32 Anno Domini M°XL. Heinricus Chunradi et Gisile[g] filius imperium est adeptus, hic Ungaros et Bohemos preliis multis pressit, Petrum regem Ungarorum a fratre[2] suo Ovone pulsum restituit adiutorio Alberti marchionis orientalis et Lůpoldi filii sui, levir[h] eius Alberti extitit idem Petrus.

Heinricus Agnetem ducis Pictavorum Gwilhelmi filiam duxit et balatronibus, hystrionibus confluentibus danda ecclesiis distribuit universa apud Ingelhai[m][i], in quibus nupciis Lůpoldus A[k] marchio moritur et in civitate Treverensi sepelitur.

Hoc tempore floruit in Alemannia Hermannus[l] Contractus, vir preclare stirpis, qui dum Parisius spe futurarum maximarum dignitatum studiis insudaret et ingenii duricia nichil proficeret, cernens exilis condicionis pauperes alta fastigia conscendere litterarum, doluit vehementer, subplicem sedulo sanctissime virgini, que habet claves thesaurorum sapiencie et sciencie Dei, se optulit, die noctuque deprecans et lamentans, ne cum rubore vacuus omnis sciencie ad amicos et patriam remearet, que virgo, quia clemens, pia et dulcis esse dinoscitur et Iac 1, 5 *dat omnibus affluenter*, scienciam supereffluentem ei optulit cum membrorum dissolucione vel

a) *sic h. l. c.* b) *pro deletis* Odonem Ouonem c) rec *in marg. signo apposito* d) *sic legenda videtur vox supra lineam addita* e) filo *c* f) Ernustus — conceditur *in margine signo // ad Conradi gesta apposito, quod ubi inserendum sit, nullo signo contextus respondente dubium, desecta supplevi* g) gilile *c* h) *ante* levir *tres vel quatuor litterae deletae legi nequeunt* i) apud Ing *in marg.* k) *desectae hic 3—5 litterae,* A[ustrie] *suspicor legendum* l) hsnī *c*

1) *Utrumque confudit Ioh.* 2) *Ovonem Petri fratrem fuisse Otto non dicit.*

corporis sospitatem, hebetudinem pristinam animi, quam ille aspernatus et in sapiencia delectatus, contractus[a] omnibus membris surgens et gymnasium studiorum progrediens, questionibus, difficultatum discussionibus omnibus se mirabilem exhibebat[b], ut[c] in diversis facultatibus quadruvii et trivii nullus ei similis haberetur.

Hiis temporibus tres in Urbe eriguntur apostolici, [*Otto VI, 32*] unus in Laterano, alter ad Sanctum Petrum, tercius ad Sanctam Mariam Maiorem residebant Gracianus quidam presbiter eos cedere pecunia promissa persuasit, uni eorum Benedicto nomine redditus Anglie deputavit, pro[d] qua pietate et zelo Romani ipsum in pontificem elegerunt Rex Heinricus hoc audiens in Ythaliam parat iter et Gracianum pro nota symonie cedere [*cf A S Rudb 1046*] persuasit, Swidegerum episcopum Babenbergensem, qui et Clemens consensu Romane ecclesie substituit Anno Domini M^oXLVII^o rex a [*ib c. 33. Mart Opp*] Clemente coronatur et augusti nomen sortitus per Apuliam in patriam est reversus Eodem anno Clemens moritur, et Aquilegiensis[e] patriarcha Popio succedit et Damasus appellatur, quo defuncto celeriter Bruno Tullensis de sanguine regum Francorum[1], qui et Leo, auctoritate regalis excellencie ad sedem destinatur, qui dum Cluniacum veniret, Hilteprandus loci prior papam convenit, quia per potenciam secularem intrasset, qui deposita purpura ad Urbem rediit, et consilio Hilteprandi a clero et Romano populo iterum est electus

Hoc tempore[f] Ropertus Gischardus, vir[g] strennuissimus, [*Otto VI, 33*] sed . . .[h] condicionis cum fratre Rogerio ex Northmannia venientes [*G Fr I, 3. Mart Opp*] Longobardos inertes a Calabria, Apulia, Campania et Sicilia, accersitis de sua provincia complicibus, eiecerunt Ropertus, servata sibi Apulia, Campania[2], Calabria, fratrem Rogerium in Siciliam complantavit Qui genuit Rogerium, qui[i] fuit ferus homo, regem postea Siculorum, et huius [*cf G Fr I, 24*] filius extitit rex Wilhelmus, de quibus inferius est dicendum[3], Ropertus autem genuit Bohemundum ducem, virum magnorum operum, quo sublato Rogerius omnes pervasit provincias supradictas. Leo papa Northmannos predictos [*Otto VI, 33*] ab ecclesie finibus et imperii coheicere cupiens nil profecit, licet prelium instauraverit, et multis occisis revertitur Rome moritur miraculis multis clarens Cui successit Victor, Victori Stephanus Isti cum precedentibus Clemente, Damaso et [*ib c 32*] Leone et[k] quibusdam subsequentibus per imperatoris poten- [*cf Mart Pont*] ciam sunt assumpti communi episcoporum consensu

a) contr o m *in marg* b) exhibat *c* c) et *c* d) pro — elegerunt *in marg* e) agl *c* f) *pro deleto* A^o d^i M^oXLVII^o. g) vir — condicionis *in marg.* h) 3 *vel* 4 *litterae in marg desectae, ante quas* non *deletum*, humilis *Otto* i) reg p Sic qui f f homo *corr.* qui f. f homo reg. p Sic *c* k) et q. subs *in marg scripta huc pertinere videntur.*

1) *Ottonem male intellexit dicentem*. ex nobili Francorum prosapia oriundus 2) Camp *Ioh addidit.* 3) *Res inde a Lothario III gestae in hac recensione desiderantur ; sed cf. D*

Otto VI, 33. A. S. Rudb. 1057. Imperator autem anno Domini M°LVI° in Thuringia moritur et in[a] Spirensium[1] cum priscis regibus sepelitur. Otto VI, 32. 36. Predictus Hylteprandus zelans iusticiam doluit, et[b] sibi displicuit, quod princeps cum episcopis in institucione[c] pontificum ⟨prevaluit[d]⟩ et ecclesia libertatem electionis amisit, et in causa sua succubuit, quia in causa victa strennue semper stetit, ut Lucanus dicit[2]:

Victrix causa diis placuit, sed victa Cathoni.

*f. 136'. Otto VI, 34. *Anno Domini M°LVII° Heinricus Heinrici predicti filius patri successit adhuc puer; mater vero Agnes, sub cuius custodia extitit, imperium strennue gubernavit. A qua dum se alienaret, in imperio maximarum dissensionum seminarium est exortum. Mart. Pont. Post Benedictum, qui Stephano successit, et Nycholaum, qui post Benedictum sedem conscendit, Alexander Otto primus[3] eligitur, qui ecclesiam ante se ancillatam reduxit ad pristinam libertatem.

cf. A. S. Rudb. 1075. Saxones[e] regi rebellantes multa inhonesta de eo ad aures summi pontificis detulerunt, quos rex bello pecit et devicit, occisis in eodem prelio Gebardo duce et Ernusto marchione Otto VI, 15. 32. Alberti filio orientalis marchie marchionis. [Rex][f] misit Annonem Coloniensem et [Her]mannum[f] Babenbergensem episcopos pro [iu]sticia[f] regni Romam, qui[g] litteras summi pontificis portantes ipsum [ad][f] satisfactionem pro symonia et [ali]is[f] articulis invitabant.

Mart. Opp. Subducto Alexandro Hylteprandus eligitur supradictus, qui Gregorius septimus est vocatus, et oritur scisma gravissimum, Otto VI, 35. quia sine regis consensu fuerat institutus. Papa regem sepe vocatum excommunicavit et anathematizavit[h], eiusque consilio Rodolfus dux Alemannie rex creatur, quo occiso Hermannus dux cf. Otto VII, 7 sq. Lothoringie substituitur, qui est a regis fidelibus[i] interemptus. G. Fr. I, 2. 8. Rex Bertham marchionis Ythalici Ottonis[k] duxit uxorem genuitMart. Opp. Otto VI, 36. que[l] duos filios, Chunradum scilicet et Heinricum, et unam filiam Agnetem; et Romam veniens Gregorium papam expulit et in terra Mechtildis marchionisse, que[m] neptis imperatoris fuit, quam ipsa beato Petro patrimonium optulit[4], in montanis Thuscie latitavit, aliumque sibi[n] Gwibertum episcopum Ravennatensium subrogavit, qui[o] eum coronavit. Gregorius ib. VII, 1. Mart. Opp. Salerni moritur, et abbas Cassinensis Desiderius, qui et Victor, substituitur a Romanis. Quo Urbem egresso propter metum scismatis, transiit ex hac vita, et Otto Ostiensis, qui et Urbanus, kathedram est adeptus.

a) civitate *vel* urbe *supplendum*. b) et s. displ. *inter lineas add.* c) placuit *in marg. add.* d) preval. *a Ioh. delet.* e) Saxones — invitabant *in marg. aliis multis interpositis, signis appositis.* f) *duas vel tres litteras abscisas in marg. ex Ottone supplevi.* g) *seq.* per *delet.* h) anothēizauit *c.* i) fid. reg. *corr.* reg. fid. k) *supple* filiam. l) genuitque — Agnetem *in marg. signo apposito.* m) que — fuit *in marg.* n) sibi *in marg.* o) qui eum cor. *inter lineas add.*, coronavit *ex* coronasse *correctum.*

1) *Cf. Ottonis Chron. VII*, 16. 2) *I*, 128. 3) *Immo secundus, Ioh. Ottonis verba VI*, 35, *SS. XX*, *p.* 246, *l.* 4. Alexander primo Lucensis episcopus *perperam intellexit.* 4) *Cf. Mart. Pont. sub Alexandro II, SS. XXII*, *p.* 434, *l.* 20.

[Mart. Opp. Rob.] Hic anno Domini M° . . [a] concilium in Alvernia apud Clarum-montem celebrans ad passagium in auxilium Christia- [Otto VII, 2] norum ibidem crudeliter afflictorum ex diversis mundi partibus inflammavit circiter centum milia armatorum. Dux[b] Lothoringie Gotifredus Regimundus comes Sancti Egidii, Hugo frater Philippi regis Francie [cum[c]] Roperto comite Flandrie, qui fuere principes exercitus et prefecti, quorum curam commisit episcopo Podiensi. Hec exhortacio[d] paucos permovit ex Alemannia propter scisma inter sacerdocium atque regnum. Papa rediens Gwibertum ex Urbe pepulit et potitus Urbe bre- [ib. c. 6] vitei ultimum diem clausit, et Paschalis secundus ad ponti- [cf. Mart. Pont.] ficium elevatur.

[Exord. I, 1—14] Anno Domini M°LXXXXIX. noster ordo Cisterciensis exordium sumpsit sub primo abbate Roperto, qui cum religiosis fratribus exiens a Molismo, quod est monasterium nigri habitus, venit in solitudinem Cisterciensem vite regularis districtitudinem emulans, quam nimis conspexerat iam laxatam, [qu]orum[e] propositum Paschalis approbans [commen]davit et auctoritate apostolica [conf]irmavit[1].

Anno Domini M°C° Gwibertus papa moritur et densissimo [Otto VII, 7] scismati finem dedit.

Hoc anno Domini[f] M°C°II° comes Pictavie et dux Aquitanie [cf. A. S. Rudb. 1102] et Welfo dux Noricorum et Thimo Iuvavensis archiepiscopus[g], Ita Lupoldi orientalis marchionis mater cum pluribus ex Ythalia et Germania et Aquitania per Ungariam et Greciam predictos principes sequebantur. Presul predictus comprehensus, quia [A. S. Rudb. 1106] ydolatrari recusavit, exquisitis subpliciis tormentatus glorioso martirio coronatur, cui[h] vir venerabilis et mun[d]issime vite [cf. Otto VII, 13 sq.] Chunradus successit. Mortuo Friderico duce, imperatoris genero, [G. Fr. I, 10, 8] Heinricus filius eius sororem sub sua tutela suscipit confovendam. Anno Domini M°C°III° apud Moguncia m in festo [Otto VII, 8.] nativitatis Domini imperator Heinricus filium suum regem post se designavit ipseque disposuit sepulchrum Domini visitare*. Heinricus occasione habita[i], eo quod pater a sede apostolica esset anathematizatus[k], et iam nomine pollens regio consilio malorum de Saxonia, Orientali Francia, Bawaria, Alemannia sibi coherencium hostiliter erigitur contra patrem, et scinditur imperium, frater contra fratrem, [ib. c. 9]

[G. Fr. I, 8, 9] *) *Sequuntur a Ioh. deleta:* Imperator in angustiis constitutus filiam suam Agnetem, Fridericum comitem de Stouphen, virum exercitatum in armis, accersiens[2].

a) *spatium numero inserendo vacat*, M° nonagesimo II° *aliae duae recensiones* b) Dux — prefecti *in marg. signo apposito* c) cum *suppleri* d) exhota° *c* e) [qu]orum — [conf]irmavit *in marg., binis litteris desectis* f) domini M°C°II° *inter lineas post insertum* g) *seq.* transiretabant *delet* h) cui — confovendam *in marg. signo apposito* i) *seq.* contra *delet* k) anathemizatus *c*

1) *Haec deprompta sunt ex Exordio magno Cisterciensis ord., quod Ioh. et in sua Hist. Fund. exscripsit* 2) *Cf.* p. 58, *l.* 3—5

[Otto VII, 9] consanguineus in consanguineum arma sumit, miles regem, servus dominum impugnat contra iusticie rectam normam.

[G. Fr. I, 8 9] Imperator[a] in angustiis constitutus et imperium videns undique lacerari accersivit ad se Fridericum comitem de Stŏphen, Agnetem filiam[b] tradidit[c], Rudolfi ducatum [cf. ib c 7] Suevie, qui rex fuerat elevatus contra se, Bertholfo de Zæringen[d], genero suo, ex eodem ducatu debellato, contulit et de comite ducem faciens causas sibi imperii, ut onus [ib c 9] sue levaret molestie, commendavit. Que[1] peperit ei Chunradum et Fridericum, principes generosos.

[Otto VII, 9; G. Fr. I, 10] Igitur* pater et filius in ripa Reni[e] fluminis contra se consederunt**, et videns filius patris robur in Lŭpoldo marchione orientalis marchie consistere et duce Bohemorum, qui sororem [cf. Otto VI, 32] habuit eiusdem marchionis, Lŭpoldo sorore sua tradita in coniugium, ambos induxit a patris adiutorio declinare. Postea convenientes filius patrem ad obedienciam sedis apostolice et impetrandam graciam adhortatur.

[ib c 11] Anno Domini M°C°VI° legati sedis venientes Moguncıam anathema a Romanis pontificibus in imperatorem factum omnibus qui aderant promulgabant. Ipse vero commonitus a principibus vel, ut quidam dicunt, circumventus filio imperialia resignavit, sicque filius imposicione manuum legatorum sedis apostolice [ib c 12] augustus[f] proclamatur. Pater apud regem Francie lamentabiliter se conqueritur[g] defraudatum, ut regalia redderet, vi compulsum, et transiens Coloniam venit[h] Leodium, et in utraque civitate regali condecencia suscipitur et honore; filius autem patrem insequitur, sed a regis[i] fidelibus retrocedere compellitur, iterumque exercitum conglomerat [G. Fr. I, 10 cf 15] contra patrem. Interea apud Leodium pater moritur et trans- [Otto VII, 12—14] latus in sepulchris regalibus in urbe Spirensium sepelitur. Heinricus igitur Coloniam *obsidione cingit et pacto pecuniario [*f 137] in dedicionem suscepta Ythaliam ingreditur cum XXX[l] milibus electorum et a Paschale papa cum reverencia maxima suscipitur, porro inter ipsum et papam convencio fuerat habita et obsidibus firmata, ut rex investituram episcoporum remitteret, et papa ipsi eorum regalia resignaret. Quod dum rex sibi peteret effectui mancipari, papa abnuit, quia episcopis displicebat. [cf. Mart Pont] Rex ergo papam cum reverencia captivavit et Ulrico Aquilegiensi patriarche custodiendum commendavit, que[k] captivitas Ch[unrado] Iuvavensi presu[li] adeo displicui[t], ut publice reclamar[et], propter quod a quod[am] gladio petit[ur] et ad

[cf Mart Imp.] *) *In marg huius lineae* nota de ordine Templariorum.
**) *Seq delet* congressiones. [l] vias occisione mutua filius viden.

a) Imp. — generosos *in marg super eodem atramento suppl, signo* (·) *apposito, quod ad textum non inveniur.* b) *supple* ei. c) *seq* Berth *delet.* d) *sic c.* e) Reni *cod 5 Ottonis*, Regni *ceteri.* f) *seq delet* app, appellatur *Ioh scripturo.* g) *seq* circumventum *delet.* h) *ex* veniens *corr.* i) regis *inter lineas suppl.* k) que — piaculum *in marg, litteras desectas supplevi.* l) *verbum quod sequitur non bene lego.*

1) *Agnes scilicet Friderico I duci.*

interminatam mortem collum prebuit volens mori, tantum piaculum[1]. *Otto VII, 14*

Populus Romanus* instaurato prelio regem invadit, qui armis experientissimus occurrit et acerrime pugnans, occisis plurimis, alios in fugam vertit, qui artati Tyberi se committunt, et plures flumine quam gladio perierunt. Rex in Albertum cancellarium suum, postea archiepiscopum Moguntinum, nephas hoc retorquens, ipsum inimicum postea pestiferum reputavit et gravissimum se sibi usque ad vite terminum adversarium demonstravit. Rex ergo minis privilegio de investituris episcoporum extorto papam dimisit et pontificem sibi concilians et Romanos anno Domini M°C°XI° favore omnium augusti nomen suscipit gloriose. Hoc privilegium tamquam frivolum episcoporum sinodus postea reprobavit. Mortuo[a] Paschale Gelasius succedit, quo sublato Calixtus secundus inthronizatus, reversus ex Ythalia, kathedram suscipit gubernandam. *Mart. Pont.*

Imperator Reginaldum comitem Barrensem hostem iudicans[b] cepit et castro expugnato, nisi interventus nobilium et principum obstitisset, in patibulo suspendisset, et subiugata sibi Belgica Heinrici Anglorum regis filiam duxit; in quibus nupciis Lotharius dux Saxonum, Gebardi[c] ducis premissi filius[2], nudus[d] pedibus, indutus sago, prostratus veniam impetravit seque sibi in dedicionem obtulit[e], de inimico factus intimus et amicus[3]. Iterum contra imperatorem coniuraciones fiunt, et regnum intra se collliditur fluctuans et vacillans, imperium perturbatur. Imperator sororiis Chunrado et Friderico rerum summam committit, ipse in Ythaliam commigravit; agente etenim Alberto Moguntino, Friderico Coloniensi, Chunrado Iuvavensi sentencia anathematis a Calixto in eum datur, scismaque iterum renovatur. Imperator contra Urbem procinctum movens Burdinum Hyspanum sedi imposuit violenter, qui captus a Romanis apud Sutrium post recessum imperatoris custodie mancipatur, quem postea Calixtus sibi consignatum ante se Romam ire compulit sedentem camelo, habentem caudam pro freno, in latebris usque ad vite terminum conservavit[4]. Imperator videns a se deficere regnum et paternalis anathematis metuens exemplum apud Wormaciam in conventu multorum principum Lamperto sedis apostolice legato privilegium de investituris episcoporum resignavit, a quo eciam de vinculo est anathematis absolutus, et privilegium super hoc ipsi et ecclesie conscribitur, ut episcopi electi non prius ordinentur, quam regalia de manu eius suscipiant per sceptrum. Quod ⟨Romani[f]⟩ pro

G. Fr. I, 11 — *Otto VII, 15* — *Mart. Pont.* — *Otto VII, 16*

*) *Seq. delet* bellum Tyberim transiens contra regem, qui in armis ex *Otto VII, 14*

a) Mortuo — gubernandam *in marg.* b) host. iud. *in marg.* c) Geb. — fi. *in marg. tribus litteris circiter desectis.* d) *sic* (nud9) *c.* e) *corr. ex* optulit. f) Romani *a Ioh. delet, sequente* dicunt, *quod infra iterum exstat, temere deleta voce* Romani *pro* dicuut.

1) *Sententia mutila esse videtur*, quam tanti piaculi scelus dissimulare *Otto VII, 14*. 2) Geb. — filius *ex Ottonis Chron. VI, 34. VII, 17. Cf. et Ann. S. Rudberti* 1075. 3) *Nimis audacter Ioh.* haec (de inim. — amicus) *addidit.* 4) *Ioh. Ottonem Chron. VII, 15, male intellexisse videtur dicentem:* apud Cavam custodie mancipatur.

Otto VII, 16. bono pacis sibi et non successoribus datum dicunt Sicque ecclesie libertas reformatur et suis sicut a retroactis temporibus iuribus gratulatur*.

cf G Fr I, 15 Anno Domini M°C°XXV° imperator circuiens imperii civitates circa Renum venit Traiectum inferius, ubi morbo correptus moritur, et in Spiram ad patris, avi, proavi tumulum per Coloniam deportatus cultu regio sepelitur

Otto VII, 16 *) *Sequuntur deleta* Post hoc imperator urbem Metensem obsidet[1] et pressam.

1) *Immo Wormatiam, ut Otto recte praebet*

LIBER I. (REC. C 3).

Anno Domini[a] sexcentesimo LXXXVII° iuxta morem a primo Mirovevo rege Francie de genere Priami emanatum[1] Pipinus Anchisis filius** regnum gubernavit, rege solum nomen regium preferente, et hec dignitas amministracionis successive transire consuevit in heredes. Huius tempore beatus Lampertus*** a Dodone† [b] consortis et in Traiecto sepelitur, sed postea cum episcopatu in Leodium est translatus. Sanctus eciam Kylianus apud Herbipolim cum suis sociis Colonato et Totnano, quia Goczberto duci uxorem fratris prohibuit, ab ipsa occisi[2], martirio coronatur. Hic Pipinus genuit Karolum Martellum, qui fuit bellicosissimus, patri succedens in officio amministracionis. Eius tempore [ex parti]bus[c] Angle-ium eximius Bonifacius Moguntinus archiepiscopus, Germanie apostolus, Fuldensis fundator monasterii, [est occi]sus[c] ⟨Růpertus[d] Iuvavensis et Corbinianus Frisingensis claruerunt⟩. Karolus subiugata Francis Alemannia [sive Sue]via[c], Bawaria, Saxonia, Frisia, Vaschonia, Aquitania, Burgundia moritur, et in sepulchro eius serpens maximus et nil aliud repperitur. Sanctus [Et]herius[c] episcopus Aurialensis[e] vidit eius animam in inferno, quia plurimas ecclesias spoliavit. Tres filios reliquit, Karlomannum, Pippinum et Griphonem. Karlomanno monacho effecto et Grifone mortuo Pippinus solus tenuit dignitatem. Hic Burchardum presulem ad Zachariam papam dirigit sciscitans, quis rex

*) *Seq. delet*: sub Dagoberto rege Francorum et filius eius Clodoveo et eius [fratre].

**) *Seq. delet*: quem sanctus Arnulfus Metensis episcopus progenuit.

***) *Seq. delet*: per sentenciam passus Pipini.

†) *Seq. delet*: fratre Alpiadis, [que fu]it pelex Pipini, occisus.

a) *seq. delet* millesimo. b) *quaedam in marg. desecta videntur*, fratre *et post* occisus *(vide n. †) supplendum*, consortis *supra lin.* c) *uncis inclusa desecta supplevi.* d) *uncis inclusa deleta.* e) *sic c. h. l.*

1) *Haec Ioh. ex Einhardi Vita Karoli (c. 1 sq.) collata cum Ottonis Chron. IV, 32 et I, 25. conclusit.* 2) *Cf. Vitam breviorem s. Kiliani, Acta SS. Boll. Iul. II, p. 613 sq., quae a Iohanne hoc loco adhibita esse videtur.*

Otto V, 21 22 *Reg 749 750* dignus haberetur, qui sollicitudinem gereret vel qui solo nomine regio potiretur Pontifex sollicitudini astipulans ordinavit, ut Pipinus anno[a] Domini sexcentesimo LII° per *Mart. Imp.* Bonifacium archiepiscopum Moguntinum in civitate Suessionensi *Otto V, 23* in regem eligitur[b] Hyldericus [tons]oratur[c] et cum coniuge sua a Francorum pocione est[d]. Papa Zacharia mortuo succedit Stephanus, qui nobiles a iuramento quod fecerant *Reg 753* Hylderico solvit et veniens Parisius in monasterio sancti Dyonisii excessive infirmatus per beatos apostolos Petrum et Paulum et [sanctum[e]] Dyonisium mirabiliter est curatus, et *Otto V, 23* unxit Pippinum, et cetera[f].

Otto V, 18 16 *cf ib 11* Anno Domini sexcentesimo LXXXVII°, sub Gregorio II°[1], *Mart Pont* Dagoberto rege Francorum et amministratore regni Pipino, Anchise filio, similiter sublato, illi Clodovevus in regno ut *Reg 612 655* successit, in amministracione Karolus Martellus, vir per om- *Mart* *Otto V, 16 19* nia bellicosus, qui subiugata Suevia, Bawaria, Saxonia, Frisia, *Mart Imp* Vaschonia moritur, et in sepulchro eius non aliud nisi serpens maximus reperitur* [Qui]dam[g] eciam episcopus Aurelianensis, eo quod iniuste ecclesias plurimas spoliavit, vidit *Mart Pont* eius animam in inferno Papa sanctum Bonifacium archiepiscopum *Otto V, 18 25* Moguntinum Germanis ⟨ad[h]⟩ predicandum Dei verbum hoc tem- *Reg 752.* pore apostolum destinavit Hic Fuldense monasterium fundavit et limites[i] Moguntini[k] episcopii ordinavit *Otto V, 18* Sanctus Pirminus abbas[2] multorum auctor monasteriorum floruit, *V Bea* et Venerabilis Beda, Anglice gentis doctor eximius, die ascensionis Domini cum antiphona[1] *O rex glorie* in Domino ob- *Otto V, 19* dormivit[3] Karolus tres filios reliquit, Karlomannum, Pippinum et *Mart Imp* Griphonem. Karlomannus primo Rome, post in Monte Cassino *Reg 746* monachus, dum quadam vice a bibulo quodam coquo in opere coquinario per tres vices alapis cederetur paciententer tulit dicens: 'Parcat tibi Deus et Karlomannus', quamvis latere [v]ellet[m], altitudo sanguinis per secre- *Otto* torum suorum conscium est comperta Gripho filiam[4] *cf Reg 748. 751* habens Odilonis ducis Bawarie cum fratribus belligerans fugit in Vaschoniam ibique occiditur, et Pipino relinquitur *Mart Pont* principatus Post Gregorium Zacharias pontifex ordi-

Mart Imp *) *Sequuntur deleta* · Sanctus eciam Etheri

a) anno — LII° *inter lineas addita* b) *sic c* c) *suppleri desecta* d) *sic c*, *deest verbum, supplendum esse puto* remotus e) *suppleri, una vel duabus litteris in marg desectis* f) *sequitur spatium vacuum trium linearum et dimidiae* g) *suppleri in marg desecta* h) ad *a Ioh delet* i) lim *pro deleto* metas k) episcopatuum Baioariae *Otto* l) ant *c.* m) *abscisa suppleri*

1) *Hunc a 687 iam sedisse Ioh coniecit ex eius cum s. Bonifatio commercio, quod mox narraturus est; cf. Martinum, Pont sub Gregorio II* 2) *E Vita Pirminii c 5, SS XV, p 25 additum Cf. supra p 2 3* 3) *E Vita Bedae brevissima, Migne, Patrol Lat XC, col 53* 4) *Immo, ut Otto dicit et Ioh alibi, p. 3, l 28. recte exscribit, consanguineam.*

natur. Ad hunc Burchardus Herbipolensis episcopus mittitur a Pipino, Hylderico iam regni nomen, sicut[a] a predecessoribus, vacuum preferente. Pontifex dignum arbitrans hunc pocius [es]se[b] regem debere, qui sollicitudinem regni gereret, quam eum, qui solo nomine, laboris expers, viveret sine cura, anno Domini septingentesimo LII° auctoritate Zacharie pape Pipinus a Bonifacio Moguntino presule et regni primoribus eligitur et ungitur[c] in regem in Suessionensium civitate. Defuncto Zacharia succedit Stephanus. Hic oppressus ab Aistolfo rege Longobardorum[d] Parisius[i] properat[e] ad Pippinum, ut ecclesie subveniat, deprecatur. Anno Domini septingentesimo[f] Pippinus[g] et omnes nobiles a sacramento fidelitatis facto Hylderico absolvuntur; ipse Hildericus in monasterium detruditur tonsoratus. Papa ibidem Pipinum cum duobus filiis Karolo et Karlomanno ⟨unxit[h]⟩ in reges Francorum cum maximo tripudio populorum. Anno Domini septingentesimo L°III° Stephanus papa apud monasterium sancti Dyonisii Parisius infirmatus et contra spem per beatos apostolos Petrum et Paulum et beatum Dyonisium mirabiliter est curatus, super quo eius epistola talis extat: *Stephanus episcopus, servus servorum Dei* et cetera et cetera. His temporibus beatus Robertus Iuvavensis et Corbinianus Frisingensis presules clari in ecclesia extiterunt. Anno Domini septingentesimo LV° Pipinus Ythaliam ingreditur et Aistolfum obsessum in Papia interposito iure iurando et XL obsidibus acceptis[1] compulit, ut ammodo Romanam ecclesiam non turbaret. Hoc anno beatus Bonifacius apud Frisiam predicans martirio coronatur[k]. Pipinus multis prelis perpetratis et Francorum terminis plurimum ampliatis[2] Turonis infirmatur et Parisius deportatus moritur, et Karolus et Karlomannus regnum dividunt ⟨pari[h] sorte⟩. Mortuo Karlomanno Karolus solus regnat. Hic[l] Hyspaniam ⟨usque[h] ad Yllyricum sive⟩ Vaschoniam[3], Britanniam, Ythaliam, Saxoniam, Germaniam, Frisiam, Pannoniam[4] cum adiacentibus et circumiacentibus provinciis usque ad Bulgaros subiugavit. Stephanus papa ultimo anno sui pontificatus Romanum imperium in personam magnifici Karoli adhuc iuvenis a Grecis transtulit in Germanos; quo sublato succedit Paulus, qui mitissimus fuit captivis, viduis et egenis. Huius tempore sanctus Gangolphus claruit,

Reg. 749 — *Otto* V, 21 — *Einh.* c. 1 — *Reg.* *Otto* — *cf. Mart. Imp.* — *Otto* V, 22 — *Reg.* 750 — *Mart. Opp.* — *Reg.* 753. — *Otto* V, 23 — *Reg.* 752. 753 — *cf. Otto* V, 23 — *Otto* V, 23 — *Reg.* 755 — *Otto* V, 25 — *Reg.* 752 — *cf. Otto* — *cf. Mart. Imp.* — *Reg.* 768 — *Otto* V, 26 — *ib.* 30. 32 — *cf. Einh.* c. 15 — *Mart. Pont.*

*) *Sequuntur deleta*: Eodem anno beatus Bonifacius apud Frisiam predicans martirio coronatur. *Reg.* 752 — *cf. Otto* V, 25

a) sic a pr. *supra lin. add.* b) *abscisa supplevi.* c) et ung. *in marg. lineae praecedentis add.* d) *pro deleto* lombardorum. e) propat. c. f) *sic c.,* DCCLIIII *cum Ott. legendum.* g) Pipp. et *supra lineam add.* h) *uncis inclusa a Ioh. deleta.* i) *sequitur signum, sed quae in marg. erant addita desecta sunt.* k) *sequitur signum, cui respondens non exstat.* l) Hic — subiugavit *in inferiori marg. signo apposito suppleta.*

1) *Cf. Stephani papae epistolam spuriam apud Reginonem ad a.* 753, *SS. R. G. p.* 45: in Franciam veni, ubi ... mansi ... apud pagum Parisiacum. 2) *Similia Otto Fris. V,* 30. *de Karolo Magno dicit, cf. Einh. V. Kar. c.* 15: regnum Francorum, quod *(Karolus)* post patrem Pippinum magnum quidem et forte susceperat. 3) *Cf. Einh. V. Kar. c.* 5. 4) *Cf. ib. c.* 13. 18.

[Mart. Pont.] qui propter adulterium uxorem relinquens ab adultero clerico est occisus, quem dum miraculis coruscantem mulier subsannavit, dicens*: 'Simul miraculis claret, anus meus cantat', et deinde, dum loqueretur, anus eius hac turpi cythara resonabat. Post Paulum Constantinus sedem tyrannice apprehendit et ob hoc ab ecclesia pellitur et cecatur. Huic succedit Stephanus tercius, quo subducto Adrianus primus ordinatur. Hic contra Desiderium[a] Longobardorum [Einh. c. 18; Otto V, 26] Karolum invitavit, cuius filiam Karolus habuit et qua repudiata duxit Hildegardam Alemannam et genuit ex ea Lůdewicum, [Otto V, 28] Karolum et Pipinum. Anno Domini septingentesimo LXXXI° venit [Mart. Pont.] Romam et effectus patricius Romanorum, ibique papa celebrata synodo dedit, omnibus episcopis assencientibus, Karolo ius [Otto] pontificem eligendi et sedem apostolicam ordinandi. Tres filios, Lůdewicum in regem Aquitanie et Pipinum in regem Ythalie ung[ens][b] sollempniter et coronans, Karolum post se . . . [Mart. Opp.; cf. Otto V, 26] designavit[c] [1]. Obsedit autem in Tycino Desiderium et captum [cf. Einh. c. 5] cum filio Adalgiso [2] in exilium relegavit. *Adriano mortuo [*f. 121'; Otto V, 30 sq.] Leo secundus [3] succedit. Hic anno Domini octingentesimo primo, [Reg. 801.] sublato patriciatus nomine, Karolum in ecclesia sancti Petri in Romanorum imperatorem cum maxima acclamacione populi coronavit. Hic Romanos, qui papam exoculaverunt et lingua privaverunt, ad decollacionem sentenciavit, sed interventu pontificis [Mart. Pont.] perpetuo exilio condempnavit. Cui Deus eciam ex integro membrorum organa restauravit. Hoc tempore floruit Alqwinus, vir eruditissimus in liberalibus artibus, Karoli informator, hic studium a Grecis in Urbem transductum Parisius transtulit, celebre iam per [Mart. Imp.] orbem. Hic imperator adeo studiosus fuit, ut calamum et atramentum ad stratum sisteret et, siqua nocte occurrerent, no- [Einh. c. 25] taret, ne a memoria laberentur. Tabulas eciam et grafium circum- [ib. 24] tulit ad scribendum. Audiendi et legendi sacros libros sedulus [ib. 29] multum fuit. Legibus priscorum imperatorum aliqua adiecit. [ib. 26, cf. 17. 22] Basilicam beate virginis Aquisgrani exstruxit et palacium operis [Mart. Imp.; cf. Otto V, 32] exquisiti. Huic imperator Constantinopolitanus, dum rediret sepulchro Domini recuperato de partibus paganorum, [cf. V. Car. II, 31 sqq.] dedit octo spinas de corona Domini cum parte corone, cui infixe erant; et ea die, dum de theca sua fuit exposita, flores protulit, qui in manna visibiliter sunt conversi [4]. Insuper camisiam beate virginis et cinctorium, quo puerum

[Mart. Pont.] *) *Sequuntur deleta:* insultans, qualiter anus eius sonaret, sic ille miraculis coruscaret, quod et in reliquum factum est.

a) *supple* regem. b) *abscisa supplevi.* c) Karol. p. se . . . design. *in marg. inferiori, videntur tamen aliqua, ubi puncta posui, deperisse desecta, cf. supra p. 12, l. 27—31 et D a. 717.*

1) *Cf. D et Einh. V. Kar. c. 19, Reg. a.* 811. *Auctor ibi legens Karolum natu maiorem fuisse et bella patris gessisse cetera commentus est.* 2) *Hoc Iohannis auctores, quos habemus, non tradunt.* 3) *Immo Leo III (795—816).* 4) *Cf. supra p. 16, l. 8—10.*

Iesum cinxerat in cunabulis, et sudarium Domini et unum clavum crucis, brachium sancti Symeonis et maximam partem obtulit crucis Christi. Corona Domini Parisius, alia Aquisgrani fidelibus usque hodie demonstrantur. Pipinus rex Ythalie moritur et Bernardum filium suum post se ⟨regem[a]⟩ reliquit, quem Karolus precipue diligebat. Ad numerum litterarum alphabeti monasteria construxit et in unoquoque litteram auream reliquit[b] magni precii, ut uniuscuiusque monasterii prioritas vel posterioritas ex litterarum ordine nosceretur. Mensibus anni et ventis nomina a suis proprietatibus sumpta indidit. Confectus senio filium suum Lůdewicum de consensu optimatum imperii in palacio Aquisgrani post se statuit regnaturum. Anno Domini octingentesimo XIII° glorioso condito* testamento** de mensis aureis et vasis, libris ac pecuniis, qualiter per ecclesias, pueros et pauperes distribuantur, transiit Aquisgrani et in ecclesia beate virginis sub conditorio ymagine et titulo sui nominis insignito devotissime sepelitur. Diem sui transitus Aquenses cum cantu et officio ecclesiastico festivis laudibus sollempnizant[c, 1].

Mart. — cf. V. Car. II, 31 sqq. — cf. Reg. 818. — Einh. c. 19. — A. S. Rudb. 811. — Mart. — Einh. c. 29. 30. — Otto V, 33. — Reg. 813. — Einh. c. 31. 33. — V. Car. II, 39. — Einh. c. 31. — Otto V, 32.

Anno Domini octingentesimo[d] Lůdewicus Karoli filius sceptra suscipit et in civitate Remensium coronatur. Hic reliquam partem crucis Domini ab imperatore Grecorum plus quam quingentis marcarum argenti milibus comparavit et Parisius collocavit. Libros eciam beati Dyonisii sibi idem princeps destinavit, quos gratissime receptos in festo mar[tiris][e] optulit ad altare, ubi decem et novem miracula clara super diversis infirmitatibus divinitus sunt pa[trata][e 2]. Hic genuit tres filios, Lotharium, Karolum, Lůdewicum. Lotharium[f] in Ythaliam destinavit, quem Paschalis, dum redire ad patrem voluit, coronavit et [nomen[e]] contulit augustale. Bernardus autem rex Ythalie, Pipini fratris Lůdewici filius, [cum[e]] quibusdam civitatibus contra Lůdewicum imperatorem conspirasse dicitur, unde eum ad se vocavit et privatum oculis interemit. Nomen eius ante paradisum quedam devota femina vidit oblitteratum ac abolitum, Bernardi vero nomen aureis litteris resplendere; quod sibi inti-

Otto V, 33. Reg. — Mart. Imp. — Otto V, 33 sqq. Mart. — Reg. 818. Otto. — Vis. paup.

*) *Seq. delet.*: per ecclesias precipuas Ythalie et Germanie. — Einh. c. 33.

**) *Seq. delet.*: et post multa prelia et eximia virtutum opera transiit et Aquisgrani sollempniter tumulatur. — cf. Otto V, 32.

a) reg. *a Ioh. delet.* b) *sic c.* c) *spatium trium linearum ac dimidiae vacat.* d) *sic c.*, DCCCXV *Otto et C 1.* e) *uncis inclusa desecta supplevi, partem ex D.* f) Loth. — augustale *supra posita signis appositis huc tracta.*

1) *Cf. privilegium spurium Friderici I. imperatoris pro Aquensibus, d. Aquis, die 8. Ian.* 1166, *Stumpf nr.* 4061. 2) *Cf. Iacobi Leg. Aurea c.* 153, *ed. Grasse p.* 685.

[*Vis paup.*] mari Dominus[a] prestituit, ut de facinore[1] peniteret, quia alias [*cf Mart Pont*] pius et per omnia iustus fuit[2]. A regno eciam est expulsus [*Mart Imp cf A S Rudb 841 856.*] et postea restitutus. Huius tempore Rabbanus floruit abbas Fuldensis, postea pontifex Moguntinus, egregius theologus et poeta, qui inter alia mirificum opus contexuit de laudibus [*Mart Imp*] sancte crucis[3]. Hoc tempore Ericus rex Danorum cum filiis et uxore et maximo terre sue populo in Moguncia baptizatur Floruit eciam Strabus discipulus Rabbani, qui inter alia ad [*Reg*] imperatorem elegantem de officio ecclesie librum scripsit Anno Domini octingentesimo XL° imperator moritur et in civitate Me- [*Otto V, 35*] tensi sepelitur. Filii dissidentes et contra se gravis- [*Reg 842*] simo prelio habito regnum dividere sunt exorsi ita, ut Karolo occidentalia regna ad Mosam a mari Britannico, Lůdewico Germania usque ad Renum et trans Renum quedam in Alzacia[4] civitates, Lothario imperium, Provincia, Ythalia et Gallia Belgica [*Mart Pont*] quam vocavit Lothoringiam, provenit et Porro post Leonem Stephanus IIII sedit menses VII, post quem Paschalis annis VII Post quem Eugenius II^us annos tres; hic a Romanis oculis est privatus Post hunc Valentinus primus sedit dies XL, quo sublato Gregorius IIII^us sedecim annis sedit Hic statuit per Galliam et Germaniam agi festum sanctorum omnium, sicut in Urbe dudum Boni[facius][b] ordinavit[5]. Hoc tempore Romam obsidet soldanus a sceleratissimis civibus invitatus, ecclesiam sancti Petri in equorum stabulum, et Romana Thuscia tota in solitudinem est redacta Quo defuncto Sergius succedit, qui Os-porci dictus est, qui sedit annis tribus; nomen eius propter deformitatem immutatum est, et propter hoc in re- [*cf Fl temp*] liquum omnia pont[ificum nomina][b] alterantur, vel quia [*Math 16, 17 sq*] Petro Dominus permutavit dicens *Symon Bar Iona, tu* [*Mart Opp*] *vocandus* et cetera[6] Hic Sergius Lotharium[7] coronavit, qui [*Reg 851 855*] habuit tres filios, Lůdewicum, Karolum, Lotharium, quibus divisit [*Otto VI, 1*] regnum, Lůdewico im[perium][b] cum Ythalia conferens, quem [*Mart. Opp Otto.*] eciam idem Sergius coronavit, Karolo Provinciam et Celticam [*cf Reg 858*] Galliam[8], Lothario Lothoringiam deputans, ipseque in Prumensi [*Mart Imp*] monasterio monachus est effectus Qui dum moreretur, angeli et demones de anima altercantur adeo dure, ut corpus distrahi videretur, sed monachis orantibus demones sunt fugati. Hoc tempore Iohannes Scotus in Franciam venit, vir litteratissimus, qui rogatu Lůdewici Yerarchiam beati Dyonisii de Greco transtulit in L[atinum][b]. Hoc[c] tempore a Danis Angliam vastan-

a) dñi c, *fort., ut in D,* deus (ds) *legendum* b) *uncis inclusa abscisa supplevi ex D* c) Hoc — consueverunt *in marg*

1) *Cf supra p.* 19, *l.* 29 2) *De hoc loco cf. supra p* 19, *n.* 6 3) *Vide supra p* 22, *n* 3 4) *Sic et supra p* 21, *l* 38 5) *Similia referuntur in Bedae homilia suppositicia LXXI, Opp VII, p* 151, *quam Ioh. alibi (cf supra p* 22, *n.* 2) *laudarit, hoc quoque loco de ea cogitasse videtur.* 6) *Cf supra p* 22 *Ioh hunc locum e memoria recitavit, cum Vulgata habeat:* Beatus es, Simon Bar Iona . . Et ego dico tibi, quia tu es Petrus. 7) *Cf. supra p.* 22, *n.* 4. 8) *Cf supra p* 23, *l* 32

tibus occiditur rex Edmundus sanctissimus, cuius gladio *Mart Imp* reges uti in preliis consueverunt[1]. Sergio papa mortuo *Mart Pont* succedit Leo Vus, sub hoc Adolphus rex Anglorum obtulit sancto Petro in tributum eternum [de[a]] qualibet domo regni sui singulis annis argenteum nummum unum. Post Leonem sedit Iohannes, qui fuit Anglus et puella, pergens cum amasio Athenas, et reversa tantum profecerat, ut Rome trivium legeret [et[a]] adeo celebris efficeretur, ut in summum pontificem sumeretur, nec cessavit iniquitas, ab amasio[b] impregnata, procedens in La[teranum][c] de Sancto Petro peperit et periclitatur, quam viam dicitur summus pontifex transiturus propter dedecus usque hodie declinare, in cathalogo pontificum [non[c] habetur]. Tum succedit Benedictus IIIus, deinde *Otto VI, 3.* Nycholaus primus Sub hoc Lotharius Lotharingorum[d] rex *cf Reg 864 sq* Thebirgam reginam re[pudiat][a] et Waldradam concubinam ducit, cui super hoc dum Coloniensis et Treverensis presules faverent, deponuntur, ipse excom[municacionis][a] vinculo innodatur Nicholao succedit Adrianus secundus Huius tempore *Reg 867 sq cf Otto VI, 4* venit [Lotharius[e] in auxilium fratri suo Ludewico] contra Sarracenos, qui in Galliciis, Lombardicis et Teut[honicis] . . . [f]

. . . . . et[g] sanctus Othmarus in insulam Reni Stein *Otto V, 25* relegatus[h] ad Dominum requievit[i] . . . .

. . . . *f 132 Mart Imp* *quidam hiis versibus breviter comprehendit

Moguntinensis, Treverensis, Coloniensis,
Quilibet imperii fit cancellarius horum

Primus scilicet per Germaniam, alter per Galliam, tercius per Ythaliam

Est[k] palatinus dapifer, dux portitor ensis,
Marchio prepositus camere, pincerna Bohemus

Palatinus scilicet Reni, dux Saxonie, marchio Brandenburgensis.

Hii statuunt regem[l] cunctis per secula summum

Imperator rebus bene gestis Rome moritur, sicut in *V. Heinr II, 1.* Vita sancti Heinrici imperatoris legitur[2], sed iuxta Chronicam Ottonis Frisingensis Aquis in ecclesia beate virginis sepelitur. *Otto VI, 26.*

a) *uncis inclusa abscisa supplevi ex D* b) *cf supra p. 24, n f* c) *abscisa supplevi ex rec C 1, supra p. 24, l 37* d) *sic h l., alibi* Lothor e) *dimidia fere linea abscisa est, quam supplevi ex D, praesertim cum spatium 30 circiter litterarum eadem h l legenda esse probet* f) *reliqua abscisa,* quos . . effugavit *D* g) *inter folia 131′ et 132 perditi unius folii minutissimae laciniae restant, de quibus haec tantum legere valui in folio verso* h) *seq* remigravit *a Ioh delet* i) *infra, non huc pertinens* frequenter, *item aliquanto superius* unctione sacra confirmatur. k) Et *Martin* l) dominum *Martin*

1) *Cf supra p. 24.* 2) *Vitam Heinrici II auctore Adalberto, SS IV, p. 792—814, dicit*

De sancto Heinrico et Chunrado eiusque filio Heinrico tercio. Capitulum[a] VI[m]

Otto VI 27 cf V Heinr I, 1 Mart Imp cf Otto VI, 15. V Heinr I, 9. 12 14

Anno Domini M° primo Heinricus dux Noricorum eligitur, vir devotus. Hic construxit episcopatum Babenbergensem nobilem ⟨de[b] possessionibus Alberti, quem rex Ludewicus decollavit, addiciens illas, quas Otto tercius ei contulit, summorum pontificum et Iohannis patriarche Aquileg[iensis][c] ac multorum presulum fundacionem suam approbacionibus et collaudacionibus decoravit⟩.

Otto VI, 27 cf V. Heinr I, 30 Mart Opp V Heinr I, 4 5 — ib I, 22—24 — ib. I, 28

Sororem suam dedit regi Pannonie Stephano et baptizatum ⟨plurimum[b] confortavit⟩, qui habuit filium Emmericum, iuvenem castissimum, quos ambos ut sanctos Hungaria[d] tota colit[1]. In preliis usus est gladio beati Adriani; et dum contra Sclavos, Bohemos, Polonos, Moravos[2] pugnaret, vidit beatum Laurencium, Georgium, Adrianum sibi adiutorium victorie afferentes Hic Apuliam a Grecis eripiens Romano imperio recuperavit, veniensque in Montem Cassinum per beatum Benedictum de calculo mirabiliter est curatus In reliquum religiosa loca semper dilexit et eidem monasterio multa contulit ad ornatum, et Cluniacum transiens monasterio coronam auream et possessiones plures dedit

Mart Pont

⟨Post[b] Benedictum Iohannes Sabinensis episcopus[3] eligitur, qui Gregorius sextus est dictus, qui ignarus alium secum ordinari fecit ad officium ecclesiasticum exequendum, et dum tercius superinducitur, moritur et⟩

V. Heinr I, 21 29 Otto VI, 27 cf Mart Imp — A. S Rudb 1024 Mart Otto cf V Heinr l II passim

Uxorem suam sanctam Chunegundim suspectam habuit, que se ignitis vomeribus expurgavit. Subacta Burgundia, Ythalia, Bohemia, Polonia[4] ac aliis provinciis imperio plurimum dilatato et collapsis ecclesiis restauratis multisque beneficiis collatis[5], anno Domini M°XX°IIII° transiit, una cum consorte in Babenberch choruscans crebris miraculis requiescit. ⟨Gloriam[b] eius Deus pluribus revelavit⟩.

Otto VI, 28 A S Rudb Mart Imp

Anno Domini M°XX°o Chunradus Orientalis Francie indigena[6] eligitur, qui pacis violatores capitis plexione

a) *seq* quintum *delet* b) *uncis inclusa a Ioh deleta* c) *uncis inclusa supplevi* d) *sic c* e) *sic c , Ann. S Rudb et Otto a* 1025 *exhibent*

1) *Non e Vitis Stephani Ungariae regis, SS XI, p* 226 *sqq , neque e Vita Emerici ducis, ed Florianus, Historiae Hungariae fontes domestici P. I, vol I, p* 129—139, *haec, sed, ut puto, Martini verba paulum immutata sunt* 2) Poloniae et Bohemiae caeterarumque Sclavicarum gentium *Adalb* 3) *Immo secundum Martinum archipresbyter s Iohannis ante portam Latinam, quem Ioh cum paulo superius a Martino nominato Silvestro III confudit.* 4) *Poloniam ex Adalb Vita Heinr. I, 4 addidit* 5) et collapsis — collatis *auctor ipse commentus est* 6) natione Francus *Otto, eum Orientalis Fr indigenam fuisse auctor, ut saepe, addit, ne cum Francigenis, i e. Gallis, confundatur.*

sancivit puniendos, propter quod comes Lûpoldus metuens [Mart. Imp.] vastam solitudinem cum omni sua familia subintravit, ad quam rex solus relictus a comitibus in venatu comitis heremitorium introivit; cuius uxor peperit ipsa nocte filium, quem imperator dormiens audivit futurum suum generum, estimans illius silvestris hominis natum, comitem non recordans, et cum vocem hanc crebrius audiret, mandavit puerum occidi. quod ministri necligentes pro morte pueri cor capti leporis optulerunt, pueri miserantes ⟨sicque[a] eum relinquentes⟩. Dux quidam Heinricus transiens puerum recipit vagientem, cum sue coniugi sterili detulit, suum dicens filium, et Heinricum suo nomine appellavit, quem adultum[b] rex sibi peciit astare eumque ad[c] reginam, ut mox occideretur transmisit, memorans vultum et condicionem olim pueri illius, quem in heremo mandaverat occidi[d], puer ille litteras baiulans mortis sue in domo cuiusdam presbiteri requievit, qui curiose apices spectans rasit de morte, inserens, ut statim sibi in uxorem propria filia traderetur; quod licet regina[e] obstupesceret, mox implevit; princeps[f] veniens mirabatur et negocio indagato comitis esse filium intelligens conquievit, et factus gener regis ⟨post[a] cum regnavit et⟩ monasterium quod dicitur Hyrsaẘ, in [cf. Fl. temp. Iac. de Var. c. 181] Nigra silva situm[g], fundatum locum nativitatis sue et Deum precipit honorand[um][1].

Hic Chunradus duxit Giselam, que prius habuit Ernustum [Otto VI, 28] ducem Suevorum, ex quo genuit Ernustum et Heimannum; hic Ernustus habuit fratres Poponem archiepiscopum [ib. 15. 32] Treverensem et Albertum orientalis marchie marchionem, quam idem Albertus cum Lûpoldo filio de manibus eripuit Ungariorum, sed Chunradus genuit ex ea Heinricum, quem pater post se regem adhuc puerum designavit.

Post Benedictum electum Iohannes, ⟨qui[a] Gregorius VI [Mart. Pont.] dictus est⟩, eligitur, hic cum esset rudis, alterum sibi coadiutorem statuit, quod dum pluribus displiceret, tercius est electus, unus in Laterano, alter ad Sanctum Petrum, tercius ad Sanctam [Otto VI, 32] [Mariam[h]] Maiorem residebant. Gracianus[2] autem quidam presbiter omnia dissipans et partes concordans pro zelo iusticie eligitur a Romanis.

*Rex duces Polonorum regnum instituere ibi volentes [*cf. 132. Otto VI, 28. 29.] imperio fecit tributarios scissa terra, ita ut imperium ibi

a) *uncis inclusa a Ioh. deleta.* b) ad ⟨aul *delet.*⟩ adultum *c.* c) *seq.* imperatricem *delet.* d) *pro deleto* perimendum *c.* e) *pro deleto* imperatrix. f) *pro deleto* Imperator. g) situm — honorandum *in marg. pro deletis* in Swevia construit gloriosum honorā|du *vel* do. h) Mariam *deest c., quod Ioh. addere volens super* minorem *verum scripsit* maiorem.

1) *De nomine monasterii nihil dicit Martinus, sed Gotifr. Viterb., Pantheon XXIII, 35, SS. XXII, p.* 245, *hanc historiolam metrice narrans Hirsaugiae nomen praebet, quo Ioh. fortasse usus est, et Flores temp. p.* 237, *quos alibi adhibuit, nomen loci habent.* 2) *Ioh. ea quae Martinus et Otto Fris. tradunt contaminans Iohannem Gratianum (Gregorium VI) quasi duos diversos laudat; cf. et Ann. S. Rudb.* 1045.

[Otto] haberet in posterum porcionem. Ernustus se ei opposuit et in exilium redactus moritur, ducatusque Hermanno traditur fratri suo Rex Ythaliam ingressus a Iohanne summo pontifice, stipatus ex uno latere rege Anglie, avunculo regine[1], et ex alio Rudolfo rege Burgundie coronatur Qui Rudolfus moriturus Heinrico imperatori filio, nepoti suo, sub testamento dyadema regni cum aliis insignibus destinavit. [ib VI, 31] Quod dum Odo quidam comes Celticus intercipere niteretur, imperator Burgundiam ingressus ipsum Odonem regnum compulit abiurare, recipiens ibidem primatem Lugdunensem in dedicionem cum optimatibus, in Alemanniam est reversus, et iterum Ythaliam ingressus, subiugatis civitatibus et pluribus episcopis, rebus bene gestis rediens in Traiecto inferiori moritur Spiram se precipit transportari ibique in sepulchro, quod ipse pro regibus et imperatoribus designavit et ornavit, honorifice[2] sepelitur

[Otto VI, 32 Mart Imp] Anno Domini M°XL° Heinricus filius eius imperium est adeptus, quem[a] quidam fuisse generum suum volunt hic Bohemos et Ungaros preliis multis pressit, Petrum regem Ungarie pulsum adiutorio Alberti marchionis et filii sui Lůpoldi in regnum restituit. Hoc tempore fuit Hermannus Contractus, nobili Suevorum prosapia genitus, Parisius studens et nichil proficiens, tandem erubescens[b] beatissime virgini se optulit ad scienciam impetrandam; que ei apparens ad electionem propriam membrorum contractionem cum sciencia suscipit et in scolis omnibus [cf Iac de Var] mirabilem se ostendit Unde multa ⟨in[c] laudem beate virginis: *Salve Maria,* et sanctorum⟩, vehiculo vectus ad sanctorum limina, inter cetera. *O gloriosum numen*[3] de sancto Paulo novamque hystoriam et *Symon Bar Iona*[d], de sancto Gregorio dulcissimo modulamine hystoriam decantavit.

[Otto] Heinricus[e] duxit Agnetem filiam[f] Gwilhelmi ducis Pictavie et Aquitanie, nupcie in Ingelhaim celebrantur*. Lůpoldus Alberti [cf ib 34] marchionis filius moritur et Treveris sepelitur Ex hac genuit[4] [ib 32] filium, quem Heinricum suo nomine appellavit Ipse vero [Mart Opp] supradictam altercacionem insedere audiens Suidegerum episcopum Babenbergensem instituit in papatum, qui Clemens IIus

[Otto VI, 32.] *) *Huc pertinent paulo inferius in marg scripta:* ⟨et⟩ ystrionibus danda ecclesiis iussit dari

a) quem — volunt *in marg* b) *in compingendo libro littera* s *deleta est* c) *uncis inclusa a Ioh deleta, quorum quaedam vix legi possunt* d) *seq* Rome *deletum* e) Heinricus — supradictam *(l 37) in marg postea addita pro deletis* Heinr. altercicionem. f) sororem *Otto*

1) *Cf supra p* 54, *n* 1 2) *Neque ipsum se Spiram transportandum iussisse neque in sepulchro ab ipso constructo sepultum esse tradit Otto Cf Flores temp, SS XXIV, p* 238 3) *Chevalier, Repert hymnolog. nr* 30502 (lumen) *O H-E* 4) *Scilicet Heinricus III rex*

dictus est, et ab isto imperator est sollempniter coronatus, *Otto VI, 33. Mart. Opp.* Romanis sibi iurantibus nullum umquam sine consensu suo in pontificem electuros. Benedictus autem papa post mortem apparuit cuidam in forma animalis, cuius caput et cauda fuit asini, corpus reliquum sicut ursus; cumque ille spectator pavesceret, [a] me hominem, sed sic me represento, quia olim papa existens bestialiter nimis vixi. Mortuo Clemente Popio patriarcha Aquilegiensis *Otto VI, 33.* substituitur; quo subducto Bruno Tullensis episcopus, qui Leo *cf. Mart. Pont.* dictus est, per imperatorem instituitur, qui Cluniacum veniens ab Hylteprando priore loci persuasus Romam rediit et papatum resignavit, eo quod per secularem potenciam introisset; et sic secundario est electus.

Otto VI, 33. cf. Fr. I, 3. Mart. Opp. Hoc anno Ropertus Gwischardus cum fratre Roger[io][b] Campaniam[c], Siciliam pulsis incolis apprehendit, et Rogerium quidem in Siciliam transplantavit, ipseque terras alias reservavit. Qui Rogerius genuit Rogerium postea regem Sicilie, Ropertus Bohemundum genuit, virum magnificum et preclarum; quo cum patre subducto Rogerius subintravit omnes provincias iam predictas. Hic[d] Ropertus quendam *Mart. Imp.* Sarracenum cepit; et fuit in Apulia quedam statua marmorea, circa caput habens circulum ereum, in quo erat scriptum: 'Kal. May oriente sole habebo caput aureum'; quod captivus ille in Kal. Mai notans oriente sole notato termino umbre illius repperit infinitum thesaurum, quem pro sua redempcione tradidit et abscessit. Rome eciam hoc tempore corpus gygantis incorruptum inventum est, qui Pallas dictus est, filius Evandri, occisus a Turno, vulnus habens quatuor pedum lancea fossum; corpus vincebat altitudinem muri, lucerna ardens ad caput nec aqua[e] extingui poterat nec liquore, sed cum grafio[f] foramen fieret subter flammam, protinus est extincta aere introducto, quorum annorum numerus[1] a constructione urbis accipiendus est, quia secundum Vergilium[2] *rex Evander Romane conditor arcis* fuit[3].

Leo autem papa contra principes predictos bellum *Otto VI, 33.* instaurat, sed in congressu[g] maxima strage facta nichil proficiens, Romam rediens moritur, miraculis multis fulgens. Huic successit Victor, Victori Stephanus, qui omnes auc- *cf. Otto VI, 32 et Mart. Pont.* toritate imperiali potencialiter sunt assumpti. Anno Domini *Otto l. s. Rudb.* M⁰LV[I][h] imperator in Thuringia moritur et in urbe Spirensium[4] sepelitur. Actus eius et patris Hermannus Contractus disseruit luculenter[i]. Hylteprandus predictus semper doluit dis- *cf. Otto VI, 36.* plicuitque sibi, quod imperator cum episcopis in institucione summorum pontificum voluit ius habere, et quod

a) *quatuor vel quinque litterae penitus evanuerunt*, *Martin.*: monstrum post ipsum dixit 'Noli expavescere, scito me hominem' *etc.* b) io *supplevi desectum.* c) Camp. *in marg.* d) Hic — conditor arcis fuit *(l. 32) in marg.* e) flatu *Martin.* f) stilo *Martin.* g) con *hic singulariter* cū *abbreviatum est.* h) *litteram a bibliopego tectam supplevi e C 2.* i) *in marg. infer.*

1) *Nullus numerus supra dictus est.* 2) *Aen.* VIII, 313. 3) *Cf. Martini caput* de personis a quibus Roma incepit, *SS. XXII*, p. 398 sq. 4) *Otto* iuxta patrem humatus est; *cf. ibid.* VI, 31.

[*Otto*] ecclesia iam in sua succubu[it] libertate, ipseque cum causa victa strennue semper stetit. Unde Lucanus[1]:

Victrix causa diis placuit, sed victa Cathoni.

Textus prior

[*f. 138'] *De Heinrico quarto et quinto.

[*Otto VI, 34. A. S. Rudb. 1057—1061. Mart. Pont.*] Anno Domini M°LVII° Heinricus Heinrici predicti filius eligitur adhuc puer. Pape Stephano successit Benedictus, post quem Nycholaus, quo subducto Alexander secundus eligitur. Hic ecclesiam ancillatam in pristinam erigere studuit libertatem. Cuius tempore dux Spoleti Gotfridus et Mechildis[a] comitissa Northmannos vastantes Apuliam et Campaniam expulerunt. Hec Mechtildis, neptis[b] imperatoris[2], mortuo marito omnia sua optulit sancto Petro, et vocatur terra illa patrimonium sancti Petri. [*Mart. Opp. Otto*] Post Alexandrum Hylteprandus predictus, qui et Gregorius VII[us], eligitur, et Saxones apud papam regem de multis criminibus accusarunt. Papa regem excommunicat et postea nudis pedibus procedentem[c] in nive et glacie, veniam[d] petentem, vix absolvit. [*Otto VI, 35*] Rex duxit filiam Ottonis Ythalici marchionis Agnetem[3], [*cf. ib. VII, 7*] ex qua genuit Chunradum, cui postea Ythalia est commissa, et Heinricum fratrem suum. [*Otto VI, 35*] Wilhelmus[e] comes Northmannie occiso Heroldo Anglie rege regnavit, hic lubricitati deditus quandam sanctimonialem oculis et facie pulcherrimam concupivit et, ut suis daretur amplexibus, monasterium funditus subvertere minabatur, que hylariter ad eius cubiculum se disponit; preparato disco et fuscorio oculos eruens venit ad regem: 'Ecce rex carbunculos oculorum meorum disco positos, quos desiderasti, suscipe'. Qui confusus abiit, opprobrium sempiternum sue secum malicie deportavit. [*Otto VI, 35. cf. A. S. Rudb. 1077. G. Fr. I, 7. Mart. Opp.*] Papa suadet post hec eligi in regem Rodolfum ducem Suevorum, quo occiso et in Merspurch, que Martinopolis dicitur[4], sepulto rex illo venit et vidit eum regaliter tumulatum, et dum quidam dicerent, cur hoc admitteret, respondit se velle omnes suos adversarios sic iacere. Ducatus suus Bertholfo de Zeringen[5] [*G. Fr. I, c. 8. 9*] genero suo cessit. Rex in angustiis constitutus Friderico de Stŏphen filiam Agnetem et ducatum Suevie donat, qui pre- [*Otto VI, 35*] dictum Bertholfum debellans ducatu potitur. Post Ro-

a) *sic h. l. c.*, Matildis *Martin.* b) neptis — marito *in marg. add.* c) in nive et gl. proc. *corr.* proc. in nive et gl. d) ven. pet. *in marg.* e) Wilh. — deportavit (*l. 29*) *in marg.*

1) *Phars. I, 128.* 2) *Haec ex Ottonis Gestis Frid. I, 2 addita:* Mahtildis, quae imperatoris consanguinea *fuit.* 3) *Immo Bertham ut Otto dicit, Ioh. eam cum patris Heinrici consorte Agnete imperatrice confudit.* 4) *Cf. Otto Fris., Gesta Frid. II, 5:* in civitate ... Martinopoli, quae et Merseburch, *et Chron. VII, 8.* 5) *Cognomen* de Zeringen *Ioh. ex Ottonis Gestis Fr. I, 7 addidit.*

Textus posterior.

*De Heinrico IIII. et filio eius Heinrico quinto[a]. *f. 139

Anno Domini M°LVII° Heinricus Heinrici predicti filius eligitur adhuc puer. *A. S. Rudb. 1057–1061* Pape Stephano successit Benedictus, *Otto VI, 31* post quem Nycholaus, quo subducto Alexander secundus eligitur. *Mart. Pont.* Hic ecclesiam ancillatam in pristinam erigere studuit libertatem. Cuius tempore dux Spoleti Gotfridus et Mechtildis comitissa Northmannos Campaniam vastantes et Apuliam expulerunt. Hec Mechtildis cum imperatore pugnavit et omnia *Mart. Opp. Otto* sua optulit sancto Petro. Post hunc Gregorius VII eligitur, ⟨qui[b] Hylteprandus dictus fuerat⟩. Saxones regi rebellantes eum in multis accusant, cum quibus iniit prelium et devicit, dux[c] Saxonum Geberardus[d] et Ernustus marchio orientalis, *cf. Otto VI, 15* marchionis Alberti filius, occiduntur. Papa regem vocatum et *Mart. Otto VI, 35* non comparentem excommunicavit et postea in Lombardia *A. S. Rudb. 1075. 1077* in nive et glacie diebus pluribus procedentem absolvit. Postea pers[ua]sit[e] eligi Rudolfu[m][e] ducem Suevie, quo oc[ciso][e] et in Merspurch, que Martinopolis dicitur[1], sepulto [re]galiter[e] rex ibi venien[s][e] vidit, conventus, cur talem tam honorifice *G. Fr. I, 7* sineret sic iacere; qui respondit: 'Ut[inam][e] omnes inimici mei i[ace]rent[e] tam regaliter tumulati'. Post hunc Hermannus d[ux][e] Lothoringie elig[itur][e], qui a regni fidelib[us][e] similiter *Otto VI, 35* est occisus*.

Rex Bertham Ottonis marchionis Ythalici duxit filiam Agnetem[2], ex qua Heinricum, Chunradum genuit et Agnetem. Hic ad interventum consortis sue tempore Lůdolfi ducis Karinthie Sygehardo patriarche et ecclesie Aquilegiensi sub privilegio et preclaris testibus utriusque status principibus marchiam Carniole tradidit donacione sollempni. Rex[f] in angustiis constitutus Frid[ericum][e] comitem de Stŏphen advoc[avit][e], ei filiam suam Agnetem et duc[atum][e] *G. Fr. I, 8. 9.* Suevie contulit. Qui debellato Berth[olfo] de Zæringen, qui

*) Papa regem voc. — occisus *in marg. pro deletis.* Papa *Otto Mart.* regem vocatum sepius et non comparentem gravissime excommunicavit, ad quem novissime venit in Lombardiam et multis diebus in nive et glacie procedens nudis pedibus vix absolucionis graciam impetravit.

a) *tota haec capituli recensio cum additamentis in marg. scriptis a Ioh. cancellata atque ac omnes notae marginales.* b) *uncis inclusa a Ioh. deleta.* c) dux — occiduntur *in marg.* d) *sic h. l. c., cf. supra p.* 56, *l.* 19. e) *uncis inclusa abscisa supplevi ex rec. D.* f) Rex — et Fridericum (*p.* 75, *l.* 2) *in marg. infer. in marg. adnotatum* Nota inferius.

1) *Cf. supra p.* 72, *n.* 4. 2) *Cf. supra p.* 72, *n.* 3.

Tertius prior

[Otto VI, 35; cf. G. Fr. I, 6] dolfum Hermannus dux Lothoringie eligitur, qui similiter a regni fidelibus est occisus. Rex ad interventum consortis sue Berchte tempore Lůdolfi ducis Karinthie Sighardo patriarche et ecclesie Aquilegiensi dedit [G. Fr. I, 2] marchiam Carniole sub privilegio valde claro[1], et Romam veniens [Mart. Opp.; Otto VI, 36; VII, 1] papam expulit, qui ad montana Thuscie ad terram Mechtildis comitisse commigravit et Gwibertum archiepiscopum Ravennatensem, qui Clemens dictus est, instituit, hic eum sollempniter coronavit. Postea papa Gregorius Salerni moritur, et Desiderius abbas Cassinensis, qui Victor secundus[2] dictus est, instituitur a Romanis. Anno Domini M°LXXXXIIII°[a] Karthusiensis [V. Brun.; cf. Mart. Pont.] ordo surgit[3]. Quidam actu legens Parisius moritur, ⟨et[b] ecce corpus omnibus audientibus⟩ dixit 'Iusto Dei iudicio accusatus sum[c]; iusto Dei iudicio iudicatus', tercio 'iusto[d] Dei iudicio dampnatus sum'. Bruno quidam Remensis canonicus hoc audiens cum sex constudentibus venit ad episcopum Granopolitanum penitencie viam querens, qui presul vidit septem stellas[4] ante se cadentes et postea in sua dyocesi in quandam vastam solitudinem se mittentes, et cum misterium hic tractaret, septem predicti venientes ad pedes suos suum propositum ostenderunt, qui ubi stelle se submiserant eos locat, ⟨ibique[e] ordinem Deo et hominibus celebrem inceperunt⟩[5]. Unde versus[6]

Anno milleno quarto quoque, si bene penses,
Ac octogeno sunt orti Karthusienses.

[Mart. Opp.; Rob.; Otto VII, 2] Mortuo Victore Urbanus II. eligitur, hic anno Domini millesimo nonagesimo II° apud Clarum-montem concilium celebrat necessitatem Christianorum in partibus transmarinis propallat[f], transitum regibus, regnis, gentibus et insulis maris persuadet, quem de diversis partibus magni principes sunt aggressi, qui omnes episcopo Podiensi et Gotfrido duci Lotho- [Mart. Imp.] ringie sunt commissi. Ubi revelacione sancti Andree et per

a) *sic c.* — Karthus *c.* b) *uncis inclusa a Ioh. perperam deleta, praecedunt quaedam litterae deletae.* c) *seq. delet.* postea. d) iusto — iud. *in marg.* e) *uncis inclusa a Ioh. deleta.* f) *sic c.*

1) *Haec Ioh. privilegiis authenticis inspectis novisse videtur, datis Papiae a. 1077 (Apr.), St. 2800, et Norimbergae Iun. 11, St. 2802. 2803, quae exstant 'Archiv f. öst. Gesch.' XI, 2, p. 72 sqq. In diplomatibus Liutoldus dux Carinthiae inter petentes laudatur, marchiam Carniolae, comitatum Istriae et comitatum Foriiulii rex donavit.* 2) *Immo tertius.* 3) *Ioh. versus memoriales subsequentes secutus est.* 4) *E Vita antiqua Brunonis, Acta SS. 6. Oct. III, p. 725—727, ubi miraculum Parisinum ad a. 1082 narratur.* 5) *Stellas cecidisse et in loco, quo se demisissent, coenobium fundatum esse non invenitur in Vita antiquiori neque in Vita Hugonis episcopi Gratianopolitani, Acta SS. 1. Apr. I, p. 36 sqq.* 6) *Quos versus edidit Mabillon, Acta SS. O. S. B. VI, 2, nr. 86, habent et Theod. Engelhus, Chron. ed. Mader p. 209, et Andreas Ratispon., Eccard, Corpus I, col. 2072 etc.*

Textus posterior

gener Rudolfi fuerat [et[a]] ducatum apprehenderat, eo prospere est po[titus][a], et genuit Chunradum et Frid[ericum][a]. Imperator Romam veniens papam expulit, qui ad montana Thuscie ad terram Mechtildis comitisse commigravit; et imperator Gwibertum Ravennatensem episcopum, qui Clemens dictus est, instituit, qui eum sollempniter coronavit. Papa Gregorius apud Salernum moritur, et Desiderius abbas Cassinensis, qui Victor III dictus est, instituitur a Romanis, sub quo anno Domini M°LXXXIIII° ordo Karthusiensis[b] ortum habuit tali modo. Quidam actu legens Parisius moritur et ter de pherethro exclamavit, primo 'iusto Dei iudicio accusatus', secundo 'iusto Dei iudicio iudicatus', tercio. 'iusto Dei iudicio sum dampnatus'. Quod audiens Bruno quidam Remensis, vir magnus, viam penitencie meditans, cum sex constudentibus ad virum sanctum presulem Granopolitanum venit, qui splendidissimas providerat septem stellas ante se de ethere descendentes et postea in quandam sue dyocesis solitudinem se mittentes. Quorum propositum cum audisset, misterium stellarum revolvens eis locum, in quo stelle se submiserant, demonstravit, ubi se artissime concludentes religionem Deo et hominibus celebrem inchoarunt, unde[c] versus.

G. Fr. I, 7. — ib. c. 9. — Mart. G. Fr. I, 2. — V. Brun. c. 1. cf. Mart. Pont.

Anno milleno quarto quoque, si bene penses,
Ac octogeno sunt orti Karthusienses.

Mortuo Victore Urbanus eligitur. Hic concilium in Alvernia celebrat anno Domini M° nonagesimo II°[1], de diversis mundi partibus gentes, reges, insulas, regna ad passagium inflammat, quos episcopus Podiensis et dux Gotfridus Lothoringie atque Bohemundus feliciter gubernabant; pauci[d] ex Alemannia pro tunc tempor[is][e], quia ecclesia et imperium dissidebant. In hoc tempore, anno Domini M°LXXXIX° inventa est lancea domini salvatoris sancto Andrea veris signis revelante apud

Mart. Opp. — Otto VII, 2. — Rob. 2. 3. — Mart. Imp.

a) *uncis inclusa in marg. desecta suppleri ex D.* b) Karthuf. c. c) unde — Karthusienses *in marg.* d) pauci — dissidebant *in marg.* e) *uncis inclusa abscisa suppleri, nota verbum finitum deesse.*

1) *Cum Robertus monachus, quem Ioh., ut ex eius Hist. fund. Victoriae constat, legerat, concilium Claromontanum a. 1095 celebratum esse dicat, Ioh. etiam supra p. 74 a. 1092 praebet.*

Textus prior

Mart. Imp. miraculorum ostensionem lancea domini salvatoris apud Antiochiam repperitur, de qua sumentes fiduciam successus cf. Otto VII, 5. in preliis prosperos habuerunt. Expugnata Gotfridum novum statuunt ibi regem. Cum[a] autem essent in Cesarea accipiter columbam quandam super exercitum graviter plagatam deiecit, littere vero circa eam sunt reperte talis sentencie: *Rex Acharon duci Cesaree salutem. Generacio canina venit, gens contenciosa, contra quos per te et per alios legem tuam defendas. Idem annuncia aliis civitatibus.*

Frord. I, 1–14. Anno Domini M⁰LXXXXIX⁰ Cisterciensis ordo in Burgundia incipit per Ropertum abbatem, qui cum viginti et uno monachis de Molismo exiens propter regularis vite districtitudinem secesserunt et sic ordinem inceperunt, quem beatus Bernardus vita et doctrina mirabiliter illustravit. Unde versus[1]:

Anno milleno centeno quo minus uno
Sub patre Roperto Cistercius incipit ordo.

Otto VII, 7. Anno[b] Domini M⁰C⁰ Gwibertus moriens densissimo scismati finem dedit.

Hoc tempore plurimi de Germania et aliis partibus passagium adierunt, inter quos Thymo presul Salczburgensis, cum nollet ibidem captus ydolis immolare, glorioso martirio A. S. Rudb. 1106. cf. Otto VII, 1'. coronatur, cui successit Chunradus, vir per omnia sancte vite[2].

a) Cum — civitatibus *in marg. infer.* b) A. D. M⁰C⁰ — dedit *in marg.*

1) *Hos versus (in quorum priore lege* bis minus uno*) habent Gaufr. de Collone, SS. XXVI, p.* 616; *Monum. Erphesfurt., SS. R. G. p.* 691; *Theod. Engelhus ed. Mader p.* 210. *O. H.-E.* 2) *Ioh. haec e Vita Chunradi archiep. Salzburgensis (SS. XI, p. 63 sqq.) scire potuit.*

Textus posterior

Anthyochiam, per quam successus felices et prosperos cum maximo gaudio consecuntur* (*Mart. Imp.*) Visi sunt enim eis sancti martires Georius, Mercuriusa, Mauricius pugnantibus advenisse (*Rob. 7*). Viderantb eciam super exercitum colum[bam]c plagari ab accipitre, sub cuius a[la]c littere sunt reperte: *Rex Afcha[r]one duci Cesaree salu[tem]c. Generacio canina venit, gens conten[ciosa]c, contra quos per te et per alios legem tu[am]c defendas. Idem annun[cia]c aliis civitatibus.* (*Mart. Imp.*) ⟨Bohemundusd⟩ novus in Ierusalem rex creatur. (*A. S. Rudb. 1101*) Hoce tempore floruit in Anglia Anshelmus abbas, post archiepiscopus Cantuariensis. (*Mart. Pont.*) Urbanus rediens Gwibertum expulit et in brevi ipse ultimum diem clausit, et Paschalis II substituitur. (*Otto VII, 6.*) Anno Domini M°LXXXIX° noster Cisterciensis ordo sub abbate Roperto sumpsit exordium, qui exiens a Molismo cum religiosis fratribus, regularis vite districtitudinem emulantes, in Cisterciensem solitudinem secesserunt. (*Exord. I, 1—11*; *cf. Mart.*) Quibus astipulatus Hugo archiepiscopus Lugdunensis scripsit summo pontifici pro eisdem. Odo eciam dux Burgundie eis ecclesiam ligneam, quam inceperant, consumavit, undef versus[1]: (*A. S. Rudb. 1099*)

Anno milleno cente[no]c quo minus uno
⟨Ierusalemg Franci [ca]piuntc virtute potenti⟩
Sub patre Roperto Cistercius incipit ordo.

Hic ordo per ingressum beati Bernardi ⟨multipliciterh amplatus⟩, vitai et doctrinak immo tota ecclesia est multipliciter illustrata. (*Exord. d. 2*)

Anno Domini M°C° Gwibertus moritur et densissimo scismati finem dedit. (*Otto VII, 7.*) Hoc anno plures ex Germania, Ythalia et Aquitania transfretantes Christianis plurimum profuerunt. (*A. S. Rudb. 1101*) Inter quos venerabilis Thymo Salczburgensis archiepiscopus, cum nollet ibidem captus ydolis immolare, glorioso est martirio coronatus; cui successit Chunradus, vir per omnia sancte vite. (*ib. 1106*; *cf. Otto VII, 13*)

*) *Seq. delet.:* Anno Domini M°LXXXXIX° Ierusalem.

a) Demetrius *Rob.* b) Viderant — civitatibus (*l. 9*) *in marg.* c) *uncis inclusa abscisa supplevi.* d) *hoc falsum nomen a Ioh. delet.* e) Hoc — substituitur *in marg.* f) unde — ordo *in marg.* g) *hic versus a Ioh. deletus.* h) mult. ampl. *a Ioh. delet.* i) *seq. delet.* et virtutibus eiusdem multipliciter illustratus. k) *seq. delet.* eius.

1) *Hi duo versus, quorum secundum Ioh. delevit, vulgatissimi sunt, a permultis traditi auctoribus, quos composuit Fulcher Carnot. I, 30, cf. 'Forsch. z. deutschen Gesch.' XIX, p. 25, nr. 39. De tertio versu vide supra p. 76, n. 1. O. H.-E.*

[*f. 139'*] [*Otto VII, 7. 8*] *Anno Domini M°C° primo[1] Chunradus imperatoris filius moritur et Florencie sepelitur. Anno Domini M°C°III° imperator disponens se ad iter transmarinum filium suum Heinricum post se regem in Moguncia designavit, qui mox patri se opposuit*. [*Mart. Imp.*] Hoc[a] tempore floruit Hugo de Sancto Victore Parisius, vir vita et sciencia plurimum illustratus[2]. [*Otto VII, 9. Mart. Imp. Bernh.*] Hoc eciam tempore multi milites mare transeunt, iuxta templum Ierosolimis se locantes, ⟨terrenam[b] miliciam relinquentes⟩, crucis Christi miliciam induentes, se ⟨monachos[b] ostendentes, se⟩ Templarios appellantes; quorum votum papa Honorius II. postea approbavit et beatus Bernardus sermone exhortatorio ad eos scripto plurimum commendavit[3]. **. [*G. Fr. I, 10*] Contigit interea Fridericum ducem, imperatoris generum, mori, et [*Otto VII, 9*] Agnes relicta eius in fratris sui tutelam est recepta. Pater ergo et filius belligerantes contra se in ripa Reni[4] fluminis consederunt. Filius videns robur patris in duce Bohemorum et Lůpoldo marchione orientalis marchie[5] consistere, cuius sororem habuit dux prefatus, Lůpoldum accersiens, dans sororem coniugem, [*G. Fr. IV, 14*] et sic ambos efficit sue partis. Ex quo Lůpoldo genuit presules Ottonem Frisingensem, Chunradum Pataviensem, postea Salczburgensem, et Lůpoldum atque Heinricum, postea duces Noricorum et orientalis Pannonie marchiones. [*Otto VII, 10–12.*] Convenerunt tamen pater et filius ita, quod pater imperialia filio resignavit, sed postea regi Francie et aliis principibus atque civitatibus[6] se circumventum lamentabiliter querulatur. Contra quem filius iterum ordinat exercitum, [*G. Fr. I, 10*] usque ad Mosam insequens, sed a patris est[c] fidelibus retroactus. [*Otto VII, 14*] Interea pater moritur apud Leodium[d], et filius cum XXX milibus armatorum Ythaliam ingreditur et a Paschali papa susceptus est, conveniuntque, ut rex investituras episcoporum remitteret, et papa sibi eorum regalia resignaret, super quo obsides sunt statuti. Quod dum rex peteret effectui mancipari, papa recusavit asserens episcopis non placere, et propter hoc papa

*) *Pr. mo Ioh. scripserat, sed delevit:* ⟨sed[b] mox, quia excommunicacione fuerat implicatus, filius se⟩ patri opposuit ⟨consilio[b] malignorum⟩.

[*Otto VII, 9*] **) *Seq. delet.:* Pater ergo et filius contra se acies figunt.

a) Hoc — illustratus *in marg.* b) *uncis inclusa a Ioh. deleta.* c) est *super lineam add.* d) ap. L. *in marg.*

1) Anno sequenti, *scil. post Wiberti mortem ad a.* 1100. *narratam, Otto l. c.* 2) *Cf. Iac. de Voragine, Leg. Aurea c.* 181, *ed. Graesse p.* 843, *SS. XXIV, p.* 170. 3) *Bernhardi De laude novae militiae ad milites Templi librum dicit.* 4) Regini fluminis *Otto dicit, sed cod. eius* 5 *habet* Rheni fluminis. 5) orient. m. *Ioh. addidit ex Ottonis Chron. VI,* 32. 6) *Otto VII,* 12: omnibus se fraude circumventum . . declamavit.

capitur et Ulrico patriarche commendatur. Quod factum [Otto VII, 14; cf. Mart. Opp.] Chunradus presul Salczburgensis vivaciter reclamavit, et ob hoc a quodam invasus pene fuerat decollatus. Populus eciam Romanus regem bello et militaribus actibus[a] petit, qui armis[b] exercitatus et intrepidus[c] de eis magnifice triumphavit, et plures in Tyberi, quam prostrati gladio, sunt submersi.

Anno[d] Domini M°C°XIX° Lůpoldus[e] marchio [S]tyrie[f] vir in Dei rebus magnificus ⟨habebatur[g], [qui][f] monasterium Runense[1] cum consorte [S]ophia[f] fundavit Cisterciensis ordinis et gloriose dotavit⟩; moriens Otakarum [fi]lium[f] reliquit, ⟨qui[h] postea monasterium Karthusiensis ordinis in marchia Styrie, quod Vallis Sancti Iohannis dicitur[2], fundavit⟩.

Rex rediens in se ipsum facinus, quod[i] in papam [Mart. Imp.; Otto VII, 11] egerat, in cancellarium suum Albertum, postea Moguntinum presulem, retorquens pape et populo reconciliatur, et privilegio de episcoporum investitura extorto papa dimittitur, quod tamen postea episcoporum sinodus reprobavit. Rex a papa imperiale suscipiens dyadema in Alemanniam rediit et [ib. VII, 15] comitem Barrensem cepit et suspendisset, nisi nobilium [G. Fr. I, 11] intervencio extitisset. Mortuo[k] Paschale succedit Gela- [Mart. Pont.] sius, et huic post annum unum Kalixtus. Imperator duxit [A. S. Rudb.] filiam regis Anglorum, in quibus nupciis Lotharium Saxonie [Otto VII, 15] ducem nudis pedibus subplicantem admisit ad graciam, Gebardi filium supradicti[3]. Iterum fit coniuracio contra [cf. ib. VI, 34] eum, et in se imperium fluctuat et turbatur. Anno Domini M°C°XX° ordo Premonstratensis cepit per Nortbertum Colomensem; dum[l] iugum Cisterciensis ordinis ferre propter corporis imbecillitatem non valeret, beata virgo locum in Pikardorum partibus premonstravit, et ob hoc primum cenobium dicitur Premonstratum[4], unde[m] versus[5]:

Anno milleno centeno bis quoque deno
Sub patre Norberto Premonstrati viget ordo.

a) et mil. act. *supra lineam add.* b) armis *supra lineam add.* c) et intr. *supra lineam add.* d) Anno — fundavit *(l. 14) in marg.* e) *pro deleto* Otakarus. f) *uncis inclusa abscisa supplevi.* g) hab. — dotavit *a Ioh. deleta,* hab. *signaculo apposito superius exstat.* h) qui — fundavit *a Ioh. deleta.* i) q. in p. eg. *in marg.* k) Mortuo — Kalixtus *in marg.* l) dum — valeret *in marg. infer. scripta hoc loco, ubi signaculum exstat, inserenda esse videntur.* m) unde — ordo *in marg.*

1) *Reun in Styria, a monachis Ebracensibus a.* 1130 *Sept.* 8 *fundatum est, cf. Janauschek, Orig. Cisterc. p.* 17, *nr.* 39, *Tangl in 'Archiv f. österr. Gesch.' XVII, p.* 228. 2) *Seitz in Styria, Zahn, 'Steir. UB.' I, p.* 485. 551, *Muchar, 'Gesch. Steierm.' III, p.* 273. 3) *Cf. supra p.* 73, *l.* 13 *(n. d).* 4) *Haec neque ex Mart. Pont., SS. XXII, p.* 435, *l.* 34 *sqq., deprompta sunt neque e Vita s. Norberti, Acta SS. Iun. I, p.* 819 *sqq., neque ex altera, SS. XII, p.* 670 *sqq.* 5) *Hos versus habent Balduin. Ninov., SS. XXV, p.* 526, *Ioh. Longus, ibid. p.* 792, *Robert. Autissiod., SS. XXVI, p.* 231; *Theod. Engelhus ed. Mader p.* 219. *O. H.-E.*

[Otto VII, 15] Imperator iterum Ythaliam ingrediens Chunrado et Friderico sororis sue filiis res in Alemannia commendavit, sed agentibus Alberto Moguntino, Chunrado Salczburgensi, [et Mart. Opp.] Friderico Coloniensi iterum a Kalixto excommunicatur, et scisma denuo renovatur. Imperator procinctum movens contra Urbem Burdinum Hyspanum sedi prefecit, quem Kalixtus in Sutrio captum post imperatoris recessum ante se Romam ire compulit sedentem camelo, habentem caudam pro freno, eumque in late- [Otto VII, 16 Mart. Opp.] bris usque ad vite terminum conservavit[1]. Imperator metuens anathematis gravitatem vidensque deficere a se regnum Lamperto sedis apostolice legato Moguncie[2] privilegium, quod extorserat, resignavit et ab anathemate[a] absolvitur, privilegiumque sibi et ecclesie conscribitur, ut electi non prius ordinentur, quam regalia de manu eius suscipiant per sceptrum; quod factum est pro bono pacis, et sibi tantum esse concessum dicitur, et sic liberta- [Mart. Pont. A. S. Rudb. 1125] s ecclesie reformatur. Sublato Kalixto Lampertus predictus eligitur, qui Honorius II est vocatus. [G. Fr. I, 15 Otto VII, 16] Imperator apud Traiectum inferius moritur et Spire in supulchris regalibus[3] sepelitur.

[*f. 140 Otto VII, 17 cf. VI, 32] *Anno Domini M°C°XXV°[b] quatuor apud Moguntiam regni optimates eliguntur[4], scilicet Fridericus dux Suevie, Lůpoldus marchio orientalis marchie, Karolus comes Flandrie, Lotharius dux Saxonie, et hic optinuit, qui electus mox Heinrici predecessoris progeniem, specialiter Chunradum et Fridericum duces [G. Fr. I, 17—19] Suevie, persequi graviter est exorsus; vallavitque urbem Noricorum et Spiram, ubi dicti fratres sua presidia locaverunt, et quidem regem ab obsidione Nůrenberch potencialiter abegerunt, Spira vero per pacta sue se subdidit dicioni[5]. Lotharius[c] autem filiam suam Heinrico duci tradidit Noricorum, [Otto VII, 17] filio Heinrici.* Papa Honorius parcium Lotharii[6] predictos fratres excommunicationis[d] gladio est aggressus; unde Fridericus, licet contra fas ageret[6], adiutorio quorundam Chunradum fratrem suum in regem sublevavit, qui transalpinans a Mediolanensibus suscipitur et ab Anshelmo eorum presule apud Modoycum coronatur. Pro qua temeritate presul [ib. c. 18] deponitur et alius subrogatur. Interea Honorius defungitur, et [Mart. Pont.] Innocencius IIus et Petrus Leonis eliguntur. Innocencius Petrum in Urbe relinquens tyrannizantem et utensilia ac ornamenta ecclesiarum ad stipendium suorum complicum distra- [Otto. cf. Fin. I, 2] hentem venit Pisas et Ianuam[7] et deinde in Alverniam,

[G. Fr. I, 14] *) *Seq. delet.:* ex qua genuit Fridericum primum postea imperatorem et Iuditham ducissam Lothoringie.

a) ab anath. *in marg.* b) *seq. delet.* Lotharius predictus. c) Loth. — Lothoringie *(l. 11) in marg.* d) excommunionis *c.*

1) *Cf. supra p. 59, n. 4.* 2) *Concordatum non Moguntiae, sed Wormatiae, ut et Otto VII, 16. habet, a.* 1122 *factum esse nemo nescit.* 3) *Cf. supra p. 56, n. 1.* 4) ad regnum designantur *Otto.* 5) *Otto, Gesta I, 18:* ibi *(Spirae)* praevalere tunc non potuit. *Nescio, quo Ioh. adductus sit, ut haec scriberet, cf. Hist. Welf. Weingart. c. 17.* 6) *Haec auctor addidit.* 7) *Martinus papam reversum Ianuenses et Pisanos pro servitiis honorasse narrat, e quibus Ioh. haec effecit.*

ubi apud Clarum-montem[1] concilium celebrat, et obvios suscipit [Otto VII, 18] Lotharii nuncios, scilicet Chunradum Saltzpurgensem et Heribertum Monasteriensem[a] presules reverendos Exacto con- [cf Ern I, 6] cilio papa ad Belgicas partes se transferens venit Leodium, vocans Lotharium in adiutorium contra Rogerium principem Siculorum, qui dum instaret pro investituris pontificum [cf. G Fr I, 24] et nichil proficeret[2], rediens ad expedicionem Ythalicam se componit Fridericus autem dux Suevie duxit [G Fr I, 14 cf 12 19] uxorem Iuditham Heinrici ducis Noricorum sororem[b] et regnum quantum potuit lacessivit. Qui dux ei frequenter extitit [ib c. 19 20] importunus, quia parcium regis fuit[c].

Genuit[d] tamen ex sorore ducis Frideri[cum] postea impera- [ib c 14] torem et Iuditham ducissam Lothoringie, qua defun[cta] duxit [ib c 22] filiam comitis de Sarbur[ch], que genuit ex eo Chunradum Re[ni] postea palatinum et Claricam, que nupsit Lůdewico lantchravi[o] Thuringorum

Et sic quodammodo[e] concipiebatur, ut parturiretur [cf. ib I, 20 II, 2] Gwelforum et Gwebelingorum in regno[f] ortus. Nam ducum Noricorum radix de familia prodiit Gwelforum, ab antiquo tempore sic vocata, alii de Gwebelinga ex regii sanguinis, scilicet Heinricorum predictorum imperatorum et regum, tramite surrexerunt Fridericus autem dux Chunradum filium [ib I, 26 27 cf I, 7 8] Bertholfi de Zæringen apud Turegum, ipso oppido[g] capto, suis municionibus dissipatis subegit* et tam regi quam duci sororio viriliter resistebat[3] Frater eius Chunradus ex [Otto VII, 18.] Ythalia regressus in Alemanniam nichil commodi, sed [cf G Fr I, 18] amissionem pene omnium qui secum ierant reportavit Lotharius per vallem Tridentinam Ythaliam ingrediens venit Romam Interea papa revertitur et memor in reditu beni- [Mart Opp] ficencie[h] Ianuensium et Pisanorum, Ianuensem presulem, qui subiectus fuerat Mediolanensi, archiepiscopum et Pisanum primatem tocius Sardinie consecravit, et veniens Romam in ecclesia Salvatoris que Constantiana[i] dicitur Lotharium coronavit [Otto VII, 18.] Petrus enim Leonis sancti Petri basilicam cum suis satellitibus occupavit

Anno[k] Domini M°C°XXXII° Pil[grimus] venerabilis patriarcha ⟨in[l] Carniola de possessionibus, [quas] ibi

*) *Seq delet* Chunradum[4] eciam, Heinricum eciam comitem de Wolfrat [G. Fr I, 26]

a) Mon *in marg* b) *pro deleto* filiam c) *seq delet* uxor gener enim eius extitit d) Genuit — Thuringorum *in marg* e) *seq delet* incepit incepit. f) reg° *ex* reg' *corr*, *seq delet* utero dissensio g) *seq delet*, expugnato et castro Zæringen h) *sic (bonficene) c* i) *sic c*, Constantinianа *Otto* k) A D — nomen (*p* 82, *l* 8) *in marg*, *partim desecta et quae difficile leguntur* l) *uncis inclusa a Ioh deleta*

1) *Alverniam Otto pro civitate, Ioh pro regione ponit* 2) *Verba* et nichil proficeret *inspecta Ernaldi V. Bern I, 5 sunt addita.* 3) *Haec non huc pertinent, sed ad a* 1146 *circiter, quia de Friderico iuniore, filio ducis, postea imperatore, agitur, cf Bernhardi, 'Jahrb Konrads III'* p. 485, *n* 447 4) *Comitem de Dachowe*

Aquilegiensis habuit ecclesia, [monasterium[a]] Cisterciensis ordinis quod Sitich d[icitur] fundavit›, clarus in impera[toris] curia habebatur, ‹vir per omnia laude dignus›. qui in marc[hia] Carniole monasterium Cister[ciensis] ordinis fundavit, et i . . d . [b] loco apto quidam viden[s] locum, in quo nunc est monasterium, d[ixit] 'Sit hic', et hac racione f . . . . . Sithic un . . . .[c] est indi[tum] sibi nomen[1].

Otto VII, 19 Imperator in Alemanniam reversus curiam in Babenberch celebrat ibique interponente se beato Bernardo ambo fratres Chunradus et Fridericus ad graciam sunt recepti Quo facto imperator Bohemorum ducem, quamvis cum multorum suorum dispendio[2], Polonorum duces tributarios sibi fecit Pomerarios[d] et Rugos ad hominium compulit, et conglobata infinita multitudine, secum habens predictum Chunradum, Friderici fratrem, et Heinricum generum suum, Noricorum ducem[3], procinctum in Ythaliam iteme[e] movet, ubi exteriorem[f] Ythaliam in *ib c. 19 20* provinciam redegit, interiorem lustrans, Apuliam, Campaniam, Calabriam peragravit, civitates fortissimas cum castris munitissimis expugnavit Beneventum per generum suum Heinricum subactum *cf Mart Imp* pape restituit, Rogerium ex Apulia et Campania in Siciliam effu*Otto VII, 20* gavit, quo hoste iudicato ducatum Apulie tam ipse quam papa, ne alter alteri derogaret, Reginaldo nobili viro, qui alibi[4] Rainulfus legitur, cum vexillo pariter contulerunt. Imperator rebus bene gestis in Alemanniam rediens apud Tridentum moritur*, corpus in Saxoniam transfertur. Regalia Heinrico *ib c 21 22* genero commendavit, filium non reliquit. Principes, qui *cf A S Rudb 1137* secum fuerant, plures ante eum in illis partibus, aliqui *G Fr I, 23* reversi[g] post eius transitum sunt defuncti; gener eius plures fastu superbie turbaverat**, Chunradus vero Friderici frater omnibus se placabilem exhibens multorum et pene om*ib.* nium complacenciam acquirebat, deferbuerat eciam odium antiquum, quod contra suum avunculum Heinricum[5] quidam

*) *Seq delet* · vir per omnia commendabilis

**) *Seq. delet :* et pro nichilo magnatorum amiciciam reputabat

a) *vel* cenobium *legendum, quot litterae cuiuscumque lineae desectae fuerint, certe dici non potest* b) *ante* d *duae vel tres litterae sunt abscisae, duae sequentes non bene leguntur.* c) unicive *vel* unitive *legere mihi videor* d) Pomeranos *Otto* e) *sic cursus gratia* f) citeriorem *Otto* g) reversi *corr ex* post reversionem

1) *Monasterium Siticense (Sittich in Carniola inferiori apud Laybacum) fundatum est per Pilgrimum patriarcham Aquilegiensem a monachis Runensibus, qui a 1132 advenisse feruntur, Janauschek, Orig Cisterc I, p 42, nr* 103 2) *Haec Ioh ex Ottonis Gest. Frid I, 21. inseruit* 3) et Heinr — ducem *Ioh inseruit, qui apud Ottonem l. c. paulo inferius legit eum expeditioni Italicae interfuisse* 4) *In Ernaldi Vita s Bernhardi II, 7 Rannulfus vocatur.* 5) *Cf Ottonis Chron VII, 22* · Conradum imperatoris Heinrici sororium

habere principum videbantur. Cui Ovidii[1] possumus [G. Fr. I, 23.] versiculum decantare:

Sit procul omne nephas, ut ameris, amabilis esto[a].

*Anno Domini M°C°XXXVIII° Chunradus predictus in Confluencia eligitur et a Theodewino cardinale Aquisgrani coronatur. [*f. 141; Otto VII, 21. 22; G. Fr. I, 23] Nam Brunone Coloniensi presule eiusque successore in Apulia sub Lothario mortuis, successor adhuc pallium non habebat. Heinricus autem dux Bawarie[2] cum Saxonibus, qui a electioni non interfuerant, eam quantum poterant sugillabant. Porro Rogerius Apuliam gestiens rehabere cum Reginaldo duce bellum instaurat. Fuit autem idem Rogerius parcium [Otto VII, 18] Petri Leonis, ratus se per hoc patrimonium sancti Petri in [cf. Ern. II, 7] provincia Beneventana securius possessurum. Beatus autem Bernardus pro hoc scismate destruendo plurimum laborans, ibi tunc existens Rogerio fugam et duci predixit victoriam gloriosam.

Anno[b] Domini M°C°XXXIX. Iohannes de Temporibus, qui [Mart. Imp.] vixerat annis trecentis LXVI a tempore Karoli Magni, cuius armiger fuerat, est defunctus.

Moritur autem Petrus Leonis, et cum eo scisma moritur [Otto VII, 22] septennale[3]. Dux eciam Reginaldus moritur, et Rogerius [ib. c. 23. 24] prius victus Apuliam ingreditur, ducis fratrem principem Capuanum cum pluribus nobilibus expulit[c], civitates multas et monasteria devastavit, Innocencium papam cum exercitu in Apuliam euntem cepit et titulum regni nominis de Sicilia, ducatum Apulie et Calabrie, principatum Capue ab eo vi extorsit. Et [G. Fr. I, 34] statim naves bellicas cum ducibus componit in Greciam, qui Athenas, Chorintum, Thebas et alias urbes celebres expugnantes spolia et captivos cum pannorum sericorum opificibus advexerunt, quos Rogerius locavit in Phalernum[d] Sicilie urbem et ipsa arte Romanam patriam illustravit. Rex Chunradus [Otto VII, 22. 23] curiam celebrans Moguncie Saxones ad se venientes in graciam recepit[4], sed dux Heinricus Noricorum venit quidem[5], sed imperialia reddere recusavit et ob hoc indignacionem regiam reportavit. Altera vice Ratispone regalia restituit, sed sine gracia iterum abiit et recessit. Novissime pro superbia Herbipoli [cf. G. Fr. I, 23] proscriptus sentencia principum cum paucis comitibus in Saxoniam commigravit.

a) *f. 140' vacat, exceptis reliquiis carminis dedicatorii in marg. infer.* b) A. D. — defunctus *in marg.* c) *corr. ex* expellit. d) in Palerno Siciliae metropoli *Ottonis cod. B 1.*

1) *Ars am. II, 107.* 2) *Heinricum ducem Bawariae fuisse Ioh. legit in Ottonis Gestis I, 23:* Heinricus Noricorum dux. 3) *Auctor tempus scismatis perperam computavit secutus Ottonis Chronicon, ubi Petrus a. 1138. obiisse dicitur.* 4) *Curias apud Moguntiam et Bamberg habitas Ioh. confudit, cf. Otto Fris. l. c. et Bernhardi, 'Jahrb. Konrads III' I, p. 34 sqq. et 38.* 5) *Nec Moguntiam neque in civitatem Bambergensem venit, sed Ratisbonam.*

Otto VII, 25 cf. 17. A. S. Rudb. 1136. Otto VII, 25. G. Fr. I, 45. Anno Domini M°C°XL° Lůpoldus orientalis marchio moritur, vir pius, monasteriorum et omnium pauperum consolator. Hic fundavit monasterium Sancte Crucis in Austria [1]. Hoc anno dux Bawarie Heinricus in Saxonia moritur, relinquens filium nomine Heinricum, quem mox Saxones, quia ex Lothario heredem non habuerant, in ducem ac principem sustulerunt.

Hist. fund. Hoc anno [2] Bernardus inclitus comes, frater Heinrici ducis Karinthie, heredem non habens, cum sua venerabili coniuge Chunigunde Victoriense monasterium in Karinthia Cisterciensis ordinis inchoavit.

Otto VII, 23. 25. Rex eciam Chunradus ducatum Noricum fratri suo Lůpoldo, superioris Lůpoldi filio, contulit; quod tamen frater Heinrici Welfo egre tulit.

Otto VII, 28. G. Fr. I, 24. 25. Anno Domini M°C°XLIII° Iohannes imperator Constantinopolitanus et Chunradus rex contra Rogerium per nuncios et epistolas invicem fedus amicicie[a] percusserunt. Insuper et Manueli filio Iohannis sue consortis sororem tradidit in uxorem.

Mart. Pont. A. S. Rudb. Otto VII, 31. Anno Domini M°C°XLIIII° Innocencio subducto Celestinus secundus eligitur, quo post sex menses mortuo Lucius secundus substituitur; hic a Romanis persecucionem sustinens[b] Chunradum invocat. *Mart.* Quo eciam infra anni spacium decedente Eugenius III[us], abbas Sancti Anastasii, sancti Bernardi quo ad conversionem filius [3], eligitur, *Otto VII, 32.* sub quo Armeni et Greci de ritu sacrificii et quibusdam aliis dissidentes examen ecclesie quesierunt; nam Greci infermentato sicut et Armeni sacrificant, sed vino aquam non admiscent, quemadmodum nos et illi. Pontifex iubet eos assistere, ubi divina misteria celebravit, quorum unus pontificali preditus dignitate super caput summi pontificis videt splendido fulgore solis radium choruscare et in ipso duas columbas ascendentes et descendentes, divinitus satis edoctus per hoc, qua simplicitate et claritate fidei et gracie ritus Romane ecclesie resplenderet.

V. Guil. Hoc tempore sanctus Wilhelmus comes Pictavie in Thuscia vitam asperrimam ducens, in heremo prope Grossetum de vita seculari beati Bernardi hortamentis instructus, cilicino habitu, lorica et cathenis circumdatus venit ad Eugenium [4] *Ps. 76, 11* et in se *mutacionem dextere excelsi* et investigabilia Dei

a) *sequitur iterum* invicem. b) Sustinē c.

1) *Haec non ex Ottonis Fris. Chron. VII, 25 desumpta sunt.* 2) *Cf. Hist. fundationis mon. Victor., Fournier, 'Abt Johann v. V.' p. 152, et A. v. Jaksch, Mon. hist. ducatus Carinthiae III, p. 291, nr. 749, quam Ioh. antea scripserat; de tempore fundationis disserui 'N. Archiv' XXVIII, p. 142.* 3) *Haec addidit e Gaufridi Vita s. Bernhardi V, 16:* Eugenius tertius, eiusdem patris sancti *(Bernhardi)* in conversatione sancta filius. 4) *Haec ex 'responsoriis et passionariis officii ecclesiastici', Acta SS. 10 Febr. II, p. 450, deprompta sunt.*

iudicia[1] declaravit, a quo ordo Wilhelmitarum pullulavit[a], qui habitum et officium secundum formam Cisterciensis ordinis gerunt; differunt tamen, quia habitum desuper cinctum habent*

Lůpoldus igitur dux effectus subacta Ratispona Bawa- [Otto VII, 25.] riam potencialiter pertransivit et super Licum prope Augustam iudicia celebravit, Welfo frater Heinrici quondam pulsi fortiter obstitit, sed[b] prevalere non potuit rege auxilium ministrante. Defuncto Lůpoldo et in Sancta Cruce tumulato Chunradus rex Lotharii filiam, Heinrici ducis re- [ib c 26] lictam, Heinrico fratri Lůpoldi predicti atque suo tradidit et ducatum et filium suum, quem de Heinrico priori habuit, pro amore mariti ducatum consuluit abdicare; propter quod Welfo contra Heinricum gravissimas exercuit simultates, ducatum Noricum *rapinis[c] et incendiis at- [*f 141′] terendo. Heinricus quoque dux eum eiusque adiutorum[d] undique perscrutans ecclesias offendit[e], municiones Frisingensis[2] civitatis destruxit, nec resistere valuit sibi Welfo [Cont Sanbl c. 1] Hoc tempore beatus Bernardus accepta auctoritate summi [G Fr I, 37 sq] pontificis principes reges Gallie et Germanie cum infinita [Mart. Imp] multitudine ad professionem transmarine milicie in Christianorum patrocinium excitavit. Nam[f] Edissa nunciata [G Fr. I, 36] fuerat capta et auxilium Christianorum imploratum [cf Otto VII, 30] Hoc tempore floruit Richardus de Sancto Victore, et liber Iohannis [Mart Imp] Damasceni translatus est Latine, floruit eciam Richardus de Sancto Victore[g], qui ad erudicionem morum tractatus edidit curiales.

Anno Domini M°C°XLVI° obiit Chunradus Salzburgensis presul; [A S Rudb 1147] hic canonicis vitam regule arcioris et habitum regularis pro- [ib 1122] fessionis tradidit beatissimi Augustini[3], cui successit vir [cf ib 1181] devotissimus Eberardus

Rex se disponens ad viam sancti sepulchri Hein- [G Fr. I, 45.] ricum filium suum regem per electionem principum declaravit et Aquis coronavit, ubi affuit Saxonum dux Heinricus, suum, scilicet Bawarie, repetens[h] principatum, cui ad reditum principis inducie condonantur

Anno Domini M°C°XLVII° rex Chunradus associatis sibi [A S Rudb] fratre suo Heinrico duce Noricorum, Friderico filio fratris, duce [G Fr I, 41. 42 46]

*) *In marg, post deleta* floruit hoc tempore Richar[dus] de [Mart Imp] Sancto Victore. Petrus Lombardus, qui Sentencias com[po]suit

a) *pro deleto* prodiit b) *seq* non potuit *delet propter cursum velocem hoc loco vitandum* c) *paginae* 141′ *maior pars vacat, prioribus* 8 *tantum versibus et margine sinistra scriptura expletis* d) *lege* adiutores e) *linea prima paginae* 141′ *inde a* rapinis *usque ad* offendit *pro maiori parte a bibliopego desecta nescio an sit absque ullo errore restituta* f) Nam — curiales *(l 27) in marg* g) *sic iterum c*, Petrus magister Lombardus *legendum?* h) repzens *c.*, reposcens *Otto*

1) *Rom* **11, 33**: incomprehensibilia sunt iudicia eius, et investigabiles viae eius 2) *Otto* ipsius nostrae civitatis munitiones 3) *Haec ex Ann S Rudb a* 1122 *Ioh assumpsit paululum copiosius narrando Cf. Auct. Monac Ann Salisb, SS XIII, p* 237, *a* 1122

Suevorum, Bernardo comite Karinthianorum[1], Welfone Norico, Ladezlao duce Bohemorum, Otakaro marchione Styrie, Heinrico Ratisponensi, Ottone Frisingensi, Reginberto Pataviensi, Ratispone Danubium intraverunt, tantaque [conve]nit[a] multitudo, ut naves in aquis[2] ad navigandum et latitudo camporum ad ambulandum vix sufficere videretur Rex Francorum Lůdewicus cum innumerabili exercitu per mare pergens applicuit Anthyochie, et Chunradus Ptholomaide, inter Tyrum et Ptholomaidam se videntes de negocio tractaverunt. [Per h]uius[b] expedicionis eventum, quia non multum fructuosus extitit, plurimi [per]ierunt[c], ubi eciam cum nostro fundatore Bernardo piissimo comite plures nobiles viri et eximii decesserunt[3].

Anno Domini M⁰C⁰L⁰ Chunradus per Achayam rediens Manuelem imperatorem, qui sue consortis sororem habuit[4], visitavit, filiumque fratris Fridericum ducem Suevie [per[a]] Bulgariam ad videnda regni negocia premisit; ipse applicuit ad Polam Ystrie civitatem, alii per alios et alios portus [intr]anta[a] Rex Francie per Calabriam [est[a]] reversus[d] *.

Hoc tempore rex Heinricus, regis Chunradi filius, moritur, et papa de Chunradi [gra]tulans[e] reditu ad coronam eum imperii invitavit[5]. Ad quam dum se disponeret [et[e]] in Babenberch consisteret, morbo [inv]alescente[e] moritur, Friderico fratris filio [re]galia[e] cum unico filio suo Friderico [commen]dans[e], ibidem apud sanctum Heinricum sollempniter tumulatur[f]. . . . .

*Anno Domini M⁰C⁰LXIIII⁰ Mediolanum subvertitur Iam pridem etenim imperator instruxerat militem de diversis partibus adunatum, Lotharingis, Burgundis, Suevis, Francis Ribauris per montem Iovis, Australibus, Karinthianis, Styriensibus, Ungaris per marchiam Veronensem et aliis iter disposuit per Clavennam. Ipse vero cum sibi dilectis ducibus,

*) *Hoc loco in margine, nullo signo apposito, adscripta.* Anno Domini M⁰C⁰LI. Gracianus Clusensis Decretum composuit

a) *in marg desecta supplevi* b) p h *in marg desecta supplevi* c) p *deest, sed antea deletum* perierunt. d) a d M⁰C⁰LII. *in marg perperam add Cf Cont Sanbl c 4* e) *supplevi in marg abscisa ex D* f) *post f.* 141 *sequitur f.* 46 *falso loco insutum, sed quaedam fortassis alibi scripta deperisse videntur.*

1) *Hic Bernhardus comes Karinthiae est fundator monasterii Victoriensis, de quo Ioh plura, admodum fabulosa, disseruit in sua Hist fund mon Vict, Fournier, 'Joh v Victr' p.* 150, *A. v Jaksch, Mon. hist ducatus Carinthiae III, p.* 291—293, *nr* 749 2) *Otto* ut et flumina ad navigandum *etc.* 3) *Mortem Bernhardi Ioh in Hist. fund non commemorat, cf Gerhohi de inv. Ant. c.* 60, *Lib. de lite III, p* 376, *et alios auctores collectos ab A. v Jaksch l c III, p* 335, *nr.* 858, *quos vero omnes Ioh non legisse videtur* 4) *Cf. supra p* 84, *l.* 18. 5) *Hoc non legitur in epistola Eugenii III papae data* 1149 *Iun.* 23, *quam affert Otto, Gesta Fr I,* 66 *Ioh eam perperam intellexit.*

episcopis, marchionibus per vallem transiit Tridentinam[1]; et primo impetu cepit Brixiam et subegit, leges exercitui statuens pro disciplina castrensi. Centum milibus armatorum Mediolanum obsedit, singulis distribuens locum suum, qui attriti per pacta se dederunt, et recedente imperatore, fide eorum vacillante, secundario civitatem aggressus muros, municiones et omnia usque ad cineres dissipavit. Unde quidam. [Mart. Imp. G. Fr. III, 27. 28. Cont. Sanbl. c. 15. cf. Mart. Imp.]

Consilium vanum destruxit Mediolanum[2]*

Mortuo Adriano dissensio oritur, Victor et Alexander III eliguntur. [Cont. Sanbl.]

Hoc[a] tempore Philippus re[x] Francie et Richa[rdus] rex Anglie cum pluribus transfretabant, quibus sciscitantibus abbas Ioachim in Apulia, qui tunc famosus fuit, non prospera prophetavit. Hic multa scripsit, specialiter de ewangelio eterno, cuius fit mencio in Apoc[alipsi][3], et aliqua e[ius] dicta sunt ab ecclesia condempnata. [Mart. Opp. Cont. Sanbl. c. 31. Apoc. 14, 6]

Porro[b] imperator tres filios habuit, [Hein]ricum, Fridericum et Philippum. Heinricum sibi consortem regni fe[cit], Fridericum secum habuit, Philippum ducem Sue[vie] deputavit. [Cont. Sanbl. c. 31. 32. 44. cf. Mart. Imp.]

Post hec in concilio Papiensi presente Pilgrimo patriarcha cum pluribus episcopis causa Victoris prefertur, et imperator atque concilium ei fideliter se submittunt, super quo epistole utriusque electi, imperatoris, cardinalium et episcoporum ad orbis provincias plurime sunt directe. Moritur hoc tempore Eberardus presul Saltzburgensis[c], qui Chymensem, Sechoviensem, Lavantinum episcopatus fundavit, monasteria quoque plura, locorum religiosorum piissimus benifactor[d]. Sepulchrum eius miraculis multis fulsit. Cui successit Chunradus Pataviensis, frater Heinrici ducis Austrie[4]. [G. Fr. IV, 74—82. A. S. Rudb. 1164. Vit. arch. Sal. c. 23. cf. A. S. Rudb. 1181.]

a) Hoc — deputavit (l. 20) *aliquanto inferius in marg. scripta, ad deleta (n. *) adscriptum* Nota inferius hoc tempore. b) *et haec uno ductu cum praecedentibus sunt coniuncta.* c) *corr. ex* Saltzpurgn. d) *sic c.*

*) *Seq. delet.:* Anno Domini M°C°LXVIII rex Francie Philippus et Richardus rex Anglie cum pluribus transfretabant, quibus abbas Ioachim, qui in Apulia tunc floruit et mirabilia scripsit de ewangelio eterno, successus non prosperos prophetav[it], cuius libri aliqui sunt ab ecclesia reprobat[i]. [Cont. Sanbl. c. 31. Mart. Opp.]

1) *Ioh. Friderici I. expeditiones Italicas a.* 1158. *et a.* 1161/2. *confudit. Et Cont. Sanblasiana et Ann. S. Rudberti Mediolanum a.* 1162 *destructam esse tradunt.* 2) *Idem versus legitur in Ellenhardi Chron.*, SS. XVII, p. 137. O. II-E. 3) *Cf. l.* 38 *et infra p.* 125, *n.* 4. 4) patruus imperatoris *in Ann. S. Rudb. dicitur, cf. Rahewin, Gesta* IV, 14; *supra p.* 85, *l.* 10.

[*A S Rudb.* 1171 *Mart Imp Cont Sanbl c* 23] Anno Domini M°C°LXX° beatus Thomas archiepiscopus Chantuariensis in ecclesia sua occiditur, et Heinricus rex Anglie se excusans apud Alexandrum papam, qui eum canonizavit, ducentos milites per annum dirigit in subsidium Terre Sancte, [*G Fr IV*, 84 *et Rah App* 1167] ipse infra triennium secuturus Imperator Heinricum ducem Karinthie et postea Heinricum ducem Austrie cum viris honorabilibus ad imperatorem dirigit[a] Grecorum, quia Wilhelmus filius Rogerii et successor in regno imperium in Apulia non modicum [*Mart Pont*] molestavit, quos tamen postea Alexander papa pariter [*A S Rudb.* 1177] concordavit Heinricus dux Austrie moriens Lůpoldo filio reliquit principatum[1] et dux Karinthie[2] Hermanno, viro provido et cordato, Pilgrimus sedem suam Ulrico comitis [1163] Wulfardi filio Karinthiano de Treven, qui ipsum comitatum patris et matris assensu Aquilegiensi ecclesie disposuit, sicut privilegia ecclesie lucide protestantur[3] [*Mart Imp*] Floruit eciam hoc tempore et Petrus Comestor Trecensis[4], qui Vetus et Novum Testamentum in hystoria que Scolastica dicitur comprehendens locis plurimis lucidavit

[*Mart Imp cf Cont. Sanbl c* 16 *Iac de Var c.* 14] Porro destructo Mediolano Rainoldus presul Coloniensis sibi peciit dari corpora trium regum Hii a beato Thoma leguntur baptizati[5] et ab Helena a Perside in Constantinopolim transportati et inde per quendam episcopum Eustorgium in Mediolanum de favore Manuelis imperatoris[6] abducti, nunc vero per dictum Rainoldum cum gaudio Coloniensibus adducuntur patriam et urbem multis beneficiis illustrantes Venit quandoque Ericus rex Danorum Coloniam offerens eis aureas tres coronas, ipsa nocte apparuerunt ei simul, primus optulit ei pixidem plenam auro et dixit 'Accipe, frater, thesaurum sapiencie, per quem iuste subiectum tibi populum iudicabis', alter pixidem plenam mirra, dicens 'Accipe mirram penitencie, per quam motus carnis refrenabis', tercius pixidem plenam thure, dicens: 'Fidem ostendisti et propter hoc expletis viginti tribus annis nobiscum feliciter regnabis'. Qui evigilans pixides repperit et secum tulit et post hanc vitam transiit ad [*Mart Imp*] eternam Huic sanctus Wenceslaus dux Bohemie per visum apparuit a fratre suo ante annos trecentos[b] occisus, dicens, quod a fratre suo esset sicut ipse occidendus, hortans, ut pro honore suo ecclesiam construeret Qui experienciam rei cap-

a) dirigit *in marg. alio atramento post add* b) ante a tr. *in marg*

1) *Huius filius Leopoldus V in Cont. Sanblas* c. 33. *laudatur.* 2) *Heinrico V duci Carinthiae successit Hermannus a.* 1161—1181. 3) *Cf tabulam, v Jaksch, Mon duc Carinth III, p* 398, *nr* 1061 *Victoriae privilegium Ulrici patriarchae a* 1169 *extitit, Mon. duc. Car. I, p.* 199, *nr.* 259 *III, p* 421, *nr* 1123; *cf 'N Archiv' XXVIII, p* 143, *n* 2. 4) Trecensis *e Petri Historiae Scholasticae inscriptione addidisse videtur* 5) *Cf Iacobi de Varagine Leg 'Aurea* c. 5, 5, *ed. Graesse p* 39. 6) *Error nimius.*

tans in Dacia monasterium quod Rivalia dicitur Cisterciensis ordinis *Mart. Imp.* fundavit et post a fratre suo Abel occiditur, ut ei fuerat prophetatum*.

Otakarus marchio Styriensis moriens filium reliquit, qui sine herede decessit. Hic terram suam disposuit ecclesie Salczpurgensi, quem quia pro benificencia presul abhorruit osculari, Lůpoldo duci Austrie, consanguineo, inclitam et nobilissimam terram dedit, que in reliquum est ducatui Austrie adunata [1].

Imperator in Alemanniam revertitur, et Victor moritur, *Cont. Sanbl. c. 16. 18. 21.* cui Paschalis, Kalixtus, Innocencius succedunt, quibus omnibus *Mart. Opp.* imperator favebat, et Alexander in Franciam commigravit, deinde in montana Thuscie, novissime Venecias clam pervenit, omnibus illis scismaticis subductis Alexander optinuit *cf. Cont. Sanbl. c. 19.* et Venetis pro humanitate indulgenciam ad gloriam urbis a pena et culpa a vespera . . . [a] usque ad alias vesperas dicitur contulisse. Imperator cum . . . . [b].

Anno Domini M°C°LXXIIII. [c] ad sepulchrum Domini *Mart. Imp. A. S. Rudb.* suscepto crucis caractere carpit iter. Et veniens Armeniam *cf. Cont. Sanbl. c. 35.* refrigerium caloris captans in parvo flumine anno Domini M°C°LXXXIX. IIII° Idus Iunii [2] suffocatur, vir strennuus, largus, facundus et in omnibus gloriosus . . . . . [d]

*Anno [3] Domini MCCXIIII° Innocentius III[us] ad [e] consilium *cf. 47. Mart. Opp. Fl. temp.* regis Francie Lůdewici anno pontificatus sui XVII° Ottonem quartum anno imperii sui quarto in concilio Lateranensi ab imperiali deposuit dignitate, et Fridericus rex Sicilie, dux [f] Suevorum, electus Romam venit, qui mox ad insequendum Ottonem accingitur**, quia fideli etc. Quem in territorio Constanciensi deprehensum invasit et de eo magnifice *Mart. Opp.* triumphavit.

Anno [g] Domini M°CC°XVII° Lůpoldus dux Austrie, Andreas *A. S. Rudb. 1217, cf. 1226.* rex Ungarie cum maxima potencia transfretantes mirificas

*) *Seq. delet.:* Anno Domini M°C°LXVIII° Phylippus rex Francie, *cf. Mart.* Richardus rex, *et signum, locum vide supra p. 87, l. 35 sqq.*

**) *Sequuntur deleta:* quia Apuliam sibi abstulit et in aliis *Mart.* fidelitatem non servavit.

a) *litterae ex parte desectae legi nequeunt.* b) *dimidia folii ultima linea desecta.* c) *sic c.* A. D. — gloriosus *in marg. sinistra, quae huc pertinere pro certo habeo.* d) *multa post haec perierunt.* e) ad — Lůdewici *in marg.* f) dux Suev. *super lin. add.* g) Anno — egerunt *in marg.*

1) *Otakarus IV. marchio, post dux, Stiriae a.* 1192 *sine heredibus obiit. Rumor, quod praesul Salzburgensis eum abhorruerit osculari, inde originem traxit, quod* maculis lepre respersus *(rec. D) fuerit, cf. Cont. Zwetl. II, SS. IX, p.* 544, *l.* 21: elephantica egritudine percussus. 2) *E Continuatione Ann. Salisb., SS. XIII, p.* 238. 3) *Partem quae sequitur huius recensionis C 3 Ioh. in marginibus foliorum* 47—50' *scripsit, quorum textus ad rec. B spectat.*

Mart. Opp. et A. S. Rudb. res egerunt*. Anno M°CC°XX° imperator sollempniter coronatur. Primordia cum ecclesia bene gessit, sed postea insolescens, res et partes ecclesiasticas infestans[a] ab Honorio excommunicatur, et omnes a iuramento sibi facto universaliter absolvuntur. Subducto Honorio Gregorius nonus succedit, qui sentenciam Honorii[b] gravissime confirmavit, quia imperator duos cardinales captivavit et papam in *cf. A. S. Rudb. 1227.* Urbe obsedit, passagium navium et distulit et in periculum multos misit. Hic** filiam regis Anglie habuit, ex qua genuit Heinricum et Chunradum***. Ex Blanca marchionissa Montis-ferrati[1] genuit Encium et Meinfredum. *cf. A. S. Rudb. 1225* Anno MCCXXV° mare transiit et coronam regni Ierusalem reportavit. Duxit ibi et secum reduxit filiam regis Anthyochie, que heres regni Ierusalem fuit, ex qua genuit Fridericum, qui Schoppus ab Ythalis est vocatus, **f. 47'* *Heinricum[2] de consensu principum regem Alemannie[3], Chunradum ducem Suevorum, Menfredum Tharantinorum principem, Encium regem Lombardorum, Fridericum ducem Thuscorum signavit.

Anno Domini M°CC°XXXI° Lůpoldus dux Austrie, vir magnificus, venit in Apuliam, ut papam et imperium concordaret, et cum nichil proficeret, apud Capuam[4] de- *A. S. Rudb. 1230 1232sqq.* cessit. Corpus eius in Austriam ad monasterium sue[c] fundacionis, quod Campus-liliorum dicitur, est translatum. Ipso *Fl. temp.* anno beata Elizabeth Ungarorum regina, Andree filia, apud Marpurgam Hazzie transiit ex hoc mundo, multis clarens miraculis, et beatus Antonius de ordine Minorum apud Paduam. *Ottac. 975sqq.* Lůpoldus IIII^or liberos reliquit, Heinricum, Fridericum, Constanciam, Margaretam. Heinricus sororem Thuringorum lanchravii duxit, que genuit filiam, que Gedrudis est dicta. Margareta Heinricum imperatoris filium habuit, ex quo duos filios[d] genuit, Fridericum scilicet et Heinricum, Constancia

Mart. *) *Sequuntur deleta, quae ex parte evanuerunt:* Innocencio sublato Honorius III^us substituitur, a quo Fridericus anno M°C°[e]

**) *Sequuntur deleta:* Friderici primi nepos, Heinrici sexti filius . . . .

***) *Sequuntur deleta:* Anno Domini MCCXXV° mare[f] postea

a) *ex* inledens *corr.* b) *seq.* aggravavit *delet.* c) sue fund. *in marg.* d) *ex* filium *corr.* e) M°C°[CXX° coronatur] *vel simile supplendum est.* f) mare *auctor delere oblitus est.*

1) *Error. Ex Blanca Lancea Manfredum.* 2) *Huius folii 47' specimen vide apud Arndt, 'Schrifttafeln', ed. 4, curante Michaele Tangl V. Cl., II, tab. 27.* 3) *Cf. Cont. Sanblas. cont., SS. XX, p. 334, l. 49. 50.* 4) Sanctum Germanum *Ann. S. Rudberti.*

Friderico marchioni Misenensi nupsit et genuit filios et filias [Ottac.] in seculi gloriam et decorem. Imperator Heinricum filium suspectum habens, [Mart. Imp. A. S. Rudb. 1235] ex eo quod cum principibus Alemannie aliqua[a] moliretur[b], cepit et apud Maltam[1] Sicilie civitatem interemit in custodia carcerali moxque Chunradum [Ottac. 2709 sqq.] filium suum regem declaravit, qui uxorem habuit Elizabeth sororem Lůdewici et Heinrici ducum Bawarie, ex qua genuit Chunradum, quem postea vocaverunt Ythali Chunradinum*.

Anno M°CC°XXXIX. Tartari Ungariam et Poloniam vastaverunt, [Mart. Imp.] Heinricum ducem Slezie in Polonia, maritum sancte Hedwigis, et Colomannum fratrem regis Ungarie Bele, ducem [cf. A. S. Rudb. 1234 et Mart. Pont.] Pannonie, occiderunt. Hii duo, scilicet Bela et Cholomannus, fratres sancte Elizabeth extitere. Fertur imperator hoc procurasse, quia sibi parere rex Ungarie recusavit. Hoc anno Iudeus quidam in Hyspania repperit quendam librum sub [Mart. Imp.] rupe vinee sue scriptum Hebraycе, Grece et Latine, ab Adam usque ad mundi finem de tribus mundis et qualitate cuiuslibet disserentem, hoc inter alia monens: 'In tercio mundo nascetur filius Dei ex Maria virgine, qui pro mundi salute pacietur'. Quod dum legeret, cum omni sua familia baptizatur. Papa [ib. Pont.] Gregorius per[c] Raymundum penitenciarium suum ex diversis in unum volumen decretalibus et ad iuris studium destinatum[d], canonizatis sanctis Dominico, Francisco et beata Elizabeth, transiit, [Fl. temp.] et succedit Celestinus IIII, quo post XVII dies sublato, Innocencius quartus eligitur. Heinricus dux Austrie, Lůpoldi filius, moritur et fratri Friderico reliquit principatum[2]. Hic cum imperatore pro sororis sue dotaliciis gwerras gessit, anno vero M°CC°XL° facta est reconciliacio inter eos.

Anno Domini M°CC°XLV° papa Innocencius, dum omnes [Mart. Opp.] vias concordie inter ecclesiam et imperium perquisisset et nichilum profecisset propter pertinaciam imperatoris, apud [cf. Ottac. 12112 sqq.] Lugdunum concilium celebravit et deponi Fridericum hostem ecclesie iudicavit, moxque lanchravium Thuringie eligi procuravit, qui cum Chunrado imperatoris filio commisso prelio egregie

*) *Sequuntur deleta:* Anno Domini M°CC°XXXIII. imperator Papie curiam celebravit, in qua Albertus et [1238 (Ian.)] Rudolfus comites de Habspurch precipue res egerunt et per Ythaliam cum magni nominis gloria imperatoris lateribus[e] adheserunt[3].

a) *seq.* s *delet.* b) *corr. ex* molitus. c) per — destinatum *post add. Ioh.* d) *deesse quaedam liquet.* e) *corr. ex* missionibus insudarunt.

1) Captum in Apuliam deducens carceris squalore suffocavit *Martinus Oppaviensis, re vera apud Marturanum Brutti oppidum obiit.* 2) *Error, Heinricus iam a.* 1228 *moriendo patrem praecesserat.* 3) *E Friderici II. privilegio mon. Victoriensi dato Papiae* 1238. *Ian., Reg. Imp. V, nr.* 2308, *haec conclusit Ioh.*

Mart Opp triumphavit Quo celerius defuncto papa Wilhelmum comitem
Ollandie mandavit eligi, qui multa obstacula est perpessus
*f. 48 Ottac 1250 sqq *Anno Domini MCCXLVI⁰ Fridericus dux Austrie prope
fluvium Litach in congressu contra Ungaros occiditur, et
herede non relicto Australium animos nimium cruciavit, in
monasterio Sancte Crucis in Austria tumulatur. Hoc
ib 1011 sqq anno moritur venerabilis Eberardus Salzburgensis archi-
ib 27990 sqq episcopus et apud Rastat vicum sue dyocesis sepelitur; cui
ib 5215 sqq successit Burchardus a sede apostolica destinatus, sed in via
mortuus kathedram non ascendit; statimque capitulum[a] Phylippum Bernardi ducis Karinthie filium*, quem papa propter
generis nobilitatem tolleravit, sed status eius versatilis ec-
ib. 1022 sqq clesie maxima gravamina parturivit. Australes ad imperatorem nuncios dirigunt, ut eis de principe provideat, deprecantur. Qui misit comitem de Aych[1] Suevice nacionis,
quo redeunte post terre ordinacionem imperator misit Mey-
ib 1168 sqq nardum comitem Tyrolensem, qui terre prefuit iudicio et
iusticia, prout omnibus viderat expedire Anno Domini
MCCXLVII⁰ Australes Gedrudim[b] Heinrici olim sui ducis
filiam Heinrico marchioni Moravie, filio regis Bohemie, copulant, quo sine herede defuncto marchionatum suscipit Otakarus frater eius, et Gedrudis in Austriam est reversa
Anno Domini MCCXLIX[c] Gedrudis predicta Hermanno marchioni de Paden traditur[d], ex quo concepit filium nomine
Fridericum et filiam, que Agnes fuerat appellata. Hoc
1249 anno Encius imperatoris filius a Bononiensibus prope
Mutinam in Fossa-alta[2] capitur cum maxima milicia, et
Mutina Bononiensibus subigitur. Encius vero belli-
1272 cosissimus ibi in captivitate ultimum diem clausit. Fridericus frater eius rex Thuscie apud Florenciam re-
Mart Imp Fl temp quiescit[3]. Anno Domini MCCL⁰ imperator in obsidione Parme
fuit[e] et rediit[f] in Apuliam cum dedecore, ubi graviter infirmatus in die beate Lucie virginis, in sua persistens pertinacia, moritur, et, sicut fertur, Menfredus filius suus eum[g]
uno cubiculario conscio suffocavit et cum thesauris imperialibus in Siciliam transfretavit, ipsum regnum fratri suo

Ottac 2206 sqq *) *Sequuntur deleta* cuius status mirabiliter se habebat, quia in sacris non erat.

a) *deest* elegit *vel huiusmodi* b) *sic c* c) nâch Krists geburt zwelf hundert jâr und niun und vierzic *Ottac* d) Gedrudis predicta *iterum add* e) fuit et *postea add* f) *ex* rediens *corr* g) *seq* quodam *delet.*

1) ein hôhen herren von Ach *Ottac. v* 1026, *alibi nihil de eo legitur.* 2) *Cf infra ad rec D adnotata.* 3) *Nota fabellam hanc nullo facto fultam, nisi de Conrado filio Heinrici IV ibi sepulto cogites*

Chunrado conservandum undique publicavit. Omnes eciam portus et aditus marium communivit, contra[a] sedem apostolicam retinens hoc regnum. Anno Domini *Mart Imp* 1250. 1251 MCCLI° Wilhelmus rex, dum Frisones parat subicere, occi- *A S Rudb* 1255 ditur, et Chunradus regno libere potitur et ad apprehendendum regnum Sicilie et Apulie se disponit *Ottac* 1107 *sqq* Margareta Heinrici regis relicta, missis duobus filiis in Siciliam ad Menfredum, ipsa in Austria apud Haimburgam mansit, filii vero veneno hausto in Sicilia sunt perempti Gerdrudis eciam mortuo secundo marito, scilicet marchione Padense, in Austriam rediit eique apud Medlik necessaria disponuntur. Thesaurus Friderici ducis in tres partes dividitur, una pars Margarete, altera Gerdrudi, tercia in Misnam Constancie destinatur

*Australes principem non habentes, Meynardo comite *f 48' ad propria iam reverso, mittunt in Misnam utriusque status, scilicet ecclesiastici et secularis[b], viros prudentes, ut marchio ex suis filiis unum in principem eis donet, ut puta de suorum ducum germine procreatum; qui arrestati per regem Bohemie*, ut filium suum sibi ducem suscipiant Ottakarum, exhortantur[c], marchionem Quibus nutantibus super hoc, ad propria redeuntibus, que audierunt compatriotalibus exponentes, quorum dum quidam debere suscipi Ottakarum affirmarent, alii devetarent, Ottakarus venit et trans Danubium ex utraque parte sibi omnes per promissa complacencie devincivit, et sic dux Austrie est effectus nemine resistente.

Anno Domini MCCLII° venerabilis Bertholdus patriarcha moritur, et succedit Gregorius, per omnia vir commodus et discretus. Anno MCCLIII. Innocencius papa contra Menfredum movet exercitum, qui viriliter se defendit et papam in Apuliam redire compulit, ibique post *Mart Pont* XI annos et sex menses sui regiminis est defunctus Hic canonizavit sanctum Emundum archiepiscopum Canthuariensem, Petrum martirem de ordine Predicatorum ab hereticis interfectum et Krakoviensem episcopum Stenczlaum[d]

Otakarus, ut se firmaret in ducatu Austrie, Margaretam *Ottac* 2154 *sq* reginam duxit, que sibi privilegia imperialia cum[e] bulla aurea de suo iure, quod in Austriam et Styriam habuit, consignavit, super quo gavisus Otakarus in Bohemiam regreditur, statuens prefectum terre Brunonem episcopum Olmuncensem.

*) *Seq delet* · consultacionem eius recipiunt. *Ottac*

a) contra — hoc regnum *in marg suppl* b) seculares *c.* c) exh. *post a Ioh add* d) *sequebatur, ut signum demonstrat, additamentum in marg, nunc abscisum* e) cum b aurea *post a Ioh add*

Mart. Opp. Hoc tempore rex Chunradus per Veronam et portum Latezanum[1] venit in Apuliam et obsedit Neapolim murosque *Ottac. 179 sqq.* per circuitum deposuit, decem suspendit civium pociores.

Mart. Opp. Anno Domini MCCLIIII° Alexander IIII eligitur, et eodem anno Chunradus rex graviter infirmatus et per artificium clysteris a medicis veneno immisso visceribus moritur in Apulia, ut quidam[2] dicunt, alii eum in Suevorum partibus asserunt decessisse. In civitate Spirensium sepultus cum regibus demonstratur[3]. *Ottac. 2724 sqq.* Relictam eius duxit comes Meynardus de Tyrol, cuius habita mencio in premissis[4], et genuit ex ea IIII^or filias, duos filios, de quibus inferius est dicendum. *Mart. Pont.* Menfredus eciam Chunradinum fratris sui filium false mortuum [pre]dicans[a] Sicilie sibi imposuit dyadema.

Ottac. 1968 sqq. Anno Domini MCCLV. nobiles Styrie Heinricum ducem Bawarie accersiunt, ut super eos [su]scipiat principatum, qui ad socerum Belam regem Ungarie properat, consilium et auxilium postulans ad hoc onus, quem bonis promissionibus rex abegit, ipseque Styrienses muneribus sibi concilians et veniens terre princeps et dominus predicatur, et ordinata terra per Stephanum ducem Zagrabie in Ungariam est reversus. [P]orro Ungari populum nimium affligentes compellunt Ottakarum invocare, quo veniente et principe proclamato Ungari quantocius abscesserunt. Bela hoc audiens octingentis milibus armatorum Austriam ingrediens omnia dissipavit. Ad quem Gedrudis marchionissa accedens in odium Otakari et Margarete Bele optulit omnia iura sua, que in Styria et Austria sibi competere videbantur, cui Bela regis Ruthenorum filium [tra]didit et in castro Hymberch nupcias celebravit. Interea Australes Ottakaro quod[b] geritur nunciant, qui in patris exequiis et regni suscepcione occupatus fieri treugas et placitum statuit. Conveniunt ambo, ubi [tr]actatum est, quod Styria[c] Otakaro, Bele Styria remaneret, ponentes[d] limites duos montes, scilicet Harperch et Symerink, terminos designantes. [Ot]akarus autem Gedrudim in Styriam in civitatem que Iudenburch dicitur, quia iam de iure regis Ungarie fuerat, destinavit. Que filiam peperit maritumque cum Bela discedentem postea non conspexit.

a) *duae litterae in marg. desectae sunt, uncis inclusa supplevi.* b) quod *errando expunxit Ioh.* c) *error,* Austria *scribere voluit Ioh.* d) *ex* positis limitibus duobus montibus *corr.*

1) *Cf. infra p.* 132, *n.* 1. 2) *Martinus Oppaviensis.* 3) *Cf. infra p.* 132, *n.* 3. 4) *P.* 92, *l.* 16 *sqq.*

Menfredum de[a] facto regem Sicilie papa excommunicat et, ut eum penitus conterat, exercitum grandem mittit, qui labefactus inaniter est reversus *f 49 Mart Pont*

Phylippus eciam ad summum pontificem est de[latus], quia ad sac[ra] non procedere[b] [valebat]. *Ottac 5332 sqq.*

Menfredus Menfredoniam ac alios portus muniens regnum Sicilie contra ecclesiam tenuit et quantum valuit refecit ⟨iuxta[c] versiculum Ovidii[1]

Arma contra armatos sumere iura sinunt⟩.

Alfunso et Richardo parum vel nichil pro imperio facientibus per omnes partes dissensionum gravium materia ferebatur, donec novissime eis sublatis sub procellis pene dilaceracionis status orbis misere fluctuari . . . .[d] *cf Mart. Opp*

Anno Domini MCCLVI^0^ electoribus papa post diversos tractatus, ut eligant, mandat, regem. Maguntinus presul, rex Otakarus, marchio Brandenburgensis in regem Castelle Alfunsum, Treverensis, Coloniensis, palatinus, dux Saxonie in comitem Cornubie Richardum, fratrem regis Anglie, convenerunt, materias licium et dissensionum per regni circuitum diutinas contexentes[2]. *Ottac 12228 sqq* *Mart Imp*

Hoc anno inclitus dux Karinthie Bernardus moritur, qui habuit uxorem Iutam amitam Otakari, que Phylippum genuit, Ulricum et Bernardum, qui in iuventute transiit ex hoc mundo, et est cum matre sepultus in monasterio Fontis Sancte Marie in Land[estrost][e], quod pater maxima fundavit devocione. Ulricus post patrem habenas suscipit Karinthie et Carniole. Hic habuit filiam Ottonis ducis Meranie Agnetem et genuit ex ea filium unum et filiam. Qua defuncta duxit Agnetem filiam Gedrudis marchionisse, sororem Friderici marchionis Padensis, cuius habita est mencio in premissis[3]. *Ottac 5509 sqq* *Ottac 2647 sqq*

*) *Seq delet* Phylippus electus Salczpurgensis iam pridem prelium cum Alberto comite Goricie gesserat eumque in captivitate servaverat et, ut fertur, manus coinquinaverat, ut ad sacra procedere non valeret, et oritur murmur plurimum contra eum, et dum secularibus artibus nimium intenderet, ad summum pontificem est delatus[4]. *cf Ottac 5274 sqq.*

a) *ex* regem Sic de facto *transpos* b) proc *in marg add.* c) *uncis inclusa a Ioh deleta* d) *verbum omisit Ioh* e) land *Ioh, suppleri ex B*

1) *Ars am III*, 492. 2) *Hoc loco praeter auctores nobis notos Iohannem alium legisse apparet* 3) *P* 92, *l* 25 4) *Ioh h l praeter Ottac alium auctorem secutus est; cf A v. Jaksch, Mon hist duc. Carinthiae IV, p* 410, *nr* 2500, *p.* 482, *nr.* 2614.

Ottac 6167 sqq Contra Phylippum autem sentencia papalis dialiter aggravatur, et anno Domini MCCLVII⁰ Ulricus Sekoviensis ad metropolim transfertur, qui pergens ad curiam maxime pecunie debitor est effectus. Rediens vero reppèrit Petoviam a Stephano Bele regis filio obsessam, quem dum litteris apostolicis, ut abscederet, hortaretur, nil profecit. Sed intervenientibus tractatibus presuli pro imminentibus necessitatibus tria marcarum milia concessit, Petovia vadis nomine reservata.

Ottac 5932 sqq 8228 sqq Anno Domini MCCLIX⁰, dum Ulricus presul ad sedem redire parat, in oppido Rastat a duce Ulrico Karinthie invaditur et cedens retro in castro Wolkenstain captivatur, duce cum victoria in Karinthiam revertente[1].

Ottac 6227 sqq Anno Domini MCCLIX.[2] Styrienses ab Ungaris afflicti plus quam ante Otakarum invocant, ut succurrat Quod audiens Bela Stephanum filium suum cum exercitu misit ad Styriam devastandam. Otakarus autem habens treugas cum Ungaris dissimulavit, nolens pacis federa defedare, sed comes de Hardek cum decenti multitudine venit rege inscio Styriensibus in succursum, qui Stephanum retrocedere compulerunt Explicitis treugis Otakarus venit et sollempniter a Styriensibus est susceptus, ordinavit autem terram per nobiles successive, deinde Miletum terricolis capitaneum confirmavit Bela collecto exercitu ducentorum milium cum Comanis in Austria iuxta Marcham fluvium castra fixit, et Otakarus cum centum milibus in eius occursum properans acies ordinavit, et inito prelio Bela graviter vulneratus cum Stephano filio fugam petit, Comanis pluribus submersis et Ungaris innumerabilibus interfectis Otakarus vero est conatus totam Ungariam devastare, sed Bela mictens nuncios concordiam concupivit, Otto autem marchio Brandenburgensis et Ůlricus dux Karinthie causam discidii assumentes taliter arbitrantur, ut Bela iunior Bele filius in matrimonium accipiat neptem Otakari, Ottonis filiam marchionis, et Styriam atque Austriam ammodo non infestet nec aliquod sibi in ipsis terris in posterum ius usurpet Quod fortissimis instrumentis firmatur, et nupcie celebrantur, et pax atque concordia inter eos perpetualiter roborantur. [Bela[a] et] Ottakarus[b] eciam mutua pacta fecerunt, ut sine herede

a) *sic fere locus supplendus est, fortasse aliqua in marg scripta exciderunt* b) Ott — propinquus, *cum spatium in ima marg deesset, auctor paulo superius scripsit*

1) *Ottacarus archiepiscopum ab Heinrico de Rottenmann, Ann S Rudberti ab Ulrico duce captum tradunt, sed Ioh' et auctore nobis ignoto hoc loco usus est* 2) *Annum e Stephani privilegio monast Victoriensi dato, v Jaksch l. c. IV, p. 554, nr. 2706, scire potuit*

eorum quolibet decedente alteri ei succederet suis principatibus tamquam heres legitimus et propinquus.

*Alexander papa hoc tempore canonizavit sanctam Claram [f. 49'. Mart. Pont.] in Anagnia et expletis VII annis in regimine transiit ex hoc mundo. Anno Domini MCCLXI° Urbanus IIIIus eligitur, qui festum corporis Christi instituit[1].

Otakarus Margaretam, quia fecunda non fuit, sine iuris [Ottac. 9196 sq.] ordine repudiat et filiam Ruthenorum principis Mazzovie ducit, que filia filie Bele regis fuit, quam Prage coronavit et Gerdrudim, que filiam, quam genuit ex Ruthenorum regis [ib. 2115 sqq. 6515 sqq.] filio[a], tradidit filio Stephano ducis Zagrabie, in oppidum Fewstricz in metis Sclavonici ducatus positum relegavit; que postea cum dolore et gemitu ad Constanciam suam materterȧm commigravit. Ulricus archiepiscopus ad curiam pro- [ib. 8225 sqq.] peravit et tam inducias debitorum quam Otakarum defensorem ecclesie, quem Heinricus dux Bawarie lesit continue, impetravit. Unde Bawariam ingressus propter aquarum in- [ib. 8866 sqq. cf. ib. 16568 sqq. 13337 sqq. 31615 sqq.] undacionem vix evasit et multo conamine, ut Phylippum concordaret cum ecclesia, laboravit. Deinde nobilem virum de Mischowe australis nacionis incendio peremit[b] et fratrem Mileti capitanei sui, quia suam uxorem, ut fertur, amaverat, decollavit.

Menfredus rex Sicilie insolescens invasit patrimonium [Mart. Opp.] sancti Petri, quem papa cum exercitu crucesignatorum viriliter effugavit.

Hoc anno Ulricus dux Karinthie Gregorio patri- 1261. arche Laybacum optulit et in possessionem castri officiales patriarche datis clavibus intromisit[2].

Hoc tempore Heinricus et Ludewicus duces Bawarie [cf. Ottac. 5511 sqq.] diviserunt patrimonium suum, ita ut superior pars Ludewico, Heinrico inferior proveniret.

Anno Domini MCCLXIII° papa Urbanus Karolum comitem [Mart. Imp.] Provincie, fratrem regis Francie, ad regnum Sicilie invitavit. Karolus gavisus cum apparatu maximo ad regni introitum [cf. Ottac. 125 sqq.] se paravit. Anno Domini MCCLXIIII° Urbanus moritur, et [Mart. Opp.] anno Domini MCCLXV° Clemens quartus eligitur. Eodem anno Karolus navigio Romam venit et senator effectus in regem Sicilie a Clemente summo pontifice coronatur[3]. Hoc tempore papa canonizavit sanctam Hedwigem, ducissam Polonie, relictam

a) filio *super lin. Ioh. scripsit.* b) *sic D, om. c.*

1) *Haec ex decretal. Clement. III, 16, 1 assumpta.* 2) *Cf. pacta inita inter eos a.* 1261. *Nov.* 24—30, *ed. v. Jaksch, Mon. hist. duc. Carinthiae IV, p.* 570—577, *nr.* 2761—2764. 3) *Non papa Karolum coronavit; sed cf. Ottac. v.* 2918 *sq.*

Heinrici principis gloriosi, quem, ut premissum est[1], Tartari
Ottac. 235 sqq. occiderunt. Anno Domini MCCLXVI⁰ Karolus contra Menfredum arma corripit, cui Menfredus occurrit in prelium et
fortiter dimicans occubuit, sicque Karolus regnum Sicilie,
ib 2705 sqq cf Mart Opp Apulie et Ierusalem[2] est adeptus. Anno eodem Chunradinus
Chunradi filius a senatu Romano et civitatibus quibusdam vocatus, habens secum Lůdewicum avunculum palatinum et Fridericum marchionem, Gedrudis predicte filium, cum multis viris preclaris Ythaliam[a] introivit et venit[b] usque Mantuam[3]. Lůdewicus metuens pape sentencias rediit, qui Chunradinum cum suis excommunicavit et Karolum coronatum regem et ecclesie filium predicavit Multi autem se Chunradino coniungentes contra Karolum prelium inierunt, et primo quidem congressu pluribus Francigenis et Provincialibus occisis Karolus aufugium petiit, et victoria plauditur Chunradino; sed populo suo ad spolium disperso ipsoque cum paucis armis depositis refrigerium capiente Karolus recollectis viribus irruit super eos, et sub ancipiti pugna Chunradinus, Fridericus marchio, comes Pysanus cum pluribus nobilibus capiuntur et in Neapolim abducuntur, ibique per annum sine lesione corporum conservantur, Karolus interea circuiens undique, quid cum captivis agendum expediat, sciscitatur. Papa et Otakarus Bohemorum rex iudicium mortis suadent fieri de eisdem, comes Flandrie, qui Karoli filiam habuit, iuvenes
*f 50. consulit *dimictendos, ita ut Chunradinus filiam Karoli, Fridericus marchio sororis sue filiam ducerent, asserens convenire.

Ottac 9394 sqq Hoc anno soldanus de Tartaris triumphavit adiutorio Templariorum, Hospitalensium et fratrum Theutonicorum et tradidit eis sepulchrum Domini in posterum gubernandum

1263? Anno Domini MCCLXVII⁰ fuit per Austriam, Styriam, Karinthiam tanta fames, ut homines et iumenta innumera morerentur. Fuit eciam hoc anno publica
1260 penitencia orta in Sicilia et transiit cum flagellacionibus[4], lamentis et canticis penitencialibus Lombardiam, ubi usque hodie perseverat. Abinde Karinthiam, Carniolam,
1261 Austriam, Styriam, Bohemiam, Moraviam pertransivit et
Febr 1–Apr 1 duravit a Kalend. Februarii usque ad Kal April., et

a) ythalā c b) ex veniens corr

1) Cf supra p 91, l 10 2) De Sicilia et Apulia cf Ottac v 431, ubi de regno Ierusalem Ioh legerit, dubium est 3) Veronam Annales S Rudb et Ottac 4) Cf Hermanni Altah Ann 1260, SS XVII, p. 402, Ann. Forojul 1260, SS XIX, p. 196. etc.

compertis ibi quibusdam levitatibus res cessavit prohibicionibus sacerdotum. Hoc[1] anno Ulricus archiepiscopus *Ottac. 8612 sqq.* in manus pape pontificium resignavit, et succedit Vlodezlaus dux Polonie, vir pudicus.

Karolus rediens Neapolim, abusus consilio pietatis, Chun- *ib. 3111 sqq.* radinum, Fridericum, Gerardum comitem, nobilem virum de Hurneim, ita ut undecim essent clari et magni nominis, super scarletum et purpuram in medio urbis precipit decollari, flentibus omnibus qui aderant ad spectaculum tam crudele; Chunradinus vero in audiencia omnium iura sua de regno Sicilie et Apulie Petro regi Arrogonie et suis filiis Friderico et Petro[2] consanguineis[a] per cyrothecam proiectam in aera resignavit. Caput marchionis precisum *ib. 3113 sqq.* 'Ave Maria' publice resonavit, quod Chunradinus complectens[b], *cf. Ottac. 8657 sqq.* deosculans ad se strinxit, mortem innocentu[m] districtissimi iudicis examini commendavit.

Anno Domini MCCLXVIII[0][3] Clemens papa moritur, *Mart. Opp. cf. Ottac.* et Petrus rex Arrogonie de regno sibi testato continue *3657 sqq.* meditatur. Hoc anno Otakarus Pruziam tendens propter *Ottac. 9591 sqq.* stagna, que non congelaverant, redit; castrum tamen ibi fortissimum construxit, quod Mons-regis dicitur, contra incursus Lituanorum fratribus de domo Theutonica terram illam tenentibus tradens illud. Hoc anno moritur Gre- *ib. 10127 sqq.* gorius patriarcha, et Ulricus dux Karinthie cum interces- 1269. *(Sept. 8)* soriis Otakari venit ad capitulum Aquilegiense, ut Phylippus, qui in ecclesia Salzpurgensi nichil profecerat, ad illius ecclesie regimen sumeretur, sed modicum fructum attulit spes concepta. Dux enim infirmatus moritur et in Civitate Austria[4] sepelitur. Relictam[c] eius, scilicet Agnetem, so- *ib. 2647 sqq.* rorem Friderici, qui cum Chunradino occubuit, filiam Gerdrudis marchionisse, duxit Ulricus comes de Hewnenburch; que genuit ex eo filios et filias, ex quibus processit Ulricus comes de Phanberch, Fridericus Libertinus comes de Cylia et ampla nobilium seges utriusque sexus[5]. Otakarus *ib. 10170 sqq.* statim misit, ut sibi Karinthia et Carniola infiscarentur propter pacta, que habuit cum Ulrico, sed eius nuncio, sci-

a) consanguinei *c.* b) ɔplcctēs *c.* c) Relictam eius — utriusque sexus *(l. 34) in sin. marg.*

1) *Ioh. et hic, ut supra p. 98, l. 5. 28, annum computans Ottacarum sequitur, qui Ladislai electionem anno* 1267 *attribuit (v.* 8820—8824*), cum Ann. S. Rudberti abdicationem Ulrici ad a.* 1265 *narrent, pallium Ladislaus a.* 1267 *Iun.* 12 *accepit (Ann. S. Rudberti).* 2) et suis — Petro *ex Ottac. v.* 3645 *sqq.* 3) *Ioh. annum computavit sciens Clementem IV. a.* 1265 *consecratum esse et tres annos sedisse.* 4) *Cf. infra p.* 138, *n.* 1. 5) *Cf. infra p.* 138, *n.* 2.

Ottac. licet preposito Brunnensi, obstitere civitates et nobiles Phy- *ib. 9777 sqq.* lippo constantissime adherentes. Hoc anno Otakarus nobiliores de Styria, scilicet comites Bernardum et Heinricum de Phanberch, de Petovia, de Wildonia, de Lichtenstain, de Stubenberch, captivavit, castris eorum plurimis dissipatis. *ib. 10215 sqq.* Hoc eciam anno[1] Bela rex Ungarie senior moritur, et Ste- 1270 *(Mai 3)* phanus ei[us][a] filius coronatur. Nurus autem Otakari, Bele filia, quedam iocalia preciosa subripuit et conservanda Otakaro destinavit, que Stephanus tamquam ad r[egem][b] spectancia repetivit. Negante Otakaro Stephanus bellum grave *ib. 10027 sqq.* contra eum instaurat. Sed et Otakarus dimissis captivis liberos tamquam . . . . [c], et nobiles Styrie post XLVI ebdomadas in captivitate peractas ad lares proprios revertuntur.

ib. 10531 sqq. Anno Domini M⁰CC⁰LXX⁰[2] Otakarus Karinthiam ingrediens primo Laybacum obsidet, Phylippi fautores opprimens, in brevi utrasque terras[3] sibi subdidit, quia sue potencie resistere nemo pot[uit][d]. Phylippus, ei omnibus resignatis, apud Chrimsam proventus ab eo necessarios vite *f. 50'.* sumpsit. *Otakarus autem, privilegio antiquo de Karinthia in Bohemiam destinato, per canales[4] venit in Forum-Iulii ibique exempto Portu-Naonis a nobilibus de Porcziliis et de Castello, quod ad principem Styrie pertinuit, et ab ecclesia Aquilegiensi habens dependenciam, accepit *ib. 8827 sqq.* et vasallus ecclesie est effectus. Hoc tempore moritur 1270 *(Apr. 28)* Vlodezlaus archiepiscopus Salzburgensis, qui, dum iret in Poloniam, ut patrimonium suum ecclesie addiceret, veneno peremptus dicitur a propinquis, et Fridericus ecclesie prepositus eligitur.

Mart. Opp. Anno Domini M⁰CC⁰LXXI⁰[5] Gregorius X^us^ eligitur, *Ottac. 11660 sqq.* sedes enim vacaverat tribus annis, mensibus duobus. Hoc audiens Fridericus proficiscitur ad curiam et confirmacione accepta redit et venit Frisacum. Ad quem properat Otakarus et feoda sua suscipit; ecclesia sibi per presulem eciam fideliter commendatur. Ordinatis autem terris per descensum Trahe

a) ei *super lin. add., omisso* us. b) *uncis inclusa in marg. abscisa.* c) *quaedam omissa sunt, nulla lacuna in c apparente, quae supple ex D p. 138.* d) *abscisa ex D suppleta.*

1) *Ad a.* 1269 *Ottacarus, ad a.* 1270 *Ann. S. Rudberti Belae maioris mortem narrant.* 2) *In recensione D p.* 138 *Ioh. hoc loco annum* 1269. *habet.* 3) *Carinthiam et Carniolam.* 4) *Id est eam partem Fellae fluminis, quae hodie Canale del Ferro nuncupatur. Cf. Ottac. v.* 10559, *cuius libri lacuna inter v.* 10656 *et* 10657. *hiscens fortasse similiter explenda est.* 5) *Ad a.* 1272 *Ann. S. Rudberti et Martinus Oppaviensis Gregorii X electionem tradunt.*

in Styriam procedit, et cum ei Syfridus de Maerenberch[a] sicut ceteri festine non occurreret corporis pressus infirmitate, rex indignatur et persecucionem concitat contra eum, commictens, ut sibi in Bohemiam adducatur. Quod factum est per Ortholfum de Graetz, qui eum in dolo, cum secum in mensa consisteret, cepit, et per regis officiarios ductus in Bohemiam morte acerrima tormentatur In quo loco luminaria clarissima visa sunt viri innocenciam contestancia a pluribus fide dignis. Sed de hoc videamus quod dicit Ovidius[1]: *Ottac 11830 sqq*

Exitus acta probant,

et Oracius[2]·

Non missura cutem nisi plena cruoris hyrudo.

a) sic c.

1) *Heroid II,* 85 2) *Epist II,* 3, 476

LIBER I. (REC. D).

(Anonymus Leobiensis)

INCIPIT PRIMUS LIBER[1]

De ortu Karoli Magni et quibusdam gestis suis. [Capitulum I[a]].

Otto V, 13 cf 11 16 21 IV 32 Mart Pont Reg 642 Mart Imp cf Otto V, 16 Reg 752 Mart Reg 752 Mart Otto V, 18 25 A S Rudb 711 715 Otto V, 28 ib V, 18

Anno DCLXXXVII[b], sub Gregorio secundo, Dagoberto Francorum rege et Pipino Anchise filio amministratore[c] regni, sublatis de medio Clodoveo, Dagoberto et Pipino, Karolus Martellus[d] successit. Hic Karolus bellicosissimus, de concubina natus, postquam Francorum dominio Sueviam, Bawariam, Saxoniam, Frisiam, Vaschoniam cum terris plurimis subiugasset, moritur et in sepulchro eius non aliud quam serpens maximus est inventus. Quidam eciam sanctus episcopus vidit animam eius in inferno, quia ecclesias plures suis possessionibus spoliavit. Papa[e] sanctum Bonifacium archiepiscopum Moguntinum predicare Dei verbum in Germaniam [destinavit[f]], unde Germanie apostolus est vocatus, qui Fuldense monasterium fundavit et Moguntini episcopii terminos ordinavit. Hiis eciam temporibus Burchardus, Willibaldus[2], Corbinianus famosissimi et sanctissimi presules extitere. Sanctus eciam Pirminus

a) *capituli numerum supplevi* b) *sic rec C 3*, DCLXXVIII *D 1* c) amministracione *D 1* d) Marcellus Karolus *D 1, emendavi Iohannis usum et cursum secutus* e) DCCIX Misit papa *D 1, cui infra* destinavit *deest* f) dest. *supplevi e rec C 1 C 3.*

1) *D litteram eae recensioni inscripsimus, cuius, ut ita dicam, breviaria vel primas compositiones C 1 2 3 habes; cuius genuina forma cum deperierit, ex compilatione anonymi auctoris qui Leobiensis dicitur, ed Pez, SS I, col 755 sqq, restituenda nobis fuit. Tres huius compilationis codices, Palatinus Lat nr. 971. bibliothecae Vaticanae (D 1), Claustroneoburgensis 127 (D 2), Vindobonensis bibliothecae aulicae 3445 (D 3), inter quos D 1 2 soli textum integrum praebent, cum D 3 demum inde a verbis* De Friderico secundo, *apud Pez l c col 803, infra p 129, l 10, incipiat. De compilatione ipsa, qua textus Iohannis satis accurate exscriptus exstat, eiusque codicibus cf 'N Archiv' XXIX, p 415—422. Annorum numeros, quos ignotus ille scriptor plerumque suo arbitrio rerum seriei apposuit, omisi, si veri simile non erat Iohannis codicem, quo usus est, eisdem locis eosdem annos praebuisse.* 2) *Cf supra p 5*

abbas multorum monasteriorum auctor floruit hiis diebus, qui virtutem specialem et graciam ad venenum habere dicitur propellendum[1]. [Otto] Venerabilis quoque Beda, Anglice[a] nacionis et doctor eximius, cum illa antiphona *O rex glorie, domine virtutum*, in die ascensionis Domini requievit. [V. Bed. Otto.] Hiis eciam temporibus Karolus filios tres reliquit: Karlomannum, Pipinum et Gritonem. [Otto V, 19] Karlomannus primo Rome, postea in Monte Cassino monachus, dum quadam vice a quodam bibulo coquo in opere coquinario alaparetur tribus vicibus, quia non videbatur fratribus digne ministrare, respondit pacientissime: 'Parcat tibi Deus, frater, et Karlomannus'. [Mart. Imp. Reg. 746] Grifo cum fratribus belligerans fugit in Saxoniam, postea in Vaschonia est occisus, et Pipino relinquitur principatus. [Otto. Reg. 747. 751] Gregorio mortuo Zacharias succedit. [Mart. Opp.] Ad[b] hunc[c] Burghardus Erbipolensis episcopus mittitur a Pipino, Hilderico tunc rege et solo nomine regnante. [Reg. 749. Otto V, 21] Pontifex diffiniens hunc pocius regem esse debere, qui sollicitudinem regni gereret, quam illum, qui laboris expers viveret sine cura, auctoritate pape Pipinus per Bonifacium predictum in civitate Suessionis cum consensu optimatum rex eligitur et ungitur et in reliquum sublato amministracionis nomine rex vocatur[2]. [Reg. 750. Otto V, 22 sq. cf. Einh. c. 1. cf. V. S. Burch. 752] Zacharia mortuo Stephanus succedit. [cf. Mart. Imp.] Hic venit Parisius[3] deprecans Pipinum, ut ecclesie succurrat contra Aystolphum regem Lombardorum, quod ab eo nimium premebatur. Pipinus et omnes nobiles a sacramento fidelitatis facto Hilderico solvuntur, et Hildericus tonsoratus in monasterium est retrusus. Papa ibidem Pipinum unctione sacra confirmavit, duosque filios suos Karolum[d], qui dictus [est[e]] Magnus, et Karlomannum in reges[f] Francorum unxit cum maximo tripudio populorum. [Reg. 752] Papa graviter infirmatus mirabiliter est curatus, sicut epistola protestatur, que talis est: *Stephanus episcopus, servus servorum Dei. Sicut nemo — — viderami*[4]. [Reg. 753] Anno Domini septingentesimo LV[g] Pipinus Ytaliam ingreditur et Aystolfum obsessum in Papia compulit interposito iure iurando et acceptis XL[h] obsidibus[i], ut ammodo [Romanam[k] ecclesiam non turbaret]. [Reg. 755. Otto V, 25] Bonifacius apud Frisiam predicans martirio coronatur, et beatus Otmarus in insula Reni que Stain dicitur in Domino requievit. Pipinus post multa prelia Turonis infirmatur et Parisius deportatus moritur. [Mart. Imp. Reg. 768] Karolus vero et Karlomannus regnum dividunt, mortuo autem Karlomanno Karolus solus regnat. [Otto V, 26. 30] Qui ab Hyspania usque ad Bulgaros gentes plurimas et provincias subiugavit et multas terras sacro baptismate consecravit. [ib. c. 32. cf. Einh. c. 15] Stephanus papa ultimo anno pontificatus sui Romanum regnum[l] in personam magnifici Karoli adhuc iuvenis[m] a Grecis transtulit in Germanos, quo defuncto successit Paulus, qui [Mart. Pont.]

a) Anglie D 1. b) Ad om. D 1. c) hunc D 1. d) Karolus D 1. e) suppleri. f) regem D 1. g) DCCXLVI D 1. h) X D 1. i) obsed. D 1. k) uncis inclusa e C 3 suppleri. l) sic. m) iuvens D 1.

1) Cf. supra p. 2, Flores temp., SS. XXIV, p. 232. 2) Vide supra p. 6, n. 4. 3) E Reginone a. 753; cf. supra p. 63, n. 1. 4) Vide huius epistolae textum supra p. 7 sq.

mitissimus fuit in viduas, pauperes et egenos. Hoc tempore beatus Gangolfus uxorem adulteram declinans a clerico adultero est occisus, quem miraculis coruscantem mulier deridens ait 'Sic anus meus cantat, sicut[a] miracula facit'; unde in reliquum ipsa loquente frequenter anus eius turpi cythara resonabat. Post Paulum Constantinus[b] tyrannice[c] apprehendit, qui a sede pellitur et cecatur. Huic successit Stephanus III[us], post quem Adrianus primus ordinatur. Hic Karolum contra Desiderium Lombardorum regem invitavit, cuius filiam habuit Karolus in coniugio, et repudiata ea duxit Hildegartam Alemannam et genuit ex ea Ludvicum, Karolum et Pipinum. Anno Domini septingentesimo LXXXI[o][d] Karolus venit Romam et efficitur patricius Romanorum, papa vero[e] synodum celebrans cum episcopis dedit ei ius pontificem eligendi et sedem apostolicam ordinandi et investituras episcoporum; Pipinum filium eius regem Ytalie, Ludvicum vero regem Aquitanie consecravit, Karolum post se regnaturum genitor designavit, qui tamen post actus mirificos defungitur ante patrem. Post hec Desiderium obsedit in Ticino[f] et captum cum filio Adalgiso[1] et uxore in exilium relegavit. Mortuo Adriano Leo secundus successit; hic Arnonem[g] primum archiepiscopum fecit Saltzpurgensem, post transitum sancti Ruperti annis CLXX, pallio sibi dato. DCCCI.[h] Leo papa Karolum imperatorem cum maxima acclamacione populi coronavit et mox Romanos perpetuo exilio dampnavit, qui papam lingua et oculis privaverunt, divinitus tamen[i] omnia organa[k] integraliter sunt restituta. Hoc tempore floruit Alquinus, vir eruditissimus, Karoli informator[l], qui studium orbi celebre de Grecia in Urbem translatum Parisius transtulit et imperatore procurante provide ordinavit[2]. Leoni pape successit Stephanus IIII, qui sedit mensibus septem. Imperator quoque filios, quam cito etas paciebatur, equitature et armis, filias colo, fuso, lanificio assuefecit. Alquinum monasterio sancti Martini Turonis prefecit propter superbiam monachorum destructo, omnibus monachis excepto uno a dyabolo interfectis. Adeo eciam studiosus extitit imperator, ut calamum et atramentum ad stratum suum sisteret, ut, si qua nocte occurrerent[m], notaret[n], ne a memoria aliqua[o] laberentur. Tabulas et grafium circumtulit, ut caperet exercicium ad scribendum. Legendi et audiendi sacros libros sedulus multum fuit. Legibus priscorum imperatorum[p] aliqua necessaria adiecit, mensibus et ventis vulgaria nomina indidit. Basilicam beate virginis atque palacium Aquisgrani construxit, ubi termas edificavit, quibus miro modo delectabatur. In reditu eius de partibus transmarinis, re-

a) sic D1. b) forlasse e C3 h. l. supplendum est sedem. c) tyrannide D1. d) DCCXLVII D1, emendavi e C3. e) vero papa D1. f) Titinio D1. g) Aruone D1. h) DCCXCI. D. i) eū D1. k) orgnā D1. l) informato D1. m) occurreret D1. n) necaret D1. o) aliqua in marg. suppl. D1. p) imperator D1.

1) Cf. supra p. 64, n. 2. 2) Cf. Einhardi Vitam Karoli c. 25.

cuperato sepulchro Domini de manibus paganorum, imperator Constantinopolitanus, premissa tamen oracione, octo spinas cum parte corone Domini, cui infixe erant, sibi obtulit, que cum de theca apponeretur[a], flores protulit, qui in manna visibiliter sunt mutati, insuper camisiam beate virginis, cinctorium[b], quo puerum Iesum in cunabulis cinxit[1], maximam partem sancte crucis, sudarium Domini et brachium Symeonis, ab eodem oblata, cum gaudio reportavit. Ad numerum litterarum alphabeti monasteria construxit et unoquoque auream litteram magnam relinquens[c], ut monasteriorum prioritas vel posterioritas ex litterarum ordine nosceretur. Pipino rege Ytalie mortuo Berenhardus filius eius successit. Imperator senio confectus Aquisgrani[2] consensu optimatum Ludvicum filium, regem Aquitanie, post se pronunciat regnaturum; glorioso[d] condito testamento ecclesiis precipuis, pueris et egenis de thesauris suis transiit Aquisgrani et ibidem sub conditorio ymagine et titulo sui nominis insignito devotissime sepelitur. Diem transitus sui Aquenses festivis laudibus solempnizant, versiculo Oracii[3].

Mart Imp. — *Reg 811 sq Einh. c 19. 24. 30* — *cf Reg 813* — *Einh c 31 33.*

Presenti tibi maturos largimur honores

De filio eius Ludvico et de divisione terrarum in posteros. [Secundum[e] capitulum].

Ludvicus Karoli filius in civitate Remensium coronatur. Hic reliquam partem corone Domini ab imperatore Grecorum plus quam quingentis marcarum milibus comparavit et Parisius collocavit[4]. Idem princeps libros eciam sibi beati Dyonisii destinavit, quos gratissime receptos optulit ad altare, ubi XIX clara miracula in diversorum infirmitatibus pro gloria martiris[f] divinitus sunt patrata[5]. Stephano pape succedit Paschalis, qui sedit annis VII. Ludvicus tres filios genuit, Lotharium, Karolum, Lodwicum. Lotharium in Ytaliam misit, quem papa, dum ad patrem redire voluit, augusti[g] dato nomine coronavit. Bernhardus rex Ytalie ad Ludvicum vocatus cecatur et occiditur, qui contra eum cum quibusdam[h], ut dicebatur, civitatibus conspiravit. Unde nomen eius a quadam devota femina ante paradisum visum est oblitteratum et abolitum, Bernardi vero nomen aureis litteris lucidius resplendere, quod sibi Deus intimari voluit, ut

Reg 813 Otto V, 33 — *Mart Imp* — *Mart Opp Otto V, 33 sq* — *Reg 818 Otto.* — *Vis. paup*

a) apponerentur *D 1* b) tinct *D 1* c) reliquit *C 1*, relinquit *C 3* d) *praecedit* DCCCIIII *D 1* e) *numerum capituli adieci, Ann. Leob. haec narrat ad a* 806 f) matris *D 1*, *corr. ex.* g) augusto *D 1*, et nomen contulit augustale *C 3*. h) quosdam *D 1*

1) *Cf supra p* 16 64 *sq. et Vitam Karoli imp. II, c.* 31 *sqq.* 2) *Cf supra p.* 18, *n* 3 3) *Epist II,* 1, 15. 4) *Cf supra p* 20 5) *Cf. supra p* 20, *n.* 5.

Mart Opp. peniteret, quia alias ad omnia iustus fuit[1]. A regno est expulsus et iterum restituitur[a]. Hoc tempore Rabanus floruit *cf A S Rudb. 846* abbas Foldensis et episcopus Moguntinus, eximius theologus et poeta Hoc eciam tempore Ericus rex Danorum cum filiis et *Mart. Imp* uxore apud Moguntiam[b] baptizatur, Strabusque discipulus Rabani *Reg 840 842* clarus in sciencia habebatur Anno DCCCXL [c] imperator mori- *cf Otto V, 35* tur et in civitate Metensi sepelitur Filii dissidentes[d] regnum dividunt ita, ut Karolo occidentalia regna a mari Britannico usque ad Mosam, Ludwico tota Germania et quedam civitates in Alsacia, Lothario imperium, Provincia, Ytalia, Gallia Belgica, *Mart. Pont.* quam vocavit Lothoringiam, provenirete[e]. Paschali successit Eugenius II[us] annis III sedens, hic a Romanis oculis est privatus Post hunc Valentinus primus sedit dies XL, quo sublato Gregorius quartus XVI annis sedit Hic statuit per Galliam et Germaniam festum omnium sanctorum, sicut dudum iam in Urbe fieri Bonifacius ordinavit Hoc tempore per sceleratissimos quosdam Romanos soldanus Babilonie invitatus Romam obsedit, ecclesia sancti Petri in stabulum equorum redigitur, et tota Thuscia quasi usque ad solitudinem devastatur. De- *et Iac c 181* functo Gregorio succedit Os-porci, cuius nomen Sergius est mutatum, et ob hoc omnia nomina pontificum alterantur[f], vel quia Symoni Dominus nomen Petrus dedit[2]. Lotharius *Reg 851 855. Otto VI, 1* tres filios habuit, Ludvicum, Karolum, Lotharium, quibus divisit *Mart Pont* regnum, Ludvico imperium cum Ytalia conferens, quem Sergius coronavit, Karolo Provinciam et Celticam Galliam, Lothario Lothoringiam deputans[g], ipse enim in Prumensi monasterio mo- *Mart Imp* nachus factus moritur, pro cuius anima angeli et demones altercacionem[h] gravem habebant ita, ut corpus[i] distrahi videretur, sed monachis orantibus demones sunt fugati. Hoc tempore Iohannes Scotus in Franciam venit, qui ad Ludvici instanciam Yerarchiam beati Dyonisii de Greco transtulit in Latinum Dani eciam Angliam vastaverunt, Edmundum regem sanctissimum occiderunt; cuius gladio propter sanctitatem in preliis reges Anglie solent *Mart Pont* uti[3]. Sergio mortuo succedit Leo V, sub hoc Adolfus rex Anglorum obtulit sancto Petro in tributum de unaquaque domo singulis annis unum argenteum nummum[k] Post Leonem[l] sedit Iohannes Anglicus puella existens[m] [4], que in Greciam ducta ab amasio profecit in tantum, [ut[n]] trivium legeret, et adeo celebris efficitur, ut in papam eligeretur Que impregnata, pergens a Sancto[5] Petro in Lateranum periclitatur pariens, ipsumque locum papa transiturus semper dicitur declinare; et eiusdem vitandi erroris causa, dum primo in sede Petri collocatur[o], ad eam iem

a) restitutus *C 2* b) Moguntinam *D 1* c) DCCCXXXI *D 1, emendavi e C 1* d) difhd *D 1* e) perven *D 1* f) *sic C 3,* alternantur *D 1* g) dep *in marg suppl D 1* h) altric. *D 1* i) cer²us *D 1* k) *fortasse cum C 1 (supra p 24 l 26) cursus gratia legendum est* arg num unum l) Leonum *D 1* m) *in marg* de papa qui fuit puella nomine Gutta *D 1* n) ut *supplevi* o) collatur *D 1*

1) *Cf supra p 19, n 6* 2) *Cf supra p 22. 66* 3) *Cf supra p. 24 67* 4) *Martini cod 8 haec verba praebet solus* 5) *Inde codicum Martini classis C exscribitur*

perforata sede genitalia ab ultimo dyacono obtrectari[1]. Deinde Benedictus succedit, post quem Nicolaus primus. Sub *Otto VI, 3* *cf. Reg. 864 sq.* hoc Lotharius Thebirgam obiectu incestus[a] repudiat et Waldradam concubinam ducit, cui dum super hoc faverent Coloniensis et Treverensis presules, deponuntur, ipseque gravissime excommunicacionis vinculo innodatur. Venit tamen[2] *cf. Reg. 869* et promisit se illicitum matrimonium dimissurum, quod promissum stolide temeravit. Nicolao mortuo succedit Adrianus *Reg. 867* *cf. Otto VI, 4* secundus, huius tempore venit Lotharius in auxilium fratri suo Ludvico contra Sarracenos, quos de illis partibus per Gallicos, Lombardos et Theutonicos effugavit. Papa quesivit *Reg. 869* *Otto VI, 4* a Lothario, utrum promissa impleverit, que Nicolao pape *cf. Mart. Pont.* fecerat super iniusto matrimonio dimittendo. Respondit se omnia adimplesse et iuravit cum optimatibus et communionem saciam recepit in vitam eternam, si ita se haberet, sin alias, in dampnacionem, et quia false iuraverat, ex Ytalia in Provinciam rediens[b] in Placencia moritur, et universi qui secum iuraverant infra ipsius anni terminum moriuntur. Reliquit filium Hugonem nomine, qui dum aspiraret *Reg. 883. 885* ad regnum, capitur et exoculatus in monasterium est retrusus. Ludvicus frater eius[3] et Karolus fratruelis suus regnum invicem *Reg. 869 sq.* *Otto VI, 4* diviserunt, Ludvico remanente palacio Aquisgrani. Porro *Reg. 876* Ludvicus frater Lotharii primi[4], cui orientale regnum pro- *Otto VI, 6* venit, tres filios habuit, Karolum, Ludvicum, Karlomannum, qui paternum regnum diviserunt, et provenit Karlomanno Bawaria, Pannonia, Karinthia, Bohemia, Moravia, Lodvico Orientalis Francia, Thuringia, Saxonia, Frisia, Lothoringia, Karolo Alamannia, que est superior pars Suevorum[5], cum aliquibus civitatibus circa Renum[6]. Karlomannus Ytaliam introivit, quia imperium *cf. Otto VI, 5* *Reg. ib.* per [obitum[c]] Ludvici piissimi principis iam vacabat. Karolus eciam rex occidentalis venit Aquis et Coloniam, ut totam Lothoringiam apprehenderet, sorte sua non contentus, que in divisione provenit, dum cum Ludwico fratre Lotharii divideret ipsum regnum. Cum quo Lodvicus et Karolus[7] fratres Karlomanni [pugnarunt[d]] et victoriam obtinentes redire victum

a) inceste *corr. ex* incestū *D 1*. b) reditus *D 1*. c) ob *supplevi, om. D 1*, *vel* mortem *supplendum*. d) pugn. *supplevi, om. D 1*.

1) *Haec fabella Martino adhuc incognita ca. a. 1290 divulgata est, cf. J. Döllinger 'Die Päpstin Johanna' in 'Papstfabeln des Mittelalters' ed. II, p. 38. Quem auctorem Iohannes h. l. secutus sit, nescimus.* 2) *Error patet.* 3) *Immo Lotharii II patruus; error irrepsit, cum Ioh. Ottonis verba* Ludewicus frater eius *(scil. Karoli Calvi) exscripserit.* 4) *Idem, qui modo laudatus est; nota auctorem duos Ludovicos, imperatorem ac regem Germanicum, confudisse.* 5) *Cf. supra p. 29, n. 2.* 6) Ex regno Lotharii *dicit Regino,* Lotharingiae *Otto.* 7) *Sed hic pugnae apud Andernacum d. 6. Oct. a. 876 non interfuit, quod Ioh. Ottonis verba male intellegens credidit.*

[*Fl temp Mart Pont cf Otto VI, 6*] in Franciam compulerunt. Hic Ludvicus IIII[a] duces Bohemorum baptizari et in fide instrui procuravit[1]. Karolus rex Francorum, qui dictus est Calvus, Ytaliam[b] ingreditur et [in[c]] imperatorem a Iohanne, qui Adriano successerat, coronatur. [*Reg 870 sqq. Mart Imp*] Hic habuit tres filios, Karlomannum, qui dyaconus ecclesiis infestus a patre capitur et cecatur, Karolum, qui periit, dum voluit quoddam robur corporis experiri, et Ludvicum, [*cf Otto VI, 6.*] qui genuit duos filios, Ludvicum et Karlomannum, et Karolum, ex alia tamen[d] matre. Imperator Bosoni fratri imperatricis sue consortis filiam Ludvici imperatoris et Provinciam tradidit, [*Reg 879 Otto*] qui veniens Lugdunum rex Burgundie ab ipsius primoribus[2] declaratur. [*Reg 877*] Karlomannus in Ythalia contra imperatorem, quia contra fratres suos in Alamannia egerat, exercitum ordinat et egredi compellit, qui inter Alpes infirmatur, [*Mart Imp*] a quodam Iudeo pocionatus moritur et Parisius transportatur. [*Reg 878 883 884*] Cui successit Ludvicus filius eius; quo defuncto Karlomannus[3] frater succedit, qui in venacione apro percussus vitam celeriter terminat. Karolus iunior, quia de matre superducta processerat, quasi pro nichilo apud Francicolas habebatur. [*Otto VI, 7*] Karlomannus, Ludvici filius fratris Lotharii, filium habuit Arnolfum nomine, non legittime, sed de nobili femina procreatum, cui Ludvicus Karlomanni frater ducatum Karinthie contulit in montanis. [*Mart Pont*] Iohanne papa mortuo sedit Martinus tercius[e], cui successit Stephanus V. Huius tempore corpus beati Martini propter[f] incursus Nortmannorum Autisiodorum est devectum et iterum Turonis relatum, novissime, ut fertur, sublatum sub Ottone Magno et Heroldo archiepiscopo ad urbem Iuvavensem[g] in Bavaria est devectum[4].

[*A S Rudb. 800*] Karolus[h] dictus Grossus, cui Alamannia provenerat, Ytaliam ingreditur et imperatoris nomen suscipiens solempniter coronatur. [*Reg 881 cf Otto VI, 8.*] Interea Ludvicus moritur, et Nortmanni regnum eius percursitant, [*Reg 881 sq Otto VI, 8*] omnia devastantes. Orientales se[i] subiciunt, Franci eciam imperatorem in regem eligunt Karolo iuvene postergato[5], [*Reg. 887 sq Otto VI, 9.*] et sic Karolus Romanorum, Francorum, Germanorum potencialiter utitur principatu. Vacillante tamen fortuna ad extremam inopiam est perductus[k] ad sui probacionem, quia[l] totus in Dei opere fuit, sedulus et devotus. Orientales Arnolphum predictum advocant, omnesque sibi sacramentaliter se submittunt[6]. Cui Karolus Bernardum filium suum commisit, sed et pro vite[m] necessariis fiscos aliquos

a) XIIII *C 1*, *cf supra p* 22, *l* 21. b) Ytalis *D 1*. c) in *supplevi*. d) cū *D 1*. e) secundus *Mart*. f) pape *D 1*. g) Iuvanensem *D 1*. h) *praecedunt in D 1 rubris litteris exarata* DCCCLXXII De Karolo Grosso. i) *fortasse omissum est* Karolo. k) productus *D 1*. l) qui *D 1*. m) vice *D 1*.

1) *Cf supra p* 22, *n.* 5. 2) *De hoc loco v supra p.* 29, *n* 3. 3) *Ludovicum III regem Franciae (879—882) omisit auctor.* 4) *E translatione s. Martini Salzburgum a.* 939. *facta, ed. E. Dümmler in 'Archiv f. Kunde Oesterr. Geschichtsquellen' XXII, p* 296 *sqq.* 5) *Cf. supra p.* 32, *n.* 2. 6) *Cf. supra p* 32, *n.* 4.

Karolo deputavit[a]. Occidentales Franci Odonem Ruperti ducis *[Reg 888 Otto VI, 10]* filium, virum elegantissimum[b], statuunt sibi regem, Karolo pretermisso. Commendabile quidem, quod virum strenuum elegerunt, vituperabile, quod legitimum dominum abiecerunt, iuxta Ovidium[1], qui dicit.

Hoc decet, hoc multi[c] *non habuisse putant*[d].

De[e] Arnolpho et de defectu stirpis Karoli in Alamannia. Tercium capitulum.

Arnolphus[f] ad monarchiam suscipitur Germanorum *[Mart. Imp. Reg 890 sq]* Hic Nortmannos incredibili plaga stravit et ab eorum incursu Lothoringiam, Aidaniam et adiacentes provincias liberavit Ytali audientes variacionem Francorum et Germanorum duos *[Reg 887 Otto VI, 10]* statuunt sibi reges, Berengarium et Wydonem, et imperabant in *[Mart Imp.]* Ytalia successive Berengarius, Wydo, Lampertus, Ludvicus, Berengarius II[us], Berengarius III[us], Lotharius, Berengarius IIII[us] cum Alberto filio eius. Stephano pape successit Formosus, qui *[Mart Pont Reg. 894 Otto VI, 12 sq]* regnavit annis V Arnolphus[g] Ytaliam introivit et subactis plurimis[h] civitatibus et aput Pergamum comite Ambrosio suspenso, terrore quoque suo circumfuso, in Alamanniam est reversus Hoc tempore Boso rex Burgundie moritur, relinquens *[cf Reg 894 Otto VI, 12 cf 6]* filium nomine Ludvicum, et Wydo in Ytalia moritur, et filius eius Lampertus in Urbe coronatur Karolus abiectus a Francigenis pro regno concertaciones graves habuit cum *[Reg 893 sq]* Odone, quarum[i] causa[k] ex utraque parte deducitur ad Arnolfum, qui Lothoringia lustrata Franciam est ingressus, *[Otl Transl Dion Otto VI, 11.13]* corpus Dyonisii a quodam clerico sublatum Ratisponam legitur transtulisse . . . .[2]

Sepulchrum Arnolfi Ratispone in cenobio beati Emerammi, cuius *[Reg 899 sq Otto VI, 13 sq.]* fundator fuit[3], demonstratur. Lodvicus filius eius in Vorchaim oppido Orientalis Francie a regni[l] primoribus rex elevatur Ordo Cluniacensis[m] sub Ottone abbate primo, viro *[Mart Opp]* sanctissimo, et Wilhelmo principe Burgundie glorioso[4] Ste-

a) deprivavit *D* 1. b) *sequitur in D* 1 dominum, *quod fortassis in archetypo deletum erat.* c) uilo *D* 1 d) valuisse putent *Ovid* e) *praecedit numerus* DCCCLXXXI *D* 1 f) *spatium vacat in sinistra parte pro littera initiali* A *D* 1. g) *praecedunt* DCCCLXXXV De Arnolpho *D* 1 h) preliis *D* 1 civitates sibi plurimas subiugavit *h l C* 3 i) quorum *D* 1. k) causam *D* 1 l) regno *D* 1 m) *supple* incepit *vel huiusmodi*

1) *Ars am I,* 730 2) *In Iohannis libro sequebatur Arnulfi mors, quam Ann. Leob cum e Martino Oppav exscripsisset, iterum narrare nolens omisit, item de Bonifatio VI et Stephano VI* 3) Emmerammi — quem ipse, dum vixit, multum veneratus est *habent Reg cod A* 1*b—e, cf Otlohi Transl s Dionysii et supra p* 37, *n.* 1. 4) *Cf Martinum Opp sub Agapito II, SS XXII, p* 431, *l.* 8.

Mart. phano pape succedit Romanus, qui sedit menses tres, post
hunc Theodorus dies XX, qui sensit contra Stephanum pro Formoso; post hunc Iohannes IX. sedit annos III, quo sublato
succedit Leo quintus[1], qui sedit dies XL; quem Christoferus
presbiter suus cepit et eum [in[a] carcerem trusit; huic successit
Sergius, qui Formosum, quia eum] impedierat in papam, pontificalibus indutum decollari et in Tyberim proici mandavit, quem
piscatores inventum ad sancti Petri basilicam detulerunt, ubi
visc sunt quedam ymagines eum adorasse et venerabiliter salutasse.
Reg. Otto Interea Lothoringi Zwendeboldum suum regem interficiunt
et Ludwico fratre suo vocato dicioni eius unanimiter se
Otto VI, 15 submittunt. Hoc tempore Albertus comes nobilis ex Orientali
Francia, nepos Ottonis ducis Saxonum ex filia, a quo marchiones
cf. Reg. 902. 906 Orientalis marchie sive superioris Pannonie processerunt, oc-
Cont. Reg. 911. 919 cidit Chunradum comitem ex Hassia et Wedrebia, virum eque nobilem et potentem, qui filium reliquit Chunradum, armis stren-
nuum et valentem. Ludwicus autem Babenberg iudicio pre-
sidet et Albertum, quia alias quoque pacem regni turbaverat,
precipit decollari et omnes possessiones eius ad imperium
infiscari.

Cont. Reg. 911. Ludwicus sine herede moritur, et principes[2] Ottonem
Otto VI, 15 ducem Saxonum eligunt, quia in regno excellentissimus[b]
cf. A. S. Rudb. habebatur, qui confectus senio recusavit, sed persuasit
Chunradum predicti Chunradi filium eligi, eo quod esset vir
egregius et cordatus. Hic adhuc superstes de germine Karo-
A. S. Rudb. lorum in Alamannie regno fuit. Qui dum IX annis feliciter
918 egisset, diem sibi senciens ultimum imminere, Heinrico[c] duci
Cont. Reg. 919 Saxonum, Ottonis filio, sceptrum cum dyademate destinavit.
Mart. Imp. Hoc tempore Berengarius secundus novem[d] annis in Ytalia im-
Otto VI, 17 peravit; sicque posteritate Karoli cessante imperium
transiit in Germanos laceratum, alteratum et multipliciter variatum, quia iuxta Anshelmum[3]

Non[e] faciunt tutos regia sceptra suos.

De Heinrico Saxone, Ottone primo, secundo et tercio. Quartum capitulum.

Otto VI, 18 Cont. Reg. Heinricus[f] dux Saxonie rex creatur. Hic pacis precipuus
919 sq. 936 sectator extitit et amator. Contra hunc Karolus rex Francie
pro Lothoringia et Gallia Belgica[g] arma movit, sed placito

a) *excidit una circiter linea, quam Martinum secutus supplere conatus sum.* b) excellentissimo *D 1.* c) Heym *D 1,* Hainr. *D 2 passim, quod singulis locis adnotare supersedeo.* d) duobus *D 1, cf. supra p. 39, l. 25.* e) Nec *A 2s.* f) *littera initialis* H *minio scribenda deest, minus* h *adscriptum D 1.* g) bellica *D 1.*

1) *Immo VI, ut habet Martinus, Benedictum IV. Ioh. omisit.* 2) Otto . . ab omnibus petitur *Otto Fris.* 3) *Versus legitur in Anselmi archiepiscopi Cantuariensis carmine de contemptu mundi, Migne, Patrolog. Lat. CLVIII, col. 702c, ed. Gerberon p. 199.*

habito apud Bunnam concorditer convenerunt, ut Heinrico Lothoringia et Belgica[a] cum Aquensi palacio, Karolo Celtica Gallia, Aquitania et pars Lugdunensis Gallie proveniret. Hic lanceam sancti Mauricii[1] extortam vi a Rudolfo rege Burgundie imperio consignavit. Alibi legitur, quod rex Boso Ottoni patri huius Heinrici eam cum uno clavo crucis Domini obtulerit atque regnum, eo quod vesanus fuerit et inutilis regno, missa manu in presulem Arelatensem in vigilia sancti[b] pasche[2]. Berengarius tercius hoc tempore in Ytalia imperavit VII annis; post quem Lotharius regnum sumpsit, quo defuncto Berengarius[c] IIII. cum tyrannide imperium apprehendit. Ceperunt eciam regna in[d] provincias et ducatus[e] subdividi, unde Bavaria, Suevia, Lothoringia nomen regium[f] amiserunt, ut una existeret monarchia. Hoc tempore Karolus rex Francorum in captivitate moritur et reliquit filium Ludwicum in Hybernia exulantem, cuius Franci immemores Rudolfum quendam attollunt in regem. Heinricus Romam tendens ad coronam post gloriosas victorias moritur, quatuor relinquens filios, Brunonem Coloniensem, Wilhelmum[3] Moguntinensem presules, Heinricum et Ottonem duces. Hic Otto dictus Magnus ab omnibus est electus. Hic filiam regis Anglie habuit, qua subducta Ythaliam introivit, Berengarius autem relictam Lotharii captivavit, ut securius imperaret, quam cito liberavit et duxit, Ludolfum ducem Alamannorum et Heinricum ducem Saxonum generans ex eadem[4]. Otto[g] imperator[h] sub[i] Ulrico sanctissimo presule Augustense pugnans contra Ungaros prope Licum[k] et insequens eos duos reges eorum, Assur et Lelium, suspendit in patibulo[l] Ratispone[m]. Ottonem[n] filium suum Aquisgrani coronavit et ingressus Ytaliam a Iohanne papa coronatur. Berengarium[o] obsedit et filium eius in Corsicam insulam effugavit. Imperatore abscedente papa ad partes Berengarii declinavit. Imperator cum episcopis Ytalie et Germanie[p], presente patriarcha Angelfredo[q], Iohannem deposuit, Leonem substituit[r], Berengarium cepit et cum uxore Wyla nomine in Bawariam retrusit in exilium, ubi ambo moriuntur et in Babenberg tumulantur. Postea Romanorum maximam multitudinem interfecit et centum obsides cum iure-

a) bellica *D1*. b) sancta *D*. c) Lotharius *D1*. d) et *D1*. e) ducas *D1*. f) regum *D1*. g) *praecedit* CMLIII De Ottone *D1*. h) imperat *D1*, rex *C3*. *Falsum titulum puto e Vita Udalr. irrepsisse*. i) *nonne* cum *legendum?* k) lytum *D1*. l) patibulum *D*. m) ratispano *D1*, *sequitur* CMLVIII De Ottone *D* [imperatore *add.* *D2*]. n) Otto Ottonem *D2*. o) Berengarius *D1*, berngarium *D2*. p) Romanie *Cont. Reg.* q) *sic C3*, Angelsuedo *D*. r) *sic C3 et D2*, instit. *D1*.

1) *Ioh. addidit* s. Mauricii, *cf. supra p.* 48, *l.* 32. 2) *Haec fabula exorta videtur esse e Gotifredi Viterbiensis Pantheon part. XXVI, 3, SS. XXII, p.* 274, *ubi tamen de Ottone Heinrici filio agitur nec de clavo crucis memoria fit, cf. ibi part. XXII,* 28, *p.* 233. 3) *Hic non Heinrici, sed Ottonis Magni filius fuit, quod Ioh. e Cont. Reginonis a.* 927 *discere potuit.* 4) *Errores auctoris manifesti sunt.*

iurando recepit, quia mortem eius meditabantur, et transiit in Spoletum. Romani mox Leonem expellentes Iohannem quantociusa introducunt. Interea Iohannes moritur, et Benedictus eligitur a Romanis. Imperator rediens Urbem obsedit et pressam[b] incredibili fame cepit, Leonem restituit, XIII maiores post prefectum suspendit; et filio suo Ottone coronato a Leone, Benedictum in Saxoniam secum duxit, ubi moritur et in Babenberg[1] sepelitur. Imperator Grecis in Calabria et Apulia superatis et Ytalia pacata[c] ad plenum Theutonicorum dominio adunata, reversus Martinopoli moritur et in Maydburgensi[d] metropoli[e] sepelitur in ecclesia sancti Mauricii, cuius corpus ab Agauno dicitur transportasse. In[2] hac ecclesia contigit, quod episcopus civitatis nomine Udo abbatissam loci carnali fedavit commercio, quousque vox diceret versum:

Fac finem ludo, quia lusisti satis, Udo.

Qui non destitit, visus est enim[f] sanctus Mauricius summo iudici querulari, cui per angelorum ministeria, Christo iudice presidente, caput amputatur, et anima cum corpore ad infernum deportatur. . . . .
. . . .[3]

Imperator Heinrico duci Bawarie, consanguineo Alberti comitis, quem Ludwicus rex apud Babenberg preceperat decollari, possessiones latas tribuit et perpetualiter confirmavit, de quibus postea episcopatus ibidem laudabiliter[g] est constructus; et rebus bene gestis, sicut in Vita sancti imperatoris Heinrici[h] legitur, Rome moritur, sed iuxta Cronicam Ottonis Frisingensis Aquisgrani in ecclesia beate virginis sepelitur. Hoc tempore sanctus Heinricus, adhuc non imperator, sed tantum dux adhuc Bawarie existens[4], dedit regi Ungarie beato Stephano sororem suam nomine Gislam[i] in uxorem et[k] tam ipsum quam totum regnum suum ad fidem Christi convertit et roboravit. Ex eadem Gisla[l] sanctus Stephanus genuit Hemmiricum[m] regni sui successorem; hic Hemmiricus[m] postea, tempore pape Iohannis XX, cum vixisset cum sua sponsa caste, et ambo virgines usque ad mortem suam permanentes, tam ipse quam ipsa, obiit miraculis coruscando, sicut et pater suus sanctus Stephanus

a) quantocicius D 2. b) pressuram D 1. c) placata D 1. d) sic D 2, Meydb. D 1. e) metr. civitate D 2. f) enim autem D 1. g) *sic legendum censeo*, laudabilis D. h) s. H. imp. D 2. i) gyslam D 2. k) et *om.* D 2. l) gysla D 2. m) *sic* C 3, Emmer. C 2; Heynr. D 1, Haimr. D 2.

1) Hamburch *vel* Amburch *Martini codd. praebent.* 2) *Sequentia fabulosa descripta sunt ex libello de Udone edito ab Ant. Schönbach in 'SB der Wiener Akad. d. Wiss.' CXLIV, nr. 2. O. H.-E.* 3) *Res Ottonum II. et III. Anon. Leob. non e Iohannis libro assumpsit.* 4) *Hoc non tradunt Iohannis auctores.*

De sancto Heinrico, Chunrado[a] et Heinrico filio eius. Quintum[b] capitulum.

1

. . . .

Heinricus contra Sclavos, Bohemos, Moravos, Polonos [Otto VI, 27. V. Heinr. I, 4 sq.] prelians usus est gladio beati Adriani martiris viditque sanctum Laurencium, Georgium, Adrianum victoriam sibi [ib. c. 22–24.] afferentes. Hoc tempore[c] Heinricus Apuliam a Grecis ereptam Romano restituit imperio. Veniens in Montem Cassinum de calculo per beatum Benedictum mirabiliter est curatus et lapide[d], quem sub specie medici ab eo dormiente eruerat, unde ipsum locum et alia religiosa loca in posterum plus dilexit, possessionibus et donariis honoravit. Uxorem suam [ib. I, 21] sanctam Cunegundam[e] suspectam habuit, que se igneis vomeribus expurgavit. [ib. c. 29. Otto VI, 27] Subacta Burgundia, Ytalia[f], Bohemia, Polonia ac aliis provinciis imperioque plurimum dilatato et [cf. Mart. Imp.] collapsis ecclesiis restauratis multisque beneficiis eisdem collatis[2] . . . .

Hoc tempore Chunradus ex Orientali Francia de magno [Otto VI, 28.] germine ducum Wangionum et Troyanorum[g], qui primo regnabant in Francia, progenitus eligitur; hic leges plurimas [cf. ib. IV, 32. Mart. Imp.] de pacis conservacione statuit, violatores plexione capitum sine gracie beneficio castigavit. Hic duxit Gyselam no- [Otto VI, 28.] bilem de sanguine Karoli, que habuit prius Ernustum ducem Suevorum, ex quo genuit Ernustum et Hermannum, Popionem[3] [cf. ib. c. 15. 32] archiepiscopum Treverorum et Albertum Orientalis marchie marchionem, quam idem Albertus cum Leupoldo filio de manibus eripuit Ungarorum et Romano imperio subiugavit. Chunradus vero rex genuit ex ea Heinricum, quem post se [ib. c. 28] regem adhuc puerum designavit. Porro post papam Bene- [Mart. Pont.] dictum erectum Iohannes eligitur, hic[h] rudis fuit, accepit quoque [coadiutorem[i]], quod dum pluribus displiceret, tercius est electus, unus in Laterano, alter ad Sanctum Petrum, tercius [Otto VI, 32] ad Sanctam Mariam[k] Maiorem residebat. Gracianus autem quidam presbiter, quia partes concordavit, pro[l] zelo iusticie quaitus eligitur a Romanis. Hoc tempore duces Polonorum [ib. VI, 28.] regnum instituere volentes a Chunrado tributarii imperii sunt effecti. Rex Italiam pergens a Iohanne summo pontifice, ex

a) Cunr. D 2. b) sic D 1, V^m D 2, Pez legit VIII. c) fortasse et h. l. aliqua omissa sunt. d) lapidem D 1. e) Kunegundam D 1. f) Ytalis D 2. g) sic D. h) hic — a Romanis (l. 35) om. D 2. i) condiut. ex C 3 supplevi. k) Mar. D 1 in marg., deest et C 3. l) sic C 3, quod D 1.

1) Principia Heinrici II. ex Iohannis libro non servavit Anon. Leob. 2) Mortem Heinrici ex Iohannis libro non assumpsit Anon. Leob., restituendus est locus Iohannis hoc fere modo: imperator moritur et cum consorte in Babenberch sepelitur. 3) Aut aliqua verba exciderunt, ut: Ernustus dux Swevorum habuit fratres (cf. supra p. 53, l. 23 et p. 69, l. 27), aut Ioh. h. l. minus diligenter Ottonis Chron. inspexit.

(Otto VI, 29) uno latere rege Anglie, qui fuit avunculus regine, et ex altero Rudolfo rege Burgundie stipatus, sollempniter coronatur. Hic Rudolfus moriens Heinrico imperatoris filio, nepoti suo sub testamento regnum Burgundie cum dyademate[a] ac aliis insigniis destinavit. (ib. c. 31) Quod dum Odo[b] quidam comes Celticus impedire niteretur, Chunradus Burgundiam ingressus Odonem regnum compulit abiurare, recipiens Lugdunensem primatem in dedicionem cum aliis regni primatibus[c], in Alamanniam[d] est reversus. (Mart. Imp.) Hunc Leupoldus comes metuens ad quoddam[e] nemus cum omni familia auffugit; ubi uxor eius filium peperit, de quo imperatori nunciatum est, quod fieret gener eius, quem cum plebeii et silvestris filium estimaret[f], interfici mandavit, sed divino quodam casu iuvenis salvatur et imperatoris gener efficitur, et cognito, quod alte prosapie[g] existeret, indignacio conquievit, exultans talem generum se habere[1]. (Otto) Iterum imperator Italiam ingressus, civitatibus et episcopis pluribus[h] subactis, rediens in Traiecto inferiori moritur et in Spiram se precepit transportari, ibique in sepulchro, quod ipse pro regibus et imperatoribus designavit et ordinavit, honorifice sepelitur. (Otto VI, 32. Mart. Imp.) MXL[i] Heinricus filius eius est imperium adeptus, hunc quidam generum suum fuisse volunt[k]. Hic Bohemos [et[l]] Ungaros preliis multis pressit. Petrum regem Ungarie depulsum adiutorio Albeiti[m] marchionis et Leupoldi filii sui restituit regno suo. Hoc tempore fuit Hermannus Contractus, vir nobilis, durus ingenio in discendo, cuius duriciam beatissima virgo membrorum contractione et eminentis sciencie infusione mirificavit[n] [2], unde in laude sanctorum cantus pulcherrimos et multa dictamina fabricavit[3]. (Otto VI, 32. 34) Heinricus autem duxit uxorem filiam ducis Pictavie et Aquitanie, et nupcie Ingelnheim[o] [celebrantur[p]], histrionibus danda ecclesiis[4] omnia iubens dari, genuitque filium, quem Heinricum nomine suo appellavit. Audiens eciam adhuc altercacionem in sede[q] venit Romam, omnibus tamquam iniuste ingressis abiectis (Mart. Opp.) Suidegerum[r] Babenbergensem presulem [instituit[s] in papatum], (Otto VI, 33) qui Clemens II est dictus, hic eum cum maxima (Mart. Pont.) gloria coronavit, Romanis iurantibus se nullum umquam sine (Otto) suo consensu in pontificem electuros. Mortuo Clemente Popo[t] Aquilegiensis patriarcha substituitur; quo subducto Bruno (cf. Mart.) Tullensis[u] presul, qui Leo vocatus est, ordinatur impera-

a) diad. D 2. b) Oddo D 2. c) sic D. d) Alim. h. l. D 1. e) quod D 1. f) estimarent D. g) alto pros. D 1, alto de stipite D 2. h) preliis D 1. i) MXXXVIII D 2. k) volunt D 2. l) et om. D. m) Adalberti D 2. n) sic D, ut Ioh. sic scripsit. o) in gelnheym D 1, in Gelnhaim D 2. p) cel. e C 3 suppl. q) insedere C 3. r) sindeg. D. s) uncis inclusa supplevi e C 3. t) sic D 1 et C 2. 3, Popyo D 2. u) thuslen D 1.

1) *Haec inde ab* Hunc Leupoldus *(l. 9) ad* se habere *fortasse ad alium locum transposita sunt ab Anon. Leob., cf. 'N. Archiv' XXIX, p.* 424. 2) *Cf. supra p.* 54 *sq.* 70. 3) *Cf. Flores temp., SS. XXIV, p.* 238. 4) pauperibusque . . . distribuit *Otto l. c., cf. supra p.* 54.

tore agente; qui veniens Cluniacum ab Hylprando[a] priore *Otto VI, 33* redarguitur, quod introiret per potenciam secularem, rediit Romam et resignato papatu secundario a clericis est electus *G Fr. I, 3 Mart Opp* Hoc anno[b] Rupertus Gwischardus de Nortmannia cum fratre Rogerio Campaniam, Apuliam, Calabriam pulsis incolis apprehendit, Rogerium in Siciliam transplantans, ipse vero terras alias reservavit. Qui Rogerius genuit Rogerium, regem postea Siciliorum[c]; Rupertus genuit virum clarissimum Bohemundum; quo mortuo Rogerius omnes predictas provincias subintravit Que quia contra sedem fuerunt, Leo papa bellum *Otto* eis infert, in quo maxima hominum strage facta nichil profecit, sed Romam rediens [moritur[d]], miraculis multis clarens. Hic Rupertus quendam Sarracenum cepit, et fuit in *Mart Imp* Apulia quedam statua marmorea[e], circa caput habens circulum ereum, in quo erat scriptum. 'Kal[f] Mai oriente sole habebo caput aureum' Quod captivus ille notans in[g] Kal[f] Mai oriente sole notato termino umbre illius repperit aurum infinitum, quo dato dimittitur et abscedit Rome eciam hoc tempore corpus gygantis[h] inventum est incorruptum, vulnus habens fossum lancea quatuor pedum, corpus altitudinem muri vicit, lucerna ardens ad caput nec aqua extingui poterat nec liquore, sed grafio[i] forata subter[k] flammam protinus est extincta Epitaphium tale erat·

Filius Evandri Pallas, quem lancea Turni
Militis occidit, more suo iacet hic.

Rex enim Evander regnavit in septem montibus, ubi Urbs postea *Mart* est constructa, unde iuxta Virgilium [1]

Rex Evander conditor Romane arcis [1]

fuit, regnavit enim ante Romulum annis amplius quadringentis. Qui recte[m] computaverit, reperiet plus quam annorum duo milia et centum [2], quod prelium inter Eneam et Evandrum ex una parte et Turnum et Latinum ex altera parte[n] est patratum [3] Leoni pape successit Victor, Victori Stephanus, *A S Rudb Otto VI, 33 cf Mart Pont* qui omnes imperiali auctoritate potencialiter sunt assumpti Heinricus[o] imperator in Thuringia moritur et in civitate Spirensium sepelitur Actus suos et patris Hermannus Contractus mirifico stilo scripsit, filius eius Heinricus successit. *Otto VI, 34*

a) hylbrando *D 2* b) *item C 3* hoc anno *(ad 1040)*, *D 1 perperam ad* 1043, *D 2 ad* 1041 c) *sic D*, Siculorum *C 2*, *quod propter cursum nescio an praeferendum sit* d) mor *suppleri e C 2 3* e) marmoria *D 1* f) *sic C 3* Kalendas *D 1*, Kalendis *D 2* g) III *D 2* h) gig *D 1* i) graphio *D 2*. k) *om D 1* l) artis *D 1* m) racione *D 1* n) *cursus gratia parte hic delendum videtur esse* o) eodem eciam anno Heinr. *D ad a* 1055.

1) *Verg Aen VIII*, 313 2) *Haec e Martini capite* de personis a quibus Roma incepit, *SS XXII, p* 398 *sq*, *profecta, annos regum Albanorum si addis, invenies secundum Mart plus quam* 400, *computando reliqua Ioh erravit* 3) *Cf Verg Aen librum XII*

De Heinrico quarto et quinto et Lothario. Sextum capitulum.

Heinricus Heinrici filius eligitur adhuc puer Stephano pape successit Benedictus, post quem Nicolaus surrexit; quo subducto Alexander eligitur Hic ecclesiam[a] ancillatam diu in pristinam erigere studuit libertatem, quo defuncto Hyldebrandus[b] predictus eligitur et Gregorius septimus est vocatus, quod quia sine regis consensu factum est, oritur grave scisma; papa[c] eciam regem Heinricum sepius vocatum et venire nolentem anathematizavit et excommunicavit Postremo venit et in glacie ac nivibus stans nudis pedibus diebus pluribus vix absolucionem impetravit; duxit autem Bertham Italici marchionis filiam, ex qua genuit Heinricum, Chunradum et Agnetem. Saxones ad papam regem cum pluribus articulis detulerunt, quos bello peciit et devicit Dux Saxonie[d] Gebhardus et Ernustus marchio Orientalis, Alberti supradicti filius, ibi ceciderunt[e] Inflammatus autem papa contra regem persuasit eligi Rudolfum ducem Suevorum in regem, quo in prelio occiso Hermannus dux Lotharingie est electus; quo similiter a regis[f] fidelibus interempto, rex misit ad Fridericum comitem de Stauffeng[g], virum nobilem et strenuum, dans ei filiam Agnetem et Suevie ducatum, quem Rudolfus habuerat, de comite ducem creans; qui genuit ex ea Chunradum et Fridericum, et debellato Bertholfo[h] de Zaeringen, qui gener Rudolfi[i] fuerat, ipsum ducatum potencialiter est adeptus Rex veniens Romam papam Gregorium expulit et Gwibertum Ravennatensem episcopum instituit, qui Clemens dictus est; hic eum sollempniter coronavit Imperator hoc tempore Chunrado filio suo Ytaliam[k] commendavit; papa vero secessit ad montana Tuscie in terram comitisse Mechtildis[l], neptis[m] imperatoris, ad patrimonium sancti Petri, mortuo[n] enim marito totam terram obtulit sancto Petro, et vocatur patrimonium sancti Petri, rex vero, eciam interveniente regina, marchiam Carniole presente Ludolfo[o] duce Karinthie obtulit Sighardo[p] patriarche et ecclesie Aquilegiensi. Gregorio interea mortuo Salerni Desiderius abbas Cassinensis, qui Victor dictus est, eligitur a Romanis Quo Urbem egresso[1], obiit, et Otto Ostiensis, qui Urbanus II dictus est, eligitur. Hic concilium apud Alverniam celebrat, ubi institutum est, ut hore beate virginis quotidie dicantur et diebus sabbatis[q] sollempniter celebrentur, in quo eciam concilio de diversis regnis et provinciis circiter centum milia hominum ad passagium se voverunt Urbanus rediens Romam Gwibertum ex-

a) anc eccl *D* 1 b) hildebr *D* 1 c) *praecedunt* Gurcensis episcopatus a Gebhardo archiepiscopo est fundatus *(Anon Leob a* 1070), *quae aliunde, non ex libro Iohannis assumpta sunt* d) Saxonum *D* 1 e) *sic Otto Fris* , tēderunt *D* f) regibus *D* 2 g) Stawffen *D* 2 h) Bertolfo de Zār *D* 1 i) Rudulphi *D* 1 k) Ital *D* 2 l) *sic C* 3, Methildis *D* 1, Mechtildis *D* 2 m) nepotis *D* 1 n) mortuo — Petri *om D* 2 o) ludolpho duce *D* 1, duce ludolfo *D* 2. p) sygh *D* 1. q) sabbatis *D* 1, sabbathi *D* 2

1) *Habes illam mendosam participii constructionem, qua Ioh saepe utitur, pro* qui U. egressus

pulit et in brevi postea ultimum diem clausit, et Paschalis[a] (*Otto*) instituitur. Anno Domini MLXXXIIII[b] Carthusiens[is[c] (*V. Brun*) ordo surgit . . . . . .], unde versus:

Anno milleno quarto quoque, si bene penses,
Ac octogeno[d] *sunt orti Carthusienses*[1].

. . . .[e]

unde versus:

Anno milleno centeno quo minus uno
Sub patre Roperto[f] *Cystercius*[g] *incipit ordo*[2].

Anno eodem Gwibertus[h] moritur, densissimo[i] scismati (*Otto VII, 7.*) finem dedit. Hoc anno plures de Germania, Italia, Aquitania (*A S Rudb 1101*) ad Terram Sanctam tendunt, inter quos Thymo episcopus Salczburgensis[k] transiit, et captus a Sarracenis, quia idola adorare noluit, glorioso martirio coronatur; cui Chunradus successit. Venit autem imperator Martinopolim et vidit ibi Rudolfum (*cf ib 1106*) predictum regaliter tumulatum et, cui hoc admitteret, (*Otto VII 13 G Fr I, 7*) redarguitur; qui respondit: 'Utinam omnes adversarii mei sic iacerent'. Chunradus[l] filius imperatoris moritur (*Otto VII, 7 8.*) et in Florencia sepelitur. Imperator disponens se ad iter transmarinum filium post se regem in Moguncia[m] designavit, qui mox opposuit se patri. Mortuo duce Suevie Friderico (*G Fr I, 10*) Agnes imperatoris filia vidua est relicta et in tutelam sui (*cf ib c 8*) fratris Heinrici consignata; qui, dum pater contra eum arma moveret, ut se roboraret, Leupoldo marchioni, qui (*Otto VII, 9*) parcium patris fuerat, eam tradidit in uxorem, ex qua genuit (*G Fr I, 10 IV, 14*) Ottonem Frisingensem et Chunradum Pataviensem, postea Salczburgensem presules, Leupoldum et Heinricum duces (*cf App Rahew 1164*) Noricorum, marchiones marchie Orientalis. Igitur, cum pater (*Otto VII, 9—12*) et filius sic ad invicem agerent controversias, intervenientibus principibus pater filio imperialia resignavit. Et multi milites mare transeuntes, iuxta templum et sepulchrum Domini se locantes, ordinem[n] instituerunt, quem Honorius II[o] (*cf Mart Imp Otto VII, 9*) papa confirmavit[3], et Templarii sunt vocati, Iesu Christi (*G Fr. I, 62.*) miliciam profitentes. Imperator descendens Coloniam et (*Otto VII, 12*) Leodium ubique tamquam imperator suscipitur et querulatur undique, eciam regi Francie, iniuriam sibi factam, filio autem patrem insequente usque ad Mosam, pater Leodii (*G Fr. I, 10*) moritur [et][p] Spire tumulatur. Filius eius cum XXX mili- (*Otto VII, 14*) bus armatorum Ytaliam[q] ingreditur, et questione orta

a) pascalis *D 1.* b) MXCII *D.* c) *hic, ut collato C 3 patet, aliqua exciderunt, supplevi e C 3,* Cartusienses *rubro atram D 1,* De Carthusiensibus *D 2* d) octag *D 2* e) *aliqua omissa sunt a scriptore D, cf C 2 3 supra p 57 76 77* f) Rup *D 2.* g) Cist *D 2* h) Swib *D 1* i) densissime scismate *D 1* k) Salczpurg *D 1 h l* l) *haec ad a 1099 D, ad a 1101 C 3* m) Mag *D 2* n) ord templariorum *D 1.* o) secundus Hon. papa *D 1.* p) A D MCIIII. Heinricus imperator Spire t. *D.* q) Ytalis *D 1,* Italis *D 2*

1) *De his versibus vide supra p 74, n 6* 2) *Cf. supra p 76, n. 1.* 3) *Immo concilium Remense a 1128 sub Honorio II habitum auctore Bernhardo Claravallensi regulam ordini dedit, cf Bernhardi opusculum de laude novae militiae, quod Ioh legit*

Otto. inter eum et papam Paschalem[a] de[b] investituris episcoporum, cum primo promitteretur sibi, promissio mox cassatur; unde Paschalis capitur et Ulrico patriarche commendatur Quo facto Chunradus Salczburgensis vivaciter contradixit, et populus Romanus regem invasit sed rex edoctus[c] armis eos vicit, et eorum plurimi in Tyberi sunt submersi Rex privilegio de investituris episcoporum extorto papam dimisit, eum *Otto VII, 15.* sibi concilians et Romanos . .[d]. Imperator in Aleman- *G. Fr I, 11* niam revertitur et subacta Belgica[e] Gallia Reginaldum Barrensem comitem suspendisset, nisi principum deprecacio *cf Otto I I, 34* restitisset, duxit autem filiam regis Anglie, in quibus nupciis Lotharium ducem Saxonum, Gebardi[f] supradicti[1] filium, *Mart Pont* ad graciam suscipit[g] nudis pedibus supplicantem Beatus[h] Bernardus Cystercium est ingressus, ipsius ordinis et tocius ecclesie clarum sidus, et mox, exacto anno, abbas effi- *G Fr I, 11 Otto VII, 15* citur Clarevallis Iterum contra imperatorem fit coniuracio, et prelia suscitantur imperiumque in se colliditur et turbatur, qui Italiam[i] ingreditur, Chunrado et Friderico sororis sue filiis regni negocium commendans et procinctum movens contra Urbem a Kalixto excommunicatur, ipseque[k] Bur- *Mart Opp Otto VII, 16* dinum Hispanum sedi prefecit[l], quem Kalixtus captum in Sutrio[m] ante se Romam compulit camelo sedentem, habentem caudam pro freno, eumque in latebris usque ad vite terminum conservavit[2] Imperator in Italia nichil proficiens rediit in Alemanniam et, videns a se regnum deficere, *cf ib. c 14 sq* apud Wormaciam a sentencia excommunicacionis per Lampertum sedis apostolice legatum absolvitur; privilegium quoque extortum de investituris episcoporum et aliorum prela- *cf. Mart Opp.* torum resignavit, canonicam electionem in omnibus fieri ecclesiis concessit, et aliud sibi privilegium conscribitur[n], ut electi non prius ordinentur, quam[o] de manu eius regalia suscipiant per sceptra. quod factum est pro bono pacis tantum; et sic libertas ecclesie *Otto VII, 16 Mart Pont* reformatur. Sublato Kalixto idem Lampertus eligitur, qui Honorius II[p] est vocatus Anno Domini MCXX.[q] ordo Premonstratensis incepit[r].

Versus[s]: *Anno milleno centeno bis quoque deno*
Sub patre Norberto Premonstrati viget[t] ordo[3].

Quem locum beata virgo premonstravit, et ergo dicitur Premonstratum. Eodem anno[4] Leupoldus marchio Stirie[u] fundavit monasterium Ruenense in Stiria, hic moriens reliquit filium Otakerum, per omnia virum

a) pascalē *D* 1. b) de *om* *D* 1 c) doctus *D* 1 d) *aliqua de Heinrico imperatore consecrato Anon Leob. omisit* e) bellica *D* 1, bellis *D* 2 f) Gebh *D* 2 g) suscepit *D* 2 h) A. D MCXI b Bern *D* *Fortasse Ioh scripsit* Eodem tempore b. Bern. i) ingr Yt. *D* 1 k) ipse *D* 2 l) preficit *D* 1 m) surrio *D* n) conscribatur *D* 1. o) quin *D* p) secundus *D* 1 q) MCXVIII. *D*, *e C* 3 *correxi* r) incipit *D* 1. s) Versus *om* *D* 2. t) fiet *D* 1. u) Styrie *D* 2

1) *Cf supra p.* 59, *n.* 2 *et p.* 116, *l* 15. 2) *Cf. supra p.* 59, *n* 4 3) *Cf supra p* 79, *n* 5 4) *Immo a* 1130, *cf Janauschek, Orig. Cisterc. I, p* 17, *nr* 28; *sed cf. Zahn, 'UB des Herz Steiermark' I, p* 136, *nr* 120 *(c a* 1128*)*

magnum. Anno Domini MCXXV[a] Heinricus imperator moritur [Otto VII, 16 sq] sine herede et in Spira[b] civitate cum progenitoribus sepelitur [cf. VI, 32]. Eodem anno quatuor regni optimates eliguntur apud Moguntiam [G. Fr. I, 15], Fridericus dux Suevie, Leupoldus marchio Orientalis marchie, Carolus comes Flandrie, Lotharius dux Saxonie, et hic obtinuit, dans Heinrico duci Bawarie filiam suam, et predecessoris [ib. I, 19. I, 17 sq] progeniem persequi graviter est exorsus, specialiter Chunradum et Fridericum[c], qui in Nörenberch et in[d] Spira[e] sua presidia locaverunt; rex vero Nörenberch obsidens a predictis fratribus, civibus succurrentibus, est abactus, Spira vero subdidit se per pacta[1]. Fridericus autem dux cum quibusdam Chunradum fratrem suum in regem [Otto VII, 17] levavit, qui transalpinans[f] a Mediolanensibus est susceptus et ab Anshelmo eorum episcopo coronatus; qui propter hoc depositus est per papam. Interea Honorius moritur, et [ib. c. 18. Mart. Pont.] Petrus Leonis, qui dictus est Anacletus, et Innocencius eliguntur; declinavit autem Innocencius ab Urbe et venit Alverniam[g] et inde Leodium; ubi ad eum venit Lotharius, quem peciit ecclesie ferre subsidium contra Rogerium principem Siciliorum[h]. Rex de investituris presulum faciens instanciam nil profecit[i]. Anno Domini MCXXXII[k] monasterium Sytich fundatur a Pilgrimo venerabili patriarcha, [1136] Cisterciensis ordinis, in Carniola[l] [2]. Fridericus dux Iuditham [G. Fr. I, 12. 14. 19] Heinrici Noricorum ducis filiam duxit et regnum quantum [Otto VII, 23] potuit lacessivit, ex qua genuit Fridericum ducem Suevorum [ib. c. 22]. Ea defuncta duxit filiam domini comitis de Sarburch et genuit ex ea Chunradum comitem palatinum. Chunradus frater eius, [ib. c. 18.] pluribus de suis ex infectione aeris amissis[m], Alemanniam ingreditur, et Lotharius [Italiam[n]] ingreditur[o] per vallem Tridentinam, quem Innocencius iam reversus in ecclesia Salvatoris que Constantiniana dicitur coronavit. Imperator rediens in Babenberg [ib. c. 19] curiam celebravit, ubi interventu[p] beati Bernhardi predicti fratres in graciam sunt recepti. Quo facto imperator Bohemorum [G. Fr. I, 21. Otto VII, 19 sq] ducem, licet cum maximo suorum dispendio, subegit, Polonos, Pomeranos, Rugos ad subiectionem compulit; et iterum Italiam[q] est ingressus, Chunrado fratre Friderici et Heinrico genero suo secum euntibus; et exteriorem Italiam in provinciam redegit, interiorem lustrans, Apuliam, Campaniam, Calabriam[3] peragravit, civitates et municiones fortissimas expugnando. Beneventum per Heinricum generum suum captum pape restituit, Rogerium in Siciliam effugavit, ducatum Apulie [cf. Mart. Imp.]

a) *sic C3*, MCXXIII *D*. b) civit. Spyra *D2*. c) *sic cum C3 legendum*, Heinricum *D*. d) in *om. D2*. e) spiram *D2*. f) transalpinas *D*. g) Allvern *D2*. h) *sic D*, Siculorum *cursus gratia cum C3 legendum esse putem*. i) proficiens *D*, *cursum servando correxi*. k) MCXXXIII *D*, *e C3 correxi*. l) Karn. *D2*. m) inmissis *D1*. n) It. *supplevi*. o) ingr. *om. D2*. p) interventi *D1*. q) ytalis *D*.

1) *Cf. supra p. 80, n. 5.* 2) *A. 1136. circiter Peregrinus patriarcha Aquilegiensis fundavit coenobium hodie Sittich dictum*, *Seb. Brunner in 'Studien und Mitteil. aus dem Benedictiner-Orden' II, 2, p. 67.* 3) Calabriam *Ioh. ex Ottonis Chron. VII, 20. addidit*.

Otto. una cum papa, ambobus vexillum tenentibus, Reginaldo[a] comiti, qui alibi[1] Rainulfus[b] legitur, contulerunt, ne alteri[c] alter preiudicium generaret, et rebus bene gestis[d] dum imperator rediret, [apud[e]] Tridentum moritur, relictis regalibus Heinrico, genero suo, duci, corpus in Saxoniam transportatur

1136 Hoc tempore dedicatum est monasterium Neunburgense[f] ab episcopis Chunrado Salczburgense, Reymaro Pataviense, Romano Gurcense[2], eodem anno marchio Austrie, eiusdem monasterii fundator, ex hoc mundo migravit, cui filius eius successit Leupoldus VI. marchio Austrie.

De Chunrado et gestis sui temporis Capitulum septimum[g].

Otto VII, 21 22 Chunradus[h] predictus in Confluencia eligitur, Heinrico
G Fr I, 23 duce Bawarie et Saxonibus electionem sugillantibus Chunradus a Theodewino cardinale Aquisgrani coronatur, nam Brunone presule Coloniense[i] eiusque successore Hugone ante Lotharium in Apulia mortuis[k], successor adhuc[l] pallium non
1136 habebat Hoc anno Leupoldus marchio fundat in Austria
Otto cenobium Sancte Crucis[3]. Porro Rogerius cum Reginaldo bellum
Ern II, 7 instaurat, Apuliam gestiens rehabere. Beatus Bernhardus ibi tunc existens pro destruendo scismate Petri Leonis la-
Otto VII, 23 borans regi fugam, duci predixit victoriam gloriosam[4]. Moritur autem Petrus Leonis, et cum eo scisma moritur septennale; moritur et dux Reginaldus, et Rogerius Apuliam ingressus fratrem Reginaldi cum nobilibus expulit et corpus ducis per plateas inhumaniter trahi iussit, civitates atque monasteria
ib c 24 nimis crudeliter devastavit, Innocencium papam in Apuliam cum exercitu euntem cepit et ab eo titulum regni Sicilie[m], ducatum Kalabrie principatumque[n] Capue vi extorsit, duces in Gre-
G Fr. I, 34 ciam misit, qui nobilissimas urbes vastantes captivos et spolia plurima abduxerunt[o] ac inter alia pannorum sericorum opifices, quos in Phaleinum locavit, ipsaque arte Ro-
Mart Imp manam[p] urbem nobiliter illustravit Anno Domini

a) reliuando *D* 1. b) rannilf9 *D* 1, ramulf9 *D* 2 c) alter alteri *D* 2 d) *sequuntur in D non huc spectantia, tunc* A D MCXXXIIII e) apud *om D, e C* 3 *suppleri, fortasse antea numerus anni* 1137 *excidit* f) newnburg *D* 2 g) VII *D* 2 h) Heinricus *D* i) *sic D* 2, coloniē *D* 1 k) mortuus *D* 1 l) pall adhuc non *D* 2 m) cecilie *D* 1 n) princ quoque *D* 1. o) addux. *D* 2. p) Romanum *D* 1

1) *Cf supra p* 82, *n.* 4. 2) *A* 1114. *fundatum; cf. Cont. I Claustroneoburg ad a.* 1114 1136 *Conradus I archiepiscopus Salzburgensis sedit a* 1106—1147, *Reginmarus episcopus Pataviensis* 1121—1138, *Romanus I Gurcensis* 1132—1167. 3) Inspirante Ottone dilecto filio, qui se apud Morimundum ordini subiecit Cisterciensi, *ut tabula fundationis scripta fortasse die* 18. *Mart* 1136. *habet, cf Janauschek, Orig. Cisterc. I, p.* 36, *n.* 88. 4) *Haec ex Ernaldi Vita Bernhardi Claraevallensis abbatis*

MCXXXVIIII [a] Iohannes de Temporibus, armiger Magni Karoli, qui trecentis quadraginta et uno annis vixerat, in Frankenfurt est sepultus[1]. Rex Chunradus curiam indicit[b] Maguncie, ubi Saxones in graciam sunt recepti; dux Noricus regalia reddere recusans indignacionem regiam deportavit[c]. In altera curia Ratispone regalia quidem restituit, sed sine gracia regis mansit. Novissime apud Herbipolim[d] proscriptus in Saxoniam commigravit. Anno Domini MCXL [e] Bernhardus comes inclitus, frater Heinrici ducis Karinthie, fundavit Victoriense monasterium in Karinthia. Leupoldus Orientalis marchio moritur, vir pius et pauperum consolator[2], ad Sanctam Crucem in Austria[3] tumulatur[f]. Hoc tempore Noricorum dux in Saxonia moritur, relinquens filium Heinricum, quem sibi Saxones in ducem[g] ac principem sustulerunt, et Chunradus rex Leupoldo iuniori fratri suo ducatum contulit Noricorum ac alia attinencia. Anno Domini MCXLIII [h] Iohannes imperator Constantinopolitanus[i] et Chunradus fedus amicicie per nuncios percusserunt contra Rogerium, qui ecclesiam et utrumque imperium infestavit. Dedit eciam filio Iohannis Manueli sororem sue uxoris in coniugem, ut firmior esset fides. Anno Domini MCXLIIII [k] Innocencio subducto Celestinus secundus[l] eligitur, quo post VI menses subducto Lucius II substituitur. hic a Romanis persecucionem passus Chunradi implorat subsidium. Quo infra anni spacium decedente Eugenius III eligitur, hic Grecos et Armenos non concorditer sencientes de sacrificio et ritu eukaristie et quibusdam aliis, ubi divina celebravit, iubet adesse, quorum unus pontificali preditus honore vidit super caput summi pontificis solis radium fulgore splendido coruscare et in ipso duas columbas ascendentes et descendentes, divinitus sic edoctus aliisque indicans, qua simplicitate fidei et gracie Romane[m] ritus ecclesie refulgeret. Hoc tempore venit ad Eugenium Wilhelmus, vir magnus, de Pictavia in Thusciam, penitens, ferrea tunica indutus et asperrimam vitam ducens, quem Bernhardus instruxerat[4], eique et successoribus ipsa professio, que Wilhelmitarum dicitur, per Eugenium confirmatur. Leupoldus marchio ducatum Noricum potenter possidens subacta Ratispona Bawariam potencialiter pertransivit et super Licum prope Augustam iudicia exercuit, Welfo autem frater Heinrici defuncti fortiter obstitit, sed non potuit

a) MCXXXVIII *D*, corr [illegible] *e C3 et Mart* b) incidit *D1* c) *sic D, fortasse legendum est* report., *ut C3* d) Erbip *D1* e) MCXXXIX *D* f) sepelitur *D2* g) princ. ac ducem *D2* h) MCXLII *D* i) imperatore Constantinopoli *D1* k) MCXLIII *D* l) fedus *D1* m) Romana eccla *D2*

1) *Ioh. fortasse in hunc errorem incidit inspectis sequentibus Martini verbis:* Conradus rex in Frankenfort [illegible] . crucis caractere est insignitus 2) *Hanc laudem eisdem fere verbis Otto patri eius Leopoldo III. tribuit, Chron. VII, 21*: vir christianissimus ac clericorum et pauperum pater, *quos hic, ut et alibi, Ioh. confudisse videtur* 3) *Additamentum auctoris* 4) *E Vita s. Guilelmi eremitae, Acta SS. 10 Febr. II, p. 451 sqq. Cf. et supra p. 84, n. 4*

prevalere. Leupoldo mortuo et in monasterio Sancte Crucis tumulato Chunradus filiam Lotharii[a], relictam Heinrici defuncti, Heinrico fratri suo et Leupoldi cum ducatu tradidit Noricorum, quod idem Welfo graviter ferens contra Heinricum ducatum Noricorum attrivit gravissime incendiis et rapinis; sed et Heinricus econtra eius adiutores perscrutans per ecclesiarum municiones eorum possessiones diripiens destruxit, nec resistere valuit[b] sibi Welfo[c]. Hic Heinricus contra regem Gezam[d] Ungarie prope fluvium Lytach pugnavit, prelians plus temere quam ignave, pluribus interfectis in oppidum quod Favianus[e] dicitur declinavit; tenuit enim marchiam Orientalem et ducatum Noricorum et utramque terram necesse habuit defensare. Hoc tempore Edissa capitur cum aliis locis Terre Sancte, ubi in Christianos multa piacula perpetrantur; et in nocte nativitatis Domini irruentes Sarraceni, exterminatis Christianis vel in servitutem[f] subactis, ibi inhabitaverunt, ecclesias ignominiose defedantes; igitur auctoritate papali beatus Bernhardus et reges et principes Gallie et Germanie cum infinita multitudine cruce signavit et ad hanc miliciam[1] incitavit, sicut epistole sue misse ad Bawaros et in Orientalem Franciam protestantur.

Huius Heinrici[2] tempore, cum esset adhuc rex Romanorum, in Stiria terra illic[g] erat tunc Arnoldus marchio, tunc eciam Gebhardus Salczburgensis claruit antistes, qui fundavit cenobium Ad montes[3] in terra Stirie.

Anno Domini MCXLVI[h] obiit venerabilis presul Chunradus Salczburgensis, qui professionem et habitum sancti Augustini suis canonicis introduxit, cui successit vir sanctissimus Eberhardus. Rex filium suum Heinricum consortem regni fecit, et electus in Franckenfurt[i] Aquis[k] coronatur; adest ibi Heinricus Heinrici quondam Noricorum [ducis[l]] filius, suum postulans principatum. Rex quia ad passagium se paravit, peciit usque ad reditum inducias sibi dari ad causam finaliter terminandam. Anno Domini MCXLVII.[m] frater regis, Heinricus dux Noricorum, filius fratris sui Fridericus, dux Suevorum, Bernhardus comes Karinthiorum predicto principi se iungentes, Heinricus Ratisponensis, Otto Frisingensis, frater regis, Reginbertus Pataviensis presules, Ladezlaus[n] rex Bohemorum, Welfo Noricus, Otakerus marchio Stirie per Bulgaros[o] capiunt iter. Rex Francorum Ludwicus cum maxima

a) lotarii D 1. b) sibi val. D 2. c) belfo D 1. d) Geizam Otto Fris. eum vocat. e) Favianis Otto. f) servitute D 2. g) illi D 2. h) MCXLIII D, e C 3 corr. i) Frankenfurt D 2. k) Aquisgrani D 2. l) suppleri, ducis om. D. m) MCXLIIII D. n) sic e C 3 correxi, Lacezlaus D 1, Wenczeslaus D 2. o) pulgaros D 1.

1) *Cf. Ottonis Gesta Frid. I,* 37: Lodewicus ... miliciam transmarinam professus est. 2) *Immo Heinrici IV.* 3) *Admont, fundatum a.* 1074. *Haec falso loco inserta sunt, fortasse quia Ioh. nomina in quadam tabula legens male interpretatus est. De fundatione fusius egit Iacobus Wichner, 'Geschichte des Stiftes Admont',* 1874, *I, p.* 22 *sqq.*

multitudine per mare vadens applicuit Antiochie, et Chunradus Ptholomaide[a], et convenerunt inter Tyrum et Ptholomaidam[b] mutuo se videntes atque de negocio disputantes. [G. Fr. I, 62. 63] His temporibus fuere Petrus Abelardus et Gyselbertus[c] Pictavensis, [cf. ib. I, 48 sqq.; Cont. Sanbl. c. 2—4] quorum unus inter cetera scripsit, quod pater sit plena, filius quadam potencia, spiritus[d] sanctus nulla potencia, quod spiritus sanctus non sit de substancia patris, quod spiritus sanctus sit anima mundi, quod Christus non assumpsit carnem, ut nos a iugo dyaboli liberaret, quod non peccaverunt qui Christum ignoranter crucifixerunt. [G. Fr. I, 51] Alter disseruisse dicitur divinam essenciam non esse Deum, quod proprietates personarum non essent ipse persone, quod theologice persone in nulla predicarentur proposicione, quod divina natura non esset incarnata. [ib. c. 52] Quibus concilium Remense obviavit, et beatus Bernhardus eleganter in contrarium disputavit. [ib. c. 56 sqq.; A. S. Rudb. 1149] Chunradus[e] rex, mortuo Bernhardo comite[1] in partibus illis ac aliis pluribus, per Greciam rediit et in Achaia viso Manuele[f] mare sulcans apud Polam applicuit[g] Ystric civitatem, rex Francie per Calabriam est reversus, alii hinc inde ad diversos portus marium sunt appulsi. [G. Fr. I, 64] Heinricus autem Chunradi filius terminum vite sumpsit. [ib. c. 67] Hiis diebus papa Chunradum gratulatoriis litteris ad coronam imperii invitavit[2]. [ib. c. 66] Ad quam dum se disponeret, apud Babenberg moritur et ibidem apud sanctum Heinricum imperatorem sepelitur, Friderico filio fratris[h] imperialia et Fridericum suum unicum filium fideliter commendavit. [ib. c. 70]

De Friderico primo et tribus magis. Capitulum octavum

Fridericus dux Suevie, Friderici ducis filius, in Franckenfurt[i] electus et Aquis[k] coronatus venit in Saxoniam, ubi Petrum regem Dacie de regno illo per gladium investivit, qui in die pentecostes regi sub corona incedenti ipse coronatus gladium apud Martinopolim preferebat, et indictis curiis primam [G. Fr. II, 1; ib. c. 3—5] Herbipoli[l], secundam Ratispone, terciam Goslarie celebravit, ubi Heinrico duci Saxonum ducatum Bawarie, paternam hereditatem, sententia principum adiudicavit[m]. [ib. c. 7. 11; cf. G. Fr. I, 45. II, 10] Hoc tempore Eugenius papa moritur, et succedit Anastasius IIII, sub quo beatus Bernhardus abbas Clarevallis[n], clarus miraculis et doctrina[3], [Mart. Pont.; A. S. Rudb. 1153; Cont. Sanbl. c. 5]

a) ptol. D 2. b) sic C 3, ptholomaydam D 1, ptolomaidem D 2. c) Geyselb. pictavien. D 2. d) quod spir. D 2. e) Eodem anno *(ad a. 1147)* Chunr. D. f) *excidisse videtur* imperatore *vel huiusmodi*. g) Y. civ. appl. D 2. h) patris D. i) frankenf. D 2. k) aquisgrani D 2. l) erbipolim D 1. m) adiudicat D 2. n) clarivall' D 1.

1) *Fundatore monasterii Victoriensis, cf. Iohannis Historiam fundationis monast. Victor. ed. Fournier, 'Abt Johann von Viktring' p. 119 sqq., et A. von Jaksch, Monumenta hist. ducatus Carinthiae III, p. 291 sqq., nr. 749, de itinere Bernhardi Hierosolymitano et fine, quem Ioh. non in auctoribus, quibus alibi utitur, legit, cf. ib. III, p. 325 sqq., nr. 838 sq., p. 332 sqq., nr. 849 sq., p. 334 sq., nr. 856. 858, p. 519 sqq., nr. 1377. Cf. supra p. 86, n. 1 et 3.* 2) *Cf. supra p. 86, n. 5.* 3) *Cf. Iohannis Hist. fund. monast. Victor. ed. Fournier p. 144 et supra p. 118, l. 14.*

transiit ex hac vita; de cuius laude quidam[1] ita metrificavit dicens

[Adam]

Sunt[a] *clare valles, sed claris vallibus abbas*
Clarior his clarum nomen habere[b] *dedit.*
Clarus avis, clarus meritis et clarus honore,
Clarus[c] *eloquio, religione magis.*
Est[d] *mors clara, cinis clarus clarumque sepulchrum,*
Clarior exultat spiritus ante Deum.

[Mart. Pont.] Subducto Anastasio Adrianus IIII. eligitur, huius problema[e] fuit, dum vulgaretur Romanam ecclesiam substanciam omnium ecclesiarum devorare, ita dicens 'Membra corporis contra stomachum omnium eorum laborem absumentem querulantur et ministerium sibi obsequendi sacramentaliter denegabant; quod dum agerent, pre fame et inedia rigescere ceperunt et deficere, quousque ad racionis iudicium est deventum, que fecit concordiam, sentencians fieri sic debere[f], ut membra [G. Fr. II, 21. 35] stomacho deservirent[g], licet omnia deglutiret, ipse eciam [Cont. Sanbl. c. 7. Mart. Imp.] sanus in vigore membra omnia conservaret'[2]. Rex Italiam ingressus Terdonam[h], Spoletum et multas urbes de- [G. Fr. II, 32 sq. 45] struxit, quasdam subegit et prospere res agebat. Anno Domini MCLV.[i] Fridericus imperator ab Adriano coronatur et rediens, cum Mediolanenses fastu superbie tumentes pro tunc aggredi videret non competere, dimissis primatibus, scilicet Pilgrimo patriarcha, Eberhardo Babenbergensi, [ib. II, 39-43] duce Karinthie, Otakero marchione Stirie, ipse per clausuras [ib. II, 55] Veronenses in Alemanniam est reversus, apud Ratisponam [Cont. Sanbl. c. 6] Heinricum ducem Saxonum in ducatum Bawarie restituit, conferens alteri Heinrico, patruo suo, marchiam Orientalem cum tribus comitatibus ad eam pertinentibus ex antiquo, et [cf. G. Fr. I, 19] vexillo et privilegio tam sibi quam uxori sue, que filia Lotharii[3] fuerat, confirmavit, nomen[k] marchionatus transferens in ducatum, et deinde in reliquum a situs disposicione ducatus Austrie est vocatus; ipsa quoque ducissa de terra sue nativitatis accersit[l] nobiles et amicos, qui ibi plantati a Maidburgensi civitate, metropoli Saxonie, [G. Fr. II, 11. Cont. Sanbl. c. 10] nobile usque hodie nomen habent. Post hec imperator, uxorem propter consanguinitatem dimittens, duxit filiam comitis [G. F. II, 48. III, 8. 12] Burgundie Reginaldi et ingressus Burgundiam Bisuncie curiam

a) Cl. sunt *Ad.* b) in orbe *Ad.* c) Claruit *Ad.* d) Mors est *Ad.* e) probleuma *D1.* f) iubere *D1.* g) st. sic descrv. *D2*, *fortasse post* deserv. *supplendum est* quia. h) tridenā *D.* i) MCLII. *D.* k) nomine *D1.* l) accersens *D2.*

1) *Est Adami de S. Victore epitaphium s. Bernhardi.* 2) *Cf. carmen Philippi cancellarii, Salimbene f.* 394c—395a, *SS. XXXII, p.* 442 *sqq.*, *et fabulas editas a L. Hervieux, 'Les fabulistes latins' II, p.* 213. 243. 272. 353. 379. 412. 3) *Immo Theodora secunda coniunx Heinrici Iasomirgott neptis erat Manuelis imperatoris, prior uxor Gertrudis, quam Ioh. dicit, iam a* 1143. *obiit.*

celebravit, veniuntque ad eum optimates regni, scilicet Lugdunensis, Viennensis, Valentinus, Avinionensis[a], Arelatensis[1] presules propria in persona, alii quoque laicalis dignitatis plures per suos apocrisarios[b] imperatori hominium fecerunt, et sic sub titulo uxoris, que heres fuerat, non solum Burgundiam[c], sed et Provinciam cepit familiariter possidere, adeo ut Ludwicus Francorum[d] rex non modicum formidaret. Bolizlaus dux Bohemorum apud Ratisponam rex creatur et accepto privilegio de usu dyadematis[e] et aliis insignibus ad propria cum gaudio remeavit. Fridericus imperator mox ad ingressum Italie accingitur et adunatis centum milibus armatorum prima fronte[2] Brixiam capit et castrensem ordinans disciplinam Mediolanum circumdat, singulos principes deputans suis locis; ubi[f] Ligur exiens, sedens dextrario, Teutonicis ignaviam et equitandi impericiam improperat, cui dum nullus occurreret, Albertus de Tyrol lancea armatus et clipeo Liguri obviam processit[g] et deiecit et castris maximum gaudium reportavit, imperii quoque graciam sibi et successoribus acquisivit[3]. Civitas autem artata fortissimis condicionibus se subdidit atque pactis[h], post eius ordinacionem et imperatoris abscessum[i] immemor sponsionum imperatorem ad reditum et sui excidium revocavit, qua secundario obsessa et capta turres, muri, domus, omnia sunt destructa. Hoc tempore Philippus rex Francie et Richardus[k] rex Anglie transfretantes abbatem Ioachim consuluerunt in Calabria manentem, qui eis non prospera prophetat[l]. Hic scripsit multa de evangelio eterno, cuius fit mencio in Apocalipsi[m] [4], sed et quedam eius dicta ecclesia condempnavit. Porro imperator tres filios habuit, Heinricum, quem sibi consortem in regno fecit, Fridericum, quem secum habuit, et Philippum, qui ducatum Suevie gubernavit. Concilium autem est habitum in Papia pro causa pontificum electorum[n], et presente Pilgrimo patriarcha[5] et aliis plurimis episcopis causa Victoris prefertur, cui imperator et concilium fideliter se submittunt, super quo epistole utriusque electi, imperatoris, cardinalium[o] et episcoporum ad diversas provincias sunt directe. Moritur hoc tempore venerabilis antistes Eberhardus Salczburgensis,

a) avioneñ *D 1* b) apocrifarios *D 1* c) burgunde *D 1* d) rex Fr *D 1* e) diad *D 2* f) qui lygur *D 1* g) *sic scribendum esse censeo*, proiecit *D* h) pactis *D 2* i) abse *om D 2* k) Rich *D 2* l) *fortasse cum C 3 legendum est* prophetavit m) apocalipsis *D 1*, apocalypsi *D 2* n) *aliqua exciderunt, incertum utrum hic an superius* o) et card *D 2*

1) *Errat auctor, cum Raheuinus eum non venisse tradat.* 2) *Cf.* 3 *Reg.* 20, 17: in prima fronte. 3) *Inter successores Ioh. praecipue de Meinhardo comite Tyrolis et duce Carinthiae cogitat, de quo suo loco plura dicturus est.* 4) *Apoc.* 14, 6: angelum ... habentem evangelium aeternum. 5) *Hoc Ioh. e Rahew. G. Fr. IV, 79. 80 cognovit.*

episcopatuum, monasteriorum, ecclesiarum piissimus benefactor; sepulchrum eius miraculis multis fulsit. Cui successit Chunradus Pataviensis, imperatoris patruus, frater Heinrici ducis Austrie et Ottonis Frisingensis presulis[1]. Porro Mediolano funditus everso Reynoldus episcopus Coloniensis peciit[a] corpora[b] trium regum sibi dari, qui ea sustulit et cum corporibus sanctorum Felicis et Naboris[2] Coloniam transportavit. hii a beato Thoma leguntur baptizati et ab Helena ex Perside in Constantinopolim translati et abinde per Eustorgium[c] episcopum consensu Manuelis imperatoris ad urbem Mediolanensem apportati, nunc nutu Dei Coloniensibus sunt donati. Venit quoque Coloniam Ericus rex Danorum offerens eis aureas tres coronas, ipsa nocte apparuerunt ei reges. Primus cum pixide aurea dixit: 'Accipe, frater, aurum sapiencie, per quam[d] iuste subiectum tibi populum iudicabis'; alter pixidem cum mirra exibens[e] ait: 'Accipe mirram penitencie, per quam motus carnis refrenabis'; tercius dans pixidem plenam thure dixit: 'Frater, fidem ostendisti, et propter hoc expletis XXIII annis feliciter nobiscum regnabis', et evigilans repperit pixides, quas in Daciam[f] secum tulit. Huic sanctus Wenczeslaus dux Bohemie apparuit a fratre suo ante trecentos annos occisus, dicens, quod a fratre suo sicut et ipse esset occidendus[g], et quod pro honore suo ecclesiam construeret. Qui monasterium Cisterciensis ordinis quod Rivalia dicitur fundavit et post a fratre suo Abel occiditur et in regno celorum regum socius est effectus. Sub isto eciam imperatore sanctus Thomas primas ac metropolitanus Cantuariensis in ecclesia sua cathedrali[3] occiditur et a papa Alexandro canonizatur. Interea Fridericus imperator predictus ducem Karinthie, virum[h] strennuum, postea[i] Heinricum ducem Austrie cum viris magnis[k] dirigit ad imperatorem Grecorum, quia Wilhelmus filius Rogerii[l] in Apulia imperium multipliciter molestavit, quos tamen[m] Alexander papa postea[n] et Manuelem Grecorum imperatorem et Lombardos concordavit; Heinricus enim rex et imperatoris filius sororem eius Constanciam duxit. Heinricus dux Karinthie hoc tempore Hermannum, virum egregium, et Heinricus dux Austrie Leupoldum filium,

a) petit *D 2*. b) *sic C 3*, tria corpora regum *D*. c) eustaig *D*. d) quem *C 3*. e) exhib. *D 2*. f) Daniam *D 2*. g) occ. esset *D 2*. h) ducem strennuum strennuum *D 1*, ducem strennuum virum strennuum *D 2*. i) postea H. postea d. *D 2*. k) magnis *om. D 2*; *fortasse* magnificis *scripsit Ioh*. l) Gregorii *D 1*. m) cũ *D 1*, *om. D 2*, *e C 3 correxi*. n) postea *om. D 2*.

1) *Haec ex Rahew. G. Fr. IV*, 14. 2) *Cf. Chron. regia Colon.*, *SS. R. G. ed. Waitz p.* 115. 3) Sanctus Thomas archiepiscopus Cantuariensis in ecclesia sua metropolitana *Martinus*.

Pilgrimus patriarcha Ulricum morientes reliquerunt successores[a]; hic Ulricus filius comitis Wolfardi[b] de Treven[c] 1163 Karinthie totum comitatum obtulit sedi sue. Hermannus dux Karinthie Ulricum genuit et Bernhardum[1] Hoc *Mart Imp* tempore floruit Petrus Comestor presbiter Trecensis[d], qui Vetus et Novum Testamentum in historia que Scolastica[e] dicitur comprehendit et in locis plurimis lucidavit, huius epithafium[2] legitur tale.

Petrus eram, quem petra tegit, dictusque Comestor
Nunc comedor, vivens[f] docui, nec cesso docere
Mortuus, ut discat, qui me videt incineratum
Quod sumus, iste fuit, erimus quandoque quod hic est

Hoc tempore Otakerus Stirie marchio moritur sine herede, vir conspicuus et devotus, qui terram suam disposuit ecclesie Salczburgensi, quem quia presul pro beneficencia[g] abhorruit[h] osculari maculis lepre, ut fertur, respersum, Leupoldo duci Austrie consanguineo terram tradidit, que deinde est Austrie adunata. Qui monasterium regularium in Stiria quod Voraw dicitur construxit 1163 et in metis eiusdem sue marchie monasterium Carthusiensis[i] ordinis, quod Vallis Sancti Iohannis sive Seycz 1165 dicitur alio nomine[3]. *Cont. Sanbl c 19 21* Imperator ex Italia in Alemanniam revertitur, et Victor papa moritur, cui Paschalis[k], *Mart Opp* Kalixtus, Innocencius successerunt, quibus omnibus imperator favebat, Alexander autem in Franciam, deinde ad montana Tuscie[4], novissime Venecias commigravit, omnibus illis scismaticis[l] subductis[m] . . . . *cf Cont Sanbl c 19*

Anno Domini MCLXXXI. reliquie sancti Virgilii Salczburgensis ecclesie episcopi sunt invente sub Alexandro III *V Virg* papa et sub Friderico[n] I. imperatore ac sub Chunrado archiepiscopo sancte ecclesie supradicte et sub Ottone duce Bawarie, cum iste reliquie duicius quam ad ducentos annos sub ignorancia iacuissent; nam ex persecucione paganorum et Hunorum et eciam pravorum catholicorum et scismaticorum — quia que bene ab infidelibus remansissent, pravi catholici remanere non permiserunt — hec sancta ecclesia prescripta fuit omnino desolata et fere destructa, sed ab isto prescripto Chunrado archiepiscopo suis sumptibus reformata[o]

a) successoris *D 1*, successorem *D 2* b) Wolfhardi *D 2* c) treven *D* d) trecensis *D* e) schol *D 2* f) vivus *alii* g) benef *D 2* h) non abh *D 2* i) cartus *D 1* k) pascalis *D 1* l) scismaticus *D 2* m) *deesse aliqua collato C 3 manifestum est* n) primo frid imp *D 1* o) fuit ref *D 2.*

1) *Cf supra p* 88, *n* 3 2) *Saepissime editum; cf SS XXVI, p.* 242 3) *Cf tabulas a* 1163 *et* 1165 *datas, Zahn, 'UB des Herz Steiermark' I, p* 445, *nr.* 479, *p* 452, *nr.* 485 4) *Haec ut supra p* 89, *l* 13 *perperam dicta Ioh alibi Gregorium VII. fecisse narrarit p.* 56, *l* 35 74, *l.* 7. 75, *l* 3

et in illa reformacione et lapidum adequacione inventum fuit sepulchrum sancti Virgilii cum pictura deaurata et epitaphio litterali, et statim miracula plurima pullulare ceperunt[1] . . . .

De Heinrico VI. et Ottone IIII. Capitulum IX.[a]

. . . .

A. S. Rudb. 1202 Eodem[b] anno sancta Chunigundis est translata. Hoc tempore[c] *cf. Mart.* Tartarorum dominium inicium habuit, et hii in diversis partibus mundi inter omnes naciones barbarorum maxima et *A. S. Rudb. 1208* inaudita mala fecerunt. Anno Domini MCCIX Philippus a palatino comite Ottone per conspiracionem in civitate Babenberg[d] *Mart. Imp.* occiditur, et Otto Rome coronatur statimque cum Romanis pugnavit et Fridericum Apulia spoliavit, quem papa excommunicavit, et ortum est inter papam et imperatorem disturbium satis grande. Anno Domini MCCXII. de Burgundia, Lotharingia et Arduenna[e], superiori Alemannia, Ribauria[f] pueri utriusque sexus circa duodennium et infra relictis parentibus de loco ad locum transeunt, numerum semper adaugentes, nichil accipientes, nulli causam itineris dicentes, loca sacra visitant et usque ad mare Oceanum *A. S. Rudb.* in Patmum[g] pervenerunt[2]. Anno Domini MCCXIII mater *V. Hedw.* sancte Elizabeth occiditur — que fuit soror Ottonis ducis Meranie[h], Bertholdi patriarche Aquilegiensis, Ekberti[i] episcopi Babenbergensis, Heinrici marchionis Ystrie; sorores eius fuerunt sancta Hedwigis[k] ducissa Polonie, altera regina coniux Philippi regis Francie et abbatissa quedam in Ky- *A. S. Rudb.* czingen provincie Franconie[3] — a nobili viro Petro de Wardino, quia ipsa conscia per fratrem Ekbertum[l] stuprata fuit uxor eius, cuius bona Bela filius eius, ipso proscripto[m], diripuit et ex castro eius monasterium Cister- *ib.* ciensis ordinis, quod Fons-Bele dicitur, fundavit[4]. Episcopus quidam, dum mors eius tractaretur, scripsit:

a) *maxima pars capituli una cum fine praecedentis periit, quia D res iam e Martino exscriptas denuo e Ioh. Vict. afferre supersedit.* b) *ad a. 1202 D et A. S. Rudb.* c) *ad a.* 1206 *D, ad a.* 1202 *Martin.* d) Babenberch *D 1.* e) ardania *D 1.* f) ryb *D 2.* g) patuā *D 1.* pathmū *D 2.* h) moravie *D 1.* i) et egberti *D 2.* k) hedwidis *D 1.* l) egbert *D 2.* m) pro stupro scripto *D 2.*

1) *Haec e Vita s. Virgilii, SS. XI, p.* 88. 2) *Cf. Röhricht, 'Der Kinderkreuzzug', 'Historische Zeitschrift' XXXVI (1876), p.* 1 *sqq.* 3) *Haec e Vita s. Hedwigis c.* 1, *Acta SS.* 17. *Oct. VIII, p.* 225, *deprompta sunt.* 4) *Circa a.* 1234, *hodie Bélaforrás, Janauschek, Orig. Cisterc. I, p.* 237, *nr.* 618.

'Reginam interficere nolite timere, bonum est enim, si omnes consenserint, ego non contradico', et conventus transposicione verborum se salvavit[a] *A S Rudb.* Innocencius eciam Almericum[b] *Mart Pont.* Carnotensem, qui inter alia scripsit ydeas[c] in Deo existentes creare et creari, dampnavit, cum in Deo nichil sit nisi incommutabile et eternum[d]; qui postea Parisius cum suis sequacibus exustus est Qui dicere potuit versus Ovidii[1]

At vos, si sapitis, vestri peccata[e] magistri
Effugite, culpe[f] dampna timete mee

De[g] Friderico secundo et vacacione Austrie et Stirie Capitulum X.

Anno Domini MCCXV Innocencius papa Ottonem IIII in *Mart Opp.* concilio Lateranensi ab imperio deposuit, quia fidelitatem ecclesie *Fl temp* non servavit Hic fundavit Chymensem episcopatum[h] [2] *cf A S Rudb 1215* Fridericus autem predicti Heinrici filius, rex Sycilie, est electus, et transiens Forum-Iulii Aquilegiensi ecclesie magnifica dona in possessionibus et libertatibus ac diversis iuribus obtulit et privilegio confirmavit[3]. Venit navigio *Mart Imp.* Romam[i] et honorifice susceptus est; Ottonem insequitur et pugnans cum eo in territorio Constanciensi triumphavit Hoc tempore sanctus Dominicus et sanctus[k] Franciscus, fratrum Pre- *Mart Pont.* dicatorum et Minorum primarii, clari[l] vita, doctrina[m] et miraculis extiterunt[k]. Anno Domini MCCXIX Otto ab excommunica- *A S Rudb.* cione absolvitur[4] et moriens Friderico regalia destinavit. Episcopatus[n] Seccoviensis instituitur[5] Innocencio subducto *Mart Opp* Honorius tercius ordinatur, qui anno MCCXX Fridericum sol- *A S Rudb* lempniter coronavit Hic primordia bene gessit, sed postea insolescens ab Honorio excommunicatur, et omnes a iuramento *Mart Opp* sibi facto universaliter absolvuntur Sublato Honorio Gregorius IX succedit, qui sentenciam Honorii roboravit, et tempestas valida est exorta, nam imperator cardinales duos cepit, papam in Urbe obsedit, passagium, quod voverat, non implevit et *A S Rudb 1227* in periculum multos misit, qui eum expectantes perierunt,

a) salvavit D2 b) almelricum D1 c) id D2 d) internum D1 e) precepta D2 f) et c Ov g) hinc D3 (Vindob 3445) textum exhibet h) epatus D2 3. i) nota verum sericm perversam esse, incertum verum est, auctoris an scriptoris huius culpa. k) om D2 l) claruerunt D2. m) et doctr D2 n) eps D2

1) *Ars am II, 173 sq* 2) *Per bullam confirmatoriam datam 28 die Ian 1216, Potthast nr 5056* 3) Utinam in Foro Iulii *imperator mense Maiu a. 1232. aliquot diplomata dedit, nec non probabile est unum eorum patriarchae Aquilegiensi datum deperiisse, quod Ioh inspiciens perperam anno 1215. ascripserit* 4) *Die 18 Maii 1218 a Sigfrido episcopo Hildesheimensi absolutus et 19 Maii mortuus est* 5) *Die 22 Iunii 1218 Honorius III papa Eberhardo archiepiscopo Salzburgensi concessit, ut episcopatus fundaretur, et 25. Sept 1218 Carolus primus episcopus promotus est*

inter quos Ludewicus lantgravius Thuringie, maritus sancte Elizabeth, transiit ex hac vita. Hic Fridericus quinque[a] filios habuit, ex prima consorte scilicet Heinricum et Chunradum, ex Blanca[b] marchionissa Montis-ferrati genuit Encium et Menfridum; papa agente filiam regis Ierusalem, que heres regni sui fuit, accepit, quam in Apulia[c] cum corona regni duxit, et genuit ex ea filium Fridericum, qui Schoppus[d] ab Ytalis est vocatus. Heinricum de consensu principum regem Alemannorum, Chunradum ducem Suevorum, Menfridum principem Tarentinorum, Encium regem Lombardorum, Fridericum regem Tuscorum[e] declaravit[1]. Anno Domini MCCXXI beatus Dominicus migravit ad Christum miraculose. Anno Domini MCCXXVI episcopatus Laventensis instituitur, beatus Franciscus obiit in Christo. Anno Domini MCCXXXI. Leupoldus dux Austrie [obiit[f]] relinquens quatuor liberos, Heinricum, Margaretam, Constanciam, Fridericum[2]. Heinricus duxit filiam[g] lantgravii Thuringorum, ex qua genuit Gerdrudim[h]; Constancia nupsit Friderico Misnensium marchioni et genuit filios et filias; Margareta duxit Heinricum imperatoris filium et genuit duos filios, Heinricum et Fridericum. Fridericus[i] uxorem habuit sororem regine Ungarie, quam postea repudiavit et maximum contra se odium concitavit. Anno eodem beata Elizabeth apud Marchpurgam[k] Hassie, gloriosis clarens miraculis, transiit ex hoc mundo. Hoc anno Ludewicus palatinus a quodam ignoto[l] cultro occiditur, sedens in pomerio suo. Imperator Heinricum filium suum suspectum habens, eo quod contra se aliqua cum principibus Alemannie et ex ordinacione pape et cardinalium moliretur[m], cepit et ductum in Siciliam apud Maltam[3] in carcerali custodia interemit et mox Chunradum regem Alemannie declaravit, qui duxit uxorem Elizabeth[n], sororem ducum Bawarie, scilicet Ludewici et Heinrici, et sollempniter Aquis coronatur; genuit filium Chunradum, quem postea Lombardi Chunradinum vocaverunt[o]. Anno Domini MCCXLV, imperator cum persisteret in pertinacia, et Innocencius cum mentis studio quesivisset, ut illi[p] reconciliaretur, et ipse[q] contempneret, in concilio Lugdunensi hostem iudicavit et deposuit et lantgravium Thuringie eligi procuravit. Hic cum Chunrado impera-

a) duos D 2. b) blancea D 1. c) apuliam D 2. d) scoppus D 3. e) cusorum D. f) ob. om. D, cf. B fol. 48. g) duxit lantgr. relictam Th. D 2, sororem C 3. A. B. h) gertr. D 1, gerdrudem D 2. i) Heinricus D. k) margb. D 1, marchb. D 2. l) igneo D 3. m) molli. D 2. 3. n) elizabet D 3. o) seq. etc. D 1. 2. p) ille D 1. 3. — reconciliaret D 1. q) ille D 1.

1) *Cf. supra p. 90.* 2) *Valde dubito, an haec ex Ottacari chron. assumpta sint.* 3) *Cf. supra p. 91, n. 1.*

toris filio prelians triumphavit et, quia grandevus fuerat, *Mart. Opp. Ottac.* cito moritur, et Wilhelmus comes Hollandie iussu summi ponti- *12112 sqq. 12160-12216* ficis ordinatur; hic multa obstacula propter resistenciam civitatum et nobilium est perpessus. Anno Domini MCCXLVI *ib. 975 sqq.* Fridericus dux Austrie contra Ungaros prelians super fluvium Leytach[a] occiditur filio non relicto, corpus transfertur ad monasterium Sancte Crucis. Hoc anno moritur venerabilis *ib. 1011 sqq. 27091 sqq.* episcopus Salczburgensis Eberardus et apud Rastat vicum sue dyocesis tumulatur; cui Purchardus[b] successit, datus *ib. 5215 sqq.* per sedem, sed in via moriens kathedram non ascendit; statimque capitulum Bernhardi ducis Karinthie filium[1] elegit, quem papa propter nobilitatem generis toleravit, sed status eius[c] versatilis maxima gravamina ecclesie parturivit. Australes mittunt ad imperatorem, ut eis provideat de prin- *ib. 1034 sqq.* cipe, deprecantes; qui misit Ludewicum[2] ducem Bawarie in Austriam, in Stiriam vero comitem de Aych Suevice nacionis, terras[d] pro tempore ordinare; quo reverso Mein-hardum[e] misit comitem Tyrolensem, committens, ut omnibus[f] de iudicio et iusticia provideret. Australes spe heredis *ib. 1168 sqq.* Gerdrudim[g] quondam eorum ducis filiam Heinrico marchioni Moravie copulant[h], quo sine herede defuncto frater eius Otakerus marchionatum suscepit. Hoc tempore rex Encius, 1249. bellicosissimus imperatoris filius, in Fossa-alta[3] prope Mutinam[i] a Bononiensibus capitur et in captivitate ultimum diem clausit. Fridericus frater eius, rex Tuscie, apud Florenciam requievit. Anno Domini MCCL imperator *Mart. Imp. Fl. temp.* in obsidione Parme cum dedecore in Apuliam est reversus ibique infirmatus in die beate Lucie, in sua contumacia permanens, transiit ex hac vita. Fertur, quod Menfridus *Mart.* eum cervicali pressum suffocaverit thesaurosque in Siciliam transtulerit, ipsum regnum Chunrado fratri suo se[k] as- *cf. Mart. Pont.* serens servaturum, omnes nichilominus portus atque aditus marium communivit. Anno Domini MCCLI Wilhelmus[l] *Mart. Imp. 1250. 1251.* rex contra Frisones ducens exercitum occiditur, et Chunradus libere regno potitur et statim ad iter Ytalie se disponit. Margareta regis Heinrici, fratris Chunradi, relicta *Ottac. 1107 sqq. 1284 sqq.* missis duobus in Siciliam filiis ad Menfridum ipsa in castro Haymonis permansit in Austria; filii vero hausto veneno

a) *dubium est an exemplar Ioh., quo D usus est, sic legerit*, Litach C 3. A. B. b) *sic D 2. 3*, burghardus *D 1*. c) ei *D*. d) terre *D 3*. e) meynh *D 1*, meinh de consilio misit *D 3*. f) omnes *D 1*. g) gertr. *D 1*; gedr. *D 3*. h) copulavit *D 1*. i) mutina *D 1. 2*. k) se *om. D 2*. l) W. comes Hollandrie rex *D 2*.

1) *Philippum*. 2) *Immo Ottonem*. 3) *Nota hunc locum proelii solum traditum esse ab Alex. Tassoni et Bonif. Morano ex Annalibus Mutinensibus deperditis, 'Cronache Modenesi' I, p. 51. O. H.-E.*

Ottac. in[a] Sicilia sunt perempti. Gerdrudis[b] eciam mortuo secundo marito in Austriam rediit, cui apud Medlich necessaria disponuntur. Thesaurus Friderici ducis dividitur in tres partes, una Margarete, altera Gerdrudi[b], tercia in Misnam Constancie destinatur. ib. 1050 Meinhardus comes audiens imperatoris transitum ib. 1168 sqq. ad propria rediit, et Australes mittunt[c] in Misnam, unum de filiis Constancie sibi principem postulantes, quos rex Bohemie arrestans invitavit et familiariter primo, postea[d] minaciter persuasit, ut filium suum, virum strennuum Otakerum, reciperent, asserens utrique provincie profuturum; super quo dum nuncii territi repedarent, rem ad eos, a quibus missi fuerant, deferre volentes, Otakerus sequitur precedentes et datis atque promissis donis plurimis, licet multis esset contrarium, omnes ad sui complacenciam ex utraque parte Danubii inclinavit, et sic Otakerus Austriam ib. 2154 sqq. nemine resistente apprehendit. Anno Domini MCCLIII Margarete, quam duxit Otakerus rex Bohemie[e]

. . . .

Otakerus ducta Margareta regina, per quam se firmavit, eo quod sibi resignaverat[f] imperialia privilegia de iure suo, Brunonem episcopum Olmunczensem terre preficiens in Bohemiam est reversus. Mart. Opp. Hoc tempore rex Chunradus per portum Latezanum[g] [1] venit in Apuliam et obsedit Neapolim Ottac. 179 sqq. et muros per circuitum deposuit, decem suspendit civium[h] Mart. Opp. pociores. [Anno Domini MCCLIIII[i]] rex Chunradus infirmatus moritur immisso visceribus veneno per clystere[k] dolo medicorum, sicut quidam dicunt[2], sepulchrum eius in civi- Ottac. 2724 sq. tate Spirensium demonstratur[3]. Relictam eius, reginam Elizabeth[l] [4], comes Meinhardus[m] de Tyrol duxit et genuit ex ea liberos utriusque sexus, de quibus inferius est dicendum. Mart. Pont. Menfredus[n] frater eius Chunradi filium Chunradinum false publicans[o] mortuum sibi ipsi imposuit Sicilie dyadema. Ottac. 1968 sqq. Anno Domini MCCLV.[5] nobiles Stirienses Heinricum ducem

a) in Sic. *om.* D 2. b) gedr. D 3. c) in Misniam mitt. D 2, mitt. u. de f. C. in Misram sibi pr. D 3. d) post D 2. e) *quaedam e Cont. Sancruc. II. continuata cum sequentibus, aliqua deperdita esse videntur* D. f) resignaverit D 1. 2. g) licez D 2. 3. h) cives D 3. i) Isto anno D *(ad 1254)*. k) clistere D 1. l) elyz. D 3. m) meynh. D 1. n) meynfr. D 2. 3. o) publicavit D 2.

1) *Latisana prope Aquilegiam, cf. Ottac. v.* 150: datz Aglei schiffer an. *Boehmer-Ficker, Regesta Imperii V, nr.* 4565, *ubi cum cod. Taurin. B* 265 *fol.* 119' *pro* portum Pisanii *legendum est* p. Lugnanensem, *hodie Porto Lignano vocatum prope Latisanam, et ibi nr.* 4566b. 2) *Martinus Oppaviensis scilicet.* 3) *Immo Messanae sepultus est, Ioh. confudit eum cum Conrado II.* 4) *Nomen apud Iohannis auctores nobis notos non legitur.* 5) *Annum praebet Ottac. v.* 2610 *sq.*

Bawarie invitant, ut super eos accipiat principatum; qui *Ottac* consulens socerum suum Belam regem Ungarie verbis persuasorius iussus[a] est ad propria remeare. Interea Bela Stiriensibus dirigens munera pene omnes efficit sue partis; quidam tamen munera contempserunt, sed habito proposito[b] iuxta Ovidium[1]:

Munera, crede[c] michi, placant homınesque deosque,

veniens in Stiriam princeps declaratur et disposita[d] terra per Stephanum ducem Zagrabie in Ungariam est reversus Porro Ungari terricolas nimium affligentes Otakerum compellunt invitare; Philippus eciam electus Salczpurgensis[e] sue fieri ecclesie iniuriam per regem Ungarie Otakero est conquestus, et metuentes Ungari ad propria redire sunt compulsi. Bela hoc audiens cum o c t i n g e n t i s[f] milibus armatorum in[g] Austriam ingrediens omnia dissipavit Gerdrudis[h] marchionissa accedens ius suum, quod sibi in Austria et Stiria competere videbatur, obtulit, cui Bela filium regis Ruthenorum tradidit, et in castro Hynberg[i] nupcias celebravit. Interea Otakero in patris sui exequiis et in regni apprehensione occupato Australes treugas faciunt et statuto die placiti[k] reges conveniunt, terras dividunt, ita ut Bele Stiria, Otakero Austria permaneat, datis privilegiis et distinctis terminis, montibus scilicet Hartperch[l] et Semernich[m], compromittunt. Otakerus Gerdrudim[n] in Stiria, scilicet in Iudenburch, destinavit, que iam de regis Ungarie[o] fuerat dicione, que concipiens peperit filiam, sed maritum[p] abscedentem postea non conspexit. Alexander papa Menfredum[q], quia *Mart. Pont.* c o n t r a e c c l e s i a m r e g n u m S i c i l i e t e n u i t, excommunicavit et contra eum exercitum[r] g r a n d e m d u x i t; q u i l a b e f a c t a t u s i n a n i t e r e s t r e v e r s u s. Philippus electus Salczpurgensis *Ottac. 5332 sqq* ad papam defertur, quia non processerat, ut debebat Fertur, *cf. ib. 5274 sqq* quod in prelio, quod habuit cum comite Goricie Alberto, in quo eum captivaverat, inquinaverit manus suas Menfridus Menfridoniam et alias civitates Sicilie et Apulie communivit et ad resistenciam dialiter[s] se paravit, cum versiculo Ovidii[2], qui dicit:

Arma[t] contra armatos sumere iura sinunt

a) missus *D* b) propos *om* *D 3* c) terre *D 3* d) deposita *D 1* e) salczburg *D 2* f) dccc *D 3*, ahtzic *Ottac* g) in *om* *D 2* h) gertr *D 1*, gedr *D 3* i) hinperg *D 2* k) placiti *D 2* l) hartperg *D 2* m) semernig *D 2* n) gertrudi *D 1*, gerdrudem *D 2*, gedrudi *D 3* o) Ungarie *D 3* p) marito abscedente *D 1*, mar postea absc. *D 2* q) meynfridum *D 1* menfridum *D 2* r) grandem exerc. *D 2* s) dyaliter *D 3*, *fortasse recte* t) Armaque in arm *Ov*

1) *Ars am III*, 653 2) *Ars am III*, 492

De Bernardo[a] et Ulrico ducibus Karinthie, Conrado et Otakero. Capitulum XI[b].

Ottac 12228 sqq Anno Domini MCCLVI. electoribus papa mandat, ut
Mart Opp provideant imperio de persona utili et valente; quidam vero
convenerunt in Alfunsum regem Castelle, quidam in Richardum[c]
comitem Cornubie, regis Anglie fratrem; quorum uterque nichil
vel modicum facere poterat pro rebus imperii, nisi quod electores
commoda propria perquirebant, et oriuntur dissensiones
et gwerre[d] gravissime, dilaceratur uterque[e] status, ecclesiasticus
et militaris, et fluctuat totus orbis. Hoc[f] anno mo-
Ottac 5509 sqq ritur inclitus dux Bernardus Karinthie, qui habuit uxorem
Ieutam amitam[g] Otakeri, quam, dum esset iuvenis, in
1256 (Ian. 6). quodam festo, [quo[g]] vagabundus venit, ipsa aquam in
manibus singulorum fundente, anulo[i] aureo spoliavit,
et audiens patrem cum fratre mortuos, rediit in Karinthiam
eamque in coniugio est sortitus, ex ea Philippum,
Ulricum, Bernardum generans; qui Bernardus in monasterio
Fontis Sancte Marie, quod Landstrost[k] dicitur,
1234. cum matre requiescit, quod pater fundare laudabiliter
est exorsus, ipse in valle Laventina[l] in monasterio
sancti Pauli quiescit[1]. Ulricus post patrem gubernacula
suscipit, hic Agnetem filiam Ottonis ducis Meranie[m]
accepit et genuit ex ea filium et filiam, et in Victoria
tumulatur. Qua coniuge defuncta duxit aliam Agnetem[2],
ib 2656 sqq filiam Gerdrudis marchionisse, sororem Friderici iuvenis marchionis
Badensis, cuius est habita mencio in predictis[3].
ib 6167 sqq Papalis sentencia contra Philippum cottidie ferebatur et
gravabatur, et ecclesiasticus ordo ad hoc variabiliter se habebat.
quidam abstinebant, alii sine verecundia prophanabant,
ib 5316 sqq. et assumitur ad metropolim Ulricus venerabilis antistes Secco-
cf ib 8228 sqq viensis[n], qui pergens ad curiam maxime pecunie debitor est
effectus Reversus repperit Stephanum filium Bele regis Petoviam[o]
obsidere, quem dum litteris apostolicis hortaretur,
ut abscederet, nil[p] profecit, sed intervenientibus tractatibus
pro imminentibus [necessitatibus[q]] presuli tria milia marcarum

a) bernhard *D 3* b) X *D* c) rych *D 2*, reych *D 3* d) guerre *D 2. 3.* e) utrinsque *D 1* f) *ad a* 1257. *D, sed cf B C 3.* g) amicam *D.* h) quo *om. D* i) annulo *D 2* k) lanndstr. *D 2* lantztr. *D 3.* l) laventine *D 1*, lavent *D 2 3* m) moravie *D 1* n) secov. *D 1*, sekov. *D 2* o) petoniam *D 3* p) nihil *D 2* q) *sic C 3*, necess *om D* — presulis *D 1*, presul *D 2*; presulibus *D 3*

1) *Cf v Jaksch l c IV, p.* 482, *nr* 2614 *et de fundatione monasterii Fontis S. Mariae tabulas Bernhardi ducis ibi p.* 375, *n.* 2411.
2) *Cf. Ottac v.* 2657 2669 2689 *sqq, ubi tamen nomen Agnetis deest.*
3) *Cf supra p.* 92, *l.* 25

concessit, Petovia vadis nomine reservata. Anno Domini MCCLX.[a] *Mart. Imp. Ottac. 6227 sqq.* Stirienses ab Ungaria[b] afflicti plus quam ante Otakerum invocant, quod audiens Bela filium suum Stephanum mittit ad Stiriam devastandam. Otakerus treugas habens cum Ungaris, nolens[c] pacem infringere, dissimulavit, sed comes de Hardeck[d] Stiriensibus in adiutorium venit; et explicitis treugis Otakerus veniens[e] ab omnibus est susceptus et ordinavit terram per nobiles successive, tandem Milotum[f] quendam Bohemum terre prefecit et capitaneum ordinavit, et Bela collecto *Mart. Imp. Ottac.* exercitu centum quadraginta[g] milia equitum cum Comanis et paganis in Austria[h] iuxta Marchiam fluvium castra locat, et Otakerus in occursum eius cum centum milibus equitum, inter *Mart. Imp.* quos dicitur habuisse septem milia equorum de ferro coopertorum, ad resistendum occurrit. Cumque in finibus regnorum bellum inchoatum fuisset, ex collisione equorum et armatorum tantus pulvis de terra surrexit, ut media et clara die vix homo hominem cognoscere[i] potuit, tandem Ungari inito prelio, Bela graviter vulneratus cum *et Ottac.* filio suo Stephano fugam petit. Cum fugere festinarent, in quodam *Mart. Imp.* fluvio profundo, quem transire debuerant, preter alios occisos circa XIIII milia hominum sunt submersi, et processit Otakerus, ut totam *Ottac.* Ungariam devastaret, sed Bela mittens nuncios concordiam affectavit, quam Otto marchio Brandenburgensis et Ulricus dux Karinthie taliter firmaverunt, ut Bela iunior, Bele filius, filiam marchionis, consanguineam, duceret, et Bela rex omni iuri suo, quod videbatur habere in Stiria, cederet et amplius questionem super ipso dominio non moveret, sicque nupcie celebrantur in magna gloria, atque pacis et amicicie federa inter eos perpetue roborantur.

Anno Domini MCCLXI. Otakerus Margaretam reginam, *Ottac. 9196 sqq.* quia sterilis fuerat, repudiat minus iuste et in Chremsa[k] locat, aliam, scilicet filiam Rutenorum et Mazzovie[l] principis, que fuit filia filie Bele regis, superducens, quam Prage coronavit[m], Gerdrudim[n] ex Stiria in oppidum quod dicitur Feustritz cum dedecore relegavit, *ib. 2445 sqq. 6515 sqq.* que postea in Misnam ad Constanciam commigravit[o]. Ulricus archiepiscopus a captivitate[p] *ib. 8228 sqq.* exemptus ad curiam properat et tam inducias debitorum quam eciam Otakerum defensorem ecclesie impetrat, quem dux Bawarie Heinricus nimium offendebat. Multum eciam, ut Philippum cum ecclesia concordaret, laboravit; ingressus autem Bawariam propter aquarum inundacionem vix evasit. *ib. 8866 sqq.* Et rediens Miloti[q] fratrem, quia eius coniugem, ut fere-

a) MCCLIX. *C 3.* b) Ungaris *C 3.* c) vol. *D 1. 3.* d) hardekk *D 2*, hardekh *D 3.* e) ven. om. *D 2.* f) mylotum *D 2*, m locum *D 3.* g) CLX *D 1.* h) austriam *D 2.* i) agnosc. *D 2.* k) Cremsa *D 1. 2.* l) massome *D 1*, mazoule *D 2*, mazzome *D 3.* m) coronavit *D 2.* n) gertr. *D 1*, gedr. *D 3.* o) migr. *D 2.* p) civitate *D 3.* q) myl. *D 2.*

Ottac 13337 sqq 16558 sqq 31615 sqq batur, dilexerat, decollavit, nobilem virum de Michsow[a]
incendio peremit et tyrannice vivere inchoavit.

Mart Pont Hoc anno Menfredus[b] invasit patrimonium sancti Petri;
quem papa cum exercitu crucesignatorum effugavit. Hoc
1261. (Nov 24) tempore Ulricus dux Karinthie obtulit Laybacum Gre-
cf Ottac 5514 sqq gorio patriarche, officialibus clavibus castri datis[1]. Hoc
eciam tempore Heinricus et Ludewicus duces Bawarie
1255 (Mart. 24) fratres patrimonium diviserunt, ita quod Ludewico pars[c]
superior et Heinrico inferior proveniret. Eodem anno
1261 Mart 25 facta est eclipsis solis circa horam terciam in octava
annunciacionis, que tunc sexta feria habebatur. Anno
Domini MCCLXII. frater Bertoldus ordinis fratrum Minorum venit in Austriam et Moraviam predicando[2], iuxta
cuius sermonem quandoque ducenta[d] milia hominum
cernebantur, qui nonnisi in campis et silvis[e] super emi-
Mart Opp nencia propugnacula voluit sermocinari[f] [3]. Anno Domini
MCCLXIII Urbanus papa Karolum comitem Provincie, fratrem
regis Francie, ad regnum Sicilie invitavit. Anno Domini MCCLXIIII
Karolus venit Romam, senator effectus[g] a Clemente in regem
Sicilie coronatur[4] et deinde in Apuliam intrans bello campestri
habito Menfredum tunc regem Sicilie vita et regno privavit.

Ottac 235 sqq. Mart Opp Anno Domini MCCLXVI Karolus contra Menfridum[h]
arma accepit; cui Menfridus[h] occurrit dimicans, et relictus
a suis occubuit, et Karolus Siciliam et Apuliam apprehendit.
Ottac 2705 sqq Anno eodem Chunradinus Chunradi regis filius a senatu Romano et aliquibus civitatibus contra Karolum invitatur,
qui conflans electum exercitum, habens secum Ludewicum
palatinum et Fridericum iuvenem marchionem de Paden et
miliciam preclaram[i] introivit et venit Mantuam[k] [5], ubi Ludewicus sibi valefaciens, timens sentencias papales, revertitur;
subductis enim predictis Alfunso et Richardo imperium vacabat. Karolus autem in occursum Chunradini properans, pluri-
1268 (Aug 23) bus Francigenis et Provincialibus occisis, fugam iniit, et Chunradino victoria acclamatur; et dum exarmatus quiesceret,
suis ad spolium dispersis, Karolus recollectis viribus repente
irruit super eos et Chunradinum, Fridericum, comitem Pisanum[l] cum multis nobilibus captos et Neapolim ductos per

a) mychsow D 3. b) sic h. l. D. c) pars om. D 3. d) ducenti D 1. e) in insulis D 1. 3. f) sermocinare D 2. g) efficitur D 2. h) sic h. l. D. i) fort. sequebatur Ytaliam. k) in ancuam D. l) pys D 2.

1) Cf. supra p. 97, n. 2. 2) frater — predicando legitur in Cont. Praedicat. Vindobon. ad a. 1263, SS. IX, p. 728. 3) Cf. testimonia de vita Bertholdi collecta a Pfeiffer, 'Berthold v. Reg.' I (1862), p. XX–XXVI, nr. 2–6. 22. 23, et quae attulit J. Seemüller, 'Deutsche Chroniken' V, 2, p. 1168. 4) Cf. supra p. 97, n. 3. 5) Cf. supra p. 98, n. 3.

anni circulum conservavit, interea circuiens, quid sibi faciendum cum eis expediat, sciscitatur. *Ottac* Papa et Otakarus rex[a] iudicium mortis suadent, sed comes Flandrie, qui Karoli filiam habuit, consulit iuvenes nullatenus perimendos[b], sed nupto[c] aliquo congruenti, apto ad concordiam, reservandos

Anno Domini MCCLXVII. [fuit[d] publica penitencia], que orta est in Sicilia et transiit Longobardiam, Carniolam, Stiriam, Austriam, Bohemiam, Moraviam cum flagellacionibus et canticis penitencialibus Anno Domini *ib 8612 sqq.* MCCLXVIII.[1] Ulricus Salczpurgensis[e] archiepiscopus pontificium in manus pape resignavit, et succedit Wlodeslaus ducis Polonie frater

Karolus reversus Neapolim Chunradinum, Fridericum, *ib 3111 sqq* Gerhardum Pisanum[f], nobilem virum de Hürnein[g] [2], ita ut essent undecim clari et magni nominis viri, super scarleto[h] in medio urbis et purpura precipit[i] decollari, flentibus 1268 omnibus qui aderant ad hoc spectaculum tam grande. Chunradinus *(Oct 29)* amplexatus et deosculatus Friderici caput, horribiliter[k] eiulans, cirotheca[l] in aera proiecta omne ius, quod in regno Sicilie et[m] Apulie habuit, Petro regi Arrogonie et filiis suis Petro et Friderico[3] per quendam militem proximis consanguineis destinavit suamque sodaliumque suorum mortem innoxiam exquirendam in examine districtissimi iudicis commendavit.

Anno Domini MCCLXVIII Clemens papa moritur, et *Mart Pont. cf Ottac 3657 sqq* Petrus rex de regno sibi testato, uxore instigante, continue meditatur. Ottakarus Pruzziam[n] pergit, sed propter stagna, *ib 9591 sqq* que illo anno non congelaverant[o], redit, castrum tamen fortissimum, quod Mons-regis dicitur, contra incursus paganorum exstruxit et Teutonicis fratribus commendavit.

Hoc eciam anno Gregorius patriarcha moritur, et[p] *ib. 10127 sqq* Ulricus dux Karinthie ad Aquilegiense[q] capitulum venit cum 1269 *(Sept 8)* intercessoriis Otakari, ut fratrem suum Philippum ad hanc kathedram promoveret; sed modicum fructum attulit spes concepta. Dux enim in Foro-Iulii infirmatus moritur et *(Oct 27)*

a) rex *om* *D 2* b) esse *add* *D 2* c) *sic D* d) *uncis inclusa e C 3 suppl, quae desunt D* e) salczburg *D 2*, Udalr. salczburg *D 3* f) pys *D 2* g) hurneyn *D 1*; huernein *D 2*, hürnein *D 3* h) scharl *D 1* i) precepit *D 2* k) horr *om. D 3* l) chiroth *D 2* m) hab et Ap *D 2* n) prussiam *D 1* pruzsiam *D 2* o) congelaverant *D 2* p) et *om* *D 2* q) aquilegense *D 1 3*

1) *Ad a 1267. haec habet C 3 p. 99, l. 2* 2) *Fridericum, qui testis est in tabulis Conradini d Veronae* 1268 *Ian* 7 *et* 10, *Reg Imp V, nr* 4843 4845 4848; *cf Hampe, 'Geschichte Konradins' p* 319, *n* 2 *Unde Ioh eius notitiam habuerit, non patet.* 3) *Cf supra p* 99, *n* 2

in civitate que Austria dicitur[1] tumulatur. Hic monasterium Carthusiensis[a] ordinis fundavit, quod Vallis-iocosa[2] *Ottac. 2647 sqq.* dicitur, in suburbio Laybacensi. Relictam eius Agnetem, sororem Friderici, qui cum Chunradino interiit, duxit Ulricus de Heunburch[b]; que genuit filios et filias, ex quibus processerunt comes Ulricus de Phanberch[c], Fridericus Libertinus, iam comes Cilie[d], et utriusque sexus *ib. 10170 sqq.* nobilium[e] seges ampla[3]. Otakarus propter pacta, que habuit cum Ulrico duce, misit prepositum Brunensem, ut Karinthiam et Carniolam apprehenderet; sed civitates et nobiles Philippo constantissime adheserunt et prepositum affectum contumeliis contempserunt.

ib. 9777 sqq. Hoc anno[4] Otakarus[f] nobiliores Styrie, Bernhardum, Heinricum, comites de Phanberch[c], de Wildonia, Petovia, Liechtenstein, de Stubenberch[g], captivavit et per castra ab *ib. 10215 sqq.* invicem sequestravit, castris eorum plurimis usque hodie 1270 dissipatis. Hoc tempore Bela senior moritur, et fuit secum filia[h] eius, socrus Otakari, que subripuit quedam preciosa iocalia, Otakaro mittens ea. Que dum Stephanus repeciit, Otakarus egre tulit, adeo indignanter, ut contra se in prelium armaretur. Otakarus captivos eximens et promocionis graciam in reliquum promittens Stephano properat in occursum; sed interveniente sorore Stephani, socru Otakari, concordia est compactata[i], et nobiles Sti*ib. 10027 sqq.* rienses exactis in captivitate XLVI[k] ebdomadis ad propria revertuntur[5].

ib. 10592 sqq. 1270 Anno Domini MCCLXIX.[6] Otakarus Karinthiam ingreditur et primo Laybacum obsidet, Philippi fautores opprimens, et in brevi utrasque terras sibi subiecit, quia nemo

a) cartus D 3. b) Heunburg D 2. c) phannberg D 2. d) cylie D 2. e) seges nob. D 2. f) Ot. om. D 2. g) stubenberg D 2. h) filius D 2. i) apactata D 1. 3. k) *patet h. l. Ioh. usum esse Ottacari cod. 1, cum reliqui XXVI exhibeant.*

1) *Hodie Cividale, quae et Cividal d'Austria, in provincia Utinensi. Cf. Jaksch l. c. IV, p. 722, nr.* 3025. 2) *Freudenthal in Carniola, fundatum ca. a.* 1260. *Antiqua nominis forma fuit* Vrounicz, Vrewnicz *et similis.* 3) *Cf. K. Tangl, 'Handbuch der Gesch. des Herzogtums Kärnten' IV, p. 1 sqq., et K. Tangl, 'Die Grafen von Heunburg' II, 'Archiv f. Österr. Gesch.' XXV (1860), p. 175 sqq. Ulricus V. comes de Pfannberg filius Ulrici IV. comitis de Pfannberg et Margaretae filiae Ulrici comitis de Heunburg (cf. K. Tangl, 'Die Grafen v. Pfannberg, Archiv f. Österr. Gesch.' XVIII, p. 176 sqq.) et Fridericus I. Libertinus de Suneck, inde ab a.* 1341 *comes Ciliae, filius Ulrici Libertini de Suneck et Katharinae, filiae Ulrici comitis de Heunburg, fuerunt.* 4) *Ad a.* 1268. *Ottac. haec narrat, quem A sequitur.* 5) *Ioh. h. l. Ottacarum exscribens confusius res narrat.* 6) MCCLXX. *C 3 p.* 100, *l.* 14.

resistere potuit. Philippus videns se minorem resignavit omnia et acceptis proventibus ab eo necessariis in Chremsam[a] civitatem Austrie commigravit. Et privilegio de ducatu Karinthie misso in Bohemiam, ipse[1] Forum-Iulii introivit, ubi castrum Portus-Naonis, quod ad principem[b] Stirie pertinet Aquilegiense feodum, exemptis ibidem de Porciliis et Castello nobilibus, vasallus[c] ecclesie est effectus. *Ottac.*

Hoc tempore moritur archiepiscopus[d] Wlodeslaus, qui, dum iret Poloniam, ut suum patrimonium ecclesie addiceret, veneno peremptus est, ut dicitur, a propinquis, et Fridericus ecclesie prepositus est electus. Hoc audiens Fridericus ad curiam properat et accepta confirmacione redit. Et venit Frisacum[e], ubi Otakarus feoda sua suscipit, et ecclesia sibi per pontificem commendatur *ib.* 8827 *sqq* 1270 *(Apr. 28)* *ib.* 11669 *sqq*

Ordinatis autem terris per descensum Trahe tendit in Stiriam, cui cum Sifridus de Merenberch[f] festine non occurreret egritudine corporis prepeditus, rex movetur et persecucionem suscitans contra eum mandat eum sibi cum promissione premii in Bohemiam presentari. Quem quidam miles Ortolfus de Grecz invitatum[g] cepit et Ulrico de Durrenholcz, suo officiario, exhibuit; et hic eum regi in Bohemiam presentavit, ubi morte acerrima tormentatus interiit, et visa sunt clarissima luminaria in loco mortis sue frequencius viri innocenciam contestancia a pluribus fide dignis[2]. Corpus eius ad claustrum[h] monialium ordinis sancti Dominici sub castro Merenberch[f] positum est translatum *ib.* 11830 *sqq*

Otakarus semper estuans ad amplius versum nobis Ovidii[3] exhibere videtur, qui dicit

Dumque sitim sedare cupit, sitis altera crescit[i]

Et Oracius[4].

Non missura cutem, nisi plena cruoris, irudo[k].

a) cremsam *D 1 2* b) *sic et C 3 p* 100. c) fa- *D 1 3* d) episcopus *D 3*, *om D 2* e) frys *D 2.* f) merenberg *D 2.* g) invitavit et *D 3.* h) monasterium sive cl *D 3* i) crevit *Ov* k) yrudo *D 1*, irundo *D 3*

1) *Immo Ulricus de Durrenholz, quem capitaneum generalem Carinthiae constituerat Ottacarus, cf. K Tangl, 'Handbuch d Gesch. d Herzogtums Kärnten' IV, p* 96 *sqq, et de Portu Naonis ib. p.* 153; *Bachmann, 'Gesch. Böhmens' p* 606 *Castrum dominorum de Porciliis, hodie Porzia (Zahn, Austro-Friulana, Fontes rerum Austr XL, p* 209*) prope Portum Naonis (Pordenone) situm est.* 2) *Cf. supra p.* 101. 3) *Met. III p.* 415 4) *Epist II, 3, p* 476

2. *Par.* 15, 5. *In diebus illis pax*[a] *non erat*[b] *ingredienti et egredienti,*
Iudic 17, 6 21, 24 quia *rex*[c] *non erat,* et *unusquisque quod sibi rectum vide-*
Matth 24, 6 *batur, faciebat. Prelia et opiniones*[d] *preliorum audiebantur*[e],
potentes et divites pauperes opprimebant, quia nullus de iniusticia iudicium faciebat, iuxta Prosperum [1], qui dicit·

Impia confuso serit discordia mundo.
Pax abiit terris, ultima queque vides.

a) n erat ingr et egr pax *D* 1 b) erit *Vulg.* c) non erat rex *Vulg* d) preliorum op *D* 3. e) audituri estis *Vulg.*

1) *Poem conı ad ux.* 29.

LIBER I. (REC. A).

PRAEFATIO I[1].

Excellentissimo principi, domino Alberto, Dei gracia duci Austrie, Styrie et Karinthie, frater Iohannes de Victoria abbas indignus, eius devotus capellanus, oracionum suarum libamina cum salute subditorum, in presenti providenter regere atque in futuro cum principibus sedere et sceptrum glorie in eternitatis solio possidere[2].

Rex Assuerus, sicut in ve- ,1 teribus legitur historiis, *qui regnavit ab India usque Ethiopiam super centum* et *viginti septem provincias,* dum quan- ,1 dam *noctem duceret*[a] *insompnem, iussit afferri* et legi eo presente *priorum temporum hystorias et annales,* ne ocio marcesceret et ut tempus gracie soporis deputatum interrupcione studii

PRAEFATIO II[3].

Quantam operam prioris / 1 evi principes habuerint in studio litterarum, exemplis colligitur subnotatis. Rex Assuerus, *qui regnavit ab* Esth. 1,1 *India usque Ethyopiam super centum XXVII provincias,* dum quandam *noctem du-* ib. 6,1 *ceret*[a] *insompnem, afferri sibi iussit* et recitari coram eo *priorum temporum hystorias et annales,* ne tempus soporis gracie deputatum ⟨marcidum[b]⟩ faceret ⟨et[b] tepen-

a) duxit *Vulg.* b) *uncis inclusa a Ioh. deleta.*

1) *Hunc prologum sola servavit editio Anonymi Leobiensis Peziana ex codice deperdito editum. Menda eius ex praef. II codicis Wessobrunnensis sustulimus atque verba secundum morem illius scripsimus.* 2) 1 *Reg.* 2, 8: ut sedeat cum principibus et solium gloriae teneat. 3) *Hic prologus ex codice Wessobrunnensi (Monacensi Lat. 22107) editus est, quem iam edidit Fournier, 'Abt Johann von Victring' p. 109—111.*

Praefatio I

recrearet. Nam, ut ait Seneca[1], *ocium sine litteris mors est et vivi hominis sepultura.* Octavianus Augustus, ut scribit Eutropius[2], *liberalibus studiis, presertim*[a] *eloquencie, in tantum incubuit*[b], *ut nullus, ne in procinctu quidem, laberetur dies, quin scriberet, legeret, declamaret,* sciens hoc rei publice utile, principem decere, maximam oblectacionem animi generare. Unde Oracius[3]:

Hoc opus, hoc studium parvi properemus et ampli,
Si patrie volumus, si nobis vivere cari.

Theodosius christianissimus imperator, ut in Gestis Romanorum[4] habetur, *ministeria lasciva psaltriasque lege prohibuit commessacionibus adhiberi, litteris mediocriter doctus, sagax plane multumque diligens ad noscenda gesta maiorum, execrabaturque*[c], *cum legisset superbiam dominancium, precipue perfidos et ingratos.*

Cernitis, o clarissime princeps, quantam sedulitatem habuerint principes prioris evi in studio litterarum, quod
Prov 8, 15.16. gubernat sapienciam, *per* quam *reges regnant* iuxta Salomonem, *principes imperant, legum conditores iusta decernunt*, quod philosophiam informat, que ab Isidoro[d, 5] diffinitur *rerum divinarum ac humanarum cognicio,* quam depingit Boecius[6] *dextra libros*[e], *sinistra sceptrum* gestantem, res divinas per libros, humanas per sceptrum imperialiter disponentem. Que secundum eundem[7] dudum *Platonis ore sancivit*[f] *beatas fore res publicas, si eas vel studiosi sapiencie regerent, vel earum rectores studere sapiencie contigisset,* ex ipsa enim procedit consiliorum moderacio, iudiciorum trutinacio, bellorum estimacio, hostium propulsacio, legum promulgacio, malorum castigacio, bonorum remuneracio, officiorum ordinacio, in policia civili et in corpore rei publice disiunctorum membrorum adunacio. Per quam morum labes reprimitur, virtutum claritas acquiritur, tempus bonis actibus instruitur, vita componitur, desiderium accenditur, fastidium tollitur,

a) prosam *Pez f.* 753, presertim *A et Paulus.* b) eloq. inamminiculavit *Pez l. c.*, in tantum occubuit *A*, in tantum incubuit *Paulus, cuius lectionem Ioh. h. l. accuratius exscripsisse suspicor.* c) execrabatur *Paulus.* d) *fortasse, ut plerumque, et hic* Ysidoro *legendum est.* e) libellos *Boeth.* f) sanxisti *Boeth.*

1) *Epist.* 82, 3. 2) *Paulus diac. potius, Hist. Rom. VII,* 10. 3) *Epist. I,* 3, 28 *sq.* 4) *Pauli Hist. Rom. XII,* 5. *Martin. Oppav., SS. XXII, p.* 453: Iste christianissimus imperator fuit. 5) *Etym. I,* 24, *ubi* rerum humanarum divinarumque. 6) *De cons. phil. I,* 1, 9, 11. 7) *Ibid. I,* 4, 44.

Praefatio II

tem[a])*. *Ocium* enim *sine litteris*, ut ait Seneca ad Lucillum, *mors est et vivi hominis sepultura.* Augustus Octavianus, ad cuius edictum orbis describitur universus, *Luc. 2,1* *liberalibus studiis, presertim eloquencie, in tantum occubuit,* sicut dicit Eutropius, *ut nullus, ne in procinctu quidem, laberetur dies, quin scriberet, legeret, declamaret,* unde Oracius ad Lollium:

Hoc opus, hoc studium parvi properemus et ampli,
Si patrie volumus, si nobis vivere cari.

Theodosius christianissimus imperator, ut in Gestis scribitur Romanorum, *ministeria lasciva psaltriasque lege prohibuit commessacionibus adhiberi, litteris mediocriter doctus, sagax plane multumque diligens ad noscenda gesta maiorum, execrabaturque, cum legisset superbiam dominancium, precipue perfidos et ingratos.*

Non ergo immerito vir commendabilis Boecius phylosophiam, que ab Ysidoro *rerum divinarum et humanarum cognicio* diffinitur, *per* quam *reges regnant, prin-* *Prov. 8,15.16* *cipes imperant, legum conditores iusta decernunt,* sub forma imperialis femine tenentem[b] *dextra libros, sinistra sceptrum* scribitur depinxisse, ut in libris quasi lege Dei, sceptro tamquam auctoritate seculi principis in suo decore et gloria semper splendeat investitus[c]. Nam ipsa phylosophia, ut idem dicit, *Platonis ore sanccivit beatas fore res publicas, si eas vel studiosi sapiencie regerent, vel earum rectores studere sapiencie contigisset.* Unde, queso, consiliorum moderacio, iudiciorum trutinacio, bellorum estimacio, hostium propulsacio, legum promulgacio, malorum castigacio, bonorum remuneracio, officiorum ordinacio, in corpore rei publice et in policia civili diversorum membrorum adunacio, nisi per providenciam sapientum iura fuerint maiorum scienciam atque leges?

Cernitis, o clarissime princeps, quanta principum sedulitas, quanta sit utilitas in studio litterarum, quibus

*) *Pro verbis* ne tempus — tepentem *deletis Ioh. in marg. scripsit* ne sibi nocturna quies sub ocio laberetur; *et infra* . . . . . ocio interim diem[d] pertransire sineret.

a) *sic c.* b) *sic c. pro* tenentis. c) *sic c., lege* investita. d) *haec prorsus fere evanuerunt.*

Praefatio I

anima pascitur et quasi terra germinans stillicidiis roralibus irrigatur.

Placuit igitur, quia ad hoc fervet affectio cordis, virorum illustrium ac maiorum dicta et facta memora-
Iob 9, 26 bilia[1] aliqualiter[a] recensere, qui *quasi naves poma portantes transierunt* et odorem sue memorie in nostro litore reliquerunt, saporem vero presencie[b] ad litus aliud transtulerunt, ut eorum contemplacione animus in speculabilibus incalescat, in agibilibus non tepescat, unde Mathathias princeps et sue civitatis clarissimus filios ad
1 Mach. 2, 51 actus virtutis armans[c] dicit *Mementote operum patrum, que fecerunt in generacionibus suis, et accipietis gloriam magnam et nomen eternum.* Et Sallustius[2] testatur *preclaros viros civitatis* Romane *solitos dicere vehementer*[d] *sibi animum accendi ad virtutem, cum maiorum imagines intuerentur.*

Exordiar ergo scribere de hiis nonnisi que repperi in libris eorum qui gesta virorum illustrium texuerunt, seu que percepi ab illis qui eorum factis presencialiter affuerunt vel per relacionem veridicam didicerunt, sive que ipse vidi et meo tempore contigerunt. Ex quibus, quasi qui per pratum transit, de diversis floribus fasci-
Cant. 1, 10 culum congregavi, quem non *murenulis*[e] *aureis argento vermiculatis,* id est sapiencia coturnata vel eloquencia phalerata, sed sermone simplici coloratum de sarcinulis mee paupertatis vestre prestancie dedicavi, limam correctionis vobis offerens, ut quod minus fuerit addatis et quod superfluum abradatis. Est autem congesta materia de imperatoribus, regibus, pontificibus, Austrie, Styrie, Karinthie ducibus propter genealogiam vestri generis introductis, cum diversis incidentibus ad propositum

a) aliquabiliter *Pez.* b) *sic Böhmer corr.*, presencia *Pez.* c) *Böhmer non recte scripsit* animans, *quod a cursu rhythmico discrepet.* d) vehementissime *Sall.* e) murenulas aureas . . . vermiculatas arg. *Vulg.*

1) *Valerii Maximi libri* factorum et dictorum memorabilium *inscribuntur.* 2) *Iug.* 4, 5

Praefatio II.

viciorum labes reprimitur, virtutum claritas acquiritur, tempus bonis actibus instruitur, vita componitur, desiderium accenditur, fastidium tollitur, anima pascitur et quasi terra germinans stillicidiis roralibus irrigatur. Et quia beatus Iob dicit: *Interroga generacionem pristinam* Iob 8, 8 *et diligenter investiga patrum memoriam*, priorum placuit aliqualiter dicta et facta memorabilia recensere, ut eorum intuitu animus in speculabilibus incalescat et sub exemplo formaliter in agibilibus hilarescat. Unde Mathatyas princeps et sue clarissimus civitatis ad patrie defensionem, legum emulacionem, bellorum insudacionem filios informans dixit *Mementote operum patrum,* 1 Mach. 2, 51. *que fecerunt in generacionibus suis, et accipietis gloriam magnam et nomen eternum.* Ac Salustius dicit: *Vehementer accenditur*[a] *animus ad virtutem, cum maiorum ymagines intuetur*[b].

Exordiar igitur scribere de hiis que repperi in libris eorum qui gesta virorum illustrium contexere studuerunt, seu que percepi ab eis qui presencialiter affuerunt, sive que ipse vidi vel meo tempore contigerunt, quasi per pratum transiens de diversis floribus fasciculum colligavi, quem non *murenulis aureis argento vermiculatis,* Cant. 1, 10. scilicet sapiencia coturnata vel eloquencia phalerata, sed sermone simplici coloravi, limam correctionis vobis committens, ut, si quid minus fuerit, addatis et superfluum abradatis* ...[c] narracionis, que complectitur centum annos et duodecim a transitu Lûpoldi ducis, [qui[d]] fuit anno Domini MCCXXXI, ad hunc annum, qui vertitur millesimus CCCXLI, perduxi, sicut[e] in prenotatis[1] capitulis est digestum, de ducibus Austrie ac [Karinthie[d]] et diversis aliis memorie incidentibus, quibusdam interlocucionibus[f] stilum dirigendo, cuius quidem materie de-

*) *Seq. delet.:* optans vobis — serta vite celice gloriosa, *ut infra p.* 147, *l.* 7 *sq., ubi* radiosa.

a) accendi animum *Sall. ut praef. I.* b) intueruntur *Sall.* c) *ante narr. verbum atramento tectum, fort.* seriem. d) *uncis inclusa evanuerunt, quae supplevi.* e) sicut — digestum *in marg.* f) interlucucionibus *c.*

1) *In codice Wessobr. capitula librorum I. II. f. 1' sequuntur, quae ideo infra dedimus.*

Praefatio I

narracionis et temporis obsequentibus intermixtis, sub decursu annorum centum et viginti vel paulo plus lectori exhibens humane vite brevitatem, nature fragilitatem, fortune instabilitatem, labilem et transitoriam mundane glorie varietatem, ut patet in singulis capitulis subnotatis[1]. Decorem ordinis et venustatem stili in narrando ad illum devolvere dignum duxi, de quo Oracius[2] dicit:

Res geste regumque ducumque et tristia bella
Quo possint numero scribi[a], *monstravit Homerus*

a) *sic h. l. ed.*, scribi possent num. *Hor.*

1) *Quae capitula cum tota hac recensione iam perierunt.* 2) *Epist.* *II*, 3, 73 *sq.*

Praefatio II

corem et modum, quia alcioris est negocii, illi, de quo dicit Oracius, destinavi:

Res geste regumque ducum[a] *et tristia bella*
Quo scribi possint[b] *numero, monstravit Homerus,*

optans vobis post huius vite discrimina nubilosa serta vite celice radiosa, sub quibus in throno cum celi principibus sedeatis et solium glorie teneatis

*⟨Capitula[c] libri primi⟩. *f 1'

Quomodo ducatus Austrie et Styrie vacare ceperit.

Quomodo Ottacarus marchio Austriam apprehenderit.

Quomodo Bela rex Ungarie Styriam intraverit.

Quomodo Ottacarus cum Bela pugnaverit et Styriam optinuerit.

De Bernardo duce Karinthie et eius obitu

De Karolo quem sedes[d] Sicilie prefecit, et preliis Chunradi et Methfredi contra eum.

De introitu Chunradini in Ythaliam et pugna et captivitate eius.

De interfectione sua et sociorum eius.

De vindicta mortis sue per reginam Arrogonie et filios eius.

De crudelitate Ottacari et tormentacione quorundam, de captivitate nobilium Styrie.

De obitu Ulrici ducis Karinthie et domini Carniole

Quomodo Ottacarus Karinthiam, Carniolam et Portum-Naonis acquisierit, et[e] interfectione Sifridi de Merenberch.

⟨Capitula[c] libri secundi⟩.

De statu regni in Alemannia et comite Rudolfo de Habspurch.

De electione et coronacione eius.

De curiis eius et contumacia Ottakari et Heinrici ducis Bawarie

De legacione eius ad Ottakarum et repeticione terrarum

De concilio Lugdunensi et colloquio pape et regis.

a) ducumque *Hor ut praef I* b) possent *Hor* c) *uncis inclusa delevi*
Ioh. d) *scil.* apostolica e) *supple* de *quod in c deest*

De progressu regis in Austriam contra Ottakarum.

De prelio et victoria eius de Ottakaro et[a] morte filii sui Harthmanni et regine et reconciliacione huius simultatis.

De expedicione filie in Apuliam et Bawariam et disposicione Austrie.

De castigacione quorundam rebellium, qui pacem turbabant, et falso Friderico imperatore.

De inthronizacione Meynardi in ducatum et consuetudine terre nunc mutate[b].

De secundis nupciis regis et Alberto filio eius.

De ultima expedicione eius in Burgundiam[c], destructione Accaron et morte eius[d].

*f. 2 *Quomodo[e] ducatus Austrie et Styrie vacare ceperit. Capitulum primum

1230 Anno[1] Domini MCCXXXI, dum adhuc rebus humanis secundus Fridericus imperator serenissimus superesset et in Romano imperio XII, in regno Sicilie XXXII, in regno autem Ierusalem ageret sextum annum, Lůpoldus dux Austrie et Styrie in Apulia, ubi pro tunc res imperii potissime floruerunt, ultimum diem clausit, eodem videlicet anno, quo beata Elizabeth, Andree magnifici Ungarorum regis filia, apud civitatem Hassie Marpurgam multis clara virtutibus[f] et eximiis fulgida miraculis transiit ex hoc mundo. Reliquit autem Lůpoldus ad decorem huius seculi quatuor liberorum illustrium dulce pignus, Heinricum, Fridericum, Constanciam, Margaretam. Quorum Heinricus primus lantchravii[g] Thuringorum sororem duxerat, alti sanguinis et famosi, ex qua genuit filiam Gerdrudam nomine[2], cuius casus inferius edicetur.
cf. A S Rudb 1238 Anno M°CC°XX[XVIII][h] in Karinthia in castro Stain supra Thraham, quod ad palatinatum spectat terre, in manibus religiosi presbiteri Volperti corpus Domini est in formam carnis et sanguinis visibiliter transformatum, quod miraculum patriarcham Pertholdum et Albertum Tyrolie atque Goricie comitem ex devocione ... xa ... et multas ac

a) et — regine *(l 3) a Ioh post add* b) nunc mut *a Ioh post add* c) in Burg *a Ioh post add* d) *reliqua hoc loco desiderantur* e) *praecedunt quae in textu sequuntur* A D MCCXXXI — Ierusalem VI^m *(l 19) deleta, sed pro* regno autem Ier. *ibi* regno vero Ier f) de s Elizabeth *in marg.* g) *transpos. ex* Thur lantchr h) A MCCXX . — efferen[tes] *(p. 149, l. 1) recisa in marg , numerum secundum Ann S Rudb. et duas recensiones B supplevi, cum B 1 f 48* MCCXXVIII. *habeat*

1) *Cf supra p* 90 *sq* 130. 2) *Cf Ottac v* 975 *sqq* 1107 *sqq.* 1178—1188. 1276 *sqq*

pervenerabiles ad divine gracie preconium efferen[tes]. Sublato de medio Heinrico Fridericus cepit clementer subditos gubernare, pupillos, viduas, ecclesias, monasteria et terras sibi subiectas ab incursibus hostilibus strennue defensare. (1246.) Hic dum contra Ungaros metas terre sue frequentibus spoliis et latrociniis perturbantes instaurat exercitum, iuxta fluvium Litach, ubi est limes regni Theutonici et (Ottac 1008 sq) Ungarici, castra collocat, acies ordinat et ad apparatum bellicum pertinencia cuncta parat. Nec segnior pars altera, preordinatis sagittariis, distinctis alis obviam ruit, electos et fortissimos statuit, vim accurrencium excipit sicque vocum clamoribus et tubarum clangoribus commiscentur. Dux autem preceps nimis bellandi ordine non servato, dum lassatis membris ultra vires agere temptat, maxima adversariis strage facta cecidit, ipse victoriam faciens Ungaris et *gaudium inimicis*. (Eccli 6, 4) Hic fertur coniugem de Bohemorum alto et regio germine propter sterilitatis vicium repudiasse et clam eius interitum procurasse sibique aliam sociasse, et tum, quia sine heredis (Ottac 998 sq.) beneficio transiit, terram et tocius provincie spem in merorem commutavit Factum est hoc bellum, in quo cecidit, (ib 1010 sqq) anno MCCXLVI, eo scilicet anno, quo venerabilis archiepiscopus Salczburgensis Eberardus e x huius e r u m p n i s (ib 5230 sqq) s e c u l i ad Dominum emigravit Cui successit Burchardus per sedem apostolicam destinatus, sed ad sedem preveniente mortis articulo non pervenit. Capitulum autem Bernardi (ib 2208 sqq) ducis Karinthie filium Philippum elegerat, qui quia ad sacra non processerat, ecclesia per eius insolenciam in posterum oppressiones et molestias plurimas sustinebat Constancia autem Lůpoldi ducis filia tradita fuit Heinrico marchioni Misenensium [1], ex qua utriusque sexus proles prodiit copiosa, que hinc inde nobiliter propagata quasi de radice ducum Austrie pullulaverat, in ea non tepide Australium spes herebat. Margareta soror eius Heinrico (ib. 1107 sqq) regi, Friderici imperatoris filio, iuncta fuit, que peperit duos filios, Fridericum scilicet et Heinricum, quorum patrem pro quibusdam factis, que imperialis iudicii severitas dissimulare non poterat, in turri conclusum usque ad obitum suum mandaverat conservari [2], *pueros vero eleganter pre- (*f 2'.) ceperat educari et caute nichilominus custodiri, ne, dum adolescerent et virtutem virium apprehenderent, in eum patris molestiam retorquerent Quos post imperatoris de-

1) *Cf Ottac v* 1276—78 2) *Cf ibid v* 1114 *sq*

cessum Methfriedus in Sicilia regnans, puerorum patruus, imperatoris filius, ad se vocatos[1] nobiliter confovebat et tenerrime diligebat, regnis et populis profuturos, si non Ottac. 1146 sqq. invidencium malignitas obstitisset, nam in poculo crudecf. Is. 18, 5 litatis veneno toxico impiorum manibus pueris propinato quasi virescentes ramusculi ante maturitatem temporis sunt ablati[a], taleque parvuli transeuntes dispendium pertulerunt.

ib. 1178-1212 Gerdrudis[b] Heinrici ducis filia Heinrico Moravie marchioni, Bohemorum regis filio, primo nupsit, in cuius amplexibus sine fructu prolis per tempus anni ac dimidii iocundatur, et decedente compare anno[c] Domini MCCXLVIIII Hermanno marchioni Padensi, viro potenti et nobili, copulatur, ex quo suscepit duos liberos, Fridericum videlicet, qui[d] in Ythalia occubuit, et Agnetem, quorum memoria in subscriptis lacius est habenda. Nobiles[e] terre ad imperatorem sollempnes nuncios dirigunt[2], ut patrocinari terre destitute[f] dignetur postulant. Imperator autem Fridericus audito, quod Fridericus dux Austrie sine ib. 1019-1030 herede vitam finierit[3], vehementer indoluit, nomen augustale, quod sortitus est, ad imperii res augendas memorans virum nobilem comitem de Achen[g] ad partes dirigit principe destiib. 1000-1004 tutas, ut terras de facto et de iure ad imperium devolutas imperialibus dicionibus infiscaret, a terricolis sacramenta fidelitatis requireret et, sicut res deposceret, terras easdem debita sibi subiectionis formula subiugaret. Quo ministerium sibi traditum efficaciter adimplente, rebus ib. 1031 sqq. ad tempus modicum bene gestis ad imperatorem rediit, quid egerit, indicavit. Deinde mox imperator ad eandem amministracionem virum in rebus seculi prudentem et in regno nominatum Meynardum comitem Tyrolie destinavit et, sicut priori suo commissario, de singulis sollerter agere commendavit. Qui iussa complens terram intravit et provide cuncta disponens usque ad imperatoris obitum moram in partibus illis traxit et rediens ad sua disponenda in novitate tantarum rerum, que solet in mortibus princi-ib. 1150 sqq. pum exurgere, terras illas iterum acephalas dereliquit. 1217 sqq. Margareta vero et Gerdrudis tam maritorum quam filiorum solacio viduate in Austriam revertuntur reverenterque a terre nobilibus excipiuntur. Et Margarete quidem Hainburch et

a) *in marg. delet.* anno Domini MXLVII. b) Gerdr. — filia *in marg.* c) a. D. MCCXLVIIII *in marg.* d) qui — occubuit *in marg.* e) Nobiles — postulant *post add.* f) destitue *c.* g) de A. *pro deletis* Aquensem de Ach.

1) *Cf.* *Ottac.* v. 1137—41. 2) *Cf.* *Ann. S. Rudb. a.* 1247 *sqq.* 3) *Cf.* *Ottac.* v. 996—999.

Gerdrudi Medlik cum vicis, villulis et redditibus ad *Ottac* vite sustentaculum conceduntur Thesaurum eciam, quem dux Fridericus in castro quod Starkenberch dicitur habuit conservatum, nobiles terre extortum ab his qui habuerant commendatum distribuunt in tres partes Unam regine Margarete, alteram Gerdrudi, terciam Constancie in terram Misenensium diligentes per omnes, qui audierunt magne sue fidei sibi, quoad Deum et homines, gloriam conquirebant Et sic Austria et Styria orbate naturalibus heredibus quasi desolate in tristicia tabescebant

ib 1053-92 1296-1364 ⟨Ex[a] quo exorte sunt gwerre, controversie, dissensiones, depredaciones, iurium transgressiones, ecclesiarum et monasteriorum oppressiones, et sicut dicitur, *qui capere*[b] *po-* *Matth* 19, 12 *terat, capiebat,* dives pauperem opprimebat, quia⟩ nemo *Ottac* 1058 *sqq* crimina puniebat, et populus quasi grex sine pastoris custodia oberrabat et sicut navis absque gubernatore cum periculo fluctuabat, quia, ut[c] scribitur in verbis[1] dierum et in libro Regum *Vidi universum Israel dispersum in* 2 *Par* 18, 16 *montibus quasi*[d] *oves absque pastore, et dixit Dominus. 'Non habent dominum isti'*, et Salomon dicit. *Ubi non est guber-* *Prov* 11, 14 *nator, populus corruet* Mathatyasque, dum post mortem 1 *Mach* 1 9 *sq* Alexandri plures eius successores cerneret principantes et mala multiplicata prospiceret super terram, ait *Pul-* *ib* 2, 12 *chritudo et claritas nostra desolata est**. Princeps namque in re publica populi est sustentamentum et salvacio, quia omnia ad eum ordinantur**, eius eciam carencia plebis est detrimentum ac periclitacio, prout in corpore humano cernitur, cuius membra distincta ab invicem

*) *Sequuntur a Ioh deleta* et Ovidius[2].

Victa iacet[e] *pietas, et virgo caede madentes,*
Ultima celicolum[f], *terras Astrea reliquit,*

ostendere volens iusticiam incorruptam, que iuxta fabulas gentilium Astrei gygantis filia[3] fuit, etc

**) *In marg add. (suppleri desecta)* [max]ime ea que geruntur in exercitu [spectant] ad ducem.

a) Ex — quia *deleta* b) potest capere, capiat *Vulg.* c) ut — isti et (*l* 20) *in marg* d) sicut *Vulg* e) iacet *Ov* f) caelestum *Ov*

1) *Cf* 3 *Reg* 11, 41 14, 19 *et saepius.* 2) *Metamorph* 1, 149 *sq.* 3) *Cf Hygin poet. Astr. II,* 25, *quem locum in quibusdam Ovidii scholiis Ioh legisse videtur, et Serv ad Verg Aen I.* 132

valent et pereunt vigore stomachi vel languore, unde pulchre Quintus Serenus[1] ait

Qui stomachum regem tocius corporis esse
Contendunt, vera niti racione videntur;
Huius enim validus firmat tenor omnia membra,
At[a] *contra eiusdem franguntur cuncta dolore.*
Quin eciam, nisi cura iuvet[b], *viciare cerebrum*
Fertur et internos[c] *illinc avertere se[nsus]*[d]

*f. 3. ### *Qualiter Otakarus marchio Moravie Austriam apprehenderit. Capitulum secundum[e].

Ottac. 1393 sqq. Anno Domini MCCLI. moritur secundus Fridericus imperator[f], reliquit[g] in regni culmine scissuras gravissimas et concussiones parcium in alterutrum, tam in Alemannia quam Ythalia, unoquoque se melius gestiente[2]. Australes autem, quorum Deus corda tetigerat, videntes mala que fiebant, in commune decernentes abbatem quendam et prepositum de Nŭwenburch, Ulricum[3] de Lichtenstain et pincernam de Haubspach, viros conspicuos, in Misnam dirigunt, marchionem et Constanciam consortem suam intime postulantes, ut ex filiis suis unum eis in principem conferat atque ducem, quippe qui process[erit] de magnifico et glorioso germine ducum Austrie, quia nullum huic titulo viciniorem alium esse scirent. Qui dum regnum Bohemorum itinerantes cum magna providencia consilii introissent, rex terre, dum[h] causam vie eorum cognovisset, invitatos ad mensam et ad secretum colloquium sic affatur 'O viri, quos ornat propaginis nobilitas et natalis soli fidelitas et probitatis insignit honestas, habeo filium in armis strennuum, virilem gerentem animum, ad omnes actus bellicos expeditum, Moravie[i] marchionem Otakarum, quem vobis opto et posco fieri principem, omnibus revera profuturum, utilem et communem, statum terre Deo et nobis cooperante in

(margin: cf. ib. 1276 sqq. — beside "gunt, marchionem"; ib. 1447 sqq. — beside "viciniorem alium")

a) Aut *Ser., sed eius codd. vulgo* At. b) iuvat *Ser., cuius cod. A* iuvăt. c) integros *Ser.* d) usus, *quod legi nequit, suppleri ex Ser.* e) *sequitur atram subfusco scriptum* Nota in notula postrema. f) *sequuntur deleta contextui simillima, quae legere nequivi.* g) *corr. ex* relinquens. h) dum — cognovisset *in marg.* i) Mor. — Otakarum *in marg.*

1) *Versus sumpti sunt ex Qu. Sereni Sammonici Libri medicinalis c. XVII (Stomacho et digestioni), v. 300—305, ed. Aemil. Baehrens, Poetae Lat. min. III, p. 120 sq.* 2) *Cf. Ottac. v.* 115 *sqq.* 1051 *sqq.* 3) *Immo Heinricum (v.* 1428*). Fortasse Ioh. hunc cum Ulrico de Lichtenstein poeta famoso confudit, qui circa a.* 1255 *carmen suum 'Frauendienst' conscripsit. Ottac. v.* 1971 *et saepius:* von Liehtenstein her Uolrich

melius commutabit et dissipatas consuetudines reformabit et omne, quod ad salutem patrie pertinet, procurabit, sua iura singulis conservabit, nec deerit nostre *Ottac* 1600—1778 largiflue remuneracionis stipendium. Quo quemlibet vestrum nullatenus penitebit ad hoc votum sui consensus amminiculum adiecisse'. His auditis viri sapientes responderunt: 'Domine rex, venimus ad vestram graciam, commeatum securum per vestra competa[1] petituri, ea que nobis commissa sunt, quantum poterimus, exacturi, querimus, ut nostris ad ea desideriis assistatis', et cum vultus regius in diversa ex huius responsionis temperamento[a] aliqualiter mutaretur, sicut dicit Salomon: *Sicut fremitus leonis, ita* *Prov* 19, 12. *ira*[b] *regis*, negocium censuerunt ad eos, a quibus missi fuerant, deducendum. Et placuit quibusdam sermo, quibusdam vero displicuit, sicut dicit Persius[2]

Mille hominum species et rerum discolor usus,
Velle suum cuique est, nec voto vivitur uno

Nichilominus regis filius, percipiens quosdam suis placitis assentire, preambulos iam predictos cum copiis sequebatur et ex utraque parte Danubii pene ⟨omnibus[c]⟩ promissis et muneribus persuasit, ut ad eius favorem breviter flecterentur, et intrans terram nullo obsistente possessionem Austrie apprehendit*.

Rex autem pater audiens statim mandat, ut se in *Ottac* 1779 *sqq* principatu hoc stabiliat, reginam Margaretam in matrimonium accipiat, qua habita terra firmius habeatur, quia constaret ad Romanum imperium de iure provinciam devolutam et a Romano principe reposcendam. Mittuntur autem anno[d] Domini MCCLIII. viri religiosi reginam procantes, ut non vereatur pro salute patrie in coniugium marchionis et ducis Ottakari consentire Que dum in diebus suis se diceret processisse nec aptam vinculo coniugali, nunccii Saram et Elizabeth opponentes eam ad assensum matrimonii perduxerunt Et habitis *ib* 2151 *sqq* nupciis imperiale privilegium marito contradidit aureo sigillo consignatum, quo omne ius, quod virili sexui in bonis patrimonialibus competeret, habere se plenarie comprobavit. Populus audiens iocundatur, Ottakarus immenso gaudio

*) *In marg* Anno Domini MCCLII cepit Philippus co- *cf ib* 5274 *sqq* mitem Albertum[3] etc , *et infra* ut comitem Tyrol . .

a) temp aliq *in marg* b) et regis *n* i *Vulg* c) omni *delet r* d) a D MCCLIII *in marg add*

1) *Cf Serv ad Verg Georg II, v* 382 *et Isidor Etym. XV*, 2. 15. 16, 11 2) 5, 52 *sq* 3) *Nomen deest Ottacaro, cf infra p* 156, *l* 5

letabatur, sicque ei principatus Austrie confirmatur, acceptis sacramentis a nobilibus et civilibus in dominio thronizatur*.

Quomodo Bela rex Ungarorum Styriam optinuerit. Capitulum tercium.

Ottac. 1968 sqq. Styrienses autem necdum in eum vota sua deflexerant, sed nobilem virum Dietmarum de Wizzenek ad Heinricum Bawarie ducem direxerunt, virum in regno quoad actus seculi clare fame, postulantes, ut super eos suscipiat principatum. Qui socerum suum Belam Ungarorum [regem[a]] super hoc prius statuit alloquendum et pro patrocinio consilii et auxilii consulendum. Bela audiens generum suum in spem bonam posuit, sed de se ipso, ut proficere possit, datis et missis atque promissis muneribus cogitavit et terre nobilibus mandat, si in eum consenciant, omnes ditandos et *f. 3'. ad honoris *excelsi fastigium celerius exaltandos.

Dulcibus est verbis mollis alendus amor,

ut dicit Ovidius[1].

ib. 2294 sqq. Huius delinicionis nobiles de Lichtenstain, de Offenberch, de Erenvelcz[2] cum pluribus inscii nec munera recipiebant regalia nec assensum eius partibus tribuebant, sed, ut ait Eccl. 10, 19 Salomon, *pecunie obediunt omnia*, et Virgilius[3].

Quid non humana pectora cogis,
Auri sacra fames?

Ottac. 2134 sqq. A sua spe Bawarie dux frustratur, Ungarie rex vocatur, cum potencia terram ingreditur, princeps et dominus ib. 2350-2391 Styrie proclamatur[4], et disposita terra per Stephanum ducem Zagrabie et per aliquos sue lingue comites Ungariam est reversus[4].

*) *Sequuntur in marg. 14 lineae, de quibus prae robigine non multa legi possunt:* ib. 6500 sqq. Brunoni [episcopo[b]] Olmunczensi, de cf. ib. 14614 gente Saxonie exorto, fideli ac prudenti, ut ... respiceret tamquam prepositus[5] pro . . . Qui fideliter [omnia sua] sibi specialiter in [regni] causis et negociis atque sagaciter gubernavit.

a) regem *supplevi*. b) *uncis inclusa certo legi nequeunt*.

1) *Ars am. II*, 152. 2) *Cf. Ottac. v.* 1970—87. 3) *Aen. III*, 56 *sq.* 4) *Haec Ioh. perperam commentus est, obiter, ut videtur, lectis versibus Ottacari. O. H.-E.* 5) *Sed Ottac. eum terrae capitaneum factum esse temporibus posterioribus refert; patet Iohannem versus suo more interpretatum esse.*

Qui terricolas nimium opprimentes, abductiones in [*Ottac. 2203-2293*] Ungariam eis et vincula minantes, Ottakarum in principem et dominum petere compellebant. Bela eciam quedam feodalia, que Philippus electus Salzburgensis post mortem Friderici ducis anticipaverat in valle Anasi[1], reassumpsit et de quibusdam novitatibus ibidem iniciatis per eundem graviter satis tulit, quod Philippus ad Ottakarum detulit querulando. Qui respondit omnia suo tempore ulciscenda, quia racione coniugis sicut Austria, sic et Styria ad eum pertineret, et [*ib. 2391 sqq.*] dum Styriensium labor et dolor atque afflictio cresceret, et clamor eorum et peticio ad Ottakarum invalesceret, Ungari tenentes Styriam metuentes ad propria redierunt. Veniens [*ib. 2304-2349*] autem Otakarus verbis persuasibilibus leviter ad sui receptionem terre populum inclinavit. Ordinavit autem terram per ipsius provincie viros industrios et discretos, iudices, capitaneos aliosque officiarios statuens[2], apprehendisse se terram videns miro gaudio est repletus*.

Bela autem coacto in unum exercitu armatorum milium [*ib. 2445-2627*] octoginta Austriam ingreditur circa Winnam, provincie illius caput, omnia diripit et devastat habitaciones incendendo, in captivitatem homines abigendo. Gerdrudis marchionissa in detrimentum Otakari Bele regi omnia sua iura, que se tamquam Margaretam habere asseruit, resignavit et ad eius nutum Ruthenorum regis filio se matrimonialiter sociavit. Que nupcie in castro Himperch sollempniter celebrantur. Interea Ottakarus in patris sui sepultura, sicut decuit, occupatus Austrialibus suum auxilium implorantibus demandavit, ut negocium in treugas statuant, quousque per mutuum colloquium utriusque hunc discidio pariter ambo reges placidum finem ponant. In quo colloquio, quod factum est anno Domini MCCLV, determinacio talis facta est, ut Austria pacifice Ottakaro, Styria Bele cum pace et commodo remaneat perpetualiter possidenda, duoque montes, Harperch et Symerink, terras ambas dividant et sequestrent. Que particio Styriensibus displicuit supra modum imminens periculum formidantibus, nam Ungari acerbius eos angariantes et Stephanus dux, qui

*) *In marg.*: Ulricus episcopus Sekoviensis contra Philippum eligitur. [*ib. 5345 sqq.*]

1) *Cf. Ottac. v.* 1940. 2) *Cf. ib. v.* 2405—2444.

Ottac. prius effugatus fuerat[1], quos ante flagellis castigaverat, scorpionibus nunc cedebat[2].

ib. 5274 sqq. 1252 *(Sept. 8)* Anno[a] Domini MCCLII. Philippus[3] ante castrum Griffenberch in superiori Karinthia constitutum contra Albertum comitem Tyrolie strennue preliatur et favente fortuna comitem captivavit et in castrum Frisacum[4] conservandum caucius destinavit. *ib. 5508-5513.* Anno Domini MCCLVI Bernardus dux moritur et in valle Laventina in monasterio sancti Pauli sepelitur. Hic Bohemorum regis filiam habuit Iutam nomine, amitam Otakari, ex qua vir eximie fecunditatis tres filios genuit, Bernardum[5], qui cum matre sua apud monasterium Landstrotense, quod pater fundaverat in marchia Slavonie, Cisterciensis ordinis, tumulatur, Philippo clericaliter se gerente, Ulrico ducatum Karinthie . . . . [b].

ib. 5683-5918. Primogenitus autem Bele Stephanus Friderico[6] de Petovia specialiter infestus extitit et intrans Styriam Petoviam obsidione fortissima cinxit. Quod Ulricus presul, qui adversus Philippum iam[c] reprobatum et excommunicatum, adhuc tamen per episcopium tyrannidem exercentem, fuerat assumptus de ecclesia Sekovense ad pontificium Salzburgense, audiens, a sede apostolica iam reversus[7], venit ad Stephanum cum litteris recommendacionis summi presulis, quod Petovia sue sit dicionis, sufficienti testimonio declaravit et, ut abscedat, suppliciter flagitavit. Stephanus hoc asserens se nescisse, sed contra Fridericum de Petovia advenisse et non posse tam faciliter cincturam illam solvere cum honore, ecclesiam promittens[d] per alia graciosius defensurum. Recepit autem Petoviam loco vadis ab episcopo, cum aliter fieri non posset, pro tribus milibus marcarum, restituendam suo tempore iuxta instrumentorum continenciam super hoc

a) *haec* — Karinthie *(l. 15) in marg.* b) *cetera desecta.* c) iam — exercentem *in marg.* d) ex promisit *corr.*

1) *Vide Ottac. v.* 2350—2369. 2) 3 *Reg.* 12, 11: pater meus cecidit vos flagellis, ego autem caedam vos scorpionibus. 3) *Electus archiepiscopus Salisburgensis, iam depositus.* 4) gegen Werven mau si fuorte *Ottac. v.* 5312. *Ioh. tabula donationis Alberti comitis Tyroliae monasterio Victoriensi data Frisaci a.* 1252 *Sept.* 30, *vel altera Nov.* 10 *usus est, v. Jaksch l. c. IV, p.* 410. 412. 415, *nr.* 2500. 2502. 2507, *cf. 'N. Archiv' XXVIII, p.* 143. *Ad rem cf. O. Lorenz, 'Drei Bücher Gesch. und Politik' p.* 426—428, *'Deutsche Gesch.' I, p.* 98. 486. 5) *Chron. rhythm. Austr. Ulricum et Philippum solummodo filios Bernhardi commemorat. Cf. p.* 134, *n.* 1. 6) *Nomen in Chron. rhythm. Austr. v.* 2098. *Ioh. legit.* 7) *Haec ex Ottacari Chron. v.* 5330—5585.

negocio confectorum. Hinc est, quod Ungari solium suum ibi et residenciam habuerunt. Episcopus Ůlricus ad propria rediens cum maximo nobilium comitatu perducitur usque Rastat dyocesis sue vicum. Quem Ulricus dux Karinthie pro fratre suo Philippo zelans insequitur et anno Domini MCCLXIX. prelians cum copiis episcopalibus prevaluit et episcopum compulit retrorsum facere gressum suum. Qui dilapsis suis in castro Wolkenstain capitur et pro tempore conservatur, sed temere nimis egit, qui in christum Domini[1] manus misit. *Ottac. 5932-6226*

Quomodo[a] Ottakarus cum Bela pugnaverit et Styriam acquisierit. Capitulum quartum*.

Anno Domini MCCLX. Styrienses magis ac magis ab Ungaris afflicti Otakarum invocant et invitant, ut iugum hoc ab eis auferat, deprecantur, quia memorandum est has duas terras, Austriam et Styriam, ab antiquo ab uno principe regulatas et mutua sibi coherencia coniugatas. Quod dum Stephanus Ungarie regis filius comperit, conglobato exercitu metas omnes invadit et annichilat incendiis et rapinis. *Ottakarus autem propter treugas pacis inter se et Ungaros constitutas, ne pacis fieret dissipator, pro tunc Styriensibus succurrere non valebat; sed vir generosi cordis comes de Hardeck cum mille ad[b] prelium expeditis extra condictum Ottakari succurrendum statuit proximis et amicis, cuius Styrienses cordati ingressu effecti Stephano et suis incuciunt retrocessum. Finitis treugis Ottakarus properat et potencialiter Ungaris iam fugatis Styriam apprehendit [et[c] Bohemice gentis virum strenuum et nobilem Miletum nomine prefecit[2], ut iudicium et iusticiam in terra faceret, iniunxit firmiter et commisit]. Indignatus Bela cum filio ducenta milia hominum in exercitu suo habens iuxta Maraham fluvium in Austria castra locat, viciniam totam dissipat, nobiles et preclaros viros de Laha civitate, ad presidium ibi positos, exeuntes captos abductosque Comanorum immanissima gens trucidat. Otakarus cum Saxo- *ib. 6234-6490* *f. 4* *ib. 6491-6499* *ib. 6721-7497*

*) *In marg.*: De morte Bernardi ducis Karinthie. VI[m] capitulum. Hic insere repudium Margarete.

a) Quomodo — MCCLX. *in marg.* b) *transpos. ex exp. ad prel.* c) *uncis inclusa post in marg. a Ioh. add.*

1) *Cf.* 1 *Reg.* 26, 9. 11. 16. 23. 2) *Cf. Ottac. v.* 10804 *sqq.*

[*Ottac.*] nibus, Polonis, Bohemis, Moravis, Australibus et Styriensibus, cum Karinthianorum duce Ůlrico et Philippo fratre suo impetuose veniens bellum indicit hostibus. Quo conserto iuxta morem Ottakarus fugato Bela et filio suspendit quendam principem Comanorum, qui se pro tot spadonibus[1] redimere voluit, quot capillis caput suum extitit coopertum; sed nullatenus est admissum, quia in Comanos Otakarus pro suorum interempcione acrius seviebat, et sic innumeris Ungaris interfectis cum maxima gloria Ottakarus triumphavit. [*ib.* 7498-8146] Actum est hoc bellum anno Domini MCCLX. Otakarus Ungariam ingrediens totam velocius destruxisset, nisi Bela nuncios prudentes ad omnem complacenciam Otakaro direxisset. Otto autem marchio Brandenburgensis, cuius sororis[2] filius extitit Otakarus, et Ulricus dux Karinthie, filius amite Otakari[3], se placitis et colloquiis interponentes ad talem clausulam perduxerunt, ut filiam Ottonis marchionis Bela iunior Bele filius in coniugium reciperet, et sic amicicia firmaretur, ita ut nequaquam ultra Styria ab Ungaris iure aliquo vel impeticione aut aggravacione in posterum peteretur[4], sed Ottakaro cederet et eam legitime sicut Austriam possideret. Et habite nupcie, sicut [1. *Mach.* 10, 57. 58] de Ptholomeo et Alexandro legitur, in magna gloria. Bela stipatus ibi fuit regalibus sex coronis, ipse scilicet cum Stephano et Bela filiis suis, regibus Maczovie[a], Razzie et Servie assistentibus ei cum innumeris ducibus, comitibus et baronibus terre sue. [Sponse[b] et consodalium eius processus vultu ornato, in vestitu deaurato, sole lucidior, ebore candidior, nive nitidior, saphiro pulchrior apparebat multorumque oculos rapiebat[5]].

Expensarum impendia Otakarus preparavit nec minorem se ibi pro mundi gloria reputavit. In ciborum affluencia convivia, vestimentorum varia genera, novorum militum tyrocinia, gaudiorum tripudia silenda pocius arbitror quam dicenda, et ita, ut vix huic apparatui et curie equiparari

a) *corr. ex* Macedonie. b) *uncis inclusa post in marg. a Ioh. add.*

1) *Ottac. v.* 7461—64: herr, er wil . . . als manigen guoten meidem geben, als hâr ûf sînem houbte ist. 2) *Kunigundis, cf. Ottac. v.* 67735 *sqq. Notandum est Iohannem aeque ac Ottacarum passim Ottonem III. cum Ottone V. marchione Brandenburgensi confudisse.* 3) *Cf. Ottac. v.* 2655—2658. 5215 *sqq.* 13275. 4) *Haec expressis verbis Ottac. non dicit, sed Ioh. e rerum gestarum serie concludere potuit.* 5) *Cf. Ottac. v.* 7875—7944.

valeat Assueri sollempnitas, in qua* *ostendit divicias glorie regni sui, magnificenciam atque iactanciam potencie sue.* Esth. 1, 4 Ubi auri et argenti, gemmarum purpureque cultus orti, arborum, vini et vinee, lectulorum[1], pavimenti et cortinarum preciosissime materie describuntur.

Nupciis sic exactis unusquisque ad solum proprium abscedebat, et Styriam ab Ungaris nullatenus amplius exigendam Ottakarus possidebat. Licet autem Ottakarum alloqui sic in rebus seculi prosperantem**, sicut ait Oracius[2]:

Tu, cum tua navis in alto est,
Hoc age, ne mutata retrorsum te ferat unda.

*) *Pro* in qua — potencie sue *Ioh. primus scripsit, sed delevit:* qui, ut in hystoriis veteribus legitur, *ab India usque Ethyopiam super centum XXVII provincias regnavit,* Esth. 1, 1 sicut[a] eciam Lucanus[3] de apparatu Cleopatre et Antonii[4] inter cetera dicit:

Excepere epule tantarum gaudia rerum,
Explicuitque suos magno Cleopatra tumultu
Nondum translatos Romana in secula luxus.
Fulcit[b] gemma thoros, et iaspide fulva supellex[5],
Purpureusque lapis, totaque effusus in aula[6].
Tunc[c] famule innumerus[d] turbe populusque ministrat[e].[7]
Discolor hos sanguis, alios distinxerat etas,
Hec Libicos, pars tam flavos gerit altera crines,
[Ut[f] nullis Cesar Reni se dicat in arvis]
Tam [rutilas[f] vidisse comas].

**) *Sequentia Ioh. delevit:* illo verbo Salomonis: *Melius est parum cum timore Domini quam thesauri magni et in-* Prov. 15, 16 *stabiles[g],* et item: *Melius[h] est pugillus requie quam* Eccl. 4, 6 *plena manus cum labore et afflictione animi,* et, sicut ait Oracius[8] ad Celsum:

Preceptum auriculis hoc instillare memento:
Ut tu fortunam, sic nos te, Celse, feremus.

a) sicut — Tam *(l. 27) in infer. marg. add.* b) Fulget . toris *Luc.* c) Tum *Luc.* d) numerus *Luc.* e) minister *Luc.* f) *uncis inclusa abscisa suppl. e Luc.* g) insatiabiles *Vulg.* h) Melior *Vulg.*

1) *Esth.* 1, 6: tentoria aerii coloris et carbasini ac hyacinthini, sustentata funibus byssinis. Lectuli quoque aurei et argentei. 2) *Epist. I,* 18, 87 *sq.* 3) *Phars. X,* 108—110. 4) *Immo C. Iulii Caesaris.* 5) *Ib.* 122. 6) *Ib.* 116. 7) *Ib.* 127—131. 8) *Epist. I,* 8, 16 *sq.*

De Karolo comite Provincie et subactione partis imperialis in Ythalia Capitulum V.[a]

Anno Domini MCCLV, Chunrado Friderici imperatoris filio in Alemannia regnante et Methfredo fratre suo in Sicilia, Apulia et Calabria principante, sub Urbano papa, odiorum olla succensa[1] contra Fridericum a sede apostolica nondum deferbuerat, sed adhuc vehementissime bulliebat. Sedes ergo, ut radicitus exstirpet pro- *Ottac 125 sqq. 368 sqq* geniem Friderici et[b] regnum Sicilie recuperet, accersitum *Mart Opp* ad se Karolum Provincie comitem, Francie regis fratrem, Romam navigio venientem gloriose suscipit et in Apuliam *Ottac* statuit, regem Sicilie declarat, coronat et insignit[2]. Qui Methfredum et regnum Sicilie frequentibus cedibus ac spoliis attrivit et multipliciter, ut ad se tamquam contraditum *ib 148 sqq* a sede sibi conduceret, lacessivit. Chunradus rex[3] ab Alemannia res imperiales invisere et, si coronam imperii posset assequi, Ythaliam cum copiis militaribus intravit et *Mart Opp* veniens Romam a presule et senatu reverenter suscipitur; sed quia contra Karolum eum machinari compertum est[4], dyadema sibi imperii denegatur, sedes enim asseruit regnum Sicilie esse patrimonium sancti Petri eique Karolum *Ottac 169-222* suo nomine prefecisse. Chunradus ira succensus Karolum bello pecit et fugavit, Neapolim obsidione vallavit, muros in circuitu dissipavit, decem pociores, quia sacramenta imperio **f 1'* facta ruperant[c], *in oculis omnium ad suspendium condempnavit, quibus prospere gestis ad regni alia negocia properans in maximum regni ac imperii dispendium in brevi — heu dolor! — vitam adhuc imperii partibus valde *ib 2705-2737* necessariam, si Deo fuisset placitum, terminavit. Hic habuit in matrimonio sororem ducis Bawarie et Lůdewici comitis palatini[5], fratris eius, ex[d] qua filium Chunradum nomine progenuit, qui ab Ythalis Chunradinus ad distinctionem paterni nominis est vocatus, consors autem eius viduata Meynardo comiti Tyrolis, viro magnifico, matrimonialiter sociatur, ex qua quatuor filios, duas[6] filias generavit. [Filiarum[e] una nupsit lanthgravio Thuringie, Misenensi postea

a) IIII c. b) et — recuperet *in marg.* c) nota in notula postrema *in marg.* d) ex qua — consumatur *in marg.* e) Filiarum — promissa *in marg. post add.*

1) *Cf. Iob* 41, 11: sicut ollae succensae. 2) *Cf. Ottac. v.* 368 *sq.* 2918 *sq.* 3) *Ioh. male Conradi IV. regis res in Italia gestas post ea retulit quae Ottacarus de Manfredo et Karolo proeliantibus perperam narravit. O. H.-E.* 4) *Sed Martinus similia de Conradino refert.* 5) *Sed idem fuit Ludewicus dux et palatinus, Ioh. quae legit male interpretatus est.* 6) *Ottac. v.* 2731: drier (drey) tohter.

marchioni, altera Alberto comitis de Habspurch filio
desponsata fuerat et promissa] Qui dum eius lectum
nupciarum cuperet, ipsa prohibuit asserens se reginam,
ipsum vero comitem et necdum militari gloria insignitum,
unde eadem hora propter regine desideratos amplexus
milicie cingulo et huius honoris titulo decoratur, et sic
nupciarum sollempnitas consumatur.

Karolus tanti roboris amminiculum Methfredo
subtractum[1] conspiciens animatur amplius et armatur et
crebris infestacionibus, nunc campestribus, nunc navalibus, regnum Siculum inquietat ita, ut per indictum *Ottac* 532-865.
prelium, cui sors addiceret, videretur[a]. Ordinatis ex
utraque parte diverse lingne militibus fortissimis acies con- 1266
stituunt, moxque IIII milia hominum ad Karolum convolant
Methfredum perfide relinquentes, et inita pugna Methfredus,
quamvis constantissime pugnaverit, occubuit, et cruenta victoria Karolum et summum pontificem letos fecit. Ex-
hilaratus papa mandavit corpus occisi lapidibus obrui, incendio conflagrari, in loco prelii tumulari et super tumulum
signum crucis nullatenus collocari. Actum est hoc prelium
anno Domini MCCLXVI, sub Clemente IIII. Si loqui
et ⟨hystoriam[b] Veteris Testamenti⟩ revolvere liceat, *Ab-* 2 *Reg* 18, 17. 18
solon occisum *in grandem foveam proiecerunt et acervum*
grandem[c] *super eum lapidum comportaverunt,* ut tamquam
facinorosus morte duplici interiret, nec permittebatur,
ut in vallem regiam deferretur, ubi *sibi vivus*[d] *titulum*
erexerat, sui *nominis monimentum,* cum pater tamen euntibus ad prelium centurionibus indiceret· *Servate michi* *ib* 18, 5, *cf* 1
puerum Absolon, sicut[e] Regum hystoria protestatur.
Porro Methfredus duas filias habuit, una nupta fuit
Arrogonum regi Petro, altera florens virgo a Karolo ad
quoddam castrum captiva ducitur, ne, tradita marito, in
posterum per eam angariam sustineret[2]

De[f] introitu Chunradini in Ythaliam, prelio contra Karolum et captivitate eius. Capitulum VII[3]

Anno[g] Domini MCCLXVI. senatus[a] autem Romanus, *Ottac* 2743-3101.
dum fortunam favere Karolo cerneret et, quod in Siculos

a) nota in notula postrema *in marg* b) *uncis inclusa deleta* c) magnum *Vulg* d) cum adhuc viveret *Vulg* e) sicut — protest *in marg.* f) *inscr cap. in marg c* g) A D MCCLXVI *in marg*

1) *Conradi IV regis mortem dicere videtur.* 2) *Cf Ottac* v 397—399. 931—974 3) *Capitis sexti numerus deest*

Ottac cottidie atrocius deseviret, Chunradino mandat, cur ad reprimendam demenciam Karoli torpeat et opulentissimum Sicilie regnum, hereditario iure sibi competens, non requirat populisque sibi devotis atque civitatibus non succurrat. Chunradinus matris sue atque avunculi Lůdewici consilio pariter et auxilio perfulcitus[a] nobilem armaturam contrahit, larga donativa tribuit et inter alios Fridericum iuvenem marchionem Padensem, Gerdrudis premisse filium[1], cum aliis pluribus Swevice ac Bawarice nacionis nobilibus sibi sociat et constringit; perrexitque secum Lůdewicus
1267 palatinus. Iterque facientes per vallem Tridentinam Veronam perveniunt, ubi gloriose suscepti campestria, que inter Veronam et Mantuam[2] se offerebant viantibus, apprehendunt In quo loco baiulus novi nuncii ab amicis transmissus palatino nunciavit papam electoribus precepisse, ut ad electionem regis procedere non obmittant et sub anathemate nullum de sanguine eligant Friderici, qui de ea radice pullulaverit, strictissime demandavit[3], omnesque, qui Chunradino[b] faverent, esse excommunicacionis perpetue vinculis irretitos, fautores Karoli, quem iam dudum regem Sicilie declaravit, ecclesie filios benedictos et sancte sedis gracia specialiter prosequendos. Palatinus clam assumpto Chunradino, ne ius electionis perderet, sibi magis expedire, ut redeat, asserebat et confortans eum ad viam inceptam fideliter animavit, Chunradinus vero commissa sibi matre, Friderico marchione Padense, si eum decedere contingeret, et aliis in Alemannia causis, sibi prout cerneret profuturis, valefacientes mutuo per oscula, lacrimas et am-
1268 plexus, hic in Theutoniam revertitur, alter in Thusciam salvus venit. Ubi senatum Romanum* et Gerardum[4] comitem Pisanorum cum civitatibus imperialibus obvios habuit, et infinitus populus occurrebat et in eius se servicium offerebat, statimque contra Karolum exercitum componebat et prelium indicebat, nec ille segnior cum Francigenis ac aliis coadiutoribus obviam veniebat, et preordinatis ex utraque parte signiferis commiserunt, Theutonici Provincialium sanguinem sicientes maximam ex eis multitudinem

Mart Imp *) *Ioh. in marg post add* · Senator Romanus tunc fuit Heinricus frater regis Castelle

a) *sic c* b) Chunradinum *c*

1) *Cf. supra p* 150, *l* 12 2) *Ottac v* 2863 datz Berne ûf der heide. 3) *Cf ibid v* 2966—69 12086—97. 4) *Huius Ottacarus semel meminit v.* 3452

prostraverunt, ita ut Karolus suos mactari more pecudum *Ottac. 1268* videns fuga celeri cum mille p o c i o r i b u s laberetur, gloriosaque victoria Chunradino cum immensis laudibus clamaretur. Chunradino post laborem prelii quieti dante operam, paucis secum existentibus et iam exarmatis, aliis ad spolia dispersis, Karolus resumptis viribus impetuose victores aggreditur, clamor maximus attollitur, ad arma concurritur, omnium ad pugnam *adhortancium vox auditur, **f. 5* et revera, sicut dicit Vegecius[1], *in rebus bellicis celeritas amplius solet prodesse quam virtus*. Tardantibus qui ad spolia exierant, pugna conseritur, ex omni parte viriliter decertatur. Cornu dextrum Chunradini impellitur, vexillatores[a] cum aliis aliquantulum respirantes iterum partem adversariam debilitant et deterrent; demum maxima strage facta Chunradinus cum Friderico[b] marchione, senatore Romano, comite Pisano et undecim p r e p o t e n t i b u s[2] subpressis gladiis, detectis capitibus[c], remotis galeis se dedere, quos Karolus iussit perduci in Neapolim vinculatos ⟨Actum[d] est hoc prelium anno Domini MCCLXVI. in partibus Tuscie inter Arecium atque Fanum⟩. O si eximii pugnatoris Machabei scissent que protulit ad suos contra Gorgiam pugnaturos: *Non concupiscatis*, inquit, *1 Mach. 4, 17. 18.* *spolia, quia bellum contra nos est et Gorgias et exercitus eius in monte prope nos, sed state contra inimicos vestros*[e] *et expugnate eos, et post hec*[f] *sumetis spolia*. et sicut Oracius[3] dicit

Perdidit arma, locum virtutis deseruit, qui
Semper in augenda festinat et obruitur re.

De[g] i n t e r e m p c i o n e s u a e t s o c i o r u m e i u s.
C a p i t u l u m VIII.

Anno Domini MCCLXVI, exacto prelio supradicto, *Ottac. 3406-57* principibusque cum aliis pugne illius complicibus apud Neapolim in captivitate Karoli morantibus papa[4] de successibus Karoli gratulans precipit eos arcius custodiri et tamquam invasores aliene hereditatis iuxta legum civilium sentenciam iudicari. Quo mortuo successor eius eadem invidia

a) vexillacōnes *c.* b) Frid. march. *in marg. add.* c) *pro deleto* galeis *c.* d) Actum — Fanum *delet c.* e) nostros *Vulg.* f) postea *Vulg.* g) *praecedit alia inscriptio deleta:* De nece eius sociorumque suorum et consequencia vindicte. Capitulum quartum.

1) *III*, 31. 2) *Cf. Ottac. v.* 3432—34. 3) *Epist. I*, 16, 67 *sq.* 4) *Clemens IV.*

1268 tabescebat et mortem eorum magis quam vitam litteris et
Ottac. 3479-3501 nunciis persuadebat. Comes autem Flandrie, qui filiam Karoli habuit et huic bello interfuit, nullatenus iuvenes tam alti germinis perdendos, sed conservandos ad reconciliacionem amicabilem diffinivit et medio quodam comperto, per quod
ib. 3112-79. hoc fieri posset, abiit et abscessit, videlicet [1] ut Chunradinus filiam Karoli, Fridericus marchio sororis sue filiam duceret, et sic quassacio hec cessaret. In qua spe positi solaciis vacabant ac in ludo alee et scacarum tempus ocii deducebant
Ps 68, 28 Rex autem Bohemorum Otakarus *iniquitatem super iniquitatem apposuit* et glorie sue tetram maculam insculpsit, sub tegimine doli scripta dirigens, quo captivos illos nullatenus
Sap 17, 10. vivere expediat, demandavit *Semper enim*, sicut scribitur in libro Sapiencie, *presumit seva turbata*[a] *consciencia*. Chunradinum quidem, quia de Romanorum regum et imperatorum et magnorum ducum germine claro iam de novo processerat, Fridericum marchionem, quia de radice ducum Australium quasi de massa nobili[b] delibacio [2] profluxerat, metuebat. Karolus autem *, quid ageret, sedis apostolice et amicorum auribus et, quomodo cor eius in hiis nutaret, apperuit[c] et inter dubios motus cordis
ib. 3176-3477 consilium vanum et pessimum mutans preconis voce valenter fecerat proclamari hostes et invasores, qui se ius in suo regno habere iactaverant[d], die statuto ad subplicium pertrahendos, omnesque precipit interesse, ne quempiam huius rei heredem hiis necatis estiment superesse Rebus igitur suis ad salutem anime pertinentibus per confessionem et remediorum procuracionem et bonorum suorum testamentum dispositis, substratis purpura et scarleto [3] a quodam cive, in quibus exciperetur sanguis procerum, producuntur. Et marchio quidem cervicem prius extendit, cui celeri vibracione sicarius caput precidit, quod Chunradinus acceptum lacrimabiliter deosculatur et sui dulcis college pro sola fide sic perditi interitum lamentatur Caput autem dum hinc inde rotaretur,
Luc. 1, 28 auditum est salutacionem angelicam, scilicet *Ave Maria*, pluribus audientibus resonare. In quo quid corde gesserit,

*) *In marg. add.* Anno Domini M°CC°LXVIII°.

a) turu *bis scriptum c.*, perturbata *Vulg.* b) nob. *in marg.* c) *sic c.* d) iactavaverant *c.*

1) *Ioh. transposuit et suo arbitrio coniunxit quae Ottacarus narrat O. H.-E.* 2) *Cf. Rom.* 11, 16 Quod si delibatio sancta est, et massa 3) *Ottac. v.* 3330: ein schailach gestreut lac

[1268.] satis claret, quantum Chunradinus fleverit eiusque innocenciam diei iudicii summo iudici commendaverit, quis narrabit? *Ipse vero coram omnibus cyrotheca in aera [*f 5'] proiecta omne ius regni se contingens[a] Petro[b] regi Arrogonie, Friderico et Petro filiis[1], consanguineis suis, testamentaliter tradidit et legavit. Sicque collum prebens [Ottac] pro paterna hereditate se mori lacrimabiliter proclamavit. Comes Pisanus senatorque Romanus[2], cum vindictam divinam ei imprecarentur, cum nobili viro de Hûrnaim et aliis magne nacionis viris pena sunt simili trucidati. Comes [ib 3478-3537] autem Flandrie concitus in Apuliam, ut a tanto piaculo socerum averteret, properavit, sed dum audivit factum perpetratum, cum lacrimis ad propria rediebat[c] et verba Priami ad Achillem[3] Karolo dicere videbatur:

Hectoris interitu vicisti Dardana regna,
Vicisti Priamum — sortis reminiscere, victor,
*Humane, variosque ducum tu respice casus**

Fama hec velociter Ythaliam ac Theutoniam vulneravit matrumque precipue pectora doloris gladio medullitus sauciavit. Quarum dicere poterat singula *Quis* [2. Reg. 18, 33.] *michi det*[d], *ut moriar pro te, fili mi; sicut mater unicum amat* [ib 1, 26] *filium, ita te diligebam,* sicut enim Davit Absolon[4] filium suum luxit [Ottac 3572-3619.] Summus pontifex Iohannes XXI.[e] transferens se Biterbium nutu Dei percussus est et miserabiliter ex- [cf Mart Pont] spiravit; nam in palacio, quod gloriosum ibi pro se construxerat iuxta fratrum Minorum monasterium, audita est quasi tonitrualis turba et nubium concussio per duas vices terribiliter super ipsum in lectulo quiescentem. Tercia

*) *In marg add., sed delet* · O si liceat exclamacionem facere Tullianam de casu mortis horum iuvenum occisorum, que pro exemplo[5] posita est de excidio forcium Troyanorum

O Asye flos, Troya potens, o gloria, que nunc
In cineres collapsa iaces, ubi regia proles

a) *seq delet* filius regis b) Petro regi *in marg super* c) *sic c* d) tribuat *Vulg* e) XXI. *ex* XX *corr*

1) *Cf supra p* 99, *n* 2 *et p* 137 2) *Eius hic recte mentionem non facit Ottacarus, cum Heinricus non affuerit* 3) *Ilias Latina v* 1040—1042. 4) *Sed* 2 *Reg* 1, 26 *David ver Ionathan amicum plangit* 5) *Apud Marbodum de orn. verb (H Meyer, Anth vet. Lat epigr. et poem I, Lips.* 1835, *nr* 640, *p* 218) *'Hi versus exemplum exclamationis sunt in carmine de ornamentis verborum Marbodi', ut Heinricus Meyer dicit Cf. Hildeb et Marbod ed Beaugendre col* 1589

Ottac. vice percussione facta palacium corruit, et pontifex mortuus *Mach* 7,25 est inventus. O si cogitasset, quod Alchimus olim, qui pessimis criminacionibus Machabeum frequenter et suos ad regem detulit, usum lingue amiserat et in fine, nil *ib* 9,55 *de domo sua* disponens, enormiter est defunctus. Similiter Trifon, qui dolose Ionathan et Antiochum iuniorem peremerat, a regno fugatus in Apamia, ut scribit Iosephus[1], est occisus.

Karolus afflantibus sibi prosperis ventis de die in diem regnum Sicilie molestavit, quousque sibi in eo circametans[a] per spolia et latrocinia non modicam porciunculam comparavit*.

De vindicta mortis sue per regem et reginam Arrogonie et filios eorum. Capitulum IX.

Ottac. 3686-5191. Anno[b] Domini MCCLXXXIII, sub Martino papa IIII°, regina autem Arrogonie pro re, que acciderat, nimium contristata, apertis tamen thesauris suis Petrum regem maritum excitat, ut Karolo bellum indicat, donativa larga tribuat, iure prelii constanter Sicilie regnum, pro quo pater eius Methfredus et Chunradinus consanguineus occubuerunt, intrepidus reacquirat, nam singuli pociores regni ad eam nuncios direxerunt et, ut filiorum unum vel ambos dirigat, regnumque super eos suscipiant, instantissime petiverunt. Rex autem Petrus domesticos et conducticios[2] colligens milites Karolum et regem Francie gravibus et dampnosis offensionibus crebrius lacessivit, quousque Karolum ad monomachyam singularis certaminis expetivit, que in** planicie Burdegalensi[3] extitit, utrolibet est condicta, ita ut sine fraude uterque ad fortune experienciam cum[c] centum militibus sub pactis strictissimis convenirent; preses autem Burdegalensis partes alloquens in Karolo dolum repperit, quia[d] rex Francie cum ducentis militibus latenter ibi

*) *Seq. in marg. delet.*: hic insere de duce Bernardo, *cf. supra titulum cap. V.*

ib. 3925-28 **) in pl. Burd. *Ioh. scripsit pro deletis*: in insula quadam, que regis Anglie

a) *sic c.* b) Anno — IIII° *in marg.* c) cum — strictiss. *in marg.* d) quia — fuit *inter lineas et in marg. post inserta.*

1) *Antiq. XIII, 9—11.* 2) *Ottac. v.* 3751: beide mâge unde man. 3) *Cf. Cont. Rom., SS. XXII, p.* 479, *l.* 9.

fuit, quem Petro regi protinus indicavit. Qui iuxta
Ovidium[1], qui dicit:
Iudice me fraus est concessa repellere fraudem,
Armaque contra[a] *armatos sumere iura sinunt,*
caute se gessit, et dum invadendum se fraudolenter intelligit, Ottac.
exiliens de loco custodie Karolum cum suis alacriter, prostratis ex eis plurimis, effugavit. Insuper de rege Francie,
dum in Karoli venisset adiutorium, navali consercione magnifice triumphavit[2]; rebus autem gloriose gestis regineque
uxori sue et filiis necdum decisum prelium exequendum
usque in finem fiducialiter delegavit, [ipse[b] vero per[c] [viam]
mortis ex hoc seculo fluctuoso ad[d] obitum transiit
placidum et quietum, vite celice post . . .[e]]. Filii
autem Petrus et Fridericus Siciliam, Apuliam, Calabriam per
maria et per campestria totis viribus afflixerunt, mater eciam
adunatis viris nauticis et gnaris maris Karolum Karoli filium
navali apparatu bello pulsat, *feminee cogitacioni animum in-* 2 Mach. 7,21.
serens masculum[f], et impellentibus undis et sulcantibus
remis galeras[g] agentibus nunc iunguntur, nunc in ictu
oculi disiunguntur, atque iterum concursu volatili se
iaculis sauciant et instrumentis navalibus ac bellicis se
lacerant et inuncant, quousque victa galera[h] Karoli multis- Ottac.
que submersis Francigenis Karolus cum valde nobilibus
Francis victus et vinctus perducitur *ad reginam, que supra *f. 6.
quam credi potest exhilarata vinctum suum ante castrum,
ubi soror eius servabatur, pervexit castrumque cum sorore
comminacione capitis Karoli recepit Karolumque cum concaptivis in Arrogoniam transportavit. Anno[i] Domini
MCCLXXXVIII. XXII galeas habuerunt Siculi et Hy-
spani de parte regni Arrogonie[3]. Pater autem Karoli vulnera cordis sui[k] summo pontifici patefaciens pro erepcione
filii singultibus et fletibus supplicavit, qui regnum Arrogonie
duplici contendendum censuit armatura[2], scilicet per sedem
excommunicacionis eterne gladio feriendum[l] et per Karolum
militaribus armis prosternendum[m]. Quod licet Karolo displiceret, et viam erepcionis filii non videret, misit ad reginam,
si aliquo filius esset precio redimendus, cum diligencia perquirendo. Regina autem *per thronum suum iuravit*, nisi Judith 1,12.

a) in Ov. b) *uncis inclusa in marg.* c) per *bis scr.* d) ad *vel* ac c. e) *reliqua abscisa.* f) masculinum *Vulg.* g) gale'as c. h) gal'er c. i) Anno — Arrogonie *in marg.* k) suo c. l) feriendam c. m) prosternendam c.

1) *Ars am. III,* 491 sq. 2) *Ioh. turbavit et hoc loco pluries narrationis ordinem Ottacari.* 3) *Cf. Cont. Rom., l. c. p.* 480, *l.* 6—9.

[*Ottac.*] mediantibus bulla papali et aliorum ad hoc sufficiencium[a] Sicilia, Apulia, Kalabria cum ablatis et dampnis illatis resarciatur, sicut patrem suum karissimum et consanguineum iuvenem florentissimum indebite mortis supplicio cruciatos, sic Karoli filium cum omnibus concaptivis pena simili absorbendos*. Sedes autem Siciliam reddere nolens, sed, ut cum exercitu vadat, Karolum instruit atque iubet, muliebremque vesaniam ac contumaciam arceat et impugnet, quo audito regina Karolum cum XLV^que[1] nobilissimis Francorum, consanguineis et amicis suis, fecit in publico decollari, alios pro infinita pecunia tradidit redimendos, quo se et regnum in futurum prelium communivit. Karolus videns, quod [*1 Mach. 6, 8*] *non est factum sicut cogitaverat*, alter Anthyochus, *pre tristicia incidit in languorem* et per consequens mox in mortem**. Hic Karolus reliquit nepotem Karolum, filii sui filium, quem sedes apostolica in suam susceperat clientulam educandum. Filii regis Arrogonie Sicilie regnum optentum usque hodie feliciter possident, se tamen ad resistenciam suis hostibus cottidianis cautelis et munimentorum repugnaculis preparant[2]. [*2 Reg. 20, 16*] Hec regina sicut *mulier sapiens* preciso capite [*ib. 21 sq.*] *Sebe filii Bochri*, qui *manum contra regem David levavit*, Abelam urbem ab excidio liberavit, hec Iudith altera caput Holofernis abstulit, Bethuliam salvavit et de terra Assirios effugavit[3]. Hec eciam sicut Thamaris regina Amozonum[b] [4], cuius filium occidit Cyrus potentissimus rex Persarum, eundem postea captum decollavit, dicens: [*Otto II, 14*] 'Sacia te sanguine, quem sitisti', in utrem plenum sanguine capite suo misso. Hec revera versibus innixa est Nasonis[5], quos videtur ad conformitatem huius materie contexisse.

Cum tibi sint fratres, fratres ulciscere lesos,
Cumque pater tibi sit, iura tuere patris.

*) *In marg. add.* Filius Karoli fuit princeps Salernitanus — Anno Domini CC^oLIX^o hic insere de captivitate Ulrici episcopi.

**) *In marg. add.* Hic Karolus — educandum *(ut supra in textu l. 15. 16)*. Anno Domini MCCLX. hic insere de prelio Ottakari et Bele.

a) *verbum quoddam, ut suspensione exclusisse videtur O. H.-E.* b) *sic c.*

1) *Ottac. v.* 5110: vier und vierzic. 2) *Cf. Ottac. v.* 3646—3649. 3) *Iudith c.* 13—15. 4) *Haec ex Ottonis Fris. Chron. II, 14, qui reginam Scythiae eam fuisse tradit, Ioh. locum eius I, 23. in mente habuisse videtur, ubi Amazones in vicinia Scythiae versari dicuntur.* 5) *Ars am. I,* 195 *sqq.*

Induit arma tibi genitor, patrieque tuusque
Hostis ab invito regna parente rapit.
Tu pia tela feres[a], *sceleratas ille sagittas,*
Stabit pro signis iusque piumque tuis

De nimia crudelitate Otakari[b] et sevicia in suos et de generali penitencia. Capitulum X[c].

Anno Domini MCCLXI [1] Ottakarus, cum a sede apo- [Ottac. 9196-9380] stolica sepius inter se et Margaretam fieri divorcium quesivisset propter labem sterilitatis et nullatenus, utpote contra iusticiam, optinere potuisset, proprie voluntatis auspicio nobilissimam reginam repudiavit et deputatis necessariis pro sustentaculo in Chrimsam locatam in brevi toxico, sicut dicitur, interimi procuravit. Duxit autem filiam regis Macedonie[d], filiam filie Bele regis, et nupcie in Praga cum coronacione utriusque per episcopum Maguntinum apparatu copioso, festivis gaudiis celebrantur. Gerdrudim marchionissam a Styria ad metas Ungariam contingentes sequestravit ac[e] [ib 6515-6681] in villam que Fûstricz dicitur stipe modica pro necessitate corporis ordinata, deinde non longe post afflictam satis et conturbatam in Misnam ad Constanciam materteram[2] compulit declinare, ubi in quodam monasterio sanctimonialium vivens usque ad obitum Domino devotum exhibuit famulatum, pro tribulacionibus et angustiis suis gracias agens Deo Seminarium huius indignacionis Ottakari contra eam [ib 6705-6720] fuit, quia de filio regis Ruthenorum filiam habuit, quam filio Stephani ducis Zagrabie copulavit et in tanta propinquitate se Ungaris adunavit.

Hoc[f] anno soldanus Babilonie habuit Templarios, [ib 9394-9410] Hospitalarios et de domo Theutonica Cruciferos contra regem[3] Tartarorum fortissimos adiutores, quorum actus et fidem remunerare volens tradidit eis sepulchrum Domini et custodiendum perpetuo commendavit Ulricus eciam archiepi- [ib 8277 sqq] scopus pro debito curie papalis ad sedem se transtulit[g]

et contra Heinricum ducem Bawarie, qui ecclesia[g] . . . [ib 8370 sqq]

a) ferias O1 b) *seq post add , sed delet* in suos, captivitate Styriensium c) *antea scripsit Ioh , sed delerit* De cr Ot nimia, et quomodo Karinthiam et Carniolam optinuerit, capitulum quintum d) Matschowe, *i e* Masovie, *Ottac* v 9274 *cf supra p* 158, *n* a e) ac — dicitur *in marg* f) Hoc — ecclesia *(l 31) in marg* g) *reliqua desecta in c*

1) *Hunc annum dicit Ottac* v 9369 2) *Cf supra p* 148, *l* 27 *sq et p* 152, *l* 19 3) *De Tartaris solum, non de rege eorum, Ottac agit*

*f. 6'. Ottac. 9347-65

*Anno Domini MCCLXVII. pestilencia et fames, *exustiones civitatum et villarum per Austriam surrexerunt, ita ut innumerus populus cum pecore[a] pene omni in terris peste miserabiliter morerentur, que Deum vulgaris plebs affirmavit propter illicitas regis nupcias induxisse. (ib. 9420-77) Fuit eciam in his diebus tantus in Sicilia terremotus, ut una civitas penitus interiret, et ob hoc surrexit in partibus Lombardie penitencia generalis et transiit per Karinthiam, Styriam et Austriam. Viri enim et marite mulieres seorsum se nudaverunt et mirabiliter flagellaverunt cum cantu quodam penitencialiter ad ecclesiam procedentes, et permansit a purificacione usque ad Kalendas Apriles[1], usque dum repertum est indecens aliquid ibi fieri, et sic in posterum illius devocionis levitas est suppressa.

ib. 8450-8516

Anno Domini MCCLXVIII.[b] Ulricus archiepiscopus propter rerum humanarum intollerabiles curas pastoralem baculum ad manus summi pontificis resignavit, (ib. 8655-8854) et Wlodizlaus, vir nobilis, frater ducis[2] Polonie, est electus, qui dum accepta confirmacione rediret, res valde prudenter inciavit; et dum in terra nativitatis pergeret, ut ibi bona patrimonialia susciperet et ecclesie addiceret, a proximis sui sanguinis, qui se exheredandos dicebant, veneno clamdestine est extinctus.

De[c] captivitate nobilium Styriensium et prelio Ottakari et Stephani regis Ungarie. Capitulum XI.

ib. 9591-9776

Anno Domini MCCLXVIII[o] [d] rex Otakarus contra Lituanos pugnaturus miliciam maximam collegit, Australibus Pergowarium ad marschatum[e], Styriensibus ad idem officium Lichtenstainarium ordinavit, et veniens Poloniam crucem a Brunone episcopo Olmuczense cum pluribus suscepit, ubi in territorio Vreczeslavie[f] idem presul apostolica auctoritate et commissione corpus beate Hedwigis, nobilissime principis et sanctissime in monasterio Trebenicz quiescentis, presente

*) *Seq. in marg.:* Nota hic de interfectione Missowarii et fratris Myloti.

a) pecorum *c.* b) *corr. ex* MCCLXVII, *cf. Ottac. v.* 8819. c) *inscriptio cap. in marg.* d) A. D. MCCLXVIII[o] *in marg.*, *antea Ioh. scripserat* Eodem anno. e) *sic c.* f) *corr. ex* Vrezzeclavie.

1) *Ottac. v.* 9466 *sqq.*: umb die liehtmes daz geschach unde wert alsô darnâch gar ganze aht wochen. 2) *Heinrici V. ducis Wratislaviae.*

rege cum maximo tripudio elevavit et vite sue sanctitatem et merita, miracula quoque, quibus claruit, ad laudis divine preconium publicavit. Rex autem Pruziam veniens, quia lacus et paludes congelacione constricte non fuerant, ut se posset committere glaciebus, post[a] laborem gravissimum et expensas rediit et in civitate Pragensi cum solacio suo mansit aliosque comites vie sue hinc inde contractos ire ad propria condonavit. Anno Domini MCCLXIX[b] nobiliores Styrie et pociores quasi ad deductionis gaudium pro submovendo fastidio ad se vocat. Fuerunt autem nominatim accersiti, qui et parebant regis iussionibus et mandatis, Bernardus, Heinricus comites de Phanberch, de Petovia, de Wildonia, de Lichtenstain, de Stubenberch, cordati et magnanimitate atque constancia viri fortes, quibus venientibus et iocunde salutacionis gracia susceptis in quoddam cubiculum introduci precipit universos, contra quos instaurat falsidicum quendam[1], eum alloquens tali modo. 'Dic michi in horum presencia, ne metuas, que michi pridem in eorum absencia retulisti'. 'O rex', ait, 'hii omnes me consultum habuerunt, qualiter terram Styriensium ad alium deflecterent principem, meum consilium et assensum super hoc intrepide postulantes'. Omnibus stupentibus et trepidantibus Heinricus[2] comes pro defensione et purgacione omnium se optulit ad pugillatum certaminis singularis cum maledico[c] supradicto. Singulis se de hoc sibi nil constare dicentibus et affirmantibus viri innocentes per castra Bohemica in manicis ferreis[3] sequestrantur, castra eorum quedam usque ad solum, sicut hodie cernitur[4], destruuntur, quedam consistere permittuntur. Et sic in exilio per XLVI[5] ebdomadarum spacium captivi et desolati immaniter atteruntur.

Ottac. — ib. 9777-10028

Hoc anno Bela rex Ungarie senior moritur filieque sue regine Macedonie, socrui Otakari, preciosissima iocalia ad coronam regni spectancia Stephano filio inscio tradidit conservanda, que eadem mox Otakaro per secretos nuncios destinavit. Quod dum Stephanus experiretur, subducta ami-

ib. 10215-328.

a) post — expensas *in marg.* b) *numerus anni ex Ottac. v.* 10217. c) meledico c.

1) *Ottacarus Fridericum de Petovia falsidicum perhibet, cuius nomen Ioh. consulto omisit.* 2) *Herrandum de Wildonia et Ulricum de Lichtenstein certamen singulare postulasse narrat Ottac. v.* 9871 *sqq.* *O. H.-E.* 3) *Ottac. v.* 9916: versmit unde gebunden *Fridericum de Petovia abductum esse dicit.* 4) *Patet Iohannem castrorum rudera suis oculis vidisse, cum haec addiderit.* 5) sehs und zweinzic wochen *Ottac. v.* 10028, *sed cod.* 1 sehs und virczig.

Ottac. cabiliter reposcebat, ille vero tam crudeliter respondebat et negacione simpliciter facta prelio suum defendere mendacium disponebat. Ad idem Stephanus non remissius se gerebat. Iste Ungarorum, Cumanorum et plurium aliorum, iste Bohemorum, Polonorum, Australium, Styriensium infinitas multitudines colligebat, et mutuos sibi aspectus exhibentes, Otakarus ait suis omnibus, tam liberis quam captivis, productis et ad belli imminenciam preparatis: 'O viri tam industria preliorum quam fortitudine animorum et titulo actuum semper eximiorum in omnibus approbati, hodie gloriam vestri nominis decoretis et pro nulla offensa vel rancoris conceptu puritatem pectoris maculetis et vos vestrosque filios a me donandos felicibus premiis atque filiorum filios sencietis, vires vestras extendite[1], offensiones passas dimittite, fideles, sicut estis
*f. 7. et semper extitistis, *hodie vos prebete'. Ad quod comes Heinricus[2] 'O rex', inquit, 'si vis tibi nos esse sicut asseris, dignare nos a captivitatis tue tenaculis absolvere, ablata reddere, gaudium nostris uxoribus et pueris concede nobis dono tue munificencie nunciare et videbis nos pro te et tuo honore viriliter decertare'. Rex omnia
ib. 10830-432. liberaliter concessit et annuit, et dum ad prelium est deventum, per duos annos disturbium est treugatum et ad pacem medii temporis compactatum et ad arbitrium quatuor magnorum utriusque partis in huius temporis intersticio plenarie ad amiciciam plenariam conducendum. Quod[3] rex Stephanus malo fretus consilio interrupit et partes Otakari introivit et dampnis maximis coattrivit. Otakarus iterum obvians eidem cum copiis compulit redire et insequens eum terram Ungaricam penitus devastasset, si socrus eius, soror scilicet Stephani[4], non fuisset, que se interponens ad concordiam ambos traxit, pacem[a] et amiciciam illorum numquam in

a) pacem — illorum *inter lineas add.*

1) *Cf. sermonem, quem Ottac. v.* 11013 *sqq. in postero bello regem ad nobiles Stirienses habuisse refert. O. H.-E.* 2) *Ottac. v.* 10035 *sqq. nobiles Stirienses iam ante bellum inter Bohemos et Ungaros exortum liberatos esse narrat, qui Heinricum de Pfannberg longe alia pro captivis locutum esse tradit. Similia vero eundem ad regem dixisse in postero bello contra Ungaros gesto Ottac. v.* 10099—11011 *narrat. O. H.-E.* 3) *Sequentia Ioh. commentus est, nescio an male interpretatus Ottacari v.* 10446 *sqq.* (unz daz im wart kunt getân, ez wær der kunic Stephan gevaren uber das Wâc niht lenger er dô stille lac). *Econtra bellum Ungaricum ab Ottac. v.* 10701—11546 *narratum Ioh. omisit, ex cuius narratione iam supra (n. 1 et 2) quaedam in suum usum convertit. O. H.-E.* 4) *Hac mediante alium pacem factam esse Ioh. etiam supra rec. D, p.* 138 *dixit. O. H.-E.*

posterum conturbandam. Ulricus de Lichtenstain regebat in hoc procinctu secundario officium marscalcatus[1]. Styrienses[a] eciam cum regis assensu et gracia ad propria sunt regressi. *Ottac. 10539 sq.*

De[b] morte ducis Karinthie et quibusdam gestis eius, et quomodo Ottakarus terras suas et Portum-Naonis pervaserit. Capitulum XII*.

Hoc anno moritur Gregorius patriarcha, et misit Otakarus Ulricum ducem Karinthie ad capitulum Aquilegiense, ut Philippum, regis consanguineum, ducis germanum, reciperent, quia rex racione castri Portus-Naonis ab ecclesia vasalla[tum[c]] habuit horum districtuum, et dux Karinthie sue provincie et districtus vicinatum. Sed nec precamina profuerunt, quia statim Raymundum Mediolanensem de Turri elegerunt, Ulricus autem in via infirmatus in Civitate Austria[2] moritur et ibidem in ecclesia beate virginis sepelitur. Hic Ottonis ducis Meranie filiam, sororem Heinrici marchionis Ystrie atque Pertholdi patriarche, Agnetem habuit in coniugio, que in monasterio Siticensi in Carniola tumulatur. Unum filium habuit, qui in Lavendino[d] monasterio[3] cum Iuta ava sua, ducissa Karinthie, requiescit, et filiam unicam, que in Victoriensi monasterio in Karinthia est tumbata. Post[e] obitum huius consortis duxit Agnetem filiam Gerdrudis marchionisse, sororem Friderici marchionis, qui cum Chunradino occubuit, que ipso defuncto Ůlricum comitem de Hewnenburch duxit[4] et filios ac filias progenuit, ex quarum una comes Ůlricus de Phanberch, marschalcus Austrie, ex *ib. 10127. 64.*

*) *In marg. altera inscr.:* Quomodo Karinthiam, Carniolam ac Portum-Naonis habuerit.

a) *Sty — regressi in marg.* b) *inscr. cap. in marg.* c) *abscisas 2 vel 3 litteras supplevi.* d) *Iavit c.* e) Post — pullulavit *(p. 174, l. 2) in marg.*

1) *In expeditione Ottocari regis in Carniolam contra Philippum olim archiepiscopum Salisburgensem facta, infra p.* 174 *narrata, dicit Ottac. O. H.-E.* 2) *Secundum Ottacarum Ulricus Aquilegiae obiit, Ioh. mire eum corrigit, cf. Fournier in 'Zeitschrift f. österreich. Gymnas.'* 1873 *p.* 721. 3) *S. Pauli. Filius Heinrici nomen habuit, et in diplomatibus mentio eius fit, filiae solus meminit Ioh. Vict., ex quo Anon. Leob. et Thomas Ebendorfer notitiam eius habent, cf. Trudb. Neugart, Historia monasterii O. S. B. ad S. Paulum in valle inf. Carinth. Lavantina (Klagenfurt* 1848*).* 4) *Cf. Ottac. v.* 2656 — 71. 2818 *sqq., supra p.* 99. 138.

altera Fridericus Libertinus et to[ta][a] illa progenies pullulavit*[1].

Ottac. 10170-214 Otakarus autem et Ulricus pactum habuerunt, ut, quicumque ex eis absque herede decederet, alter terras alterius possideret. Et misit prepositum Brunnensem, u n u m e x o f f i c i a l i b u s s u i s, qui Carinthiam posceret suo nomine, et nil obtinere potuit in terra nisi tantummodo duo castra[2]. *ib. 10454-500* Philippus autem faventibus sibi utriusque terre[3] populis omnes municiones et castra terre cum castris patriarchalibus[4] accepit, pacta fratris cum Otakaro parvi pendens et satis angarians missum Otakari, compulit eum fedus amicicie et concordie secum inire et simul rei exitum expectare. Anno autem MCCLXX, quo Fridericus prepositus Salzbur- *ib. 10537-670* gensis in episcopum est electus, Ottakarus Carinthiam et Carniolam introivit cum exercitu copioso et indignatus contra prepositum missum suum et Philippum, primus ingressus eius fuit in Carniolam, et Laybacum obsidens eos qui Philippo adheserant severe satis et immisericorditer [af]fligebat[a] et adhibitis instrumentis velociter civitatem et castrum cepit. Alia municipia[5] subito se dedere eius potenciam contuentes[b], et concors factus cum Philippo sibi in Carinthia[6] et Austria redditus deputavit, moxque omnia sua iura in his terris regis manibus resignavit. Cuius sepultura in civitate Austrie que Chrimsa[7] dicitur usque hodie in fratrum Predicatorum ecclesia demonstratur. Veniens Karinthiam, auditis pactis[8] habitis cum Ulrico duce, laudabiliter suscipitur et princeps et terre dominus proclamatur, et transiens canales[9], For[um][a]-Iulium lustrans Bohemos in miraculum traxit et stuporem, qui videntes eminenciam moncium arbitrati sunt se Romanos limites attigisse.

*) *Huc pertinere videtur in marg. scriptum* Ulricus dux construxit Vrewnicz[10].

a) *abscisa supplevi.* b) *sic c.*

1) *Cf. supra rec. C 3 D, p. 99, 137 sq.* 2) *Ottac. v. 10211 sqq.* ouch widertuon im daz heil, daz man den brobst von sînen wegen liez zweier guoten burge phlegen. *Aliter Ioh. in rec. C 3 D, supra p. 100, 138 retulit.* 3) *Karinthiae et Carniolae.* 4) *Hoc ex Ottac. v. 10629 sqq.* 5) *Ottac. v. 10585 sqq.*: die guote burc ze Steine, und swie si wâren geheizen . . die kêrten alle an in. 6) *Ioh.* in Car. *in hac recensione perperam addidit, cf. supra p. 100, 139. O. H.-E.* 7) *Ottac. v. 10691. dicit solummodo Philippo iudicium in Krems datum esse.* 8) *Sequentia ab Ottacaro non referuntur, in cuius libro hoc loco post v. 10656 V. Cl. I. Seemuller quaedam omissa esse statuit.* 9) *Cf. supra p. 100, n. 4.* 10) *Mon. Vallis-Iocosae ord. Cist., alias Freudenthal.*

Portus[a] autem Naonis in Foro-Iulii sic ei accessit: cum enim esset iactantis animi, et iam in Bruthenos suus gladius pervenisset, ubi tamen a longe est mare orientalium[b] [1] . . . . et [a[c]] patriarcha in feodo suscepit dominium[d] factusque Aquilegiensis ecclesie vasall[us][e] . . . . . . de Porczilus Naonis-Portum indivisibiliter possidebant et, sicut solet fieri, communiter vivere nequiverunt, sicque a dominis de Castello suam partem pecunia comparavit aliam partem cum Porczilia patruum suorum hereditatem ad[e] . . . ad fines[e] . . . . . Ordinavit autem terras, Albertum de Vræu in Carinthia, pincernam de Hauspach in Carniola, sed non longe postea Ulricum de Dûrrenholcz prefecit Karinthie, Carniole marchie Foroiulii capitaneum generalem [2]. Privilegium[f] [3] Leonis pape bulla aurea consignatum, quod pro confirmacione terre ab antiquo prisci duces habuere, in civitate Sancti Viti actenus conservatum, sibi preceperat exhibere et in Bohemiam secum vexit, vi magis quam iuris amminiculo conservabat, ambicione sua versiculum Oracii [4] sibi applicans, qui dicit: *Ottac*

Non missura cutem, nisi plena cruoris, yrudo.

De reditu eius in Bohemiam. Capitulum XIII.

Anno Domini MCCLXXI Fridericus archiepiscopus a sede reversus apostolica, confirmatus et palliatus, se transtulit in Frisacum. Ad quem accedens Otakarus feoda sua suscepit, presul et sibi ecclesiam committit, et valefaciens presuli per Trahe descensum in Styriam abiit et civitatibus et castellis se hilarem exhibuit, a quibus eciam letantibus omnibus honorabiliter est susceptus; transiens [5] autem castrum Mareberch, Syfridus castri dominus corporali tentus incommodo regi obvius non occurrit Super quo mandat sub statuto precio, ut sibi celerius adducatur, suspicatus malum, *Ottac 11669-980*

a) Portus — orientalium *in infer marg atramento aquoso scripta, partim abscisa* b) *antea* occidentalium *scriptum, sed delet , sequentia abscisa* c) *uncis inclusa suppleri, cum superiora desecta sint* d) *seq* recepit *delet* e) *sequentia abscisa* f) Priv — vexit *(l 18) in infer. marg*

1) *I. e mare Balticum.* 2) *Praenomen Ulrici de Duerrenholz non exhibet Ottacarus, qui eius v* 11885—11908, *sed non potestatis eius, memoriam facit* 3) *Hanc fabulam unde Ioh acceperit, vel qualiter orta sit, dici non potest; Leonis IX. privilegium dicere videtur, quod non exstat De bulla aurea summorum pontificum nondum reperta cf Bresslau, 'Handbuch d Urkundenlehre' I, p* 939 4) *Epist. II,* 3, 476 5) *Scil Ottacarus rex. Sed Ottac non dicit regem hoc castrum transisse.*

Ottac. quod vir mundus ab omni malicia non concepit. Quem Ortholphus miles de Grætz [1] ad mensam convocans capit et vinctum Ůlrico de Dŭrrenholcz transmittit, qui mox eum regi in Bohemiam representat*. Quem cauda equi per plateas tractum crurifragio [2] et suspendio et excerebracione [3], morte horribili, cruciavit. Visa sunt autem lumina clarissima in loco mortis sue a pluribus fide dignis pro iudicio, quod ad regionem lucis ab huius vite tenebris sit translatus [4]. Corpus [a] suum venerabilis consors eius attulit et in monasterio sanctimonialium ordinis beati Dominici [5] sub castro devotissime sepelivit. *Ottac. v. 13337-41 16560 sq 31615-24* Petrum [b] [6] nobilem virum de Missowe, Australis terre incolam et Myloti cuiusdam fratrem, viri magni Bohemice gentis, quem Styriensibus capitaneum prefecerat [7], in turri quadam captos acerrimo incendio crudeliter concremavit, non se exhibens ficum in dulcedine caritatis nec vitem in consciencia iocunde sinceritatis nec olivam in suavitate clemencie et pietatis, sed rannum asperitatis et acerbitatis, a qua flamma et incendium tante progressa est feritatis, exurens [8] et destruens electas cedros Libani [9], viros scilicet tam splendide nativitatis et eximie probitatis, oblitus verbi illius, quod *Prov. 20, 28* dicit Salomon. *Misericordia et veritas custodiunt regem, et roborabitur* [c] *clemencia thronus eius*, et Claudianus [10] dicit:

Sis pius inprimis, nam cum vincamur in omni
Munere, sola deos equat clemencia nobis.

*) *In marg. post add.* *1 Mach. 16, 15 sq* Hic Ortolfus in hoc se ge[ssit] sicut Ptholomeus Symoni Machabeo, quem in suam suscepit tutelam, et instruxit convivia magna armatosque, quos latebris habuit absconditos, eduxit et eum cum filiis turpiter et fraudulenter interfecit.

a) *seq.* corpus *delet.* b) *ad* Petrum — concremavit *Ioh. postea in marg. adscripsit* va — cat. c) roboratur *Vulg.*

1) Ortolf von Windischgretze *Ottac. v.* 11894 *sq.* 2) *Cf. Ottac. v.* 11933 *sq.* 3) *Ibid. v.* 11963 durchsluoc er im daz houbet. 4) *Cf. supra p.* 101. 139. 5) *Ottac. non dicit, quis corpus transtulerit, nec cuius ordinis monasterium fuerit, cf. Krones, 'Mitteil. d. Inst.' XXII, p.* 98. 6) *Immo Ottonem, nomen Ottac. non tradit.* 7) *Cf. Ottac. v.* 10804 *sqq.* 8) *Cf. Ioel* 2, 3: exurens flamma. 9) *Cf. Ierem.* 22, 7: electas cedros; *Iudic.* 9, 15: devoret cedros Libani. 10) *Claudian. IV. cons. Hon. v.* 276 *sq.*

LIBER I. (REC. B)[1].

*Capitula primi libri[a]. *f. 45

Capitula secundi libri[c].

a) secundi *Ioh post add pro deleto* primi b) et — aliis *Ioh delevit, sed rursus add* c) tercii *Ioh. post add. pro deleto* secundi

1) *Recensionis A 2 (de qua cf infra p 203, n 1) variam lectionem, cum eius contextus non multum a B discrepet, adnotavimus, sed cum Staindelius, qui solus nobis eius fragmenta servavit, aliquanta praeterierit, ubicumque loci ex A 2 nobis traditi sint, adscripsimus*

Capitula tercii libri[a]

Capitula quarti libri[d].

a quarti *Ioh post add pro deleto* tercii b) *haec Ioh scripsit pro* De tradicione civitatis Sancti Viti, de obitu ducis Meynhardi, de gestis Adolfi et aliis diversis c) *uncis inclusa a Ioh deleta* d) quinti *Ioh add pro deleto* quarti

De opposicione Australium et Bohemorum contra principes suos [et[a] restitutione Karinthie]. Cap II.

De expulsione Heinrici de regno et firmacione Iohannis filii regis in eo Cap. III.

De preparacione regis in Italiam et curia marchionis de Brandenburch. Cap. IIII

*De coronatione regis in Mediolano, de duce Austrie *f 45'
Leupoldo et destructione Templariorum. Cap. V.

De obsidione Brixie, de duce Iohanne et morte imperatricis. Cap. VI.

De coronacione et prelio imperatoris in Urbe et desponsione Katherine filie Alberti regis Cap VII.

De transitu imperatoris. Cap VIII.

De prelio Ludewici ducis Bawarie cum Australibus et filia regis Arrogonie, [sponsa[a] Friderici] Cap IX.

De preparacione principum ad electionem et aliis diversis Cap. X.

Capitula quinti libri[b].

De electione Friderici et Ludewici et coronacione utriusque. Cap. I.

De disposicione utriusque ad futuras concertaciones. Cap. II.

De expedicionibus Friderici diversis, de reconciliacione Iohannis regis et Heinrici ducis Karinthie[c] [et[a] quibusdam aliis]. Cap. III.

De prelio Ludewici et Friderici Cap. IIII

De gestis post bellum et solucione amborum fratrum a captivitate. Cap. V

De obitu Leupoldi et Heinrici ducum et opposicione Ottonis contra fratres Cap VI.

De introitu Ludewici in Italiam et ibi gestis et reconciliacione ducum cum rege Bohemie. Cap. VII

De obitu Friderici regis, [regine* consortis sue Gutte et ducisse Ottonis aliisque incidentibus]. Cap. VIII.

De reditu Ludewici et reconciliatione eius cum Ottone duce. Cap. IX.

*) *Pro deletis* regine — incidentibus *Ioh scripsit* et aliarum personarum illius domus.

a) *uncis inclusa a Ioh deleta* b) sexti *Ioh. post add pro deleto* quinti c) Kar *Ioh post add.*

Capitula sexti libri[b]

VERSUS DEDICATORII ALBERTO II. DUCI AUSTRIAE DIRECTI[1]

*f. 46'. *Antropos[i] et Clotho, Lachesis tria fata[2] leguntur,
Que licet eterne legis agat stimulus,

a) *uncis inclusa a Ioh deleta* b) septimi *Ioh post add pro deleto* sexti c) Cap I *om c* d) deteriacione *c.* e) Cap II *a Ioh. add.* f) *numeri capitum* III—X *omissi in c* g) *sic corr Ioh pro* Fr. ventil coram Lud h) *uncis inclusa non exhibet B, e D deprompsimus Boehmerum secuti* i) *sic c*

1) *Minus correcte ed Fournier, 'Abt Ioh v V'* p 123 *sqq*
2) *Cf exempli gratia Fulgent Mythol I, 8, ed Helm p* 21, *et Traube, O Roma nobilis p* 302 392

Nobis insinuant, quod tempora concopulantur,
Continuando[a] suum nencia semper opus.
Presens preteritum fugat innectitque futurum
Sic, ut in extremo figat utroque pedem.
Tempus ut unda fluit, cum tempore temporis actus,
Sed pia vita sibi stancia pacta struit.
Hinc scriptis dantur fluitancia gesta priorum,
Ne flos virtutis marceat et pereat.
Nempe sub hiis punctis rerum casus variantur,
Qui quaciunt regum sceptra ducumque thronos.
Dum decliva petit ordo, status et gradus omnis,
Diffugit a studii federe quisque sui.
In statua regis[1] hec mutatoria disce,
Maneriem cuius es varium variat,
Si caput atque manus, ventrem plantasque notasti,
Cuncta lapis cesus sustulit absque manu.
Inde leena fremens, sed et ursus, pardus aperque
Temporis in cursu bis duo regna trahunt.
Auro cinge[2] caput, argento brachia, ventrem
Ere, dehinc ferro crura, lutoque pedes
Nabuchodonosor caput effert atque leenam,
Ursea brachiola sunt Cyrus et Darius.
Pingit Alexander pardum ventremque sonorum,
Ferreus et luteus Romulus ensis[b] apium.
Porro suum Roma decus evehit ex oriente,
Quod post gens Greca, Franca subinde tulit;
Iam nunc occiduis in Germanis Alemannis
Hec laus stat fixa, viribus acta suis
In speculo quorum tempus speculemur et horas,
Atque modo primis ultima quo coeant,
Ex qua vi summa sic imis nubere possint,
Et cur prevaleant pessima crebro bonis.
Monstrum, natura quod nescit, ludit in istis,
Arte Chymera sua, dypsa[3], capella, leo
Serpit avaricia, luxus fetet, alta tumescunt
Colla, vorax mundus errat in hoc trivio.
Defluit atque quasi flos transit opima iuventa,
Et circumveniunt multa molesta[c] senem.

a) *corr ex* continuantque b) *sic c* c) mol *Ioh delevit.*

1) *Cf Dan.* 2, 31—45 2) *Cf. Horatii Carm. III*, 30, 16 3) *Vulgo* dipsas, *id est 'anguis' (Deut* 8, 15 *Lucan IX, v* 610 738)

Cumque locusta tumet et amigdala florida candent,
Dum fugit et medice capparis[1] alget opus,
Victa[2] sedet[a] pietas, terras Astrea reliquit
Et flet abisse suum virgo venusta decus.
Heu dolor! humane tot sunt incommoda vite,
Ut minus exultes atque magis doleas.
Quot[3] lepores in Atho, quot apes pascuntur in Ybla,
Tot mala sunt mundi, prendere que nequeas.
Ergo sub hoc semper Albertum turbine nostrum
Respice, summe sator, atque foveto ducem,
In lucem mundi quem duxit nobile germen,
Cuius per mundi clymata viret honos!

[De[b] Friderico imperatore secundo et de quibusdam gestis sui temporis. Cap. I[c].

*f. 47 1215 *Anno Domini MCCXVII. Innocencius tercius anno sui
Mart. Opp. pontificatus XVII. Ottonem imperatorem quartum anno imperii
sui quarto in concilio Lateranensi ab imperiali deposuit dignitate,
contra quem Ludewicum[4] regem Francie invitaverat, ut
eum in auxilium ecclesie debellaret, ⟨quia[c] fidelitatem ecclesie non servavit⟩. Ad consilium eciam predicti regis
ib. ⟨Francie[d]⟩ ab electoribus Fridericus Sycilie rex, ⟨Swevie[d]
dux pridem⟩, electus navigio Romam venit et honorifice susceptus
statimque ad insequendum Ottonem accingitur et[e] in
1212 Alemannia deprehensum invasit ac[f] in territorio Con-
(Sept.). stanciensi de eo magnifice triumphavit. Extat super hoc
epistola[g] summi pontificis, que incipit[5]: *Quamvis ad
regimen apostolice sedis*, Ottonem, ut desisteret et ecclesie
patrimonium non subriperet atque ecclesiam in suis con-
ib. foveret iuribus, paternaliter ammonentis. Innocencio sublato Honorius tercius substituitur, a quo Fridericus Romam
rediens, peractis et expeditis aliis ad cultum suum per-
1220 tinentibus anno Domini MCCXX in imperatorem sollempniter

a) iacet *Ov.* b) *uncis inclusa e tabula capitulorum suppl.* c) *uncis inclusa a Ioh. deleta in B, sed exstant adhuc in D.* d) *uncis inclusa a Ioh. deleta.* e) et *Ioh. pro deleto* quem *scripsit.* f) ac *Ioh. ex* et *corr.* g) *Ioh. h. l. in marg.* va *scribendo indicare voluit sequentia inde delenda esse, sed* cat *sillaba, quae responderet, non legitur.*

1) *Herbae genus, portulaca.* 2) *Ovid. Met. I, v. 149 sq.* 3) *Ovid. Ars am. II, v. 517.* 4) *Philippus II. tunc fuit rex Franciae. O. H.-E.* 5) *Data a. 1210. (Sept.?), Potthast, Reg. pont. nr. 4133 = 7562; Reg. Imp. V, nr. 6093. Sed haec epistola non genuina esse videtur.*

coronatur* Primordia sua bene gessit. Anno imperii sui [*Mart Opp*] tercio apud Capuam presentibus pluribus episcopis et ma- [1223] gnatibus sancivit, quod nullus prelatus ecclesiasticus possessiones ecclesie, cui preest, alienare vel infeodare potest perpetualiter ad heredes infeodati, nisi sint prelati, qui insignia sua de manu imperatoris suscipere et cum eo bellice expedicionis gestare clippeum consueverunt[1]. Deinde inso- [*cf. ib*] lencius agere incipiens contra ecclesiam[a], res et personas molestans eiusque benivolenciam postergans, ab Honorio anathe- [*ib*] matizatur[b], et indifferenter omnes a iuramento sibi facto universaliter absolvuntur. Subducto Honorio succedit Gregorius nonus, qui Rome concilium volens celebrare misit duos cardinales, Ottonem Tusculanum et Iacobum Prenestinum, ad transmontana, contra Fridericum auxilium a principibus[c] *postulando [**f. 47'*] et concilium publicando. Quod dum imperator comperit, omnes vias marium et terrarum concludi et observari precepit, et sic tam cardinales quam alii prelati tendentes ad concilium per naves Pisanorum imperialium parcium capiuntur. Papa, quia passagium distulit, quod iuraverat, et Terram [1227.] Sanctam in manu hostili reliquerat exercitumque Christianorum in periculum miserat, inter quos Thuringie lantgravius perierat, qui fuit maritus sancte Elizabeth, et [(*Sept* 11)] episcopus Augustensis[2], atque alia, que promisit et [(*Aug* 23)] sollempniter iuravit, non impleverat, ipsum excommunicavit et contra eum sentenciam Honorii gravissime roboravit. [*ib*] Movit eciam papam, quod nobilem dominam, que regni Ierusalem heres fuit, non duxerat in solacium Terre Sancte, sicut spoponderat prestito iuramento. Post hec

*) *Hoc loco Ioh in marg scripsit, uncis inclusis deletis* ⟨Anno Domini MCCXV°[d] moritur Innocencius; anno [*Mart. Pont.*] Domini MCCXVI° Honorius III substituitur⟩. Hoc tempore principium ordinum fratrum Predicatorum et Minorum.

Anno Domini MCCXVII. Lůpoldus dux Austrie, Andreas rex Ungarie, ⟨Edewardus rex Anglie⟩ cum maxima potencia transfretantes mirificas res egerunt.

a) *Ioh* ecclesie *ex* ecclesiam *corr* b) anathematizatur c c) princ *in marg. add* d) MXV° *c.*

1) quod nullus — consueverunt *excerpta sunt e sententia curiae imperialis, lata a* 1223 *Febr.* 5, *rogante, ut I Ficker l. m., 'Vom Heerschilde' p.* 101 *(cf p* 99*), opinatur, Conrado abbate Victoriensi* (1220—1224). *Quae exstat in libro 'copiali', quem dicunt, IV monasterii Victoriensis, edita ab I F Boehmer, Acta imperii p* 252, *nr* 286, *et v Jaksch l c III, p* 130 *nr* 1851, *Reg Imp V, nr* 1437.
2) *Sifridus. Cf Ann S. Rudb a* 1227.

Mart Imp imperator religionis ac devocionis pretextu mare transit, accepto iam dudum signaculo sancte crucis cum multis, et pene nichil aliud, quod ad decus honoris pertineat, quam tytulum regni Ierusalem reportavit, et hunc anno Domini
1225 (Nov 9) MCCXXV. est adeptus, et sic triplici dyademate Romanorum, Sycilie et Ierusalem claruit insignitus. Extat super hiis epistola pape digesta contra eum, que incipit *In maris altitudine spaciosa navicula Petri posita* etc.[1], eius excessus et negligenciam graviter querulantis Est et ipsius imperatoris epistola, que incipit *Levate in circuitu oculos vestros*[2], iniuriam et calumpniam sibi fieri deplorantis, et quod propter gwerras atque opposiciones exortas in Sycilia et Alemannia remanserit, protestantis. Fuit hic Friderici primi nepos, Heinrici sexti ex Constancia filia Rogerii Syculorum regis filius, et genuit V filios: duos, scilicet Heinricum regem Alemannie et Chunradum ducem Swevorum, ex coniuge[a] sua prima, duos, scilicet Meinfredum[b] Apulie principem et Encium[c] regem Lombardie, ex Blanka marchionissa Lanczensi[3]
*f 48 de sanguine nobili principum Montis-*ferrati[d], Pedismoncium et Astensium procreatos[e] Et hic quidem rex
1249 a Bononiensibus prope Mutinam in Fossa-alta[4] captus
1272 in Bononia ultimum diem clausit Quintum habuit ex filia regis Anthiochie Sirie nomine Fridericum, ⟨cuius* quidem matrem, filiam generose domine supradicte iuvenculam, eius pulchritudine plus quam matris captus duxit⟩, dum in illis partibus moraretur Hunc regem Tuscie prefecit, et apud Florenciam decessit[5], patri valde
Mart Imp cf A.S Rudb 1235 carus, probis actibus et egregiis decoratus Heinricus delatus ad patrem, quod cum papa, cardinalibus et principibus Alemannie contra patrem aliqua moliretur,
1242 capitur et in Syciliam abductus apud Maltam[6] interimitur

*) *Pro deletis uncis inclusis Ioh in marg scripsit* Schoppum; quam duxit.

a) ex coniuge sua prima *corr Ioh ex* ex conthorali sua sibi legittime sociati b) Meinfredum *ex* Meinhardum *corr Ioh* c) *Ioh pro deleto* Ensem *primo* Enczium, *quo expuncto* Encium *scripsit* d) ferraci *c* e) procr *Ioh post inseruit*

1) *Potthast nr* 8044, *MG Epp pont sel I, p* 281, *nr* 368, *d Anagniae a* 1227. *Oct* 10; *sed incipit* In maris amplitudine 2) *Reg Imp V, nr* 2431, *Huillard-Bréholles V*, *p* 295, *d Tarvisii a* 1239 *Apr* 20, *quam epistolam Ioh in tabulario Iuvavensi videtur repperisse* 3) *Cf supra p* 90, *n* 1 4) *Cf supra p* 131, *n* 3. 5) *Cf supra p* 92, *n* 3 6) *Cf supra p* 91, *n* 1

in custodia carcerali De cuius transgressione imperator mencionem facit in sua ad principes epistola supradicta[1] Statimque Chunradus rex Romanorum et heres regni Ierusalem designatur, qui accepta uxore Elizabeth, sorore Heinrici et Ludewici ducum Bawarie, Aquisgrani cum maximo tripudio coronatur Ex qua genuit Chunradum, quem Chunradinum postea Ytali vocaverunt. *Ottac 2709 sqq*

Anno Domini MCCXXVIII in Karinthia in castro Stain hostia altaris in manibus Wolberti sacerdotis in carnem et sanguinem visibiliter transformatur; ad quod miraculum Berhtoldus patriarcha et Albertus comes Goricie venientes Dei magnalia conspexerunt*. *cf A S Rudb 1238*

Crevit etiam aversionis materia inter ecclesiam et imperium adeo, ut imperator Romanos corrumperet et in Urbe pontificem obsideret Qui coram sanctorum Petri et Pauli[a] letanias faciens Romanorum animos inmutavit, et dum portas imperatori sibi crederet reserari[b], Romani contra eum cruce suscepta abire et obsidionem solvere compulerunt. Dux autem Austrie Lupoldus, vir magnificus, de pace *Mart Opp*

*) Anno[c] Domini MCCXXXVIII in patriarchatu, castro Stain in[d] Karinthia super Traham posito in manibus Wolberti sacerdotis[e] hostia altaris in veram carnem[f] et vinum in verum sanguinem visibiliter[g] transmutatur[h] in mense Februario, ad quod miraculum contuendum venit Pertholdus patriarcha et Albertus comes Goricie, cuius est eiusdem[i] castri iurisdictio temporalis Sacerdos autem apud[k] Frisacum Predicatorum ordinem intravit, ubi sibi idem[l] accidit in die pentechostes, hostia cruentata similiter[m] et sanguis[n] ebulliens de calice corporale[o] quasi totum madidavit Et factus est frequens concursus populorum, qui Deum de tanto dono gracie sue laudaverunt ⟨Non[p] modicum commodum fratres ex hoc habuerunt, ut creditur et dicitur⟩. *cf A S Rudb 1238* *Febr*

a) *Deest una vox, reliquis Bohmer supplevit, sed Cont Martini Oppav, Eccard, Corpus hist II, col* 1418 ad chorum sanctorum P et P, *quae coniectura mihi falsa esse videtur* b) *seq* debere, *quod Ioh delevit* c) *haec manu Iohannis exarata, sed postea cancellata exstant in inferiori margine f* 118' *excerpta de Romana historia continentis Signavi* β, *eadem paulum immutata aeque cancellata postea idem in inf marg f.* 149 *scripsit, cuius variam lectionem* β 1 *signavi* d) Stain super fluvium Tr pos in Kar β 1 e) sac viri devoti β 1 f) alt in veram speciem carnis et sanguinis β 1 g) vis *om* β 1 h) est mutata β 1 i) ipsius β 1 k) autem predictus in Frisaco β 1 l) ibidem β, idem in die pent contigit β 1. m) sim *om* β 1 n) sanguine de calice ebulliente β 1 o) et corporale perfundente β 1, *cuius contextus ultima linea desecta hic explicit* p) *uncis inclusa a Ioh deleta*

1) *Cf supra p* 184, *l* 10 11

1230. tractavit* nichilque proficiens anno Domini MCCXXXI
(Iul 28) apud[a] Capuam transiit, eodem anno, quo beata Elizabeth,
Andree illustris Ungarorum regis filia, Thuringie lant-
1231. gravia, apud Marchpurgam Hazzie ex hoc seculo emi-
1238. (Ian) gravit. Anno Domini MCCXXXIII. imperator Papie
*f 48' *curiam habuit, in qua Albertus et Rudolfus fratres
comites de Habspurch inter alios gentis Swevice nobiles
precipue floruerunt et militaribus exerciciis et probis
actibus tam ibi quam per Ytaliam circumquaque im-
Mart Opp peratoris curiam extulerunt[1]. Anno Domini MCCXXXIX Tar-
1241 tari Ungariam et Poloniam vastaverunt, Heinricum ducem
Slezie in Polonia, maritum[b] sancte Hedwigis[2], et Cholomannum
fratrem regis Ungarie, scilicet Bele quarti, qui tunc regnavit
in Pannonia, occiderunt — hii[c] fuerunt fratres sancte Elizabeth — et, sicut hodie cernitur, Ungariam in desolacionem
posuerunt, matres enim puerorum suorum carnibus vescebantur,
incole terre cuiusdam montis pulvere pro farina utebantur, sicut
in eiusdem montis decisionibus cavernosis imminentis Danubio usque hodie demonstratur Fertur hoc malum ab
imperatore in vindictam regis Ungarie cum Tartarorum
populo procuratum, eo[d] quod Bela sibi obstiterit et parere recusaverit, unde quidam breviter hoc metricans
diffinivit dicens

Sub Bela quarto gens Ungara stetit in arto.

Mart Imp Hoc anno in Toleto Hyspanie Iudeus quidam in quadam rupe
intra vineam suam invenit quendam librum in modum psalterii
scripturam et folia lignea habentem, scriptum Hebraice, Grece et
Latine, tractantem de triplici mundo ab Adam usque ad Anti-
christum, proprietates hominum in quolibet mundo exprimentem
Principium tercii mundi sic erat 'In tercio mundo filius Dei nascetur
ex Maria virgine et pro salute mundi pacietur' Quod legens Iudeus
Mart Pont cum omni domo sua celeriter baptizatur Papa autem Gregorius[e] canonizatis sanctis Dominico, Francisco[3] et beata Elizabeth,
sanctorum cathalago annotatis, eximitur ab hac vita
Celestinus quartus succedens, diebus XVII stans, de medio
tollitur, et Innocencius quartus ab omnibus elevatur Hic

cf A S Rudb 1230 *) *Sic Ioh in B scripsit pro deletis* Dux autem Austrie Leupoldus, vir potens et magnificus, venit Apuliam, ut de pace inter ecclesiam et imperium tractaret

a) ap Cap *pro deleto* ibidem *Ioh in marg add* b) mar s H *Ioh inter lineas add* c) hii — Elizabeth *Ioh in marg add* d) eo *Ioh add* e) Greg *Ioh add*

1) *Cf. Reg Imp V, nr 2306 a* 2) *Immo filium Hedwigis nupta erat Henrico I, patri huius Henrici II.* 3) *Franciscum e Floribus temp, SS. XXIV, p 248, inseruisse videtur*

summo studio de concordia et amicicia ecclesie et imperii cogitavit et cum diligencia laboravit, cogitans illud quod dicit Helynandus[1] *Leges humane eatenus valent, dum non discrepant a divinis,* ⟨et[a] Tullius[2] dicit: *Amicicia est rerum humanarum et divinarum cum benivolencia et caritativa consensio, ad utriusque debitum dulcissimam in re publica efficit armoniam*⟩, quia concordia nutrit amorem. Et Salustius[3] ait: *Concordia *res parve crescunt, discordia maxime dilabuntur.* *cf Mart Opp* — **f 49*

De[b] vacacione principatuum Austrie et Styrie et variacione status regni. Cap. II.

Anno[c] Domini MCCXXXI*, ut superius[4] est pretactum, dux Lůpoldus in Apulia transiens liberos IIII, Heinricum scilicet et Fridericum, Margaretam atque Constanciam reliquit. Ossa eius ad monasterium quod 1230 — *cf A S Rudb* 1230

*) *Sequentia A2 ita praebet*: Anno Domini MCCXXXI. Leopoldus dux Austrie in Apuliam transiens apud Sanctum Germanum, castello Apulie, moritur, cuius corpus in Monte Cassino in monasterio sancti Benedicti a cardinalibus sepelitur, deinde ossa ipsius elata[d] in die beati Andree apud Liligenveld, monasterio[e], quod ipse fundaverat, ab archiepiscopo sepeliuntur, et eodem die dictum monasterium ab eodem consecratur[5]. Hic quatuor liberos reliquit, Henricum, Fridricum, Margaretam et Constanciam. Henricus duxit sororem landgravii Turingorum, que filiam Gerdrudim genuit. Constancia nupsit marchioni Misnensi, que filios et filias progenuit, Margareta habuit Henricum imperatorem, filium Fridrici imperatoris, ex quo genuit duos filios Fridricum et Henricum, qui post patris excessum in Siciliam ad Mainfredum patruum suum sunt delati, ibique veneni poculo eis exhibito perierunt. 1230 — *ib.* — *cf Ottac 1178 sqq* — *ib 1276 sqq* — *ib 1107 sqq*

a) *uncis inclusa a Ioh. deleta* b) *capituli inscriptio minio exarata* c) A D MCCXXXI — integravit *(p 188, l 26) et in A2 conservata* d) *sic codd A C Annalium S Rudb, reliqui* delata e) *sic c*

1) *Helinandi de Monte-frigido de bono regimine principum c 24, Migne, Patr Lat t CCXII, col 246 A* 2) *Laelius c 6, 20*: Est enim amicitia nihil aliud nisi omnium divinarum humanarumque rerum cum benevolentia et caritate consensio, *cf et ib c 7, 23*. 3) *Iug c 10, 6* 4) *Cf supra p 186, l 2* 5) *Haec non ex libro Iohannis Victor, sed ex Annalibus S Rudberti, insertis quibusdam verbis Iohannis, descripta esse censeo O H.-E*

Campus-liliorum dicitur, Cysterciensis ordinis, nobiliter ab eo fundatum, in solo suo transferuntur ibique ante aram beate virginis sub conditorio marmoreo reponuntur. Hic divicíis et gloria pollens multa opera gloriosa et devota est operatus tam hic quam in partibus transmarinis. Heinricus lantgravii Thuringorum sororem duxit, que filiam protulit, que Gerdrudis dicebatur[1]
Constancia Friderico marchioni Misenensium nupsit, que
Ottac. 1107 sqq. filios et filias progenuit in hunc mundum[2]. Margareta Heinricum imperatoris filium, Romanorum regem, habuit, cuius mencio est habita[3], ex quo genuit duos filios, Fridericum scilicet et Heinricum, qui post patris excessum in Syciliam ad Meinfredum patruum suum sunt transvecti, ibique veneni poculo eis exhibito perierunt. Heinrico subducto Fridericus strennue gubernavit terras, precipua corporis elegancia preditus et fortitudine, contra Bohemos, Moravos, Bavaros[a] sepe pugnans prevaluit, Ulricum ducem Karinthie captivavit, qui dum, sicut ab antiquo ad eum devenerat, panthere[b] figura in signis militaribus uteretur, conformis in hoc principatui Styriensi, Fridericus dux Australis[c] hoc ferre non valens, clyppei et armorum Australium dimidiacione sibi indulta, priori abolita, eum dimisit. Cui ex origine stirpis, ut dicitur, de qua pater suus ex materno sanguine processerat, texuit reliquam partem, scilicet trium leoniculorum[d], et sic clyppeum et armorum suorum effigiem integravit[4]. Hic[e] eciam Fridericus per se ipsum ad deprehensionem malignorum nocturno tempore latrocinia in civitate Wiennensi exercencium sepissime excubias atque vigiliarum custodias observavit, graves eciam contra imperatorem
*f. 19' de sororis sue dotaliciis, Margarete scilicet, *casuque sui mariti crudeli habuit simultates, que anno Domini
1239 MCCXL. ad plenam concordiam devenerunt[5].

a) et Bav. *A 2.* b) pantheris *A 2.* c) Austrie *A 2.* d) leunculorum *A 2.*
e) Hic eciam Frid. graves contra imp. (per se — observavit *om.*) — simultates *A 2.*

1) *Cf. Ottac. v.* 1178—1188. 2) *Cf. ib. v.* 1276—1278. 3) *Cf. supra p.* 184, *l.* 16. *et* 29. 4) *Ita usque hodie mansit, cf. Siebmacher, 'Wappenbuch' I,* 1. *Leunculi ex armis ducum Sueviae fortasse inde a duce Ottone Carinthiae* (978—1004) *provenerunt, Siebmacher p.* 24 *et tab.* 5. *Tota narratio fabulosa est, cum Ulricus II. dux Carinthiae a.* 1256. *demum ducatum obtinuerit.* 5) *Cf. Ann. S. Rudb. a.* 1235—1239, *Reg. Imp. V, nr.* 11234 *b.*

Anno Domini MCCXLV papa Innocencius quartus apud 1245 *Mart Opp*
Lugdunum concilium celebravit, in quo Fridericum imperatorem
hostem ecclesie iudicavit et ab imperiali culmine deposuit,
et mox lantgravium Thuringie eligi mandavit Qui curiam
in Nůrnberch celebravit et cum Chunrado imperatoris 1246
filio prelians magnifice triumphavit Quo de medio sub- *Ottac*
lato, quia vir grandevus fuit, Wilhelmus comes[a] Ollandie eli- 12108 *sqq*
gitur; qui non intromissus Aquisgrani urbem pene per 1248 *(Maio)*
anni spacium obsedit, et interpositis condicionibus ad
papam properat acceptisque literis eius commendatoriis 1251
ad electores in Alemanniam est reversus. Ad[b] superiora
loca regni ascendere non presumpsit, quia Chunradus
rex ea sibi fortissime obturavit, sed in partibus inferioribus potenciam exercebat. Chunradus in superioribus
res agebat, regni negocia sine obstaculo disponebat,
coronam totis viribus defendebat, iuxta versus Ovidianos[1],
quos adiudicaverat sibi dictos:

Induit arma tibi genitor patrieque tuusque
Hostis ab invito regna petente rapit
Tu pia tela feres[c], sceleratas[d] ille sagittas,
Stabit pro signis iusque piumque tuis.

Anno[e] Domini MCCXLVI dum super flumen Litach con- 1246 *Ottac* 975 *sqq*
tra Ungaros militem pro defensione sue patrie Fridericus
Austrie dux instaurat, maxima hostium strage facta, clam
a suis perfoditur, et nichilominus victoriam eis, a quibus
occiditur, dereliquid[f]. Cuius corpus ad monasterium Sancte
Crucis Cysterciensis ordinis transportatur. Fertur, quod
quidam de suis militibus, suarum virium curiosus explo-
rator, hoc nephas perpetraverit, eo quod sue fortitudinis
eidem tamquam intimo secretario consistenciam appe-
ruerit[g]. *Nulla* etenim *pestis* est *efficacior ad nocendum*
quam familiaris inimicus[2] Hic sine herede decessit, quod
terram plus quam eius interitus perturbavit.

Hoc anno transiit eciam venerabilis antistes Salczpur- *ib.* 1010 *sqq* 27995 *sq*
gensis *Eberhardus, cuius corpus apud vicum sue dyocesis *f 30
qui Rastat dicitur tumulatur Cui successit Burchardus ab *ib* 5230 *sqq*
apostolico destinatus, qui moriens in via ad cathedram non 1247
pervenit Capitulum vero sine mora Philippum Bernhardi

a) *seq* eligitur *delet* c b) *ante* Ad *una littera erasa est, ut videtur,* Q = Qui c) seres c, *cf. supra p* 169, *l* 3 d) sceleratus c., *quod Ioh, ut videtur, in* sceleratas *corr* e) A D MCCXLVI — perturbavit *(l 33) A* 2, *ubi* Cuius corpus *(l 26)* — inimicus *(l 32) om* f) dereliquit *A* 2 g) aper *A* 2

1) *Ars am I,* 197 *sqq* 2) *Boethius de cons phil III,* 5

Ottac ducis Karinthie filium elegit, cuius electioni propter generis
nobilitatem papa quidem annuit, sed, dum temporalia am-
cf ib 2208 *sqq* ministraret et ad sacra non procederet, pape odibilis est
effectus, et ecclesia Salczpurgensis per eum multas molestias
est perpessa.

ib 1022 *sqq* Porro[a] nobiles Austrie ad imperatorem sollempnes nuncios direxerunt, ut eis de principe provideret Qui Veronam
venientes procedere non valebant, sed ei suum propositum
mandaverunt et sic[b] ad propria redierunt. Qui mox comitem[1] de Ach Swevice nacionis misit, ut sacramenta suo
nomine a terricolis acciperet et proprio[c] iudicio et patrocinio presideret. Expleto[d] autem non multo tempore
ad imperatorem rediit, que gesserat nunciavit. Super
quibus imperator exultavit, quod tam famosum et gloriosum principatum apprehendit[e] Meynhardum comitem
Tyrolis, virum spectabilem, destinavit, qui in eadem admini-
stracione usque ad imperatoris obitum persistebat, omnibus
gratus et acceptus, quoniam ad omnia sollerter et provide se gerebat.

1246.
ib 1168 *sqq* Anno[f] Domini MCCXLVII. Australes spe recuperandi
heredis Gerdrudim quondam Heinrici sui ducis filiam Heinrico marchioni Moravie, Bohemorum regis filio, tradiderunt
In cuius amplexibus per annum et dimidium commorata
1248 sine prolis beneficio viduatur et anno Domini MCCXLIX.
iterum Hermanno marchioni de Paden, viro potenti et nobili,
sociatur A quo suscepit filium nomine Fridericum et filiam,
que Agnes dicta est de quibus suis in locis lacius est
1250 dicendum Quo sublato Gerdrudis ad Margaretam reginam[g]
in Austriam est reversa. Australes autem nobiles Margaretam in Haimburch, Gerdrudim in Medlik[h], deputatis utri-
f. 50' que necessariis ad vite sustentaculum, locaverunt, *thesaurum
vero ducis Friderici, quem in castro Starchenberch deposuerat,
a Cruciferis, quibus commendatus fuerat, extorserunt et in
tres partes divisum, unam Margarete, alteram Gerdrudi,
terciam in Misnam Constancie transmiserunt magnumque
glorie decus et fidei suo nomini adiecerunt, frequenterque et dolenter suorum heredum naturalium destitucionem
tam celerem et tristium fatorum illuxisse sibi concus-

a) Porro — gratus et acceptus *(l 18) A 2* b) sic mox *A 2* c) populo iudicia ministra. et *A 2.* d) Repleto *A 2* e) optinuit *A 2* f) A D. MCCXLVII — transmiserunt *(l 35) A 2* g) reg in Austr. est rev *bis scripta, semel deleta B* h) Medlich *A 2*

1) *Cf Ottac v* 13238 *et supra p* 92 131 150

sionem tam crudelem deflere Lucani[1] versibus videbantur, qui dicit·

Quod cladis genus, o superi, qua peste paratis
Seviciam[2] *Extremi multorum tempus in unum*
Convenere dies

De[a] transitu imperatoris, et quomodo Ottakarus marchio Austriam obtinuit, et quibusdam aliis Capitulum III.

Anno[b] Domini MCCL imperator infestus Parme[c] 1247.
multis copiis eam cingit, ad cuius succursum papa le- *cf Mart Imp.*
gatum cum exercitu copioso dirigit, cui populus urbis
adunatus imperatoris castra invadunt et spoliant ipsum- 1248
que redire tristem et anxium in Apuliam coegerunt, ubi
apud Florentinum circa Nuceriam[d] Idibus Decembris, 1250 *Dec* 13
scilicet in die beate Lucie virginis, debitum mortis[e] solvit, *ib*
vir magnorum operum, armis strennuus, in negociis circumspectus, virtute animi intrepidus, occulte lubricus, affabilis et iocundus, appetitu glorie avidus, liberalis et largus et in omnibus expeditus, in hoc solo et maxime reprehensibilis, quod se contra ecclesiam tam contumaciter erexerat, et ob hoc merito sit culpandus Anno[f]
Domini MCCLI. mors eius undique divulgatur[2]. Mein- 1251 *ib*
fredus filius eius acceptis thesauris imperialibus in Syciliam commigravit conservandumque regnum Chunrado fratri suo tamquam heredi legittimo affirmavit atque pro defensione regni et armorum instauracione, portuum et addituum sepcione, militum accersione dialiter se paravit

Hiis[g] ita[h] se habentibus Australes, imperatoris tran- *Ottac* 1393 *sqq*
situ comperto et Meinhardo comite ad propria reverso, prepositum de Neunburch[i] regularium canonicorum cum aliis
religiosis, Ulricum[3] de Liechtenstain cum *splendida comi- *f 51
tiva in Misnam dirigunt ad postulandum principem unum de filiis marchionis. Qui dum regnum Bohemicum introis-

a) *capituli inscriptio minio scripta B* b) *pro his* — paravit *(l 27) A 2 tantum* A D MCCL. Fridericus imperator obiit c) parine *B* d) *seq. a Ioh. delet* anno Domini M⁰CC⁰LI⁰ e) mortis *bis scr , alterum expunct* f) A D — divulgatur *a Ioh in marg add B* g) Australes comperto transitu *etc A 2* h) ita *ex* itaque *Ioh corr B.* i) Neunburga *A 2*

1) *Pharsal I,* 649 *sqq* 2) *Cf epistolam Innocentii IV famosam d* 25 *Ian* 1251, *quae incipit* Laetentur coeli 3) *Cf p* 152, *n* 2

Ottac sent, rex terre eos ad mensam, deinde ad secretum colloquium invitavit et introductos* in suum triclinium sic affatur. 'O viri, quos ornat carnis nobilitas et morum insignivit probitas et honestas, habeo filium, quem vobis opto fieri principem, Ottakarum marchionem, revera virum agilem et strennuum, ad omnes actus bellicos expeditum, statum terre vestre, quem satis turbidum et confusum audivimus, Deo cooperante in melius commutabit et sua iura singulis conservabit, nec deerit nostre remuneracionis largifluum stipendium, quo vestrum quemlibet nullatenus penitebit ad hoc sui consensus amminiculum adiecisse'. Quibus auditis viri sapientes territi responderunt**: 'O domine rex, super his mandatum non recepimus, sed conductum securitatis per vestros districtus poscimus, ut commissa nobis perficere pro fidei nostre observancia valeamus'. Regis autem facie nubilata, viri premissi arbitrantes utilius redire in Austriam quam maius periculum incidere et regis iracundiam declinare cupientes rem ad suos compatriotales[a] statuunt deferendam et reversi que acciderant enarrabant Scinditur autem ydemptitas animorum, quidam recipiendum Ottakarum, alii nullatenus admittendum declamabant, iuxta[b] illud Persii[1]:

Velle suum cuique est, nec voto vivitur uno.

Ottakarus autem ad iussum patris viros preambulos sequebatur et ex utraque parte Danubii pene omnes muneribus et promissionibus ad se traxit[c], iuxta Petronianos[2] versiculos.

Ottac *) *Sequentia A 2 ita praebet:* introducens in suum triclinium, dulciter affando petivit optans filium suum Ottakarum[d] marchionem recipi in principem eorum, singulis largifluam remuneracionem promittens. Quibus auditis *etc*

**) *A 2 pergit* se de his non habere mandatum, petentes humiliter securitatis conductum per districtus suos, ut commissa perficere valeant. Regis itaque facie *etc*

a) *sic A 2 B* b) iuxta — vivitur uno *om A 2* c) *h l desunt A 2.* d) *corr ex* Ottakerum *A 2*

1) *Sat* 5, *v* 53 2) *Sat c* 137, *v* 26 *sq* 34 *sq*

Quisquis habet nummos, secura naviget aura
Fortunamque suo temperet imperio[a].
Multa loquor quod vis nummis presentibus opta,
Et veniet, clausum possidet archa Iovem.

Et[b] sic Ottakarus apprehensa Austria, nemine obsistente, *Ottac.* patri successus suos ad votum prosperos nunciavit.

Hoc anno Wilhelmus rex Frisiam disposuit subiugare, *Mart. Imp.* gentem, quam maximus imperator Karolus libertate et gracia baptismatis decoravit[1]. Qui egressi regem inter- 1256 ficiunt, *patriam liberam conservantes, rem suam publicam, *f. 51'* nullo principe extero admisso, usque hodie gubernantes. Audiens hec rex Chunradus letus efficitur statimque in *Ottac. 148 sqq.* Ytaliam expedicionem ad suscipiendum regnum Sycilie et Apulie parat, cum in Alemannia iam obstaculum non haberet.

Anno Domini MCCLII.[c] Philippus electus Salczpurgensis, *ib. 5274 sqq.* audiens Albertum comitem Goricie ad dampnum ecclesie cum copiis advenisse, repentino ei occurrit impetu et celeri congressione facta comitem captivavit, *quia*, ut dicit Vege- 1252 (Sept. 8) cius[2], *in rebus bellicis celeritas amplius solet prodesse quam virtus.* Captum autem ad castrum Frisacum conservandum usque ad tempus congrui placiti[d] destinavit. In hoc prelio fertur Philippus, ne ad sacra esset abilis, inquinasse manus suas[3].

Hoc anno sublato de medio Berchtoldo patriarcha 1251 venerabilis pater Gregorius patriarcha eandem sedem suscipit gubernandam.

Anno Domini MCCLIII. Innocencius quartus contra 1254 Meinfredum, ut eum conterat, cum exercitu grandi vadit; qui viriliter se defendens papam cum suis redire Neapolim compulit[4], ibique post annos undecim et sex menses sui *Mart. Pont.* regiminis est defunctus. Hic canonizavit sanctum Emundum archiepiscopum Canthuariensem, Petrum martirem de ordine Predicatorum, Stanizlaum Krakoviensem episcopum et martirem, qui ecclesiam triumphantem letificant et militantem suffragiis, beneficiis et meritis adiuvant ac illustrant.

Ottakarus[e] autem Margaretam reginam duxit in uxo- *Ottac. 2154 sqq.* rem, ut se in dominio roboraret. Que exactis nupciis im-

a) arbitrio *Petr. on.* b) Et sic — nunciavit *A 2.* c) *Ioh. corr. ex* MºCCº. d) *seq. deletum* conservandum. e) Otakarus itaque Marg — acta *(p. 194, l. 4) A 2.*

1) *Cf. supra p.* 13, *n.* 2. 2) *Epit. rei militaris* 3, 31. 3) *Cf. supra p.* 95, *n.* 4. 133. 156. 4) *Cf. supra p.* 133.

Ottac periale privilegium marito consignavit, in quo se habere ius
plenum in omnibus bonis patrimonialibus demonstravit.
cf ib 6500 sqq Super quo gavisus Ottakarus Brunonem Olmuncensem[a] episcopum terre prefecit et patri nunciat omnia que sunt acta

Mart Opp Ottac 148–226 Hoc anno, scilicet MCCLIII, rex Chunradus[b] venit
Veronam et per portum Latezanum[1], ubi ascendit naves,
in Apuliam et Meinfredo cum partibus imperialibus adiuvante Neapolim obsedit, muros per circuitum deposuit
decem pociores suspendit et mox ad alia se convertit
f. 52. Mart *Anno Domini MCCLIIII Alexander quartus post Innocencium
1254 quartum eligitur, et eodem anno rex Chunradus reversus
in Alemanniam graviter infirmatur et per artificium
clysteris veneno a medicis per fraudulenciam immisso visceribus vitam cum regno in Swevorum partibus terminavit,
alibi[c] [2] scribitur, quod in Apulia sit defunctus, sepul-
Ottac 2724 sqq. chrum eius in civitate Spirensium demonstratur Cuius
1258 relictam Meynhardus comes Tyrolis duxit, sed ad eius amplexus nullatenus est admissus, nisi prius milicie cingulo
cingeretur, quo cum maxima sollempnitate peracto eius
Mart Pont. thalamum introivit. Meinfredus autem post Chunradi
mortem Chunradinum false mortuum publicavit Sycilieque[d] sibi imposuit dyadema et regem se Sycilie faventibus
Is 65, 11 sibi Siculis declaravit. Ottakarus vero *fortune mensam posuit* et, ut res ac honores ampliaret, studiosissime laboravit, de prioris prosperitatis confidens affluencia versiculos Oracii[3] animo revolvebat, qui dicit:

Tu, quamcumque deus tibi fortunaverit horam,
Grata sume manu nec[e] dulcia differ in annum

Quomodo[f] Bela rex Ungarie Styriam apprehendit. Capitulum IIII.

Ottac 1968 sqq Anno Domini MCCLV[g] Styrienses per nobilem virum Dītmarum de Weizzenek Hainrico[h] duci Bawarie, viro in regni corpore celebri, sue terre offerunt principatum, qui rem ad socerum suum Belam regem Ungarie statuit perferendam et eius adiutorio fulciendam, quem Dītmaro se comitante repperit in civitate que Alba-regalis dicitur, ubi

a) Olm *B, pro quo Ioh* olmucensem *scr* b) *sic Ioh in marg corr pro* Ch. navigio venit in Ap *B* c) alibi — demonstratur *Ioh in marg add B* d) que *Ioh. post add.* e) neu *Hor* f) *inscriptio capituli minio scripta* g) A D MCCLIII *(sic)* Stirienses — cedebat *(p 196, l 21) A 2* h) *sic h l, alias passim* Heinr *B*

1) *Cf supra p* 132, *n* 1 2) *Cf. supra p* 94, *n* 2 132, *n* 1–3. 3) *Ep I*, 11, *v.* 22 *sq*

reges Ungarie coronantur. Qui fistula dulci canens bonis promissionibus generum ad propria destinavit et maxima munera Styriensibus dirigens, plura[a] promittens, ut in eum tamquam eis vicinum et prodesse potentem consenciant, deprecatur. Cuius data nobiles viri de Liechtenstain, de Ernvels[1], de Offenberch cum quibusdam, sed paucis aliis, despexerunt, rei exitum Domino committentes Reliqui munera suscipientes, illecti et abstracti a suis concupiscenciis[2], consenserunt, quia[b] iuxta Virgilium[3]: *Ottac.*

humana pectora cogit[c]
Auri sacra fames.

Et Ovidius[4]:

Munera, crede michi, placant[d] **hominesque deosque,* *f. 52'.
Placatur donis Iupiter ipse datis

Quid plura? Dux a sua spe frustratur, rex vocatur, terre princeps et dominus proclamatur. Qui statim in valle Anasi[5] quasdam novitates per Philippum electum post mortem ducis Friderici inchoatas de quibusdam feodis ad ecclesiam pertinentibus dissipavit et[e] disposita terra per Stephanum ducem Zagrabie in Ungariam est reversus Philippus vero hec ad Ottakarum ducem Austrie iam factum retulit per querelas. Qui tam de se quam de eo dissimulandas iniurias usque ad tempus oportunum et congruum persuadebat, quia constaret ad se racione consortis sue sicut Austriam, sic et Styriam pertinere. Ungari autem terre presides populum inconsuetis angariis opprimentes[f] nobiles et plebeios nimium perturbabant[g]. Considerantes igitur ex hoc, quod omnes Ottakarum affectarent et cottidie eius patrocinium inplorarent, formidantes et nutantes vacillantibus animis ad propria redierunt. Quibus eliminatis et de terra egressis Ottakarus advocatur et occurrente sibi populo de singulis civitatibus cum laude princeps Styrie potencialiter est effectus. Bela hoc audito octingenta[6] milia congregat armatorum et veniens Austriam manu valida incendiis, rapinis, abductionibus hominum omnia destruere *Ottac. 2134 sqq.*

a) plurima *A 2.* b) quia — ipse datis *(l. 14) om. A 2.* c) Quid non humana p. cogis *Verg.* d) capiunt *Ov.* e) qui *A 2.* f) opi *Ioh. corr.* oppr. *B* g) perturbant *A 2*

1) *Cf. supra p.* 154, *n.* 2. 2) *Cf. Iac.* 1, 14 a concupiscentia sua abstractus *O. H.-E.* 3) *Aen. III, v.* 56 *sq.* 4) *Ars am. III, v.* 653 *sq.* 5) *Cf. supra p.* 155, *n.* 1 6) *Octoginta milium numerum Ottac. v.* 2457 *praebet, quem A (p.* 155, *l.* 19) *sequitur, Iohannis scriba B errasse videtur, eundemque errorem Anon. Leob. (p.* 133, *l.* 14) *recepit*

Ottac. 2456 sqq. circa Wînnam in terre meditullio non cessavit. Australes mox Ottakaro nunciant hanc pressuram; qui in patris sui 1253 (*Sept. 22*) exequiis, qui tunc decesserat, et in regni apprehensione necessarie constrictus mandat Australibus negocium hoc treugari et ad colloquium Bele diem placiti designari[a]. Interea Gerdrudis marchionissa in odium Ottakari et matertere sue Margarete omnia iura sua, que habere se asseruit sicut Margaretam in Austria et Styria, regi Bele publice resignavit; quam statim Rûthenorum regis filio copulavit et in castro Himperch festivas nupcias celebravit. Que *f. 53 mox impregnata abscedentemque[b] a se maritum *postea non conspexit. Factis autem treugis reges ambo Bela et Ottakarus statuto loco et tempore convenerunt habitisque tractatibus in hoc perstiterunt, ita ut Austria Ottakaro, et Bele Stiria perpetualiter remaneret, interpositisque metis terras distinguentibus, scilicet montibus Semernik et Harperch[c], firmatis pactis in alterutrum ab invicem amicabiliter et concorditer discesserunt. Ottakarus autem Gerdrudim ex Austria in Styriam, que iam de regis Ungarie dicione fuerat, relegavit in oppidum quod Iudenburch nuncupatur. Styriensibus hec particio displicuit; nam Stephanus dux, quem pridie[d] cum dedecore abiecerunt[1], ad pristinam eorum positus gubernacionem, quos prius afflixit flagellis, scorpionibus nunc cedebat[e] [2] et graviori oppressione quam luto et latere[3] populum affligebat.

Mart. Pont. His ita in nostra habitabili se habentibus Meinfredus imperatoris filius, de facto rex Sycilie, per papam excommuni- 1254. (*Dec.*) catur, et ut eum plus terreat ac feriat, contra eum exercitum magnum mittit, qui labefactus sine efficacia inaniter est reversus. Super quo papa non modicum turbabatur. 1263 (*Nov.*) Meinfredus autem tam Meinfredoniam inchoatam et a suo nomine sic vocatam[4], in pede montis positam, quam alias civitates structuris et turribus fortibus communivit et portus circumquaque, in quibus est applicacio navalis, nobiliter instauravit, iurans per thronum suum, quod se defenderet ab omnibus, iuxta illud Ovidianum[5]:

a) *praecedit deletum* consignare *B* b) ascendentemque *A 2* c) Haiperch *B perperam*, Harperch *A C 3*, Hartperch *D h. l. desinit* d) prius *A 2* e) *post* cedebat *A 2*

1) *Cf. supra p.* 156, *n.* 1. 2) *Cf.* 3 *Reg.* 12, 11: pater meus cecidit vos flagellis, ego autem caedam vos scorpionibus. 3) *Cf. Iudith* 5, 10: Cumque . . . in luto et latere subiugasset eos; *Exod.* 1, 14: operibus duris luti et lateris. 4) *Cf. Reg. Imp. V, nr.* 4749. 5) *Ars am. II, v.* 13 *sq.*

Non minor est virtus quam querere parta tueri,
Casus inest illic, hic[a] *erit artis opus.*

Et item[1].

Iudice me fraus est concessa repellere fraudem,
Armaque contra[b] *armatos sumere iura sinunt.*

De[c] dissensione in regno, de Bernhardo duce Karinthie aliisque incidentibus. Capitulum V.

Anno[d] Domini MCCLVI, vacante regno et imperio, 1256. summus pontifex electoribus mandat, ut virum ydoneum eligant, qui iura ecclesie defendat, iudicium et iusticiam exerceat et regni gubernacula provide possideat ac disponat. Qui dum convenirent, *quidam regem Bohemie *f. 53' Ottakarum elegerunt[2], sed rennuit dicens se data sibi divinitus gloria contentari Nichilominus cum presule Maguntino et marchione de Brandenburch Alfunso[e] 1257. regi Castelle optulit vota sua, arbitrans, si effectum sua intencio sortiretur, ipse sine offensa hiis que contra imperium apprehenderat potiretur, Treverensis, Coloniensis, Ottac 12228 sqq palatinus, dux Saxonie in fratrem regis Anglie, Richardum co- Mart. Opp. mitem Cornubie, sua desideria transtulerunt, rati se maius ex hoc emolumentum habituros, eo quod rex Anglie cum rege Francie gravissimas gereret simultates, ut sibi questum et divicias cumularent, et utrobique infinita recepta pecunia regnum et sacerdocium polluerunt, in diversisque regni partibus scissuras et licium materias diutinas texuerunt[3], unde Iuvenalis[4]:

Prima peregrinos obscena pecunia mores
Intulit, et turpi fregerunt secula luxu
Divicie molles.

Sicque regnum collidebatur habitisque regibus et quasi non regibus calcabatur[f]. *Unusquisque quod sibi rectum* Iudic 17, 6. 21, 24 *visum fuerat*[g] *faciebat,* sua quilibet, quantum poterat, defendebat, alter contra alterum dolos, insidias, captivitates, incendia atque spolia exercebat, super quibus malignus

a) hoc *Or* b) *sic B*, Arma contra *D*, Armaque in *Ov* c) *inscriptio capituli minio scripta* d) A D MCCLVI Bernardus dux Car. *(p 198, l 5)* — Uli et Philippum *(p. 198, l 33)* *A 2 (aliquotiens mutila) exhibet* e) *sic Ioh* ex Alnulso *corr B.* f) *praecedit deletum* collidebatur *B* g) videbatur *Vulg*

1) *Ib III, v* 191 *sq* 2) *Haec fide non digna, cf. Lorenz, 'Deutsche Gesch' I, p* 150, *n.* 1 3) *Cf supra p* 95, *n* 2 4) *Sat* 6, *v* 298 *sqq*

quilibet nullius penam vel iudicium metuebat. Sicque per mundum procella huius turbinis seviebat, sicut Prosper[1] dicit:

Impia confuso sevit discordia mundo

Otta c. 5508 sqq. Hoc anno inclitus dux Bernhardus Karinthie rebus ex-
1256 cessit humanis et[a] in monasterio sancti Pauli in valle Laventina ordinis beati Benedicti cum priscis ducibus sepelitur. Hic curiositatis causa cum quodam sibi dilecto, suorum secretorum conscio, mundum lustrans venit Argentinam Alczacie civitatem et ibidem quesitus undique repperitur et per crucem sibi connatam inter scapulas ducis Karinthie filius cognitus a querentibus proclamatur Deinde venit Bohemiam, ibique regis filia Iuta nomine in die magne festivitatis, quam specialiter consueverat venerari, peregrinos, clericos, divites et pauperes colli-
*f. 54 gebat, aquam manibus *hospitum infundebat, fercula preponebat, post mensam munera tribuebat. Contigit autem Bernhardum cum suo comite huiusmodi gaudiis interesse, et cum aquam de manibus puelle suscipere debuisset, aureum annulum, precioso lapide insignitum, ex digito eius traxit, nobile spolium faciens; quod dum ministri deprehenderent eumque invadere conarentur, puella prohibuit dicens hunc non esse popularem, sed preclari germinis, qui talia facere presumpsisset. Sicque abiens de preda tanta animum extulit generosum Audiens quoque patrem Hermannum ducem et fratrem suum Ulricum mortis debitum exsolvisse[b], Karinthiam proximavit, recipiens se in castro quod Himelberch[c] dicitur, optimatibus terre se nunciat advenisse. Qui exhilarati[d] super herede legittimo eum in principem sollempniter sustulerunt[e] predictamque[f] puellam Iutam, regis Bohemorum filiam, sibi sociens contboralem; ex qua genuit tres filios, Bernhardum, Ulricum et Philippum Fundavit eciam monasterium ordinis Cysterciensis in
1234. marchia Sclavonie, quod Fons Sancte Marie dicitur, prope castrum Landestrost[2], in quo ipsa ducissa cum Bernhardo filio ante altare beati Iohannis evangeliste sub quodam

a) et — sepelitur *om. A 2.* b) exolvisse *A 2.* c) Hymelb *A 2* d) exhilerati *c* e) *sic Ioh corr. ex* extul *B.* f) predictam Iutam sibi matrimonio copulavit *A 2*

1) *Poema coniugis ad uxorem, v. 29* 2) *Maria-Landstrass in Carniola, filia Victoriensis coenobii, cf 'N Archiv' XXVIII, p 147, n 4, Janauschek, Or Cist I, p 247 de tempore*

lapide, qui eorum insculpta habet nomina, requiescit. Hic princeps oppidum quod Querimonie-vadus, alio nomine Chlagenfurt dicitur, iniciavit, situ suo, rebus victualibus et venalibus oportunum. Ad quod intrantes nobiles de Hailek, Haidenricum et Albertum fratres, duasque portas muratis edificiis munientes prerogativa libertatis extulit speciali. Et dum vallum[a] novum sedulitate maxima effoderet, ut stagnum sanctorum Primi et Feliciani[1] ad structure sue diversa necessaria traheret, abbas Victoriensis monasterii[2] haut longe positi veniens, indutus sacris, cohibuit cum sanctorum reliquiis et baculo pastorali, alter Iosue[3], qui soli vetaverat progressum et Iordani fluvio preceperat[b] pro salute populi retrocessum[c] [4]. Ulricus patri in ducatu Karinthie et do- *f. 54' minio Carniole *successit; sed Philippus magis ac magis Ottac. 5316 sqq. insolescens per sedem apostolicam excommunicatur, et per ib. 6167 sqq. dyocesim tam religiosorum quam secularium populus circa eum aliter atque aliter variatur. Quidam Deum metuentes a divinis cessabant, quidam sue partis hoc pro nichilo reputabant, sed contumaciter celebrabant, immo verius prophanabant, et sibi ipsis in posterum difficultates et gravamina maxima procurabant.

Anno Domini MCCLVII. Ulricus Secoviensis episcopus ib. 5351 sqq. ad metropolim postulatur, qui licet multum obsisteret, tan- 1257 dem consenciens, ad curiam profectus, magne pecunie pro ib. 5883-5913 iure curie debitor est effectus[5]. Rediens autem repperit Stephanum Bele regis filium Petoviam obsidere, quem litteris apostolicis commonuit[d], ut desisteret ab hoc cepto Qui respondit non contra ecclesiam, sed contra Fridericum de Petovia se venisse Multis autem tractatibus intervenientibus et nichil pro presule facientibus, Ungaris pro tribus marcarum milibus Petovia obligatur suo tempore eximenda, et ob hoc Ungari dicuntur in Petovia habitacionis sue solium habuisse.

Anno Domini MCCLIX. Ulricus episcopus, dum redire ib. 5932-6226 disposuisset a marchia in Salczpurgam, lustratis suis castris ab Ulrico duce Karinthie invaditur prope Rastat, et ancipiti pugna gesta dux victoriam habuit et presulem retrocedere

a) ll *expuncto fortasse Ioh* vadum *scribere voluit* b) precep. *Ioh post add* B c) *seq in B* precepit, *quod Ioh. delevit* d) *ex* commovit *Ioh. corr* B

1) *Hodie Worther See in Carinthia* 2) *Fridericus* 3) *Cf Ios.* 3, 16. 10, 12 *sq.* 4) *Fabulosa ex parte; cf supra p* 134, *n* 1—2 156 5) *Cf supra p* 156, *n* 7 *et Ottac. v* 8277 *sqq.*

Ottac. 6221 sqq. compulit. Qui in castrum Volkenstain captivus[a] adducitur ibique aliquamdiu in custodia non sine ulcione divina illius, qui manus in eum miserat[1], conservatur[2]. Hec victoria Philippum non modicum in sua contumacia roboravit.

1260. Hoc anno Albertus Magnus, nacione Swevus, de oppido Laugingen, de ordine Predicatorum lector Coloniensis, Ratisponensis episcopus[3] est effectus.

Mart. Imp. 1260 *(Sept. 4)* *f. 55 Hoc eciam anno Meinfredus rex Sycilie in adiutorium Senensibus venit contra Florentinos et Lucanos, et Florentinis fidem non servantibus sue parti et declinantibus pluribus *ad Senenses, sex milia hominum Lucanorum atque Florentinorum in prelio sunt prostrata, ubi Meinfredi virtus est maxime commendata, et pape et cardinalium mens ad stridorem dencium[4] sauciata.

Ottakarus autem in cubili suo meditatur, quomodo extenderet alas suas et virium suarum palmites[5] dilataret et diffusius propagaret, Oracium[6] non adtendens, qui dicit in lyricis:

Lacius regnes avidum domando
Spiritum, quam si[b] Libiam remotis
Gadibus iungas.

Quomodo[c] Ottakarus Belam vicerit et Styriam acquisierit. Capitulum VI.

Ottac. 6284 sqq. *Mart. Imp.* Anno[d] Domini MCCLX. Styrienses ab Ungaris angustati Ottakarum invocant, ut succurrat. Quod dum Bela comperit, Stephanum filium suum ad devastandos fines Styrie[e] destinavit, Ottakarus autem respondit cum Ungaris se habere treugas et non posse nec velle pacem infringere nec pro tunc succurrere tribulatis. Comes vero de Hardek extra regis condictum cum decenti multitudine pugnatorum veniens Styriam[f] delectabiliter est susceptus et iunctis sibi Styriensibus festinum Stephano incutit retrocessum. Interea treugis elapsis Ottakarus astruit sibi pacem violatam, Styriam introivit et ab omnibus susceptus oblatam[g] terram

a) add. capt., *quae Ioh. transposuit B.* b) si rem. Gad. Libiam iungas *A 2.* c) *inscriptio capituli minio scripta B.* d) A. D. MCCLX. — sunt nupcie *(p. 202, l. 11) A 2.* e) Styriensium *A 2.* f) in Styriam *A 2.* g) obl. sibi t. *A 2.*

1) *Cf. Ioh.* 7, 30: et nemo misit in illum manus. 2) *Cf. supra p. 96, n. 1.* 3) *Cf. Flores temp., SS. XXIV, p. 248.* 4) *Cf. Matth.* 8, 12: stridor dentium. 5) *Ps.* 35, 5: iniquitatem meditatus est in cubili suo; *Ier.* 48, 40: quasi aquila ... extendet alas suas; *Ps.* 79, 12: extendit palmites suos ad mare. 6) *Carm. II, 2, v.* 9—11.

interpolatim per terre nobiles ordinavit, deinde Miletum quendam Bohemice gentis ad presidatum ipsius provincie deputavit. Bela coacto exercitu ducentorum milium cum *Ottac 6727 sqq* Comanis* iuxta Marcham fluvium in Austria[a] castra figit, Ottakarus centum milibus adunatis Ottonem marchionem *et Mart* Saxonie, Philippum electum Salczpurgensem, Ulricum ducem Karinthie secum habens, contra Belam acies instruit et componit**. Nobiles quosdam, quos ad custodiam in civitatem Laham deputaverat, egressos Comanorum cepit gens crudelis et peremit; quod Ottakari cor amarissime vulneravit. Die autem condicto prelium*** committitur durum nimis, in *1260. (Iul 12).* quo Bela graviter iaculatus cum Stephano filio suo presidium fuge petit. Tanta ibi fuit *armorum collisio tantusque **f 55'* pulvis, ut vento flante vix homo hominem cognosceret clara die, sed et preter eos qui gladio corruerunt fugiencium novem[1] sunt milia submersa. Princeps Comanorum captus suspenditur, qui se tantis spadonibus exemisset, quantis capillis caput *Ottac 7461 sqq* suum extitit coopertum, sed facultas sibi seviente Otakaro non dabatur. Qui[b] iuxta Oracium[2] in carmine lirico de labore prelii lassos et tristes affatur amicos:

Ibimus, o socii comitesque
Nil desperandum,
O fortes peioraque passi
Mecum sepe viri!

*) *Pro* cum Comanis *A 2* habens eciam Comanos et diversorum paganorum orientalium naciones *Mart Imp cf Ottac*

**) *Pro* et componit — amarissime vulneravit *(l 10) A 2* inter quos dicitur habuisse septem milia equorum ferro cooper torum *Mart. Imp*

***) *Verba inde a* prelium — submersa *(l 16) A 2 paululum immutata exhibet*: bellum inchoatum est, ubi ex collisione *ib* equorum et armorum tantus pulvis de terra surrexit, ut media et clara die vix homo hominem cognoscere potuit. Tandem Bela graviter iaculatus cum Stephano filio *et Ottac* suo fuge presidium petit, sed et preter eos qui gladio corruerunt fugiencium plus quam novem milia in quodam fluvio profundo, quem transire debuerant, submersi dicuntur.

a) fl Austrie *A 2*. b) Qui — sepe viri *(l 24) om A 2*.

1) *Cf Ottac v* 10804 *sqq*. *Numerum* 14000 *Ottac v* 7452 *et Mart Oppav ad a* 1260. *exhibent, cum in D (p* 135, *l.* 19*) idem numerus legatur,* novem *errore auctoris vel scribae scriptum esse videtur.* 2) *Carm I,* 7, *v* 26 *sq.* 30 *sq*

Ottac. 7498 sqq. Et sic Ungariam est[a] ingressus, quam in[b] nichilum penitus redegisset, nisi ad omne beneplacitum suum Bela nuncios direxisset.

Otto autem marchio et Ulricus dux se interponentes totum disturbium ad hanc clausulam perduxerunt, ut Bela Styriam Ottakaro resignaret cum omni iure, quod sibi in ea competere videbatur, et nullam amplius faceret exigenciam super ea, quod firmatum est fortissimis instrumentis et connubio mutuo, scilicet quod filius Bele Bela dictus neptem Ottakari, Ottonis marchionis filiam[1], acciperet in uxorem, et die ad hoc prestituto habite sunt nupcie cum maxima gloria huius mundi. Bela ibi stipatus fuit multis principibus, regibus, ducibus, comitibus, baronibus de suo germine et sibi subiectis, qui omnes in suo cultu et, sicut[c] uniuscuiusque nomen decuit, resplendentes coronis aureis, vestibus variis procedebant, expensarum inpendia, novorum militum tyrocinia, ministrorum officia et ornatum, distinctiones et discrimina, ludorum tripudia silenda pocius arbitror quam dicenda. *Esth 1, 1 3 sqq* In qua festivitate uterque rex[d] Assuerum *super centum XXVII* regnantem *provincias* emulabatur, qui *grande convivium principibus suis fecit* et *divicias glorie* atque potenciam, *regni sui iactanciam,* auri argenti, lapidum, vasorum, lectulorum, pavimentorum diversorum colorum *Ottac* genera et precia demonstravit. Sponsa eciam marchionis[e].

. . . .

a) est *Ioh post add B* b) quam penitus devastasset *A 2* c) sicut *Ioh post add B* d) *seq deletum* Assyriorum *B* e) *inde ad principia tertii capituli libri secundi lacuna in B, quia, ut manus s XV. in margine inferiori f* 55 *annotavit* hic deficit unus quaternus libri primi et secundi

1) *Cunigundem*

LIBER I. (REC. A 2).

(Excerpta Staindeliana[1]*)*

[f. 16. Ottac. 9196 sqq.] Anno Domini MCCLXI. Otakarus in funiculo vanitatis trahens iniquitatem[2] sine timore Dei aliene libidini inservivit thoro sue coniugis non contentus[3] et, ut eam repudiaret, studiosissime perquisivit, labem sterilitatis et non aliud allegando, superbiam eciam incontinencie et avaricie socians, nimis eciam intentus susurronibus et mendaciorum [ib. 11830 sqq.] fabricacionibus subditos conturbavit et aliquos impie interemit[4]. Margaretam itaque coniugem suam iuris ordine non [ib. 9253 sqq.] servato repudiat et tenui admodum sustentaculo in Chrembsa [ib. 9370 sqq.] locat et, sicut fertur, extingui per toxicum procuravit. Et mox [ib. 9261 sqq.] Kunigundam filiam magni principis Mazzovie, que est inter Ruthenos et Lituanos provincia in medio situata, neptem Bele ex filia, duxit in uxorem, mira corporis *pulchritudine venustam, [*f. 17] quam Prage in nupciis per Moguntinum episcopum sollenniter coronavit. Gerdrudim marchionissam, [ib. 6515 sqq.] quia filiam suam, quam ex Ruthenorum regis filio[a] pro- [cf. 2445 sqq. 2630 sqq.] genuit, Stephano filio ducis Zagrabie coniunxerat, in opidum quod Feustricz[b] dicitur, positum in metis Sclavonii ducatus, cum dedecore collocavit. Que postea cum dolore et gemitu in Misnam ad Constanciam matertera[5] commigravit ibique in monasterio sanctimonialium vitam terminavit.

a) *seq.* ducis *delet.* b) Seustnicz *c.*

1) *Cum pars non modica, quae in B sequebatur, deperdita sit, inde excerpta, quae nobis Iohannes Staindelius in cod. Monaci in tabulario regni Bavariae, sign. 'Klosterlitt. Formbach $5^1/_2$' asservato e Libro certarum historiarum tradidit, integra exhibemus (A 2), praesertim cum codex Iohannis Vict., quo Staindelius usus est, non multum a B discrepet.* 2) *Is.* 5, 18: qui trahitis iniquitatem in funiculis vanitatis. *O. H.-E.* 3) *Cf. consilium, quod Ottacaro pater secundum Ottac. v.* 1809—1815 *dedit, de quo Ioh. fortasse cogitavit.* 4) *Cf. Ottac. v.* 13337 *sqq.* 16558 *sqq.* 31615 *sqq.* 5) *Cf. ibid. v.* 1274—1278.

Mart. Opp. cf. Ottac. 77 sqq. Anno Domini MCCLXIII Urbanus papa, ut Mainfredum radicitus extirparet, Carolum comitem Provincie, fratrem Ludovici regis Francie, ad regnum et coronam Sicilie invitavit et sibi idem regnum, ut a dicto Manfredo, detentore ipsius, recuperaret, contulit; qui gavisus cum maximo se disposuit apparatu.

Mart. Opp. Anno Domini MCCLXV predictus Carolus, qui pro recuperacione regni Sicilie per Urbanum papam vocatus fuerat, Romam, ubi tunc in senatorem electus fuerat, navigio venit et a papa Clemente in regem Sicilie coronatur[1].

Ottac. 235 sqq. Mart. Opp. Anno Domini MCCLXVI[2] Carolus contra Mainfredum pugnaturus Apuliam intrat, iam suum esse asserens regnum. Cui Manfredus non segniter occurrens, ex opposito castra locans, et ante ingressum prelii quatuor milia pugnatorum *f. 17' ex aciebus Mainfredi *vel corrupti pecunia sive ignavia vel perfidia sive eciam pro papali sentencia ad partes Caroli migraverunt. Et dum se Manfredus cerneret derelictum, ingemuit et vires extulit maximam stragem faciens; novissime cum pluribus cadit, sicque Carolus Siciliam, Apuliam cum titulo regni Ierusalem[3] est adeptus. Fertur, quod papa mandaverit corpus occisi lapidibus obrui et incendio conflagrari[a] et super tumulum, ut moris est, prohibuit signaculum crucis fieri. Filiarum Manfredi una in captivitatem ducitur, ne per nupciale connubium cuiuscumque principis adversitatem Carolo suscitaret[4]. Altera in Aragonia consistens cum carnis propinquis lamentum induit et merorem.

ib. 2743-3105. Eodem[5] anno Conradinus filius Conradi filii Friderici secundi imperatoris a senatu Romano et civitatibus invitatur, cur regnum opulentissimum Sicilie tamquam hereditarium non requirat et Carolum invasorem eius coerceat, admirantur. Cui cum crebrius huiusmodi legacio fieret, communicato consilio matris et Ludovici comitis palatini atque Friderici marchionis Badensis et ducis Austrie cum multis nobilibus Italiam ingreditur, et veniens ad campestria, que se inter Mantuam et Veronam[6] offerunt, undique honorifice est receptus. Ibique Ludovicus palatinus propter mandatum apostolicum ab eo discedens — papa enim ubique promulgari iussit Carolum regem Sicilie coronatum et devotum ec-

a) conflagari c.

1) Cf. supra p. 97, n. 3. 2) Ottac. v. 967—969 haec perperam anno 1265 attribuit. 3) Cf. supra p. 98, n. 2. 4) Cf. Ottac. v. 397—99. 931—74. 3636 sqq. 4790—4800. 5) Cf. ibid. v. 3538—3542. 6) Cf. supra p. 162, n. 2.

clesie filium, Conradinum autem contra eum molientem [Ottac.] excommunicatum et omnes sibi adherentes maledictionis anathemate condempnatos —[1] Conradinus itaque parvipendens [Mart. Imp.] domini pape excommunicacionem contra dominum Carolum cum Theotunicis quam plurimis Lombardis et Tuscis adiunctis salvus usque Romam pervenit, ubi cum imperiali *more a senatu gloriose [*f. 18] fuisset receptus, associato sibi senatore Urbis domino Heinrico, fratre regis Castelle, Gerardo comite Pisano[2] cum multis Romanis et aliis innumeris ad se confluentibus contra regem [Ottac.] Carolum Apuliam intravit et bellum campestre parat. Et primo [1268 (Aug. 23).] quidem congressu plurimis interfectis Francigenis et Provincialibus Carolus cum mille pocioribus in fugam vertitur, et victoria blanditur Conradino, moxque populus eius temere ad spolium est dispersus, paucis secum remanentibus, quieti operam dantibus et armis depositis sopore lassa membra reficientibus. Quod comperiens Carolus clandestino impetu irruit super eos, et excitato clamore celeri commixtione pugna conseritur, absentibus tardantibus, Conradinus cum Friderico marchione, comite Pisano[2] et multis aliis capitur et in Neapolim transportatur ibique per annum[3] cum eximiis concaptivis in solacio vixit. Carolus itaque, quid de captivis suis ageret, sollicite per- [ib. 3106-3477] quisivit; papa persuasit in eos fieri ulcionem, Otakarus mandat, quod eos vivere nullatenus expediret, metuens, quia Conradinus de sanguine regum et imperatorum processerat, Fridericus autem de germine ducum Austrie pullulaverat, ne forte sibi iactura rerum vel honoris ab eis in posterum oriretur. Comes autem Flandrie, gener Caroli et adiutor, persuasit fieri amiciciam, ita ut Conradinus filiam Caroli, Fridericus marchio sororis sue natam duceret[4], et sic concordia firmaretur, et tam alti sanguinis rami non tam temere et precipitanter resecarentur in vigore tam floride iuventutis. Quo consilio Carolus reiecto, rediens Neapolim preconis voce valenter iussit clamari, hostes et invasores *regni sui ut omnes con- [*f. 18'] veniant perimendos. Quibus in publicum productis purpura et scarletum substernitur pro reverencia regii sanguinis excipiendi; dispositisque disponendis prius Fridericus marchio

1) *Deesse aliqua videntur.* 2) *Cf. supra p.* 97, *n.* 2; 162, *n.* 4. 3) *Sed nota Iohannem supra p.* 214, *l.* 11 *Ottacarum secutum esse, qui expeditionem ac mortem Conradini ad a.* 1266 *narrat, cum Martinus Oppav. a.* 1268 *praebeat. Cf. et Ottac. v.* 3111. 4) *Ioh. confudit quae Ottac. v.* 3115—3121. *refert, consiliis comiti Flandriae attributis (ibid. v.* 3498—3506*) rerum seriem ab Ottacaro traditam non servans.*

Ottac. 1268 decollatur; cuius caput precisum *Ave Maria* publica audiencia resonabat, audientibus et flentibus plurimis, qui convenerant ad spectaculum hoc tam grande. Quod complectens Conradinus et deosculans, ad se stringens, fletu et eiulatu iuvenis innocentis atque sodalis amantissimi mortem atque suam, quam pro paterna hereditate passurus esset, voce lacrimabili commendavit in districtissimi iudicis examine perquirendam. Et proiecta cyroteca in aera Petro regi Aragonie et suis filiis omnia iura sua in regno Sicilie et Apulie per quendam militem deferendam[a] publice resignavit. Porro mater regis Aragonie fuit filia regis et regine Hispanie, que fuit soror Friderici imperatoris ib. et amita Conradi regis, genitoris Conradini[1]. Quo peracto oracionem faciens collum prebuit cum undecim viris valde preclaris, suis concaptivis tam Suevice quam alterius nacionis. Inter quos comes Pisanus et de Hûren[b] vir nobilis[2], cum eo pariter sunt truncati. Sicarius quidam, qui caput eius abstulit, cum alius nullus presumeret, a Carolo capite pro presumpcionis et temeritatis ausibus spoliatur, iustam mercedis retribucionem recipiens in se ipso. ib. 3478 sqq. Comes Flandrie accepto, quod iuvenes deberent collicidio perimi, ut eos eriperet, quantum potuit festinavit, et comperto, quod exempti essent in[c] hac vita, dolens ad propria revertitur. Petrus ergo rex Aragonie, auditis que acciderant, cf. 19 nocte dieque instigatus ab uxore vindictam facinoris perpetrati in consanguineum et assecucionem regni sibi testati strennue meditatur[3]; quod postmodum navali prelio obtinuit.

ib. 10127-56 Anno Domini MCCLXVIII[4] Ulricus dux Karinthie Philippum fratrem suum, electum Salczburgensem, de fluctibus periculosi status volens extollere cum intercessoriis Otakari ad Aquilegiense capitulum properavit et, ut susciperetur ad regimen illius ecclesie, laboravit. Ad quod dum favor aliqualis accederet aliquorum, in spem bonam statuitur promissionibus quibuscumque; sed nondum inte- 1269 (Oct. 27) graliter consumatis dux graviter infirmatus decessit. Hic construxit monasterium Carthusiense quod Vallis-iocosa dicitur in suburbanis Laybacensibus, habuitque duas

a) *sic c (scil. cyrotecam).* b) *sic c.*, Hûrnaim *A*, Hurneim *C 3*, Hûrneim *D.* c) *sic c., fort. delendum.*

1) *Haec falsa omnino.* 2) *Cf. supra p.* 137, *n.* 2. 3) *Cf. Ottac. v.* 3638 — 5209, *praeter quem Ioh. hoc loco alterum auctorem habuisse videtur.* 4) *Ex Ottac. v.* 9771 *sq.; cf. ibid.* 10128.

uxores, quarum prima vocabatur Agnes fuitque filia ducis Meranie[1], fratris Heinrici marchionis Histrie et Berchtoldi patriarche Aquilegiensis, ex qua genuit filium, qui in monasterio Fontis Sancte Marie, quod Landestrost dicitur, ordinis Cisterciensis, in Marchia est sepultus, et filiam, que in Victoria monasterio similiter Cisterciensi in Karinthia tumulatur. Ipsa vero ducissa moriens in monasterio Sitich ordinis Cisterciensis in Carniola sepelitur. Post hanc alteram duxit, que similiter Agnes dicebatur et fuit filia Hermanni Badensis marchionis ex *Ottac* 2647—73 Gerdrude sororque Friderici, qui cum Conradino a Carolo rege gladio est percussus[2]. Hanc moriens viduam sine heredibus reliquit, que postea Ulricum comitem de Heunberg duxit, ex quo genuit duos filios, Fridericum *et Hermannum comites, et eciam filias, ex quarum una *f. 19' comes Ulricus de Phannberg processit, ex altera Fridericus Libertinus de Seunegk, iam comes Celeye[a] titulatus[3].

Hoc[4] anno Otakarus profectionem parat in Prussiam, *ib.* 9591—9776 Australibus virum prudentem[5] de Pergaw, Styriensibus Ulricum[6] de Liechtenstain preficiens, et veniens in Poloniam ad monasterium Trebnicz Cisterciensis ordinis sanctimonialium, ubi corpus beate Hedvigis ducisse quiescit, visitatis reliquiis illius eiusque patrociniis commendans se[7], accepta cruce ab episcopo Olmuncensi Brunone viam carpit. Et dum procedere non valeret propter stagna, que non fuerant ob lenitatem hyemis congelata, post labores et expensas maximas est reversus, et misit *ib.* 10170-211 prepositum Brunensem, ut sibi Karinthiam et Carniolam[8] infiscaret, eo quod pacta haberet cum Ulrico duce, si quis eorum sine heredis dono decederet, alter eius principatus et dominia possideret. Qui veniens parum profecit, immo in pluribus locis multis contumeliis est affectus, quia incole in utraque terra Philippo fratri ducis Ulrici et Bernardi filio reddere se decreverunt[9]. Qui Philippus

a) Celeya c

1) *Ottonis I.* 2) *Cf Ottac v* 1198—1212 9244—9248 *cum v* 2818—2823 3341—3416. 3) *Cf supra p* 138, *n* 1—3 4) *Ex Ottac v* 9771 *sq.* 5) einen degen mære *Ottac v* 9662 6) *Ottonem Ottac v* 9657 *perhibet* 7) *Haec Ottac. expressis verbis non dicit, sed non dubito, quin Ioh. ea ex eius v* 9611—9614 *concluserit* 8) *Cf. Ottac. v* 10182 9) *Horum quaedam ex Ottac. v* 10454—10460 *profecta Cf supra p* 174, *n* 2

[Ottac. 10151–500] pacta fratris cum Otakero parvipendens que capere poterat capiebat.

[ib. 9777–10083] Anno Domini MCCLXIX[1] Otakarus nobiles Stirie ad se vocat, scilicet comites de Phanneberg, de Wildonia, de Liechtenstain, de Stubenberg, de Petovia, viros nobiles, ad omnia probitatis opera probatos. Contra quos statuit quendam falsidicum, qui dixit se audisse et a se consilium eos postulasse, [*f. 20] *ut Stiriam ad alium dominum transferrent, quia rex nimis tyrannice eis dominaretur. Comes autem Heinricus de Phanneberg dum pro se et omnibus monomachie certamen peteret singulare ad comprobandam innocenciam eorundem, sermo regis prevaluit, audire recusans omnes compeditos per castra Bohemica sequestravit et dure satis in custodia conservavit[2].

[Ottac. 10215–11546] [1270] Hoc anno[3] Bela senior rex Ungarie moritur, et venit ad eum filia sua, socrus Otakari, de Mazzovia[a], que surripuit quedam preciosissima iocalia ad regis coronam pertinencia et mox ad Otakarum clam transmisit. Que Stephanus post mortem patris amicabiliter peciit sibi reddi, quod Otakarus moleste ferens asseruit super hoc nil penitus constare, Stephanus autem bello instaurato Otakarum invadere satagebat. Sed et Otakarus cum suis, quos habuit[b], eciam captivos Stirienses tamquam ad bella doctissimos alloquitur et liberos dimittit, ut in hoc necessitatis articulo sibi fideliter adhereant, deprecatur, et laxati ad prelium [ib.] secum alacriter accinguntur[4]. Cumque reges mutuos sibi prebuissent conspectus ad congressionem, ad biennium negocium est treugatum. Quas treugas Stephanus interrumpens contra Otakarum surrexit; sed et Otakarus sui ipsius[c] non incompos adeo Stephano valide obviavit, ut, si socrus eius [ib. 10027–120] non intervenisset, totum regnum Ungarie devastasset[5]. Quibus ad concordiam adunatis Stirienses, postquam in captivitate peregerant ebdomadas quadraginta sex[d], ad suos lares cum gaudio redierunt[6], Otakari memoriam in perpetuum habentes.

a) Nazzovia c. b) *quaedam verba omissa esse videntur O. H.-E.* c) surripit c. d) *cf. supra p.* 138, *n.* k.

1) *Cf. supra p.* 138, *n.* 3. 2) *Confuse Ioh. rerum seriem, quam in Ottac. Chronico legit, refert. Cf. supra p.* 138. 171 *sq.* 3) *Ex Ottac. v.* 10216 *sq.* 11544 *sqq.* 4) *Striensium liberationem Ottac. ante bellum Ungaricum factam esse tradit, Ioh. et rerum ordinem turbavit et quaedam, ut regis allocutionem, commentus esse videtur, de verbis cogitans, quae regem post pacem ruptam cum Striensibus fecisse apud Ottac. v.* 10977–10997 *legit. Cf. supra p.* 172, *n.* 1. 2. 5) *Cf. supra p.* 138. 172, *n.* 4. 6) *Non personarum, sed rerum ademptarum restitutionem rex secundum Ottac. tunc Striensibus promiserat, cf. et supra p.* 138, *n.* 4.

*Anno Domini MCCLXX.[1] Otakarus Karinthiam et Carniolam apprehendere cogitavit et coacto in unum exercitu copioso primum Laybacum in Carniola aggrediens oppugnavit et circumquaque Philippi fautoribus totis viribus resistebat, ipsum oppidum cum castro instrumentis bellicis, machinis et tormentis fortiter perurgebat, sed et cetera castra et municiones fiduciam habentes, si Laybacum persisteret, eciam se salvari. Quod dum succursum erepcionis non haberet, cum tota terra manibus Otakari se subiecit Cernens Philippus, quod inferior esset, sibi vix veniam impetravit omniaque resignans necessaria victus et impendia necessitatum in Chrembsa civitate Austrie recipit. Deinde[2] Otakarus in Carniola expeditis rebus in Karinthiam properat et multis resistentibus graviter punitis nichilominus est receptus. Privilegium terre cum bulla aurea de ducatus investitura in civitate Sancti Viti sustulit et in Bohemiam destinavit, et sic terrarum illarum dominus est effectus. Et transiens canales, Forum[a]-Iulii lustrans[3], Bohemorum animos, qui eum comitabantur, traxit altitudo moncium in stuporem arbitrancium se Romanos limites attigisse. Ibi Portum-Naonis acquisivit, animo gerens, ut a mari usque ad mare et ad terminos orbis terre potenciam suam dilataret. Et sic vasallus ecclesie Salczburgensis[b] factus, rebus dispositis, in Karinthiam est reversus ibique a Friderico presule Salczburgensi in Frisaco feoda sua suscepit, fidelitatem ecclesie repromittens; ordinavitque terras[4], in Karinthiam Albertum de Vran[c], pincernam de Hauspach in Carniolam capitaneos deputavit. Sed non longe post Ulricum de Dürren*holcz Karinthie, Carniole, Fori-Iulii[d] presidem statuit generalem. Otakarus his patratis Bohemiam revertendo per descensum Trahe fluminis in Stiriam iter flectit. Et cum undique reverenter exciperetur, Seyfridus de Mârenberg pressus corporis molestia transeunti regi occurrere non valebat; q u o d r e x v e r s u c i e s u e d e p u t a n s eum sibi precipit vinctum consignari, pollicens

[Margin: *f. 20' — Ottac 10453-700 — 1270 — ib — ib. 11817-839 — ib 10648-657 — ib 10589 sq — *f. 21 — ib 11830-963]

a) forulii c b) Aquilegiensis *legendum* c) vran c d) forulii c

1) *Ottac. et Ioh rec D (p* 138, *l* 26*) h l a* 1269 *habent, cum C3 (p* 100, *l* 14, *cf. n.* 2*) et A (p* 174, *l.* 13*) aeque a* 1270 *perhibeant* 2) *Ioh iterum ordinem invertit, cum Ottac iter regis in Karinthiam ante pacta cum Philippo inita referat, quae sequuntur Ioh non ex Ottac accepit.* 3) *Cf. p.* 139, *n* 1. *et p.* 175, *n.* 2 3. 4) *Plures hoc loco Ioh. rerum seriem ab Ottac. traditam ut corrigeret, immutavit, cf. Ottac v* 10648 *sq et* 11830 *sq*

Ottac. premium super eo. Quod dum ambiret Ortolfus miles de Gråcz, invitatum Seyfridum ad epulas mense sue captum Ulrico de Durrenholcz consignat, qui mox eum regi in Bohemiam vinctum misit. Rex autem astrictum Seyfridum cauda equi per plateas iussit trahi, deinde crurifragio, suspendio, concussione capitis et excerebracione morte horribili transtulit ex hac vita. Deinde per plures noctes visa sunt lumina clarissima a pluribus fide dignis super eius tumulum, viri innocenciam contestantes. Sicque Otakarus iam a mari orientali Prutenorum usque ad mare Adriaticum Venetorum dominabatur, ad amplius aspirando.

*LIBER[a] SECUNDUS. *(REC. A).* *f 7'.

De statu regni in Alemannia corrupto. Capitulum primum

Anno eodem, scilicet MCCLXXI, *non erat*[b] *pax in-* 2 *Par.* 15,5
gredienti et egredienti, sicut scribitur in[c] verbis dierum[1],
et in libro Iudicum *In diebus illis non erat rex in Israel,* *Iudic* 17,6 21,24
et *unusquisque quod sibi rectum videbatur faciebat,* et[d] ex hoc multa malicia latrociniorum, spoliorum et concussionum pene in omnibus regni angulis atque districtibus exurgebat[2].

Summus pontifex, sicut sepius[3], sic iterum elec- *Ottac* 12483 *sqq*
toribus per excommunicacionis sentenciam[3] iniungebat, per nuncios sollempnes precipiens atque mandans, ut principem et advocatum eligant Romane rei
publice sine *fermento malicie* et avaricie, virum utilem et 1 *Cor.* 5, 8.
probatum. Causa autem fuit, quia in Ythalia res imperii
ceperant reflorere, et regis Arrogonie filii regnum Sicilie 1286.
potenter et sine omni molestia possidere, super[e] quo sedes anxia dolere maxime videbatur, cuius aversionem huiusmodi per Romanum principem fieri pro favore ecclesie sperabatur[4]. In Alemannia eciam in diversis partibus bona imperii quam plurimi rapiebant et iniuste possessionis titulo sibi per violenciam nullo obsistente attrahebant et multas incontinencias exercebant, nullusque ad
regni iusticiam intendebat[5]. Movebat eciam papam, quod *Ottac* 12442 *sqq*
electorum se corda et actus dispariliter variabant et obedire nunc dissimulabant, nunc in votis disceptabant, nunc, sicut

a) Liber se[c] *in marg sinistra* b) erit p[ax] eg[redienti] et ingr. *Vulg* c) in v[erbis] d[ierum] *supra lin. add* d) et — exurgebat *in marg.* e) super — sperabatur *in marg signis et voce pone appositis*

1) *Cf* 3. *Reg* 11, 41 14, 19 *et saepius.* 2) *Cf. Ottac v* 77 *sqq* 1051 *sqq* 3) *Ex Ottac. v* 2881 *sqq* 2966 *sqq* 4) *Haec Iohannes inspectis Ottacari v* 3636 *sqq* 5185 *sqq* 13605 *sqq commentus esse videtur* 5) *Cf. Ottac. v* 77—85

Ottac. manifeste patuit, munera eorum manus et oculos inquinabant.
ib. 12098 sqq. Nam primo quidem Thuringie lantgrafium elegerunt, qui propter honus senectutis sine corona novissimum diem clausit, alias vir celebris et magnarum virtutum preconio titulatus. Deinde in comitem Ollandie Wilhelmum[1], divitem et potentem, vota omnium diriguntur, cui licet honestatis
1248 merita subpeterent, civitatis tamen Aquensis[2] introitus est reclusus. Exacerbatus ad consilium procerum urbem vallat et civibus fortiter obsistentibus, dum quadam die circuiens lustraret, si aliqua parte sibi patere posset ingressus, quidam[a] sagittam iaciens ex adverso electum[3] regem letali vulnere sauciavit. Quo mortuo obsidio solvitur, populus dilabitur, et regnum sicut prius principe viduatur. Divisis item ab alterutrum[b] principibus ad electionem pertinentibus alii regem Bohemie[4] cupiebant, alii regis Hyspanie fratrem comitem Castelle, alii regem Anglie, quidam nobilem virum comitem de Henneberch expetebant, et manus suas implere singulorum[c] muneribus siciebant; sed pro tunc propter dissensum nichil ad effectum in hoc negocio perducebant[5]. Rex autem Bohemie, eciam parvipendens, una cum episcopo Moguntino sibi favorabili et marchione de Braudenburch[6] in comitem Castelle, fratrem regis Hyspanie, consenserunt et in eum sua desideria plenarie transfuderunt, quilibet pro se receptis quatuor milibus marcarum argenti a rege Hyspanie destinatis. Treverensis autem, Coloniensis, dux Saxonie atque palatinus regi Anglie sua vota sollempniter transmiserunt dicentes, quod sibi regnum magis competeret, quia regem Francie, adversarium suum, nullo modo valencius contereret, quam si coronam imperii optineret.*

*) *Hic in marg. Ioh. scripsit:* Nota. Hic igitur summus pontifex[7].

a) quida c. b) *sic c.* c) *corr. ex* singulos *et transpos. ex* mun. sing.

1) *Guillelmi nomen habet Mart. Oppar. p. 471; cf. C 3, supra p. 92 sq., D p. 131, B p. 189. O. H.-E.* 2) *Hoc Ottac. v. 12166 sqq. de Frankfurt civitate falso narrat.* 3) *Ottac. v. 12205:* der niwe kunic. 4) *Ordine mutato Ioh. Ottacarum exscribit; propositum namque Bohemiae regis et comitis de Henneberg eligendorum Ottac. v. 12102 sqq. 12130 sqq. anterioribus temporibus attribuit.* 5) *Cf. Ottac. v. 12226 sqq.; insuper de v. 12411 sqq. Ioh. h. l. cogitasse videtur.* 6) *Ottacarus postquam palatinum, Coloniensem, Treverensem, ducem Saxoniae electores Richardo, quem perperam regem Angliae dicit, favisse narravit, addit:* nu begunden in widerstreben die andern kurherren drî *(v. 12258 sq.).* 7) *Locus, qui ita incipit, legitur infra p. 215, l. 8.*

Quibus mittens pecuniam absque numero grates egit uberes, promittens suo tempore, si suum impleretur desiderium, amplıora[1] Ipse quoque comes Castelle nichilominus diem electionis statutum per suos nuncios atque promissiones eis factas mancipandas effectui prestolatur. Palatinus pro rata sua fertur percepisse ex utraque parte marcarum argenti milia quadraginta[2] *Ottac. 12384 sqq*

De[a] Rudolfo comite de Habspurch et gestis eius mirificis. Capitulum secundum.

Porro in diebus illis fulsit[b] in superiori parte Swevie, intra regni gremium, comes Rudolfus de Habspurch in exordio moncium, ubi montis Iovis sive Iuliarum Alpium[3] a longe prospicitur celsitudo, inter lacum Alemannicum et Losannicum, sanguinis claritate, morum honestate, etatis maturitate, armorum strennuitate conspicuus, fama nominis undique divulgatus[4]. Quem Meynardus[5] dux Carinthie specialiter ac Bernardum[c] ducem Karinthie[6] Albertumque comitem Tyrolie[7], tamquam tria splendidissima sidera in firmamento, in orbe Romano, radiancia propter claros actus virtutis et constancie laudabiliter efferebat, cum in colloquio familiari cum familiaribus mencionem proborum virorum et illustrium faciebat. Nam Davit rex, sicut in cathalogo forcium eius invenitur, *cf 1 Par. 11, 12. 15 19.* tres fortissimos et nominatissimos legitur habuisse, licet constet eum quam pluribus fortibus stipatum semper in preliis extitisse. Hic igitur* Rudolfus contra presulem[8]

*) *In marg scripsit Ioh :* De Argentinensibus, de Peterlingensibus, de Veronensibus

a) *inscriptio capituli in marg* b) *corr ex* fulcit *c.* c) *ex* bernardo *corr*

1) *Cf Ottac v* 12376 *sqq* 2) *Numerum habet Ottac v* 12420 3) *Ioh Alpes Iulias, quae Carniolam a superiori Italia separant, partem Raeticarum Alpium perhibet, inductus fortasse verbis Rahewini, Gesta Friderici imp III, c* 25. per viam Iulii Caesaris, quae modo mons Iovis dicitur *Ceterum Habsburg castrum prope Aare et Reuss flumina confluentia situm satis a monte Iovis distare nemo nescit sed mons Iovis h l partis pro toto instar Alpes occidentales sive Raeticas significare videtur* 4) *Cf Ottac v* 12660—77 5) *IV comes de Tirol a* 1258—1295 *et dux Carinthiae inde a die* 1 *Febr a* 1286. 6) *A* 1202—1256, *cf supra p* 134, *n* 1 7) *Albertus III ab a circiter* 1190 *ad d* 22 *Iul* 1253, *cui sine filiis decedenti Meinhardus III comes Goriciae, pater dicti Meinhardi IV, postea ducis Carinthiae, successit* 8) *Heinricum de Neuenburg, a* 1262—1274, *cf Ottac* 12596 *sqq*, *ubi de episcopo Basiliensi nihil, de ceteris hoc loco relatis perpauca narrantur*

1273 et civitatem Basiliensem gravissimas hoc in tempore gwerras gessit, civitatem valenter obsedit, agros, vineas devastavit, omnia in circuitu, ortos[a], pomeria exstirpavit et bona tam pontificis quam civium, dampnis maximis illatis, per predas, per incendia detruncavit. Nec[b] civitas illa magna nec potens suam seviciam contra comitem temperabat, sed equa lance, quantum valuit, [detri]menta[c] et pericula eius et hominum procurabat. Et specialiter presul, [cum[c]] sui sanguinis esset[1], eum ceteris acrius infestabat*. Sicut autem illud genus hominum insidiarum astucias tempusque observare solet aptum ad suas versucias, Ovidio[2] teste, qui dicit

Scit bene venator, ubi cervis recia laxet,
Scit bene, qua frendens valle moretur aper,

Dec. 24. *f. 8 Rudolfus nocte dominice nativitatis[3] per murum* civitatis fortissimis cinctus pugnatoribus irrupit, *Te Deum laudamus* fratribus Predicatoribus pro laude sacre noctis decantantibus letis vocibus et iocundis.

Mox armorum strepitus, per plateas discurrencium sonitus, omnes terore[d] latent, et fugiunt cives rem insolitam audientes pariter et videntes et civitatem admiracione atque stupore maximaque concussione replentes[4] suumque desiderium, si non ex toto, tamen pro mentis gaudio adimplentes, rebus gestis prospere, preda onusti, timore suo ibi relicto ad tentoria redierunt[5]. Que res Rudolfi nomen et gloriam per regnum undique dilatavit. Nichilominus obsidionem non deseruit, sed magnanimiter continuavit et usque in finem viriliter perduravit. Illum[e]

*) *In marg. post add.* De verbo episcopi Basiliensis 'Si Deus de throno suo se moveret, Rudolfus eam insideret'[6].

a) *transposita ex* pom. ort. *c.* b) Nec — infestabat *(l. 10) in marg.* c) *uncis inclusa abscisa supplevi.* d) terres (?) *corr.* terre *c.* e) Illum — expressum *(p. 215, l. 7) in marg. signo apposito.*

1) *De consanguinitate cf. tabulam genealogicam apud Redlich, 'Rudolf v. Habsburg' p. 773 et Chron. Colmar., SS. XVII, p. 241, et Matthiam Neuenburg., Böhmer, Fontes IV, p. 154.* 2) *Ars am. I, v. 45 sq.* 3) *Die 24. Dec. a. 1273. sed, nisi tota relatio posterorum fabula est, ante d. 20. Sept. hoc accidit, circa quam diem Fridericus burggravius de Nürnberg Rudolfum ad electionem accersivit, quae facta est die 1. Oct. a. 1273, cf. Redlich l. c. p. 123.* 4) *Scilicet Rudolfi milites.* 5) *Chron. Colmar., SS. XVII, p. 242, narrat Rudolfum magno cum periculo Basileam pertransisse.* 6) *Cf. infra rec. B, lib. II, c. 1.*

virum natura beavit inter alia bona divinitus condonata, quia eum tribus filiis spectabilibus et quinque filiabus Deo gratis et amabilibus decoravit. Quos qualiter fortuna divino regulata moderamine provexerit, in subsequentibus est dicendum[1]. Quibus Deus omnibus *fecit*[a] *nomen grande iuxta nomen magnorum, qui sunt in terra*, ut inferius est expressum. Ottac 12658-713 — 2 Reg 7, 9

Igitur[b] summus pontifex audiens electores tepescere et turpi questui insistere lucroque pecuniario inhiare, vehementer redarguit et sub anathemate sacrum imperium sic deflorari prohibuit, memorans ementes et vendentes columbas eiectos de templo et nummulariorum subversas kathedras atque mensas[2]. Illorum quoque versuum poterat reminisci, quos Iuvenalis[3] dicit Ottac. 12483-473

Prima peregrinos obscena pecunia mores
Intulit, et turpi fregerunt secula luxu
Divicie[c] *molles.*

Parvipendens eciam eorum animos sic corruptos Ovidianis poterat versiculis[4] subsannare[d]

Aurea nunc[e] *vere sunt secula, plurimus auro*
Venit honos, auro conciliatur amor.
Ipse licet venias Musis comitatus, Homere,
Si michil attuleris, ibis, Homere, foras.
⟨*Munera*[f] [5], *crede michi, placant hominesque deosque.*
Placatur donis Iupiter ipse datis⟩.

De[g] electione eius in regem et coronacione sua Capitulum III

Anno MCCLXXII.[6] Deus invenit *virum* secundum[h] *cor suum*, qui non emeret, cui nemo venderet[7], gratis susciperet, libere possideret regnum, quod non debet 1 Reg 13, 14

a) fecique tibi *Vulg* b) *hunc locum superius inserere voluit auctor, cf supra p 212, l 30* c) Div molles *in marg* d) *post haec littera deleta* e) sunt v nunc *Ot* f) *uncis inclusa a Ioh deleta* g) *inscriptio capitis in marg dextera, in marg sinistra fragmenta ex parte deleta alterius tituli* de electione eius et coronacione eius h) iuxta *Vulg*

1) *In secundo et tertio libris huius operis, sed cf et Ottac v* 12711—13 2) *Math* 21, 12 eiciebat omnes vendentes et ementes in templo et mensas nummulariorum et cathedras vendentium columbas evertit; *cf. Marc* 11, 15 3) *Sat* 6, *v* 298 *sqq* 4) *Ars am II, v* 277 *sqq* 5) *Ars am III, v* 653 *sq* 6) *Annum e Martino Oppav, SS XXII, p.* 442, *l.* 25, *adsumpsisse videtur* 7) *Cf* 1 *Mach* 12, 36 neque emant neque vendant

habere maculam neque rugam[1], divinitus previsum, eter-
Hebr. 9, 26. naliter ordinatum, *a mundi origine* in Dei providencia[2]
prestitutum, et[a] ne labes hec tam fetida regnum pol-
lueret, principes macularet, sacerdocium temeraret, ad
Ottac. 12474-800. iussum summi pontificis[b] electores in locum qui *Vadus*[c]-
Francorum[3] dicitur, eo sic vocatus, *quod* quondam *Karolus*
1273. *(Sept. 29).* *ad Saxones debellandos ibi*[d] *vadum per*[e] *Mogum fluvium*
invenerit, convenerunt. Ubi regum Anglie[4], Hyspanie at-
que Bohemie responsales sollempnes ac aliorum principum
affuerunt, ad quem finem electio tenderet, expectacione quadam fluctiva animos erexerunt. Dum autem principes simul
conferrent et hinc inde mentis aciem ad diversas personas[5] regno proficuas et in diversis locis vel regnis
positos circumducerent, novissime in Rudolfum cor et
animum direxerunt, dicereque videbantur, quod Pharao
Gen. 41, 38. de Ioseph: *Num invenire poterimus talem virum, qui spiritu Dei plenus sit?* Et surrexit pro omnibus Lůdewicus palatinus, in omnium audiencia loquebatur silencio postulato: 'O principes, fortissima et precipua membra regni, verba vestra in ore meo posita vestris consensibus affirmatis?' Qui indivisibiliter responderunt: 'Sicut convenimus, sic adhuc dicimus et testamur.' Ascendens ergo ad locum eminenciorem: 'Et ego', inquit, 'in nomine sancte et individue trinitatis Rudolfum comitem de Habspurch favore et consensu ac astipulacione omnium electorum advocatum, Romanorum patricium, regem ac principem pronuncio populis et gentibus, sancte ecclesie, omni populo sancto Dei, defensorem sacri imperii ac tutorem.' Principum vero et regum nuncii audientes se a suis desideriis defraudatos[6] non sine musitacionibus et comminacionibus abscesserunt. Palatinus autem marschalcum suum[7] cum signis imperialibus et palatinatus dirigit ad Rudolfum mandans, ut cum Basiliensibus pacem faciat, obsidionem

a) et — pontificis *in marg.* c. b) pontö c. c) vadum *Otto* d) illo *Otto* e) Mogi fluminis invenisse dicitur *Otto*

1) *Eph.* 5, 27: ecclesiam non habentem maculam aut rugam. 2) *Cf. Iudith* 11, 16: per providentiam Dei. 3) *Ex Ottonis Frising. Gest. Friderici imp. I, c.* 45. 4) *Ioh. aut falso coniungens versus Ottacari* 12499 *sq. confudit res aut de v.* 12639 *sqq. cogitavit, ubi tamen de comite, non rege Castellae agitur; cf. etiam v.* 12654. 5) *Haec non ex Ottac. assumpta sunt, probabile autem Iohannem talia commentum esse, cum apud Ottac. legisset Ottacaro II. regi Bohemiae archiepiscopum Maguntinum nuntiasse non esse dubium, quin eligeretur.* 6) *Cf. Ps.* 77, 30: non sunt fraudati a desiderio suo. *O. H.-E.* 7) *Ottac. v.* 12607: des rîches marschalch.

solvat et cum consorte sua venire quantocius non obmittat. [Ottac] Mox autem presuli Basiliensi ac urbi reconciliatur et [1273] induens regalem affectum et regie virtutis habitum, eisque, qui sibi tanta mala intentaverant, dicere videbatur, quod Ioseph fratribus suis dixit *Vos cogitastis de* [Gen 50, 20.] *me malum, sed Deus vertit illud in bonum, ut exaltaret me.* ⟨Et[a] Seneca[1] dicit: 'Magni animi est placidum esse'⟩. Et sicut Tullius[2] de Iulio Cesare dicit: *Nichil solebat nisi iniurias oblivisci*, et Seneca[3] 'Honestum et magnum genus vindicte est ignoscere'. Audita palatini et principum [Ottac] legacione Rudolfus benedixit Dominum, qui superbos humiliat et humiles exaltat[4], [Dan 14, 4; 4, 14] qui *potestatem habet in regnis*[b] *hominum et cui*[c] *voluerit dabit illud*[5], illud Daviticum dicere videbatur *Quis ego sum, domine Deus, aut*[d] *que* [1. Par 17, 16 sq] *domus mea, ut prestares michi talia,* qui[d] *fecisti me spectabilem super omnes homines?* Et cum magna hilaritate, *facta reconciliacione cum Basiliensibus, cum conthorali [*f. 8'] sua Anna[6], filia Burchardi comitis de Ayerlach, et fratre suo[7] Alberto magnifico comite per Renum civitates cum leticia descendunt, ad urbem Aquensem maximo stipati [comitatu[e]] principum electorum et aliorum nobilium properant, ubi est locus coronacionis et unctionis prime iuxta magnifici Karoli vetus statutum, ad quod hanc urbem pretulit pre ceteris locis regni[8]. Venientibus cum immenso tripudio civitas apperitur, cives egrediuntur, electum regem suscipiunt, concentu parili magnificant et attollunt. Et, sicut scriptum est olim quidem de Iudeis, nunc de fidelibus Christianis *nova lux oriri visa est, honor,* [Esth 8, 16] *gaudium et tripudium,* quibus populus quasi laudis pallio[9] circumamictus ineffabiliter exultabat. Rex autem cum [(Oct 24)] regina paludamento, sceptro, palla ac aliis insignibus

a) *uncis inclusa a Ioh deleta* b) regno *Vulg* c) cuicumque *Vulg* d) et *Vulg* e) *haec vel similis vox deest* c

1) *Dial III*, 21, 4 nec quicquam magnum est nisi quod simul placidum 2) *Pro Ligario* 12, 33 3) *De clementia II*, 7, 3: ignoscere autem est quem iudicas puniendum non punire . clementia plenior est ergo quam venia et honestior 4) *Ps* 74, 8 Hunc humiliat et hunc exaltat; *cf Iac* 4, 6 1 *Petr* 5, 5 5) *Longe alia Rudolfus ab Ottac v* 12734—49 *dixisse refertur*. 6) *Gertrude de Hohenberg, quae se post coronationem Annam nominavit; cf Redlich l c. p.* 168. 7) *Annae, cf. Ottac v* 12759. 8) *Cf. diploma spurium Karoli Magni Aquensibus concessum, DD Karol I, p* 439, *nr* 295 9) *Cf. Is* 61, 3 pallium laudis, *Esther* 8, 15 amictus serico pallio

1273. regalibus exornatus de palacio[1] ad ecclesiam beate virginis producitur, corona ei sollempniter imponitur, unctio iuxta morem et consuetudinem exhibetur per archiepiscopum Coloniensem[2], qui est hoc privilegio pre ceteris insignitus, populus iocundatur, tapetibus et luminaribus civitas illustratur, regi vita, salus et pro-
Ottac 12883 sqq speritas acclamatur. Iurat dispersa colligere, ablata requirere, perdita restaurare Simile aliquid in Veteri legitur Testa-
3. Reg. 1,38 sqq mento, ubi ad iussum Davit *Sadoch, Nathan, Banayas Salomonem in Gyon duxerunt*[a], *et*[b] *unxit* eum *Sadoch sacerdos sumpto oleo de tabernaculo et cecinerunt bucina, et dixit omnis populus 'Vivat rex Salomon' et insonuit terra a clamore eorum.* Secularium, laycorum, ecclesiasticorum, prelatorum confluit multitudo, iura vetera renovantur, feoda conceduntur, patrimonia confirmantur, vasalli se subiciunt, fidem pangunt, et omnia, que ad regis spectant officium, rite et laudabiliter consumantur[3]. Nec defuit huic viro stimulus invidencium et dicencium,
1. Reg 10,27. quod de Saul quidam dixerant *Num salvare nos poterit*
1 Reg 16,11—13 17,14 *iste?* Mirentur qui talia dicunt, quod Samuel de filiis Ysay non corpore forciorem, non statura proceriorem nec specie pulchriorem, sed Davit omnibus iuniorem in medio fratrum unxit et regem super populum ordinavit. Ex quibus Otakarus rex Bohemorum, Heinricus dux Bawarorum, Eberardus comes de Wirtenberch ex partibus Suevorum, ut patebit inferius[4], extiterunt Apte ergo competit Rudolfo, quod de Tyberio Constantino legitur[5], qui cum *indutus purpura, dyademate coronatus, throno imperiali impositus cum*[c] *immensis laudibus est in regni gloria sublimatus*[d], *adversarii eius ei, qui in Domino*[e] *spem suam posuerat, nichil officere valentes magno*[f] *sunt confusionis pudore cooperti.* Tullii[6] auctoritatem exem-

a) Gihon addux *Vulg* b) sumpsitque S sac cornu olei de t et unxit Sal *Vulg* c) et *Hist misc* d) confirmatus *Hist misc* e) Deo *Hist misc* f) magna s confusione et pud *Hist misc*

1) *In sequentibus Ioh Ottonis Frising. Gesta II, c 3 contulisse videtur, qui dicit ·* (Fridericus I) a palatio in aecclesiam beatae Mariae semper virginis deductus, cum omnium qui aderant applausu ab Arnaldo Coloniensi archiepiscopo, aliis cooperantibus, coronatus 2) *Engelbertum de Falkenburg, a* 1262—1274 3) *Cf Ottac v* 12784—92, *qui simili modo de iuribus electorum confirmatis loquitur* 4) *Cf infra p* 243 5) *In Historia miscella l XIX, c* 4 6) *Incerti de ratione dicendi ad C Herennium (Pseudo-Ciceronis) IV, c* 34

plarem nobis pulchre ad memoriam conducentes, qui dicit *Affricano industria virtutem, virtus gloriam, gloria emulos comparavit*, et Oracius[1]

⟨*Invidus*[a] *alterius marcescit*[b] *rebus opimis*;

et Ovidius[2]

Iustius invidia nichil est, que protinus ipsum
Auctorem rodit, excrucians[c] *animum*⟩.

De[d] curiis eius sollempnibus et contumacia Otakari regis Bohemie et Heinrici ducis Bawarie. Capitulum IIII.

Decisis itaque multis causis, que discussionem iam dudum regiam expectabant, in[e] finibus illis, per Coloniam[3] rediens ad superiores Ribauriorum partes pertergans se in districtum transtulit Wangionum[4], ubi in 1273. (Oct.—Nov.)
civitate Spirensium[5] convocat nobiles positos in circuitu (Dec.)
circumquaque exhortacione et consilio premisso, postea vi compellit, ut ablata et abstracta restituant, que noscuntur ad ius regium pertinere, et recuperatis multis possessionibus regni[6] curiam in civitatem Noricorum, quasi in regni meditullio positam, preconizat[7]. Ad quam
convenientibus magnatibus, nobilibus et civilibus et 1274 (Nov. 18)
utriusque status prelatis, pax omnibus commeantibus proclamatur et omnes transgredientes ut digna pena castigentur, ab universis ibi existentibus confirmatur[8]. Nam sine iusticia quid sunt regna nisi latrocinia? Sta-

a) *uncis inclusa a Ioh. deleta.* b) macrescit *Hor.* c) excruciatque *Anon.* d) *inscriptio capitis in marg.* e) in fin. illis *in marg.*

1) *Epist.* I, 2, *v.* 57. 2) *Non sunt versus Ovidii, sed incerti auctoris, quos affert Hieronymus in commentario in epist. ad Galatas (Opera ed. Vallarsius VII, col. 508). Editi sunt etiam ab Aemilio Baehrens, Poetae Lat. min. III, p.* 169, *nr.* 26. 3) *Ibi fuit a. d.* 31. *Octobris ad* 24 *Nov. a.* 1273, *cf. Reg. Imp. VI, nr.* 21a—41. 4) *Intravit Wormatiam d.* 30 *Nov. a.* 1273 *et ibi stetit ad d.* 7 *Decembris, cf. Reg. Imp. VI, nr.* 42—48. 5) *Spirae rex stetit a d.* 13 *ad d.* 18 *Dec.; de curia ibi celebrata cf. Reg. Imp. VI, nr.* 48a. 6) *Nota haec omnia, quae Ottacarus non tradit, prudenter a Ioh. inserta esse, quia cum rerum serie optime concordant. De tempore convocationis curiae Nurnbergensis, quae primo d.* 24 *Iunii a.* 1274 *celebranda fuerat, cf. O. Redlich, 'Rudolf von Habsburg' p.* 217. 222 *sq.* 7) *Cf. Ottac. v.* 12840—47, *qui curiam Nurnbergensem iam diebus electionis regis indictam esse dicit; de curiae edictis cf. Reg. Imp. VI, nr.* 258. 8) *Ottac. v.* 12904 *sq. dicit solummodo regem officium suum executum esse, cum iam v.* 12847—61 *narraverit regem pacem fieri iussisse.*

1274 tuta ergo tam de pace quam de feodis, leges et multa
bona regno et regni contractibus, negociis et commerciis
Esth 13, 2 utilia, promulgavit iuxta illud Assueri, qui *nequaquam
voluit*[a] *abuti potencie magnitudine, sed clemencia et lenitate
gubernare subiectos, ut absque ullo terrore vitam silencio
transigentes optata pace cunctis mortalibus fruerentur.* Unde
accidit, quod in diebus suis terre populus ad loca pergens
forensia de rebus venditis pecuniam dicantur in baculis
vel in boum suorum cornibus publice baiulasse. *Sunt*
enim, ut dicit Ysidorus[1], *leges facte, ut earum metu
humana coerceatur audacia, tutaque sit inter improbos innocencia et in ipsis improbis, formidato supplicio, refrenetur*
Ottac. 12862 sqq. *nocendi voluntas*[b]. Accessit[c] autem Lůdewicus palatinus,
unam filiarum regis in coniugium postulavit, cui aliquan-
tulum obstaculi fecit, quod primam Iudith[2] consortem,
1256 ducis Brabancie filiam, ex falsa suspicione, innocentem,
sicut veris probatum est indiciis, occidi collicidio pro-
ib. 1273 curavit. Nichilominus optatis nupciis est potitus[3] et genuit
ex filia regis Rudolfum[4] palatinum et Lůdewicum[5],
ib. cuius gesta inferius sunt descripta. Alteram petivit et
assecutus est Saxonum dux Albertus[6], que peperit principes generosos[c].

*f. 9 ib. 12892 sqq. Ad hanc *curiam quia[d] Ottakarus rex et Heinricus dux
Bawarie[7] non venerunt, sed[e] ad consilium principum et sentenciam eorum in Herbipolim eis altera dies indicitur, ubi

*) *In marg., ex parte abscisa* est actum probitatis
ydoneum, per omnia circumspectum, *et inferius*
[nome]n habentem imperatoris et . . . [re]s imperii
gubernantem

a) voluit *Vulg.* b) facultas *Isid.* c) Accessit — generosos *(l. 22) in marg.* d) quia *post add.* e) sed *delendum inserto* quia. *O. H.-E.*

1) *Etym. V, c. 20.* 2) *Immo Mariam, filiam Heinrici ducis Brabantiae, 18. Ian. a. 1256; cf. Hermann. Altah. ad hunc annum et Matth. Neuenburg c. 13 et Reg. Imp. V, nr. 11728b. Post eam Annam filiam ducis Glogaviae duxerat.* 3) *Cum Mathilde Rudolfi filia. Nuptiae iam die 24. Oct. a. 1273, vespera coronationis, factae erant, Reg. Imp. VI, nr. 6a.* 4) *Natum a. 1274, mortuum a. 1319.* 5) *Postea imperatorem.* 6) *Agnetem. Et hae nuptiae a. 1273 die 24. Oct. factae erant. Filium habuerunt Rudolfum. Ioh. dicens duas filias regis tempore curiae Nürnbergensis desponsatas esse errat, quas nuptias Ottacarus v. 12862—83 ante illam curiam narrat.* 7) *Errorem Ottacari auctoris sui v. 12895 sqq., de quo cf. Reg. Imp. VI, nr. 258, Ioh. repetit dicens et contra hunc in curia Nürnbergensi actum esse*

proxima curia celebranda fuerat; que est orientalis Francie *Ottac* civitas capitalis. Sed nec illo venire curaverunt edicta 1275 *(Ian 23)* regia non curantes Anno Domini MCCLXXIII. ad hanc curiam summus pontifex cardinalem, virum maturis moribus, destinavit, qui concilium habendum in brevi apud Lugdunum Gallie urbem in regno, quod olim Burgundia et Arelatum vocabatur, prelatis et episcopis publicavit Regem eciam cum benedictione apostolica ex parte omnium cardinalium gratulando et festiva leticia salutavit; papam eciam et cardinales super eius electione exultare vehementer et cordialiter affirmavit et regem ad coronam imperii et ad colloquium pape[a] ac cardinalium invitavit. Quem rex cum maximo dimisit honore et datis muneribus pape mandavit eius conspectui et alloquio sub *ib* 13676-710. parili presencia devoto et parato animo se sui copiam prebiturum[1]. Fridericus[b] autem archiepiscopus ab Otakaro se avertens sua regalia peciit et optinuit a Rudolfo[2]. Indignatus Otakarus mandat Myleto capitaneo suo in Styria, ut in episcopum ulciscatur, qui Frisacum obsedit et optentum incendio conflagravit[3] et per episcopatum omnem possessiones ecclesie invasit et miserabiliter devastavit. Decretum[c] in hiis curiis fuit, ut privilegia vulgariter conscri- *ib* 12932 sqq. bantur[4], quia Latinitatis difficultas errores et dubia maxima pariebat et laycos decipiebat. Et* prosequens rex universa, que ad regium spectabant actum, iterum Ottakaro et Heinrico non comparentibus decreto principum ad curiam terciam diem tercium in Augustam Vindelicam[5]

*) *Postea in marg. add Ioh* dum hoc rex provide cognoscebat, non inutiliter pro causa communi omnium in bellis contra hoc fieri in posterum disponebat

a) pape ac card. *in marg* b) Fridericus — devastavit *(l 21) in marg superiore.* c) Decr — decipiebat *(l 21) in marg sinistra*

1) *De erroribus Ottacari, quos Ioh exscripsit, cf. Reg Imp VI,* 320 *a* 2) *De animo Friderici erga regem cf O Redlich l c p* 226 3) *Ottac v.* 13696 *sq.* die stat gewan er unde brach, er macht si guots und êren blôz 4) *Cf Max Vancsa, 'Das erste Auftreten der deutschen Sprache in den Urkunden' ('Preisschriften der Jablonowskischen Gesellschaft' XXX, Leipzig* 1895*) p* 60 *sqq, qui huius loci mentionem non facit Fabellam statuit H Bresslau, 'Handbuch der Urkundenlehre' I, p* 605, *n* 4 *Fortasse Ioh de Ottacari v.* 13101—39 *cogitavit, quo loco Rudolfus in curia Augustensi Germanice loquendum esse statuisse dicitur* 5) *Cf Cont Sanblas c* 52

Ottac. 13085 sqq. civitatem Recie designavit. In quo magnus populorum ad-
1275. (Maio.) venit cetus, iterum rebelles predicti principes non venerunt,
Num. 16, quasi alteri *proceres synagoge Dathan et Abyro* Moysi
2. 12. mandaverunt dicentes: *Non venimus*. Misit autem Otakarus Wernardum episcopum Sekoviensem et Heinricus dux Heinricum prepositum Otingensem, viros in iure et legibus eruditos et in decretis conspicuos ac expertos[1]. Et episcopus quidem Wernardus locum et audienciam postulans ad loquendum in medio magnatorum et principum literaliter phaleris eloquencie[2] electionem Rudolfi inficere suis argumentacionibus nitebatur, disputans eum excommunicacionis vinculis pro ecclesiarum quibusdam spoliis irretitum nec digne suos dominos taliter electo debere ad nutum sui libitus obedire. Rex autem illitterature[a] expers dixit hec omnia ad forum ecclesiasticum pertinere, scilicet ad consistoria collegiatarum ecclesiarum[3], ubi presules et eorum officiales solent causis ecclesiasticis presidere, ubi paribus racionibus et cavillacionibus elicitur iudicium et diffinicio cuiuslibet negocii ad determinacionem irretractabilis veritatis. Hic vero laycos principes congregatos et iura regum et leges imperatorum in lingua et eloquencia materinali a principibus secularibus tractarentur, qui[4] si cognoscerent hec contra se ore et corde tam tumido[5] propallata, graviter valde ferrent eorum gestus et acta per talem contumeliam viciari. Sicque predicti viri videntes regis et principum indignacionem potito securitatis abscessu per palatinum nichil aliud quam regis constanciam et gloriam, minus honoris, plus dedecoris suis dominis revehebant et[b] dampnatos in suis pheodis et officiis per sentenciam principum edicebant*.

Ottac. 13926—59. *) *In marg. dextera Ioh. add.*: Misit et Meynardus comes de Tyrol inquirens, si rex vellet stare in pactis decretis ad nupcias filii regis ac filie sue. Respondit rex se nullomodo velle nec intendere dirimere matrimonium, quod per talis conspicua sponsalia

a) *sic c.*, litterature *legendum videtur*. b) et — edicebant *in marg.*

1) *Ottac. v.* 13054: die wârn kunstic und wise, *de episcopo solo v.* 13076 *sq. similia referuntur*. 2) *Cf. Symmach. Ep. I, 89*: loquendi phaleras. 3) *Ottac. v.* 13104 *sqq.*: daz spâret ûf die kôre ze Meinze oder ze Trier. 4) *Inde quae Ottac. v.* 13086 *sq.* 13095—97 *dicit Ioh. male regi attribuit*. 5) *Ottac. v.* 13079: ein zunge diu wær snel.

Sicut de Ionatha Machabeo scribitur, quod adver- 1 Mach 10, 63 64
sarii eius, *qui interpellabant adversus eum, videntes*[a] *gloriam eius et coopertum*[b] *purpura, omnes fugerunt*

Nos autem licenter illa verba Prudencii[1] possumus decantare.

Desine grande loqui, frangit Deus omne superbum,
Disce[c] *supercilium deponere, disce cavere.*
Magna cadunt, inflata crepant, tumefacta premuntur,
Scandunt[d] *celsa humiles, truduntur*[e] *ad ima feroces.*

De legacione regis ad Otakarum pro repeticione terrarum. Capitulum V.

Anno Domini MCCLXXIIII. exacta curia apud Ottac 13187—424.
Augustam rex regni civitates pertransiens venit Ulmam, 1274
que est civitas in superiori parte Danubii[f] in solo (Apr 12)
Suevico constituta, iuxta consilium, quod a sapientibus[2]
hauserat et de corde proprio habuerat, nobilem virum 1275
et in regno nominatum Heinricum[3] burchravium de Nürenberch ad Otakarum statuit destinandum, qui repeteret terras et principatus ad imperium pertinentes et legitimis heredibus destitutas[4], ad imperium devolutas. Qui veniens repperit eum in civitate Vinnensi in Austria cum

est contractum, nec Meynardum comitem degenerem suspicandum, cum propter actuum honestatem et sanguinis claritatem cuilibet regum esse . . . .[g] constet[5]. *Et infra:* [De[h]] Andex[i] marchio tres habuit filias una Alberto comiti de Tyrol, altera duci Bawarie palatino, tercia comiti de Liningen nupsit[6]

a) ut viderunt *Vulg* b) opertum eum *Vulg* c) *versus duos sequentes transposuit Ioh* d) Scandere *Prud* e) et ad ima redire *Prud* f) Danubii c g) *6 vel 7 litterae legi non possunt.* h) De *suppleri.* i) *utrum* andax *an* andex *scriptum sit in c, discerni non potest*

1) *Psychomachia v.* 285 287 286 290 2) *Cf. Ottac v.* 13192 3) *Nomen ex Ottac. v.* 12412 *vel* 13322. 4) *Additamentum Iohannis, cum Ottac. h l. Styriam et Austriam nominet* 5) *De tempore huius legationis, quod rec B (infra) dubium relinquit, cf Redlich, 'Rudolf von Habsburg' p* 235 *et Reg. Imp. VI, nr* 260 *a, qui statuit nuptias Alberti filii Rudolfi regis cum Elisabeth filia Meinhardi Norimbergae d* 20 *Nov a* 1274 *actas esse* 6) *Iutha filia Bertholdi IV ducis Alberto comiti de Tirol nupsit Sed errores Iohannis manifesti Albertus comes de Tirol filiam suam Elisabeth Ottoni VIII marchioni Meraniae uxorem dederat, ducum Bavariae nemo uxorem e gente Andechs ortam habuit*

1275. terre nobilibus de materia regni et aliis placitantem. *f. 9' Ottac. *Et procedens intrepide et constanter os suum aperuit et attraxit spiritum[1], ex parte regis et principum terras imperii, scilicet Austriam, Styriam, Karinthiam et Carniolam, repoposcit, quarum non sub iusta fide possessor esset, sed et regnum Bohemorum et marchionatum Moravie non iusto titulo possidere, quia ab imperio et manu regis ipsos principatus, sicut alii principes in curiis regis comparuissent et sua feoda suscepissent[a]. Quibus per seriem peroratis, elevata facie rex respondit: 'Nondum deliberatum est nobis ea, que virtute gladii et racione propinquitatis vel sanguinis uxoralis acquisivimus, tam faciliter resignare, cum constet[b] nos non sine sudore laboris gravissimi et periculosissimi prendidisse[c], gravibus[d] preliis insudasse, stipendia effudisse. Admiracione eciam dignissimum est, quod magnifici germinis reges, diviciis et gloria prepotentes principes[2] obmiserunt et comitem simplicem extulerunt, cum ipse et alii ad regni negocia utilius exequenda maioribus facultatibus habundarent'. Ad que vir sapiencia et eloquencia redimitus ait[3]: 'Expedire vobis crederem, quod deposita[e] huius fastus iactancia Romano vos principi subderetis, cum ei, ut salva pace vestra dixerim, sibi[c] vestram retundere contumaciam sit necesse, eo quod vocatus et expectatus sepius ad dies placitos ad conspectum regis et principum non venistis Sed cur exilitatem comitis causamini, cum 1 Reg 15 17. Deus ad Saul dicat *'Cum parvulus esses in oculis tuis, caput in tribubus Israel* constitui te[f]', et Boecius[4] dicit

Quid genus aut[g] *proavos strepitis?*
Auctoremque Deum spectes,
Nullus degener extat.

Ottac. 13823 sqq. Nostis eciam, quod vobis oblatum regnum fuit, et protunc exhibitum abnuistis. Luc 11, 20 sq. An[h] ignoretis, *dum*[i] *fortis armatus custodit atrium suum, in pace sunt ea que possidet, si autem forcior supervenerit*[k], *arma eius auferet, spolia*[l]

a) *supplendum fere* et ipse recipere deberet *O. H.-E.* b) *corr. ex* constat c) *sic c.* d) gravibus — effudisse *in marg. sinistra.* e) deposito *c.* f) factus es *Vulg.* g) et *Boeth.* h) An — avene *(p. 225, l. 3) in marg. sinistra.* i) cum *Vulg.* k) superveniens vicerit eum *Vulg.* l) auf., in quibus conf., et spolia eius distr. *Vulg.*

1) *Cf. Ps.* 118, 131: attraxi spiritum. 2) *Ottac. v.* 13319: mich und von Engellant den kunic. 3) *Sequentia burggravii verba Iohannes commentus est, qui iam quae Ottac. regem dixisse refert suo modo immutavit.* 4) *De consol. III, 6.*

in quibus confidebat, distribuet, et sicut ait Virgilius [1] 1275

Grandia sepe quibus mandamus ordea sulcis,
Infelix lolium et steriles nascuntur avene.

Scitis eciam mentis impetum in regibus formidandum, quem (Ottac. 13332 sqq) sine racione iusti iudicii in aliquorum nobilium morte, crurifragio, suspendio et incendio (cf ib 11836 sqq) per delacionem et susurrium malignorum hominum effudistis, quod de officio non est regum, ⟨quia[a], sicut ait Salomon, *in hilaritate vultus regis leticia*[b], *et clemencia eius quasi ser[otinus*[c] *imber]*⟩ (Prov 16, 15) Seneca [2] dicit ad Neronem. ⟨*Nullum*[a] *magis ex omnibus clemencia quam regem et*[d] *principem decet*⟩, et item [3]: *Apes sunt iracundissime et*[e] *corporis capiu pugnacissime et aculeos in vulnere relinquunt, rex ipse sine aculeo est, natura ei*[f] *telum detraxit et iram eius reliquit inermem* Unde ad eum, qui me misit, quid finale referam, edicatis' Rex ait· 'Non aliud quam audistis Non reddam, sicut prius disserui, quod *in gladio et arcu meo* de manibus abstuli (Gen 48, 22.) Ungarorum sive adiectum sit de pactis et propinquitate carnalium amicorum [4]'

Reversus autem burchravius de Otakaro que audierat (Ottac 13400 sqq) cor regis et omnem catervam assistentis sibi familie sine ambagibus informavit, rex autem Rudolfus, sciens Salomonem dixisse· *Tempus loquendi*[g], *tempus tacendi*, (Eccl 3, 7 8) *tempus pacis*[h] *et tempus belli,* et item *Prosperitas stultorum* (Prov 1, 32) *perdet eos*[i], et Ovidius [5]

Non viole semper[k], *non candida lilia florent,*

ad papale colloquium se disponit et transgrediens Renum [6] in clausuras moncium decentibus militibus, sicut decuit, regaliter se paravit.

De[l] concilio Lugdunensi et colloquio pape et regis. Capitulum VI

Summus autem presul Gregorius X. [7] Lugdunum (Ottac 13424-644) veniens, que[m] est civitas super Rodanum collocata, ubi 1273 (Nov)

a) *uncis inclusa a Ioh deleta* b) vita *Vulg* c) *abscisa e Vulg. supplevi.* d) aut *Sen.* e) ac pro *Sen* f) ei *deest Sen* g) tacendi et t loqu *Vulg* h) belli et t pacis *Vulg* i) illos *Vulg* k) semperve hyacinthina l fl *Ov* l) *inscriptio capit di in marg sinistra* m) que — ubi *in marg*

1) *Ecl V, v.* 36 *sq* 2) *De clementia I,* 3, 3. 3) *Ibid. I,* 19, 2. 3 4) *Haec e prima regis oratione, Ottac v* 13266 — 87, *huc transposuit Ioh* 5) *Ars am II, v* 115 6) *Hoc conclusit Ioh ex Ottac. v* 13644 *sq Revera rex postquam Helvetiam intravit, Wormatiam rediit, priusquam Lausannam proficisceretur De erroribus Ottacari a Ioh repetitis vel immutatis cf Reg Imp VI, nr* 438*b* 7) *Cf Martini Oppav Pont, SS. XXII, p* 442, *l* 25

Ottac. 1274 de diversis mundi partibus archiepiscopis, episcopis,
prelatis, prepositis, abbatibus et universis ecclesiastici status ordinibus congregatis res ecclesiastice valde
necessarie disponuntur et in statuta publica rediguntur
et corpori iuris ecclesiastici atque sacris canonibus in-
seruntur[1], decima eciam sexannalis imposita fuit pro
subsidio Terre Sancte[2], cui papa subveniendum putavit, et
quod rex Tartarorum a sede apostolica baptismum desidera-
verit, petens sibi mitti pro confirmacione et instructione
fidei religiosos presbiteros et devotos. Fuit eciam ibi
statuta forma electionis papalis, in qua periculose cardinales consueverant errare et dissensiones facere atque
concussiones, scandala quoque in ecclesia generare. In
hoc concilio ex diversi ordinis atque dignitatis infulatis
prelatis centum LX[3] dicuntur propter infectionem aeris
Guil. de Th. 10, 57. mortis debitum exsolvisse. Ad hoc concilium sanctus Thomas
de Aquino ordinis Predicatorum pergens in via cepit gra-
f. 10. viter infirmari et veniens ad quoddam *monasterium Cisterciensis ordinis, quod Aurea-fossa[4] vocatur, quod dum
Ps. 131, 14. prima facie[5] intueretur, ait: *Hic*[a] *requies mea in seculum seculi;
hic habitabo, quoniam elegi eam.* Vidit autem abbas loci[6]
ipsa hora de celi sublimitate stellam clarissimam cadentem
et ante summum altare, quod in honorem beate virginis
dedicatum fuerat, se mittentem, et intelligens visionem
coniecit virum, qui doctrina sua ecclesiam sicut sidus
clarissimum illustravit, eodem loco terre, sicut contigit,
Guil. ib. recondendum. Mansit autem ibi, ubi omni tempore infirmitatis sue multa de sacra scriptura disseruit, fratres ex-
hortando edificans et legendo. Nec sine Dei providencia
gestum est istud, quia adhuc tenellus votivus fuerat
regule sanctissimi Benedicti, sub qua eciam sue professionis votum ordo Cisterciensis agit et militat summo

*) *In infer. marg. folii 9' Ioh. scripsit:* De privilegio Gregorii pape circa ordinem Cisterciensem.

a) Haec *Vulg.*

1) *Exstant in libro Sexto Decretalium I, 6, 3—15; II, 4, 3; III, 17, 1; 20, 2; 23, 2; V, 5, 1 sq.; 8, 1. 11, 9.* 2) *Cf. Mart. Oppav. l. c. (l. 36):* multa bona instituit ... pro subsidio Terre Sancte. 3) *Infulatorum 166 obiisse Ottac. v. 13524 sqq. tradit.* 4) *Immo Fossa-nova prope Terracinam, ut et Guil. de Thoco habet (Acta SS. Mart. I, p. 675), quem Ioh. exscripsisse videtur. Thomas obiit die 7. Mart. a. 1274. et canonizatus est die 18. Iul. a. 1323.* 5) *Cf. Dig. XVI, 1, 13 et alibi in scriptis iurisconsultorum.* 6) monachus quidam *Guil. dicit.*

regi; sed[a] ab amicis nobilibus hoc pro tunc assentire 1274. nolentibus est abductus. Habuit secum vir acutissimi ingenii ad papale concilium deferendum librum de fratrum Minorum constitucionibus, de paupertate diversimode senciencium, in quo fuerant posiciones atque raciones non modice illum ordinem super premissis casibus sugillantes Qui quidem liber *Exterminium fratrum Minorum* fuisse dicitur titulatus, furtim tamen sublatus et celeriter, a quo[b] nescio, exceptus est et ad concilium deportatus ac fratri eiusdem ordinis litterato, devoto et famoso[c] Boneventure[d] fuerat consignatus, qui discussis et relectis singulis articulis, qui contra hunc[e] punctum facere videbantur, racionibus et auctoritatibus dissolvere nitebatur. Fuit[f] quidam de Britannorum[1] partibus Gwilhelmus nomine de Sancto Amore dictus[2], qui fratres de ordinibus mendicancium acute sugillavit, eorum votum professionis iuxta voluntariam paupertatem argumentis validis et subtilibus annullavit, et ob hoc pro favore et absolucione predictorum ordinum famosissimos et litteratissimos papa censuit convocandos, ex quibus ibi Albertus Magnus Ratisponensis, nacione Theutonicus, vir in theologicis et phylosophicis eruditus, venit et Thomas et Boneventura[d] etc. Sed usque hodie remansit non parvulum scrupulum inter professores diversarum religionum de eorum altissima paupertate, licet super hoc varie decretales multiplices sint confecte*[3].

Ottac 13534 *sqq*

Soluto concilio in civitatem Losannam dominus papa se transtulit, que est civitas ex vetusto tempore anti- 1275. *(Oct 6)* quorum imperatorum habitacio, sicut ibi in veteribus collapsis et preciosis palaciis demonstratur. Ubi rex ei cum maxima pompa occurrit, et de diversis diversa miscent *(Oct 18)*

*) *In marg.*. Canonizacio eius inferius est notata.

a) sed — abductus *in marg* b) quodam, dam *deleto corr.* quo *c* (a quodam nescio quo *Ioh scribere voluit O H.-E*) c) famosa *c* d) *sic c.* e) *sic c. pro* hoc f) Fuit — Boneventura etc *(l 23) in marg inferiore signis adscriptis*

1) *Potius de Burgundia, in qua oppidum S Amoris situm erat Causa Guillelmi ab Alexandro IV papa iam tractata et terminata est O H.-E* 2) *Sequentia cum nimis discrepent a Guilelmi de Thoco Vita Thomae, qua haec altercatio commemoratur, ea ea assumpta esse non possunt.* 3) *Cf librum Sextum, III,* 17, 1 *(Gregorii X in concilio Lugdunensi a* 1274*) et Extrav comm V,* 17, 1.

1275 colloquia, et inter cetera papa statum ecclesie in pluribus locis fluctuantem et regali patrocinio egentem familiariter querulavit, rex autem ad singula sapienter respondens tam papam quam cardinales in admiracionem traxit, dum viderent eius maturitatem in moribus, prudenciam in sermonibus et constanciam in actibus, promittit ei thesaurum sancti Petri ad subveniendum sancto sepulchro Domini et captivis in soldani partibus Christianis Affirmacionem[a] ibi electionis accepit et Roma-
Ottac. niolam provinciam restituit[1]. Offert ei, ut secum pergat ad Urbem[2], imperiale dyadema cum debita reverencia imponendum, et secure se eum ducturum cum cardinalibus repromittit. Rex pro tanti muneris oblacione pape et cardinalibus cum graciarum actibus ad perpetuum ecclesie se filium devincit[3], dicens sibi quoad presens propter regni scissuras in Alemannie partibus transmarinare non competere, sed reintegratis fracturis regni se dispositurum ad sedis apostolice omne velle, nec habere se asseruit militem tanti numeri, tam accinctum ad introitum Lombardye et suscepcionem dyadematis imperialis, cum constaret non[b] sine copiosi exercitus contractu nullum posse civitates et municiones imperialibus partibus adversantes faciliter superare nec ipsos Romanos, qui semper consueverunt interserere obstacula imperatoribus resistendi, memorandum[4] enim est Fridericum primum sub Adriano papa coronatum[c] *iuxta castrum Crescencii* fortissime dimicasse cum multi sanguinis effusione *ex uno latere cum Transtyberianis, ex altero cum Romanis.* Et ob hoc summi pontificis nolle se graciam amittere, sed in omnibus semper et ad omnia eius placita se velle paratum et voluntarium exhibere. Audiens papa viri racionabilem absolucionem ad alia
ib 13605 sqq. convertitur hortamenta postulavitque Karolo iuniori, quem
cf 5181 sqq sedes educatu suo tenuit, unam suarum filiarum in coniugio sociari. Super quo rex parumper deliberans adiudicavit hec precamina fieri, eo quod de sanguine regum Francie processisset, et eorum se germini commisceri honorificum satis esse Sicque de hoc utrobique pactis datis et

a) Affirm — restituit *in marg* b) non *delendum O H-E.* c) coronatum *in marg. add.*

1) *Romandiolam a 1278 demum Nicolao III resignavit* 2) *Ottac. dicit papam regi promisisse se eum Lausannae coronaturum, cf. et Reg Imp VI, nr 438b* 3) *Cf Ottac v 13554 sq* 4) *Ex Ottonis Frising. Gestis Friderici imp II, c 33*

receptis papa Romam, rex Alemanniam est reversus, agere [1275.] disposuit quod Virgilius[1] dicit

Parcere subiectis et debellare superbos.

*De progressu regis in Austriam et prelio [*f. 10'] contra Ottakarum et obsidione Winne. Capitulum VII.

Anno Domini MCCLXXV Australes angustati per [1275] Ottakarum audientes, quod *erexerat Dominus cornu salutis* [Luc. 1, 69] [Ottac. 13748—91] in regno, miserunt virum nobilem de Wolgerstorf cum quibusdam aliis ad Rudolfum mandantes, cur torpeat et ea que iuris sui sunt quantocius non requirat et indebite oppressis non misericordetur[a] et succurrat.[2] Ertnidus eciam de Wildonia ad regem de terra Styriensium properavit suamque et omnium terricolarum erumpnas ac molestias deploravit. Rex collecta de visceribus regni[3] copiosa [ib. 13847-915] multitudine pugnatorum cum omni domo sua, regina scilicet et [1276] liberis, per Bawariam iter carpit, quem Heinricus dux, qui pactum habuit cum Otakaro, aliqualiter impedivit, sed saniori usus consilio liberum ei transitum condonavit. Otta- [ib. 13805-47] karus[b] eius cognito adventu pueros nobilium Austrie, Styrie, Karinthie et Carniole sibi precepit absque contradictione aliqua in Bohemiam destinari, diffiniens sacramentum fidelitatis sibi firmius et inconcussius conservari per hoc obsidium[4]. Fama venientis regis velociter undique prevolavit, et multitudo maxima ad eum confluens eius exercitum augmentavit. Veniens in Austriam [ib. 13920-14094] civitatem Winnam capitalem provincie mox aggreditur et obsidione fortissima circumvallat. Mandavit eciam Meynardo comiti Tyrolensi, ut Carinthiam et Styriam invadat, suumque adesse dominum, cui iuste serviant, recognoscant[5]. Et Carinthiam quidem sibi sine resistencia celeriter infederavit et procedens civitatem Styrie principalem, que Græcz dicitur, et omnes terre illius municiones cooperantibus nobilibus terre et facilem ei favorem[c] prebentibus

a) mis — et *inter lineas add.* b) Ottak. — obsidium *in marg.* c) fouorem c.

1) *Aen. VI, v.* 853. 2) *Haec Hertnidum de Wildonia locutum esse Ottac. narrat, qui et dominum de Wolkersdorf ad Rudolfum fugisse, non missum esse tradit.* 3) *Ottac. v.* 13819 *sq.*: in Swâben und in Elsâzen unde bî dem Rîn. 4) *Haec expressis verbis non dicit Ottac.* 5) *Ottac. v.* 12975—77.

Ottac 14135-279 et assensum sine obstaculo ad se traxit Super quo pro-
1276 spero eventu rex maxime consolatus obsesse urbis vineas,
agros et quicquid extra urbis ambitum extiterat circumquaque ad nichilum redigebat et cives conclusos in exterioribus bonis demolitos intus graviter affligebat[1] Et cives quidem, dum tantam angustiam ferre amplius non valerent, exacto obsidionis tempore semestri, rege Otakaro nec ullo alio presidium afferente, regi portas apperiunt, se suaque subiciunt, sua iura conservari sibi inviolabilia supplicant et deposcunt, Bohemi autem, qui presidatum in terris gesserant, se paulatim subduxerunt et redeuntes ad Otakarum tam de Styria quam de Austria et Karinthia que
ib 14340-613 gesta sunt et que gerebantur integraliter retulerunt Qui
Act 9, 5 26, 14 dum se cerneret coartatum et non posse *contra stimulum calcitrare*, Brunonem episcopum Olmuczensem mittit regisque alloquium concupivit, et transeunte rege Danubium[2] splendido apparatu omnium Australium et Styriensium con-
Ottac 14614-748 stipatus[a], Ottakarus mirabatur se numquam in eis talem promptitudinem et potenciam comperisse; et dicente quodam[3], dum quereret et informatus esset de singulis 'Quia, o rex, eos nimium subpressistis, numquam ad vestrum placitum habuistis'. Mixtis per interpositas personas sermonibus consilium requievit in eo, quod Ottakarus* ad manus regis omnes terras acquisitas voluntarie resignavit et iuxta morem in huiusmodi consuetum in regnum Bohemorum et marchionatum Moravie per sceptrum et gladium sollempniter investitur, et laxatis obsidibus et factis de fidelitate sacramentis, gratulantibus omnibus, in Moraviam[4] revertitur
1276—78 Otakarus ibique per anni circulum[5] moram traxit. Rudolfus autem in Austria manens res terre illius et coherencium districtuum et omnium ad se confluencium negocia disposuit sicut iusticia in quolibet exigere videbatur, et iam securum se arbitrans et nichil adversi superoriturum

*) *In marg atramento subaquoso scripta* per contractum connubialem inter pueros eorundem; *et inferius* et puerorum suorum contractum matrimonialem in invicem.

a) *lege* constipato *O H-E*

1) *Ea omnia Rudolfum solummodo minatum esse Ottac tradit* 2) *Cf Ottac v* 14651. *cum v* 14554 *sqq* 3) *Brunone episcopo, ut Ottac dicit O H-E* 4) *Ottac v* 14742—45: datz Niwenburc legt er sich nider und beleip dâ di naht dâ er hin het gedâht, des morgens er kêrte 5) *Ottac v* 14748: ê daz jâr ein ende nam

existimans exercitus sui partem maximam abire et redire 1276
ad propria mandaverat et precepit. Emenso anno Ota- *Ottac.* 14746-994.
karus in Pragam redit et uxori que gesta sunt retulit; illa 1278
vero invective ac yronice, quasi Iezabel ad Ahab, dixit:
'Grandis auctoritatis es et bene regis regnum Israel' O quam 3 *Reg* 21, 7
animosus rex, qui Rudolfum comitem, tuam olim clyentulam affectantem, longe positum despexistis, nunc vero proximum adistis et, quod curias eius neclexeritis, pincernatum amissum pro quatuor terris et principatibus egregiis, multis laboribus
acquisitis, tam faciliter commutastis'. O Dalida[a], que *cf Iudic* 16
Sampsonem decrinasti et, ut excecaretur, caperetur, extingueretur, callide defraudasti! De Karolo Magno scribitur[1], quod Tassiloni duci Bawarie *bellum* indixit,
quod eiusdem *ducis superbia* 'et[b] *socordia excitavit. Hor-* *c.* 11.
tatu autem *uxoris iuncto federe cum Hunis, qui Bawaris*[c] *ab oriente sunt contermini, non solum imperata non facere,* sed et *regem bello temptat*[d] *provocare. Cuius contumaciam, quia nimia videbatur, animositas regis ferre non poterat*[e]*; copiis undique tractis Bawariam*[c] *cum exercitu magno petiit*[f]. Sic et Otakarus dicens se indebite spoliatum, iuris ordine non servato, Rudolfo hostiliter contradixit et ad mulieris consilium sacramenta facta coram pluribus postergavit.

De prelio habito inter eos et victoria Rudolfi. Capitulum VIII.

Rudolfus sine mora regem Ungarie Ladezlaum cum *Ottac* 14995-15200 15267-324
Ungaris et Comanis[2], Swevos comites de Hayerloch, de Hoheneck, Fůrstenberch, Karinthianos comites Goricie, de Ortenberch, de Heunenburch, Carniolanos, Australes, Styrienses ad bella fortissimos contrahit ac Ludewicum generum palatinum accersit, qui paulatim et morose se disponens ad prelium non pervenit, reliquis omnibus ad locum, quem rex designaverat, venientibus[3], armis radiantibus, ad prelia[g] promptissime preparatis

Ottakarus autem Leonem regem Ruthenorum, duces *ib* 15201-49 15605-45
Polonorum, Pomarie, Klysie[4], Bohemie, Moravie, Thuringie,

a) Dalila *Vulg* b) ac *Einh.* c) Baioar *Einh* d) temptabat *Einh* e) nequiverat *Einh* f) petiturus *Einh* g) *super* prelia *Ioh scripsit* bella

1) *In Einhardi Vita Karoli Magni* c 11 2) *Ex Ottac. v* 15322 3) *Ottac v* 15267—83. 4) *Duces de* Opullen, Glogou, Biezlâ, Ratwar *Silesicos enumerat Ottac. v* 15216—24

1278 Saxonie, Bawarie gentes[a] datis largis stipendiis conglobavit
Ottac 15200-07. anno[b] Domini MCCLXXVI Moxque campos preveniens
15264 sq occupavit, estimato[c] eius exercitu ad triginta milia pugnatorum[1], Rudolfo non habente huius numeri quartam partem[2];
1 *Mach* 3, 18 sq confidebat enim in eo, quod Machabeus dicit. *Non est differencia in conspectu Dei celi liberare in multis vel*[d] *in paucis, sed de celo fortitudo est,* et sicut Vegecius[3] ait *In certamine bellorum exercitata paucitas ad victoriam pronior*[e] *est quam rudis et indocta multitudo, exposita semper ad cedem; nemo enim facere metuit quod se bene didicisse novit. Romanos*[f] *namque omnium gencium victores fecit sciencia, exercitacio atque fides,* quam electi ex sacramento milites rei publice impendebant.*

Ottac 15264-308 Rudolfus in Heimburga Danubium transiens iuxta
15320-31 15565-603. fluvium Maraham contra Otakarum castra locat, et ad im-
(Aug. 14) minenciam belli indicti uterque, sicut subscribitur, acies ordinavit Rudolfus in quatuor ordines suos statuit et disponit: Primus et secundus Ungaris Mathie de Threnpsch[4] et Stephano de Schiltperch comitibus agilibus et sagittis instructissimis commendatur; nam regem suum ire in
2 *Reg* 18, 3. prelia non permittunt[5], ne, si *unus* ipse ceciderit, *pro decem milibus computetur,* et ne lucerna gentis tamquam salus populi extinguatur[6]. Tercius Styriensibus, Swevis, Karinthianis, Carniolanis et hiis, quos episcopus Salzburgensis
Ottac direxerat, designatur Quartus ordo, in quo rex ipse
15814-33 fuerat[7], cum Australibus roboratur. Sequestravit eciam
cf 15800-09 Capellarium, virum bellicosum, cum quibusdam electis,
ib 15604-51. ut lassatis, prout competeret, subveniret. Ottakarus autem suas acies distinxit in sex ordines parciendo In prima acie fuere cum rege Saxones et Bohemi, in secunda Moravi, in

*) *In marg alia capituli inscriptio.* De prelio et victoria eius de Otakaro. Capitulum XIII

a) gente c b) a D MCCLXXVI. *in marg.* c) estim. — impendebant *(l 13) in dextera marg signis appositis* d) et *Vulg* e) promptior *Veg.* f) nulla enim alia re videmus populum Romanum orbem subegisse terrarum, nisi armorum exercitio, disciplina castrorum usuque militiae *Veg*

1) *Numerum Ioh. perperam secundum Ottac v* 16863 *huic exercitui attribuit; cf Chron de gestis principum, Boehmer, Fontes I, p* 6
2) *Ex Ottac v* 16030—33 3) *De re militari I,* 1 4) *Ottac v* 15574 Trens *(cod* 1 Trentsch*) Cf Redlich l c p* 321, *n* 1
5) *Ex Ottac v* 16120—29 6) *Prov* 20, 20 extinguetur lucerna
7) *Immo regis ordinem tertium fuisse Ottac v* 15592 *narrat*

tercia Pilsinenses[1], in quarta Thuringi et Misenenses, in [Ottac 1278] quinta et sexta cum Bawaris Polonice gentis *omnis forcium*[a] [Cant 4, 4] *armatura.* Seorsum et ipse Mylotum S t y r i e c a p i t a n e u m[2] [Ottac 16042-55] ad subveniendum deficientibus collocavit. Fecit autem spem de eventu prelii iocundam Rudolfo visio[3] suis prosperitatibus allusiva, vidit namque in sompnis pugnantem aquilam cum leone, et sub varia sorte nunc ille, nunc illa prevaluit, novissime leonem aquila unguibus lacerans et super eum volitans sibi omnimodis subiugavit. Quod dum ad quandam inclusam religiosam feminam detulisset, coniecit, sicut exitus comprobavit. Nam, licet *leo* sit [Prov. 30, 30.] *fortissimus bestiarum* et *ad nullius paveat occursum,* nichilominus nimium furens et fremens ex nimio calore sanguinis ebullientis dicitur interire; aquila autem propter visum acutissimum volatilibus ceteris alcius in aera se congirat. Et quia regnum Romanorum aquile edigmate[b], Bohemorum autem leonis effigie in signis bellicis insignitur, victoriam infallibilem aquile, id est Romano imperio, designavit.*

Ibant igitur, sicut de exercitu Anthyochi legitur, [1 Mach 6, 40 (Aug 26)] *caute et ordinate, et ut refulsit sol in clypeos aureos et* [ib. 39 41] *eneos*[c], *resplenduerunt montes ab eis, et resplenduerunt sicut lampades ignis. Et commovebantur omnes a voce multitudinis* eorum *et incessu turbe et collisione armorum.* Et ordinatis sagittariis, lancearis ac signiferis, in suum ordinem unoquoque, sicut dicit Vegecius de re militari[4], signis vocalibus et semivocalibus, id est hominum vocibus et tubis concrepantibus, mutis eciam signis oculos omnium sub diversis edigmatibus reverberantibus, *convaluerunt* [2 Mach 11, 9] *animis,* sicut in Machabeis scribitur, *non solum homines,*

*) *Huc pertinere videntur in infer. marg f 11 scripta:* Comanorum autem quidam propter stipendium et turpis [Ottac 15532-55 15374-476.] lucri questum ad Otakarum diverterunt, alii remanentes sub nocturnis excubiis cum Ungaris exercitum Ottakari sagittis frequentibus vexaverunt.

a) *ex* fortissima *corr.* b) edigmamate *c. h. l.* c) aereos *Vulg*

1) *Ioh confudit acies, Ottacarus Pilsinenses in secunda, Misenenses et Thuringos in tertia etc fuisse refert, regem cum electis et Saxonibus in sexta ponit* 2) *Ex Ottac v* 13687 *sq* 3) *Cf prophetiam, quam Ottac v* 12018 *sqq ante Rudolfi electionem factam esse fingit, et Chron. Colmar., SS XVII, p* 21 4) *III,* 5

1278 *f 11' *sed et bestias* ***ferocissimas et muros parati penetrare*, sicut[a] quondam beatus Germanus in bello Britonum contra Saxones ipse prior dux belli Alleluia intonuit, omnibusque idem respondentibus, ad sidera sublato clamore,
Ottac 16077-155 prelium inchoatur[b], et Britones quidem fulciti[c] tanto presule
(Aug 26) triumphabant[1]. sic hiis Bohemice suum canticum, hiis Theutonice inchoantibus et Deum invocantibus et miserantem eis Dominum invocantibus, Heinrico Basiliensium presule inchoante. Et dum uterque rex suos, ut pro eterni nominis gloria viriliter agerent, hortaretur, in ictu oculi g l a d i i s d e n u d a t i s, g a l e i s i n t h r o n i z a t i s in invicem commiscentur, et, sicut in Troyana legitur Hystoria[2]

Undique consurgunt acies, et pulvere celum
Conditur, horrendisque sonat[d] *clamoribus ether.*
Et[3] *modo terga petunt, duros*[e] *modo fortibus ictus*
Depellunt clypeis, ingens ad sidera clamor
Tollitur, et vastis impletur vocibus ether

Iz 22, 25 Otakarus autem *sicut leo mugiens*[f] et fremens irruit ac
Ottac 16412-55 Rudolfi aciem s c i n d e n s a t r o c i t e r labefecit, et Thuringus quidam, qui[g] ex condicto cum alio de Vûllenstain Rudolfi cruorem siciens, dextrarium eius confodit et fortiter occu-
ib 16512-69 pavit Quod cernens Capellarius cum suis inter cruentos gladios bello sicut ursa seviens[4] insilit et non solum regem, sed et tocius belli fortunam inclinatam extensione virium erigebat, et invasum Ottakarum inclamare Mylotum in adiutorium artaverunt Quo verbum regis sui dissimulante et in fugam, memor[c] mortis fraterne, se vertente, Polonis
ib 16570-660 pariter et Comanis, qui[h] a Rudolfi parte secesserant[5], fuga dilabentibus, pondus prelii super Otakarum vertebatur, populoque suo prostrato ipse in partem tractus, a suis derelictus, in ulcionem sanguinis nobilium, quos miserabiliter tormentavit, ab eorum amicis et consanguineis gladio perfoditur et Rudolfo nudus et mortuus antefertur. Et ad consilium nobilis viri de Hohenstain[6] omnis dolus et

a) sicut — inchoante *(l 9) in marg. superiore* b) *ex* inchoavit *corr* c) *sic c* d) sonat — clypeis *in marg sinistra* e) duris *c* f) rugiens *Vulg* g) qui *delendum.* h) qui — secesserant *in marg*

1) *E Constantini Vita s Germani episc Autisiod. c* 6, 52, *Acta SS* 31 *Iul VII*, *p* 225 2) *Ilias Lat v* 474 *sq* 3) *Ib v* 592 *sqq* 4) *Cf* 2. *Reg* 17, 8 veluti si ursa .. saeviat 5) *Cf Ottac v* 15550 — 64 17079 — 104 6) *Sequentium aliqua cum monachi Furstenfeld Chron de gestis principum, Boehmer, Fontes I,*

ambiguitas per[a] pleniorem experienciam est sublata, ne corpus esset cuiusquam alterius prostrati in prelio, et veritate cognita rex campum per triduum observavit regisque occisi corpus in civitatem Laham deferri non abnuit, sed consentit. Captivosque omnes, tam[b] Bohemicos quam alios, sibi et in sua redigi censuit propter futuram reconciliacionem celerius exigendam, Deum[c] benedicens et laudans[1], et leta victoria cum exultacione omnium est potitus[*]. 1278. Ottac. 17204–15 17140–61

Hic rex inter cetera monasterium, de novo quod ad Sanctam Coronam in suo regno Cisterciensium ordini construxit[2], multis beneficiis et honoribus decoravit et unam spinam maximis precibus de spinea corona Domini a rege Francie ad constructionem ipsius cenobii impetravit et monasterio Sancte Crucis primo subesse statuit, sed[3] etc[d] **. 1263 (Apr 6)

Et in hoc casu versus Boecii[4] non immerito applicavit, qui dicit·

Quid me felicem tociens iactastis, amici?
Qui cecidit, stabili non erat ille gradu

*) *In marg, post deleta* Anno Domini MCCLXXVI.[5] hoc prelium est patratum. 1278 (Aug 26)

**) *Seq. delet* · Ceterum Rudolfus viso tanto rege coram se sic exhausto viribus atque vita dicere potuit versus Ovidii[6]·

Omnia sunt hominum tenui pendencia filo,
Et subito casu que valuere ruunt[e]

a) *transposita ex* est subl per pl exp b) tam — alios *in marg sinistra* Deum — laudans *in marg dextera.* d) *seq delet* ipse sicut e) cadunt *Ov*

p 4 *sqq*, *concordant* 1) *Ex Ottac v* 16687. 2) *Goldenkron*, *fundatum die* 6 *April a* 1263, *Cont. Sancruc. II, SS IX, p* 645, *l* 33, *tabula fundationis ed Pangerl, Fontes rer Austr II, vol XXXVII, p* 1, *nr.* 1; *cf ib p VIII, ubi statuitur Ioh. primum spinam donatam referre Quod monasterium post Ottacari mortem secundum Canon Prag Cont, SS IX, p.* 193, *l* 17, *a Theutonicis deletum est* 3) *Ioh videtur narrare voluisse Ottacarum amissa Austria monasterium a S Cruce exemptum coenobio de Plass submisisse, cf Fontes rer Austr l c p* 19, *nr* 4 4) *De consol I*, 1, 21 *sq* 5) *Ottac v* 16273—78 *recte a.* 1278 *exhibet* 6) *Ex Ponto IV*, 3, *v* 35 *sq*

De[a] reconciliacione huius simultatis et reditu regis ad superiora Capitulum VIIII

Ottac 17302-64. Anno Domini eodem Rudolfus post bellum procedens
1278 in Bohemiam commilitonibus dixisse videtur versus Vergilianos[1]

O socii, neque inexperties[b] sumus ante laborum,
O passi graviora, dabit Deus his quoque finem.

Et rapinis ac incendiis totam provinciam devastavit, dicens
se XL milia marcarum habere velle, quas in hac causa belli
ib 17365-76. 17514-35 provocatus ab Otakaro expendisset, et veniens Pragam[2]
Ottonem[3] marchionem cum quingentis armatis repperiens
casum avunculi[4] et puerorum eius atque regni cordialiter
deplorantem et[c] contra Rudolfum plurima debachantem,
sufficere sibi debere dicentem patrem occidisse, filiis parcere
ib 17436-18080 Agente tamen Friderico archiepiscopo Salzburgense et Iohanne
Gurcense, Meynardo comite de Tyrol et Heinrico burchravio
de Nürenberch ex parte Rudolfi et marchione Hermanno[5],
qui dictus est Cum-telo, ac Brunone presule Olmuczense
ex parte altera, per federa nuptus reconciliacio fit perfecta,
scilicet ut Rudolfus filius Rudolfi regis filiam regis Otakari
et filius Otakari Wenzeslaus filiam Rudolfi ducat, et sic
deterso merore et molestia puerorum super patris interitu
et Rudolfo cessante ab excidio terre in civitate
Yglavia fuit pacta, ubi eciam reginam tristem blandiciis delinivit
magnamque curiam cum apparatu n o v o r u m
militum et multarum dominarum confluencia celebravit.
ib. 18419-51. Sicque in A u s t r i a m rediens tamquam patrie salvator
cum maximis laudibus ab omnibus est receptus, et per-
ib 18740-91 lustrans Styriam cum Karinthianis Carniolanos obvios
habuit et que tractanda fuerant pro eorum utilitate breviter

a) inscriptio capitis in marg, antea Ioh paulo superius capitulum incipere voluit, vide supra p 232, l 31 b) enim ignari Verg c) et — parcere in marg

1) *Aen. I, v 199 sq* 2) *Eo usque non pervenit, nec Ottac id refert, sed Chron de gestis princ l c p 10* 3) *V marchionem de Brandenburg dictum Longum Numerus armatorum apud Ottac non legitur* 4) *De affinitate cf Ottacari editionem in 'Deutsche Chroniken' V, 1, p 233, n 1 et Ottac v 17376 et 17587.* 5) *Ottone potius, Ottonis V. marchionis de Brandenburg filio, cuius filius Hermannus extitit Ottacarus cum Ottones patrem et filium non discreverit nec v 17723 nomen attulerit, Iohannem in errorem traxit*

expedivit et ad propria retransmisit.* Ibi eciam recepit (Ottac. 18830-61) triste nuncium, *quod Harthmannus filius eius Renum tran- (*f. 12) siens ex necligencia rectoris navem incaute nimis gubernantis vel pocius dormitantis inopinate navis mota sub- (1281) vertitur, virque strennuus omni sublato amminiculo (Dec. 21) adiutorii dimergitur in profunda. Et dum Winnam lu- (ib. 18868-960) strata Styria et ordinata Karinthia et Carniola reverteretur[a], regina graviter infirmata[b] et, cum morbus ingravesceret et a medicis remedium non haberet, omnibus ecclesiasticis sacramentis munita factoque ad regis instructionem ad devocionis sue libitum testamento[1] in manus Domini (Luc. 23, 46) spiritum commendavit et terre regnum pro celico com- (1281 (Febr. 16)) mutans transiit ex hac vita.** Pro quorum, scilicet uxoris et filii, decessu dolenter nimium se gerebat gestibus[c] atque verbis, sicut dicit Oracius[2]:

Tristia mestum vultum verba decent.

Recepit tamen consolacionem memorans illud, quod scribitur: *Quis est homo, qui vivit*[d] *et non videbit mortem?* (Ps. 88, 49) Ac sicut Seneca[3] dicit: *Mors est tributum mortalium, lex nature.*

Anno Domini MCCLXXVII. confluerunt[e] ad regem (1277) de diversis partibus nobiles[4] ac magnates, alii regi de triumphi sui gloria congaudentes, alii sua feoda requirentes, alii alia ac alia negocia disponentes, regis curiam suis obsequiis et presencia excolentes, ut dicit Salomon: *In multitudine populi honor*[f] *regis.* Inter alios simul et (Prov. 14, 28) semel, ut curie sue spectabilitas agnoscatur, ibi fuere

*) *Huc pertinent in inferiori marg. scripta:* Occurrit ei eciam (1279. (Nov.)) apud Linczam Meynardus comes[5] et familiariter loquens secumque rediens in Winnam itineris sui comes, super his que peciit ad proximam curiam in Augustam diem statuit veniendi.

**) *In marg.:* Nota de pueris.

a) revertetur *c.* b) *ex.* infirmatur *corr.* c) gest. atque v. *in marg.* d) vivet *Vulg.* e) *sic c.* f) *supra* honor *minutis litteris scr.* dignitas, *ut Vulg. habet.*

1) *Cf. Ottac. v.* 18936–54. 2) *Epist. II, 3, v.* 105 *sq.* 3) *Natural. quaest. VI,* 32, 12: mors naturae lex est, mors tributum officiumque mortalium. 4) *Cf. Ottac. v.* 18464 *sqq., qui similia ante iter regis in Styriam facta refert.* 5) *Cf. Ottac. v.* 18824–29, *eum cum rege Vindobonam isse. Ioh. commentus esse videtur, cum perperam privilegium Rudolfi pro monasterio Victoriensi, Reg. Imp. VI, nr.* 853, *huic tempori adscripserit, cf. infra p.* 238, *n.* 2.

1277 Fridericus archiepiscopus Salzpurgensis, Petrus Pataviensis, Pertholdus Babenbergensis, Chunradus Frisingensis, Heinricus Basiliensis, Iohannes Gurcensis, Heinricus Tridentinus, Lůdewicus palatinus, dux Bawarie,
Albertus dux Saxonie, generi regis ambo[1], Meynardus
comes Tyrolensis, Lutoldus de Hohenberch, Eberardus
Ottac. de Kaczenhellenpogen, ad regis tractatus et consilia,
18675-739 dum opus fuerat, accedentes[2]. Memoratur eciam promissionis, quam summo presuli fecerat in Losanna de filia
sua, quam pepigit filio Karoli Karolo se daturum[a], et accersitis ad se Iohanne Gurcensi episcopo, magistro Rudolfo,
regis cancellario, comitibus de Sain et de Wirtenberch, cum
1281 (Ian.) ea in Apuliam[3] predictos viros magne industrie honorifice destinavit[4]. Que peperit postea Karolum regem
Ungarie[5], Clemenciam reginam Francie, Philippi filio[b]
nuptam, et alteram[7], que fuit princeps et domina Del-
ib. 18480-89 phinatus. Quintam et novissimam filiarum[8] Heinrici
1279 (Maio) ducis Bawarie filio Ottoni nupciis gloriosis habitis copulavit.
1282 Que non diu superstes absque liberis vitam huius seculi
(Apr. 2) terminavit[9]. Et sic de omnibus suis pueris se cum eximiis nuptibus quoad dignitatem seculi expedivit, in hoc,
si loqui liceat, felicior Magno Karolo, orbis maximo
domitori[b], cuius *filie cum pulcherrime essent*, sicut legitur
in suis gestis[10], *et ab eo plurimum diligerentur, mirum
dictu, quod nullam earum cuiquam aut suorum aut exterorum
nuptum dare voluit, sed omnes secum usque ad obitum in
domo sua retinuit, dicens se earum contubernio carere non
posse. Ac propter hoc, licet alias felix, adverse fortune
malignitatem expertus est, quod ita tamen dissimulavit, ac*

a) daturam c. b) sic c.

1) *Vide supra p.* 220, *l.* 13—22. 2) *Nomina (praeter Iohannem Gurcensem ex Ottac. v.* 18711 *additum) et omnia alia Ioh. descripsit e privilegio Rudolfi monasterio Victoriensi dato Vindobonae a.* 1277 *Aug.* 30, *in cuius tergo ipse scripsit:* Privilegium Rudolfi regis Romanorum valde utile ad iudicium. Rudolfus Dei gracia rex Roma. *Cf. Reg. Imp. VI, nr.* 853. 3) *Ottac. v.* 18739: in welhische lant. 4) *Ioh. rerum seriem ab Ottacaro traditam invertit, cum Ottac. mortem reginae post Clementiam profectam referat. Regina die* 16 *Febr. a.* 1281 *mortua, Clementia mense Ian. anni eiusdem Vindobona profecta est.* 5) *Cf. Ottac. v.* 80522—34. 6) *Ludovico X.* 7) *Beatricem, quae a.* 1296 *Iohanni II. delphino Viennae nupsit.* 8) *Catharinam. Ottac. v.* 18487: siner tohter eine, *sed cf. Redlich, 'Rudolf von Habsburg' p.* 275. *Rudolfus sex filias habuit, et Catharina duos filios a.* 1280 *peperit, qui tamen brevi post obierunt.* 9) *Ottac. v.* 23043. 10) *Einhardi Vita Karoli Magni c.* 19.

si de eis nulla unquam alicuius probri suspicio exorta vel fama dispersa fuerit, sicut dissimulare, prout[a] causa exigit, Ottac. 18472-520 sapientes[b]. Venerunt autem Heinricus dux Bawarie et Ludewicus frater eius palatinus, alter gener, alter generi sui pater[1], poscentes, ut cuilibet eorum de terris ac principatibus tam noviter acquisitis et ad imperium applicatis incremento honoris suas eis adaugeat facultates, estimantes[c] se de facili quod desiderant optenturos, quia leta victoria solet esse lecior ad prestandum, estimantes[d], *ut unus ad dexteram,* Marc. 10, 37 *alius ad sinistram* etc.*[2], quatenus tam sibi quam imperio ad omnia mandatorum et obsequiorum genera prompciores et omnis eorum successio valeat inveniri Quibus rex respondit hoc sine consilio et favore procerum electorum non posse fieri[3], et sic breviter se absolvens diem huius negocii constituit in Augustam in curia, quam ibi predisposuit celebrare, hoc et alia tractaturus. ‹Eo- 1277—78 dem[e] anno precipue per Karinthiam, Styriam et Austriam et terras contingentes tanta fames fuit, ut homines equorum cadavera, cattas et mortuorum hominum cadavera comederent et alia, que nature[f] abhominabilia[g] sunt, per biennium miseria hac durante[4], quod[h] tempore Helisei in obsidione Samarie liber Regum et in 4 Reg 6, 24 sqq destructione Ierusalem sub Tito Iosephus[5] asserit contigisse. Anno[i] Domini MCCLXXX. terre motus tantus fuit in Ottac 19077-97 Romaniola citra Romam, ita ut homines fugerent civitates et 1279 in campestribus habitarent. Anno Domini MCCLXXXI.[6] ib 19097-351 rex Tartarorum *paganissimi ritus cum violencia filiam regis *f 12' Armenie, regis christianissimi filiam christianissimam et pulcherrimam, minis et gladio optinuit coniugio sibi dari De quo licet pater gemeret et doleret, filia tamen se Deo committens concepit et peperit partum in modum fere silvestris,

*) *Seq in marg* . quibus responsum distulit in Augustam, ubi se principum consiliis indigere

a) *super* prout *Ioh scripsit* sicut b) sapientis est *legendum esse videtur O H-E.* c) estim — sinistram etc *in marg sinistra* d) *sic iterum c* e) Eodem — exprobravit *(p 240, l. 30) delevit Ioh syllabis* va-cat *exordio et fini loci ascriptis, quia eadem iterum infra p 243 sq relata sunt* f) nature *ex* natura *corr* g) abhominabili *c* h) et si *delet, et superscr* quod i) A D MCCLXXX — habitarent *in marg inferiore signis adscriptis*

1) *Eadem occasione Heinricum Catharinam regis filiam pro Ottone filio demum uxorem impetrasse Ottac v* 1848?—91. *tradit* 2) *Marc* 10, 37 ad sinistram tuam sedeamus in gloria tua 3) *Cf Ottac v* 18510—19 19032—38. 4) *Cf. F Curschmann, 'Hungersnote im Mittelalter' p* 189 *sq* 5) *Bellum Iud VII, c* 7 *sq* 6) *Ottac ad eundem a* 1280 *res Tartarorum narrat, quas Ioh ad a* 1281 *transposuit.*

Ottac. una parte irsutum, altera vero nudum Quod auspices[1] regine adulterio ascribebant, quia ei de cultu sacre fidei invidebant, et interficiendam diffiniebant. Rex dolens supra modum non presumpsit decretum eorum reicere, ut ad necem se disponeret, regine protinus demandavit. Que vocatum ad se regem unam peticionem, non tamen salutem corporis, impetravit Quo annuente peciit puerum iuxta morem Christianum a catholico presbitero baptizari in nomine sancte et individue trinitatis, qui statim de sacro fonte elevatus omni rugositate detersa purus et ex omni parte levis et splendidus atque tractabilis apparebat Quo viso rex misericordiam Dei et virtutem salvatoris suscepto baptismate cum innumeris sui regni populis[2] efferebat et contra soldanum vadens sepulchrum Domini expugnavit et custodiendum Christianis fidelibus commendavit.

ib. 19441-525 Hoc anno Nycholaus[3] papa Lůdewicum regem Francie 1297 cathalogo sanctorum confessorum a s c r i p s e r a t[4], mirabilia, *(Aug 11)* que per eum Dominus fecerat, publicabat, super quo diversi diversa pro tunc et usque nunc, sicut accepimus, senciebant. Fertur, quod consors eius regina peperit[a] ferum sine omnibus liniamentis membrorum, quasi informem massam carnis, que dum hoc regis ypochrisi al- *Iob 2, 9* tera uxor Iob imputaret, rex clam in gremium suum quod natum fuerat sumpsit et in capella sua, ubi corona Domini spinea custoditur[5], fusis lacrimis circumtulit et postremo orans super altare ponit et hinc inde deambulans respicit puerum elegantis forme et pleni corporis sine omni defectu sibi se delectabiliter exhibentem, quem cum graciarum actione recipiens ad reginam reportavit eique exhilitatem fidei exprobravit[6]〉

Ottac 19020-44 Interea Rudolfus disposita Austria ac ceteris terris ad 1281 consilium nobilium provincie filio suo Alberto procuracionem commisit, iniungens[7] et precipiens, ut nichil temere, nichil agat precipitanter, sed seniorum in omnibus

a) peperis *c*

1) *Ottac v* 19204. sîm hôhsten rât erz seit 2) *Ottac v* 19314 *sq.*. er toufte sich in kurzer zît selp zwelfte sîner genôz 3) *Ex Ottac v* 19361 *Sed eius successorem elevationi assensisse Ottac v* 19496 *sqq refert Revera Bonifatius VIII eum canonizavit* 4) *Ottac v* 19481 *Nicolaum papam hoc sibi proposuisse refert.* 5) *De corona spinea in Franciam allata et capella Parisius instituta cf Acta SS* 25 *Aug V, p.* 354—356 371—377 6) *Haec fabulosa in Vitis Ludovici IX regis non leguntur, quae ipsi a quodam fratre narrata esse Ioh infra p* 244 *dicit* 7) *Adhortationem integram Ioh. commentus est.*

et meliorum consiliis pociatur, quia princeps nullo modo 1281. poterit utiliter principari, si voluerit sensum proprium imitari et proborum consilium aspernari. Rebus eciam communibus eum consuluit intendere et equali libra iusticie omnibus complacere, formam gerens boni patris, qui filium informavit de virtutibus, inter cetera dicens: *Consilium semper a sapiente require*[a], et Tullius[1] Tob 4, 1 ⟨*Parum*[b] *prosunt*[c] *arma foris, nisi fuerit consilium domi.* et idem[2]⟩: *Qui rei publice profuturi*[d] *sunt, duo precepta Platonis teneant. Unum est, quod utilitatem civium sic tueantur, ut, quicquid agant, ad eam referant suorum commodorum obliti. Alterum, ut totum corpus rei publice curent, ne, dum aliquam partem tuentur, reliquas deserant.* Et sic ad omne opus virtutis pater instruens filium futurum[e] ducem ac regem, non solum ad se ipsum vitam et mores ordinando, sed et ad alios subiectos sibi formaliter regulando, versibus innitens Claudiani[3], quibus Theodosium alloquitur dicens:

⟨In[b] *commune iubes si quid censesve tenendum,*
Primus iussa subi⟩; tunc observatior[f] *equi*
Fit populus nec ferre negat, cum viderit ipsum
Auctorem parere sibi. Componitur orbis
Regis ad exemplum, nec sic inflectere sensus
Humanos edicta valent quam[g] *vita regentis.*
⟨Mobile[b] *mutatur semper cum principe vulgus⟩.*

His ita compositis valefaciens terre populo ossa regine *Ottac* 18961 87 ad natale solum transferenda statuit, ne sola dormiret, ubi sui sanguinis nemo alius requiescat[4], quod ad regis iussum reverenter perficitur et devote. Rediens autem in ascensu suo nobilibus undique ad eum confluentibus salutatur, precipue Reni et Suevie limites attingentem proceres occurrunt[5], alii ei de successibus prosperis congaudebant, quod eum letum et incolumem rehibebant, eiusque victorie et glorie de hostibus applaudebant, alii de eo, quod regina et regis filius deglutito[6]

a) perquire *Vulg* b) *uncis inclusa a Ioh deleta* c) parvi enim sunt *Cic.* d) praefut *Cic* e) fut — regem *in marg* f) observantior *Cl.* g) ut *Cl*

1) *De offic I*, 22, 76 2) *Ibidem I*, 25, 85. 3) *Paneg de IV. cons Honorii v* 296—302 4) *Ottac eam statim post mortem Basileam deductam esse, ubi reges et reginae Aquisgrani coronati sepeliantur, refert Ad rem cf Redlich l c p* 372 5) *Cf Ottac.* 31731 *et* 19059—61 6) *Cf* 1 *Petr.* 3, 22: deglutiens mortem

1281. mortis aculeo decesserint ex hoc seculo, condolebant et dicere videbantur, dum doloris eius vulnera liniebant
Tob 12, 13 *Quia Deo acceptus eras, necesse fuit, ut temptacio tangeret*[a] *te**. Ipse vero, sicut non est in prosperis elevatus, sic in adversis minime est deiectus, set[b] quasi columpna
Matth 11, 7 immobilis semper stetit et non sicut *arundo*[c] *vento agitata*, que levis animi formam gerit, ex inconstancia vel favoribus adulancium vel terroribus adversancium inclinatur, flectitur et movetur, sicut a vento facile nunc ad istam, nunc ad partem alteram inclinatur, sed ait
Iob 2, 10 sicut Iob *Si bona suscepimus de manu* Domini, *mala* etc [1],
ib 1, 21 *sicut Domino placuit*. Et ut ait Ovidius [2]

Leta quidem letis[d] *cecini, cano tristia tristis.*
Conveniens operi est tempus utrumque suo.

*f 13 *De castigacione[e] insolencium, regis Tartarorum conversione et Ludewici regis Francie canonizacione. Capitulum X.

Ottac 19000-76
1281 Anno Domini MCCLXXIX.[3] Rudolfus rex post reversionem suam ab Austria patruum [4] suum de Habspurch
(Oct) et Egenum de Vriburch, qui eo in Austria et Bohemia res agente regnum non modice conturbabant spoliis et direpcionibus, sanciones et statuta sua parvipendendo, acerrime conveniebat, dum audiret querelas pauperum et clamores, dicens eis, cur de fide perfidie sumpserint arma et legum immemores concusserint pacem terre [5], non formidantes
3 Esdr 8, 27 quod in Ezdra scribitur: *Quotquot transgressi fuerint legem, diligenter plectantur sive morte sive cruciatu seu*[f] *pecunie multacione vel abductione*. sicut dicit Virgilius [6].

Est legum servanda fides, suprema voluntas
Quod mandat fierique iubet, parere necesse est.

Prov 3, 12. *) *Seq delet* et *quem Deus*[g] *diligit, corripit et complacet*[h], *sicut in filio* suo *pater*.

a) probaret *Vulg* b) *sic c* c) arundinem v agitatam *Vulg* d) laetus *Ov* e) *super* c ist *scripsit Ioh* coercione f) sive etiam *Vulg* g) diligit Dominus *Vulg* h) et quasi pater in filio complacet sibi *Vulg*

1) *Iob* 2, 10: mala quare non suscipiamus? 2) *Ex Ponto III, 9, v* 35 *sq* 3) *Ottac haec a* 1280 *attribuit* 4) *Ottac v* 19007 sîn veter. *Eberhardum de Habsburg-Laufenburg consobrinum regis dicit Cf et Reg. Imp VI, nr* 1396e 5) *Commenta Iohannis* 6) *Versus non sunt Vergilii nec Horatii, Ovidii, Statii, Iuvenalis, Persii, Martialis, Lucani, Claudiani, neque quidem eos in florilegiis reperi, cuius tamen sint, scire non potui*

Municiones igitur eorum et castra validissime obsidet, *Ottac.* 1281.
possessiones predatur, dirimit, deicit et evellit[a], quousque
regis ira vix per amicos medios sedatur, et promissa
emenda sic ad eius graciam magnis instanciis reducuntur
Similiter Eberardus de Wirtenberch[1] veritus non 1286 *(Sept.-Nov.)*
est edicta regalia contempnere, presumens de pluritate
castrorum atque municionum vias publicas et transeuntes
ausu temerario multipliciter offendebat. Contra quem
rex arma corripit et duas eius municiones, Stůtgarten
et Nőrtlingen[2], aggressus viriliter expugnavit[3] murosque
ad quingentorum pedum spacium dissipavit. Abscedente
rege comes muros iterum erigebat, sed non frustra
huiusmodi audaciam exercebat[4], nam tria eius castra, 1287 *(Oct. 23)*
Witlingen, Remze et Walthusen, ad regis optinendam
graciam manibus regiis consignavit, numquam ad se, si
rursum excederet contra regalia imperia, reversura[5].

Eodem anno[6] et sequenti per Austriam, Styriam 1277.
et precipue per Karinthiam tanta fames fuit, ut ho- 1278
mines[b] cattas et mortuorum hominum et equorum cadavera comederent et alia que abhominabilia sunt nature;
que clades per biennium duravit et adeo diutine et valide[7],
ut simile non legatur nisi in obsidione quondam Sa-
marie, ut liber Regum testatur, et in destructione Ieru- *4 Reg. 6, 24 sqq.*
salem sub Tyto, sicut Iosephus[8] asseverat. *Ottac.* 19077—97.

Anno Domini MCCLXXX terremotus in Romaniola 1279
tantus fuit, ut homines fugerent civitates et in campestribus
habitarent.*

Anno Domini MCCLXXXI rex Tartarorum *ib.* 19097—351
paganissimus filiam regis Armenie christianissimi pulcherrimam minis et gladio exigit in matrimonium, dolente
patre nimium, quia obsistere non valebat[c], filia pa-

*) *In marg. Ioh. scripsit* Nota racionem in Ysidoro[9].

a) evellit *c.* b) *seq.* equorum cadavera *delet* c) *pro deleto* poterat *c.*

1) *De eo hoc loco introducto cf. Reg. Imp. VI, nr.* 1392 1396c 2044a—2051 2) *Nurtingen* 3) *Nurtingen solum* 4) *De nova regis contra comitem expeditione in Iulii a.* 1287 *facta cf. Reg. Imp. VI, nr.* 2116a 5) *Cf. secundam pacem inter eos Heinrico archiepiscopo Maguntino mediante factam, Reg. Imp. VI, nr.* 2126 6) *Quae sequuntur usque ad p.* 244, *l.* 26 *iam supra p.* 239, *l.* 16—240, *l.* 30. *Ioh. scripserat, sed ibi delevit.* 7) *Cf. supra p.* 239, *n.* 4 8) *De bello Iud. VII, 7 sq.* 9) *Sed in Isidori Etymologiis nihil de terrae motu legere potuit; fortasse eius librum de natura rerum novit, cuius c.* 46 *de terrae motu tractat*

Ottac trem[a] confidens in Domino consolatur. Partum edidit in modum fere silvestris, una parte irsutum, alia vero nudum, quod aruspices regis regine adulterio ascribebant, iudicantes eam pro facinore morituram. Quod licet rex graviter ferret, illa boni animi in Deo spem ponens optinuit puerum more Christiano in patris et filii et sancti spiritus nomine baptizari, quo de sacro fonte sublato ex omni parte clarus et delectabilis apparebat. Rex letus effectus cum maxima parte regni[1] Christianus efficitur, contra soldanum cum exercitu progreditur, sepulchrum Domini accipit et Christianis in reliquum conservandum fideliter commendavit.

Ottac 19411-525. 1297 (Aug 11). Hoc anno[2] eciam Nycholaus papa Lůdewicum regem Francie cathalogo sanctorum asscripsit et sollempniter canonizavit. Qui licet pius et iustus fuerit, non parva tamen questio de eius versabatur pro tunc temporis sanctitate. Audivi ego a quodam fratre converso nostre domus Victoriensis Lůdewico nomine, tunc Parisius existente, quod regina conthoralis eius partum effudit quasi massam carneam informem sine membrorum liniamentis; Iob 2, 9 quod dum ipsa sicut altera uxor Iob eius ypochrisi imputaret, ipse secum in gremio clam ingressus capellam, ubi spinea corona Domini conservatur, circumtulit orans Deum et super altare positum deambulavit hinc inde cf. 4 Reg 4, 35. quasi alter H[eliseus][b], et respiciens vidit puerum elegantis forme, pleni corporis, quem tollens regine detulit eique exilitatem fidei, Deum magnificans, exprobravit.

*f 13' *De expedicione in Sabaudiam et ficto Friderico imperatore. Capitulum XI.

Ottac 31734-32181 1283 (Iun.—Dec.) Anno Domini MCCLXXXII.[3] rex instruit exercitum, arma parans contra comitem Sabaudie[4], qui comitatum suum et quod esset feodale imperii ab eo suscipere recusavit, possedit eciam quasdam municiones ad imperium pertinentes, quas rex repeciit, et comes obstitit eius mandata et consilia parvipendens. Ingreditur ergo cum copiis

a) patrem — consolatur *post in marg. addita*. b) *post* h *spatium 6 vel 7 litterarum pro supplendo nomine in* c.

1) *Cf supra p* 240, *n* 2. 2) *De hoc loco vide supra p* 240, *n* 3—6. 3) *Cf Ottac. v.* 31825 daz leit der kunic vierthalp jâr. 4) *Philippum. Cf Reg Imp. VI, nr* 1789*a*—1808. *Nota Ioh consulto Ottacari narrationi quaedam inseruisse, quaedam vero ex ea sustulisse, ut de expeditione regis contra dominum de Helfenstein.*

terram suam et compellit et artat, quod omnia indebite *Ottac* 1283 *(Dec 27)* possessa restituit ac regis se gracie subiciens de manu sua omnia iure suscipit feodali. Indixit eciam ei annualem censum certe ac statute pecunie in recompensam[1], quod imperium sic defraudaverat multis annis

Eodem[2] anno in Ribauriorum partibus exsurrexit 1284 *ib* 32182-637 quidam, qui se diceret Fridericum imperatorem, et veniens Coloniam a civibus capitur, crinibus tonditur[a] et super scalam in foro publico ligatur[3], fugiens autem ad domum fratrum Augustinensium latitabat[b], de qua venit 1285. in civitatem que Nuzzia dicitur eiusdem territorii, curias more regio cum apparatu maximo, scilicet conviviorum[4] et aliarum deductionum secularium, festive celebravit, *et divulgatum est* undique *nomen eius,* quia munera multa *2 Par 26, 8* dabat et veteranis militibus, quod ipse esset Fridericus, signa verisimilia demonstrabat*. Quod Rudolfo quidam a suis emulis asserunt procuratum[5] et[c] precipue a Iudeis, qui ei infinitas pecunias offerebant et eum in hac temeritate quasi transiturus esset mare et regnum eorum eis redditurus, misere confovebant. Venit ergo in civitatem Hassie que Wetflaria[6] dicitur, in Thuringiamque exposuit se iturum. Et venit Rudolfus expetens eum a *(post Iun. 28).* civibus dicte urbis, qui dissimulantes velle regium non curabant Rege autem excidium civitati et civibus comminante et eternam proscripcionem, portas aperiunt et regem quantocius intromittunt. Pluribus autem querentibus, si ipse esset imperator, cur tanto tempore latuerit, sciscitantes, respondit se non potuisse nec vo-

*) *In marg. a bibliopego ex parte abscisa* . . . quidem prius suscipitur et eius experiencia . per inducionem purpure, . . . palle et sceptri in . throno collocatur, si eis venientibus assurgeret, cerneretur; sed postea proditus a quodam.

a) *sic c.* b) lat — venit *in marg signo adscripto* c) et — confovebant *in marg.*

1) *Haec in tabula pacis, Reg Imp VI, nr* 1805, *non leguntur.* 2) *Ottac v* 32182 *annum post bellum Sabaudicum perhibet, v.* 32626—29 *vero a.* 1276 *De falso Friderico cf Redlich l c p* 529—539 *et Reg. Imp VI, nr* 1914*a* 1920*a* 3) *Cf Gesta Henrici archiep. Trever., SS XXIV, p* 462 *sq* 4) *Cf Ottac v* 32211 *sq.* 5) *Cf Chron de gestis princ l c p* 14. 6) *Cf Ottac v.* 32368, *qui post similia ac Ioh. de civibus Nussiae tradit*

1285 iusse sedis apostolice iniurias et sentencias tollerare et sic tempus intermedium in Affrica et Grecia exegisse, nunc vero oportunitatem, ut regno et imperio se ostenderet, advenisse Quibus ita ventilatis et diversis sermonibus et questionibus interiectis regius marschalcus de Pappenhaim[1] per corrigiam femoralem rapuit ipsum ita, ut corrigia scinderetur, ex qua statim in omnium apparencia diversa figmenta illusionum cum caracteribus sunt effusa* Exclamavit autem falsidicus se nichil habere commune cum regibus et imperatoribus, sed artis
Ollae calopidarie[a] se existere miserum et egenum. Rex autem
(Iud 7). ex iusta omnium sentencia diiudicatum preceperat concremari, et sic regnum a tante seductionis scoria purgatum suo regi in reliquum fideliter adherebat Simile aliquid habetur ex libris Regum, ubi Ioab princeps milicie
2. *Reg.* 20,21 *cf* 23. Davit *Siba*[b] *filium Bochri*, qui *manum levaverat*[c] *contra*
ib 1 *regem*, dicens[d] *'Non est nobis pars in Davit nec*[e] *hereditas*
ib 15–20 *in filio Ysai'*, obsedit in Abela, cives autem, ne urbem
ib 22 demoliretur, *precisum*[f] *caput Sibe*[b] *proiecerunt ad Ioab*,
Prov 21, 11 26, 20 sicque regnum quievit, nam, ut ait Salomon, *multato pestilente iurgia conquiescunt*[g].

Iosephus[2] eciam recitat, quod quidam plebeius Sydonius Alexandro filio Herodis, quem pater iam dudum interemerat, similis omnino fuit, quem quidam ex libertis Herodis circumduxit tamquam regni heredem, Iudei autem per Achayam tamquam de genere regio progenitum magnis honoribus extulerunt, illo dicente se patris sui seviciam declinasse Veniens autem Romam Cesari presentatur cum ductore suo; qui suspicionem[h] de falso concipiens iuveni pollicetur vitam, ut sibi patefaciat veritatem, nam optime Cesar noverat Alexandrum,
cf 11 quia olim in studio Rome fuit, 'et comperta fraude suasorem iussit interfici et falsum Alexandrum propter habitum corporis numero remigum deputari. *Nemo enim*.

*) *Seq in marg* hominum omnium, quos terra sustinet, sceleratissime *et* [fu]stigavit autem eum etc

a) calop *ex* calcatorie *corr* b) Seba *Vulg* c) levavit *Vulg* d) dicens *ex* dicentem *corr* e) neque *Vulg* f) abscissum *Vulg* g) conquiescent *Vulg* h) suspic — concipiens *in marg inferiore*

1) *Heinricus Cf Redlich l c p* 537 *et Reg Imp VI, nr* 2025 2026. 2186 2401. 2) *De bello Iud II*, 5, *cf. et eius Antiquit. Iud XVII*, 18

ut dicit Seneca[1], fictam *personam diu sustinere potest*, et Tullius[2]: *Omnia*[a] *ficta tamquam flosculi celeriter decidunt, nec simulatum quicquid*[b] *potest esse diuturnum*

Rudolfus autem rex in pace regnans, cum non esset [Ottac 32638-46.] iam *Sathan, nec*[c] *occursus malus,* circuiens civitates regni [3. Reg 5, 4] iniurias vindicavit, causas viduarum, orphanorum, religiosorum iuste et pie et equa libra iudicis terminavit. Iste enim sunt *due virtutes regie,* scilicet *pietas et iusticia,* ut ait Ysidorus[3], quibus se Rudolfus precipue decoravit, per pietatem pauperibus assistendo, per iusticiam crudeles et rebelles severitate debita compescendo. Veniens [1286 (Febr.)] autem in civitatem Ezlingam super fluenta Nekkari fluminis situatam, tanta ad eum confluxerat multitudo, ut se in angustiis platearum comprimerent, et transitus propter collisiones equorum et hominum libere non pateret Exclamans autem quidam vociferatus est regium nasum, qui longus et aquilinus fuerat, obstaculum transeuntibus facere et iter liberum denegare. Rex autem elevatis oculis nasum in alteram partem flexit: 'Non faciet tibi', inquit, 'obicem nasus noster, transi libere et utere via tua'! Mansuetudine sua audientibus delectacionem et admiracionem non modicam generavit[4], alterum Tyberium[d] se ostendens, qui convicia pacientissime ferre consueverat, et dum audiret huiusmodi, respondit *In civitate libera liberas*[e] *esse linguas et mentes hominum oportebit*[f] [5], ⟨et[g] Maxi[mi]anus[h,6] dicit

Quod natura dedit[i], *tollere nemo potest*⟩.

De curia regis in Augusta, ubi filios suos et Meynardum comitem duces fecit. Capitulum XII

Anno Domini MCCLXXXVI.[7] principes electores, [Ottac 19617-908.]

a) ficta o. cel. t fl. decid *Cic* b) quicquam *Cic.* c) neque *Vulg* d) *ex Theodosium corr* e) linguas liberas esse *Ioh Sar* f) oportebat *Ioh Sar* g) *uncis inclusa a Ioh deleta* h) *abscisa supplevi* i) negat *Max*

1) *De clementia I,* 1, 6 Nemo enim potest personam diu ferre 2) *De officiis II,* 12, 43 3) *Etym IX, c* 3, 5 4) *Haec fabella eiusdem generis est ac aliae apud Mathiam de Neuenburg, in Chron Colmar, alibi, cf Reg Imp VI, p* 11 5) *Locus sine dubio e Iohannis Saresberiensis Policratici III, c* 14 *exscriptus est, quocum magis concordat quam cum Sueton Tiber c* 28, *quem Ioh alibi non laudat, cum eum Policratico in historia Romana usum esse constet* 6) *Maximiani Eleg V, v.* 54. *(ed Aemil Baehrens, Poetae Lat. min V, p* 342*) Versus et in excerptis quae dicuntur* Proverbia Max *(l c p* 316*) et in florilegiis medii aevi legitur* 7) *Ioh duo comitia Augustae a* 1282 *et* 1286

Ottac.
1282 presules et prelati, duces, comites, nobiles et barones de
(Dec.) diversis partibus ad regis curiam in Augustam cum maxima
gloria convenerunt. Assunt regis filii, Albertus atque Rudolfus, cum nobilibus Australibus[a], Styriensibus atque
Suevis, adest et comes Meynardus cum militibus de
montibus clare cultis ad regis honorem, delectabili constipacione in regis faciem procedentes. Rex autem in medio
illius ecclesie alloquium sic orditur: 'Sermo michi ad vos,
o principes qui estis principalia regni membra, sine quibus, ut leges priscorum sanxerunt, nil est in regni negociis actitandum. Scitis, quomodo sublimium et superborum colla non propria, sed divina virtute calcaverim[1]
et rebellium contumaciam represserim, quantos labores
habuerim, perdita recuperaverim, gladio defenderim et
in commissis sudaverim, prout vires corporis subpetere
poterant et incrementum a rege regum, Domino dominancium[2] hauriebant. Postulo ergo, ut ea, que regno
Deo suffragante conquisivimus, amminiculo et conivencia
vestri consensus atque favoris duobus filiis, quos dedit
michi Dominus, concedantur, ut eorum ordo in gradum
et statum alciorem et clariorem dignitatis titulum com-
mutetur ad regni decorem, cui subesse ad omnem complacenciam sunt parati; disposui enim eos de comitibus
1 Reg. 2, 8 claris duces facere clariores, *ut cum principibus sedeant
et solium glorie* et nomen habeant cum eisdem, nam
1 Par. 18, 17 *filii David primi ad manum regis,* sicut dignum fuerat,
filiali privilegio ponebantur. Comes eciam Meynardus
eodem flagrans desiderio, vir probatus in regno et fidelis
Deut. 28, 6 *ingrediens et egrediens,* pergens ad regum imperium est
inventus, cuius nomen et titulum respergere intendimus
gloria ducali principatus Karinthie et magnificencia
dignitatum facere ampliori, nam Alexander rex olim
1 Mach. 10, 88 sq. 65 audiens virtutem Ionathe *addidit adhuc glorificare* eum
et dedit ei Acharon et omnes fines eius et magnificavit et
*f. 14' *scripsit eum inter primos amicos,* *est enim vir bene
audens et potens et regibus intrantibus et exeuntibus
Ythaliam transitum faciens pacificum, si voluerit, et
quietum in moncium constrictionibus, qui predictum

a) Australibus ex Austr. (Austrie) corr.

habita confudit, ut et Ottac. 1) *Cf. Deut.* 33, 29: tu eorum colla calcabis. 2) *Apoc.* 19, 16: Rex regum et Dominus dominantium.

ducatum contingunt, regnum valens et imperium in 1282
multis utilibus ac honestis atque delectabilibus promovere' [1]. Audientes principes regi assurgunt, ad omnem eius Ottac
voluntatem sua volita conformantes, investituris hiis interesse pro reverencia filiorum et amicorum regis hilariter se promittunt. Rex autem iuxta morem indutus regalibus, stipatus militibus, progreditur signis et vexillis terrarum ipsarum in manibus baronum et nobilium radiantibus, primo filiorum unum, scilicet Albertum, ducem Austrie, Styrie et dominum Carniole alterum, scilicet Rudolfum, ducem Suevie [2], qui ducatus iam posteritate Friderici imperatoris deficiente cessaverat, declaravit [3]. Postea sub ib.
eadem forma Meynardum comitem ducem Karinthie procla- 1286 (Febr. 1).
mavit [4], qui, ut fertur, XXX milia marcarum regi optulit. Alii dicunt eum pro necessitate regis et regni terram Carniole pro [a] Alberti generi sui factis in pignore suscepisse pro XX milibus marcarum cum condicionibus atque pactis usuque fructuario Meynardo et liberis suis, titulo Alberto et suis liberis remanente [5]. Sed alludit huic quod Petronianus [6] dicit:

Quisquis habet nummos, secura naviget aura
Fortunamque suo temperet imperio.
Multa loquor — quod vis, nummis presentibus opta,
Et veniet —, clausum possidet archa Iovem,

ut [b] dicit Oracius [7]:

Nam [c] *genus et formam regina pecunia donat,*
Ac bene nummatum decorat suadela venusque.
Mancipiis dives [d] *eget eris Cappodocum* [e] *rex.*

Dimisit autem rex Albertum filium suum commendans Ottac 19963-70
eum nobilibus terre, sicut prius [8], instructum ad omnia 20163-72
opera probitatis, precipiens ei de nupciis inter fratrem

a) pro — factis *in marg* b) et ut, et *delet* c c) Et *Hor* d) locuples *Hor* e) Cappadoc *Hor*

1) *Verba regis, quae Ottac tradit, a Ioh elegantem sermonem sectante admodum immutata et exornata sunt* 2) *Ottac dicit filios omnes terras in commune recepisse, sed regem permisisse, ut, si dividere vellent, alter Austriam Styriamque, alter possessiones in Suevia sitas haberet* 3) *Reg Imp VI, nr* 1740*b* 1743 *Rudolfus, qui numquam dux Sueviae erat, et ab auctoribus illius temporis ita vocatur* 4) *Reg Imp VI, nr* 1964 1971 5) *Sed iam tempore belli contra Ottacarum regem gesti hanc fere pecuniam Rudolfo pignori dederat; cf Redlich l c p* 366 6) *Petronii Satir c* 137, *v* 1 *sq* 9 *sq*, *ed Buecheler* [3] *p* 104 7) *Epist I*, 6, *v* 37—39. 8) *Cf supra p* 240 *sq*

1282 suum Rudolfum ducem Suevie et filiam regis Otakari et de nupciis sororis sue et regem[a] Bohemie Wenzeslaum[a], sicut *Ottac* 23000-14. in reconciliacionis federe fuerat compromissum[1]. Alberto quidem secretarios Hermannum de Lannenberch et Eberardum de Walse, viros nacionis Suevice prudentes et nobiles, informatores et consiliarios, Australes[b] Missowarium, Capellarium, dapiferum de Lengenpach, Alberonem de Pûchaim, fideles viros et providos, designavit, optansque ei prospera abire permisit cum fratre et sua, quam ad- *ib* 19931-62 20910-16 duxerat, splendida comitiva. Generum eciam suum, iuvenem regem Bohemorum, Arnûldo episcopo Babenbergensi pro educatore et nobilibus regni Bohemici intente ac fideliter commendavit. Albertus autem rediens que mandaverat *ib* 23023 sq 23166-78. pater suus sollempniter et efficaciter adimplevit, iubens, ut Eberardus de Walsê pro reliquis fratribus suis, Ulrico, Heinrico, Friderico, nuncios dirigat indilate, qui venientes duci constanter in omnibus adheserunt ac filiis suis fidelia servicia semper in posterum prebuerunt. Qui sanguini Australium et Styriensium se miscentes cum suis liberis famosam et latam progeniem effecerunt, inter quos Eberardus circa Anasum et Danubium, Ulricus in Styria capitaneatum disponendum et regendum propter datam eis industriam susceperunt et multis temporibus prospere *Ottac* 23103-65 tenuerunt[2].

1284 (*Apr 7*) Moritur hoc anno[3] Fridericus archiepiscopus Salzburgensis rebus bene gestis, et eligitur Rudolfus, vir gentis Suevice[4], magnus et in regis curia nominatus, cancellarius sapiens et industrius, moribus ac litterarum sciencia (*Dec. 1*). decoratus, et ipso anno electio eius approbata est a sede apostolica per episcopum Eistetensem et abbatem Salemensem, episcopus vero Constanciensis infirmitate valida pressus, cui et eadem commissio facta fuit, non poterat interesse[5].

a) *sic c., tamquam si praecedat* inter, *ut supra p. 249, l. 31, lege* regis . . . Wenzeslai b) Australes *ex* Austrie *corr.*

1) *Ottacari v.* 20173–20216 *relatio ab his discrepat.* 2) *Cf. Max Doblinger, 'Die Herren von Walsee', 'Archiv f. Österr. Gesch.' XCV, p.* 235 *sqq., et Ottac. v.* 66793–803. *Eberhardus IV. a.* 1287 (1288?)–1325 *iudex provincialis supra Anasum, Eberhardus V. filius eius a.* 1325–1371, *Ulricus I. a.* 1299–1329, *Ulricus II. filius eius a.* 1329–1359 *capitanei Styriae exstiterunt; cf. et Krones, 'Landesfürst, Behörden und Stände d. Herz. Steier' p.* 157. 3) *Cf. Ottac. v.* 23403 23647–51, *ubi dicit Rudolfum Friderici successorem a.* 1286 *consecratum esse.* 4) *De Hoheneck, cancellarius inde a die 5. Nov. a.* 1274, *antea provisor monasterii de Kempten, cf. Reg. Imp. VI, nr.* 247 *et ib. p.* 12. *Ioh. eum Suevum fuisse in Ottac. v.* 28005–7 *legit.* 5) *De consecratione Rudolfi die* 11. *Mart. a.* 1285. *facta cf. Ann. S. Rudb., SS IX, p.* 809.

De inthronizacione Meynardi in ducatum et consuetudine illius terre Capitulum XIII.

Anno[a] Domini eodem, cum hec apud Augustam 1286
Vindelicam[1] essent gesta tempore Iunii, Meynardus dux[b] *(Febr. 1)*
in Kalendis Septembribus[2] in Carinthiam veniens in sede *Sept. 1*
sua iuxta morem terre sollempniter sublimatur. *Cuius *f. 15 *Ottac.*
terre ritus ab antiquis sic extitit observatus[3]. Sub monte 19971-20126
Karinthiano prope ecclesiam sancti Petri lapis est, super quem rusticus libertus ponitur, tenens[4] in una manu bovem discoloratum, in altera equam eiusdem disposicionis[5], habitu pilleo, calceis rusticalibus investitus, princeps autem novus veniens cum pannerio terre, stipatus nobilibus, vestibus suis exutus et indutus seorsum[6] pallio pilleo, tunica grisei staminis et calceis corrigiatis, baculum gerens in manibus sic procedit. Comes Goricie cum XII vexillulis lateri principis adherebit, alii comites cum suis signis et officiales principi se coniungent. Rusticus autem in lapide residens Sclavice[c] proclamabit 'Quis est iste, qui procedit'? Respondetur ei a consedentibus sibi· 'Iste est princeps terre'. Ad quod ille 'Estne iustus iudex, querens salutem patrie, libere condicionis, ut dignus sit hoc honore? Est vere et Christiane fidei cultor et defensor?' Respondetur 'Est'. At ille: 'Quero ergo, quo iure me ab hac sede debeat amovere'. Dicunt omnes 'Cum denariis LX et iumentis hiis discoloratis et vestibus, quibus princeps indutus apparet, facietque domum tuam[d] liberam a tributo'. Et data alapa levi super collum principis rusticus surgit, iumentis predictis acceptis principi sedem prebet, et stans in sede princeps nudo gladio vertit se ad omnem partem vibrans gladium, innuens iustum iudicium omnibus se facturum. Et rediens ad ecclesiam Soliensem[7], ubi episcopus Gurcensis misse of-

a) A. D. e. — Iunii *in marg.* b) *seq.* eodem anno. c) *ex* procl. sel *transposita.* d) suā *c.*

1) *Cf. supra p.* 221, *n.* 5. 2) *Cf. Ottac. v.* 19976. 3) *Ad hoc capitulum cf. Paul Puntschart, 'Herzogseinsetzung und Huldigung in Karnthen'* (1899) *et quae ad hunc librum A. von Wretschko, 'Gottingische gelehrte Anzeigen' CLXII* (1900), *p.* 929—964, *adnotavit, et Emil Goldmann, 'Einfuhrung der deutschen Herzogsgeschlechter Kärnthens in den sloven. Stammesverband'* (1903). 4) *Novus dux tenet bovem et equum* (veltphert) *apud Ottac., qui lapidem in campis Soliensibus (hodie 'Zollfeld') positum v.* 19991. *dicit·* ein velt. lît bî Zol. 5) *Ottac. v.* 20047: wîz und swarzer varbe. 6) *Ottac. v.* 20015 an der stet. 7) *Maria-Saal.*

1286 ficium celebrabit, astantibusque prelatis terre, abbatibus ac prepositis principem consecrabit; deinde ad epularum convivium proceditur, in quo officia sua marschalcus, kamerarius, pincerna, dapifer quo decencius poterunt pro reverencia principis exercebunt. Quo peracto* ad sedem tribunalis in pratis Soliensibus positam princeps properat, iudicium et iusticiam divitibus et pauperibus Ottac. iuxta querelas et proposiciones singulis[a] facturus, feoda poscentibus et ad se spectantibus concessurus[1]. In hoc modo tria sunt: primum vestitus rusticalis et respicit ducis Karinthie officium — est enim venator imperii, ib. 190,4-30 201,36-39 qui dum per nemorum densitatem, per moncium sublimitatem et vallium profunditatem habet transire, habitu tali baculoque expedit se munire; debet eciam canes venaticos habere et ad imperatoris decenciam enutrire. Secundum: inquisicio per rusticos baptismalis et prefert fidei misterium videturque habere ortum ex conversione gentis, nam anno Domini septingentesimo nonagesimo[2] sub Karolo imperatore et Ingone duce et Vergilio[b] et Arnone episcopis Iuvavensibus Ingo dux nobiles terre et servos eis subiectos ad convivium invitavit et nobiles quidem tamquam[c] canes et immundos deputavit et pane et carnibus foris ab oculis suis pavit et vinum in vasis fuscis propinavit, servos vero vasis splendidis et deauratis in sua presencia collocavit. Et dum quererent nobiles, quid in hoc pretenderet, respondit hos simplices et fideles, mundos et sacro baptismate confirmatos, eos autem immundos atque indignos sine sacri fontis ablucione existere et fedatos. Qui audientes certatim ad baptismum cum fervore fidei cucurrerunt, et ergo hoc privilegium honoris et commercium rusticale cum principe non ad nobiles, sed ad simplices usque huc creditur propagatum. Tercium[d] est extensio gla-

*) *Seq. delet.*: ad prata Soliensia[3].

a) *h. l. in marg.* dñs. b) *h. l., ut supra n. a,* dñs *in marg.* c) tamquam — deput. et *in marg.* d) Terc. — munimentum *in marg. signis adscriptis.*

1) *Sed in lapide 'Herzogstuhl' dicto haec quoque fieri Ottac. refert, quem Ioh. corrigit.* 2) *Sequentibus e Conversione Bagoariorum et Carantanorum c. 7, SS. XI, p. 9, assumptis Ioh. annum, quo haec gesta sunt, ex Ann. S. Rudberti Salisb., SS. IX, p. 769, vel Vita Virgilii, SS. XI, p. 86, inseruit, cf. Riezler, 'Gesch. Bayerns' I, p. 188, et Ankershofen, 'Handbuch der Gesch. Kärnthens' II, p. 244.* 3) *Zollfeld, cf. p. 251, n. 4.*

dialis, que designat iustum iudicium et defensorium munimentum.

1286 Cum igitur omnia predicta circa Meynardum agerentur, frater eius Albertus comes Goricie, palatinus terre, sua feoda recipere recusavit[1], sed Heinrico ea porrigi suo filio postulavit; dux autem arbitrans se contempni pocius unum filiorum suorum hoc dignitatis titulo censuit decorandum, quatuor[a] ibi habens filios presencialiter. Accedunt autem ad Albertum comitem Iulianus de Seburch de Karinthia et Hugo de Duwino[2] ex Ystria, comitem arguunt, dicentes non esse hanc gloriam respuendam, cum quondam Lůdewicus imperator Arnulfo Karlomanni filio ducatum Karinthie contulerit cum castro Mosburch[3], quod usque hodie cum aliis castris ad iurisdictionem pertinet palatini[b]. Comes audiens genu flexo suscipienda suscepit et hominium fratri fecit, memorans, quod cuicumque alteri faciendum fuerat, iustius et dignius faceret suo fratri.

*Nec mirandum de duobus fratribus, cum Esau et (*f. 15') Iacob nondum nati in utero colliderentur, quasi de pri- (Gen. 25, 22) mogenitura decertantes, quis eorum primus procederet ad egressum. Sed Dei voluntate[c] factum est, ut preostenderet in nondum natis, quod postea completum est mirabiliter in adultis; uterque enim large benedictionis cumulum *de rore celi et terre pinguedine* est adeptus. (ib. 27, 28) Narrat eciam Iosephus[4], quod Aristobolus et Hircanus de principatu contendentes in campis Ierochonanis[d] convenerunt et ea lege in concordiam convenerunt[e], ut Aristobolus regnaret, Hircanus sub eo quibuslibet honoribus fungeretur.

De secundis nupciis Rudolfi et famoso prelio Wuringensi. Capitulum XIIII.

Anno Domini MCCLXXXVII Rudolfus rex post (Ottac. 25901-25) dormicionem consortis sue ab amicis, ut ad secundas convolaret nupcias, incitatur, dicentibus *non esse bonum hominem* (Gen. 2, 18)

a) quatuor — presencial. *in marg. signis adscriptis.* b) palatin *ex* palatinatus *corr.*, palatini *propter cursum scripsi.* c) dei vol. dei *c.* d) *sic c.* e) *sic iterum c.*

1) *Cf. Lorenz, 'Deutsche Geschichte' II, p. 467 sq.* 2) *Duino, distr. Monfalcone, prov. Gorz.* 3) *Haec ex Ottonis ep. Frisingensis Chron. l. VI, c. 7.* 4) *Antiquit. Iud. XIV, 1, quem Ioh. h. l. minus diligenter exscripsit.*

Ottac. *esse solum*[a] nec regem competere sine complexu vivere conthorali, cuius est prolis fecunditate suum sanguinem illustrare et nativo germine decorare, regno in sua posteritate spem ponere, semen, quo longius et lacius, tanto felicius propagare. Quibus respondet in se iam naturalis caloris vigorem accessu senii defecisse nec talium quippiam in lumborum suorum conflacionibus reliquisse[1], iuxta illud Oracii[2]:

Omnia in[b] *nobis anni predantur euntes,*
Eripuere iocos, venerem, convivia, ludum.

Cui opponendum fuit illud, quod de David legitur, qui
3 Reg. 1, 1–4. *senuerat habebatque etatis plurimos dies* et *querebatur ei in omnibus finibus Israel adolescentula*[c] *virgo*, que cum eo *dormiret*[d] *et calefaceret* eum; et *inventa est Abysag Sunamitis speciosa, rex vero eam non cognoscebat*, sed ipsa eum cum eo dormiens attactibus dulcibus confovebat.

Rex itaque Rudolfus retractans, quod rex Francorum occiduas partes imperii, scilicet regni Arelatensis castra et municiones, iam dudum tractu longi temporis iniuste ac indebite possideret, si eius ac aliorum similiter imperii bona occupancium vires posset retundere et refrenare violenciam, cogitavit, ut ablata aliqualiter ad subiectionem
Ottac. 25943-26043 imperii ac ad vera obsequia iterum volverentur[3]. Audiens vero, quod dux Burgundie, qui manebat in civitate Divionensi, haberet filiam[4] sanguine generosam, facie speciosam, quam si coniugaliter duceret, facilius per contractum affinitatis huius suis votis, eius consiliis et auxiliis assistentibus, potiretur. Mittit ergo sollempnes nuncios, quibus iuvencula consignatur et cum condigno cultu tocius reverencie in civitate Treverorum regi eam ibi prestolanti cum multo appa-
1284 (Febr.) ratu festivitatis et gaudii presentatur, et peractis ibidem iocunde et ad cordis sui desiderium[5] nupciis peroptatis[6] una cum regina inferiores partes Reni visitat et determinatis causis plurimis[7] cum regina ad superiora revertitur, insistens pariter ac intendens in omni loco dominacionis

a) saluum c. b) de Hor. c) adolescentulam virginem Vulg. d) dormiat et calefaciat Vulg.

1) Cf. Ottac. v. 25927—42. 2) Epist. II, 2, v. 55 sq. 3) Cf. Ottac. v. 25962—78. 4) Elisabeth vel Isabellam, quae Roberti ducis Burgundiae soror fuit, pater eius Rudolfus IV. tunc iam mortuus erat. 5) Ps. 20, 3: Desiderium cordis eius. 6) Immo apud Romaricummontem, tractatus iam a. 1283. coepti sunt, cf. Redlich l. c. p. 612. 7) Cf. Ottac. v. 26041—48 cum v. 31730—32.

sue pacis semina seminare et iudicio et iusticia pariter fecundare[1].

Hoc anno fuit famosum illud prelium Wuringense[a. 2] 1288 (Iun. 5) in partibus Ribaurorum inter Coloniam et Nuzziam, ubi multa milia[b] hominum sunt occisa, quale[c] in Europe partibus non legitur contigisse. Fuit autem inter Syfridum archiepiscopum Coloniensem ex una parte, habentem secum de Lucenburch Heinricum comitem cum duobus fratribus et multos nobiles valde magnos, et inter civitatem[d] Coloniensem ex altera parte, cui Iohannes dux Brabancie, comes Engelbertus[3] de Monte et multa nimis electa milicia adherebat. Sors autem victorie Coloniensibus cessit, et comites de Lůcenburch cum flore Alemannice milicie prosternuntur, plurimi capiuntur et abducuntur, episcopus in captivitatem comitis de Monte perducitur, et exinde ex ipso comite heres legitimus non est natus; et qui hodie tenet ipsum comitatum[4], non de recta radice, sed laterali illius stirpis germine pullulavit[5].

*De Alberto duce, regis filio, et eius strenuitate et translacione corporis beati Virgilii episcopi. Capitulum XV. *f. 16

Albertus dux *accinxit fortitudine lumbos suos et roboravit brachium suum* statimque Heinricum ducem Bawarie inferioris pro castris Scherdingen et Wilzhoven audacter et strenuue impetivit, asserens esse sua atque ad ducatum Austrie pertinere, (Ottac. 23023-126; Prov. 31, 17; 1283 (Aug.)) cum enim olim inter fratres duces[e] Noricus scinderetur ita, ut uni Austria, alteri Bawaria proveniret, pars Norici Ripensis, videlicet Anasi vallis, cum commetacione quorundam castrorum Bawarie Austrie est adiecta, ut pars parti per equipollenciam responderet[6]. Ponit igitur Albertus dux castra circa oppidum quod Welz dicitur[f] in valle

a) Wuringese *in marg.* b) milium c. c) quale — contigisse *in marg.* d) civitate c. e) ducatus *aut legendum aut supplendum aut* Noricum *emendandum* O. H.-E. f) dicit c.

1) *Haec Ioh. commentus esse videtur.* 2) *Nomen apud Ottac.* v. 58337. 58438. *Cf. ib.* v. 58245—58752. 3) *Immo Adolfus VII.* 4) *Adolfus VIII.* 5) *Relatio proelii Worringensis ab Ottacaro discrepat. Cum gestis Baldewini I, 6 quaedam concordant, nisi quod ibi praenomina desunt.* 6) *Res anni* 1156 *confudit Ioh. cum rebus tempore Conradi III. gestis. Cf. supra p.* 124 *cum Ottonis ep. Frisingensis Gest. Friderici l. II, c.* 55, *ubi de valle Anasi nihil legitur. Iohannis verba ex parte cum Hermanno Altahensi, SS. XVII, p.* 382, *conveniunt. Cf. Simonsfeld, 'Jahrbücher, Friedrich I.' I, p.* 475, *n.* 181.

Ottac. 1283. Anasi[1] constitutum, exercitu copioso contra Heinricum instaurato. Quod dum dux Heinricus cognovit, ad Meynhardum Carinthie ducem mittit, qui utriusque partis habuit affinatum; nam sororem Heinrici ducis conthoralem, et Albertus filiam suam habuit in uxorem. Qui facecia verborum et imposicione pactorum partes amicabiliter concordavit.

ib. 25014-895. 1285. Deinde contra comites Ungaros Ywanum de Gůzzingen[2] et filios[3] suos fines terre sue frequencius molestantes[4] arma induit, exercitum de electis terre sue componit; in quo conflictu nunc hiis, nunc illis prospera sors favebat, nunc hos, nunc illos adversitas constringebat[5], donec Alberti populus novissime[a] nimia precipitacione prelians succumbebat; de quo dux mesticiam inconsolabilem gerebat, quousque Hugo[6], vir nobilis, de Tůvers per mutua[b] pacta iuvaminis et succursus in opportunitatibus[7] cuilibet parti imposita omnes concussiones et aversiones ad amicicie dulce vinculum protrahebat.

ib. 26631-70. 1286. Inter Albertum eciam et Rudolfum archiepiscopum simultates gravissime sunt exorte; nam dux aliquorum castrorum feoda ab episcopo postulavit, que precise pontifex denegavit, sed in aliis, que possibilia forent, sibi se complaciturum semper omni cordis promptitudine demandavit. Quod dux adeo graviter pertulit eiusque animum sic affixit, ut non clam, sed palam ipsi presuli atque ecclesie malum totis viribus intentaret; et de die in diem quidem acerbius negocium se disposuit ita, ut prepositus et chorus pontificem electum dicerent ad patris Rudolfi regis specialem reverenciam atque suam; nullo modo decere principem patris ac suum familiarem et devotum consiliarium in sue ecclesie possessionibus perturbare, sed in aliis continenciam in huiusmodi occurrentem magis debere sine indictionibus bellicis expectare. Sed nec sic quidem ducis animus tranquillatur, sed sine omni interventiculo livoris huius incendium augmentatur, duce dicente se dolere, quod de sui genitoris clientula Ru-

a) novissime *litteris minutis inter lineas scriptum.* b) muta *c.*

1) *Immo Traun fluvii in Austria superiore.* 2) *Nomen apud Ottac. v.* 44087 *sqq. legitur, qui haec ad a.* 1286. *narrat.* 3) *Fratres, non filios, Ottac. v.* 25155 *sqq. et saepius affert.* 4) *Cf. Ottac. v.* 24979—87. 5) *Cladem militum Alberti Ottac. h. l. refert. Ioh. de posteris contra Iwanum expeditionibus cogitasse videtur.* 6) *Ulricus. Comitem eum Ottac. v.* 25825 *sq. dicit.* 7) *Ps.* 9, 10: adiutor in opportunitatibus.

dolfus esset in pontificem sublimatus, plus alium se 1286
velle diligere, qui sibi atque suis existeret magis gratus.
Hoc anno[1] mare ecclesiam sancti Marci replevit in Ottac 23662-77
civitate Venetorum et super altaria se undique circumfudit, 1284
ut omnis ornatus ecclesiasticus periret, et quingenti homines
inundacione tam valida absorpti interirent, cives eciam
dampnum suum ad centum milia marcarum estimaverunt,
quod in rebus suis perditis compererunt.

Anno MCCLXXXVIII.[2] Tartari usque ad montes ib 23678-762.
Ungarie nivibus habundantes[3] cum exercitu innumerabili 1285
pervenerunt ireque Coloniam et tres reges sue gentis esse
dicentes eosque abducere in suam patriam condixerunt, sed
nemoribus condensis et nivibus immensis Deo precipiente
et Ungaris magnifice prohibentibus retunduntur et redire ad
propria compelluntur.

*Albertus[a] autem dux succedentibus sibi prosperis *f 16'
memor paterne instructionis frequenter de terre negociis
cum sapientibus placitavit, quorum[b] se consiliis conformavit, bonis moribus adaptavit, ducatum sibi traditum
egregie gubernavit, quem Deus in adiectionem tante
felicitatis pluribus generosis liberis decoravit. Genuit
enim ex consorte sua, ducis Meynardi filia, que[c] fuit
sicut vitis habundans in lateribus etc.[4], septem filios, scilicet Ps. 127, 3.
Rudolfum, Fridericum, Lupoldum, Heinricum, Albertum,
Ottonem et unum, quem peperit in castro Laybach, ibidem in infancia *raptum, ne malicia mutaret intellectum eius* Sap 4, 11
aut ficcio deciperet animam illius, in Siticensi monasterio,
quod est Cisterciensis ordinis, tumulatum, et filias quinque, scilicet Agnetem, Elizabeth, Annam, Katherinam,
Gûtam, quorum quarumque in mundi cursu successus
et statum in seculi gloria sublimem narrabimus, cum
oportune se locus optulerit, in subscriptis. ⟨Tunc[d]
eciam, ut ait Oracius[5]

Fortunam Priami cantabo et nobile bellum⟩.

a) *sequencia* (Alb — bellum *l* 34) *posterioribus, quae incipiunt* Hoc anno Rudolfus (*p* 258, *l* 1), *anteposuit Ioh scribens* hic scribe Albertus autem dux b) quorum — adaptavit *in marg* c) que — lateribus etc. *in marg* d) Tunc — bellum *deleta a Ioh*, *seq delet* cui congruenter dicere possumus *uxor tua sicut vitis habundans in lateribus domus tue.*

1) *Ad a* 1286 *haec narrare videtur Ottac* [*Quae a* 1284 *Dec* 21 *facta sunt, cf Salimbene, SS XXXII, p* 548, *et quae ibidem n* 3 *adnotavi O H-E*]. 2) *A* 1285 *secundum Ann S Rudberti Salisburg, SS IX, p* 809, *l.* 38 3) *Ex Ottac v* 23714. dishalp des Snêbergs si lâgen 4) *In versu Ps* 127, 3 *sequitur*: domus tuae Filii tui sicut novellae olivarum in circuitu mensae tuae 5) *Epist. II*, 3, *v.* 137.

Ottac. 27871-28524. Hoc anno Rudolfus archiepiscopus misit ad curiam consilium querens, quomodo Albertum ducem evaderet, quem non modicum metuebat; sed aliud habere non potuit, nisi indicto concilio clericorum et suffraganeorum publicaret, quod per sacros canones non liceret sibi facere quod ad suum libitum dux petebat. In quo eciam, presentibus omnibus suis suffraganeis, Wernardo Pataviensi, Heinrico[1] Gurcensi, Emichone Frisingensi, Heinrico Ratisponensi, Landolfo Brixienensi[a], Lupoldo Sekoviensi, Chunrado Chymensi, Chunrado Laventino, corpus beati Virgilii cum psalmis et canticis 1288 (Nov. 11). transtulit et honorabiliter elevavit, qui quingentis et quindecim annis legitur quievisse; in tumulumque eius corpus venerabilis episcopi Eberhardi translatum de Rastat, loco sue dyocesis, ubi quievit decem[2] annis et quatuor, collocavit. Cuius beneficia et virtutes non solum illam suam ecclesiam mirabiliter illustrarunt, verum eciam totam provinciam, ecclesias, monasteria, monachos, clericos, pauperes, orphanos et viduas delectabiliter iocundis consolacionibus elevarunt[3].

De expedicione regis contra comitem Burgundie* in[b] Burgundiam Capitulum XVI.

1289. (Iul.) Ottac. 32647-33422. Anno Domini MCCLXXXIX. rex nuncios ad comitem Burgundie sollempnes dirigit hortans, ut ea que ad imperium pertineant restituat, laboribus parcat, propriis utilitatibus consulat, ne maius incurrat offendiculum, verbis pacificis[4] eum commonet et appellat; alioquin con- Deut. 20,10 tra se iam agendum fortissimum bellum sciat[5]. Veteris enim legis fuit hoc decretum, antequam irent ad bellum et alicuius civitatis obsidionem, prius offerre pacem. Fuit autem repeticio regis de iure advocaticio civitatis Bisuntine cum suburbiis et iuribus et circumiacentibus

*) *Postea add., sed delet.* et montis Pelgardi excidio[c] et Acharon et morte Rudolfi. Capitulum XVIII.

a) *sic c.* b) in *B. post add.* c) *pro deleto* destructione *Ioh. scripsit* excidio.

1) *Cod. 1 Ottac.* Hainreich, *alii* Hertnît. 2) *Ottac. v.* 27993, *et Rec. B infra p.* 298, *l.* 18: *annis XLIV.* 3) *Cf. De s. Virgilio, SS. XI, p.* 88—95. 4) verbis pacificis *frequens in Biblia Vulg. O. II.-E.* 5) *Ioh. h. l. praeter Ottac. alios auctores sequi Reg. Imp. VI, nr.* 2234a *recte observatum est.*

viculis et possessionibus diversis, que idem comes asseruit se iure hereditario a retroactis temporibus possedisse, nec regibus nec imperatoribus super hiis quicquam incumberet respondendum. Quam inconvenienter hec comes dixerit, poterit[a] ex subiectis et ex gestis primi colligi[b] Friderici[1], qui dum Burgundiam cum copiis militaribus introisset, eam ad imperium reducendam[c], que iam diu ex appetitu libertatis dissuetudinem in- *Raheuv. III 12* duerat obsequendi imperio et hinc inde distracta ad aliaque[d] vota transiit vel dominorum vel sui ipsius commodis, nulli parens, ad libitum sibi vixit. Fuit autem Burgundia quondam regnum fortissimum, Rodani, Dubii, Sone fluminum ripas omnesque interpositas a sursum usque ad occasum *latissimas comprehendens. *f. 17.* Per Bosonem autem quondam regem ipsius terre Ottonis[2] imperatoris ac Heinrici[3] filii eius imperatorum temporibus cum sceptro, dyademate atque lancea sancti Mauricii imperio resignatur[4], et per multa tempora ab imperatoribus gubernatur; quod probatur ex eo, quod corpus beati Mauricii apud Agaunum in illis partibus tormentati Otto imperator gentis Saxonice in civitatem Madburgensem, provincie illius metropolim, legitur[5] transtulisse. Igitur Fridericus[6] concepte spei fructum non modicum est sortitus. Convocavit enim imperiali edicto principes, nobiles et prelatos in Burgundia existentes et ad regnum pertinentes, commonens eos de fide, qua imperio tenerentur. Ex quibus[6] Stephanus archiepiscopus Viennensis et *ib.* archicancellarius regni Burgundie, Eraclius primas et archiepiscopus Lugdunensis, Odo episcopus Valentinus, Gaufredus Avinionensis et Silvio magnus et prepotens de Claria Friderico imperatori fidelitatem atque hominium fecerunt et beneficia sua de manu illius reverentissime susceperunt. Arelatensis archiepiscopus, ubi est caput illius regni, et omnes primates et nobiles per honestos et industrios nuncios litteris subiectionem et fidelitatem debitam imperio promiserunt. Et si imperatorem alia negocia non traxissent, magis

a) poterit *bis scr., alterum deletum.* b) colligitur *c.* c) *verbum quoddam desideratur, ut statuit O. H.-E.* d) *sic c.*

1) *Raheuini Gesta Friderici imp. III, c.* 12 2) *Conradi II. potius Sed cf. Thomae Papiensis Gesta imp. et pont., SS. XXII, p.* 495, *l.* 18 *sqq.* 3) *III.* 4) *Ex Ottonis ep. Frising. Chron. VI, c.* 30 *Cf. supra p.* 111. 5) *Cf. supra p.* 112, *l.* 10—12 *et Acta SS.* 22 *Septembr. VI, p.* 391—394; *Dummler, 'Kaiser Otto I' p.* 319. *Agaunum civitatem ab Ottone I destructam esse Thomas Papiensis l. c. p.* 495 *sq. fabulatur* 6) *Quae sequuntur ex Raheuini l. c.*

et gloriosius in hoc proposito profecisset. Memorandum est eciam imperium habere tres archicancellarios: episcopus Moguntinus per Germaniam, Coloniensis per Ythaliam, Treverensis per Galliam se esse imperii archicancellarios titulant[1], nec dubium, quin in Gallia Arelatense sive regnum Burgundie designetur.

1289 Ottac. Rudolfus igitur rex collecto exercitu copioso, cum responsa a comite Burgundie competencia non haberet, montes transiit, qui Alemanniam et Burgundiam dividunt, et urbem Bysuntinam aggreditur et obsidione fortissima cingit, vineta, pomeria omnia autumpnali tempore[2] destruit, per circuitum civitatis castra sua ex una parte Dubii[3] fluvii, qui civitatem illam irrigat, decenter ordinat et componit. Comes ex altera parte eiusdem aque[4] exercitum ex Francigenis et Burgundis contractum[5] statuit contra regem. Rex[a] eciam Francie mandat, ut abeat et amici sui terram, que de iure sibi debetur, non destruat, alias se venturum et compulsurum, ut exeat. Ad quod intrepide rex respondit 'Non choreas venimus ducere, sed ad pugnandum venisse[b], eius adventum parati sumus excipere et ei in prelium obviare'. Rex hoc audiens in terminis suis mansit, sed suis omnibus pacem suasit, et dum ad colloquium eius se pacifice acturum disponeret, Theutonicorum metuens audaciam retrocessit. Et cum neutra pars fluvium presumeret[c] transvadare, et defectus victualium utramque partem premeret, Rudolfus sumptis audacie motibus per fluvium transponere se disponit, ut causa per sortem prelii[d] finem sumat. Quod dum comes Luc 14, 32 sentiret et regis instanciam cognosceret, *ea que pacis sunt* per internuncios postulat et requirit, dicentibus et suadentibus amicis non esse facile, sed levis atque iactantis animi securitatem hominum in fortunam mobilem precipitare, nec esse cautum pro rebus alienis incertitudinaliter decertare et ad nesciam victoriam animas et cor- Ottac pora delibare[e]. Rex ergo acceptis pactis[6], ut omnia, que comes possideat et ad imperium pertineant, libere et ab-

a) Rex — retrocessit *(l 21) in marg* b) *sic c, cf. infra p* 301, *l* 7 8 c) *cursus gratia ex* transv. pr. *transpos.* d) *seq delet.* causa e) delibrare *c.*

1) *Martini Oppav. Imp, SS. XXII, p* 466, *l* 17—18 2) *Vesontio a Rudolfo inclusa est d* 22 — 29. *Aug a.* 1289 3) *Nomen apud Ottacarum non legitur.* 4) *Cf Ottac v* 32835 *sq* 5) *Cf ib v* 32886 — 89 6) *Ottac. longe alia pacta refert.*

1289

solute redderet et tuicionem civitatis Bysuntine cum omnibus, que minus iuste hucusque tenuerat, resignaret, regis gracie se submittens[a], in quo tamen minime frustrabatur, a rege enim plurimum in posterum amabatur.

1283 (Mai.) Ottac 35193—527

Habita itaque intencione sua[1] rex comitem[2] Montis-Pelgardi simili contumacia constrictum invasit et ad restitucionem eorum, que iniuste tenuit, coartavit, civitatem[3] enim et castrum[4] suum robore militum artissime cinxit et resistere non valentem, ut ad manus regis omnia redderet, compulit et perstrinxit[5]. Quibus omnibus expeditis ad solum Suevicum rex revertitur cum gloria triumphali sine sanguinis suorum et hostium detrimento. Hec ultima regis expedicio fuit et novissimus labor in armis, in quibus sic exercitatus fuit, ut prosperitate in omnibus actibus potiretur. ib. 33077-90

*De destructione Accaron et obitu regis. Capitulum XVII.

*f. 17'.

1291 Ottac 44579-52177. 1 Reg. 5, 10 sqq

Anno eodem[6] Acharon urbs maritima munitissima, quondam Philistinorum presidium, ex qua Israelitis infestacio multa nimis et preliorum sepius profluxit dispendium, Christiane fidei cultoribus tunc florentissima, opibus et gloria ditissima, a soldano Babiloniorum principe, habente secum reges triginta duos cum gentibus infinitis et trecentas machinas cum diversis instrumentis, fortissime est vallata. Sexaginta machinas habuit, que incessanter ignem qui Grecus dicitur iniecerunt et omnia tacta incendio absumpserunt, cives autem de diversis partibus adunati sunt, Veneti, Ianuenses, Pisani[7] cum Templariis, Hospitalariis et de domo Theutonica cruciferis intus existentes viriliter restiterunt; quod periculum ortum habuit per quendam cardinalem missum per Honorium[8] papam, qui nullomodo admittere voluit, ut Christiani cum gentibus per pacta pacis et treugarum aliqualiter concordarent nec mercatum

a) *desunt quaedam ut pacem cum eo fecit*

1) *Ioh suo arbitrio rerum seriem ab Ottacaro traditam invertit* 2) *Reinaldum, cf Reg. Imp nr* 1770 *a* 3) *Pruntrut, obsessam a d* 2. *Martii ad d* 16 *Aprilis* 4) *Milandre* 5) *Cum Rudolfus non pro imperio, sed pro Heinrico ep Basileensi contra comitem bellum gesserit, pax d* 27 *Aprilis* 1283 *inter comitem et episcopum facta est, cf. Reg. Imp VI, nr.* 1776. *Errat Ioh comitem ad manus regis omnia reddidisse narrans* 6) *Cf Ottac. v.* 52681 *sqq., qui a.* 1290. *exhibet Re vera Accon d* 18 *Maii a* 1291 *a Saracenis capta est* 7) *Ex Ottac v* 50160 8) *IV Cf. Ottac v* 46866—68, *sed et v* 44938

1291 Ottac. eis concederent nec fidem eis in[a] promissionibus conservarent. Super quo Christiani dolentes dixerunt se non posse cum gentibus agere bella, cum essent forciores et sue fidei atque promissionum inviolabiles retentores. Cardinalis omnes non obedientes et gentilibus communicantes, indutus apparatu suo, cum eum crederent benedicere, ille e c o n t r a excommunicacionis vinculo apostolice et sue auctoritatis virtute audacter innodavit et statim aufugit, cives in maximo periculo derelinquens. Cives autem et intrinsecus habitantes non pariliter concordantes cum stipendiariis in hostium acies proruperunt portasque suas minus provide reseraverunt hostesque atrociter et ferocibus animis invaserunt; qui multitudine paganorum magis conculcati quam trucidati, Christianis civitatem repetentibus, hostes intermixti pariter intraverunt. Plures eciam ad naves concurrentes sanctorum reliquias et thesauros plurimos abstulerunt et mare[b] dilapsi clamdestine abierunt aliosque in mortis periculo reliquerunt. Multa ibi miracula pro Christiane fidei testimonio contigerunt, videlicet quod pagani Christianorum animas occisorum evolare ad mansiones ethereas prospexerunt Pauci[c] plures et innumerabiles prostraverunt; et apostata fidei ad Christianitatis cultum a ritu paganico revertitur. Sicque capta et funditus eversa est civitas illa inclita et famosa, et ob hoc omnis rerum copia, tam specierum quam aliarum rerum, ad nostra clymata sub preciosiori ib. 38710-39233. mercatu deinceps gravius est transvecta Anno Domini 1290 (Jul 15). MCCLXXXXI. Rudolfus rex moritur, vir qui ornavit tempora sua[1] claris operibus, et in civitate Spirensium, ubi reges et imperatores dormiunt, regalibus exsequiis sepelitur Hic habitu non pomposus, victu non deliciosus, moribus generosus fuit, pietate[d] et mansuetudine virtuosus, iocundus in rebus seriis et iocosus, sicut de Karolo Magno scribitur[2], qui vestimenta *peregrina, quamvis pulcherrima, respuebat*[e]. *In festivitatibus auro*[f] *texta et calceamentis gemmatis et fibula aurea sagum astringebat*[g] et[h] *dyademate ex auro et gemmis ornatus incedebat, aliis diebus habitus ei*[i] *communis a plebeis non abhorrebat* In *cibo et potu temperans, sed in potu temperancior, quia*[k] *ebrie-*

a) in pr *in marg* b) *sic c.* c) Pauci — revertitur *in marg.* d) pietate — iocosus *in marg* e) respiebat *c* f) veste auro *Einh.* g) astringente *Einh.* h) diad. quoque *Einh* i) eius a communi ac plebeio *Einh* k) *sic codex A 2 Einhardi*, quippe qui *Einh*

1) *Cf* *Eccli* 47, 12· ornavit tempora. 2) *Einhardi Vita Karoli Magni c* 23 24

tatem in qualicumque homine plurimum abhominabatur; et sicut de Cathone scribit Lucanus[1].

Hunc epule vicisse famem, magnique penates
Submovisse hyemem tecto, preciosaque vestis
Hirtam membra super Romani more Quiritis
*Induxisse togam.**

Monasterium[a] sanctimonialium ordinis beati Dominici in Tulna construxit ad laudem virginis gloriose[2], disciplina et cultu divino insigne. 1280 *(Aug 31)*

Privilegia, libertates, beneficia multa et gracias monasteriis, locis kathedralibus et conventualibus plurima[b] condonavit.

Regnavit[c] autem annis decem et octo**.[3] in terrestribus, cum Christo sine fine in celestibus regnaturus.

*) *Seq delet.* Monasterium quod Sûzen[4] dicitur in Surgowia ordinis sororum beati Dominici construxit.

**) *In marg. inferiore.* menses[d] VIII, dies XIIII, in divisione apostolorum[5]. *Iul 15*

a) Mon — insigne *in marg* b) plur *post in loco raso sci* c) *in marg delet* postquam autem regnavit annos d) *in dextera marg, post delet* mensem unum

1) *Phars II, v* 384—387 2) *De monasterio s Crucis in Tuln fundato cf Reg Imp VI, nr.* 1220. 3) *Cf Ottac v* 39223: unz in daz niunzehende jâr. *Regnavit annos* 17, *menses* 8, *dies* 22 4) *Zurzach? Sed ibi a Rudolfo ep Basileensi a* 1279 *conventus canonicorum regularium ord s Augustini institutus est* 5) *Cf Ottac, v* 39225

INCIPIT LIBER SECUNDUS. *(REC. B. D. A 2).*

De[a] Rudolfo et[b] Meinhardo comitibus et electione Rudolfi in regem Romanorum. Capitulum[c] I.

1273. *Mai Pont Ottac* 12433—73

Anno Domini MCCLXXII Gregorius decimus audiens, quod a priscis temporibus electionis puritas esset fermento avaricie et maculacione munerum deturpata, regnumque et imperium iam vacaret, et[d] inter Petrum Arragonie et Karolum Sicilie reges ortas discordias presentiret[1], electoribus[e] mandat, ut munde et sincere intendant electioni et de persona, que sit laudabilis et utilis ecclesie atque imperio in profectum

Porro in diebus illis fulsit in superioribus Swevorum partibus Rudolfus comes de Habspurch[f], quod est castrum in exordio moncium, ubi montis[g] Iovis et Alpium Iuliarum inter lacum Alamannicum et Losannicum haud longe prospicitur celsitudo[2], vir in regni gremio sanguinis claritate, morum honestate, etatis maturitate, armorum strennuitate conspicuus, fama nominis dilatatus, ut viris spectabilibus non immerito comparetur. Nam Meinhardus comes Tyrolis tres coherentes sibi[h] intra[i] regni viscera magnates exceptive semper inter familiaria colloquia commendavit, scilicet hunc Rudolfum, ducem Karinthie Bernhardum, cuius est habita mencio in premissis[3], et Albertum seniorem Tyrolis et Goricie comitem, suum scilicet genitorem[4], qui in obsidione Mediolani sub

a) *haec usque ad huius libri tertium capitulum (p. 273, l 3) desunt B, quae ex D supplevimus, collatis iis quae ex Iohannis libro Staindelius excerpsit (A 2). Cf p 202, n e* b) et *om D 2.* c) primum capitulum *D 1* d) *supple* cum. *O H-E* e) mandat elect *D 1* f) Habelspurg *D 1 2 passim*, Habelspurch *D 3.* g) mons *D 2.* h) cum *D*, tres sui temporis viros intra *Eccardi Continuator Martini Oppav, cuius lectionem Boehmer recepit.* i) inter *D 2*

1) *Cf supra p* 206, *l* 24—28 2) *Cf supra p* 213, *n* 3 3) *Cf supra p* 95 134 156 198 *sq* 4) *Error manifestus, Albertum IV avum Meinhardi ducis ex matre cum Alberto III Friderici I. coaevo Ioh. confudit.*

Friderico primo opera mirifica perpetravit[1]. Et licet dubium non sit regnum et imperium principes et milites habuisse illustribus actibus decoratos, hos tamen virtus atque prudencia et invictus animus specialiter insignivit, sicut in[a] kathalogo forcium David tres fortissimos legitur habuisse et nominatissimos inter fortes. Rudolfus patre Hartmanno[2] comite veterane milicie et in preliis fortunato progenitus uxorem habuit Annam filiam Burghardi[b] comitis de Hayerloch[c], ex qua suscepit tres filios: Albertum, Hartmannum et Rudolfum, et quinque filias[d] speciosas, quibus omnibus Deus dedit secundum huius[e] seculi[3] dignitatem grande nomen[4], prout inferius est digestum.

1. Par 11, 12. 16–24 — *Ottac 12678 sqq*

Meinhardus[f] comes, Alberto[5] patre, ex filia marchionis Andacensis[g], viri nobilissimi, ortus, ex regina Elizabeth* quatuor habuit filios primum Ludewicum, qui non fuerat coniugatus, secundum Albertum, qui Alberti comitis de Hayerloch[h] filiam[6] duxit, ex qua filiam[7] habuit[i], que Friderico purgravio[k] de Nurenberg[l] nupsit et utriusque sexus fructum[m] protulit copiosum, tercium Ottonem, qui filiam[8] ducis Polonie habuit, et[n] ex ea quatuor filias progenuit, quarum una[9] in Siciliam Friderici regis filio Petro copulata[o] usque hodie cum liberis possidet regnum illud; altera[10] Rudolfo filio Rudolfi palatini traditur, ex[p] qua[q] unam filiam peperit et decessit, alie due florem virginalem morientes ad celestia transtulerunt, quartum Heinricum, qui tres uxores[11]

*) *A 2 add (cf p 204, l 16)*: relicta quondam Conradi regis.

a) David in kath *f D 2* b) purghardi *D 2*, Purchardi *D 3* c) haierloch *D 1 3, cf supra p. 217, l 18.* d) filias *om. D 2.* e) dignit h. sec *D 2.* f) Iste Meinh — est effecta *(p. 266, l 7) habet A 2 in septimi huius libri capituli parte extrema* g) *sic A 2 et alibi B*, audacen̄ *D* h) *sic A 2*, haierloch *D* i) genuit filiam *D 2.* k) burgr. *D 1.* l) nurnberg *D 1*, noreuberg *D 2 3.* m) fetum *D 2* n) et — transtulerunt *(l. 32) om A 2.* o) copulata est *D 1* p) de *D 2.* q) ex quo *D 3*

1) *Cf p 125, l. 16—19 (ex Rahewini Fris Gestis Friderici imp. III, c. 41)* 2) *Immo Alberto IV, qui a 1239. vel 1240. occubuit.* 3) *Cf. Eph.* 2, 2: secundum saeculum mundi huius. 4) 2. *Reg* 7, 9 nomen magnum. 5) *Immo a Meinhardo III comite Goriciae et Adalheide filia Alberti III de Andechs, comitis de Tyrol* 6) *Agnetem* 7) *Margaretam, nuptam Friderico IV burggravio Norimbergensi* 8) *Euphemiam filiam Heinrici V ducis Wratislaviae.* 9) *Elisabeth* 10) *Anna, cuius filia Anna Karoli IV. imp secunda uxor erat.* 11) *Annam, Adelheidem, Beatricem.*

habuit, cuius in scriptis mencio[a] diffusior est habenda. Duas quoque filias habuit dictus comes: una[1] fuit lantgravio Thuringie conthorata[b] et genuit Fridericum lantgravium Thuringie et Misnensium[c] marchionem, Alberto nupsit altera[2], Rudolfi prefati comitis filio, que ducissa Austrie et regina Romanorum, sicut inferius exprimitur, est[d] effecta. Meinhardus metuens, quod Rudolfus de[e] contractu hoc animum immutasset propter excellenciam sui status, misit ad eum, postquam regnum est adeptus, si persisteret in pactis. Qui respondit Meinhardum de tanto germine processisse, ut pudere non deberet quemlibet regum secum federa matrimonii subiisse. Ex his prodiit ampla seges, climata mundi replens, luminaria orbem illustrancia, reges, regine, proceres diviciis et
Ps 79, 12 gloria preminentes, a mari *usque ad mare suos*[f] *palmites*, velut fructifere arbores, protendentes[3].

1261. Contigit quandoque civitatem Argentinensium[g] nobiles circumsedentes[h] adversarios sustinere, ad quos conterendos Rudolfum, ut belli eorum dux esset, accersivit[i] [4]. Qui dum in demonstracione vires civium exploraret, omnes precepit extra civitatem progredi, et dum numerum et armorum decorem per singulos ordines estimaret, respicit de montibus maximam multitudinem[5] armis choruscantibus prolabentem, et cum[k] cives ad civitatis presidium festinarent, pontes fluminum omnes deici procuravit et, ut intrepide hostibus occurrerent, proclamavit, alter[l] Alexander, qui similiter deiectis pontibus Grecos, ne fugerent, detinuit[m] contra Darium pugnaturus[6]. Hostes autem, cum eos cernerent consistere et cordatos esse ad resistenciam[n], audientes eciam[o]
Luc 14, 32 Rudolfi presenciam, *que pacis sunt* quesierunt et ex utraque parte comitis prestanciam laudibus extulerunt.

a) diff. mencio *D* 3. b) sociata *A* 2 c) misu *D*, Misneñ. *A* 2 d) postea est eff *A* 2 e) hoc ex contr. *D* 3 f) suas *D* 1 3 g) argentineñ *D* 3 h) circumsedencium *D* i) accersũ *D* 1, accersũt *D* 3 k) dum *D* 2 3. l) velud alter *D* 3 m) obtinuit *D* 1. n) resistendum *D* 1 o) autem *D* 2.

1) *Agnes, uxor Friderici I marchionis Misnensis et mater Friderici II* 2) *Elisabeth* 3) *Ps* 79, 12: Extendit palmites suos usque ad mare 4) *Rudolfus a* 1261 *Argentinensium praefectus effectus aeque ac pater suus urbis vexillum duxerat In sequentibus Ioh pugnae apud Hausbergen (a* 1262 *Mart.* 8*) meminisse videtur, in qua tamen Argentinenses sine Rudolfo victoriam adepti sunt* 5) *Cf Iudic* 9, 36 de montibus multitudo descendit. 6) *Ubi Ioh haec legerit, nescimus.*

Basileam insuper civitatem[a] Reni famosam et nobilem [1273 (Iul.—Sept.)] obsidione gravissima pressit pro quadam iniuria sibi [cf. Ottac. 12594 sqq.] facta, agros, vineas dissipans circumquaque, et in nocte [12730 sq.] dominice nativitatis irruens in civitatem armorum collisione et populi concursione mentis sue magnanimitatem et audaciam et quod posse habuit demonstravit, civitatem timore concuciens et stupore, rebus prospere gestis abiit, obsidionemque continuans totis viribus obfirmavit. Quo facto diffusa fama[1] sui nominis per regni loca undique et ad ora principum volitavit[b].

Interim principes convenientes loco et tempore condicto [(Sept. 29)] de principe et[c] capite orbis terre iuxta consuetudinem tractaturi [ib. 12474-800.] et circumducentes oculos ad diversos, actus singulorum quoad virtutis preconium estimantes, incidit in memoriam comes Rudolfus, de quo dicere videbantur: *Num invenire poterimus talem virum?* Et *sicut Domino* [Gen. 41, 38] [Iob 1, 21] *placuit*, unanimes effecti consensum omnes in Rudolfum [(Oct. 1)] sine obsistencia aliqua[2] transfuderunt. Pronunciacionis verbum super hoc in ore statuunt palatini, qui surgens inquit: 'In nomine sancte et individue trinitatis consensu omnium electorum in me posito pronuncio ac eligo Rudolfum comitem de Habspurch[d] in regem et[e] patricium Romanorum', statimque mittit marscalcum cum signis sui imperii, ut obsidionem Basiliensem solvat, concordiam[f] faciat, cum conthorali sua ad coronam properet, demandavit. Sicque dies[g] colloquii[h], et hiis presulem[3] verbis atque cives alloqui videbatur: *Vos cogitastis de me malum, et Deus vertit illud*[i] [Gen. 50, 20.] *in bonum, ut exaltaret me.* Presul autem secundum sanguinem eius propinquus, magis tamen ei infestus incendiis et rapinis, ad cives viri fortunam efferentes dixisse fertur: si de throno suo Deus omnipotens se moveret, Rudolfus comes protinus insideret[4].

a) R. fam. civit. *D 2*. b) volitabat *D 3*. c) principe orbis et capite terre *D 3*. d) habsburg *D 1 h. l.*, habespurg *D 2*, habelspurch *D 3*. e) ac *D 2*. f) et conc. *D 3*. g) die *D 3*. h) *deest verbum, ut* statuitur *vel huiusmodi*. i) illum *Vulg.*

1) *Cf.* 2. *Mach.* 8, 7: fama virtutis eius ubique diffundebatur. 2) *Ioh. h. l. praeterit quae Ottac. de nuntiis regis Bohemiae, Richardi, Alfonsi narrat, nec Ottac. dicit electores unanimes in Rudolfum consensisse, antequam palatino regem pronuntiandum commiserunt.* 3) *Basileensem, Heinricum de Neuenburg. Cf. supra p.* 223, *l.* 26 — 224, *l.* 28. 4) *Cf. Matth. de Neuenburg c.* 14, *Böhmer, Fontes IV, p.* 156, *Gotfr. de Ensmingen, SS. XVII, p.* 123; *magistrum Esslingensem, Hagen, 'Minnesänger' II, p.* 137; *supra p.* 214, *n.* *.

[1273 Ottac] Et facta plena concordia per Reni alveum venit cum maximo tripudio principum ipsum expectancium et comitancium Aquisgrani, civitate autem et[a] omni terre populo iocundante, tapetibus[b] stratoriis plateis et domibus decoratis, cum regina de palacio, sceptro, paludamento[c] et palla ac aliis insigniis et regalibus decoratus, in sedem [(Oct. 24)] locatus[d] Karoli coronatur, et expeditis ibi plurimis causis de concessione feodorum, innovacione privilegiorum et sollempnitate iuramentorum pro conservacione iurium [(Oct 31)] regni et imperialium statutorum[1] Coloniam ingreditur [Esth 8,16] Agrippinam. Et quidem civibus ibi *nova lux oriri visa est, honor*[e], *gaudium, tripudium,* rediviva quadam retractione[f] de Salomonis coronacione et unctione[2] cum gaudio sicut olim[g] hoc in tempore redeunte. Qui dum in [3 Reg 1,39. 40.] Gyon[h] ungeretur, *cecinerunt buccina, et dixit omnis populus. 'Vivat rex Salomon'! et insonuit terra a clamore eorum.*

[1 Reg 10,27.] Fuere tamen[i], qui dicere[k] videbantur· *Num salvare nos poterit iste?* sue glorie invidentes, sicut fuit rex Ottakarus Bohemie, Heinricus dux Bawarie, Eberhardus de Wirtenberch gentis Suevice. Invideant igitur et mirentur, quod Samuel inter filios Isai non specie pulchriorem, non statura prosperiorem, non corpore forciorem, sed David regem unxit omnibus iuniorem[3], sicut et[l] de Tiberio Constantino scribitur[4], *quod in*[m] *throno imperiali positus, cum*[n] *immensis laudibus in regni gloria sublimatus*[o], *adversarii eius ei, qui spem in Domino suam posuerat, nichil officere valentes, magno sunt pudore*[p] *confusionis cooperti,* tam hii quam illi Tullianum[5] illud nobis pulchre exhibentes[q], qui dicit de Affricano *Industria virtutem, virtus gloriam, gloria emulos comparavit*

a) et *om* D2 b) strat tapetis D2. c) baludimento D1 d) Kar loc D2 e) gaudium, hon et tr *Vulg* f) detract D3 g) sicut enim hoc olim in D1 h) Syon D2 3 i) cum D1 2, *delet* D1. k) dixero D2. l) et dicitur de D2 m) quod throno imp impos. *Hist misc.* n) et *Hist misc.* o) confirmatus *Hist misc* p) *sic supra p.* 218, *l.* 32 *(cf. ib n.* f*)*, pudoris confusione D q) exhibens dicens Affricano D3.

1) *Cf Ottac v* 12833—35; *supra p* 218, *n* 1 *et* 3 2) 3 *Reg* 1, 38 *sqq* 3) *Cf* 1. *Reg* 16, 11—13 17, 14 4) *Historia miscella l XIX, c* 4 *Constantini cognomen ex Ottonis Fris Chron. V, c* 6 *adsumptum* 5) *Cf. supra p* 218, *n* 6

De curiis regis Romanorum sollempnibus et legacione eius ad Ottakarum regem Bohemie. Capitulum II.

Anno Domini MCCLXXIIII.[a] Rudolfus rex venit 1273. (Dec.)
in Spirensium civitatem, ubi convocatis nobilibus precipit, ut ea que ad imperium spectant abducta et sublata indebite non differant resignare. Quidam[b] metuentes regiam comminacionem[c] que possederant reddiderunt, alii vero compulsi simili modo que sibi usurpaverant 1274
regii fisci procuratoribus obtulerunt[1]. Deinde in urbem (Nov. 18)
Nůrenberg[d] curiam preconizat[2] Ad quam regni proceres, prelati, nobiles convenerunt, ibique de pace terrarum, de feodis ac aliis diversis casibus *leges* statuit, *quarum metu coherceatur*[e] *humana audacia, tutaque sit inter improbos innocencia, in ipsis improbis, formidato supplicio, refrenetur nocendi voluntas*[f] [3] Decrevit quoque sicut quondam Assuerus[g], qui *nequaquam abuti voluit*[h] Esth 13, 2.
potencie magnitudine, [sed[i]*] clemencia et lenitate gubernare subiectos, ut absque ullo terrore vitam silentio transigentes*[k] *pace optata cunctis mortalibus fruerentur;* unde suo tempore per omnia competa[l] summa transeuntibus pax favebat. Statuit eciam, ut fertur, quod propter communem intelligenciam obscure Latinitatis privilegia et littere de cetero vulgariter conscribantur; quod patet ex eo, quod ante sua tempora nulle littere vulgariter scripte reperiuntur de negociis vel contractibus[m] quibuscumque[4].

Ad hanc curiam venit Fridericus archiepiscopus Salcz- Ottac. 13676-710
purgensis suscipiens a Rudolfo sua regalia; super quo indignatus Ottakarus[n] capitaneo suo Miloto[o] mandat ubicumque episcopium devastari. Qui Frisacum obsedit et obtentum oppidum incendio[5] destruxit et omnia predia episcopalia multa crudelitate laceravit Philippus vero ducis Bernardi[p] filius in sede Salczpurgensi et Aquilegensi[q] frustratus, dolens de pactis, que frater suus Ulricus[r] dux Karinthie

a) A D MCCLXXIII Rud rex Romanorum venit in Spiram, ubi — dampnati (p 270, l 28) A 2 b) Quidam — pax favebat (l 22) om A 2 c) minacionem D 2. d) nurnberg D 1, Nurnbergam D 3 e) coerc D 2 f) cf supra p. 220, n b g) aswerus D 2, Asuerus D 3 h) volui Vulg i) sed om D k) transientes D l) compita D 2 m) tractatibus A 2. n) Otak A 2 o) ita D 3, corr ex mileto D 1, milito D 2, Mileto A 2 p) Bernhardi D q) Aquilegien̄ A 2 D 2 r) Ulr d K om D.

1) *Cf. supra* p 219, n. 5. 6 2) *Cf supra* p 219, n 7. 3) *Cf. supra* p 220, n 1 4) *Cf supra* p. 221, n 4 5) *Cf ib* n 3

1275 (Febr. 27). habuit cum Ottakaro[a], ad curiam regis venit et ibidem terras Karinthiam et[b] Carniolam suscepit de manu regis Ottac 12892 sqq in feodo, sicut[c] fieri est consuetum[1] Ottakarus rex et Heinricus dux[d] Bawarie non comparentes ad proximam[e] curiam in Herbipolim Orientalis Francie civitatem primariam citantur

ib (Ian. 23). Ad hanc summus[f] pontifex direxit cardinalem, qui prelatis regni concilium Lugduni celebrandum nunciat, regem ex parte pape et cardinalium salutat et ad imperii coronam invitat. Rex ad colloquium pape se venturum promittens cum graciarum actione dimittit[g] cardinalem magnifice honoratum. Hic quia predicti[h] principes non fuerant, tercius eis dies ad[i] curiam terciam indicitur in Augustam Vindelicam ib 13035 sqq. (Maio). Reciarum[k]. Ad quam Ottakarus mittit episcopum Wernhardum[l] Secoviensem[m], Heinricus dux Heinricum prepositum Ottingensem, viros peritos in iure canonico et civili[2]. Surgens[n] Wernhardus in medio procerum electionem Rudolfi multis verborum phaleris nisus est quantum poterat viciare, probans[o] eum excommunicacionis vinculo, eo quod quasdam ecclesias spoliaverat, irretitum et propter hoc inhabilem ad hoc culmen. Rex autem litterature expers[p] principibus[q] asserit huiusmodi in collegiatis consistoriis dicens[r] litteraliter pocius quam coram secularibus principibus contractanda, et principes, si intelligerent, sine offensa nullatenus pertransirent. Qui vix[s] obtento securitatis conductu in- Ottac 13207 sqq aniter ad suos dominos sunt reversi. Ottakarus autem[t] et Heinricus dux in suis iuribus, officiis et feodis ab imperio dependentibus communi omnium sentencia sunt dampnati[3]

1269 Hoc[u] anno moritur Gregorius[4] patriarcha, et suc- 1273 ib 12862 sqq cedit Raymundus[v, 5]. Hoc tempore Ludewicus palatinus

a) Otak A 2 b) et *om* D 1 3 c) sicut f e cons *om* A 2 d) bavarie dux D 1 e) proprium D 3 f) papa Gregorius direxit A 2. g) dimittens D 2 h) predicti *om* A 2 i) ad c t *om* A 2 k) reciam D 2 l) wyrnh. D 1, Bernardum A 2. m) seccov A 2 D 3 n) Surgens — pertransirent *(l 25) om* A 2 o) probans *legendum suspicor* p) *sic supra p* 222, *l* 14, expertus D 3, expertis D 1 2 A 2 q) principes D 1 3 r) dicens *vel corruptum vel potius delendum esse videtur* O H-E s) tamen *pro* vix — conductu A 2. t) autem rex A 2 u) Hoc — Raymundus *om* A 2 v) raim D 3

1) *Cf Reg. Imp VI, nr.* 332 *sed Ioh errat, cum tabulae infeodationis Philippo non in ea curia Nornbergensi concessae sint* 2) *Cf supra p.* 222, *n.* 1. 3) *Cf. quae ad Ottacari v* 13038 — 89. *Seemuller I, p* 172, *n* 2 *adnotavit* 4) *De Montelongo.* 5) *De Turri Mediolanensis, antea episc. Cumanus*

1273 (Oct 24). Ottac.

unam[1] filiam regis in* coniugio sortitur, que genuit Rudolfum palatinum et Ludewicum. Hic quidem prius habuit filiam[2] ducis Brabancie, quam innocenter occidit, 1256 suspicionem habens de quodam milite cum eadem. Que postea sibi apparens manu extenta ad altaris sacramentum suam innocenciam testabatur. Ipse contremiscens dicitur ipsa visione, dum esset adhuc iuvenis, unius hore spacio canuisse, moxque monasterium in Bawaria, quod Campus-principis dicitur, fundavit. ib. 13187-424

Exacta curia rex Ulmam venit et Heinricum purgravium de Nůrenberg[a] dirigit ad Ottakarum, 1274 (Apr 12) poscentem suo nomine et regni Austriam, Stiriam[b], Karinthiam et Carniolam, quas iniuste usurpacionis et[c] invasionis titulo possidebat; declarantem eciam, quod regnum Bohemie et marchionatum Moravie sibi propter contemptum et contumaciam abiudicaverat[d] sentencia principum et decretum[e]. Ad quos[f] rex 'Non decrevimus', ait, 'tam facile reddere, que *arcu et gladio* nostro tam sudorose conquisimus, vel que ad Gen 48, 22 nos consanguinitatis vel[g] affinitatis tramite manaverunt', adiciens se non modicum mirari, quod proceres regni omissis[h] potencioribus tam exilem comitem ad regni fastigium extulerunt. Ad[i] que vir provide susceptis verbis regiis respondebat: 'Expedire vobis crederem, quod deposito elacionis fastu Romano vos principi subderetis, cui necesse erit spiritum presumpcionis vestre retundere, eo quod imperium contempsistis et ad consistoria principum non venistis. Sed et oblatum vobis regnum olim poster-

*) *Pro* in coniugio — fundavit *(l 9) A* 2. *Eccardi Cont. Mart.*: regis Rudolfi, alteram[3] dux Saxonie Albertus 1273 (Oct 24) coniugio sorciuntur. Prima genuit Rudolfum palatinum et Ludovicum[k] ducem Bavarie, qui usque hodie de imperiali nomine gloriatur. Altera genuit Albertum Pataviensem presulem[4], virum commendabilem, et duces Saxonie inclitos[l] [5]

a) Nurnberg *D* 1, Nůrnberg *D* 2, Nurnberga *D* 3. b) Stir. *om D* c) et iuv. *om. D* d) abiudicavit *D* 2 e) decretorum *D* 2 f) quod *D* 3, que *legendum. O H.-E.* g) *sic A* 2. *D* 3, et *D* 1 2 h) intermissis *A* 2 i) Ad — enarravit *(p 272, l 20) om. A* 2. k) Ludewicum Bawarum *Cont* l) inclytos et famosos *Cont*

1) *Mathildem* 2) *Mariam filiam Heinrici ducis Brabantiae, quam duxit a.* 1254, *decollari iussit a* 1256 *Cf. et supra p* 220, *n* 2. 3) *Agnetem* 4) *A* 1320—1342. 5) *Rudolfum I, Ottonem, Wenceslaum.*

1274. Ottac. gastis, sufficientem vos habere gloriam respondistis. Dan. 4, 14 Scitis, quod *excelsus*[a] potestatem habet *in regno hominum et cui*[b] *voluerit dabit illud.*

> *Quid*[c. 1] *genus et proavos strepitis?*
> *Omne genus hominum in terra*[d] *simili surgit ab ortu,*

ib. cum enim Deus[e] auctor spectabilis, *nullus degener extat.* An ignoratis mentis impetum in regibus formidandum, quem sine racione iusti iudicii in quorundam nobilium morte Prov. 20, 28. crudeliter effudistis? Nam *misericordia et veritas custodiunt regem, et clemencia*[f] *roborabitur thronus eius. Apes,* ut dicit Seneca[2], *sunt iracundissime atque*[g] *corporis captu pugnacissime et aculeos in vulnere relinquunt. Rex apum*[h] *sine aculeo est, natura ei*[i] *telum detraxit et iracundiam*[k] *eius inermem reliquit, exemplum hoc magnis regibus* ingerens[l], ut *pudeat ab exiguis animalibus non trahere* bonos *mores*[3]. Tempus est, ut revertar ad eum, qui me misit quid finale referam, edicatis'. Qui ait: 'Non aliud quam audistis'. Et Prov. 25, 25 reversus ad regem, exspectatus sicut *aqua frigida anime sicienti,* que gesserat, et quid Ottakarus responderit, enarravit. Dissimulavit[m] rex, cogitans illud Salomonicum Eccl. 3, 7. 8 *Tempus loquendi*[n], *tempus tacendi, tempus belli, tempus*[o] *pacis*[p], et, sicut Prudencius[4] ait

> *Magna cadunt, inflata crepant, tumefacta premuntur.*
> *Scandunt*[q] *celsa humiles, truduntur ad ima feroces.*

De concilio Lugdunensi, colloquio pape et regis Romanorum ac profectione eiusdem in Austriam. Capitulum III

1274 Mai. Pont. Ottac. 13425 sqq. Anno[r] Domini MCCLXXIIII[5] papa venit Lugdunum ad concilium celebrandum, que est magna civitas super Rodanum, olim de regno Arelatensi et Romani imperii dicione, ad quod tam de Grecia, quam de diversis mundi

a) deus *D 2* b) cuicumque *Vulg* c) *sic supra p* 224, secundum *D* 1. 3, *cui D 2* d) hom. genus in terris *Boeth* e) Auctoremque Deum species *Boeth* f) roboratur clementia *Vulg* g) ac pro *Sen* h) ipse *Sen ut supra p* 225 i) ei *non habet Sen* k) iram *Sen ut supra.* l) exemplar hoc . ingens est *Sen.* m) Qua responsione regi narrata rex cog. *A 2* n) tac. et t. loq *Vulg* o) et t *Vulg.* p) dissimulavit *h l add (omissis quae sequuntur) A 2* q) Scandere . et ad ima redire fer *Prud., cf supra p* 223 r) *pro* A D — tollerentur *(p 274, l 2) tantum* A D MCCLXXIIII concilium generale celebratur apud Lugdunum *praebet A 2.*

1) *Quae sequuntur e Boethii De cons III, c 6, quorum quaedam supra p 224, ex parte in pedestrem orationem Ioh convertit* 2) *De clementia I, 19, 2 3* 3) *Ibid* § 4 4) *Psychomachia v* 286—290 5) tercio pontificatus sui anno *Martin. Oppav. — Concilium a.* 1274 *Mai 7 coepit*

1274 *Ottac.* partibus prelatorum maxima convenit multitudo. Religiosi eciam de ordine mendicancium sugillati super suis statutis et voto pro*fessionis[a] a quodam ⟨Gwilhelmo[b]⟩ Brit- *f. 56. tannice gentis subtilissimis argumentis ad dissolvenda hec repagula magni precipui confluxere[1]. Fuit ibi Albertus Magnus Ratisponensis* episcopus supradictus[2], ⟨episcopatu[c] resignato⟩ Colonie requiescit[d]. *Guil. de Th.* 10, 57 Beatus Thomas[3] de[e] Aquino, auditor[f] quondam predicti Alberti, in via graviter infirmatus in domo Cysterciensis ordinis que Fossa-nova[g] dicitur decumbebat. Quam dum accedens aspiceret, futuri prescius ait: *Hec requies mea in secu-* *Ps* 131, 14 *lum seculi; hic habitabo, quoniam elegi eam.* Pater eciam monasterii vidit eadem hora stellam lucidissimam ante aram beate virginis se mittentem et mox coniecit, quod vir sanctus, qui vite et doctrine claritate ecclesiam illustrasset, ibidem esset, sicut probavit[h] exitus, pausaturus. Unde[i] et in pectore eius stella diffusis comis lucida[k] pingi solet**. De aliis quoque[l] ordinibus ibi honestissimi fuerunt, qui adversarios confundentes suas partes validissime defenderunt, patriarche et episcopi Greci se *Mart. Iord.* redituros[m] ad unitatem ecclesie promiserunt et spiritum sanctum a patre et filio procedere novo symbolo sunt professi. Quingenti et LX episcopi, abbates[n] et alii prelati circa mille ibi fuisse narrantur, ex quibus centum LX[4] infulati diversi status mortis *Ottac.* debitum exsolverunt. Pro subsidio Terre Sancte ibi fuit imposita decima sexannalis. Forma electionis papalis in[o] con-

*) *Pro* Ratispon — requiescit *scripta, sed a Ioh. deleta B*: de ordine Predicatorum episcopus Ratisponensis, vir in facultatibus theologicis et philosophicis eruditus.

**) *Ioh. post alio atramento in marg. ex parte desecto add. B*: Affuit frater Boneventura[p] de [ordine[q]] Minorum, vir religio[sus[q]], litterarum sciencia decora[tus[q]]. *Paulo superius Ioh. in marg. scripsit, sed delevit B*: Fuit ibi Boneventura [de[q]] ordine Minorum, vir [religiosus[q]] et litterarum sciencia exor[natus][q].

a) *litteris* fessionis *iterum incipit B.* b) Gwilh. *a Ioh. delet. B, deest et D.* c) ep. res. *a Ioh. delet. B, leguntur in D.* d) quiescit *D.* e) de Aq. *Ioh. delevit B, sed in marg. rursus add.* f) auditor — Alberti *Ioh. in marg. add. B, adsunt D.* g) nova *Ioh. pro deleto* aurea *B, et ita D.* h) probat eventus *D.* i) Unde — solet *Ioh. in marg. add. B, adsunt D.* k) lucida *om. D.* l) quoque *Ioh. add. in B, deest D.* m) redit *Ioh. ex* reddit. *corr. B.* n) et abb. *D.* o) in — periculum *inter lineas post a Ioh. add. B, om. D.* p) *sic c.* q) *uncis inclusa abscisa.*

1) *Cf. supra p.* 227, *n.* 1. 2) *Supra p.* 200. 3) *Cf. supra p.* 226, *n.* 4. 4) *Cf. supra p.* 226, *n.* 3.

1274 Ottac. stitucione que incipit: *Ubi periculum*[1] eciam ibi clare Mart Pont extitit diffinita, ut errores circa eam in posterum tollerentur. A S Rudb 1274 Nuncii[a] Tartarorum ibi f[uerunt][b], qui baptizati cum Predic[atoribus] ad patriam instruendam et [firmandam[b]] ab apostolico remittuntur.

1275 (Oct.). Ottac 13534 sqq. Soluto[c] concilio papa Losannam se transtulit, ubi sibi rex cum magna decencia obviavit; et inter multos tractatus papa regem ad coronam imperii invitat, ut Christianis in Terra Sancta a[d] Sarracenis constrictis[e] et sepulchro Domini subveniant, thesaurum[f] sancti Petri sibi[g] asserens[h] reserandum*. Rex cum maturitate respondit[i] pape, inclinans pro oblacione tante gracie, sibi neutrum horum competere dicens, quia Romam vix aliquis priscorum venerit[k] sine humani effusione[l] sanguinis nec coronam adeptus fuerit propter *f. 56'. obsistenciam Romanorum. Nec in promptu, ut sine *periculo pertranseat, asseruit tantum militem se habere, sed nec transfretare sibi arbitrans competere dixit, quia regnum in Alemannie partibus adeo dilaceratum et convulsum A S Rudb 1275 esset, quod reformacione indigeat et medela — et[m] cum decrevissent hoc ambo, ut in Basilea hoc fieret, impediti utrique, negocium prorogatur —, Ottac ceterum ad hec et[n] omnia volita sedis suo tempore promittens se totis studiis pariturum. Papa contentus hac responsione eius electionem approbavit et auctoritate apostolica confirmavit. Rex[o] ecclesie terram Romaniolam reddidit[2] a priscis imperatoribus possessam cum quibusdam iuribus advocaticiis[p] et iura ecclesie subscripcionibus roboravit[q]. Post hec papa filiam regis Karolo[r] filio Karoli regis Sycilie hortatur matrimonialiter sociari, sollerter affectans per[s]

A S Rudb 1275 *) *Quae sequuntur a Ioh. in marg scripta B, sed rursus deleta, om D A2:* et in Basilea promittit [coronandum[t]] et consecrandum, de qui[bus[t] tam] papa quam rex pro diversis intervenientibus impeditur.

a) Nuncii — remittuntur *in marg. a Ioh. post suppl. B, om. D. A2* b) *uncis inclusa abscisa supplevimus.* c) *A2 pergit, cf. p. 272, n r.* d) sub S. degentibus *A2* e) constr. *corr Ioh. pro deleto* astrictis *B.* f) thes. *Ioh corr. pro delet* thas g) sibi *Ioh add. B, habet A2, om D.* h) asserens *(ita D) Ioh corr ex* asserit *B, et ita A2.* i) pape resp *D* k) veniens cor adeptus fuerit sine humani sang eff propter Rom obs Nec *A2* l) sang eff *D* m) et — prorogatur *in marg a Ioh post add B, om A2 D.* n) et *om D* o) Rex — roboravit *in marg a Ioh post add B, multis abscisis, quae ex D suppleta, non signata sunt.* p) et advocatus *D,* iur. advocacius *A2* q) roboravit *om A2* r) Karolo *B A2, in B a Ioh delet, sed iterum restitutum, om D* s) per hoc *om D* t) *uncis inclusa in marg abscisa supplevimus*

1) *Liber Sextus I, 6, 3.* 2) *Cf. supra p. 228, n 1.*

hoc Karolum contra regem Arrogonie roborare. Huic [1274 *Ottac*] rex placito acquievit, et[a] pactis coniugii firmatis papa Ytaliam, rex in Alemanniam est reversus, iuxta versiculum Virgilii[1] cogitans

Parcere subiectis et debellare superbos.

Anno[b] Domini MCCLXXV.[2] Gregorius papa moritur, [1276 *Mart Pont*] et succedit Innocencius quintus.

Australes nobilem virum de Wolgersdorf[c] dirigunt ad [*Ottac* 13748-737.] Rûdolfum, venit eciam Hertnidus de Wildonia de partibus Styrie ad eundem, uterque suorum contribulium et terre angariam deplorantes, regi inter cetera dicentes, cur torpeat et oppressis tam crudeliter per Ottakarum non succurat et regni iusticiam non requirat. [Heinricus][d] et Lûdewicus duces [*A S Rudb* 1275] Bawarie [ducatu]m diviserunt De [iure] palatinatus gravis est [orta] dissensio inter eos. Rex collecto exercitu cum[e] [*Ottac*] omni domo sua in Austriam parat iter; quem Heinricus dux Bawarie pactatus cum Ottakaro non diu, sed[f] tamen aliqualiter impedivit, et transiens Pataviam Austriam attigit, [1276 *(Sept)*] municiones sibi contrarias vel ad graciam suscepit vel, si opponebant se, penitus devastavit*, Winnam obsedit et circumquaque vineas, agros, pomeria demoliens obsidionem continuat per sex menses Ad iussum eciam regis Meinhardus comes de Tyrol Karinthiam intravit et Styriam et accursu nobilium civitates et populum ad regis voluntatem celeriter inclinavit. Cives autem Winnenses cuiusdam Baltrami, qui parcium Ottakari fuerat, infectione persuasi obsidionis pericula parvipendunt. Novissime nimis constricti angustia *regie gracie se submittunt, libertates sue[g] civitatis [*f. 57.] et iura poscentes instrumentis regiis solidari, quod rex libenter

*) *In B seq. a Ioh. deleta, om D:* Rudolfus in Austriam veniens. *A2:* Dum autem regis adventus undique prevolaret, Otakarus pueros nobilium Austrie, Stirie, Karinthie et Carniole obsides recepit et in Bohemiam destinavit. Rud. in A. veniens Winnam *etc*

a) *pro* et pactis — Innoc. quintus *A2*. Deinde rex reversus est in Germaniam A D. MCCLXXV. Australes *etc.* b) A D — quintus *om D.* c) Wolfgerstorff *D* d) Heinr — inter eos *a Ioh post in marg. suppl, multis abscisis, quae uncis inclusimus, om. D A2.* e) cum o d sua *om. A2.* f) sed t aliq *om A2* g) et iura sue civ. *D*

1) *Aen VI, v.* 853. 2) *Immo a.* 1276. *Ian.* 10, *Ioh Martinum secutus annum perperam computavit, sciens Gregorium X inde ab a.* 1272 4 *annos* 10 *dies sedisse*

1276 Ottac. (Not.) annuens civitate potitur; et novis auditis, quod Karinthia et Styria se submiserint, mirabiliter letabatur. Ottakarus se videns artatum regis colloquium per Brunonem episcopum affectavit. Transiens[a] autem Rudolfus, comitatu splendido Australium et Styriensium circumseptus, ad Ottakarum, habitis colloquiis amicabilibus, Ottakarus Bohemiam et Moraviam per sceptrum et gladium de manu regis suscepit, omnes alias terras reddidit, obsides nobilium laxavit, connubia cum Růdolfo[b], ita ut filius suus Růdolfi[b] filiam, filia sua Růdolfi[b] filium duceret, statuit, et sic cum pace et plena concordia, facta fidelitate imperio, ab invicem discesserunt, celebrandis nupciis terminum statuentes. Rex letus efficitur, quod sine sanguine placidum res exitum est sortita, quia[c] plus amor quam armorum strepitus ad hoc operatur; unde Claudianus[1]:

Nec[d] sic excubie, nec[d] circumstancia pila,
Quam tutatur amor. Non extorquebis amari.
Hoc alterna fides, hoc simplex gracia donat.

De[e] prelio Růdolfi[b] et Ottakari[f]. Capitulum IIII.

1276 Mart. Pont. Anno[g] Domini MCCLXXVI. Innocencius quintus moritur, postquam sedit mensibus quinque. Succedit Adrianus quintus, qui stetit per unius spacium mensis tantum; cui succedit Iohannes XXI. eodem anno electus.

Ottac. 14761-994. Růdolfus dimisit exercitum, dum Wiennam rediit negociis regni vacans, Ottakarus autem rediens Bohemiam regine consorti sue retulit reconciliacionis et nupciarum federa et alia placitata[h]; que yronice insultans ei ait: 'O 3 Reg. 21, 7. quam *grandis auctoritatis es*[i] rex, qui Růdolfum longe positum iuxta canum consuetudinem hostiliter allatrasti, sed prope positum oblacione IIII[or][k] terrarum[l] nobilium pro pincernatus officio salutasti, qui tamen olim in tuam ascribi clientulam[m] affectavit *f. 57'. et tunica grisei staminis vestitus[2] estimat regum gloriam annullare[n]!' Quod Růdolfus

a) Transiens — ad Ottakarum *om.* *A 2*. b) *sic h. l.* *B*. c) quia — electus (*l. 24*) *om.* *A 2*. d) nec *B*, Non *D et Claud.* e) *inscriptio capituli minio scr.* *B*. f) Rud. cum Ottakaro rege Boheme *D*. g) *pro* A. D. — electus *D*, *in quo a MCCLXXVI cum quibusdam non e Ioh. adsumptis praecedit*: Eodem anno electus Rudolfus *etc.* (*l. 25*). h) placita *A 2*. i) es *a Ioh. post add.* *B*, *adest* *D*, *om.* *A 2*. k) quatuor *D*. *A 2*. l) provinciarum *A 2*. m) chientelam *D*. n) annullari *A 2*, annihilare *D*.

1) *Panegyricus in IV. cons. Honorii v.* 281—283. 2) *Cf. Chron. Colmar., SS. XVII, p.* 249, *et Matthiam Neuenburg. c.* 16 (*ed. Studer p.* 13).

audiens[a] tunicam deponere noluit, quousque negocium in eadem[b] expediret. Quid plura? Erubuit ad grunnitum[c] *Ottac.* bestie Ottakarus et statim Rûdolfo iuxta formam contradictionis inimicabilis iniuste secum esse actum nunciat bellumque indicit, repetens terras manibus regis resignatas. *ib.*

Rudolfus autem Ladezlaum regem Ungarie, Swevos, 14995-16660 Australes, Styrienses, Karinthianos advocat, exercitum mag- 1278 num conflans. Sed et Ottakarus Leonem Ruthenorum regem, Bohemos, Polonos, Saxones, Misnenses, Moravos, Thuringos largo congiario allicit et in campos Marchie fluminis se componit. Estimatus est autem habuisse XXX milia pugnatorum, Rûdolfus vero vix huius numeri quartam partem[d] [1]. Qui cum[e] suis in castro Haimburch Danubium transiens[f] ad- *(Aug.).* versus Ottakarum castra figit, naves omnes precidit et dimisit, ne fugam sui per easdem meditarentur. Capto campo in quatuor ordines suos scindit: primum et secundum Ungaris aptis ad iacula commendavit, ad tercium Swevos, Styrienses, Karinthianos, Carniolanos, Salczpurgensis presulis familiam collocavit, quartum rex[2] cum Australibus gubernavit, sequestrans virum strennuum Capellarium cum electis, ut lassis, prout cerneret, subveniret. Ottakarus acies sex distinxit: in prima cum rege fuere Saxones et Bohemi, in secunda Moravi, in tercia Pilsnenses, in quarta Thuringi et Misnenses, in quinta et sexta cum Bawaris Polonice gentis* fortissima armatura[3]. Deputavit et ipse Milotum[g] Styriensium capitaneum, ut laborantibus succurreret et lassatis. Nec terruit Rûdolfum excessiva multitudo, quia[h] *non in multitudine, sed de celo fortitudo est*, et 1 *Mach.* 3, 19 Vegecius[4] dicit: *In certamine bellorum exercitata paucitas ad victoriam promior*[i] *est quam rudis et indocta multitudo, *exposita semper ad cedem, nemo enim facere metuit quod* *f. 58 *se bene didicisse novit.* Consolatus[k] est eciam cuiusdam sompnii visione, quod tale erat: vidit enim aquilam pugnantem cum leone, et sub dubia sorte nunc hic pre-

*) *A2 add.* et Ruthenorum.

a) comperiens ibi fuisse dictum tunicam *A2.* b) tunica *add. A2* c) gannitum *A2* d) habuit *add. D2* e) dum cum *D* f) *sic A2, quod in* transisse *a Ioh. corr. B, et ita D* g) Miletum *A2, corr. a Ioh.* Milotum *B, et ita D* h) quia ut dicit Veg., in certamine bell. *A2 (*non — est et *omissis)* i) promptior *Veg.* k) Consolatus — casus *(p. 278, l. 12) om. A2*

1) *Cf. supra p.* 232, *n.* 1. 2. 2) *Cf. supra p.* 232, *n.* 7 *et Reg. Imp. VI, nr.* 993c. 3) *Cf. p.* 233, *n.* 1 *et l.* 1. 2. 4) *Epit. rei militaris I,* 1.

1278 valuit et nunc illa, et sic se invicem lacerabant. Novissime aquila leonem lacerans ungulis sub se stravit. Interpretacionem quoque a quadam religiosa devota perquisivit, que taliter coniecit. 'Tu es', inquit, 'aquila, quia regnum Romanorum aquila insignitur, Ottakarus edigmate leonis in signis bellicis est armatus. Aquila etenim altissimi est volatus, visus acutissimi, diu vivens, iuventutem, postquam senuerit, reassumit; que condiciones certissime[a] tue victorie[b] sunt indicia manifesta. Leo fremit et rugit iratus et ex nimio calore et furore pectoris dicitur interire, et talis animus est Ottakari, et visio prefata prenuncia sui casus'.

(Aug. 26). Igitur exercitus utriusque regis, sicut[c] de exercitu
1 Mach 6, 40. 39. 41. Antiochi legitur, *ibat caute et ordinate. Et ut refulsit sol in clippeos aureos et eneos, resplenduerunt montes ab eis sicut lampades ignis, et commovebantur omnes a voce multitudinis* eorum *et incessu turbe et collisionis armorum*,
ib. 11, 88. et ordinatis sagittariis, lanceariis, signiferis, *unumquemque*
2 Mach. 11, 9. *que in locum suum, convaluerunt animis, parati non solum homines, sed et bestias fortissimas et muros ferreos penetrare.* Rudolfus[d] suos insignivit [signo] sancte crucis,
Ottac. Ottacarus [effigie] leonis suos[1]. Et utroque rege suos adhortante, cum inclamacione[e] divini adiutorii commiscentur. Et[f] sicut in hystoria Troyana[2] legitur

Undique consurgunt acies, et pulvere celum
Conditur, horrendisque sonat clamoribus ether.
Et modo terga petunt, duros modo fortibus ictus
Depellunt clippeis, ingens ad sidera clamor
Tollitur, et vastis impletur vocibus ether.

Reges[g] etenim in invicem [se] flammeo impetu et a[lter alterum] congressionibus expetebant[1]. Ottakarus, sicut leo[h] seviens[3], irruens[i] Růdolfi aciem d i s c i n d e b a t, et Thuringus quidam cum viro nobili de Vollenstain[k] prosilientes Růdolfi dextrarium confoderunt ipsumque graviter occupabant. Cui

a) cert. *Ioh. in marg. hoc loco (non post reassumit, ubi manu s. XV. quoddam signum adscriptum) add. B, habet D.* b) *seq.* certissima *(a Ioh. corr. ex* certissime*) B, post delet.* c) regis ibat caute et ordinatis sagittariis *(l. 18) A 2 (celeris omissis).* d) Rud. — leonis suos *in marg. a Ioh. post add. B, ex parte abscisa, om. D. A 2.* e) inclam. *ex* inclin. *corr. Ioh. in B,* invocatione *D.* f) Et — ether *(l. 29) om. A 2.* g) Reges — expetebant *a Ioh. in marg. post add. B, ex parte abscisa, om. D. A 2.* h) rex *D 2.* i) irruendo *A 2.* k) Wolkenstain *D,* Volnstain *A 2.*

1) *Cf. Ann. S. Rudb. a.* 1278. 2) *Homerus Latinus v.* 474 *sq.* 592 *sqq.* 3) *Cf. Ezech.* 22, 25: sicut leo rugiens.

inter cruentos gladios* Capellarius sicut[a] *ursa in saltu* pro *raptis catulis*[1] vehemens *et irata subvenit, et non solum regem, sed et tocius belli fortunam labentem relevavit et invasum Ottakarum adeo coartabat, ut Milotum[b] inclamaret. Hic[c] turpiter quidam videntes vexilla Bohemica conculcata ad fuge presidium se convertunt; ex quibus innumerabiles Marcha fluvio submerguntur. Otakarus fortissime adhuc dimicans frustra subvencionis auxilium, a suis derelictus, imploravit, Mileto quoque dissimulante, fratris[d] mortem animo revolvente[e], a prelio retrocessit, et fune in collum Ottakari misso, a suis seorsum obnubilatus sub galea ducitur et relinquitur, et mox ab Australibus atque Styriensibus in ulcionem sanguinis amicorum, quos indebite necaverat, clamans[f] horribiliter et affidacionem promittens, acutissimis gladiis est perfossus.

1278 *Ottac* *f. 58' — *A S Rudb* 1278 — *Ottac*

Rudolfus habita experiencia mortis sue, campo per triduum observato[g] et occisi regis corpore in Laham primum[h] transportato, Bohemiam statuit invadere pro suis stipendiis et expensis, [et[i] Mo]raviam quidem pene totam [in dedici]onem accepit; et dum regnum disperdere inchoasset et Prage propinquasset, Otto marchio Brandenburgensis et Hermannus[2] dictus Cum-pilo et Bruno episcopus Olmunczensis[k], ut reliquie salvarentur, ex parte puerorum Ottakari, et Fridericus Salczpurgensis, Iohannes Gurcensis episcopi, Meinhardus comes de Tyrol et Heinricus purchgravius ex parte Růdolfi rem ad prima placita[l] perduxerunt, [adi]ecto[m], quod Albertus[3] dux Saxonie, [frater m]archionis, unam filiarum duxit, [que gen]uit Albertum Pataviensem [episcopum] et Rudolfum ducem, [ded]it quoque rex marchioni tutelam de pueris [atque] regno, quod regina graviter tulit. Moravia permansit in principis potestate ad tempus

ib. 17204—18080 — *A S Rudb* 1278 — *ib.* — *ib.* 1279

*) *Ioh in inferiore marg add. B, om D. A2* comes quidam Pertholdus, videns regem sub dextrario iam mortuo conculcari, prosiliens semivivum erexit et ad alium dextrarium sublevavit et *A S Rudb* 1278

a) sicut — irata *om. A2* b) Miletum *B A2, corr. a Ioh* Milotum *B, et ita D* c) Hic — Mileto quoque *a Ioh in marg post add B, deleto quod sequitur* quo *(om D. A2, relento* quo*)* d) et m. fr. *D.* e) revolvens *(A2) a Ioh. corr* revolvente *B, et ita D* f) clamans — promittens *om A2* g) observato — ecclesiam *(p. 280, l 12 13) om D.* h) primum *a Ioh post add B, om A2* i) et — accepit *a Ioh post add in marg B, ex parte abscisa, om A2* k) Olmunczeñ *corr Ioh. pro deleto* Olom̄ *B,* Olomuceñ. *A2* l) *sic Ioh corr pro* ad prima rem pacta et plac *B, et ita A2* m) adiecto — ad tempus *(l 31) in marg. a Ioh. post add B, ex parte abscisa, om A2.*

1) 2. *Reg* 17, 8. 2) *Otto IV. potius marchio Brandenburgensis a* 1279. *Hedwigem Rudolfi filiam duxit* 3) *Cf. supra p* 271, *n.* *.

1278 Ottac. Et veniens rex Yglaviam novi tyrocinii curiam celebravit ibique concordiam stabilivit, reginam[a] tristem blandiciis delinivit et pueros consolatus, iterum de nupciarum tempore disputabant. que suo tempore sollempniter sunt exacte.
A. S. Rudb. 1278 Corpus Ottakari [Winn]am[b] ducitur, quem dum quidam episcopus stupens cerneret, [ho]s versus protulit:

Quam brevis [et] tristis instet mortalibus [istis]
Regnandi finis, nos [docet] iste cinis

Deinde ad [petici]onem regine Znownam [duci]tur. et de morte eius Bohemis [alter]cantibus sepultura differtur, [qui de] eo sentire videbantur quod [Brito]nes de Arcturo, quem adhuc [vivere] arbitrantur; deinde Pragam ad sancti Viti ecclesiam postea[c] translatum, ibidem in castro honorifice
Ottac. 15122 sqq. sepelitur[1]. Relicta[d] regina postea viro nobili, sed sibi impari, coniungitur, cum quo a facie timoris[e] Wenzeslai filii in Ungariam commigravit. Hic rex construxit monasterium Cysterciensis ordinis quod ad Sanctam-coronam dicitur[2], ⟨quod[f] prius subiectum fuit monasterio sancte Crucis in Austria, sed mutatis rebus provisio eius ad monasterium Placense[3] transiit⟩. Unam spinam corone Domini rex Francie magnis precibus ei contulit,
*f. 59 qua *ipsam fundacionem decoravit, et[g] ob hoc Coronam-sanctam appellavit. O quam convenienter versus Anshelmi[4] hic possumus scandizare

Omnis habet subitum terrena potencia finem
Atque fuga celeri deserit ipsa suos.
Ergo time, quisquis celsos conscendis honores,
Teque ruinoso stare memento loco

et sicut de Alexandro dicitur[5] iam defuncto

Quam frivola gaudia mundi!
Quam rerum fugitivus honor, quam nomen inane!

a) reginam — exacte *om.* A2. b) Winnam — deinde (*l.* 12) *in marg. a Ioh. post add.* B, *multis abscisis, quae uncis inclusimus, om.* A2. c) *D pergit cum* B postea translatus in castrum ibi hon. sep. d) Rel. — commigravit *om.* A2. e) iunioris *D.* f) *uncis inclusa a Ioh. deleta B, om. D A2.* g) et ob hoc — requievit humo (*p.* 281, *l.* 4) *om.* A2.

1) *A.* 1297. *Pragam perductus est; cf. Reg. Imp. VI, nr.* 1018 *Chron. Aulae-regiae, Fontes rer. Austr. ser. I, vol. VIII, p.* 160, *et Kopp l. c. I, p.* 272, *n.* 1. 2) *Cf. supra p.* 235, *n.* 2. 3. 3) *Ottacarus rex c. a.* 1277 *a capitulo generali ord. Cist. petiit, ut mon. Sanctae-coronae monasterio de Plass submitteretur (Fontes rer. Austr. ser. II, vol. XXXVII, p.* 19—21, *nr.* 5), *quod demum a.* 1281 *concessum est (ibidem p.* 23—27, *nr.* 7). 4) *De contemptu mundi, ed. Gerberon p.* 199. 5) *Priores duo versus unde assumpti sint, nescimus, cf. Riese, Anthologia Latina p.* 100, *nr.* 286, *reliqui leguntur in Gualteri ab Insulis Alexandreidis l. X, v.* 448—51.

Magnus in exemplo est, cui non suffecerat orbis,
Sufficit exciso de fosso[a] *marmore terra*
Quinque pedum fabricata domus, quam nobile corpus
Exigua requievit humo.

De[b] actis Rudolfi diversis, Friderico falso imperatore, et quod Arrogoni regnum Sycilie obtinuerunt Capitulum V. 1279

Anno Domini MCCLXXVII.[c] rex reversus in Austriam Styriam lustravit ibique Karinthianos et Carniolanos alloquitur, et fidelitate[d] ab eis recepta, terrisque eorum per Meinhardum comitem[e] et officiales[1] dispositis venit in vallem Anasi, ‹cui[f] affuit comes Meynhardus, de quo precipue presumebat›, ibique audiens filium suum Hartmannum in Reni fluctibus submersum, dolens in luctum gaudium commutavit[2]. Styria eciam ordinata per abbatem Admontensem in Austriam est regressus, reginam[g] repperiens[h] debilem et tali morbo laborantem, qui remedium non habebat[i] Que dispositis omnibus, que ad testamentum et ecclesiasticorum sacramentorum percepcionem[k] pertinent, summa devocione terminum vite fecit Rex, quamquam incredibili doloris vulnere pungeretur, cogitans tamen, quod *mors* secundum Senecam[3] *est tributum mortalium, lex nature*, consolacionem recepit, insistens regni negociis, habens secum Fridericum[4] Salczpurgensem, Petrum Pataviensem, Heinricum Tridentinum, Iohannem Gurcensem, Berchtoldum Babenbergensem, Chunradum Frisingensem, Heinricum Basiliensem episcopos, Ludewicum palatinum et Albertum ducem Saxonie, Meynhardum de Tyrol, Berchtoldum de Hohenberch, Eberhardum de Kaczenelnpogen, de Seina, de Wirtenberch comites, viros *eximios et prudentes[l]. Ex quibus Iohannem Gurcensem episcopum, Rûdolfum cancellarium suum, comites de Seina, de Wir-

Margin: 1279 *(Sept.-Nov.)* *Ottac.* 18419-63, 18740-972 — 1281 — *f. 59' — *Ottac.* 18675-739

a) defossa *Gualt.* b) *inscriptio capituli minio scripta B.* c) MCCLXXVIII. *A2.* d) fidelitatem recepit *D.* e) *seq.* accepta *delet B.* f) *uncis inclusa a Ioh. deleta B, desunt D A2.* g) ubi regina obiit. Rex post luctum consolacionem *(l. 23) A2.* h) recipiens *D.* i) habuit *D.* k) perc. perc. *D.* l) *pro deleto* preclaros *B.*

1) *Cf. tabulas Meinhardi monasterio Victoriensi concessas Victoriae, d. 2. Febr.* 1277. 2) *Cf. Esther* 13, 7: converte luctum nostrum in gaudium, *vel Baruch* 4, 34. 3) *Nat. quaest. VI,* 32, 12. 4) *Maior pars nominatorum inter testes tabularum Rudolfi regis monasterio Victoriensi indultarum, Reg. Imp. VI, nr.* 853, *enumerantur, ubi tamen pro Iohanne episc. Gurcensi (cf. Ottacar. v.* 18711—16*) Ioh. episc. Chiemensis legitur, reliquos Ioh., inspecto Ottacari chronico, minus recte addidit*

1281 (Ian.). Ottac. tenberch[1] cum filia sua in Apuliam Karolo principi, sicut pape Gregorio promiserat, cum apparatu magno et gloria destinavit. Que peperit Karolum regem Ungarie, Clemenciam reginam Francie et adhuc unam filiam, que facta est princeps et domina Delphinatus[2]. Novissimam 1279 filiarum Katherinam[a] [3] tradidit Ottoni filio Heinrici ducis Cont. Weich. 1280 Bawarie, que genuit[b] successive duos filios in civitate Winne, Ottac. qui mortui sunt ibidem; sine herede post breve intersticium 18472 sqq. temporis[4] est defuncta. Hoc[c] tempore Heinricus* dux et Ludewicus frater eius et Meinhardus comes, sororius[d] eorundem[5], venerunt ad regem, postulantes eis et heredibus suis de terris aquisitis donacionem fieri pro[e] eorum et suorum heredum ad regni eterna servitia qualemcumque. Quibus rex respondit hoc non posse fieri sine principum consensu, sed ista in curia, quam in Augusta concepisset, agere pertractanda. Et sic distulit responsivam.

Mart. Pont. Ottac. 3572 sqq. A. S. Rudb. 1277 Hoc[f] anno moritur Iohannes papa obrutus lapidibus et lignis apud Biterbium in suo palacio, quod paravit, postquam octo mensibus gubernavit. [M]inor[g] frater in stratu suo quiescens [subit]o miserabiliter exclamavit, [que]rentibus, quid hoc esset, respondit 'Niger [quid]am vir grandi malleo [pal]acium pape percutit', et iterum [cl]amavit: 'En secundo percutit, [ora]te, ne corruat', tercio [vide]ns plagam, quam vir ille intulit, [excl]amavit 'Palacium corruit'. [Nunci]atur oppressus papa. Hic constitucionem [Grego]rii decimi de electione pape factam in [concili]o generali revocavit. Mart. Vacavitque sedes post eius obitum per sex menses. 1277 Anno Domini MCCLXXVIII.[6] Nycolaus tercius eligitur, Ottac. 3625 sqq. sub quo Petrus rex Arrogonie contra Karolum regem Sycilie naves bellicas instauravit. Ad quod eum regina maxime armavit, et ei omnes thesauros a longo tempore congestos,

A. S. Rudb. 1278 *) *Ioh. in marg. post add., quorum multa abscisa, post cancellavit, om. D:* [hic s]cribe per filium suum generum [re]gis graciam optinuit [re]signans terram inter Danubium [et] Anasum, quam a rege rece[pit] sub titulo apothece, ut [ei] assisteret contra regis impetum [Boh]emorum, postea idem

a) Kath. *Ioh. post add. B, om. D.* b) genuit — ibidem *in marg. a Ioh. post add. B,* que duobus filiis editis et mortuis post breve *D.* c) Hoc t. Heinr. *Ioh. scripsit pro delet.* Heinr. autem *B.* d) sor. eor. ven. *om. D.* e) pro — qualemcumque *om. A2.* f) Hoc — sex menses *(l. 26) om. D,* Hoc — cadaveri manducarent *(p. 283, l. 16) om. A2.* g) Minor — revocavit *(l. 26) in marg. a Ioh. post add. B, multis abscisis, quae uncis inclusimus.*

1) *Ottac. v.* 18716: von Wirtenberc ein degen mære. 2) *Cf. supra p.* 238, *n.* 5—7. 3) *Cf. supra p.* 238, *n.* 8. 4) *Cf. Reg. Imp. VI, nr.* 1091*a. Obiit a.* 1282. 5) *Cf. Reg. Imp. VI, nr.* 1091*a.* 6) *Annum Ioh. secundum Martinum computavit, cum Cont. Romana Martini, SS. XXII, p.* 476, *l.* 13, *a.* 1277 *praebeat.*

ut viriliter ageret, reseravit; cuius[a] est habita mencio in prehabitis[1]. Hic papa Ludewicum regem Francie cano- *Ottac. 19441-525* nizavit, qui fertur precibus de se natum fetum, massam 1297 informem ex utero matris, positum super altare in capella spinee corone Domini obtinuisse, ut omnia membra pulcherrimi et plenissimi corporis formarentur, et exiliens puer et filius sibi elegantissimus arrideret, et[b] asscriptus est sanctorum cathalogo, licet quibusdam cardinalibus non placeret. ⟨Hic[c] bis mare transiit, opera clara gessit, Damiatam cepit, semel ibidem captus divinitus[d] et mirabiliter liberatur, ibi[e] eciam devocione maxima rediens apud Karthaginem in Domino obdormivit, sicut rex 1270 *(Aug 25)* Castelle pape et cardinalibus demandavit⟩*.[2].

Hoc anno per Austriam, Styriam et Karinthiam 1277 tanta fames extitit, *ut homines cattas, canes, equos et *f. 60 *Ottac.* mortuorum hominum cadavera manducarent[f] [3]. Rŭdolfus[g] *19020-44* igitur disposita terra et procuracione tradita filio Alberto, postquam tribus[h] annis et dimidio in Austria est moratus, ad superiora regreditur, per nemus Bohemicum iter agens[4] 1281 urbem subiit Noricorum. Ossa[i] regine per episcopum *ib 18978-87.* Basiliensem[5] ad natale solum transferri in sue nativitatis patriam ordinavit.

*) *In inf marg a Ioh post add B, multis abscisis, quae uncis inclusimus, (om D)* [mi]sit dominum Phylippum Firmanum [episcopum] legatum in Ungariam, [quia] populus terre fedatus fuit ritu contra legem Christianitatis et sacre fidei puritatem [p]essimis infectionibus Comanorum, et institit omni cura, modicum tamen [proficit] iam consuetudine prevalente. Immo rex dimissa uxore sua [se tra]nstulit ad Comanos, filiam Karoli regis, avam suam, duxit dicati, adhesit Strigoniensis episcopus cum preposito ecclesie sue in perniciem utriusque. *A S Pudb 1278 sq*

a) cuius — prehabitis *in marg a Ioh post add B, om D.* b) et — placeret *a Ioh in marg post add B, om D* — asceriptus *corr.* asscriptus *B.* c) Hic — demandavit *(l 13) B. D, a Ioh deleta B* d) div. et *om D* e) et iterum dev *D* f) manducarent *ex* manducarunt *corr Ioh. B,* manducaverint *D* g) *pro* Rŭd — disp *A 2* Deinde disp. h) duobus *A 2* i) Ossa — ordinavit *om A 2.*

1) *Supra p.* 206, *l* 24 2) *Immo Theobaldus rex Navarrae epistola d* 24 *Sept* 1270 *cardinali episcopo Tusculano directa, 'Mém de l'acad. des inscr' t XVI, part* 2, *p.* 406 *Cf et supra p* 240, *n* 4 5 3) *Cf. supra p* 239, *n* 4 *et p* 243 4) *Immo vallem Danubii usque ad Ratisponam ascendens ante d Iul* 10 1281 *Nurimbergam pervenit* 5) *Eum reginae cadaver Basileam conduxisse Ioh non recte e tabulis Rudolfi supra p* 281, *n.* 4 *citatis, ubi inter testes est, conclusit Cf. supra p* 241, *n.* 4

1281 (Aug.) Anno Domini MCCLXXIX curiam in Nôrnberch
Ottac. indicit, ubi comperit comitem de Habspurch, patruum suum,
19000-76 et Egenum de Vriburch atque Eberhardum de Wirtenberch
proclamatam pacem publice violasse, et duos quidem primos
acerrime castigatos castrorum, rerum[a] sublacione, tandem
amicorum intervencione ad graciam vix recepit. Alium ob-
1286. (Sept.-Nov.) sidione, expugnacione[b] duorum castrorum et dissipacione
murorum, scilicet Stûtgarten et Nortingen[c], correxit;
et dum in regis contemptum muros relevaret, tria ei
castra, Witlingen, Remze, Walthusen, consignat, numquam sibi reddenda, si in posterum edictis[d] regiis in-
A. S. Rudb. 1279 sultaret[1]. Prepositus[e] Strigoniensis cum [in stratu] suo quiesceret, venit quidam [et] transfodit eum gladio su[o] iacentem et
evanuit. Episcopus morbo corept[us] advocat confessores e[t] re-
cognito errore iniung[it] familie et amicis, [ut] cadaver ad legati
pre[senciam] deferant, non obsis[tentes], quicquid de eo decre-
verit f[aciendum]. Quod dum factum esset, legat[us dixit] non
oportere eum cum Christian[is se]peliri, quia ab unione [eccle]sie
se subduxit, tandem ad[misit], ut tamquam infectus in fide [se-
peli]retur in cimiterio leprosorum. [Fecit et] proclamari, ut,
quilibet ia[ceret] lapidem super tumulum [eius], hic maximam
indulgenciam impe[traret]; et factus est acer[vus] maximus
excedens m[uri] altitudinem, quod amici ep[iscopi] graviter
ferentes lega[to in]ferunt, sed ille, licet cum d[ifficultate],
se constantissime excusavit. Hoc anno Philippus electus
1279 (Iul. 21/22) Salczpurgensis moritur apud Chremsam, testamentum
condidit sub tytulo ducatus Karinthie[2], Laibacum ecclesie
Aquilegiensi disposuit et fratris donacionem ratificavit.
Titulus[f] sepulchri sui habet, quod fuerit dux, episcopus,
patriarcha[3].

1280 Anno[g] Domini MCCLXXX Nicolaus papa moritur,
Cont. Weich. 1280 sq. ⟨et[h] Katherina filia regis, uxor Ottonis ducis Bawarie, moritur[4]⟩,
et rex Albertum de Hals comitem fecit, et in Bawaria comes
de Mospurch moritur sine herede, et comitatus ad Heinrici ducis
1281 Bawarie volvitur potestatem. Anno Domini MCCLXXXI.
Ottac. 19097 sqq. Nycholao[i] succedit Martinus quartus[5]. Hoc anno rex
Tartarorum paganus duxit filiam regis Armenie pulcherrimam

a) rerum *om.* D, et r. A2. b) et exp. D, castr. St. et N. exp. et mur. dissip. corr. A2. c) *sic* B D A2, Nôrtlingen A. d) reg. ed. *a Ioh. corr.* reg. ed. B. e) Prepos. — excusavit *(l. 25) in marg. a Ioh. post add.* B, *multis abscisis, quae uncis inclusa sunt,* om. D A2. f) Tit. — patriarcha *om.* A2. g) *reliquam capituli partem om.* A2. h) et Kath. — potestatem *(l. 35) in marg. a Ioh. post add.* B, *deleto sequente* et, *om.* D, *uncis inclusa a Ioh. deleta.* i) Nych. succ. *pro* succ. et *corr. Ioh.* B, succ. et D.

1) *Cf. supra p. 243, n. 1—5.* 2) *Ed. 'Archiv für d. Landesgesch. Krains' I, p.* 233 *sqq. Cf. A. Dopsch in 'Archiv f. Österr. Gesch.' LXXXVII, p.* 26. 3) *Cf. Chron. Magni presb. Contin., SS. XVII, p.* 531. 4) *A. 1282 demum.* 5) *Cf. Cont. Rom. Martini, SS. XXII, p.* 477.

Ottac. et Christianam, que peperit fetum irsutum in media parte in modum fere silvestris[a] mediumque in altera nudum, quod dum aruspices adulterio regine asscriberent et perimendam dicerent, ipsa oracione puerum baptizari pecnt, quo facto puer totus in forma humana de fonte prosilnt Rex letus efficitur et baptizatur[b], regina salvatur, et sepulchrum Domini de manu soldani debellans Christianis tradidit gubernandum. *Cont Wich.* 1288 Anno[c] primo Martini pape mota est questio et discordia inter archiepiscopos, episcopos, prelatos et totum clerum regni Francie ex una parte et Minores ex altera super privilegio eis dato a papa Martino, cuius tenor talis est: *Ad fructus uberes*

1283 *Ottac.* 31734-32181 *f. 60'* Anno Domini MCCLXXXIII rex parat expedicionem in Sabaudiam[d] et comitem *coartat reddere, que nec recognoverat ab imperio se habere, et suscipit in feodo omnia, que prius tenuit violenter, de his, que[e] neglexit, regio fisco certam summam pecunie impositam devovit solvere annualem. Post hec rex Peterlingam et Veronam in montibus Burgundiam contingentibus positas civitates, que de circumsepcione moncium[f] confidentes ab imperio se dudum in libertatem traxerant, ad parendum sibi pressura[g] valida coartavit[1].

Ottac. 32182-637 1285 Hoc anno surrexit quidam in inferioribus partibus Ribaurie[h] circa Coloniam et Nuzziam, qui se imperatorem diceret Fridericum, qui veteranis militibus dedit indicia manifesta, Iudeorum maximo[i] suffragio imperialiter curias celebravit, in Colonia maximam contumeliam pertulit et abrasione crinium in cloacam mittitur stercoralem. Deinde auffugit et[k] venit in Wetflariam[l] Hazzie civitatem, ubi[m] rex eum expecnt, et per corrigiam femoralis a marschalco regis nobili viro de Papenhaim tractus, mox caracteres et illusionum figmenta omnia sunt effusa, quibus populum dementavit, et sic fassus fascinacionem se calopidarium[*] est professus[2]. Rex autem ad sentenciam

*) *Ioh, voce* calopid *deleta, in marg add B (om D).* calopidarium, id est ligneorum artificem calceorum.

a) sylv *D, ut Ioh. alibi scripsit* b) *seq* et *a Ioh delet B, habet D* c) Anno — uberes *(l 11) in marg a Ioh post add B, om D* d) Sabaudiā *B* e) que contempsit et negl *B, a Ioh* cont et *deleta,* que negl *D* f) moncium *a Ioh post add B* g) val pr. *D* h) Rybaurie *D.* i) maxime *D* k) et venit, *ut D habet, corr. Ioh pro* nec tamen cessavit et veniens *B* l) Wetflar *corr. Ioh pro* Weslar *B,* Vetslar *D* m) ubi *Ioh add B, habet D.*

1) *Cf supra p* 244, *n.* 3. 4 *et p* 245, *n* 1. 2) *Cf supra p* 245, *n.* 2—6

1285. (Iul. 7). Ottac. omnium diiudicatum igne interemit et a regno pestilenciam hanc submovit.

1289 ⟨Hoc[a] in tempore rex discidium Thuringorum et Misnensium terminavit; nam ipsas terras pacavit et data pecunia, ut ab imperio infeodarentur in reliquum, maxima diligencia et providencia procuravit⟩.

1282 (Mart. 30) Hoc eciam anno Panormitani Siculi omnes Francigenas et Gallicos cum mulieribus pregnantibus peremerunt; et omnes Siculi Petrum regem Arrogonie sibi in principem statuerunt[1].

A. S. Rudb. 1284 sq. Cont. Weich. 1284 Anno Domini MCCLXXXIIII [mo]ritur[b] Fridericus archiepiscopus [Salcz]purgensis et succedit [Ru]dolfus vicecancellarius [re]gis Romanorum, qui primo strennue, [no]vissime tepide in ecclesie [neg]ociis se gerebat. [E]x parte pape per episcopum [Eis]tetensem et abbatem Salemensem approbatur et confirmatur.

Ottac. 2910-5191. [Fuit] inter eum et Albertum [non] modica alienacio[2]. In

1283. quandam insulam regis Anglie Petrus et Karolus circa Burdegalem[3] monomachiam, cum centum militibus quolibet eorum fulto, sub compactione amissionis rerum et honoris et specialiter regni Sycilie condixerunt, que tamen per interiectionem doli et malicie est soluta. Duravit autem hec controversia diu et

*f. 61 satis dura fuit, quousque Petrus cum viginti duabus *galeis[4]

1284 armatorum et virorum nauticorum, qui gnari maris fue-

(Iun. 5) rant, Karolum Karoli filium ex Neapoli ad navale prelium provocaret[c] et caperet* ⟨et[d], ut quidam dicunt, submergeret⟩. Aliqui in Messanam[5], alii ductum in Arrogoniam asseverant, ⟨et[d] nullo precio redimi potuisse, sed publice decollatum⟩. Messana per Karolum inefficaciter est obsessa[6], Arrogonia per papam excommunicata et per miliciam

1285 Philippi regis Francie invasa in parte aliqua devastatur.

*) *Ioh. in marg. add., post delevit B:* Hoc intelligendum est de Karolo Claudo, qui fuit pater Ruperti regis, qui

1288. tandem relaxatus fuit, datis duobus filiis suis pro obsidibus[7].

a) *uncis inclusa a Ioh. deleta B, exstant D.* b) moritur — alienacio *(l. 16) in marg. a Ioh. post add. B, multis abscisis, quae uncis inclusa sunt, om. D.* c) provocaret *ex* provocavit *corr. B,* convocaret ut cap. *D.* d) *uncis inclusa a Ioh. deleta B, exstant D.*

1) *Cf. Cont. Romana Martini Oppav., SS. XXII, p.* 478, *l.* 4—9. 2) *Ottac. v.* 26615 *sqq.* 3) *Cf. supra p.* 166, *l.* 25. 4) *Cf. Cont. Rom. p.* 480, *l.* 8. 5) *Cf. ib. p.* 480, *l.* 21. 6) *Cf. ib. p.* 479, *l.* 1. 7) *Tres filios obsides dare promisit, sed non dedit.*

⟨Sic[a] Meinfredi filia est erepta, cui *Deus*[1] *celi* dedit *gaudium pro tedio, quod perpessa est*⟩[*]. Petro mortuo[2] filii sui Petrus et Fridericus regnum possidere potencialiter inceperunt. Consequenti tempore per connubia mutua convenerunt[3], filiis Karoli Apulia, filiis Petri Sycilia et utrisque tytulo regni Sycilie et Ierusalem remanente. Reliquid eciam primus[b] Karolus filium Karolum[b] Claudum, quem suscepit ecclesia educandum. *Ottac Tob 7, 20* 1285

Anno Domini MCCLXXXIIII, ⟨eo[c] scilicet anno, quo⟩ papa transiit ex hoc mundo[4], universe quoque[d] viam carnis Karolus est ingressus[5] pre tristicia, sicut fertur. De[**] quibus casibus dicere videtur Ovidius[6]

Ludit in humanis divina potencia rebus,
Et certam presens vix habet hora diem[e].

Anno[f] Domini MCCLXXX[V]. apud Pataviam cor[pora] sanctorum Valentini e[t] Maximiliani elev[antur] de loco humili per ep[iscopum] Wernardum in tumba h[ono]rabili erecta in me[dio] de novo decencius sunt . . . [g] *A S. Rudb*

*) *Ioh partim inter lineas, partim in marg add, multis abscisis, B, om D* Nota epistolam decretalem Martini super hoc, que incipit. *Cogit,* et nota: pre multitudine muscarum et inop[ia] victualium homines et equi sine [numero] perierunt Rex moritur ibidem e[t] Parisius ducitur et ad Sanctum Dyonisium de[fertur], cor Predicatores specialiter servaver[unt]; et de tali divisione individui pl[urimi] sunt mirati *Cont Weich 1282 sq*

**) De — Ovidius *post Ioh corr B, ut D habet, antea B praebuit*· Super quibus casibus versus Flacci[7] possumus personare, qui dicit·

Sic avidus fallax indulget piscibus hamus,
Callida sic stultas decipit esca feras;

et Ovidius.

a) *uncis inclusa a Ioh deleta B, om. D.* b) primus *et* Kar. Cl. *a Ioh post add B, om D.* c) *uncis inclusa a Ioh. post deleta B, om D* d) quoque *a Ioh post add B, deest D* e) fidem *Ov* f) Anno — decencius sunt . *in marg a Ioh post add B, multis abscisis, om D.* g) *reliqua abscisa, supplenda vox collocata vel huiusmodi.*

1) *Tob* 7, 20: Dominus coeli det tibi gaudium pro taedio, quod perpessa es. 2) *A* 1285 *Nov* 10. 3) *Robertus rex Neapolis priorem uxorem Iolantham, filiam Petri III regis Aragoniae, alteram Sanctiam, filiam Iacobi regis Maioricae, Iacobus II. rex Aragoniae Blancam filiam Caroli II, Fridericus II rex Siciliae Blancae sororem Eleonoram duxerunt.* 4) *A.* 1285 *Mart* 28. 5) *A.* 1285 *Ian.* 7. 6) *Ex Ponto IV*, 3, *v* 49 *sq* 7) *Persium Flaccum dicit, sed versus sunt Martialis IV*, 56, *v* 5 *sq*

Quod[a] Rudolfus rex duos filios suos et Meynhardum comitem duces fecit. Capitulum VI.

Ottac 19617-905. 1286. (Febr 1) Anno Domini MCCLXXXVI rex[b] curiam, sicut dudum prestituit, celebrat in Augusta, ad * quam principes electores ac alii proceres regni cum diversis nobilibus convenerunt, filii eciam regis Rudolfus et Albertus atque comes Meynhardus sollempniter affuerunt, et surgens rex concionacionis oraculum sic orditur 'Sermo nobis ad vos[1], o principes, clarissima membra regni, sine quibus indecorum est quicquam in regni disposicionibus actitari. Scitis, quomodo sublimium et superborum colla calcaverimus[2], rebelles subtriverimus[c], perdita recuperaverimus, et quantum in hiis sudaverimus, nullatenus credimus vos latere. Postulamus ergo, ut que regno nostris laboribus sunt adiecta duobus filiis nostris, ut eorum ordo in gradum *f 61'. provehi valeat alciorem, de vestri *favoris amminiculo concedantur, ut clariores[d] dignitatis tytulo ad regni decus fidelitate perpetua cum suis heredibus ascribantur. Est enim nostri propositi de comitibus eximiis duces facere 1 Reg 2,8 gloriosos, *ut cum principibus sedeant et solium glorie teneant*[3] cum eisdem. Comes eciam Meynhardus eodem flagrat desiderio, vir egrediens et regrediens[4], ad regum pergens[e] imperia fidelis est inventus, cuius nomen principatu[f] Karinthie respergere[g] intendimus, qui regibus et im-

Ottac *) *Quae sequuntur ita contraxit A2*: Ubi de consensu principum electorum et aliorum procerum regni duos filios suos Albertum et Rudolfum comites de Habspurg et Meinhardum comitem Tyrolis duces fecit; Albertum itaque ducem Austrie, Stirie et dominum Carniole, Rudolfum ducem Suevie, Meinhardum ducem Carinthie rex indutus regalibus vexillis et signis principatuum radiantibus designavit. Et mox Meinh. triginta milia m *(p 289, l 7)*

a) *inscr. capituli minio scripta B* b) A D MCCLXXXVI. Rudolfus curiam peregit A2 c) subtr *a Ioh delet B, sed rursus add*, substringimus D d) maioris D2 e) perg *om* D f) principatus D2 g) dispergere D2

1) *Cf* 1 *Thess* 1, 5: evangelium nostrum non fuit ad vos in sermone tantum. 2) *Cf* *Deut* 33, 29 tu eorum colla calcabis 3) 1 *Reg* 2, 8: ut sedeat cum principibus et solium gloriae teneat 4) *Cf* *Deut* 28, 6 ingrediens et egrediens

peratoribus necessarius est et semper fuit intrantibus 1282
et exeuntibus provinciam[a] Ytalorum. Cui proposicioni *Ottac.*
cum omnes consensum tribuerent et gaudenter[b], rex indutus regalibus vexillis et signis principatuum[c] predictorum[d] radiantibus Albertum ducem Austrie et Stirie,
dominum Carniole Rudolfum ducem Swevie*, Meynhardum
quoque[e] ducem Karinthie designavit, qui XXX milia mar- 1286 *(Febr.)*.
carum regi[f] dicitur optulisse, alii dicunt Carniolam sibi
inpignoratam pro XX milibus marcarum ad Alberti
generi sui gloriam prosequendam[1]. Rex autem[g] Albertum *ib.* 19968-70 20163—72
dimisit instructum ad opera probitatis, ut sapientum
consiliis uteretur, nichil precipitanter ageret, pauperes
non despiceret, nobiles diligeret et se omnibus confor-
maret[2] versibus[h] Claudiani ad Theodosium[3], qui dicit:

. . . . Tunc observancior equi
Fit populus nec ferre negat, cum viderit ipsum
Auctorem parere sibi. Componitur orbis
Regis ad exemplum, nec sic inflectere sensus
Humanos edicta valent quam vita regentis.
Mobile mutatur semper cum principe vulgus.

Mandavit sibi[4] eciam de nupciis fratris et sororis cum
gloria celebrandis, deputavit quoque sibi[i] Hermannum de *ib.* 23000-14.
Lannenberch, Eberhardum de Walse secretarios Swevice
nacionis, Australes de Michsow[k], de Capella, de Lengenpach, de Pûchaim consiliarios ei statuit, viros nobiles et
prudentes, optans ei prospera filium sic dimisit. Gene- *ib.* 19931-62. 20910—16
rum suum regem Bohemie** Arnoldo episcopo Babenbergensi
educandum et nobilibus terre fideliter commendavit.

Albertus[l] iussa patris explens pro ceteris fratribus[m] de *ib.* 23023 sq. 23166—78
Walse, Ulrico, Heinrico, Friderico, misit, qui *natale solum *f. 62.
relinquentes Alberto in omnibus casibus constantissime ad-

*) *Ioh. in marg. add. B:* ut fertur, in solidum quemlibet *cf. Ottac.*
eorum ad dictos singulos principatus.

**) *A 2 add.:* Wenzeslaum filium Otakari.

a) prov. Yt. *a Ioh. transpos. ex* Yt. prov. *B*, prov. It. *D*. b) gaudentem *D*. c) *ex* principalibus *corr. B*. d) pred. *om. D*. e) quoque *Ioh. add. B*, et M. ducem *D*. f) regi — marc. *om. D 2*. g) autem *om. A 2*. h) versibus — vulgus *(l. 20) om. A 2*. i) sibi *om. D*. k) Meissaw *A 2*. l) Albertus — firmat *(p. 290, l. 28) om. A 2*. m) fratribus Ulrico de Walse Heinr. *D 2*.

1) *Cf. supra p.* 249, *n.* 5. 2) *Cf. supra p.* 250, *n.* 1. 3) *Immo De IV. consulatu Honorii v.* 297—302. *Cf. supra p.* 241. 4) *Immo Rudolfus frater Alberti secundum Ottac. v.* 20193—98 *haec ab Alberto petiit. Cf. supra p.* 250.

heserunt, Australium, Stiriensium sanguini se miscentes,
famosam et latam tam in honore quam diviciis familiam
effecerunt et suis in posterum filiis fidem cum bonis
operibus reliquerunt. Dux eciam operibus liberalitatis
et munificencie insistebat, nobiles ad se venientes de
exteris partibus largis honorando muneribus, nomen
suum et gloriam longe lateque dilatando, iuxta Salo-
Prov 22,9 monem, qui dicit: *Gloriam*[a] *et honorem acquiret qui dat*
munera.

Ottac 23403-65 ⟨Moritur[b] hoc anno[1] Fridericus archiepiscopus Salczpur-
1284 gensis, et eligitur Rûdolfus cancellarius regis, qui ex parte
(Apr 7) (Dec 1) pape per episcopum Eystetensem et abbatem Salemensem
approbatus et confirmatus ecclesiam suam et regis curiam
pro vite et morum honestate multipliciter decoravit, licet
inter eum et Albertum alienacio non modica serenitatem
amicie defuscaret⟩

1286 Rex autem pro regni negociis deambulans venit in
Ezzlingam[2], que est civitas imperii super fluvium Nekkarum constituta, ubi ad eum sicut ubique multitudo
maxima confluebat, et exclamavit[c] quidam regium nasum, qui fuerat aquilinus, sibi facere obstaculum transeundi, quod audiens rex in partem alteram nasum
flexit 'Transi', inquit, 'non tibi obicem faciet nasus
noster'. Et iocundum ridiculum audientibus faciens se
alterum Tyberium[3] exhibebat, qui huiusmodi convicia
pacientissime pertransivit, dicens· *Oportet*[d] *in civitate libera*
mentes hominum et linguas liberas esse, et Prudencius[4]

Vidua[e] *est virtus, quam non paciencia firmat.*

De inthronizacione ducis Meynhardi et consuetudine Karinthianorum Capitulum VII.

1286. (Febr. 1) Anno[f] Domini supradicto, scilicet MCCLXXXVI,
cum predicta Iunii tempore essent gesta in Augusta[5], Meyn-
Sept 1 hardus in capite Kalendarum Septembrium[6] in sedem
ducatus sui sollempniter collocatur secundum consue-

a) victoriam *Vulg* b) *uncis inclusa a Ioh deleta B, habet D* c) exclamavit *(ut D) a Ioh ex* exclamans *corr in B* d) oportebat *Ioh. Saresb* e) Virtus nam vidua est *Prud* f) Eodem a Meinh *A 2*

1) *Cf supra p.* 250, *n* 3 2) *Circa d* 21—22. *Febr, mense Sept vel versus finem Nov rex Esslingae fuit Cf supra p* 247 3) *Ex Iohannis Sarisberiensis Polycratico III, c* 14 4) *Psychomach v* 177 5) *Cf. p* 251, *n* 2 6) *Cf. Reg imp. VI, nr.* 2044

tudinem a priscis temporibus observatam[1]. Porro sub 1286
monte Karinthiano prope ecclesiam sancti Petri lapis *Ottac* 19971-20126
est, super quem rusticus libertus ponitur per successionem stirpis ad hoc officium heredatus, tenens in una manu
bovem discoloratum et in altera *equam eiusdem disposi- *f. 62'
cionis, indutus habitu pilleo, calceis[a] rusticalibus, inmobilis perseverat. Princeps cum pannerio[b] terre, stipatus nobilibus et militibus, vestibus exuitur preciosis et seorsum pallio pilleo[c], tunica grisei staminis et calceis[d] corrigiatis eodem modo quo rusticus induitur per quendam, qui ex successione hoc habet, gerens[e] baculum in manibus sic procedit. Comes autem Goricie[2], quia palatinus terre est, cum XII vexillulis lateri principis adherebit; reliqui comites, scilicet Tyrolensis, qui terre lantgravius est[3], cum aliis, officiales atque nobiles cum suis signis quanto culcius poterunt principi se coniungent. Rusticus autem super lapidem sedens Sclavice proclamabit[f]: 'Quis est iste, qui progreditur sic incedens?' Et respondetur a consedentibus: 'Iste est princeps terre'. Ad quod ille: 'Estne iustus iudex, querens salutem patrie, condicionis libere, ut sit dignus? Estne Christiane cultor fidei et defensor?' Respondetur ab omnibus. 'Est et erit'. At ille 'Ergo, quo iure me ab hac sede amovere[g] debeat, quero'. Dicunt omnes 'Cum denariis LX, iumentis hiis discoloratis et vestibus, quibus princeps fuerit investitus; faciet quoque domum tuam[h] liberam et absque tributo'. Et rusticus levi alapa data principi bonum iudicem iubet esse et surgens, iumentis predictis sibi attractis, principi locum prebet. Princeps stans super lapidem, nudum in manu gladium habens, vertit se ad omnem partem, ensem vibrans, ostendens iustum iudicem omnibus se futurum. Et, sicut fertur, spectat eciam ad hunc ritum princeps ex pilleo rusticali aque frigide potum facit, ut populus cernens non ad vinum, in quo est ebrietas[i], estuet, sed in hiis que natalis gingnit[k] humus ad vite sustentaculum contentetur. Insuper Sclavica, qua hic utitur, prolocucione in conspectu imperatoris cuilibet querulanti de se et

a) et calc. *A2* b) banerio *A2* c) *seq* calceis *delet B* d) calcus *h l B* e) et gerens *A2* f) proclamat *A2* g) amovere *(ut D A2) pro deleto* repellere *B* h) suam *B D A2 et supra p* 251, *n* d *A* i) luxuria *A2* k) *sic B*

1) *Ad sequentia cf. supra p* 251, *n* 3 2) *Albertus Meinhardi ducis frater* 3) *Patet Ioh h l res sui temporis priori attribuisse, cf Puntschart l c p* 61 63, *qui de fide huius loci dubitat*

1286 non in lingua alia tenebitur respondere. Sicque[a] incendiarius, quem dicunt ad hoc iure statutum, incensis aliquibus focis pro reverencia principis, quod de adversa *f. 63 ortum est consuetudine, non de *iure[b] [1]. De monte princeps properat ad ecclesiam Soliensem, que quondam pontificali viguit[c] dignitate et ecclesie subfuit Laureacensi, que XIIII[d] ecclesiarum primatum tenuit[2]. Ubi presul officium misse vel dignior prelatus celebrabit, astantibus prelatis terre, prepositis et abbatibus, principem, sicut in libro pontificali[3] continetur, positum[e] adhuc in vestibus rusticalibus benedicet. Peracto hoc officio hee vestes iuxta camerarii providenciam pauperibus sunt donande. Aliis quoque princeps induviis exornatus ad epulas accedit, ubi marschalcus, camerarius, dapifer et pincerna suis ministeriis se quo decencius poterunt exhibebunt. Deinde in prata Soliensia ad faciendum iudicium et iusticiam omnibus querulantibus princeps pergit, ubi sedes posita cernitur tribunalis, ubi[f] eciam feoda sua conferet dependencia a terra et[g] respiciencia ad eundem. Fertur dux Meinhardus processum[4] horum iurium in castrum Tyrolis, ubi habuit suum conservatorium, deportasse.

In[h] hac consuetudine tria circa principem sunt signata, scilicet vestitus et modus rusticalis, inquisicio Christianitatis et gracia baptismalis, extensio sive[i] denudacio gladialis. In primo ostenditur ducis officium: est Ottac. 19004-30 20136-30 enim venator imperii, qui dum per nemorum, moncium et vallium asperitatem pertransit, necesse[k] habet hoc habitu et baculo se munire. Suum eciam est officium canes venaticos enutrire et in hoc solacio imperatori adesse. Iumenta discolorata incolas terre hiis animalibus terram laborantes exprimunt propter dispares mores a ceteris planis, laboriosam[l] nichilominus et fetosam. In[m] secundo notatur sacre fidei misterium ex conversione gentis habens ortum[5].

a) Sicque — de iure (l. 4) om. A 2. b) *verbum quoddam deesse videtur.* c) fulsit A 2. d) XVII A 2. e) adh. vest. rust. indutum benedicit A 2. f) ibique feoda A 2. g) et — eundem *om.* A 2. h) In — fetosam (*l.* 33) *om.* A 2. i) sine B. k) necessario D. l) vitam *supplendum esse videtur* O. H.-E. m) *pro* In — habens ortum A 2: Illud misterium ex c. g. habet ortum.

1) *Cf.* Puntschart *l. c. p.* 240—49. 2) *Cf. Vitam S. Maximiliani, Acta SS.* 12. *Oct. VI, p.* 52. 3) *Missali Romano scilicet, in quo benedictiones continentur.* 4) *Agendi rationem, ordinem, in quo consuetudines inthronizationis conscriptae erant, cf.* Puntschart *l. c. p.* 61. 5) *Cf. supra p.* 252, *n.* 2.

⟨Nam[a] *) anno Domini septingentesimo[b] nonagesimo sub Karolo imperatore et Ingone duce Karinthie et sub Virgilio et Arnone episcopis Iuvavensibus dux Ingo omnes sibi subditos servos et liberos invitavit, et nobiles quidem ab oculis suis *foris[c] tamquam canes pane refecit *f. 63'
et vinum in vasis fuscis ministravit, servos autem in conspectu suo locavit et in vasis splendidis, aureis, argenteis[d] procuravit, dicens rusticos simplices et fideles, mundos et sacro baptismate confirmatos, nobiles inmundos et perfidia defedatos. Quod dum nobiles persentirent, certatim ad baptismum fide fervidi occurerunt. Et ob hanc causam eciam investitura principis in simplices et non in nobiles est transducta⟩. In[e] tercio signatur principis iudicium et defensorium munimentum, unde ad Machabeum dicitur: *Accipe gladium sanctum,* 2.Mach.15,16
munus a Deo, in quo deicies adversarios populi mei, et in Chronica Gotfridi[1]:

Iudicii signum gladius monstrare videtur,
Quo malefactorum feritas cessare iubetur

Cum igitur circa Meynhardum hec omnia agerentur, 1286
Albertus comes Goricie, frater eius, feoda sua recipere recusavit[2], sed ea conferri Heinrico filio suo postulavit et visus est fraterne glorie invidere. Dux, arbitrans se[f] contempni, uni filiorum suorum dixit pocius conferenda. Accesserunt autem ad Albertum comitem Hugo de Důwino ex Ystria et Iulianus de Seburch[3] ex Karinthia, Albertum[g] redarguunt dicentes non esse hanc gloriam respuendam, cum quondam Ludewicus imperator Arnulfo[h] ducatum Karinthie cum castro Mosburch, quod ad pala-

*) *Pro uncis inclusis deletis Ioh in marg. sinistra B:* de[i] quo est habitum in premissis[4], quia simplices et rusticales celerius quam nobiles ad fidem convertebantur; et ergo investiture principis terre ipsis privilegium[k] est donatum.

a) *uncis inclusa a Ioh deleta B, exhibet D* b) septing. *Ioh pro deleto* septuagesimo *scr. B.* c) posuit *add A 2* d) escas *add. A 2* e) *reliquam capituli partem om A 2* f) se — fungeretur *(p 294, l 13) exhibet et primum fragmentum Stamsense, de quo cf 'N Archiv' XXIX, p. 438—442 (E)* g) et Alb *E,* et *alio atramento post addito* h) *seq.* filio suo *delet. B* i) de quo *pro deleto* sic *Ioh* k) priv. *inter lineas add.*

1) *Gotifredi Viterb. Pantheon part. XXVI,* 1, *v* 1 *sq*, *SS XXII, p.* 273, *l* 5—6 2) *Cf supra p* 253, *n* 1 3) *De situ castri Seeburg destructi cf v Jaksch l. c. IV, p.* 1023 4) *Cf. supra p.* 13 *sq.* 43.

1286 tinum pertinet, contulerit[1]; addicientes, si alterius gentis dux esset per imperium destinatus, flectere genua, feoda suscipere, hominium[a] facere oporteret[b]. Mox ergo Albertus[c] fidelitatem fratri fecit, feoda suscepit et que peciit obtinuit genu flexo; non enim decuit esse iurgium
Gen 25, 22 inter eos. Et licet Iacob et Esau in utero colliderentur et pro primogenitis altercarentur uterque tamen largam
ib 27, 28 benedictionem *de pingwedine terre et rore celi, habundanciam frumenti, vini* et olei est sortitus; et, sicut narrat Iosephus[2], Aristobolus et Hyrcanus[d] fratres de principatu contendentes ad placitum convenerunt eaque lege
*f. 64. in concordiam *redierunt, ut Aristobolus regnaret[e], Hyrcanus[d] sub eo quibuslibet dignitatibus fungeretur[f].

De secundis nupciis regis et de Alberto duce, filio eius Capitulum[g] VIII.

1287. (Mart) Anno Domini MCCLXXXVII. rex[h] curiam apud Herbipolim celebravit, et ex parte pape ibidem a Iohanne Tusculano episcopo concilium habetur, et quia multa onera imponere volebat clero, episcopi[3] adversus eum ad sedem apostolicam appellaverunt, et sic inefficaciter est
Ottac. 1-26043 reversus. Accesserunt ad regem familiares et amici

et[i] quos participes secreti fecit honesti

iuxta Iuvenalem[4], dicentes non competere regem sine thoro vivere coniugali, sed debere liberos procreare, suum sangwinem illustrare et regnum linea sui generis decorare Ipse vero Oracii[5] versibus eisdem videbatur aliqualiter respondere, qui dicit

Singula de nobis anni predantur euntes,
Eripuere iocos, venerem, convivia, ludum

a) hom *B, quo deleto Ioh. in marg.* hominium *scr.,* homagium *D, pro deleto* hominium *E* b) oporteret *(ita D E) a Ioh corr. ex* oportet *B* c) *seq* ad *delet. B,* ad fid *E.* d) Hyrc *ex* Hirc *(ut D) corr. a Ioh B.* e) *post* regnaret *alio atramento in marg add* et *E.* f) *pro deleto* frueretur *E* g) *capituli numerum om B* h) rex — est reversus *(l 21) in marg sinistra a Ioh post add B, om. D A2. E* i) participem qui te *Iuv*

1) *Cf supra p* 253, *n* 3 2) *Antiquitates Iud. XIV,* 1 *Cf. et supra p* 253, *n* 4 3) *Coloniensis archiepisc et Tullensis episc. Cf. Reg Imp VI, nr* 2063*a* 2064 2073*a* 4) *Sat III, v.* 20. 5) *Epist II,* 2, *v* 55 *sq.*

Tandem* persuasus cogitavit, si abstracta imperio resarciret, sicut est regnum Arelatense, quod rex Francie et alii per Burgundiam et Provinciam possidebant Fuit etenim cordis sui meditacio contra regnum et regem Francie militem instaurare et super hoc amicis frequencius loquebatur Audito, quod dux Burgundie filiam corpore pulchram, moribus bonis cultam haberet, mittit sollempnes nuncios et postulatam virginem inpetravit, arbitrans, quod per patris eius astipulacionem contra regem Francie sibi facultas acquireretur facilior procedendi Adducitur autem sponsa in Treverensium civitatem; ibi celebratis nupciis et regina coronata visitatisque partibus inferioribus et ibi dispositis diversis negociis ad superiora revertitur cum regina. 1284. Ottac (Feb.).

Hoc[a] anno gestum est prelium illud famosum Wuringense inter episcopum[1] et civitatem Coloniensem. ⟨Et[b] fuit ibi flos milicie secularis⟩, et[c] civitati quidem cum sua parte, scilicet duce Brabancie[2], comitibus Iuliacensi[3], de Monte[4] ac aliis magnis et preclaris viris, prelii sors favebat. Presul[d] captus et comiti de Monte consignatus[e] est, cui inposterum filius non est natus, nec heredem habuit ammodo comitatus immediatum. Multi ibi et innumerabiles interfecti et captivati sunt, tres fratres parcium presulis, comites de Lůczenburch strennuissimi et famosissimi, ab aliquibus *dicuntur interfecti[5], ab aliquibus abducti, sed numquam postea comparuerunt nec ad propria redierunt. Ibi eciam comitis Adolfi Nazzovie virtus fuit plurimum divulgata, qui pro parte presulis mirabiliter decertavit, ut inferius est digestum. Comes ibi Gelrie[6] captus a duce Brabancie nobilissimo ducatu Limburgensi se exemit; pro quo postmodum inter 1288 (Iun 5). *f 61'

*) *Sequentia ita exhibet A2*. Anno Domini MCCLXXXVII. rex Rudolfus a suis familiaribus et amicis persuasus, ut secundis nupciis intenderet, duxit ducis Burgundie filiam c p. et mor. b c. arbitrans — procedendi, et sic abstracta ab imperio resarciret — possidebat Adducitur — cum regina. Ottac.

a) Hoc — reportavit *(p 296, l 5) om A 2.* b) *uncis inclusa a Ioh deleta B, desunt D* c) et *Ioh add B.* d) episcopus *D* e) assignatus *D*

1) *Sigfridum de Westerburg archiepisc.* 2) *Iohanne I* 3) *Walramo* 4) *Adolfo VII* 5) *Duo fratres, Heinricus IV et Walramus comites de Luxemburg, in proelio Worringensi occubuerunt* 6) *Rainaldus I.*

heredes comitum Lůczenburgensium[a] et suos controversie atque litigia gravissima sunt exorta, eo quod tam[b] hii quam alii excellentissimi ex huius ducatus pullulaverunt germine et radice ⟨Civitas[c] vero triumphum glorie cum laudibus reportavit[1]⟩.

Ottac. 23023—126 *1283 (Aug.)* Albertus[d] vero dux, regis filius, Heinricum ducem inferioris Bawarie pro quibusdam castris, Schårdinge et Vilshoven, hostiliter impetivit, asserens esse sua; ⟨cum[c] enim olim inter fratres duces Noricus[e] scinderetur, ita ut uni superior pars, alteri inferior, scilicet Austria, proveniret, pars Norici Ripensis, videlicet vallis Anasi, Austrie est adiecta, ut pars parti per equipollenciam responderet[2]⟩ *ib.* Conflat ergo exercitum et circa oppidum quod Wels dicitur in eisdem finibus castra locat. Quod dux Heinricus persenciens[f] mittit ad Meinhardum ducem, qui utriusque partis habuit affinatum. Qui veniens verborum facecia et inter- *ib. 25011-895* posicione pactorum partes amicabiliter concordavit. Deinde Albertus contra comites Ungarie Ywanum[g] et filios[3] eius de Gůzingen[h] arma corripit[i], frequenter metas Austrie et Stirie depredantes; et dum exercitum electorum mitteret armatorum, ad prelium est deventum, in quo agiliter et viriliter ex utraque parte a viris bella scientibus est certatum; et dum sub dubio ⟨admodum[k]⟩ victoria fluctuaret, Ungari artem mittendi iacula propensius scientes Alberti partem acerrime conturbabant[l], vulneratos et deficientes captivos secum in Ungariam pertraxerunt. Quo[m] disturbio, interagente nobili viro Hugone[4] de Tåvers, sedato, per pacta mutui iuvaminis amicicia[n] confirmatur, Ungaris tamen iuxta **f. 65* suum morem *sepius vacillantibus in promissis[5].

ib. 26631-70 Inter Albertum et Růdolfum archiepiscopum post hec grandis altercacio est exorta; nam dux quedam castra a presule in feodum postulavit, que precise pontifex denegavit. Quod ducis animum afflixit tam graviter, ut eciam per intervencionem capituli Salczpurgensis animum nullatenus mitigaret.

a) her Lutzenburgenses *D.* b) tam *Ioh. add. B.* c) *uncis inclusa a Ioh. deleta B, desunt D.* d) Eo tempore Alb. dux Austrie regis f. — pertraxerunt *(l. 26) A 2.* e) *cf. supra p. 255, n. e.* f) persentit *Ioh. corr.* persenciens *B,* Quod dum d. H. persentiret *D,* Quod dum d. H. persentit *A 2.* g) Ybanũ *B. D. A 2, quo in B deleto Ioh. scripsit* Ywanum. h) Gůzzingen *A 2;* Guzzinge *D.* i) arripit *A 2.* k) aliquamdiu *A 2,* admodum *a Ioh. delet. B, deest D.* l) perturb. *D.* m) Quo — predictorum *(p. 298, l. 13) om. A 2.* n) in amicicia confirmantur *D.*

1) *Cf. supra p. 255, n. 5.* 2) *Cf. ibid. n. 6.* 3) *Cf. supra p. 256, n. 2—3.* 4) *Cf. ibid. n. 6.* 5) *Cf. Ottac. v. 26050 sqq. 29782 sqq.*

Hoc tempore inter multos, qui in curia regis militabant[a], fuit miles quidam ex territorio Curiensi[b], strennui militis filius, qui 'miles mortuus' dicebatur, quem Heinricus dux Karinthie, Meynhardi ducis filius[c], vir magne prudencie, Chunradus de Ovenstain[d] asseruerunt sepissime se vidisse et secum colloquia miscuisse. Cuius mater, dum quandoque peperisset, anxietate partus perterrita moritur et sepelitur, frequenterque visa est infra tricenarium diem sui obitus introire et genite proli ubera sua dare. Quod nutrix ad dominum detulit de morte coniugis valde mestum, qui observato eius ingressu eam rapuit et abscedere non permisit eiusque amplexibus amplius quam per biennium secum cohabitando vacavit, duosque filios progenuit[e], quorum unus iste extitit multis in miraculum et stuporem[1]. In* quo multiplex versucia dyabolice fraudis et prestigiorum illusionumque demonialium illaqueacio nosci potest.

1287. (Apr 4) Anno Domini MCCLXXXVIII. moritur Honorius papa, et succedit ei Nicolaus IIII. post sui transitus 1288 (Febr 22) decem menses[2].

Cont Weich 1288 Hoc[f] anno Iudei in villa que dicitur Bacherach super ripam Reni posita quendam simplicem et devotum hominem Wernerum nomine in quodam penu deprehensum occiderunt et ab eo sanguinem quasi ex torculari immisericorditer expresserunt; qui in ipso loco infinitis claruit miraculis, concurrentibus populis de diversis partibus Iudaice perfidie piacula et Christiane fidei tam inconsueta miracula contuentibus et suum laudantibus creatorem.

Ottac 23678–762 1285 Hoc anno[3] Tartari ad montes Ungaricorum finium cum innumerabili multitudine pervenerunt, condicentes Coloniam se ituros et tres reges abinde tamquam sue patrie quondam incolas ablaturos, sed nemoribus condensis et in-

*) In — potest *Ioh. scripsit B, recepit D, pro deletis* Quod ponitur, non ut credatur per naturam hoc posse fieri, sed ut multiplex — illaqueacio cognoscatur

a) inclitabant *D2* b) Tur *D* c) et *add D1* d) Auffenstain *D* e) progenuit *om D* f) Hoc — creatorem *(l. 28) in marg a Ioh post add B, desunt D*

1) *Similem fabellam Henricus Surdus, Boehmer, Fontes IV, p* 532, *a* 1348 *de domino de Egloffstein narrat* 2) *Recte X menses et XIX dies.* 3) *Cf. p* 257, *n.* 2

1285. mensis nivibus atque Ungaris obsistentibus redire ad propria compelluntur.

Ottac. 27871-28524. Hoc eciam anno misit Růdolfus archiepiscopus ad consulendum papam, quomodo Albertum evaderet, quia eum *f. 65'. nimium *metuebat; sed aliud consilium habere non potuit, nisi quod concilium indiceret et in audiencia suffraganeorum et tocius cleri publicaret sibi non licere facere, quod dux peciit, iuxta sanctorum canonum sanciones, ut per alios dux cognosceret, quod sibi pontifex petita non contemptibiliter, sed racionabiliter denegasset. Revocavit[a] tamen statuta concilii, quod habuit Winne in conspectu ducum Austrie, non sine scandalo plurimorum, ductus ib. timore principum predictorum[1]. Insuper[b] presentibus omnibus suffraganeis corpus beati Virgilii, Karinthiane gentis apostoli[2], cum psalmis et canticis transtulit et cum maximis laudibus elevavit, qui quingentis et quindecim annis legitur quievisse. In tumulum eius corpus venerabilis Eberhardi archiepiscopi translatum de Rastat, qui ibidem XLIIII annis quieverat, collocavit.

Albertus[c] dux in adiectione felicitatis humane patris sui monita servans suum ducatum provide[d] gubernavit. Genuitque ei Elizabeth uxor[3] sua, filia Meinhardi Ps. 127, 3. ducis, *sicut vitis habundans* velut *novellas olivarum* filios et filias ad maximam seculi celsitudinem excrescentes[e]: filios scilicet Růdolfum, Fridericum, Leupoldum, Heinricum, Albertum, Ottonem ⟨et[f] in Laybaco unum, qui ad etatem legittimam non pervenit, ibique moriens in Syticiensi monasterio tumulatur[4]⟩; filias eciam Agnetem, Elizabeth, Annam, Katherinam, Gůtam; quorum[g] quarumque statum et cursum per huius occasum mundi se rotantem locis congruentibus inseremus, optantes iuxta Virgilium[5], ut *genus* hoc *immortale maneat,*

multosque per annos
Stet[h] fortuna domus, et avi numerentur[i] avorum.

a) Revocavit — predictorum *(l. 13) in marg. a Ioh. post add. B, desunt D. A 2.* b) A. D. MCCLXXXVIII. Rud. archiepiscopus Salczburgensis pres. *A 2.* c) *sequentia ita contraxit A 2:* Alb. itaque ex uxore E. f. M. d. genuit Rudolfum *(l. 25).* d) proinde *Ioh. corr.* prouide *B, et ita D.* e) extrahentes *Ioh. corr.* excrescentes *B, et ita D.* f) *uncis inclusa a Ioh. deleta B, desunt D. A 2.* g) quorum — avorum *(l. 34) om. A 2.* h) Stat *Verg.* i) numerantur *Verg.*

1) *Cf. Widmann, 'Gesch. Salzburgs' II, p.* 54, *n.* 3. 2) *E Conversione Bagoariorum et Carantanorum c.* 2—5, *SS. XI, p.* 6—9, *vel e Vita Virgilii, SS. XI, p.* 86 *sq.* 3) *Ps.* 127, 3: uxor tua sicut vitis abundans in lateribus domus tuae. Filii tui sicut novellae olivarum. 4) *Cf. supra p.* 257, *l.* 27. 5) *Georg. IV, v.* 208 *sq.*

De[a] expedicione regis in Burgundiam et ibi gestis. Capitulum IX.

1289 (Iul.) Ottac. 32647-33422

Anno Domini MCCLXXXIX. rex nuncios mittit[b] ad comitem Burgundie, repetens ea que ad imperium pertinent, ut[c] utilitati proprie consulat, exhortatur, laboribus et expensis parcat, alias contra se bellum movendum sciat. Fuit autem regis questio de iure advocaticio civitatis Bisuntine cum suburbiis et circumiacentibus[d] ⟨*viculis[e]⟩, *f. 66. possessionibus[f] et iuribus eorundem. Comes autem hec omnia iure [heredi]tario[g] possidere et Romanorum regibus se in nullo[h] asseruit obligari. Q[uam[i] incon]venienter hec dixerit, ex Gestis primi Friderici, ⟨que[k] exquisito [libro di]gessit Otto episcopus Frisingensis[1]⟩, colligitur[l]. Qui dum Burgundiam ⟨cum[k] copi[is⟩ introisset], ut eam ad imperium conduceret, que iam dudum ex appetitu (Raheu. III, 12) liber[tatis] dissuetudinem induxerat imperatoribus obsequendi, ad edictum imperiale [convenerunt]. ⟨Stephanus[k] * archiepiscopus Viennensis, archicancellarius regni Burgundie, [Eraclius] primas et archiepiscopus Lugdunensis, Odo episcopus Valentinus, Gaufredu[s episcopus] Avinionensis et Silvio de Claria, vir nobilis atque potens, Friderico imperatori hominium fecerunt et iura sua de manibus eius cum reverencia [susceperunt]. Archiepiscopus Arelatensis, ubi est sedes regni illius, omnesque primat[es et viri] nobiles per honestos nuncios fidelitatem promiserunt, et si [imperatorem] alia negocia non traxissent, in suo proposito ad libitum profeciss[et. Erat] autem Burgundia quondam latissimum regnum, ripas Rodani D[ubiique] fluminum cum interclusis terris ac provinciis sursum usque deors[um ad ma]re Marsilicum contingentibus comprehendens, quod Boso rex O[ttoni] imperatori vel Heinrico, ut quidam[2] dicunt, cum lancea sancti Ma[uricii] sceptrum-

*) *Pro* Stephanus — electus *(p. 300, l. 27) D:* et nobiles et primates, ei se devoventes et imperio, sicut superius est expressum.

a) *inscriptio capituli minio scripta B.* b) misit *A 2.* c) ut — movendum sciat *(l. 6) om. A 2.* d) *in infer. marg. huius folii Ioh. scripsit versus* Annis millenis trecentis — Kalenda dies, *quos vide suo loco l. V, c. 4 rec. B. D.* e) viculis *(A 2) Ioh. delevit B, deest D.* f) poss. diversis et *A 2.* g) *uncis inclusa in B abscisa partim ex D. A 2 et rec. A, supra p. 259 sq., partim e Gestis Friderici suppl., cf. et Fournier l. c. p. 49.* h) nullis *A 2.* i) Quam — electus *(p. 300, l. 27) om. A 2.* k) *uncis inclusa Ioh. delevit B, desunt D.* l) patet *D.*

1) *Raheuini Gesta Friderici imp. l. III, c. 12 dicit.* 2) *Otto Frising. Chron. VI, c. 30. Cf. supra p. 259, n. 2.*

que cum dyademate legitur designasse. Que resignacio ......[a] mirabiliter per regis vesaniam, qui presulem urbis Arelat[ensis[b] in] sancta nocte paschatis includens horribiliter vulneravit et ......[c] se regno inhabilem imperio applicavit. Alibi[1] legitur, quod *[Růdolfus] rex Burgundie sive Gallie Lugdunensis moriturus Heinr[ico ne]poti suo, filio* Chunradi regis primi, qui a patre iam dudum [heres] fuerat designatus, *regnum cum dyademate aliisque insig[nibus] sub testamento reliquit.* Magnum est eciam imperium archicance[llarios] tres habere: Maguntinum per Germaniam, Coloniensem per Yt[aliam], Treverensem per Galliam[2]. In qua includitur idem regnum

*f 66'. [Burgundie, *per quod] Germania Gallia ab invicem distinguntur Quidam autem metrificator [egregius[d] i]ta ait:

Mart Opp

> *Maguntinensis, Treverensis, Coloniensis,*
> *Quilibet imperii fit [cancella]rius horum,*

et subiunxit de officialibus, in quos electio est transducta.

ib

> *[Est pal]atinus dapifer, dux portitor ensis,*
> *Marchio prepositus camere, [pincern]a Bohemus*
> *Hii statuunt regem cunctis per secula summum*

[Nam anno] Domini nongentesimo nonagesimo sexto[3] factum est hoc statutum sub papa [Gregori]o quinto, qui fuit Saxo, et Ottone imperatore III, cuius con[sanguin]eus papa fuit, qui eciam ad eius instanciam est electus.

Ottac 1289 (Aug)

Igitur[e] Rudolfus [coacto] in unum exercitu montes transiit Burgundiam et Alemanniam [dividen]tes, urbem Bisuntinam fortissimam et populosam aggreditur [tempore au]tumpnali et obsidione stricta cingit, vineta[f], pomeria, [agros], omnia destruens, castra ex una parte Dubii fluminis, qui civi[tatem] influit, collocavit[4]. Comes vero ex altera parte eiusdem [aque t]entoria sua[g] in oppositum regis fixit. Et cum pro tempore aliquot [oppositi] sic vacarent,

a) facta est vel huiusmodi supplendum esse videtur. b) uncis inclusa in B abscisa partim ex D et rec A, supra p 260, partim e Gestis Friderici et Martino suppl c) ideo hec sentiens supplendum esse videtur. O H-E d) ita supplevi collato l. VI, c 7 rec D e) Igitur — videbantur (p 301, l 2) om A2 f) vineas D g) sua B D. A2, Ioh delevit in B

1) *Ibidem.* 2) *Ex Martino Oppav., SS XXII, p* 466, *l* 17—24, *cf supra p* 51 *sq* 67, *l* 25—33 260 3) *Ex Martino Oppav l. c p* 432, *l* 13—15 *et p* 466, *l.* 16 *sqq Ioh temere conclusit hoc anno hoc factum esse* 4) *Cf supra p* 260, *n* 2—4

multa exercicia inter eos agebantur, que pre[lium] preludere videbantur, rex autem Francie[1] Rudolfo mandat, [ut a t]erra comitis abscedat; alias in eius adiutorium se ven[turum sci]at et iuvamen efficax allaturum. Respondit[a] Rudolfus [intrepi]de, ⟨animatus[b] pariter et armis armatus⟩, verbis Buczhardi[2] [presulis] Metensis dicens[c]: 'Non ad choreas ducendas[3] senciet rex Francie [nos adv]enisse. Et sciat, quod sustinebimus et excipiemus eum ad prelium, [et auxi]liante Deo noster gladius denudabitur contra suum, nec[d] hoc [terrore] campos deseremus neque tentoria confringemus'. Et suos Vir[gilii][4] versibus visus est affari — 1289; *cf. Ezech. 5, 2. 28, 7.*

Quod superest, leti bene gestis corpora [rebus]
Procurate, viri, pugnam[e] sperate parati[f].

Rex Francorum [Rudo]lfi constancia comperta comiti mandat facere* concordiam, *quia et ipse regis Alemannie colloquium affectaret, metuens tamen Theutonicorum potenciam, inceptum iter ⟨retrogrediens[g]⟩ non perfecit. ⟨Rex[h] autem⟩ Rudolfus dolens, quod quasi ocio marcesceret nec[i] ipse neque comes aquam transvadare presumeret[k], et fames utramque partem valide premeret, assumptis ausibus, aque impetum non formidans, comitem aqua transvadata aggreditur, omnibus suis cuneis ad prelium preparatis. Videntes qui cum comite fuerant regem Francie non venire, comitem alloquntur, dicentes esse levis et iactantis animi securitatem hominum precipitare in dubios casus et pro rebus alienis se periculo submittere, cum ingenuum sit pro propriis defendendis pocius decertare et milites ad magis necessaria conservare. Sicque comes ad regis graciam veniens[5] omnia ad imperium pertinencia reddidit absolute, — *f. 67; Ottac.*

*) *Pro reliqua capituli parte haec tantum praebet A2:* facere iussa regis, sicque in graciam receptus omnia ad imperium pertinencia reddidit absolute

a) *sic corr. Ioh. B ex* Rex Rud. resp., *ut habet D,* Rex R. dixit et respondit *A2.* b) *uncis inclusa deleta a Ioh. B, habet D.* c) dicens *Ioh. add. B, deest D A2.* d) nec — parati *(l. 14) om. A2.* e) et p. *Verg.* f) parari *Verg.* g) retrogr. *B D, Ioh. delevit B.* h) Rex autem *B D, Ioh. delevit B.* i) neque ipse nec *D2.* k) pres. *om. D.*

1) *Philippus IV dictus Pulcher. Cf. supra p.* 260, *l.* 16. 2) *Burchardi de Hannonia, a.* 1282—1296. 3) *Cf. Iudic.* 21, 21: ad ducendos choros. 4) *Aen. IX, v.* 157. 5) *Cf. supra p.* 260, *n.* 5.

1289 *Ottac* sibi per omnia se submittens, et pactis firmatis, regalibus donativis specialiter ab eo in posterum honoratus, inter amicos est pre ceteris familiarior reputatus.

1283 *(Mart.)* *ib.* 35193-527 His ad votum impletis Montis-Pelgardi comitem rex invadit in ipso itinere constitutum, qui similiter a retroactis temporibus se imperio exhibuit contumacem, civitatem enim et castrum suum militari robore circumvallat et omnia, que sine recognicione habuit, reddere coartavit[1]. De cuius eciam submissione firmissimis sponsionibus receptis, rex cum gloria triumphali et gaudio magno rediit, gracias agens Deo, quod sine humani sanguinis effusione sibi omnia in prosperum provenerunt.

ib. 33077-90 Hec regis expedicio in armis bellicis novissima fuit, in quibus se a cunabulis racione previa semper exercuit, ut Deo propicio semper laudem victorie reportaret et *f. 67'* raro gladium, nisi in prelio Ottakari, *cruentaret, iuxta *Sap.* 10, 12 illud Sapiencie: *Custodivit eum*[a] Dominus *ab inimicis et a seductoribus tutavit illum, et certamen forte dedit illi, ut vinceret*, et sicut dicit Seneca[2]: *Si vis omnia tibi subicere, te subice racioni, si te*[b] *ipsum rexeris, multos reges.*

De[c] expugnacione Accaron et morte regis. Capitulum X.

1291 *Ottac.* 44579-52477 Anno Domini supradicto[3], scilicet MCCLXXXIX, Accaron urbs fortissima, in[d] litore[e] maris a Christianis inhabitata, a soldano principe Babiloniorum cum XXXII regibus et innumerabili multitudine gencium[4] obsidetur, habente trecentas machinas tormentales, que incessanter ignem qui Grecus dicitur iniecerunt et omnia que tetigerant incendio absumpserunt; cives autem de diversis partibus adunati, sicut Veneti, Ianuenses, Pisani cum Templariis, Hospitalariis sancti Iohannis et de domo Theutonica cruciferis intus existentes viriliter restiterunt. Non[f] tamen plene concordaverunt, et hoc peperit eis maximum periculum. *Cont. Weich.* 1291 Papa vero mandavit undique celebrari concilia generalia, ut videretur, quomodo subveniretur Terre Sancte. Concilium autem Salczpurgense mandavit pape, quod tres

a) illum ab (Dominus *om.*) *Vulg.* b) ratio te rexerit *Sen.* c) *inscriptio capituli minio scripta B.* d) in — maris *om. D.* e) littore *B, altero t eraso.* f) Non — malum *(p. 303, l. 3) in marg. a Ioh. post add. B, deleto in textu* Quod periculum *(ut D).*

1) *Cf. supra p.* 261. 2) *Ep.* 37, 4. 3) *Cf. supra p.* 261, *n.* 6. 4) *Cf. Ottac. v.* 47068 *sqq.*

1291 *Cont Weich* *Ottac*

ordines cum eorum melioribus observanciis unirentur ad unum ordinem, et quod rex Romanorum cum principibus vocaretur, que legacio antequam venisset, papa transiit Omne vero malum ortum est per quendam cardinalem, quem papa destinaverat, qui nullatenus admittebat, quod Christiani cum gentilibus per pacta pacis vel treugarum aliqualiter concordarent nec mercatum eis concederent nec fidem in promissionibus conservarent. Super quo Christiani dolentes dixerunt se non posse cum gentilibus agere bella, cum essent plures et forciores et semper promissa de pacis et treugarum intersticiis inviolabiliter custodirent. Cardinalis autem indutus suis insignibus ascendit in locum eminentem ad populum locuturus, qui dum, ut benediceret, putaretur conscendisse, e contrario maledixit omnesque communicantes gentilibus excommunicacioni gravissime sua et auctoritate apostolica irretivit, et abiit maximo timore civibus derelicto Qui non bene concordantes nichilominus cum stipendiariis in hostium acies proruperunt portasque minus *provide reserantes *f 68 hostes ferociter invaserunt, et dum alacriter dimicarent, magis conculcati quam prostrati per multitudinem paganorum, Christianis civitatem repetentibus hostes intermixti pariter intraverunt. Plures eciam ad naves concurrentes sanctorum reliquias et thesauros maximos abstulerunt et in mare dilapsi clamdestine abierunt, alios in mortis periculo relinquentes In tempore huius obsidionis multa miracula pro testimonio Christiane fidei contigerunt Nam, dum Christiani crebro cum gentilibus conflictarent, et sors hinc inde plures prosterneret, pagani Christianorum animas occisorum viderunt evolare ad ethereas mansiones Insuper pauci Christiani sepissime paganos non habentes numerum occiderunt, et dum quidam rex potens cerneret Christianorum animas in forma iuvenili ab angelis sursum deferri, nocte quadam super hoc in tentorio colloquium habuit, dicens 'Frustra contra Christianos pugnamus, quia uno mortuo alius statim ex ore eius nascitur, et ob hoc eorum numerus nullatenus minoratur' Quod dum apostata quidam Saxonice gentis nomine Perhtoldus[1], qui ad gentilitatis ritum transierat, audivit, ad fratres Theutonicos, a quibus auffugit, revertitur, penitencia assumpta eundem regem, cuius introitum et exitum noverat, in suo canopeo cum pluribus iugulavit[2], sicque non longe post civi-

1) *Hermannum Ottac dicit* 2) *Cf Ottac v* 51929—64 *cum v* 50240—379

1291 *Ottac.* tas illa clarissima, Christianorum domicilium, funditus est
eversa et totaliter dissipata, que ad nostra clymata preciosas merces ad necessitates hominum in speciebus[a]
aromaticis et aliis consuevit boni fori precio destinare.
Crebro eciam a papa et principibus Christianis auxilium
postulabant, et non fuit qui manum porrigeret adiutricem*.
Huic applicari potest quod de civitate Numancia invic-
*f. 65. tissima *dicitur[1], quam Scipio subegit, et dum quereret
a quodam Tyreso Celtico[b] principe, qua de causa civitas
semper invicta nunc victa fuisset, respondit: 'Concordia
victoriam, discordia excidium prebuit'.

Cont. Weich. 1290 Anno Domini MCCLXXXX[c] obiit dux Bawarie Heinricus
bona contricione, receptis omnibus ecclesiasticis sacramentis,
ordinans cum consensu filiorum omnibus lesis satisfieri per
Heinricum episcopum Ratisponensem et fratrem Wernerum, lectorem
fratrum Minorum. Disposuit eciam, ut filii sui Ludewicus et
Stephanus subessent Ottoni seniori ad terre gubernacionem,
1291 et quod nullam facerent divisionem infra spacium quatuor
(Iul. 15) annorum, et sic in Domino requievit. Anno MCCLXXXXI
Ottac. 38710-39233 Růdolfus rex graviter infirmatus, tam labore quam senio
cf. ib. 38995 pregravatus, in civitate Spiriensium[d] moritur et ibidem cum
imperatoribus et regibus sepelitur, vir qui ornavit tempora
sua claris operibus, habitu non pomposus, victu non
deliciosus, sicut de Magno Karolo scribitur[2], quod
vestimenta *peregrina, quamvis pulcherrima, respuebat, in
festivitatibus ornatus* preciosius *incedebat,* et *aliis diebus
habitus ei*[e] *plebeius* fuerat et *communis. In cibo et potu
temperans*[f], *sed in potu temperacior*[g], *quia ebrietatem in
qualicumque*[h] *homine ab*horrebat, sicut eciam de Cathone
scribit Lucanus[3].

*) *Ioh. in inferiore marg. add. B:* Quidam frater de ordine
Cruciferorum confederatus cum soldano fuit in amicicia fraternali, et ut hoc vinculum arcius stringere-
tur, sanguinem proprium in alterutrum biberunt.
Soldanus autem super hoc obsidionis tempore commonuit dictum fratrem, quo clam agente urbs est
tradita, sicut fertur.

a) *seq.* ad necessitates hominum *delet B.* b) *sic D.,* celtico *B.* c) *haec — requievit (l. 19) in marg. a Ioh. post add. B., desunt D.* d) *sic B.,* Spirensium *D.* e) eius *Einh.* f) temperatus *D.* g) temperantior *Einh. et supra p. 262.* h) quolibet *D.*

1) *Historia miscella IV, c. 22.* 2) *In Einhardi Vita Karoli Magni c. 23. 24.* 3) *Phars. II, v. 384—387.*

Huic epule vicisse famem, magnique penates
Submovisse hiemem tecto, preciosaque vestis
Hyrtam[a] *membra super Romani more Quiritis*
Induxisse togam.

Hic monasterium sanctimonialium ordinis sancti Domi- 1280. (*Aug* 31). nici in Tulna[1] fundavit et divino cultu ac bonis temporalibus habundanter decoravit. Privilegia multa, libertates et gracias ecclesiis kathedralibus, monasteriis et conventualibus locis dedit. Pacem, quam semper amavit, regno reliquit*. Regnavit autem[b] annis XVIII, *Ottac.* menses VIII, dies XIIII[2] in terris. Transiit in divisione apostolorum, III[0] anno papatus Nycolay quarti, sine fine cum sanctis et piis regibus in eternum[c] in celestibus regnaturus.

*) *Ioh in marg add. B* Regnavit autem annis XVIII, mensibus VI, dies XIIII in terris.

a) hyrcam *B*, hirtam *D et Luc.* b) autem *Ioh add. B, habet D* c) et in *Ioh add. B, om D*

1) *Cf supra p.* 263, *n* 2 2) *Cf ibid n* 3

---

*f 18. ## *LIBER TERCIUS. *(REC. A).*

*f 19' ⟨*Capitula[a] tercii libri⟩.

De vocacione Alberti ad regnum et electione Adolfi et abscessu Alberti et maritacione filie senioris

⟨De indignacione et abscessu Alberti et maritacione filie sue Agnetis⟩.

De amissione civitatis Sancti Viti ⟨et quibusdam gestis Adolfi et obsidione Frisaci⟩, gestis Adolfi, obitu* ducis Meynardi.

De protervia Adolfi

De processu Alberti contra eum[b], ⟨de⟩ proclamacione ⟨Alberti in regem⟩ et prelio ac victoria eiusdem ⟨de Adolfo⟩.

⟨Quomodo** rex sibi adversantes subpresserit et cohercuerit⟩.

De curia filiorum ducis Meynardi et curia regis in urbe Noricorum et subpressione adversariorum suorum.

*f 20 *De legacione regis ad papam, de reg[no][c] Ungarie et articulis regis Francie contra papam.

De captivitate et transitu pape et transitu regis in Bohemiam.

De expedicione eius in Misnam et subactione Karinthie et Carniole.

De morte eius ⟨et que[rela][c]⟩, vindicta et bonis moribus eius.

De electione Heinrici comitis Lucenburgensis[d].

*) *Pro* obitu — Meynardi *Ioh primum scripsit, sed delevit* De morte ducis Meynardi et Adolfi protervia circa quosdam

**) *Pro sequentibus Ioh primum scripsit, sed delevit:* De oppressione

a) *index capitulorum demum in parte inferiore folii* 19' *scriptus est, uncis* ⟨—⟩ *inclusa a Ioh deleta* b) eum *Ioh pro deleto* Adolfum *scr.* c) *uncis* [—] *inclusa abscisa supplevimus* d) *capitula trium ultimorum librorum recensionis A desunt*

De* vocacione Alberti ducis ad regnum et elec- f 18
tione Adolfi comitis Capitulum primum

Anno Domini MCCLXXXXI⁰ post mortem Ru- 1291
dolfi difficultates quedam orte[a] sunt de electione inter
principes[b] aliter et aliter sencientes. Moguntinus archiepiscopus[1] sciens regem Bohemie Alberti sororium,
palatinum Reni eius consanguineum, ducis[c] eciam
Saxonum[2] et marchionis[3] eiusdem gentis habere affinatum, diviciis et potencia celebrem et inclitum et propter
hoc regno necessarium et magis aptum, nobilem virum
Eberardum de Kaczenhelenpogen, quem Rudolfus super
regni negocia in Reni partibus constituerat[4], dirigit ad
Albertum[5] mandans, ut secure veniat, nichil metuat et
dispositum sibi regnum suscipere non obmittat. Dux cum
omni domo sua boni nuncii[d] baiulum cum reverencia
suscipit et magnificis atque preciosis[e] muneribus honoratum dimittit, se venturum, ut sibi indictum et mandatum fuit, asserit et promittit. Hoc anno[6] moritur *Ottac* 38148—244
Rudolfus archiepiscopus Salzburgensis, et Chunradus Lavan- *ib* 53867—54638 *cf ib.*
tinus presul ad curiam laborat pro Stephano Heinrici ducis 23847—962
Bawarie filio, ut pro commodo et tranquillitate ecclesie in
presulem assumatur, quia per patrem eius multa adversa
pertulit ecclesia, arbitrans se per filium relevari. Cuius
etatis et litterature insufficienciam dum summus pontifex
causaretur, eundem Chunradum ad sedem predictam trans- 1291 *(Febr. 11)*.
tulit**, archiepiscopatu hoc asseruit esse dignum et sollemp-

*) *Super* De — primum *in marg superiore Ioh. scripsit* Liber secundus De electione Adolfi et indignacione Alberti et maritacione Agnetis filie sue. Capitulum I[m].

**) *Sequuntur a Ioh deleta* et iuxta morem sollempniter archiepiscopum consecravit

a) o sunt *in marg add* b) de electione *in marg iterum add* c) ducis — magis aptum *(l 10) in marg add* d) nuncium *c* e) preciosum *c*

1) *Gerhardus de Eppenstein, sed cf O Lorenz, 'Deutsche Gesch' II, p* 520, *et Roth, 'Gesch des romischen Konigs Adolf I von Nassau' p* 127, *n* 1. 2) *Alberti.* 3) *Ottonis de Brandenburg* 4) *Rectius advocatum provinciae Wetterau, cf. Redlich, 'Rudolf von Habsburg' p* 475, *et Hans Niese, 'Die Verwaltung des Reichsgutes' p* 309—312 *Locum attulit Bohmer, Reg Imp* (1844) *p* 194. 5) *De Adolfi electione cf O Lorenz, 'Uber die Wahl des Konigs Adolf von Nassau', 'SB d. phil-hist. Cl der Akad d W. zu Wien' LV, p* 195 *sqq, qui p* 212—217 *hanc legationem fabellam esse statuit Eberhardus a* 1292 *Mart* 20. *penes Albertum Frisaci erat.* 6) *Immo a* 1290. *Aug.* 3, *cui anno et Ottac v* 38707—9. *legationem ad papam missam adscripsit*

Ottac 1291 niter iuxta morem ei exhibuit omne ius, quod requiritur ad
cf ib 54091—128 hoc factum. Qui dum diceret archiepiscopum Rudolfum in
ecclesia brigas graves reliquisse et Albertum ducem Austrie
et alios circumsedentes principes ecclesie infestos esse,
Prov 31, 19 summus pontifex ait 'Mitte *manum* tuam *ad forcia*', et
consolatum benedictione apostolica et armatum ad suam
1290 (Mai 10) ecclesiam retransmisit. Hoc tempore moritur Rudolfus
Ottac dux Suevorum, ducis Alberti germanus, in partibus Bohe-
22815-52 Mal 2, 15 morum, non longo tempore deliciatus[a] cum *uxore*[b] *ado-
lescencie sue*, et per regem Wenzeslaum in Praga cum magno
gemitu et suspiriis honorifice sepelitur. Consors eius, soror
Wenzeslai, in partu graviter angustata filium edidit, quem
Iohannem vocavit, et ducale nomen, sicut pater eius,
possedit, et sicut de Paride scribitur[1]

patrie funesta ruina,

ut patet inferius[2], est effectus. Hunc Albertus in sua
receperat educandum et congruis honoribus tamquam
regalis germinis puerum feliciter accurandum[3].

Hiis temporibus fuit vir nobilis ac strennuus, comes
Adolfus de castro quod Nazzovia dicitur, in partibus
Hassiam tangentibus super Lanam fluvium situatum,
fecundum et delectabile, firmum valde ex antiquo opere
structurarum. Hic in rebus seculi famosus, nacione
clarus, in tornetis et hastiludiis militaribus curias principum non solum apud Alemanniam, sed longe in exteris partibus indagavit et sibi non parvum nomen glorie
comparavit[4]. In rebus eciam bellicis adeo clarus enituit,
ut sui temporis pauca vel nulla prelia supersederit, in
quibus virtutem et animi sui constanciam non osten-
1288. (Iun 5). taverit. Unde in prelio Wuringensi, cuius habita est
mencio in premissis[5], de parte presulis Coloniensis fuit,
et dum dux Brabancie in eodem etiam novem sua gerentes
signa alteraverit, quinque ex ipsis manu propria dicitur
prostravisse. Unde dux, viri agilitatem et animositatem[c],
post exactum prelium iam Adolfum captivum suum
accersiens sic affatur 'O quisnam es tu, o miles in-
victe, cuius hodie cepi experienciam probitatis'? 'Ego',
ait, 'comes sum Nazzovie, rerum dominus non magnarum'.

a) sic c. b) uxorem Vulg. c) deest admirans vel huiusmodi.

1) Ilias Latina v. 253. 2) Cf. infra l. IV, c. 11 rec. A. 3) Cf. Cron. S. Petri Erford., Mon. Erphesfurt. p. 334, l. 27 sq. 4) Cf. Ottac. v. 60104—7. 5) Supra p. 255.

Et adiecit: 'Vestrum quoque nomen, si non dedeceat, scire vellem, cuius captivitati iuvante casu bellico sum addictus'. 'Dux', inquit, 'sum Brabancie, cuius armis tam infestum hodie te conspexi'. 'Credo', ait, 'quinque duces hoc in congressu *occisos sub signis paribus ense meo et vos miror ab internicione hac meum gladium evasisse'. Cuius vocis et mentis libertatem dux miratus captivum liberum dimisit, munera magna dedit et sibi in amicum specialem et familiarem in reliquum adaptavit [1]. 1288. *f. 18'.

Igitur principes ad locum condictum venientes, de causa regni iuxta consuetudinem pertractantes, preparantur consistoria, quorum composicione alter altero melior voluit inveniri et gloriosior apparere. Moguntino presuli suum sessorium quoad pompam seculi excelsius elevatur et, ne destruatur, a suis satellitibus observatur. Et ecce potencialius Coloniensis episcopi metatores adveniunt, locum hunc esse sui domini asserunt, custodes Moguntini presulis amoventes subsellia deiciunt et pervertunt, grandisque altercacio inter utrosque pontifices et eorum populum est exorta, ita ut concordia in discordiam verteretur, et prevalente Coloniense Moguntinus quod disposuit non perfecit. Albertus autem gravibus laboribus et expensis cum suo populo vacavit et, sicut ei promissum fuerat, ut in effectum exeat, expectavit [2]. Dixerunt enim, quod non esset legibus sic sancitum nec actenus actitatum nec racioni consonum, ut filius rex post patrem regem immediate tamquam hereditarii [a] iuris consequencia levaretur, nisi forte imperiali dyademate pater fultus filium consortem sibi faceret et sodalem [3]. Universi igitur fama Adolfi comitis delectati, quamvis rerum facultas non suppeteret [4], virtus tamen animi non defuit nec honoris, et hoc omnes in eius favorem transtulit et amorem. Conclamatur igitur universaliter, et absens celeriter advocatur et ductus ad sedem Karoli cum principum, amicorum et affinium constipacione, cum magno populorum et civitatis Aquensis tripudio 1292 (Mai 5)

a) hereditarie *corr.* hereditarii *c.*

1) *Cf. Roth, 'Gesch. des römischen Königs Adolf I. von Nassau' p.* 61, *n.* 1. 2) *Prope Frankfurt: cf. Kopp, 'Gesch. der eidgenöss. Bünde' III,* 1, *p.* 26, *n.* 11 *et Ottac. v.* 60059—67. 3) *Cf. O. Lorenz, 'Deutsche Geschichte' II, p.* 519, *n.* 1, *et Ottonis Frising. Gesta Friderici II, c.* 1. 4) *Cf. Ottac. v.* 60101—10.

1292. coronatur*[1]. Qui iuxta morem feoda concessit, iura civium et civitatum, nobilium ac omnium ad se afluencium iura et privilegia confirmavit et, sicut appellatus fuerat, renovavit.

Comes[a] autem Eberhardus, quamvis esset Adolfus sororis sue[2] filius, gravissime doluit, quod nuncius ad Albertum ex parte Moguntini presulis extitit, erubescens nimium, metuens sibi non solum tergiversacionem negocii ascribendam, sed et suis posteris in perpetuam contumeliam exprobrandam, nichilominus post Albertus hoc intelligens eum a sua gracia non abiecit, sed regi et domino suo prestandum obsequium indulsit et ad plenam eum amiciciam sibi strinxit[3].

De[b] exasperacione Alberti super hoc et maritacione filie sue Agnetis. Capitulum II

Ottac 60068–72 Dux autem Albertus, cernens a proposito se frustratum, ad superiora[4] indignans regreditur, terram Constanciensis *(1292.)* episcopi incendiis devastavit, Turegum obsedit fortissimam regni civitatem, quam expugnare non valens obsidionem solvit et vineas et arbusta per circuitum exstir- *ib.* 59760–901 pavit[5], castrum Nellenburch comitemque eius circumdedit et adhibitis fossoribus infra dies quatuordecim destruxit penitus et evulsit, ita quod turris, quod mirum est dictu, ut fertur, a monte in vallem decidit, et vigil cum turre cadens sanus evasit et in civitatem vicinam dictam Stokach currens casum turris civitatis atque castri excidium nunciavit.

Adolfus autem ad Albertum nuncios destinavit, postulans imperialia sibi restitui insignia, que sibi a patre fuerant ad custodiam consignata et[c] in castro

Ottac 60124–65 60231–37 *) *In marg minutis litteris Ioh scripsit.* Quod rex Adolfus filiam suam Rudolfo palatino copulavit[6]

a) Comes — strinxit *(l 13) in marg add* b) *inscriptio capituli paulo superius in marg. scr* c) et — habebantur *in marg*

1) *Cf supra p* 217, *n* 8 218, *n* 1 *et Ottac v* 60112–18. 70–91. 2) *Aleidis, quae Walramo II patri Adolfi nupserat.* 3) *Eberhardus, quem Adolfus magnis favoribus prosecutus est, postea ab Alberto rege advocatiam provinciae Wetterau, quam usque ad a* 1291 *tenuerat, rursus recepit cf. p* 307, *n* 4 4) *Cf Ottac v* 60072 *cum v* 59676 *sqq.* 5) *Cf Kopp l c III,* 1, *p* 29–31 6) *Cf infra p* 314

quod Kyburch dicitur habebantur[1]. Facta inter eos amicicia dux reddidit postulata, hominium regi fecit, 1292 (Dec.) accepto Austrie ducatu de manibus regiis, ut est moris, auditisque sermonibus quibusdam, quod res in Austria aliqualiter se in sua absencia et regalis corone, quam habere credebat, carencia variarent, ne amplior et periculosior exsurgeret concussio et pernicies, in Austriam celeriter iter reflectit et, quia *facies* hominis *facies leonis* 1 Par. 12, 8. est, sicut dicitur, sine mora omnem insolenciam ad concordiam gratuitam per sollerciam sibi divinitus datam duxit[2].

Et[a] cum iter faceret visitans urbes suas, venit in 1293 (Ian.) oppidum Iudenburch[3], ubi in fine mense iuxta suam 1295. (Nov.) consuetudinem pirorum[b] fructus ad ultimum portabantur, et dum iuxta morem suum avidius solito pirum prenderet et gustaret, toxicum, quod latuit, sine mora per viscera se diffudit, et nisi celeriter remedium medicaminis affuisset, mortis periculum incurrisset, sed opcione sibi a medico data de quolibet membro elegit pocius uno oculo carere quam alterius et magis necessarii membri carenciam se habere. Fertur tres nobiles de terra illa trecentas marcas ducis secretario ad perpetrandum hoc facinus promisisse, [propter e]a[c] gaudeat se innocencia per talem modum salvo ....[d] beneficio evasisse. *f. 19

Contigit hoc tempore *regnum Ungaricum heredibus Ottac. 11569–661 naturalibus viduari. Stephanus autem rex illius terre, Bele filius, tres habuit filios: Ladizlaum, Cholomannum et Stephanum[4]. Hic Stephanus ultimus filiorum, patre adhuc in Styria dominante, sororem marchionis Astensis duxerat in uxorem, defuncto autem Stephano et in civitate Marpurgense Styrie tumulato iuxta morem illius terre relicta

a) Et — evasisse (l. 24) in marg. inferiore. b) a Ioh. ex ad ult. pir. fr. transposita. c) tres circiter litterae in marg. abscisae. d) forte vite abscisum. O. H.-L.

1) *Insignia in Trifels castro deposita post hominium in Oppenheim factum reddita esse Ottac. v.* 60211—13 *tradit.* 2) *In Hagenau oppido Albertus ab Adolfo feuda sua suscepit; de causis reconciliationis cf. Kopp III,* 1, *p.* 50 *sq.* 3) *Immo a.* 1295 *Nov. Albertus Vindobonae aegrotavit, cf. et Ottac. v.* 68235—340, *Gotfr. de Ensmingen, SS. XVII, p.* 135, *l.* 23 *sq.; Cont. Vindob., SS. IX, p.* 718, *Cont. Zwetl. III a.* 1296, *ib. p.* 658, *Cont. Florian., ib. p.* 750, *Petri Chron. Aulae-regiae I, c.* 48, *p.* 123, *Kuchimeister p.* 255, *Boehmer Addit. I ad Reg. Imp.* (1849) *p.* 367, *nr.* 197. 4) *Immo Andream II regem, qui duxit Beatricem filiam Aldobrandini marchionis Estensis, quorum filius Stephanus extitit pater Andreae III, de quo Ioh. dicturus est.*

Ottac. eius exire de regno compellitur, quia filium non habebat[1]. Que mandans fratri suo[2] consortis sui obitum, suum eciam miserabilem casum eflens[a], qui[3] in portu Iadriensi[4] maris Dalmatici sorori occurrit et navi impositam ad natale ac patrium solum vexit, et antequam navim introisset, convocatis honorabilibus dominabus provincie et civitatis et multis plus litteratis ac peritis[5] per experienciam cognitivam innotuit se monstratis signis verissimis
ib. 39910-71 impregnatam. Reversa autem cum fratre peperit filium, quem Andream vocavit. Deinde nupsit cuidam ditissimo et potentissimo Venetorum, qui puerum hunc elegantissime et delicatissime educavit. Comperto, quod regum posteritas iam cessasset in regno Ungarico, mater eum esse verum regis filium declaravit[6], et fultus Ungarorum quorundam et amicorum suffragio potenter Ungariam introivit, ius, quod
1290. in regno habuit, exhibuit et a quam plurimis rex et dominus est susceptus[7] et, ut regnum atque thronum suum firmius stabiliret, Alberti ducis filiam seniorem Agnetem nomine postulat[b] in uxorem, et ut via futuris casibus atque periculis clauderetur, Posonium cum districtu circumiacente ducis filie, si sine herede maritus dece-
1296. (Febr.) deret, confirmatur[8]. Sicque nupciis exactis Agnes regina efficitur Ungarorum bonis moribus in actu conversacionis et devocionis quoad Deum et quoad homines exornata.

De tradicione Sancti Viti, oppugnacione Frisaci et Rastat oppidorum episcopalium. Capitulum III*.

Anno Domini MCCLXXXXII⁰ Adolfus rex a Meynardo duce sua feoda requirente et ab Alberto[c] duce

*) *Iuxta hanc inscriptionem Ioh. alteram scripsit:* De amissione civitatis Sancti Viti et captivitate ducis Lůde-

a) *sic c.* b) pustulat *c.* c) Alb. duce *in marg.*

1) *Eadem et infra in libri III cap. 9 narrantur.* 2) *Nullum habuit fratrem. Marchio Estensis tunc erat Azzo III (VII). Ottac. v.* 11606 *dicit Ungaros hoc mandasse.* 3) *Non ipsum venisse, sed nuntios mandasse Ottac. dicit.* 4) *Ottac. v.* 11612 datze Sadeis. 5) *Ottac. v.* 11637 *sq.:* und liez sich meniclichen sehen, die solhe zeichen kunden spehen. 6) *Iam a.* 1278. *revocatus a Ladislao IV. rege et dux Sclavoniae declaratus post eius mortem a.* 1290. *successit.* 7) *A.* 1290. *Iul.* 28 *Andreas III. Albae-regiae coronatus est, Ottac. haec longe aliter refert.* 8) *Tabulis a.* 1297 *Nov.* 2 *datis, Bohmer, Addit. I ad Reg. Imp.* (1849) *p.* 402, *nr.* 369.

multas terras et dominia possidente pecuniariam clam
exegit donacionem, ut eis favorem suum condonaret et
in volitis confirmaret; quod quia possibilitatem iurium
excedere videbatur, orte sunt quedam aversiones; altero[a]
de moncium ambitu, altero de distancia districtuum,
utroque de diviciis et potencia confidente, regiis volun-
tatibus intendere non curabant[1]. Quod cum iam esset 1293
undique divulgatum, Chunradus archiepiscopus Salzburgensis[2], qui[b] antiquum livorem sui predecessoris
Rudolfi et Alberti ducis adhuc bullientem senciens, et
Ulricus comes de Hůnenburch, qui relictam ducis Karinthie Ůlrici, que soror fuit Friderici marchionis Padensis,
habuit in coniugio[3], arbitrati sunt tempus arrisisse et
iam sua facta tam in Karinthia quam Styria se facturos[4],
quia Gedrudis[c] mater Agnetis iam comitisse de Hůnenburch filia fuit Heinrici ducis Austrie et Styrie et
viduata porcionem sustentaculi vite prius in Austria,
postea in Styria acceperat, sicut superius est ostensum[5],
novissime[d] in Misnam transiens ibi diem extremum *Ottac*
clausit. Igitur in Karinthia c a p i t a n e o existente Friczone 60514 61212 1292
de Avenerburch, Ludewicus Meynardi ducis filius in Sancto
Vito terre[e] tenuit presidatum, iam pontificis et comitis convencione publice manifesta. Quid plura? C a p i t a n e u s cum
quibusdam complicibus suis *et consciis sui conceptus haut *f. 19'
longe a civitate cum partibus presulis et comitis[f] eos in-
v i t a t et, ut principem atque civitatem oportune capiant, viam
prestat. Quod cum principi narraretur, n o n a d h i b u i t c o n-
f i d e n c i a m, de suo c a p i t a n e o tamquam de amico fidem[g]
nullatenus adhibebat. Tandem XII[h] Kalendas Augusti *Iul 21*
signis datis et locis aptis demonstratis civitas suffoditur

wici, gestis Adolfi et obitu ducis Meynardi Capitulum II

a) alt — ambitu *in marg* b) qui *delendum videtur* c) *sic c* d) noviss. — clausit *in marg inferiore dextero* e) terre — presid. *in marg pro* fuit *deleto* f) *deesse videtur* convenieus g) *ex* nullat ndem *transposita* h) XII Kal aug *in marg ad l*

1) *Albertus in excusatione Bonifatio VIII. a* 1302 *Mart* 27 *missa ipse dixit Adolfum, ducatum suum ut remitteret, postulasse*. *Kopp III*, 2, *p* 409, *nr* 6, *de Meinhardo cf tabulas Adolfi a* 1296 *Nov* 27. *datas, Bohmer, Addit I, p* 392, *nr* 436 2) *Cf Ottac r* 54952—58205 60264—513 3) *Cf supra p* 99 138 173 *sq* 207 4) *Iam a* 1291 *exeunte et primis mensibus a* 1292 *archiepiscopus cum Ulrico comite aliisque Stiriensibus contra Albertum surrexerat* 5) *Supra p* 92 94. 97 133—135. 150 169 187 *sq* 190 196 203

Ottac. 1292 hostis intromittitur, princeps iam armatus dextrario sedens, intrepide prelians, a[a] suis omnibus derelictus capitur et in castrum presulis quod Werven dicitur, situm in montibus, (cf. ib. 61090) destinatur. Res ad Meynardum[1] deducitur, amicis undique et duci Austrie nunciatur. veniente ad terras Meynardo Friczo reus sceleris aufugit, de Karsperch et Vriburch castris nobiles actori facinoris consencientes in feodis dampnantur, bonis privantur, morte pessima, collicidio et penis gravissimis tormentantur; commendator de Pulest ordinis sancti Iohannis de Hospitali, per cuius habitacionem fossura muri facta fuerat et fractura, ad caudam equi ligatus trahitur per plateas et sic vite sue morte asperrima finem (cf. Eccli. 17,4) dedit. Hoc exacto iudicio Meynardus timorem suum in terra posuit et ducatum suum nullo obsistente feliciter in posterum semper rexit.

1294 ⟨Adolfus[b] autem rex filiam suam Rudolfo Alberti sororis[2] filio, Reni palatino, Bawarie duci, tradidit[3]. Filiorum unus Heinrici de Nůrenberch burchravii natam duxit[4], in quo sibi affinitatem latam et utilem comparavit amiciciamque in rebus necessariis ampliavit⟩. Et anno 1293 (Sept.-Oct.) quidem primo successus prosperos habuit. Columbariam in Alzacia obsedit et fortiter pressit, nobilem virum et libere condicionis de Rappolstain[5] et scultetum eiusdem civitatis[6] rebelles civitate sibi tradita captivavit et totam Alzaciam cum Argentinensibus[7] ad suum arbitrium inclinavit eiusque imperio subiugavit.

1292 (Mart.) Anno Domini MCCLXXXXIII[o] dux Austrie Albertus et Meynardus dux Karinthie de contumelia eis illata alter de filio, alter de sororio, conturbati in eadem pacta continuo contra sedem Salzburgensem se erigunt, Frisacum castrum et oppidum obsidetur et maxime coartatur, et primo quidem inundacione fluvii pretercurrentis obsidio laxatur, sed mox undis defluentibus mons Sancti

a) a — derelictus *in marg.* b) Adolfus — ampliavit *(l. 20) a Ioh. post sillabis* va — cat *ascriptis deleta.*

1) *Immo Ottonem eius filium.* 2) *Mechtildis uxoris Ludowici palatini.* 3) *Mechtildis Rudolfo desponsata est d. 19. Martii, in matrimonium data a. 1294. Sept. 1.* 4) *Errores manifesti. Emicho filius Ottonis comitis de Nassau Annam filiam Friderici III. burggravii duxit. Gerlacus filius Adolfi Heinrici lantgravii Hassiae filiam Agnetem habuit.* 5) *Anselmum.* 6) *Waltherum Rosselmann, cf. Gotfridum de Ensmingen, SS. XVII, p. 135, l. 4–8.* 7) *Sed ante obsidionem rex Argentinae fuit. Ioh. fortasse scivit Conradum episcopum Argentinensem partis Alberti ducis fuisse.*

Virgilii revertentibus hostibus a quodam preposito nimium metuente traditur. Et civitate incendio destructa, castro illeso permanente, hostis abiit ac recessit aliqualiter causa sua, ducis Austrie et soceri sui per hoc disturbium vindicata[1].

Anno[a] sequenti, scilicet MCCLXXXXIIII⁰, moritur 1292 (Apr. 4)
Nycholaus papa, postquam prefuit annis IIII, mense I, et succedit Celestinus V et sedit menses quinque. Suc- 1294
cedit Bonifacius VIII. eodem anno.

Albertus iterum oppidum quod Rastat dicitur 1296. (Iul.-Aug.)
aggreditur et circumdat, asserens illud ad solum monasterii Admontensis pertinere, cuius ipse advocaticiam tenuit et tutelam, quod tamen ortum habuit ex abbatis Heinrici, capitanei et lantscribe Styrie, aversione, quem Rudolfus rex prefecerat illi terre[2]; qui contra episcopum Salzburgensem, monasterii fundatorem[3], exacerbatus hoc genus litigii et discordie inter presulem atque ducem interiectionibus atque opposicionibus gravibus et variis seminavit, presul autem et chorus locum illum, in quo oppidum situm erat, iam dudum iusto exempcionis titulo et transactionis legitime testimonio ad ecclesiam pertinere et monasterium merito debere super hiis impulsacionibus conticere[b]. *Dux autem amplius animo seviebat et oppidi *f. 20
excidio quantum potuit insistebat et novas contra Chunradum episcopum offensas, quas veteres contra Rudolfum habuit, recensebat, et cum clausure moncium et strictitudines semitarum incolis magis quam exteris essent note, dux suorum victualium depredacionem sepius est expertus et, dum hominum periculum et defectus maximus immineret, obsidionem solvit et sine effectu ad propria remeavit[4].

De[c] morte Meynardi et quibusdam gestis Adolfi regis et papa Celestino. Capitulum IIII.

Ottac. 68714—801

Anno[d] Domini MCCLXXXXV decessit ex huius 1295 (Nov. 1)
seculi erumpnosis fluctibus dux Karinthie Meynardus

a) Anno — anno (l. 9) a Ioh. in marg. sinistro post add. b) deest vox, ut contendit, sequitur index capitulorum tertii libri supra p. 306 editus. c) capituli inscriptio in marg. d) A. D. MCCLXXXXV — infundis etc. (p. 316, l. 21) in marg. superiore post add.

1) *Albertus Frisacum a. 1289 et a. 1292 expugnavit, sed Ioh. bella a. 1292 et 1296 cum archiepiscopo Salzburgensi gesta confudisse videtur, ceterum Ottac. v. 57821—929 contulit.* 2) *Cf. supra p. 281, quod in rec. A p. 237 non legitur.* 3) *Cf. supra p. 122, l. 25.* 4) *Cf. Cont. Hermanni Altah. III, SS. XXIV, p. 55.*

Ottac. 1295 et in monasterio sancti Iohannis in Stams in[a] valle Eni, Cisterciensis ordinis, quod ipse fundaverat[1], sepelitur. Cuius epythafium cernitur in hec verba:

Heu Meynart, actor pacis litisque subactor,
Cenobii factor huius pius et benefactor,
Quo[b] similem nescit, dux et comes hic requiescit.
Crimina[c] compescit, sic regna superna capescit.
Bis quingentenos annos deciesque vicenos
Et nonagenos iungas, medios quoque denos
Post ortum Christi, tunc lux hec tollitur isti.
Quem fratres isti deplorant pectore tristi.

Terram in pace, filiis thesauros multos reliquit, castra plurima sibi contraria dissipavit, dominium suum multis prediis et possessionibus ampliavit. In excommunicacione mortuus est[2], quia locis kathedralibus infestus fuit et eis sua predia sibi infiscavit. Abbas Stamsensis absolucionem tam sibi quam terre vadens ad sedem apostolicam reportavit et totam patriam gaudio
Tob. 3, 22 ineffabili illustravit, iuxta illud: *Post tempestatem tranquillum facis et post fletum*[d] *et lamentacionem exultacionem infundis* etc.

1294 (Sept.) Anno Domini MCCLXXXXVI° rex Adolfus instaurat exercitum Misnamque et Thuringiam est ingressus. Has terras cum Rudolfus rex maxima providencia imperio Romano subiecerit, propter incolarum insolencias atque gwerras cum suis legitimis principibus ad diversa se conamina variancium Adolfus, ut causas licium deponeret et ius eciam regni prenderet, se immisit; senior enim lanchravius[3] veros heredes suis bonis patrimonialibus nisus fuerat spoliare, quos Adolfus ex regni iusticia censuit in suis iuribus[e] solidare. Quod dum ad libitum perfecisset, cum gloria ad Reni partes salubriter est reversus[4].

a) in — ordinis *post atramento subaquoso Ioh. add.* b) *sic c.*, qui *B D E infra p.* 352. c) Crimina — capescit *om. B D E.* d) lacrimationem et fl. exult. *Vulg.* e) *seq.* confir *delet.*

1) *Ottac. v.* 68787: hinz Stams hinz sîner stifte niwen. *De fundatione a.* 1273 *facta cf. Zeissberg in 'Mitteil. des Instituts f. Österreich. Geschichtsf.' I, p.* 81—91. 2) *Immo mortuus a.* 1295 *Nov.* 20 *a Bonifatio VIII excommunicatus est, 'Reg. de Bonif. VIII' nr.* 846. 3) *Albertus, filii legitimi eius erant Fridericus et Dizmannus.* 4) *Adolfus primum iam a.* 1294 *Thuringiam et marchiam Misnensem intravit, ceterum errores Iohannis h. l. manifesti sunt, cum rex minime filios contra patrem adiuverit, cf. et Ottac. v.* 68831—69002.

Hoc anno Celestinus papa, opinione celebris, vitam 1294. ducens anachoriticam, in summum pontificem est as- (Aug 29) sumptus et post annum[1] super altare sancti Petri re- (Dec 13) signavit. Fertur, quod, dum in cubiculo suo quiesceret, vox quedam, que[a] per tubam tribus vicibus clanculo ad eum facta est, ut ad ocium contemplacionis rediret atque papatum relinqueret, qui estimans angelum Domini, quia habitus eius[b] splendidissimus videbatur, eius hortatibus acquievit[2].

Adolfus autem rex insolencius agere cepit contra nobiles et res atque personas ecclesiasticas conturbare; civitatem quandam[3] exstruxit et diversorum ibi dominorum populos adunavit, scilicet episcopi Moguntini, comitum de Liningen et comitum Hirsutorum ac aliorum, quos ab illorum traxit iurisdictione libertatique[c] donavit et dominos serviciis suorum hominum spoliavit atque gravissime molestavit et contra se acerrime provocavit, nobiles humiliavit et viles sublimavit. Correptus ab amicis super omnibus, ut desisteret, despexit et pro nichilo reputavit[4], quousque sibi Deus, sicut per Samuelem Sauli, predixit[5] regnum suum ab eo scindendum et dandum alteri meliori. Et Balthasar Chaldeo *manus* Dan. 5, 5 26 sqq *scribentis* apparuit *in superficie parietis* domus *aule regie 'Mane thechel phares'*, *mane*, id est: *Deus numeravit regnum tuum et complevit illud, thechel appensus es in statera et inventus es minus habens, phares divisum est regnum tuum et datum Medis et Persis.* Que omnia tam in illo quam in isto suo tempore sunt impleta.

De invitacione Alberti ad regnum secundario et altercacione eius contra Adolfum. Capitulum V.

Anno Domini MCCLXXXXVIII° Wenzeslaus rex 1297 (Iun 2) Bohemie ad coronacionem suam et regine[6] sue consortis vocat archiepiscopum Moguntinum, cuius hoc est offi-

a) que *h l superfluum.* b) ei *c* c) *sic c , cf p.* 352, *l* 33.

1) *Immo post tres menses et dimidium, cf p* 315. 2) *De hac fabula cf Drumann, 'Gesch Bonifacius VIII' p* 11, *n* 46, *de Coelestini abdicatione Finke, 'Aus den Tagen Bonifaz VIII' p* 39—43. *Cf. et Matthiam Neuenburg. c* 31, *Ferretum Vicent. ed Cipolla I, p* 63 *sq* 3) *De Idstein oppido Ioh cogitare videtur* 4) *Et haec fabulosa orta esse videntur eo, quod rex fautor civitatum extiterit Cf. et Ottac. v.* 71468 *sqq* 5) 1 *Reg* 28, 17—19. 6) *Gutae*

1297. cium[1], scilicet Bohemie principes coronare. Qui cum multa familia accepto auro et argento[2] in Bohemiam
Eccl. 10, 19 properavit, quia *pecunie obediunt omnia,* ut Salomon attestatur. Albertus autem dux Austrie, frater regine, venit ad hanc curiam cum militum apparatu splendidissimo, armis fulgidis et personis elegantibus exquisito, et pre ceteris omnibus huius festi gaudia decoravit.
*f. 20' *Videns archiepiscopus Moguntinus ducis gloriam et potenciam, memor fraudis, quam in eum exercuerat, rememorans, quod Adolfus rex eum ac alios indebite multipliciter afflixerat, ducem alloquitur, ut non pigeat eum ad regnum contendere[3], iam occasionem infallibilem asserens se habere et ex iustis causis et legitimis posse Adolfum a regni solio dimovere, et maxime, quia in rege Bohemie et in se consisteret virtus regni, eumque secum cum rebus atque impendiis necessariis ad Reni partes pertrahat securusque sit, quod nullo modo sua intencio retrocedat. Datis ergo duci iuramentis et litteris obligatoriis ad premissa, hic ad sedem suam, alter in Austriam est reversus, Australium, Styriensium et Suevorum, Ungarorum[4], Comanorum multitudinem congregat, stipendia donat, exercitum instaurat[a], locum et terminum prefixum, ut pontifex promiserat, quesiturus, fratres conthoralis sue[5], duces Karinthie, alloquitur, ut vicem sue prioris retroactionis deleant et ad hoc propositum consilium et adiutorium porrigant adhortatur. Heinricus autem iunior fratrum se disposuit secum ire, prius tamen ad militum instauracionem recipit Carniolam pignoris loco pro marcarum viginti milibus, patri suo ab antiquo tempore obligatam[6], hac summa premisse eciam superiecta. Hic etenim in hac expedicione tam gloriosus apparuit, ut dux argenteus diceretur propter militum

a) instraurat c.

1) *Idem dicit Petri Chron. Aulae-regiae I, c. 61, ed. Loserth p. 149* Gerhardum s. Mogunt. sedis archiep., cuius interest officii coronare reges Bohemiae. 2) *Chron. Aulae-regiae l. c.:* tum propter regiam consecrationem, tum propter propriam retributionem. 3) *Sed cf. O. Lorenz, 'Deutsche Gesch.' II, p. 625, admonitio archiepiscopi, ut Albertus regnum susciperet, sine dubio posteriore tempore facta est.* 4) *Quorum rex Andreas III. gener Alberti fuit, cf. supra p. 312, l. 23 et Ottac. v. 70656—71. Ungaros et Comanos et Chron. Colmar., SS. XVII, p. 264, l. 32—33, affert.* 5) *Elisabeth filiae Meinhardi ducis Carinthiae.* 6) *Cf. supra p. 249, l. 14—19 et Ottac. v. 70723—25. Dopsch, 'Archiv f. Österr. Gesch.' LXXXVII, p. 78, n. 3.*

suorum atque armorum resplendenciam atque affluenciam expensarum. *cf. Ottac. 70677-730* 1298 Dum autem Albertus iter faceret, obstitit ei dux Bawarie Otto, donec Adolfus mandat sibi transitum concedendum[1], et sic veniens in Sueviam contra regem firmat exercitum. *(Mart.)* Rex Ulmam veniens parvo stipatus militum numero comperit Albertum plures nobiles regni, comites et ministeriales sibi muneribus attraxisse[2]. Rex autem forcior effectus, Albertus declinavit et permisit regem in omnes sibi adherentes rapinis et incendiis debachare. Dux autem Otto Bawarie in regis properans adiutorium terram Suevorum et precipue comitis Alberti de Ayerlach, qui fuit Alberti ducis avunculus, transire nullatenus est permissus, donec interveniret pactio pecuniaria marcarum, ut dicitur, quingentarum[3]. Quo pacto nescio qualiter dissipato comes ducem impetit Bawarorum, quibus convenientibus grave *(Apr. 27)* bellum conseritur inter eos, et nutante fortuna comes Albertus, vir insignis, tam actu quam fama celebris, est occisus. Quo[a] celeriter ad Albertum pervento vehementer causam[b] omnes secum existentes cordialiter doluerunt[4]. Nichilominus reiecto desperacionis pondere ad oppidum quod Kentzingen dicitur processerunt, Adolfus insequens precedentem et Albertus prepeditans subsequentem. *(Apr.)* Tandem super fluvium qui Alczah[5] dicitur castra utrque contra se more militancium locaverunt, *cf. Ottac. 70787 sqq. 70967 sqq.* utrumque exercitum rivulo dividente nec hiis nec illis transvadacionis ausum ad invicem concedente, Moguntinus autem Alberto, cur differat, demandavit[6], qui statim *ib. 71303 sqq.* motis castris letus efficitur, eo quod fames valida presserat exercitum, Renum transiens properat Argentinam. *(Maio).*

a) nuntio *supplendum esse videtur. O. H.-E.* b) c̄ā c (casum *legendumne? O. H.-E.*).

1) *Immo per pactum, quod Otto et Albertus a.* 1298 *Febr.* 27. *inierunt, Alberto transitus concessus esse videtur, cf. Riezler, 'Gesch. Bayerns' II, p.* 271. 2) *Ioh. fortasse de Ottac. v.* 70775—81 *cogitavit.* 3) *Haec fide non digna. Albertus comes sciens Ottonem regem secutum propinquum esse eum apud Oberndorf aggressus est.* 4) *Proelium apud Oberndorf factum Ottac. v.* 71095 *sqq. post Alberti et Adolfi apud Kentzingen adventum et alio modo narrat. De morte comitis de Hohenberg cf. Kopp III,* 1, *p.* 255, *n.* 5, *Riezler II, p.* 273, *n.* 1; *Schmid, 'Graf Albert v. Hohenberg' II, p.* 596 *sqq.* 5) *Elz,* die Elzahe *Gotfr. de Ensmingen p.* 136, *cuius relatio ex parte cum Ioh. concordat.* 6) *Improbabile est Moguntinum tunc Alberto haec mandasse, immo Adolfum et electores ad diem* 15 *Iunii Moguntiam vocavit. Cf. Kopp III,* 1, *p.* 257, *n.* 4 *et Lorenz, 'Deutsche Gesch.' II, p.* 644.

Ottac. 1298 (Mai 29) Adolfus Albertum estimans fuge presidium quesivisse in civitate Brisacensi Renum transiit, oppidum Rubach de iure Argentinensis presulis existens invadit et, dum tempus non[a] permittit, alia que episcopi fuerant quantum poterat lacessivit et Albertum preitinerantem nunc ex latere, nunc directo, nunc indirecto itinere sequebatur.

De[b] proclamacione Alberti et bello eius contra Adolfum et victoria et coronacione eius. Capitulum VI.

(Iun.) cf. Ottac. 71368 sqq. Veniens autem Mogunciam Albertus a presule suscipitur[1], et mox antistes publico consistorio Adolfum a regno depositum, dyademate indignum propter excessus diversos, scilicet iuramenti violatorem, rerum (Iun. 23) ecclesiasticarum invasorem, nobilium regni proclamat et denunciat offensorem, Albertum ducem Austrie, virum robustum, bene potentem ad regni defensionem atque *f. 21 iurium conservacionem *et ad omnem titulum honestatis, et quoniam accurrebat eciam in eum Bohemorum regis, ducis Saxonie et marchionis Brandenburgensis assensus[2], eum in regem publicis attestacionibus affirmavit. Audientes omnes qui aderant hanc concionacionem Alberto summis et alacribus vocibus acclamabant. Albertus hoc habito argumento ad superiora, ut se utilius muniat, ascendit, terre illius nobiles et comites plurimos secum habens prope civitatem Wangionum, Wormaciam scilicet, ad duo prope miliaria castra locat[3]. Quem Adolfus acriter insectatur, ducem Bawarie Ottonem et Rudolfum palatinum, generum suum, et de Orientali Francia et Reni partibus electorum militum, equitum et peditum ducens multitudinem copiosam, et ex opposito Alberto figit tentoria[4], iurans per thronum suum[5] se regnum suum a duce Austrie defensurum. Albertus autem illud

a) non *delendum O. H.-E., forte* id expugnari *supplendum*. b) *inscriptio capituli in marg. sinistro scr.*

1) *Albertum* ad civitatem Moguntinam *venisse et Gotfr. de Ensmingen p. 137 dicit, sed ibi ei solummodo terminus conventus prorogatus est, quo facto rediens oppidum Alzey obsedit, cum interim electores Adolfum deponerent.* 2) *Et Coloniensis archiepiscopus assensum tribuit.* 3) *Prope monasterium Vallis-rosarum, quod paulo plus a Wormatia distat. Cf. Schmid, 'Der Kampf um das Reich zwischen .. Adolf .. und Herzog Albert' p. 87.* 4) *Immo apud Heppenheim, cf. Schmid l. c. p. 86.* 5) *Cf. Iudith* 1, 12: iuravit per thronum et regnum suum.

Salomonicum cogitans: *Cum disposicione initur bellum, et salus, ubi multa consilia,* [Prov 24,6; cf 11,14] Adolfum sciens impacientem [1298] animo et audacem et ad res huiusmodi prevolare, deliberavit, ut eum a peditibus, quorum multitudine habundavit, abstraheret. Eius copias prius statuit explorandas, et comperiens vires regis suas quoad numerum excedere, ut eas minuat vel confringat, fugam simulat et Adolfum, ut se insequatur, provocat. Et cum phalange[a] regie pugnam iam crederent imminere eamque viriliter ex- [(Iud 2)] pectarent, ecce rex exilit et paucis se comitantibus ab omnibus se excipit et sequestrat. Quod cernens Albertus suos pro necessitate temporis breviter alloquitur, adherente sibi Heinrico duce Karinthie cum suis viris strennuis et cordatis. Albertus regem se inclamantem et gladium iam vibrantem acumine gladii sui petit, [cf Ps 7,13] moxque ale et acies utriusque partis iam cum turmis et agminibus predistinctis suum ordinem impetu quodam solvunt et buccinis concrepantibus[1] in loco qui dicitur Collis-leporum[2] conveniunt et acerrimis se ictibus contundentes et vires lacertorum lancearum, telorum et ensium immissionibus exerentes, Adolfum Albertus pre fremitu spiritus galea iam districta et sicut *ursam*[b] [2 Reg 17,8; cf Os 13,8] *raptis catulis servientem*, inconsulte magis quam ignave preliantem, primo vulnere super palbebram[a] oculi vulneravit, ita ut pre effluxione sanguinis et diffusione obnubilatus sedens in dextrario sterneretur. Interim partes utreque ad modum turbinis et ventorum conflate animose ac alacriter concertarunt. Otto dux Bawarie et Rudolfus, cernentes regis fortunam labefactam et declinacione virium dissolutam, terga magis vertere quam insistere prelio curaverunt[3]. Nobiles de Helphenstain[4] et Stralenberch[5] non modicum dedecus diffugio simili sibi et posteris generarunt. Eximius signifer Gotfridus de Brunek[6] et Eberardus comes de Kaczenhelenpogen vulnerum suorum cycatrices ad sui gloriam annis pluribus ostendentes, quam bene res egerint, demonstrarunt, captivos Alberti, manibus, viribus deficientibus, nichilominus

a) *sic c.* b) ursa . . saeviat *Vulg.*

1) *Ios.* 6, 9 buccinis omnia concrepabant. 2) *Hasenbuhl vel Hasenberg prope Gollheim, de loco et pugna cf. Schmid l. c. p.* 105 *sqq.* 3) *Sic et Gotfr. de Ensmingen, SS. XVII, p.* 137, *l.* 38, *sed cf. Ottac. v.* 72667 *sqq.* 72734—39 *et Riezler II, p.* 274. 4) *Ulricus, cf. Kopp III,* 1, *p.* 271, *n.* 3. 5) *Conradus.* 6) *E gente Hohenlohe.*

1298 cum aliis innumeris se donarunt. Fertur a quibusdam, quod rex prostratus Alberti, a quibusdam comitis Hirsuti [1], ab aliis cuiusdam valentis militis Heinrici dicti Ramsak gladio sit occisus, postquam [a] regnavit annis [b] sex, mensem unum, et dum mortis eius experiencia quereretur, in latere regis nobiles de Hysenburch [2] et Hohenvelcz, Pikkenbach cum aliis mortui et confossi gladiis sunt inventi [3], et sic Alberto gloriosa victoria cum [c] laudibus triumphalibus concrepatur Corpus regis ad monasterium quod Vallis-rosarum dicitur sanctimonialium Cisterciensis ordinis est delatum et pro molestia illius temporis subterratum. Factum est hoc prelium anno Iul 2 Domini supradicto, scilicet MCCLXXXXVIII, in die Processi et Martiniani martirum beatorum, quem presul [4] sollempnizari per suam dyocesim instituit, imitans Machabeum, qui fecit diem illum fieri perpetualiter sollempnem, in quo de Nychanore triumphavit [5]

*f 21' *Bohemundus archiepiscopus Treverorum [6] et comitis Eberardi filius, constituti iam in procinctu ad succurrendum regi cum maxima militum congerie, audientes prelium iam exactum ad propria redierunt, episcopus autem Moguntinus insultare cepit comiti Eberardo iam captivo, eo quod Alberto non adheserat, quasi in hoc decus sue glorie minuisset [7], ad quod comes 'O domine presul', ait, 'bona consciencia atque assensu ducis, cuius fautor fidelis extiteram, pro tunc nutantibus suis desideriis et ad Adolfum convolantibus votis omnium affectivis eidem tamquam legitimo domino statui serviendum et federa sibi facta nullatenus defuscanda, in quo michi nil dedecoris procuravi Pocius captum me esse volo 2 Tim 4, 7 quam fidei vincula dissolvisse. *Bonum certamen certavi, fidem servavi'*

(Iul 27) Albertus autem Franchenfurt nobilium illius terre amminiculo fultus venit, et quibusdam electorum presentibus, quibusdam [8] absentibus, quod Moguncie fuit inciatum, hic perficitur Nam olim regnum Saul in

a) postquam — unum *in marg post add* b) *sic c* c) cum 1 tr *in marg add*

1) *Georgii de Stolzenberg* 2) *Heinricus; cf Gotfr de Ensmingen, SS. XVII, p* 137, *l* 48 3) *Cf de hoc loco Boehmer, Reg Imp* (1844) *p* 193 *et Schmid l c. p* 118—121 4) *Moguntinus* 5) *Cf* 2. *Mach* 15, 36 *sq* 6) *Sed hic iam die* 24 *Iulii Moguntiae Alberto adhaesit.* 7) *Cf supra p.* 310 8) *Wenceslao II rege Bohemiae*

Rama[1] fuit iniciatum, sed in Galgales innovatum[2]. Hic 1298 autem electione perfecta, iam consorte ad se evocata, Aquisgrani properavit, timore suo undique iam diffuso, (Aug 24) et inferioris terre comitibus et civitatibus occurrentibus sollempniter ungitur et coronatur. Quod licet sit de officio archipresulis Coloniensis, eo tamen non existente abbas Sancti Cornelii[3] huius auctoritatis privilegio est munitus. Concessit feoda, exhibentur ei hominia Intrat Coloniam, cum civibus tractans de presule eorum, qui (Aug 27). tam a sua quam civium amicicia fuerat alienus[a] [4]. Pertransiit autem civitates et loca regni, disponens omnia potestative, que ad regni negocia pertinebant, quibusdam dicentibus[b] de favore Adolfi existentibus, quod olim in Regum voluminibus repperitur· *Numquam*[c] *pax poterit* 4 Reg 9, 31 *esse Amri*[5], *qui interfecit*[d] *dominum suum,* qui *occidit* Hela 3 Reg 16, 10 regem *et regnavit pro eo* Albertus autem cogitans illud Salomonis *Qui moderatur labia sua, prudentissimus* Prov 10, 19 *est,* nichil respondit, quia, ut Prudencius[6] dicit,

Nobile vincendi genus est paciencia, vincit
Qui patitur, si vis vincere, disce pati.

De[e] * curia filiorum Meynardi ducis Karinthie et curia regis in urbe Noricorum et opposicione principum. Capitulum VII.

Anno Domini MCC⁰ nonagesimo nono Austria, 1299 Styria atque Karinthia de triumpho et conscensu Alberti ad regni fastigium nimium exultarunt, et in singulis competis[7] ferentes[f] triumphales plausus et gaudiorum materiam erexerunt.

*) *Secus hanc inscriptionem Ioh aliam in marg scripsit, sed delevit* De curia ducum Carinthie et curia regis atque coercione adversariorum eius. Capitulum quartum.

a) alenus *c* b) dicentibus *delet* c) Numquid pax potest *Vulg* d) interficit *Vulg* e) *inscriptio capituli in marg* f) fer tr *in marg add*

1) *Immo Ramatha.* 2) *Cf* 1. *Reg* 8, 4 11, 15. 3) *Error Wicboldus archiep Coloniensis Albertum regem coronavit, Reinardus vero abbas Indensis interfuit* 4) *Nota alterum errorem* 5) *Ioh. Amri (3 Reg* 16, 9—14*) cum Zambri confudit, de quo locus citatus est* 6) *Versus non sunt Prudentii, leguntur apud Gartner, Proverbialia dicteria (Marioemontan.* 1574*)* 7) *Cf. supra p* 153, *n* 1.

1299 Heinricus, qui salvus et maxime laudis tytulo respersus[1] de ipso prelio venerat, fratribus, Meynardi[a] ducis filiis Ottoni et Lůdewico, inestimabile tripudium generavit, qui simul indixerunt in Karinthia apud oppidum Sancti Viti in terre meditullio positum tyrocinium nove milicie celebrari, quod adeo large et magnifice instruxerunt, ut, ad regiones exteras divulgatum, plurimi convenirent. Fuit hic numerus militum quingentorum, tres duces, Otto, Lůdewicus, Heinricus, Alberto de medio iam sublato[2]. Abbas Sancti Lamberti gladios ducibus benedixit et sollempnitatis huius auctor maximus et incentor[b]. In quo novos milites creaverunt et honorabiliter vestierunt, munera distribuerunt, glorie sue divicias ostendentes[3], nobilibus terre se benivolos exhibentes, se in ipso ducatu arcius imprimentes, ut adversarii, si qui essent, et emuli rubore perfunderentur[4] et fideles ad[c] ipsos fidelius firmarentur. Tanta fuit affluencia expensarum, ut modum excederet, et purpurarum variarum et scindati[5] atque diversorum colorum vestium a Venetorum excredicione transvecta, ut usque ad hec tempora nondum sint soluta, et[d] nobiles in agendis et cives ad duces[e] Carinthie potentialiter[f] indagati a Venetis in suis mercatibus tedia sint perpessi*.

*f. 22
1298
(Nov. 16) *Anno autem Domini MCCC rex Albertus in civitatem Noricorum sollempnem curiam preconizat. Ad quam rex Dacorum[6] et rex Bohemorum cum principibus electoribus, cum infinita hominum multitudine, prelatorum ecclesiasticorum, ducum, ⟨marchionum[g]⟩, comitum, baronum et nobilium convenerunt. Fertur, quod ibi fuerint episcopi quinquaginta, duces, comites, condicionis libere trecenti, militum quinque milia congregati[7].

*) *Inferius Ioh. scripsit:* ut nondum Venetis qui mutuaverant sint soluta.

a) Meyn. — Lůdewico *in marg. add.* b) *fortasse deest verbum finitum.* c) *ex* fidelius ad ip. *a Ioh. cursus gratia transposita.* d) et — perpessi *in inferiore marg., quaedam nimis attrita, ut certo legi nequeant.* e) ad duces *superscr.* f) *incertum.* g) march. *a Ioh. deletum.*

1) *Cf. Schmid l. c. p.* 114. 2) *A.* 1292. *Cf. supra p.* 265. 3) *Esth.* 1, 4: ut ostenderet divitias gloriae regni sui. *O. H.-E.* 4) *Cf. Num.* 12, 14: rubore suffundi. 5) *Saepius* cendatum, zendatum *dicitur,* 'Taft'. 6) *Danorum, qui non affuit. Eius fratrem affuisse Notae Altah., SS. XVII, p.* 423, *l.* 12, *dicunt.* 7) *Affuerunt archiepiscopi et episcopi* 20, 360 *comites et viri liberae condicionis,* 6500 *militum, ut Mücke, 'Albrecht I.' p.* 99, *dicit.*

Ubi multa valde provide de statu regni a principibus 1298 sunt tractata, que postea in lucem de absconditis prodierunt. Filios[a] suos de suis terris et dominiis investi- (Nov 21) vit[1] Devinxit in hac curia gloriosa rex sibi plures, qui se credebant obsistere[b] et[c] contrariari, per amicicie[d] unionem. Qua soluta regem Francie statuit alloquen- 1299. (Dec 8) dum per[e] se, si fieri posset, qui cum rege Anglie et cum Flandrensibus terra marique super diversis terris et principatibus disceptabat[2]. Habuit autem secum Gerardum episcopum Moguntinum, virum[f] flexibilem in quamlibet partem sicut *arundinem vento agitatam* Rex Matth 11, 7. Luc 7, 24. enim Francie in hominibus et rebus maximum et inestimabile dispendium a Flandrensibus receperat et iac- 1302 (Iul 11) turam, ita ut, Francia militibus suis spoliata, rex occisorum numerum per clericos instauraret et uxores prostratorum clericis ex studio tractis militare volentibus copularet[3]. Albertus autem pacis inter eos volens[g] 1299. semina spargere pro tunc modicum profecit nec per interlocutoria nec per presencialia, nisi quod inter Rudolfum filium suum et filiam[4] regis Blankam nomine matrimonium est tractatum et commissa[h] Wikboldo Coloniensi et Bohemundo Treverensi[5] est — qui ipsam virginem adduxerant — feliciter consummatum*. Que heu dolor! cito[i] ex hoc mundo transiit sine prole et in civitate Winnensi apud fratrum Minorum monasterium 1305. (Mart 19) tumulatur[6].

Tempore consequenti archiepiscopus[7] quingentarum marcarum expensas habitas a rege sibi peciit resarciri. Rex archas vacuas asseruit se habere nec posse satis-

*) *In marg Ioh scripsit.* Hoc anno fuit strages Iudeorum 1298 per nobilem dictum Rinthfleisch. Nota alibi[k]

a) Filios — investivit *in marg add* b) *primum Ioh* obs sibi posse *scripserat, sed* s p *post delevit* c) et — unionem *a Ioh in marg add* d) amicie c e) per — posset *a Ioh. in marg add* f) virum — agitatam *post a Ioh partim in contextus linea vacua, partim in marg add* g) *ex* sem vol *transposita* h) virgine *vel* puella *vel simile verbum supplendum O H.-E* i) cito — prole *cursus gratia ex* cito transiit ex hoc m sine pr *a Ioh transposita.* k) alibi *certo legi nequit*

1) *Cf tabulas regis datas die Nov.* 21. 2) *Immo Philippus IV Alberti auxilium contra Bonifatium VIII petivit, cum eae dissensiones, quas Ioh dicit, a* 1298 *per pactum finitae sint* 3) *De pugna apud Curtracum a* 1302. *Iul.* 11. *commissa Ioh. cogitare videtur* 4) *Sororem.* 5) *Error, hic non interfuit* 6) *Cf Cont Florian, SS IX, p* 751, *l.* 47 7) *Moguntinus Gerhardus.*

facere, necessitatis articulo multiplicis imminente[1].
1300 Presul moleste ferens inter se et regem cogitavit[a] amiciciam disturbare, penitens, quod constituerit eum regem[2]. Igitur Coloniensem[3], Treverensem[4] episcopos, Rudolfum palatinum, sororis regis filium, convocat et verborum ambagibus circumagitat, ut contra regem pariter conspirarent. Et ipse quidem cingulatus super femur capsella et cornu venatico audientibus pluribus fertur publice edixisse manu capsellam percuciens: 'Reges multi adhuc capsellula sunt conclusi'. Qui versibus Persii[5] videtur feriendus:

Pelliculam veterem retines[b], *sed*[c] *fronte politus*
Astutam rapido retines[d] *sub pectore vulpem.*

De[e] anno iubileo et de eorundem principum subpressione et reconciliacione eorum ad invicem. Capitulum VIII.

1301 Anno[f] autem Domini MCCC. primo rex hoc audiens, in rebus bellicis habituatus, ut comminueret vires presulis, comites de Gelria[6], de Iuliaco[7], de Monte[8] stipendiis et invadiacionibus sibi vinxit, mandans, ut, si presul Coloniensis in adiutorium Moguntini[g] erigeret, totis viribus impedirent[9]. Quod efficaciter perficere studuerunt, nam Iuliacensis comes oppidum quod Legnich[10] dicitur Coloniensis episcopi de fundo funditus delevit, castrum nobile in eo penitus dissipavit, ceteris similiter bona episcopii destruentibus circumquaque. Mandavit eciam rex officialibus suis per Sueviam superiorem constitutis, ut sororis sue filium Rudolfum palatinum et motus eius conceptos contra avunculum cohercerent. Qui civitates Laugingen, Schongewe, Werdeam[11], castrum Swabesperch[12] bellice sunt aggressi et artissime constringebant. Per-

a) *rog. in marg. add.* b) retinens *Pers. et infra p.* 362. c) sub *Pers.* d) servas *Pers.* e) *inscriptio capituli in marg.* f) A. — MCCC. primo *in marg.* g) *supple* se. *O. H.-E.*

1) *Nec petitio nec responsio veritati congruae sunt.* 2) 1 *Reg.* 15, 11: Poenitet me, quod constituerim Saul regem; *ib. v.* 35: Dominum poenitebat, quod constituisset eum regem. *O. H.-E.* 3) *Wicboldum.* 4) *Dieterum fratrem Adolfi regis.* 5) *Sat. V, v.* 116 *sq.* 6) *Rainaldum I, cf. Boehmer, Reg. Imp.* (1844), *Alb. nr.* 172. 7) *Gerhardum VII, cf. Boehmer, Reg. Imp.* (1844), *Alb. nr.* 257. 8) *Wilhelmum, cf. Boehmer, Reg. Imp.* (1844), *Alb. nr.* 306—8. 9) *Praeter favores regis erga comites cetera Ioh. commentus esse videtur.* 10) *Lechenich prope Coloniam.* 11) *Donauwörth.* 12) *Schwabeck.*

tenebant autem de iure ad regnum[1], sed Lůdewicus 1301
Rudolfi pater eas a tempore Friderici imperatoris usque ad illa tempora possidebat.

Anno[a] Domini MCCC primo sub Bonifacio papa et Alberto rege Rome fuit annus iubileus, quo tempore de diversis mundi partibus nobiles, ignobiles, senes et iuvenes utriusque sexus, laycalis et clericalis sexus[b], ad Urbem pro suorum remissione peccaminum populi confluxerunt*.[2]

Anno Domini MCCCII. *rex civitatem Alzacie que *f. 22'. (Maio)
Wizenburch[3] dicitur obsidebat et ea habita castrum Alzeyam, eque ad palatinatum pertinens, occupavit, intrinsecus existentibus obsistentibus toto posse. Habito tamen per pacta interposita aliqualiter intento civitatem Adolfsaim aggreditur, et cum eam expugnare non posset, vineta, segetes et arbusta undique per circuitum dissipavit, et rebus prospere gestis Renum transiit iuxta Spiram[4] et comportatis victualibus ad instantem expedicionem necessariis presulis Moguntini civitatem que (Aug.-Sept.)
Pinguia dicitur obsidione cinxit fortissima. Cives et nobiles[c] in ea conclusi viriliter se defendentes iam excidio imminente ad graciam se dederunt. Monasterium prope positum supra ripam Nahe fluminis, quod Mons Sancti Rûperti[5] vocatur, nobilibus dominabus sanctimonialibus decoratum, per rapinas et inepcias tam ecclesie ymaginibus quam feminis exhibitas adeo angebatur, ut exire compellerentur et relinquere monasterium cogerentur. Moguntinus presul regis iram videns accensam, eam exstinguere et se salvare cogitans, tria castra ei 1302. (Mai. 21)

*) *Infra Ioh. atramento subaquoso scripsit:* Nota in Ysidoro[6], quid sit iubileus.

a) Anno — confluxerunt *(l. 9) in marg. inferiore add.* b) *sic c.* c) nobiles *Ioh. ex* nobilibus *corr.*

1) *De simili relatione Cont. Hermanni Altah. tertiae, SS. XXIV, p.* 57, *cf. Lorenz, 'DGQ' I, p.* 150. 2) *Cf. Cont. Hermanni Altah. tertiam, SS. XXIV, p.* 57, *et supra n.* 1. 3) *Ioh. oppidum Wiesloch in palatinatu dicere videtur. Cf. Ottac. v.* 77145 *sqq., quo Ioh. h. l. non usus est.* 4) *Haec falsa omnino. Wiesloch oppido expugnato rex Heidelberg obsedit, quo castro resistente et Weinheim et Heppenheim captis Bensheim oppidum archiepiscopi Moguntini combussit Renumque prope Oppenheim transiit.* 5) *Rupertsberg, in sinistra ripa Nahae fluminis situm.* 6) *Cf. Isidori Hispalensis Etym. V,* 37, 3: iubilaeus interpretatur remissionis annus.

1302 optulit pro cautela, non tamen in perpetuam possessio-
cf. 3 Reg. 11, 21. nem, ut contra regem manum in reliquum non levaret[1].
Quod dum Rudolfus palatinus agnosceret, regis amici-
1301 (Iul. 20). ciam apprehendere festinavit et veniens eius gracie se
subiecit[2].

1300. (Aug.) Eodem anno rex versus Ollandiam militem instauravit, eam tamquam ad imperium devolutam[3] potencialiter accepturus, et dum propter paludes securum
introitum denegantes redire sibi pro tunc utilius per-
1302 (Sept.-Oct.) sentiret[4], terram episcopi Coloniensis ad hortatum civium
atque suffragium devastavit, episcopo Wikeboldo in Wast-
falie[a] partibus[5] latitante, et castra quidem locavit inter
Coloniam atque Bunnam[6], per circuitum omnia redegit
in nichilum, exceptis municionibus, quas ledere non
valebat. Ostenditur adhuc campus, ubi castrorum eius
locus fuerit, et usque in hodiernum diem 'placzus regis
Alberti' nuncupatur. Et factis treugis pacis[7] Coloniam
(Nov. 3) ingreditur, Colonienses[b] ei[c] XXIIII boves egregios de
pascuis Frisonum adductos, coopertos pulcherrimis operimentis, cunctis videntibus et pulchritudinem eorum admirantibus, optulerunt — pulchriores estimo fuisse quam
Gen. 41, 2. quos Pharao in sompnis asserit se vidisse — tubarum
et[d] clangoribus[8] precedentibus. Ibique a civibus honorabiliter est susceptus. Et dum festive tubis concrepantibus
cum militibus se circumdantibus introiret, quidam ex
parasitis cum sodalibus facto pacto inclamavit, regem
monoculatum[9] voce altissima salutavit; quo subridente
et sciscitante 'O', inquit, 'quid per hoc improperium
meruisti'? 'Vini', ait, 'metretam'. 'Bibe ergo', ait rex,
'et iocundare, neque te nec alios deterreat deformitas
mei visus'. Simile quidem ei contigit, dum in Suevia
quidam bonum spadonem ex condicto Eberardi de Wirtenberch acciperet, ut eius avaricie unius oculi appetitu

a) *sic c.* b) Col. — precedentibus *(l. 23) in marg. add.* c) eum *c.* d) et *delendum videtur.*

1) *Bingen, Ehrenfels, Scharfenstein, Lahnstein pignora in quinque annos regi dedit, cf. tabulas pacis a.* 1302. *Mart.* 21. *ictae, Const. IV,* 1, *p.* 113 *sqq., nr.* 141. 2) *Iam anno praecedente ante Bensheim regi se subiecerat die Iulii* 20. 3) *Quia a.* 1299. *Oct.* 29. *Iohannes comes sine liberis obierat.* 4) *Patet Ioh. expeditionem Alberti in Hollandiam male cum bello contra archiepiscopum Coloniensem duobus annis post gesto conexuisse.* 5) *In Susati castro.* 6) *Inde a die Sept.* 29. *rex tabulas dabat* in castris prope Coloniam. 7) *A.* 1302. *Oct.* 24. 8) *Cf. Num.* 10, 7: tubarum clangor. 9) *Cf. Matth. Neuenburg c.* 31: Iste Albertus rex monoculus.

alluderet. Ridens ait 'De convencione tibi faveo et 1302
lesum me non sencio, dummodo Christianitatis titulo non molestor[a]', exhibens nobis id quod Vespasianus imperator in talibus dicere consuevit[1]. *Huiusmodi hominibus debemus risum, nobis correctionem, penam criminosis.*

Interea mortuo Bohemundo archiepiscopo Treve- 1299
rorum[2] Adolfi regis occisi frater Thiterus nomine de 1300.
religione fratrum Predicatorum per sedem apostolicam ibidem instituitur[3]. Qui ad regem pro fratris morte in primis non valuit gerere cor serenum, adhuc dolore huiusmodi recenter in eius pectore calescente. Super
quo tamen tractatum est, ut sibi tam ipse quam alii 1302 (Nov.).
amici et filii per eterne pacis et reconciliacionis oscula unirentur, multorum fletuum et singultuum intermediis habitis utrobique, fortissimis nichilominus pactis amicicia et pax cum validis instrumentis litteralibus roborantur[4]. Et sic rex ad amiciciam premissis tribus episcopis et palatino sibi compactatis in Sueviam est reversus[5], et dum quieti aliquantulum intenderet, audivit[6]
Rudolfum palatinum matrem suam[7], sororem regis, (Iun 23)
captivasse et vicedominum suum[8], eius regentem pro- (Iul 12)
vinciam, decollasse. Et egre quidem ferens venit in
civitatem Recie Nordlingam, ducem corripuit ac ad itera- (Iul 18)
tam amiciciam ascivit sororemque ab huius improperii vinculo liberavit[9].

Tale quiddam Iosephus[10] narrat Aristobolum facinus perpetravisse, qui matrem et fratres vinculavit, quia tamquam mulier sapiens regnum, ad quod filii insufficientes existerent, Hyrcani mariti commissione gubernavit, in hoc agens deterius, quod tam matrem quam fratres fame in vinculis positos interemit.

*De legacione regis ad papam[b] maritacione *f 23
Anne filie sue, dissensione pape et

a) molestai *c* b) *seq* de reguo Hungario et articulis contra papam Bonifacium C^m quintum *deleta*.

1) *E Iohannis Saresberiensis Polycratici l III, c* 14 2) *Iam a.* 1299 *Dec* 9 *obierat* 3) *A* 1300 *Ian* 18 *a sede apostolica provisus coniurationi contra regem adhaesit, qui a.* 1302 *Nov. contra eum profectus est.* 4) *De pace cf Kopp III,* 2, *p* 112 5) *Commentum Iohannis* 6) *Sequentia aliquanto ante res contra Coloniensem et Treverensem archiepiscopos gestas contigerunt* 7) *Mechtildem.* 8) *Conradum de Ottingen* 9) *Cf. Boehmer, Reg Imp* (1844) *p* 231 10) *Antiq Iud XIV, c* 18, *cf Bell. Iud I, c* 3

Columpnensium, variacione regni Ungarie
Capitulum IX.

Anno Domini MCCCIII⁰ Albertus rex per Alemanniam omnibus obstaculis iam remotis et principibus
ad sui status gloriam concordantibus sedis apostolice
graciam statuit inquirendam[1], approbacionem electionis
confirmacionemque et de perpetratis indulgenciam im-
1300 petrandam Mittit ergo virum eximie nacionis, libere
condicionis, dominum Iohannem de Sirka[2], quod est
oppidum Lotharingie, territorii Treverensis, episcopum
Tullensem[3], et spectabilem comitem de Ôtingen[4] de
partibus Reciarum, instructos de omnibus postulandis;
qui venientes ad summum pontificem sine efficiencia
revertuntur, non parvi doloris aculeum regi et toti re-
1301. (Apr.) gali curie infixerunt[5]. Misit iterum Ulricum venerabilem
abbatem Salemensem et virum nobilem de Schellenberch[6]
cum cancellario suo[7], viros sollempnes et ad omne negocium expeditos; quos dum papa admissos audisset,
3 Reg 21,19. respondit: *Occidisti et insuper possedisti,* exprimens Adolfi
occisionem et Alberti successionem[b]. Replicabat eciam
consortis sue domine Elizabeth regine lineam infectam
pro sanguine Chunradini, cuius soror ipsa fuerat, qui
ex matre frater eius fuerat, qui in Ythalia occubuit
sicut in antehabitis est descriptum[9]. Et papa quidem
ad singula durius respondente nuncii ad propria infecto
negocio sunt reversi[10], rex autem omnia sufferens pacienter, si forsan huius indignacionis nebula solveretur
1295 [expectabat[a]] Rex[b] hoc in tempore filiam suam Annam
Hermanno marchioni, qui dictus est Cum-telo[11], gentis
Saxonice de Brandenburch, matrimonialiter copulavit.
Fuerunt tres fratres, qui marchionatum Brandenbur-

a) exp (vel huiusmodi verbum omissum) in c supplevimus b) Rex — conv (p 331, l 3) in marg dextera add

1) *De prioribus legationibus, quas Albertus rex ad Bonifatium VIII misit, cf Niemeier, 'Untersuch uber die Beziehungen Albrechts I zu Bonifaz VIII' p* 1—60 2) *Sierck ad Mosellam.* 3) *A* 1296—1305 4) *Ludovicum* 5) *Cf Niemeier l c p* 61—73, *qui hanc legationem a* 1300. *Febr.* — *Maio factam esse statuit, et infra p* 360, *ubi recte a.* 1300 *facta dicitur* 6) *Markuardum* 7) *Iohanne praeposito Turicensi, qui tamen ante a.* 1303. *Ian.* 11. *quo primum cancellarii titulo usus est (Boehmer, Reg Imp, Alb nr* 414), *regis protonotarius fuit* 8) *Similiter eum locutum esse Chron. de gestis principum l c p* 24 *refert* 9) *Cf supra p* 160—165. *et Matthiam Neuenburg. c* 34 10) *Cf Niemeier l c p.* 91—96 11) *Immo Longus, cf. supra p* 136, *n.* 5.

gensem inter se diviserunt. Et hic decessit[1], ab utra- 1308.
que parte Al[bie][a] flu[minis] . [a] oppidorum et civitatum
pars maxima populorum conv . . . .[b] Moritur hoc
tempore regis soror regina Bohemorum[2], cuius mors 1297.
regis pectus mucrone acerrime tristicie vulneravit Que
quidem filium unum Wenzeslaum, tres filias[3] seculo
dereliquit.

Contigit interea Francorum regem et Bohemorum[4]
atque totam progeniem de Columpna pape gravissime
indignari, nam privilegia Predicatorum et Minorum fra- 1300
trum indulta per suos predecessores imminuit et quartam
partem testamentorum secularibus et parrochialibus
ecclesiis deputavit[5]. Quod reges non modicum pertur-
babat ⟨Columpnenses[c, 6] ad Fridericum regem Sicilie, 1297.
deinde ad regem Francie[7] venientes suum exilium deplorabant. In ipso tempore sextum decretalium edidit 1298
librum, ecclesiasticis negociis perutilem, in quo Columpp-
nenses cardinales condempnavit[8] et eorum nepotes usque 1297 (Maio)
ad quintam generacionem, ne reciperentur ad ecclesiasticas
dignitates Civitatem[9] eorum cum castro expugnavit et
mutato nomine sedi apostolice adiecit. Postea tamen 1299.
ad sedis graciam redierunt[10], et reconciliacionis tempore 1303
unus ex eis ad summum pontificem in audiencia publica
proloquens ait alter Iob *Manum tuam longe fac a me,* Iob 13, 21
et formido tua non me terreat.

a) *aliqua in marg. abscisa* b) *reliquae litterae partim nimis attritae, partim abscisae* c) Columpnenses — vicis *(p. 332, l. 18) uncis inclusa a Ioh deleta*

1) *Hermannus Longus a* 1308 *decessit, fratres Otto et Albertus.* 2) *Guta, a* 1297 *Iun* 18 3) *Quatuor habuit, quarum Agnes maior ante matrem mortua est.* 4) *Quia Wenceslaus II filium suum regem Ungariae fecerat, quem non recognoscens Bonifatius VIII. patrem et filium Ungariam egredi iussit, cf. infra p.* 333. 5) *Cf. Librum Sextum Decretalium III,* 12, *c* 2 *et Extrav commun III,* 6, *c* 2 *et Clementin. III,* 7, *c.* 2; *Potthast, Reg. pont nr* 24913 6) *Cf infra l. III, c* 2 *rec B.* 7) *Alios in Siciliam, alios in Franciam fugisse narrat Ioh Villani l VIII, c* 23 *Cf Drumann, 'Gesch. Bonifacius VIII' I, p* 204 *sq. et bullam* Super Petri solio, *quam Bonifatius a.* 1303 *Sept* 8 *publicare voluit.* 8) *Lib. Sexti V,* 3, *c un, data a* 1297 *Mai* 23, *Potthast, Reg pont nr* 24520. *Librum Sextum papa edidit a* 1298 *Mart* 3, *Potthast nr* 24632 9) *Praeneste, quam civitatem Columpnenses sponte tradiderunt, papa civitatem destrui novamque subtus construi a.* 1299. *Iun* 13 *iussit, cui nomen Civitatis-papalis imposuit.* 10) *Benedictus XI. a* 1303 *Dec.* 23 *sententias Bonifatii sustulit, Extrav. commun V,* 3, *c* 1, *Potthast nr* 25324

Ottac 11569-661. Hoc* tempore regnum Ungarie legitimo herede caruit, regali prosapia per successionis lineam iam sublata; nam Stephanus Bele regis[a] filium habuit Stephanum nomine, qui sororem marchionis Astensis de Lombardorum partibus duxit, et ipse moriens consortem gravidam reliquit[1]. Que cum iuxta consuetudinem Ungarorum ad propria redire cogeretur, frater eius in portu Iadrie eam suscepit, et accersitis personis bone fame et honoratis se edocuit impregnatam genuitque filium, Andree nomen ei aptans
ib 39910-74 antiquorum regum Ungarie. Post vero duxit nobilissimum Venetorum atque ditissimum, qui hunc puerum tamquam proprium educavit. Vacante ergo, ut premissum est[2],
1290 regno Ungarie hunc accersiunt et regem suum constituunt,
1296 duxitque Alberti adhuc ducis Austrie filiam Agnetem, ut in regno posset valencius stabiliri. Qui non longo tempore supervixit et Alberti filiam sine germine viduam
1301 dereliquit[3], disposita sibi in dotem civitate Posonica
*f 23' cum adiacentibus copiosis *villulis atque vicis>.

Defuncto[b] namque sine liberis Andrea, qui filiam Alberti Agnetem habuit, ut premissum est[4], Bonifacius papa Karolum[5] nepotem Karoli[6], filium sororis[7] Alberti, que in Apuliam tradita fuerat, per cardinalem qui Gentilis dictus est pro rege Ungaris destinavit[8]. Dux eciam
1305 Bawarie Otto vocatus fuit, eo quod mater eius[9] fuerit
1307 filia Bele regis, qui traditus et captivatus ab illis partibus vix evasit. Rex quoque Bohemorum Wenzeslaus
1301. filium suum Wenzeslaum[10] direxerat, eo quod a quibusdam Ungaris fuerat invitatus, et sic regnum scissum multis subiacuit miseriis et pressuris. Papa autem omnes

*) *Ioh in marg scripsit* 'Hoc tempore regnum etc.' scribe; *cf supra l III, c. 2, p.* 311, *l.* 25

a) *supplendum est* filius   b) Defuncto — premissum est *Ioh scripsit pro* Quo defuncto

1) *Cf supra p* 311, *n* 5   2) *Cf p* 312, *l* 13—25.   3) *Obiit a* 1301 *Ian* 14   4) *Cf et p* 312, *l* 19   5) *II Robertum*   6) *II. regis Neapolitani*   7) *Clementiae, cf supra p* 238 282   8) *Karolus II. Robertus iam a* 1301 *in Ungariam venit, Ioh legationes Nicolai card ep Ostiensis a* 1301. *et Gentilis card presb a* 1308 *factas confudisse videtur*   9) *Elisabeth Iam a* 1301 *Ottoni et Stephano fratri eius Ungari frustra coronam obtulerant, a* 1305 *Dec* 6 *Otto Albae-regiae coronatus est, sed a* 1307. *a principe Transsilvaniae captus, a* 1308 *liberatus ab Ungaria petenda in posterum destitit Cf et Ottac. v.* 85425—89046   10) *III In Ungaria Ladislaus V vocabatur.*

adversarios Karoli dum excommunicacionis cuspide cot- 1303
tidie pertunderet[1], Bohemorum regis filius ad patrem 1304
rediit[2] et Karolum in angustia dereliquit, qui tamen
apud monasterium Bele-fontis[3] degens misere nimis
vixit et contrariancium sibi obitum raptu aliquantulum
victuque tenui[4] expectavit, quousque successu temporis
prosperitas sibi eiusdem regni plenum tribueret principatum.

De[a] approbacione et confirmacione Alberti per papam et articulis regis Francie contra papam. Capitulum X.

Papa contrarios habens sibi reges et ordines supradictos misit ad Albertum regem Romanorum mandans, ut sibi sollempnes nuncios destinaret, se iam ad omnia sua volita asserens inclinatum. Rex gavisus comitem Eberardum de Kaczenhellenpogen cum copiosa dirigit comitiva, qui magnifice susceptus est et quod voluit impetravit[5]. Affectavit tamen papa[b] conubium aliquod sui ac regalis sanguinis fieri, quo sui germinis lineam decoraret suamque potenciam contra adversarios roboraret. Quod dum rex gratanter admitteret, ut quod peciit facilius optineret, sine mora papa de plenitudine
potestatis electionem eius confirmavit, approbavit ac de 1303
perpetratis casibus, quos in prelio et occisione Adolfi incidit, dispensavit, in reliquum de hac glorians amicicia dicebat: 'Suscitavi michi leonem ab oriente[6], qui causam ecclesie fremitu vocis et terrore gladii vindicabit', non dubium, quin de Alberto eiusque confisus suffragiis loqueretur. Ipsum eciam ad coronam imperii invitavit, quam sibi in Urbe propriis manibus promiserat impositurum. Et hortabatur affectuosissime, ut veniret, quatenus huius regni gloriosum effectum susciperet et sacri imperii decus[c]; cuius cause nuncius fuit Heinricus abbas

a) *inscriptio capituli in marg.* b) *post* papa *seq.* per *super lineam scr.* c) *Ioh. in marg. addidit:* se diligere declararet, *quod non huc, sed potius ad l. 27—29. pertinere videtur.*

1) *Cf. sententiam Bonifatii VIII. datam Anagniae a.* 1303 *Maii* 31, *Potthast nr.* 25252. 2) *Causam reditus Wenceslai Ioh. ignoravit.* 3) *Cf. supra p.* 128, *l.* 33. 4) *Fabulosa. A.* 1307 *Karolus II. Robertus ab Ottonis parte in Dalmatiam secedere compulsus est.* 5) *Haec fide non digna, cf. Niemeier l. c. p.* 142 *sq.* 6) *Cf. Is.* 41, 2: Quis suscitavit ab oriente iustum . . .?

Vallis-Utrine[1], postea episcopus Tridentinus. Papa con-
1302 (Nov.) formitate huiusmodi confortatus concilium celebravit[2], prelatos, archiepiscopos, episcopos, abbates, prepositos
1301 de diversis mundi partibus convocavit, theologos, decretistas, quos in suo regno et per regnum transeuntes rex Francie impedivit et[a] prohibuit, ne venirent, papa graviter indignatus iterum convocacionem fecit ad idem, rex iterum obstitit et totis viribus obviavit[3]. Et regni
1303 (Iun. 14) sui conglobatis archiepiscopis, episcopis et prelatis, magistris theologis et iuris peritis contra papam articulos proposuit subnotatos[4], quos per archiepiscopum Arelatensem[5] publicavit. Primus fuit, quod papa sit publicus symoniacus; secundus, quod dicit se non posse committere symoniam; tercius, quod sit homicida propter Celestinum, quem carceri mancipavit et transtulit ex hac luce; quartus, quod sit usurarius manifestus; quintus, quod non adhibet fidem verbis conficientibus eucharistiam sacrosanctam; sextus, quod[b] anima hominis sit mortalis, et quod aliud gaudium non sit nisi vite presentis; septimus, quod sit revelator confessionis, quia coegit quendam cardinalem, ut sibi confessionem cuiusdam episcopi[c] de Hyspania sibi factam revelaret, qua revelata episcopum deposuit et post accepta pecunia restituit sicut prius; octavus, quod habuit duas neptes consanguineas concubinas et ex utraque filios genuit, quorum unus in episcopum est promotus; nonus, quod regi Anglie dedit omnes decimas ecclesiasticas per regnum suum decem annis[6], ut in auxilium ecclesie contra regem Francie se armaret; decimus, quod stipendiavit Sar-
*f. 21 racenos, *ut Siciliam invaderent et perimerent Christianos, et ex hoc triginta milia hominum sunt occisa, Christiani nichilominus optinuere victoriam gloriosam[7].

Que omnia si sint vera vel falsa, auditori[d] committimus et lectori.

a) et — venirent *post in marg. a Ioh. add.* b) *sic et infra p. 369, l. 29 et in articulis desunt verba* quod credit. c) presbyteri *Accusationis capita.* d) auditori *pro* lectori *deleto Ioh. scripsit.*

1) *Eusserthal monasterium ord. Cisterciensis. Cf. Niemeier l. c. p. 144 sq.* 2) *Rerum ordinem Ioh. invertit, cum Bonifatius VIII. a. 1301 Dec. 5 praelatos Franciae ad concilium a. 1302 Nov. 1 celebrandum invitaverit, Potthast nr. 25099; sed Philippus IV. prohibuit eos, ne id facerent. Concilium tamen tempore statuto habitum est.* 3) *Haec falsa.* 4) *Vide articulos editos a Baillet, 'Histoire des démeslez du pape Boniface VIII avec Philippe le Bel, Actes et preuves' p. 29, nr. 11.* 5) *Potius Narbonensem Bernardum. Re vera Guilelmus de Plasian articulos proposuit a. 1303 Iun. 14.* 6) *Cf. Gottlob, 'Die päpstlichen Kreuzzugs-Steuern des 13. Jahrh.' p. 155 sq. 159 sq.* 7) *Ioh. quae addidit fortasse ipse commentus est.*

Memor eciam rex[1], quomodo Deum placaret pro 1303
delictis suis, castrum quoddam quod Ebrordi-lapis dicitur
comparavit, in quo mutatis edificiis et structuris Cisterciensis ordinis monasterium inchoavit, quod Fontem-regis[2] nominavit, subesse quoque abbati et Salemensi monasterio pro conservacione discipline[a] monastice deputavit, imitans regem Davit, qui aream Ornan Iebusei argenti precio emit, ibi ad placandum Deum pro offensionibus suis altare construxit et holocausta et sacrificia instituit offerenda[3]. Huic operi post regis mortem a regina et pueris maior est diligencia adhibita, quia preventus ipse per se quod cogitaverat non explevit.

De* morte pape et vacacione regni Bohemie. Capitulum XI

Anno Domini MCCCIIII Bonifacius audiens pro-
mulgatos contra se articulos tam nefarios[1] transtulit se
ab Urbe propter caloris temperamentum in Ananiam (Maio)
civitatem, de qua fuerat oriundus, et convocatis cardinalibus concilium celebrandum decrevit, in quo regem Francie apostolice severitatis gladio a regno deicere vel saltem sauciare graviter cogitavit[5]. Quo comperto rex
Columpnenses convocat eisque *misterium sui consilii* Iudith 2,
communicat et quingentis militibus armat[6], ut pape perdicionis laqueum iniciant[7], animat atque armat, qui
navibus dispositis mare sulcant[8], Ananiam clanculo per- (Sept 7).
veniunt, papale palacium circumdatur, ruptis omnibus repagulis ostiorum, cardinalibus et omnibus cum papa existentibus fugientibus, ad pape cameram hostis[b] venit.

*) *Altera inscriptio in marg. scripta, sed deleta.* De transitu Bonifacii et successu Benedicti et expedicione Alberti in Bohemium regem[c]. C^m VI.

a) *ex* monast. disc. *a Ioh. transposita.* b) *sic ex* hostes veniunt *a Ioh. corr.* c) reg̃ *c.*

1) *Albertus videlicet.* 2) *Konigsbrunn in loco castri Herwartstein a Rudolfo rege destructi, cf. Janauschek, Orig. Cisterc. I, p.* 268, *nr.* 696; *Boehmer, Reg. Imp.* (1844), *Alb. nr.* 435. 3) *Cf.* 1 *Par.* 21, 17—26. 4) *Papam eos audivisse Ioh. commentus est, Anagniam papa ante diem* 19 *Maii pervenit.* 5) *Concilium papa non decrevit, ceterum cf. bullam supra p.* 331, *n.* 7 *laudatam.* 6) *Haec falsa ex parte, praesertim cum Guillelmi de Nogareto auctoris facti Anagnini Ioh. mentionem non fecerit.* 7) *Cf.* 1 *Cor.* 7, 35: non ut laqueum vobis iniciam. 8) *Cf. Holtzmann, 'Nogaret' p.* 60.

1303 Eductis gladiis Columpnenses animo[a] concitato[1] absolucionis beneficium poscunt, quo[b] fuerant innodati. Presul
Ioh. 18, 4 *sciens omnia que ventura erant super eum*, indutus omnibus ornamentis papalibus, de ligno Domini in aurea
cruce ad pectus ponens, processit dicens[2] se pro Christiani
nominis fide constantissime moriturum, et dum ad ostium
pervenisset occurrens hostibus, a quodam acerrime post[c]
iannam est compressus. Cui quidam ait 'Intrasti ut
vulpes, regnasti ut leo, morieris ut canis'[3]. In quo contra Celestinum eius fallaciam, si tamen ita fuit, et
contra Columpnenses seviciam et inopinate mortis in-
Amos 7, 14 stanciam arguebat. Fertur pontifex respondisse '*Non
sum propheta* nec *filius prophete*, sed regem Francorum
dico miserabiliter victurum, breviter moriturum et semen
uteri sui de throno regni sui celerius defecturum'. Que
omnia ad unguem[4] citissime sunt repleta, sicut inferius
1 Reg. 10, 26 est notatum. Quidam *quorum corda Deus tetigit*, territi
hoc videntes retrocesserunt, alii, ne in vacuum laborassent,
nefarias manus in thesaurum et ornamenta ecclesie iniecerunt et secum preciosum spolium abstulerunt. Cives
(Sept. 9) sera ducti penitencia Francigenas expulerunt papamque
in profundissimis anxietatis sue fluctibus reliquerunt.
Quo audito Romanorum potentissimus dominus Ursinus[5]
cum equitibus et peditibus innumeris venit Ananiam et
(Sept. 25) sublatum pontificem Romam duxit. Qui non longe post
(Oct. 12) artantibus eum doloribus transiit ex hoc mundo et in
ecclesia beati Petri in mauseolo[6], quod multo decore sibi
paraverat, sepelitur. Cui consensu cardinalium omnium
(Oct. 22) successit Benedictus magister ordinis fratrum Predicatorum[7], vir devocione et sciencia precipue decoratus, qui
dum a Laterano ad Sanctum Petrum procederet, de turri
quadam eminenti interposita cardinalis quidam proiectus
*f. 24 graviter vulneratur. *Ob quod facinus dum presul ipsam
turrim peteret demoliri, cives responderunt tale decus
1304 (Maio). Urbis destrui propter tale piaculum non debere[8], papa

a) an conc. *in marg.* b) *sic c., pro* ab excommunicatione, qua c) post ian. *in marg.*

1) *Cf. Iudic.* 18, 25: animo concitati. 2) *Cf. Finke p.* 269, *n.* 1. — *Ioh.* 18, 4 *post verba supra l. 3 allata*: processit et dixit eis. 3) *Cf. Holtzmann l. l. p.* 238, *Ann. Forolul., SS. XXIV, p.* 207, *l.* 44; *Finke l. c. p.* 42, *n.* 2. 4) *Cf. Horatii Sat. I,* 5, *v.* 32. 5) *Matheus Rubeus card. e gente Ursinorum.* 6) *Cf. Holtzmann l. l. p.* 237, 2 *Par.* 35, 24: sepultus in mausoleo patrum suorum. 7) *Nicolaus card. episc. Ostiensis.* 8) *Fabulosa.*

vero excuciens pulverem de pedibus suis[1] se mox Peru- 1304
sium transtulit ibique curiam suam instituit, confluxe-
runtque ad eum de diversis populis et gentibus cetus
populorum innumerabilium, ut est moris.
Eodem anno rex Klysie[2] moritur filiam unicam[3] 1296 (Febr 6)
derelinquens, quod rex audiens Bohemorum predictam
duxit iuvenculam in uxorem[4], regnum illud addiciens 1303 (Mai 26)
regno suo. Albertus hoc comperiens, contra se et ius
imperii Romani factum asserens[5], inter eos oriuntur
gravissime simultates, et cum nulla inter eos amicabilis 1304
fieri posset concordia[6], Albertus Sueviam superiorem,
inferiorem et Reni fluenta cum Australibus et Styriensibus conflat et tribus milibus armatorum in unum coactis[7]
Bohemorum fines ingreditur devastare, et circa fodinas (Sept)
Kutinarum[8] maximis illatis dampnis omnia circumqua- (Oct)
que suburbia devastavit; rex Bohemorum autem largis
distributis stipendiis, XXX[a] milium marcarum episcopo
Moguntino, marchionibus[9] et aliis comitibus maximum
et ipse exercitum conglobavit et habito consilio utilius
censuit municiones regni per conductos et domesticos
milites conservare quam campestri prelio Romanorum
principi obviare, bonum sibi et fortissimum defensorem
dicens in foribus iam astare. de instancia hyemis contexens vaticinium, que densissimis pro se nebulis, glacie
et frigoris sevicia decertavit et exire Albertum de regni (Oct 22)
finibus coartavit[10] Interea rex Bohemorum filiam suam
Annam Heinrico Meynardi ducis filio copulavit[11], quem 1306
generosi sanguinis, animi constantis et in bellicis rebus
habere experienciam et gloriam claram habere[b] novit,
ratus, quia frater regine Romanorum[12] extitit, vel regis

a) XXX m marc. *in marg.* b) habere *h l delendum videtur.*

1) *Matth* 10, 14 *Marc* 6, 11 · excutite pulverem de pedibus vestris *O. H -E* 2) *Premislaus II rex Poloniae.* 3) *Richsam, quae et Elisabeth* 4) *Cf Chron Aulae-regiae I, c* 69, *p* 170 5) *Veram belli inter Albertum et Wenceslaum II. reges gesti causam nesciens Ioh haec commentus esse videtur, cum tamen Ottac fide digniora referat.* 6) *Ioh. fortasse de Hermanno marchione Brandenburgensi mediatore (a* 1303*) cogitavit, cuius et Ottac v* 81954—82222 *meminit* 7) *Cf Matthiam Neuenburg c* 36: cum tribus milibus galeatorum de Swevia et Reno 8) *Kuttenberg.* 9) *Brandenburgenses dicere videtur* 10) *Cf quae Holder-Egger ad Chron. S Petri Erford, Mon. Erphesfurt. p* 327, *l* 23, *adnotavit.* 11) *Wenceslao II. mortuo Wenceslaus III. ei sororem suam Annam a* 1306. *Febr* 23 *uxorem dedit* 12) *Elisabeth.*

1306 fervorem contra se tam vehementer accensum celerius
extinguendum vel certe necessitate imminente armis se
tanti viri forcius confovendum. Quibus nupciis magnifice celebratis rex Wenzeslaus[a] non longe post dissen-
1305 (Iun. 21). terie morbo contra se invalescente transiit ex hac vita.
Hic vir valde pius ad Deum monasterium ordinis Cister-
1292 (Apr. 20) ciensis quod Aula-regis dicitur edificavit multisque
beneficiis exornavit, in quo et se tumulari post obitum
procuravit[1]. Reliquit filium nomine Wenzeslaum, iuvenem et vanitatibus servientem, sicut dicit Salomon.
Eccl. 11, 10 *Adolescencia et voluptas vana sunt.* Fuit ergo impie a duo-
1306 (Aug. 4) bus filiis Sathane interfectus sibi infestis, cuius mors a
suis ministerialibus fuerat procurata[2].

Quod[b] * Heinricus dux Karinthie et Rudolfus Alberti filius ad regnum idem sunt vocati. Capitulum XII[m].

1306. (Aug. 22) Quidam autem Bohemi ducem Heinricum, regis
generum, quidam Rudolfum Alberti regis filium elegerunt,
ita ut regis relictam, filiam Klysie regis[3], duceret et
per hoc conubium in regni potencia se firmaret. Heinricus autem dux Karinthie collectis agminibus regnum
apprehendere properavit[4], habens secum Stephanum
ducem Bawarie consanguineum[5] et de Athasi atque
(Sept.) Karinthia milicie splendidum comitatum[6]. Albertus vero
copiosa multitudine se succinxit, posttergatis aliis negociis
ad filii sui subsidium se ingessit et consummato suo
(Oct. 16) desiderio tam in nupciis filii cum regina vidua quam in

*) *Altera inscriptio capituli in marg. scripta, sed deleta:* De dissensione in eodem regno et protractu regis in Bohemiam.

a) *ex* Wenzsel *corr. a Ioh.* b) *inscriptio capituli in marg.*

1) *De fundatione monasterii Aulae-regiae (Konigssaal ad Multaviam prope Pragam) cf. Chron. Aulae-regiae I, c.* 41. 42. 44, *p.* 113—115. 117 *sq.* 2) *Ioh. h. l. Ottacarum v.* 89419—619 *exscripsisse videtur; cf. quae Seemuller, 'Deutsche Chron.' V, 2, p.* 1164, *n.* 2, *adnotavit et Chron. S. Petri Erford. p.* 328, *n.* 4. 3) *Cf. supra p.* 337, *l.* 3. 4) *Sed Heinricum tunc temporis in Bohemia degisse testatur Chron. Aulae-regiae I, c.* 85, *p.* 212. 5) *Elisabeth vidua Meinhardi ducis Carinthiae, mater Heinrici, Stephani amita erat.* 6) *Neque Stephanus dux, qui a.* 1307 *Heinrico favebat, tunc apud eum erat, neque hic exercitum magnum habebat.*

multis pactis baronum terre, quos subpanos[1] vocant, ut 1307 *(Ian. 18)* nullum nisi sui germinis regem accipiant si hic filius sine fructu decederet[2], et sic in regno filium stabilivit de consensu omnium sue partis. Heinricus dux, senciens se ex equo non posse contendere cum principe Romanorum, cum suis Bohemiam postergans rediit in 1306 *(Sept)* montana. Quo elapso omnes Rudolfum regis filium unanimiter susceperunt, Albertus autem filio in regno 1307 *(Febr)* firmato in Alemanniam est reversus. Rudolfus autem post patris abscessum anno primo in civitate Pragensi[3] morbo dissenterie, ut dicitur, gravatus transiit ex hoc *(Iul 4)* mundo, relinquens coniugem impregnatam, et sic *regnum *f. 25 Bohemorum vice tercia sub brevi tempore regibus raptis morte celeri iam vacavit. Bohemorum nobiles Heinricum ducem Karinthie iterum accersiunt, regem sibi statuunt, civitates ei aperiunt, venientem cum exultacione suscipiunt[4], que Alberto de sua posteritate promiserant, ex animo reiciunt et postponunt Albertus, audiens nurum suam gravidam, eam in Austriam advocat[5], ut rei exitum ex partu cognoscat, provida mente versat. Que dum filium peperisset, Albertus heredem regno genitum asserens anno regni sui octavo[6] iterum regnum invadit *(Sept)*. Bohemicum cum potencia, Heinrico sororio non gerens serenum animum, regnum rapinis atque incendiis gravissimis lacessivit et usque ad fodinas Kutinarum[7] omnia subiugavit et tantam moram seviens contraxit, ut in- *(Oct -Nov)* stante nocive hyemis violencia[8] hominum suorum periculo maximo et victualium angariatus penuria ad urbem Noricorum[9] retrocedere cogeretur, tempus oportunius ad optinendum suum propositum expectavit. Sicque Heinricus dux in regno Bohemico permanebat, multis tamen iniuriis et tribulacionibus angustatus, nam multis sibi adhuc adversantibus cum labore castra et civitates regni

1) *Bohemice 'župan', nobilis, cf exempli gratia Ottac v 91799* 2) *Haec in comitiis Znoymae habitis pacta sunt, cf tabulas Alberti ibi a* 1307 *Ian* 18. *datas* 3) *Immo in Horaschdiowitz oppido, Bachmann, 'Gesch Bohmens' I, p* 720 4) *Iam die Aug* 15 *rex Bohemiae pronunciatus est* 5) *De Elisabeth reginae fuga ad Fridericum ducem cf Chron Aulae-regiae I, c.* 86, *p* 217 *Sed Ioh errat dicens eam gravidam fuisse et filium peperisse Albertumque propterea Bohemiam invasisse* 6) *Immo nono* 7) *Ibi die Sept* 28 *tabulas dedit* 8) *Albertum,* quia hiemis tempus instaret, *Bohemiam egressum esse et Chron. Aulae-regiae l l dicit; ita et Cont Weichardi de Polhaim, SS IX, p* 818 9) *Per Austriam superiorem et Bavariam profectus Norimbergam ante diem Nov* 18. *pervenit*

1307. accepit et in eis suos ad presidium collocavit; qui, ut fertur, insolencius satis egerunt et tam clerum quam monasteria, quam civiles et[a] nobiles inconsuetis iniuriis turbaverunt[1]. Pars autem adversa arcum iniquitatis tetendit[2] et veneni poculo principi vitam adimere cogitavit, quod tamen artificio medicine, ne per venas diffunderetur, per oculum est digestum, ita ut in eodem luminis et visus beneficio privaretur. Exortum est eciam bellum grave inter suos et inter adversarios, ubi vir strennuus Chunradus de Ovenstain[3], capitaneus Kutinensium, Syfridus de Rotenberch, capitaneus Pragensium, et de Lîbenberch[4] fratres fortiter egerunt et graves corporum suorum iacturas in plagis atque vulneribus pertulerunt, et tam ipsi quam plures alii capti non longe post cum pactis et condicionibus liberantur, et facta concordia inter partem utramque pars regis victoria et votis suis potitur[5], de quibus dicere possumus confidenter,
2 Reg 20, 2 quod olim dictum est in libro Regum, quod *viri Iuda adheserunt regi suo a Iordane in*[b] *Ierusalem,* scilicet David, qui fuit in tribulacione maxima constitutus, et quilibet eorum ad eum dicere poterat confidenter, quod Ethay
ib 15, 21. dixerat ad eundem: '*Vivit Dominus, domine*[c] *mi rex, in quocumque loco fueris, sive in morte sive in vita,* tecum ero'.

De* expedicione regis in Misnam et maritacione filie sue Elizabeth Capitulum XIII[m]

1307. (Iul.). Anno Domini MCCCVI[o] Albertus rex apud marchionatum Misnensem res a priscis regibus, scilicet avo suo Rudolfo et Adolfo, elaboratas audiens concisionem gravissimam sustinere et maxime in hiis, que regis iusticiam tangere videbantur, ut deformata reformaret, ambigua complanaret, violentorum proterviam vindicaret, statum

*) *Altera capituli inscriptio in marg scripta, sed deleta.* De exp. r Alberti in Mysnam et destructione Templariorum. Capitulum VII.

a) tam civ quam nob *scribi debuisset* b) usque *Vulg* c) quoniam in quocumque l. f, domine mi rex, sive — vita *Vulg*

1) *Similia Chron Aulae-regiae l. c refert* 2) *Cf Ier.* 9, 3: extenderunt quasi arcum mendacii, arcum tetendit *saepe in Biblia Vulg.* 3) *Marescalcus Carinthiae* 4) *Liemberg prope oppidum S Viti in Carinthia.* 5) *De his alibi, quod sciam, nihil scriptum est.*

terre ad pacis unitatisque seminaturam ordinaret, militem convocat, eximie decus milicie contrahit, terram ipsam ingreditur, quo facto opus sit, cum suis tractat, ne laboris tanti fatigium[a] frustra videatur subisse, consilium cautum habet. Terricole metuentes Romani nominis excellenciam et venientis super se tante multitudinis potenciam regi se subiciunt et quasi illud Iudith dicere videbantur: *'Veni nobis pacificus* et *dominus et utere servicio nostri sicut* libet[b]'. Marchio terre[1], qui iniuste dominari videbatur, attritus succubuit suamque demenciam recognoscens, cum resistere non valeret, iniuriam sibi fieri nichilominus murmuravit. Omnibus vero sine sanguinis effusione[c] *ad placitum dispositis et nobilium iuramentis receptis[2] terram cuidam magno et potenti viro, dapifero de Rotenberch[3], pro agendis causis et procuracionibus commendavit. Qui maculam glorie sue[4] fedissimam comparans, oblitus fidei, pacta cum hiis, qui se regi opponere cogitabant, iniit et terram hiis, quibus ablata et abiudicata fuerat, reddidit, et quod laboribus et sudoribus acquisitum graviter extitit, leviter resignavit, marchione in statum pristinum atque in dominum reassumpto. Rex audiens hoc iterum militem accingit ad iniuriam atque fraudem sibi factam contra sacramentum prestitum ulciscendam, princeps cum terrigenis militem congerit, castra munit, omnia roborat et acuit, ut occurrat intrantibus, se disponit. Rex intrepide terram invadit[5], rapinis ac incendiis ledit, terre populus occurrit, bellum conseritur, viriliter pugnatur, utraque pars victoriam meditatur. Misenenses de terre sue angulis presumentes concitatis clamoribus hostes terrent, quosdam capiunt, alios vulnerant, quosdam sternunt, ita ut acies regie inclinate incolis victoriam procurarent. Inter alios famosos Fridericus burchravius de Nůrenberch cum pluribus ibi capitur[6]. Marchio terre

1307. (Iul.)

Iudith 3, 6

*f. 25'.

a) *sic c.* b) placuerit tibi *Vulg.* c) *in inferiore marg. folii 25 Ioh. dix. scripsit.*

1) *Albertus vel Fridericus.* 2) *Falsa omnino, cf. Cron. S. Petri Erford. p. 330 sq.* 3) *De Heinrico de Nortenberg e gente dapiferorum de Rotenburg iudice provinciali, a. 1307. Maii 31. apud Luckam victo, cogitare videtur.* 4) *Cf. Eccli.* 47, 22: dedisti maculam in gloria tua; *cf. ib.* 33, 21. 5) *Post expeditionem a.* 1307. *factam Albertus rex nec Thuringiam nec Misnensem marchiam cum exercitu iam intravit.* 6) *Fridericus IV. burggravius pugnae apud Luckam commissae interfuit, sed fugae praesidium cepit.*

1307 de reapprehenso titulo sui nominis gloriatur; rex autem
cogitans, quod varius est eventus prelii[1], sortem sibi
non favisse plus mirabatur quam animo turbabatur, et
rediens de captivorum erepcione sollicitabatur et de
tradicione malignorum, quorum fraudem compererat,
anxium cor gerebat.

1304 (Iul 7) Hoc anno eciam Benedictus papa apud Perusium
moritur, et cardinales discordantes fere per annum concluduntur;
tandem angariati episcopum ⟨quendam[a] de
1305 (Iun 5) Anglia[2]⟩ elegerunt. Quod dum rex Francorum intelligit,
cum magna pompa properat, papam invitat, fallaciam
Ythalicorum explicat, ut ad suas partes veniat, obsecrat.
Papa tantis persuasionibus oblectatus transmontavit[b]·*
Pictavensem ad urbem se transtulit[3], Burdegalim et
Carpentratum[4] invisit ibique sibi ad tempus stare placuit.
Rex Francorum presencia tanti consolatus ho-
cf Amos 6, 11 spitis cornua sumpsit presumcionis et audacie, confidens
tempus, ut omnia que cogitavit perficeret, advenisse
sicut inferius est digestum

1304 Hoc eciam anno rex filiam suam Elizabeth Friderico
Theobaldi Lotharingorum ducis filio sociavit** [5],
missusque fuit Heinricus abbas Villariensis territorii
Metensis, Cisterciensis[c] ordinis, qui prius Utrine-vallis
prior fuit, ut est premissum[6], ad hoc matrimonium
1310 procurandum, qui postea episcopus Tridentinus et Heinrici
imperatoris cancellarius est effectus.

*) *H l in marg Ioh scripsit* Burdegalis curiam instituit
**) *Ioh in marg post add* Genuit filium Rudolfum nomine, qui hodie possidet principatum.

a) *uncis inclusa a Ioh deleta, qui in marg* corrige *scripsit* b) transm *in marg add* c) Cist — premissum *in marg*

1) 2 *Reg* 11, 25· varius enim est eventus belli *O H-E*
2) *Immo Bertrandum archiepiscopum Burdigalensem Errorem cognoscens Ioh. falsa delevit, emendaturus in posteriora recensione* 3) *Clemens V numquam in Italia fuit, Philippus rex Franciae eum primum Lugduni, cum a* 1305 *Nov* 14 *coronaretur, visitavit* 4) *Sed et multa alia Galliae Narbonensis loca* 5) *A* 1304 *Fridericus IV, Theobaldi II ducis Lotharingiae filius, Elisabeth filiam Alberti regis duxit, genuerunt filium Rudolfum, qui obiit a* 1346 6) *Supra p* 333 *sq* — *Episc Tridentinus a* 1310 *factus est, de eo cancellario facto cf Bresslau, 'Handbuch der Urkundenlehre' I, p* 390

De[a] subactione Carinthie et Carniole in dedecus Heinrici regis Bohemie. Capitulum XIIII^{m}.

Anno Domini MCCCVII° Albertus, quamvis sciret 1307 Heinricum ducem Karinthie, regine consortis sue[1] fratrem, in regno Bohemico dominari contra pacta a terre nobilibus sibi facta, graviter satis tulit, et cum ipse hinc inde in regni negociis traheretur, iter agere in Karinthiam non valebat, sed hoc per Fridericum filium suum, ducem Austrie[2], fieri disponebat, ut[b], si non Bohemiam, saltem Karinthiam lacessiret. Qui accersito archiepiscopo Salzburgensi Chunrado et Ulrico viro in rebus bellicis expedito et fideli de Walsê, capitaneo Styrie, ad arcendam Karinthiam eos mittit[3], Karinthia namque vacua quasi fuit, eo quod pociores Karinthiam in Bohemia cum suo principe morarentur. Venientes autem (Aug.-Sept.) civitates angariabant, terram[c] per singulos angulos scrutabantur et precipue spoliis molestabant, monasterium Victoriense[4] suis molendinis ab hospitibus occupatis maximam penuriam sustinebat, panem tamquam cinerem edebat[5] et potum aque per VII ebdomadas bibebat et quasi vacuum personis abscedentibus remanebat. Civi- cf. Ottac. 92694-780 tates, dum elisionem hostium non haberent et principis sui fratrem scilicet Ottonem, Tyrolie manentem, ut eis salvacionis ferret presidium, sustinerent et frustra huius spei anchore[6] inhererent, novissime pro conservacione rerum suarum per internuncios placitantes gracie se ducis Austrie *submiserunt; *f. 26 castra tamen quedam terre fidem suo servare volentes[d] principi fortiter obstiterunt et clamdestinis pervasionibus castra hostium turbantes[e] quicquid rapere poterant abduxerunt. Archiepiscopus ib. 92534-636 autem[f] castrum quod Rabenstain dicitur quasi *trabem in* Matth. 7,3 sqq. Luc. 6, 41 sq.

a) *inscriptio capituli in marg.* b) ut *pro deleto* qui *Ioh. scr.* c) terram — remanebat *(l. 22) in marg. add.* d) *sic c., lege* volentia. e) *sic c.* f) Arch. autem episcopus *c.*

1) *Elisabeth.* 2) *Error, cum hic a.* 1307 *in Bohemia res egerit.* 3) *Cf. ad haec Ottac. v.* 92480—780, *a quo tamen Iohannis relatio saepius discrepat. Cf. et Cont. Weichardi de Polhaim, SS. IX,* p. 818, *quae archiepisc. Iuvavensem* 6 *hebdomadas post Mariae assumptionem (Aug.* 15*) in Carinthia degisse tradit.* 4) *De hoc loco, ex quo A. Fournier l. c. p.* 2 *sq. colligere voluit Iohannem iam tum Victoriae degisse, cf. et 'N. Archiv' XXVIII, p.* 152. 5) *Ps.* 101, 10: cinerem tamquam panem manducabam et potum meum cum fletu miscebam. *O. H.-E.* 6) *Hebr.* 6, 18 *sq.:* spem, quam sicut anchoram habemus

Ottac 1307 *oculo* suo in foribus civitatis Frisacensis conspiciens cum
⟨Chunrado[a] de Schrankpaum⟩, capitaneo et castellano eiusdem, occultum iniit commercium, ita ut dato tradicionis precio optineret et mox destrueret, sicut patet, ut structure
nulla vestigia, sed solius montis eminencia remaneret[b].
Qui iustam mercedis retribucionem[1] consecutus misere
post hec vixit, ita ut vitalia non per loca naturalia, sed
contra usum nature digereret, donec turpiter et vere-
cunde mortis tributum solveret[2] in similitudinem eius,
Act. 1, 18. qui *crepuit medius, et diffusa sunt viscera eius* Karinthiam
autem Ulricus de Walsê per quendam gentis Suevice
Chunradum de Kebelspurch, terre prefectum et designa-
tum vicedominum, ordinavit et per quosdam alios partis
sue, et sic in Styriam est reversus. Heinricus autem
comes Goricie cum sororio suo Ywano comite, postea[3]
bano Sclavonie, Carniolam subiugavit, habens secum
comitem de Ortenburch[4] et non multos terre nobiles,
qui dicebant sacramenta fidei sue nullatenus temerare
Heinrico duci facta, quia iuxta morem priscorum ducum
in sede debita nondum resedisset nec feoda modo et iure[c]
huc usque nullatenus concessisset[d] [5] Et sic Karinthia
et Carniola ad manus ducis Austrie pro tunc divolvuntur,
Heinricus autem dux hiis[e] auditis nimium indoluit et
Iob 16, 15 *concisus* est *vulnere super vulnus*, sed et in Bohemia gravis[f]
fuit pluribus ad videndum, suis vite ordinem non ser-
vantibus*, disciplinam militarem oppressione populi et
questu lucri superflui posttergantibus, terre vulgo atque
sublimioribus principem fecerunt odiosum.

*) *Ioh post in marg add* multaque sibi offendicula per petrabant propter bone[f].

a) *uncis inclusa a Ioh deleta* b) *sic c* c) debito *supplendum esse videtur O. H.-E.* d) concessisse *c* e) hiis — sed *in marg add* f) *Ioh sententiam non finiit* f) grave *legendumne? O H.-E.*

1) *Hebr* 2, 2: accepit iustam mercedis retributionem. *O H.-E.* 2) *Cf locum Senecae supra p* 237 *n* 3 *allatum* 3) *Immo Heinricus de Gussing banus Sclavoniae erat, Iwanus iam a* 1308 *obiit* 4) *Meinhardum, cf. Ottac. v* 92757 73 5) *Negat ergo h l. Ioh. Heinricum ducem Carinthiae inthronizatum esse, id quod Iohannem non credere Puntschart p.* 105 *sq. (cf. supra p.* 251*) ex eo conclusit, quod in rec. B nihil de hac re legatur*

INCIPIT LIBER III.[a] *(REC. B. D. A 2).* *f. 68'*

De[b] vocacione Alberti ducis[b*] ad regnum, de electione comitis Adolfi et aliis incidentibus. [Capitulum I].

Ottac 38148-244. 58867-54638 1290 *Cont. Weich.* 1290 *f. 69 *Ottac* *Cont. Weich* *Ottac* 1291. *(Febr. 11)* *Cont. Weich*

Anno Domini MCCLXXXXI. Rudolfus archiepiscopus Salczpurgensis moritur, et Stephanus Hainrici ducis Bawarie filius postulatur[c], pro cuius causa cum[d] sollempnibus nunciis Chunradus *episcopus Laventinus ad curiam destinatur. Papa audiens insufficienciam Stephani quoad[e] etatem — gerebat enim vicesimum primum annum —, non admisso eo, Chunradum predictum ad ecclesiam transtulit Iuvavensem et benedictione apostolica firmatum, contra offensores ecclesie animatum, ad kathedram transmisit. Postquam[f] ad sedem suam venerat Chunradus archiepiscopus, confederatus est cum duce Ot[tone][g] Bawarie, et fumus maxime dissensionis incepit de die in diem in locis plurimis et in ore quasi omnium scintillare, intrantesque Karinthiam sperantes se Styriam posse obtinere, sed densitas nivium eos redire per viam, quam ve[nerant][g], compellebat.

Archiepiscopus[h] Moguntinus[1] sciens Albertum ducem cum rege Bohemie, ducibus Saxonie et Bawarie habere affinatum[i] et consanguinitatem misit Eberhardum comitem de Kaczenelpogen[k], ut veniat et regnum sibi dispositum suscipere non obmittat, quem dux reverenter susceptum et magnifice honoratum dimisit asserens[l] se venturum.

a) *post a Ioh., ut p. 178, l. 16, in IIII corr. B.* b) *inscriptio capituli minio scripta B*, De advocacione *D*, Cap. I *om. B.* b*) Austrie *add. D.* c) eligitur *B D, quo deleto Ioh.* postulatur *scripsit B.* d) cum — nuncius *a Ioh. add. B, non exhibet D.* e) quoad — annum *a Ioh. adscripta B, non exhibet D.* f) Postquam — compellebat *(l. 19) a Ioh. add. B, non praebet D.* g) *uncis inclusa in marg. abscisa supplevimus.* h) Archiepiscopus — effectus *(p. 346, l. 7) habet A 2.* i) affinitatem *A 2.* k) Kaczenellenpogen *D.* l) dicens *D.*

1) *Gerhardus de Eppenstein. Cf. supra p. 307, n. 4. 5.*

Ottac. 22815-52 1290 (Mai 10) Moritur hoc tempore Rudolfus dux, Alberti[a] frater, in Bohemia et Prage sollempnibus exequiis tumulatur, uxorem gravidam relinquens, que angustata in partu filium edidit, qui Iohannes dictus est, et heu dolor! postea, sicut de Alexandro Paride dicitur[1]:

funesta ruina patrie

est effectus.

1288 (Iun. 5). Hiis temporibus floruit comes Nazzovie Adolfus, celebris et famosus[2], qui in prelio Wuringensi, cuius habita est mencio[3], quinque de novem strennuissimos in apparatu signorum ducis Brabancie resplendentes prostravit. Novissime captum dux ad se accersitum sic affatur: 'O miles egregie, quisnam es tu, quem michi sensi hodie tam infestum?' Respondit: 'Comes sum Nazzovie, rerum[b] dominus non magnarum. Et vos', ait, 'quis estis, cuius invenio me captivum?' 'Dux', inquit, 'sum Brabancie, quem in condenso prelio insequi non cessasti'. 'Credo', ait[c], 'me quinque duces hoc ense meo sub signis paribus occidisse et miror vos meum gladium evasisse'. Quem pro libertate animi liberum dux dimisit et honoratum muneribus in amicum familiarem de cetero adaptavit[d].

1292 (Mai 5). Porro[e] tempus indictum ad electionem appropinquavit, et[f] convenerunt principes, ut est moris. Orta est autem altercacio inter metatores sedium Coloniensis et Moguntini pontificum pro consessione eorundem, et prevalente Coloniensi tractatus initur[g], Moguntino allegante *pro Alberto[4] respondetur ab aliis dicentibus[h] Albertum quidem dignum, sed non iustum esse, ut filius inmediate patri succedat[i] in hoc regno[5]. Una[k] eademque sentencia[6], uno[l] animo in Adolfum omnes consenciunt; qui[m] absens celeriter advocatur et Aquisgrani cum conthorale[n] Imagina, nobilissimi viri filia de Limpurch[7], cum maximo tocius terre gaudio coronatur. Eberhardus

*f. 69'.

a) *Ioh. in marg. B, voce* Swevorum *(B. D) deleta, scripsit* Alberti frater Suevie frater Alberti ducis Austrie *A2.* b) rex *D2.* c) me ait *D2.* d) adoptavit *D.* e) Cum enim tempus — conservatur *(p. 347, l. 26) A2.* f) appr., conv. pr. ut moris est *A2.* g) initur *B, corr. Ioh.* h) dic. *h. l. Ioh. add. B, recepit D.* i) *seq.* dicentibus *a Ioh. h. l. delet. B.* k) Una — sentencia *om. A2.* l) uno itaque an. *A2.* m) hic *D.* n) conthorali suo *A2.*

1) *Ilias Latina v.* 253. 2) *Cf. supra p.* 308, *n.* 4. 3) *Cf. supra p.* 255 *et* 308. 4) *Error, cf. supra p.* 307, *n.* 4. 5) *Cf. supra p.* 309, *n.* 3. 6) *Cf. Sulp. Sev. Vita Martini c.* 9: Una omnium voluntas ... eademque sententia. *O. H.-E.* 7) *E familia Limburg-Isenburg.*

comes*, cuius sororis[1] filius Adolfus fuerat[a], rubore[2] *1292* perfusus Albertum metuere cepit, ne forte legacionis sue ipse vel sui posteri improperium sustinerent, Albertus autem eum in graciam ascivit et nichil noxe imputans in amicicia conservavit et adherere Adolfo suo legittimo domino non vetavit[3].

Albertus[b] exasperatus super laboribus et expensis et *Ottac 60068-72* promissionum defrustracionibus[c] ad superiora[4] rediit, terram Constanciensis episcopi devastavit[d], circa civitatem[e] Tu- *(Iun.)* regum in Argowia[f] agros[g], vineas dissipavit, castrum Nellenburch et comitem circumdedit et ipsum castrum infra *ib 59760-901* dies XIIII suffossum destruxit. Vigil tamen de turri cadens mirabiliter salvus evasit et in Stokach civitate proxima quod gestum fuerat nunciavit. Insignia imperialia, que in castro Kiburch[h] fuerant, Adolfus peciit ab Alberto quibus redditis[5] et hominio[i], sicut[k] dicitur, regi facto *1292 (Dec.)* feodisque[l] susceptis, in illis partibus negocia sua fecit et[m] audiens in Austria quedam sibi contraria concitata abiit et sedatis adversitatibus et molicionibus aliquorum *1293* civitates suas lustrans venit Iudenburch[n]. Cui ibidem *(Ian.)* in mensa sedenti pira, quibus libenter vescebatur, toxica *1295 (Nov.)* sunt allata, trecentis marcis eius morte per tres occultos adversarios a quodam suo secretario comparata. Mox sumpto piro venenum per viscera se diffudit sed a medicis per unum oculum[o] est excussum, sicque vita et salus principi conservatur[6].

Adolfus virum expeditum comitem de Oting ad summum pontificem dirigit qui *celeriter approbacionem **f 70* et confirmacionem electionis sue cum gaudio reportavit[7].

Hoc tempore regnum Ungarie heredibus viduatur *ib 11569-661.* Stephanus rex, Bele filius, tres habuit filios Ladezlaum

*) *A 2 add*: de Chaczenelpogen

a) erat *A 2* b) Alb. tamen *A 2* c) frustracionibus *A 2.* d) vastavit *A 2* e) Tur. civ. *B A 2, transposita a Ioh. B, et ita D* f) Argaw *A 2* g) agr. et *A 2* h) Kyburg *A 2* i) omnimodo *a Ioh. corr. B.* k) ut *A 2* l) feod. susc. *om. A 2* m) Audiens eciam Albertus in Austr. *A 2* n) in Iudenburg *A 2* o) per poculum *A 2*

1) *Cf. supra p.* 310, *n.* 1 2) *Cf. Num.* 12, 14: rubore suffundi. 3) *Cf. supra p.* 310, *n.* 3 4) *Cf. ibidem n.* 4 5) *Cf. supra p.* 311, *n.* 1. 2 6) *Cf. ibidem n.* 3. 4 7) *Error Iohannis, cf. epistolam Bonifatii VIII ad Adolfum directam a.* 1295 *Mai.* 23 *(Constit. III, p.* 514 *sq., nr.* 545*) et Roth, 'Adolf v. Nassau' p.* 235, *Engelmann, 'Der Anspruch der Päpste auf Konfirmation der d. Königswahl' p.* 61; *Niemeier l. c. p.* 61

Ottac. Cholomannum, Stephanum[a] [1], Stephanus autem adhuc
patre Styriam tenente sororem marchionis Astensis duxerat.
Quo defuncto cum fratribus consors, quia filium non habuit,
1236 iuxta morem terre de regno exire compellitur. Frater eius
marchio hoc audiens in portu Adrie[b] eam excipit et ad
ib. 89910-71. natales limites secum vehit; que tamen, antequam navem
ascenderet, se monstravit claris indiciis inpregnatam, et
peperit filium, quem Andream vocavit. Successu temporis
ipsa nupsit ditissimo et potentissimo civi[c] Venetorum, qui
puerum regaliter educavit. Cognito, quod regum Ungarie
posteritas iam cessasset, Andream regis[d] esse filium publi-
1290 cavit; qui fultus Ungarorum quorundam amminiculo regnum
potencialiter introivit[e] et, ut thronum suum stabiliret,
1296. (Febr.) Agnetem ducis Alberti filiam peciit matrimonialiter sibi
iungi; quod dux difficulter annuit, sed ut regnum suis
terris tam vicinum lucrifaceret, Andrea[f] maximum exer-
1291 citum contra Winnam ordinante et in conspectu omnium
demonstrante in monte qui ad australem partem urbis
1296. (Febr.) vergit assensit, Posoniumque cum districtu adiacente
dotalicio filie confirmatur[2]; et sic exactis nupciis Agnes
regina efficitur Ungarorum, que consuevit plus de virtute
animi quam de corporis pulchritudine gloriari. In[g] hoc
dux Albertus nuptu primordiali altum et nobile iecit
succedentibus liberis fundamentum et omnibus suis factis
quoad curie sue honorificam conservacionem et principatuum suorum amministracionem per animi magnificenciam[h] laudabiliter se gerebat, quam *magnarum et excel-
sarum rerum cum animi quadam ampla et splendida proposicione agitacionem*[i] *et amministracionem* Tullius[3] esse dicit.

*f. 70' *De captivitate[k] Lůdewici filii Meynardi, obitu ducis Meinhardi et gestis Adolfi et aliis diversis. [Capitulum[l] II].

Anno Domini MCCLXXXXII. rex Adolfus a Meinhardo et Alberto ducibus pecuniam exegerat excessivam,

a) et Steph. *A2* b) adire eam excepit *D* c) civi *Ioh. in marg. add. B, non exhibent D A2* d) regis *om. A2* e) intravit *A2.* f) Andrea — vergit (*l. 19*) *om. A2* g) In — esse dicit (*l. 29*) *om. A2* h) magnificentia est magnarum *Cic.* i) agitatio atque administratio *Cic.* k) *inscriptionem Ioh. corr. er* De tradicione civitatis Sancti Viti, de ob. Meinhardi, de gestis — diversis *B, et ita D,* capt. — Meynardi *om. E, quod integrum caput exhibet* l) Cap. II *om. B*

1) *Cf. p.* 311, *n.* 5 — 312, *n.* 7 2) *Perperam nuptiae cum bello contra Albertum gesto coniunctae sunt, cf. supra p.* 312, *n.* 8 3) *De inventione II,* 163

ut eos ad suos[a] per investituram et infeodacionem statueret principatus. Quam[b] quia ferre non poterant, orta est gravis aversio inter eos[1]. Quod[b*] dum Chunradus [1293] archiepiscopus et Ulricus comes de Heunenburch[c] cognovissent, rati tempus illuxisse, quo in Karinthia atque in Styria presul pro ecclesia, comes pro iure consortis sue aliquid apprehenderet, ad invicem conponunt[2]. Filius ducis Meinhardi Ludewicus[d] in civitate Sancti Viti [Ottac. 60511-61212] pro tunc fuerat, et terre capitaneatum Fritzo de Havener- [1292] burch[e] gubernabat. Hic cum predictis convencionem fecit, ut et princeps caperetur et civitas, que[f] suffossa est in una parte, et princeps armatus progrediens, strenue prelians, intromissus[g] capitur et ad municionem presulis que Werven dicitur ducitur, positam in montanis. Heinricus[h] episcopus [Cont. Weich. 1290.] Ratisponensis et Lůdewicus dux Bawarie pro capti liberacione et pacis reformacione sollicite laboraverunt, et in triennium vix perstitit pax formata. Meynhardus[3] autem dux[i] venit [Ottac.] Karinthiam[k], Fritzone reo sceleris fugiente* ac in exilio miserabiliter[l] moriente, alios facti complices privatos suis feodis et possessionibus collicidio penisque gravissimis tormentavit. Commendatorem de Pulst ordinis sancti Iohannis, per cuius domum muri suffossio facta est, insecutus[m] et ligatum ad caudam equi, tractum per plateas oppidi, morte horribili interemit**. Quosdam vias publicas depredantes, terre pacem turbantes, vel ignominiosa morte, ablacione[n] rerum et iurium suorum districtissime castigavit. Con- [Ottac.] sequenter marschalcatum[o] terre nobilibus de Charlsperch[p] cum castro abiudicatum de Ővenstain[q] Chunradus[r] suscepit et in filios hereditario iure duxit.

*) *Seq. B* et postea misere vivente *a Ioh. deleta, desunt D, exstant E.*

**) *Seq. B:* Alios eciam *a Ioh. deleta, om. D E.*

a) suā *a Ioh. corr. B.* b) Quapropter gravis dissensio orta est inter eos *A 2.* b*) Quod — comparavit *(p. 350, l. 6) om. A 2.* c) Hewnb *D,* Hennenb *E.* d) Ludwicus *D E.* e) Hennenburch vir nobilis, *quod Ioh. primo in* Anenerburch, *quo deleto in* Hauenerburch *corr., vocibus* vir nob. *deletis B, ut exitum D E, sed* Hauernburg *D.* f) suff. est autem in una parte civitas *corr. Ioh. in* que suff. est in una parte *B, et ita D. E.* g) Introm. *a Ioh. delet., sed post restitutum B, exstat E, om. D.* h) Heinricus — formata *Ioh. in marg. add. B, exhibet E.* i) pater capti *B D, pro quo Ioh. scripsit* dux *B, et ita E.* k) Karinthie *E.* l) *pro* miserabilius *Ioh. corr.* miserabiliter *B, et ita D E.* m) insec. et *a Ioh. inter lineas add. B, om. D, exhibet E.* n) *sic pro* abiudicacione rerum iurium *Ioh. corr. B, et ita D E.* o) marschalco cum *a Ioh. in* marschalcatum terre *corr. B,* marschalcum terre *D. I.* p) Karlperg *D,* Charslperk *E.* q) Ouenstñ *B E,* Arnenstain *D.* r) Chunradus — Adolfus *in ultima linea f. 70' scripta maxima ex parte abscisa B.*

1) *Cf. supra p. 313, n. 1.* 2) *De his cf. ibidem n. 2—4.* 3) *Cf. supra p. 314, n. 1.*

f. 71 1292 (Maio) Adolfus, *ut se in regno roboraret, filium unum[1]
filie[2] regis Boheme copulavit, qui, antequam iungerentur,
moriuntur. Alterum filium filie Heinrici purchgravii de
1294. (Sept. 1) Nôrnberch[a] sociavit[3]. Filiam Rûdolfo palatino ducique
Bawarie tradidit[4] et sibi non modicum robur amicicie
comparavit.

1293 (Sept.-Oct.) Primo[b] anno regni sui Columbariam in Alsacia obsedit, nobilem virum de Rapolstain[c] et eiusdem civitatis
scultetum civitate sibi tradita captivavit, Argentinenses
ac totam Alsaciam suo imperio subiugavit, qui[d] propter
Albertum ducem aliqualiter obstiterunt[5].

1292 (Mart.) Anno Domini MCCLXXXXIII Albertus et[e] Meinhardus Frisacum obsident et per inundacionem[f] fluvii
pretereuntis impediti pro tempore destiterunt, et redeuntibus quidam prepositus Montis Sancti Virgilii aditum[g]
patefecit, et castro remanente civitas incendio devastatur[6].

1292. (Apr. 4) Anno Domini MCCLXXXXIIII.[h] Nycolaus[i] papa
moritur, et succedit Celestinus quintus eodem anno
1294 Iul. 5 electus die quinto Iulii, qui fuit ordinis beati Benedicti[7]
(Dec. 13) seditque menses quinque et resignavit per hunc modum:
dum enim quiesceret, vox ad eum facta est per tubam,
ut[k] fertur, quasi esset angelus Domini per tres vices,
ut quantocius propter mundiales occupaciones contemplacioni insisteret, curam deponeret. Quo facto Boni-
Dec. 24 facius octavus succedit eodem anno in vigilia nativitatis
Domini electus, qui hanc adinvencionem[l] dicitur pro-
Cont. Wirich 1294 curasse[8]. Hoc[m] anno moritur Lûdewicus palatinus comes[n] Bawarie in Haydelberch in camera ubi[o] natus fuit, et reliquit duos
filios, Rudolfum et Lûdewicum. Rûdolfus Meczam[9] Adolfi regis
filiam[p], Lûdewicus ducis Polonie[10] duxit filiam. Hic
Lûdewicus dum in eo castro Haydelberch nasceretur,

a) Norenberg *D.* b) Eodem a. rex Col. — devastatur *(l. 16) A2.* c) Rapolstain *A2.* d) qui — obstiterunt *om. A2.* e) Alb. dux Austrie et Meinh. dux Carinthie fr. *A2.* f) inundacoem *E.* g) additum *B.* h) MCCLXXXX *in* MCCLXXXXIIII *a Ioh. corr. B, et ita D. E. A2.* i) Nic *E,* Nyc — succedit *om. D,* Nyc — narrandum *(p. 351, l. 7) om. A2.* k) ut f. *Ioh. inter lineas add. B, exhibent D. E.* l) fraudulenciam *B. D, quo deleto Ioh.* adinv. *in marg. scripsit B, et ita E.* m) Hoc — narrandum *(p. 351, l. 7) a Ioh. in marg. adscr. B, om. D,* Hoc — filiam *exhibet E.* n) pal. dux *E.* o) ubi *in marg. B abscis., ex E supplevimus.* p) filiam duxit *E.*

1) *Rupertum, qui decessit a. 1308; nuptiae a. 1295 factae sunt.* 2) *Agneti, quae paulo post obiit, cf. Chron. Aulae-regiae I, c. 47, p. 123.* 3) *Cf. supra p. 314, n. 4.* 4) *Cf. ibidem n. 2. 3.* 5) *Cf. ibidem n. 5—7.* 6) *Cf. supra p. 315, n. 1.* 7) *Error manifestus.* 8) *Cf. supra p. 317, n. 2.* 9) *Mechthildem, cf. n. 4. Ioh. locum Eberhardi Altahensis corrupte servatum solus integrum tradidisse videtur.* 10) *Beatricem filiam Heinrici ducis de Glogovia.*

fuit ibi magister Arnoldus ordinis Predicatorum, qui videns ea nocte constellaciones patri nunciavit filium sibi [nasci[a]], qui per incrementa temporum fieret [sen]ior[a] mundi, qui, etsi per obliquacionem quandam, Romani imperii sceptrum tenet, quia Romanus princeps omnibus [mundi[a]] tocius principibus est omnimo[do][a] preferendus. De quo suo l[oco][a] plenius est narrandum.

Hoc anno[b] Albertus dux Austrie obsedit oppidum[c] quod Rastat dicitur in odium episcopi Saltzpurgensis, asserens ipsum ad fundum Admontensis monasterii pertinere racione[d] advocacie, hoc agens, quia princeps Styrie idem monasterium habet ex consuetudine defensare, cum tamen Salczpurgensis episcopus sit fundator. Instigator[e] huius rei fuit Heinricus abbas terre capitaneus et lantscriba, estimans se collum a iugo episcopalis obediencie *excussisse. Dux[f] autem, cum in obsidione depredacionem victualium per incolas in montanis callium habentes noticiam crebrius et alias molestias sustineret, obsidione soluta in Austriam est reversus[1]. Adolfus[g] rex hoc anno incepit se disponere in adiutorium Edwardi regis Anglie adversum regem Francie, repetens regnum Arelatense et alias terras imperii et spineam coronam Domini. Occasione cuius legationis comes Flandrie et comes Barri se similiter regi Francie opponebant; nam uterque comes filiam regis Anglie habuerat[2].

1296 (Iul.-Aug.)

*f. 71'

Cont. Weich. 1294

Anno Domini MCCLXXXXV. obiit[h] dux Meinhardus et in monasterio sancti[i] Iohannis in Stams Cysterciensis ordinis, quod ipse sumptuose construxerat[3], sepelitur. Hoc monasterium digito sancti Iohannis Baptiste est celebre, quo Dominum demonstravit, ut dicitur, claris miraculis refulgens, advenientibus beneficia multa prestans. Quem beata Tecla ad partes Alpium in Seleuciam[4], quam prope monasterium asserunt esse sitam, ubi ipsa quiescit, ut asseritur, apportavit. Seleucia tamen altera in Asya[k] legitur clarior ista multum, in Ysauria provincia con-

Ottac. 68711-801

1295. (Nov. 1)

a) uncis inclusa in marg. abscisa supplevimus. b) Anno Domini 1294. Alb. A2. c) opidum Rarstat in od. A2. d) racione — fundator om. A2. e) Huius mali incentor fuit H. a. Admontensis terre A2. f) Deficientibus autem victualibus dux obsidionem solvit et in Austriam revertitur A2. g) Adolfus — habuerat (l. 25) Ioh. in marg. adscr. B, om. A2. h) M. dux Carinthie obiit — sepelitur A2. i) s. Ioh. in om. A2. k) Asia D.

1) Cf. supra p. 315, n. 2—4. 2) Eduardi I. filias Eleonoram Heinricus comes Barri, Margaretam Iohannes dux Brabantiae duxerunt. Guido comes Flandriae Philippam filiam Eduardo Eduardi I. regis filio desponsavit. 3) Cf. supra p. 316, n. 1. 2. 4) Silk. Cf. locum p. 316, n. 1 allatum, ubi eadem nominis forma legitur. Sed Thecla Seleuciae in Asia sepulta dicitur.

1295. dita a Seleuco[1]. Filiis thesaurum magnum reliquit, res ducatus et comitatus prediis ac possessionibus pluribus augmentavit, in excommunicacione decessit propter quasdam ecclesias, quas leserat in bonis earum, abbas vero Stamsensis a curia absolucionem, filios et patriam letificans, apportavit. Epitafium suum sic in ipso monasterio legitur exaratum:

Heu Meinhart, actor pacis litisque subactor,
Cenobii factor huius pius et benefactor,
Qui similem nescit, dux et comes hic requiescit,
Bis quingentenos annos deciesque vicenos
Et nonagenos iungas, medios quoque denos
Post ortum Christi, tunc lux hec tollitur isti.
Quem[a] *fratres isti deplorant pectore tristi.*

1294. (Sept.). Anno Domini MCCLXXXXVI. Adolfus in Misnam et Thuringiam componit exercitum <quas[b] terras Rudolfus rex imperio mira providencia quondam subdidit. Nunc vero exortis commocionibus ibidem>, ne imperium perderet iura sua, rex incolarum insolencias retundere

Cont. Weich. 1294. cogitavit. Senior enim lantgravius[2] episcopum[c] et canonicos Misenenses a suis habitaculis eiecit et horreum pro suis equis fecisse dicitur de ecclesia kathedrali et veros heredes bonis[d] patri-

*f. 72. monialibus voluit spoliare, *quos rex in sua iusticia censuit solidare et regno fidelitates debitas conservare.

ib. Duobus[e] annis fuit in hoc facto occupatus et eiecit nepotes Friderici imperatoris secundi, qui easdem terras occupaverant, castrum Freiburch dissipavit et plures decollavit, aliquos captivavit. Marchio vero senior gracie regis se subdidit et captivos exemit.

Quo facto rediit et insolencius agere cepit[3]. Res ecclesiarum contra fas et iusticiam infestavit, civitatem novam exstruxit[4], ad eamque episcopi Maguntini et aliorum nobilium homines invitans libertati donavit et veros dominos suis obsequiis spoliavit, et sic pene contra se omnes nobiles[f] concitavit; bene meritos nobiles humiliavit, viles et degeneres exaltavit et eos qui eum

a) Quem — tristi *Ioh. in marg. add. B, exhibent D. E.* b) quas — ibidem *a Ioh. deleta B, exhibent D. E.* c) episcopum — kathedr. et *a Ioh. in marg. add. B, om. D. E.* d) suis bonis *B. D, suis delevit Ioh. B, om. E.* e) Duobus — exemit *(l. 29) a Ioh. in marg. add. B, om. D. E.* f) nobiles — meritos *om. E.*

1) *Ex Isidori Etym. XV, c. 1, 38.* 2) *Albertus, filii Fridericus et Dietricus, qui et Dizmannus vocabatur. Adolfi consilia Ioh. ignoravit, cf. supra p. 316, n. 4.* 3) *Cf. supra p. 317.* 4) *Cf. ibidem n. 3.*

avertere voluerant contempsit et salutis ac honoris monita pro nichilo reputavit, nesciens regnum suum in numero, appensione et divisione constitutum, conplendum, finiendum et alteri divinitus iam provisum[1], nam cometa per idem tempus apparens futuros eventus, ut ea que circa eum gesta sunt postea[a], videtur manifestis indiciis, longo investiens aera tempore, presagasse[b]. *Cont Weich.* 1296

Anno Domini MCCLXXXXVII° commendabilis[c] vir per omnia Heinricus episcopus Ratisponensis moritur, qui 1296 nobilis equitis de Rotenekk filius nobiliter vixit et nobilia opera fecit, nam musicam in choro primus cantari instituit sumptis monachis de monasterio Halsprunnensi[2] Cisterciensis ordinis, qui ordinatis libris pueros informabant. Ecclesiam multis ornatibus et cultu divino decoravit. Vinum Latinum certis temporibus canonicis dari instituit; anniversarium suum XIIII annis ante obitum suum singulis annis peregit et sepulchrum fabricavit et vestes funerales in latere lecti sui semper habuit pro continua memoria mortis sue. Beatum Iacobum specialiter dilexit, in cuius festo peractis sollempniis missarum per se ipsum cepit viribus destitui, et sic in crastino de medio est sublatus. Bonifacius papa ⟨sextum[d] Decretalium compositum publicavit, in quo de Friderici secundi deposi- 1299 *(Mart 3)* cione mencionem facit[3]⟩, Saccitarum[e] ordinem ad Carmelitas, Wilhelmitas ad Heremitas transtulit[4]. Et Saccite quidem sunt sublati. Wilhelmite convalescentes iterum surrexerunt, plurima tamen[f] loca eorum Augustinensibus provenerunt. Columpnenses ac eorum nepotes usque ad quintam generacionem, ne ad dignitates recipiantur ecclesiasticas, condempnavit et[g] hoc redegit in 1297 *(Mai 10)* scriptis. Civitatem et castrum eorum expugnavit[5] et[h] aliis possessionibus spoliavit, nec placari potuit nec a proposito[i] avelli *Recidendos infructuosos palmites*[6] affirmavit et in sua duricia permanebat. Qui ad Fridericum regem Sycilie, postea ad Philippum[k] regem Francie venientes[7] suum exilium et factam eis calumpniam de-

a) *deest vox, ut* demonstrarunt b) etc *add E.* c) commendabilis — sublatus *(l 21) a Ioh in marg add B, om D E* d) sextum — facit *a Ioh deleta B, exhibent D. E* e) Sacc. — provenerunt *(l. 27) Ioh in marg add B, exhibet D, om E.* f) tum *D.* g) et — scriptis *a Ioh inter lineas adscripta B, om D E.* h) eos *supplendum* i) prop suo *E* k) Phyl *E.*

1) *Cf Dan* 5, 26 numeravit Deus regnum tuum et complevit illud, *v* 27 appensus es in statera, *v.* 28 divisum est regnum tuum et datum est Medis et Persis 2) *Cf Ann Halesbrunn mai, SS XXIV, p.* 45, *l* 34 *sq* 3) *Lib II*, 14, 2. *Cf. supra p* 331 4) *Immo iam Innocentius IV hoc frustra petierat, Saccitae vero ad ordinem s Augustini spectant.* 5) *Cf. supra p.* 331. 6) Ad succidendos infructuosos palmites *incipit decretalis ibid n.* 8 *adnotata* 7) *Cf ibid n.* 7

plorabant, nec poterat mollificari papa precibus nec fletibus[a] afflictorum, durum se nimis exhibens, contra versus Ovidianos[1], qui dicit:

Quid magis est durum saxo, quid mollius unda?
Dura tamen molli saxa cavantur aqua.

De[b] invitacione Alberti secundario, de interfectione Adolfi et declaracione Alberti in regem[b*]. Capitulum III[m].

*f 72'.
1297.
(Iun 2) *Anno[c] Domini MCCLXXXXVIII[o] Wenczeslaus rex
ad coronandum se et[d] reginam[2], ducis Alberti sororem,
invitavit episcopum Maguntinum[e]. Affuit Albertus cum
comitiva exculta et[d] huius festi gaudia decentissime
illustravit. Cuius gloriam ut vidit pontifex, ad regnum
iterum invitat[3], Adolfum pro enormibus excessibus deponendum affirmat et sibi regnum tradendum certissime asseverat, dummodo regem Bohemie secum ducat.

Albertus[f] Heinricum ducem Karinthie cum adiectione amplioris summe ad Carniolam prius obligatam stipendiat[4] et electam conflans miliciam, procinctum
1298 inchoans, venit Bawariam. Cui dux Otto transitum
denegavit, donec Adolfus, ut admitteret, demandavit[5]
(Mai) Adolfus Ulmam properans plures, quos Albertus sibi
attraxerat, rapinis et incendiis scrutabatur. Dux Otto Bawarie in regis succursum festinans pacto quingentarum marcarum terram Alberti comitis de Ayerloch[g]
(Apr 17) adiit[6], quo dissipato comes ducem invadit, et cum ancipiti congressu alacriter aliquamdiu se concuterent preliantes, comes occiditur, vir mirificus et famosus. Super quo Albertus et eius exercitus non modicum turbabatur, processit tamen et ad oppidum quod Kenczingen[h] di-
(Apr) citur pervenit, quem Adolfus insequitur, et ibidem contra se super aquam que[i] Altzach dicitur castra locant, dumque[k] neutra pars ad alteram transvadare presumeret, et utrobique victualium penuria stringerentur, Mogun-

a) flectibus *B* b) *inscriptio capituli minio scr B* b*) regem Romanorum (Cap III *om*) *D* c) A D — exequendum (*p* 357, *l* 30) *A 2* d) et *add Ioh B, exhibent A 2 D* e) Mog *D A 2*, ubi et *add A 2* f) igitur *add A 2*. g) Haierloch *A 2*, Hayrloch *D* h) Kaezing *deleto Ioh scripsit* Kenczingen *B*, Kaczingen *A 2*, Lemczingl *D* i) aquam Alzach castra *A 2*. k) cumque *A 2*

1) *Ars am. I, v.* 475 *sq* 2) *Gutam.* 3) *Cf. supra p* 318, *n.* 3 4) *Cf. ibid n* 6. 5) *Cf supra p* 319, *n.* 1 6) *Cf. ibid n* 3

tinus Alberto, cur torpeat et differat, demandavit[1]; qui [Ottac. 71303-59] statim Renum transiens venit Argentinam. Adolfus estimans [1298. (Mai 10)] eum auffugium assumpsisse, in Brisacho[a] Reno transito, Rubach oppidum et alia, que ad Argentinensem pertinent [(Mai 29)] presulem, lacessivit, Albertus Maguneiam[2] veniens, et Adolfus nunc directe, nunc ex latere preitinerantem[b] ducem concite sequebatur. Presul Maguntinus primo[c] [(Iun. 23)] in quodam loco rurali in vicinia civitatis *Moguntine [*f. 73] Alberto presente[3] publice[d] Adolfum tamquam periurum et excommunicatum, violatorem fidei[4], et[e] quod infinitam pecuniam a rege Anglie acceperit nec ei, sicut promisit[f], in adiutorium contra regem Francie venerit, et indignum regno, immo non esse regem Romanorum pronunciat; et concurrente assensu[g] regis Bohemie, marchionis de Brandenburch atque ducis Saxonie[5] Albertum dignum et defensorem ecclesie perutilem attollit et concionacione formata regem Romanorum in omnium audiencia promulgavit, qui retrocedens circa Wormaciam castra locat[6]. Adolfus electa multitudine armatorum de Orientali Francia, de Reni partibus cum Ottone duce[h] et Růdolfo palatino ex adverso Alberti tentoria sua fixit[7] Albertus, sciens Adolfum ancipitis[i] animi[k] et precipitem, eius copias exploravit, ut[l] eas posset minuere, cogitavit, Adolfus autem incensus animo Albertum paucis se comitantibus queritat; qui fugam arte simulans Adolfum a suis longe traxit, quod cernens Albertus ducem Karinthie Heinricum[m], qui[n] insignior pre cunctis ibi[o] claruit, et alios alloquitur et ad constanciam adhortatur Ale vero ac acies parcium impetu quodam occursitant[p], ordinem per turmas et agmina servare[q] non valentes prelio se intricant, et bucinis[r] concrepantibus[8] in loco qui Collis-leporum[9] dicitur fit congressus Turmale[s] [(Iul. 2)] vexillum Alberti comes de Liningen, Adolfi vero vir

a) Brisaco *A 2* Frysaco *D 2* b) preitinerante duce *D* c) primo — Moguntine *om. A 2* d) publ. *om. A 2* e) qui inf. *A 2* f) promiserat *A 2*. g) consensu *A 2* h) Bawarie *add. D* i) ancipitem *D* k) an. *om. D*, esse *add. A 2* l) et ut *A 2* m) Heinr. *om. A 2*, Heinr. d. Kar. *D* n) qui — claruit *om. A 2* o) ibi *post add. Ioh. B, habet D* p) accurrs *D* q) observare *A 2* r) buccinis *A 2. D* s) Turm. — inchoatur *(p. 356, l. 4) om. A 2*.

1) *Cf. supra p.* 319, *n.* 6 2) *Cf. supra p.* 320, *n.* 1. 3) *Error patet* 4) *Cf. Ottac. v.* 71468 *sqq.* 5) *Cf. supra p.* 320, *n.* 2 6) *Cf. ibid. n.* 3 7) *Cf. ibid. n.* 4 8) *Cf. Ios.* 6, 9: buccinis omnia concrepabant 9) *Cf. supra p.* 321, *n.* 2.

1298 bone, sed non libere nacionis de Rechperch[1] rapidissimo impetu cordis prestantissimi ac intrepidi pretulerunt. Ubi fortissimi suarum virium exercentes virtutem, enses, lanceas evibrantes, prelium inchoatur[a]. Adolfus magis inconsulte[b] quam ignave pugnans, galea[c] de capite
2 Reg. 17, 8 ⟨eius[d]⟩ distringitur, et sicut *ursa in saltu raptis catulis*
*f. 73'. *seviens* dimicavit et, cum Alberto *se cursu rapido vicinaret, Albertum inclamavit[e]. Qui, videns eum facie detectum galea deiecta, primo ictu gladii super palpebram oculi vulneravit, et diffundente se sanguine, vultu obnubilato de dextrario procidit super terram. Interim partes in modum conflati turbinis commixte fortissime pugnaverunt. Otto dux Bawarie[f], Růdolfus palatinus fortunam sui regis videntes invalidam terga[g] vertunt[2]. Nobiles de Helfenstain, de Stralenberch cum pluribus abscesserunt et sue glorie indelebilem[h] maculam[3] tradiderunt. Eberhardus comes de Kaczenellpogen captivus ad Albertum ducitur, et signifer Rudolfi ducis Gôtfridus de Brunek, vir magnificus, post hec[i] multis annis suos claros actus in hoc prelio cycatricibus suorum vulnerum ostenderunt Adolfus autem, ut quidam dicunt, gladio Alberti, alii gladio Irsuti comitis, alii[k] iunioris comitis de Gemino-ponte[4], qui eciam mox aquam quandam transiens est submersus, alii cuiusdam ⟨Heinrici[l]⟩ militis ⟨dicti[m] Ramsach⟩, alii Silvestris comitis, quod et Albertus in posterum testabatur, prostratus, mortuus est repertus, et nobiles de Hysenburch, de Bikkenpach[n], de Hohenvels simul prostrati in eius latere, exuviati armis bellicis, iacuerunt. Corpus regis ad monasterium sanctimonialium quod Vallis-rosarum dicitur, Cysterciensis ordinis, transfertur ibique pro necessitate temporis tumulatur, et[o] Alberto per omnia competa[p] victoria cum magnis laudibus acclamatur. Bohemundus Treverensis presul et[q] filius[5] Eberhardi comitis cum innumera multitudine in

a) inchoavit *D* b) consulte *D2* c) *seq* eius *a Ioh delet B, habet A2* d) eius *Ioh delevit B, om D* e) inclinavit *D* f) *signum appositionis post* Baw *B, sed margo abscisa, et add A2* vulneratus *add D* g) *seq delet* petunt *B, quod habet D, omisso* vertunt, terga verterunt *A2* h) indebilem *B, quod Ioh in* indelibilem *corr., et ita A2,* indeleb *D* i) post multos annos *D A2* k) gladio *add D* l) Heinr *a Ioh delet B, om D A2* m) d R *(A2) a Ioh deleta B, om D.* n) Tynkenbach *D* o) et *a Ioh. add B, exhibet D,* Comperta victoria Alberto cum m l. acclam. (per omn *om*) *A2* p) compita *D* q) et *om D*

1) *Cf Schmid, 'Der Kampf um das Reich' p* 97, *n* 3. 2) *Ad haec et sequentia cf supra p* 321, *n.* 3—322, *n* 7 3) *Cf supra p* 341, *n.* 4. 4) *Walrami, qui a* 1309 *demum occubuit* 5) *Cf Schmid p.* 135, *n* 1

succursum Adolfo venire volentes, audientes quod gestum 1298
fuerat, revertuntur.
⟨Moguntinus[a] pontifex Eberhardo comiti latitanti
et ex latebris educto, quod ab Alberto discesserat et
nunc eius captivus existeret, exprobravit. Qui non
propter perfidiam, sed propter fidei constanciam asseruit
*se pugnasse, *bonum certamen certasse*[1], fidem vero et *f. 74. 2 Tim. 4, 7
legittimo domino conservasse nec conscienciam nec nominis sui decenciam denigrasse. Idem autem⟩ presul
Moguntinus[b], Gerhardus[c] de Eppenstain dictus, diem
huius victorie sollempnem per suam dyocesim, scilicet[d]
festum beatorum[e] martirum Processi et Martiniani, con- Iul 2
stituit, imitans[f] Machabeum, qui illum diem sollempnem
in posterum sancivit, in quo de Nychanore triumphavit[2].
Regnavit autem Adolfus annos[g] sex, mensem unum.
Cuius[h] condicionem status versibus Ovidii possumus demonstrare, qui dicit[3]

Omnia sunt hominum tenui pendencia filo,
Et subito casu que valuere ruunt.

Albertus eciam[i] comitem Eberhardum et alios nobiles solutos ad suam amiciciam et graciam admisit et
prestitis beneficiis honoribus ampliavit, sicque[k] in Franchenfurt ad eum omnibus confluentibus ⟨et[l]⟩ accersita (Iul 27)
conthorale domina Elizabeth[4], Aquisgrani sollempniter
coronatur, ⟨assistente[a] sibi comite Gerhardo Iuliacensi[5] (Aug 24)
et maximum ad hoc genus obsequii exhibente; absente
enim vel non existente episcopo Coloniensi, cuius est
officii regem consecrare, ungere, coronare, abbas Sancti
Cornelii auctoritate speciali privilegiatus est ad hoc
officium exequendum[6]⟩. Cont Weich
Anno Domini MCCLXXXXIX[0] papa[m] sextum Decre- 1298 1299
talium ad studia generalia destinavit, in quo multa ambigua declaravit, et Columpnensium cardinalium facit in eodem

a) *uncis inclusa a Ioh deleta B, exhibet A 2, om. D.* b) Mog *om A 2* c) Eberhardus *D*, dictus Gerh. de Epp *A 2* d) scil *om D* e) sanctorum *D* f) imitans — triumphavit *om A 2* g) annis *D* h) Cuius — ruunt *om. A 2* i) autem *A 2* k) Albertus dux Austrie habita victoria de Adolfo rege venit in Fr., ubi omnibus ad eum confl accersita *A 2* l) et *Ioh. delevit B, exhibet D* m) papa — cathedram *(p 358, l 5, cf supra p. 353, l 21 — 354, l. 2) a Ioh. in marg. add B, om. D A 2*

1) *Cf.* 2. *Tim* 4, 7: Bonum certamen certavi, . . fidem servavi 2) *Cf* 2 *Mach* 15, 36 *sq.* 3) *Ex Ponto IV*, 3, *v* 35 *sq.* 4) *Immo Elisabeth die Nov* 16 *Norimbergae coronata est; cf supra p* 323 5) *Hic inter testes tabularum ab Alberto civitati Aquensi die Augusti* 25 *datarum legitur.* 6) *Cf. supra p* 323, *n.* 3

1299 mencionem, de quibus superius est predictum[1], facit eciam in eod[em][a] Friderici secundi memoriam, hostis
Cont. Weich. 1300 ecclesie[2]. Motus eciam querelis cleri ex una parte et Predicatorum et Minorum ex altera pro bono pacis fecit constitucionem que
(Febr. 23) incipit *Super cathedram*. Raymundus patriarcha moritur[b], et successit ei Petrus, vir providus et modestus. Hoc anno Ludewicus, Otto, Heinricus, duces Karinthie, in civitate Sancti Viti curiam celebrant et novam miliciam[c], ad quam de diversis partibus plurimi convenerunt. Ipsi militare[e] decus suscipientes ⟨ibidem[d]⟩ per abbatem Sancti Lamberti ⟨consecrati[d]⟩ gladio sunt accincti et cum eis maxima multitudo, expensas cum affluencia et fastu diviciarum et glorie ostentantes, terricolis terrorem incucientes[3] et nomen suum longe lateque ad regiones alias diffundebant. Albertus autem rex in omnibus locis actum regium circuiens exercebat, ad se venientibus
*f. 74' nobilibus et civibus favorabiliter in suis *agendis maxima maturitate animi et benificencia conplacebat[e], audivitque a multis, quod in libro Regum scribitur: *Numquam*
4 Reg. 9, 31 *pax poterit esse Amri*[f] [4], *qui interfecit*[g] *dominum suum*,
3 Reg. 16, 10 scilicet Hela, quem interfecit, *et regnavit pro eo*. Albertus dissimulans se audire respuit garrulantes, iuxta illud
Prov. 26, 4 Salomonis: *Ne respondeas stulto iuxta stulticiam suam*, et Prudencius[5] dicit:

Nobile vincendi genus est paciencia, vincit
Qui patitur; si vis vincere, disce pati.

De[h] curia regis in Nôrnberch, de[i] anno iubileo et principibus regi se opponentibus. Capitulum IIII[k].

1298 (Nov. 16) Anno[l] Domini MCCC. rex sollempnem curiam in Nôrnberch preconizat, cui[m] legatus quidam a papa directus interfuit, ut principum circa regem affectionem

a) *uncis inclusa abscisa supplevimus.* b) mor. *Ioh. post add. B.* c) milicie *D.* d) *uncis inclusa (B A2) Ioh. delevit in B, om. D.* e) conpl. *om. D.* f) *sic B. D1. 3. A2*, a viro *D2*, Numquid p. potest e. Zambri *Vulg.* g) interficit *D.* h) *inscriptio capitis minio scripta B, om. A2.* i) de *om. D.* k) tercium *D.* l) A. D. 1300 — reversi *(p. 360, l. 14) A2.* m) cui — nunciaret *(p. 359, l. 1) a Ioh. in marg. add. B, om. D. A2.*

1) *Supra p. 353, l. 32—38.* 2) *In libro Sexto II, 14, 2.* 3) *Cf. 2 Mach.* 12, 22: timor hostibus incussus est. 4) *Cf. supra p. 323, n. 5.* 5) *Cf. ibidem n. 6.*

exploratam apostolico nunciaret[1], ad quam rex Dacie*[2] 1298
miserabiliter satis venit, ⟨suum[a] conquerens exulatum⟩ et a regno se deiectum per[b] fratrem suum deplorans, iudicium et iusticiam postulavit. ⟨Rex[a] Boheme⟩, universi quoque regni principes et optimates ⟨cum[a] multitudine prelatorum ecclesiasticorum, episcoporum, abbatum, prepositorum, ducum, marchionum, comitum, nobilium et baronum⟩ illic[c] festive et decentissime convenerunt Non invenitur a tempore[d], cuius non est memoria, quod[e] in una curia sicut hic omnes fuerint electores[3], scilicet[f] Treverensis, Moguntinus, Coloniensis, palatinus dux Bawarie, dux Saxonie, marchio Brandenburgensis. Rex Bohemie ⟨non[g] elector reputatur, sed dissensionem eligencium, si evenerit, arbitratur[4], et pars, cui innititur, valencior estimatur⟩. Feruntur ibi fuisse episcopi quinquaginta, duces, comites, libere condicionis trecenti, militum quinque milia congregati[5]. Rex[h] ibi filios suos de suis principatibus investivit[6] et adversarios (Nov 21)
⟨suos[a]⟩, quos occulte habere videbatur ⟨super[a] statu regni⟩, favorabiles sibi fecit ⟨eorumque[i] se serviciis et amicicia communivit Plures de suis dominiis⟩ principes et nobiles, episcopos ⟨et[i] prelatos de suis imperialibus regnis manibus insignivit. In[k] absentes et venire contempnentes notamque contractam ex hoc negligencie vel contemptus nullatenus surdis auribus pertransivit, sed suo tempori reservavit. Affuit ibi⟩ Chunradus[l]

*) *Sequentia paulo mutata praebet A2* suum conquerens exulatum et a regno se deiectum veniens deploravit. Rex Boemie cum universis electoribus, regni principibus infinitaque multitudine *etc*

a) *uncis inclusa (B D A2) a Ioh deleta B* b) per fr s. *a Ioh in marg. add B, om D. A2.* c) illic *a Ioh add B, exhibet D, om. A2.* d) inv. quod simul unquam a temp — memoria omnes in una curia affuerunt electores *A2* e) seq omnes *delet B* f) scilicet — estimatur *(l 15) om A2* g) *uncis inclusa a Ioh. deleta B, om D* h) In qua curia rex *B A2,* In qua c *a Ioh deleta, qui corr* Rex ibi *B;* in qua rex *D* i) *uncis inclusa a Ioh deleta B, exhibet D,* eorumque — communivit *om. A2* k) In — reservavit *(l 26) om A2* l) Chunr *in inferiore marg add B.*

1) *Dubitamus de hac notitia, ad quam fortasse Niemeier l c p* 51 *sq conferendus est* 2) *Cf supra p.* 324, *n* 6. *Reliqua fabulosa* 3) *Gerhardus Moguntinus, Wicboldus Coloniensis, Bohemundus Treverensis, Rudolfus palatinus, Rudolfus dux Saxoniae, Otto, Hermannus, Heinricus marchiones Brandenburgenses, Wenceslaus rex Bohemiae.* 4) *Cf Schirrmacher, 'Entstehung d Kurfürstenkollegiums' p* 93—98 5) *Cf supra p* 324, *n* 7 6) *Cf supra p* 325, *n* 1

*f. 75.
1298. episcopus Salczburgensis, ⟨*qui[a]⟩ abolitis omnibus ⟨preteritis[a] ac⟩ retroactis concussionibus regis et suorum filiorum[b] graciam ⟨pacatis[a] omnibus⟩ acquisivit[1] eorumque famulatibus fideliter inantea se vincivit. ⟨Hic[c] episcopis presentibus vinum regivolum et esoces[2] pisces Danubiales, raros in eorum partibus, cum reverencia propinavit diviciasque et gloriam suam tante presentacionis studio demonstravit⟩. Soluta curia rex ⟨optimo[a] fretus consilio⟩ ad curiam pro sua approbacione egregios viros, Iohannem Tullensem episcopum, libere condicionis ⟨virum[a] et litteratissimum, et spectabilem comitem de Ottingen, instructos de omnibus* destinavit[3]⟩. Qui ⟨omnia[a]⟩ commissa modestissime ⟨sinceris[a] proposicionibus[d]⟩ exequentes, inaniter sunt reversi.

Nota[e]. Hoc anno rex Tartarorum vidit sibi Christum cum suis vulneribus tercio apparentem et dicentem: 'Vide me pro humano genere sic plagatum, vindica sanguinem meum de Sarracenis'! Qui signum crucis fecit fieri in vexillo et inita pugna soldanum vicit, Christianis terram reddidit et castra olim perdita Templariis et Hospitalariis reddidit in Babilonia et Egipto[4]; ⟨quo[d] audito religiosi multi ad predicandam fidem catholicam
Cont. Weich. 1302. transierunt; papa eciam nuncios, quos direxit, promisit episcopos et clericos se missurum, transmittens regi crucem auream pro signo, quod fidem susceperit Christianam⟩.

⟨Hoc[a] ** tempore bellum Francorum cum Flandrensibus agebatur, quod in longum trahebatur. Nam[f]
ib. 1301. rex comitem Flandrie cum filiis suis cepit, civitatem Brugis et alias urbes optinuit, Flandrenses etenim regem[g]

*) *H. l. pro deletis Ioh. scripsit B.:* cum quibusdam nobilibus.

**) *H. l. Ioh. in marg. scripsit, postea delevit B.:* Nota supra in alio folio[5].

a) *uncis inclusa a Ioh. deleta B, exhibent D. A2.* b) filiorum *om. A2.* c) *uncis inclusa a Ioh. deleta B, exhibet D, om. A2.* d) propos. exeq. *B. A2, Ioh. super* exeq., *quod tamen non delevit,* proferentes *scr. B,* pro'mocionibus proferentes *D.* e) Nota — Christianam *(l. 25) a Ioh. in marg. inferiore f. 74' scripta, rursus deleta B, om. D. A2,* Hoc — Egipto *(l. 21) a Ioh. iterum in marg. superiore f. 75. scripta B.* f) Nam — etenim *a Ioh. in marg. add., post deleta B, om. D. A2.* g) enim *add. B. D. A2, a Ioh. delet. B, priusquam praecedentia delevit.*

1) *Iam a.* 1297. *Sept.* 24. 2) *I. e. salmones, vox Francogallica videtur, cf. et Isidori Etymolog. XX, c.* 2, 30. 3) *Cf. supra p.* 330, *n.* 2—5. 4) *Eadem Ann. Frisac., SS. XXIV, p.* 67, *narrant.* 5) *Rec. A, p.* 325, *l.* 3.

sibi quendam textrini operis Petrum[1] constituerant civi- 1301
tates[a] suo comite destitute et confluentibus ad eos de
diversis partibus nobilibus viriliter resistebant Ubi adeo
deleta est milicia regis Francie, ut nobiles vidue plures 1302 *(Iul 11)*
maritis occisis ducerent clericos, qui instaurati in numerum occisorum, spiritualibus armis abiectis, agente
rege deinde seculariter militarent⟩. ⟨Foveas[b] namque fece- *Cont. Weich* 1301
rant, quas tegebant, et dicitur, quod plus quam viginti milia Francicolarum cadentes in foveas perierunt, inter quos plures illustres de genere principum et XL comites preter alios innumerabiles sunt prostrati⟩.

Hoc tempore rex Albertus et rex Francie in civitate *Ottac* 74565-75193
Tullensi colloquium habuerunt, ⟨et[c] tractatibus pluribus[d] 1299 *(Dec 8)*
habitis de causa Flandrensium et[e] diversis, inter alia de nupciis liberorum suorum pactum roboratur. Cui collo-
quio⟩ Treverensis Bohemundus, Moguntinus Gerhardus, Colo- *cf Ottac* 75114-17
niensis Wikeboldus archiepiscopi cum preclaris Alemannie viris, magnatibus et nobilibus innumeris affuerunt. ⟨Obtulit[f] etiam Albertus[g] regi Francorum ducentorum canum eximiorum munus ad venatum cum instructoribus, ille dextrarios et alia dona obtulit preciosa Post hec misit rex ad regem Francie pro filia sua Blanka Růdolfo
primogenito[h] suo in uxorem*⟩. Que in Austriam gloriose 1300.
transducta[i] ˈbrevi tempore supervixit et sine prole de- *f 75ʹ
cedens in Wiͤnna apud Minores fratres cernitur tumulata[2]. 1305 *(Mart 19)*
Moguntinus presul cum rege labores habitos et expensas, 1300
quingentarum marcarum argenti summam[k], peciit restaurari, rege non habente quod tam prompte redderet, ⟨sed[l] promissa solvendi faciens⟩, pontifex indignatur, cornu gerens venaticum et capsellam, quam in latere deferebat, percuciens multos in ea reges asseruit contineri, et Treverensem et Coloniensem episcopos et Ru-

*) *Pro deletis Ioh in marg scripsit B* [Ru]dolfi filii Alberti *Cont Weich* 1298
et filia[m] regis Francie Blanka tractactum ibi fuit de coniugio, que fuit nata ex filia ducis Brabancie

a) *oratio nunc claudicat praecedentibus deletis, cum* Regem enim sibi *etc Ioh post* trahebatur *(p 360, l 27) primum scripsisset, et cum in marg adderet* Nam — etenim, *quae post delevit,* civitates *delere et* destituti *scribere debuisset* b) Foveis — prostrati *a Ioh in marg scripta, rursus deleta B, om D A 2.* c) *uncis inclusa (B D A 2) a Ioh deleta B, pro quibus* cui *scripsit* d) pl alius *A 2* e) Fl tractans et inter alia *A 2* f) *uncis inclusa a Ioh deleta B, qui pro* Obtulit *scripsit* presentavit, *sed delevit, integram sententiam exhibent D A 2* g) rex Alb *D* h) suo primog *A 2* i) *in marg inferiore paginae 75 scripta manu Ioh* dn̄sq., *manu librarii* condicōis k) sibi *add A 2* l) *uncis inclusa a Ioh deleta B, exhibent D A 2* m) *sic c.*

1) *De Petro Coninc textore et pugna apud Curtracum commissa v Pirenne, 'Gesch Belgiens' I, p. 453 sqq.* 2) *Cf. supra p* 325, *n* 4—6.

1300 dolfum palatinum circumagitat, ut secum conspiracionem facerent contra regem[1]. ⟨O[a] quam digne versibus Persii[2] videtur hic pontifex feriendus:

Pelliculam veterem retinens, sed[b] fronte politus,
Astutam vapido[c] retinens sub pectore vulpem⟩.

1298 (Iul.-Sept.) Hoc[d] anno apud Nôrnberch ⟨ortum[a] habuit, quod⟩ quidam nobilis dictus Rex Rintfleisch[3], zelo fidei succensus, publice clamavit accinctus gladio super femur[4]:
Ex. 32, 26 *Qui[e] Domini est, iungatur michi!* Et componens exercitum infinite multitudinis circumquaque per civitates ⟨singulas[a]⟩ Iudeos diverso genere morcium trucidavit, ita ut a tempore Titi et Vespasiani[5] tantam cladem nullo tempore sint experti; et digne, quia corpus Domini inpie et indecenter, quod abhominabile est dicere, tractaverunt, sicut in miraculis consequentibus est compertum.

1301. Anno Domini MCCCI° Bonifacius papa instituit annum iubileum[6], qui annus iuxta veteris ritus[f] decreta[7] in septima ebdomada annorum pro libertate et quiete, pro reversione exulum, recuperacione hereditatis et remissione fuerat sollempnibus gaudiis institutus. Et properabant ad Urbem pro suorum peccaminum relaxacione et gracie consecucione de omnibus mundi partibus populus[g] infinitus[8]. ⟨Papa[h] a transitu Friderici secundi[i] imperatoris forsitan hunc annum computatis annis ecclesiam temporaliter quievisse[k], et[l] ut se ad libertatem
*f. 76 atque *quietem patrie disponeret, per deposicionem servilium operum annotavit⟩.

Rex ⟨Albertus[m]⟩, principibus contra se armatis cogitans obviare, comitibus Ribaurie, scilicet Gelrie, Iuliaci, de[n] Monte, ut Coloniensem presulem concuciant et[o] impediant, studuit prevenire[9], qui ad hoc omnem

a) *uncis inclusa a Ioh. deleta B, exhibent D. A2.* b) et *Persius.* c) vado *D.* d) Hoc — annotavit *(l. 28) om. A2.* e) Si quis *Vulg.* f) iuris *D.* g) prope infiniti *D.* h) *uncis inclusa a Ioh. deleta B, habet D.* i) secundi *Ioh. post add. B, om. D.* k) *verbum quoddam, ut ratus, desideratur. O. H.-E.* l) et *om. D.* m) Rex — possidebat *(p. 363, l. 6) A2.* Alb. *Ioh. delevit, rursus add. et iterum delevit B, exhibent D. A2.* n) et de *A2.* o) et — adhibebant *om. A2.*

1) *Cf. supra p. 325 sq.* 2) *Sat. V, v. 116 sq.* 3) *Cf. Gotfridum de Ensmingen, SS. XVII, p. 139, Cont. Altah., ib. p. 419; quaeque V. Cl. Holder-Egger, Mon. Erphesfurt. p. 319, adnotavit.* 4) *Cf. Exod.* 32, 27: Ponat vir gladium super femur. 5) *Cf. Iosephi De bello Iud. l. VII. et Ottonis Frising. Chron. III, c. 18.* 6) *Cf. supra p. 327, n. 6.* 7) *Cf. Lev.* 25, 4—10. 8) *Cf. supra p. 327, n. 2.* 9) *Cf. supra p. 326, n. 6—12.*

operam adhibebant. Mandat eciam officialibus suis per 1301
Sweviam, ut sororis sue filium Růdolfum invadere non
obmittant; qui ⟨Laugingen[d], Schongaw, Werdeam, castrum
Swewischwerd[a], Swebelberch⟩ bellice[b] sunt aggressi, que[c]
ad imperium pertinebant, sed[d] Ludewicus pater Rudolfi
ea indebite per longa tempora possidebat.

Hoc[d*] anno Petrus patriarcha moritur, et anno Do- (Febr. 19)
mini MCCCII° Ottobonus eligitur. Hic Heinrico[e] duci 1302 (Apr. 29)
Karinthie munitiones quasdam** in Karinthia obligavit 1305
ad terminum statutum[1] et contra virum nobilem de
Hohenburch in[f] Ystria[2] cum multis aliis stipendiavit
castrumque eius fortissimis turribus munitum vallavit; 1306
et cum non esset spes castrum obtinendi, oracioni se
dedit, devotissime Domino supplicans et[g] virgini gloriose
ut[h] ecclesie contereret inimicum[i]. Et ecce mane facto
ducis Karinthie vexillum sine omni resistencia erectum
in medio castri omnes adeo deterruit, ut castro tradito
vix exitum salvis corporibus qui[k] intus fuerant obtinerent
castro ⟨vero[l] ad nichilum deducto et⟩ penitus dissipato,
lapide super lapidem non relicto, ⟨sicut[m] hodie cernitur,
beata[n] virgo suam ecclesiam respexit, et patriarcha cum
gloriosa victoria ad propria remeavit⟩.

Eodem[o] anno rex[p] Wizzenburch civitatem in Alsacia 1301 (Aug.)
obsedit[3] et habito intento suo Alzeiam occupavit, qua[q]
per pacta tradita, Adolfshaim[r] civitatem aggreditur expugnare. Quod dum celeriter perficere non valeret
vineas et segetes per circuitum dissipavit[s] Renumque[t]
transiens iuxta Spiram[u] comportatis victualibus civitatem (Maio)

*) *Pro uncis inclusis (B. A 2) deletis Ioh. scripsit B, et ita D* quedam eius castra.

**) *Ioh. add. B, sed delevit, om. D A 2:* Windeschgraecz cum attinenciis.

a) Swewischw. *om. A 2.* b) bellicose *D.* c) quia *A 2.* d) licet *A 2.* d*) Hoc — remeavit *(l. 22) om. A 2.* e) Heinrico duci *Ioh. pro* Heinrici ducis *corr. B,* Heinrici ducis *D A 2.* f) in Ystria *Ioh. add. B, om. D.* g) et v. gl. *Ioh. add. B, exhibet D.* h) *seq.* adversarium *B, a Ioh. delet.* i) inimicum *Ioh. add. B, et ita D.* k) qui i. f. *a Ioh. add. B, om. D.* l) *uncis inclusa a Ioh. deleta B, om. D.* m) *uncis inclusa a Ioh. deleta B.* n) beata — resp. et *om. D.* o) A. D. 1302 rex Alb. Wyzzenburg — acquisivit *(p. 364, l. 12) A 2.* p) Albertus *(D) Ioh. add., sed delevit B.* q) et *A 2.* r) Adolflaim *A 2.* s) dissipavit *a Ioh. ex* dissipans *corr. B, et ita A 2,* dissipat *D.* t) que *a Ioh. add. B,* Renum *D,* et Renum transiit *A 2.* u) *seq.* et *B D. A 2, a Ioh. delet. B.*

1) *Pactionem a* 1305 *Sept.* 25 *factam esse Ann. Forojul., SS. XIX, p.* 211 *sq., referunt.* 2) *De obsidione castri Budrii et domino de Villalta Ioh. cogitare videtur; cf. et Muratori, SS. XVI, col.* 15. 3) *De sequentibus vide supra p.* 327, *n.* 3 — 328, *n.* 1.

1301 (Aug.-Sept.) presulis Moguntini que Pinga dicitur fortissima circum-
giracione vallavit. Et ⟨circumquaque[a]⟩ vastatis omnibus[b]
⟨et[c] precipue monasterio sanctimonialium quod Mons
*f. 76'. Sancti Rudperti dicitur, quod super Naham *fluvium
positum est in vicinia civitatis⟩, cives coartati regis
gracie se dederunt. Presul iram regis contra se bulli-
1302 entem[d] senciens tria castra obtulit, ⟨ut[c] * deinde[e] regem
(Mart. 21.) non offenderet; que nobili viro de Brunek sunt commissa
tali interposicione[f], ut numquam redderentur, si manum
levaret de reliquo contra regem⟩. Audiens hoc pala-
1301 tinus propere[g] venit et gracie se subiciens regis indul-
(Iul. 20.) genciam acquisivit[1].

1300 (Aug.). Eodem[h] anno in Ollandiam rex instaurat[i] militem,
que terra imperio vacare cepit; sed propter terre illius
palustria loca, in quibus periculum incidere metuebat,
petentibus civibus Coloniensibus, qui cum suo presule
1302 (Oct.) disceptabant, permansit cum exercitu, inter[k] Coloniam
et Bunnam tentoria fixit, ⟨qui[l] locus usque hodie placzus[m]
regis Alberti ab incolis est vocatus. Et ibi persistens**⟩
terram episcopi per omnes districtus provincie demolitur.
(Nov. 3.). Deinde Coloniam ingreditur, magnis muneribus et laudibus est susceptus ⟨Et[c] ecce quidam vinolentus pro
condicto[n] metrete vini regem nobilem et monoculum
bene venisse ad terras illas exclamavit Rex subridens
ait: 'Bibe, bibe! et non te deterreat deformitas visus
nostri', Theodosium[2] imitans, qui ad talia respondebat
dicens: *'Si quis nostra facta*[o] *maledicto*[p] *crediderit laces-
senda, eum pene nolumus subiacere*[q], *quoniam, si ex levitate*

*) *Pro deletis Ioh add. B:* se constringens, quod manum contra regem de reliquo non levaret.

**) *Pro deletis Ioh scripsit B* et occasione habita.

a) *uncis inclusa B A 2, a Ioh deleta B, om. D* b) *post* omnibus *Ioh* per circuitum *add B (et ita D), sed delevit B* c) *uncis inclusa B D A 2, a Ioh deleta B.* d) senc bull *A 2* e) deinceps *A 2* f) condicione *A 2.* g) *pro* propere — regis *A 2* se ipsum regi subiciens et h) Eodem — laudaverunt *(p 365, l 15) A 2* i) restaurat *D* k) et inter *A 2* l) et usque hodie ab incolis dicitur idem locus *B A 2, Ioh corr* qui locus usque h ab inc. est vocatus *B, et ita D, uncis inclusa a Ioh deleta B* m) palczus *D*: palacium *A 2.* n) condite *D* o) facta *Ioh add B, exhibet D,* Si quos nomina nostra maledicto *A 2,* Si quis — maled nomina nostra *Ioh Sar* p) maledictis *D.* q) subiugari *Ioh Sar*

1) *Cf. tabulas pacis, supra p. 328, n. 2, de Gotfrido de Bruneck vide et p 321, n 6* 2) *Haec ex Iohannis Saresber. Policratici l III, c 14, qui addit Iustinianum hoc edictum Theodosii et filiorum (Cod Theodos IX, 4, 1) confirmasse (Cod Iust. IX, 7, 1)*

processit, contempnendum est, si ex[a] *insania, miseracione dignum*[b] est, *si ex iniuria, remittendum* est⟩*.

Audivit eo tempore rex, quod[c] Růdolfus palatinus 1302.
matrem[1] captivasset eiusque vicedominum[2], qui rexit *(Iun 23)*
provinciam, decollasset, et ascendit ⟨rex[d]⟩ in civitatem *(Iul. 12)*
Nôrdlingam Recie, sororem[e] suam a vinculis absolutam
cum filio concordavit. Moritur hoc tempore Bohemundus 1299
presul Treverensis, et substituitur Dîterus[f] frater regis 1300 *(Ian 18)*.
Adolfi; agentibus autem amicis conveniunt rex et presul, 1302
et fit plena reconciliacio inter eos *reliquosque[g] Adolfo *(Nov)* *f 77
per carnem et sanguinem attinentes. Rex autem et presul per osculum amicicie federa[h] ⟨exhibentes[i], eiulante presule in excelsum[k]⟩, ab utroque, ⟨scilicet[i] rege et presule⟩, ubertim lacrime distillarunt, omnesque presentes flentes super hoc omnipotentem Dominum[l] laudaverunt. ⟨*Nichil*[i] *enim*, ut ait Augustinus[3], *in terrenis rebus atque mortalibus pace gracius solet*[m] *amari, nichil desiderabilius concupisci, nichil potest*[n] *melius inveniri*, quia *nomen pacis dulce est, et res ipsa*, ut in Paradoxis dicit Tullius[4], *salutaris*⟩.

*) *Hoc loco add. A 2* Simile legitur de Rudolfo patre huius Alberti, qui anno Domini MCCLXXXVI, postquam filios suos, comites Albertum et Rudolfum, fecit duces, veniens pro regni negociis in Eslingam, que est civitas imperii super flumen Nekarum constituta, ubi ad eum multitudo maxima confluebat, exclamavit quidam regis nasum, qui fuerat aquilinus, sibi facere obstaculum transeundi. Quod audiens rex in partem alteram nasum flexit: 'Transi', inquit, 'obicem tibi non faciet nasus noster'. Et iocundum ridiculum audientibus faciens alterum se Tyberium exhibebat, qui huiusmodi convicia pacientissime pertransivit dicens: 'Oportet in civitate libera mentes hominum liberas et linguas esse'[5].

a) ab *Ioh Sar* b) dignissimum *Ioh Sar* c) quod *Ioh add B* d) rex (*B D*) *Ioh delevit B, om A 2* e) et sor *A 2*, sororemque *D 2* f) Dietricus *a Ioh corr* Dîterus *B*; Dieterus *A 2*, Dyetricus *D* g) et reliquos *B A 2*, et *deleto Ioh* reliquosque *scripsit B*, reliquos *D* h) oscula federa am *A 2*, feoda *D 2*. i) *uncis inclusa B D A 2, a Ioh deleta B* k) *pro deletis Ioh* firmantes *scripsit B* l) deum *B D A 2, a Ioh corr* Dominum *B*. m) ut — soleat audiri *Aug* n) possit *Aug*

1) *Mechtildem regis sororem, cf. supra p* 271, *n* 1. 2) *Conradum de Öttingen* 3) *De civitate Dei XIX, c.* 11. 4) *Phil II, c* 44 5) *Eadem vide supra p* 247 290 *narrata*

De[a] legacione regis ad papam, de regno Ungarie et articulis contra papam Bonifacium. Capitulum V.

1301 Anno[b] Domini supradicto, scilicet MCCCII°, rex
misit secundarie[c] virum religiosum* abbatem de Salem[1],
Cysterciensis ordinis, et nobilem virum de Schellenberch[2]
cum cancellario suo[3] ad summum pontificem, graciam
approbacionis et confirmacionis sibi postulans beneficium
exhiberi. Quibus admissis ⟨ad[d] papam⟩ et perauditis[e]
3 *Reg* 21,19. papa ait: *Occidisti et insuper possedisti*, replicans[f],
quod Adolfum Albertus occiderit et regnum apprehenderit, ⟨memorans[g] consortem eius reginam, sororem Chunradini, de radice Friderici secundi, hostis ecclesie processisse, ignorans, quod unam matrem habuerint, duos patres. Chunradinus[h] Chunrado rege, filio Friderici imperatoris, progenitus est, regina ex Meynhardo duce Karinthie procreata, quem in maritum post prioris mariti transitum Chunradini genitrix est sortita⟩. Sicque dura pontifice respondente, infecto negocio[i] sicut priores nuncii ⟨cum[k] tristicia⟩ sunt reversi[4].

1295 Hoc in tempore rex filiam suam Annam[l] Hermanno
marchioni Brandenburgensi, qui dictus est Cum-pilo,
1297. (*Iun* 18) sociavit Quo defuncto sine[m] liberis duci Vratizlavie[5]
in Poloniam copulatur. Accidit interea, quod soror[6] regis, regina Bohemie, moreretur, unum filium ⟨Wenczeslaum[k] et⟩ tres[n] [7] filias relinquens. ⟨Papa[k] vero infestum habuit regem Francie propter Columpnenses, quia ab eo refugium quesiverunt[8], crevitque livor inter eos, qui
*f 77' mitigari non *poterat nec restringi[o]⟩.

*) *A* 2 *addit* Ulricum

a) *inscriptio capituli minio scripta B.* b) Eodem a rex Albertus misit virum — restringi *(l 29) A* 2 c) sec *Ioh add B, om D A* 2. d) *uncis inclusa Ioh delevit B, om D* e) auditis *A* 2 f) recolens *D* g) *uncis inclusa B D A* 2, *Ioh delevit B*, eciam *add A* 2 h) nam Conr *A* 2 i) *seq* sine fructu *B A* 2 *a Ioh deleta B, om D* k) *uncis inclusa B D. A* 2, *Ioh delevit B* l) unam filium suam *(B A* 2*) Ioh corr* f s A *B, et ita D* m) sine lib *a Ioh add B, et ita D, om. A* 2. n) tres *deletum Ioh rursus add B.* o) *h l. desinit A* 2

1) *Ullicum* 2) *Maikuardum* 3) *Iohanne praeposito Turicensi* 4) *Ad praecedentia cf p* 330, *n.* 1—10 5) *A* 1310, *Henrico VI, cf et supra p* 330 *sq* 6) *Guta* 7) *Cf supra p* 331, *n* 3 8) *Cf sententiam, quam a* 1303. *Sept* 8 *ferre voluit, supra p* 331, *n* 7

⟨Hoc[a] anno misit papa regi Francie litteras et nuncios, mo- *Cont Weich* 1302 nens eum desistere ab offensione cleri, et quod monetam, quam in regni preiudicium fecerat, immutaret, quod rex graviter ferens, precipiens sub districta comminacione, ut de regno celerius discederent, et nullus litteras pape reciperet, ponens super hoc custodes in omnibus finibus regni sui, ne nuncii pape regnum intrarent, et ne prelati curiam frequentarent⟩ Moritur[b] eciam hoc tempore Andreas sine herede rex 1301 *(Ian 14)*. Ungarie, gener[1] regis Alberti[c]. Papa vero Karolum filium sororis Alberti[2], ⟨Karoli[d] principis filium⟩, que in Apuliam tradita fuerat, per cardinalem qui Gentilis[3] dictus est ad regnum Ungarie suscipiendum destinavit. ⟨Dux[d] eciam Otto Bawarie, qui fuerat filius filie Bele regis, vocatus capitur[4] et angustatus de illis partibus 1307 vix evasit. Filius quoque regis Bohemie[5] invitatus fuit, 1301 et ipse ex matre[e] patris de sanguine Bele fuit, bonamque partem[f] circa metas habuit; sed[g] dum papa omnes Karolo adversantes excommunicacionis gladio feriret, 1303 rex Bohemie suum filium revocavit[6] ⟨reservata[h] corona et aliis insigniis regni illius. Karolus[i] vero⟩ in monasterio Bele-fontis, Cysterciensis ordinis, degebat, sustinens aspera plurima et adversa, quousque adversariorum decrescente potencia regnum potencialiter est adeptus. Accepta prima uxore filia ducis Polonie[7], secunda filia imperatoris Heinrici, sorore Iohannis regis Bohemie[8], tercia filia Lottonis regis Krakovie[9], ex qua heredes genuit, affluencia prosperitatis, gloriam et divicias est adeptus.

Hoc[k] anno rex Tartarorum misit pape nuncios pro militibus, *Cont Weich* 1302 qui Terram Sanctam reciperent, quam de manibus eripuit paganorum, sicut superius[10] est expressum, insinuans se Christianum, et ut episcopos et presbiteros destinaret; papa promisit se velle suum desiderium in omnibus adimplere, mittens ei crucem auream in signum suscepte fidei et in remissionem omnium peccatorum, iniunxit sibi, ut Terram Sanctam redderet

a) Hoc — frequentarent *(l 7) a Ioh in marg add, post deleta B, om D* b) Hoc eciam temp. mor. Andreas *D* c) Alb *Ioh. add B, et ita D.* d) *uncis inclusa B D, Ioh delevit B.* e) iure *D.* f) partem *om D* g) *seq delet* omnes *B* h) reservata — illius *a Ioh in marg add, post deleta B, om D* i) Kar vero *(B D) a Ioh deleta B, pro deletis Ioh scripsit* qui *B* k) Hoc — predicantes *(p 368, l 2) a Ioh in marg add B, om. D*

1) *Habuit Agnetem filiam Alberti* 2) *Cf supra p* 348, *n* 2 3) *Cf supra p.* 332, *n* 8 4) *Cf ibid n* 9 5) *Wenceslaus III. Cf. ibid n.* 10 6) *Cf p* 333, *n* 1 *sq* 7) *Maria Casimiri ducis Poloniae filia* 8) *Beatrice* 9) *Elisabeth Ladislai Lokietek regis Poloniae filia* 10) *Supra p* 360, *l* 15—21

cultui Christiano Multi ex hoc [et[a]] plures religiosi et fideles mare transierunt fidem catholicam predicantes.

Papa autem contrarios[b] sibi habens regem Francorum ⟨propter[c] Columpnensium afflictionem, et quod 1300 Minores ac[d] alios mendicantes turbavit[1], gracias eis factas per predecessores suos cassando de testamentis, quorum quartam partem, prius eis[c] indultam, ecclesiis dandam parrochialibus ordinavit, insuper et regem Bohemorum propter suam et filii excommunicacionem[2], regem quoque Romanorum propter gracie denegacionem, corde tamen retractans, quod sibi et ecclesie utile posset esse⟩, mandat Alberto, ut ad eum sollempnes nuncios dirigere non obmittat Qui comitem Eberhardum de Kaczenellpogen transmisit[3], a quo papa peciit, ut rex quempiam suorum suo sanguini ⟨commisceret[f] et matrimonialiter⟩ copularet, si vellet omnia, que postulaverat, ⟨ad[c] placitum⟩ adipisci. Rex ⟨vero[c]⟩ letus effectus assensum tribuit, sta- Cont Weich 1302 timque papa apud[g] Lateranum presidens concilio electionem *f 78 approbavit, de potestatis plenitudine super *casu homicidii et crimine lese maiestatis, de morte scilicet Adolfi, misericorditer dispensavit, ⟨in[c] reliquum glorians de eius amici- 1303. (Apr 30) cia 'Suscitavi', inquiens, 'michi leonem ab occidente[h, 4], qui fremitu vocisque sue rugitu causam ecclesie vindicabit'⟩. Vocavitque eum ad coronam imperii, eiusque[i] amicicia contra regem Fran[cie] .[k], ⟨cuius[c] legacionis baiulus fuit Heinricus abbas Utrine[l]-vallis, postea abbas Villariensis, Cysterciensis ordinis, deinde imperatoris Heinrici cancellarius et postea[m] episcopus Tridentinus[5]⟩

Cont. Weich 1302 ⟨Hoc[n] tempore fratres Minores papam adierunt poscentes, ut pro supervenientibus hospit[ibus][o] et peregrinis limina s[ancti] Francisci frequentantibus liceat eis redditus comparare pro su[sten]taculo confluencium, papa quidem quasi congratulans respondit se hoc ia[m] olim sepius cogitasse. Statim fratres quandam comiti[am] venalem ab ipso comite em[ere] sunt aggressi, habentes spem, quod . . p ali-qua addiceret, ut promis[it, ad] LXXX milia florenorum ap[ud]

a) et *in marg abscis B* b) contrarium *Ioh corr* contrarios *B* c) *uncis inclusa B. D, Ioh delevit B* d) et *D* e) eis *om D* f) *uncis inclusa Ioh delevit B, om D* g) apud — concilio *a Ioh in marg adscripta B, om D* h) oriente *B. D, quo deleto Ioh. scripsit* occidente *B* i) e usque — Fran[cie] *a Ioh in marg add B, om D* k) *reliqua abscisa* l) Uterine *D1* m) postea *Ioh supra lin add, sed delevit B.* n) Hoc — destinari *(p 369, l 16) a Ioh in marg add, post deleta B, om. D* o) *uncis inclusa abscisa supplerimus.* p) *haec abscisa*

1) *Papa scilicet Cf supra p* 331, *n.* 5 2) *Eam solummodo minatus est, cf supra p* 333 3) *Cf ibidem n.* 5 4) *Cf ibidem n* 6 5) *Cf supra p* 334, *n* 1

quendam mercatorem deposit[a][a]; papa vero totam pecuniam *Cont Weich* sibi [iussit] apportari, fratribus instantibus, [ut] papa perficeret que pepigit et e[os] promovere misericorditer dignare[tur], quibus respondit 'Ite, maledicti, ecce clericorum et ecclesiarum bona f[urtive] subtrahitis, qui ad portandum sa[ccos] et recipiendam elemosinam depu[tati] estis, vobis crucifixi Christi patrim[onium] usurpatis Et sic a camera sunt amoti, et cum ipso anno rex sollempnes nuncios ad papam [destinaret], quidam de ordine Predicatorum exti[tit inter] eos, et cum omnes ad oscula pe[dis] essent admissi, Predicator similiter acc[edens], papa pede ipsum percussit inclamans et convicians eum, dicens 'Tu g[irovage], quis te elegit, ut scires sec[reta] principum, per te statim tuo ordini [propa]landa?' Nuncius eciam, quod eum add[uxerint], non modicum reprehensis, osten[dit], quod nulli mendicantes in secretis [princi]pum debent ad sedem apostoli[cam] destinari

⟨Papa[b] conformitate regalis amicicie⟩ confortatus ⟨concilium[b] Rome indicit[1], processus contra regem 1301 *(Dec 5)* Francie dictaturus⟩, prelatis de diversis mundi partibus accersitis, quos rex Francie procedere undique inpedivit. Iterum secundam vocacionem facit, iterum rex obsistit[c] et coadunatis archiepiscopis, episcopis[d], prelatis, decretistis, theologis et magistris contra papam per os archiepiscopi Arelatensis subnotatos articulos publicavit[2] 1303 *(Iun 14)* Primus fuit[e], quod sit publicus symoniacus, quod dicit se non posse committere symoniam, ⟨secundus[f], quod sit publicanus⟩, tercius, quod homicidium perpetraverit, quartus, quod sit usurarius manifestus, quintus, quod non adhibet fidem verbis conficientibus eucharistiam sacrosanctam, sextus, quod anima sit mortalis, et quod aliud gaudium non sit nisi vite presentis; septimus, quod sit revelator confessionum, quia coegit quendam cardinalem, ut ei confessionem cuiusdam episcopi de Hyspania sibi factam revelaret, qua revelata episcopum deposuit et post acceptag[g] pecunia restituit sicut prius, octavus, quod habuit duas neptes consanguineas concubinas[h] et ex utraque filios genuit, quorum unus in episcopum est promotus; nonus, quod regi Anglie dedit omnes decimas ecclesiasticas decem annis in regno suo contra regem Francie, decimus, quod stipendiavit Sarracenos, ut Syciliam invaderent, ubi Christiani nominis triginta milia hominum sunt occisa, nichilominus Christiani obtinuerunt victoriam gloriosam. Quorum *omnium veritas *f 78'.

a) *uncis inclusa abscisa supplevi* b) *uncis inclusa B D, Ioh delevit et sequentia corr* qui confort ad ipsum concilium prelatos de div in part accersivit, quos B c) obstitit D d) ep *om* D e) sic D f) *uncis inclusa om B, exhibet D.* g) acceptam pecuniam D h) concubinas *om* D

1) *De sequentibus cf. supra p.* 334, *n.* 2. 3. 2) *De articulis eorumque auctore cf ibid. n* 4—7; *in rec A articuli religiosius exscripti sunt*

vel falsitas nullatenus relatori ascribatur, sed ⟨auditoris[a]
Act 23, 5 sive⟩ lectoris iudicio committatur, *scriptum est enim*:
Principem populi tui non maledices, et, sicut dicit Iuvenalis[1],

Omne animi vicium tanto conspectius in se
Crimen habet, quanto maior qui peccat habetur.

De[b] morte pape et vacacione regni Bohemie Capitulum VI[m].

1303. (Mai o) Anno Domini MCCCIII° Bonifacius, audiens tam
execrabiles articulos ⟨contra[a] se moveri⟩, transtulit se ab
1302 (Nov.) Urbe in Anagniam et convocatis cardinalibus regem
Francie a regno deicere, per quoscumque modos posset,
cordialiter laboravit. ⟨Et[a] primo statuit eum severitatis
apostolice gladio, scilicet excommunicacionis anathemate[2],
feriendum[c]⟩. Quo comperto rex Columpnenses ⟨ad[a] se
vocatos⟩ quingentis militibus armat ⟨ad[a] consilium cuiusdam sui legiste[d], qui Gwilhelmus dictus est de Nugereto, ut pape perdicionis laqueum iniciant, animat et
confortat⟩. Qui ⟨navigio[a] [3] disposito per maria sul-
1303 (Sept. 7) cando⟩ Anagniam perveniunt, papale palacium faventibus
civibus circumdant, ruptis repagulis ostiorum papa*,
cardinales et secum existentes[e] fugiunt, intra pape cameram[f] se servantes. Quibus[g] cibus et potus per triduum
Cont. Weich. 1303 non dabatur, ⟨Iohanne[h] [4] dicto [Se]rra[i] de Columpna ipsum
[cru]deliter[i] invadente et potu et cibo papam per triduum
spoliante⟩. Hostes eductis gladiis irruunt, absolucionis
beneficium poscunt, quo[k] ⟨per[a] eum⟩ pridem fuerant in-
Ioh 18, 4 nodati. Papa[l] ⟨*sciens[a] omnia que ventura erant super
eum*[m]⟩, omnibus ornamentis papalibus indutus[n], crucem
auream, in qua maxima pars[o] fuit de ligno[p] Domini, ad

*) *Pro* papa — existentes *(B D) deletis Ioh scripsit B* cardinales una cum papa

a) *uncis inclusa a Ioh deleta B, exhibet D* b) *inscriptio capitis minio scr. B* c) feriendo *D 2.* d) *sic Ioh scr. pro* militis *(B D) deleto B.* e) exeuntes *Ioh corr.* existentes *B* f) caperam *Ioh corr.* cameram *B* g) Quibus — dabatur *a Ioh in dextera marg. scripta B, om. D* h) Ioh — spoliante *a Ioh in sinistra marg. scripta B, sed deleta, om. D* i) *uncis inclusa in marg. abscisa* k) *cf. supra p. 336, n. b* l) Presul *B D, pro quo Ioh* Papa *corr. B* m) induitur *add. B D, post a Ioh delet. B* n) indutus *Ioh h. l. inseruit B, deest D* o) pars *a Ioh add. B, exhibet D* p) lingno *B*

1) *Sat. VIII, v.* 140 *sq.* 2) *Cf. supra p.* 335, *fortasse Ioh. de bulla a.* 1303 *Sept.* 8 *publicanda (supra p.* 331, *n.* 7) *cogitavit.* 3) *Immo Gulelmus de Nogareto per terram post a.* 1303 *Mart.* 7. *profectus est.* 4) *Iacobo. Fabulam primum in Chron. S. Dionysii legi statuit Holtzmann, 'Nogaret' p.* 87.

pectus posuit, mori[a] asserens se paratum pro ⟨conser- 1303 vanda[b]⟩ sedis apostolice libertate, sicque ad ostium procedebat, statimque unus eum ad murum[c] graviter cum ostio conprimebat dicens: 'Intrasti ut vulpes, regnasti ut leo, morieris ut canis' ⟨In[b] quo contra Celestinum eius predecessorem, si tamen ita fuit, fallaciam in vulpe, contra Columpnenses seviciam in leone et inopinate misere mortis instanciam *arguebat in cane. *f 79 Fertur[d] pontifex respondisse *'Non sum propheta* nec[e] *Amos 7, 14.* *filius prophete,* sed⟩ regem Francorum ⟨dico[b] miserabiliter victuirum⟩, breviter moriturum et semen uteri sui de throno regni celeriter defecturum'. Que omnia, sicut patebit suo tempore, sunt impleta. ⟨Quidam[b] super hiis compuncti abscesserunt⟩. Cives post hec sera[f] ducti penitencia omnes Francigenas expulerunt papamque in profundis tribulacionum fluctibus reliquerunt, quem potentissimus Romanorum dominus Ursinus in urbem perduxit, ibique artantibus eum doloribus, postquam sedit octo annis, mensibus XI[1], transiit ex hoc mundo, in ecclesia sancti *(Oct 12)* Petri Rome, in sepulchro[g], quod[h] sibi preciose disposuit[2], *(Oct 22)* sepelitur. Cui[i] succedit Benedictus XI, magister ordinis *Cont Weich* Predicatorum, Nycholaus[k] vocatus, prius episcopus Hostiensis 1303 Qui dum a Laterano ad Sanctum Petrum procederet, unus cardinalium ex quadam turri graviter vulneratur. Quam dum papa dissipari preciperet, cives nullatenus admiserunt, statimque Perusium transtulit[l] se ab Urbe[3]. ⟨Retractavit[m] favore fratium ordinis sui multa, [que[n]] Bonifacius pro *ib* concordia cler[i] et eorum atque Minorum fr[atrum] statuerat, consilio rep[entino], ut patet in constitucione que [incipit] *Inter cunctas sollicitudines nostras*⟩.

Anno[o] Domini MCCCIIII[o] rex Klisie[p] moritur[4], re- 1296 *(Febr 6)* linquens unam filiam quam rex Bohemie Wenczeslaus 1303 duxit, regnum illud addiciens regno suo Albertus rex[q]

a) mori ass *a Ioh ex* ass. mori *transposita B* b) *uncis inclusa a Ioh deleta B, exhibet D* c) *praecedit* ostium *delet B* d) *Ioh locum post ita mutavit B* Pontifex respondisse fertur regem F breviter e) et non sum *Vulg* f) vera *D 2* g) in tumulo quem prec *D 3* h) quod silum *D 1*, quod filum *D 2* — prec. sibi *D.* i) Cui — Urbe *(l 26) om D* k) Nycholaus — Hostiensis *a Ioh add B* l) *sic Ioh corr pro* se transtulit ob hanc causam *B* m) Retractavit — nostras *(l 30) a Ioh add, post deleta B, om D* n) *uncis inclusa in marg abscisa* o) A D — gubernare *(p 374, l 3) A 2* p) Klusie *B A 2. Ioh corr* Klisie *B, et ita D* q) rex *Ioh add B, om D A 2*

1) *Immo novem fere* 2) *Cf Gregorovius, 'Grabdenkmaler d Rom Papste' p* 78—81; *Venturi, 'Storia dell' arte ital' IV, p* 157—167, *fig* 106—110 3) *De praecedentibus cf supra p* 336, *n* 1—337, *n* 1 4) *Ad sequentia cf supra p* 337, *n* 2—338, *n* 2 *adnotata*

asserens hoc regnum ad imperium devolutum[a] ⟨instantis-
1304 sime[b] repetebat[c], et orta sunt inter eos gravissima wer
Cont Weich 1303 namenta[d]⟩, conflatoque grandi exercitu, habens[e] secum
Salczpurgensem, Pa[taviensem][f], Frisingensem, Ratisponensem,
Augustensem, [Spi]rensem, Herbipolensem episcopos, Ottonem
et Rudolfum duces Bawarie, de Hirsperch, de Otingen, de [Wirten]-
berch, de Hayerlach, [de] Hohenloch comite[s]. Danubium in Lincz
transiens Duxit [secum] Ungarorum regem habentem Comanos
puerorum pedes [et] manus precidentes, salina[ntes] et inhumaniter comedentes e[t] viros et mulieres nostr[as] immaniter occidentes; [ab] exercitu plus quam decem
(Oct) mili[a sunt] occisa ⟨Albertus[b] Bohemiam ingreditur et⟩
ib regnum[g] pertransiens usque ad mineras[h] argenteas, scilicet
fodinas Kuttinarum, pene omnia devastavit. Rex Bohemorum XXX milibus marcarum episcopo Moguntino,
ib. ducibus Saxonie ac aliis de[i] Alemannia, Polonia, Misna
distributis et ipse maximam ⟨hominum[b]⟩ multitudinem
conglobavit Et ⟨habito[b] consilio⟩ milites[k] ad municionum
custodiam deputavit, arbitrans utile sibi non esse Romano principi in campestribus obviare, ⟨de[b] hiemis instancia contexens vaticinium⟩, dicens sibi adesse in foribus fortissimum adiutorem, qui nebulis condensis, glacie
*f. 79' et bruma pro se sevissime *decertaret. ⟨Cuius[b] imminencia⟩
(Oct 22) rex ⟨Albertus[b]⟩ nichil proficiens, exiens de regno, suum
ib. intentum alteri tempori reservavit et[l] de fecibus de exami-
nacione argenti ⟨depurandi[m]⟩ prolabentibus flumina inficit,
ib 1304 [unde[n]] equi et homines plurimi obierunt Intravit quoque
Wenczeslaus Ungariam et ad vocacionem quorundam nobilium
filium suum in regem coronavit, quia de sanguine Bele regis
processerat[1], quem tamen mox revocavit, audiens tam
ex parte pape quam ex parte nobilium terre filio [peri]-
culum[n] imminere, apud se nichilominus regni insigniis
reservatis[2]. ⟨Interea[b] rex Bohemie suam⟩ filiam[o] Annam
Heinrico duci Karinthie, fratri regine, consortis regis
1306 (Febr 23) Alberti, copulavit, estimans per hoc regis[p] animum mitigandum[q]. Celebratis nupciis non longe post Wenczeslaus,

a) div *a Ioh corr* dev. *B*, quare *add A2* b) *uncis inclusa a Ioh deleta B, exhibent D A2* c) illud rep *A2* d) veronomenta *D2*. e) habens — occisa *(l 12) a Ioh in marg adscripta B, om D. A2* f) *uncis inclusa in marg abscisa* g) Bohemiam *D* h) min arg scil *a Ioh inter lineas add. B, om D A2* i) de — Misna *a Ioh inter lineas add B, om D A2* k) rex ad municiones cust (milites *om*) *D* l) et — reservatis *(l 33) a Ioh in marg adscripta B, om D A2* m) *uncis inclusa a Ioh deleta B* n) *uncis inclusa abscisa B* o) *pro deletis uncis inclusis Ioh scripsit, sed delevit* Ipso tempore filiam suam *B*, Annam filiam suam *A2* p) regis *a Ioh add B, praebet D*, animum regis *A2* q) violencius roborandum, *pro quo Ioh* benignius inclinan *scripsit, quo deleto* mitigandum *in marg add B, et ita D*, facilius mitigandum *A2*

1) *Wenceslaus II pronepos Belae IV. fuit* 2) *Cf Cont. Weichardi a* 1305, *SS IX, p* 817, *l.* 49, *et infra p* 373

morbo disenterie contra se invalescente, migravit ad Dominum 1305 (Iun 21) in[a] vigilia sancti Iohannis baptiste et in monasterio, Cont Weich 1305 quod ipse de novo Cysterciensis ordinis construxerat, Aula-regia vocitatum[1], sollempniter tumulatur, filium Wenczeslaum relinquens Anno[b] Domini M°CCC°V° circa festum ib Michaelis [Ot]to[c] dux Bawarie, cuius mater[2] filia fuit Bele regis, Bohemiam per[tran]sivit, ut Ungariam introiret, cui [re]x iuvenis Wenczeslaus op[tul]it coronam et tunicam sancti regis [Step]hani cum dyademate atque sceptro contra [vo]luntatem regis Alberti et ducis [Aus]trie Rudolfi filii sui; qui ad [intro-it]um Ungarie sibi obstruxerant [omnes] vias Venit tamen sub forma merca[tor]is ad locum qui dicitur Vischemúnde [citra] Danubium, et cum transfretaret, coronam perditam intellexit, et statim reversus, unus ex nobilibus, [sicut] Domino placuit, asam ad quandam paludem [cum] gaudio reportavit Qui procedens in Ungariam [per bi]ennium ibi mansit et multis [mal]is perpessis regnum non potuit [adip]isci, sed captivatur, Cont can Sal. 1308. Deo faci[ente] liberatur, mortis periculum vix [eva]dens ad propria est reversus Rex [Boh]emie iuvenis, qui[d] * voluptuosis insistens operibus, iuxta Salomonem *Adolescencia et voluptas vana sunt,* Eccl. 11, 10 primo anno a duobus filiis Belial procuracione nobilium terre cultro, sicut dicitur, est perfossus, 1306. (Aug 4) relinquens iuvenem viduam, Ruthenorum regis filiam[3], que expleto luctus tempore de Rosenberch ipsius regni potentem ac nobilem virum[4] duxit

Benedictus[e] papa ⟨irritans[f] que Bonifacius contra ordines mendicancium statuit[5] omnia revocavit[6]⟩ moritur ⟨que[f]⟩, postquam sedit mensibus octo, 1304 (Iul 7) vacavitque sedes post eius transitum menses X[7].

Stabatque regnum Bohemie sine principe, ⟨nutantibus[g] nobilibus terre, quem ad hoc eligerent, dubitabant⟩, quia heredem masculum non habebant, quamvis femelle in eodem regno dicantur successionem paternam ex in-

*) *Pro sequentibus Ioh. scripsit, sed ex parte delevit B, om D A2.* Qui vol op insistebat ⟨Ipse[f] rex Wenczeslaus⟩ hoc tempore a duobus — terre in Olmuncza ⟨in[f] domo decani solus existens, ut post meridiem modicum dormiret⟩, cultro, sicut dicitur, est perfossus.

a) in — baptiste *a Ioh inter lineas add B, non exhibent D A2* b) Anno — iuvenis *(l 19) a Ioh in sinistra marg adscripta B, om D A2* c) *uncis inclusa abscisa B* d) qui *h l delendum, quod respicit ad l 4 5, antequam sequentia in marg adderentur* e) Bened. — menses X *(l. 29) om A2* f) *uncis inclusa a Ioh. deleta B, habet D* g) *uncis inclusa (B. A2) a Ioh. deleta B, om D*

1) *Cf supra p* 338, *n* 1 2) *Elisabeth* 3) *Violam filiam Casimiri II. ducis de Teschen.* 4) *Petrum a* 1316. 5) *Cf. supra p* 368. 6) *A* 1304. *Febr* 17 7) *XI*

1306 dulto privilegio[1] heredare, nichilominus ⟨sine[a] virili amminiculo⟩ videtur turpe feminam habenas ⟨sine[a] armis⟩ regnorum et gencium gubernare, ⟨indigent[a] enim armis defensivis et invasivis necessariis ad res bellicas, sed femina aliis est intenta iuxta Ovidium[2], qui dicit

Nam curam tota mente decoris habet[b].

Et Hector dicit ad Paridem[3].

Hic[c] *animos ostende tuos, nichil adiuvat arma*
Nobilitas forme, duro Mars milite gaudet⟩

De[d] vocacione Heinrici[e] ducis Karinthie et Rudolfi filii Alberti ad idem regnum. Capitulum VII[m].

1305 *f 80 *Anno[f] Domini MCCCV[0] supradicto[g] Clemens quintus ad regimen ecclesie concorditer ab omnibus est
(Iun 5) electus apud Perusium, in Lugduno consecratus[4] transtulit curiam suam primus in Burdegalim[5] ultra[h] montes, quam ecclesiam ipse prius gubernabat ⟨Invitatus[i] enim fuit a rege Francie, qui omnem sibi honorem promittens per Franciam in suo dominio exhibendum, eo quod Itali et Romani raro summis pontificibus adheserint plena fide⟩. Continuata est igitur in illis partibus curia ad hanc horam. ⟨Primo[k] anno sui pontificatus admisit[l] in graciam Columpnenses[6], ex quibus unus in presencia pape publica audiencia veniam postulans verbum illud
Iob 13, 21 beati Iob de se et aliis explanavit *Manum tuam longe*

*) *Pro deletis* indig — gaudet *(l 9) Ioh scripsit, sed delevit B* quia in tali actu arma sunt necessaria, et regna non muliebri, sed virili animo defensantur, ut Hector dicit ad Paridem[7] *Hic — gaudet. Et in dextera marg, quae non delevit* que aliis est intenta, ut dicit Ovidius[2] *Nam — habet.*

a) *uncis inclusa (B D) a Ioh deleta B* b) agit *Ov* c) Hic — tuos *om D* d) *inscriptio capitis minio scripta B*, Cap VII *om D* e) ducis K H *a Ioh transposita B, et ita D* f) *pro* Anno — quintus Hic papa *D* g) suprad *Ioh add B* h) ultro *B* i) *uncis inclusa a Ioh deleta B, exhibet D* k) Primo — terreat *(p 375, l. 1) a Ioh. deleta B, exhibet D.* l) recepit ac adm. (rec ac *a Ioh deleta) B*

1) *Fabulosum, cf Bachmann, 'Gesch. Bohmens' I, p* 715 *sq* 2) *Ars am III, v.* 424 3) *Ilias Latina v* 262 *sq* 4) *D. Nov* 14 5) *Curiam eo non transtulit Archiepiscopus eius civitatis fuerat, cf et supra p* 342, *n* 3 *sq* 6) *A.* 1305 *Dec.* 15 7) *Vide n* 3

fac a me, et formido tua non me terreat⟩. ⟨Stephanus[a] dux Bawarie, quondam e[piscopus][b] Salzpurgensis postulatus, duxit u[xorem] filiam[1] Polkonis ducis Pol[onie] et genuit Heinricum, [qui, ut] inferius habetur, duxit filiam[2] Iohannis re[gis[3]], et Ottonem, qui duxit filiam [comitis] Iuliacensis[4], Beatricem comitissam[5] [et] Elizabeth ducissam Austrie[6], [de] quibus omnibus nullus heres rem[ansit][7], nisi quod Elizabeth duos [natos] reliquit, Fridericum[8] et Lů[poldum], Otto vero dux, postquam redi[it] ex Ungaria, duxit filia[m] ducis Glagowie[9] et ge[nuit] filium unum Heinricum, [qui] iuvenis de medio est sublatus⟩.

Cont Weich 1300 — *cf ib* 1290 — *cf. Cont can Sal.* 1309. — 1333 (*Iun.* 18)

Hoc[c] anno nobiles Bohemorum vota sua scindunt, quorum quidam Heinricum ducem Karinthie, generum quondam sui[d] regis, accersiunt[e], ⟨ut[f] super eos[g] suscipiat principatum⟩, quidam Růdolfum Romanorum regis filium elegerunt, ⟨eo[f] quod propter vicinitatem Austrie et paterne potencie suffragium regnum posset altero melius defensare⟩, ita ut relictam regis Wenczeslai primi, filiam regis Klysie[h], duceret in uxorem et per hoc in regni potencia se firmaret[10]. Heinricus autem dux, suscepta legacione, ex Karinthia et de montanis electam congregat militum multitudinem, habens secum Stephanum ducem Bawarie consanguineum, ut regnum susciperet, Bohemiam introivit, receptusque est ab hiis qui eum vocaverant gloriose. Anno[i] Domini M⁰CCC⁰VI⁰ rex[k] Albertus, aliis postergatis negociis, Chunradum[l] Salczpurgensem presulem [secum[b]] habens, congesto in[m] unum militari splendido comitatu, ad procinctum introeundi Bohemiam similiter se succingit et veniens electioni et vocacioni filii sapienter cum singulorum indagine se ingessit. Nupcie igitur inter filium suum et reginam viduam[n] multo fastu hu-

1306 (*Aug.* 22) — *Cont Weich* (*Sept.*)

a) Steph — sublatus (*l.* 11) *a Ioh in marg add, postea deleta B, om D* b) *uncis inclusa abscisa B.* c) Anno Domini MCCCVI nobiles — immaturo (*p* 377, *l* 9) *A2* d) sui *add Ioh B, om A2, exhibet D* e) accersivit *D* f) *uncis inclusa a Ioh deleta B, exhibent D A2* g) cum filia *add A2* h) Klusie *A2* i) Anno — M⁰CCC⁰VI⁰ *a Ioh add B, om D. A2* k) *post* rex *seq.* vero *B D A2, a Ioh delet B* l) Chunr. — habens *a Ioh add B, om. D A2* m) in unum *om D* n) viduam *om A2*

1) *Iudith filiam Boleslai dicti Bolkonis ducis de Schweidnitz.* 2) *Margaretam.* 3) *Bohemiae* 4) *Richardem filiam Wilhelmi ducis de Iuliaco* 5) *Heinrico comiti Goriciae nupsit* 6) *Uxorem Ottonis ducis Austriae.* 7) *Cum Heinrici XIV filii iuvenes mortui sint.* 8) *Cf Cont Novimont, SS. IX, p* 671, *l.* 50 9) *Agnetem filiam Heinrici ducis de Glogovia* 10) *Cf supra p* 371, *n* 3

*f. 80' 1306 mane *glorie ⟨et[a] maximarum expensarum et apparatuum
(Oct. 13) ad hoc concurrencium[b] affluencia⟩ celebrantur. Rûdolfus
1307 (Ian.) ergo regis filius rex[c] levatur, ita[d] tamen, quod Bohemorum nobiles iuraverunt ⟨pactaque[a] fortissima litteris
atque privilegiis firmaverunt regiisque manibus optule-
runt⟩, quod[e], si hic filius decederet sine fructu, non
alium quempiam nisi unum filiorum[f] suorum ⟨sive[g] sui
germinis regem constituerent quoquam modo*⟩, et sic
filium in regni solio stabiliens[h] ad alia diversa eiusdem
regni negocia se disponit[1]. ⟨Insistebat[g] eciam cum sollicitudine et industria⟩, qualiter Heinricum ducem, sororium suum, ⟨qui[g] maximam partem in regno habuit,
abigeret et⟩ a regno quantocius amoveret, ⟨non[g] enim
videbatur sibi congruere, quod bello eum[i] propter amicicie affinitatem peteret, dubius, sub qua sorte, quia[k]
eque fuit[k] viribus militaribus[l] robustatus; et dum hec
animo volveret Albertus⟩, Heinricus ⟨quasi[g] eisdem me-
ditacionibus fluctuabat. Insedit tamen cordi suo, quod
1306 ex equo cum Romanorum principe res belli agere non
(Sept.) valeret⟩, cum[m] suis habito consilio Bohemiam relinquens
redit[n] ad montana[2]. Quo egresso omnes[o] ⟨qui[g] sue
partis fuerant animo consternantur, et cum non haberent,
qui eis adesset⟩, Rûdolfum unanimiter susceperunt.
1307 Albertus autem firmato filio et instructo de cura regni
(Febr.) in Alemanniam est reversus. Et[p] estuans ad coronam
imperii[q] misit Iohannem Eistetensem presulem et Philippum abbatem Par[isi]ensem[r] ad papam, suam offerens
[ad[s]] eius volita voluntatem. Quibus papa annuit tam
1306 grataner [quod[s]] Iohannem transtulit ad Argentinensem
ecclesiam et Phylippo contulit Eistetensem[3]. Et per-
ceptis novis de terra Misnensium, rex[t] ad expedicionem

*) *Pro deletis Ioh. in marg. scripsit B1:* susciperent sibi regem, *om. B2 D.*

a) *uncis inclusa a Ioh. deleta B, exhibent D A2.* b) concernencium fluencia *A2.* c) rex *om. D.* d) *pro deletis* ita — valeret *(l. 20) A2:* Heinricus vero dux Carinthie sororius regis Alberti. e) *inde a* quod *incipit B2.* f) suorum nil *B2.* g) *uncis inclusa Ioh. delevit B1, exhibent B2. D.* h) stabilivit *B2.* i) eum peteret propter am. aff. et dubius *B2, ubi Ioh.* peteret *delevit.* k) quia et fuit *a Ioh. add. B1, om. B2, exhibet D.* l) militantibus *B2.* m) et cum *D.* n) abiit *A2.* o) dm̄ *A2 (fort. dn̄i legendum est).* p) Et — Eistetensem *(l. 30) a Ioh. add. B1, om. B2 A2, exhibet D.* q) imp. *om. D.* r) isi *abscis. B1,* Peris *D.* s) *uncis inclusa in marg. abscisa B1.* t) rex *a Ioh. add. B1, om. B2 D A2.*

1) *Ad praecedentia cf. supra p. 339, n. 5—8.* 2) *Iam a. 1306. Sept. redierat.* 3) *A. 1306 Febr. 18 cf. Reg. Clem. a. I, nr. 330 et 340; Matth. Neuenburg c. 36. Ioh. forte de legatione a. 1305 facta, Constit. IV, 1, p. 173, nr. 204, cogitavit.*

1307. illam[a] propter altercaciones ibi factas militem armat et[b] congiarium magnum donat. Filius autem[c] suus rex[d] Růdolfus, iuvenis bonis pollens moribus, ⟨omnibus[e] gratum se exhibuit et placabilem, iustis amicabilem, iniustis terribilem et crudelem, nichil tamen[f] temerarium agebat, sed⟩ maturo consilio omnia disponebat. Consors in amore (Ottac. 91832-923) eius, sicut fertur, nimium ardescebat et[g] propter hoc, dum excessive eius amplexibus indulgeret[h], *telam vite sue, cum[i] (*f 81) adhuc ordiretur, precidit[1] transitu inmaturo ⟨Quem[k] paterne (Iul 4) et materne originis nobilitas et morum ac virtutum honestas omnibus fecit commendabilem et acceptum, sicut in laude Achillis[2] scribitur

Cui virtus clarum nomen habere dedit⟩.

De[l] profectione Alberti in Misnam et[m] ibi gestis cum quibusdam incidentibus. Capitulum VIII.

1307 Anno Domini MCCCVI[0] predicto[n] rex condiciones, quas ⟨avus[o] * suus Rudolfus rex et⟩ Adolfus a Misnensibus receperant, audiens variatas ⟨et[k] ex parte maxima laceratas⟩, ut malivolos castigaret et ad statum imperialis honoris omnia reformaret, terram cum copiis introivit, nam[p] fratres duo, quos[q] olim Adolfus rex (Iul) attrive[rat][r], scilicet Dieczmannus et Fridericus, filii Dietrici[3] marchionis senioris, filiastri[4] Friderici secundi quondam imperatoris, terras sorte dividentes, marchionatum Misnensium Fridericus[s], lantgraviatum Thuringie Dieczmannus sortitur. Qui cum suis[t] placide vivens uxorem habuit filiam ducis Brunswicensis[5], san-

*) *Pro deletis Ioh scripsit B 1* quas rex Adolfus olim a Misenensibus receperat.

a) illuc *A 2* b) et — donat *om A 2.* c) vero *A 2.* d) Rud. rex Boemorum *A 2* e) *uncis inclusa Ioh delevit B 1, exhibent B 2 D*, omnibus — crudelem *om A 2* f) tamen *om A 2* g) quapropter dum hoc *A 2* h) adhereret *A 2* i) dum *A 2* k) *uncis inclusa a Ioh deleta B 1, habent B 2. D* l) *inscriptio capitis minio scripta B 1* m) et — incidentibus *om B 2*, Cap VIII *om. D.* n) pred. *Ioh add B 1, om B 2 D* o) pater *D, uncis inclusa a Ioh deleta B 1, exhibent B 2. D* p) nam — partis *(p 378, l 4) om B 2* q) quos — attriverat *a Ioh in marg add B 1, om D* r) rat *abscis* s) *seq* marchionatum Dieczmannus sortitur *delet B 1.* t) suis *om D*

1) *Cf Is 38, 12* 2) *Eusthenii De Achille v 2 (ed. Aemil Bahrens, Poetae Lat min IV, p 148, nr 146, et Riese, Anthol Lat I. 2, p 82, nr 630)* 3) *Alberti* 4) *Nepotes, quorum mater Margareta imperatoris filia fuit* 5) *Immo Iuttam filiam Bertholdi comitis de Henneberg Heinricus I. dux Brunswicensis Agnetem sororem fratrum duxerat*

1307 guinis generosi[a], Fridericus autem insolescens Meynhardi
ducis Karinthie filiam[1] habuit et contra se nobiles provocavit, ita ut[b] regem invitarent[c] et terram promitterent
se daturos, et marchio quidem ⟨primo[d]⟩ et sue partis
tericole, metuentes[e] Romani nominis excellenciam et
⟨tante[f] super se irruentis multitudinis⟩ potenciam, regi
Gen 47, 25 se subiciunt ⟨et[f] dicere videbantur: *Salus nostra in manu
tua est, respiciat* super[g] *nos dominus noster, et leti servie-
mus regi**⟩, nichilominus iniuriam sibi fieri occultis sibi-
lacionibus musitavit. Rex exactis sine sanguinis effusione
omnibus, propter que venerat, cuidam nobili et potenti
dapifero de Rötenberch[2] terre procuracionem commendans,
*f 81'. ⟨ut[i] ** iusticiam *et iudicium omnibus faceret[3], pacem
(Aug.) foveret et diligeret, hortabatur, et[h] exiens⟩ de terra pro
tunc, ut eam melius inposterum ordinaret, suo tempore
rediturus. Dapifer autem egresso rege inmemor ⟨pac-
torum[f] et⟩ date fidei marchionem[4] in statum pristinum
relevavit[i], insistente[k] et procurante Dieczmanno lantgravio Thuringie, fratre suo, et conciliatum cum adversariis ad*** dominium instauravit. Rex hoc audiens ⟨mi-
rabatur[f] et narrantibus vix credebat, verumtamen⟩ militem
prius stipendiatum aduncinat[l], ad ulciscendam ⟨iniuriam[f]
et⟩ fraudulenciam secundario[5] terram intrat Marchio
iam cum incolis terre concors factus castra munit, militem
acuit, ut occurrat hostibus, se componit, fratre[m] lantgravio sibi strennue adherente, rex ⟨vero[f]⟩ terram circumquaque aggressus incendiis ac spoliis demolitur
(Mai 31) Occurrit marchio, et partibus in bellum acuminatis,

*) *B2 add* · Marchio terre, qui iniuste dominari videbatur, attritus, suam demenciam recognoscens, cum resistere non valeret, regis se gracie inclinavit

**) *Pro deletis Ioh scripsit B1.* exivit.

***) *Pro* ad dominium *B2*· in dominium fraudulentus, versipellis ac perfidus.

a) severosi *D2* b) quod *D.* c) inv *om D* d) *uncis inclusa a Ioh deleta B1 exhibet D.* e) metuens *D* f) *uncis inclusa a Ioh deleta B1, exhibent B2. D* g) nos tantum *Vulg.* h) et *delendum* i) *ex* relevarit *corr B1* k) insistente — suo *om B2* l) aduunciat *D* m) fratre — adherente *om B2*

1) *Agnetem, quae iam a. 1293 occubuerat* 2) *Cf supra p* 341, *n* 1—4 3) 3 *Reg* 10, 9. ut faceres iudicium et iustitiam *O H-E* 4) *Fridericum* 5) *Cf supra p* 341, *n* 5 *Rex proelio apud Luckam commisso non interfuit*

⟨cordibus[a] agitatis⟩ fit congressio satis dura, et diu sub 1307 volubili rotagio certatum est, donec terricolis prosperitas arrideret et exterorum acies quatereretur; ex quibus alii occiduntur, alii vulnerantur, alii captivantur; et sic acies[b] inclinate[c] populo provincie victoriam pepererunt. ⟨Rex[a] considerans, quod *varius* prelii sit *eventus*, et *nunc* 2 Reg 11,25. *hunc, nunc illum consumit gladius*, et *sicut*[1] *dicit Catho*[d] *in libro de re militari. 'In aliis rebus si quid erratum est, potest postmodum corrigi, preliorum delicta emendacionem non recipiunt, cum pena statim sequatur errorem'*, animequior factus de captivis redimendis sollicitudinem magnam[e] gessit⟩. Inter famosos ibi Fridericus purchgravius de Nôrnberch cum multis aliis nobilibus fuit captus[2], ⟨et[a] terminus induciarum *ad redeundum iuxta *f 82 condicionem pactorum intercurrencium assignatus⟩. Marchio[f] eciam, fratre suo[g] in civitate Lipczkensi in fratrum Minorum[3] monasterio vulnerato[h] et non longe post de- (Dec 10) functo, Thuringiam est adeptus

Hoc in tempore rege ad propria iam reverso ⟨Hein- 1304 ricus[a] abbas Villariensis, cuius habita est mencio in premissis[4], venit in Austriam nuncius directus, petens Elizabeth[i] *) filiam regis Friderico Theobaldi ducis Lothoringie filio in uxorem. Cuius legacio, utrobique dignis honoribus conpensata, sollempnibus nupciis ad effectum desiderabilem est perducta, que genuit filium Rûdolfum nomine, qui hodie feliciter dominatur[5], et filiam[6], que Iohannis Bohemorum regis filio ex secunda coniuge[7] sociatur et utrobique Francorum regum sanguini vicinatur.

Hoc eciam tempore rex Francie et rex Anglie[8] 1306 omnes Iudeos a regnis suis expulerunt et bona eorum (Iul 22)

*) *Pro deletis Ioh. corr. B*1. Eliz filiam suam[k] Frid. . . . filio copulavit

a) *uncis inclusa a Ioh deleta B*1, *exhibent B*2 *D* b) regie *add B*2 c) inclinante *D* d) cathedre militari *D*2 e) maximam *D* f) Marchio — adeptus *(l 18) om B*2 g) suo *a Ioh. add B*1, *om. B*2. *D.* h) vulu *om D.* i) Elyz *B*2. k) suam *supra* regis, *quod Ioh delere oblitus est.*

1) *Haec e Vegeti De re militari I, c.* 13 2) *Cf. supra p* 341, *n.* 6 3) *In Praedicatorum conventu sepultus, iam in Martio vulneratus erat. Cf. quae V Cl Holder-Egger, SS XXX*, 1, *p* 617, *n* 1 *adnotavit et Mon Erphesfurt. p* 332 4) *Supra p* 368 5) *Cf supra p* 342. 6) *Margaretam, quae Wenceslao postea duci de Luxemburg desponsata erat* 7) *Maria de Borbonia* 8) *Ex Anglia a* 1289 *expulsi erant.*

1306 in usus proprios redegerunt, quia contra Christianos in partibus transmarinis gentilibus adheserunt. Rex eciam
1307 (Ian 6) Francie quinquaginta cives ville[a] Parisiensis suspendi precipit ante portas, quia Flandrensibus favorabiles videbantur[1]. Insuper per diversas partes*) regni omnes
(Oct 13) Templarios captivavit et redactis bonis eorum in suum fiscum quinquaginta ex eis vel amplius concremari precipit[b] et morte horribili tormentari sicut fertur, bona eorum desiderans, avaricie et invidie facibus[2] inflammatus Articulos autem contra eos habitos et suo tempore probandos ad eorum delecionem[c] notavimus in subscriptis[3] Quam convenienter dicit de hoc Anshelmus[4]:

O quantos regum paciuntur corda tumultus,
Quotque[d] procellosis motibus ipsa fremunt!

⟨Et[e] addit·

Dum iacet in plumis serico contectus et ostro,
Mordetur curis invigilatque dolis⟩.

De[f] morte Rudolfi regis Bohemie, de[g] Heinrici ducis[g] successione et subactione Karinthie Capitulum IXm[h].

*f 82'. 1307 (Iul. 4) *Anno[i] Domini MCCCVII[0] Rûdolfus rex Bohemie anno secundo regni sui morbo disenterie[k], sicut fertur ab[l] aliquibus, gravatus in die beati Ulrici[m] [5] Prage[n] ultimum[o] diem clausit, relinquens coniugem inpregnatam. Cuius[p] mortem pater et mater atque conthoralis inconsolabiliter ⟨lamentabantur[q]. Quorum fletum sicut quon-

*) *Pro deletis Ioh scripsit B*1 Hoc tempore rex Francie per diversas partes.

a) Par ville *B* 2 b) precepit *D* c) destructionem *B* 2, delectionem *D* d) Quamque *Ans* e) Et — dolis *solus exhibet B* 2, *sed Ioh delevit* f) *inscriptio capitis minio scripta B* 1, *in marg a Ioh adscripta B* 2, *integrum caput exhibet E*, De obitu R r B, succ H. d et s K *D* g) de *et* ducis *Ioh om B* 2 h) nonum *E* i) Anno D MCCCVII Rud — offecti *(p* 383, *l* 25*) A* 2 k) dissent *D A* 2 l) ab aliq *om A* 2 m) Udali *A* 2 n) in Praga *B* 1 2 *A* 2, *Ioh corr* Prage *B* 1, *et ita D E* o) diem el extremum *A* 2 p) *pro* Cuius — Relicta eius *(p.* 381, *l* 5*) A* 2 Que q) *uncis inclusa habent B* 1 2 *D E, a Ioh deleta B* 1, *pro quibus Ioh* deplorabant *scripsit*

1) *Immo quia tumultu facto regem in Templo Parisius obsederant Cf Cont Guil de Nangis, 'Recueil des hist de France' XX, p* 594, *et Ioh de S Victore, ib XXI, p* 647 2) *Cf Cicero Pro Milone c* 35· faces invidiae 3) *Infra l IV, c* 5 *rec B D A* 2 4) *De contemptu mundi, ed. Gerberon p* 196 5) *Diem* 3 *Iul Chron Aulae-regiae I, c* 85, *p* 214 *et Cont Zwetl III, SS IX, p* 662, *tradunt, sed errant, cf Bachmann, Gesch Bohmens' I, p* 720

dam super Hectorem mortuum a patre, matre et con- 1307
iuge possumus autumare[a], ubi dicitur[1]

O quantos Priamo lux attulit ista dolores,
Quos fletus Hecube, quos simul Andromache[b] [1]!

Relicta eius in viduitate permansit[c] ⟨et[d] subducto filio⟩[e],
parta[f] sui dotalicii in usus ecclesiarum atque pauperum
misericorditer dispensavit. Novissime monasterium sanctimonialium Cisterciensis[g] ordinis extra portam urbis Brün- 1323
nensis[h] construxit[2], in quo[i] Dei servicio se ⟨ipsam[d]⟩ 1331
constrinxit, ⟨ibique[d] transiit[3] ex hac luce⟩. Růdolfus
itaque Prage sollempnibus[k] exequiis[4] subterratur, et
Heinricus dux Karinthie iterum advocatur, civitates ei 1307
reserantur, ubique suscipitur cum honore, et ordinatis
castellanis et officialibus per castella et civitates ex hiis,
quos secum adduxerat, regnum potencialiter possidebat.

Rex Albertus nurum gravidam in Austriam vocat,
finem rei[l] statuens prestolandum. Que dum filium peperisset, heredem regno genitum asserens[5], militem in- *Cont Weich.*
struit, Bohemiam intrat per[m] Egram cum episcopis Moguntino, 1307
Argentinensi, Constanciensi, Ludewico palatino ac aliis de Suevia ac *(Sept.)*
Reno nobilibus, Friderico[n] filio eius per viam aliam occurrente,
omnia usque ad fodinas Kuttinarum sicut prius ⟨usque[d]⟩
ad ultimum demoliuntur[o]. In quo oppido vir strennuus *(Oct.)*
Chůnradus de Ovenstain[p] presidatum tenuit, eoque agente
cives fossatis et muris oppidum in brevi fortissime munierunt et regi viriliter restiterunt. Et dum nocive
hyemis *instaret violencia, et rex cum suis nimia[q] vic- *f. 83 (Nov.).*
tualium[r] urgeretur inopia, oportunius tempus expectare
volens ad urbem Noricorum[6], relinquens Bohemiam, pro-

a) actimuare *E* b) *ex* Andromachore *corr* *E*. c) permanens partem sui *A2* d) *uncis inclusa habent B1 2 D E, a Ioh deleta B1* e) post paucos dies *add E* f) parta *corr* parata *E* g) Cist ord *a Ioh add B1, exhibet E, om B2 D A2* h) Brunensis *B2 A2 E*, Prünne *D* i) ibique *B1 2 Ioh corr* in quo *B1, et ita D E*, ibidemque *A2* k) solempn *E*. l) ei statuit *D* m) per — occurrente *(l. 21) a Ioh in marg et inter lineas add B1, om. B2 D A2 E* n) *pro his antea scripta, sed deleta B1* Fridericus filius eius, dux Austrie, per aliam viam ex altera parte o) demolitur *B1 2 D A2, Ioh corr* demoliuntur *B1, et ita E* p) *sic B1*, Auvenstain *B2 D*, Ouenstain *E*, Awenstain *A2* q) ōi *ex* ōiā *corr E* r) vict *om A2*

1) *Pompiliani De Hectore v 7 sq (ed. Aemil Baehrens, Poetae Lat min. IV, p* 149, *nr* 147, *et Riese, Anthologia Lat I, 2, p* 83, *nr* 631) 2) *Aulam-Mariae, a* 1323 *Mar* 15, *cf Chron Aulae-regiae II,* c. 12, *p* 423 3) *A* 1335 *Oct* 19, *cf ibid* c. 40, *p* 522 4) *Cf. ibid I,* c. 85, *p* 214 5) *Ad haec cf supra p* 339, *n* 5 *adnotata* 6) *Cf. ibid n* 9

1307 peravit Interea mandat, ut Karinthia et Carniola invadantur

Ulricus[a] vero de Walse[b] capitaneus Styrie[c] ad regis (Aug - Sept) iussum et Friderici ducis Austrie, qui maior natu fuerat et fratribus[d] preerat atque terre, Chunrado presule Salczpurgensi in persona propria se offerente ⟨et[e] cooperante⟩, terras in brevi tempore subiciunt, quia potenciores terre cum Heinrico rege in Bohemia versabantur[f]. Carniolam Heinricus comes Goricie, assistentibus sibi comitibus de Ortenburch[g] et Sclavice gentis potentibus, ⟨suis[e] affinibus⟩ subiugavit. ⟨In[h] utraque terra maxima desolacio facta est, quia disturbium hoc messis tempore agebatur[1]⟩.

Ottac 92534-654 Math 7, 3 sq. Luc 6, 41 sq Presul Salczpurgensis[i] castrum* quod Rabenstain dicitur *in oculo* suo frequenter de Frisaco exiens vidit quasi *trabem* suisque intrantibus et exeuntibus metuendum, quod quidam ex parte ducis Chûnradus[k] de Schranchpaum in custodia conservabat Qui recepto tradicionis precio cum presule occultum inivit commercium castrumque tradidit, quod sine mora usque ad solum dirimitur et, sicut hodie cernitur, penitus dissipatur. Moxque ad quendam monticulum, ubi[l] ecclesia fuerat sancti Thome[2], lapidibus eiusdem castri devectis municio que Altenhoven dicitur inchoatur et muris ac turribus circumcincta usque hodie in[m] dicionem presulis reputatur. ⟨Fertur[h], et audivimus ab hiis qui viderunt, quod idem Chûnradus[n] de Schranchpaum dignam acceperit mercedis retribucionem, nam misere postea vixit, turpiter exspiravit, quia non in loco naturali digestio, sed in latere scisso agebatur, et quasi *f 83' *crepuit medius[3], donec vitalem spiritum exhalaret[o]⟩

*) *A2 sequentia ita praebet* castrum Rabenstain circa Frisacum sibi a quodam Conrado de Schranckpawm occulto commercio inito traditum sine mora usque ad solum dirimi precepit. Mox ad *(l 21)*.

a) Ůlric *B2* b) Walsee *D A2 E* c) Stureñ *A2* d) et terre preerat Conrado *A2* e) *uncis inclusa a Ioh deleta B1, om Γ, exhibent B2 D A2* f) versab *Γ* g) Ortenburg *E* h) *uncis inclusa a Ioh deleta B1, exhibent B2 D Γ, om A2* i) *sic B1 E,* Salczburg *B2 D,* Salzburg. *A2* k) Chunr. de Schrankpaum *B2 D* l) ubi — Thome *a Ioh add B1, exhibet E* m) in dic *om. A2* n) *sic h. l B1 2 E,* Chunr de Schrankpaum *D* o) exalaret *B2 E*

1) *Cf supra p* 343 2) *Cf Cont Weichardi l c.* in monte S Thome quandam munitionem construxit 3) *Act* 1, 18: suspensus crepuit medius *O H-E*

Ulricus[a] de Walse[b] statutis in Karinthia officialibus 1307 et prefectis[1], sacramentis civium receptis, in Styriam est reversus, comes[c] vero Goricie et de Ortenburch ea que acquisierant[d] in[e] Carniola auctoritate ducis Austrie et propria in castellis et municionibus ad placitum disponebant eaque pro suis stipendiis multo tempore retinebant, et sic Karinthia et Carniola duci Austrie subiguntur[f] ⟨et[g] eius nutui ac statutorum[h] officialium famulantur⟩.

Heinricus autem Bohemorum[i] regnum tenuit, in quo satis remissus et deses fuit, suisque multa contra monasteria, clerum et terre populum agere permisit nec eos aliquando avertit[k], et[l] propter hoc sibi plurima offendicula, invidiam et inimicicias suscitavit, unde mortis sibi poculo propinato orbacione unius oculi vix evasit. Bellum eciam repentinum a terricolis in ponte Multe[m] fluminis Prage conseritur contra suos[2], quorum quidam captivati et vulnerati cycatricibus suorum vulnerum sue probitatis insignia[n] inposterum ostenderunt ⟨Deo[o] eciam annuente sibi suisque pene inermibus sors favebat, ut quadam vice[p] pauci plures fugarent, et partis adverse vir nobilis de Wartenberch[3], equo sedens, vexillum[q] prelii in manibus tenens, celerius exspiraret[r], aliis territis et fuga lapsis, rege spectante desuper et regina⟩. Deinde inter[s] regem et terre populum reconciliacione facta ad tempus, unus populus[4] sunt effecti[t]. Ipseque rex conciditur vulnere super vulnus[5], quia Karinthiam perdiderat, et quod regnans pravorum insolencias[u] conpescere non valebat, ⟨cottidieque[v] adversarios et servicia non voluntaria[6] senciebat⟩, alias quidem corporis fortitudine et pulchritudine, pietate ac liberalitate animi decoratus, si severior ad emendacionem excessuum extitisset ⟨malos[v] evellere, *destruere, dissipare[w], disper- *f. 81

a) Ůlric. *B 2*. b) Walsee *D. A 2. E*. c) comites *A 2*. d) acquisierunt *E*. e) in Carniola *om. A 2*. f) subiugantur *E*, subiugatur *A 2*. g) *uncis inclusa a Ioh. deleta B 1, exhibent B 2. D. E, om. A 2*. h) statutis *ex* statutorum *corr. E*. i) tunc dux Carinthie regnum Boemie *A 2*. k) pervertit *D*. l) et *om. I*. m) Multavie *A 2. E*. n) indicia *A 2*. o) *uncis inclusa a Ioh. deleta B 1, om. B 2. A 2, exhibent D. E*. p) die *D*. q) vex. *om. D*. r) exspiravit *D*. s) inter — populum *a Ioh. add. B 1, exhibet E, om. B 2. D. A 2*. t) *h. l. desinit A 2*. u) insolenciam *B 2*. v) *uncis inclusa a Ioh. deleta B 1, exhibent B 2. D. E*. w) dissip. *om. E*.

1) *Ottone de Lichtenstein capitaneo, cf. Muchar, 'Gesch. d. Steiermark' VI, p. 166*. 2) *De rebus a.* 1310. *gestis Ioh. cogitasse videtur, cum Chron. Aulae-regiae I, c. 93, p. 242 similia ex parte referat*. 3) *Iohannem dicere videtur, qui tamen aliquanto postea mortuus est*. 4) *Cf. Gen.* 34, 16: erimusque unus populus. 5) *Iob* 16, 15: Concidit me vulnere super vulnus. *O. H.-E*. 6) *Cf. 1 Par.* 28, 9.

gere, bonos edificare et plantare presumpsisset, quia iuxta Boecium[1], qui ingenuum agrum voluerit serere, debet arva prius fruticibus[a] liberare[b], falce rubos et silicem resecare[c]⟩.

De[d] morte regis Alberti. Capitulum X[m].

1308. Anno[e] Domini MCCCVIII[0] rex contra Misnam et
Bohemiam gerens animum acerbatum, qualiter eorum
contra se[f] versuciam ⟨et[g] fraudulenciam⟩ delimaret[h],
gladium acuit, arma instruit, militem allicit, regni civitates circuit, propositum apperit[2] et sic lustrando in civitatem que Wintertur[i] [3] dicitur in[k] superioribus partibus introivit, Ludewicum ducem Bawarie, sororis filium, Petrum[l] Moguntinum episcopum[4], Leupoldum filium suum, Spirensem presulem[m], Iohannem ducem[n], fratris[o] filium cum pluribus nobilibus curiam suam sectantibus secum habens ⟨Erat[g] autem vernum tempus in[p] Kalendis
Maii 1. May, sole in thauro ante geminos se[q] girante[r], in die
apostolorum Philippi[s] et Iacobi, cunctis terre geniminibus[t] virescentibus⟩. Rexque[u], dum ad mensam consi-
Eccli 15, 6. sterent[v], singulis serta posuit[5], *super omnes iocunditatem et exultacionem thesaurizare*[w] gestiebat[x], Iohannes autem dux[y], dum rex eum alloqueretur, ut operam daret leticie, respondit 'O domine, dudum tutor fuistis mei[z] pupillatus, nunc elapsa infancia ramos apprehendi floride iuventutis. Non sertis ⟨puerilibus[a]⟩ michi estimo meum dominium

a) *sic D, B 1. 2 E*, fructibus *cf n.* 1 b) adaptare *corr ex* liberare *E* c) *h l explicit E* d) *inscriptio capitis minio scripta B 1, a Ioh in marg add B 2*, De m Alb r Romanorum cap decimum *D* e) A D — mancipavit *(p 387, l 11) A 2* f) se *om D* g) *uncis inclusa a Ioh deleta B 1, exhibent B 2 D A 2* h) declinaret *D A 2* i) Windertur *B 2*, Wintertawer *A 2* k) in — partibus *a Ioh add B 1, om B 2 D A 2* l) Petrum M. ep *a Ioh in marg add B 1, om B 2 A 2, exhibet D.* m) episcopum Spir *B 1 2 A 2, Ioh corr* Spir presulem *B 1, et ita D* n) Suevie *add A 2* o) sororis, *a Ioh corr* fratris *B 1, et ita B 2 D A 2*, sui *add D* p) III *ex* in *corr D 2* q) sed *D* r) gyr *B 2* s) Phyl *B 2* t) germin *D* u) Rex *D.* v) consisteret *A 2* w) thezaurisare *D A 2* x) gest *a Ioh ex* existente *corr B 2* y) dux *a Ioh add. B 2* z) pup mei *D* a) puerilibus *(B 2 D) a Ioh. ex* pluribus *corr B 1, post delet, om A 2*

1) *De consol. III, c* 1. Qui serere ingenuum volet agrum, liberat arva prius fruticibus, falce rubos filicemque resecat 2) *Cf. Chron de gestis principum p* 28, *Cron. S Petri Erford p* 333 *sq* 3) *Immo Baden.* 4) *Cf quae V Cl Scemuller ad Ottac v.* 94094 *adnotavit, qui archiepiscopum Moguntinum et episcopum Spirensem affuisse aeque narrat, sed Ioh. h. l. alios auctores habuit Sigiboto episc. Spirensis certe non interfuit* 5) *Sertorum et Ottac v* 94227—48 *et Matthias Neuenburg c* 36 *meminerunt*

restauratum*, sed, sicut vos crebrius sum hortatus, ad- 1308 huc supplex[a] postulo michi mea restitui, ut et ego nomen et actum principis valeam exercere.' Ad quem rex: 'Salva tibi sunt omnia tua, bone nepos, nec sub nostra tutela diminucionem susceperunt, sed[b], ⟨ut[c] in resignandis tibi breviter experieris[d], amplius⟩ *propiciante Domino *f. 84' profecerunt.' Rex ulterius transiturus pervenit ad aquam que Ruscha dicitur et primus navem[e] cum Iohanne[f] duce et quibusdam aliis apprehendit seque cum eis precipit mox transponi, ceteris in alio littore navis reditum expectantibus. Rex cum Iohanne et sui voti complicibus, scilicet de Palma, de Warta, de Heschelbach[g] [1] nobilibus, cum colloquiis solaciosis paulatim clivum montis ascendit, ⟨inscius[h] versuum Persii[2], qui dicit

Qui legitis flores et humi nascencia fraga,
Frigidus, o pueri, fugite hinc, latet anguis in herba⟩.

Predicti autem filii Sathane ducem iuvenem susurrio clamdestino allocuntur: 'Ecce dies, quam sepius exoptastis, ecce locus desideriis vestris aptus'! Qui animatus in frenum regis irruit et eductum pugionem trusalem pectori regis infixit ⟨letalique[c] vulnere sauciavit, subministrantibus ei viris impiis[i] iam premissis⟩. Rex circumspiciens exclamavit, nec fuit qui adiutorium ferret ei, et sic ebulliente sanguine ad montis planiciem venit, subsequentibus aliis ac cum maximis clamoribus atque strepitu sonipedum accursantibus, ⟨Spirensis[c] presul[3] in gremium[k] suum capiens iam deficientem, eiulatus validus[l] et ploratus omnium invalescit, sicque⟩ in manus *cf. Luc. 23,46*

*) *Pro* restauratum *deleto Ioh. scripsit B 1*: restitutum, quod vobis ac patri meo ab avo meo in solidum collatum et indivisim[m] fuerat[4], n[ec][n] ad illud me actenus admisist[is][n].

a) subplex *B 2*. b) sed — profecerunt *om. A 2*. c) *uncis inclusa a Ioh. deleta B 1, exhibent B 2 D A 2*. d) experieus *Ioh. corr.* experieris *B 2*. e) mauē *B 2*. f) ducc Ioh. *D*. g) Haselbach *A 2*. h) *uncis inclusa a Ioh. deleta B 1, exhibent B 2 D, om. A 2*. i) impiis *om. A 2*. k) gremium suum ex graue *Ioh. corr. B 2*. l) validus *ex* validū *Ioh. corr. B 2*. m) *sic B 1*. n) *uncis inclusa abscisa*.

1) *Haec nomina Ottac. v.* 93955—59, *Cont. Zwetl. III, SS. IX, p.* 663, *l.* 31 *sq., Matthias Neuenburg l. c., Ioh. Vitodur. ed. Wyss p.* 42 *exhibent, item, nisi quod pro Palm perperam Paden scripserit, Heinricus Rebdorf, Böhmer, Fontes IV, p.* 511. *Cont. can. S. Rudb., SS. IX, p.* 819, nobiles de Palm et de Eselbach *dicit. Cf. et Ottac. v.* 94363—485. 2) *Immo Vergilii Eclog. III, v.* 92 *sq.* 3) *Cf. quae I. Seemüller ad Ottac. v.* 94714 *adnotavit.* 4) *Cf. supra p.* 289, *n.* *

1308 Domini spiritum commendavit[1] ⟨Ecce[a] Ioab Amasam
cognatum[b] salutatum osculo gladio transfixit[c] et in via
mortuum reliquit[2]!⟩ Auctores huius sceleris ad castra
sua[3] divertunt et Iohannem, omni derelicto[d] consilio[e],
spe vacuum, pondere tanti facinoris onustum, sue salutis
1309. dubium abegerunt. Leupoldus regis filius constrictos
*f. 85 regicidas illos miserabili *morte, rotarum inflexionibus
Ps 31, 7 *de terra viventium* exterminavit bonaque eorum uxores
et pueros quasi avulsarum arborum surculos radicitus[f]
exstirpavit[g] [4]. Igitur[h] luctu per totum confinium excitato corpus regis ad monasterium Cysterciensis ordinis
haut[i] longe positum, quod Maris-stella, alio nomine
1308 Wettingen[k], dicitur, transportatur[5] ibique pro tempore
collocatur, sed post ad sepulchrum regum in civitatem
1309 Spirensium est translatum[6].

Hic rex a[l] militibus specialiter plorabatur dicentibus[m] 'Arma bellica perierunt, stipendia militancium
languerunt, quia subductus est qui bellicas res amavit,
pauperes milites sublevavit, ⟨amicis[n] levis[o], adversariis
gravis, probos diligens, improbos cohercens, immaculatum
thorum[p] suum retinens[7], nullum quacumque[q] noxa reum
ad suam venientem curiam offendens, hanc[r] virtutem
filiis relinquens, improperia pacienter sufferens, iniurias
semel dimissas numquam revolvens, furorem pectoris[8]
contegens', iuxta quod Cassiodorus[9] dicit: *Decet quemque honorem, quem gerit nomine, ac moribus exhibere*[s].
1303 Monasterium Cysterciensis ordinis in Swevorum partibus
Erbrotstain[t], alio nomine Fons-regis dictum, fundavit
et[u], ut abbati de Salem subesset, procuracione et solli-

a) *uncis inclusa a Ioh. deleta B1, exhibent B2. D, om. A2.* b) cognatum *ex* regnatum *Ioh. corr. B2.* c) *sic B1. 2,* interemit *D.* d) derelictum *B2.* e) filio *D2.* f) radicibus *D.* g) exturp. *B2.* h) Igitur — excitato *om. A2.* i) haut *om. D.* k) Wetingen *B2.* l) a mil. — exhibere *(l. 26) om. A2.* m) dicencium quod *B1. 2, a Ioh. corr.* dicentibus *B1, et ita D.* n) *uncis inclusa a Ioh. deleta B1, exhibet B2,* amicis — fundavit *(l. 28) et D.* o) *sic B1. D1. 3,* lenis *B2. D2.* p) suum th. *B2.* q) quaque *D.* r) hanc — relinquens *a Ioh. add. B1, om. B2, exhibet D.* s) exigere *D.* t) Ebortsteyn *D1,* Ebrotstain *D2,* Ebwistain *D3,* Ebrostain *A2.* u) et — coronatus *(p. 387, l. 1) om. D.*

1) *Cf. Ottac. v.* 94486—741. 2) *Cf. 2. Reg.* 20, 6—12. 3) *Falkenstein, Altburon, Schnabelburg.* 4) *Cf. Ottac. v.* 94839—75. 97280—403, *Matth. Neuenburg l. c.* 5) *Improbabile est quod Matth. Neuenburg l. c. tradit Albertum primo in monasterio Konigsfelden in loco occisionis constructo sepultum esse, cum id a.* 1309 *demum construi coeperit.* 6) *A.* 1309. *Aug.* 29 *Albertus et Adolfus reges Spirae sepulti sunt, cf. et Ottac. v.* 97651—93. 7) *Cf. Cont. Zwetl. III, l. c. p.* 662, *l.* 47: honorabilisque connubii et thori immaculati *(Hebr.* 13, 4*)* continentissimus conservator ubique. 8) *Cf. Esth.* 15, 10: furorem pectoris. 9) *Variae I,* 11, 1.

citudine ordinavit[1] Hus[a] virtutum et[b] gemmis clarissi- 1303.
mis exornatus, non diffidendum, quin mortis eius casus
preciosus sit in conspectu Domini[2] estimatus, et ipse
inter agmina celica corona de precioso lapide coronatus*.
Decem liberos[c] vivos[d] superstites reliquit, quorum nomina
superius sunt expressa[3]. Regina astipulacione puerorum
in loco mortis sue monasterium ordinis beati[e] Francisci
fratribus et sororibus eiusdem professionis, quod Campus-
regis dicitur, edificavit[4] et summum altare in loco, ubi 1309.
rex exspiravit[f], in eternam memoriam collocavit, ubi
ipsa se et pueros *recondi post huius vite terminum de- *f 85'
putavit. In quo Agnes filia regis, quondam regina
Ungarie, primarium illius fundacionis lapidem se ipsam
in Dei servicio[g] mancipavit[5], ⟨ibi[h] degens, sexagesimum
fructum faciens, alteram Thabitam *plenam bonis operi-* Act 9, 36
bus et elemosinis se exhibens, ut Anna[i] die ac nocte
vacans oracionibus, a templo Domini non recedens[6]⟩,
exemplum humilitatis et pietatis omnibus usque hodie[7]
se demonstrat ⟨Cuius[h] laudes non est necessarium ex-
planare, quia Sydonius[k, 8] in epistola quadam dicit
Supervacanei[l] laboris est conspicuos commendare, ac[m] si fax
in sole ambulantibus preferatur⟩.

*) *Pro deletis Ioh. in marg. scripsit B 1* monasterium Ci- 1303
stereiensis ordinis in Suevia, quod Fons-regis dicitur, fund[avit][n]

a) Hus — expressa *(l 6) om A 2* b) et *delendum cf infra II, p 7, l 4 5* c) filios *D* d) sup vivos *B 2* e) sancti *D* f) expir *B 2* g) servicium *B 2.* h) *uncis inclusa a Ioh deleta B 1, exhibent B 2 D* i) ōi *D* k) Sid *B 1 2 D, a Ioh corr.* Syd. *B 1* l) superforanei *Symm* m) ut si in s positis facem praeferas *Symm* n) *uncis inclusa abscisa B 1*

1) *Cf supra p* 335 2) *Ps.* 115, 15: pretiosa in conspectu Domini mors sanctorum eius *O H-E* 3) *Supra p* 298 *Cf Cont can Salisb, SS IX, p* 819, *n* *, *Cont Claustroneob V, ib p* 735, *l* 26—33, *in qua quaedam tabula Friderico Pulchro rege adhuc vivente in choro Fontis-regis posita (Liebenau p* 82, *n* 1*) exscripta esse videtur* 4) *Königsfelden, ord s Francisci et s Clarae, cf. Th v. Liebenau, 'Gesch d Klosters Königsfelden' p* 20—26 5) *Numquam monialis fuit* 6) *Cf. Luc* 2, 36 37 7) *Obiit a* 1364 *Iunii* 11 8) *Immo Symmachus, Epist III,* 48, *ed O Seeck, Auct antiq. VI,* 1, *p* 86, *l* 9

SCRIPTORES

RERUM GERMANICARUM

IN USUM SCHOLARUM

EX

MONUMENTIS GERMANIAE HISTORICIS

SEPARATIM EDITI.

IOHANNIS ABBATIS VICTORIENSIS
LIBER CERTARUM HISTORIARUM.

TOMUS II.

HANNOVERAE ET LIPSIAE

IMPENSIS BIBLIOPOLII HAHNIANI

1910.

Verlag der Hahnschen Buchhandlung in Hannover u. Leipzig.

SCRIPTORES RERUM GERMANICARUM UND FONTES IURIS GERMANICI ANTIQUI

IN USUM SCHOLARUM EX MONUMENTIS GERMANIAE HISTORICIS SEPARATIM EDITI.

Zur gefälligen Beachtung! Vollkommene Neubearbeitungen, durch welche die in der Folio-Ausgabe herausgegebenen Stücke kassiert werden sollen, so dass nur die Oktav-Ausgaben benutzt werden dürfen, sind:

1. * **Vitae sancti Bonifatii archiep. Moguntini.** Der grössere Teil des Inhalts dieses Bandes steht nicht in der Folioserie.
2. * **Annales Mettenses priores.** In der Folioserie steht nur eine spätere Ueberarbeitung des Werkes, die ohne Benutzung der jetzt bekannten (Berliner) Handschrift gedruckt ist.
3. * **Einhardi Vita Karoli Magni. Edit. quinta.**
4. **Nithardi Historiae. Ed. tertia.**
5. * **Annales Bertiniani.**
6. * **Annales Xantenses et Annales Vedastini.**
7. **Vita Anskarii et Vita Rimberti.**
8. **Gesta abbatum Fontanellensium.**
9. **Thietmari Merseburgensis episcopi Chronicon.**
10. **Annales Hildesheimenses.**
11. * **Lamperti monachi Hersfeldensis opera.** Der Schluss der Vita Lulli steht allein hier, fehlt in deren Ausgabe SS. XV, 1.
12. * **Vita Bennonis II. episcopi Osnabrugensis.** Der in der Folioausg SS. XII herausgegebene Text ist durch massenhafte Fälschungen entstellt.
13. * **Ottonis et Rahewini Gesta Friderici I. imperatoris. Ed. alt.**
14. * **Helmoldi Cronica Slavorum.** Ed. alt. Die hier beigegebenen Versus de vita Vicelini et Sidonis epistola sind bisher nicht in den MG. herausgegeben.
15. * **Gesta Federici I. imperatoris in Lombardia.** Der darin herausgegebene Bericht Ex Iacobi Aquensis Ymagine mundi steht nicht in der Folioausgabe.
16. * **Chronica regia Coloniensis.** Was darin S. 300—302 u. 316—369 steht, ist überhaupt in der Folioserie nicht herausgegeben.
17. **Annales Marbacenses.**
18. * **Iohannis Codagnelli Annales Placentini.**
19. * **Monumenta Erphesfurtensia saec. XII—XIV.** Was S. 525—602 und S. 693—810 da herausgegeben ist nebst einigen früheren Abschnitten (S. 6—14, 25—33), steht garnicht in der Folioausgabe.

Die einzelnen Bänden vorgesetzten Sterne sollen bezeichnen, dass die früheren Ausgaben derselben in der Folioserie am wenigsten den heutigen Anforderungen genügen.

Nur in dieser Sammlung, nicht in der grossen Scriptores-Serie, sind herausgegeben:

1. **Iohannis abb. Victoriensis Liber.** Bisher war nur die zweite Rezension (B) in ungenügender Weise herausgegeben, während diese Ausgabe auch den ersten Entwurf (A), vom I. Buch mehrere Rezensionen enthält.
2. **Alberti de Bezanis Cronica.** Hier zum ersten Mal herausgegeben. Die Chronik war bis jetzt unbekannt, es wusste auch fast Niemand von ihrer Existenz.
3. **Chronicon Moguntinum.**

Sehr bedeutend im Text oder in der sachlichen Bearbeitung verbessert sind folgende Bände, so dass sie allein oder doch notwendig neben der Folio- oder Quart-Ausgabe benutzt werden müssen:

1. **Ionae Vitae sanctorum.**
2. **Annales regni Francorum et Annales qui dicuntur Einhardi.**
3. **Annales Fuldenses.**
4. **Reginonis abbatis Prumiensis Chronicon.**
5. **Liudprandi episcopi Cremonensis opera omnia. Ed. altera.**
6. **Widukindi Rerum gestarum Saxonicarum libri tres. Ed. quarta.** Der darin im Anhang herausgegebene Libellus de origine gentis Swevorum steht nicht in [illegible]
7. **Wiponis G[illegible]ta Chuonradi [illegible] ceteraque quae [illegible]persunt opera. Ed. alt.** [illegible] in der Folioausgabe steht.
8. **Richeri Historiarum libri IIII. Ed. altera.**
9. **Annales Altahenses maiores. Ed. altera.**
10. **Brunonis de bello Saxonico liber. Ed. altera.**
11. **Vita Heinrici IV. imperatoris. Ed. tertia.**
12. **Carmen de bello Saxonico** ist nur aus der Folioserie abgedruckt, aber Conquestio Heinrici IV. imp. darin S. 24—28 st[…] nicht in der F[…]lioserie. [illegible] sachlichen Bearbeitung [illegible] verbessert ist:

1. **Adami Gesta Hammaburgensis ecclesiae pontificum. Ed. altera.**

SCRIPTORES

RERUM GERMANICARUM

IN USUM SCHOLARUM

EX

MONUMENTIS GERMANIAE HISTORICIS

SEPARATIM EDITI.

IOHANNIS ABBATIS VICTORIENSIS
LIBER CERTARUM HISTORIARUM.

HANNOVERAE ET LIPSIAE

IMPENSIS BIBLIOPOLII HAHNIANI

1910

IOHANNIS ABBATIS VICTORIENSIS
LIBER CERTARUM HISTORIARUM.

EDIDIT

FEDORUS SCHNEIDER.

TOMUS II.

LIBRI IV—VI.

HANNOVERAE ET LIPSIAE
IMPENSIS BIBLIOPOLII HAHNIANI
1910

HOC TOMO CONTINENTUR

Iohannis abbatis Libri certarum historiarum

HANNOVERAE TYPIS CULEMANNORUM

LIBER[a] QUARTUS. *(REC. A)* 26

De destructione Templariorum Capitulum primum*.

Eodem anno rex Francie papam Clementem habens 1307
in suis districtibus circumactum plurima adtemptavit et inepta multa contra Deum et iusticiam procuravit. Bonifacium[b] enim papam exhumari peciit[1] et tamquam hereticum concremari. Cui dum papa, cardinales et universus cetus ecclesiasticus obsisteret[2], desiit ab incepto frendens in semetipso, alias malicias ....[c]. Nam ex infamia quadam delata ad aures eius per exitum cuiusdam[3] de ordine Templariorum ipsum ordinem aggreditur devastare, unde omnes Templarios regni sui capi precipit et Parisius exhiberi[4], asserens se contra eos una cum papa subiectos impietatis articulos[5] probaturum,

*) *Infra inscriptionem Ioh. in marg. scripsit.* Anno Domini
MCCCXI. consilium celebravit in Vienna generale, 1311
in quo edite sunt constituciones Clementine[6], in
quo damnavit ordinem Templariorum. 1312

a) *inscriptiones libri et capitis in marg.* b) Bon. — malicias *in inferiore marg., abscisa ex parte.* c) *reliqua abscisa,* meditando *vel huiusmodi aliquid sequebatur.*

1) *Cf. 'practicam' Pictavis inter regem et papam propositam, Holtzmann, 'Wilhelm von Nogaret' p. 260, c. 12, et Finke, 'Papsttum und Untergang des Templerordens' I, p. 130 sq.* 2) *Cf. Tholomeum Lucensem, Muratori, SS. XI, c. 1228, et quae Finke l. c. I, p. 129, n. 5 ad eum adnotavit.* 3) *Esquivi de Floriano de Biterris, cumprioris de Monte-falconis (Montfaucon), non Templarii, cf. Finke l. c. I, p. 111—117, qui regem iam a. 1305. accusationes eius recepisse ostendit.* 4) *A. 1309. demum Templarios ordinem defendere volentes Parisius adduci iussit, Michelet, 'Procès des Templiers' I, p. 50.* 5) *Articuli qui sequuntur sic in nullo processuum nobis notorum leguntur, cum plerique cum illis bene conveniant. Similia ex parte in Cont. Weichardi de Polhaim, SS. IX, p. 818, l. 42—48, exstant.* 6) *Error, Iohannes XXII. demum eas publicavit.*

1307 iussis eciam apparitoribus omnia bona eorum mobilia et
inmobilia cum civitatibus, castris, quocumque nomine
possessiones eorum censerentur, dominio infiscari. Primus
articulus fuit, quod negaverunt eucharistie sacramentum;
secundus, quod in die iudicii resurrectionem non crederent fieri mortuorum; tercius, quod fuerunt infecti
vicio sodomitico; quartus, quod quicumque religionem
eorum intrare voluerit, compellitur pro nobis crucifixum
Dominum abnegare et in faciem spuere crucifixi; quintus,
quod fecerant composicionem cum Sarracenis et soldano
contra Christianos et civitatem Accaron subdole in manus
eorum tradiderint[1]. Quibus articulis et adhuc aliis
plurimis promulgatis et probatis de consensu pape plures
1310 quam quinquaginta Templarios concremavit[2] et aliis
tormentis diversis illatis compellere voluit, ut eosdem
articulos faterentur. Bona eorum aliis cruciferis[3] optulit,
quidam tamen recipere recusarunt, dicentes iniuste per-
ditos homines, tantis viciis non pollutos, et si Deus *in*
Iob 4, 18; 41, 16 *angelis suis reppererit pravitatem* ut Iob dicit, alii *territi*
Num. 16, 22 *purgabantur*. Sic *uno peccante* forsan *contra omnes ira*
Gen. 18, 23 regia indebite *seviebat*[a], nec *perdere*[b] *iustum cum impio*
condecevit[c], et sic ordo ille preclarus et lucidus de firmamento ecclesie usque hodie tamquam stirps inutilis[4]
est sublatus, cuius Bernardus[d] [5] meminit, inter cetera
dicens de eisdem: *Vivunt*[e] *in commune plane iocunda et
sobria conversacione, absque uxoribus, absque liberis, et ne
quid desit de*[f] *evangelica perfectione, absque omni proprio
habitant*. Et addit: *Verbum insolens, opus inutile, risus
immoderatus, murmur vel tenue seu*[g] *susurrium nequaquam,
ubi deprehenditur, inemendatum relinquitur. Scacos*[h] *et
aleas detestantur, abhorrent venacionem nec ludicra illa avium
rapina, ut assolet, delectantur. Mimos, magos et fabulatores*

a) ira tua deserviet *Vulg.* b) Numquid perdes *Vulg.* c) *ita Ioh. h. l. scripsit.* d) Bern. c. e) Vivitur plane in communi *Bern.* f) ex *Bern.* g) sive *Bern.* h) Scacos — delectantur *in marg.*

1) *Guilelmus de Belloioco magister Templariorum, qui in expugnatione Acconis urbis cecidit, a quibusdam Templariis inquisitis postea nimiae cum Saracenis familiaritatis accusabatur, unde hic articulus profectus esse videtur.* 2) *Parisius iussu archiepiscopi Senonensis a.* 1310 *Maii* 12. *quinquaginta quatuor Templarii combusti sunt; de aliis cf. Finke l. c. p.* 270—273. 3) *Clemens V. bulla a.* 1312 *Maii* 2 *data, Reg. Clementis V. nr.* 7885, *bona Templariorum Hospitalariis tradidit.* 4) *Is.* 14, 19: proiectus es ... quasi stirps inutilis. 5) *Bernhardus Claraevallensis in libro De laude novae militiae c.* 4, *Opera ed. Mabillon I, p.* 547.

seculesque cantilenas aut[a] *ludorum spectacula tamquam vanitates et insanias falsas respuunt et abhominantur.* Que omnia non errorem redolent, sed disciplinam monasticam et decorem.

*De morte regis Alberti et virtutibus eius. *f. 26'
Capitulum secundum[b]

Anno Domini MCCCVIII⁰ rex in Bohemiam parat exercitum[1], a[c] Bohemis invitatus et rogatus querulantibus, quod Heinricus propter nimiam desidiam regno non esset utilis, et quod vellent stare in suis pactis, concorditer mandaverunt. Unde rex Bawariam, Sueviam, Franchoniam, Alzaciam et Reni fluenta circuit, detricantes[d] excitat a torpore atque inercia, militem ad rediviva preliandi exercicia provocat et confortat. Venitque in civitatem Superioris Suevie que Wintertûr dicitur[2], habens secum Lůdewicum palatinum, ducem Bawarie, sororis filium, et Iohannem ducem, Rudolfi fratris filium ex filia regis Bohemorum[3] progenitum, et[e] Lůpoldum filium suum cum multis nobilibus curiam regis comitantibus, ut est moris. Rex autem in die sanctorum apostolorum Philippi et Iacobi pro gaudio instantis May, virescentibus cunctis terre geniminibus, sole se inter signum[f] Thauri[g] et Geminorum librante, singulis serta imponens epulantibus leticiam exhibebat. Dux autem Iohannes, dum ei rex hilariter loqueretur, regi fertur taliter respondisse: 'Iam adolevi nec tali iocali munere donare valeo me sequentes et a me suorum serviciorum relevamina prestolantes, o domine rex, iam dudum sine fructu tutor meorum bonorum paternalium et pupillatus mei fuistis. Restitui michi postulo sicut prius mea, ut eciam nomen et actum possim principis exercere.' Ad quod rex breviter et leniter fertur dixisse: 'Non te tedeat, bone nepos, tua tibi salva sunt, nec tibi mea tutela, que tuarum rerum fuit custodia, prodet[h] nocumentum, sed honoris et commodi, vitam nobis altissimo

1308

Mai 1

a) atque *Bern.* b) *pro* octavum nonum *deletis.* c) a Boh. — mandaverunt (*l.* 11) *in marg.* d) *sic c.* e) et — suum *in marg. sinistra.* f) *duas litteras inu rubigine deletas supplevimus.* g) thauri *c.* h) pret *c.*

1) *Ad haec cf. Ottac. v. 93750—95085, a cuius relatione Ioh. multo discrepat.* 2) *Cf. supra I, p.* 384, *n.* 3 — 387, *n.* 1. 3) *Agnete. Cf. supra I, p.* 240. 308.

1308. largiente, conferet incrementum'. Expleta convivacione
ad loca alia rex transire disposuit[a], ad aquam quandam
que Ruscha dicitur pervenit, et quoniam simul omnes
in una nave transferri nequibant, Iohannes dux cum
suis complicibus, qui compotes sui sceleris fuerant et
fautores, scilicet de Palma, de Warta et de Heschelbach[1],
et eorum comitiva cum rege pariter transponuntur, alii
navis reditum expectabant. Qui, regem habentes solum,
ducem iuvenem sic inclamant: 'Iam dies et hora aptus-
que locus concurrerunt vindicandi vestram causam, et
ad votum vobis omnia successerunt, vestri fideles in
vestro assistentes latere, nullo contra vos educente gladium, confluxerunt'. Iuvenis sic animatus exemptam
trusalem cuttellam[2] regis pectori immersit et mox vulnus
alterum superaddidit, ambicionem avaricie exprobravit,
rege nichilominus manum extendente et promittente se
suis desideriis pariturum in posterum, non advertit, immemor carnis et sanguinis, regem in suo sanguine et
letali vulnere reliquit volutantem[3], sic abscessit, nesciens,
quantum malum procuraverit sibi miser. Qui autem
regem sequebantur, quidam adhuc in altero litore mo-
rabantur et paulatim precedencium vestigia consectantes,
quid in precedentibus gereretur, penitus ignorabant, quousque clamor attollitur et sonitus sonipedum accelerancium
audiretur, moxque tota illa vicinia confusione, stupore
ac clamoribus est repleta. Auctores facinoris castra
sua subeunt, se ibi pro tempore conservantes[4] rerum
Ier. 41, 1 sq. exitum in sui perniciem expectabant, veteris hystorie
se piaculo conformantes, ubi *Hysmahel filius Nathanie
de semine regio*[b] *et decem viri cum eo in Masphat ad
Godoliam veni*ebant[c] *et* secum *panes commede*bant[d], et nemine sciente eum fraudulentissime occidebat, premunitus
ib. 40, 13 sq. tamen a Iohanna filio Caree vir puri cordis fraudulen-
2 Reg. 20, 9. ciam non credebat. Ioab eciam Amasam proximum
consanguineum, dicens '*Salve, mi frater*', *osculans eum*
ib. 10. 12. amicabiliter salutavit et mucrone levi motu educto

a) *primum* Ioh. *scr.* disposuit, *tunc* disposuens *corr.*, *sed* disposuit *restituit.*
b) regali *Vulg.* c) venit *Vulg.* d) comederunt ibi p. simul in M. *Vulg.*

1) *Cf. supra I, p.* 385, *n.* 1. 2) *De voce cf.* '*N. Archiv*' *XXVIII, p.* 149, *n.* 1. 3) *Cf. Iudith* 14, 4: in suo sanguine volutatum. 4) *Cf. Huber, 'Gesch. Osterreichs' II, p.* 104, *n.* 1 *et Cron. S. Petri Erford. p.* 335, *l.* 10—12.

transfixit iuxta viamque dereliquit. Regnavit* autem
annis novem plene, mensibus quoque decem[1].

*De[a] querela, vindicta mortis et bonis moribus *f. 27.
eius. Capitulum III.

Regina doloris absinthio debriata[2], sicut quondam 1308
Iacob tunicam filii sui Ioseph videns intinctam[b] sanguine
exclamavit *'Fera pessima devoravit* filium meum Ioseph', Gen 37,20 33
non dubium, quin fraternam invidiam expresserit, que
in modum fere sevissime ore rabido innocentem et in- cf. Num 16,30
noxium deglutivit O, quantus luctus omnium fuerit,
quis narrabit? Quanta lamenta amicorum, nobilium,
civilium personarum eiulancium et dicencium** 'Iam
arma bellica perierunt, milites gladios posuerunt, actus
et stipendia militancium languerunt. Hic bellicas res
amavit, pauperes milites adamavit, regni causas cum
sedulitate et diligencia contractavit, pius amicis, gravis
adversariis, probos diligebat, improbos arguebat et malos
censura regalis potencie cohercebat'. O quam apta verba
sapientis hoc preludere videbantur, qui dicit· *Hodie rex* Eccli 10,12.
est et cras morietur. et Ovidius[3] dicit

Ludit in humanis divina potencia rebus,
*Et certam presens vix habet hora diem****.

Regina pro necessitate temporis regis corpus in
monasterio ordinis Cisterciensis quod Maris-stella, alio
nomine Wettingen, dicitur sepeliri cum maximis doloribus procuravit[4]. Filius autem regis Lůpoldus ad in- 1309
stinctum, ut dicitur, matris impios persequens vivere

*) *Pro* Regnavit — decem *Ioh. antea scripserat, sed delevit* Occubuit autem rex, postquam regni habenas amministravit integraliter annis novem

**) *Sequuntur deleta*. Quomodo cecidit fortis, qui salvum faciebat Israel? cf. 2 Reg 1,19 Iudic 6,36

***) *Sequuntur deleta*

Omnia sunt hominum tenui pendencia filo,
Et subito casu que valuere ruunt[5].

a) *inscriptio capitis in marg superiore*. b) intinctum c.

1) *Ioh tempus, quo Albertus regnaverit, inde a prima electione a* 1298 *Iunii* 23 *facta vel a pugna apud Göllheim commissa computasse videtur*. 2) *Cf Thren* 3, 15: inebriavit me absynthio 3) *Ex Ponto IV*, 3, *v*. 49 *sq* 4) *Cf supra I*, *p* 386, *n* 5. 5) *Ovidii Ex Ponto IV*, 3, *v* 35 *sq*.

Math. 21, 41 Ps. 51, 7 non sinebat, *malos male perdere* et *de terra viventium*[1]
1309 tollere et bona eorum diripere cogitavit. Unde obsidione circa castra facta captos homicidas, immo regicidas, illos crurifragio, rotarum inflexionibus et membrorum contusionibus vitam eorum mortis[a] turpissime genere commutavit.

Hic rex dicitur thorum suum nunquam alterius concupiencia maculasse[2], sed honorabile suum matrimonium honorabiliter conservasse. Non preferimus eum
2 Reg. 11, 3–27. Davit, qui raptus aliene mulieris pulchritudine homicidium iunxit adulterio, licet familiare fuerit organum sancti spiritus. Et de Octaviano scribitur[3], quod *Scribonia uxore abiecta amore aliene coniugis possessus fuit et serviebat libidini usque ad probrum vulgaris fame.* Fertur[4] eciam omnes illatas sibi iniurias, quas dimiserat et indulserat, iam puro corde relaxasse et nunquam de eis in offensam alicuius aliquid in posterum cogitasse, unde
Prov. 20, 22 Salomon dicit: *Ne dicas: malum pro malo reddam, ex-*
Lev. 19, 18 *pecta Dominum, et liberabit te,* et in lege: *Ne[b] memor sis iniurie civium tuorum.* De Vespasiano legitur[5], quod[c] *offensarum et inimiciciarum immemor fuit, convicia[d] a causidicis et philosophis in se dicta leniter tulit.* Ceterum omnes quavis noxa reos ad suam curiam venientes sine omni timore periculi et vindicta criminis studuit conservare[4] et neminem permisit, quamdiu in sua fuit curia, molestari*. Et sic domum suam esse voluit pacis refugium, tutum domicilium, Romulum imitans, qui asilum constituit[6], ad quod quis confugeret, ab omni noxa criminis liber esset. Preterea quantumcumque turbatus vel ira succensus fuerat, furorem animi contegebat et se mode-
Esth. 15, 10 stissime comprimebat nec, sicut de Assuero legitur, *ar-*

Gen. 19, 8 *) *Seq. deleta*: sicut scribitur de Loth: *ingressi sunt sub umbra culminis mei.*

a) *ex* morte turpissima *corr.* b) Nec memor eris *Vulg.* c) quod *bis scr.* d) convicia — tulit *in marg.*

1) *Ier.* 11, 19: eradamus eum de terra viventium; *cf. Ps.* 51, 7. 2) *Cf. supra I, p.* 386, *n.* 7. 3) *Pauli diaconi Historia Romana VII, c.* 10, *Auctores ant. II, p.* 121. 4) *Albertus scilicet.* 5) *Pauli diac. Hist. Romana VII, c.* 20, *l. c. p.* 130. 6) *Pauli diaconi Hist. Romana I, c.* 2, *l. c. p.* 8: condito templo, quod asylum appellavit, pollicitus est cunctis ad eum confugientibus inpunitatem.

dentibus oculis furorem pectoris indicabat, sed nec gestibus ineptis aut indecentibus motibus se corporis exhibebat. Unde dicit Cassiodorus[1] *Decet quemque honorem quem gerit nomine, moribus exhibere.* His virtutibus quasi gemmis preciosis rex inclitus vivus micabat, nunc sperandum et credendum est eum pro morte preciosa in celestibus gloria et honore coronatum inter agmina celica splendidius radiare.

Regina cum pueris decernens monasterium fundare 1309
in loco, ubi rex exspiraverat, quod modo feliciter consumatum Campus-regis[a] [2] dicitur, eo quod, ubi summum est altare, occubuerit, est[b] vocatum, sepulturam ipsius[c] regine, ducum filiorum et filiarum continens, Franciscicis fratribus et sororibus ibi manentibus ad huius stirpis memoriam eternaliter ibi excolendam; domina Agnes eciam ibi, relicta Andree regis Ungarie, Alberti filia, religiose et devote ibi degens[3], fructum
sexagenarium[4] germinans, altera Thabita *plena bonis* Act 9, 36
operibus et elemosinis, a templo Domini cum Anna vidua Luc 2, 36 sq
non recedit die ac nocte serviens creatori. Cuius laudes tacere volumus, quia Sidonius[5] dicit: *Supervacanei*[d] *laboris est conspicuos commendare, ac*[e] *si fax in sole ambulantibus preferatur*

*De electione Heinrici comitis Lucembur- *f. 27'
gensis, curiis eius, opposicione[f] Austrialium et restitucione Karinthie. Capitulum IIII[g].

Anno autem MCCCVIII°, eodem, quo rex Albertus
occubuit, per mortem Diteri[6], qui frater Adolfi regis 1307
fuerat, vacare incepit ecclesia Treverensis. Heinricus autem comes Lucemburgensis, vir in rebus seculi famosus, fratrem habuit Baldewinum nomine, studiis liberalibus et iuri civili et canonico insistentem[7], octavum decimum etatis agentem annum[8]. Qui procurante fratre et rege ac regina Francie intervenientibus ad sedem

a) Campus — vocatum *in marg* b) ita *supplendum* c) ipsius reg *in marg* d) *cf supra I, p* 387, *n* 1 e) *cf ibid n* m f) *sequentia quinti, non quarti capitis argumenta Ioh delere oblitus est.* g) *recte* cap IIII *Ioh* capitulum I ⟨X⟩ cap X *scr*

1) *Cf supra I, p* 386, *n* 6 2) *Königsfelden, cf supra I, p.* 387 *n* 4 3) *Cf ibid. l* 12—22 4) *Cf Math* 13, 8. *et* 23 5) *Cf supra I, p.* 387, *n* 8 6) *Qui iam a* 1307 *Nov.* 22 *decessit* 7) *Parisius* 8) *Immo* 22 *annos habuit*

1308 (Mart. 11) predictam, bonis moribus etatem subplentibus, est assumptus et in civitate Pictavensi per Clementem papam sollempniter consecratus[1]. Petrus autem archiepiscopus Moguntinus celeres nuncios dirigit, ut Baldewinus expeditis omnibus retinaculis redeat, quia regnum vacans eius presenciam prestolatur[a] [2]. Mittit et ad alios proceres, indicens eis terminum veniendi[3], sicut vetustas asserit de officio esse suo. Heinricus autem comes Lucemburgensis, habens sue partis duos, presulem Treverensem et Moguntinum, Coloniensem Heinricum[4] quibusdam promissis, ut dicitur, interpositis de quodam conubio sibi devinxit[5] et faciliter assensum impetravit ducis Saxonum[6] et marchionis Brandeburgensis, pueri adhuc infra annos existentis[7], ad suorum tamen consilium annuentis, quod per Moguntinum[8] episcopum extitit procuratum. Misit et ad Heinricum regem, qui de facto regnum Bohemorum tenuit, ut annueret suis votis, institit et petivit, ad quem nuncius fuit quidam Argentinensis, qui Hugo Wiricus binomice vocabatur. Rudolfus eciam palatinus nobilem virum qui Witigo Pŭchær dictus est ad eundem Heinricum in Bohemiam, tamquam ad proximum consanguineum[9] et ad suam partem tracturum[b] leviter, destinavit. Qui consiliatus cum suis tam Heinrico comiti quam Rudolfo palatino assensus benevolenciam non concessit, sed nec simpliciter denegavit, in[c] quo si prudenter egerit, videant qui consilium tribuere. Idem eciam Rudolfus virum religiosum, monachum Halsprunensem Cisterciensis ordinis Gotfridum de Brunek, qui res bene gesserat in prelio, quod habitum fuit olim

a) *sic et rec. B. D. pro* prestoletur. b) *sic c. pro* trahendum. c) in — tribuere *in marg.*

1) *Cf. Gesta Trevirorum ed. Wyttenbach et Muller II, p. 187 sq. Confirmatus est bulla Clementis data a.* 1308. *Febr.* 12, *Reg. Clem. V. nr.* 2468. 2) *Cf. Chron. Aulae-regiae I, c.* 112, *p.* 333. *et Gesta Trevir. l. c.* 3) *Hae litterae non supersunt.* 4) *De Virneburg.* 5) *Vide promissiones longe diversas d. Sept.* 20 *factas, Constit. IV,* 1, *p.* 218, *nr.* 257. 6) *Alberti, cf. promissionem, quam Coloniensi fecit d. Aug.* 4, *Constit. IV,* 1, *p.* 216, *nr.* 252. 7) *Waldemari, qui tunc* 17 *fere annos habuit, d. Oct.* 21 *ipse, d. Iulii* 29 *Otto IV. Cum-pilo patruus eius Coloniensi promissionem fecerunt, quam Waldemarus vice Ottonis d. Nov.* 10 *repetiit, l. c. p.* 218, *nr.* 256, *p.* 215, *nr.* 251, *p.* 226, *nr.* 261. 8) *Coloniensem archiepisc., cf. n.* 7; *sed neque duces neque marchiones d. Oct.* 25. *in favorem comitis Lucenburgensis se deciderant, l. c. p.* 225, *nr.* 260. 9) *Consobrinus eius erat, cum mater Heinrici Elisabeth soror Ludowici II patris Rudolfi fuerit.*

inter Adolfum et Albertum[1], ad Heinricum Coloniensem 1308. antistitem direxit, sue vocem virtutis in electione postulat et requirit. Qui, omni reverencia suscepto tante legacionis nuncio, se iam cecidisse in favorem Heinrici respondit nec pro hac vice se posse nec debere ad partem aliam declinare[2]. Igitur super electionis facto colloquium in pomerio Rense[3] habetur[a], vota omnium (Oct.) ad Heinricum comitem divolvuntur. In festo beati Galli[4] dux Saxonie et marchio Brandenburgensis habitis Oct. 16 suis responsalibus[5], in Franchenfurt aliis presentibus electoribus, Heinricus rex proclamatur, pro eo quod in (Nov. 27) suo dominio bonum mercatoribus et transeuntibus iudicium fecerit[6], a civitatibus, et quod bonus et strenuus miles fuerit et experienciam huius exercicii multis in locis reliquerit et precipue in prelio Flandrensium[7], a nobilibus commendatur. Anno[b] Domini MCCCIX° in epephania[c] Domini[8] Aquisgrani in sede Karoli statuitur, 1309 Ian. 6 ungitur cum regina[9] et in regni apicem sublimatur. Mox[d] ad papam Clementem dirigit[e] [10], qui eius ex parte (Iun. 2) noticiam habens electionem approbavit et confirmavit (Iul. 26) et ad coronam imperii invitavit et ad eius reverenciam Heinricum Villarensem abbatem, cuius habita est mencio[11], ad vacantem Tridentinum episcopatum in montibus posi- 1310 tum sublimavit[12].

Veniens igitur Coloniam cives letificat et ad ami- 1309. (Ian. 11) ciciam, que usque[f] nubila satis extiterat, sibi conciliat pro morte patris et fratrum patris, qui ex causa Coloniensium in prelio ceciderant Wuringensi[13]. Maximam ibi

a) habitur c. b) Anno — ep. Domini (l. 17) in marg. sinistra. c) sic c. d) Mox — sublimavit (l. 21) in marg. sinistra. e) nuntios supplendum. f) eo aut huiusmodi aliquid deesse videtur.

1) *De quo cf. supra p. 321, n. 6. Iam a. 1306 monachus Heilsbronnensis fuit, cf. tabulas Alberti I. datas d. Aug. 29, Constit. l. c. p. 179, nr. 209.* 2) *De Rudolfi consiliis alibi nihil legitur, cf. Constit. IV, 1, p. 214, nr. 250.* 3) *M. Octobri exeunte, cf. Gesta Trevir. l. c. et Albertinum Mussatum I, rubr. 4, Muratori, SS. X, c. 209.* 4) *Demum die Nov. 27 Heinricus VII. electus est.* 5) *Rudolfus dux Saxoniae et Waldemarus marchio Brandeburgensis aderant.* 6) *Eandem Heinrico laudem tribuit Albertinus Mussatus I, rubr. 3, Muratori, SS. X, c. 125.* 7) *Cf. supra I, p. 325.* 8) *Diem et Gesta Trevir. l. c. p. 205 exhibent.* 9) *Margareta.* 10) *Decreto electionis die eiusdem Clementi ab electoribus transmisso Heinricus VII. a. 1309 Iunii 2 legatos ad eum destinavit; cf. Constit. IV, 1, p. 254—69, nr. 293—302.* 11) *Supra I, p. 333 sq. 342.* 12) *Quem a. 1310 Maii 23 demum a Clemente accepit.* 13) *Cf. supra I, p. 255. 295 sq.*

1309 curiam habuit[1], nobiles sibi attraxit, de feodis investivit,
iura et privilegia comitibus, civitatibus et sublimibus et
mediocribus, ecclesiasticis et secularibus privilegia nova
contulit et vetera renovavit. Habuit autem consortem
filiam Iohannis ducis Brabancie Margaretam, que sibi
tradita fuerat in federe reconciliacionis de morte patris
sui[2], quia idem dux in predicto bello Coloniensibus adherebat. Ex qua Heinricus genuit unum filium Iohannem
et duas filias[3], de quibus inferius est expressum. Ita-
(Iul. 21) que in civitatem properat[4] Noricorum ubi decertatis
multis causis et novis institutis iudicibus pro conservacione pacis, multis ad eum confluentibus ducibus,
marchionibus, comitibus diversi status et ordinis, sapienter omnia diffinivit. Rudolfi eciam palatini filio[5]
1308 (Nov. 28) unam suarum filiarum adhuc puerulo desponsavit, quo
autem tempore nupciarum[6] in flore puericie decedente
caruit res effectu. Puella autem per sugestionem quorundam religiosorum cum regina loquencium votum
iniit celibatus, in quo tamen causis instantibus necessariis
non permansit, de quo suis in locis plenius est dicendum*.

*f. 28 'De opposicione Australium et Bohemorum contra principes suos et restitucione Karinthie. Capitulum V[a].

1309 Regina Elizabeth, relicta Alberti, filios consolatur,
dicit se a rege, dum adviveret, percepisse virum hunc
iustum et commendabilem, nullo modo debere dubitare[b],
quin ab eo susciperent sui solacium orphanatus. Nobilis
eciam vir Lůpoldus de Weltingen, dominus legum, canonicus Herbipolensis, postea monachus Halsprunensis,
regi Alberto intimus, retulit regem, dum simul pergerent,
sepius edixisse Heinricum comitem, si eum de medio
tolli contingeret, sibi in regno propter amicos et virtutem

1309. (Sept.) *) *Sequuntur deleta*: Venit autem Spiram.

a) *in marg. superiore*: Capitulum secundum. b) *s. c.*

1) *De ea et Gesta Trevir. narrant, sed non tunc, immo in Decembri habita est.* 2) *A. 1292 eam duxit.* 3) *Beatricem et Mariam.* 4) *Interim Germaniam superiorem visitaverat.* 5) *Ludovico Mariam.* 6) *De tempore, quo obierit, cf. Riezler II, p. 285. — Ioh. errat dicens eam* tempore nupciarum *mortuum esse.*

animi successurum[1]. Confluentibus[a] ad regem circumquaque nobilibus venit Eberardus de Wirtenberch[2], qui antiqua sevicia terras regias iam multis temporibus spoliis et offensionibus molestavit, super quo a rege conventus, averso . . o[b] respondit, ita ut regio conductu sine regis gracia ad propria remearet, parvipendens indignacionem regiam, quam tamen in posterum est expertus. Venit eciam Fridericus filius Alberti, qui senior fratrum susceperat curam domus, cum quadringentis militibus eiusdem maneriei in vestibus apparatu valde glorioso et pomposo ad Spirensium civitatem[3], mortem[c] querulans, iudicium postulans, investituras terrarum sibi et fratribus suis rogans. Moraviam eciam Austrie contiguam, si posset fieri, addici adtemptavit. Rex negocium distulit responsionis[4], quousque Fridericus dux gravatus expensarum pondere milites quosdam dimitteret, et regis faciem nondum circa se serenatam habuit, nisi dum summam grandem pecunie promitteret et a Moravia desisteret[5] et regis filium suo in tempore consilio et auxilio confulciret, sicque terras prius habitas et a priscis regibus collatas contulit[6]. Atque ducis, occisoris patris, ⟨terras[d]⟩ sibi eque et fratribus optinuit infiscari[7].

1309 (Sept.) — (Aug.-Sept.) — (Sept. 17) — (Sept. 18)

Rex eciam actus eximie exercuit pietatis, corpus enim Adolfi regis corpori Alberti in regum sepulturis regalibus exequiis contumbavit. (Aug. 29)

Dum in hiis Fridericus moras traheret, Australium quidam cervices erexerunt[8], regem Romanorum indignari suo principi credentes tale aliquid agere sunt moliti, nam conspiracione facta loca et oppida plura ad se trahunt et locum qui Nova-civitas dicitur, qui est limes Austrie, Styrie et Ungarie, iam pactis habitis cum eisdem, rei exitum expectabant. Nunciata sunt hec Ulrico

a) Confluentibus — expertus (l. 7. 8) in marg. b) una vel duae litterae a bibliopego copertae sunt, o solummodo restat; [animo supplendum esse conicio O. H.-E.] c) supple patris O. H.-E. d) terras deletum c.

1) De hoc loco cf. Boehmer, Reg. Imp. (1844) p. 252, Weller, 'Hohenloh. UB.' I, p. 511, nr. 702. 2) Eum Spiram venisse Matthias Neuenburg c. 37. refert. Cf. Heidemann, 'Peter v. Aspelt' p. 127. Stalin, 'Wirtemb. Gesch.' III, p. 121 sq., Boehmer p. 266 sq. 3) Cf. Ottac. v. 97479—745. 97817—98171. 4) Cf. Cont. can. S. Rudberti a. 1309, Boehmer l. c. p. 269, Heidemann l. l. p. 118—123. 5) Rex ducibus Moraviam pignori obligavit. 6) Tabulis d. Sept. 17. datis, Constit. IV, 1, p. 277—280, nr. 315—320. 7) Ib. p. 281 sq., nr. 323 sq. 8) Cf. Ottac. v. 98172—595, quo explicit.

1309 de Walsê, capitaneo Styrie, qui fide et opere bene audens conglobavit ex Styria et Karinthia copias, quosdam de (Oct) Ungaria secum habens irruit super adversarios repentine et cesis captisque plurimis et municionibus eorum destructis patriam liberavit et principibus conservavit[1]. 1310 (Ian) Fridericus rediens viro fideli grates egit, in perfidos iudicia exercuit, dignitates et possessiones abstulit, talionem per tormenta morcium diversarum reddidit et in reliquum terram pacifice tenuit et firmavit[2].

(Aug-Sept) Et[a] convalescens in domino Deo suo Fridericus pondus molestie sue contorquens in duces Bawarie castrum Scherdingen obsedit cum copiis, ut cicius[b] conquirat, Otto dux obsidionem solvit, Fridericus infirmatus abiit et per triduum mortuus credebatur[3].

1309 (Aug 14) Nobiles Bohemorum de Lippa, de Wartenberch, de Lüchtenburch cum quibusdam abbatibus religiosis[4] ad regem veniunt, Heinricum suum regem non de iure, sed de facto asserunt et ob hoc ab Alberto plura pertulisse dicunt et maiora passurum[c], si regia providencia non apposuerit remedium oportunum 'Venimus igitur patrie, civibus et regni utilitatibus consulentes, secundum humanitatem vestram undique divulgatam prospicue, quia regnum periclitatur, princeps non bono consilio gubernatur, populus suus regni malum et dampnum iugiter machinatur, nobiles angariantur, cives turbantur, monasteria molestantur, et omnia iura atque regni bone et ab antiquo sancite leges miserabiliter annullantur'. Rex, quomodo id possit competenter fieri, sciscitatur, et respondent 'Rex noster dive memorie Wenzeslaus[5] unum filium[6], tres filias[7] dereliquit Filius non est super, filiarum una[8] Heinrico duci Karinthianorum, de quo

a) Et — credebatur (l 14) in marg post add b) sic pro deleto celerius c c) lege [se] passuros O H-E

1) Cf Doblinger l c. p 239 2) De aliis qui de sedicione retulerunt vide Huber, 'Gesch Österreichs' II, p 104, n 1. 3) Cum Iohannis relatione optime convenit Cont can S Rudberti, SS IX, p. 820 4) Ioh duas legationes a. 1309 Aug 14 et a. 1310 Iul factas confudit Tunc temporis solus Conradus abbas Aulae-regiae ad capitulum generale ordinis profectus Heilbronnae Heinricum VII adiit, Chron Aulae-regiae I, c 90, p 227—231 Heinricus de Lippa et Iohannes de Wartenberg inter praecipuos Heinrici ducis Carinthiae adversarios fuere, de Ulmanno praeterea de Luchtenberg (Chron Aulae-regiae I, c 86, p 216) Ioh. cogitavit, sed nemo eorum legationi a. 1309 interfuit A 1310 abbates Aulae-regiae, de Plass, de Sedletz legati erant. 5) II, cf supra I, p 337—340. 343 sq 6) Wenceslaum III 7) Cf supra I, p 331, n 3 8) Anna

nobis est questio, altera duci cuidam Polonorum[1] est 1309
sociata, tercia[2] in castimoniali flore virgo spectabilis
adhuc manet. Quam delectamur filio vestro dari et in
regno sic firmari regnumque suscipere subplicamus, ut
de iugo tam abiecte servitutis valeamus excutere colla
nostra'. Rex dimissis nunciis Bohemorum misit comites
de Schelklingen, de Hennenberch[3], de Hohenloch[4]
regnum invisere et de singulis indagare. Qui a partibus
Heinrici speculati per Chunradum de Ovenstain et ceteros
capiuntur, sed post quinque dies factis sponsionibus dimittuntur. Rex hoc audiens dissimulavit et civitates
regni hinc inde perlustrans iterum venit Spiram[5]. Ubi 1310 (Aug.)
Bohemorum nobiles puellam regis filiam adducunt, et
habitis nupciis filius regis rex Bohemie declaratur[6]. (Aug. 30)
Bohemorum nobiles gloriantur, in regis curia solaci-
antur et quasi novis tyrociniis iniciantur et diversis
ludorum solaciis extra sue terre consuetudinem informantur. Fridericus autem dux Austrie awunculum 1309.
audiens in Bohemia tribulatum et in eo, quod ei Karinthiam et Carniolam abstulerat, amplius sauciatum,
quia ad eius colloquium venire non potuit, ad fratrem
eius Ottonem ducem, qui Tyrolis mansionem habuit,
misit; qui apud Villacum Karinthie civitatem ad colloquium eius venit[7], et non solum predictas terras liberas (Mart. 16)
reddidit, sed et pro utraque parte pactis et caucionibus
interpositis uterque reconciliacionis et amicicie fedus
durandum perpetualiter instauravit. Sicque domus iste
racione carnis et sanguinis altera alteri est coniuncta,
alia aliam sublevando, in consiliis sustentando, in auxiliis
adiuvando, sicut olim Salomon *sculpsit* in domo sua 2 Par. 3, 5
palmas et cathenulas se invicem complectentes.

1) *Margaretam uxorem Boleslai ducis de Liegnitz duxit, cum Agnes iunior, quae postmodum Heinrico duci de Ianer nupsit, tunc adhuc infantula (Chron. Aulae-regiae) extiterit.* 2) *Elisabeth. — Chron. Aulae-regiae recte liberos Wenceslai II enumerat.* 3) *Bertholdum.* 4) *Albertum, cf. Weller, 'Hohenloh. UB' I, p.* 514, *nr.* 709. 5) *Iohannes ibi et in Frankfurt gestas confudit.* 6) *D. Iulii* 25. *rex in Frankfurt Bohemos a sacramentis Heinrico duci Carinthiae praestitis absolvit, die eodem eis promisit se nullum alium nisi Iohannem filium regem Bohemiae praefecturum, demum Spirae die Aug.* 30. *Iohannes Elisabeth duxit, et regnum Bohemiae ei a patre collatum est.* 7) *Hoc colloquium inepte post tractatus Bohemorum cum Heinrico VII. habitos narratur, cf. quae ad hunc locum Heidemann l. c. p.* 112. *monuit.*

*f. 28' *De expulsione Heinrici de regno Bohemorum et firmacione Iohannis filii regis Romanorum ad idem regnum. Capitulum ⟨VI[a]⟩

1310 (Sept.) Anno Domini eodem, scilicet MCCCIX°, rex filium suum in Bohemiam cum copiis dirigit et cum eo Petrum archiepiscopum Moguntinum, Rudolfum palatinum, comitem de Ötingen[1], Fridericum burchravium de Nörenberch, filium eis fideliter recommendans. Quo comperto Heinricus rex marchionem Misenensem, sororis sue filium[2], vocat, qui veniens cum sexcentis bene armatis, Karin-
(Nov.) thianis se socians, hospites adversarios non modicum deterrebant et ab introitu civitatum fortiter cohercebant. In civitatibus autem scissure et diversitates parcium sunt reperte*. Moguntinus igitur presul treugas pacis statuit
(Dec. 8) inter partes, in quibus Pragenses iuveni regi cum omnibus suis portas apperiunt et regem suscipiunt cum reverencia et honore[3]. Marchio Misenensis, videns invaluisse regis filium, de investitura terre sue, que ad
(Dec. 18) huc a priscis regibus herebat in pendulo, promissa recipiens certitudinis[4], avunculo intromisso ad propria est reversus. Qui[b] iuvenis pulcher et spectabilis, modice claudicans, cesarie aurea rutilante, facie venusta, Fridericus nomine, in civitate Lipcensi in provincia sua que Osterlant dicitur, in ecclesia fratrum Minorum contra eum conspiracione facta a quodam nefando et sceleratissimo gladiolo trusali confoditur et mox prostratur[c] exspira[ns][d] [5].

*) *Sequuntur deleta*: Et sicut Tyresus quidam[e] ad Scipionem Affricanum, cur Numancia fortissima victa succubuisset, interrogantem fertur respondisse[6]: *Concordia*, inquit, *victoriam, discordia discidium*[f] *prebuit*, et Salustius[7]: *Concordia res parve crescunt, discordia maxime dilabuntur*.

a) *pro deleto* VI *Ioh. scr.* 3[m], *sed* VI *congruit totius libri disposicioni*. b) Qui — exspira[ns] *(l. 27) in marg.* c) *sic c.* d) *uncis inclusa in marg. abscisa.* e) *seq. delet.* dixisse legitur. f) *excid.* *Paulus*.

1) *Ludovicum. Cf. Chron. Aulae-regiae I, c. 108, p. 305. D. Sept. 21. per Iohannem Columbariae dimisit, qui d. Nov. 1. Egram transiit.* 2) *Fridericum II. filium Agnetis sororis Heinrici ducis Carinthiae.* 3) *Pragam non pactis conciliatam, sed expugnatam esse Chron. Aulae-regiae refert.* 4) *Pactis cum Petro archiepisc. Maguntino d. Dec. 18 ictis.* 5) *Error, Fridericus II marchio a. 1349 demum occubuit, Ioh. de Diezmanno patruo eius a. 1307 interempto cogitavit. Rectius in alia recensione, supra I, p. 379.* 6) *Pauli diaconi Hist. Romana IV, c. 17, Auctores ant. II, p. 77.* 7) *Iugurtha c. 10.*

Consors Heinrici domina Anna ad pedes presulis 1310 (Dec.)
procidit, securum de regno exitum poscit, beneficia, que a patre suscepit, in memoriam ei duxit. Qui eam cum marito et omni subpellectile et familia exituram sine offendiculo disposuit, Romanorum regis graciam sibi affluenter commentandam[a] in posterum in omnibus et ad omnia repromisit. Quam duplex meror anxiavit: primus quod a sorore, que modo regina terre fuerat, nec subsidium evectionis neque in curribus neque in equis habere potuit pro se vel pro puellis et earum sarcinulis transportandis, secundus, quod dux Rudolfus palatinus, Heinrici consanguineus eis comitatum denegavit, dicens se graciam regis amissurum, si itineris eorum comes videretur. Verum comes de Otingen et burchravius de Nôrenberch[1], qui filiam ducis Alberti Karinthie, fratris Heinrici, habuit, desolacioni et merori huic nobiliter occurrerunt et cum armatis copiis extra regnum, ubi iam timor nullus fuerat, perduxerunt[2]. Moguntinus igitur cum nobilibus terre in presencia omnium qui venerant regis filium in throno regio collocavit et sollempniter consecravit et auctoritate Romani
imperii confirmavit, comitem ei eciam de Hennenberch 1311 (Febr. 7)
pro informatore et educatore patre iubente specialiter deputavit[3].

In hoc casu res digna admiracione in districtu Pilsenensi soli Bohemici tunc temporis dicitur contigisse, nam mulier quedam, dum in ortum holerum mane pro herbis introisset, aureum nummum, in quo ymago regia, habens inscriptum nomen Victoris[b, 4], repperit, quem mox marito optulit, et uterque nocturnali tempore simul confabulando, quid pretenderet vel cui offerendus esset, sedulo meditantur, sicque denarius est perditus et sublatus, sed iterum ei redditus, sed et iterum est amissus. Viditque in sompnis Heinrico regi denarium hunc donandum, et quia tociens perditus ad eius manus pervenire non potuit, victoris nomen in hiis casibus a regno minime deportavit. Qui ad montana in Tyrol cum suis rediit et regni titulum usque in diem sui obitus non

a) *sic c.* b) *deest vox, ut* erat *vel* exstitit.

1) *Fridericus IV, cf. supra I, p. 265, n. 7.* 2) *Die Dec. 9 Heinricus et Anna cum suis Pragense castrum egressi sunt.* 3) *Cf. supra p. 13, n. 3, sed paulo post ad Heinricum VII redit.* 4) *Patet de solido aureo Romano tractari, cuius vero imperatoris fuerit, nescimus.*

dimisit. Visum[a] fuit quibusdam, quod, si numismа illud habuisset, de omnibus victoriam exegisset Sed sanius visum est aliis, sicut sepius est compertum, imperatoris effigiem, forsan victoriam insculptam, quod ad hominem . . asum[b] minime pertineret, qualem vidimus ymagine Antonii Pii insignitum[c], qui anno Domini CXL[mo] imperavit[1]. Sicque haberet mille ducentorum et duorum annorum vetustatem

1310 Rex autem suo filio confirmato in regno Bohemico, reversis hiis, quos miserat cum eodem[2], ab urbe Noricorum invitatus a Philippo presule Aureatensis civitatis,
(Febr.) que nunc Einsteten dicitur, cum regina venit ibi videre sepulchrum beati viri Gundakari episcopi, cuius corpus
1309 noviter elevatum[3] pluribus prelatibus[d] presentibus oleum mirificum stillavit et aliis diversis mirabilibus choruscavit.

De preparacione regis in Ythaliam et ordinacione terrarum. Capitulum ⟨VII[e]⟩.

1310. Deinde venit Augustam[4] Recie civitatem, ubi habita maxima cum affluentibus sollempnizacione et gaudio et de statu atque reformacione pacis tractatu pertransiens
(Aug.-Sept.) iterum[5] venit Spiram. Accersitis omnibus circumsedentibus et superiore ac inferiore parte Reni, episcopis et prelatibus[d], comitibus ac nobilibus, in eminenciori stans loco concionari cepit ad universos 'Scitis', inquit, 'quod imperialis nominis gloria a multis temporibus, Friderici scilicet secundi sublacione, sexaginta circiter annis*, abolita regno et imperio in omni parte mundi, precipue
*f. 29. apud Ythalos, maximum detrimentum et scandalum 'et

*) *Sequuntur in marg. post addita*: Defluxerunt enim a transitu Friderici anni paulo minus[f] sexaginta

a) Visum — vetustatem (l. 8) *in marg. add.* b) *duae litterae in marg. abrasae* c) insignium *c.* d) *sic c.* e) *pro* VII *deleto* Ioh. *scr.* 4, *cf. supra p.* 14, *n.* a f) *seq.* anni circiter *c.*

1) *Haec ex Ottonis Frisingensis Chron. III, c.* 23, *qui Antoninum a* 139 *Hadriano successisse dicit* 2) *Vides Ioh. h. l. seriem rerum gestarum invertisse, sed rex re vera a Norimberga Aureatum profectus est* 3) *A.* 1309. *Iun.* 24, *cf. Gesta episc. Eichstet. cont., SS. XXV, p.* 593 *Secundum Miracula Gundechari, Acta SS.* 2 *Aug. I, p.* 184, *quae et c.* 1, 2 1 *oleum repertum esse tradunt, translatus est d. Sept.* 15. 4) *Error, ibi numquam fuit* 5) *Immo in eadem curia, qua res Bohemicae et expeditio Italica tractatae sunt Cf. Matthiam Neuenburg. c.* 37, *Chron. Aulae-regiae I, c.* 103, *p.* 276

quasi sub tetra confusionis nebula discidia, controversias, 1310
spolia, latrocinia in nostro clymate parturivit[a]. Civitates
a civitatibus, a populis populi bellis civilibus et plus
quam civilibus[1] colliduntur. Inter regnum et sacerdocium
aversio diucius terras et regna et populos ab imperio
sacro scidit. Suadelam summi pontificis[2] cum nunciis
plurimarum civitatum Lombardicarum, Thuscicarum et
Ythalicarum recepimus[3], ad resarciendam rupturam imperii
nos vocantem et prospera nobis cum exhibicione
benivolencie dulciter affectantem. Vires[b] nostri corporis
exponemus, animum exhibemus[c], amicos et dulce nomen
patrie[4] relinquemus. Unum est, quod impedit tantum
bonum vestrum adesse scilicet et cooperari[d] subsidio[d] et
roborare nos adiutorio, sine quibus agere nil valemus'.
Ad quod omnes conclamare ceperunt, sicut quondam
Davit regi populus letanter applaudebat dicens. '*Tui* 1 *Par* 12,18
servi *sumus, o Davit, et tecum* erimus, *filii* Israel[e] *Con-* *Ios* 1, 9
fortare et esto robustus te enim adiuvat dominus *Deus*
tuus'. Et taxatis atque indictis per singulas civitates
stipendiariis larga distribuit donativa. Commisit eciam
tam in hac civitate quam in aliis officialibus curam
regni, provinciales statuens advocatos. Et precipue de
Eberardo de Wirtenberch, ut coherceretur eius temeritas,
commendavit relaxans que de iure suo erant additiciis
et offerens sufficiencia impendia ad eadem[5] Civitas
vero Ezlingensis contractis copiis, statuto quodam comite 1311.
capitaneo pro principe exercitus[6], aggreditur eum viriliter
et usque ad duo castra[7] omnes eius municiones, villas,
possessiones, suburbia devastavit, ita ut pene desperatus
regem et regnum se doleret corde tam precipiter molestasse.
Nonne Davit moriturus[f] et ab hoc seculo ex- 3. *Reg* 2,5.8.

a) *sic rec.* *B* *D* *p* 12, parturiunt *c* b) Vires — relinquemus *in marg.* c) *ita pro* exhibebimus *c* d) *sic c* e) Isai *Vulg et rec. B. D.* f) morit9 *c*

1) *Lucan. Phars. I,* 1 Bella plus quam civilia 2) *Cf encyclicam Clementis a* 1310 *Sept* 1 *datam, Constit IV,* 1, *p.* 378, *nr* 436 3) *Cf ibid p* 309—325, *nr* 361—79 *et p.* 306—308, *nr.* 359 *sq, Barthold, 'D Romerzug K Heinrichs v Lutzelburg' I, p* 338—345 4) *Cf Cic Cat IV,* 16 patriae dulce solum, *et Cic Verr V,* 163. 5) *Cf. Chron Aulae-regiae I, c* 103, *p* 276 *sq et Chron de gestis principum l c. p.* 32 *sq, Constit. IV,* 1, *p.* 642, *nr.* 670 *sq.* 6) *Heinricus VII. Conradum de Weinsberg advocatum provincialem Sueviae exercitui praefecit, cf Chron Aulae-regiae l c et Gesta Trevir p* 209 *sq* 7) *Vix tres munitiones ei remansisse Matthias Neuenb. c* 37. *dicit, vix octo Chron Aulae-regiae, de re cf. Stälin l c p.* 475 *sq*

cessurus de Ioab et Semey filio Salomoni iudicium, quod ipse non fecerat, pro gravibus excessibus dereliquit, nolens eorum insolencias et malicias sine penis debitis pertransire et ad inferos deportare? Si imperatori vita longior extitisset, absens tamquam presens omnia eius ad interitum perpetuum[a] conduxisset, cogitans rei[b] publice secundum Tullium[1], qui . . . .

De introitu eius in Ythaliam, prelio Mediolanensi et strenuitate et uxoracione Lůpoldi ducis Capitulum ⟨VIII[c]⟩.

1310 Anno Domini M⁰CCC⁰XI⁰ valefaciens[d] civitatibus et
(Oct 23) necessariis Heinricus rex per montem Iovis[2], montes[e] Alpium Yuliarum[3] in Ythaliam disposuit iter suum, habens secum comitem Sabaudie[4], qui sororem[5] regine habuit in matrimonio sibi iunctam. Hic vicinus Liguribus familiaritatem habuit cum eisdem non inutilem regi quoad negocia agenda causasque imperii contractandas. Fuit eciam secum dux Austrie Lůpoldus adhuc iuvenis atque recens, ad arma et opera militaria bene dispositus et accensus. Fuerunt et secum fratres regis, episcopus Treverorum[6] et Walramus comes, episcopus Leodiensis[7], consanguineus et amicus, plures, quorum quidam[f] causa consanguinitatis, quidam curiositatis et novitatis, quidam necessitatis instinctu, innumerosa copia, sequebantur.
(Dec 23). Et veniens Mediolanum, que est metropolis Ligurie[8],
1311 (Ian 6) Emilia olim dicta, ubi gloriose susceptus* in ecclesia beati Ambrosi ab urbis episcopo[9] cum regina imperiali[g] corona ferrea coronatur[10]. Sed cito obnubilatur hec se-
1 Mach 1,42 renitas, quia *secundum gloriam eius ignominiam ei multi-*

1310 (Oct 27.) *) *Ioh in marg. post add.* Anno Domini M⁰CCC⁰XI. per Castorem de Turri archiepiscopum, VI⁰ Kalendas Novembris[11].

a) *Ioh* condux perp *transposuit* b) rei publice — qui *in marg., cum spatium deesset, Ioh sententiam imperfectam reliquit* c) VIII. *deleto Ioh. scr* quintum d) valefn̄ *c* e) mō *c* f) quidam *bis scr. c* g) cor ferrea imp *Ioh transposuit*

1) *De quo Ciceronis loco Ioh. cogitaverit, scire non possumus.* 2) *Immo Cinisium* 3) *Cf. supra I, p 213, n. 3* 4) *Amedeum V* 5) *Mariam* 6) *Balduinus* 7) *Theobaldus filius Theobaldi ducis Lotharingiae.* 8) *Ex Ottonis Frising Gestis Friderici I imp II, c 13, qui tamen Aemiliam aliam provinciam atque Liguriam dicit Cf Pauli Hist. Rom XV, c. 3, Auct. ant II, p. 208* 9) *Castono de Turri archiepiscopo* 10) *Cf ad haec et sequentia Gesta Trevir p 213 sq., quae eadem fere referunt* 11) *Error*

plicare et decus in obprobrium et honores in nichilum re- 1311.
digere [1] cogitabant [a]. Nam civitatis potentissimus Gwido
de Turri [2], considerans sue auctoritatem potencie imminui *(Febr. 12).*
et imperatorem causas civium et omnium adventancium,
sicut res exegit, iudicio et iusticia diffinire [b], graviter
indoluit et conspiracione facta contra regem et suos,
dispositis sicariis per domos et plateas, eum et omnes
secum existentes occidere machinatur. Imperator autem
premunitus ad arma convolat per platearum angustias,
ad civitatis planiciem properat et suis accurrentibus
strennue dimicavit Quidam fratres de domo Theutonica [3]
suo lateri adherentes egregie multis truncatis et prostratis imperatorem salvum et incolomem conservabant;
dux autem Lůpoldus extra muros apud Sanctos Gervasium et Prothasium habens domicilium, inscius huius
facti*, *sed [c] mox strepitu et clamore ad eum transeun- **f. 29'*
tibus celeriter armis accingitur et sicut turbo vehemens [4]
urbem ingreditur, iacula sicut *stille pluviarum* diriguntur, *Ier. 3, 3*
lapides gravissimi ponderis, scampna, sedilia a domatum [d]
altitudine dimittuntur, et antequam ad imperatoris
stacionem perveniat, impedimenta repugnancium difficilia
perferebat Quo veniente sol novus iam lassis pugna- *cf. Eccli. 50,7*
toribus exoritur, spiritus deficiencium acuitur, et novis
iteratis bellis domus destruuntur, hostium rabies pro-
pulsatur, manus adversa rigescit, brachium tepescit, in
vagina est feritas, mucro quiescit [5], res sedatur, imperator
victoria gloriatur Ipse autem auctor sceleris, incentor

*) *In inferiore margine folii 29 Ioh. scripsit, quae ex parte evanuerunt:* De eo quod dux Heinricus Karinthie vocatus ad . . ciorem vestivit . . . . [e]
Sequuntur versus [6]

Cum levibus male fida bonis fortuna faveret,
Pene caput tristis merserat lyra [f] *meum*
Nunc quia fallacem mutavit nubila vultum,
Protrahit ingratas impia victa [g] *moras*

a) *scil.* Mediolanenses, *quod et rec. B deest* b) diffiniri *c.* c) sed *delendum videtur* d) *sic c.* e) *quaedam in marg. abscisa, ut videtur* f) hora *Boeth.* g) vita *Boeth.*

1) *Cf.* 1. *Mach.* 1, 41 dies festi eius conversi sunt in luctum, sabbata eius in opprobrium, honores eius in nihilum. 2) *Capitaneus antea Mediolanensium* 3) *Eorum et Cont. can. s. Rudberti, SS. IX, p. 820 sq., meminit, sed eos Leopoldo duci astitisse dicit Cf. Barthold l. l. I, p.* 469—486. 4) *Cf. Habacuc* 3, 14: venientibus ut turbo. 5) *Cf. Ierem.* 47, 6 6) *Sunt Boethii De cons. I, c. 1, v.* 17—20

1311 facinoris huius, in monasterium Carovallis[a] [1] non multum distans a civitate aufugit et latuit et in vase vinario adiuvantibus quibusdam monachis sic evasit[2]. Ad[b] quod monasterium imperator devocionis causa frequentavit et in festis diebus divinum sibi officium fieri ordinavit, sacram communionem sumpsit et in fratrum refectorio manducavit. Imperatrix singulari dilectione ac favore
Ian. 6 ducem prosequens Lůpoldum in epyphania Domini cyfum[3] aureum, plenum florenis aureis, pro munere ad prospera illius anni optulit, sicut fieri est consuetum et tamen in nonnullis locis a sanctis patribus improbratum[4], sed in ampliorem eum constringens amiciciam sororis filiam[5], scilicet comitisse Sabaudie, in coniugium desponsavit[c], cum pro sanguinis nobilitate, tum pro actuum probitate, quod post[6] est feliciter consumatum.

Lůpoldus[d] dux Austrie relatu quorundam intelligens nobilem virum de Orregio[e] [7] eadem arma, que ducatus haberet Austrie, solitum ferre[8] et per experienciam re probata, misit et sciscitatur, qua temeritate hoc presumeret, cum periculum et maximum ex hoc detrimentum provenire posset, et ipse cum fratribus nullatenus dissimularet. Qui respondit hec arma sibi a progenitoribus derelicta, quibus omnis sua ab antiquo foret parentela investita[f], quod[g] crederet propter militaria suorum patrum merita a ducibus Austrie suis proavis liberali munificencia condonata. Sicque principis animum mitigavit et uberiorem eius familiaritatem meruit.

De obsidione Brixinensi et morte fratris[h] et regine et captivitate ducis Iohannis. Capitulum ⟨IX[m] [i]⟩.

Brixenses[k] dolum suum tegere non valentes, audientes imperatorem zelo ferventem iusticie Mediolanensibus tale vindicte et retunsionis iugulum inecisse[9], obliti,

a) Carouall' c. b) Ad *delendum* c) *desp.* quod post — consumatum eum pro saug. — probitate *transposuit Ioh.* d) Lůpoldus — meruit *(l. 27) in marg. superiore scripta* e) *sic c.*, Corregio *B. D. (infra p. 17)* f) inuestitat' se *c.*, *cum Ioh.* se credere, quod essent condonata *pergere voluerit* g) *adde* et h) *supple* regis i) *deleto* IX[m] *Ioh. scr.* 6[m] k) *sic c.*

1) *Chiaravalle ord. Cisterciensis.* 2) *Haec alibi non leguntur. Cf. Chron. Modoet., Muratori, SS. XII, c. 1100:* secretum iter extra civitatem cepit. 3) *Scyphum, calicem.* 4) *Cf. concilii Autissiod. c. 1, MG. Conc. I, p. 179.* 5) *Katherinam.* 6) *A. 1315.* 7) *Gibertus de Corrigio?* 8) *Re vera domini de Corrigio aquilam bicipitem in armis gesserunt.* 9) *Immo quia rex Cremonenses punierat.*

quod eum per suum specialem nuncium invitarunt[1] et 1311. quod ei honorifice recepcionis munera optulerunt et tamquam et legitimum dominum et principem susceperunt, se subtraxerunt et super se regnaturum[a] nullatenus edixerunt. Imperator senciens, quod de scopulis *(Maio)* moncium presumerent et robori murorum ac turrium intenderent, instrumenta ad obsidionem preparat, populum suum animat, stipendia et omnia ad victum et ad oppugnacionem necessaria preordinat civitatemque fortissimam undique ambitu circumgirat[2], et cum protelaretur obsidio, tam intus quam extra mestibiles res geruntur, plures capiuntur, occiduntur, et inhumane quidam[b] quartatis corporibus membra ab invicem dirimun- *(Iun 20).* tur[3]. Frater imperatoris Walramus, vir graciosi vultus et maxime virtutis, telo percussus letaliter sauciatur et *(Iul 18)* in brevi, custodia vulneri debita non adhibita, moriens[4] *(Iul 28)* imperatori[c] tam cum exercitus lamentis et querimonia lugubris obfuscatur[c]. Et ait· 'In nostro fletu gaudium inimicis generamus. Quod ne fiat, nostris inceptibus nullatenus desistamus'[5]. In morte huius Argentinenses, Spirenses, Colonienses et aliarum civitatum Reni nobiles et stipendiarii nimium contristati, quorum causas ipse portavit et actus regulavit, precipue doluerunt* Novissime civitas se cernens non posse resistere se subiecit, *(Sept 18).* et pene omnibus[d] resticulis circa colla impositis devincti[6], flexis genibus in terramque prostrati, corporibus et rebus imperatoris gracie se dederunt. Et memor fraterne mortis omnes suspendio dignos protestatur et[e] in funibus[f] collorum eorundem testimonio[g] comprobatur Et dum per portas sibi patefactas intrare nollet, compulit et

*) *Ioh in marg scripsit* Nota supra

a) null reg ed *transposuit Ioh.* b) *potius* quorundam *legendum* c) *sic haec inepte scripta* d) *lege* omnes *O H.-E* e) quod et *legendum esse videtur O H.-E* f) *sic c.* g) test *delendum. O H.-E.*

1) *A.* 1310 *Iun* 29, *Constit IV*, 1, *p* 320, *nr* 374, *cf ibidem p.* 328, *nr* 379, *c.* 17 2) *Obsidio Brixiae d Maii* 19 *coepta est* 3) *Solus Tebaldus de Brusciatis traditor captus d. Iunii* 14; *cf sententiam mortis datam d. Iunii* 20, *Constit IV*, 1, *p* 622, *nr* 653. 4) *Cf Ferretum I, p* 339 *sq quaeque Cipolla ibi adnotavit* 5) *Similem regis aequanimitatem tradit Ferretus I, p* 341 6) *Gesta Trevir. p.* 220 capistris propriis collis impositis. *Rex ipse Iohanni filio scripsit eos* funes tenentes in collis *venisse, Boehmer, Reg Imp*, '*Heinrich VII*' *nr* 427; *Constit l c p* 654, *nr* 688

1311 iussit muros et turres deponi[1], et sic strata via publica
introivit. Receptis iuramentis civium de fide servanda
imperio[2] Romam properat ad coronam et transiens ad
(Oct. 21). partes Thuscie venit Ianuam, ubi regina graviter infirmata, dum languor ingravesceret, et remedia medicinalia
non proficerent, bona devocione et tocius familie lamen-
(Dec 13) tacione ultimum diem clausit[3] Imperator tristis et
anxius nimium est effectus, sed, quia vir cordatus fuit,
dolorem dissimulavit, et rubor verecundie affectum, quo
urebatur intrinsecus, superavit. Procuravit[a] hoc tempore
imperator Tervisinos et ipsam marchiam per Heinricum
1313 comitem Goricie cohercere[4], qui cum pro tunc, tum
post mortem eius adeo sollicite et strennue intendit, ut
stragibus multis factis per Theutonicos iuxta fluvium
(Iul 17) Monteganum[5] multa milia hominum sternerentur, et
Heinricus comes non longe post ipso dominio potiretur,
ubi Fossa-sanguinolenta dicitur, et dormientes quasi
securi invaduntur, et cetera*.

1312 (Mart.-Apr.) Et[b] dum Pisis consisteret, ecce vagus et profugus
dux Iohannes, Alberti regis interfector, veniens in habitu
religioso fratrum, ut dicitur, Augustinensium veniam
postulavit, dicens se a papa directum, qui magis hoc
facinus iudicandum secundum leges civiles quam ecclesiasticas diffinivit. Imperator anxius[c], quid ageret,
[non[d] modicum turbabatur, petenti veniam denegare]

1311 *) *Ioh in marg add, sed delevit* Anno Domini MCCCXI°
papa Vienne concilium generale in Templarios celebravit, quod a Kalendis Octobris [conti]nuatur[e] VI°
die Aprilis Hic rex Francie cum articulis Templarios
1312 dampnavit et delevit.

a) Procuravit — et cetera *(l 18) in marg* b) Et — optineret *(p. 23, l 4) in marg* c) *his Ioh superscr., partim in marg abscisa* et proscript d) *uncis inclusa in marg abscisa e rec B supplevimus* e) *abscisa supplevimus*

1) *Rex in epistola laudata scripsit* fossas impleri et muros aliaque tuguria civitatis . funditus demoliri iubemus *Addidit se tantummodo ob apostolicae sedis et cardinalium qui aderant instantiam Brixiensibus vitam condonasse* 2) *Sententiae exstant Constit l. c p* 655—665, *nr* 689—691. 3) *Cf Gesta Trevir l c. p* 221, *Albertinum Mussatum, Hist. Aug V, rubr.* 4, *Muratori SS X, c.* 403 *sq , Chron Aulae-regiae I, c* 114, *p* 345. 4) *Hic a* 1313 *Cani-grandi de Scala vicario imperii in marca Veronensi in auxilium venit contra Patavinos* 5) *De pugna ad Monticanum flumen commissa cf Albertinum Mussatum, Hist. Aug XV, rubr* 1, *Muratori, SS X, c* 549 *sqq , Hist Cortus I, c* 20, *ib XII, c.* 786

impium arbitrans, inultum piaculum tantum dimittere 1312 temera[rium[a] videbatur . .]; vinc[tum][a] usque in diem mortis mandavit arcius conservari, ut sic peniteret et Dei indulgenciam optineret[1].

⟨Chunradus[b] venerabilis presul Salzburgensis, in quo beata virgo sue dignacionis opera demonstravit, [obiit[c]], nam, ut fertur, natus in annunciacione, sacerdos et presul eodem die, cursu se temporis sic volvente, mirabiliter[d] ordinatus. Item orbita annorum circumvoluta rebus eodem die excessit humanis. *Mart 25* Hic ecclesie habenas sicut bonus nauclerus gubernavit et mirifice decoravit. Huic successit vir sagax Wikardus, qui prius ecclesie rexerat *(Aug 27)* decanatum[2]⟩*

*De desponsatione Katherine filie regis Al- *f 30* berti, coronacione et prelio eius[3] in urbe Roma. Capitulum X[m].**

Anno Domini MCCCXII[o e] ***, dum imperator Ro- 1312 mam procederet, a familiaribus est tractatum, quod eum esse sine consorte non competeret, sed que vel qualis tantum virum deceret, diligens indagacio necesse foret, ut intercurreret, est persuasum, concordantibus omnibus, ut racione potencie et prosapie Alberti quondam regis filia, soror ducum Austrie, pro Romani regni utilitatibus et filii sui in regno Bohemorum conservacione, nomine

*) *Paulo inferius in marg.* Anno Domini M⁰CCC⁰XII⁰ *(Mart 25)* moritur Chunradus archiepiscopus. Hac vice Wikardus episcopus rediens etc. Nota[4].

**) *In marg. inscriptio altera deleta* De coronacione eius in Urbe, desponsacione filie regis Alberti et morte eius. Capitulum XIII[m].

***) *In marg. Ioh. postea add.* Anno Domini M⁰CCC⁰XII⁰[f] *(Ian 29)* coronatur Rome in die epyphanie[5]. *Ian 6*

a) *uncis inclusa in marg. abscisa e rec. B supplevimus.* b) *uncis inclusa Ioh. postea syllabis* va-cat *adscriptis delevit.* c) obiit *deest c.* d) est *supplendum.* e) MCCCXI⁰, XI⁰ *deleto, alio atramento add.* 7 *c., cf. notam* *** f) M⁰CCC⁰XI⁰, XI⁰ *deleto, c.*

1) *De aliis auctoribus, inter quos Mathias Nuenburg c.* 37 *optime cum Ioh. convenit, cf. Boehmer l. c. p.* 298 *Iohannes Parricida obiit a.* 1315 *Dec.* 13 *et Pisis in eccl. s. Augustini sepultus est.* 2) *Inde ab a.* 1307. *Confirmatus a.* 1312 *Iulii* 7, *consecratus Iulii* 30, *palliatus Augusti* 27 *est. Cf. Cont. can. S. Rudb., SS. IX, p.* 821. 3) *Heinrici VII regis.* 4) *Cf. infra p.* 25, *n.* 7. 5) *Hoc die Mediolani corona ferrea coronatus est.*

1312. Katherina, elegantis forme iuvencula speciosa, bonis moribus exornata, quereretur[a]. Heinricus autem Gurcensis episcopus, carus ducibus, matrimonium hoc instaurat vadens et rediens, anulo desponsacionis imperatori virginem subarravit, super quo totus populus Ythalicus et Alemannicus exultavit Imperator Romam veniens (Mai 7) multos habuit se hylariter suscipientes, plurimos eius glorie invidentes, nam de Ursinis quidam potentes se contra eum acriter erexerunt, quidam de Columpnensibus sibi fideliter astiterunt. Adversarii autem in castra Tyberis[1] custodes posuerunt, qui transitum per pontem Tyberis sagittis, lapidibus et diversis instrumentis more (Mai 26) bellico vetaverunt[b] Ubi et ortum est gravissimum prelium, pluribus ex[c] utraque parte vulneratis, multis occisis, cecidit autem episcopus Leodiensis[2], vir strennuus et peraudax, Treverensis episcopus egregie dimicavit, multos stravit, et ipse prostratus gladium circa se undique evibravit et circumtulit; nam sic iacens conculcatus mortuus estimatur, novissime respirans caballo iterum elevatur[3] Imperator autem, qui[d] honoris decus dedecore sanguinis suorum concipiens compensatum ingemuit[e], habita cruenta victoria ad Sanctum Iohannem pervenit[4], ubi a duobus cardinalibus, Ostiense[5] et Albanense[6], missis a latere summi presulis, honorifice cum applausu (Iun 29) populi coronatur. Qui dum ab eo fidelitatis peterent (Iul 6) sacramentum, abnuit dicens se nulli facere debere sacramentum nisi pro conservacione iurium imperii, quod modo exactum esset in tempore retroacto. Super quo in Clementinis de iure iurando satis diffusa extat digesta, quod hoc ipsum pape displicuerit et improbaverit, decretalis[7].

Imperator mox onus sue molestie in regem[8] retorsit Ropertum, qui proscriptus[f] [9] imperii a longo tempore crimen sibi lese imposuit maiestatis et citatum[10] hostem

a) quer *in marg add* b) *sic c* c) ex — parte *in marg.* d) qui — ingemuit *(l. 21) in marg* e) et cetera *add c* f) *lege* proscripto, *ut neglegentissimum Iohannis sermonem intellegas* (*) *H - F*

1) *Turrim Tripizon vocatam imprimis, quae die Maii 13 expugnata est, et castrum S Angeli, ubi die Maii 26 pugnatum est* 2) *Theobaldus, cf supra p* 18, *n*. 7 3) *Gesta Trevir haec silentio praetereunt* 4) *Iam antea ibi fuit, cf Boehmer nr* 482 5) *Nicolao* 6) *Arnaldo Sabinensi potius, insuper a Luca S. Mariae in Via-lata diac card.* 7) *Decretal Clementin II*, 9, *c un Cf. protestationem imperatoris nuper editam a Iacobo Schwalm, Constit IV*, 2, *p* 809, *nr*. 808 8) *Neapolis* 9) *Nondum tunc temporis* 10) *A*. 1312. *Sept*. 12; *Constit l l p* 854, *nr*. 848

imperii iudicavit[a, 1], terras eum plures imperiales iniuste possessionis titulo vi[b] retinere monstrans[c] et concionatus publica possidere. Intermittens pro tunc Urbem, Florentinis, [S]enensibus[d], Pe[ru]sinis et [al]iis pluribus civitatibus[2] se ad eum et ad iura imperii ut decuit non gerentibus infestus anno Domini M⁰CCC⁰XIII⁰ cogitavit tam Roperti regis quam eorum retundere et divellere superbiam, civitates sibi favorabiles circuivit. 1313. 1312. (Aug 20)

De morte eius*. Capitulum ⟨XIme⟩.

⟨Hac[f] vice Wikardus Salzburgensis de curia rediens[3] confirmatus et consecratus venit ad imperatorem et ecclesie sue privilegiis confirmatis, imperialibus susceptis et graciis pluribus impetratis, imperatori ei filium commendans letum ad propria destinavit[4]⟩** Venit autem imperator ad villam que Bonus-conventus dicitur in Thuscorum partibus[5], ubi dum iuxta suum morem divinis interesset officiis confessusque eucharistiam sacrosanctam susciperet et flexis genibus devocioni intenderet, vis quedam tremule infirmitatis pectus eius concussit et quasi adamantina congerie viscera contraxit, et dum medici venenum eum hausisse iudicarent et elevacione corporis pellere niterentur, dummodo pedes sursum, caput deorsum propter celerem exitum[g] persuaderent, nullatenus admisit, dicens se gloriosius non posse nec velle mori, quam dum auctorem vite sibi presentem recognosceret et haberet[6] Sicque in oracione elevacione 1312. (Dec 20) 1313. (Aug 15) cf Act 3, 15.

*) *Seq deleta* et quod Lůdewicus dux Bawarie cepit nobiles Austrie et Stirie

**) *Ioh. in margine scripsit* scribe hoc superius[7].

a) iud *in marg add* b) vi ret *in marg* c) *seq iterum* iudicavit d) Sen. — civitatibus *in marg ex parte abscisa* e) *Ioh pro* XI *deleto post 8 scr* f) *uncis inclusa a Ioh. syllabis* va-cat *adscriptis deleta* g) *supple* poni ut permitteret, *cf rec. B p* 55, *l* 20

1) *A* 1313 *Febr.* 12. *et Apr* 26 2) *A* 1311 *Nov* 27. *Florentinos, a* 1312. *Apr* 11. *Lucanos, Senenses, Parmenses, Reginos bannierat. Perusinum agrum rex a* 1312 *vastarit* 3) *Eum in vigilia s. Thomae a curia recessisse Cont can s. Rudberti, SS IX, p* 820, *dicit.* 4) *Nec de his Cont. can s Rudberti quidquam dicit, cf. supra p* 23. 5) *Interim multas res contra Florentinos et eorum socios egerat et Pisas adierat* 6) *Similia imperatoris verba referunt Gesta Trevir p* 230 *et Matthias Neuenburg c* 37 7) *Cf supra p.* 23, *n* 5, *quo Ioh haec ponere voluit*

1313 (Aug 24) manuum in manus Domini spiritum commendavit. Sunt Luc 23, 46 qui diversimode senciunt de eius subductione, quod tacendum pocius arbitror quam ponendum [1]. Audivi ego a Berthrando patriarcha Aquilegiense, qui fuit auditor causarum sacri palacii summi pontificis annis aliquot [2], quod doloris nimii acerbitas sic eum pervaserit, ut mortis evadere periculum non valeret, eo quod vindictam in adversarios et offensores atque contemptores suos et imperii agere non valeret, unde corpore aperto et eviscerato cor eius scissum in duas partes a circumstantibus est inventum, eumque aliqui duo corda protestantur ex hac experiencia habuisse [An]nis[a] duobus regnavit, [trib]us (Sept 2) imperavit, sed [non] ad plenum [3]. Corpus Pisas fertur et ibi [ho]norifice [in p]endulo et [pre]cioso recep[ta]culo 1315 sive conditorio collocatur [4]

Huius mors Ythalis et Alemannis maxima discidia et multorum annorum dispendia procuravit. Vir pius et devotus, divinis officiis intentus, audax animo, agilis corpore fuit. Thorum suum immaculatum sine defedacione extere pollucionis, ut audivi ab Heinrico Tridentino episcopo, suo secretario et cancellario, a[b] primo sui matrimonii tempore custodivit [5]

1313. Dux autem Austrie et regina [6] mater eius filiam suam regali et glorioso apparatu in Ythaliam [c] disponebant, eunte cum ea filio imperatoris, rege Bohemorum, et dum transeuntes terras interpositas ad litus Reni in civitatem que Tizzenhoven [7] dicitur [d] tristia nuncia audientes, filius imperatoris in Bohemiam plenus dolore, sponsa [8] eius in Austriam repleta amaritudine [9] revertuntur, quorum Iob 30, 31 *cythara in luctum est conversa*[e] *et organum in vocem flen-* *f. 30' *cium* commutatum. *Fridericus dux sororem tristem ex-

a) [An]nis — collocatur (l 15) *in marg abscisa ex parte* b) a — tempore *in marg.* c) *supple* ducere d) *deest vox, ut pervenissent* e) versa *Vulg*

1) *Rumorem, quod imperator veneno peremptus sit, Ioh alludit. Cf rec B D et Boehmer, Reg Imp* (1844) *p* 311 *sq et litteras Iohannis regis Bohemiae datas a* 1346 *Mart* 17, *Boehmer l l.* 1314—47, *'Johann' nr* 345, *et Barthold l. c II, 'Beilagen' p* 3—64 2) *Cf 'N. Archiv' XXVIII, p.* 162 3) *Regnavit* 3 *annos et* 7 *menses, imperavit* 1 *annum et* 2 *fere menses; cf. supra p.* 18, *n.* * *et p.* 23 *n* *** 4) *A.* 1315 *Aug* 25 5) *Eandem laudem ei Gesta Treverorum et Ferretus Vicentinus tribuunt* 6) *Elisabeth* 7) *Diessenhofen ad Rhenum prope Schaffhausen Reginam cum filia Basileam usque venisse Matthias Neuenburg c* 37 *dicit Iohannes rex Bohemiae inter Ulmam et Constantiam tristem nuntium recepit, Chron Aulae-regiae I, c* 110, *p.* 324. 8) *Katherina* 9) *Cf Ruth* 1, 20· amaritudine valde replevit me

cipiens solacio et promisso alterius mariti blande et 1313.
leniter delinivit.

Imperialis partis quidam, domino suo sarchofagato
gementes et flentes, cum[a] adversariis in locis pluribus
angariati fortiter bellaverunt et sic de illis partibus exierunt, alii futurum sustinentes principem, cui iam via
parata fuerat, distributi per civitates imperii remanserunt[1],
iuxta quod scribitur: *Vidi cunctum Israel dispersum in* 3. Reg. 22,17
montibus quasi oves absque pastore, et *non habent dominum*
isti. Et ergo ibidem usque hodie scissure sunt parcium,
fraudes, doli, tradiciones, civitas civitatem, amicus amicum, frater fratrem in captivitatem, in mortem, in exilium, in direpcionem[2] rerum afficit et subplantat, ut
vere corpus rei publice et[b] corpus nostrum naturale
merito versibus Quinti Sereni comparentur dicentis[3]:

Qui stomachum regem tocius corporis esse
Contendunt et cetera.

Quod dux Bawarie Lůdewicus cepit nobiles Austrie et Styrie et reconciliacione facta liberos dimisit. Capitulum [XII^mc].

Anno eodem, scilicet Domini M°CCC°XIII°, quo 1313
Heinricus imperator transiit, Fridericus dux Austrie potentes et nobiles viros comites Fridericum de Hewnenburch,
Ůlricum de Phanberch, Ůlricum de Walse cum decenti (Oct.)
comitatu ad superiores partes dirigit[4], ut terras suas et
suorum fratrum inviserent, ne novo, ut solet[d] fieri, disturbio quaterentur, et ut per congiaticum amicos sibi conquirerent et ad electionis favorem, prout competere[e] cernerent, permoverent. Venientes ergo in Bawariam in
locum qui Gammelsdorf[f] dicitur, Lůdewicus dux eorum
transitum, occurrens armatus, cum eis congrediens impedivit, quorum dum quidam vim prelii formidantes

a) cum — exierunt *in marg.* b) et — et cetera *in marg.* c) IX^m, *deleto* XI^m, *c.* d) soleut *c.* e) cern. comp. *transposuit Ioh.* f) Gamm. *in marg., ubi seq.* Landeshů[t] *delet., t absciso.*

1) *Pisis imprimis, cf. Cron. di Pisa, Muratori, SS. XV, c. 987, et Matthiam Neuenburg. c. 37.* 2) *Cf. 1 Esdr. 7, 26:* sive in mortem sive in exilium . . vel certe in carcerem, *Tob. 3, 4:* traditi sumus in direptionem et captivitatem et mortem. *O. H.-E.* 3) *Q. Sereni Sammonici Libri medic. v. 300 sq., Baehrens, Poetae Latini minores III, p. 120 sq. Cf. supra I, p. 152.* 4) *Causa belli huius tutela ducum Bawariae Inferioris erat.*

1313. terga verterent, quos nominare necesse esset, ne aliis nitor glorie et fame laudabilis preconium aufferretur, duo[a] comites de Hals[1] et Landeshůt et nobiles infe-
Nov. 9. rioris Bawarie V[o] Idus Novembris, omnes, postquam bene decertarunt et strennue, captivos, dum deficerent, se dedere[2]. Ibi Ulricus comes de Phanberch milicie cingulo decoratur, et pro eo quod bene res gesserat, viri prepotentis soror Ulrici de Walsê[b. 3] promittitur et traditur in uxorem. Lůdewicus autem dux acceptis pactis de reditu eorum, ut suis dampnis in reliquum non intenderent, sine redempcionis precio pro tunc liberos abire permisit[4].

1314. Postea, dum Lůdewicus et Fridericus, alter de Alberto rege, alter ex sorore[5] eiusdem Alberti genitus,
(Apr. 17). in civitate[c] Iuvaviensium convenirent, et sermo inter eos de regni statu et electionis instancia verteretur, Fridericus Lůdewico, ut intenderet ad hoc, persuadet, promittens adiutorii fulcimentum; qui dum se ad id insufficientem propter facultatum suarum maciem fateretur, Fridericum tamen regno magis[d], cum pro potencia, cum pro sapiencia, tum pro diviciarum habundancia declamavit, paratum se ad assistendum sibi ad omnia et in omnibus pro possibilitate virium affirmavit, sicque ab invicem discesserunt[6].

Fridericus archiepiscopum Coloniensem Heinricum
(Maii 9). sibi devinxit[7], fratrem suum Heinricum ducem filie fratris ipsius presulis, Roperti scilicet filie[e] comitis de Wernenburch Elizabeth, in coniugium compromittens; que[f] nupcie in inferioribus partibus celebrantur[8], Heinricusque ad tempus solacians ibi mansit. Rudolfum

a) duo — Novembris *in marg.* b) *supple* ei. c) civit *c.* d) *supple* idoneum. *O. H.-E.* e) filiam *c.* f) que — mansit *in inferiore marg. A.*

1) *Albertus et Alramus.* 2) *Cf. et Cont. Zwetl. III, SS. IX, p.* 665; *V. Ludovici IV. imp., Boehmer, Fontes I, p.* 150: comites de Schawnberch, comites de Retz, comites de Hals. *Sed cf. Huber II, p.* 113. 3) *Agnes soror Ulrici I; cf. Doblinger, 'Die Herren von Wallsee, Archiv f. Österr. Gesch.' XCV, p.* 349 *sq.* 4) *Error hic e pactis Iuravensibus a.* 1314. *Apr.* 17. *evincitur. De conventu Ludovici et Friderici apud Ranshofen (cuius de tempore vide Mühling, 'Doppelwahl von* 1314*' p.* 45*) Ioh. cogitasse videtur.* 5) *Mechthilde.* 6) *Cf. pacta pacis Iuravensis, in quibus de electione nihil legitur, cuius Matthias Neuenburg. c.* 39. *et Ioh. Vitoduranus mentionem faciunt; Mühling l. c. p.* 46—49. *Cont. can. S. Rudberti conventum hunc silentio praeterit.* 7) *Cf. tabulas Leopoldi ducis Heinrico archiepiscopo datas a.* 1314. *Maii* 9. 8) *Cf. Matthiam Neuenburg. c.* 39.

eciam palatinum[1], fratrem Lůdewici, et ducis Saxonum[2] 1314
et marchionis*[,3] assensum et favorem per internuncios
conquisivit.

De adventu filie regis Arrogonie, disposicione Friderici et Lůdewici ad regnum, morte pape et regis Francie. Capitulum [XIII[a]].

Interea Fridericus nuncios, abbatem[b] Sancti Lam- 1313. (Sept.)
perti[4], de Lichtenstain[5], ad regem Arrogonie[6] miserat[7]
pro filia sua[8] sibi in consortem[c]; qui redeuntes speciosam (Oct.)
iuvenculam, ex antiquo[d] Friderici imperatoris sanguine
editam[9], perduxerunt. Que habuit de sua patria secum
archiepiscopum de Gerundia[10] cum familia satis ampla** [11].
Que dum transiret curiam summi pontificis, que tunc
forsitan fuerat Karpentrati[12], benedictionem papalem (Dec.)
meruit accipere et elegantis forme caballum, cui insideret de sella summi presulis, eo quod nobilissimi filia
regis fuit. Occurrens autem ei Fridericus in Karinthiam 1314 (Ian.)
tempore maximi frigoris[13] eam, sicut decuit, suscipit reverenter et remissa eius familia cum congrua expedicione
nupcias distulit, quousque prenderet et videret propositi,
quod ad regnum habuit, exitum et processum. Vocat
autem ad se in civitatem Winnam Karolum Ungarie (Iul.)
regem consanguineum, Heinricum Karinthie ducem avunculum, presente Wikardo presule Salzburgense[14], presenti-

*) *Sequitur delet.* de Brandenburch

**) *Ioh. in marg. addidit, quae ex parte abscisa sunt vel evanuerunt:* Percepimus, quod in sompnis ei fuit preostens[um] commenda ... se ductur[um]

a) X, *deleto* XII, *c.* b) abb. — Lichtenstain *in marg. post add.* c) *supple verbum quoddam, ut* desponsanda *O. H.-E.* d) antiqua *c.*

1) *Qui die Apr. 28 assensit.* 2) *Rudolfi, qui die Apr. 28 assensit.* 3) *Heinrici, qui die Maii 1 assensit.* 4) *Ottonem.* 5) *Rudolfum.* 6) *Iacobum II.* 7) *Insuper Heinricum de Wallsee et Heinricum de Siemaning, ceterum iam a* 1311 *mediante Heinrico VII. de his nuptiis tractatum est, cf. Zeissberg, 'Wiener SB' CXXXVII, p. 36. 55. 161, et Finke, Acta Aragonensia I, p. 344 sqq., nr.* 231—237. 8) *Elisabeth quae et Isabella.* 9) *Constantia uxor Petri III regis Aragoniae, ava huius Elisabeth, filia Manfredi regis et neptis Friderici II imperatoris erat.* 10) *Guilelmum episc.* 11) *Cf. Finke l. c. p.* 347, *nr.* 238 *sq.* 12) *Carpentorati pontifex Dec.* 12 *fuit. Reg. Clementis V, nr.* 10078. 13) *De tempore cf. Kopp IV, 2, p. 31, n. 1.* 14) *Cont. can. S. Rudberti nihil de hac curia refert.*

1314. bus regina matre[1], fratribus suis ducibus et sorore
Agnete, quondam Ungarie regina, Katherina H[einrici][a]
quondam imperatoris sponsa, Gûta virgine adhuc iuvencula cum comitibus et baronibus ac nobilibus in-
Iudith 2, 2 numeris, *misterium sui consilii* ventilavit et se instrui ad
exequendum suum intentum amicabiliter et subpliciter
*f 31 postulavit *et promisso adiutorii ab eis accepto ad locum
electionis honorifice se disponit. Archiepiscopus autem
Moguntinus Petrus, Treverorum presul Baldewinus,
Iohannes Bohemorum rex[2], Friderici[b] potenciam suspectam habentes, cum infinita multitudine nobilium, quam
(Aug) sue partis fecerant, Lûdewicum ducem excitant[3], ut se
disponat et veniat, adiutorium promittentes, impendia
exhibentes, ut eum in omni hac causa non deserant, se
ei firmiter constringentes.

(Apr 20) ⟨Moritur[c] hoc tempore Clemens⟩ papa, et eligitur
1316 *(Aug 7)* ⟨Iohannes[c] episcopus Avinionensis[4] et ad propriam civitatem mox tran⟩stulit curiam suam, locum, ⟨quem[c]
rexerat, honorans multipliciter atque ditans⟩.

1314 *(Nov 29)*. Moritur Philippus rex Francie, in venacione casum
faciens, cuius dolor ei causa mortis extitit[5], relinquens
tres filios, omnes post se regnantes succesive[d] [6] et omnes
sine liberis decedentes[7], ut prophecia pape Bonifacii
impleretur[8].

a) H̄ *c* b) Friderici — habentes *in marg* c) *uncis inclusa a Ioh deleta, qui integram sententiam* Moritur — ditans *delere voluisse videtur* d) *sic c*

1) *Elisabeth regina iam a* 1313. *Oct* 28 *obierat.* 2) *Qui antea ipse coronam petierat, quod Ioh. nescivisse videtur* 3) *De tempore cf Muhling l c p* 67. — *Chron de gestis principum l c p* 47 *tradit Ludovicum haesitasse, num acceptaret coronam oblatam necne* 4) *Iacobus Caturcensis, priusquam in pontificem eligeretur, episc cardinalis Portuensis, antea episcopus Avinionensis fuit. Curiam iam a.* 1316 *Avenionem transtulit* 5) *Cf ad rec B D adnotata* 6) *Ludovicum X, Philippum V, Carolum IV* 7) *Omnes tres filias habuerunt* 8) *Cf supra p.* 336

INCIPIT[a] LIBER QUARTUS[b]. *(REC. B. D. A 2).* f. 85'

De Heinrici[c] electione comitis Luczenburgensis. Capitulum I[m].

Anno Domini M°CCC°VIII°[d], quo rex Albertus occubuit, per mortem Dieteri[1], qui fuit frater regis Adolfi, 1307. cepit vacare ecclesia Treverensis. Fuit hiis diebus in regno famosus Heinricus[e] comes Luczenburgensis[f], actu[g] strennuus, ⟨qui[h] terram suam quibuslibet transeuntibus pacatam et valde securam conservabat[2]. Cuius Albertus rex adhuc vivens, sicut[i] audivimus a Leupoldo de Weltingen canonico Herbipolensi, domino legum, monacho postea Hailprunnensi[k], qui suorum secretorum[l] auricularius extitit, sepius[m] memoriam habebat et de successione eius in regno, si ipse subduceretur, crebrius revolvebat[3]. Hic autem vir in rebus seculi exercitatus⟩ fratrem habuit admodum iuvenem Baldowinum[n], in Francia studiis liberalibus insistentem; procurante autem fratre cum rege et regina Francie pro eo poscentibus[o], etatem bonis moribus supplentibus ac illustrantibus, ad predicte sedis pontificium est *assumptus et in civitate Pictavis[p] *f. 86 per[q] papam Clementem sollempniter consecratus[4]. 1308 (Mart. 11)

a) *inscriptiones libri et capitis minio scr.* B 1, Liber IIII[us] B 2. b) *post a Ioh. corr.* quintus B 1 c) De el. H. com. Lucenburgensis in regem C[m] I[m] *Ioh. in marg. add.* B 2, De el. H. com. de Luczelburg cap. primum D d) MCCCIX D, Eo anno quo — veniendi *(p. 32, l. 5)* A 2 e) Haini B 2 f) *sic* B 1 A 2, Lůczenb. B 2, de Lůczelburg D. g) vir actu A 2, actu str. *om.* D h) *uncis inclusa (B 1 2) a Ioh. deleta B 1, pro quibus Ioh. scripsit* qui B 1, qui — vivens *exstant et in D, om.* A 2, *qui post* strennuus *pergit* et in rebus seculi exercitatus Hic fratrem *(l. 15)* i) sicut — extitit *(l. 13) om.* D k) Haylsprunnen *ex* Haylpr. *corr.* B 2 l) secretariorum B 1 m) sepius — exercitatus *exhibet et* D *(cf. n. h. i)* n) Baldow. B 1 2, *ut videtur, in* Baldew. *corr.* B 1; Waldew. A 2, Balwyen D o) eo etatem b. m. suppl. posc. illustr. B 2, *quae Ioh. corr.* p) Pictavien., *pro quo Ioh. corr.* Pictavis B 1, *et ita* D, Pictaviensi B 2, Papien. A 2 q) per *om.* D

1) *Cf. supra p. 7, n. 6—8* 2) *Cf. supra p. 9, n. 6* 3) *Cf. supra p. 11, n. 1* 4) *Cf. supra p. 8, n. 1.*

1308. Petrus[a] vero Moguntinus presul celeres nuncios dirigit ut Baldowinus[b] ruptis omnibus retinaculis veniat[1], quia regnum vacans eius presenciam prestolatur[c], similiter et aliis proceribus demandavit, tempus prefigens ad locum debitum veniendi. Heinricus autem habens duos, Moguntinum[d], Treverensem, sue partis presules, tercium Coloniensem per pacta interposita super connubio quodam ad volita sua flexit; deinde Moguntino[e] agente ducem Saxonie et marchionem de Brandenburch ad consilium sapientum, qui eos rexerant iuvenes, persuasionibus et precibus sibi devinxit, ut pene[f] iam per omnes sui intenti obicem non haberet. Misit eciam ad Heinricum regem Bohemorum, insistens et petens, ut annueret suis votis, ⟨cuius[g] rei nuncius[h] fuit Argentinensis quidam, qui Hugo Wiricus binomice vocabatur⟩. Rudolfus[i] eciam palatinus ad eum ⟨virum[g] probum qui Witigo Půcher dictus est⟩ destinavit, ammonens, ut memor consanguinitatis sui[k] honoris tytulum confoveret. Similiter ad Coloniensem[l] nobilem virum Gôtfridum[m] ⟨Cystercienisis[g] ordinis⟩ de Brunck[2], ⟨monachum[g] Halsprunnensem⟩, qui quondam in prelio Adolfi ac Alberti regum claris resplenduit actibus[3], ad suum impetrandum assensum direxit, supplicans, ut assisteret ei et sua desideria promoveret. Presul autem Coloniensis respondit se alias iam constrictum nec posse priora promissa aliqualiter temerare[n]. Heinricus autem rex consilio suorum respondit nec Heinrico comiti nec Růdolfo duci posse secundum quod pecierant *favere, eo quod status regni taliter se haberet, ut unius amiciciam conquirere et alterius benivolenciam abicere ⟨sibi[g]⟩ nullatenus equum esset[o]. Sic medius residens neutri parti voluit conplacere ⟨in[p] sui ipsius maximum sequenti[q] tempore detrimentum⟩.

*f. 86'

(Oct.) Igitur in pomerio Rense super litus Reni secundum consuetudinem prehabito tractatu et colloquio omnium

a) Presul vero Mog Petrus celeres D. b) Baldow B 1 2, ut videtur, in Baldew corr B 1, Waldew A 2; Balwyeu D. c) sic et supra p 8, n a. d) Mog et D. e) Mog eciam D. f) iam pene B 2. g) uncis inclusa a Ioh. deleta B 1, exhibet B 2, om D. h) mundus corr. Ioh nuncius B 2. i) Růd B 2. k) hon sui D. l) ēpm Col B 2. m) Götfr om. D. n) tempare corr Ioh temerare B 2. o) ēēt (et ita D) corr Ioh. ēe B 1, et ita B 2. p) uncis inclusa a Ioh deleta B 1, exhibent B 2 D. q) seq temp. om D.

1) *De sequentibus vide supra p 8, n. 2—9. annotata.* 2) *Cf. supra p 9, n 1.* 3) *Cf supra I, p 356.*

presencium et per suas responsales absencium, deinde in [1308 (Nov 27) Oct 16] Franchenfurt in festo beati Galli[1] in Heinricum comitem favor et consensus omnium divolvuntur[a], statimque[b] rex princeps[c] Romanorum cum laudibus decantatur. [cf Sap 18, 9.]

Anno Domini M°CCC°VIIII° [d] in epyphania Domini [1309 Ian 6] cum Margareta consorte, que filia ducis Brabancie[2] fuerat, in sede Karoli et iuxta ritum actenus observatum cum celebritate et gaudio coronatur. ⟨Consortem[e] autem hanc sortitus fuit[f] in federe reconciliacionis, dum amicicia atque[g] pax inter eum[h] et ducem[i], patrem illius, super casu mortis paterne[k], sicut superius est[l] premissum, de prelio inter eos habito firmaretur. Ex qua⟩ filium unum Iohannem et duas filias ⟨genuit[m]⟩. Iohannes rex Bohemie efficitur, filiarum una[3] regina[n] Francie, altera regina Ungarie est effecta Venit ergo Coloniam ibique maximam curiam celebravit ⟨civesque[o] [(Ian. 11)] ad graciam excipit[p], quorum predicti prelii[q] causa fuit⟩; confluentibus ad eum circumquaque nobilibus privilegia innovavit, feoda concessit et alia, que ad novicialis huius honoris actum pertinent, sapienter et provide pertractavit. Mox ad papam Clementem dirigit sollempnes [(Iun 2)] nuncios[4]; qui quoniam eius aliqualiter noticiam habuit, electionem approbavit et confirmatum ad coronam im- [(Iul 26)] perii invitavit. ⟨Assencientibus[r] eciam tribus archicancellariis imperii abbatem Heinricum Villariensem *terri- [*f 87] torii Metensis, cuius habita est mencio[5], in sigilleferum[s] et expeditorem negociorum ascivit et habere voluit pre aliis singularem, quem non longe post summus pontifex ad regis interventum ad Tridentine ecclesie kathedram [1310.] sublimavit⟩

Deinde in Spiram et civitatem Babenberch, Herbi- [1309 (Febr.).] polim, Augustam[6], regni districtus deambulans, curias[t]

a) devolv. *D* b) statimque — decantatur *om A 2* c) princ *om D* d) *sequentia usque ad verba* post quinque *(p 37, l 8) desunt fere omnia B 2 folio 114 maxima ex parte evulso* e) *uncis inclusa (B2 D) a Ioh. deleta, pro quibus scripsit* et habuit *B 1* f) fuit *pro* e *deleto B 1.* g) et *D* h) eos *D* i) ducem *om. D* k) patris sui *(et ita B 2) Ioh. corr* paterne *B 1, et ita D* l) est *om D.* m) *uncis inclusa a Ioh deleta B 1, exhibent B 2 D* n) reg *a Ioh add B 1* o) *uncis inclusa habent B 2 D, a Ioh deleta B 1, pro quibus* et *scripsit* p) accipit *D* q) *haec mania, intellege* q discordie predictum prelium *O H-E* r) *uncis inclusa a Ioh deleta B 1, exhibet B 2, om. D* s) sic *B 1,* sig *(reliquis deletis) B 2* t) curias cel *a Ioh add B 1, et ita D, abscisa B 2*

1) *De hoc errore cf. supra p. 9, n 4.* 2) *Iohannis* 3) *Beatrix a* 1318 *Karolo I Roberto Ungariae, Maria a* 1322 *Karolo IV Franciae regibus nupserunt; cf. et infra l V, c* 3 *rec B D* 4) *Cf supra p* 9, *n* 10—12. 5) *Supra I, p* 368. 6) *Ioh errat, cum dicit regem tunc civitates Bamberg, Herbipolim, Augustam adiisse.*

1309. (Iul. 24.) celebrans, venit Nôrnberch[a], et duces, marchiones, comites ac nobiles cum episcopis[b] et prelatis adventantes sua feoda atque regalia cum sollempnitatibus ad hoc pertinentibus susceperunt et fidelitatis iuramenta servare imperio promiserunt. Plura eciam pro conservacione pacis per universum regnum sancivit[c] et de omnibus, cuiuscumque status[d], condicionis essent, qui regnum turbaverant spoliis vel aliis excessibus, gravium sentenciarum
1308 (Nov. 28.) iudicium diffinivit, et ut in illis partibus brachium suum roboraret, Rûdolfo filio palatini unam suarum filiarum desponsavit[1]. Qui quidem parvulus fuerat et in flore
Sap. 4, 11. puerili sublatus, *ne malicia mutaret intellectum eius* et *fictio deciperet animam illius,* iuvenculam regis filiam thoro alterius dereliquit. Rex* vero exhibuit se in omnibus locis iustum iudicem et pauperum defensorem. *Iusticia* enim *et pietas,* ut dicit Ysidorus[e, 2], *due precipue regie* sunt *virtutes.* ⟨Et[f] Oracius[3].

Pueri ludentes rex eris, aiunt,
Si recte facies,

et[g] addit[4]

Puerorum est
Nenia, que regnum recte facientibus offert⟩.

De[h] opposicione Australium et Bohemorum contra principes suos et[i] restitucione Karinthie. Capitulum II[m].

1309 (Aug. 21.) *f. 87'. Anno[k] Domini supradicto, scilicet M°CCC°IX°, venit rex in Spirensium civitatem, postquam facta regia in Nôrnberch[a] expedivit; venerunt autem ad eum nobiles qui recognicionem nondum fecerant suorum iurium, regiis se aspectibus presentantes, graciam postulantes.

*) Rex — locis *(et ita D) Ioh. in B1 correxit pro:* Deinde rex apud Herbipolim et Augustam curias sollempnes egit, in omni locis se exhibens, *et ita A2.*

a) Nôrenberch *B2*, Nůrnberg *D*. b) prel. et ep. *D*. c) sanctivit *deleto Ioh. scr.* sancivit *B1*. d) condic. et status *D*. e) Ysyd. *B2*. f) *uncis inclusa a Ioh. deleta B1, abscisa B2, exhibet D*. g) et — offert *Ioh. bis scr. B1, utraque delevit*. h) *inscriptio capituli minio scripta B1*. i) et — Kar. *om. D*. k) MCCCIX. anno supradicto venit *D*.

1) *Cf. supra p. 10, n. 5 sq.* 2) *Etymolog. IX, c. 3, 5:* Regiae virtutes praecipuae duae, iustitia et pietas. 3) *Epist. I, 1, v. 59 sq.* 4) *Ibidem v. 62 sq.*

Fridericus[a] autem dux Austrie[b] cum quadringentis mi- *1309.* litibus sub apparatu vestiture uniformis valde gloriose venerat et pompose[1], patris mortem querulans, iudicium nomine suo et suorum fratrum postulans, investituras terrarum requirens[c], quibus addici Moraviam, eo quod eorum terris contigua adiaceret, si convenienter posset fieri, flagitavit. Rex responsionis ordinem distulit et Friderico expensarum pondus aggravavit, quousque sarcinam dimissis quibusdam militibus leviavit. Audiencia et expedicio dum sibi procrastinaretur, Moraviam submovit a[d] corde, sicque de aliis investitur, sed et terra *(Sept. 17)* *(Sept. 18)* Iohannis ducis pro noxa suorum reatuum, ipso[e] pro- *Cont can S Rudb. 1309* scripto, sibi et fratribus est adiecta, promissa, ut[f] fertur, et postea soluta pecunie maxima quantitate[2], marcarum[g] *ib* milibus quinquaginta Corpus Adolfi regis Alberti corpori in conditorio regum rex devotissime et regaliter cum *(Aug. 29)* fletu multorum ibi existencium contumbavit. Nobilem[h] virum de Wirtenberch Eberhardum, qui sub priscis regibus in regno plures et enormes insolencias suscitavit, acriter ibidem convenit, ita ut ille aversa facie responderet regiaque[i] hortamenta parvipenderet, cum conductu tamen regie securitatis sine regis gracia ad propria remearet, cuius manum validam inposterum[k] est expertus[3]

Fridericus autem dux in[l] partibus Suevorum man- *ib. (Oct.)* sit et, que Lûpoldus frater suus dimiserat, castra interfectorum patris expugnavit et profugos internicione vel perpetuo exilio relegavit; et dum in his moram traheret, cervices contra eum quidam Australium de[m] Potendorf, de *ib* Zeltingen[n] cum quibusdam aliis erexerunt[4], promulgantes undique eum regis graciam non habere, sed anxium et gravatum stare, regiumque sibi animum aspere indignari. Conflati[o] autem tale aliquid sunt *moliti et conspiracione *f 88* facta ad se loca et oppida plura trahunt, interpretantes[p] accidencia principis dilacionemque sui reditus[q] ad peiora.

a) Fridr *(et ita D) corr Ioh* Frider *B 1* b) regiis aspectibus se presentando *add. A 2* c) inquir *D* d) de *A 2*, a corde *om D* e) ipso proscr *a Ioh add. B 1, om. D A 2* f) ut f *a Ioh add B 1, exhibet D, om B 2 A 2* g) marc. mil q. *a Ioh add B 1, om B 2 D A 2* h) Nobilem — expertus *(l 23) om A 2* i) regisque *corr Ioh* regiaque *B 1* k) postea *D* l) in — relegavit et *(l 27) a Ioh add B 1, om. D A 2* m) de — aliis *a Ioh add B 1, om. D A 2* n) Zeltking *Cont. can* o) Conflati — moliti *om A 2* p) interpr — peiora *om A 2* q) redditus *B 1*

1) *Cf. supra p* 11, *n* 3—7 2) *Non pro terris Iohannis.* 3) *Cf. supra p.* 11, *n* 1 *sq* 4) *Cf. ibid. n.* 8.

1309 Civitas eciam que Nova dicitur, que limes est Austrie, Styrie et Ungarie, iam pactis habitis cum eisdem, rei exitum exspectabat. Ferebatur, quod ad hec a duce Ottone Bawarie, super quem se fundaverant, armabantur, eo quod ipse per Albertum regem detrimentum calumpnie et expulsacionem a regno Ungarie sit perpessus[1]. Nun-
(Oct.) ciata sunt hec Ulrico de Walse[a], capitaneo Styrie, qui fide et opere bene audens de Karinthia, Styria et Ungaria copias adunavit et veniens irruit super adversarios principis repentine et cesis captisque pluribus, destructis
Cont. can. S. Rudb. 1309 eorum municionibus, recuperatis perditis, pactis[b] eciam interpositis usque ad principis reditum, patriam liberavit.
1310 Fridericus[c] rediens virum fidelem extulit, in perfidos
(Ian.-Febr.). iudicia exercuit ignominiosa[d], invectiva et aspera, in reliquumque terras mundas ab omni ⟨labe[e]⟩ prurigine-
cf. ib. 1309 ⟨que[f]⟩ perfidie conservavit. ⟨Hoc[g] anno Otto abbas Sancti Lamperti in Karinthia nisus est monasterium trahere a subiectione domini Salzpurgensis et sedi apostolice subi-
ib. cere, quod et factum est[2], unde ambo ad curiam sunt citati. Littere eciam hoc anno a papa undique diriguntur cum maximis indulgenciis de passagio generali; extat et epistola pape ad soldanum, que incipit *Candor lucis eterne*⟩.
ib. Otto et Stephanus duces Bawarie castrum Nůwenburch super Enum obsederunt nec ad regis iussum, internunciantibus episcopo
ib. 1310 Salzpurgensi et Rudolfo palatino, ⟨donec optinerent et muros suffoderent⟩, abscedere[h] voluerunt, ⟨et orta est discordia maxima inter eos.

1309 (Aug. 11) Nobiles eciam Bohemorum de Lippa[i], de Wartenberch, de Leuchtenburch cum quibusdam abbatibus religiosis[3] ad regem veniunt Romanorum, Heinricum ducem Karinthie suum regem de facto, non de iure existere protestantur, nec bene nec provide regnum eum regere, sed negligenter agere querulantur. ⟨'Venimus[k]', inquiunt, 'patrie, civibus, regni utilitatibus consulentes. Prospicite et succurrite secundum humanitatem vestram undique promulgatam, quia, quamdiu superest Heinricus, inpossibile est pacem in regni negociis stabiliri⟩. Et ut de-

a) Walsee A2. b) pactis — reditum a Ioh. in marg. add. B1, om. D. A2. c) Fridr. (et ita D) corr. Ioh. Frider. B1. d) igu — aspera om. A2. e) labe a Ioh. delet B1, exhibet D, omni perfidia A2. f) que a Ioh. delet B1, habet D. g) Hoc — inter eos (l. 27) a Ioh. in marg. add. B1, uncis inclusis deletis, om. B2. D. A2. h) absc. vol. Ioh. delevit et rursus infra add. i) Lyppa D. k) uncis inclusa a Ioh. deleta B1 aliis non substitutis, exhibent D. A2.

1) Cf. supra I, p. 332. 373, Ottac. v. 97746—81. 2) Cf. Lang, Acta Salzb.-Aquil. I, p. 121, nr. 137. 3) Cf. supra p. 12, n. 4.

sideratum effectum res sorciatur, filium vestrum filie 1309
regis nostri[1], que Elizabeth dicitur *et superest sola in- *f. 88'.
maritata de tribus, iuvencula[a] speciosa, copuletis[b] et
regem Bohemie declaretis'. Rex dimissis nunciis misit
comites de Schâlchlingen[c], de Hennenberch[2], de Hohenloch ad regnum de singulis inquirere veritatem; qui
venientes per Chunradum de Auvenstain ac ceteros
Heinrici officiarios capiuntur, sed post quinque[d] dies
factis sponsionibus dimittuntur. Post hec puella in 1310 (Aug.)
Spiram ducitur[3], ibique inter eam et regis filium nupcie
cum gloria celebrantur, Iohannesque rex Bohemie publice
proclamatur, gaudente atque[e] tripudiante populo Bohe- (Aug. 30)
morum. Et[f] rex quidem regni negociis intendens, qua
vi et quomodo in regnum filium posset[g] dirigere, cogitavit.* Dux[h] Fridericus misit ad Heinricum ducem 1309
Karinthie, avunculum suum, in Bohemiam, offerens se
ad eius amiciciam, qui quia in Bohemia fuit angustatus,
in Villaco civitate Karinthie, mediante fratre suo duce (Mart. 16)
Ottone de Athasis partibus descendente, amicicia est
firmata, et Karinthia restituta; et Carniola remansit
ipsis ducibus pro sex marcarum milibus obligata.

*) *Sequuntur a Ioh. deleta B1, adsunt B2 D. A2:* Fridericus 1310 (Aug.-Sept.)
autem dux Austrie, prioris[i] offense aculeum con-
torquens in Ottonem ducem Bawarie[k], castrum[l]
quod Scârdingen[m] dicitur[n] obsidet, quod olim pater
suus reconnectere[o] suo dominio acceptavit[p. 4]. Otto
obsidionem solvere volens forti manu eius[q] properat
in occursum, et metatis adversum se tentoriis cottidie prelium machinantur[r], sed Fridericus validissime infirmatus, ita[s] ut a pluribus mortuus putaretur, licet circumduceretur, ut vivus ab omnibus
videretur, cuneos disiungit et debilis in Austriam
est perlatus[5], mittitque ad Heinricum avunculum 1309
suum in Bohemiam, indicans se sue amicicie velle
cum fratribus[t] conformare et in convencionem pacis[u]

a) iuvenculis *D.* b) copuletur et in r. B. declaretur *D.* c) Schelkingen *D*, Schalklingen *A2.* d) *B2 pergit, cf. p. 33, n. d.* e) et *D.* f) Et — cogitavit *om. A2.* g) posset *a Ioh. add. B2.* h) Dux — obligata *(l. 21) a Ioh. pro deletis in marg. scr. B1.* i) prius *corr. Ioh.* prioris *B2.* k) Baw. *om. B2 A2.* l) castr. *om. D.* m) Scherdingen *B2*, Schârding *D*, Scherding *A2.* n) dic. *om. D.* o) suo dom. reconn. *B2.* p) *sic B1. 2*, attemptavit *D (ut Iohannem scribere voluisse reor. O. H.-E.)* q) ei *A2.* r) machinatur *D.* s) ita — videretur *om. A2.* t) se *supplendum O. H.-E.* u) pacis *D.*

1) *Cf. supra p. 12, n. 5—8.* 2) *Cf. supra p. 13, n. 3 sq.* 3) *Cf. ibid. n. 5 sq.* 4) *Cf. supra I, p. 296.* 5) *Cf. infra p. 39, n. 4.*

De[a] expulsione Heinrici ducis de regno et firmacione Iohannis filii regis in eo. Capitulum III[m]

1310 (Sept.) Anno Domini[b] supradicto, scilicet M°CCC°IX°[c], rex[d] filium suum in Bohemiam cum copiis dirigit et cum eo Petrum episcopum Moguntinum, Rudolfum[e] palatinum,

---

1309 perpetue convenire et ablatas terras restituere per conveniencia dictamina placitorum. Quibus[f] quia Heinricus in Bohemia angustatus non valuit interesse, Otto dux, frater eius, venit de partibus Athasis[g] in Villacum, ubi de summa, quam super *Carniolam duces Karinthie habuerant[1], regina matre ducum Austrie et sorore ducum Karinthie agente, tantum extitit defalcatum, ut tantum sex milibus marcarum esset a ducibus eximenda[2]. Tam hiis quam aliis tractatibus habitis et reconciliacionis federe atque eterna amicicia firmata inter eos, Karinthia atque Carniola ad pristinos redeunt[h] possessores; officialibus Australibus[i] ad sua loca redeuntibus, terre sicut prius ad ducum Karinthie providenciam ordinantur. Dux eciam Fridericus alta traxit suspiria, sciens avunculum in Bohemia turbatum, quod ei succurrere non valebat propter Romanorum principem, quem timebat; sed nec amicorum aliquis quicquam ad hec facere presumebat, nec[k] de suis quisquam amminiculum cuiuscumque solaminis offerebat, cui videntur competere versus Ovidii[3], qui dicit

*f. 89. (Mart. 16)

Cum fueris felix, multos numerabis amicos;
Tempora cum[l] fuerint nubila, solus eris

Pro Fridericus — solus eris *deletis Ioh. scripsit B 1, sed et haec delevit.*

1310 (Aug.-Sept.) Fridericus dux Austrie prioris offense aculeum in Ottonem ducem Bawarie contorquens

a) *inscriptio capitis minio scripta B 1;* De — regno Bohemie et firm. Ioh. filii regis Romanorum in eo cm 3m *a Ioh. in marg. add. B 2,* De — ducis et firm. Ioh. f. r. in regno Bohemie cap. III. *D, E integrum hoc caput exhibet ut B 1* b) Dom. *om. B 2 D* c) MCCCVIIII. *B 2.* d) Rex itaque f. s. *etc. post* Boemorum *(p. 37, l. 13) A 2.* e) Rûd. *B 2* f) Quibus — aliis *(l. 15) om. A 2* g) Athesis *D* h) redierunt *D 2* i) Australium *B 2 A 2.* k) nec — scilicet M°CCC°IX° *(supra l. 4) om. A 2* l) si *Florilegium Diezianum, cuius simili Ioh. usus esse videtur*

1) *Pactionibus apud Znoimam a.* 1308 *Aug.* 14 *factis* 45000 *marc. arg. promiserant.* 2) *Cf. supra p.* 13, *n.* 7. *Sed relaxatio pignoris demum Patavii a.* 1311 *Iul.* 14 *facta est* 3) *Tristia I, 9, v.* 5 *sq.*

comitem de Ottingen[a] [1], Fridericum de Nornberch[b] purch- 1310. gravium[c], filium eis fideliter recommendans. Quo conperto Heinricus marchionem Misnensem, sororis sue filium [2], advocat. Qui cum sexcentis armatis veniens non modicum cum hiis, quos habuit, Heinrici[d] adver- (Nov.) sarios terrebat[e] et a civitatum introitu cohercebat; in civitatibus autem scissure ac diversitates parcium sunt reperte. Presul autem Moguntinus treugas statuit, in quibus Pragenses Iohanni portas apperiunt[f] et suscipiunt (Dec. 3) *novum regem. Marchio Misnensis[g] cernens invaluisse *f. 89' regis filium, de investitura terre sue, que adhuc herebat in pendulo, promissa recipiens certitudinis, patre[h] eum revocante, dolens et anxius, quod avunculo adesse non debuit, ad propria est reversus. Qui ⟨iuvenis[i] pulcher, (Dec. 18) aurea cesarie[k], venusta facie, uno claudicans pede⟩, non longe, postquam rediit, prope[l] civitatem Lipczkensem[l*] in provincia sua que Osterlant dicitur, ⟨super[m] * aquam que Alstra vocatur circa longum pontem⟩ confoditur et moritur in momento [3]. Consors Heinrici Anna, eque regis Bohemorum Wenczeslai filia, ad pedes Moguntini pre- (Dec.) sulis procidit, securum exitum a regno poscens[n] ⟨Quam[o] duplex meror anxiavit: primus, quod a sorore, que iam regina habebatur, evectionis subsidium neque in curribus nec in equis habere potuit pro se nec[p] pro[q] puellis nec pro earum sarcinolis deportandis, secundus, quia dux Rů-

castrum Schærdingen obsedit, quod dux Otto exsolvere volens manu valida venit, et locatis contra se castris ad prelium se parabant, sed Fridericus graviter infirmatus in Austriam est perlatus [4]

*) *Pro* super — pontem *B2 A2*: in ecclesia fratrum Minorum a quodam sceleratissimo[r], conspiracione contra eum facta[s], trusali gladiolo[t].

a) Ött. *B2*. b) Nornberg *E*, Nůrenberg *B2*. *D*. c) burchgr. *B2*. d) Heinricus *B2 D*. e) terruit *E*. f) aper *B2*. *D* g) Misn. *a Ioh add B1, om B2 D E A2* h) patre — debuit *om B2*, patre suo eciam revocatus dolenter satis ad pr est reversus *A2* i) *uncis inclusa a Ioh deleta B1, exhibent B2 D E A2* k) cesarea *E*. l) in civitate *B2 A2*. l*) Lipceñ *B2*, Lipsensi *A2*, Lypczkensem *D*, Liptzschensem *E* m) *uncis inclusa a Ioh. deleta B1, exhibent D E* n) et *add E* o) *uncis inclusa habent B2. D E. A2, a Ioh deleta B1, pro quibus solum scripsit* quam p) nec *om. B2*. q) pro *om A2* r) scelerato *A2* s) facto *B2* t) gladio *A2*

1) *Cf. supra p* 14, *n* 1—4. 2) *Fridericum II.* 3) *Cf supra p.* 14, *n.* 5 4) *Cf Cont canon S Rudb, SS IX, p* 819.

1310. dolfus palatinus, mariti consanguineus, ad conducendum eam suam comitanciam[a] denegavit, dicens, si ei vel avunculo adesset, se regis graciam amissurum. Verumtamen⟩ comes de Ottingen[b], vir nobilis, et Fridericus purchgravius[c] huic dolori strennue subvenerunt et accepta[d] domina cum omnibus suis utensilibus et Heinricum[e] cum omnibus sibi adherentibus inestimabiliter flentibus et querulantibus extra regnum, ubi iam timor non fuerat, perduxerunt. (Dec. 9)

⟨In[f] hoc casu res admiracione digna contigit in Pilsna pro tunc temporis mulier enim quedam in orto holerum aureum nummum repperit, in quo erat ymago regia et Victorie nomen inscriptum, quod[g] marito obtulit[1]. Qui cum coniuge, cui esset offerendus vel quid pretenderet, continue meditatur, sicque dilato me*ditacionis effectu nummus perditur et iterum invenitur, sed et iterum est amissus. Viditque maritus in sompnis Heinrico regi denarium hunc donandum, et quia tociens perditus ad eius manus venire non potuit, victoris nomen sub hiis casibus a regno minime deportavit. Sed quod ad hanc materiam vel propositum nummus[h] ille quicquam fecerit, non est aliqualiter estimandum, sed quod alicuius antiqui imperatoris ymaginem et nomen habuerit, sicut sepe visum est, pocius est credendum⟩. Et[i] sic Heinricus cum consorte a regno Bohemico profugatur et rediens ad montana amplius Bohemiam non intravit. (*f. 90)

1311 Presul itaque Moguntinus[k] cum nobilibus terre in presencia omnium, qui advenerant, Iohannem regis filium in throno regio, habentem annos XIIII[2], collocavit et sollempniter[l] consecratum auctoritate Romani imperii confirmavit, pro informatore[m] quoque sibi et educatore comitem de Hennberch[n] deputavit. Heinricus autem ad montana sua[o] rediit et ducatum Karinthie[p] atque comitatum Tyrol deinde quiete possidens cum Carniola sibi[q] (Febr. 7)

a) concomitanciam *A 2* b) *sic B 1 E*, Ött. *B 2*, Ötingen *A 2* c) burchgr *B 2*, Burgr *A 2* d) *lege* acceptam dominam *O H.-E.* e) *pone* Heinr *post* adherentibus *O H.-E.* f) *uncis inclusa a Ioh deleta B 1, exhibent B 2 E, om. D A 2.* g) quem *E ut A p* 15 h) nummum *E* i) Et — intravit *(l. 26) om B 2* k) Mag *B 2* l) solempn *E* m) informacione *(et ita E) corr Ioh* informatore *B 2* n) Hennenberch *B 2 D*, Hennebeig *A 2* o) sua *om D* p) Carinthye *E* q) sibi *om A 2*

1) *Cf supra p* 15 *sq.* 2) *A* 1296 *Aug.* 10 *natum*, *cf Chron Aulae-regiae I, c* 112, *p* 332

inpignorata nichilominus regni Bohemie tytulum usque in diem sui obitus non dimisit*

Rex[a] ab urbe Nôrnberch[b] transiens cum regina 1310
venit in civitatem Aureacensem, que nunc Eystetensis[c] (Febr.)
dicitur, a Philippo[d] episcopo invitatus, ubi corpus venerabilis quondam ipsius loci episcopi Gundakari[e] noviter elevatum de terra, oleum mirifice stillans[f], pluribus miraculis choruscavit[1] Rex, ⟨ibidem[g] devocione habita⟩, meritis sancti presulis se et regni negocia commendans transiit in Augustam[2]. Ubi post gaudium et sollempnitatem[h] maximam, ⟨dispositis[g] atque⟩ diffinitis pluribus causis cum nobilibus circumsedentibus, de pace et concordia *sollicitus[i] valde existens, super civitatibus pre- *f. 90'
cipue et mercatibus[k], ut pacifice transirent, ⟨pio[l] et⟩ vigilanti animo intendebat, unde quosdam nobiles, qui pacem regiam in illis finibus temeraverunt et bigas civium cum preciosis[m] pannis Flandrensibus abduxerant, usque ad inferiores partes Reni persequi mandavit et predonum decapitacione ablata omnia in integrum precipit dominis suis reddi, ⟨quia[n] *tutela et procuracio rei publice,* ut dicit Tullius in libro de officiis[3], *ad eorum utilitatem, qui commissi sunt, non ad eorum, quibus committitur*[o], *est gerenda*⟩. Interea presul Moguntinus[p] et hii qui missi fuerant revertuntur, nunciantes regi in regno filium confirmatum, Heinricum cum omni sua

*) *Ioh. in marg add B 1, sed delevit, om B 2. E, exhibet D:* et veniens in[q] Karinthiam instinctu officialium ad sublevamen penurie[r] monasteria et ecclesias talliavit, et[s] sic in consuetudinem veniente novo principe[t] hanc consuetud[inem][u] velut legem in posteros principe[s][u] propagavit, quod ante eum fieri non consuevit.

a) Rex — commendavit *(p 41, l 1) om A 2* b) Nôrenberch *B 2* c) Einsteten *B 2* d) ab ep Phil *D*, Phyl *E* e) Gundakeri *D E.* f) redolens stillavit et *(et ita B 2) Ioh corr* stillans *B 1*, stillavit *Ioh antea in* destillavit. *et rursus in* stillans *correxerat B 1*, redolens stillans *D*, redolens destillavit et stillans *E* g) *uncis inclusa habent B 1 2, a Ioh deleta B 1, om D E* h) solempn *E* i) solic *E* k) earum mercat *B 2*, mercantibus *D* l) *uncis inclusa a Ioh deleta B 1, exhibet B 2,* pio animo *D E* m) prec *om D* n) *uncis inclusa a Ioh deleta B 1, exhibent B 2 D E* o) commissa est *Cic* p) Mag *B 2* q) ad *D.* r) sue penurie *D.* s) et — propagavit *om D* t) *seq delet.* hec servitus *B 1* u) *abscisa in marg. B 1 supplevimus*

1) *Cf supra p* 16, *n* 2 3. 2) *Ibi numquam fuit, cf et ibid n* 4 3) *I,* 25 85

1310 familia de regno[a] ad propria rediisse, ⟨regnum[b] filio reliquisse⟩. De quo rotatu fortune accipitur, quod in Boecio[1] dicitur: *Hec nostra vis est, hunc continuum ludum ludimus, hanc[c] volubili[d] orbe rotam versamus, infima summis, summa infimis mutare gaudemus.* Sed revera iuxta Tullium[2] *ei[e] non multum obesse potest[f] fortuna, qui sibi firmius[g] in virtute quam in casu presidium collocavit,* ⟨et[h] Seneca[3]: *Ego fortunam nec venientem nec recedentem sencio, ego terras omnes tamquam meas video et meas tamquam omnium.* De utriusque tamen[i], tam Heinrici quam Iohannis, successibus inferius et notatum[k]⟩.

De[l] preparacione regis in Ytaliam et curia marchionis de Brandenburch[m] Capitulum IIII[m]

(Sept.). Cont. can. S. Rudb. 1310

Anno Domini M⁰CCC⁰X⁰ ⟨eclypsis[n] solis facta est circa meridiem pridie Kalendas Februarii⟩, Chunradus Salzpurgensis Salzpurge ad mandatum pape concilium celebravit, in quo gracie transfretancium promulgantur, et decima biennalis pape postulanti ab exemptis et non exemptis offertur, et excessus Templariorum ibidem similiter recitantur. Hoc anno duces Bawarie Otto et Stephanus circa festum epiphanye castrum Nŭwenburch expugnaverunt et muros deiecerunt, et propter hoc inter eos et ducem Austrie graves discordie surrexerunt. Rex autem[o]

(Aug.-Sept.) venit Spiram[4] et accersitis regni nobilibus, quos de regni corpore habere poterat, stans in loco eminenciori concionari ad omnes cepit. 'Scitis', inquit[p], 'quod imperialis nominis[q] gloria a multis temporibus, scilicet

*f. 91 sublacione *Friderici secundi, usque hodie oblita[r] regno et imperio de[s] omni parte mundi, precipue apud Ytaliam, maximas scissuras, detrimentum atque scandalum et quasi sub tetra[t] confusionis nebula[u] discidia[v], controversias, spolia et latrocinia in nostro climate parturivit. Nempe defluxa a transitu Friderici sexaginta circiter

a) de r. om. D. b) uncis inclusa a Ioh. deleta B1, exhibent B2 E, om. D. c) hanc deest Boeth. d) volubilem D. e) quod corr. Ioh. ei B2. f) fort. pot. B1, a Ioh. transposita, et ita B2 D E. g) firmus (et ita E) corr. Ioh. firmius B1. h) uncis inclusa a Ioh. deleta B1, exhibent B2 D E. i) tamen Ioh. add. B1, exhibet E, om. B2. D. k) hic explicit E, cf. verba expilatoris 'Neues Archiv' XXIX, p. 441. l) inscriptio capitis minio scripta B1, a Ioh. in marg. superiore add. B2, numerum om. D. m) march. Braudenburgen. B2. n) ecl. — Rex autem (l. 22) Ioh. in marg. B1 scr., uncis inclusis deletis, om. B2. D. o) seq. rex (et ita B2 D) scriptum ante additamentum praecedens B1. p) inquit a Ioh. add. B2. q) nom. om. D. r) oblita D. s) in B2. t) q. sunt sub terra D. u) nubila D. v) diffidia D.

1) *De consolatione II, c. 2.* 2) *Incerti de ratione dicendi ad C. Herennium (Pseudo-Ciceronis) IV,* 19, 27. 3) *Hic locus apud Senecam reperiri non potuit.* 4) *Cf. supra p.* 16, *n.* 5—17, *n.* 5.

annorum tempora hoc testantur civitates a civitatibus, 1310
a populis populi bellis civilibus colliduntur, inter regnum et sacerdocium aversio diutina terras, regna et populos[a] ab imperio sacro scidit, quia non erat, qui se murum *cf Ezech* 22, 30.
interponeret, vel cuius timore, maxime in[b] Ytalia, premisse discordie sopirentur. Insuper suadelam summi pontificis cum nunciis plurimarum civitatum Lombardicarum, Tuscanarum et Ytalicarum ad resarciendam collisionem huiusmodi recepimus nos vocantem ⟨et[c] prospera nobis cum exhibicione benivolencie dulciter exoptantem⟩ et[d] ad coronam imperii specialiter invitantem. Vires nostri corporis exponemus, animum offeremus, dulce nomen patrie, amicos domumque propriam et pueros relinquemus. Unum est[1], quod impedit tantum bonum, sine quo nil[e] agere valemus, scilicet cooperacio et subsidium regnicolarum, quibus necesse erit nostrum brachium roborari ⟨consiliisque[c] et informacionibus sapientum in omnibus informari⟩'. Ad quod differenter universi conclamare ceperunt, sicut quondam regi David simile aliquid pro statu regni sui tractanti letanter populus applaudebat dicens[f]: '*Tui sumus, o David, et* *1 Par.* 12, 18
tecum erimus[g], *fili Ysay*[h]. *Confortare et esto robustus, te* *Ios* 1, 9
enim adiuvat dominus *Deus tuus*'. Taxatis atque[i] indictis per singulas civitates officialibus, ad[k] curam regni provinciales statuens et[l] advocatos, precipue *contra Eberhardum de Wirtenberch inpendia civitati Ezzlingensi sufficiencia designavit; que quidem civitas a predicto *f. 91'
Eberhardo perturbata[m] plurimum et contempta[n], statuto 1311
sibi capitaneo[o] comite Goczone[2], castra, civitates, possessiones eiusdem et predia pene omnia usque ad duo castra, que remanserant, dissipavit, ⟨et[c] si imperatori vita longior extitisset, in toto penitus periisset. Post eius transitum de hac infirmitate convaluit, regum[p] in reliquum semper potenciam formidavit⟩. Rex igitur civitates undique circumlustrans eas ordinavit et per sin⟨gula[c] monasteria se devote et humiliter religiosorum oracioni-

a) populo *D.* b) in *a Ioh. add. B* 1 c) *uncis inclusa a Ioh deleta B* 1, *habent B* 2. *D.* d) et *a Ioh add B* 1, *om B* 2. *D* e) nihil *D*, agere nil *B* 2 f) dicentes *D* g) er *deest Vulg.* h) ysai *B* 2 i) autem et *D* k) ad *a Ioh add B* 2 l) et *a Ioh. add B* 2 m) turbata *(et ita B* 2*) Ioh corr* perturbata *B* 1; conturbata *D.* n) contempto *D* o) campitaueo *B* 2 p) regnum *D.*

1) *Haec temere scripta ut supra p.* 17, deficit *pro* est *legendum. O. H.-E.* 2) *Immo Conrado de Weinsberg, cf supra p.* 17, *n.* 6—8.

1310. Cont. can. S. Rudb. bus commendavit⟩. Hoc[a] anno papa indixit terminum feriam secundam post *Letare* omnibus volentibus opponere contra Bonifacium iam defunctum, ad quem comparuit Gwilhelmus de Nugereto predictus[1] ex parte regis Francie, et obsistente omni ordine ecclesiastico confusus abscessit, fuit enim intencio regis Francie et suorum complicum effodere Bonifacium et tamquam hereticum comburendum[b]. Fridericus dux Austrie ⟨prioris[c] offense aculeum contorquens in Ottonem ducem Bawarie⟩ cum exercitu Bawariam ingressus castrum quod Ried dicitur obsedit, quod ab incolis per incendium est destructum, qui furtive abscesserunt ab eo, et procedens Scherdingam vallavit habens quinque milia pugnatorum, sed infirmatus, multis expensis in vacuum habitis, in Austriam est reversus. Fratres hoc tempore Rudolfus et Lůdewicus, Lůdewici ducis filii, patrimonium diviserunt; sed discordia oritur, quia Lůdewicus in palatinatu sibi ius usurpavit, quod sibi Rudolfus simpliciter denegavit. Hoc anno eciam[d] Voldemarus marchio[e] Brandenburgensis, mortuis fratruelibus[f] et patruis, divisum in multas partes totum solus illius tytuli optinuit principatum et glorians

cf. Esth. 13,2 in fortitudine et magnitudine potencie sue curiam celebrem et famosam indixit regibus, principibus prope longeque positis, habiturum se nupcias[2] cum filia patrui sui mandans[g], omnesque missis veredariis[3] ad huius sollempnitatis gaudium invitavit. Quam quidem tenuit

1309 in civitate maritima[h], que Rostok dicitur[4] et est sita in portu, ubi versus Daciam, Sweciam et Norwegiam atque ad partes alias navigatur, in quo eciam navigium[i] terrarum[k] et mercium diversarum de remotis regionibus[l] applicatur. Hac in curia fuit rex Dacie[5] cum duobus ducibus, fratribus suis, et[m] inmensa multitudine populi terre sue, duces, comites, liberi barones innumerabiles de Saxonia et marchiones[n] ⟨Sleswicensis[o], Stetinensis, Rugiensis, Magnipolensis⟩[6] et magnates tam de illis

*f. 92 *quam de exteris partibus, quorum numerus vix poterat

a) Hoc — anno eciam (*l.* 18) *a Ioh. in marg. add.* B1, *om.* B2 D. b) *lege* comburere. c) *uncis inclusa a Ioh. deleta* B1, *quae iam supra p.* 37, *l.* 23. 24 *leguntur*. d) Hoc anno B1. 2, *Ioh. corr.* Hoc anno eciam B1, Anno Domini MCCCX. Vold. — dominium (hoc *om.*) pervenit (*p.* 45, *l.* 15 *sq.*) A2. e) marchio *om.* D. f) fratribus fratruelibus B2 A2. g) mandans — invitavit *om.* A2. h) maricima D, maxima A2. i) navigia — applicantur A2. k) t. et merc. *a Ioh. add.* B2. l) reg. *pro deleto* partibus B1. m) et *a Ioh. add.* B2. n) marchia B2, marchio A2. o) *uncis inclusa a Ioh. deleta* B1, *exhibent* B2 A2.

1) *Supra I, p.* 370. 2) *Error. Iam antea Agnetem filiam Hermanni marchionis Brandenburgensis duxerat.* 3) *Cf. Esther* 8, 10. 12. 4) *Cf. G. Sello, 'Forsch. z. Brandenb. u. Preuss. Gesch.' I, p.* 167. 5) *Ericus.* 6) *Ioh. h. l. res paulo confusius narrat.*

estimari. Marchio manibus[a] regis Dacie miles cum 1309. magna decencia insignitur, mille septingenti tyrones in tyrocinio hoc nove[b] milicie cingulo per marchionem cum pompa maxima decorantur. Dominarum ibi de[c] diversis partibus formosarum sicut et militum extitit innumerabilis multitudo, quarum fuit inconparabilis pulchritudo. Tentoria per campos elevata, scarleto circumdata, cum operimentis, subselliis atque stratoriis velud[d] aurum micancia videbantur Putei pleni vino, cervisia et medone ad potandum, specus replete carnibus, piscibus et frumento, naves onuste speciebus aromaticis ad corporales explendas delicias habebantur. Que quidem gloria post hec *in favillam* breviter[e] *est redacta,* nam propter nup- *Ezech* 15, 4. cias illicitas et fastum glorie temporalis ipse marchio 1319 sine herede decessit, et ad imperium totum dominium *(Aug* 14) hoc pervenit. Cui[f] versus Ovidii[1] possumus intonare, qui dicit

Non viole semper[g], nec Cinthia lilia[h] florent,
Et riget amissa spina relicta rosa.

De[i] coronacione regis in Mediolano, de[k] duce Austrie Leupoldo et destructione Templariorum Capitulum V

1311 Anno Domini M⁰CCC⁰XI⁰ rex[1] in[m] Ytaliam[n] parat *cf Cont can S Rudb* 1310 iter. Habuit autem secum Leupoldum ducem Austrie inter alios magni nominis, fratres suos Treverorum[o] archiepiscopum Baldowinum et Walramum[p] comitem[q], Leodiensem episcopum, consanguineum et amicum[2], comitem Subaudie, qui sororem sue consortis regine habuit[r] in matrimonio[3] ⟨Hic[s] vicinus et familiaris Liguribus necessarius et utilis multum fuit ad negocia contractanda[t]. Quidam eciam curiositatis[u] causa, quidam consanguinitatis, quidam *novitatis propter rei inconsuetudinem, ut viderent, quid *f 92' fieret, sequebantur⟩. Et transiens per montem Iovis[4] *(Oct* 23)

a) min *a Ioh add B 2* b) novo *B 2. A 2* c) de *a Ioh. add B 2.* d) velut *B 2* e) brev *a Ioh add B 2* f) Cui — rosa *om A 2* g) semperve hyacinthina *Ov* h) lylia *B 2* i) *inscriptio capitis minio scripta B 1, a Ioh in marg scripta B 2, numero omisso* k) Lŭp duce Austrie *B 2.* l) *h l pars quarti capitis supra p* 41, *n* a *omissa breviata inserta A 2.* m) in *a Ioh add B 2* n) Ythal *B 2* o) Treverensem *D.* p) Alramo *corr Ioh.* Walramum *B 2.* q) fratres suos *a Ioh iterum add B 1.* r) habuit eciam *D.* s) *uncis inclusa a Ioh. delcta B 1, exhibent B 2 D A 2* t) tract *Ioh corr.* contract *B 1* u) cursitantis *Ioh corr* curiositatis *B 1*

1) *Ars am. II, v.* 115 *sq.* 2) *Cf supra p* 18, *n* 7. 3) *Cf ibid n.* 1 *sq* 4) *Cf ibid n* 2 *sq*

1311. pervenit Mediolanum, que est metropolis Ligurie*, ubi
(Dec 23) gloriose susceptus in ecclesia beati Ambrosii per Castonem[a] de Turri Mediolanensem archiepiscopum cum re-
(Ian 6) gina corona regni ferrea coronatur. Sed cito obnubilatur
Osee 4, 7. hec serenitas, quia *gloriam* eius *in ignominiam*, decus in obprobrium, honorem[b] ad nichilum vertere[1] cogitabant[c]; nam civitatis potentissimus Gwido[d] de Turri, sue auctoritatis potenciam in civitate considerans inminui et causas civium et omnium[e] adventancium per imperatorem iudicio et iusticia diffiniri, graviter indoluit et conspiracione facta contra regem et suos, dispositis siccariis[f]
(Febr 12). per domos et plateas, imperatorem et omnes secum existentes perimere machinatur. Imperator premunitus ad arma convolat, per platearum angustias ad civitatis planiciem, quam Paltzum[g] dicunt, properat et suis accurrentibus strennue dimicavit. Quidam fratres de domo Theutonica[h] et precipue pre[i] omnibus unus vir eiusdem ordinis agilis et cordatus, lateri principis adherens, multis cruentatis et prostratis[k] adversariis, imperatorem incolumem[l] conservabant. Dux autem Leupoldus extra muros aput[m] Sanctum Gervasium et Prothasium habens domicilium, inscius huius facti, audito strepitu et clamore celeriter armis accingitur et sicut turbo vehemens urbem
Ier 3, 3 ingreditur, contra quem iacula sicut *stille pluviarum* diriguntur, lapides gravissimi ponderis, scampna[n], sedilia
*f. 93 a domorum eminencia *dimittuntur, et antequam ad[o] imperatoris stacionem perveniret, inpedimenta difficilia
cf. Eccli. 50,7 sustinebat. Quo veniente sol novus refulsit, qui spiritum iam pene deficiencium illustravit. Nova bella iterum inchoantur, domus devastantur[p], hostium rabies et feritas conculcantur[q], manus[r] adversa rigescit, brachium tepescit, mucro quiescit, res sedatur, imperator victor gloriatur. Auctor huius sceleris Gwido[s] in monasterium Care-vallis fugiens latuit indeque a monachis in vase vinario est eductus et misere postea supervixit[2].

*) *B 2 add. ut A* Emilia olim dicta[3].

a) Castorem *Ioh corr.* Castonem *B 2* b) hon. ad nich *om. A 2* c) cogitabat *Ioh corr.* cogitabant *B 1.* d) Guidettus *A 2* e) omnium et *D.* f) sicariis *B 2* g) platzum *B 2*, palczura *A 2* h) theotonica *B 1* (*u a Ioh superscr.*), theotunica *A 2* i) de *D* k) de *add B 1 2 A 2, a Ioh delet B 1, om D* l) incolomem *B 2* m) apud *B 2* n) scissura *Ioh corr* scampna *B 2* o) ad *a Ioh add. B 2* p) devastatur *D* q) conculcatur *D* r) manus — quiescit *om A 2* s) Guidetus in monasterio Clarev. *A 2*

1) *Ad haec et sequentia cf. supra p.* 19, *n* 1—5 2) *Cf. supra p.* 20, *n* 2 3) *Cf supra p.* 18, *n* 8

1311 Ian 6

Imperatrix[a] ducem Leupoldum diligens pro virtute in die epiphanie[b] aureo cipho[c], pleno florenis aureis, honoravit sororisque sue comitis[d] Subaudie filiam Katherinam nomine coniungi in matrimonium procuravit. ⟨Dux[e] ibidem nobilem virum quendam illius provincie de Corregio[1] arma clyppeumque[f] ducatus Austrie per omnem similitudinem gerentem convenit, dicens eum a se et fratribus per hoc posse intrare maximum dedecus et iacturam Qui respondit ab antiquo se audisse patres suos a ducibus Austrie pro suis meritis his signis pro speciali gracia et amicicia honoratos. Dux contentus eum sibi in ampliorem amiciciam devincivit et consuetis atque innatis edigmatibus concessit perpetualiter secum uti⟩.

1311. Cont can & Rudb 1311 — 1312 — *f 13'

Hoc anno Clemens papa concilium in Vienna celebrat generale[2], quod[g] duravit a festo beati Remigii ad XLII septimanas, in quo edite sunt constituciones Clementine, et destructus est ordo Templariorum ad nutum regis Francie. ⟨Qui[h] eciam ibi peciit Bonifacium effodi de terra et tamquam hereticum concremari, sed dum totus ordo ecclesiasticus obsisteret, desiit ab incepto⟩. Articulos[i] autem, quos habuit contra eos[3], hii fuerunt· Primus[k], quod negaverunt eucharistie sacramentum. Secundus, quod non credunt[l] resurrectionem mortuorum. Tercius, quod infecti fuerint vicio sodomitico. Quartus, quod intrantes religionem eorum negare crucifixum et in faciem[m] eius spuere conpelluntur. Quintus, quod fecerant conposicionem cum Sarracenis contra Christianos et civitatem Accaron in manus eorum[n] subdole tradiderunt[4]. Et sic ordo ille preclarus et lucidus de firmamento ecclesie est sublatus, qui incepit sub Heinrico[o] IIII⁰ et Honorio secundo anno Domini M⁰CVIII⁰[5]. Bona eorum aliis Cruciferis sunt oblata, que quidam ex eis recipere recusabant Hic replicanda[p] sunt, que in veteribus libris repperiuntur scripta, ubi dicitur. *Num uno* Num 16, 22

a) Imperator *D.* b) epyph *B 2* c) cypho *B 2* d) *sic B 1. 2 D A 2, lege* comitisse *ut supra p.* 20 e) *uncis inclusa a Ioh deleta B 1, exhibent B 2 D, sequentia usque ad capitis finem om A 2* f) clypeumque *B 2* g) quod — septimanas *a Ioh in marg add B 1, om B 2 D* h) *uncis inclusa (B 1 2 D) a Ioh deleta B 1, cf. supra p 44, l 4—7.* i) *lege* Articuli *O H.-E.* k) pr fuit *B 2.* l) credebant *D* m) in fratrem et faciem *corr Ioh* in faciem *B 2.* n) eius subtile *D* o) Chunrado *D.* p) repplic *B 1.*

1) *Cf supra p* 20, *n.* 7 *sq* 2) *Cf supra p.* 1. *et* 22 3) *Scil Templarios.* 4) *Cf. supra p* 1, *n* 5—2, *n.* 7. 5) *Cf supra I, p* 78.

Gen 18, 23 *peccante contra cunctos*[a] *ira tua deseviet?** *Numquid perdes*
Iob 1, 18 *iustum cum impio?* Et si *in angelis suis* Deus *reperit*
ib 41, 16 *pravitatem,* ut Iob dicit, alii *territi purgabuntur.* Sic de
hoc sacro ordine, si tamen ita fuit, ut aliquid ibi quoad
personam unius extitit maculosum, non videtur propter
hoc universitas condempnanda[b], ⟨nam[c] de eius laudibus
Bernhardus[d] [1] *Vivunt,* inquit, *in commune plane iocunda*
et sobria conversacione, absque uxoribus, absque liberis, et
ne quid desit de[e] *evangelica perfectione, absque omni pro-*
prietate[f] *habitant.* Et addit. *Verbum insolens, opus inutile,*
risus inmoderatus, murmur vel tenue sive susurrium, ubi
*f 91 *deprehenditur, nequaquam inemendatum relinquitur.* **Scacos*
et aleas detestantur, abhorrent venacionem nec ludicra illa
avium rapina, ut solet[g] *fieri, delectantur. Mimos, magos,*
fabulatores scurrilesque cantilenas aut[h] *ludorum spectacula*
tamquam vanitates et insanias falsas respuunt et abhomi-
nantur. Hec omnia non errorem, sed disciplinam redolent monasticam et decorem⟩.

De[i] obsidione Brixie, de duce Iohanne et morte imperatricis. Capitulum VI[m].

1311. Anno[k] Domini M⁰CCC⁰XI⁰ supradicto dolum suum
Brixienses[l] tegere non valentes, obliti, quod imperatorem
per suum specialem nuncium invitarunt et quod ei
honorifice suscepcionis munera obtulerunt atque tamquam
legittimum principem et dominum susceperunt[2], super se
eum dixerunt nullatenus regnaturum, hoc eciam, quod
Mediolanensibus tale retunsionis[m] iugulum iniecerat,
metuebant. Imperator sciens, quod de scopulis moncium
presumerent et murorum fortitudini intenderent, instrumenta diversa preparat, populum[n] animat, necessaria
(Maio) victualium preordinat et civitatem fortissimo ambitu
undique[o] circumgirat, et dum protelaretur obsidio, plures

*) *B2 add.* et iterum.

a) omnes *Vulg.* b) contempnanda *(ita D) Ioh. corr.* condempnanda *B1.* c) *uncis inclusa a Ioh. deleta B1, exhibent B2 D.* d) bern. *B1*, bernhardus dicit *B2.* e) ex *Bernh.* f) proprio *Bernh. et supra p. 2.* g) assolet *(fieri om.) Bernh. et supra p. 2.* h) atque *Bernh.* i) *inscriptio capitis minio scripta B1, a Ioh. in marg. add. B2,* De — imp. morte c. VI. *D,* libri quarti *add. D2.* k) Eodem anno dolum — mansit *(p. 19, l. 18) A2.* l) Brix. *a Ioh. add. B2.* m) rūsionis ipabt *Ioh. corr.* retuns. iug. *B2.* n) pop. suum *B2 A2 ut A p. 21.* o) undique *om. D.*

1) *Bernhardi Claravallensis De laude novae militiae c. 4, cf. supra p. 2, ubi vide Bernhardi variam lectionem.* 2) *Cf. supra p. 20, n. 8 — 21, n. 1.*

1311. capiuntur, occiduntur, ac inhumane quidam quartatis corporibus per[a] eum, eciam in consequentibus, propter facinus perfidie ab invicem dirimuntur. *(Iun 20)* Imperatoris frater Walramus comes letali vulnere iaculo sauciatur, *(Iul. 18)* super cuius morte imperator et totus exercitus inestimabiliter contristatur. *(Iul. 29)* Imperator vero ait: 'Ne hostibus gaudium faciamus, mesticiam deponamus et ceptis fervencius insistamus'[1]. Novissime civitas angustata, resistere non valens, imperiali gracie se *(Sept 18).* *subiecit, **f. 94'.* et pene omnes resticulis iniectis[b] collis, flexis genibus veniunt, res et[c] corpora proni in terram prostrati imperatori[d] offerunt[e] cum urbe, qui memor mortis fraterne universos dignos suspendio protestatur, quod funibus circa colla positis conprobavit. Vicit tamen animi motum pietas, et pepercit, et cum per portas sibi patefactas ingredi nollet, iussit murum deponi et facta strata publica introivit, iuramenta civium recipiens de fide imperio conservanda, ibique per aliquod tempus mansit[f].

1311-1313 ⟨Hoc[g] anno totam Ribauriam Ardaniamque tanta pressit fames, que duravit per triennium, ut plures commigrarent in exteras regiones, et divites deficerent venditis patrimoniis plurimi et pre famis angustia morerentur[2]⟩.

1313 Imperator hoc tempore Tervisinos, qui sunt camera imperii, cupiens cohercere per Heinricum comitem Goricie[3], virum strennuum et nobilem, hoc statuit experiri. Qui coacto in unum Theutonicorum exercitu iuxta fluvium Monteganum, ubi quasi securi fixerant tentoria et ocio operam dabant, non longe ab eis in campestribus se locavit, fossaque[h] alta fuerat inter eos. Inchoato autem admodum lento duello inter paucos, mox vallum *(Iul 17)* deicitur, et totus exercitus congreditur, et adeo anceps bellum committitur, ita ut multa milia hominum a Theutonicis sternerentur, et fuga plurimi laberentur. Fossa igitur sanguine repleta hodie Sanguinolenta-fossa a pluribus appellatur. Heinricus[i] vero comes non longe post civitate provincia ac imperatoris gracia specialiter[k]

a) per membra abi nv. dir *B 2 A 2*, eum — perfidie *om* b) iniectis *a Ioh add B 2* c) et *om D* d) *seq* se *delet B 1* e) *seq* se *B 2 A 2*, *cf supra rec. A, p* 49, *l* 27 f) fuit *D* g) *uncis inclusa a Ioh deleta B 1, exhibent B 2 D A 2* h) fossa altaque *B 2* i) Hainr *B 2* k) spec — meritis *om B 2*

1) *Cf supra p.* 21, *n.* 5. 2) *Alios fontes, in quibus similia referuntur, collegit Curschmann, 'Hungersnote im MA' p* 207 *sq ad a* 1311—13 3) *Cf supra p* 22, *n* 4 *sq*

1313. pro meritis est potitus, quam eciam provinciam[a] post *f. 95 obitum[b] imperatoris tenuit *forti manu.

Misit eciam imperator ad Heinricum ducem Karinthie volens secum de amicicia tractare, eo quod a regno amotus quasi indebite fuerit[c] Bohemorum. Qui milites suos vestivit splendide, ut quo posset gloriosius appareret, sed, nescio cuius vel[d] quorum aversus persuasione[e], timuit vel distulit illo ire[1], et sic eius adventum imperator amplius non expectans de loco se movit et per Tuschiam 1312 (Mart.) venit[f] Pisas.

Ubi dum consisteret[g], ecce vagus et[h] profugus dux (Mart.-Apr.). Iohannes[2], Alberti regis interfector, in habitu religiosorum Augustinensium prostratus veniam postulavit, dicens se a papa directum, qui magis hoc facinus iudicandum iuxta leges civiles quam secundum sanctiones[i] ecclesiasticas diffinivit[k]. Imperator anxius, quid ageret, non modicum turbabatur, petenti veniam denegare impium arbitrans, inultum tantum facinus dimittere minus iustum et temerarium videbatur. Inter molicionem tamen pietatis et equitatis medium adinvenit, ut reus non occideretur, nichilominus artissime puniretur. In turri eum[l] concludi mandavit et[m] usque in diem mortis sue arcius conservari, ut saltem sic peniteret et Dei indulgenciam 1311 (Oct. 21). obtineret. ⟨Veniensque[n] Ianuam[3] imperator per singulas civitates magnifice undique est susceptus et communicato consilio singularum urbium, qualiter Romam attingeret et ibi coronam summam[o] imperii susciperet, cum diligencia scrutabatur, sciens se sine prelio vix vel nullatenus transiturum.

*f. 95'. Infirmata est autem⟩ *graviter[p] imperatrix et pre- (Dec. 13.) valente morbo moritur et in eadem urbe cum[q] imperatoris et tocius curie fletu et gemitu inestimabili sepelitur[4]. Hec[r] tante devocionis et sanctitatis fuit, ut in Mediolano

a) prov. *om.* B2. b) eius obitum ten. B2. c) fuerat D. d) quorumve (*ita* B2 D) *corr. Ioh.* vel quorum B1. e) persuasu (*ita* B2) *Ioh. corr.* persuasione B1, *et ita* D. f) Eodem anno imperator venit Pisas — conversum (*p.* 51, *l.* 9) A2. g) persist. D. h) et *om.* D. i) sanctiones B2. k) diffin. B1. l) eum *om.* D. m) et *a Ioh. add.* B2. n) *uncis inclusa a Ioh. deleta* B1, *exhibent* B2 D A2. o) summi D, *om.* A2. p) graviter *abscisum* B1, ibi graviter A2. q) *pro* cum imp. — inestimabili *habet* apud fratres Minores A2, *quae aliunde deprompsit*. r) Hec — effugavit (*p.* 51, *l.* 7) *om.* A2.

1) *Mühling, 'Doppelwahl von 1314' p. 20 recte de hac Iohannis re dubitat.* 2) *Cf. supra p. 23, n. 1.* 3) *Ioh. h. l. res contrariat quam in rec. A (supra p. 22), ubi recte Heinricum VII et inde Pisas adiisse tradidit.* 4) *Apud fratres Minores.*

existens paupercularum mulierum in cena Domini pedes 1311 Apr 8
lavans[a] et vestimenta distribuens, dyabolus per os unius
eius humilitati[b] insultaret, quam dum imperatrix ad
maxillam armata fide demoni illudens manu percuteret,
immundum mox ab ea spiritum[c], sicut ab ore bone memorie
domini Heinrici episcopi Tridentinensis, imperialis
aule cancellarii, audivimus[1], effugavit. Et sic imperatoris
cythara in luctum per mortem consortis tam dilecte, et *Iob 30, 31*
organum eius *in vocem flencium est conversum*[d]. ⟨Qui[e] consolacionem amicorum non admittens, *dolore* nimio *tactus* *Gen 6, 6*
intrinsecus[f], dicere versus Ovidii[2] videbatur

Cum ando fieri quedam maiora videmus
Vulnera, que melius non tetigisse fuit.
Vulneris[3] *hoc*[g] *genus est, quod, cum sanabile non sit,*
Non contrectari tucius esse puto⟩.

De[h] coronacione et prelio imperatoris in Urbe[i] et desponsacione Katherine filie Alberti[k] regis. Capitulum VII[m].

Anno Domini M°CCC°XII° imperator fultus multo- 1312
rum magnatum presidio, qualiter imperyalis[l] dyadematis
culmen, pro quo venerat, susciperet, cogitavit, nunciis,
quos super hoc ad curiam summi direxerat pontificis,
iam reversis[4] Accesserunt eciam ad eum familiares
hortantes[m] ut thoro intenderet coniugali, quia nullatenus expediret[n] principem vivere desolatum, eo quod
liberos procreare[o] et eos in decus sui germinis educare
populum regni consuevit in spem et gaudium elevare,
dum[p] natos suos[q] sibi preesse senserit et* amicos para-

*) *Pro* et amicos — fulcimentum *B 2*

Scilicet uxorem cum dote fidemque et amicos,

ut dicit Oracius[5], paraverit in eius adiutorium roborare.

a) lavans et *om* *D* b) humilitati *D.* c) spir *a Ioh add B 2* d) Versa *Vulg* e) *uncis inclusa a Ioh deleta B 1, exhibent B 2 D* f) intrinseco *D.* g) id *Ov* h) *inscriptio capitis minio scripta B 1, a Ioh. in marg scripta B 2* i) urbe Romana *D* k) regis Alb *B 2*, regis *om D* l) imperialis *B 2 D A 2* m) hor *in marg abscisum B 1* n) pedire *in marg abscisum B 1* o) *post* pro *usque ad* cottidie *(p 53, l 19) unum folium abscisum B 1, f 118' manus saec XV* abhinc usque ad tale signum supra deficit *adnotavit B 2* p) dum — fulcimentum *om A 2* q) suos *om D*

1) *Qui etiam abbatibus de Sedletz et Aula-regia ord Cisterciensis d. Dec 28 de morte reginae scripsit, Chron Aulae-regiae I, c* 114, *p* 345 *Ibidem c* 123, *p.* 356—363, *de quinque miraculis, quae circa sepulcrum Margaretae facta esse dicebantur, refertur* 2) *Ex Ponto III, 7, v* 25 *sq* 3) *Ibid II, 2, 59 sq* 4) *Cf Constit IV*, 1, *p* 601—616, *nr* 641—645, *p* 618 *sq*, *nr* 649 5) *Epist I, 6, v* 36.

1312 verit ad regni et rei publice fulcimentum Ad quod vir pudicus, qui thorum suum nunquam maculavit[1] et sicut Thobias alter[2] preter uxorem suam aliam nunquam
Matth 26, 38 cognovit, respondebat: '*Tristis est anima mea usque ad*
Gen 18, 12 *mortem*, et *dare operam voluptati* amaritudo animi contra-
Ruth 1, 20 dicit, *quia valde amaritudine omnipotens me replevit*. Verumtamen quod bonum et iustum visum[a] fuerit et quod Domino placuerit pro regni utilitatibus divina disponat pietas, cuius in omnibus me subicio voluntati'. Habito ergo tractatu ab universis consulitur, ut Alberti regis filia, elegantis forme iuvencula speciosa, bonis moribus ornata, ex regum sanguine propagata, paranymphis honorabilibus peteretur, quia per fratrum ducum Austrie et Stirie potenciam regnum in Alemannia fidelius tueretur[b], et filius eius in regno Bohemico tucius servaretur. Quod dum annueret, Heinricus Gurcensis episcopus[3] vadens et rediens desponsacionis anulo imperatori virginem subarravit[c], super quo totus populus Ythalicus et Alemannicus exultavit.

(Mai 7) Imperator Romam veniens[d], Ursini[e] cum Iohanne[4] fratre regis Rûperti contra eum prelium instaurarunt, Iohanne[5] Seira de Columpna cum pluribus aliis sibi favente et constantissime adherente. Fuit autem im-
Ian 6 periali corona coronatus in die epyphanie in ecclesia
(Iun 29) sancti Petri ad Vincula[6], accepit autem coronam per Nycolaum episcopum Ostiensem, qui per Clementem papam missus fuerat[f] una cum Arnoldo episcopo Sabinensi et domino Flisco[g] [7] dyacono cardinali.

Hoc anno moritur Chûnradus archiepiscopus Salczburgensis, in quo beata virgo mire pietatis iudicia demonstravit; nam natus fuit in die annunciacionis beate virginis, sacerdos eodem die[h] et presul[i] eodem die re-
Mart 25 volucione temporum ordinatus ipsoque die transiit ex hoc mundo[8]. Hic[k] habenas ecclesie sue sicut bonus

a) visum fuerit *om* *D* b) tueretur *om.* *D* c) subarravit *super* desponsavit *scr* *A 2* d) postquam R venit *D* e) Ursini — corona *(l. 24)* *om* *A 2* f) fuit *D* g) Slvcheo *D* h) die et *om* *D* i) presulque *D* k) Hic — defensavit *(p 53, l. 2)* *om* *A 2*

1) *Cf supra p.* 26, *n* 5 *et Hebr* 13, 4. thorus immaculatus 2) *Tob* 4, 13 praeter uxorem tuam numquam patiaris crimen scire 3) *Cf et Boehmer, Reg Imp, Heinrich VII' nr* 474. 4) *Duce Calabriae* 5) *Iacobo, cf supra I, p.* 370, *n* 4 *Princeps Columnensium tunc Stephanus erat* 6) *Errores patent, Iun* 29 *in basilica s Iohannis Lateranensi, die epiphaniae Mediolani corona ferrea coronatus est* 7) *Luca de Flisco, cf supra p* 24, *n* 6 8) *Cf Cont canon S Rudb, SS IX, p* 821

nauclerus provide gubernavit et mirificis actibus defen- 1312. savit. Cui successit vir sagax Wikardus[a], qui prius (Aug. 27). ecclesie rexerat decanatum, qui statim ad curiam properavit[1].

Post coronacionem imperatoris predicti cardinales iuramentum fidelitatis ecclesie fieri petiverunt; qui (Iul 6) respondit se nulli de iure debere facere sacramentum nisi de regni et imperii iusticiis conservandis, et hoc quidem exactum esse in temporibus retroactis. Quantum super hoc[b] papa indignatus fuerit, et quantum sibi displicuerit, et qualiter inprobaverit, quedam[c] *de iure iurando* indicat Clementina decretalis[2]. Privilegia[d] nichilominus a priscis regibus et imperatoribus[e] per manum Heinrici Tridentinensis episcopi Romane ecclesie confirmavit[3].

Hiis itaque se versantibus Ursini cum Iohanne[4] Ruperti regis fratre de die in diem contra imperatorem, cui successus ad omnia prosperi favebant, totis viribus agere conabantur. Quod principem non latebat, et dum materia belli inter eos cottidie[f] *ageretur, in ponte *f. 96 Iun 29. Tyberis in die apostolorum Petri et Pauli[5] grave pre- (Mai 26) lium est commissum, adversariis in castro[6] positis inicantibus prelium, mittentibus iacula densissima atque saxa, deinde ad gladios est deventum, prostrati sunt plurimi utriusque partis ⟨in[g] hoc⟩ bello[h]. Cecidit ibi episcopus Leodiensis[7], vir strennuus et peraudax Presul Treverensis Baldewinus, frater imperatoris, egregie dimicavit. Habita tamen imperator cruenta victoria Romam reliquid[i] et in Tuschiam iter flectit, ut quieti aliquan- (Aug 20) tulum indulgeret meliusque atque securius de negociis imperialibus provideret et in adversarios dolum, quem conceperant, vindicta debita retorqueret.

Dum igitur civitates sibi favorabiles circuiret, Wikardus[k] presul[l] Salczburgensis a curia rediens[8] venit (Dec. 20)

a) Wyk *D* b) hoc *om D.* c) et quedam *D* d) Privil — confirmavit *om. B 2, Boehmer suspicatus haec verba in de perdito folio B 1 manu Iohannis addita fuisse, sed et alibi in B 2 quaedam omissa sunt* e) concessa *vel simile verbum deest.* f) cott ag *om D, abhinc pergit B 1* g) *uncis inclusa a Ioh. deleta B 1, exhibet B 2, om D* h) bello *om. D* i) reliquit *B 2* k) Wickard. *B 2,* Wykard *D.* l) presul *om. D*

1) *Cf supra p* 23, *n.* 2. 2) *Cf supra p* 24, *n.* 7. 3) *Privilegiorum confirmatio non* per manum Heinrici Tr. episc *data est, sed protestationi supra p* 24, *n.* 7 *laudatae Heinricus episc. primus testium interfuit* 4) *Cf supra p.* 52, *n* 4 5) *Error, cf supra p* 24, *n* 1 *Die Petri et Pauli (Iun 29) Heinricus VII coronatus est.* 6) *S Angeli.* 7) *Theobaldus, cf supra p* 18 24 45, *n* 2 8) *Cf supra p.* 25, *n* 3 *sq*

1312 ad imperatorem suisque regalibus susceptis[a], commendacione sibi facta de filio suo rege[b] Bohemie, ad suam
1313 kathedram est reversus. Adversarie autem partes contra
cf. Ps. 37, 13. imperatorem dolos mortis continue meditantur et in suis cordibus dissecantur, stridentes dentibus[1] mordebantur et* in[c] pectoribus torquebantur, eo quod sua desideria non ad eorum libitum[d] explebantur**, nam sepius toxico adimere sibi vitam toto conamine nitebantur, cuius[2] tamen merita et[e] precipue divina gracia ipsum misericorditer tuebantur. *Nam*, ut dicit Oracius[3],

neque corda[f] sonum reddit, quem vult manus et mens,
Poscentique gravem persepe remittit acutum,
Nec semper feriet[g], quodcumque minabitur, arcus.

De[h] transitu imperatoris. Capitulum VIII[m].

1312 *f. 96'. Anno Domini M°CCC°XIII° imperator onus *sue[i] molestie, quod tam[k] in Urbe[l] pertulit et nunc cottidie a[m] civitatibus imminebat, in regem Rûpertum retorquens crimen sibi lese inposuit maiestatis, et quia iniuste possessionis tytulo Apuliam et terras alias possidere contra imperium videbatur, peremptorie est citatus, et
1313 dum conparere contempneret, hostis imperii iudicatur[4]. Extat super hoc in[n] Clementinis et[o] *de sentencia*[p] *et re iudicata*[5] lacius disputatum. Et dum Florentinis infestus
1312 (Sept.-Nov.) esset, contra eos quoque exercitum validum conglobasset
1313 (Febr.). et nichil proficeret, Rupertum[q] regem disposuit invadere[6]. Totus[r] exercitus in eiusdem ardens[s] devastacionem imperatori[t] versus Lucani[7] dicere videbatur.

*) *Sequuntur deleta B2*: quia divina providencia obstitit.
**) *Sequuntur deleta B2*: iuxta Orac[ium][u].

a) receptis *D*. b) rege Boh. *a Ioh. add. B2*. c) *seq.* suis *B1. 2, a Ioh. delet. B1, om. D*. d) debitum *D*. e) et *a Ioh. add. B2*. f) chorda *B2*, sonum r. sonum *D*. g) fieret *corr. Ioh.* feriet *B1*. h) *inscriptio capitis minio scripta B1, a Ioh. in marg. scripta B2*. i) *in marg. folii 96' Ioh. litteras ad abbatem Fullinae directas scripsit, ed. Fournier l. c. p. 127*. k) iam *D, om. A2*. l) corde *Ioh. corr.* urbe *B2*. m) in *D*. n) de *D*. o) et *om. D*. p) suba *Ioh. corr.* sn̄a *B1*. q) ropert *h. l. B2*, Robert *A2*. r) totusque *B2*, Totus — contundenda *(p. 55, l. 6) om. A2*. s) arderet *B2*. t) imperator *B2. D*. u) orac *B2*.

1) *Act.* 7, 51: dissecabantur cordibus suis et stridebant dentibus in eum. *O. H.-E.* 2) *Heinrici*. 3) *Epist. II, 3, v.* 348—350. 4) *Cf. supra p.* 24, *n.* 8—10 *et p.* 25, *n.* 1. 5) *Clementin. II*, 11, 2. 6) *Cf. tabulas imperatoris a.* 1313 *Febr.* 12 *datas, Constit. IV*, 2, *p.* 925 *sq., nr.* 913 *(supra p.* 25, *n.* 1*)*. 7) *Pharsalia I, v.* 361—364.

Quod tam lenta tuas tenuit paciencia vires,
Conquerimur[a]. *Deeratne tibi fiducia nostri?*
Dum movet hec calidus spirancia corpora sanguis,
Et dum pila valent fortes torquere lacerti,

'bellandum est', ⟨inquiunt[b]⟩, 'et illius regis[c] temeritas, 1313
qua contra imperium invehitur, contundenda'. Fertur,
quod Rûpertus[d] audita imperatoris intencione naves iam
paratas habuerit, ut eius impetum declinaret. Et dum
hiis sedulo princeps intenderet, tempore mensis Augusti *Aug.* (15)
venit in territorium[e] Senense ad vicum qui Boni-conventus[1] dicitur, ubi dum devocioni insisteret et divinis
officiis intenderet[f] et vacaret et per[g] confessionem ad
suscipiendam sacram communionem se religiose disponeret,
infra sacre misse officium flexis genibus corpus[h] Domini
sumpsit, et dum potum calicis suscepisset[i], mox vis
quedam tremule infirmitatis pectus eius concussit et
quasi adamantina congerie viscera contrahit. Et dum
medici venenum eum hausisse iudicarent[k] et ele*vacione *f. 97.
corporis pellere niterentur, dummodo pedes sursum et[l]
caput deorsum propter celerem exitum permitteret ordinari, respuit dicens se gloriosius non posse nec velle
mori, quam dum auctorem vite sibi presentem recogno- *cf. Act.* 3, 15
sceret et haberet. Sicque in oracione manuum elevacione
in manus Domini spiritum commendavit[2]. De cuius *(Aug. 24).*
morte fuit varia relacio; quidam dicunt religiosum[3], qui
eum communicaverat, adamantis lapidis triti pulverem
poculo calicis clam et leniter inmisisse, cuius virtutis
est eciam ferrum attrahere, et ob hoc viscera tam celeriter constricta fuisse[m], et hoc a Florentinis procuratum
extitisse[n], fertur eciam, quod senciens letaliter interius
se concussum[o] ipsi ministro, ut repentine aufugeret,
persuasisse[p] [4]. Qui illesus veniens Florenciam cum
maximis laudibus est exceptus, eo quod patriam, ut[q]

a) Conq. *a Ioh. add. B1*, conqueruntur *B2*. b) inq. *a Ioh. delet B1, exhibet B2, om. D*. c) rei *D*. d) ropert. *h. l. B2*, Robert *A2*. e) territoritorium *B2*. f) int. et *om. B2. A2*. g) post *D*. h) Dom. corpus *B2. A2*. i) percep. *B2. A2*. k) iudicabant *D*. l) et *om. D*. m) fuissent *D*. n) fuisse *D. A2*. o) percussum *D*. p) persuaserit *legendum*. q) ut ai. *a Ioh. add. B1, exhibet D, om. B2. A2*.

1) *Cf. supra p.* 25, *n.* 5 *sq.* 2) *Ps.* 30, 6. *et Luc.* 23, 46: in manus tuas commendo spiritum meum. *O. H.-E.* 3) *Fratrem Bernardinum de Saena Iulia vel de Monte-Politiano ord. Praedicatorum. Cf. de re supra p.* 26, *n.* 1 *annotata.* 4) *Idem Ioh. Vitoduranus p.* 59. 61 *tradit.*

1313 aiebant, ab imperatoris tyrannide liberasset*[1]. Que
qualiter se habeant, fateor me nescire; tam enim nefarium scelus per religiosum tam famosum, eciam imperatori tam karissimum[a], fieri difficile vel nullatenus est credendum. Audivi autem ego a ⟨viro** et patre reverentissimo Berthrando[b] patriarcha Aquilegensi, qui auditor fuit causarum sacri palacii summi pontificis annis aliquibus[2]⟩, quod nimii doloris acerbitas sic eum pervaserit[c], ut mortis evadere periculum non valeret, eo quod vindictam in adversarios habere non potuit[d]. Unde corpore aperto et eviscerato cor eius scissum in duas partes est inventum, ut[e] quidam eum habuisse duo
*f. 97' corda ex hac experiencia *testarentur[f].

Regnavit[g] duobus annis, imperavit tribus, sed non
(Sept 2) ad plenum[3]. Corpus eius Pisis[h] defertur et ibi honori-
1315 fice in pendulo et precioso conditorio ⟨sive[i] receptaculo⟩ collocatur[4] Hic[k] vir pius et devotus fuit, divinis officiis frequenter intentus, animo audax, agilis corpore, Deum timuit, ecclesias et monasteria dilexit, Babenbergensem[l] ecclesiam maximis oppressam debitis relevavit[5]. Qui[m] quadam vice, dum quidam barbarius deposicioni barbe sue insisteret, manum eius sensit tremule se vertentem, ut novacula[n] pene e manibus laberetur, apprehensaque manu eius 'Cessa', ait, 'bonum nichil profert hec trepidacio manus tue'. Qui statim fassus pecunia se corruptum, ut extingueret innocentem 'Quid', inquid[o], 'commerui?' In cuius arbitrio si fuisset, dissimulasset[p] et impium vivere permisisset, si non tanta presencia hominum astitisset et rei experienciam non cepisset.

*) *Sequuntur deleta B2* multis autem temporibus idem ordo, scilicet Predicatorum, in diversis mundi partibus est habitus in defectu.

**) *Pro deletis* viro — aliquibus, *quae B2 habet, Ioh in marg scripsit B1, et ita D* quampluribus fide dignis

a) karum *D* b) perchthr *B2* c) pervasit *D* d) potuisset *B2*, poterat *A2* e) ita ut *B2 A2* f) *in marg folii 97' Ioh commentationem iudicii de discordiis inter monachos in Volkermarkt scripsit, ed Fournier p 126* g) Regn — plenum *om A2* h) Pysis *D* i) *uncis inclusa a Ioh deleta B1, exhibet B2, om. D A2* k) Hic — cepisset *(l 29) om A2* l) Babenb — relevavit *om B2.* m) qui cum *D* n) rasorium *B2.* o) inquit *B2.* p) et dissim *D*

1) *Cf Ioh. Villani IX, c. 53 et Barthold l c II, p* 416. 2) *Cf supra p.* 26, *n* 2 3) *Cf. ibid n* 3. 4) *A* 1315 *Aug.* 25, *cf ibid n.* 4 5) *Cf. tabulas Heinrici VII datas a* 1310 *Iul.* 30, *Boehmer l c nr.* 274, *et Sept.* 12, *ibi nr* 313.

Sponsa eius Katherina habens in comitatu suo 1313 Iohannem[a] regem Bohemie, imperatoris filium, cum maximo et electissimo apparatu, ut intraret Ythaliam[b], ad litus Reni in civitatem que Tiezzenhoven[c] dicitur pervenit[1], ubi audito lugubri nuncio pene in meroris pelagus[d] submersa fuisset pre nimia cordis anxietate, nisi familiarium eius consolacio subvenisset, ipsaque in illis partibus remansit ad tempus, furtivis et secretis lacrimis sui sponsi obitum crebrius dicitur deflevisse et[e] cum matre regina Elizabeth exequias eius maximo et pio studio* peregisse. Filius in Bohemiam est reversus, ⟨cito[f] patris morte in oblivionem tradita se huius mundi vanitatibus multipliciter implicavit⟩. Treverorum archiepiscopus ab Ytalia[g] non sine gravibus laboribus et difficultatibus *cum pluribus ad sedem suam redit cum[h] *f. 98 lamento, omnia pene gesta fratris in palacio suo egregie et artificialiter valde depinxit[i] [2] Reliquorum quidam permanebant[3], imperatorem alium, cui iam parata via fuerat, expectantes, bella contra hostes sub signo capitis Chunradini[k], innocenter olim in illis partibus interempti, gerentes sepius triumphant Ytalia[g] autem et civitates universe partis imperialis et Alemannia tota in decore suo et vigore multum cepit languescere perdito suo membro principali, quo omnia alia sunt vegetata et in sua valitudine conservata, ut dicit Quintus Serenus metrificator mirificus de corpore naturali[4]·

Qui stomachum regem tocius corporis esse
Contendunt, vera niti racione videntur,
Huius enim validus firmat tenor omnia membra.
At[l] contra eiusdem franguntur cuncta dolore.
Quin eciam[m], nisi cura iuvet[n], viciare cerebrum
Fertur et internos illinc avertere sensus.

*) *Sequuntur B 1 2, sed a Ioh deleta B 1:* cum notis et necessariis; *a Ioh supra lineam addita, sed deleta B 1·* matre eius regina agente flebiliter.

a) Ioh *om. A 2* b) *sic h l B 1 2* c) Tizzenh *B 2*, Tyssenh *D*, Tiessenhofen *A 2* d) pelago *D A 2* e) exequias eciam eius *B 1 2, Ioh* eciam *deleto scr* et — Eliz *B 1, et ita D,* et cum — peregisse *om A 2.* f) *uncis inclusa a Ioh deleta B 1, exhibent B 2 D A 2* g) Ythalia *B 2* h) cum — depinxit *om A 2, a Ioh. in marg. add B 2* i) pinxit *Ioh add B 2* k) Chůnr *B 2* l) ac *B 2 D* m) operam *Ioh corr* eciam *B 2* n) vivet *Ioh corr* iuuet *B 2*

1) *Cf supra p.* 26, *n* 7 *sq* 2) *Cf Barthold l. c II, p* 456, *n.* 169. *et Codicem Balduineum ed Irmer. Balduinus iam d. Martii* 19 *profectus d Maii* 15 *Treviros redut* 3) *Cf supra p* 27, *n* 1 4) *Cf ibid n.* 3.

De[a] prelio Ludewici[b] ducis Bawarie cum Australibus et filia regis Arrogonie, sponsa Friderici. Capitulum IX.

1313 Anno Domini supradicto, scilicet M°CCC°XIII°, morte[c] imperatoris iam undique divulgata, Fridericus dux Austrie potentes et nobiles terrarum suarum, scilicet comites de Heunenburch[d], de Phannberch[e], duos comites (Oct.). de Hals[f], Ulricum de Walse cum eximio comitatu et cum nobilibus inferioris Bawarie ad superiores partes dirigit, ut terras suas et fratrum suorum inviserent, ne novo[g], ut solet fieri, disturbio quaterentur, et, si fieret, per predictos viros[h] spectabiles tutarentur[1]. Misit et pecuniam, *f. 98' ut dicitur, copiosam[2], *ut per donativa ⟨magnifica[i]⟩ amicos et milites conquirerent et allicerent et principaliores ad electionis favorem, prout conpetere[k] cernerent, permoverent[l].

(Nov. 9). Venientes autem* in locum qui Gamelsdorf[m] dicitur, haut longe a civitate Landeshůt[n] vocata, Ludewicus dux Bawarie armatus occurrit et eorum transitum inpedivit, fuit enim antiqui[o] fomitis rancorosi[p] in eius pectore adhuc aliqualis scintilla, quod Bawari et Australes raro per puram amiciciam poterant convenire, egre quoque tulit, quod inferioris Bawarie nobiles, quibus[q] serenum animum non[r] gerebat[s], in hac fuerant comitiva et quod eo inconsulto ingredi presumpserant terram suam. Dum autem ex utraque parte verba dissensionis magis quam pacis consererentur, ordinatis et distinctis alis suis alacriter commiscentur. Dux autem audax, animo bellum siciens, superior adversarius[t] est effectus; qui licet fortissime cf. Eccli. 47, 22. dimicarent, quidam tamen[u] glorie sue maculam ingerentes,

*) *B2 A2 add cum A:* in Bawariam

a) *inscriptio capitis minio scripta B1, a Ioh in marg add B2, numerum om D* b) Lůd *B2* c) Imperatoris morte iam — quiescebat *(p 60, l 30) A2* d) Hůnenburch *B2* Henneuberg *D*, Henneberg *A2*. e) Phannenberch *B2*, Pfannenberg *D*, Phanneberg *A2* f) Halz *B2*, Hallis *A2* g) ovo *in marg abscisum B1* h) ros *abscisum B1* i) magn *a Ioh. delet B1, exhibent B2 D A2* k) cern conp. *a Ioh transposita B1, et ita B2 D A2* l) promov *Ioh corr* permov *B1.* m) Gamersuelt *a Ioh corr* Gamelsdorf *B1*, Gämersuelt *B2*, Gamersfeld *D A2* n) Landeshůt *B2*, Lanczhueta (vocata *om*) *A2* o) ex antiquo *D.* p) rancoroso *radendo corr B2* q) quibus — gerebat *om A2* r) non *om D* s) gerebant *D* t) adversarius *D* u) cum *D*

1) *Cf. supra p 27, n 4. et p 28, n 1.* 2) *Error, cum Fridericus dux Austriae tunc temporis coronam aperte nondum petierit*

[1313.] vim prelii formidantes[a], a prelio declinabant, alii cominus[b] egregie hostibus obviabant. Ulricus[c] comes de Phannberch[d] miles efficitur, et pro eo quod res bene gesserat, viri prepotentis soror[1] Ulrici[c] de Walse promittitur in uxorem. Verumtamen universaliter omnes victos se cognoscentes[2] more militari faciunt duci de reditu sponsionem, si forte inter ipsum et Fridericum placita conformia ad amiciciam interim[e] condicantur[f, 3].

Audito hoc casu Fridericus satis doluit et prudenter, quomodo captivos eximeret, multa *consilii providencia [*f 99. 1314 (Apr 17).] estimavit, et condicta die Fridericus et Ludewicus conveniunt in Salczpurga, ubi dum cubarent simul in uno lecto, de regno est sermo habitus inter eos, ita quod Fridericus Ludewico, ut super hoc intenderet, persuaderet, Ludewicus eciam propter suarum facultatum maciem[g] se non posse intendere responderet, ipse autem dives et[h] potens omnia ad hec[i] spectancia affluencius adimpleret, se quoque ad ipsum rebus et persona in eius conplacenciam sedulum exhiberet. Inter hec et huiusmodi colloquia captivi liberi dimittuntur, ita ut in reliquum contra Ludewicum non attemptent[k], nulli hominum contra eum adiutorium ministrando, quod pactis firmissimis est conclusum[4], et facta amicicia delectabiliter[l] ab invicem discesserunt

His[m] temporibus pauper quidam Theutonice nacionis Heinricus nomine[n] apud Tervisium[o] victum labore continuo querens asperrimam vitam duxit. Qui dum ab hac luce subduceretur, locus, in quo cubare solitus erat, in crate septa[p] duris virgulis, lapidibus subpositis, repperitur et corpus flagellacionibus laceratum. Sepulchrum eius maximis miraculis radians de diversis partibus infinitum populum ad se[q] traxit

Hoc[r] anno Fridericus cepit fundare monasterium [1313.] ordinis Karthusiensis, quod Mowibach[s], alio nomine

a) formidabant *(ita B 2 A 2) Ioh corr* formidantes *B 1, et ita D* b) comminus *B 2* c) Ülr. *B 2* d) Phanrenberch *B 2*, Pfannenberg *D;* Phannberg *A 2* e) iterum *D* f) *sequitur signum atramento Iohannis scriptum, quo notam marginalem indicare consuevit, sed margo abscisa est* g) in aciem *D* h) et *om B 2* i) hoc *D* k) acceptent *(ita B 2) a Ioh corr* attemptent *B 1, et ita D, cf. et p* 37, *n* o l) del ab inv. *om A 2* m) His — traxit *(l 32) a Ioh add in marg B 1, exhibet D, om B 2 A 2.* n) nom *om D* o) Tervisinum *D* p) intra transepta *D.* q) se *abscisum B 1.* r) Hoc — procuravit *(p 60, l 5) om B 2 A 2* s) Mawrb. *D.*

1) *Cf supra p* 28, *n* 3 2) *Quos captos esse Ioh hoc loco non dixit O. H-E* 3) *Cf. ibid n.* 2. *et* 4. 4) *Cf. pacta ibid n* 4—6 *allata Nota etiam h l. de captivis remissis rectius quam in rec A (l. c l* 9—12*) tractatum esse, cum supra l* 6—8 *idem error repetatur*

1313 Vallis-Omnium-Sanctorum, dicitur, prope Winnam, quod
1316 ditavit regaliter et dotavit[1]. Religiosum virum Gotfridum, priorem[a] eiusdem ordinis monasterii[b], quod Seicz[c], alio nomine Vallis-Sancti-Iohannis vocatur, transferri ad sue fundacionis regimen procuravit.

(Sept.) Interea Fridericus dux, quia conthoralem non habuit, abbatem Sancti Lamberti[d] cum nobili viro Růdolfo[e] de Liechtenstain[f], Heinrico[g] de Walse, clericis et laicis[h] personis honorabilibus[2] in Arrogoniam, ⟨Dietrico[i] de Wůssowe, postea episcopo Laventino[3], eximio doctore decretorum, usque ad curiam comitante⟩,
f. 90'. pro filia regis[4], que[k] dicta est *Elizabeth[l], destinavit. Que fuit[m] iuvencula speciosa et bonis moribus decorata, utputa[n] clari sanguinis, quem fama pulchritudinis et virtutis traxerat in amorem eius, quam econtra visio cuiusdam sompnii, ut dicitur, informavit, quod regis filium, ducem[o] scilicet Austrie, esset in coniugio sortitura, et venientibus nunciis tam sollempnibus pro contractu ituram cum eis hilariter[p] se promisit. Quam pater expedicione multum sollempni preparavit[q], adiungens pro conductore virum reverendum archiepiscopum de Gerunda[r, 5]. Summus[s] pontifex transeunti[t] Karpentratum[6] optulit ⟨sibi[u]⟩ caballum, cui insideret, pulcherrimum et firmatam benedictione apostolica iter aggressum perficere prospere ⟨atque[v] feliciter⟩ exoptabat; et proficiscens ad Reni partes, ad sui sponsi dominium atque amicorum, precipue sororum Friderici[w], solacium familiareque contubernium veniebat. Ibidem ad[x] tempus modicum persistebat paululumque cum comitiva sua post labores tanti itineris quiescebat, ut[y] dicit Ovidius[7]:

Da requiem! Requietus ager bene fenora[z] reddit,
Terraque celestes arida sorbet aquas.

a) priorem *a Ioh. add.* B1. b) mon. *a Ioh. add.* B1. c) Sevcz D. d) Lamperti B2. D. e) Růd. *om.* B2. A2. f) Licht. B2. Liecht. D. g) H. de W. *om.* A2. h) layeis B2. i) *uncis inclusa a Ioh. deleta* B1, *om.* B2. D. A2. k) que d. est *om.* A2. l) Elyz. B2. m) fuit tunc D. n) utputa — sortitura (*l. 17 sq.*) *om.* A2. o) scil. ducem D. p) hyl. B2. q) preparat D. r) Gerundia *radendo corr. Ioh.* Gerunda B1. s) Summus — exoptabat (*l. 25*) *om.* A2. t) in transitu per (B2) *a Ioh. corr.* transeunti B1, *et ita* D. u) sibi B1. 2, *a Ioh. delet.* B1, *om.* D. v) atque fel. B1. 2, *a Ioh. delet.* B1, *om.* D. w) Frid. *a Ioh. add.* B1, *exhibet* D, *om.* B2. A2. x) ad — persistebat *om.* A2. y) ut — aquas *om.* A2. z) fenoda *Ioh. corr.* fenora B2.

1) *Cf. infra p. 90, n. 4.* 2) *Cf. supra p. 27, n. 7.* 3) *De Wolfsau a. 1317—32. Cf. r. Zeissberg, 'Wiener SB.', Phil.-hist. Cl.' CXL, p. 53.* 4) *Iacobi II.* 5) *Cf. supra p. 27, n. 10 sq.* 6) *Cf. ibid. n. 12.* 7) *Ars am. II, v. 351 sq.*

De[a] preparacione principum ad electionem et aliis diversis. Capitulum X.

1314. Anno Domini M⁰CCC⁰XIIII⁰ Fridericus habita firmataque amicicia cum duce Bawarie[b] Ludewico provide et sagaciter ad regnum estuans[c] Rûdolfum[d] palatinum, (Apr.) Ludewici fratrem, efficit sue partis[1]. Misit et ad Heinricum episcopum Coloniensem, cum quo similiter convenit[e], ita ut Heinricus dux, frater eius, Rûperti (Mai 9) *f. 100 *comitis de Wernenburch filiam[2], fratris episcopi, duceret in uxorem. Quo pactato[f] presul virtutem electionis promisit et ad locum cum quingentis in Friderici adiutorium se devovit[g]; et sic iuvenis cum iuvencula in illis partibus nupcias sollempniter celebravit ibique per aliquod tempus mansit.

Interea filia regis Arrogonie cum Katherina sponsa quondam imperatoris[h] mense Ianuarii tendentes Austriam Ian. Karinthiam[i] apprehendunt[k], ubi eis Fridericus leto animo occurrebat, salutans vidensque sponsam, cooperculo currus detecto, manu apprehensa cum ⟨verecundia[l] et⟩ modestia breviter affabatur, deinde sororem alterius mariti solacio consolabatur, in eiusque salva recepcione plurimum letabatur, quam postea Rûperti regis filio, duci Kalabrie[3], sociavit et honorifice in eandem provinciam destinavit.

Deinde Fridericus Karolum regem Ungarie advocat, (Iul.) Heinricum ducem Karinthie, fratres suos duces Leupoldum, Albertum, Heinricum, Ottonem[m], pluresque comites, nobiles et barones, Wikardum[n] archiepiscopum[o] Salczpurgensem[4], presente eciam sorore sua domina Agnete, quondam regina Ungarie, et matre domina Elizabeth[5], Romanorum regina, maximis solaciis vacabat et cum predictis omnibus *mysterium consilii sui* tractabat, Iudith 2, ut consulerent et assisterent consilio et auxilio ad acquirendum thronum regie celsitudinis, hortabatur. Qui

a) *inscriptio capitis minio scripta B 1, a Ioh in inferiore marg add B 2, numerum om D* b) Lud Baw *D* c) estimās *Ioh corr* estuans *B 2* d) *h l explicit B 2* e) *ultima linea folii 99'* convenit — Rûperti *ex parte abscisa B 1* f) pacto *D A 2* g) devenit *D* h) imp Henrici *A 2* i) Katherinam *(A 2) Ioh corr* Karinthiam *B 1.* k) apprehendit *D* l) ver et *a Ioh deleta B 1, om D, exhibet A 2* m) et Ott *D.* n) Wykard *D,* Wichard. *A 2.* o) episc *D.*

1) *Cf supra p* 29, *n* 1 2) *Elisabeth, cf supra p* 28, *n.* 7 *sq* 3) *Carolo, a* 1316. *Cf et Matthiam Neuenburg c.* 41. 4) *Cf. supra p.* 29, *n.* 14 5) *Cf. p* 30, *n* 1

1314. omnes eius desiderio congaudentes meditantem tam
grandia et sublimia commendabant, adesse sibi et cooperari[a] totis viribus promittebant. Hiis acceptis promissis,
magnis sumptibus largisque[b] stipendiis se disponit[c],
*f. 100' *sciens eciam marchionem Brandenburgensem et ducem
Saxonie se non deserere[1], confidencius armabatur.

Interea Petrus Moguntinus, Baldewinus[d] Treverensis presules cum Iohanne rege Bohemie consilium
inierunt suspectamque[e] Friderici potenciam habentes
(Aug.) Ludewicum ducem Bawarie excitant et[f] acuunt[2]; cur
ipse, eque et nobilitate et dignitate duci Austrie nullatenus impar, ad regni tytulum et gloriam non anhelet,
cum ei prestare ad omnia patrocinium sint parati, rebus
atque corporibus fidelem inpendere famulatum? Quod
audiens Ludewicus, nullum sibi germaniorem estimans
quam se ipsum, ad curiam electionis viribus, quibus
poterat, se componit, maxime propter principes premissos,
qui se sibi in auxilium ad omnem casum huius negocii
constrinxerunt.

1319 Hoc anno[g] eciam Paduani oppressi a Veronensibus[3]
a Friderico duce auxilium petunt, qui consilio habito
misit Ulricum virum fidelem de Walse, capitaneum Styrie,
adiunctis sibi pluribus viris strennuis, scilicet Ulrico
comite de Phannberch[h] et Ulrico filio suo, nomine ducis
1320 (Ian. 5) civitatis Paduane ac tocius districtus suscepit presidatum[4]
et ordinata post paululum civitate, custodibus et militi-
bus dispositis, predictum eis Ulricum comitem et Ulricum
suum filium prefecit, committens de omnibus agere diligenter, ad ducis negocia est reversus. Et ecce Veronenses cum magna potencia Paduam obsident, comitem
et Ulricum iuniorem de Walse cum suis artant et con-
cludunt, novum castellum in civitatis vicinia construunt,
ut eam eo celerius conprehendant. Ulricus, audiens
comitem, sororis sue maritum[5], filiumque Ulricum sic
*f. 101 angustatos, collecta *multitudine properat in civitatis

a) *cf. supra p.* 17, *l.* 13. b) largiusque *Ioh. corr.* largisque *B 1*. c) disposuit *D*. d) Balwin *D*, Waldewin *A 2*. e) suspectam *D*. f) et ac *om. D*. g) eciam anno *D*. h) Pfannberg *D*.

1) *Cf. supra p.* 29, *n.* 2 *sq.* 2) *Cf. supra p.* 30, *n.* 2 *sq.* 3) *Quorum princeps Canis-grandis I. de Scala erat. Patet Ioh. haec perperam rebus a.* 1314 *gestis inseruisse, cum de secunda Patavii obsidione cogitaret; cf. et Doblinger l. c. p.* 351 *sq., qui hunc locum praeterit.* 4) *Scil. Ulricus de Walse maior. Cf. Spangenberg, 'Cangrande I' vol. I, p.* 187, *n.* 1. 5) *Cf. supra p.* 59.

suffragium, impetu quodam irruens novum castellum 1320
dissipat et Veronenses cum suis omnibus vel capit vel (Aug. 28)
fugat et Paduam sic conservat.

Hoc anno summus pontifex Clemens moritur, qui 1314 (Apr 20)
sedit annos[a] VIII, menses[b] X, dies[c] XV[d], et hoc anno
rex Francie Philippus Pulcher* dictus transiit[e], qui in (Nov 29)
venacione apro percussus interiit[1]. Hic reliquit[f] tres
filios, Ludewicum, Philippum, Karolum, qui omnes post
eum regnaverunt et sine heredibus decesserunt[2]. Regnavit
post eos Philippus[3] filius Karoli de Vallas, fratris
Philippi Pulchri, ut papa Bonifacius prophetavit[4], cum
propior heres non haberetur, licet postea surrexerit de
hoc maxima controversia inter regem Anglie et Francorum,
sicut inferius est descriptum Hoc anno moritur
Otobonus[g] patriarcha[5], vir cordatus, et vacavit sedes us- 1315. (Ian 13)
que in annum IIII[m] Hoc tempore civitas Lucana
capta fuit a Pisanis[h], qui de parte imperii fuerunt, et 1314 (Iun)
expulsis civibus, adversariis imperii, civitatem potencialiter
possederunt Frater autem Rûperti regis Sycilie,
princeps[6] Tharenti[i], veniens in subsidium Lucanorum 1315 (Aug 29)
contra Pisanos[h] ponitur in conflictum[k] [7], in quo frater
eius Petrus[8] atque filius eius Karolus occiduntur, prevalente
populo Pisanorum. In Alemannia eciam concussiones
multe fuerant, et qui capere poterat, capiebat[9],
quia principum iam divulgata ad electionem dissensio
unitatem nobilium atque civium ab invicem dividebat,
sicut olim in Veteri gestum legitur Testamento *Vidi* 3 Reg 22,17
cunctum Israel dispersum in montibus sicut[l] *oves absque*[m]

*) *Ioh adscripsit B* 1, *om D* Grassus — *Cont can. S Rudb* 1314

a) annis *D* b) mensibus *D* c) diebus *D* d) *seq* moritur *a Ioh. deletum B* 1 *om D* e) transiit *a Ioh add B* 1, *et ita D* f) reliquid *Ioh corr* reliquit *B* 1 g) Ottob *(ita D) radendo Ioh corr* Otob *B* 1. h) Pys *D* i) Tar *Ioh. corr*. Thar *B* 1, *et ita D* k) conflictus *D* 1 2, *corr* conflictum *D* 1 l) quasi *Vulg* m) non habentes pastorem *Vulg*

1) *Est fabula, quam multi scriptores tradiderunt, cf. Albert. de Bezanis, SS rer. Germ p* 72, *n.* 2 *O H-E* 2) *Cf supra p* 30, *n* 5 *sq* 3) *VI a* 1328—1350 4) *Cf supra I, p.* 336 371 5) *Obiit a.* 1315 *Ian* 13, *Castonus de Turri archiepisc Mediolanensis successit a* 1317 *Ian* 10, *sed sedit* 19 *menses solummodo. Tunc a* 1319 *Paganus de Turri successit* 6) *Philippus* 7) *De pugna apud Montem-Catini commissa dicit* 8) *Dictus Tempesta, comes Graimae* 9) *Longe alio sensu dicitur Math* 19, 12· Qui potest capere, capiat. *O H-E*

pastore, ita ut versus Prosperi[1] hiis temporibus valeant
*f. 101' adaptari, *qui dicit:

Pulsant externus diversis motibus[a] *hostes,*
Intus civile est et sociale malum.

a) montibus *D*.

1) *Epigr.* 96 (93), *v.* 5 sq.

LIBER[a] QUINTUS. *(REC. A).* f. 31.

De dissensu principum, electione Friderici ducis Austrie et Ludewici ducis Bawarie et coronacione [utriusque[b]]. Capitulum primum.

Anno autem Domini M⁰CCC⁰XIIII⁰, tam Friderico 1314
cum suis quam Ludewico cum suis ad locum electionis quo poterat gloriosius apparente, civitas Ludewico patuit, ex eaque[c] mercatum victualium sufficienter habuit. Fridericus extra muros cum suis in una parte Mogi fluminis castra habuit[1], et ea que per Reni alveum de superioribus mittebantur sibi manus hostilis diripuit, et sic suum populum aliqualiter fames pressit[2]. Et cum concordare non possent electorum vota, intra urbem (Oct. 20)
Ludewico, extra urbem votivis plausibus regnum et honor[d] regni acclamatur Friderico[3], et[e] eclyp[ticata][f] (Oct. 19).
amicicia ab [invicem[f]] discesserunt. Fridericus namque Mogum cum Meynardo comite[4] et quibusdam familiaribus transvadans[g] in civitatem que Bunna dicitur, iuris et territorii presulis Coloniensis, transmisit[5] ad Aquenses, si sibi ad sedem Karoli portis suis apertis introitum condonarent. Quibus[h] respondentibus se preventos et iam devinctos aliis pactis et aliter informatos utriusque iuxta

a) *inscriptiones libri et capitis in marg.* b) utr. *abscisum e rec. B. D. supplevimus.* c) ea que c. d) *sic B. D.,* honoris c. e) et — discesserunt *in marg.* f) *uncis inclusa in marg. abscisa e B. D. supplevimus.* g) *sic B. D.,* transvatans c. h) *sic et B. D., aut* qui responderunt *legendum aut in fine sententiae* nichil profecit *vel huiusmodi aliquid supplendum.*

1) *Apud Sachsenhausen oppidum.* 2) *Cf. Mathiam Neuenburg.* c. 39 *et Chron. Aulae-regiae I,* c. 125, *p.* 368. 3) *Ludovici IV. electores Petrus Moguntinus et Balduinus Trevirensis archiepiscopi, Iohannes rex Bohemiae, Waldemarus marchio Brandenburgensis, Iohannes dux Saxoniae, Friderici Heinricus archiepisc. Coloniensis, Rudolfus dux Saxoniae, Rudolfus palatinus, Heinricus dux Carinthiae, qui et rex Bohemiae, extiterunt.* 4) *De Ortenburg, cf. supra p.* 105, *l.* 32. 5) *Non Fridericus rex, sed Heinricus archiepisc. Coloniensis.*

1314 suas sanciones vellent[a] prius potenciam experiri et, cui
sic dignius deberent parere, benivolos existere et paratos.
Lůdewicus autem circumsedentes dominos, comites et
nobiles ipsam urbem ambientes habens Aquisgrani potencialiter introivit ibique cum consorte sua, filia ducis
(Nov. 25) Polonie[1], coronatus feoda concessit, et veniens Coloniam[2]
1315. (Mart.) transiensque alias civitates[3] Spiram[4] pervenit, omnia
que ad novi regis spectant officium sollempniter peragere
non obmisit. Civitatem Noricorum, Augustam[5], Bawariam, Franconiam et Suevie partem et Ribaurie cum
aliis pluribus angulis regni sibi faventes habuit et regalis nominis titulo se munivit. Fridericus* autem in
ecclesia beati Cassii martiris in civitate prefata[6] Bun-
1314 (Nov. 25) nensi ab Heinrico episcopo[7] coronatur et rex rite electus,
potens, sapiens, ad regendum regnum habilis proclamatur.
Hic Austriam, Styriam, Karinthiam, Sueviam et in
superioribus Reni partibus habuit fautores fortissimos
et fidissimos adiutores seque similiter regis titulo titulavit. Uterque curias in civitatibus sibi faventibus cele-
3 Reg. 16, 21 bravit, et sicut dicitur in libro Regum, *divisus est populus in duas partes: Media pars sequebatur Thebni et
media pars Amri*, post mortem scilicet regis Zambri.
Non mirandum, si a sua compage regnum solidum resolutum est in causa istorum duorum, nam nobilitate,
dignitate, generositate equales videbantur, sed diviciis
Regino 888 et potestate alter[8] alteri preminebat. Hos et multos[9]
Alemannia genuit, qui ad regni gubernacula sufficerent, nisi
eos fortuna emulacione virtutis in perniciem mutuam armavisset.

1313 Oct. 28 *) *Postea Ioh. in marg. adscripsit.* Anno Domini M[CCC]XIII°[b] obiit regina El[yza]beth in [die] Sym[onis] et Iude[10].

a) *sic et B. D.; velle legendum.* b) *uncis inclusa in marg. abscisa supplevimus.*

1) *Beatrice filia Heinrici ducis Glogoviae.* 2) *Ante d. Dec. 1.* 3) *Bacharach, Moguntiam, Oppenheim.* 4) *Iam in Ianuario paucis diebus ibi stetit, sed Ioh. hoc loco absque dubio de secundo eius adventu cogitat.* 5) *Eius civibus d. 20. Ian. privilegium concessit.* Boehmer, 'Reg. Imp. (1839), Ludwig der Baier' nr. 66. *Cf. Cont. Martini Oppav.*, 'Deutsche Chron.' II, p. 350, l. 22 sq. 6) *P. 65, l. 19.* 7) *Coloniensi archiepisc.* 8) *Fridericum dicit, cf. rec. A. l. IV, c. 12, supra p. 28.* 9) *Ad sequentia cf. supra I, p. 34. 37. 46 sq. 109.* 10) *Cf. supra p. 30, n. 1 et infra p. 70. Diem et Cont. Zwetl. III, SS. IX, p. 665, et Cont. canon. S. Rudberti, ibid. p. 821, n. *, exhibent, utraque recte a. 1313. — Cf. Seemüller,* 'Mitteil. d. Instit. f. Österr. Geschichtsf.' XIV, p. 121; *Liebenau,* 'Kloster Königsfelden' p. 60, n. 1.

Nam mortuo Karolo tercio huius nominis quedam pars Ythalici *Reg*
populi Berengarium ducem Fori-Iulii, alia Widonem filium ducis
Spolitani sublimavit regia dignitate Ex quorum sicut ex horum
dissensionum controversia tanta strages ex utraque parte facta est
tantusque humanus sanguis fusus, ut iuxta dominicam vocem regnum *Matth 12, 25*
in se ipsum divisum desolacionis pene incurrerit miseriam ut episcopis, abbatibus, prelatis, ducibus, marchionibus, comitibus divisis ab invicem, hii istius hii partem alterius confoverent. Sed nec abusivum omnino, licet[a] vel congruum, si locorum diversitas factum diversificaverit,
et tum ad idem tenderit[b], cum post mortem Heinrici 1197
in Apulia, ut in chronicis imperatorum[1] legimus Philippus
frater eius in Moguncia rex ordinatur, Otto dux Saxonie 1198.
in Colonia et Aquisgrani sollempniter consecratur. Arnulfo eciam imperatore sublato proceres et optimates regni in *Reg. 899 900*
Forchaim convenerunt, quod est oppidum Orientalis Francie non magne estimacionis ibique Ludewicum Arnulfi filium regem super se creant et coronatum regiisque ornamentis indutum in fastigio regni locant Sed de hoc sufficiant satis [dicta[c]], ne credatur numquam tale aliquid huic simile in priscis regum temporibus contigisse.

De exordio concertacionis eorum, de legacione Friderici ad papam, Rudolfo palatino et bello Lupoldi cum Swicensibus. Capitulum secundum. **f 31'*

Anno eodem, scilicet M°CCC°XV°[d], Fridericus cele- 1315 *M(ai 11)*
bratis nupciis cum filia[2] regis Arrogonie[3], eaque in civitate Basiliensium cum magno tripudio coronata, sorore
sua eciam Katherina in Apuliam destinata cum[e] sol- 1316 *(Iun)*
lempnibus nunciis[4], Karolo duci Kalabrie [d]e massa illa, [quam] sedes Sicilie infecit[f], Roperti regis filio, Kalabrie ⟨domino[g]⟩, coniugata, exercitum parat in adiutorium

*) *In marg superiore altera inscriptio* De altercacione eorum ad invicem et obsidione civitatis Ezlingensis

a) licet vel congr *ineptius in marg add* b) *vox ut res supplenda* c) *abscisas 5 litteras ex B D supplevimus.* d) M°CCC°XIIII°, *ad quem annum praecedens eodem spectat, corr.* M°CCC°XV° *c* e) cum — infecit *in marg, uncis inclusis abscisis* f) *sic c* g) domino *a Ioh. deletum, fort* duci *legendum, vide l 30*

1) *Ioh Ottacari Chronica imperatorum deperdita dicere videtur, cf. supra I, p XIX* 2) *Elisabeth* 3) *Iacobi II, cf supra p* 60 61 4) *Hugone comite de Buchegg, Math Neuenburg c* 41

1317. regis Hungarie[1] contra Matheum virum nobilem de
Threntscha, qui motu temerario contra regem pluribus
(Oct.) offensionibus se locavit[a]. Castrum igitur eius quoddam
Comaria[2] dictum obsidet et artatum pugnatorum constancia, licet alveo Danubii cingeretur[3], optinuit et regiis manibus consignavit, quod gratum rex reputans Friderico[b] vicem equi servicii repromittit et[c] eius beneplacitis per amplius se devincit.

1315. Lupoldus autem Friderici frater in oppido quod Selczen[4] dicitur super fluenta Reni posito presidia collocavit[5] et quantum valuit Ludewici fautores circumquaque positos, tam nobiles quam civiles, per se et per alios
1322 (Mai 25) conturbavit. Mittit eciam Fridericus ad Iohannem papam Chunradum abbatem Salemensem, virum religiosum, postea episcopum Gurcensem[6], electionis sue approbacionem atque confirmacionem postulans[7]. Qui persuasibilibus alloquiis ingressu habito summum presulem sic affatur. 'Pater sancte, filius vester Fridericus dux Austrie, fidelis et devotus ecclesie alumpnus, sua cum obediencia vos salutat petens, eo quod electus sit divinitus in Romanorum regem, electionem suam approbari et approbatam de vestre sanctitatis gracia confirmari, ad omnia vestra et tocius ecclesie placita se submittens'. Replicavit eciam, quod avus suus rex Rudolfus Gregorii decimi familiaritatem et graciam habuit singularem, et pater eius Albertus Bonifacii precipuum habere favorem
Rom. 11, 16. meruit et amorem, addens, quod, *si radix sancta, et rami; et si massa sancta, et delibacio*[8], [in]tendens[d] filium devocione, quam ad [sanct]am gerebat ecclesiam, [patrum] vestigiis inherentem. Ad quod papa 'Non sic', inquit, 'auctoritas huius argumenti concludit in omnibus, quia

a) locevit *pro* levavit *deleto* e b) Fr *in marg* c) et — devincit *in marg* d) [in]tendens — inherentem *in marg*, *ex parte abscisa*.

1) *Caroli I Roberti.* 2) *Komorn Ioh. expeditionem regis Ungaricam perperam hoc loco inseruit, ut series temporum in capite incomposita est, cf et infra p* 107, *n.* 3 3) *Danubio et Waag confluentibus* 4) *Selz in praefectura Weissenburgensi Alsatiae inferioris* 5) *Ibi cum Friderico a* 1314 *Dec et* 1315 *Ian intrante fuit* 6) *A* 1337 *Oct* 1 *consecratum* 7) *Haec ad a* 1322 *spectantia, de quibus Reg Friderici nr* 200 *conferendum est, hoc loco perperam omnino inserta sunt Cf Muller, 'Der Kampf Ludwigs d B mit d. rom. Curie' I, p* 55, *et Zeissberg, 'SB d. Wiener Akad d Wiss., Phil-hist Cl' CXL, p.* 77. 8) Quod si delibatio sancta est, et massa; et si radix sancta, et rami *Vulg*

a Salomone Roboam degeneravit[1], ille sapiencie summo 1322. apice comprehenso[2] filium, sicut dicit scriptura sacra, *stulticiam dereliquit.* Habitis[a] colloquiis sic diversis, in *Eccli* 47, 27 vacuum laborans quoad[b] hoc factum, ad propria remeavit. Sed et Lůdewicus non segnior idem per suos missos ad sedem apostolicam postulavit. Qui et sine effectu ad dominum suum revertuntur[3]. Papa vero neutrum eorum regem audito processu electionis reputavit, sed ducem hunc Austrie, alterum ducem Bawarie, dilectos filios, appellavit.

Lůdewicus vero fratri suo, Rudolfo palatino, infestus[4] 1315 *(Sept.-Oct.)*. castra, municiones, homines omnibus viribus occupavit et sibi que sui iuris fuerant usurpavit, fraterne caritatis asserens violatorem, huius scissure auctorem et tocius regni per consequens turbatorem, contra ius et fas Friderici contra fratrem proprium adiutorem, et crimine sibi lese maiestatis imposito castra sua per ordinem expugnavit[5]. Qui dum a Friderico cuius donativa perceperat, avelli non posset, fratri usque ad mortem persecucionem intulit[6] et diversis molestiis lacessivit[c]. Statuit[d] autem ipse tam pro se quam cum consorte sua[7], que 1317. Adolfi filia regis fuit, statum huius miserie Friderici ac fratrum suorum auribus ingerendum perquirendo, quid sibi in his angustiis sit agendum. Quibus compassionis affectus et omnis exhibita est humanitas, sed de fratris manibus eum eripere dimiserunt non valentes pro tunc[8]. Mortuo tamen Rudolfo[9] et uxore[10] filii[11] in Lůdewici graciam sunt recepti qui usque hodie sibi fideliter adherentes nutibus suis parent.

a) Habitis — diversis *in marg.* b) quoad hoc factum *in marg* c) *adde* eum. d) Statuit — quam *in marg*

1) *Cf. Eccli* 47, 27 *sq* 2) *Cf* 3 *Reg* 4, 29—31; *Eccli.* 47, 16 3) *De Ludovici IV ad Iohannem XXII. legationibus cf Müller, 'Der Kampf Ludwigs d B mit der rom Curie' I, p* 42—46 *Primam suam legationem sine effectu redisse Ludovicus ipse in epistola a.* 1338 *Mart* 28. *civitati Argentorati data dixit.* 4) *Postquam a* 1315. *Apr* 17 *concordiam fecerunt* 5) *Cf. Chron de gestis principum p* 53 6) *Ludovicus scilicet* 7) *Mechtilde, cf supra I, p.* 314 *et* 350 8) *Immo Rudolfus, postquam se fratri a.* 1317. *Febr* 17 *subiecit, eodem anno cum uxore ad duces Austriae se contulit, postea Heidelbergae degit Ubi mortuus sit, non constat.* 9) *A* 1319 *Aug* 13 10) *A* 1323 *Iun* 19. *obiit, iam a* 1322. *inimicitiae in palatinatu pactis terminatae sunt* 11) *Adolfus, Rudolfus, Rupertus*

1321? Fridericus, sine potencia virium Lůdewicum videns
nullatenus contundendum, regem Ungarie alloquitur,
vicarium obsequium deprecatur. Qui sine stipendio
milites conducere asserens se non posse, terram dotalicii
sororis sue[1] Agnetis, quondam regine Ungarie, relicte
regis Andree, scilicet Schůttam et Bosonium[2], repetebat.
(Nov. 21)? Cui dum Fridericus in his annueret, sorori pro recompensa reditus alios deputavit[3] regique complacere studuit in necessitatis angaria constitutus.

1315 Lůpoldus eciam Swiciensum gentem liberam, [n]ul-
lius[a] domini iugo [pre]ssam[4], armis inexercitatam, in
moncium receptacul[is][b] positam, ad serviendum sibi et
fratribus artare volens eorum[c] locum cum maxima multitudine introivit. Et dum in ipsorum districtibus cum
(Nov. 15) suorum militum et nobilium clauderetur exercitu[d], lapidum ictibus ab eis quasi ab ybicibus[5] in montibus scan-
dentibus clare milicie populus interiit copiosus[6]. Nichil
nisi laboris et doloris aculeos in amissione suorum hominum reportavit, quattuor nobiles de Tokkenburch ibi
cum pluribus pereunt, dux ipse vix evasit.

1313 (Oct. 28) Moritur in urbe Wînna Elizabeth regina, Alberti
regis relicta, que iam processerat in diebus suis[7], ocu-
1315 lorum lumine obcaliginata, et transfertur ad Campum-
regis, ibi prima stirpis illius tumulum eternaliter dedicavit[8].

*f. 32 (Oct. 6). *Moritur hoc tempore Wîkardus presul Salzbur-
(Oct. 24) gensis, et eligitur Fridericus prepositus[9], qui rediens a
curia[10] cum veloci expedicione Friderici maxima pars

a) [n]ullius — inexerc. *in marg., ex parte abscisa.* b) receptacul[is] *inter lineas add.* c) eorum locum *in marg.* d) exerc. *in marg.*

1) *Fridericus.* 2) *Cf. supra I, p. 312 et 348.* 3) *Cf. Kopp IV, 2, p. 376, haec, quae a. 1315 adscribi solent, ad a. 1321 pertinere putantem.* 4) *Error, cum terrae Uri, Schwyz, Unterwalden magna ex parte iuris Habsburgensium fuerint, quamquam Fridericus II, Adolfus, Heinricus VII Schwyz, Heinricus et Unterwalden imperio immediate subdiderint, cf. Huber, 'Die Waldstätten bis zur ersten Begründung ihrer Eidgenossenschaft'* (1861). 5) *Cf. 1 Reg. 24, 3:* super abruptissimas petras, quae solis ibicibus perviae sunt. 6) *Apud Morgarten. Cf. Ioh. Vitoduran. p. 70 sqq., Mathiam Neuenburg c. 39, Chron. Aulaeregiae I, c. 125, p. 370, Heinricum Surdum p. 314, a. 1318.* 7) *Cf. Luc.* 1, 18: uxor mea processit in diebus suis, 2, 36: haec processerat in diebus multis. *O. H.-E.* 8) *Cf. supra p. 66, n. 10.* 9) *Cf. Cont. canon. S. Rudb., SS. IX, p. 821, l. 46. 47:* d. Fridericus de Leybentz, prepositus et archidiaconus ecclesie Salzburgensis. 10) *A. 1316. Oct. 8. a Iohanne XXII confirmatus est, ibid. p. 822.*

efficitur[1] Homo devotus fuit et prosperis successibus ec[clesiam][a] guber[navit].

De[b] [obsidione] civitatis Ez[lin]gensis, [expedicionibus] Spirensi, Argent[inensi], Můldorfen[si]. Capitulum [III[m]].

Anno Domini M°CCC°XVI° Fridericus coacto in 1316
unum valido exercitu Australium, Styriensium, Karinthianorum transitum faciens per montana, Suevorum et de partibus dominii eorum[2] citra Renum maxima in eius properante adiutorium multitudine, famosam civitatem (Aug.)
Ezlingensium circumcingit, estimans ex omni latere Lůdewici partes ea habita facilius cohercere, et celeri quidem accessu in loco qui Cantus-avium dicitur in civitatis suburbio castra locat et diversa instrumenta, ut fluvium Nekkarum civitatis usibus famulantem a suo alveo dividat, instruit et laborat In quo opere dum diu sine fructu (Aug.-Sept.)
et detrimento multorum atque periculo insisteret, et hii quidem instanter et fortiter laborarent, et illi laborantes machinamentis subtilibus repellerent et aciter impedirent Fridericus versus aquilonem in monte quodam castra precipit collocari et cives crebris incursionibus atque rerum direpcionibus fatigari[3]. Lůdewicus, tale membrum sue partis cernens concuti, dolenter, quod solvere obsidionem non potuit, se gerebat

Contigit autem interea Bohemos contra suum regem 1315
habere non modicas simultates, regina[4] assistente terre baronibus, eo quod rex in partibus exteris[5] huius seculi voluptatibus intentus profusius et prodigialius quam deceret expenderet bona regni Ad regis autem firma- 1316 (Mai.)
mentum Baldewinus Treverorum presul[6] venerat et

a) uncis inclusa abscisa b) inscriptio capitis in marg, Spir — Můldorf postea alio atramento additis, uncis inclusis abscisis

1) De eius foedere cum Friderico a 1318 Dec 5 inito cf ibid l 16—21 et Reg Friderici nr 126 2) Ducum Austriae 3) De obsidione Esslingen oppidi et proelio Friderici cum Ludovico cf. P F Stalin, 'Gesch. Wurttembergs' I, p 480 sq., Schrohe, 'Der Kampf der Gegenkonige Ludwig und Friedrich' p 97—100. 4) Immo tunc quidem Agnete vidua Rudolfi regis 5) Inde ab a 1313 Oct. Iohannes rex . in comitia sua Lucenburgensi per unum annum fere integrum sic permansit Chron. Aulae-regiae I, c 110, p. 326 Ioh. hoc loco de posterioribus baronum Bohemorum accusationibus in regem cogitasse videtur, cum tunc temporis res aliter se habuerit, cf Bachmann l. c I, p. 750 sq 6) Et cum eo Petrus archiepisc Moguntinus, cf Chron Aulae-regiae I, c 126, p 375; Gesta Trevir p 236

1316 potenti manu regem, fratris filium, confirmabat, ita ut
adversancium animos compesceret, paceque atque amicicia facta cum gaudio ad propria exercitum festinavit.
(Iul.) Ludewicus nactus oportunitatem tam regi Bohemorum
quam presuli Treverorum belli instanciam circa Ezlingam
contra Fridericum denunciat, ut ad se veniant, precibus
(Aug.) magnis instat. Qui annuentes[1] secum properant[2] et ab
inferiori parte civitatis supra Nekkarum contra Fridericum
(Sept.) districtis copiis castra locant[3]. Utraque igitur parte
cottidie prelium meditante diversa preludia bellicorum
actuum gerebantur, nunc iaculis, nunc lanceis, nunc
obviacionibus, nunc confossionibus, nunc vulneribus, nunc
spoliis et direpcionibus alterutrum se petebant, quous-
(Sept 19) que equarii utriusque partis in iumentorum adaquacione[a]
in Nekkari medio quodam tempore convenirent et suis
clamoribus utrumque exercitum ad prelium concitarent,
paulatimque milites accurrentes prelium in aque fluctibus
inchoabant, accrevitque clamor et accursus pugnancium
et vociferancium, donec abscedente solaris lucis speculo
diei claritatem crepusculum nubilaret. Mox autem accensus torticiis nox artificiali lumine illustratur[4]. Plures
capiuntur, multi vulnerantur, et pene iam principibus se
mutuo contingentibus congressio dissipatur, et sub
dubio[b] casu victorie, que neutre[c] parti attribui poterat,
ab invicem discesserunt, et obsidione soluta futuris eventibus prelium est servatum.
2 Reg 11, 1
1315 Anno Domini M°CCC°XVII°*, *eo tempore, quo solent*
(Mart.) *reges ad bella procedere,* Fridericus civitatibus regni Ludewico faventibus infestus civitatem Spirensium, ubi regum
et imperatorum priscorum ex antiquis temporibus cor-

*) *Hic Ioh novum caput inchoare volens in marg scripsit.* De expedicione Spirensi et Argentinensi et ibi gestis. c[apitulum] . . [d]

a) adequate *c* b) dibio *c* c) *sic c.* d) *reliqua abscisa*

1) *Cf quae Ludovicus a* 1316 *Iulii* 25 *Iohanni regi et archiepiscopis promisit, Reg. Imp nr* 3160 2) *Moguntino remanente rex cum Treverensi die Aug* 17 *Pragam exiit, cf Chron. Aulae-regiae I, c* 127, *p* 377 3) *Ibid Die Aug* 30 cum Ludowico Rom rege prope Nurenberg conveniunt, versus Etzlingam pariter procedunt 4) *Chron. Aulae-regiae ibid* durat hoc bellum usque ad solis occasum, *quod maxima ex parte bene cum Iohannis relatione concordat, cf praeterea Gesta Trevir l c p.* 236; *Chron de gestis princ. p.* 54; *Math Neuenburg c* 42

pora sunt locata, statuit arcendam[a], si forsan eam suis partibus inclinaret[1], nam civitates per descensum Reni posite, Lûdewico iurate, mercatum suum in superioribus regni locis non sine formidine, immo sepius rerum suarum dispendio peragebant; Fridericus autem ratus[b], si hanc posset apprehendere, vires sibi accrescere et Lûdewici potenciam minorare. Et Fridericus quidem electam de superiori Alzacia et Suevia miliciam contractam habuit et instructam necessariis et bene in suis ordinibus distinctam per viam militaribus exerciciis et colloquiis animavit castraque haut longe de muro civitatis, secundum quod est consuetudinis, in locis et[c] competentibus ordinavit[2]. Lûdewicus *cum Orientalibus Francis, Bawaris, Renensibus, inferioris Ribaurie et episcopis sibi faventibus[3] communitus ex altera parte civitatis castrametatur et bellum iam minatur, iam minatum prestolatur, et cum sine circumspectione et diligencia, que summe rebus bellicis est necessaria, causas tractaret et casum inopinatum minime provideret, Fridericus* lustrata disposicione et exploratis copiis eum statuit invadendum. Sed Lûdewicus iuxta illud Oracii[4]

1315. *f. 32'

Cautus enim metuit foveam lupus accipiterque
Suspectos laqueos et opertum milvus hamum,

in Iudeorum cimiterium muro valido circumcinctum se transtulit ibique se muniens Friderici incursum provide declinavit, et dum modis atque viis plurimis prelium quereretur et exposceretur, facultas eius a partibus est adempta, et soluta est utriusque potencia principis, unoquoque ad sua domicilia inefficaciter revertente[5].

(Mart 12-17)

Anno Domini M°CCC°XVIII° cives Argentinenses dissidentes, alia pars Fridericum, alia Lûdewicum complectens, civiles, immo plus quam civiles[6] inter se dis-

1320 (Aug.-Sept.)

*) *Sequuntur deleta:* iuxta illud Ovidianum[7]
Scit bene venator, ubi cervis recia laxet,
Scit bene, qua frendens valle moretur aper

a) *sic c. pro* obsidendam b) est *supplendum* c) et *delendum videtur*

1) *Haec a.* 1315 *facta perperam ad a.* 1317. *et post obsidionem Esslingae posita sunt.* 2) *Cf. Math. Neuenburg c.* 39, *qui Leopoldi solius mentionem facit, quem Ioh. h. l. praeterit* 3) *Petro archiepisc. Moguntino et Emichone episc. Spirensi* 4) *Epist. I,* 16, *v.* 50 *sq.* 5) *Cf. Schrohe l. c. p.* 55—57. 271—275 6) *Cf. supra p.* 17, *n.* 1 7) *Ars am. I, v.* 45. 46

1320 sensiones et tumultuaciones vanas faciebant[1]. Uterque autem rex condicionem suam volens efficere meliorem non distulit illo ire milite copioso, armis nitentibus instaurato Et Fridericus quidem de partibus superioribus conglobans exercitum equestrium et pedestrium infinitam multitudinem adunavit, estimans suam partem in civitate potencia prevalere et[a] ob hoc urbem facilius optinere, super Bruscham fluvium, qui[b] civitatem influit, castra locat[2]. Que fossatis ad modum vallorum cespitibus elevatis, sicut docet Vegetius[3], ordinavit et pedestres[c], quos agiles et electos habuit, exercitui, ut idem dicit[4], valde necessarios, pro custodia deputatos[c], cives et civitatem premere satagebat. Lůdewicus autem Bohemorum regem et Treverorum presulem[5] et nobilium ex diversis partibus conflans elegantissimam armaturam, radiantibus[d] papi[lion]ibus instar eris speculi ful[gidi]s et aureo[e] intu en[cium] oculos repercussit Videres in utroque veri-
Num 24, 5 ficari exercitu quod Balaam de Israelitis dixit *Quam*
ib. 6 *pulchra tabernacula tua, Iacob, et tentoria tua, Israel! Ut valles nemorose, ut orti iuxta fluvios irrigui, ut tabernacula, que fixit Dominus, quasi cedri super*[f] *aquas*, et quod Salomon
Cant 4, 4 dicit: *Sicut turris David collum tuum, que edificata est cum propugnaculis mille clypei pendent ex ea, omnis armatura forcium.*

Scientes utrobique prelium, nesciens[g], qualiter sit dilatum, nisi quod equestres et decor milicie Ludewici non competere iudicabant nobiles cum ruralibus pro regni debere dyademate preliare[6], estimantes Fridericum suum brachium talibus optime roboratum debere con-

a) sc *supplendum* b) qui — influit *in marg* c) *corrige* pedestribus . deputatis, *ut intellegas sermonem nimis rudem. O H.-E* d) radiantibus — repercussit *in marg*, *quibusdam abscisis* e) *vox quaedam ut* apparatu *supplenda* f) prope *Vulg* g) *lege* nescio, *oratio h l claudicat*

1) *Cf. Chron de gestis princ p* 57, *Math Neuenburg c* 45, *Schrohe l c. p* 154—157 2) *Ludovico appropinquante Leopoldus dux solus versus Argentoratum profectus est, Friderico aliquanto post (circa d Sept 2) veniente, cf infra p* 75, *n* 3. 3) *De re militari III, c* 8: cum sublati cespites ordinantur et aggerem faciunt, supra quem valli . per ordinem diguruntur. 4) *Ibid c* 21 · ex qua intelligitur magis rei publicae necessarios pedites, qui possunt ubique prodesse 5) *Cf n* 2 *et Gesta Trevir III, c.* 4, *l c. p* 239 *sq*, *Cont. Zwetl III, SS IX, p* 666 — *Chron Aulae-regiae II, c* 10, *p.* 413 *Iohannis regis Bohemiae mentionem non facit* 6) *Item Math Neuenburg. l c .* adversarii . asserentes se nolle cum rusticis pugnare Bruscam iuxta Argentinam transibant, *Leopoldus enim secundum Cont Zwetl III* plurimam peditum acerrimorum de Sweicz multitudinem *habuit.*

fringere, ignorantes, quod exercitus Israel olim sicut[a] 1320 *duo parvi greges caprarum* 3 Reg. 20,27 cf. ib. 28 sqq. Syris occurrentes prelii gloriam et victoriam vendicarunt post multa et plurima bellancium exercicia, que in introitu et exitu utriusque partis, nunc deiectionibus, nunc depredacionibus, nunc capcionibus et vulneribus contigerunt. Dies prelii indicitur et partibus indicatur. Et ecce! dextrariis phaleratis, gladiis denudatis, galeis incimbatis, armis induviatis[b] in similitudinem astrorum micancium videres reges, duces, comites, nobiles, in suis cooperimentis sedentes in dextrariis bellum preconizantibus, resplendere, [c]distinctas acies ire et suos ordines custodire, sagittarii, lancearii, signiferi tubis concrepantibus[d], equis tripudiantibus, principibus se in invicem contuentibus iam inceptum prelium videbatur[1]. Sed nutu Dei sine perpendiculo tunc mox gladius uniuscuiusque, qui cruorem sitivit alterius, ieiunus in vaginam suam reconditur, galea deponitur, Fridericus ad superiora[2] revertitur, Ludewico civitas aperitur[3], ad maiorem ecclesiam ab episcopis et clero cum (Aug. 30, 31.) laudibus pervehitur[4], sacramentis civium aliquorum ei fidelitas exhibetur, et dispositis ibi negociis pro tunc se offerentibus ad alia properavit, utroque ponderante negocium in consequencia temporis sibi melius et utilius proventurum.* 1324.

* . . .[e] [gu]bernate instigabant regem[5] ad concor- *f. 33 diam[6], ut a iuramentis facilius so[lverentur], sic autem

*) *Hic Ioh. novum caput inchoare voluit, quod demum paulo inferius fecit, in inferiore marg. scripsit* De Paduanis et reconciliacione Heinrici ducis Karinthie et Iohannis regis Bohemie et aliis incidentibus. Capitulum 4m.

Sequuntur deleta De Paduanis Fridericum im- f. 33. plorantibus et illo missis, de tractatibus reconciliacionis inter Iohannem etc. Capitulum ⟨Vm⟩ 4m.

a) quasi *Vulg.* b) *sic c.* c) per *supplendum O. H.-E.* d) *imperfecta est vel rudis oratio relicta.* e) *quaedam desunt,* [gu]bernate — re[gno] *(p. 76, l. 8) in marg. superiore, uncis inclusis abscisis; h. l. fort.* Civitates Bohemie ab eo *supplendum.*

1) *Exercitus se ita ad proelium parasse Ioh. commentus est, ceterum Math. Neuenburg. l. c. dicit:* distabant acies in plano campo non ad quartam partem miliaris, ad conflictum parate. 2) *In Sueviam.* 3) *Ioh. rerum gestarum seriem prorsus invertit, cum Fridericus rex demum post Ludowici regressum advenerit.* 4) *Cf. Math. Neuenburg l. c.:* Argentini . . . Ludowicum . . . more regio in maiori ecclesia receperunt. 5) *Bohemorum Iohannem.* 6) *Cum Heinrico duce Carinthiae.*

1324. (Iul 2) cum maxima pompa utriusque partis in Patavia[a] [1] *, diffiniturque, quod Heinr[icus] fi[lius] regis duceret Heinrici imperatoris filiam [2]. Pro qua missus comes Meynardus de Ortenburch, Herm[annus] abbas de Stams, Syfridus de Rotenburch**, puella rennuente sine effectu negocii sunt reversi. Pro qua filia [3] sororis [4] He[inrici] imperatoris [et] domini de G[aspa]wia [5] danda [promit]titur, que dum pro [suis] feodis in re[gno] Francie[b] moram traheret et statum ducis, cui tradenda fuerit, audivisset, nullatenus acquievit, rege dolente, tam sorori quam matertere graviter comminante, eo quod periurii

1327. noxius duceretur. Novissime filia [6] sibi Sabaudie[c] [7] sociatur iuvenis et pulchra, que filia sororis [8] imperatricis [9], regis Bohemie consanguinea, reconciliacionis fedus aliquantulum inchoavit. Postea Iohannes rex, ut amicicie

*) *In marg dextera postmodum scripta, quorum multa abscisa sunt, huc pertinere videntur:* Ad hunc reg[em versus] Ovidii [10] sollemp[nizare possumus]·

Vir sapiens deplo . cinge . . alius dira
. . concord[i]s . ,

ipsum et . . . contract[um] . . connubii . . . facere cupi . . ., ad quod . . . locus in [Pata]viam di[citur].

**) *In marg superiore Ioh atramento subaquoso scripsit·* abbas Stamsensis, magister Heinricus prepositus . .[d], Syfridus de Roteburch.

a) convenerunt *vel huiusmodi aliquid supplendum* b) Francie — firmatis *(p 77, l 6) in marg sinistra* c) comitis *supplendum* d) *quinque circiter litterae abscisae*

1) *Tunc temporis non convenerunt, sed tabulae utriusque de hac concordia a.* 1324 *Iul.* 2 ante Montem-silicem *et* Muntzilles *datae sunt, Boehmer, Reg Imp* (1839), *'Johann von Bohmen' nr* 71. *Quibus Iohannes Heinrico se Beatricem de Brabantia (Gaspavia) daturum promisit. Tabulis inspectis Iohannes eos in illis partibus convenisse credidit; nam de Patavio (Padua), non de Patavia (Passau) tractari recte Kopp l c V, 1, p* 95 *monuit* 2) *Mariam, quae a.* 1322. *Carolo IV regi Franciae nupsit Inde efficitur haec ad prius tempus, fortasse ad a* 1321 *pertinere, quo de re tractatum est, cf Kopp l c IV, 2, p* 377 3) *Beatrix Haec ad a* 1324 *spectant, cf supra n* 1 4) *Felicitatis* 5) *Iohannis de Lovania et Gaesbeck (in circulo Bruxellensi provinciae Belgii Brabantinae).* 6) *Beatrix, a.* 1326. *Dec* 23 *pactio nuptialis facta est, cf Boehmer l. c, 'Herzoge von Osterreich' nr* 178, *'Johann von Bohmen' nr.* 92 7) *Amedei V, cf. supra p* 18, *n.* 5 8) *Mariae filiae Iohannis ducis Brabantiae* 9) *Margaretae* 10) *Nec Petri Burmanni indice in Ovidium (eius editionis t IV) inspecto, quos poetae versus Ioh dixerit, scire potuimus.*

federa eternarentur, filiam Heinrici ducis Margaretam, 1327.
de Aleyde secunda consorte genitam, que ducis Saxonum
nata fuit, scilicet Brunswicensis[1], Iohanni filio suo iuniori peciit sociari, ita ut Heinricus in sua filium ipsum,
quia ambo impuberes adhuc erant, susciperet educandum[2]. Pactis taliter inter eos firmatis, titulo[a] regni
Bohemici sibi in instrumentis et missilibus remanente,
ut, si rex Bohemie moreretur, Heinricus esset tutor
puerorum in dominio utriusque, et si ipse decederet,
rex Bohemie ipsos iuvenes tutoris nomine conservaret[b].
Que scriptis conservata sunt, et si ad fidem conservata
sunt, s . . . .[c] diffinire . . . .[d].

Anno Domini M°CCC°XVIIII° Paduani pressi a Vero- 1319.
nensibus[3] Friderici patrocinium implorabant[4], quorum
precamina admittens strennuum virum et prudentem
Ulricum de Walsê ad eorum presidium destinavit, qui* 1320 (Ian.)
primo impetu irruit in municiunculam, quam Veronenses
in civitatis offendiculum construxerant, moxque devastavit[5], et amministracione illa fideliter impleta ad propria ire statuit. Quo[e] comperto Veronenses Paduam ob- (Mart.)
sident[6], onere hospites ibi conclusos angariant, castellum
contra opposicionem urbis edificant imminens[7]. Receptis
potestate[8] et primariis civitatis disposuit officia portarum,

*) *Ioh. in marg. adscripsit* Nota de comite Goricie, quem Heinricus[f] imperatore[g] disposuit[9].

a) titulo — diffinire . . (*l.* 12) *in marg. inferiore.* b) *sententia anacoluthon remansit.* c) *quatuor fere litterae abscisae.* d) *reliqua abscisa.* e) Quo — reversus (*p.* 78, *l.* 4) *in marg. inferiore f.* 32', *patet ea et quae sequuntur huc pertinere.* f) Heinr. c. g) imperator disp. ad marchiam Tervisinam discernendam *vel similiter legendum.*

1) *Heinrici.* 2) *Iohannes Heinricus Margaretae iam a.* 1324 *Iul.* 2 *desponsatus et a.* 1327. *Oct.* 16. *ad ducem Carinthiae ductus est, cf. Chron. Aulae-regiae II, c.* 19, *p.* 451 *sq. Quae Ioh. de tutela liberorum addit, ad a.* 1330. *spectant.* 3) *Quorum dominium tunc Canis-grandis de Scala habuit, qui a.* 1319. *Iulio denuo Patavinos bello petiit.* 4) *Heinricus comes Goriciae a Patavinis postulaverat, ut se Friderico submitterent, cf. Spangenberg, 'Cangrande' I, p.* 184. *Patavini Heinricum comitem vicarium regis Friderici receperant d. Nov.* 4, *Hist. Cortus II, c.* 33, *Muratori, SS. XII, col.* 818. *Ulricus de Wallsee Patavium a.* 1320 *Ian.* 3 *intravit, l. c. c.* 35, *col.* 819; *Ann. Patav. ed. Bonardi p.* 238 *sq.* 5) *De hac re alibi nihil legitur, fortasse de castro Bassanelli, quod comes Goriciae frustra proditore capere voluit, Ioh. cogitavit.* 6) *Ulrico iam in Stiriam in Ianuario reverso (Hist. Cortus c.* 36, *l. c. col.* 820) *bellum renovatum est, ut in rec. B. D, supra p.* 62, *relatum est.* 7) *De Bassanello et de rebus a.* 1319. *gestis Ioh. cogitasse videtur, sed omnino confuse haec narrat.* 8) *Altiniero de Azonibus de Tarvisio, qui die Ian.* 31 *potestariam suscepit.* 9) *Cf. supra p.* 22.

1320 custodias, stipendia singulis diffinivit et privatis[a] in locis
oportunis clausuris in resistenciam hostium, relicto ibi
Ulrico comite de Phanberch[1] et Ulrico filio suo[2], quibus
mandavit de singulis, ipse[b] in Styriam est reversus.
(Aug.) Denuo[c] patris auxilium implorare compellitur[3], [civi]tas
cum omnibus obsessis, [ut] acceleret, missis nun[cius]
1321. deprecatur. Quo eciam abscedente[4] subplicant iterum
anno[d] Domini M⁰CCC⁰XX⁰ Paduani, ut Fridericus eis
(Sept.) dignetur mittere[e] in arto positis salvatorem. Qui Heinricum ducem Karinthie avunculum animavit[5] et fratrem
suum Ottonem[f], cum ipse esset regni negociis imbrigatus.
1324 (Iun.) Qui dum introisset cum maxima et clara potencia militari*, Montem-Silicis obsedit[6], castrum contrarium
Paduanis, proficere nil valebat, soluto[g] exercitu Otto
Venecias ivit. Sed et locus castrorum in palustribus
multos inficiebat[h] [7] et infinitam multitudinem prosternebat, sicque sine effectu, incurrente, ut ferebatur, multorum florenorum medio[8], de illis partibus, gravibus
(Iul.) habitis expensis et laboribus, rediebat[i]. Virum cordatum
Chunradum de Ovenstain ibidem vicarium deputavit[9].
Qui tam suis quam civitatis dispositis ad suum specialiter soldum negociis, substituto alio[10], gentis instanciam
metuens et perfidiam, Karinthiam est reversus.

*) *In marg.:* Et Paduam miserunt et magister Heinricus.

a) *sic c., constructio fere intellegendum est, quid Ioh. in mente habuerit, nescio. O. H.-E.* b) ipse — reversus *supra praecedentia scripta.* c) Denuo — deprecatur (l. 7) *ipse quoque in marg. inferiore f. 32' scr., uncis inclusis abscisis.* d) a. D. M⁰CCC⁰XX⁰ *in marg.* e) *seq. iterum* eis. f) Ott *bis scr.* g) soluto — ivit *a Ioh. inter lineas add.* h) inficibat *c.* i) *sic c.*

1) *Genero suo; cf. supra p. 28, Ann. Patav. l. c. p. 240, qui cum Ulrici I. de Wallsee nepotem dicunt, cum non multo ante diem Iulii 12. venisse tradunt, quod et ex Hist. Cortus. c. 10, l. c. col. 823, evincitur.* 2) *Ulrico II., filio Ulrici I. de Wallsee. Cf. Albertinum Mussatum, De gestis Italicorum, Muratori, SS. X, col. 693 D: (Ulricus I. Patavii)* tutelam Ulrico nato curamque relinquens . . . ipse ad regem direxit iter. 3) *Ulricus I. Patavium Aug. 25. reversus est, cf. Spangenberg l. c. I, p. 194, n. 3.* 4) *A. 1321. Febr. Ulricus I. de Wallsee recessit.* 5) *Eum a. 1321. Sept. 5. vicarium Patavii constituit, pro quo primo Conradus de Aufenstein civitatem regebat. Reliqua ad a. 1324. spectant.* 6) *Die Iunii 22. iuxta Montem-Silicis castra posuit, Iul. 13. versus Patavium equitavit, cf. Hist. Cortus. III, c. 4, l. c. col. 832, Ann. Patav. l. c. p. 245.* 7) *Eadem Iohannes Villani IX, c. 255 refert.* 8) *Et haec Ioh. Villani l. c. et Ann. Patav. l. c. p. 245 autumant.* 9) *Primo Ulricum de Pfannberg, cui Conradus de Aufenstein a. 1325. Oct. 14. successit, cf. Hist. Cortus. c. 6, l. c. col. 836.* 10) *Engelmario de Villanders, cf. Hist. Cortus. c. 7, l. c. col. 837, Albert. Mussat. l. c. col. 720 sq., Ann. Patav. p. 248.*

De coniugio Alberti comitis et cetera. Capitulum IIII[ma][a].

Contigit hoc eciam tempore ex hac vita Ulricum 1324 (Mart 11)
comitem decedere Phirritarum*, qui duas habuit filias[1]
et terram cum copia rerum victualium habundantem,
populosam, castris et vicis robustam, pratis, vinetis,
campis, nemoribus graciosam. Lůpoldus cogitans illud
Oracii[2]

Tu, quamcumque deus tibi fortunaverit horam,
Grata sume manu,

ut populum, quem prius non sine stipendio habuit, nunc
obsequio voluntario faventem sibi et fratribus faceret
et ad manus habere posset, filiarum unam seniorem (Mart)
Ioannam[b] Alberto fratri suo censuit matrimonialiter
copulandam[3], cui cum nupciarum thalamus placuisset,
terre dominus[4] et tutor alterius iuvencule est effectus.
Lůdewici quoque consorte defuncta[5] filiam[6] comitis 1322 (Aug 24)
duxit Anonie[7] et Ollandie, ortam de Francorum regum
sanguine, sororem regine[8] Anglie, quasi preciosam mar- cf Math 13, 45 sq
garitam quesivit et invenit[9]. Nupcias in civitate Agrip- 1324
pinensi cum magna celebritate et gloria celebravit (Febr 25-26) Otto[c]
eciam, licet su[us] frater Albertus in . . . esset non parve
. . pluus scel[d] . . ., ita ut matris . . . fratrem haberet
in eis ada cas[e] pro etate . . tocies, quod minime intem[pta]verunt . . . propaginis, tam p . . se
sine ad e . . fructus sc[f] . caro semen suum . . cupiebant . . . ab hoc uterque [fili]am Stephani c[omitis]
Pyrritarum e . . in coniugium ass[igna]bat[10].

*) *Supra haec inter lineas scripta.* Hic comes consuluit de morte.

a) VII[m] *c* b) Annam *corr* Ioannam *c* c) Otto — ass[igna]bat *(l 28) in dextera marg f 33 scripta, multis abscisis* d) *vel* scol e) *vel* tas. f) *vel* st.

1) *Iohannam et Ursulam.* 2) *Epist I, 11, v 22 sq* 3) *De nuptiarum tempore cf Kopp l c V, 1, p 82* 4) *Cf Math Neuenburg c. 47* 5) *Beatrice, de mortis tempore cf Chron de gestis princ. p 59, Riezler, 'Gesch. Bayerns' II, p 344 et tabulam genealogicam t. III. additam* 6) *Margaretam Guilelmi III filiam* 7) *Hannoniae* 8) *Philippae uxoris Eduardi III regis Angliae Mater sororum Iohanna soror Philippi VI. regis Franciae fuit.* 9) *Pactio nuptialis a. 1323 Aug 15 facta est.* 10) *Recensione B. D, infra p 113, collata patet de matrimonio Ottonis ducis Austriae cum Elisabeth a 1325, ut videtur, contracto (cf Kopp V, 1, p 210; Riezler II, p 391) agi, sed Ioh. pleraque confudisse videtur.*

1319. (Apr.) Fridericus adhuc unam superstitem habens sororem, Gûtam scilicet iuniorem, quam . . . . .[a] comiti[1] de Otinga, viro sapienti et qui fuerat Ludewico tam consilio quam auxilio fortissimum fulcimentum, in coniugium donavit et Lûdewicum attractione eiusdem ad se subtiliter dimembravit[2]. Qui Karinthiam transiens venit in Austriam ibique nupcias celebravit[3] et in reliquum Friderico se quibus poterat viribus combinavit. Nec graciam Lûdewici optinere valuit eciam rerum suarum et hominum dispendio, quousque Friderico sublato de medio per annos aliquos exulavit a patria pro penitencia, gladio[b] posito super collum se reddidit, Lûdewicus placatus[c] circa eum indignacionem spiritus mitigavit[4].

(Sept.) Lûdewicus a[utem][d] episcopum Salzpurgensem statuit molestandum[5], eo quod per suam terram Fridericus haberet frequenter transitum in sui et sue terre maximum detrimentum, et ideo oppidum quod Muldorf dicitur[6] censuit obsidendum[7] omnesque vias, per quas victualia inferebantur, interposicione hominum suorum et clausularum[e] municionibus coartavit, et quia viris bellicosis et transitu Eni fluminis locus ipse munitus fuit, obsidio ei iacturam non modicam rerum et hominum cottidie generabat. Fuit eciam sue intencionis pontem civitatis destruere, ne pateret per eum amplius transitus Friderico. Nempe ad duo ferme milia supra civitatem strues et nexuras lignorum colligat, quorum impetu pontem ipsum concuciat, ignem[f] coniciat et consumat, sicque laborans ad trium ebdomadarum spacium nil profecit, quia sexus femineus quibusdam artibus, ne effunderetur vel prevaleret incendium, obviavit.

a) *spatium relictum nomini inserendo.* b) gladio — placatus etc. *a Joh. inter lineas add.* c) etc *add. c.* d) *uncis inclusa abscisa.* e) *sic c.* f) ignem — consumat *in marg. pro deletis* et contringat.

1) *Ludovico, cf. tabulas sacramentorum eius a. 1319. Apr. 26, Boehmer l. c., Addit. III, 'Reichssachen' nr.* 407 *et Kopp IV, 2, p.* 260 *sq.* 2) *Cf. Chron. de gestis princ. p.* 58, *Math. Neuenburg c.* 43. 3) *Nuptiae in oppido Baden in curia Leopoldi ducis Friderico absente celebratae sunt.* 4) *A.* 1333. *Iun.* 10 *Ludovicus imperator cum eo aliisque nobilibus et civitatibus Sueviae et episcopo Augustano pacem fecit. Legatio eius ad papam ab Heinrico Surdo p.* 519. *a.* 1332. *attributa ad tempus posterius spectare videtur, cf. Muller I, p.* 279, *n.* 1. 5) *Immo Fridericus et Leopoldus cum Friderico archiepiscopo contra Ludovicum profecti eum apud Mühldorf oppidum convenerunt.* 6) *Quod archiepiscopi Iuravensis erat.* 7) *De obsidione alibi non legitur.*

Fridericus autem — anno[a] Domini XXII⁰ — 1319 audiens, ut presuli eiusque castello subveniat, se precingit maxima multitudine Australium, Styriensium, Ungarorum, cui occurrens frater dux Lupoldus, manu forti Ludewicum obsidionem solvere compellunt, quia (Sept. 29) vim irruencium non poterat sustinere. Coaitatur cum Heinrico[1] pat[r]uo[b] suo, duce Bawarie, celerius Ratisbonam racione diffugii introire. Ipsi vero terram[c] circumquaque rapinis atque incendiis vastavere[2], sed nec hoc tempore facultatem prehandi, ut putaverant, invenere, sed ad libitum eis patente transitu quorsum voluerant processere. Fridericus[d], quocumque eum ferebat voluntas, procedebat[3] et in sibi parentibus regni[e] per annum unum[4] opera[f] faciebat[5].

*De prelio Friderici et Ludewici et captivitate Friderici et Heinrici ducis. Capitulum quintum. *f. 33'

Anno Domini M⁰CCC⁰XXIII⁰[g] Fridericus, cupiens 1322 gladio negocium terminari, sicut prius instaurat exercitum, habens in eo Ungarorum et Comanorum tantam (Sept.) multitudinem, ut plures suarum terrarum nobiles, qui accensi fuerant ad eundum, dimitteret[6], estimans sibi non fore necessarios tam multorum copiis constipato[h]. Viderat eciam patrie pinguedinem[7] macerari, milites proprios tediari, conducticios non sine stipendiis comparari, erarium vacuari, gloriosam mortem magis quam odibilem vitam amplectens se de loco cum exercitu suo movit, condicens hinc inde tempus et horam atque locum[8] amicis ad eundem procinctum dispositis, ubi et quando debeant convenire. Mittit eciam nobilem virum Emchonem de Altzeia ad avunculum Heinricum ducem

a) a. D. XXII⁰ a Ioh. post in marg. add. b) r abscisum. c) Ioh. provinciam in marg. scr. d) Fridericus — faciebat a Ioh. post in calce folii add. e) partibus supplendum esse videtur O. H.-E. f) opera Ioh. pro negocia deleto scr. g) sic c., cf. infra p. 116, n. h. h) const. ex constipatus corr.

1) XIV, non fuit Ludowici patruus, sed usque ad a. 1317 eius pupillus extiterat, cf. l. VI, c. 7 rec. A. 2) Haec omnes fere alii auctores (cf. n. 5) referunt, cf. et Boehmer l. c., 'Ludwig' nr. 416. 3) Usque Ratisbonam. 4) Iam in Novembris Vindobonam rediit. 5) Cf. Math. Neuenburg c. 48, Cont. Zwetl. III, SS. IX, p. 666; Cont. canon. S. Rudberti, ib. p. 822, Ann. Matsee, ib. p. 827, Chron. de gestis princ. l. c. p. 54—56, Vita Ludowici IV. imp., l. c. p. 154; Chron. de ducibus Bav. l. c. p. 140, Chron. Aulae-regiae II, c. 8, p. 407 sq. 6) Simile Cont. Zwetl. III, l. c. p. 666, refert. 7) Cf. Gen. 27, 28. 39. 8) Patavii, ut videtur.

1322 Karinthie, ut cum suis veniat, ut promisit, quia in eo sua et omnium spes hereret. Qui a parte adversa accepta simili legacione tam Lůdewico quam Friderico sue persone subtrahit munimentum, facultatem dans suis ad partem, quam voluerint, se transferre[1]. Et dum iter ageret predictus Emcho, transiit monasterium Admontense[2], abbas vero loci Engelbertus trahens in partem virum persuasit, ut domino suo regi nunciet, ut ad presens expedicionem solvat, quia sibi non proveniat in prosperum, sed aliud sibi tempus futurum utilius palam clamat. Quod licet ad aures Friderici cum modestia duceret, respondit se omnia divine providencie et gracie commisisse nec posse nec velle sibi opprobrium generare, si iam post contractum tantarum gencium faceret retrocessum. Simile aliquid Bartholomeus magister in medicinalibus et aliis facultatibus expertus crebrius edicebat se in suis speculacionibus didicisse et verissime indagasse, quia Friderici sors ad caudam Leonis declinavit, et nil sibi prosperum eventurum. Que fata sint, que moverint tantos viros, silere melius est quam loqui, si rerum eventus iudiciis hominum contractentur[3]. Fridericus, vir fortis, animo eciam non confractus, cum Heinrico duce, fratre suo, et suis, episcopo scilicet Salzburgensi et aliis, ad solum Bawricum[4] pertransivit[5] et tentoria in loco territorii eiusdem qui Muldorf dicitur, haut[a] longe ab oppido, fixit et circumquaque terram hostium[b] incendiis atterere non desivit, sicque fratris sui Lůpoldi ducis adventum de partibus superioribus expectavit. Qui, ut fructuose ad fratris adiutorium adveniret, maximum exercitum contrahendo fenora fecit.

a) haut — oppido *in marg.* b) *seq.* ac c., *quod delendum videtur.*

1) *Non absque dubio est Heinricum a Friderico, ut succurreret, rogatum esse, cf. Kopp IV, 2, p.* 435, *n.* 8 *et p.* 438, *n.* 6. 2) *Cf. de hoc loco Dobenecker, 'Die Schlacht bei Mühldorf und über d. Fragment e. österr. Chronik, Mitteil. d. Instit. f. Österr. Geschichtsf.,* Erg.-Bd.' *I, p.* 174, *Wichner, 'Gesch. des Benediktiner-Stiftes Admont' III, p.* 25 *sq. De vaticiniis Ludovico factis cf. Math. Neuenburg. c.* 50, *Chron. de duc. Bar. p.* 141. 3) *De pugna apud Muhldorf commissa cf. Dobenecker l. c. p.* 169—198, *ubi et de auctoribus, qui de ea retulerunt, tractatum est, cf. et Fr. von Weech, 'Forsch. z. D. G.' IV, p.* 82—97, *H. Delbrück, 'Gesch. der Kriegskunst' III, p.* 558 *sq., ubi Riezler II, p.* 333—340, *Bachmann, 'Forsch. z. Gesch. Bayerns' XIV, p.* 245—271, *Dobenecker l. c. addas.* 4) *De voce cf. fabellam apud Math. Neuenburg. c.* 75 *et infra p.* 116, *l.* 27. 5) *Per territorium Pataviense, cf. Dobenecker l. c. p.* 174 *et supra p.* 81, *n.* 8.

Lůdewicus Bohemorum regis adventu magnifice de- 1322. lectatus et Bawarorum[1] ac aliorum de partibus diversis confluencium confortatus ex opposito castra locat[2], *(Sept. 23).* hospitem, ne procedat, propellere cogitavit, et condicta die Fridericus, non dubitans, quin frater Lůpoldus suas vires sua presencia adaugeret, bellum ratificat[3]. Et, sicut moris est, diluculo diei illucescente missam Fri- *Sept 28* dericus celebrari precipit, Domino se committens. Et ecce! anulus aureus, quem manu gestaverat, instar ardentis solis radians expalluit et colore mutato naturalis virtutis quasi oblitus belli fortunam videbatur exprimere transferendam. Et cum eundem ad altare pro offertorio deferret postea redimendum, officio completo non comparuit nec amplius poterat inveniri. Suspicio[a] habita de sublacione eius est de viro nobili de Ekerstorf, qui super eo postea multipliciter tribulatus plures miserias est perpessus. Fuit, ut fertur, aurum hoc de eo, quod tres orientales reges Domino ad cunabula detulerunt[4], et progenitoribus Friderici sepissime fides concepta fructum attulit triumphalem. Nec mirandum, cum Iosephus[5] scribat sardonicem lapidem, qui in dextro humero pontificis gerebatur, cum sacrificium sacerdotis Deo placebat, tanto splendore micare, quod eciam procul positis radius eius appareret. Egressuris ad prelium, si Deus cum eis esset, tantus fulgor in lapidibus racionalis apparebat, ut omni fieret multitudini manifestum eorum auxilio Deum adesse. Asserit eciam hunc fulgorem sardonicis et racionalis cessasse ducentis annis, antequam ista scripsisset, cum Deus moleste ferret transgressiones legis.

Igitur Fridericus acies ordinat et fratrem quidem Heinricum ducem cum Styriensibus et turma presulis Salzburgensis in primis constituit[6] cum viris electis et ad prelium valde doctis[7]. Ex parte vero Lůdewici Bohemorum rex et Heinricus dux Bawarie, gener suus, pro principalibus deputantur, *aliis in suis ordinibus consti- * 84.

a) *ex* Suspicione *corr*

1) *Heinrici XIV. ducis Bavariae Inferioris imprimis.* 2) *Cf. Dobenecker l c. p.* 179, *n.* 4 181 *sq* 3) *Cf ibid. p.* 175—177 183 *sq* *Ludovicus Leopoldum appropinquantem sciens, ut eum praeveniret, Friderici exercitum aggressus est et pugnam indixisse videtur* 4) *Cf Matth* 2, 1—11. 5) *Antiquitates Iud III,* 11 *sq* 6) *Is tertiam aciem duxit, de utriusque aciebus cf. Dobenecker l c p.* 186—188 7) *Cf.* 1 *Mach* 4, 7 hi docti ad proelium *O H-E*

1322. tutis expectantibus ex utraque parte, ut lassis subveniant, prostratis succurrant, bellum attollant, acies confractas vel labefactas erigant ac se, ubi opus fuerit, intromittant. Igitur tam Ludewicus quam Fridericus signa sibi precipit[a] imperialia preferri, aquiliferos statuentes ac se paribus armis induviarum regalium vestientes, forti animo se componunt. Ludewicus autem habitum plurificavit[1], ne facile deprehenderetur et, si sterneretur, dubium de persona sua, sicut accidit, haberetur. Igitur vociferacione et tubarum concrepacione — cum[b] duce H[einrico][c] Salzburgensibus[2] — prime acies commiscentur, et Australes quidem signa Bohemica deiecerunt, latera obviancium confixerunt et dextra cornua compresserunt et sinistra latera terruerunt, et visa est acies Bohemica cum sibi adherentibus deici et omnimodis infirmari. Deinde rex Bohemorum cum Heinrico genero suo[3] ad quendam monticulum diverterunt[d] et dorso solis resplendenciam exceperunt, adversariis accurrentibus solis ignicomos radios reliquerunt[4], quia excelle[n]s[e] sens[i]bile corrumpit sensum, plurimum oculorum suorum aciem infecerunt. Sic eciam Hannibal prelians olim cum Romanis *comperit Aufidum amnem ingentes auras mane proflare*, ut scribit Eutropius[5], *que arenas*[f] *et pulveres agerent, sic direxit aciem, ut tota vis*[g] *a tergo suis, Romanis in ora et* in[h] *oculos incideret*. Fridericus autem cum turma sua ingressus bellum, sicut[i] fulgetra precedit tonitruum, mirabiliter auxilio fuit fratri[6], et adeo fortiter agentes[k],
2. Reg 1, 23 quod[l] de Saul et Ionatha scribitur *, quod *aquilis* fuerunt

2. Reg. 1, 22 *) *Sequuntur deleta in marg.: sagitta Ionathe numquam rediit retrorsum, et gladius Saul non est reversus inanis,* et additur.

a) *sic c. pro* precipiunt b) cum — Salzb. *in marg.* c) H̄ *c., fort. supplendum est* existentibus d) diverserunt *corr.* diverterunt *c.* e) *sic c.* f) arenarum et pulveris vertices *Paul.* g) vis *Paul.*, vi *Hist. misc.*; *Ioh. ergo h. l. Pauli librum exscripsit* h) in *deest Paulo* i) sicut — tonitr. *in marg. paulo inferius Ioh. add., (quae hoc loco inserenda esse ex rec. B D patet. O. H.-E.)* k) ex agens *corr.* l) quod — forciores *in marg. add., pro* quod *lege* ut

1) *Idem Math. Neuenburg c. 50 tradit.* 2) *Qui quartam aciem habuerunt.* 3) *Duce Bavariae Inferioris, cf. supra p. 83, n. 1.* 4) *Haec parum probabilia, cf. Dobenecker p.* 191. 5) *Pauli diaconi Hist. Romana III, c.* 10, *Auct. ant. II, p.* 53. 6) *Cf. Dobenecker p.* 192.

velociores et *leonibus forciores*, de fortissimis pugnatoribus Troyani prelii dicitur[1] *: 1322.

Ut vidit socios infesto cedere Marte
Rex Danaum, sublimis equo volat agmina circum
Hortaturque duces animosque in prelia firmat.
Mox ipse in medios Ayax[a] *se proripit hostes*
Oppositasque acies stricto diverberat[b] *ense.*
Ut Libicus cum forte leo procul agmina vidit
Leta boum passim virides errare per herbas,
Attollit cervice iubas siciensque cruoris
In mediam erectus[c] *contendit cuspide*[d] *turbam.*
Sic ferus Atrides adversus fertur in hostes
Infestusque Frigum perturbat cuspide turbas.
Virtus clara ducis vires accendit Achivum,
Et spes exacuit languencia militis arma.

Postquam igitur gloriose decertaverunt, Ungaris et Comanis dilabentibus, nichilominus infinitis in fuga[2] prostratis et submersis, Fridericus estimans se Lůdewicum procul dubio prostravisse, novissime Heinricus Friderici frater[e] prius cum pluribus captivatur[e] [3] et Bohemici regis manibus consignatur[e], IIII°[f] Kalendas Octobris[4]. *Sept* 28 Deinde Fridericus sternitur et diu attritus non poterat inveniri, quousque a Friderico burchravio experimentaliter agnoscitur[5], vitaque et salus promittitur, sicque ad Lůdewicum perducitur, cui et triumphalis gloria cum

*) *Sequuntur deleta*: sibi ipsis competere videris, ut legitur[6] primo quidem de Hectore:
Cui fulgens auro cassis iuvenile tegebat
Omni parte caput, munibat pectora thorax
Et clypeus levam, dextram decoraverat hasta,
Ornabatque latus mucro, simul alta nitentes
Crura tegunt ocree, quales decet Hectoris esse

a) audax *Il Lat* b) diverterat c c) erecto *Il Lat* d) pectore *Il Lat* e) *ex* fratre . captivato . consignato *corr. c.* f) IIII° Kal Oct *a Ioh in marg add*

1) *Ilias Latina v* 495—507. 2) *Eadem Chron Thudiscum ed Dobenecker p* 211. *Cont Zuetl. III, l c p* 667. *Cron. S. Petri Erford p* 352 *sq narrant, sed cf Dobenecker p* 192, *n.* 1 3) *Cf. Cont Zuetl. III l c., Math Neuenburg. l c, Dobenecker p* 193, *n* 6 4) *Cf. Dobenecker p* 185, *n.* 1 5) *Paulo aliter Friderici captionem Math Neuenburg., Cron S. Petri Erford, Chron. de gestis princ. p.* 62 *retulerunt* 6) *Ilias Latina v.* 228—232

1322 laudibus acclamatur. Qui[a] in castrum [quod] Dornberch (Oct.) dicitur v[icinum] loco prelii est adductus[1], deinde in castrum quod Trûwensennicht[2] dicitur transmittitur et firme custodie deputatur. Heinricus in Bohemiam vehitur et satis dure* conservatur[3]. Alii hinc inde dispersi ad castra trahuntur, aliis termini ad redeundum et ad se redimendum pro[b] pecunialibus[c] facultatibus indicuntur[4]. Fertur, quod Deus hoc periculum permiserit fieri Friderico, quia secum adduxerit crudelem gentem Comanorum, adversam fidei Christiane, que humanum sanguinem valde sitit[5].

Rex eciam Bohemie asseruit se in sompnis hoc previdisse et de sua et Lûdewici victoria presensisse 2 Par. 25, 5. 7. 8 propter rabiem Comanorum; nam Amasya rege Iuda contra Ydumeos pugnaturo *homo Dei* dixit. *'O rex, ne egrediatur tecum exercitus Israel; non est enim Deus cum Israel et cunctis filiis Effraym. Quod si putas in robore exercitus bella consistere, superari te faciet Dominus*[d] *ab hostibus. Dei quippe est adiuvare et in fugam convertere'.* Et sic hoc prelium est solutum, ut Ovidius[6] dicit:

Pugna suum finem, cum iacet hostis, habet.

*f. 34'. *De multiplici adversacione Lupoldi et erepcione ducis Heinrici et regis Friderici Capitulum 6[m][e].

1332 Eodem anno, scilicet M°CCC°XXII°, postquam in captivitatem principes sunt adducti, tristi nuncio in Austriam et undique mox volante, fletu et singultibus se tota curia discerpebat. Precipue regina[7], Friderici

*) *Sequuntur in marg. a Ioh. deleta:* quamvis regina[8] eius matertera fuerat.

a) Qui — deinde *in marg. add., uncis inclusa abscisa.* b) pro pec. facult. *in marg.* c) *ex* pecuniariis *corr.* d) *sic et B. D.*, Deus *Vulg.* e) 6[m] *pro* IX[m] *deleto c.*

1) *Ita et Chron. Thuridiscum.* 2) *Trausnitz, cf. Dobenecker p. 198, n. 3, Cont. Zwetl. III l. c.; Math. Neuenburg l. c.* 3) *Cf. Chron. Aulae-regiae II, c. 12, p. 421:* Heinricus dux Austrie . . vinculatus ferreis compedibus per ebdomadas octo in castro iacuerat Burgelino *(Purglitz).* 4) *Cf. Riezler l. c. p. 342 sq.* 5) *Similiter Cont. Zwetl. III l. c. cladem explicat.* 6) *Tristia III, 5, v. 34.* 7) *Elisabeth.* 8) *Guta, uxor Wenceslai II et mater Elisabeth uxoris Iohannis regis, soror regis Alberti I, Heinrici ducis patris, fuerat.*

consors, et Heinrici ducis[1] lamentabiliter et desolabiliter 1322
se gerebat[a], ecclesias frequentabant, corpora sua ieiuniis
et oracionibus fatigabant, ita ut regina interno curvata
dolore pre nimio fletu plagam incurrerit cecitatis[2], multis
compacientibus doloribus eiusdem, quia *noluit consolari*. *Math.* 2, 18.
Sed[b] non diu postea supervivens diem clausit postre- 1330 *(Iul. 13)*
mum et in ecclesia fratrum Minorum, sicut reginam
decuit, regaliter est locata[3]. [Sicut] Thobye filius[4] *Tob.* 2, 13 *sq.*
non [contris]tabatur, quod plaga [cec]itatis ei acciderit,
. . . .[c] egit Deo.

Heinricus autem dux Karinthie et Heinricus comes 1323
Goricie[5] ad Lůdewicum properant, ut Fridericum eximant, *(Sept. 21)*
effectualiter elaborant promissis obligacionibus, condicionibus ad libitum Lůdewici oblatis; nichil proficientes
ad propria revertuntur, dolentes, quod avunculum nec
prece nec precio poterant liberare, metuentes maiora
postea in regno disturbacionum pericula. Lůpoldus dux 1324
fratribus acceleracionem prelii imponens, eo quod non
sustinuerint vel distulerint, quousque ipse cum suis ad-
venisset et tale improperium avertisset, et *spirans adhuc* *Act.* 9, 1
minarum et cedis imperialia reddere recusavit[6] necdum
victum se fratrum angariis affirmavit. Petit* autem
colloquium regis Francie[7] in monasterio Clare-vallis[8],
quod est situm in Campania, dominatu regni illius, ubi
corpus beati Bernardi abbatis venerabilis requiescit, et
multo militum apparatu et ornatu regem dux et rex *(Iul. 27)*

*) *Ioh. postea in margine adscripsit.* Anno Domini 1324
M°CCC°XXIII° Barrum super Alba.

a) *sic c. pro* gerebant. b) Sed — Deo *(l. 10) in marg., uncis inclusa abscisa.* c) sed gratias *vel simile suppleas.*

1) *Elisabeth de Virneburg.* 2) *Non prorsus, cf. v. Zeissberg, 'SB. d. Wiener Akad., Phil.-hist. Cl.' CXL, p.* 87 *sq.* 90. 3) *Cf. Cont. Claustroneob. VII, SS. IX, p.* 756; *Seemüller l. c. p.* 121. 4) *Immo Tobias.* 5) *Heinricus dux Carinthiae a.* 1323 *Sept.* 21 *Monaci apud Ludovicum degens tabulas concordiae inter duos reges electos dedit, Kopp V, 1, p.* 477, *n.* 2. *et ibid. p.* 100, *n.* 5; *Friedensburg, 'Ludwig d. Bayer u. Friedrich v. Osterreich' p.* 51. *Heinricus comes Goriciae iam a.* 1323. *Apr.* 24 *obierat, Spangenberg, 'Cangrande' II, p.* 5, *n.* 3. *Cf. Chroust p.* 38, *n.* 4, *qui de Martio a.* 1323. *cogitat.* 6) *A.* 1323 *Nov.-Dec. ea Ludovico restituit, cf. Kopp l. c. p.* 101. 7) *Caroli IV. Cf. Math. Neuenburg c.* 52, *Ioh. Villani IX, c.* 267, *Ioh. Vitodur. p.* 50. 8) *Omnes alii auctores eos Barri solum convenisse tradunt, cf. Sievers, 'Die polit. Bez. K. Ludwigs des Baiern zu Frankreich' p.* 19. *In rec. B. D. (infra p.* 123) *colloquia et Barri et in Clara-valle facta esse Ioh. dicit.*

1324 ducem excipit, et habitis colloquiis super statu regni
Alemannie, quod olim Francorum reges rexerant[1], et de
erepcione fratrum atque viis, quibus Ludewicum attereret,
intendebat. Sed nichil quoad illius temporis angustias
aliud est actitatum, nisi quod, muneribus ad ducem
datis et Francigenis pompam et gloriam Theutonicorum
mirantibus, contractu amicicie mutue federato, ab invicem
discedentes, hic Franciam, ille Alemanniam est
1323. reversus.* Venerat autem et rex Bohemie ad regem
Francie[2], glorians de casu prelii sibi faventis, et quod
Heinricum ducem ceperit et artare eum disposuerit,
regi pandit, qui cum sororem eius[3], sua[4] repudiata,
duxerit, eum confidencius sic affatur 'Non est decens,
o rex Bohemie, tam generosi sanguinis ducem mortis
vel corporalis molestie illacionibus tormentari, sed micius
expedit actitari, cum talis casus visus sit quam sepius
1322 (Dec 26) variari' Dantur ergo treuge Heinrico[5], ut consilium a
suis exhauriat et redeat tempore prestituto Et de-
1323 (Sept 18) terminato tempore tractatus super hoc est habitus[6],
ita ut cum castris municiones[7] ad regnum Bohemicum
pertinentes, inpignorate ducibus Austrie, redderentur
cum instrumentis, quibus Austriales duces, Alberti
regis filii, habuerant in promisso, ut a Bohemis vacante

*) *Ioh. postea in margine adscripsit* De canonisacione sancti Thome[8] et Ludewici Tholesani[9].

1) *Ioh h l Leopoldum se ad Carolum IV. regem Romanorum eligendum operam daturum esse promisisse (Boehmer l c p 260, nr. 241. et p 314, nr 395) silentio praeterit, sed cf. infra p 123* 2) *Fortasse a 1323 Febr, cf Sievers p 9, n 2. Iohannes a 1322. Nov 11 Praga profectus a 1323 Iulii 25 eo rediit, Chron Aulae-regiae II, c 11—12, p 421 423 Interim pluries cum rege Franciae convenisse videtur, cf. Schotter, 'Johann, Graf v. Luxemburg und König von Böhmen' I, p. 263—271. Sed cum iam a. 1322 exeunte de liberatione Heinrici ducis tractatum sit, isque a 1322 Dec 26 Vindobonam profectus sit, unde d. Febr 24 Pragam reversus est, quae Ioh refert satis dubia sunt* 3) *Mariam, a 1322 Sept 21.* 4) *Blanca, a 1315* 5) *Hae treugae ei datae sunt aliquanto, antequam Iohannes rex Bohemiae regem Franciae adiret, cf supra n 2* 6) *In oppido Göding Carolo I Roberto rege Ungariae praesente* 7) *Znaim Etiam Laa et Weitra Iohanni regi impignorata sunt, cf Boehmer l c., 'Johann' nr. 62—64 Praeter Chron. Aulae-regiae l c p 422 (ad Aug 18) Ann Mellic. p. 511 et Cont. Zwetl III. p 667. de his pactis referunt, brevius Math Neuenburg l c, Heinr Surdus p 514, Cont. Guilelmi de Nangiaco ed Géraud II, p 54* 8) *A 1323 Iul. 18, cf infra p 123, n ** 9) *A. 1317. Apr 17*

regno deberent assumi et non stirpis vel alterius[a] 1323.
nacionis[1]. Quo peracto, restitutis oppidis et cyrografis,
Heinricus a captivitate solvitur et in Austriam hylariter
est reversus, anno[b] Domini M⁰CCC⁰XXIII⁰

Lůdewicus, brachium suum iam arbitrans robus- 1324
tatum, castrum quod Burgowe dicitur disposuit obsidere, *(Dec.)*
in quo vir alacer et in bellicis rebus habilitatus Burchardus de Hellerbach[2] ex parte ducum Austrie castellatus Lůdewici fines non destitit acerbare rapinis ac
aliis offensionibus conturbare. Cum ergo circumcincto
castro[3] et intus existentibus Lůpoldus animadverteret
succurrendum, de diversis finibus Suevicis, Alzaticis et
montanis copiosam conglobat miliciam et irruens cogit
cedere Lůdewicum, paratus eciam bellum secum agere, 1325 *(Ian.)*.
si facultas suis desideriis prestaretur[4] Summus[c] eciam
pontifex [sui] patrocinium adiutorii Lůpoldo statuit exhibendum, quo [po]tencius resisteret Lůdewico. Concessit
enim sibi decimas ecclesia[sti]cas per districtum [su]e
dominacionis, quam[d] non[e] recepit mortis[5] interveniente 1326 *(Febr. 28)*
obstaculo, [in c]uria[f] bullatis litteris [rel]ictis[6]. Lůdewicus ergo districtius cum Friderico statuit actitandum,
asserens se Lůpoldi ludibrio pro nihilo reputari; unde
increbruit nunc Fridericum iam decapitandum[7], nunc
clausura perpetua sub squalore custodie conservandum,
nunc adempcione omnium suorum principatuum castigandum. Lůpoldus eciam fertur prestigia quedam artis
supersticiose convenisse, quibus educeret fratrem suum[8]
Quod dum Fridericus persensisset, vir solide fidei, Deo

a) nac. alt. *transposita.* b) a D. M⁰CCC⁰XXIII⁰ *a Ioh atramento subaquoso in marg adscr* c) Summus — [rel]ictis *(l 20) a Ioh in marg add, uncis inclusa abscisa* d) *sic c, lege* quas e) cu *c, ut videtur.* f) [illegible] *c, cf infra p* 121, *l.* 27

1) *Haec et Chron. Aulae-regiae l. c dicit, cf supra I, p.* 339 *et Kopp V,* 1, *p* 94 2) *Cf Math Neuenburg. c* 53, *Cont Martini Oppav., 'Deutsche Chron.' II, p.* 350, *Boehmer l c, 'Ludwig' p* 45; *Kopp l c. p* 162, *Dobenecker l c p* 211 *sq.* 3) *Ante Dec* 30 *cf. Boehmer l c, 'Ludwig' nr* 765—769 4) *Ludowicus proelium non exspectans regressus est, cf Chron de gestis princ. p* 67, *Math Neuenburg c.* 53; *Chron. Aulae-regiae II, c* 15, *p* 432, *Cont Zwetl III, l c p* 667 5) *Leopoldi ducis* 6) *Eadem Cont Zwetl III, l c p.* 668, *refert Iohannes XXII. Leopoldo decimam biennalem a* 1325 *Nov* 13, *triennalem a.* 1326 *Ian* 25 *concessit, Riezler, 'Vat Akten' p* 253 *sq, nr.* 580 *sq. et p* 267, *nr.* 618. *Fieri potuit, ut hae litterae tempore mortis Leopoldi nondum emissae essent* 7) *Idem fabulatur Heinricus Surdus, Boehmer, Fontes IV, p.* 515 — *Chron de gestis princ p* 68 *Fridericum mortem timuisse dicit.* 8) *Cf. Math Neuenburg c* 51, *Ioh Vitodur. p* 76, *Cron S Petri Erford p.* 355 *sq*

1324 pocius, qui omnia potest facere, se commisit. Lûpoldus
autem anno Domini M°CCCXXIIII° usque ad Wangionum
partes omnes, qui Lûdewici se submiserant dicioni vel
prius sue partis extiterant, tam nobiles quam civiles
quam personas ecclesiasticas, non desiit spoliis et in-
f. 35 cendiis seviens debachare[a] et totis *conatibus devastare[1].
Videns enim, quod multis amicorum intervencionibus
fratri solucio non pateret, omnia que poterat adversa
contra Lûdewici partes cottidie machinatur[2]. Anno
1325. Domini M°CCC°XXV° vir religiosus Gotfridus[3], prior
monasterii Mûrbach[b], quod Fridericus de novo fundaverat[4] — et quidem prius hoc negocium attemptaverat,
Prov. 25, 25 quamvis parum vel nichil profecerat —, Friderico *nuncius
de terra longinqua,* ut ait Salomon, sicut *aqua frigida
anime sicienti* venit** et Lûdewicum in spiritu fortitudinis[5]
aggreditur[6] et alloquium sic orditur 'O princeps clarissime, cuius iam triumphalis gloria per mundi clymata
cf. Iob. 18, 17. divulgatur, cuius nomen festivis undique laudibus celebratur, virtus et pietas predicatur, cur cor vestrum
usque hodie in amicum et consanguineum vestrum captivum, paratum et inclinatum ad vestra volita, non de-
flectitis et imbibitis vanorum consilia virorum meditan-

*) *In inferiore margine f. 34'. Ioh. scripsit* Anno Domini
1324 M°CCC°XXIIII°[c] obiit domina Katherina ducissa
Febr. 19 Calabrie feria secunda proxima ante festum Mathie[7].
Et in superiore margine f. 35: De erepcione Friderici et reconciliacione eius cum Ludewico. Capitulum X[m].

**) *Ioh. postea in margine adnotavit* Nota verba Valerii de his qui in inimicicia[8].

a) *sic c., quod verbum transitivum Ioh. usurpasse videtur. O. H.-E.* b) *in marg.* Mûrbach *a Ioh. adscr. post* fundaverat *inserendum.* c) M°CCC°IIII° *c.*

1) *Cf. Math. Neuenburg. c. 53. et Kopp V, 1, p. 157. de tempore.* 2) *Cf. Math. Neuenburg l. c.* 3) *Priorem quendam Cartusiensium Ioh. Vitodur. p. 75, Cartusiensem Ludovici et Friderici confessorem Math. Neuenburg. c. 53. dicunt.* 4) *A. 1316 Apr. 18. Cf. tabulas fundationis, Boehmer, 'Friedrich' nr. 68.* 5) *Cf. Is. 11, 2.:* spiritus consilii et fortitudinis. 6) *Gotfridum priorem concordiae inter reges in Trausnitz firmatae interfuisse constat, ceterum Ludovicus negotium tractare coepit, cf. Friedensburg l. c. p. 9—14.* 7) *Item Cont. Claustroneob. VII, SS. IX, p. 755, et Ann. Zwetl., ib. p. 682 (a. 1333). Titulus vero eius, Summonte, 'Hist. .. di Napoli' II, p. 385, diem mortis a. 1323 Ian. 15 exhibet. Cf. Finke, Acta Arag. I, p. 388, nr. 260.* 8) *Cf. Valerii Maximi libri IV caput 2, quo disserit de iis,* qui ex inimicitiis iuncti sunt amicitia aut necessitudine.

cium inania[1], qui clemenciam principum nituntur subvertere et a bono, utili ac honesto subducere, quibus res[a] publica decoratur et regia potencia ampliatur. Considerare decet statum regni, quem patres eius ab olim magnifice tenuerunt, robur fratrum eius superstitum, qui necdum a calore Marcio[2] marcuerunt neque diviciis neque potencia defecerunt[b]; quorum devocione et assistencia regnum poterit roborari ac vobis[c] in exteris et interis[d] provinciis suffragari. Quid enim honoris vobis conquiritis, si in eorum terris vestram indignacionem respergitis? Immo in iam paratis ad obediendum plus dedecoris comparatis et claritatem vestre celsitudinis maculoso turbine obfuscatis'.* Quorum verborum facecia et eloquencie verbalis affluencia Lůdewicum in admiracionem et vultus submissionem traxit et ad habendum oportunitatem[e] consilii inducias respondendi et faciendi, quod racio dictaret, contaxavit[f]. Lůdewicus invisceratis sibi viri verbis mellifluis, consilio pretractato, votis hortantis annuit et precantis. Et de vultu et oculis detersa obstinacionis nebula et animo serenato clausum produci imperat, officium misse sacre prior celebrat, sacra communione de una hostia ambos corroborat, sacramento Fridericum Lůdewico ac pacis osculo conciliat.** (Vat 13) Per pacta subiectionis et voluntarie obedicionis fratres ad idem implicat[g] [3], per[h] eos amplius regnum non offendatur, et ut civitates in reliquum Lůdewico pareant, eas a iuramentis debitis sibi laxat. Et conglutinantur 1325.

*) *Ioh postmodum in marg adnotavit* Seneca ad Neronem[4]: *N[ullum] magis ex o[mnibus quam] clemencia regem aut p[rinci]pem dec[et]*, et item: *Un[um] genus vindi[cte] est ignoscere*

**) *Ioh in marg adscripsit:* De monasterio Ru[nensi] et inundacione etc; *cf infra p 126*

a) rex *c.* b) *sic B. D*, deferunt *c.* c) *pro* vestras *delet c.* d) *sic et B D infra p.* 125 e) cons oport. *a Ioh transposita* f) *sic c.* g) *adde* ut h) per — laxat *in marg.*

1) *Cf Ps* 2, 1: Quare . . . populi meditati sunt inania? 2) *Cf. Statius, Achilleis I, v.* 881 *sq*: caloque Martius 3) *Cf Boehmer l c. p* 47; *Kopp V,* 1, *p* 168—173; *Preger, 'Die Verträge Ludwigs des Baiern mit Friedrich dem Schönen i d J* 1325 *u* 1326, *Abh d bayer Akad d Wiss, III. Cl', XVII,* 1, *p* 4—13 4) *De clementia I,* 3, 2.

1 Reg. 19, 1 ad invicem duo sicut quondam Ionathas atque Davit.*
1325 (Apr.) Fridericus[a] in Austriam rediens barba intonsa curiam totam, dominam suam et pueros[1] totamque terram nove laudis tripudio letificat et infundit. Occurrunt divites, spectant pauperes, exsultant familiares. Papa[b] per Gotfridum priorem[2] audiens reconciliacionem factam indignanter tulit et eum sub hoc crudeliter inclamavit, et quamvis per Fridericum ad eum sepius missus fuerat et bene res egerat, illud improperium numquam pertulit
2 Mach 14, 26 27. pacienter et . . . . .[c]. Solus Alchimus, qui invidorum tenet ymaginem, contabescit, qui pessimis criminacionibus detulit Machabeum ad Demetrium, ut amicicie convencionem inter eum et Nychanorem graviter valde ferret. O quam apte dicere poterat Fridericus illud Ovidianum** [3]

Omnia sunt hominum tenui pendencia filo
Et subito casu que valuere ruunt.

De introitu Lůdewici in Ythaliam, de antipapa Rome creato. Capitulum 7m.

1327 (Mai.) Anno Domini M°CCC°XXVI° Lůdewicus disposito regno post se adversantes aliquos non relinquens, multis mirantibus Ythaliam est ingressus, spectabili et eximia militum stipatus nacionis[d] Theutonice comitiva. Et

*) *Sequuntur deleta* Lůpoldus imperalia reddidit[4], vehemens eius animus ad fratris imperium conquiescit.
**) *Sequuntur deleta*:

Ludit[5] in humanis divina potencia rebus,
Et certam presens vix habet hora diem,

et item

a) in Austr. Frid. *a Ioh transposita.* b) Papa — pac. et (*l. 10*) *in marg.* c) *reliqua abscisa.* d) nocionis *c.*, Theut. noc. *a Ioh transposita.*

1) *Elisabeth et Annam filias.* 2) *Non is papae concordiam retulit. Die Aprilis 1. eam factam esse in curia innotuit, Finke, Acta Arag. I, p. 412, nr. 273. Cf. Iohannis XXII. epistolam Friderico die Maii 4. datam, Bohmer l. c., 'Johann XXII.' nr. 36, et papae responsa Leopoldo missa die Maii 5, Riezler, 'Vat. Akten' p. 223, nr. 487; die Iunii 3, ibid. p. 230, nr. 507; et de Gotfridi prioris legationibus ibid. p. 294, nr. 721; p. 299, nr. 739; p. 323, nr. 829.* 3) *Ex Ponto IV, 3, v. 35 sq.* 4) *Iam a. 1323 Nov.-Dec. ea reddiderat, cf. supra p. 87, n. 6. Falsum est eum tunc ab inimicitiis contra Ludowicum destitisse.* 5) *Ex Ponto IV, 3, v. 49 sq.*

transiens per vallem Tridentinam[1] terram Heinrici ducis 1327. Karinthie et comitis Tyrolensis, quondam regis Bohemie, subintravit. Ubi magnifice susceptus generum Heinrici, filium regis Bohemie[2], de ducatu Carinthie et comitatu Carinthie[a], ut dicitur, investivit et, si eum decedere contingeret, alteri genero, qui Heinrici filiam[3] duceret, eadem gracia datis litteris prius[b] regalibus, postea imperialibus, sigillo signatis aureo communivit[4]. Et sic transitum tam[c] pro tunc secum existentibus eumque sequentibus conquisivit. Et veniens Veronam[5], Mediolanum (Mai 17) reliquasque imperii civitates honorifice suscipitur et sine omni offendiculo Liguriam[6] et Thusciam transiens Ro- (Aug.-Sept.) mam venit *et sine sanguinis effusione, quod quasi in- *f. 35' consuetum visum est, officiose[d] ab omnibus salutatur. 1328 (Ian. 7) Rome autem existens, ne ocio marcesceret[7], dixisse fertur *Inite consilium, quid agere debeamus* Accedentes 2 Reg 16,20 autem, qui sapientes in oculis suis videbantur[8], coronam sibi imperii debitam diffiniunt imponendam. Quod quia Iohannes papa ridiculum estimabat et precise, tamquam non approbato neque confirmato per sedem apostolicam[9], per se vel per alios fieri denegaret[e], antiquis statutis Romanorum[10], que nullus censet sane mentis contra ecclesie ius vel formam posita, revolutis et novellis similiter replicatis argumentabant summum pontificem in sede sua debere habere residenciam et tam sibi quam omnibus absenciam tanti temporis interdictam et, quia statuti legem transgressus fuerit et pontificatum Lateranensis ecclesie nunquam intraverit, eum frustra se scribere episcopum asserebant et non esse de iure antistitem

a) *sic iterum c, lege* Tyrolis, *ut habet D* b) prius — imper *in marg* c) *sic aut* cā *c* d) afficiose *c* e) denegabat *legendum*

1) *Tridenti a* 1327 *a m Ianuar ad medium Martium stetit* 2) *Iohannem Heinricum natum a* 1322 *Febr.* 12, *cf supra p* 77 *et infra p* 112 *sq* 3) *Margaretam* 4) *A* 1330 *Febr.* 6, *Boehmer l c, 'Ludwig' nr.* 1079 *Sed A. Huber, 'Gesch. d Vereinigung Tirols mit Osterreich' p* 14. *loco Iohannis Vict inspecto coniecit Ludovicum Heinrico iam a* 1327 *hanc gratiam promisisse; cf Chroust, 'Die Romfahrt Ludwigs d Bayers' p* 62, *n* 1 5) *Non eo venit, sed Pergamum a Tridento profectus est* 6) *Liguriam Ioh more antiquorum occiduam Galliae Cisalpinae partem dicit.* 7) *Nicolai V papae pronunciati causam Ioh commentus est et quae de Ludovico imperatore coronato sequuntur confuse narravit.* 8) *Is.* 5, 21 Vae qui sapientes estis in oculis vestris; *cf Iob* 37, 24. 9) *Iam a* 1324 *Martii* 23 *excommunicatus erat* 10) *Cf Wilhelmum Egmond, Mathaeus, Analecta vet ed* 2 *II, p.* 678, *qui Romanos Ludovico privilegia similia exhibuisse dicit.*

1328 conferebant[1]. Igitur posse ex suis statutis asserunt
papam alium se creare, Lůdewicum implicant, ut assenciat[a], nobiles et diversos prelatos, episcopos et abbates
advocant, Romanos nobiles pro gloria sue Urbis erigenda,
que dudum elanguit, complices facti faciunt et inducunt.* Lůdewicus autem publice declamacionis et vive
vocis oraculo se legum inscium et civitatis[b] eorum
cf Is 33, 15 ignorare sancita, se immunem esse velle et excutere
manus suas ac impollutas ab hoc negocio conservare[c] [2].
Matth. 27, 25 Exclamantes omnes dicere videbantur *'Super nos et*[d] *filios
nostros* piaculum hoc excrescat, si metas vel regulas excedimus veritatis'. Et lectis atque coram universa multitudine expansis libris[3] aures populi demulcebant**.

Queritur ergo et invenitur etatis mature, egregie
literature, conversacionis dure, vite pure religiosus
(Mart. 12) de fratrum Minorum ordine Petrus nomine[4], quem renitentem capiunt, Nycholaum[e] vocant et super beati
Petri cathedram monstrum ponunt et ydolum in domo
Israel[5] constituunt, cardinales, officiales, curiam ordinant[6] et laqueum offensionis et scandalum pedibus[7]
ambulancium simpliciter[8] ponere non formidant. Lůde-
(Maii 22). wicus coronam imperii una cum regina ab eo suscipit,

1330 *) *Postea Ioh in marg sinistra adscripsit*: [P]eperit[f] autem
(Maii 17). uxor [ei]us filium in Urbe, [su]per quo Urbs et
[to]tus populus letabatur et [usque] hodie iocundatur, quem [de] Urbis gloria Romanum [ut] insigniorem
ceteris appellavit[9].

**) *Sequuntur a Ioh deleta* quia, ut dicit Claudianus[10],
Mobile mutatur semper cum principe vulgus.

a) asseneiant *c.* b) eorum civ *transposita c.* c) *deest verbum finitum, ut professus est* d) et super *Vulg* e) Nych. voc. *in marg* f) *uncis inclusa abscisa*

1) *Nota et Math Neuenburg* c 54, *Ioh Vitoduran* p. 79, *Cont. Guillelmi de Nangiaco II*, p 87 *referre Romanos ita argumentasse, cf Muller, 'Der Kampf Ludwigs d B mit der rom Curie' I*, p 180 *et edictum Ludovici, Boehmer nr.* 994 2) *De hoc loco cf. Chroust p* 145—150. 3) *De Marsilio Pataviui Defensore pacis Ioh cogitasse videtur* 4) *Petrus Rainalducii de Corvario Reatinae diocesis.* 5) *Cf. Ezech.* 8 10 idola domus Israel 6) *Cf Eubel, 'Der Gegenpapst Nicolaus V. und seine Hierarchie', 'Hist. Jahrb.' XII, p.* 277—308. 7) *Cf.* 1. *Petr*. 2, 8: lapis offensionis et petra scandali, *et Ierem* 18, 22: laqueos absconderunt pedibus meis. 8) *Cf Prov.* 28, 18 qui ambulat simpliciter *O H-E* 9) *Ludovicus Romanus a.* 1330 *Maii* 17 *Monaci natus est De aliis qui similia fabulati sunt cf. Riezler II, p* 453, *n* 1; *Chroust p* 160, *n* 1 10) *Cf. infra p.* 95, *n* 4

caput ei flectit, devotum se filium repromittit, cum[a] 1328. consorte sua[1], que eum comitabatur, frequenter sollempnizavit et solacia habuit infinita, et clerus et omnis populus quasi acrisia[2] percussus, oculos habens, non videns, aures, non audiens[3], idem agit, quia, ut dicit Claudianus[4],

Flebile[b] *mutatur semper cum principe vulgus.*

Lûdewicus ultra Romam non longe[5] vadens prelia (Iun.) nulla gessit, Ropertum regem, licet intenderet, offendere non valebat. Inter filium suum Stephanum et filiam regis Sicilie[6] matrimonium, quod postea consumatum est post exitum suum ab Ythalia[7], contractavit. Paucos vel nullos locupletavit, immo infinitos et pene omnes vacuos dimisit, bene stipendiandos datis caucionibus literalibus promisit, ex quibus multos vidimus maledicentes[c] quam benedicentes, inertem imperatorem et inutilem Lûdewicum conviciis[d] lacerabant. Ex hinc apud plures nomen sortitur imperiale. A sacrosancta ecclesia tam ipse quam omnes ei consencientes et adherentes dire excommunicacionis gladio usque hodie circumcingitur[e] et torquetur[e] [8].

⟨De[f] morte Lûpoldi et Heinrici ducum⟩ et opposicione Ottonis contra fratres. Capitulum 8[m g]

Anno[h] Domini M°CCC°XXVI° pridie Kalendas 1326 Marcii[9]. Fridericus interea[10] sue dominacionis civitates Febr. 28 et competa[11] perlustravit veniensque Iudenburgam triste

a) cum — infinita *in marg.* b) Mobile *Claud. et supra p. 91, n. *** c) potius *supplendum* d) conv. lac. *in marg. add.* e) *sic c.* f) *uncis inclusa a Ioh. deleta* g) 7m *a Ioh. corr.* 8m *pro* XII *deleto* h) Anno — Marcii *in marg. post a Ioh. add.*

1) *Margareta.* 2) *Cf. Petri Comestoris Hist. scolast., Genesis c. 52.* 3) *Marc.* 8, 18. Oculos habentes non videtis? et aures habentes non auditis? *O. H.-E.* 4) *Panegyricus de quarto consulatu Honorii Augusti v.* 302, *Auct. ant. X, p.* 161. 5) *Molaria capta Cisternam usque via Appia profectus est, unde per Velitras Tiburque Romam d. Iulii* 20 *rediit, cf. Villani X, c.* 76. 6) *Elisabeth filiam Friderici regis.* 7) *Idem refert Cont. III. Bavarica Chronici Saxonici universalis, 'Deutsche Chron.' II, p.* 344, *cf. Chroust p.* 86, *Finke, Acta Arag. I, p.* 426, *nr.* 281. 8) *Cf. supra p.* 93, *n.* 9. *Insuper a.* 1328 *Ian.* 21 *Iohannes XXII contra imperatorem crucem praedicari iussit.* 9) *Hoc die Leopoldus dux obiit. Cf. Cont. Vindob., SS IX, p.* 722, *Cont. Claustroneob. V, ibid. p.* 735, *Cont. Claustroneob. VII, ibid. p.* 755, *Kopp V,* 1, *p.* 208, *n.* 4 *sq., Liebenau l. c. p.* 60, *n.* 2, *Seemuller l. c. p.* 121. 10) *Post Ludovici in Italiam iter haec perperam narrata sunt, cum in altera recensione (p.* 127*) Iohannes errorem correxerit.* 11) *Cf. supra I, p.* 153, *n.* 1.

1326. nuncium de morte Lůpoldi suscipit fratris sui[1] et manibus iniectis in pilos decerpere cepit et eiulatu maximo exclamare: 'O patrie, germane, decus[a], o dux ducum, gloria militum, formido hostium, in castris militancium cautissime, in consiliis prudentissime, in preliis constantissime, tu inimicorum insecutor acerrime, tu sustentator et informator ac ordinator milicie, tu tui temporis decus insigne, quid michi iam proderit ducere post te vitam? Tu per sudores et labores, germane, fidei conservator, tu magnificus triumphator! Nunc mortis subactus aculeo, perfossus iaculo nos anxios et *f. 80. desolatos in hoc mundo fluctivago reliquisti'. *Hic[b] non excellentis corporis, sed agilis miles fuit, animi valde magni et intrepidi, sicut Homerus[2] dicit de Tydeo:

Maior in exiguo regnabat corpore virtus,

et sicut Seneca[3] dicit: *Exiit de humili et deformi corpore animus generosus*.

(Febr. 28) Hic apud urbem Argentinensium diem clausit extremum ibique in maiori ecclesia armorum suorum insignia in eternam sui memoriam pro civitatis eiusdem gloria dereliquit, in Campo-regis in sepulchro, ubi regina mater eius est condita, sepelitur. Uxorem filiam comitis Sa- 1336 Sept. 30). baudie[4] — vidua adhuc iuvencula moritur —, duas filias habuit. Quarum unam[5] post excessum fratrum in Franciam, alteram[6] in Poloniam dux Albertus Lůpoldi[c] filias honorifice maritavit. Heinricus dux, post captivitatem raro plena fruitus corporis sospitate, in civitate 1327 Gracensi Styrie graviter infirmatus moritur* et ibidem

*) *Ioh. postmodum in marg. adscripsit:* Anno Domini Febr. 3. M°CCC°XXVII. in die Blasii in Brukka[7] Styrie [et[d] in] mo[nasterio Minorum] Gracze [sub]terratus[8].

a) *nota medium hexametrum versum, sed cuiusquam auctoris locum Iohannem alludere non credideramus.* b) Hic — generosus *(l. 17) a Ioh. in marg. superiore add.* c) Lůp. filias *delendum.* d) *uncis inclusa abscisa.*

1) *Boehmer l. c. p.* 178 *Fridericum nuntium m. Martii accepisse contendit, cf. et regis planctum, Addit. III, 'Friedrich d. Schöne' nr.* 383. 2) *Immo Statius, Thebais II, v.* 417. 3) *Epist. moral.* 66, 3: potest ex casa vir magnus exire, potest et ex deformi humilique corpusculo formosus animus et magnus. 4) *Katherinam. Cf. Cont. Claustroneob. VII, l. c. p.* 756; *Seemüller l. c. p.* 121; *Liebenau p.* 60, *n.* 5. 5) *Katherinam, quae Engelramo de Coucy priori marito nupsit.* 6) *Agnetem, quae Bolkoni II. duci de Schweidnitz et Jauer nupsit.* 7) *Ita et Cont. Vindob., cf. infra n.* 8. 8) *Cf. Cont. Vindob., SS. IX, p.* 722; *Cont. Claustroneob. V, ibid. p.* 735; *Cont. Claustroneob. VII, ibid. p.* 755; *Seemüller l. c. p.* 121.

in ecclesia fratrum Minorum per fratrem Fridericum regem gloriosis exequiis subterratur[1] et[a] eius consortem[2] multa lamentacione deploratur, nam Ionathas et Saul occisi ab armis[3] commendantur, et deinde post incineracionem per eandem ducissam[b], suam conthoralem, religiosis fratribus assumptis, scilicet de monasterio Runensi Cisterciensis ordinis et duobus fratribus Minoribus, in Campum-regis, ubi mater et frater quiescunt, sicut predisposuit, transportatur et mira devocione coniugis tumulatur[4]. Cuius animum[c] strennuum et corpus armis militaribus firmatum versibus Hectoris strenuitatem commendantibus possumus decorare, quibus dicit[5]. 1327

Cui fulgens auro cassis iuvenile tegebat
Omni parte caput, munibat pectora thorax

Anno* Domini M°CCC°XXVII° Otto dux, iunior fratrum, devocionis spiritu inflammatus, effectum[d] sue peticionis, scilicet de duobus generosis filiis[6] divinitus sibi datis, volens Domino compensare quesit ab abbatibus Cisterciensis ordinis ubi in omni loco dominacionis sue magis aptum et ordini congruum[e] ad erigendum monasterium valeat repperire, in quo monastica exerceatur disciplina et continuetur monachorum instauracione iugiter laus divina** Qui[7] circumlustrantes in conclusione moncium in Styria super fluvium Műrtzam, versus aquilonem intrantibus Austriam locus se optulit silvis, pascuis, piscacionibus et ad victualia sustentacula clare situs, quem empcione, commutacione, donacione propriarum rerum de fratrum consensu elegantissime ordi-

*) *Hic Ioh. postea novum capitulum incipere volens in marg adscripsit* De fundacione monasterii Novi-montis et opposicione ducis Ot[tonis] contra fratres, reconciliacione. Capitulum XIII^m^.

**) *Ioh. in marg add.* Hoc anno nascitur Fridericus dux, Ottonis ducis filius[8]. 1327 *(Febr 10)*

a) et — commendantur et *(l 4) in marg. scripta huc pertinent, adde* per b) suam duc *transposita.* c) an sti et *inter lineas Ioh add* d) *emendavi O H-E,* affectum *c* e) locum *supplendum*

1) *Hoc alibi non traditum est.* 2) *Elisabeth de Virneburg* 3) *Cf 2 Reg 1, 22 sq* 4) *Cf Cont. Claustroneob VII* et sepultus est in Chungsvelde: *Liebenau p 60, n 3* 5) *Ilias Lat v 228 sq* 6) *Friderico et Leopoldo* 7) *Ottonem abbatem S Crucis solum dicit Cont Zuetl III, l c p 668* 8) *De tempore, quo natus sit, alibi non tradito cf infra recensionem B. D, p.* 131

1327 navit et nomen loci Novum-montem appellavit. Rebus et possessionibus, privilegiis, libertatibus eximie decoravit[1].

Causa[a] huius cenobii construendi fuit, quia matreteram[2] suam in coniugio duxerat, que sibi in tercia linea adherebat; nam mater Ottonis ducis, regina Elizabeth, nata fuit de Meynardo duce Karinthie et Elizabeth regina, relicta Chunradi regis, matre Chunradini, qui periit in Ythalia, et fuit soror Heinrici ducis Bawarie, qui genuit Stephanum, qui fuit pater huius Elizabeth consortis Ottonis; et sic dispensacione optenta construere monasterium ad penitenciam est iniunctum, et singulariter ordinem hunc elegit. In[b] quo viget caritativa hospitalitas, vite monastice et cenobitalis communitas, morum honestas et regularis observancie austeritas, ubi vituperatur [mal]a voluntas, simul commedere, simul bibere, pariter laborare, nichil habere proprium commendatur. Paupertas voluntaria et continencia, castitas, humilitas devotatur. Quod monasterio Sancte Crucis famoso et religioso subesse voluit[3]. Ex quo primum abbatem Heinricum[4], virum circumspectum temporalibus et spiritualibus, assumpsit, cuius dispensacione in primo flore non modicum novella plantula succrevit, immo incrementum [floris] maximi tempore suo sumpsit.

1328 (Aug.-Sept.) Suscitavit autem Deus spiritum vertiginis, quem
Matth. 13, 25-28 miscuit[5] inter fratres, sicut *inimicus homo zizania*[c] *in medio tritici seminavit.* Nam porcionem substancie se contingentem Otto postulat, per expediciones et gwerras Friderici civitates, castra, iura, iudicia, mutas impignorata considerat, neque se neque consortem tam precelsi germinis cum sua clyentula honore debito et precipue pro cottidiano victu et necessario revereri et respici asserit et propallat[d], se suarum rerum velle esse dominum et principem asseverat. Quod Fridericus et Albertus dissimulantes cogitabant, sicut leviter vel occasionaliter fratris animo incidisset, sic subito saniori utentem[e] con-

a) Causa — elegit *(l. 12) in marg.* b) In — sumpsit *(l. 23) in inferiore marg., quibusdam abscisis.* c) in medio trit. ziz. sem. *a Ioh. transposita c.* d) *sic c.* e) cons. ut *a Ioh. transposita.*

1) *Cf. Lindner, Monasticon dioc. Salisb. p.* 85—88. 2) *Elisabeth filiam Stephani ducis Bavariae Inferioris. Avus ergo Elisabeth frater aviae Ottonis erat.* 3) *Cf. Cont. Zwetl. III, p.* 669. 4) *I. Spanhalb, monachum S. Crucis.* 5) *Is.* 19, 14: Dominus miscuit in medio eius spiritum vertiginis. *O. H.-E.*

silio pertransiret[a], simul eciam ponderantes terram non 1328 posse scindi nisi cum maximo rerum et hominum inhabitancium dispendio, qui actenus unus populus, una gens, unum dominium extitere et uni semper principi vel pluribus, unitis tamen, pariliter et utiliter paruere. Persistente Ottone in sua intencione, quorundam consilio robustatus[b], fratres nimium stupentes nullatenus consensum suis conatibus prebuerunt. Et ortum est per Austriam et Styriam excidium grave satis[1], nam quidam Ottoni fortissime adheserunt dicentes eum non irracionabiliter concitari, alii fratribus astiterunt dicentes non competere fratrum vel terrarum coherenciam ab invicem sequestrari. Alii se subtraxerunt dicentes eis factum displicere, sed non sine periculo eorum isti vel illi parti per consilium vel auxilium complacere, pocius velle medios residere, fratrum utrobique graciam retinere. Interea Otto reges Ungarie[2] et Bohemie implorat et ad suum favorem inclinat. Rex Ungarie fratribus super hoc scribere deliberat, et dum persuadere non posset, gentem in adiutorium Ottonis copiose multitudinis destinat, et Bohemie rex in persona propria se presentat, quibus Otto cum suis in occursum properat. Austrie ex altera parte Danubii finitimas civitates, oppida, municipia, spolia[c] obsident et devastant. Rex autem Ungarie, videns se Ottoni ad momentum utiliter placuisse et zelum suum pro eodem sufficienter reliquis fratribus expressisse, populum suum revocat, ut[d] in nullo (Sept.) amplius terram ledant[3]. Rex autem Bohemie, *que *f. 30' instrumentis machinarum vel fossorum laboribus acquisierat[4], ea sibi concathenavit, dicens ea se pro stipendiis secum militancium servaturum, et sicut ursus rapinam compressam in ungulis non deserit, sic reddere indentata nullatenus acquievit[e].

a) *cf. infra p.* 100, *n.* d. b) *lege* robustato *O. H.-E.* c) *sic c.* d) et *c.* e) acquiescit *corr.* acquievit *c.*

1) *Cf. Ann. Mellic., l. c. p.* 512; *Ann. Matsee, l. c. p.* 828; *Cont. Zwetl. III, l. c. p.* 669; *Chron. Aulae-regiae II, c.* 20 *p.* 456 *sq. Inter discordiarum causas Ioh. eam oblitus est, quod Otto fratres cum Ludovico rege pacisci aegre tulerit.* 2) *Carolum I. Robertum.* 3) *Pax inter Carolum I. Robertum regem Ungariae et Fridericum regem eiusque fratres Sept.* 21. *apud Bruck icta est.* 4) *Quae Chron. Aulae-regiae et Cont. Zwetl. III l. c. enumerant.*

De[a] reconciliacione fratrum [a]d invicem et cum rege [B]ohemie et obitu regis [Fri]derici Capitulum 9[mb].

1328. (Sept.-Oct.) Dux autem Otto cum fratribus ad colloquium veniebat, ab amicis[1] admonitus iam se errasse et exorbitasse a vestigiis salubris consilii senciebat. Dies eciam placiti Iohanni regi Bohemie indicitur, ut veniat et, si quid ad racionem iusticie pertineat in hoc facto, suscipiat et ad amiciciam conducere se permittat. Et dum coirent anno[c] Domini M°CCC°XXVIII°, rex Iohannes a longo detracto cappucio pro reverencia Friderici, Fridericus autem manu modicum pilleo elevato sibi invicem salutacionis officium prebuere. Iohannes in hoc se reputans contemptui reputari, ad conveniencia placita non poterant convenire, cum nullomodo pro tunc rex Iohannes inungulata sibi restituere consentiret dicens, si Fridericus regis filius vel rex esset, ipse[d] imperatoris filius et rex esset, dubium, quis esset alteri preferendus Otto autem non occulte, sed palam dixit, si sua sic ambiret et resignare differret, promissa sibi facta trans-
(Oct.) grediendo tetre oblivionis opprobrio macularet.* Altera dies eligitur, in qua placita sibi complaudunt, ut Iohanni regi determinata summa pro resarcicione daretur, ut satisfaceret hiis, qui sine stipendiis non suffecerant militare. Et ita in amicicia sunt firmati, ut Fridericus et ipse ceperunt se invicem diligere et familiaria colloquia commiscere. Iuramenta omnium civitatum laxantur, que regi Iohanni fecerant, et ducibus resignantur Letatur populus terre et leticia immoderabili gratulatur quod aufertur ab eis

*) *Ioh in marg add abscisa ex parte. . .* . um Fridericum[2]
1329 (Febr 23) Moritur ultima soror ducum, Gûta comitissa[3]

a) *inscriptio capitis in marg. ex parte abscisa* b) 9[m] *pro deleto* XIIII[m] *c*
c) A D M°CCC°XXVIII° *in marg* d) ipsum esse *legendum, modo sermonis Germanici haec scripta, ut et infra l 21 et saepe alibi.*

1) *Cf Cont Zwetl III*· tandem discordia fuit per ministeriales sedata 2) *Fortasse Fridericum filium Ottonis ducis natum (supra p 97) Iohannes h l iterum adnotavit* 3) *De Ottingen, cf infra p.* 103. *Cont. Zwetl. III, l c p.* 669 *(Febr 23); Cont Claustroneob VII, l. c p* 755, *Liebenau p* 60, *n* 4; *Seemuller, 'Mitteil d Instit f. Osterr. Geschichtsf.' XIV, p.* 121 *(Mart 5)*

oppressio Bohemorum et propriorum denunciata fuit 1328.
obsecucio dominorum Unde Boecius[1]

Reditu[a] proprio singula [gaudent[b]],
repetuntque[c] suos queque recursus.

His ita se habentibus et fratribus concordatis, ut 1329
hec procella de cetero non exurgeret inter eos, Ottonem ad invisenda superiora loca et tuenda loco Lŭpoldi[2] iam heu dolor! sublati de medio avexerunt*. Moram autem trahente Ottone et negociis se variantibus Fridericus rex in castro Gŭtenstain, ubi propter refrigerium caloris et temperamentum aeris se transtulerat, anno Domini
MºCCCXXXº[d] in octava ephyphanie[3], ut quidam dicunt, 1330 *Ian* 13
apoplasiaco[e] morbo, alii dissenteria, alii paralisi percussus, et prevalente incommodo, bona devocione et liberali testamento per ecclesias et monasteria disposito, ex hoc seculo emigravit et in loco sue fundacionis in Mŭrbach[f] regalibus exequiis tumulatur[4]. Sepulchrum eius regio titulo eximie est, sicut cernitur, insignitum
Moritur et consors Ottonis ducis domina Elizabeth et (*Mai* 25).
ad monasterium Novi-montis deducitur et diligencia Alberti ducis magnifice sepelitur[5]. Ipsumque mona-

*) *Seq deleta* et ut civitates[g] Friderico iuratas, a iuramentis solutas, Ludewico denunciet fidelitatem in reliquum conservandam. *In marg. Ioh scripsit* XXIXº regina conthoralis Friderici[6], *et infra, quae postmodum delevit* Albert[us][h] monasterio [h] Karinthie, quod fundare cepit[7].

a) redituque suo *Boeth.* b) gaudent *Ioh. h. l omisit, sed habet infra p* 131 c) repetunt proprios *Boeth* d) MºCCCXXVIIIº *corr* MºCCXXXº *c* e) *sic c* f) Mŭbach *c* g) civitatibus iuratis solutis *legendum* h) *abscisa*

1) *De consol phil III, 2, 35 et 34* 2) *Interim Albertus terras Sueuicas Habsburgensium rexerat, Otto a* 1329 *Maio-Aug eo pervenit Cf Cont Novimont, SS IX, p* 669 3) *Diem et Cont. Novimont p* 670, *Ann Zwetl p.* 681, *Cont Claustroneob VII p* 755, *Necrologia Wettingense, S Rudberti Salzburg (Ian 14), can Spir, alia, notitiae genealogicae ed Seemuller l. c XIV, p* 121 *habent In castrum Gutenstein a* 1329 *exeunte certe non* propter refrigerium caloris *se recepit, cf Kopp V,* 1, *p* 328 4) *Cf Ann Mellic p* 512, *Cont Novimont l c* suspensus in sarcophago. *Ann Zwetl l c, Cont Claustroneob VII l c., notitias genealogicas modo laudatas* 5) *Cf Cont Novimont p* 670, *Cont. Claustroneob VII p* 755, *Ann Zwetl p* 681 6) *De eius obitu, a* 1330 *Iul.* 13, *tractari videtur, cf infra p* 103 7) *De quo monasterio sermo sit, scire non possumus. certe non de Gaming in Austria Inferiore sito*

1330. sterium funere suo non modicum gloriatur et fervenciori favore omnium in posterum adamatur.

Rex eciam Ungarie una cum regina[1] institit, ut regine sororem, filiam regis Kracovie[2], duceret, multa in dotalia promittit Sed missus Nycholaus, tunc curie sue notarius, Padensis plebanus, de negocio experiri, interea deliberatum est cum filia regis Bohemie[3] nuptum contrahere, quia commodius esset terre.

Albertus, quamquam non esset compos membrorum, utpote manuum atque pedum, nec abilis ad opera militaria, sed impotens ad arma, mira tamen industria atque providencia incumbencia terre obstacula et negocia necessaria in omnibus cum sapiencia et modestia gubernavit[4]; *consilio*[5] enim *pollet, cui vim natura negavit*, et, ⟨sicut[a] dicit Tullius[6]⟩, *parum*[b] *prosunt arma foris, nisi fuerit*[c] *consilium domi.* Quam infirmitatem sibi[d] divina permissione quam humana illacione[e,7] debemus intelligere contigisse anno[f] Domini
Hebr 12, 6. M⁰CCC⁰XIX⁰, quia Dominus *flagellat omnem filium, quem*
Apoc 3, 19 *recipit,* iuxta Salomonem[8], et in Apocalypsi[g]: *Ego, quos amo, arguo et castigo.* Et mirum dictu, in tam arduis quam eximiis causis in vehiculo gestatorio semper
Iob 1, 22 vectus nil contra Dominum murmuravit nec *labiis peccavit nec contra Deum stultum* aliquid[h] *est locutus,* sicut de beato Iob scriptura sacra dicit, quia amator et emulator virtutis cordi suo infixerat, quod Prudencius[9] dicit

Vidua est virtus, quam non paciencia firmat.

a) sicut — domi *in marg , uncis inclusa deleta* b) parvi enim sunt *Cic* c) est *Cic* d) *supple* tam *O II.-E* e) *Ioh inter lineas add* ei f) A D M⁰CCC⁰XIX⁰ *in marg* g) apoc c h) quid *Vulg*

1) *Elisabeth.* 2) *Margaretam Ladislai Lokietek filia* 3) *Guta; cf Chron Aulae-regiae II, c* 31, *p* 492; *Gesta Bertholdi ep Argent, Boehmer, Fontes IV, p* 303 *Otto et Iohannes a* 1330 *Mai* 9 *convenientes hanc desponsationem pactis firmaverunt.* 4) *Similiter Cont Novimont l c morte Elisabeth ducissae, uxoris Ottonis, narrata Alberto II laudes tribuit* 5) *Nota versum:* Consilio pollet, cui vim natura negavit. 6) *De off I,* 76 7) *Ioh in posteriore recensione narravit Albertum interfuisse coenae, qua Elisabeth uxor Ottonis ducis venenum in cibis sumpserit, Kopp V,* 2, *p* 36. *aliique inde concluserunt Albertum ipso veneno sumpto debilitatem membrorum incurrisse; immo eum iam diu antea infirmum extitisse hoc loco evincitur, cf supra n* 4. 8) *Immo in epistola ad Hebraeos* 12, 6. 9) *Psychomachia v* 177, *cf supra I, p* 290

Anno[a] Domini M°CCCXXIX° obiit Gûta comitissa[1] 1329
in vigilia beati Mathye, et Elizabeth regina Friderici[2], *Febr. 23*
duas filias[3] reliquit, quarum casus inferius est notatus.

a) Anno — notatus *Ioh. postea alio atram. add.*

1) *Cf. supra p.* 80, *l.* 1—5 *et p.* 100, *n.* 3. 2) *Quae a.* 1330 *Iulii* 13 *obiit, cf. Cont. Claustroneob. VII, l. c. p.* 756. 3) *Elisabeth et Annam.*

INCIPIT[a] LIBER QUINTUS. *(REC. B. D. A 2).*

De electione Friderici et Ludewici et coronacione utriusque. Capitulum I.

1314 Anno Domini superius tacto[b], scilicet M°CCC°XIIII°, Fridericus[c] et Ludewicus ad locum electionis, scilicet Franchenfurt[d], quo poterant gloriosius convenerunt Civitas Ludewico patuit, ex eaque mercatum victualium sufficienter habuit. Fridericus extra muros cum suis in una parte Mogi fluminis castra locavit[1], et ea que per Reni alveum mittebantur sibi manus hostilis diripuit, et ob hoc populum suum fames aliqualiter pressit.* Et cum concordare non possent electorum vota,

Yliacos[e] intra muros peccatur[f] et extra[2].

(Oct. 20). quia[g] intra urbem Ludewico, extra[h] urbem[i] votivis plau-
(Oct 19) sibus honor regni acclamatur Friderico, et eclypticata[k]

*) *Hoc loco add A 2* Et dum electores in suo officio processissent, divisi sunt; nam episcopus Coloniensis, Rudolfus comes palatinus, germanus Ludovici, Hermannus[3] marchio Brandenburgensis una cum Henrico duce Carinthie Fridericum ducem Austrie eligunt, Ludovicum vero Moguntinensis et Treverensis episcopi, Iohannes dux Saxonie senior, Volkmarus marchio Brandenburgensis, Iohannes rex Bohemie, filius imperatoris Henrici septimi[4]. Cum itaque concordare, *ut supra l* 12

a) *libri et capituli inscriptiones minio scriptae B 1* b) supradicto *D* c) Ludovicus igitur et Fridericus ad locum — veneranda *(p 106, l 9) A 2* d) in Frankfordia *A 2* e) Yl — extra *om A 2* f) portatur *a Ioh corr* peccatur *B 1* g) *dele* quia *cum rec A p* 65 *O H - E.* h) extra urbem *om D* i) *seq* Friderico *delet B 1* k) eclytata *a Ioh corr* eclypticata *B 1*

1) *Cf. supra p.* 65, *n* 1 2. 2) *Horatii Epist I, 2, v* 16 3) *Heinricus. Qui Mai* 1 *apud Bacharach Friderico adhaesit, postmodum autem Oct* 23 *in Ludovicum consensit* 4) *Cf supra p.* 65, *n.* 3

amicicia ab invicem discesserunt. Fridericus Moguni 1314 fluvium transvadans[a], habens secum paucos* pre ceteris sibi familiares, in civitatem que Bunna dicitur venit[b], que est territorii et iuris presulis Coloniensis, transmisitque[1] ad Aquenses, ut sibi ad sedem Karoli introitum condonarent. Quibus respondentibus se preventos et iam[c] devinctos aliis pactis iuxta suas sanciones[d] vellent[e] prius utriusque potenciam experiri et sic ad hunc vel ad illum esse benivolos et paratos[f] Interea Friderici populus, Heinricus dux Karinthie et Heinricus comes Goricie cum aliis magnis viris relictis tentoriis ad propria reditum paraverunt[2]. Non modicum de terre incolis timorem cum[g] famis inopia habuerunt, ita ut in campis *rapularum edulis foverentur[3], et plures celeri *f. 102 novo tyrocinio velud fugitive milites effecti dignitatis illius tytulum sine bellico preconio ad propria reportarent Ludewicus autem comites et nobiles circa Aquensem civitatem sibi favorabiles habens potencialiter introivit et cum consorte sua, filia ducis Polonie[4], coro- (Nov 25) natus officium regium tam ibi[h] quam in Colonia[5] in (Dec) feodis concedendis et in aliis expedivit, veniensque in Spiram[6] similiter iuxta priscam consuetudinem que ad 1315 (Mart) novi regis actum pertinent sollempniter adimplevit. Civitatem Noricorum, Augustam, Bawariam, Bohemiam, Franconiam inferiorem[i], Ribauriam, excepta dicione Coloniensis presulis, cum aliis angulis regni pluribus habuit regnique nominis tytulo fungebatur et in civitatibus sui favoris curias honorifice celebravit. Fridericus autem in ecclesia beati Cassii in civitate predicta[7] Bunnensi ab Heinrico episcopo Coloniensi coronatur et rex 1314 (Nov 25) rite electus, iustus, potens, sapiens et abilis[k] proclamatur.

*) *Pro* paucos *habet A2* comitem Meinhardum de Ortenburg[8] et alios nobiles complures atque

a) transvadens *D1 2* b) venit *om D* c) prev iamque *D* d) sanctiones *a Ioh corr* sanciones *B1* e) *sic et A*, velle *legendum* f) *cf supra p 65, n h* g) et f inopiam *a Ioh corr* cum f inopia *B1* h) ibi *om A2* i) Franciam Orientalem *A2*. k) agilis *D*

1) *Cf supra p 65, n 4* 2) *Cf Muhling l c p 83, n 4. Heinricus comes Goriciae iam a* 1315 *Ian er Civitatem redierat cf Ann Foroiul, SS XIX, p 220* 3) *Cf Ann Foroiul p 219, a* 1314 exercitus comitis *(Heinrici Goriciae)* septem diebus nihil comedit nisi rapas 4) *Cf. supra p 66, n 1* 5) *Cf ibid n 2* 6) *Cf ibid n 4 5* 7) *Supra l 3* 8) *Cf. K Tangl, 'Archiv f. Osterr Gesch' XXXVI, p 107, supra p 65, l 18.*

1314. Hic Austriam, Styriam, Karinthiam, Sweviam superiorem
et in earum complexibus fortissimos habuit adiutores, se
quoque regio nomine tytulavit et curias in locis famosis
sibi favorabilibus indixit et suis temporibus magnifice
3 Reg 16,21 festivavit, et[a], sicut scribitur in libro Regum, post
mortem Zambri regis *divisus est populus in duas partes
Media pars sequebatur Tebni et media pars Ambri.**

1313 (Oct 28) Hoc anno moritur regina Elizabeth Romanorum in
Austria, ducum Austrie genitrix veneranda, cuius corpus
ad Campum-regis quod monasterium ipsa construxerat,
est transvectum[1] Non autem mirandum, si a sua
*f 102' 1314 compage *regnum solidum scissum est in causa[b] istorum
duorum, nam nobilitate, dignitate, generositate pares
videbantur, sed diviciis et potencia alter altero[c] pluri-
Regino 888 mum preminebat. Hos et multos Alemannia genuit, qui ad
regni gubernacula sufficerent, nisi eos fortuna emulacione virtutis
in perniciem mutuam armavisset Nam mortuo Karolo tercio
huius nominis quedam pars Ytalici populi, sicut[d] est habitum
in premissis[2], Berngarium ducem Fori-Iulii, alia Widonem
filium ducis Spoletani sublimavit regia dignitate Ex quorum controversia sicut ex horum tanta strages ex utraque parte[e], tantus-
Matth 12,25 que humanus sanguis effusus est, ut iuxta dominicam vocem regnum
in se ipsum divisum desolacionis pene incurrerit miseriam, et episcopis, abbatibus, prelatis, ducibus, marchionibus, comitibus divisis ab invicem, diversificam intencionem gere-
rent ad hunc et ad illum. Sed nec multum abusivum
fuit, licet videretur de eo, quod in loco debito Fridericus
1197 non extitit coronatus, quia post mortem[f] Heinrici in
Apulia, ut in cronicis imperatorum[3] legimus, Philippus
1198 frater eius in Moguncia rex ordinatur, Otto dux Saxonie
in Colonia et Aquisgrani sollempniter consecratur, prout[g]

1315 (Mai 11) *) *A 2 hoc loco addit, quae infra p. 107, l 26—29. leguntur* Interea Fridericus consortem suam in Basileam vexit ibique sollempnibus habitis nupciis eam cum maximo tripudio populorum circumquaque confluencium coronavit

a) et — Ambri *(l 7) om A 2* b) tam *a Ioh corr* causa *B 1.* c) *sic B 1. D A 2*, alteri *A* d) sicut — premissis *a Ioh add in marg B 1, habet D* e) *supple* facta est *ex rec A O H - E* f) mort *om D 1 2*, obitum *D 3* g) prout — expressum *a Ioh in marg add B 1*

1) *Cf. supra p 66, n 10 et p. 70, l 26 sqq* 2) *Cf supra I, p 34 37 46 sq 109* 3) *Cf supra p. 67, n 1.*

superius[a] est expressum[1] Arnulfo eciam imperatore mortuo ⟨et[b] Ottinge[c], postea Ratispone[2] tumulato⟩, proceres et optimates regni in Forchaim convenerunt[d], quod est oppidum Orientalis Francie non magne[e] estimacionis, ibique Reg 899 900
Ludewicum imperatoris[f] Arnulfi[g] filium regem super se creant regnisque ornamentis indutum in fastigio regni[h] locant Sed sufficiant de hoc dicta

De[i] disposicione utriusque ad futuras concertaciones. Capitulum II[m].

*Anno[k] Domini M⁰CCC⁰XV⁰ Fridericus dispositis *f 103 1316
rebus circa Renum ⟨et[l] Sweviam⟩ in Austriam redit[3] ibique exercitum in adiutorium regis Ungarie parat contra 1317.
virum nobilem Matheum de Trentscha, qui regi adversarius pluribus annis existens[m] regno et regi multas molestias et[n] contumelias inferebat Castrum igitur eius quod Chu- (Oct.)
mare[4] dicitur ad regis Ungarorum complacenciam obsidet et artatum pugnatorum constancia, licet alveo Danubii cingeretur, optinuit regieque dicioni subiecit eiusque singulari[o] amicicie se devinxit. Rex quoque, gratum reputans quod factum est, lancem equam vicarii servicii repromittit, sub qua confidencia letus Fridericus est regressus.

Leupoldus autem frater eius iam pridem in oppido 1315
quod Selczen dicitur super fluenta Reni posito presidia collocavit et quantum valuit fautores Ludewici circumquaque positos, tam nobiles quam civiles, per se et per alios conturbavit[5] Interea Fridericus consortem suam in Basileam vexit ibique sollempnibus habitis nupciis eam cum maximo tripudio populorum circumquaque con- (Mai 11)
fluencium coronavit[6]

a) est sup *D* b) *uncis inclusa a Ioh deleta B1, exhibet D* c) Ottinge postea *a Ioh add, sed rursus deleta B1* d) conv *om D* e) in igone *D* f) imp *a Ioh add B1, exhibet D* g) *seq* regis *a Ioh delet. B1* h) regis *a Ioh corr* regni *B1* i) *inscriptio capitis minio scripta B1.* k) *inde ab* A D M⁰CCC⁰XV⁰ *ad* disponebat *(p 109, l 21) integrum fere caput exhibet A2* l) et Sw *deleta B1, habet A2, om. D* m) extitit *D.* n) mol intulit Castrum *A2* o) amic sing *a Ioh cursus gratia transposita B1*

1) *Locus, quem Ioh laudavit, et in C3 et in D deperditus est* 2) *Cf. supra I, p* 37, *n* 1 3) *Rerum series in hoc capite, ut in A, admodum confuse tractatur, in Austriam Fridericus a.* 1316 *Febr* ex *rediit, quae sequuntur ad a* 1317 *spectant* 4) *Cf supra p* 68, *n* 1—3 5) *Cf ibid n* 4 5 6) *Non Fridericus sed Heinricus archiepisc Coloniensis Elisabeth reginam coronavit, cf Zeissberg, 'SB d Wiener Akad, Phil-hist Cl' CXXXVII, p* 85 *et supra p* 67, *n* 2 3.

1315 (Sept -Oct) Ludewicus Rudolfo palatino, fratri suo, infestus[1]
castra, municiones, homines eius et quidquid[a] sui iuris
fuerat et ad eum pertinuit totis viribus occupavit et
expugnans obsidionibus gravibus ad se traxit, fraterne
caritatis asserens violatorem, huius scissure auctorem et
tocius regni per consequens turbatorem[b], contra fas[c]
et ius Friderici[d] in fraternum obprobrium adiutorem,
castris ergo pluribus et municionibus fratris obtentis[2]
usque ad obitum persecucionem ei intulit, dumque avelli
a Friderico non posset, adeo variis eum molestiis laces-
1317 *f 103' sivit, ut non longe post cum consorte sua[3], *que filia
regis[e] Adolfi fuerat, in Austriam commigraret et sui
status angariam deploraret Quo cum consorte defuncto[4]
Ludewicus filiis ablata restituit et in amiciciam suam[f]
strinxit.

1321? Fridericus autem, sine potencia virium Ludewicum
videns nullatenus contundendum[g], regem alloquitur Ungarorum, de vicario obsequio commonens repromisso
Qui respondit milites sine stipendio se nullatenus habere
posse, sed in hoc eius[h] parere valeret[i] volitis, si terram
dotalicii sororis sue Agnetis, quondam regine Ungarie,
relicte regis Andree, scilicet Scuttam[k] et Bosonium,
regno suo restitueret et laciniam disiunctam dudum in
(Nov 21)? conpagem pristinam resarciret Quod dum Fridericus
aliqualiter animo contractaret, postremo apcius esse iudicans sorori[l] dotem suam aliis proventibus conpensare
quam regis adiutorio, quod efficax ad suum esset con-
sumandum propositum, se nudare[m]. Quo placito terminato, ut in tempus statutum essent Ungari parati,
condicunt, et rege[n] possessione Bosonii et illius districtus
apprehensa, ab invicem discesserunt[5].

1315. Leupoldus eciam Friderici regis frater, ut suam et
fratris ad imminentes causas vim augeret, gentem Swicensium in montibus positam, nullius dominii iugo pressam,
armis inexercitatam, sed pastoralibus et pascualibus exerciciis enutritam, forti et preclaro militum et nobilium

a) quit *a Ioh corr* quidquid *B 1* b) perturb *D 2* c) fas et *om A 2* d) in fr oppr Friderico adiutorium prebens *A 2* e) *seq* fuerat *delet B 1* f) suam *om D, adde* eos g) contendend *D* h) par eius vellet volitis *A 2* i) se valere *legendum, cf supra p* 100, *n.* d k) Schuttum *D A 2* l) sororis sue *D* m) *deest verbum finitum* n) regee *B 1, quo deleto Ioh scr* rege, *et ita D A 2,* a rege, *u' Bohmer habet, legendum*

1) *Cf supra p* 69, *n* 4 2) *Cf ibid n* 5. 6 3) *Mechtilde, cf ibid n* 7 4) *Cf ibid n* 8 9 5) *Cf supra p* 70, *n* 1—3

1315. adiit exercitu, confidens, ut eos subiceret et ad sua fratrisque regni servicia coherceret. Qui libertatem tueri volentes, fedus cum aliis circumsedentibus commontanis habentes, duci introitum concesserunt statimque conclusis inter artitudines moncium restiterunt et quasi (Nov. 15.) ybices[1] de montibus scandentes lapides miserunt, plurimos[a] occiderunt, qui se defendere neque[b] evadere nullo modo potuerunt. Ceciderunt ibi quatuor de Tokkenburch[c] viri nobiles et potentes cum pluribus, ita ut diceretur ibidem flos[d] milicie corruisse[2]. Dux ipse informacione[e] cuiusdam, qui observabat semitas exitus[f], vix evasit et inposterum semper de morte nobilium seviebat.

Ludewicus, audiens Fridericum circumquaque allectionem[g] militum contra se eligere[h], nec ipse se remissius habebat. Que habere poterat distribuebat, obligaciones plurimas faciebat, nobilibus et militibus beneficia promittebat et ad defendendum se contra forciorem armatus suum atrium[i] muniebat[3]; et sic uterque regia gloria prefulgens, alter[k] alteri ponere offendicula comminatoria satagebat et molestias quas poterat rabido corde sedule disponebat, iuxta[l] Boecium[4], qui dicit[m]:

Vides sedere celso
Solii culmine reges,
Purpura claros[n] nitente,
Septos[o] tristibus armis,
Ore torvo comminantes,
Rabie cordis anhelos.

De expedicionibus Friderici diversis, de[p] reconciliacione Iohannis regis Bohemie et Heinrici ducis Karinthie et quibusdam aliis. Capitulum III.

1316. Anno[q] Domini MCCCXVI Fridericus rex coacto in unum exercitu per Karinthiam transiens et montana civitatem[r] Ezzlingam parcium Ludewici obsedit[s], et celeri (Aug.). quidem accessu in loco qui Cantus-avium dicitur castra

a) *post* plurimos *unum folium periit B 1, manus s. XV in marg. inferiore folii 103' scripsit* Hic deficit c. III libri quinti cum sequentibus. b) et evad. non pot. ullo *D 3*. c) *sic A*, tochenb. *D*, Tokhenburg *A 2*. d) florem *D 3*. e) ex inf. *D 2 (A 2?)*, informacionis *D 3*. f) exions *A 2*. g) *sic D 1. 3*, collectionem *A 2*, electionem *D 2*. h) colligere *A 2*. i) arcum monebat *D 3*. k) alteri alter *D 3*. l) iuxta — anhelos *(l. 27) om. A 2*. m) ait *D 3*. n) claros *om. D*. o) septo mit. *D 3*. p) *sic supra I, p. 179*, et *D*. q) A. D. MCCCXVI — acclamari *(p. 110, l. 16) A 2*. r) et civ. *D 2*. s) obsidet *D 1*.

1) *Cf. supra p. 70, n. 5.* 2) *Cf. ibid. n. 6.* 3) *Cf. Luc.* 11, 21: Cum fortis armatus custodit atrium suum; *ib. v.* 22: Si autem fortior eo superveniens. 4) *De cons. phil. IV*, 2.

1316 locat[a] in suburbio civitatis et diversa instrumenta, ut
fluvium Nekarum[b] a suo alveo dividat, elaborat, sed
frustra, quia cives machinis et iaculis operarios cohercebant[c]. Et dum nichil proficeret, versus aquilonem in montem castra transfert, civitatem plurimum arcebat[d]. Ludewicus Treverorum archiepiscopum[e] et Bohemie regem
ex Bohemia venientes accersit, obsidionem solvere cogi-
(Sept.) tans ex altera parte super litus Nekari[b] castra figit.
Inter partes autem prelium cotidie prestolatur[e*], tandem
(Sept. 19) in adaquacione iumentorum modo quodam lento in medio
fluminis a famulis inchoatur, quousque accursante[f] robore
exercitus utriusque in crepusculum, accensis eciam ad
hoc torticiis[g], traheretur. Equis plurimis cesis, mille
septingentis[h] hominibus[i], paucis mortuis[k], nonnullis captivis[l], prelium dissolvitur, et neutri parti victoria poterat acclamari[1] *.

. . . .[m]

Hic eciam papa[2] regnum Polonie relevavit, quod
olim defecit, missa corona et titulo regalis nominis
1320 Lottoni duci Kracovie[n] [3], auctoritate et censu beati Petri
illud roborans confirmavit. Novum ordinem fundavit
1319 (Mart. 15) militarem contra paganos[4], quem appellavit milites Iesu
Christi.

1315 (Oct. 6) Hoc anno Wikardus[o] Salczpurgensis episcopus moritur, qui dum quorundam sanctorum corpora in sua ecclesia disponeret elevare[5], invalitudine corporis spasmi[p] et

*) *A2 addit.* Cecidit ibi comes de Circhberch[6], vir nobilis parcium Friderici.

a) locat *om.* D. b) neckar D1. c) cohercebat D3. d) exacerbat D, *fortasse* exarcebat *legendum*. e) episcopum et Boemorum A2. e*) prestolitum D. f) occurs D2. g) torticiens D2, corticis D3. h) ducentis D3. i) *desideratur verbum quoddam ut* presentibus *O. H.-E.* k) mortuis *om.* D2. l) captivatis A2. m) *in D sequuntur quaedam de electione et rebus gestis Iohannis XXII. papae, non ex libro Iohannis exscripta, quae Bohmer tamen in editionem suam recepit, quaedam recensionis B omissa esse patet, cf. supra p. 109, n. a.* n) crakonie D1, krakonie D2, cracome D3. o) wickard D1, wykard D2, wichard D3. p) sparsim D3.

1) *Cf. supra p.* 71, *n.* 2–3. 2) *Iohannes XXII, de quo quaedam praecedebant, cf. n.* m. 3) *Ladislaus Lokietek dux Cracoviae, cum Iohannes XXII litteris a.* 1319 *Aug.* 20 *(Theiner, Mon. Poloniae I, p.* 146, *n.* 226*) missis ipsum non, ut Poloni petebant, in regem promovisset, sed, ut iure suo uterentur, mandasset, a.* 1320 *Ian.* 10 *Cracoviae in regem electus et antiqua regni corona coronatus est, papa inde ab a.* 1320 *ei regis titulum concessit. Censum Petri in Polonia iam pridem collectum esse notum est.* 4) *Ordinem militiae Iesu Christi a Dionysio rege Lusitaniae fundatum confirmavit.* 5) *Cf. Cont. canon. S. Rudberti, SS. IX, p.* 821. 6) *Kirchberg in praefectura Laupheim regni Wurttemberg.*

letargie tangitur[1] et[a] in quandam mentis obstupefactionem 1315
profundam prolapsus quasi Oza[b] *super temeritate percu-* 2 Reg 6, 7
titur, qui archam Domini tangere presumebat[2].

Anno Domini MCCCXVII. Castonus[c] patriarcha 1317
post Ottobonum[3] sedi preficitur in vigilia circumcisionis Dec 31
Domini[4], et in eodem anno moritur in tempore Augustali, 1318 Aug (20)
et vacavit in tercium annum sedes[5].

Fridericus[d] Chunradum abbatem de Salem, postea 1322 (Mai 25)
episcopum Gurcensem, mittit ad curiam ad approbacionem et confirmacionem postulandam. Qui dum Rudolfum *avum[e] et Albertum patrem eius, Romanorum cf 104
reges, de fide servata ecclesie commendaret, adiecit
Si[f] radix sancta, et rami sancti, si massa sancta, et deli- Rom 11, 16
bacio sancta[g] Papa vero Roboam a Salomone degenerasse cf 3 Reg 12
respondens que pecierat non admisit[6].

Interea* Fridericus secundam expedicionem parat 1315 (Mart.)
contra Spirensium civitatem, tentoria ordinans prope
muros, contra quem Ludewicus castra sistens a Friderico
vehementi aggressu, dum suis custodiis minus vigilanter
intenderet, cedere cogitur ad bene munitum cymiterium (Mart 12-17)
Iudeorum, in quo se conservavit pro tempore, quousque
exercitus uterque sine effectu prelii ab invicem iterum
scinderetur[7].

Anno Domini M°CCC°XVIII° Argentinenses inter 1320 (Aug.-Sept.)
se dissencientes ambos reges alliciunt, quibusdam Ludewico, quibusdam faventibus[h] Friderico, qui pro tunc
pociorem favorem habuit civitatis, exercitumque habens
copiosum, in quo multitudine expeditorum[i] peditum

*) *In inferiore marg f 103' infra praecedentia Ioh scripsit B 1* Hic incipe quartum Pettowarii[8] 'Interea Fridericus'

a) et *om D 2* b) osa *D 1* c) *sic A*, Castonus *D* d) Frid — dere[l]cto *(p 112, l 17) A 2* e) *pergit B 1, ubi* avum — Iudeorum *(l 21) a Ioh deleta, sed rursus in inferiore marg adscripta, fortassis, quia in contextu aqua vel alio liquore (ut videtur, pluviarum stillis) atramentum diffluxit.* f) *cf supra p 68, n 8.* g) sancta *om D* h) facientibus *D 1 2.* i) exped *om D*

1) *Cf Cont canon S Rudberti, SS IX, p* 821: percussus generali spasmo in toto corpore et etiam letargia 2) *Cf. 2 Reg.* 6, 6 extendit Oza manum ad arcam Dei et tenuit eam. 3) *Qui mortuus est a* 1315 *Ian* 13, *cf supra p* 63 *et Ann. Foroiul*, *SS XIX, p* 219 4) *Ann Foroiul p* 221: in festo s Sylvestri, *cf et Vitae patriarch Aquileg*, *Muratori, SS XVI, col* 16 *Bulla provisionis a* 1317 *Ian* 10 *data est, 'SB d Munchener Akad d Wiss*, *III Cl.'*, *XVI*, 2, *p* 164, *nr* 12 5) *A* 1319 *Iohannes XXII providit de patriarchatu Pagano de Turre episc Patavino, cf Ann Foroiul l c* 6) *Cf supra p* 68, *n* 6 — *p* 69, *n* 3 7) *Cf supra p* 73, *n* 1—3 8) *Cf supra I, p. IX, n* 1

1320. habundavit. Ludewicus eciam adveniens super Bruscham
fluvium ordinat tentoria ex adverso papilionum Friderici.
Ubi dum crebre bellum preluderent, novissime ex condicto
distinctis aciebus, galeis incymbatis, gladiis enudatis,
ita ut videretur prelium inchoatum, contra se
conveniunt, moxque, quod non sperabatur, parcium fit
disiunctio[a], et sicut prius sine efficiencia ab invicem est
discessum[1].

1324 (Iul 2) Hoc tempore Johannes rex Bohemie et Heinricus
dux Karinthie in Patavia placitantes ad concordiam
convenerunt[b], ita ut Heinricus sororem[2] Iohannis duceret;
quod tamen effectu caruit, puella reclamante et[c]
suum assensum nullatenus tribuente, quia religionis
*f 104' 1322 votum asseritur habuisse Que post regi Francie *sociatur,
1324 (Mart 25) et transiens Navarram[3] in partu periclitatur et moritur
in via[4], toti regno et precipue fratri suo, regi Bohemie,
fletu maximo derelicto.

(Iun) Heinricus autem dux[5] deputatus per Fridericum
regem cum Ottone fratre suo[6] contra Veronenses cum
copiis in auxilium proficiscitur Paduanis, statimque
Montem-Silicis fortissime[d] circumvallant, sed multis deficientibus
propter loca palustria, consiliariis eciam clam
(Iul) precium sue fidei contrarium recipientibus, obsidionis
solucio est persuasa.

1324 (Iul) Mittit iterum rex Bohemie Iohannem de Pittingen,
virum nobilem, ad Heinricum, promittens consanguineam
suam[7], filiam matertere, de sorore patris genitam de
Gaspawia, in matrimonium, sed alii sollempnes nuncii
pro ea missi nichil penitus effecerunt, puella dicente se
patris et matris unicam superstitem et suas terras uberes
et natale solum nullomodo velle deserere et ad regionem
exteram transmigrare[8]; super quibus rex doluit vehementer,
et[e] dum amiciciam persuasu familiarium et
amicorum propter futura, que preconceperat, affectaret,
1327 filium suum Iohannem tenellum Margarete Heinrici
filie copulavit. Heinrico autem Beatrix comitis Subaudie

a) distinctio *D.* b) redierunt *A 2* c) et — tribuente *om A 2* d) sepissime *D* e) Rex item Boemie dum am. ducis Henrici affectaret, filium — soror (*p 113, l. 3*) *A 2*

1) *Cf. supra p. 73, n 5.* 2) *Mariam, cf supra p 76, n. 2* 3) *Rectius comitatum Tolosanum* 4) *Cf Cont Guillelmi de Nangiaco a 1323, ed Géraud II, p 53* 5) *Carinthiae, cf supra p 78, n. 5—10* 6) *Friderici* 7) *Beatricem* 8) *Cf supra p 76, n 3—7*

filia, Iohannis regis consanguinea, utputa de sorore 1327 matris nata, matrimonialiter sociatur, Leupoldo duce Austrie procurante, quod[a] sue coniugis[1] soror fuit[b], et in hiis amicicia perpetua[c] indissolubiliter stabilitur[2].

Anno Domini M⁰CCC⁰XIX⁰ ad kathedratum Aqui- 1319 (Mai 23) legensis ecclesie Paganus[3] episcopus[d] Pa[duanus], nacione Me[dio]lanensis, elevatur[e]. Hic longo tempore propter debitum curie abstinens a divinis ecclesiam non intravit, sentenciis inplicatus.

Hoc[f] tempore frater quidam Ulricus nomine, de reliquiis seminis eorum, quos olim rex Ottakarus apud Portum-Naonis ad custodiam deputavit, ordinis Minorum, qui longo tempore ad propagacionem fidei exulaverat in partibus transmarinis, rediens mirabilia retulit. Inter alia, cum quidam de sociis suis essent[g] a Sarracenis exusti, ipse veniens, eorum ossa colligens capitur et in ignem proicitur, sed illesus exivit. Quem pro[h] hoc gentiles dum iustificarent, ait non suis meritis, sed ossium sanctorum virtute Deum hoc miraculum ostendisse. Insuper retulit se vidisse in quodam loco cenobitali quendam, qui fuit custos animalium diversorum generum: ovium, caprarum, symearum, canum et huiusmodi. Que cum[i] tempore statuto ad pabulum minabat et ciborum reliquias exhibebat, dicens esse animas, sed more horum animalium vitam duxisse et propterea in eorum similitudinem transformatas Contra quod licet catholice disputaret, nichil proficiens, excusso pulvere de pedibus[4] suis abiit, relicto errore[k] mentibus dyabolicis fraudibus obtuatis. In Utino Foro-Iulii quiescit[l], miraculis multis fulsit, ad tumbam eius catervatim populus concurrebat[m].

Hiis[n] temporibus Otto dux Austrie filiam[5] Stephani 1325. Bawarie ducis duxit*. Albertus vero[o] *agente[p] Leupoldo *f. 105 1324.

*) *A 2 pergit:* Elizabeth duxit in uxorem.

a) quia *(et ita D. A 2) a Ioh corr* quod *B 1.* b) fuit — inplicatus *(l 9) om A 2* c) perfecta *D* d) ep — Me[dio]lanensis *a Ioh in marg add B 1, ex parte abscisa, om D* e) ordinatur *D* f) Hoc — concurrebat *(l 31) a Ioh in marg add B 1, exhibit D, om A 2* g) a Sarr. essent *D* h) per *D* i) cum *om D, delendum videtur* k) *seq* erroneo *delet B 1* l) quiescit — concurrebat *abscisa B 1* m) cucurrebat *D 1 2,* ruebat seu concurr. *D 3* n) Anno Domini MCCCXX Otto — habebatur *(p. 114, l 12) A 2* o) vero *a Ioh add B 1* p) agente L. fr *om A 2*

1) *Katherinae* 2) *Cf supra p* 76, *n* 7—9 3) *De Turre, cf supra p* 111, *n* 5 4) *Act* 13, 51 excusso pulvere pedum, *cf Matth.* 10, 14 *Marc* 6, 11. [illegible] 5) *Elisabeth*

1324 fratre Iohannam filiam Ulrici[1] comitis Phiritarum[a] propter[b] terras se contingentes, de ducum Burgundie (Mart.) sanguine claro natam[2], accepit[c], ⟨fratres[d] reliqui estimantes eos[3] debere in statu persistere clericali, quia in disciplinis literalibus satis fuerunt studiosi⟩

(Febr. 25. 26.) Ludewicus consorte[4] sua mortua filiam[5] comitis Ollandie duxit et nupcias in Colonia celebravit.

1319 (Apr.). Gůta soror ducum[e] Ulrico comiti de Öttingen[f] sociatur, cuius auxilio et consilio Fridericus est non modicum roboratus, Ludewicus plurimum perturbatus, quia suorum omnium secretorum precipue conscius habebatur[6] *.

1324 (Iul.) Heinricus dux Karinthie[g] exiens a Padua Chunradum de Auvenstain loco sui civitati presidem deputavit[7] 1327 et suas nupcias[8] habuit in Insprukka, cuius prima consors Anna[h] mortua[i] in Laybaco[9] ibique subterrata postea in Bosanum[10] transfertur. Post hanc duxit Alheidem filiam ducis Brunswicensis[11], cuius sororem[12] habuit imperator Constantinopolitanus[13]. Terciam duxit hanc Beatricem, cuius eque sororem[14] post transitum prime[15] Constantinopolitanus habuit imperator, cuius[k] heredes[16] hucusque ibidem principantur[l].

*) *A 2 add.*. Fridericus autem eum sibi et fratribus, quia *vir consilii* fuerat, collateravit et postea cum priore de Mawrbach Gotfrido et comite de Hals ad curiam destinavit et suis secretis aptavit[17]. Rebus eciam successu temporum sopitis, intervenientibus amicis, imperator sibi graciam perditam redonavit[18]. (1 Mach. 2, 65.)

a) phyrr *A 2.* b) propter — studiosi *(l. 5) om. A 2.* c) accepit *a.* e *Ioh. add. B 1.* d) *uncis inclusa a Ioh. deleta B 1, om. D.* e) Austrie *add. D.* f) Ötting *A 2.* g) Kar. *a Ioh. add. B 1, exhibet D.* h) Anna *a Ioh. add. B 1.* i) mortui *a Ioh. corr.* mortua *B 1,* in L. mortua *D.* k) cuius — principantur *a Ioh. in marg. add. B 1, habet D.* l) cipantur *abscisa B 1.*

1) *Cf. supra p.* 79. 2) *Iohanna mater Ulrici IV. comitis de Pfirt filia Reginaldi ducis de Mompelgard fuit. Cf. supra p.* 79, *n.* 3. 4. 3) *Fridericus, Leopoldus, Heinricus Ottonem et Albertum.* 4) *Beatrice, cf. ibid. n.* 5. 5) *Margaretam, cf. ibid. n.* 6. 7. 6) *Cf. supra p.* 80, *n.* 1—3. 7) *Cf. supra p.* 78, *n.* 9. 8) *Cum Beatrice Sabauda, cf. supra p.* 76, *n.* 6. 9) *A.* 1313. *Sept.* 3. 10) *Bozen.* 11) *Cf. supra p.* 77, *obiit a.* 1320 *Aug.* 18. 12) *Agnetem, quae et Irene.* 13) *Andronicus III.* 14) *Iohannam.* 15) *A.* 1326. 16) *Iohannes VI. Palaeologus, patre a.* 1341 *defuncto.* 17) *Error, a.* 1333 *legatus Ludowici imperatoris cum Alberto comite de Hals curiam adiit, cum pro Alberto duce Austriae et a.* 1326 *ibi fuerit.* 18) *Cf. supra p.* 79, *n.* 4.

Anno Domini M°CCC°XX°[a] Ludewicus oppidum 1319. (Sept.).
Müldorf cingit, ad cuius exempcionem et Salczpurgensis
presulis subvencionem, ad quem spectabat, ex Austria
Fridericus et ex Swevia cum copiis prodiit Leupoldus;
qui Ludewicum pontem Eni fluminis[b] prope oppidum
maxima lignorum congestura dissolvere cupientem, ne
esset transitus Friderico cum patruo suo Heinrico, compellunt per modum diffugii ingredi Ratisponam, Fride- (Sept 29)
ricus autem et Leupoldus terram potenter percursitant
et devastant nemine resistente[1].

Anno Domini MCCC°XXII°[c] Iohannes papa Lude 1317 (Apr. 8).
wicum Tholesanum episcopum ex sanguine[d] regum Sycilie[2] et Francie, *de ordine Minorum, canonizavit eius- *f. 105'.
que vitam stilo mirifico decoravit[3], ⟨et[e] ipsum episco- (Iun 25)
patum in plures[4] subdivisit kathedras, subiciens omnes
prime metropoli et fontali, scilicet ecclesie Tholosane[5]⟩.

⟨Hoc[f] anno marscalcatus[g] Styrie, deficientibus no- 1325
bilibus viris de Wildonia[6], qui ad hunc fuerant heredati,
ad virum prudentem et strennuum, eque nobilem Heidegenum de Petovia congruo reconpense precio et favoris principum amminiculo est translatus et in suos
posteros transplantatus⟩.

Hoc anno Heinricus dux Austrie cum multitudine 1322. (Apr Maio).
equitum ad peticionem ecclesie venit Brixiam[7] contra
Vicecomites, Mempheum scilicet et filios suos, et[h] visum
est pape, quod minus seriose negocio intenderet[8]. Parum
enim[i] proficiens post multos tractatus in Alemanniam

a) M°CCC°XXI° *(B1. A2) a Ioh corr* M°CCC°XX° *B1, et ita D*, A D MCCCXXI — resistente *(l 10) A2* b) fl *a Ioh add B1, exhibet D, om A2* c) MCCCXXI *D* d) francie *a Ioh. corr* sanguine *B1* e) et — Tholosane *a Ioh. in marg add B1, sed delevit, habet D* f) *uncis inclusa a Ioh deleta B1, om D.* g) marscalcus *a Ioh. corr.* marscalcatus *B1* h) et — intenderet *a Ioh in marg add B1, habet D* i) enim *a Ioh. add B1*

1) *Cf. supra p* 80 *sq* 2) *Filium Caroli II regis Siciliae* 3) *Cf. inprimis Iohannis XXII Vita secunda, Baluze I, p* 135 *Bulla canonizationis data est a* 1317. *Apr* 7, *Coulon, 'Jean XXII, Lettres secrètes et curiales' I, col* 113, *nr* 160, *cf. ib. col* 116 117, *nr* 162—165, *Raynaldi Ann eccles* 1317, § 9—11 4) *Quatuor* 5) *Cf Vitam Iohannis laudatam, bullam datam a.* 1317 *Iunii* 25, *Coulon l c. col* 208, *nr* 262, *cf. ib col* 229, *nr* 301 *et col* 232, *nr* 306 6) *A* 1325 *Hartnidus IV de Wildonia obiit, quomodo munus ad Heidegenum et Fridericum IV. de Pettovia fratres transierit, exposuit Krones, 'Landesfürst, Behorden u Stande d Herz Steier' p* 179 *sq* 7) *Eam die Aprilis* 4 *intravit* 8) *Cf. epistolam papae ad Heinricum a* 1323 *Maii* 24 *datam, Boehmer l c, 'Johann XXII' nr* 12

1322. ad fratrum auxilium et instans prelium est regressus[1], quod per interpolata tempora ad multorum districtuum, rerum et hominum dispendium[a] usque huc anxie est[b] pertractum, quia[c], ut Oracius[d] [2] dicit:

Dum fugiunt equitum turme peditumque caterve,
Mox trahitur manibus regum fortuna retortis[e].

De[f] prelio Friderici et Ludewici et ibi gestis. Capitulum IIII[m]

1322 Anno Domini eodem[g], scilicet M°CCC°XXII°[h] predicto[g] *, Fridericus** exercitum congregans[3], Ungaros et Comanos advocans, finem necessitati volens inponere[4]
(Sept.) et cum Ludewico per prelium negocium expedire, et[i] mittit Emichonem[k] de Alzeya ad Heinricum ducem Karinthie monens, quatenus sibi, sicut promiserat, subveniat et assistat. Fecit[5] autem transitum per monasterium Admontense. Cui abbas loci[l] Engelbertus, vir magne litterature, est locutus, quod regi Friderico expedicio non esset utilis et in prosperum nullatenus proveniret. Hic[m] vir acuti ingenii de regimine princi-

*) *Huc spectant versus, quos Ioh in inferiore marg. folii 65' scripsit B1*[6].

Annis millenis trecentis atque vicenis
  Adde duos, et habes aspera bella ducum,
Austri cum Bauro, Friderici cum Ludewico,
  Quis dyadema ferat Romuleum, furiunt.
Mars animos acuit, strident acies, fremit ensis,
  De palma Bawrus rexque Bohemus ovant.
Sept. 28. Cum Salzpurgense cadit Auster presule victus,
Cont. can. S. Rudb. Sept. 28   Quod dedit Octobris quarta Kalenda dies[7].

**) *Ioh addidit, sed delevit B1* in vigilia sancti Michaelis

a) disp *a Ioh add. B1.* b) est *om. D* c) quia *a Ioh. add. B1* d) dicit Or *D* e) *seq* Anno — dicit *(infra p. 121, l 20 — p. 122, l. 11) a Ioh. in marg add B1, hoc loco habet D, post Ioh locum ad cap V transposuit.* f) *inscriptio capitis minio scripta B1* g) eodem scil *et* predicto *a Ioh add. B1, om. D,* A. D MCCCXXII Frid. exercitum — angariam *(p. 121, l 20) A2* h) *a Ioh corr. ex* M°CCC°XXIII° *B1.* i) et *delendum* k) ad Enrichonem *D.* l) loci *om D* m) Hic — intervallum *(p 117, l 20) a Ioh. in marg inferiore add B1, habet D.*

1) *Die Maii 18. vel 19 Brixiam egressus est.* 2) *Epist II,* 1, *v* 190 *sq* 3) *Cf supra p* 81. *n* 8 4) *Sap* 18, 21: finem imposuit necessitati. *O. H.-E.* 5) Emicho 6) *Cf supra I, p.* 299, *n* d. 7) *Hos versus Iohannem ipsum confecisse verisimile est, cf et versus de pugna Muldorfensi, Cont canon S Rudb Salisb, SS IX, p* 823, *et versus memoriales, quos e cod. Aldersbac* 161 *Böhmer, Fontes I, p XII edidit*

pum[1] ad iuvenes duces scripsit ac inter alia de Daniele et Apocalypsi sumpta materia de Antichristo supra modum[a] lucide disputavit. Hic a duobus suis monachis, quodam layco camerario agente, ad dominum Salzpurgensem defertur et, quod esset in monasterii causis inutilis, accusatur. Quadam nocte prefatus laycus vidit se stantem in litore stagni iuxta monasterium positi cum duobus monachis supradictis et beatum Blasium, qui ibidem patronus est, concito remigio undas persulcando venientem duosque ipsos monachos sublatos et laycum tractum ad alta stagni procellas[b] horribiles spumantis, pariter evectos in profundum indignanti animo demersisse, exprobrantem eis mendacium et perfidiam contra suum ministrum et fidum pastorem ecclesie fabricasse. Camerarius mane facto plenus timore mortis, tremens abbatis pedibus provolutus, petens graciam, cuncta que viderat patefecit. 'Vade', inquit, 'dispone domui tue, quia morieris et monachi una tecum, quia beatus Blasius vestrum facinus ac[c] meam iniuriam disposuit sic ulcisci'. Quod et factum post[d] breve temporis intervallum.*

*) *Huc spectant quae Joh in marg folii* 106' *scripsit, sed delevit B* 1: [Pre]fatus[e] itaque abbas, vite speculative amator, tamquam inutilis in activa esset, [a] duobus monachis coram Salczpurgensi presule accusatur quodam layco deferente, [qui] vidit se in quandam naviculam [v]ocari ad prefatos monachos, quam patronus ecclesie beatus Blasius gubernabat, et dum reclamaret [et] nullatenus assentiret, beatus Blasius concito remigio ad alta stagni [s]ulcans monachos dimersit; quod videns laycus mane ad pedes abbatis [pro]cidit, se reum et violatorem fidei [ess]e fassus. Cui abbas 'Dispone', inquit, 'domui [tu]e et dic monachis illis idem, quia brevi temporis spacio

a) quam *D* 3, *om D* 1 2 b) per colles *D* c) et *D*. d) breviter temp. intervallo *D*. e) *uncis inclusa abscisa*

1) *Qui liber exstat in cod Vindob* 5158 *s. XV Praeterea idem Engelbertus tabulas astronomicas conscripsit (Vindob* 2323 *s XIV) et tractatum de ortu et fine Romani imperii (Vindob* 572 *s. XIV); scripsit et librum de vita et moribus Mariae, Speculum virtutum, orationes etc De scriptis eius cf O Lorenz, 'DGQ' II, p.* 343 *sq., Wichner, 'Gesch. v. Admont' III, p* 29, *Riezler, 'Liter. Widersacher' p* 159—169, *qui censet librum de regimine principum erronee pro Speculo virtutum poni.*

1322 Magister[a] eciam Bartholomeus, Veronensis civitatis indigena, in curiis principum assuefactus, vir in astronomicis et naturalibus expeditus, quod rex Fridericus in[b] *f. 106 cauda Leonis semper videretur *et quod non proficeret, asserebat.

Fridericus fata contempnens, omnia Deo committens, Bawariam ingreditur cum Heinrico fratre et Friderico presule Salczpurgensi, Leupoldi fratris adventum prestolans aliquantulum moram traxit, rapinas et incendia exercuit circumquaque. Ludewicus secum habens regem Bohemie Iohannem et Heinricum ducem Bawarie hostem arcere cogitat, ne procedat. Dux Leupoldus, ut fructuosius fratri succurreret, moram fecit, nuncium tamen direxit, qui fratris statum et belli tempus perquireret et omnia sibi renunciaret, ipse vero circa monasterium quod Campus-principis[1] dicitur reditum nuncii prestolatur; qui in via a[c] quodam parcium Ludewici capitur[2], et Leupoldus ab expectacione sua frustratur.

Sept. 28 Interea bellum indicitur et ratificatur[*],[3], missaque coram Friderico summo diluculo celebratur, et[d] positis ibi reliquiis anulus aureus sive circulus simul apponitur, qui presagos eventus, sicut dicitur, presignavit. Quo mirabiliter sublato, quesitus minime est repertus, licet aliqui fuerint inculpati, qui post tribulaciones eis suscitatas se innocuos ostenderunt[4]. Postea[e] anno Domini M°CCC°XLIII, aliis fratribus sublatis, aurum apud quendam sacerdotem in Austria mortuum invenitur et Alberto duci presentatur, qui super hoc gaudio nimio[f] replebatur.

---

meam causam vindicabit beatus Blasius morte vestra'. Quod factum est; qui infra anni illius [s]pacium unus post alium sunt sublati, ne invalescere videretur malicia perversorum.

*) *A2 add.:* die constituto, *cf. supra p.* 83, *l.* 4. 5.

a) Idem magister *a Ioh. corr.* Mag. eciam *B1, et ita D,* Idem dixit B. mag. vir — expeditus *(reliquis — asserebat omissis) A2.* b) in — et quod *a Ioh. in marg. adscr. B1,* semp. vid. in c. leonis *D.* c) ob *a Ioh. corr.* a *B1.* d) et — Fridericus *(p.* 119, *l.* 15*) om. A2.* e) Postea — replebatur *(l. 28) a Ioh. in marg. add. B1, habet D.* f) nimium *D.*

1) *Furstenfeld prope Monacum in Bavaria Superiori; cf. Chron. de gestis princ. a.* 1322, *Böhmer, Fontes I, p.* 61. 63. 2) *Hoc nuntios ducis dixisse et Chron. de gestis princ. p.* 61—63 *refert, cf. Dobenecker l. c. p.* 176. 3) *De pugna cf. supra p.* 82, *n.* 3 — *p.* 86, *n.* 5 *adnotata.* 4) *Cf. supra p.* 83, *l.* 14—17.

Fertur, quod idem aurum hoc tempore nimium expalluit, 1322 quod alias miro modo splendescere ad prospera consuevit, et proavis Friderici gloriam sepius premonstraverit[a] triumphalem; creditur enim extitisse de eo, quod tres magi Domino obtulerunt. Nec mirandum, dum Iosephus[1] scribat sardocinem[b] lapidem in dextro humero pontificis, cum sacrificium sacerdotis Deo placebat, tanto splendore micasse, quod eciam procul positis eius radius appareret. Egressuris ad prelium, si Deus cum eis erat[c], tantus fulgor in lapidibus racionalis apparebat, ut omni fieret multitudini manifestum eorum auxilio Deum adesse. Asserit eciam hunc fulgorem sardocinis[d] et racionalis cessasse ducentis *annis, antequam ista[e] scripsisset, cum *f. 130 Deus moleste ferret transgressiones legis.

Igitur Fridericus acies[f] ordinat et fratrem suum Heinricum cum Styriensibus et turma presulis Salczpurgensis in primis constituit. Ludewicus vero Bohemorum regem exercitum curantem cum Heinrico duce Bawarie[g], genero suo[h], pro principalibus deputavit, aliis utrobique in suis ordinibus collocatis[i], utrique eciam signa[k] imperialia aquilifera preferuntur. Sed Ludewicus habitum plurificans prelium est ingressus, cuius[l] agmini vexillum vir cordatus gentis Franconice de Slůzzelberch strennue preferebat, sed non minoris audacie spiritu induviatus nobilis vir de Gerolczek Alsatice[m] milicie Friderici acies vexilli sui pregestacione alacri roboravit. Vociferacione autem et tubarum concrepacione personante prime acies commiscentur, ubi signa Bohemica subprimuntur ad tempus. Deinde ad quendam divertunt[n] monticulum* et dorso solis resplendenciam[o] excipiunt et adversariorum oculis[p] ignicomos radios solis inmittunt eorumque visum restringunt. Sic[q] Hanibal cum Romanis olim prelians[2], ubi *comperit Aufidum amnem ingentes auras*

*) *A 2 add.* rex cum genero suo.

a) presignavit *a Ioh. corr.* premonstraverit *B 1*, premonstrauit *D*. b) *sic B 1. D 1. 2*, *lege* sardonicem, *ut habet A. D 3*. c) erit *a Ioh. corr.* erat *B 1*. d) *lege* sardonicis, *ut habet A. D 3*. e) hec *D*. f) Deinde acies ord. *pergit A 2*, *cf. supra p. 118, n. d*. g) Baw. *a Ioh. add. B 1*, *habent D. A 2*. h) regis genero (*et ita A 2*) *a Ioh. corr.* genero suo *B 1*, *et ita D*. i) constitutis *A 2*. k) insignia *D*. l) cuius — roboravit (*l. 26*) *om. A 2*. m) alsacie *a Ioh. corr.* alsatice *B 1*. n) revertun' ad q. *D*, *cf. supra p. 87, l. 17*. o) resplendencia *D*. p) oculos *D*. q) Sic — Romanorum (*p. 120, l. 4*) *om. A 2*.

1) *Antiquitates Iud. III, 11 sq.* 2) *Cf. supra p. 84, n. 5, ubi vide Pauli lectionem variam.*

1322 *mane proflare, que arenas et pulveres agerent, aciem sic direxit, ut tota vis a tergo suis, Romanis in ora et in oculos incideret, eaque de causa stravit exercitum Romanorum.* Fridericus autem in[a] fratris succursum[b] et suorum[c] ingressus prelium quasi fulgetra[d], que precedit tonitruum, acies dividebat, et ambo adeo[e] fortiter dimi- Reg. 1, 23 cabant, ut notarentur *aquilis* fuisse *velociores, leonibus fortiores,* sicut[f] de prelio dicitur Troianorum[1].

Ut vidit socios infesto cedere Marte
Rex Danaum, sublimis equo volat agmina circum
Hortaturque duces, animosque[g] in prelia firmat.

Et addit[2]

Sic ferus Atrides adversus fertur in hostes
f. 107 *Infestusque Frigum *perturbat cuspide turmas[h].*
Virtus clara ducis vires accendit Achivum,
Et spes exacuit languencia militis arma.

Postquam autem mirifice decertarunt, per fugam labentibus Ungaris et Comanis, Heinricus dux in sortem regis Bohemie captivatur[i], Fridericus postea repertus Friderico burchgravio, deinde Ludewico presentatur, quem tamen Fridericus estimavit se in prelio occidisse, admirans, quod superesset. Mox Fridericus in castrum Dornberch, deinde in Trausennicht, Heinricus frater eius in Bohemiam, nobiles et milites cum eis captivati tam ad Heinricum ducem quam[k] ad diversa loca miserabiliter abducuntur, plures ad dies revertendi dimittuntur, alii solucione precii vel beneficio[l] precum et gracie eximuntur. Sept. 28. Gestum est hoc prelium IIII° Kalendas Octobris in pratis Amphingen[m] [3] prope Můldorf territorii Salczpurgensis. Dicitur Friderico hec adversitas contigisse, quod Comanos, gentem crudelem et impiam, super Christianorum interitum adduxisset, humanum sanguinem avide sicientem, sicut[n] olim ad Amasiam regem Iuda dictum est contra Ydumeos pugnantem: 2 Par. 25, 5. 7. 8. *O rex, ne egrediatur tecum exercitus Israel[o]; non est[p] enim*

a) in *om.* D. b) incursis D. c) veniens *add.* A 2. d) fulgeta *a Ioh. corr.* fulgetra B 1; fulgura q. precedunt A 2. e) adeo *om.* A 2. f) sicut — arma *(l. 16) om.* A 2. g) animos ad pr. D. h) turbas *(et ita A) a Ioh. corr.* turmas B 1, *et ita D.* i) captivitatur *a Ioh. corr.* captivatur B 1. k) quam *a Ioh. add.* B 1. l) peticione D. m) Emphingen D, Ampfing A 2. n) *pro* sicut — habet *(p. 121, l. 8)* A 2 et sic hoc prelium est solutum. o) Isr. *om.* D. p) enim est D.

1) *Ilias Latina v.* 495—497. 2) *Ibid. v.* 504—507. 3) *De hoc errore cf. Dobenecker l. c. p.* 188 *sq.*

Dominus cum Israel et cunctis filiis Effraim. Quod si putas 1322.
in robore exercitus bella consistere, superari te faciet Do-
minus[a] *ab hostibus. Dei quippe est adiuvare et in fugam*
convertere. Et sic hoc prelium est solutum; nam secundum Salustium[1] hostis fugacione, captivacione et pro-
stracione prelium terminatur et victoria comparatur, ut
Ovidius[2] dicit

Pugna suum finem, cum iacet hostis, habet

De[b] gestis post bellum et solucione amborum fratrum a captivitate. Capitulum V[m].

Anno Domini supradicto[c], scilicet M⁰CCC⁰XXIII⁰, 1323
exacto prelio Ludewicus civitates imperii lustravit et a
quibusdam olim sibi *contrariis honorabiliter est suscep- *f 107'
tus; Heinricus autem dux Karinthie et Heinricus dux[d] (Sept 21)
Goricie ad eum veniunt postulantes, ut Fridericum di-
mittat, pacta[e] recipiat ad sue placitum voluntatis, qui
dum nichil proficerent, inaniter ad propria sunt reversi[3].
Leupoldus *spirans adhuc minarum et cedis* imperialia *Act. 9, 1*
insignia reddere recusavit et necdum se victum propter fratrum angariam affirmavit.* [Anno[f] ** Domini]
M⁰CCC⁰XXIII⁰ papa [tempore] Marcii[4] canonizavit [sanc- *Mart* (*Iul.* 18)
tum] Thomam de Aquino[5], [et] Iohannes episcopus Brisi-

*) *A 2 add.* Habita itaque victoria Ludovicus citatur a (Oct 8)
papa Iohanne XXII. ad comparendum coram se in
Avinione[6], qui tamen non comparuit propter diversorum inimicorum insidias.

**) *Pro* Anno — cum *(p. 122, l. 1) D hoc loco* Anno eodem ordo Predicatorum a papa canonizari sanctum Thomam peciit de Aquino, quem.

a) Deus *Vulg* b) *inscriptio capitis minio scripta B 1* c) suprad scil *om D, Ioh cum supra p. 116, l 9* M⁰CCC⁰XXIII⁰ *correxisset* M⁰CCC⁰XXII⁰, *haec delere oblitus est B 1*, Anno — M⁰CCC⁰XXIII⁰ *om A 2, ubi* Exacto ergo d) comes *D.* e) pactaque *D* f) Anno — dicit *(p 122, l 11) Ioh f 105' (cf p 116, n e) scripsit (ad quem locum D exhibet), hoc loco adscribens* ⊕ Hic scribe de sancto Thoma nota transposicionem, *et f 105' addens* Hoc scribe postea in secundo folio tali signo ⊕, *huc transposuit B 1*, Hoc anno tempore Marcii canonizatur sanctus Thomas de Aquino *post* reversi *(l 17) D In B 1 abscisa ex D uncis inclusa supplevimus*

1) *Quem Sallustii locum Ioh. dicat, non patet* 2) *Trist III, 5, v 34* 3) *Cf supra p. 87, n 5. 6.* 4) *Non Mart eius festum instituit* 5) *Cf bullam canonizationis, Bull Rom ed Taur IV, p. 302, nr. 34* 6) *Primus Iohannis XXII. in Ludovicum processus dici videtur*

1323. nensis [1] [ibi] sermonem fecisse dicitur et eum verbis *Eccl. 12, 10.* [Salomon]is, qui dicit in Ecclesiaste *Quesivit* Ecclesiastes *verba utilia et conscripsit sermones plurimos veritate* [a] *plenos*, a sanctitate vite, a sinceritate ac utilitate doctrine plurimum commendavit. Hic Alberti Magni auditor [2] multa scripta et [b] commenta in libros phylosophicos ac summas reliquit, in quibus sacram scripturam elucidavit et pre ceteris sui evi de virtutibus colendis et viciis fugiendis clarius disputavit, sicut Oracius [3] de [Om]ero dicit:

Qui, quid sit pulchrum, quid turpe, quid utile, quid non,
Planius ac melius Crisippo et Crantore dicit.

(Mart. 2.) Hoc [c] tempore misit Ludewicus Perchtoldum de Nyffen [4] in auxilium Vicecomitum * Memfey et filiorum eius. Contra quos papa misit [d] Berhtrandum de ordine Minorum, Theolosianum [5] de ordine Predicatorum, inquisitores [e] hereticorum per Lombardiam [6]; qui iudicaverunt eos [f] hereticos sentencia lata contra eos, et propter hoc Ludewicus fautor hereticorum iudicatus est et privatus omni iure, quod sibi quoad imperium competere videbatur. Deinde [g] papa misit Berhtrandum tytuli sancti Marcelli [h] presbiterum cardinalem et legatum atque Philippum filium Karoli de Vallas, postea regem Francie [7],

*) *Pro* Vicecomitum — eos *(l. 17) A 2* Vicecomitum contra ecclesiam; qui ab inquisitoribus iudicati sunt heretici.

a) ver. pl. *om. D.* b) et — phylosophicos *a Ioh. post adscripta B 1, om. D.* c) A. D. MCCCXXIII. L. rex misit Bercht. — interposuit *(p. 123, l. 2) A 2.* d) *seq.* Berthrandum — Francie *(infra l. 20—22)*, quos eciam Berthrandus . . Theolosianus . . Lombardiam iudicaverunt *a Ioh. corr. B 1.* e) inquisitorem *D.* f) eos *a Ioh. add. B 1.* g) Deinde — Francie *a Ioh. in marg. scr. B 1, habet D, om. A 2.* h) Marc. *pro* Mauricii *corr. B 1.*

1) *Sed Johannes episc. Brixinensis iam a. 1322. Iun. 16 ad episcopatum Bambergensem translatus est.* 2) *Cf. Guilelmi de Thoco Vita s. Thomae c. 3.* 3) *Epist. I, 2, v. 3 sq.* 4) *Cf. Chroust l. c. p. 38—40.* 5) *Bernardum Guidonis, qui antea inquisitor Tolosanus fuerat.* 6) *Iohannes XXII. a. 1316. Oct. 14 Bernardum Guidonis ord. Praedicatorum, inquisitorem haereticae pravitatis in regno Franciae, et Bertrandum de Turre ord. Minorum ad concordiam conciliandam in Italiam misit, Preger, 'Über die Anfänge des kirchenpol. Kampfes', SB. d. Münchener Akad. d. Wiss., III. Cl. XVI, 2, p. 159, n. 4; qui circa pascha a. 1317 in Italiam pervenerunt.* 7) *VI, vide supra p. 63, n. 3. Cf. bullas papae datas a. 1319. Iul. 23, Riezler, 'Vat. Akten', p. 94, nr. 170; a. 1318. Sept. 5—1319 Sept. 4, ib. p. 73, nr. 121, a. 1320. Maii 19, ib. p. 101, nr. 184; a. 1320 Iul. 15, ib. p. 108, nr. 203. Uterque a. 1320 Italiam intravit, quam Philippus comes Cenomanensis iam m. Augusti egressus est, vides Ioh. perperam utramque legationem itineri Bertholdi de Neiffen coniunxisse.*

et formati sunt contra eum processus graves[1]. Quos pro nichilo reputans appellacionem interposuit, salubriter[a], ut sibi visum fuerat, informatus.

Hoc anno misit Rûpertus rex filium suum[2] cum [1325] magna classe in Syciliam, qui depopulatis multis dyocesibus ⟨nichil[b] aliud agens⟩ Neapolim est[c] reversus*.

Rex[d] Bohemorum ad beatam virginem in[e] civitatem [1323] que Rupis Sancti Amatoris dicitur peregre proficiscens venit ad regem Francie, fortunam *belli et, quod Heinricum [*f 108] ducem captivum abduxerit, exposuit, qui persuasit eum dimittendum; quod et factum est in regis reversione, [(Sept 18)] talibus interiectis condicionibus, ut duces Austrie redderent municiones et oppida ad regnum Bohemicum spectancia, ab olim Austrie ducibus obligata, insuper et instrumenta illa, que rex Albertus dicitur extorsisse a Bohemis[3], ut nullum nisi de linea sui germinis in sue terre et regni principem acceptarent[f]. Quibus omnibus ad regis Bohemorum desiderium explicitis[4] Heinricus liber et omnino solutus in Austriam est reversus[5].

Anno[g] Domini M°CCC°XXIIII° Leupoldus collo- [1324. (Iul 27)] quium habuit cum rege Francie in Campania, oppido quod Barrum[h] super Albam dicitur et in monasterio Clarevallis. Regnum Romanorum, sicut fertur, ad Francos sicut olim[i] convertere nitebatur[k], ut sibi vicariatus committeretur, et sic fratris sui[l] exempcio facilior se-

*) *Sequuntur a Ioh deleta B1* Anno Domini M°CCC°XXIII° [1323 Mart (Iul. 18)] tempore Marcii papa canonizavit beatum Thomam de Aquino Avinione, ubi Iohannes episcopus Brixiensis sermonem habuisse dicitur ad clerum de verbis Salomonis in Ecclesiaste, qui dicit *Quesivit* [Eccl 12, 10] *verba utilia et conscripsit sermones veritate plenos,* in quibus eum a sinceritate et utilitate doctrine precipua commendavit; *cf supra p* 121 *sq.*

a) salubr — reversus (*l* 6) *om A* 2 b) *uncis inclusa a Ioh deleta B* 1, *om D* c) post *add D.* d) Anno Domini MCCCXXIIII rex B — reversus (*l* 19) *A* 2 e) in — dicitur *a Ioh. add. B* 1, *om. A* 2, prof peregre in civ — dicitur *D* f) accept *pro deleto* acciperent *B* 1. g) Hoc anno *a Ioh. corr* A D MCCCXXIIII *B* 1 h) Barra *D* i) olim *om. D* k) nitebantur *a Ioh corr.* nitebatur *B* 1, *et ita D.* l) sui *om D*

1) *A* 1324. *Mart* 23 *Iohannes XXII regem excommunicavit.* 2) *Carolum, qui Panormo obsessa a* 1325 *Iun redut* 3) *Cf supra p* 88, *n.* 2—7. 4) *Cf supra p* 89, *n* 1 5) *Iam a* 1322. *Dec* 26 *reversus est.*

1324. queretur[1]. Quod cum consequenciam non haberet, datis
sibi invicem muneribus, et Francis Theutonicorum[a] gloriam et potenciam admirantibus, ab invicem discesserunt.
Leupoldus[b] post hec fertur quedam prestigia comparasse,
ut fratrem eriperet, que vir solide fidei non admittens
se Domino fideliter commendavit[2]. Consors Friderici,
filia regis[3] Arrogonie Elizabeth, peregrinaciones, ieiunia,
castigaciones adeo graves sibi assumpsit, ut nimius
fletus visus[c] sibi ademerit facultatem[4]. Interea Lude-
(Dec.) wicus castrum Burgowie[d] obsidens nil profecit, quia
Burchardus de Hellerbach, qui illud nomine ducum
Austrie tenuit, strennue resistens Leupoldi exsolucionem
expectavit; qui cum exercitu copioso veniens Ludewicum
1325 (Ian 25) de campestribus abigebat[5] Moritur[e] hoc anno Kathe-
1324 rina ducissa Kalabrie in die beati Mathie apostoli, soror
Febr. 19. ducum[f], et in Neapoli tumulatur[6]. Ludewicus[g], dicens
*f. 108' a Leupoldo *ludibrio se haberi, ad Fridrici[h] laxacionem
difficilem se reddebat; nunc decapitandum[7], nunc perpetualiter in clausura carceris conservandum, nunc omnibus suis spoliandum principatibus asserebat. Leupoldus[i] ad partes Wangionum Ludewico favorabiles properans omnia que reperire poterat cum preclara militum
multitudine devastavit; obtinuit[k] eciam a papa Iohanne
per districtus sue dominacionis decimas ecclesiasticas,
ut[l] obsistere posset valencius per earum patrocinium
1326 (Febr 28) Ludewico. Sed morte preventus, bullate littere et super
hoc confecte in curia sunt relicte[m] [8] Misit autem Lude-
1322 wicus ad curiam nuncios sollempnes, estimans[n] se proficere in agendis; qui inefficaciter revertuntur, quamquam ostendere niterentur sibi[o] ius ad imperium iam
per gladium acquisitum[9].

a) Theot *a Ioh corr* Theut *B* 1, Teut *D* b) Leup — acquisitum *(l. 31)* *A* 2 c) visum (facult *om*) *D* d) Burgowi *B* 1, Burgaw *D* *A* 2 e) Hoc *a* mor *D* f) Austrie *add* *D* g) itaque rex *add.* *A* 2. h) *sic h l* *B* 1 i) vero *add* *A* 2 k) Idem eciam a p Ioh XXII. obt *A* 2 l) ad facilius resistendum Ludovico *A* 2 m) *seq* Papa — doluisse *(infra p.* 128, *l* 14—16*)* *h l* *A* 2 n) *pro* estimans — agendis *A* 2. pro approbacione sua. o) Ludovico *A* 2.

1) *Cf supra p* 88; *Sievers l c. p* 19—24; *Müller I, p.* 109, *n.* 1 *et p.* 110—113 2) *Cf. supra p* 89, *n.* 8. 3) *Iacobi II* 4) *Cf supra p* 87, *n* 2 5) *Cf supra p* 89, *n* 2—4 6) *Cf supra p* 90, *n* 8 7) *Cf supra p* 89, *n* 7 8) *Cf ibid n* 6 9) *De legatione, quam Ludovicus a* 1322 *victoria obtenta ad Iohannem XXII miserit, eiusque responso Dec* 18 *dato cf Müller I, p.* 56 *sq*

Anno[a] Domini MCCCXXV, dum processus papales 1325 inciperent crebrescere et per Alemanniam contra Ludewicum undique volitare, de Friderico intra se cepit inicius cogitare[1]. Et ecce, quamvis multum fuerit laboratum ad nullum profectum, religiosus vir Gotfridus prior[b] de Maurbach[c] Carthusiensis ordinis in spiritu fortitudinis[2] ad Ludewicum veniens eum intrepide sic affatur. 'O princeps', ait, 'clarissime, cuius iam triumphalis gloria per mundi clymata divulgatur, cuius nomen undique festivis laudibus celebratur, virtus et[d] pietas predicatur, quibus res publica decoratur et regum potencia ampliatur, cur consanguineum et amicum non absolvitis? Cur regni statum non perpenditis? Quare consilia vanorum inbibitis[e], qui clemenciam principum nituntur subvertere? Considerate, quod duces Austrie necdum a calore Marcio[f] defecerunt nec potencia nec diviciis marcuerunt, quorum assistencia poteritis *ro- *f. 109. borari et tam in exteris quam in[g] interis provinciis gloriari. Quid honoris conquiritis, si indignacionem vestram in eorum terris respergitis? Immo plus dedecoris conparatis et claritatem vestre celsitudinis obfuscatis'. Ludewicus advertens iuxta Salomonem, Eccl. 12, 11. quod[h] *verba sapienciam* sunt *quasi*[i] *stimuli et sicut*[k] *clavi* (Mart. 13). *in altum defixi*, clausum educi imperat Fridericum. Officium sacre misse prior celebrat et ambos sacra communione de una hostia corroborat, sacramento Fridericum Ludewico ac pacis osculo conciliat[l], per pacta subiectionis et obediciones fratres implicat[3], ut imperialia insignia restituant et regnum amplius non offendant. Quibus[m] peractis sic sibi invicem conglutinantur sicut quondam Ionathas atque Davit. Ab[n] cf. 1 Reg. 19, 1. hoc iuramento papa[o] Fridericum absolutum reddidit[4], sed ille fidei intendens nexibus recusavit, dicens hoc non ad decenciam principum pertinere, et vulgi improperium posse nullatenus declinare. Fridericus Austriam

a) A. D. — universis (*p.* 126, *l.* 2) *A 2, ubi* Hoc — reliquerunt (*infra p.* 129, *l.* 20 — *p.* 131, *l.* 1) *praecedunt*. b) de M. pr. *a Ioh. transposita B 1*. c) Mawrbach *D 2. A 2*. d) *pro* et — cur *A 2* Quamobrem. e) inhibitis *a Ioh. corr.* inbibitis *B 1*. f) Martis *a Ioh. corr.* Marcio *B 1*, mortis *A 2*. g) in *om. D 1. 2. A 2*, interis *et A p.* 91. h) quod — sapiencium *om. A 2*. i) sicut *Vulg.* k) quasi *Vulg.* l) tenebat *D*. m) Quibus — declinare (*l.* 35) *om. A 2*. n) Ab (Ob *D*) hoc — declinare *a Ioh. add. in marg. B 1, habet D*. o) propter *D*.

1) *Iisdem fere verbis Chron. Aulae-regiae II, c.* 15, *p.* 432 *sq. de Ludowici consiliis loquitur*. 2) *Cf. supra p.* 90, *n.* 5. 3) *Cf. supra p.* 91, *n.* 1. 2. 4) *A.* 1325. *Mart.* 1, *cf. et supra p.* 92, *n.* 2.

1325 (Apr.). reversus[1], intonsa barba, vix cognitus a notis, inmensum gaudium attulit universis. Nam[a] Lůdewicus Fridericum et Fridericus Lůdewicum invitans, uterque regio apparatu usus est in suis tentoriis et tapetibus et sagis et effigie aquile insignitis.*

⟨Hoc[b] anno in monasterio Růnensi in Stiria torrens parvulus, qui de vertice moncium fluit, vehementissimo inpetu se resolvit et densissima inundacione ligna, saxa gravissima secum trahens, muros scindens, omnia pene habitacula, monasterium, ambitum et ceteras officinas[c] usque ad mensuram in altitudinem IIII[or] vel quinque cubitorum permeavit et vestigia in muris intersibilia reliquit, libros armarii et monasterii non fedavit. Quod non longe post in monasterio Sancte Crucis in Austria simili modo dicitur actitatum⟩.

1324 (Sept. 18-30). Hoc tempore Iohannes rex Boheme civitatem Metensem obsedit, vineas devastavit, municiones civium circum civitatem plurimas deiecit, plateam unam in suburbio longam usque ad civitatis tendentem introitum concremavit. Habuit secum episcopos ⟨Treverensem[b] [2], Metensem[3]⟩, ducem** ⟨Lothoringie[b, 4]⟩, comitem ⟨Barrensem[b] [5]⟩ et infinitum populum. Novissime concordatis
*f. 109'. civibus extrinsecis, *propter quos venerat, cum intrinsecis[6], obsidionem solvit, non multum gaudens de reconciliacione inter Ludewicum et Fridericum. Et audiens[d] marchionatum Brandenburgensem ad imperium devolutum[7] properat Ludewico insistens, ut iuxta promissa memoretur suorum laborum, uni filiorum suorum do-

*) *A2 addit.* Fuitque in custodia tres[8] annos cum dimidio in castro Trawsenicht.

**) *Hunc locum Ioh. sic immutavit B1 (et ita D):* episcopos, duces, comites et inf. pop.

a) Nam — insignitis *(l. 5) a Ioh. add. in marg. B1, non praebent D A2.* b) *uncis inclusa a Ioh. deleta B1, om. D.* c) officinias *B1.* d) Iohannes rex Boemie audiens — socia tur *(p. 127, l. 10) A2 pergit.*

1) *M. Aprilis intrante, cum die Martii 27. adhuc Monaci fuerit.* 2) *Balduinum, cf. Gesta Trevir. l. c. p.* 213 *sq.* 3) *Heinricum, qui non interfuit, sed postea Nov.* 15. *foederi accessit.* 4) *Fridericum.* 5) *Eduardum.* 6) *Non hac de causa, sed quia nihil civibus officere poterat. Cf. et Chron. Aulae-regiae II, c.* 17, *p.* 439, *ubi aeque discordiarum intestinarum inter Metenses mentio fit.* 7) *Heinrico marchione a.* 1320 *mortuo.* 8) *Duos.*

minium conferat supradictum, cum ad idem ab incolis quibusdam fuerit advocatus. Que peticio effectum non 1323. habuit, quia filio suo[1] Ludewico providerat de eodem[2], ad quem roborandum sibi filiam regis Dacie[3] matrimonialiter copulavit. Ab illo tempore et in reliquum orta est quedam aversio inter Ludewicum et regem Bohemie[4]. Aliud huius aversionis seminarium extitit, quia filia[5] Iohannis marchioni tradita Misnensi[6] ad patrem revertitur[7], et pacta super hoc habita sunt soluta; filia[8] etenim Ludewici marchioni sociatur, et Iohannes plurimum indignatur.

Fridericus autem in domo et dominio suo tytulo[a] regalis nominis utitur, nichil contra Ludewicum ammodo est molitus, quiete vivens, ⟨gracias[b] Deo agens⟩, ulterius prelia non exercens, iuxta quod dicit Oracius[9]: *post Punica bella quietus*.

De[c] obitu Heinrici et Leupoldi ducum, opposicione[d] Ottonis contra fratres et[e] heresi Adamiana. Capitulum VI[m].

Anno Domini M°CCC°XXVI°* Fridericus tristia 1326 (Mart.) nuncia accepit[f] apud castrum Iudenburch existens, fratrem suum Leupoldum ex hoc seculo scilicet[g] emigrasse[10]. 'O', inquit, 'dux ducum, gloria militum, timor et terror hostium, o patrie, germane, decus[h] singulare, inter regum filios

*) *Sequentia A 2 sic praebet.* A. D. MCCCXXVI Lupoldus dux Austrie et Suevie ex hoc seculo migravit in Argentina pridie Kalendas Marcii et in Campo-regis Febr. 28 cum regina matre sua sepelitur. Duas filias — maritavit (*p.* 128, *l.* 16—18).

a) tyt. *om.* D. b) *uncis inclusa a Ioh. deleta* B 1, *om.* D. c) *inscriptio capitis minio scripta* B 1. d) et opp. B 1, et *a Ioh. delet*, de opp. D. e) et — Adam. *a Ioh. add.* B 1, *exhibet* D. f) excipit D. g) scil. *om.* D. h) *cf. supra p.* 96, *n.* a.

1) *Ludovico maiori, a.* 1323 *ante diem Maii* 4. 2) *Cf. Chron. Aulae-regiae II, c.* 12, *p.* 423; *Friedensburg p.* 59 *sqq.* 3) *Christophori Margaretam, a.* 1324 *Dec.* 4) *Cf. v. Weech, 'Kaiser Ludwig d. Bayer und König Johann v. B.' p.* 21—27. 5) *Guta.* 6) *Friderico II, a.* 1322 in domo Misnensis marchionis tanquam futura sponsa fere per unum annum remanserat, *Chron. Aulae-regiae II, c.* 12, *p.* 423. 7) *Cf. ibid. et Cron. S. Petri Erford. p.* 352. 356. 8) *Mechtildis, a.* 1323; *cf. Cron. S. Petri l. c. n.* 4 *et Friedensburg p.* 76. 9) *Epist. II,* 1, *v.* 162. 10) *Cf. supra p.* 95, *n.* 9.

1326 temporis tui[a] decor[b]!' Et eiulatu maximo exclamans,
pilis iniciens manus. 'Quid michi iam vivere proderit
te subtracto? Quid me desolatum in huius seculi fluctibus reliquisti?' Transiit autem in Argentina pridie
Febr. 28 Kalendas Marcii, ibique in maiori ecclesia armorum
suorum insignia in eternam memoriam sunt locata; in
Campo-regis cum regina matre sua sepelitur. Hic non[c]
*f. 110 *excellentis corporis, sed agilis miles fuit, animi magni
et cordis intrepidi, sicut Stacius[1] dicit de Thydeo.

Maior in exiguo regnabat corpore virtus,

quem Homerus minorem corpore, sed armis fuisse asserit
forciorem[2], et Seneca[3] dicit: *Exire potest* de *humili corpore et deformi animus* generosus et *magnus,* nec *deformitate corporis animus* de*feda*tur. Papa Iohannes audita
morte sua, probitatem[d] eius et[e] actus commendans, dicitur doluisse. Duas filias reliquid; quarum unam post
excessum omnium fratrum Albertus dux in Franciam,
alteram in Poloniam nobiliter[f] maritavit[4]. Hoc anno
1324 Ludewicus vocatus[g] est a quibusdam de Lombardia[5] et
clam se disposuit ad intrandum.

1327 Anno[h] Domini MCCC°XXVII° Heinricus dux, post
captivitatem rara[i] perfruens[k] sospitate, novissime in
Febr. 3 Brukka Styrie in die beati[l] Blasii moritur et in Grätz
aput Minores a Friderico gloriosis exequiis sepelitur,
post incineracionem vero a consorte Elizabeth cum religiosis viris ad Campum-regis transfertur ibique sollempniter tumulatur[m] [6].

1328. (Aug.-Sept.) Hoc anno, mortuis fratribus[n] Leupoldo et Heinrico,
suscitavit Deus spiritum vertiginis[o], quem miscuit[7] inter
superstites adhuc fratres. Nam Otto porcionem se contingentem postulat et, ut ex equo secum dividant, deprecatur, eo quod se non habere diceret tantum, quo

a) tu *D* b) decus *(et ita D) a Ioh. corr.* decor *B 1* c) cum *D* d) eius prob. *Ioh. transposuit B 1*, prob. suam *D* e) commend. et actus *Ioh. transposuit B 1* f) mar. nob. *Ioh. transposuit B 1* g) a quib. vocatur in Lombardiam *D.* h) A. D. — devincivit *(p. 129, l. 18. 19) A 2* i) raro *D.* k) fruitur *A 2.* l) beati *om. D 2*, sancti *D 3* m) sepelitur *A 2* n) fratr. *om. D* o) uterigimis *a Ioh. corr.* uertiginis *B 1*

1) *Thebais I, v.* 417 2) *In Iliade Latina nil huiusmodi legitur* 3) *Epist. moral.* 66, 4: potest ex casa vir magnus exire, potest et ex deformi humilique corpusculo formosus animus ac magnus, . . . ut scire possemus non deformitate corporis foedari animum 4) *Cf. supra p. 96, n. 5. 6* 5) *Cf. Muller I, p.* 161. 6) *Cf. supra p. 96, n. 8 et p. 97, n. 1—4* 7) *Cf. supra p. 98, n. 5*

suam conthoralem[1] cum sua clientula, sicut decuit, 1328 sustentaret, cuius inquisicione fratres efficax nichil penitus responderunt. Illo vero perseverante ortum est per Austriam et Styriam discidium grave satis[2], nobilibus se variantibus, quibusdam dicentibus Ottonem racionabiliter promoveri, aliis asserentibus terrarum et fratrum coherenciam non conpetere sequestrari.* Interea Otto reges Ungarie[3] et Bohemie adiit, consilium et auxilium postulando; *rex autem Ungarorum fratribus scribit, ut *f. 110' Ottonem placatum faciant, ne maius periculum supercrescat, gentemque multam in eius adiutorium destinat; rex vero Bohemie in propria persona pro Ottonis conplacencia se presentat, quibus Otto in occursum properat et civitates, castra, oppida ex illa parte Danubii obsidet et ad libitum suum firmat. Populus regis Un- (Sept.) garie abscedens[a], Bohemorum gentem in terra grassare[b] permittens, quorum instancia loca munita pene omnia trans Danubium acquisivit et sui regis dicionibus devincivit.

Hoc[c] tempore manifestata[d] est quedam heresis aput Coloniam Agrippinam[4], ubi viri et mulieres diversi status in noctis medio ad locum quendam subterraneum, quem templum dicebant, convenerunt. Et quidam Waltherus nomine, demonialis sacerdos, misse officium celebrare visus est, et post elevacionem sermone habito,

*) *Ioh. in inferiore marg. add., sed delevit B 1, D. A 2 non habent:* Parcium autem Ottonis fuit Ůlricus[5] comes de Phannberch, qui sublata[6] prima consorte[7] sine liberis, sorore Ůlrici de Walse, quam prius habuit in coniugio vir nobilis de Lonnenberch, relictam comitis de Græczpach[8] de sanguine comitum Montisfortis, filiam comitis Rudolfi de Sancto Gaudonc, duxit, nomine Margaretam[9], cum qua habuit utriusque sexus liberos.

a) *sic B 1 D A 2 pro* abscessit b) grassari *A 2* c) Hoc — reliquerunt *(p. 131, l. 1) post* acquisitum *(p. 121, l. 31) A 2* d) manifesta *a Ioh. corr.* manifestata *B 1*

1) *Elisabeth, cf. supra p.* 113, *n.* 5 2) *Cf. supra p.* 99, *n.* 1. 3 3) *Carolum I. Robertum* 4) *Nomen civitatis antiquum Ioh. ex Ottonis Frisingensis Chron. VII, c.* 13 *scire potuit* 5) *V.* 6) *Ante a.* 1330 7) *Agnete. Cf. supra p.* 95 8) *Bertholdi VI. de Graisbach, ut videtur; cf. I. A. v. Reisach, 'Abh. d. Münchener Akad.' II* (1813), *p.* 349 9) *De cuius genere hucusque nihil constitit; cf. K. Tangl, 'Die Grafen von Pfannberg', 'Archiv f. Kunde Österr. GQ.' XVIII, p.* 182–189

extinctis luminibus, quilibet sibi proximam cognoscebat, et post epulis deliciosissime vacantes choreas ducebant et gaudia maxima peragebant, dicentes hunc statum statui paradisi et primis parentibus ante lapsum esse conformem Idem autem, qui huius erroris caput extitit, se Christum dixit, pulchram quandam et nobilem domicellam Mariam asseruit, et sic sacramenta fidei, *sin-* 1 Cor 5, 8 *ceritatis* scilicet[a] *et veritatis azima*, fermentavit. Matrimonium cum personis quantumcumque proximis licitum, Christum non de virgine natum, nichil esse ieiunium, Deum non esse natum neque passum turpiter disputavit et multa fidei sacratissime contraria grunniebat. Degradatus, dampnatus usque ad ustionem non resipuit, mentitus est eciam die se tercia surrecturum. Huius voti plures compotes, experientes falsas insanias[1] et errores, ad Dominum sunt conversi, conversionis atque resipiscencie signa iuxta patrum sanctiones crucis signaculum in suis vestibus[b] preferebant[2]. Hec heresis Adamiana dici potest, cuius[c] Ysidorus facit[d] mencionem in libro Ethimologiarum[3] dicens: *Adamiani vocati sunt, quia Ade imitantur*[e] *nuditatem, unde nudi orant*[f], *et nudi inter se mares et femine*[g] *conveniunt.*

Fuit eciam hoc tempore in multis locis circa metas Matth. 13, 25 Austrie et Boheme *zizania* multiplex[h] *in medio tritici seminata* et pulchritudo agrorum ecclesie defedata Qui[i] sub terra in specubus se dicunt non peccare nec abso- Matth. 16, 19 lucione egere, eo quod Dominus Petro dixerit *Quodcumque ligaveris super terram, erit*[k] *ligatum et in celis* etc, Deum trinum, scilicet[l] patris, filii et spiritus sancti personas, in[m] materia[n] visibili, senili, iuvenili et columbina specie demonstrantes, diversos et mirabiles errores debachantes, missarum[o] officia et elemosinas pro purgacione et exempcione animarum pro nichilo reputantes Ex quibus maxima multitudo utriusque sexus incendio perierunt et semen sue malicie in sulcis[4] velut

a) scil. *om* A 2 b) *explicit B 1, sequentia ex D A 2 edita* c) *pro* cuius — quia *(l 22)* A 2 Eo quod d) fecit D 2 e) imitentur (vmit) D 1 *Is* f) *sic* A 2 *Is* , erant D g) mares femineque *Is* h) multipliciter A 2 i) et A 2 k) erit — celis *om* D 3, terram et solveris etc D 1 2. l) scil *om* D m) in *om* A 2 n) materias D 1 immateriales D 2 o) sollempnia *add* D 2.

1) *Ps* 39, 5. non respexit in vanitates et insanias falsas *O H-E* 2) *Similia leguntur in Gestis Trev* a 1324, *l. c. II, p* 244. *cf ibidem adnotata* 3) *Etym VIII, 5, 14* 4) *Eccli* 7, 3· non semines mala in sulcis iniustitiae *O H -E*

absconditum in perversorum cordibus reliquerunt, que[a]
iuxta sentenciam Domini sinuntur[b] crescere usque ad
messem[1], id est usque ad seculi consummacionem[2] 1 Cor 11,19
Oportet enim *hereses esse, ut qui probati sunt manifesti fiant,*
ut apostolus Paulus dicit.

Dux[d] autem Otto, dispensacione habita super cognacione carnali inter se et consortem[3], quia ei in tercia consanguinitatis[e] linea coherebat[f], monasterium fundare disposuit propter[g] illicitam coniugii commixturam Et
cum eodem anno ei[h] filius primogenitus, Fridericus 1327.
scilicet[i], in die beate Scolastice natus esset, abbates et Febr 10
patres Cisterciensis ordinis de Sancta Cruce et alios perquirens, in loco apto super Muitzam fluvium in Stiria[k], montibus, vallibus, rivis, pratis, pascuis[l] et nemoribus decorato, suum propositum est exorsus, ipsum[m] locum iniciatum in laudem beate virginis Novum-montem censuit appellandum. Quem diversis[n] et multis prediis pro sustentaculo victualium in temporalibus et magnis libertatibus et ad cultum Dei variis ornatibus communivit[4] Que[o] fuerant sua, obtulit, que aliorum, recompensa digni precii commutavit, musitantibus pluribus, quod distraheret quedam ad commune bonum pertinencia et sue fundacioni propriaret[p]. Specialiter autem cum[q] quodam Wernhardo, cuius area ipsa fuit, commutacionem
talem fecit, sicut David dixit ad Ornam[r] Iebuseum·
Da michi locum aree tue, ut edificem in ea altare Domino[s], 1 Par 21,22
ita ut quantum valet argenti accipias. Et sic princeps pro temporalibus eterna comparavit et cor suum in thesauros celicos[t] collocavit, quia optima est commutacio pro illo eciam omnia relinquere, quo habito omnia possidentur, sicut Prosper[5] dicit

Non mirabor opes, nullos sectabor[u] honores,
Pauperiem Christo divite non timeo[v].

a) que — dicit *(l 5) om A 2.* b) *verba versuum Gen* 1, 22 28 *Matth* 13, 30 *hoc loco addita D 3* d) Otto itaque disp — communivit *(l 19 20) A 2.* e) linea cons *D 3* f) coherceb it (coerc) *D 1 2* g) propter — commixturam *A 2, om D* h) fil s bi *A 2*, filius ei *D 2.* i) videlicet *D 3* k) Styria *A 2.* l) et pascuis *A 2* m) ipsumque *A 2* n) div et *om A 2*, et multis *om D 2* o) Que — timeo *(l 33) om A 2* p) prepararet *D 2* q) in *D 1 2*; cum *om D 3* r) Ornan *Vulg* s) ut in ea domo *D 3* t) cel *om D 3* u) sectabor *Prosp* v) metuam *Prosp*

1) *Matth.* 13, 30· Sinite utraque crescere usque ad messem *O II - E* 2) *Similia Ann Matseenses a* 1315, *SS IX, p* 825—827, *in Krems oppido facta esse narrant* 3) *Cf supra p* 79 98. 4) *Cf. supra p* 97, *n.* 7—98, *n* 1 5) *Poema coniugis ad uxorem v* 100 *sq*

De introitu Ludewici[a] in Italiam et ibi gestis et de reconciliacione ducum Austrie cum rege Bohemie. Capitulum VII.

1327 (Mart.) Anno[b] Domini MCCCXXVIII. Ludewicus per vallem
Tridentinam Italiam introivit. Et dum Heinrici ducis
Karinthie terminos, comitatum[c] scilicet Tyrolis, subintrasset, sibi ac suis heredibus utriusque sexus Karinthiam[d] et comitatum Tyrolis litteris regalibus[e], postea
imperialibus dicitur confirmasse. Venit autem[f] Veronam[1],
(Mai 17) deinde Mediolanum, ubi in die sancto pentecostes
Mai 31 corona ferrea coronatur[2] Et pertransiens Liguriam
et montem[g] Pardonis[3] sine offendiculo venit Pisas[4]
Pisani autem resistentes primo ei introitum denegabant,
deinde, cum exercitum contra eos ordinasset, mense
Oct. (11) Octobris se submiserunt[5], quos in dedicionem suam
acceptos postea confovit gracia speciali.

1328 Ian. 6 Anno Domini MCCCXXVIII. supradicto[h] in die
(Ian. 17) sancto[i] epiphanie a Romanis accepit coronam imperialem,
dicentibus hoc bene licere, quia papa non adesset. Coronavit[k] autem eum prefectus Urbis*[6], qui hoc ex iure habere[l] dicitur, ut imperiale diadema pape manibus subministret et exhibeat, dum illud imperatoris capiti super-
Mai (12) ponit[m]. Eodem anno mense Maii per aliquos de clero intrudi fecit in papatum fratrem Petrum de Corbario de ordine fratrum Minorum, qui vocatus est a suis Nicolaus quintus, et ydolum in domo Dei et monstrum in beati Petri kathedra collocavit. Populus et clerus Romanus

1330 *) *Sequentia A 2 sic breviavit* Eo tempore imperatrix pe-
1328. perit filium — appellabant[7] Eodem anno mense May Ludewicus antipapam Petrum de Corbario ordinis Minorum intrusit. — *Reliqua pars capitis deest A 2*

a) luduic *D 1 semper*, ludwic *D 2 3 semper* b) Eodem anno Lud rex — Urbis *(l. 20) A 2* c) comit *om D 3* — scil *om. A 2* d) carinth *D 1 plerumque*, ducatum Carinthie *A 2* e) et *add D 1 3* f) an̄(te) *D 2* g) montem *om D 3* h) supradicto *om A 2*, Eodem anno quo supra *D 1* i) sancto *om A 2*, in — epiph *om A 2* k) Et cor. eum *A 2*. l) dic hab. *D 2* m) *emendavi. O H.-E*, supponit *D*.

1) *Cf. supra p. 93, n. 1—6* 2) *Cf Chroust l c p* 82, *n* 1 3) *Cremonae Padum transiens per montem Bardonis die Sept* 1 *Pontremulum pervenit, cf. Chroust p* 89 *sq* 4) *Die Sept* 6 *Pisas oppugnare coepit* 5) *Die Oct* 8 *Pisani se subiecerunt, quorum civitatem rex Oct* 11 *ingressus est* 6) *Manfredus de Vico, cf Math Neuenburg c* 52, *Heinricum Surdum l. c p* 517. *Sed vide Chroust p* 253 7) *Infra p* 133, *l* 3—5

quasi acrisia[1] percussus, oculos habens et non videns, illi 1328
genuflexiones et pedum oscula, sicut et ipsius imperatoris
populus[a], exhibebant. Peperit autem imperatrix illo 1330. (Mai 12)
tempore filium, quem pro Urbis gloria Romanum, quasi
insigniorem ceteris, appellabant[2]. Conflans autem exercitum contra Rupertum regem ab Urbe se movit, et cum 1328 (Iun.)
in hoc nichil proficeret, iuxta Lucanum[3].

Qui terret, plus ipse timet; mos ipse tyrannis
Convenit,

quinta die mensis Augusti rediit[4] et pape suo[b] instituit, ut Aug 5
curiam ordinaret et alia, que ad suum officium pertinent,
restauraret Qui mox sex cardinales instituit[5] et[c] tam
suam quam aliorum conscientias non modicum onustavit.

Hoc anno Ottoni duci Austrie secundus filius[6]
natus est, super quo non modicum gaudium Australibus
est exortum

Romani tediati in ocio Ludewici sibi ceperunt clam
et publice rebellare; milites eciam et nobiles, quos secum
traxerat, stipendiis suis protractis non modicum contur-
babat et contra plurimos concitabat. Quidam eciam ab
eo se subduxerant et pro suis sudorosis serviciis opponebant. Et propter hoc et alia de exitu suo in Alamanniam
cogitabat, habitoque consilio ab Urbe cum suo papa egre- (Aug 4)
ditur. Venit Viterbium[d], ubi ad eum plurimi venientes (Aug 6)
caput suum atque illius antipape oleo vane et seductive
complacencie liniebant et se ad quelibet dignitatum officia
ingerebant Stephanus autem de Columpna et Bertoldus[e]
de Ursinis mox, dum ab[f] Urbe se movit, Romam venerunt (Aug 4. 5)
et a populo magnifice sunt suscepti, quia fuerant[g] adversarii Ludewici Hoc tempore moritur Galeates Pisis[7]
et Castrucius[8] Luce[h], et recepit Ludewicus civitates
Castrucii, Pisas et[i] Lucam[k], Pistorium, in dedicionem[l]. (Sept.-Oct.)

Hoc anno Paduam agente Marsilio de Carraria[9]
officiales duos Karinthianos[m] licenciaverunt[10] et se cum (Sept.)

a) populo *D* 1 3 b) suo *corr.* sui *D* 1, suo *D* 3, papam suum instituit *D* 2 c) et *om* *D* 3 d) Byterb. *D* 2 e) berchtold *D* 2 f) de *D* 3. g) fu*nt *D* 3 h) luke *D* 3 i) et *om* *D* 2 k) lukam *D* l) dedicationem *D* 3 m) karinthii *D* 1

1) *Ad sequentia cf supra p* 95, *n* 2 3 5 2) *Cf supra p* 94, *n.* * 3) *Sunt versus Claudiani, Panegyr. de IV consulatu Honorii v.* 290 *sq* 4) *Iul* 20, *Aug* 4. *Romam egressus est* 5) *Cf. supra p.* 94, *n* 6 6) *Leopoldus* 7) *Pisciae prope Lucam, a.* 1328 *Aug.* 8) *A* 1328 *Sept.* 3 9) *Capitaneo populi Patavini a* 1328 10) *Ann. Patav a* 1328, *ed Bonardi p* 249 d Griffo Theotonicus, qui tunc erat potestas, cassatus et licentiatus cum d. Hengelmario fratre suo, qui tunc erat vicevicarius pro duce de Carentana

1328 civitate Cani-grandi de Verona tradiderunt[1]. Fridericus rex, cogitans periculosum esse patrie litigia gerere, concordiam cum Ottone fratre et Iohanne rege Bohemie (Oct.). meditatur, et indicta die conveniunt[2]. Rex Bohemorum in occursum Friderici detracto capucio, ut reverenciam faceret venienti, processit, Fridericus lento[a], pileo ad modicum elevato, obviacionis vicem rependere videbatur. Quo facto rex Iohannes arbitrans se contemptum placiti diem solvit, dicens se imperatoris filium et regem, nesciens, quis eorum alteri esset preferendus Interea secundario conveniunt, ubi dux Otto manifeste in[b] faciem regi dixit, dum tergiversando durius se haberet et acquisitis tenacius inhereret 'Si nostra sic ambitis, promissa vestra[c], rex Bohemie, tetre[d] oblivionis obprobrio maculatis'. Tandem ei ad stipendiorum reconpensam maxima summa pecunie contaxatur, et restitutis pluribus, que acquisierat et in manibus habuerat, in amicicia mutua sunt firmati, ceperuntque ipse et[e] Fridericus se diligere et familiaria colloquia commiscere. Populus terre letatur et gaudio inenarrabili[f] gratulatur, quia auferebatur ab eis iugum et oppressio Bohemorum et indicebatur in reliquum propriorum obsecucio dominorum, iuxta illud Boecii[3].

Reditu proprio singula gaudent,
repetuntque suos queque recursus.

De obitu Friderici regis et aliarum personarum de domo illa[g] Capitulum VIII.

1329. Anno[h] Domini MCCCXXIX. dux Otto concors cum fratribus ad loca Reni superiora proficiscitur[4], nam milites et[i] nobiles ac civiles illius terre desiderabant, ut haberent post Leupoldum subductum, qui eis preesset et causis eorum ac necessitatibus provideret, et ne eciam[k] insolescere inciperet ipsa terra. Et veniens ibidem diversa[l] solacia habuit. Filium sororis sue[5], Ru-

a) lente *emendandum, ut videtur* b) regi in f. *D* 3. c) t' *add. D* 3, tibi *add. D* 1. 2 d) *sic cum rec A emendavi O H.-E.*, terre *D* e) et *om. D* 2 f) enarrab *D* 1. g) Austrie *D* 2; *cf supra I, p* 179, *n* * h) A D MCCCXXIX Otto dux Austrie concors factus cum fr. — terra *(l 32) A* 2. i) et *om D* 3, mil et *om A* 2 k) et *add D* 1 2, ne terra ipsa inc ius *A* 2 l) sol div *D* 3

1) *Sept* 7 *vel* 8 *Marsilius Cani-grandi claves civitatis exhibuit, qui Sept.* 10 *Patavium introiit, cf Ann Patav l l* 2) *Cf supra p* 100, *n.* 1 3) *De consol phil III,* 2, 35 *et* 34 *Variam eius lectionem vide supra p* 101. 4) *Cf ibid. n* 2. 5) *Cf supra I, p* 379.

dolfum Lothoringie ducem, in civitate que ad Sanctum[a] 1329 Theodatum[1] dicitur est affatus, et cum iocundis colloquiis ab invicem discesserunt. Fridericus rex se contulit ad montana, cum esset infirmus, ut in castro quod (Dec.) Guetenstain dicitur tam de corporis dolore quam de cura terrarum reciperet levitatem.

Hoc anno Tervisini oppressi a Cane de Verona et a duce Karinthie Heinrico, qui tutor fuerat Iohannis comitis Goricie, subsidium non habentes, consilio advocati Tervisini[2] predicti se Canis manibus submiserunt. (Iul. 17) Qui post triduum[3] recepcionis civitatis in tantum est gaudium resolutus[b], ut[c], sicut ei fatatum fuerat a quodam, ut dicitur, mathematico, ab hac[d] vita eximeretur[e], (Iul. 22). Alberto et Mastino consanguineis suis[4] ad omne suum[f] dominium apprehendentibus introgressum.

Hoc[g] tempore Iohannes rex Bohemie contra Lituanos[h] profectionem fecit et habito congressu cum eis, (Febr.-Apr.) fortissimus eorum prosternitur, cuius longitudinis mensuram rex[i] pro miraculo transmisit, ita ut excessiva magnitudo corporis sui visa plurimos traheret in stuporem.

Hoc anno in vigilia Mathie apostoli Guta[k] comi- Febr. 23 tissa de Ottingen, soror ducum Austrie, Wienne moritur, et corpus in Campum-regis transfertur[5]. Unum filium[6] reliquit, iuvenem speciosum. Fridericus* autem rex percussus[l] morbo apoplosie[m], ut quidam dicunt, alii vero aiunt eum dissenteriam habuisse. Cepit autem vehe-

*) *Sequentia exhibet A2 magis quam D cum rec. A convenientia.* A. D. MCCCXXX. Fridericus dux Austrie, quondam rex, percussus — alii dissenteria, alii paralisi, moritur in castro Guetenstain et in loco fund. sue, 1330 (Ian. 13) monasterio Mawrbach, quod anno Domini MCCCXIII construere cepit, quod et alio nomine Vallis Sanctorum Omnium appellatur, regali — sepelitur. Eodem tempore Guta c. de Öting, soror — trans- 1329 (Febr. 23) fertur.

a) beatum D3. b) resolutum D1. c) ut *om.* D1. 3. d) math. adhuc D2. e) eximitur D2. 3. f) sui D3. g) Hoc etiam t. — stuporem *(l. 20. 21)* A2. h) lycuanos D1. i) rex *om.* D. k) gūta D1. l) *nota orationem claudicare,* percusso A2. m) *sic* D1, apoplosye D2, apoplexie D3. A2, apoplasinco morbo A.

1) *Saint-Dié.* 2) *Guecelli Tempestae.* 3) *Iul. 20. aegrotare coepit.* 4) *Filius Alboini fratris Canis-grandis.* 5) *Cf. supra p. 103.* 6) *Eberhardum, postea canonicum Moguntinum.*

1330 menter deficere et invalescentibus morbis anno Domini Ian. 13. MCCCXXX. in octava epyphanie transiit et disposito[a] testamento glorioso per ecclesias et monasteria[b] in loco fundacionis sue Maurbach[c] Carthusiensis ordinis regali cultu et sollempnibus exequiis sepelitur[1]. Fertur eciam, quod a quadam nobili muliere confectum quoddam cibarium sumpserit, quo ipse rex in favorem sui mariti moveretur[d], in morbum impetiginosum corporis est mutatum, mortis materiam secum ducens[2]. Quod factum in ipso marito morte acerbissima est punitum, salvata coniuge quia fuit[e] impregnata.

Mart. 25. Eodem anno in annunciacione beate virginis obiit domina ducissa Elizabeth, consors ducis Ottonis, que, sicut fertur, cum Alberto duce et quibusdam puellis in quodam obsonio venefico et letali sumpserit cibum mortis. Dux vero Albertus, membrorum compage contracta[3], ad opera militaria impotens quoad manuum et pedum virtutem, sella gestatoria mira preditus sapiencia et industria circumfertur nec minus efficaciter res disponit[f], Eccl. 9, 18. quia Salomon dicit *Melior est sapiencia quam arma bellica*, et Tullius[4] *Parvum prosunt arma foris, nisi consilium fuerit domi*. Et licet casus iste terram concusserit, dux tamen iste regibus et cunctis adversariis sepius viriliter restitit et Deo cooperante terras suas egregie defensavit[g]. Ducissa vero defuncta ad monasterium Novi-montis transfertur ibique sollempniter tumulatur. Cuius morte et fratris[h] infirmitate dux Otto comperta ineffabiliter doluit et peractis exequiis cum recommendacione dilecte consortis sue, fletu terso, ad familiarium et amicorum consilium cepit de coniuge[i] cogitare. Fratre eciam persuaso[k] missum est in Siciliam, ut neptem suam, filiam Petri Siculorum regis[5], cuius mater[6] ex Ottone duce Karinthie, avunculo suo, fuit progenita, duceret. Sed quia convenienciam non habuit, sic permansit. Missum est eciam in Kracoviam[l], ut Lothonis regis natam, regine

a) disposuit *D 2*. b) et *add. D 1. 2.* c) mawrbach *D 2*. d) moreretur *D*, quod *supplendum esse coniecit Bohmer*. e) impr. fuit *D 3*. f) disposuit *D 2*. g) dispensavit *D 3*. h) inf. fr. *D 3*. i) coniugio *D 3*. k) et *add. D 1*. l) Krakouiam *D 1*; eciam in Kr. est *D 3*.

1) *Cf. supra p.* 101, *n.* 3. 4. 2) *Similia apud Mathiam Neuenburg. c.* 58. 3) *Cf. supra p.* 102, *n.* 7. 4) *De officiis I,* 76, *cf. supra p.* 102, *n.* b. c. 5) *II. Qui demum a.* 1337. *rex factus est. Filiae Ottone vivente nondum natae erant, fortasse Ioh. sororum alteram dicit.* 6) *Elisabeth uxor Petri II.*

Ungarie sororem, acciperet[1]. Sed nec hoc a Deo dispositum[a] fuerat et similiter conquievit

Interea contigit[b] Bohemos et Australes in metis 1331 (Oct.) graviter dissentire et nunc hiis, nunc aliis fortunam adesse et abesse, et cum[c] in alterutrum res arte satis et hostiliter agerentur, novissime Bohemorum nobiles 1332 (Mart.) pociores capiuntur[2] et ad ducis Alberti presenciam adducuntur. Prius etenim Australes nonnulli Bohemis sub simili deveniebant sorte. Datis autem[d] treugis ad eundum et redeundum, Bohemi nunciant regi suo utile esse, ut cum ducibus Austrie amicicia et concordia tractaretur, alias istas terras, tam regnum quam ducatum, non posse aliqualiter quietari, et si apte fieri posset, hoc ipsum per aliquod matrimoniale connubium firmaretur[3]. Et tractatum est inter Ottonem ducem et Iohannis regis Bohemorum filiam Annam nomine coniugium, adhuc iuvenculam[4], quod postea est feliciter consummatum[e].

Hoc anno in die beate[f] Margarete transiit Elizabeth 1330 Iul. 13. relicta regis Friderici et apud fratres Minores in Wienna sub marmoreo[g] sarcofago prope Blankam[h] Rudolfi regis Bohemorum relictam[5], Francorum regis filiam, tumulatur[6]. O quam luctuosa mors iuvenum principum! 1330 Nam *mors iuvenum acerbior est quam senum,* ut dicit Tullius[7], exemplificans de pomis, que immatura difficile evelluntur[i], matura per se cadunt[k]. Verumtamen hunc finem omnes lugubrem expectamus, quia *omnes morimur* 2 Reg. 14, 14 *et sicut*[l] *aque dilabimur*[m] *in terram,* sicut ad David dixit illa mulier Thecuitis[n], et Oracius[8] dicit

Mors ultima linea rerum.

De reditu Ludewici et reconciliacione eius cum Ottone duce. Capitulum IX.

Anno Domini MCCCXXX. Ludewicus vicariatum 1329 Mediolanensem Atzoni Vicecomiti et vicariatum Luce[o] (Ian. 25)

a) indispositum *D*, *fort legendum* ei disp , *cf Act* 7, 19 sicut disposuit illis Deus, adeo indisp hoc *D3* b) contingit *D2* c) tn (tamen) *D* d) añ (ante) *D2* e) *vel* est confirmatum *D2* f) sancte *D3* g) marmorea *D1. 2*, sarc marm *D3* h) blancham *D1* i) avell *D2* k) cadit *D3* l) quasi *Vulg* m) dilabuntur *D1 2* n) tecuites *D1*, thecuites *D3*, thecuces *D2* o) luke *D*

1) *Cf supra p* 102 2) *In pugna apud Marberg commissa* 3) *De pace a* 1332 *Iul* 13 *Vindobonae acta agi videtur*, *cf Chron Aulae-regiae II, c* 30, *p* 490 4) *Hi tractatus ad a* 1335 *spectant, a* 1332 *de matrimonio inter Iohannem regem et Elisabeth filiam Friderici regis sermo fuit* 5) *Cf supra I, p* 325 361 6) *Cf supra p.* 103. 7) *Cato maior* 19, 71 8) *Epist I,* 16, *v* 79.

1330 (Ian.) cuidam Francisco potenti[1] contulit et in Alamanniam
est reversus. Habuitque secum legistas, qui sua opera
fovebant contra papam scribentes, ipsum, ut dicitur,
hereticum appellantes. Papa de exitu suo gaudens
Ps 121, 1 *Letatus sum in hiis*[a] *que dicta sunt michi*[b] instituit[2], processus novos contra eum fieri procuravit, quibus[c] concessionem marchionatus Brandenburgensis quasi non[d] sibi
licitam implicavit[3]. Quos in multis partibus plures receperunt, audire plurimi[e] contempserunt. Abbas Otto
Sancti[f] Lamperti de Karinthia de curia exiens graciam
pape promeruit, ut publicaret eos, promisit, quod et fecit
Tob 13, 6 in quibusdam locis in Alamannia *cum timore* maximo
et tremore[4]. Sed et Ulricus[g] [5] lector Augustinensis in
ambone Moguncie idem fecit, et papa episcopatum
propter obedienciam sibi contulit Curiensem. Hoc factum
in Teutonia[h] tribulaciones et angustias gravissimas generavit, nam presules, religiosi, prelati, monasteria, clerici[i],
nobiles, cives se varie disposuerunt, quidam timore Dei
postposito, Ludewici potenciam metuentes, divinum officium nullatenus obmiserunt, quidam loca sua et monasteria
reliquerunt et se[k] in exilium vel ad nemora transtulerunt.

1330 Antipapa cernens se derelictum atque desolatum
1 Mach 4,45 in Pisanorum territorio morabatur, *et incidit ei con-*
Iac 5, 20 *silium bonum*, ut *ab errore vie sue* suam et aliorum ani-
Ps 118, 176 mas liberaret. Veniens verbulo psalmiste sumpto: *Er-*
ravi sicut ovis, que periit etc.[l] summi presulis pedibus[m] se
(Aug 24) subiecit. Quem admissum ad graciam pontifex in con-
(Aug 25) sistorio[6] sermone habito de verbis apostoli *Fuistis*[n] *ali-*

a) in hiis *om.* D1. b) michi *om.* D3. c) Quilibet D3. d) sibi non D3. e) plium D1, plurimum D2. f) beati D3. g) Udalricus D3. h) theut. D3. i) cler. *om.* D2. k) ad ex. et nem. se D2. l) etc. *om.* D3. m) se ped. D3. n) Eratis *Vulg.*

1) *Francisco Castracani, affini Castrucii, a.* 1329. *Martio.* 2) *Iam a.* 1328 *Iun.* 20. *hunc psalmum integrum missae inserendum statuit, cf. Extravag. comm. III,* 11, 1 *et Tholomaei Luc. Hist. eccl. cont., Muratori, SS. XI, col.* 1213. 3) *Iam in primo processu a.* 1323 *Oct.* 8. *facto concessionem marchionatus* Magdeburgensis, *ut perperam dixit, vituperavit, ceterum Ioh. h. l. de bullis a.* 1327 *Oct.* 23 *datis cogitasse videtur, et a.* 1329 *Mart.* 2. *et postea Iohannes XXII novos processus in imperatorem publicavit.* 4) *Cf. mandatum Iohannis XXII abbati a.* 1328 *Ian.* 23 *directum, ut processus a.* 1327 *Oct.* 23 *factos publicaret, Lang, Acta Salzburgo-Aquilei. I,* 1, *p.* 118, *nr.* 135. 5) *De Lenzburg ord. eremitarum s. Augustini, promotus a.* 1331 *Iunii* 14, *cf. litteras papae a.* 1330. *Mart.* 13 *datas, Riezler l. c. p.* 451, *nr.* 1283. 6) *Publico; deinde Sept.* 6. *in privato Petrus confessionem repetiit.*

[1330.] *quando*[a] *tenebre, nunc autem lux in Domino,* [Eph. 5, 8] ipsum ad episcopatus apicem decreverat exaltare, nisi quod cardinales persuaserunt, ut fertur, ne tam leniter[b] tanta noxa solveretur, et amplius in ecclesia non exurgeret tantum nephas, arcius castigandum, non pro hoc piaculo sublimandum. Et sic sublatus non comparuit, nichilominus sine afflictione cum necessariis sufficienter et honorifice conservatur[1].

Igitur Ottone duce moram in superioribus trahente[c] civitas Columbaria nobilem de Alstat[2] graviter rerum suarum direpcionibus molestabat; in cuius favorem dux exercitum conflat validum et civitatem obsidione firmissima circumvallabat et adeo angustavit, ut Ludewici [(Iul.)] suffragium imploraret[3]. Qui collectis copiis in Ottonis oppositum castra locat[4]. Cui cum ex equo in prelium non posset occurrere, de pacis[d] negocio est tractatum, quam[e] Otto propensius admisisset[f], nisi quod quidam de consiliariis ei ingessit, ut durum se[g] exhiberet, ne Ludewicus robur Australium ducum in morte quorundam fratrum crederet minoratum, nec magni estimare[h] triginta milia marcarum, que Ludewicus spoponderat, cum se per eadem de pressuris suis nondum ex integro relevaret[i], insuper et rubor[k] verecundus sibi succresceret, si pro tanti honoris fastigio manus et cor vili pecunia macularet. Contigit sub hiis fluctibus regem Bohemie advenire[5], qui ire disposuit ad montana et alloqui Heinricum ducem Karinthie pro pactis nupciarum filii sui Iohannis et filie illius[l] Margarete, que iam pubescerat[m], confirmandis. Et investigata origine discidii ambos breviter alloquens inter eos amiciciam stabilivit, ita ut Lude- [(Aug. 6)] wicus expensas Ottonis habitas et in servicio imperii in reliquum habendas XX marcarum[n] milibus resarciret, pro quibus sibi quatuor electas civitates[6] cum instrumentis impignoravit; et sic ab invicem est discessum. [cf. Act. 15, 39]

a) olim *D3* b) leniter *D2* c) faciente in sup. *D1* d) *sic A;* paucis *D* — negocium *D1* e) *sic D2. A,* quod *D1. 3.* f) perpendens adesset *D1;* perpensus adesset *D2,* perpensus esset *D3* g) *sic A,* se *om. D, supplevit Pez* h) *sic D; lege* estimaret *O. H.-E.* i) revelaret *D1* k) robur *D2* l) sue *D3* m) *sic D1. 2 vitiose O. H.-E.,* pubescerant *D3* n) mil. marc. *D3*

1) *A. 1330. Oct. 15 obiit.* 2) *Nobiles de Hadstatt, cf. Kopp V, 2, p. 61, n. 6.* 3) *Cf. Ioh. Vitoduran. p. 60; Gesta Bertholdi ep. Argent. p. 304.* 4) *In Hagenau oppido mansit.* 5) *Cum Ludowico venit, Gesta Berth. p. 305.* 6) *Turegum, S. Gallum, Schaffhausen, Rheinfelden.*

1330 Circa hoc tempus quidam nobilis Theutonice[a] nacionis ex Karinthia de partibus transmarinis, ubi diu exulaverat, rediens dixit se in ulteriori oriente vidisse arbores excellentis altitudinis anno tricesimo tantum fructificantes, que protulerunt poma pulcherrima et grossa iocundissimi saporis[b] et odoris, que secta per medium ostenderunt in se effigiem ymaginis crucifixi. Quod omnino creditur de plantario ligni crucis dominice pro testimonio fidei procedere, ut in gentibus cognoscatur prime prevaricacionis piaculum et nostre salvacionis remedium.

Ludewicus occasione cuiusdam visionis, ut asseruit, monasterium nove consuetudinis et actenus inaudite fundare cepit, quod Etal, id est Vallis-legis, dicitur. Nigros monachos ibi locans, milites emeritos[c] cum uxoribus ad defensionem monasterii ordinans, res monasteriorum aliorum abstractas huic adiecit[1]. Potuit tamen eum instruere ad hoc factum sine[d] sciencia[e] zelus Dei[2], nec enim decet militem ad[f] prelium accedere cum uxore, sicut beatus Martinus dixisse legitur[3] cuidam militi, qui suam coniugem secum in monasterio vivere et servire Domino[g] postulavit.

Rex Bohemorum habens secum comites de Liningen, Gemini-pontis, Sare-pontis et de Viandis cum aliis viris
(Sept.) spectabilibus venit ad Heinricum ducem Karinthie. Conveneruntque in hoc, ut altero eorum non existente alter tutelam gereret puerorum, et receptis pactis et datis
(Sept. 15) pro filio suo et muneribus hinc et inde pluribus distributis, exactis gaudiis et solaciis quoad festa secularia,
(Oct.) tacitis causis sui itineris, venit Tridentum[4]. Ubi dum existeret, Veronenses[5] ei pulchros[h] duos dextrarios direxerunt. Brixienses, quibus Veronenses infesti fuerant,
(Nov.) ad eum suos nuncios direxerunt et, ut in eorum succursum veniat, petiverunt. Fridericus eciam purgravius[i] venit ad eum, sciscitans[k] ex parte Ludewici causam vie. Qui respondit se nichil contra imperium velle intendere, sed habere propositum corpus patris[l] et matris visitare

a) theutonie *D 3* b) od. et sap. *D 1* c) emiricos *D 1* d) sine *D 1. 3* e) zelus dei sc. *D 3.* f) acc. ad pr. *D 3* g) deo *D 3* h) duos pulchr. *D 2* i) burggr. *D 1* k) suscit. *D 1. 2* l) patris et *om. D 3*

1) *Cf. Heinr. Surdum p.* 520, *Heinr. de Diessenhofen p.* 61; *'N. Archiv' XXIV, p.* 678, *Boehmer l. l., 'Ludwig' nr.* 1112. 2) *Rom.* 10, 2: aemulationem Dei habent, sed non secundum scientiam. *O. H.-E.* 3) *In Vita Martini auct. Sulp. Severo XI,* 1. 4) *Ad sequentia cf. Poppelmann in 'Archiv f. Kunde Osterr. GQ.' XXXV, p.* 249—456. 5) *Mastinus de Scala, qui tunc Brixiensibus bellum intulit.*

et, si facultas adesset congrue oportunitatis, in Alaman- 1330
niam transportare Pisani, qui sibi introitum negaverunt[1]
. . . .[a], ipse in alium transformatus clam intrasse
dicitur et exisse[2]. Interea regi in Tridento sue consortis domine regine obitus nunciatur, super quam
sollempnes exequias disposuit per singulas ecclesias celebrari[3]. Et missis hinc inde nunciis et responsionibus
expectatis[4] usque post natale[b] Domini mansit ibi. *Dec* 25

Dux Otto dispositis rebus circa Renum in Austriam
rediens a Ludewico suscepit[5] feoda terrarum suarum *(Nov)*
cum LXXX vexillis, ut dicitur, assistentibus sibi multis comitibus et nobilibus in Augusta[6]. Et sic veniens ad fratrem que gesserat intimavit. Placuitque nobilibus Austrie et Stirie, quod nulla ardua sine fratris amminiculo contractaret[c], quia, licet corpore abilior haberetur, ille tamen vivacitate sensuum sagaciorem se ad omnia demonstravit. Post hec Otto structuram sue fundacionis et locum sepulture coniugis invisere voluit Visoque tumulo exclamavit, inmaturam mortem sue dilectissime conthoralis dolentissime deploravit. Et ordinans ibi diversa pro remedio[d] uxoris et indigencia structure, Wiennam rediens, vie[e] comitibus exhibens in exteriori apparencia animum valde mestum iuxta Oracium[f] [7] *Tristia mestum vultum verba decent*,

et Anshelmus[8] ait

Hic dolet exilium, mortem dolet alter amici,
Hunc cara orbato coniuge flere libet.

De ingressu et regressu Iohannis regis Bohemie in Lombardiam[g] et amici-

a) *quaedam omissa esse videntur* O II - E b) natalis D 1, u. ad natales D 2 c) contrect. D 3 d) *supple* anime. e) viam D 1. f) i quod Oracius D 2, *sententia non perfecta* g) *cf supra I, p* 180, *l* 1—3

1) *A* 1331 *Febr Pisani legatis Iohannis regis introitum negaverunt* 2) *Haec, si non prorsus fabulosa, postea, a* 1331. *Martio-Iulio, facta sunt* 3) *Ioh Vict tunc apud regem fuit; cf rec. A, infra p* 152, *et Chron Aulae-regiae II, c* 25, *p.* 473—479 *Obiit Sept* 28 4) *Ann Parm mai, SS XVIII, p* 776. fecit requiri per nuncios et litteras suas speciales omnes, qui tenebant dominia civitatum Lombardie et terrarum, quod quilibet esset coram eo in civitate Brixie, quod ibi adesset 5) *M Novembris, cf Heinr Surdum p* 519 6) *Ibi Nov* 23 *novam concordiam fecerunt et Nov* 26 *arbitrium quorundam nobilium acceperunt.* 7) *Epist II*, 3, *v.* 105 *sq* 8) *De contemptu mundi, ed Gerberon p* 199

cia eius cum ducibus Austrie. Capitulum X[a]

1330 (Dec. 31). Anno Domini MCCCXXXI. Iohannes rex Bohemorum venit Brixiam[1], statimque omnia castra que Veronenses tenuerant, obtulerunt[2]. Qui mox in emi-
1331 nenciori loco turrim fortissimam ad civitatis[b] presidium ordinans suos in ea milites collocavit[3], super quo[c] Veronenses moti[d] ad Ludewici noticiam in Alamanniam deduxerunt. Qui misit virum nobilem de Niffen[e, 4] ad regis intentum iterum indagandum. Qui pallians quod mente conditum gerebat, dicens certe[f] nil[g] contra imperium se acturum, sed de omnibus oblatis, acquisitis et acquirendis se pro conservacione fidei imperio pariturum.
(Ian.) Pergamenses, Cremonenses, Papienses[5] audientes quod pacificus fuerit ingressus[6] suus, et ad pacem reformacionemque[h] intencio sua versaretur, in dedicionem ei se voluntarie obtulerunt, quos statim reintegravit, omnibus[i] expulsis vel exterius habitantibus ad sua domicilia
(Febr.-Mart.) revocatis, partibus amicabiliter concordatis. Deinde Parmenses, Reginenses et Mutinenses et Lucani se dederunt sub certis[k] condicionibus atque pactis. Sed nullos ibi reduxit. Sicque placido[l] modo et sine strepitu in brevi magnum dominium acquisivit. Sed ut ampliori potencia
(Iul.) potiri posset, exiit in Franciam[7], ut exercitum conflaret et apprehensa solidaret et alia que posset suis[m] dedicionibus manciparet. Filium autem suum Karolum marchionem reliquit in Parma, commendans eum potencioribus[8] quorum consilio res ageret et nichil temere inchoaret.
1332. Contigit interea Menfridum[9] de Modina cum sua parte gravissimas contra Ferrarienses ferre moli-

a) nonum *D 3*. b) civitatem *D 1*. c) que *D 1*. d) *supple* rem. e) Nevffen *D 1. 2*, Neiften *D 3*. f) *emendavi O. H.-E.*, inte *D*. g) nichil *D 1*, se nil c. imp. *D 3*. h) reformacionibusque *D 2. 3*, reformacionibus *D 1*, *corr. Pez*. i) omn. om. *D 3*. k) terris *D 1*. l) placito *D 1*. m) ded. suis *D 3*.

1) *De die cf. Poppelmann l. c. p. 264, n. 1.* 2) *Hist. Cortus. V, c. 1, l. c. col.* 855, *Iac. Malvecius dist. IX, col. 73, Muratori, SS. XIV, col.* 1002 *sq.* 3) *Malvecius l. c. col.* 1004: Castrum in apice montis ipsius civitatis construi iussit. 4) *Bertholdum, quem imperator a. 1330 Oct. 3 procuratorem et nuntium specialem per Lombardiam et Tusciam constituerat.* 5) *Ticinum in Februario, Pergamum Cremonamque iam Ianuario obtinuit.* 6) 1. *Reg.* 16, 4. 3 *Reg.* 2, 13: Pacificusne est ingressus tuus? *O. H.-E.* 7) *D. Iunii 2 Parmam egressus, in Iulii in Germaniam et Bohemiam, inde Dec. 13 in Gallias profectus est, causas itineris principales Ioh. ignoravit.* 8) *Ludovico comiti Sabaudiae imprimis, Vita Karoli IV. imp., Boehmer, Fontes I, p. 237.* 9) *De Piis. Quae sequuntur ad a. 1332 spectant.*

ciones[1]. Karolus autem Modinensium auxiliarius et[a] tutator 1332 contracta clara multitudine pugnatorum Ferrariensibus, quibus pro tunc Bononienses et Veronenses faverant, bellum offert. In quo adeo strennue se habebat, ut fugatis, prostratis, captivatis pluribus in vigilia beate Katherine[2] decus gloriose victorie reportaret[b] et *Nov. 24* sui nominis titulus[c] ad regiones exteras, commendantibus eum[d] omnibus, pervolaret, sicut de Cesare ad hoc[e] Iuvenalis[3] dicit, et Ovidius[4]

Ultor adest, primusque[f] ducem profitetur in annis,
Bellaque non puero tractat agenda puer.

Brixienses autem tale aliquid flagicii perpetrarunt: nam *(Iun. 15)* partis contrarie quidam, audientes regem abiisse, suos, quos reliquit, amoventes, forciores effecti civitatem Veronensibus[g] reddiderunt, quibus promissum est, ut dicitur, quatuor diebus continuis in partem adversam ad crudelitatis sue libitum desevire[h][5]. Deinde Pergamenses Atzoni Vicecomiti se dederunt, regis Bohemie vicarium[6] *(Sept. 27)* abire velociter compellentes. Post hec Papienses rebellaverunt et auxilio Atzonis circa castrum Papie, quod ad- *(Nov.)* huc ab hominibus[i] regis tenebatur, obsidionem validam posuerunt[7], sed[k] regis filius Karolus non modicum artabatur gravissime.

Anno Domini MCCCXXXII. rex in Francia his 1333 auditis[8] cum Provincialibus, Francigenis et Teutonicis Papiam venit. Et cum[l] ab obsidione castri exercitum *(Mart.)* amovisset, Papiam non habere valens[9], Bononiam vadit[10] et cum Berthrando[m] legato, cardinale Ostiense, faciens confederacionem[11] Parmam rediit, ibique sumpta pecunia pro ipsius civitatis commenda senciens se nichil in aliis proficere, cum filio in Alamanniam revertitur[12] transitum *(Oct.)*

a) et tut. contr. *om.* *D 1.* b) reportavit *D 1.* c) titulum *D 1. 3.* d) ia *add.* *D 1. 3.* e) huc *D 1.* f) primusque prof. *D*, *ex Ovidio corr.* g) ueronen *D 2*, ueronensem *D 1.* h) *sic Pez*, deservientes *D.* i) *sic Pez*, omnibus *D.* k) et *legendum?* l) cum *om.* *D*, *suppl. Pez.* — ab *om.* *D 2.* m) Berchardo *D*, *corr. Pez.*

1) *Non Mutinenses bellum inchoarunt, sed liga Lombarda, in qua et Mediolanenses erant, non Bononienses, penes quos tunc Bertrandus legatus degebat.* 2) *Die Katherinae, Nov. 25, cf. Reg. Imp. VIII, nr.* 2[b]. 3) *Sat. VIII, v.* 240. 4) *Ars am. I, v.* 181 *sq.* 5) *Cf. Poppelmann p.* 357, *n.* 2 *sq.* 6) *Guilelmum de Castrobarco Iohannes ibi vicarium statuerat.* 7) *Cf. ibid. p.* 393, *n.* 1. 8) *A Lutetia a.* 1332. *Dec.* 24 *profectus.* 9) *M. Iunii hostibus tradita est.* 10) *Apr.* 3 *eo pervenit.* 11) *Cf. Ioh. Villani X, c.* 214 *et Vitam Karoli IV. l. l. p.* 242. 12) *Multa interim facta, ut cladem partis Iohannis apud Ferrariam Apr.* 14 *acceptam Ioh. praetermisit.*

1333 faciens per Veronam[1], quem sibi Veronenses hylariter
concesserunt. Quo reverso in Alamanniam instabat
tempus, ut captivi Bohemi redirent ad locum condictum
iuxta pacta[2]. Nichilominus mittitur filia sua cum
1335 (Febr 19) apparatu sollempni in Austriam, et procurata iam dispensacione super consanguinitate inter eam et ducem Otto-
nem festivales nupcie celebrantur[3] Dux autem fertur
ei non cognovisse ad tempus aliquod, vel quia adhuc
tenella[4] fuit[a], vel ut de casibus Bohemorum et Australium
aura serenior redderetur.

1331. (Dec 19) Hoc anno moritur Paganus patriarcha, vacavitque
sedes per biennium; constituit quoque[b] papa procuratores
ad neglectum curie debitum exigendum[5]. Hoc anno
1332 dux Albertus ordinis[c] Carthusiensis monasterium cepit
(Aug 13) fundare, quod Kamink[d], alio nomine Thronus Sancte
Marie appellatur[6], in optimo solo[e] terre Australis positum,
de die in diem spiritualibus et temporalibus proficiens
incrementis

Anno Domini MCCCXXXIII venit Iohannes rex
Bohemie in Austriam[7], et quia iam dudum consorte
caruit, inter eum et Elizabeth Friderici regis filiam coniugium est tractatum, et ex utraque parte consensu concurrente puella speciosa ei[f], Deo et hominibus placabilis[g],
desponsatur, pactisque firmatis captivi liberi dimittuntur
Terrarum gaudium adaugetur, dicentibus omnibus, quod
cf 1 Par 21,1 nullus Sathan in reliquum consurgeret inter eos. Sed
cf Matth 13, 25 nescio quis doli artifex lolium in hoc triticum seminavit,
nam ad agendas nupcias cum induciarum tempora vici-
nius[h] appropinquarent, rex se asserit[i] maleficiatum et ad
amplexus coniugii impotentem Cumque exponeret se
ad remedia perquirenda et hoc obprobrium amovendum[k],
fama defectus huius longius et lacius crebrescebat[l]. No-
Prov 25, 8 vissime tamen, quo animo ignorare me fateor, quia *cor*

a) erat *D3* b) constituitque *D1* c) monast ord Chartus *D3* d) kemink *D2*, kennik *D1*, kampnikh *D3* e) loco *D1*. f) ei *om* *D2* g) placibilis *D2*. h) vicinus appropinxerint *D3* i) asserens se *D2* k) admov *D3* l) crescebat *D3*

1) *Oct. 19 Veronam venit, Oct 21 inde profectus est Carolus iam in Augusti per Veronam reverterat* 2) *Cf. supra p* 137, *n* 2—4 3) *Cf. Reg. Imp VIII, nr* 16[a] 4) *A* 1323 *Mart* 27. *nata tertiumdecimum annum nondum compleverat* 5) *De debitis Aquilegiensis ecclesiae cf. epistolam Bertrandi patriarchae infra p.* 145, *n* 11 *allatam* § 6, *Acta SS. l c p.* 772. *Ughelli, Italia sacra ed* 2. *V, col.* 101 6) *Gaming, tabulis fundationis iam a.* 1330 *Iun* 24 *datis primarius lapis a* 1332. *Aug* 13 *positus est, Zeissberg, 'Archiv f Osterr. Gesch.' LX, p* 579. 7) *Haec fabulosa, cf v Zeissberg l. l CXXXVII, p.* 118 *sq*

regum inscrutabile est, ut dicit Salomon, connubium habuit retrocessum, de quo multi multa sensere. Duxitque [1334 (Dec.)] postea aliam[1] de domo regum Francie, filiam Ludewici, qui[a] fuit filius Ludewici[2] fratris[b] regis Philippi et Karoli[3], cuius filiam[4] Karolus filius suus iam habuit in matrimonio[c] sibi iunctam. Fertur hanc in dilectione habuisse speciali, quia ei iocalia preciosa, ad opera militaria necessaria et ad tornetas, direxerit eiusque amiciciam[d] fuerit sic venata, qua[e] *illectus* extitit *et abstractus*. [Iac. 1, 14] Cum autem eam Prage coronasset, [1337 (Mai 18)] ipsa odibilis Bohemorum nobilibus est effecta et ideo mox ad comitatum Luczelburgensem rediit[5], in regno cum sua coniuge marchione Karolo remanente[6]. Affinavit se tamen[f] alibi cum ducibus[7], quia unus filiorum suorum[8] ex hac ultima coniuge ducisse Lothoringie, sororis eorum, filiam duxit, et sic iuxta Ovidium[9]

Mille animos excipe mille modis.

Anno Domini MCCCXXXIIII. mense Iulii Berthran- [1334 Iul. (4).] dus[g] de Sancto Genesio Vaschonice[h] gentis efficitur patriarcha et in[i] eodem anno in festo sanctorum[k] Symonis et [Oct. 28] Iude Aquilegiam applicuit. Hic *similis factus est*[l] *leoni in* [1 Mach. 3, 4] *operibus suis,* alter Machabeus castra ecclesie non solum materiali, sed et spirituali[m] gladio protegebat[10], contra Ritzardum comitem[n] de Camino[o], contra exercitum Venetorum, contra Iohannem comitem Goricie pugnavit[11], dimicantibusque suis ipse oravit et prevaluit[p], Moysen[q] [Exod. 17, 8—13] secundum se exhibens, quo in celum manus extendente

a) quia *D* 1 b) regis fr *D* 3 c) matrimonium *D* 1 d) amicicia *D* 3 e) quia *D* 2. f) tamen *om* *D* 1 g) Berthardus *D* 1, Berchardus *D* 2 3 h) vascon *D* 2 i) in *om.* *D* 3 k) apostolorum *add* *D* 1 l) leoni est *D* 3 m) spiritali *D* 1 2 n) com *om.* *D* 2 o) gamino *D* 1 p) p̄luit *D* 1. q) sec M *D* 3

1) *Beatricem* 2) *De Borbonia* 3) *Philippi IV regis et Caroli comitis de Valesio iste Ludovicus non frater, sed patruelis erat.* 4) *Blancam, inde ab a.* 1324. *cum octenni nuptam.* 5) *Chron. Aulae-regiae III, c* 14, *p* 529 *sq.* quarto decimo coronationis die suae . exiit Pragam et in Lucelburgensem directe progreditur comitiam . In huius reginae recessu plus omnis laetatur populus quam adventu 6) *Rex a* 1337 *Bohemiam egressus a demum* 1339 *rediit* 7) *Austriae.* 8) *Wenceslaus Margaretae filiae Friderici IV ducis Lotharingiae et Elisabeth filiae Alberti I regis desponsatus erat, cf supra I, p* 342 379 9) *Ars am I, v* 756 10) *Cf dictum ipsius supra I, p VI, n* 4 *allatum* 11) *Cf epistolam Bertrandi ad Guillelmum decanum Aquileg, Acta SS* 6 *Iunii I, p* 770—773, *Ughelli, Italia sacra* 2 *ed. V, col.* 99 *sqq, et eius Vitam c. I, §* 7. *Acta SS l l. p* 775 *Contra priores duos a* 1335, *contra tertium a* 1341 *pugnavit.*

1335 Amalech succubuit, Israhel triumphavit. Qui in suburbio
civitatis Utinensis oves vagas per divexa[a] carnalis lascivie
discurrentes collegit[1] caulamque claustralis habitaculi
construens inclusit, necessaria disposuit divinoque cultui
mancipavit et psalmis canticisque spiritualibus[b] ac devotis operibus manuum instrui[c] procuravit iuxta illud[d]
Iac 5, 20 beati Iacobi *Qui converti fecerit peccatorem ab errore vie
sue, liberabit[e] animam eius a morte et operit[f] multitudinem peccatorum*

1334 (Mart 17) Hoc anno Bononienses rebellaverunt legato et
egredi artaverunt. Qui tractatum habuit cum Florentinis et susceptus est ab eis[2] Postea per Portum
Pisanum venit ad curiam[3], querulans calumpniam sibi
1338. factam. Processus autem graves fiunt contra Bononienses[4], et studium penitus disturbatur[g], studentibus ad
propria vel alias declinantibus doctoribus obmutescentibus, papa et cardinalibus sevientibus[h] supra[i] modum.

. . . . [k]

1335. Ludewicus ad partes Reni properat[5], quomodo
novi pontificis graciam venari possit a magnatibus
(Aug) sciscitatur. Consilio itaque concordi mittitur vir prudens
de Rechperg[l] [6] et ordinis Cruciferorum de Nellenburg[m]
provincialis[7] cum Ulrico[n] de Augusta, eximio decretista[8],
qui eciam inter eum et regem Francie una cum Alberto
de Hohenberg[o], Ludewici cancellario[9], concordie materiam

a) dinoxa *D* b) spiritalibus *D 3* c) instrui *om* *D 3* d) id *D 2* e) liberauit *D 3*, salvabit *Vulg* f) operit *D 3*, operiet *Vulg* g) disturbat *D* h) servientibus *D*, *fortasse* ferventibus *legendum est* *O H.-E.* i) ultra *D 2* k) *praecedunt quaedam de morte Iohannis XXII papae et Benedicto XII papa non ex libro Ioh Vict assumpta, aliis, quae Ioh scripserat, omissis, D* l) rechberg *D 1* m) Nellenberchk *D 3* n) Udalrico *D 3* o) Hohenburg *D 1. 2*, Hohenberkh *D 3*

1) *Sedem patriarchatus et capitulum eo transtulit a* 1335 2) *Cf Ioh Villani XI, c* 6 3) *Apr* 26 *Avenionem venit, Villani l c.* 4) *Benedictus XII a* 1338. *Ian* 2 *sententiam hanc contra Bononienses tulit.* 5) *Error* 6) *Conradus* 7) *Wolframus magister ordinis fratrum Theutonicorum s Mariae per Alemanniam, Riezler, 'Vat Akten' p* 653, *nr* 1842 *Ioh cum eum Henrico de Zipplingen confudit* 8) *Protonotario imperatoris, cf Riezler, 'Forschungen z D Gesch' XIV, p* 9—17 *Legatione Ludovicus maior et minor comites de Ottingen, Eberhardus de Tumnau, Markuardus de Randeck, Ulricus protonotarius, Henr de Zipplingen commendator ord fratrum Theuton functi sunt, cf Muller l l II, p* 272 278 9) *Albertus de Hohenberg demum inde ab a* 1340 *cancellarii officium gessit, quae narrantur ad a* 1342 *spectare coniecit Muller II, p* 273

conseruit[a, 1]; sed ea veste, qua ingrediebantur, usque hodie inefficaciter sunt egressi[2].

Rex Iohannes Bohemorum pergens Parisius, ubi 1332
Franci, Angli, Britones, Vaschones[b], Theutonici[c] et de (Oct. 1).
diversis partibus milites ludum instituunt tornetarum, acerrime se invicem contendentes, plagis gravibus receptis plures medicorum solamina quesierunt[3], ita ut ludus pene ad plenum actum bellicum fuerit provocatus, iuxta Oracium[4], qui dicit

Ludus enim genuit tremulum[d] certamen et iram,
Ira truces inimicicias et funebre bellum.

a) censerunt *D 3* b) vascones *D 2*, et vasch *D 3* c) teuthon *D 1*, teuthun *D 3* d) trepidum *Horat.*

1) *Haec male hoc loco narrata, foedus cum Philippo VI. demum a.* 1341 *ictum est; cf. infra p.* 190 *et Müller II, p.* 154—159. 2) *Cf. Exod.* 21, 3: Cum quali veste intraverit, cum tali exeat. — *Legati curiam a.* 1337 *Mai* 1 *egressi sunt, cum interim imperator plures alios eo misisset; cf. Heinr. de Diessenhofen p.* 26. 3) *Cf. rec. A, ubi haec aliter tradita sunt, infra p.* 153 *sq., ibique adnotata.* 4) *Epist. I,* 19, *v.* 48 *sq.*

*f. 37. # *LIBER SEXTUS. *(REC. A).*

De reditu Lûdewici ex Ythalia* et turbacione status ecclesiastici. Capitulum primum[a]

1330. Anno Domini M°CCCXXX°[b] Lûdewicus intellecta
morte Friderici[1] et Lûpoldi[2] ac Heinrici[3] fratrum, in-
(Febr.) termissis in partibus Ythalie imperialibus causis, in
Alemanniam est reversus, ducens secum legistas Marsilium[c] de Pa[dua] et quosdam alio[s][4] fama et sc[iencia]
celebres, qui pulvillos suo sub capite consuerunt[5] et
vinum flavescens in vitro[6] propinaverunt, et montana
transiens per vallem Tridentinam iterum Heinricum
(Febr. 6) avunculum salutavit[7] eaque, ut dicitur, que prius genero[8]
et filie[9] descripserat, confirmavit et undique suum casum
per regni oppida declaravit.** Comitiva legistarum omnia que fecerat et que acciderant approbavit, libros,
articulos contra papam compilavit, capitula registravit,
in quibus, ut fertur, papam hereticum appellavit[10], sic-

*) *Sequuntur deleta.* et ingressu et egressu regis Bohemie

**) *Ioh. in marg. add.* Hoc anno transiit domina Elisabeth,
1330 *Mart. 25* Ottonis coniux prima, in die annunciacionis[11]

a) *post Ioh. caput libro quinto adnectere volens ascripsit* Cap. X. b) M°XXX° *c.*
c) Marsilium — celebres *in marg. scripta et ex parte abscisa*

1) *A.* 1330. *Ian.* 13; *cf. supra p.* 101. *Ludovicus ante Febr.* 6. *Tridento profectus est* 2) *Qui iam a.* 1326. *obiit; cf. supra p.* 96 3) *Et hic iam a.* 1327 *Febr.* 3, *antequam Ludovicus Italiam ingressus est, occubuit, cf. supra p.* 96 4) *Cf. Riezler, 'Die litterar. Widersacher der Päpste' p.* 76 5) *Cf. Ezech.* 13, 18 Vae quae consuunt pulvillos sub omni cubitu manus et faciunt cervicalia sub capite 6) *Cf. Prov.* 23, 31 Ne intuearis vinum, quando flavescit, cum splenduerit in vitro color eius 7) *Merani, cf. Boehmer l. l. 'Ludwig' nr.* 1079 *et supra p.* 93, *n.* 4 8) *Iohanni Heinrico filio Iohannis regis Bohemiae* 9) *Heinrici ducis Margaretae* 10) *Ludovicus iam* 1328 *Apr.* 18. *Iohannem XXII. haereticum declaravit* 11) *Cf. supra p.* 101, *n.* 5

que cor suum obturavit[a] [1] et contra principem populi (1330.) Christiani, vicarium Christi, successorem Petri, cervicem erexit[2] et opponens murum munitum et ferreum[3] demonstravit[b]. Papa audito abscessu eius gaudium et exultacionem induit[4], *Letatus sum in hiis que dicta sunt* (Ps 121, 1) *michi* instituit[5], Bononiam mittens magistrum Iohannem Andree, virum famosissimum, accersivit[6], processus contra Lůdewicum formavit et in orbis terre circuitum destinavit, quos in nostro emisperio[7] cum nullus presumeret manifestare[c], Otto abbas Sancti Lamperti, cum esset in curia, in commissione suscepit[8] et graciam pape promeruit eosque, licet non sine timore, quibusdam mirantibus, quibusdam subsannantibus, quibusdam nil reputantibus, quibusdam eciam conscienciam reputantibus eosque auscultantibus et ad obedienciam se parantibus, publicavit. Antypapa videns se a suo imperatore desolatum in Pisanorum territorio morabatur et metuens Deum et homines super temeritate, incidit sibi consilium bonum[9] et utile Veniens omni fastu dignitatis, immo abhominacionis, deposito (Aug 24) mundum pene iam nutantem et plus sedem Petri apud Romam quam apud Avenionam querere[d] affectantem *ab* (Iac 5, 20) *errore vie sue* liberavit et se ipsum a tenebris ad lumen veritatis et iusticie[10] reformavit, pedibus summi presulis (Aug 25) se submisit, penam excessuum suorum subiit et sublatus non comparuit Quid autem ei acciderit, ad nostra clymata non pervenit, sed super hoc diversi diversimode[e] persenserunt[11]

Presules, religiosi, monasteria, clerici, populus, *ut* (Luc. 2, 35.) *ex multis cordibus revelentur cogitaciones*, alii processus

a) *sic c* b) *deest* se. c) manifeste *c* d) quei *post add.* e) diversimodo *Ioh corr* diuersimode *c*

1) *Cf Deut* 15, 7 non obdurabis cor tuum, *Hebr* 3, 8. *et* 15. 4, 7 Nolite obdurare corda vestra 2) *Cf Iudic.* 8, 28: cervices elevare 3) *Cf Ezech* 4, 3 et pones eam in murum ferreum, *et* 2 *Mach* 11, 9. *Ezech* 13, 5 neque opposuistis murum pro domo Israel 4) *Cf Iudith* 16, 9. induit se vestimento laetitiae in exultatione filiorum Israel, *Luc* 1, 14: gaudium . et exultatio 5) *Cf supra p.* 138, *n* 2 6) *Error, a* 1328 *Iohannes Andreae Iohannem XXII, cui ferventer adhaesit, inter Bononiensium legatos adiit* 7) *De voce cf. Isidor. Etymol III,* 43 8) *Cf supra p* 138, *n.* 4 9) *Cf* 1 *Mach* 4, 45 Et incidit illis consilium bonum 10) *Cf Sap.* 5, 6 erravimus a via veritatis, et iustitiae lumen non luxit nobis, *Is.* 50, 10 qui ambulavit in tenebris, et non est lumen ei 11) *Cf supra p.* 139, *n.* 1. *adnotata, in posteriore recensione Ioh. quae antipapae acciderint novit, supra p* 139

1330 papales penitus nichil curantes, divinum officium cele-
1 Mach 2, 15 brantes et, sicut olim legitur factum in[a] Macabeorum
libris, sacrificantes, immolantes et prophanantes, alii
vias[b] suas inquinare[1] nolentes, se permittentes pocius
extra sua monasteria in exilium relegare, bona eorum[c]
diripere, dissipare, domus suas concludere et penuriam
miserabilem tollerare[d] [2]. Sunt et adhuc superstites*, qui
Matth 22, 21 Marc 12, 17 iura imperii scriptis et racionibus tuentur[3], *reddenda,*
Luc. 20, 25 *que sunt Cesaris, Cesari, que*[e] *sunt Dei, Deo* si melius
distinguerent, forsitan Lůdewicum[f] ad petendam misericordiam et querendam graciam provocari[g]. Quod sanioris
consilii viri potentes et sapientes fecere, qui missi ad
curiam in suis subplicacionibus et Lůdewici obediencia
et submissione humili nichil[h] penitus sepius profecere[4].
Scripsit super hoc Berthrandus patriarcha dulciloquium
auctoritatibus et racionibus plenum, quibus arguit et
ostendit Lůdewicum errorem cognoscere et subicere se
debere et papam ignoscere ex misericordia et erroris
demenciam indulgere[5]

De reconciliacione Lůdewici et Ottonis in Alzacia et suscepcione feodorum suorum. Capitulum secundum

1330 Ottone autem moram trahente contigit civitatem
Columbariam eum graviter[i] ⟨exasperare[k]⟩, eo quod sue
partis virum nobilem de Alestat rerum suarum direpcionibus non formidavit invadere et quibus poterat spoliis et
(Iun.) molestiis irritare[6]. Quam dux manu valida militum con-

*) *Ioh in marg scripsit, quae ex parte abscisa sunt* De capti[vi]tate Boh[emorum] in Austria

a) in Mac libr *in marg add c* b) vii sua *c* c) *intellege* sua d) *sententia imperfecta, cf supra p* 138, *l* 18 e) et que *Vulg* f) *seq iterum* forsitan. g) *lege* provocarent *vel* provocari debere censerent *O. H.-E* h) nichil pen missi (*iterum add*) *Ioh* missi nichil pen *transposuit* i) *seq.* contractasse *delet* k) exasperare *delet.*

1) *Cf. Ps iuxta Hebr.* 10, 5 inquinatae sunt viae illius in omni tempore. 2) *Cf decretum imperatoris contra clericos officia celebrare recusantes, Muller I, p* 385, *nr* 2 *et Boehmer, Acta Imperii selecta p* 505, *nr* 740; *Muller l. l p.* 234—238 3) *Ioh. Guilelmi Occam, de quo imprimis cogitare videtur, infra in rec D c* 12 *mentionem fecit.* 4) *Inter multos, qui imperatorem cum papa concordare nitebantur, Ioh h. l fortasse de Iohanne rege Bohemiae, Balduino archiepisc. Treverensi, Ottone duce Austriae cogitavit, qui a* 1330 *id agebant* 5) *Hoc opus periisse videtur.* 6) *Cf. supra p* 139, *n* 2 3

globata undique circumcingit et omni genere instrumen- 1330
torum ad hoc pertinencium angariat et invadit adeoque (Iul.)
angustavit, ut Lůdewici suffragium imploraret Qui pre verecundia solucionem obsidionis dissimulare non valens collectis copiis properat et in Ottonis oppositum castra locat [1]. Cui dum ex equo in prelium non posset occurrere, de pacis negocio est tractatum, quam Otto forsan velocius admisisset, nisi quod consiliariorum quidam suis auribus instillavit [2], ut durius se haberet, ne imperator robur Australium ex integro in Friderici ac fratrum suorum morte crederet defecisse et pecunia triginta milium librarum, quam Lůdewicus spoponderat, se ab omnibus necessitatibus exemisse [3], et rubor [a] improperii sibi succresceret pro honoris sui gloria [4] munus defluxus transitorii suscepisse

'De introitu regis Bohemie in Ythaliam et *f. 37'.
triumpho filii sui Karoli Capitulum [terciu]m [b].

Rex autem Bohemie veniens, in comitatu suo no- (Aug.)
biles viros de Liningen, Gemini-pontis, Sare-pontis, de Viandis comites cum pluribus viris splendidis secum habens [5], Lůdewici et Ottonis causas audiens mirabatur, et
investigata origine discidii partes breviter allocutus [c] faci- (Aug. 6)
liter concordavit et patriam totam in gaudium relevavit, ita ut pro dampnis et serviciis in ammodo imperio impendendis Lůdewicus Ottoni XX [d] milibus librarum labores habendos et habitos resarciret, pro quibus quatuor civitates electas eidem disposuit pactis et instrumentis confectis celerius consignari [6], et sic instaurata
amicicia ab invicem est discessum. Otto [e] autem feoda (Nov.)
sua nomine fratris et suo in Augusta suscepit [7].* Rex Bohemie ipse vero intrare partes Lombardie disponens,

*) *Ioh postea adscripsit* Nota de LXXX vexillulis.

a) rubur c b) *abscisa supplevimus, scriptura folii 37'. nimis attrita et liquore chemico superlito laesa est* c) allucutus c. d) XX[a] c e) Otto — suscepit *in marg*

1) *Apud Hagenau, cf supra p* 139, *n* 4 2) *Cf Horat Epist I*, 8, *v* 16 Praeceptum auriculis hoc instillare memento 3) *Cf Ps.* 106, 6: de necessitatibus eorum eripuit eos, *ib.* 13 *et* 19 de necessitatibus eorum liberavit eos, *ib* 28: de necessitatibus eorum eduxit eos 4) *Cf Eccli* 45, 14: gloria honoris. 5) *Cf supra p* 139, *n* 5 6) *Cf ib n* 6. 7) *Cf supra p* 141, n. 5 6.

1330 pretendens corpus patris de Pisis et matris de Ianua
transferre, sicut patuit, cordi[a] aliud sibi fuit. Et[b] in
(Oct Nov) Tridento existens, uxor moritur[1], quam[c] Iohannes abbas
Victorie [exequi]as[d] celebravit; et nuncios ad civitates
aliquas dirigit, voluntatem earum inquirit. Quarum
legaciones et aliquarum munera suscipit, et, ut veniat,
(Nov) quarundam fluctu[o]sa ac instabilis mens [d]eposcit.
Quosdam et po[ten]tes in partibus illis ingressus [ei]us
terruit, quorum potenciam et [vim[e] g]randem ad breve
tempus minuit et [de]trivit Anno igitur Domini
1331 (Ian) M°CCC°[X]XXI° in Brixia turrim [m]unimenti loco ad
civitatis [pre]sidium collocavit[2] et suis commendatam,
(Iul) ipso [a]bscedente, mox civitas [a] pactis se excussit[3],
presidium dissipavit, . . . [f] piaculi in patrem suum[4]
missi se redivivo genere [per]fidie defuscavit, et, nisi[g]
disciplina huius actus et ordo vetasset[h], Karolo[5] lite
milicie . . . . .[f]. Nam quedam civitates sibi favorabiles
extiterunt, in quibus milites suos collocat et presidia
firmat — anno[i] Domini M°CCC°XXXII°[6] —, et dum
perpetuare se estimat, res se mutat, et Parmensibus,
Lucanis, Mantuanis obligatis vel retrocedentibus vel data
1333 (Oct) pecunia se eximentibus exiit[7] et intrare amplius non
adiecit — anno[k] M°CCC°XXXII° —, Lůdewici eciam
super hoc improperia per valde sollempnes nuncios,
quasi ad res imperii manus iniciaverit[l], tolleravit[8]

De[m] nupciis Ottonis ducis cum filia regis Bohemie et reconciliacione eorum. Capitulum 4[m].

Marchio[n] tamen, filius eius, Karolus Moravie res
1332 melius ibi gesserat, qui gloriosum triumphum de hosti-

a) cordi *supra lineam scr* b) Et — defuscavit et *(l 15) in marg* c) super quam, *ut D p* 141, *l* 4 *habet, legendum Fournier l c p* 5 *coniecit* d) *abscisa supplevimus* e) *non constat, num haec recte suppleta sint* f) *quae sequuntur abscisa* g) nisi — milicie *in marg* h) *sic c* i) a. D MCCC°XXXII° *Ioh postea inter lineas addidit* k) a M°CCC°XXXII° *in marg.* l) *sic c*, *lege* iniecerit, *(sed cf Exod.* 29, 9 Postquam initiaveris manus *longe aliam vim habentia, Levit.* 16, 32 *O H-E).* m) *inscriptio capitis in marg scripta* n) Marchio — appellatur *(p* 153, *l.* 8) *in marg*

1) *Sept* 28· *cf Chron Aulae-regiae II, c* 25, *p* 473—479 *Rex Tridenti circa m Octobris et Novembris extitit* 2) *Cf supra p* 142, *n* 1 2 3) *A* 1332 *Iun* 15 *Mastinus de Scala Brixiam expugnavit; Ioh in rec D (supra p* 142 *sq.) melius hac de re tractavit* 4) *Heinricum VII. imperatorem, cf supra p* 20 *sq.* 5) *Marchioni Moraviae, filio Iohannis regis.* 6) *A.* 1331 7) *Ioh. h l de secundo regis recessu, a* 1333 *Oct, cogitasse videtur sed quae sequuntur ad anteriora tempora spectant, cf supra p* 142 8) *Cf ib n.* 4 *et p* 140

bus reportaverat. Bellum post patris exitum, qui eum 1332
in Parma reliquit[a], et fuit inter Modinam et Ferrariam, (Nov. 25)
Metfredum de Modina[1], cuius partis fuit marchio, contra
Ferrarienses, Bononienses, Veronenses et cetera[2]. Interea,
dum tempus subpanorum suorum, ut ad captivitatis
loca redeant, propinquaret, rex[3], ut eorum intendat
erepcioni, frequentibus oraculis eorum[b] et persuasionibus
appellatur.*

Et dispensacione habita super consanguinitate filia regis[4] puella Winnam introducitur[c] [5], et Ottone in Austriam
iam reverso[6] et super sepultura prime consortis planctu
et eiulatu expleto[7], ipso loco[8] eciam multis adiectionibus
facultatum magnifice ampliato et, ut edificiis augeatur et
decoretur, nobiliter instaurato[9], nupcie iocundis appara- 1335 (Febr. 19)
tibus celebrantur[10], et anno Domini M°CCCXXXIII° 1332
rege veniente[11], quibusdam pactis prius habitis inter eum
et principes permutatis[12], quibusdam adiectis, filia regis (Sept.)
Friderici sibi desponsata in uxorem[13], captivorum gemitus
libera laxacione solvitur[14], et meror in leticiam commu-
tatur[15], et omnis prisce tenor amicicie replicatur, recon-
suitur, solidatur. Anno Domini M°CCCXXXIIII°, iam (Oct. 1)
omni nebula dissipata, aura clare pacis patria illustrata,
rex Iohannes in Franciam ad consueta vadit solacia

*) *Sequuntur inter lineas addita.* Nunc in Francia, nunc in Campania, nunc in Northmannia[16]. *Ioh. plura addere voluisse videtur.*

a) *deest vox, ut* gessit, *sermo claudicat.* b) eor *minimis litteris superscr.* c) *Ioh. inter lineas add.* Alemannia, *quod fortasse ad n. * spectat.*

1) *Cf. supra p.* 142, *n.* 9—143, *n.* 1. 2. 2) *Quae Ioh. scribere voluerit, ex parte rec. D inspecta patet.* 3) *Iohannes Bohemiae, cf. supra p.* 144. 4) *De Guta filia Iohannis regis Ottoni duci desponsata Ioh. cogitasse videtur. A.* 1332. *Iul.* 13 *inter duces Austriae et barones Bohemos pax icta est, Sept.* 4 *duces cum Iohanne rege Pataviae convenerunt.* 5) *Quaedam Ioh. narrare oblitus est, cf. supra p.* 144. 6) *A.* 1331, *cf. Cont. Novimont., SS. IX, p.* 670. 7) *Cf. Gen.* 50, 4: expleto planctus tempore. 8) *Monasterio Novi-montis, ubi Elisabeth uxor Ottonis humata erat.* 9) *Cf. Kopp V,* 2, *p.* 186, *n.* 3—5. 10) *Error, a.* 1335. *demum Otto alteram Iohannis filiam Annam uxorem duxit.* 11) *De conventu Pataviensi sermo est, cf. supra n.* 4. 12) *Haec ad pacta a.* 1332 *Iul.* 13 *inita (supra n.* 4) *spectare videntur.* 13) *Iam pactis superiore nota allatis, cf. Boehmer, Reg. Imp., 'Herzoge von Osterreich' nr.* 186 *et Chron. Aulae-regiae II, c.* 30, *p.* 490 *sq.* 14) *Ipsi Iul.* 13 *liberati sunt.* 15) *Cf. Iac.* 4, 9: risus vester in luctum convertatur et gaudium in moerorem. 16) *De Iohanne rege sermo est.*

1332. tornetarum[1], ubi Bretones, Franci, Anglici, Theutonici convenientes mundanis voluptatibus et huius seculi oblectamentis in militaribus exerciciis insistebant. Rex vero Bohemorum ibi adeo graviter ceditur, ita ut mors eius in Alamannie partibus per ora pene omnium volitaretur[a. 2], ita ut ex hoc ludo, sicut quondam inter
2 *Reg.* 2, 14. 15. pueros Ioab et Abner, grave bellum exurgeret, qui convenerant, et ut pueri ludant coram iis, imperante[b], et
ib. 16. *unusquisque apprehenso*[c] *capite comparis defixit gladium in latus contrarii, et ceciderе*[d] *simul* in *loco* qui *ager* dicitur *robustorum**, et sicut dicit Oracius[3]:

Ludus enim genuit tremulum certamen et iram,
*Ira truces inimicicias et funebre bellum.***

*f. 38. *De morte Heinrici ducis Karinthie, et quod duces Austrie terram optinuerunt. Capitulum V[4].

1335. Anno Domini M⁰CCC⁰XXXV⁰ Heinricus dux Ka-
Apr. 2. rinthie dominica qua canitur *Iudica*[5] in capella beati

*) *Hoc loco signum, ad quod non, sed potius ad capitis finem pertinere videntur sequentia in inferiore margine postea a Ioh. addita.* Post reditum regis filia regis predicti[b] ei desponsatur, sed ipse impotencia maleficiatur, per multos dies multis artibus remedium queritur nec invenitur, contractus dirimitur . . . .[e] in reg[inam]
1337. (*Maii* 18). coronavit[7], et odio quasi ab omnibus regnicolis habita in comitatum regis . . . .[f]

**) *Sequitur inscriptio capitis postea dispositione mutata adiungendi.* De morte Iohannis pape et determinacione quadam de visu Dei, *post quam quarta fere pars folii vacat.*

a) *sic c., aut* volitaret *aut* volutaretur *legendum.* b) Abner imperavit *legendum.* c) apprehenso — robustorum *in marg. add.*, apprehensoque unusquisque capite *Vulg.* d) ceciderunt *Vulg.* e) *quaedam abscisa.* f) Lucelburgensem redut *supple e p. 145, l. 12, abscisa. O. H.-E.*

1) *Tunc Iohannes rex festo, quod Philippus VI. rex Franciae celebravit, cum Iohannes filius eius, maritus Gutae filiae regis Bohemiae, balteo militari cingeretur (Oct. 1, ut Chron. Aulae-regiae II, c. 31, p. 492, vel Sept. 29, ut Cont. Gulelmi de Nangiaco a. 1332 referunt), interfuit, sed demum a. 1335. in alio hastiludio vulneratus est, cf. Chron. Aulae-regiae III, c. 10, p. 520.* 2) *Cf. Esth.* 9, 4: fama . . per cunctorum ora volitabat. 3) *Epist. I, 19, v. 48 sq. Cf. supra p. 147.* 4) *Hoc caput iam a Fournier p. 118—123 editum est, cf. ibid. p. 111—118 adnotata. Ad Iohannis relationem imprimis Chron. Aulae-regiae III, c. 10, p. 521 conferendum est.* 5) *Eundem diem*

Panchracii in castro Tyrolensi cholera gravatus circa 1335.
precordia et membris ac voce destitutus ministrorum manibus effertur et cum maximo tocius eiulatu familie suffocatur et in ecclesia beati Iohannis ibidem tumulatur. Post duos nichilominus annos ad monasterium sancti Iohannis in Stams, quod pater suus[1] fundaverat et ipse locupletaverat, ab episcopo Brisinense Matheo et abbate Ulrico de Stams ac multis religiosis et secularibus vehitur et ibi cum patre et fratribus sepelitur.

Filia[2] et maritus eius[3], Bohemie regis filius, celerem dirigunt nuncium ad regem Bohemorum, a patre adhuc vivo cum condicionibus supradictis eisdem tutorem deputatum[4], mandantes, ut ruptis moris omnibus veniat et terras puerorum nomine suscipiat. Alioquin dilapsio rerum fiat et terris periculum immineat, nisi per sollertem disposicionem et subitam succurratur. Qui regem Parisius ex plagis incussis in tornetarum fatigio[5] repperit pene oculorum lumine defrustratum, lectulo decumbentem, medicinalibus intendentem. Legacione et morte amici audita ingemuit et respondit nichil pueros debere metuere, quia, dum aliqualiter pristine sanitati fuerit redditus, se asserit mox venturum et eorum causas et negocia pro eorum et terrarum commodo tractaturum Duces autem Austrie, Albertus et Otto fratres, filii sororis[6] Heinrici defuncti, quia heredem masculum non reliquit, ad Lůdewicum imperii gubernacula tenentem mittunt, ut ad eos in Linczam, que est civitas eorum super ripam Danubii posita, venire non pigeat, deprecantur. Quorum precibus inclinatus[a] et ipsi ab Austria ascendentes in predicto loco sibi invicem occurrerunt, *(Maio)*
et aliquantulum post laboris motum principibus quietatis, precamina et desideria ducum imperialibus auribus reserantur, videlicet ut ad Karinthiam iam vacantem eos investiat eisque[b] concedat[7], fiducialiter postulant et in-

a) *supple* ille O H-E b) *adde* eam.

Necrolog Benedictobur, MG, Necr I, p 4, habet, Apr. 3. Necrolog S. Udalrici Augustensis, ib. p. 122 6) *Elisabeth Friderici filia Quae Ioh de regis impotentia addit fabulosa sunt, cf. supra p* 144 7) *De Beatrice secunda uxore Iohannis regis, a* 1337 *Maii* 18 *coronata, tractatur. cf. supra p* 145

1) *Meinhardus Cf. supra I, p* 316. 2) *Margareta.* 3) *Iohannes Heinricus, cf supra p* 93 4) *Cf supra p.* 140 5) *Cf supra p* 154. *n* 1. 6) *Elisabeth* 7) *Iam a* 1330. *Nov* 26 *imperator se post Heinrici ducis obitum ducibus Austriae Carinthiam feudo daturum esse promiserat*

1335. tente, nempe cum hec terra eorum terris sit contigua eisque adhereat, et per eam sua dominia securius teneant et quasi protectionis[a] clyppeo tueantur; annectentes matrem suam ducis Meynardi filiam extitisse et se tamquam masculos debere, hereditate patrocinante, iure iustius[b] possidere, nec omnino competere, si extranei sanguinis quispiam inter eorum progeniem se misceret vel in eis, que sibi deberentur, possessionariam[c] potenciam usurparet, se eciam cum suis progenitoribus adeo deservisse fideliter et adhuc obsecuturos fidelius, ut hanc peticionem admisisse imperatorem nullatenus peniteret. Lůdewicus brevi temporis intervallo deliberacione habita (Mai 2) adiudicavit fieri postulata[1] — statimque[d] votis eorum satisfecisset, nisi quod inundacio pluvie impedivit, que solito amplior de cataractis celestibus[2] erumpebat —, meminens[e] Friderico a sua captivitate laxato promisisse primum principatum imperio vacantem sine contradictione qualibet sibi vel fratribus concessurum[3], oblivioni tradens que prius de Karinthia specialiter et expressive Heinrico duci et suo genero, Bohemie regis filio, confirmavit[4].

Interea moram rege Bohemorum trahente regis filius Bohemie[5] et conthoralis sua Margareta, nescientes[f], quid inter imperatorem et duces Austrie tractaretur, Iohannem abbatem de Victoria, qui duci Heinrico, patri eorum, familiaris et secretarius fuerat, ad avunculos duces Austrie direxerunt[6], patris sui et eorum avunculi obitum nunciantes, defensionem eorundem in terris suis propter tutoris sui absenciam postulantes, ut, si qui terras suas ledere vel molestare conciperent, se protectores Is 44, 12 *brachio sue fortitudinis* exhiberent. Abbas vero Linczam (Mai 4) veniens et rem in fieri[g] conspiciens, legacionem[h] intermittere nolens, nichilominus confidens nobili viro Ottoni de Lichtenst[ain][i] [7] exposuit itineris sui causam. Qui

a) clyppeo protectionis *Ioh pr el. transposuit* b) *supple* terram *O. H.-E.* c) poss *a Ioh post in marg. add* d) stat. — erumpebat *a Ioh in marg add* e) *adde* se f) nesc — tractaretur *a Ioh in marg add* g) *sic c* h) *praecedit* a *expunctum c* i) de Lichtenst[ain] *a Ioh in marg add , abscisa supplevimus*

1) *Cf Boehmer, Reg Imp, 'Ludwig' nr* 1668—1673 *et infra p.* 158. *Fortasse Ludovicus ducibus iam ante diem Mai 2 Carinthiam voce promisit* 2) *Cf. Gen* 7, 11 8, 2 cataractae coeli 3) *A* 1325 *Apr* 23? *Alibi de hac promissione nihil legitur, cf Fournier p.* 115 *sq. Huber, 'Gesch. Osterreichs' II, p* 139, *n* 2; *Chroust, 'Romfahrt Ludwigs d B' p* 46, *n* 2 4) *Cf supra p* 93. *et* 148 5) *Cf. supra p* 155, *n* 3 6) *Cf 'N Archiv' XXVIII, p* 155 186, *nr* 50. 7) *Camerario Styriae*

apprehensa manu sua eum ad principes introduxit et 1335
premisso officiose salutacionis ex parte iuvenum amicorum alloquio commissa sibi per ordinem, sicut premittitur, explanavit et, quantum valuit lucidius et affectuosius, principum amborum auribus inculcavit, qui super morte avunculi tamquam iam senioris et patris omnium in omni illa progenie existentis plurimum doluerunt et, qualiter decessent, diligenter et amicabiliter quesierunt. Super quibus *per abbatem serietenus informati tanti *f. 38'
viri excessum suspiriis doluerunt et responsum in crastinum distulerunt. Abbas autem non segnis, assumpto viro nobili Heinrico de Seveld[1], imperatorem adiit, avunculi[2] sui Heinrici ducis transitum recensuit, eique quod intranti Ythaliam et exeunti fideliter astiterit[3] et[a] antiquam viri amiciciam ad memoriam revocavit puerosque[4] orphanos derelictos replicatis subplicacionibus commendavit. Qui intuens abbatem ait 'Parati semper fuimus avunculo nostro nobis karissimo suisque pueris complacere. Tempus autem', ait, 'hanc inquirendi graciam neclexerunt, quia cum ducibus Austrie, nostris avunculis[5], concordavimus, ut ad presens nil aliud agere valeamus'. Ad quod abbas: 'O princeps circumspectissime, cuius prudencia maxima pars orbis componitur[6], si non in hoc casu, in aliis vobis, cum volueritis, subest[b] posse'
Die crastina superorta responsum ducum abbas cum de- (Mai 5)
siderio prestolatur, et obmutescentibus cymbalis et divina non celebrantibus clericis propter Lůdewici presenciam dux Albertus intra domicilii sui secreta officium sacre misse precipit celebrari. Post cuius peractionem abbatem accersitum sic alloquitur 'Venistis ad nos et nuncia nostre matertere[7] detulistis Super quibus vobis deliberavimus respondendum et nostrum verbum in ore

a) et — amiciciam *a Ioh in marg. add* b) posse subest *a Ioh* subest posse *transposita*

1) *De eo cf tabulas Ludovici IV, quibus eum liberosque eius liberavit, datas a* 1330 *Aug* 5, *Reg. Ludovici nr.* 3293 *A* 1320. *Mart* 23 *apud Heinricum ducem Carinthiae in castro Tirol erat, Reg Boica VI, p* 6 2) *Consobrini, Elisabeth amita imperatoris mater Heinrici ducis fuerat, cf. supra I, p* 194 265 *sq* 3) *Cf supra I, p* 248, *l.* 35—249, *l* 1. 288, *l* 25—289, *l* 2 4) *Filiam et generum Heinrici* 5) *Consobrinis, cum Mechtildis mater imperatoris amita ducum extiterit* 6) *Cf Claudiani Panegyr de quarto consulatu Honorii Aug v* 299 *sq*, *Auct ant X, p* 161 Componitur orbis regis ad exemplum. 7) *Neptis, cf. supra p* 155, *n* 6

1335 vestro ponimus[1] ad eam vicario delacionis studio perferendum Unde ei volumus intimari, quod parati sumus ad omnia que ei sunt honesta et utilia perficere[a] toto posse, ita, si nostris consiliis velit intendere et ad nostram informacionem se voluerit regulare. Carniola ad nos pertinet, sicut constat, quamvis vadis nomine pater eius[2] a nostro patre[3] pro tempore[b] tenuerit, quam nunc apprehendere curamus tamquam ad nos per delapsionem temporum devolutam. Karinthia nobis liberalitate imperii est collata, quam per Ulricum comitem de Phanberch et Ulricum de Walsê[4] et alios nostros fideles tranquillo[5], si potest fieri, sin alias, iure belli ad nos ordinamus conducendam, quos iam exercitum agere et nostre commissionis mandata perficere in Karinthia certissime agnoscatis. A quo cepto nullum volumus prestolari nec desistere possumus ab eodem'. Predicti nobiles civitates et castra, nemine resistente nec oppressis presidium ferente, breviter ad ducum Austrie subiectionem et dedicionem cum promissis ad observanciam suorum iurium pertraxerunt. Serenitate aeris redeunte imperator III
Mai 5 Nonas May[6] indutus imperialibus signa precipit erigi, vexillula comitibus et aliis nobilibus ferenda consignari, fiunt cursitaciones, tubarum tympanorum concrepaciones De terra Karinthie duces sollempnitate debita, exultantibus animis, investivit. Et ecce dux Heinricus[7] Bawarie[8], gener regis Bohemorum[9], Karolus Moravie marchio, filius eius, per Danubii descensum[c], equis per terram euntibus, veloci remigio advenerunt[10], tumentes et quasi cum iurgio[11] exclamantes non iuste imperatorem fecisse, principatum Karinthie Heinrici ducis heredibus abstulisse et Austrie ducibus contulisse, nec posse eos sine offensionis molestia possidere. Duces illud Salomo-

a) *lege* perficienda *vel dele superius* ad b) *supple* eam c) *primo Ioh posuerat* desc vel rem adv equis per t eunt, *post ita corr.*

1) *Cf Num* 23, 5 Dominus autem posuit verbum in ore eius, *et ib v* 16 2) *Meinhardus* 3) *Alberto cf supra I, p* 249 *n* 5, 318, *n* 6 354, *II, p* 37 *et Dopsch l c (supra I, p* 318*), p* 77—82 4) *II, cf Doblinger l c p* 359 *sq* 5) *Haec adverbii forma et apud Livium III, c.* 14. *legitur* 6) *Tabulae de hac re iam d Mai* 1 *et* 2 *datae sunt, cf. supra p* 156, *n.* 1. *Vide et Boehmer l. c, 'Ludwig', nr* 1673, *Addit. III, 'Reichssachen' nr* 431 7) *II. (XIV).* 8) *Inferioris* 9) *Cuius filiam Margaretam duxerat* 10) *Cf Huber, Reg Imp VI, nr* 20 20a 11) *Cf Gen* 31, 36 tumensque Iacob cum iurgio ait

nicum attendentes: *Sapiens differt et reservat in posterum,* 1335 *Prov.* 29, 11.
et Oracius in Poetria[1]:

Nec semper feriet, quodcumque minabitur, arcus,

retinere, quod gratis eorum manibus fulserat, servare tenaciter decreverunt et armatos sermonibus imperitis et involutis sentenciis[2] oppressosque amaritudine[3] abscedere permiserunt.

Abbas accedens principes suum monasterium fovendum misericorditer et terram cum incolis respiciendam graciosius recommisit[4]. Querentibus eis, quibus amministracionibus terra posset utilius procurari et a consuetis et insolitis angariis relevari, abbas ait: 'Imperator Tyberius, ut scribit Iosephus[a] [5], cur per tam longa tempora provinciarum presides in suis amministracionibus conservaret et nullatenus eos nisi mortis incidencia permutaret, respondit: "Fuit vulneratus quidam, quem musce nimium affligebant, sed quidam transiens eas abigebat motus misericordia super eum. Infirmus: ,,Magis michi", ait, ,,lesionis importas, quia, si presentes fugaveris, que sanguine sunt replete, famelice supervenient [et[b]] non poterunt effugari"'. Quod probabile principes intelligentes omni iocum risus moderamine susceperunt, promittentes[c] bonam amministracionem terre et utilem transmissuros et iura ecclesiarum, nobilium et civium pocius velle elargare quam in aliquo decurtare. Abbas cum benediccione principum *rediit et Karinthiam *f. 39.
iam eorum dicioni subiectam repperit, et que egerit, que viderit, que audiverit, regis filio sueque consorti in Tyrol existentibus nunciavit. Prepositus autem Wizegradensis, postea episcopus Olmunczensis[6], dirigitur[7] racionabiliter cum nobilibus Bohemis et aliis[d], Carinthiam et Carniolam reposcentes[e] regis et pupillorum nomine, sue

a) *adde* interrogatus. b) *uncis inclusa in marg. abscisa.* c) *adde* se. d) aliis *a Ioh. in marg. add.* e) reposcere *Ioh. corr.* reposcentes c., reposcens D p. 191.

1) *Epist. II, 3, v.* 350. 2) *Cf. Iob* 38, 2: Quis est iste involvens sententias sermonibus imperitis? 3) *Cf. Thren.* 1, 4: oppressa amaritudine. 4) *Cf. privilegium Alberti II. monasterio Victoriensi concessum a.* 1341. *Oct.* 24, *'N. Archiv' XXVIII, p.* 188, *nr.* 65. 5) *Antiq. Iud. XVIII,* 15. 6) *Iohannes filius illegitimus Wenceslai II. regis, cancellarius regni Bohemiae, qui iam a.* 1334. *Mart.* 26. *vel* 27. *a Iohanne XXII. episc. Olomucensis confirmatus est.* 7) *A Iohanne rege vel Karolo marchione hanc legationem a Iohanne rege Iul.* 30. *reverso missam atque unam eandemque ac alteram, de qua cf. infra p.* 162, *esse v. Weech l. c. p.* 54, *n.* 221 *contendit.*

1335. tutele legaliter commendatas. Duces responderunt sibi Karinthiam liberalitate imperii condonatam, Carniolam vadimonium avunculi morte ad se iuste et legitime reversatam[a] [1]. Nec velle nec debere, quod tanto honore, tam Dei quam fortune favore perceperint, cuiquam viveucium sine gladio reddituros[b], et si arcerentur, se propensius defensuros et hos cum aliis principatibus ad periculum posituros. Post quam responsionem [2] dux
(Iun.) Otto in Karinthiam veniens a civitatibus sollempniter suscipitur, ad ecclesias ducitur, iuramenta civium et nobilium suscipit. Officium capitaneatus a viro strennuo Chunrado de Ovenstain [3] ablatum magnifico viro Ulrico [4] comiti de Phanberch committit, transiensque Carniolam, par eius[c] cultus honoris ab omnibus exhibetur. Fridericum Libertinum [5] nuper ab Heinrico duce capitaneum ordinatum [6] confirmat et curam ei divitum et pauperum commendans redire in Austriam properavit.

De inthronizacione ducis Ottonis in ducatum Karinthie et prelio contra regem Bohemie. Capitulum VI[m].

1335 Anno M°CCC°XXXVI° Otto dux ab Austria in Karinthiam iter flectit [7], morem terre volens iuxta[d] postulacionem nobilium[e] observare, qui[f] dicunt sui moris esse principem [nullum[g]] iuste feoda terre concedere, [nisi[g]] fuerit in sua sede rite et [solle]mpniter collocatus, venitque in Carniolam et habito colloquio cum Perthrando patriarcha [8] pro viarum securitate et diversis obstaculis

a) *sic c* b) *lege* reddere. c) *lege* ei d) *supra* iuxta *Ioh scr ad* e) nob *a Ioh in marg add* f) qui — collocatus *(l. 25) a Ioh in marg add*, *uncis inclusa a bibliopego coperta supplevimus.* g) *sic D p* 195; *absc c*

1) *Cf supra p* 156. 158 2) *Antea, cf supra p* 159, *n.* 7. 3) *Qui se absque mora ducibus Austriae subdiderat, cf tabulas eius apud Steyerer, Commentarii pro hist Alberti II, Addit p* 83, *Vitam Karoli IV imp, Boehmer Fontes I, p.* 248. 4) *V, cf K Tangl l. c (supra I, p* 138, *n* 3*) p* 244 5) *De Suneck, cf supra l. c* 6) *A.* 1334 *Apr.* 1 *Utini a Bertrando patriarcha Fridericus Libertinus de Suneck, Carniolae et Marchiae capitaneus generalis, feodis, quae antecessores ab ecclesia Aquilegiensi habuerant, investitus est, Muchar, 'Urk.-Reg f. d Gesch Innerösterreichs, Archiv f Kunde Österr GQ' II, p.* 431, *nr* 2 7) *Sequentia ad a* 1335 *aeque ac praecedentia spectare nec Ottonem ducem interim in Austriam rediisse consentaneum est* 8) *Cf epistolam, quam Bertrandus ad decanum Aquileg scripsit, Acta SS* 6. *Iun. I, p* 770. nos ivimus Laibacum ad habendum colloquium cum d Ottone duce Austrie, *cuius colloquii tempus Bollandistae*

amovendis, que inter principes et comites Goricienses[a] 1335 ex una parte et ecclesiam Aquilegiensem ex altera vertebantur[1], quibus tamen treugarum interposicionibus dissolutis dux venit in Karinthiam et iuxta morem superius[2] predistinctum, cum de investitura ducis Meynardi ageretur, a senioribus terre perquisita consuetudine, stipatus claro[b] militum et nobilium comitatu et prela- (Iul 2) torum, in ecclesia Soliensi ab episcopo[c] Gurcensi Laurencio, presente Heinrico Lavantino et abbatibus et prelatis devotis, super eum prostratum ante aram beate virginis lectionibus et oracionibus recitatis, ad ecclesiam beati Petri in monte Karinthiano positam cum plausu et tripudio inmenso, erectis vexillulis, militibus cursitantibus, in sede ponitur, promittens terre protectorem ac pauperum defensorem erecto gladio se futurum. Deinde officiales ducatus in convivio epularum sua exercentes officia ei se sedulos et ad obsequendum voluntarios, sicut decuit, cum maxima reverencia prebuerunt[3].

Post hec iudicio presedit, querimonias ab antiquo intermissas pauperum oppressorum multas recepit et notatas capitaneo[1] certis terminis expediendas valde firmiter commendavit. Australes autem quidam cum duce existentes, videntes suum principem sic circumduci et in loco tam humili statui et dignitatis huius titulo taliter decorari, vestibus suis preciosis exui et rusticalibus indui, plebeio habitu per omnia convestiri, manu rustica alapari, quesicionibus[d] et [respon]sionibus[e] examinari et principem vocibus rusticorum consonancium declarari, mirati sunt et colludium et quasi quoddam ludibrium reputantes in Austriam facti ridiculum reportarunt et ultra non agendum, sicut dicitur, estimarunt.

Rediens autem Otto Alberto duci que gesta sunt denunciat, devotam obedicionem[f] Karinthianorum om-

a) Goriciensem c. b) clara a Ioh corr claro. c) seq la delet. d) que- — examinari a Ioh in marg scripta. e) duas litteras abscisas (ru) supplevimus. f) sic c.

a 1335 aliquanto ante m Sept. statuunt, cf. ibid n f n. *Ad idem colloquium* unio et ligua perpetua *inter patriarcham et Albertum et Ottonem duces Austriae a* 1335 *Iun* 24 *factae, c Zahn, Austro-Friulana, Fontes rer. Austr II, t XL, p* 41, *nr* 31, *spectant.* 1) *E litteris Bertrandi in praecedente nota allatis colligi videtur has simultates posteriores fuisse.* 2) *Supra I, p* 251—253. 290—294. 3) *Cf Puntschart l c (supra I, p* 251, *n* 3*) p* 48 *sq* 54 *sq* 59. 106, *qui Iohannem interfuisse credit, et alia quae adnotavimus.* 4) *Cf. supra p.* 160, *l.* 11—13.

1335 nium et congratulacionem insinuat et, quantum eis[1] faveant, fratri narrat. Super quo uterque cum curia tota et terre nobilibus inmensis gaudiis cor oblectat.

(Iul.) Anno eodem Iohannes rex Bohemie, viribus corporis restitutus, audiens que sunt gesta et que in Karinthia gerebantur, de Francia per aliarum viarum diverticula in Bohemiam introivit[2] et mittens[a] episcopum
*f. 39' Olmunczensem[3] *et ducem Saxonie[4], fratrem Alberti presulis Pataviensis, qui nomine suo petat[b] leges iusticie conservari[5], quibus precipitur aliena non rapere, ablata restituere; se amplius iniuriam non posse dissimulare, pocius[c] gladium intra vaginam permittere[d] [6] quam in sanguinem desevire. Principes Austrie responderunt se, sicut prius, nullatenus Karinthiam dimissuros, bellum pocius suscepturos[7]. Rex Iohannes reges Ungarie[8] et
(Nov.) Krakovie[9] adit[10], subsidium poscit[e], promissa excipit, Misenensibus, Saxonibus, viris alacribus, stipendia tribuit, ut parati sint, tempus exprimit et indicit, ducibus
1336 hostibus reputatis bellum mittit. Qui accersito Lůde-
(Ian.) wico imperatore in civitatem Winensium[11] solacia exhibent, omnem honoris culturam instruunt, quid facto opus sit, consilium[f] perquirunt, divine laudis organa eo presente mutescunt, multi mirantur et territi obstupescunt. Imperator auxilia repromittit, exercitum copiosum contrahit et[g], adventus eius exspectetur, disponit.
(Mart.) Rex Bohemorum coacto exercitu fines Australium in-

a) misit vel mittit, ut D. habet, legendum. O. H.-E. b) petant legendum videtur. c) supple velle, ut D. habet. O. H.-E. d) soporare add. D. e) possit c. f) consulium c. g) adde ut.

1) Alberto scilicet et Ottoni. 2) Iul. 30. Pragam venit et mox die altera contra Ludowicum Bavarum, deinde contra ducem Austriae expeditionem fecit publice proclamari, Chron. Aulae-regiae III, c. 10, p. 520. 3) Iohannem. 4) Rudolfum, ut videtur. 5) Cf. Eccli. 1, 33: conserva iustitiam, ib. 35, 1: qui conservat legem, et ib. 44, 20. 6) Cf. Ioh. 18, 11: Mitte gladium tuum in vaginam. 7) De hac legatione cf. supra p. 159, n. 7. 8) Carolum I. Robertum, quocum Sept. 3. foedus iniit, Cod. dipl. Moraviae VII, p. 62, nr. 81. 9) Casimirum III, inter reges Bohemiae et Poloniae pacta de pace perpetua componenda Aug. 24. inita sunt, ibid. p. 56, nr. 76. 10) M. Nov. tres reges in castro Ungariae Visegrád vel Blindenburg convenerunt, ubi Iohannes cum Casimiro pacem et amicitiam firmavit. Cod. dipl. Moraviae VII, p. 69—73, nr. 89—93; Vita Karoli IV. p. 250 sq.; Chron. Aulae-regiae III, c. 11, p. 522. 11) Ubi ducibus Ian. 5. tabulas dedit, Boehmer l. c., 'Ludwig' nr. 1722 sq. — Ioh. silentio praeterit a. 1335. Sept. 15. inter Iohannem regem et Ludovicum IV. ducesque Austriae usque ad a. 1336. Iun. 24. indutias factas esse.

greditui[1], rapinis, incendiis oppida, villas capit, diripit 1336
et dispergit, claustra, ecclesias irrumpere non metuit,
dissipat, nulli parcit[2]. Duces conflatis Australibus,
Styriensibus, Karinthianis, Carniolanis[3] urgente instancia
regis Bohemorum phalangas[a] instruunt contra eum; ordinatis turmis cum Ottone duce, prospera ei optantibus
omnibus et suis eum oracionibus et letaniis comitantibus,
exeunt[4], precipue filia[b] regis[5], que uxor fuerat ducis,
flente et dicente, quia alter pater, alter maritus doloris
ei materiam adaugeret Dum autem dies instaret prelii,
et[c] imperator tardaret, pars Bohemica sensu callida
vidit se numero pauciorem, Australium aciem forciorem,
bellum protraxit, quousque superveniencium Ungarorum
impetus eius adauxit potenciam et virtutem. Nunciatum
est autem duci clanculo, quod non ordine iusti belli,
sed secus, quasi per modum tradicionis et perfidie,
ageretur eiusque periculum tractaretur[6]. Quo audito,
paucis patefacta hac insinuacione, retrocessus presidium (Apo 21)
meditatur[7], et dum elevarentur ad arma, *ut sonus erat* Ezech 1, 24.
multitudinis atque castrorum[8] bellare volencium, nullo
adversario in campis apparente, clamore invalescente
milite stupescente, dux Wînam regressu celere festinavit,
omnisque post eum populus anhelavit. Pars autem exercitus et viri virtutis[9] plurimi, quid vel cur fieret, ignorantes, oculos hinc inde circumferentes[10], nullum, qui eos
offenderet, contuentes, quantum poterant, partem adversam armis precincti in campestribus sustinentes et
offendicula pro temporis illius insufficiencia inferentes,
Wînam post ingressum principis intraverunt. Quos dum
dux Albertus intueretur a[d] prelio sic defluxos, 'O', in-

a) *sic c* b) filia *a Ioh. supra* regis *scr* c) et imp. tard *a Ioh in marg add.* d) a — defluxos int. *Ioh. transposuit*

1) *Febr* 24 *Praga profectus, Chron Aulae-regiae III, c.* 12, *p.* 524 2) *Cf. ibid* terras (ducum Austriae) ex aquilonari parte Danubii per totum tempus quadragesimae et paschae plurimum ferro fugavit et turbavit igne Viginti expugnavit municiones, captivavit . comites, ministeriales et nobiles nec non muratas cepit civitates aliquas 3) *Cf Cont. Normont p* 671 *et Chron Aulae-regiae l c* 4) *Milites scilicet* 5) *Anna* 6) *Idem affirmat Cont Normont l c* 7) *Chron Aulae-regiae l c dicit ducem intellegentem regem se crastino aggressurum fugisse,* postquam nemo in castris . de mane inventus fuit *Cf Ann Zwetl l c p* 682 8) *Ezech* 1, 24 quasi sonus erat multitudinis, ut sonus castrorum *O H.-E* 9) *Cf* 1 *Mach* 5, 50 6, 37· viri virtutis, *cf ib* 14, 32 *O H -E* 10) *Cf Deut* 3, 27. oculos tuos circumfer.

1336 Ios 7, 8 quit cum[a] Iosue, *quid dicam, mi domine Deus, videns Israelem vertentem*[b] *hostibus suis terga?* Et ingemiscens tam fratrem quam alios secum existentes invectivis redargucionibus aspere reprehendit, asserens numquam in sua genealogia tale dedecus accidisse. Fertur[c], quod et ipse rex Bohemorum generum suum ducem premunierat[d], quia in hostium manus tradendus fuerat[1] quorundam secum existencium factione, nisi sue saluti celerius provideret. Ferebatur eciam, quod et hoc ipsum arte quadam subtili, ut terror ei incuteretur[2], fuerit
1. Reg. 19, 11 12 actitatum, nam Davit rex, qui numquam prelio succubuit, sed semper magnifice triumphavit, dispensative aufugit, dum Saul mitteret satellites suos, ut occiderent eum nocte, cui et Mychol uxor sua mandavit: *'Nisi salvaveris te nocte hac, cras morieris'*, et *deposuit eum per fenestram,* sicque *abiit aufugi*ensque periculum *est salvatus.* Sed et Vegecius[3] huius dispensacionis dat formam dicens. *Cum de fuga tractandum est,* inquit, *habenda diligencior est cautela, quia periti exemplorum bellice discipline numquam maius testantur periculum imminere: qui enim ante congressum recedit ex acie, fiduciam suis minuit et addit audaciam inimicis. Verum quia hoc sepius necesse est evenire, quibus modis tute possit fieri, deliberandum est. Primum, ut tui nesciant ideo te recedere, quia declinas inire conflictum, sed credant arte aliqua ideo se revocari, ut ad oportuniorem locum invitetur hostis ac facilius superetur, aut certe insequentibus adversariis secreciores insidie collocentur, illud quoque vitandum est, ne hostes te recedere senciant statimque irruant et sequantur* *

*) *Huc spectant in inferiore margine scripta* Lucanus[4] de Iulio Cesare[e].

Territa quesitis ostendit terga Britannis,

cuius meminit Valerius[5] dicens, quod *onustus duabus loricis* . . .[f].

a) cum Ios. *in marg. add.* b) *in rec. D haec verba secundum Vulg. transposita* c) Fertur — actitatum *(l. 11) a Ioh. in marg. scripta* d) *sic c. pro* premonuerat e) *seq.* Iulio *corr.* Iulii c. f) *reliqua abscisa*

1) *Cf. Ezech.* 39, 23. et tradiderim eos in manus hostium 2) *Cf.* 2. *Mach.* 12, 22 timor hostibus incussus est 3) *De re militari III,* 32 4) *Phars. II, v.* 572 5) *Valerii Maximi Facta et dicta memorabilia III,* 2, 23, *qui pergit:* inter undas, quas hostili cruore infeceras, enasti

***De iterata expedicione, succursu imperatoris et reconciliacione regis Bohemie et ducum. Capitulum VII^m^.** 1336 *f. 40.

Anno Domini eodem, scilicet M^o^CCC^o^XXXVI^o^, tempestas gravior exsurrexit nam Iohannes rex non solum domesticos milites, quos habuit, reservavit, sed et conducticios ab exteris partibus ad presidia per circuitum deputavit, quosdam secum esse constituit, sicque eventum rei satis provide expectavit[1], ut scilicet festinato, si necesse fieret, ad manus haberentur, ne maioris dispendio periculi[a] a longe[b] quererentur. Duces autem, quamvis suorum quosdam ire ad propria domicilia concesserint, non minus sollicitabantur*, quomodo vicem facti in regem Bohemie retorquerent. Rex cognito, quod suos dimisissent, caput erigit iterumque exercitum instruit[2] (Iun.) nec ociari vel ad horam seviciam suam sinit. Duces autem Lůdewici accipiunt ambassatam admirantis, quod contra statutum et placitum diem dux Otto egressus sine eo fuerit comminus ad bellandum[3] et, si adversum aliquid acceperit, sibi nullatenus imputandum, nunc vero[c] paratum esse viribus omnibus, ut promiserit, ad iuvandum. Duces exhilarati sicut prius properanter de suis terris miliciam comptam conflant, ut[d] dicit Salomon: *Victoriam et honorem acqui[ret]*[e] *qui dat munera,* munera Prov. 22 larga donant, in regis oppositum se delibrant[f], Alberto[g] fratrem [sem]per[e], ut negocium non dissolveretur, ex latere comitante. Imperator accelerat, Ůlricum comitem de Wirtenberch[4], Wilhalmum de Iuliaco cum Bawaris, Franconibus et diversis Reni superioris et inferioris

*) *In margine Ioh. postmodum adnotavit* Hoc anno obiit 1336 consors Lůpoldi ducis domina Katherina pridie Kal. Sept. 30 Octobr.[5].

a) *sic D*, periculo *c* b) alonge *Ioh. propter cursum scripsit* c) *supple* se d) ut — munera *a Ioh. in marg. add.* e) *uncis inclusa abscisa supplevimus* f) *sic c* g) Alberto — comitante *in marg.*

1) *Cf. 2 Mach.* 9, 25 eventum expectantes 2) *Iun.* 21. *Pragam egressus reges Poloniae et Ungariae in Moravia convenit* 3) *Cf. 2 Reg.* 20, 39 egressus est ad praeliandum cominus 4) *Quem Ludovicus IV. Mart. 3 signiferum imperii constituerat* 5) *Cf. Cont. Claustroneoburg. VII, l. c. p.* 756; *v. Liebenau 'Gesch. d. Kl. Königsfelden' l. c. p.* 60, *n.* 5, *Seemuller, 'Mitteil. d. Instit. f. Osterr. Gesch.' XIV, p.* 121.

1336 (Iul.) partibus sibi sociat, Heinrici[1] ducis, patrui[2] sui, sed regis Bohemorum generi[3], provinciam intrat, cuncta vastat, quia[a] ei specia[liter] infestus fuit, sicque (Aug.) procedens cum resplendenti comitiva circa civitatem Landowensem[4] Australibus se coaptat Rex Bohemie cum Heinrico genero suo locum sequestrum apprehendit, videns se copiis hostilibus imparem, fossis et paludibus se munivit aggressum inaccessibilem hosti fecit, et dum alacriter insisterent et machinis ac diversis instrumentis compellerent et ad prelium provocarent et nichil pro- (Aug. 21) ficerent, imperator Wilhalmum Iuliacensem comitem in gradum alciorem statuit sublimandum, ampliori[b] magnificencia decorandum, eo quod sororem[5] imperatricis[6] in coniugio habuit, et tam pater eius[7] ⟨quam[c] ipse[8]⟩ in obsequiis regni preclara opera[d] [9] gesserit, pro virtutis merito dignum duxit. Igitur apparatu necessario ad omnia splendido composito, comitis nomen ad marchionatus titulum transtulit[10], beneficia adicit[11] et in regno gloriosiorem efficit et attollit Dux autem Otto eundem sibi in familiaritatem precipuam astringit et in militaris contubernii actibus singularem esse amicum et socium concupivit galeeque sue decus, quod pinnam vel zymeram[12], quam[e] vel glareotam vocant, in bellis, in tornetis ac hastiludiis utendum contradidit, coronam scilicet auree resplendencie galee circumductam et e medio pavonicorum speculorum relucencium fasciculum exurgentem. Imperator causa, quam contra Heinricum ducem habuit, quasi sub velamine aliqualiter vindicata et regi Bohemie amplius insistere tempus non habens cepit ⟨a[f] ducibus⟩

a) quia — fuit *in marg., uncis inclusis abscisis* b) ampl. magn. dec. *a Ioh. in marg. add.* c) *uncis inclusa a Ioh. deleta* d) gess. opera *a Ioh. transposita* e) quam vel glar. *a Ioh. in marg. add.*, (quam *delendum ut in rec. B. D. O. H.-E.*) f) a duc. *a Ioh. delet, exhibet D infra p. 199*

1) *XIV.* 2) *Nepotis, cuius pater patruelis Ludowici fuisset* 3) *Cuius filiam Margaretam duxerat* 4) *Ubi Iohannes rex et Heinricus XIV. castra munierant, cf. Chron. Aulae-regiae III, c. 13, p. 525, Vita Ludovici IV. imp. p. 157, Vita Karoli IV. imp. p. 252 Imperator Aug. 21.* prope Landowe *tabulas dedit, cf. infra n. 10* 5) *Iohannam filiam Guilelmi III. comitis Hollandiae* 6) *Margaretae.* 7) *Gerhardus VI, qui Ludowico non semper adhaesit, cf. K. Kunze, 'D. polit. Stellung d. niederrhein. Fürsten 1314—1334' p. 28—30. 37—39* 8) *Et Guilelmus ante a. 1335 imperialis partis non erat, cf. ibid. p. 40—47. 83* 9) *Cf. Eccli. 43, 27.* praeclara opera 10) *Tabulis datis Aug. 21, Boehmer, 'Ludwig' nr. 1785* 11) *Nemus inter monasterium S. Cornelii et castrum Moynowe situm atque ius monetae cudendae.* 12) *'Zimier', cf. Koehler, 'Gesch. d. Kriegswesens' III, 1, p. 69*

ad stipendii vicissitudinem castra et municiones quasdam 1336
in valle Anasi et circa litus Danubii postulare[1], ut exercitui, quem gratis non contraxerat, valeat promissa
donativa propensius restaurare. Quibus mirantibus, quod
imperator Romanus a sibi subditis talia exigeret, quin
pocius vicem paris famulatus requireret, ceperunt ab-
nuere postulata nec pro tali re provinciam suam hucusque conservatam integram lacerare[a] nec una saltem
lacinia detruncare[b]. Sic[c] imperator sine optentu voli- (Sept.)
torum superiorem[d] Noricum[2] repetivit[3].

Interea rex Bohemie cernens se nichil proficere,
sed sumptus et labores exaggerare[d], concordiam cum ducibus appetivit, et interloquentibus familiaribus et amicis
in Lincza, deinde in civitate que Libera dicitur[4] convenerunt. Multa ad invicem conferuntur, obstacula
rerum et causarum in medium conducuntur, et ex utraque parte argumenta obiciuntur et hinc inde dissol-
vuntur, hac parte dure, altera durius se gerente. Ducissa Iohanna, Alberti consors provida, cum rex sine
fine abscedere niteretur, sicut scribitur in Ecclesiastico
Pars bona mulier bona, altera Abygail placans regem Eccli. 26, 3
Davit, ut manus suas a sanguine prohiberet[5], nunc
regem, nunc ducem amplectendo, *que ad pacem sunt* Ps. 121, 6
sagaciter proloquendo ambos traxit ad colloquium itera-
tum, ita ut *semen pacis* in principum cordibus sparsum Zach. 8, 12
citum amoris intimi susciperet incrementum. Forma autem
reconciliacionis *et pactum federis sic se habuit, quod *f. 40
principes Austrie determinata pecunia, scilicet . . . . .[e]
pro relevacione expensarum et desistencia querelarum
in ammodo de Karinthie ducatus repeticione Bohemorum
regi data, sua et suorum filiorum ac nurus sue questione

a) *supple* velle *e rec. D. O. H.-F.* b) *supple* dixerunt *O. H.-F.* c) Sic — repetivit *a Ioh. in marg. add.* d) *sic c.* e) *summam pecuniae supplere spatio vacuo relicto Ioh. oblitus est.*

1) *Dissensiones inter eum et duces secundum Chron. Aulae-regiae l. c. paulo post, cum interim imperator Ottonis precibus Linzam venisset, ortae sunt; ibid. dicitur* quatuor civitates muratas sibi obligari pro pignore pro resarciendis dampnis suae militiae *postulasse.* 2) *Cf. supra I, p. 255, l. 26. Ioh. hac voce* (Noricus) *semper absolute, supplendo* ducatus *vel* ager, *utitur.* 3) *Sept.* 17. *Ludovicus iam in castro sui ducatus Wasserburg tabulas dedit.* 4) *Freistadt ad Danubium. De locis et temporibus tractatuum cf. Boehmer l. c., Addit. III, p. 403 sq., Vita Karoli IV. p. 252 recte, ut videtur, concordiam circa festum Michaelis (Sept. 29) tractatam esse refert; Chron. Aulae-regiae l. c. p. 527 perperam Sept. 4 habet.* 5) *Cf. 1. Reg. 25, 14—35.*

1336. super hoc eciam consopita[a], et duces in possessione pro iuribus eorum nullatenus impulsentur, et hoc rex promissum, sicut imprompto pro se, sic predictorum puerorum firmare teneretur literalibus instrumentis[1]. Quibus consumatis ab invicem discesserunt, pacis atque concordie bonum secum in parte qualibet deferentes. Iohannes autem filius regis, comitatum possidens Tyrolensem, titulum atque vexillum ducatus Karinthie, innitens privilegiis ab imperatore Lůdewico[b] quondam duci Karinthie[2], socero suo, datis, cum conthorale sua patris promissa et placita non acceptat nec ratificat, manifeste enim consors eius dixit oraculo vive vocis[c] non velle per regem Boheme exheredari, nec posse tutorem pupillum rebus suis iuxta sancita legum et statuta iurium civilium spoliare, sed suum esset[d] defendere et tutari causasque eius ad conservacionem, non ad alienacionem, misericorditer contractare. Marchio (Ian.) eciam Moravie Karolus, regis filius, veniens in Tyrol[3], super facto patris dolens, fratrem et consortem eius leniter consolatur, amboque in capella sancti Panchracii[4] super corpus Domini faciunt sacramentum, ut Karinthiam non dimittant, sed viriliter se defendant, patris facta et pacta in honoris eorum dedecus vergencia non stabiliant nec concedant[5]. Et dum sepius[6] intrare (Apr.) Karinthiam, invadere et reapprehendere cum copiis niterentur, comites Goricie intermedii transitus eorum clausurarum suarum municionibus obstiterunt. Super quo non modice in posterum comminaciones et promissiones facte sunt, que nec duces[7] nec comites terruerunt nec ad reddendam Karinthiam illexerunt, sed sapienter et

a) *verbum quoddam, cum* principes *praecedat, supplendum, O. H.-E.* b) Heinrico *Ioh. corr.* Lůdew. c) *adde* se. d) *lege* esse.

1) *Cum his condicionibus cf. eas, quas V. Karoli IV. l. c. tradit. Sed post haec pacta pax ipsa demum Oct. 9. in oppido Enns facta est, de cuius condicionibus Ioh., qui duos conventus non discernit, fortasse cogitavit, vide tabulas pacis Cod. dipl. Moraviae VII, p. 90—96 nr.* 132—140. 2) *Heinrico, cf. supra p.* 93. 3) *A.* 1336. *Ian.* — *Ian.* 3. *secundum Chron. Aulae-regiae III, c.* 12, *p.* 523 *sq.* in Karinthiam venit, *sed cf. V. Karoli IV. p.* 251 *sq., Huber, Reg. Imp. VIII, nr.* 30[b]. *Quae Ioh. h. l. male narrat, cum haec praecedentibus anteriora sint.* 4) *In castro Tirol, cf. supra p.* 154 *sq.* 5) *Cf. Boehmer l. c., Addit. III, 'Johann' nr.* 778, *Werunsky, 'Gesch. Kaiser Karls IV.' I, p.* 171. 6) *Ante Karoli adventum, a.* 1335, *Iohannes contra comites Goriciae in vallem dictam Pustertal profectus erat, de Karoli expeditione cf. Werunsky l. c. p.* 161. 7) *Austriae.*

potenter inconcussis animis obstiterunt presumcionem[a] eorum et contra adversarios versibus se Ovidii[1] munierunt, quibus dicitur 1336

Credita non semper sulci cum fenore reddunt,
Nec semper dubias adiuvat aura rates

De[b] Alberti ascensu ad Renum, peregrinacione et reversione eius. Capitulum VIII[m].

Anno Domini M°CCC°XXXVII° dux Albertus compositis omnibus in Austria, Styria et Karinthia superiores disponit invisere regiones et ordinare ibi que ad utilitatem et commodum pertinent civitatum omnium et castrorum. Deliberavit eciam ibi Fridericum derelinquere, filium fratris sui Ottonis ducis seniorem[2], ut terre et hominum ibidem condiscat consuetudinem, aptato sibi ad morum disciplinam et litterarum scienciam Nycholao[c] de Egunspurch plebano Marpurgensi, viro probis actibus et honestis moribus decorato, sorori autem sue domine Agneti, quondam regine Ungarie, devote et sapienti femine, in monasterio quod Campus-regis dicitur sub magne devocionis habitu conversanti, iuvenis committitur confovendus, sapientum consiliis instruendus. Visis autem tam de comitatu Phirritarum quam de reliquis provinciis et districtibus sibi subiectis et[d] omnibus negociis atque causis eorum dispositis Albertus filium non habens eum, qui *de limo* primum *hominem formavit*, censuit votis et precibus impulsandum, ut post tantos labores et sudores haberet, in quo requiesceret[3] honor et hereditas paternalis. Et quia dulcissima virgo Maria, quam colit et veneratur omne *quod Christianitatis titulo insignitur, potens[e] est omnia, que voluerit, impetrare, ecclesiam eius Aquisgrani que preciosis resplendet eiusdem virginis insigniis[f] *, censuit 1337

Gen 2

*f 41

*) *Huc spectant in superiore margine addita:* scilicet camisia, in q[ua][g] Dominum peperit, et panniculis, quibus eum involvi[t][g] [4]

a) pres cor *in marg. add., lege* presumpcioni. b) *inscriptio capitis in marg scripta* c) nychol c d) et *delendum O H-E* e) potens — visitandam *a Ioh in marg add* f) *seq* et miraculis *delet* g) *uncis inclusa abscisa*

1) *Ars am II*, v 514 2) *Cf. supra p.* 97 131 3) *Cf Eccli.* 28, 20: nec habebit amicum, in quo requiescat 4) *Cf supra I, p* 16 64 *sq* 105

1337 visitandam, quam filius nichil negans honorat, utpote
3 Reg. 2, 19. 20. que est potencior matre[1] Salomonis, ad quam rex ingredientem et pro Adonia intercedere volentem ait *Pete, mater mi*[a], *non enim fas est, ut avertam faciem tuam.* Igitur fusco brunoque se suosque famulos convestit habitu, sub quo vel minus cognoscatur vel securius incognitus transeat, vel ut devocionem mentis, quam gessit interius, exterius indicet et habitu corporis humilitatem[b] preferens non tumescat. Veniens[2] ergo latere non potuit, a civibus, a nobilibus honoris et prosecucionis magnificencia attollitur, mirantibus pluribus, pacificusne ingressus eius fuerit[3], clam dicentibus, aliis ad immolandum et ad offerendum vota[4] sua Deo et eius genitrici eum venisse respondentibus, sicque oracione ac devocione pro statu suo, terrarum sibi divinitus collatarum atque dono desiderate prolis, ut creditur, celebrata calicem aureum magne estimacionis a[c] devotissim[a] sorore, s[cilicet] domina Agn[ete], sibi tradit[um] beate virgini optulit ad consecrandumque in eo ad perpetuam rei memoriam sui dilecti filii sanguinem deputavit, quem effectum sua fuerit oracio consecuta, in subscriptis suo in tempore est dicendum. Expletis que ad officium huius actus convenerant urbem ingreditur Agrippinam Coloniam nominatam, que trium regum ab oriente Christum in cunabulis stella previa querencium nobilissimis corporibus est insignis[5], quorum patrocinio[d] se suaque subplicacione instantissima commendavit. Datisque largis elemosinis, oblatis eciam pro honore trium regum xeniis preciosis, scilicet . [e], civium honorabilium ad eum confluxerat multitudo replicancium familiaritatem avi[f] Rudolfi regis[6] ac patris eius, regis Alberti[7], cum eis et iurium eorum atque libertatum col-

a) *sic c., mea*, neque enim *Vulg.* b) hum. pref. *in marg. add.* c) a — tradit[um] *(l. 18) in marg. add., uncis inclusis abscisis.* d) se suaque patroc. inst. subpl. comm. *a Ioh. transposita.* e) *spatium vacuum pro xeniis supplendis.* f) avi — ac *a Ioh. in marg. add.*

1) *Bathseba.* 2) *Cf. Math. Neuenburg c.* 71: Venit autem illis diebus *(a. 1337 circa Sept.)* Argentinam Albertus dux Austrie ... de Aquisgrani, quo in peregrinacione descenderat. *De tempore cf. E. Leupold, 'Berthold v. Buchegg, B. v. Strassburg' p.* 101, *n.* 2. 3) *Cf.* 1 *Reg.* 16, 4 *et* 3 *Reg.* 2, 13: Pacificusne est ingressus tuus? 4) *Cf. Ion.* 1, 16: immolaverunt hostias Domino et voverunt vota. 5) *Cf. supra I, p.* 88. 126. 6) *Cf. ibid. p.* 219. 268. 7) *Cf. ibid. p.* 328. 364.

lacionem et confirmacionem per eosdem[1], ad eius se 1337
placita devotis submissionibus optulerunt reverenciamque maximam impenderunt Et cum eum diversis muneribus frequentarent, 'Scio', inquit, 'vos et hiis omnibus et aliis pro inestimabilibus opibus habundare, sed non est, quo nostram congruencius devocionem[a] et animam saginetis, nisi in sanctorum reliquiis, in quibus omne nostrum heret desiderium, ardet affectio, cor et animus hilarescunt' Igitur suis peticionibus cives complacere gestientes preciosas reliquias ex ecclesiarum et monasteriorum archivis et conservatoriis colligentes principis gaudium inestimabiliter adauxerunt et[b] cum maxima leticia dimiserunt.

Archiepiscopus urbis Walramus, frater marchionis Wilhelmi Iuliacensis, in obviam ei processit et in amplexus eius ruit[2], per suas civitates et loca[b] transduxit et affluenter ad omnem indigenciam procuravit, amiciciamque inter eos precipuam et indissolubilem eorundem ad invicem aspectus et familiaritas prebuerunt. Albertus autem rediens[c] per Alzaciam[3] ad sororem, civitates singule, ad quas noticia sui nominis prevolaverat, eum cum laudibus et reverencia susceperunt. Narratis omnibus vie sue successibus et dispositis terris et fratris filio ad claritatis opera informato venit Constanciam, ubi inter alia sibi placencia et animum suum oblectancia virum conspicuum magistrum Iohannem[4], illius sedis quondam sindicum et vicarium in spiritualibus generalem[5], sibi devinxit sueque clyentule sociavit, et Heinrico Laventino presule[6] universe viam carnis ingresso officium cancellarie, quod idem presul gesserat, eidem magistro Iohanni gubernandum fidentissime contulit[7], ad[d] omnium suorum

a) dev — sign pro inopiam et indigenciam subpleatis *deletis litteris minutissimis inter lineas et in marg add* b) *adde* eum. c) *Ioh in marg adscripsit* redit, *cf rec D A 2* d) *ante* a l *supple* cum

1) *Cf Redlich, Reg Imp VI, nr* 34. 36 118—120. 256, *Boehmer, Reg Imp* 1246—1313 (1844), *'Albrecht' nr* 30 320 2) *Cf. Gen.* 29, 13 cucurrit obviam ei, complexusque eum et in oscula ruens 3) *Albertum m. Sept vel Oct Argentorati fuisse Ioh nescit, cf supra p* 170, *n* 2 4) *Windlock, quem a* 1352 *Clemens VI episc Constantiensem providit, a* 1337 *Iun* 16. *in tabulis officialis curiae Constantiensis dicitur, Reg episc Constant nr* 5067 *Cf et Rieder, Mon Vaticana episcopat Constant p LXXV, nr* 32 *et p* 302, *nr* 1013 5) *Cf Reg episc Constant p* 518 *sub 'offizial'.* 6) *H, quem a* 1342 *Iul* 27 *obiisse Cont Claustroneob VII, SS IX, p.* 756, *perperam dicit, cf infra p* 210 7) *Inde ab a* 1341 *ducis protonotarius, a* 1342 *et secretarius fuit, demum a* 1349 *in tabulis cancellarius eius dicitur, Reg episc*

1337 principatuum expedienda negocia ordinavit. Et valetaciens illi terre prospere in Austriam est reversus, a civitatibus, maxime in Winna, propter reliquiarum[a] thesaurum, quem advexerat, cum cymbalorum resonancia[1] et processionibus et inmensis laudibus est susceptus. Deinde distributis ad locum sue fundacionis[2] et ad alia loca reliquiis, quorum pauperiem ditavit, desiderium recreavit, corpus suum lassum et suorum ad[b] tempus aliquot[c]
*f 41' capto secretali solacio quietavit. *Ducissa eciam Iohanna postquam aliquantulum dux quievit, natale solum invisere cogitavit et aptata sibi familia condecenti per Bawariam dietavit, ab Heinrico vero duce inferioris Bawarie[3] et sua consorte ducissa, filia[d] regis Bohemie, honorifice suscipitur et magnis atque iocundis solaciis pertractatur, et visis terris suis et ordinatis habitisque cum amicis deductionibus gaudiosis in Austriam est reversa.

De[e] transitu senioris filie regis Friderici et de cometa Capitulum nonum.

1336 Eodem anno[4] infirmata est filia regis Friderici Elizabeth infirmitate[f], qua et mortua est[5]; nam dum Servie regi diceretur matrimonialiter copulanda[6], in tantum abhorruit hominis scismatici fidem erroneam, ita[g] ut cottidianis Deum gemitibus exoraret, multis ieiuniis corpus affligeret[7], suam semper Domino pudiciciam
(Oct.) commendaret Rex autem Bohemie Winnam venerat filiam suam[8] visitare et amiciciam de se et ducibus per solacia et colloquia familiaria confirmare. Quem gener dux Otto introducens, ut fratris filiam consoletur et videat decumbentem, intrantibus cubiculum, ubi pausabat,

a) *in marg. iterum* reliquiarum *a Ioh scr* b) ad *delet. c* c) *sic c.* d) fil reg Boh *a Ioh in marg add* e) *inscriptio capituli in marg addita, Ioh integrum caput syllabis* va-cat *principio et fini adscriptis delere voluit* f) infirmate *c* g) *dele* ita, *ut rec D*

Constant nr 5071. *et Rieder l c. p* 3, *nr* 2. *et p* 10, *nr* 27. 1) *Cf* 1 *Par* 15, 16: in cymbalis, ut resonaret sonitus laetitiae 2) *Gamming, cf supra p* 141 3) *Cf supra p* 166, *n* 1 3 4) *Sequentia ante res capite octavo narratas ponenda erant* 5) *Cf* 4 *Reg* 13, 14 infirmitate, qua et mortuus est 6) *De hoc alibi nihil legitur* 7) *Cf. Num* 30, 14: ut per ieiunium . . affligat animam suam 8) *Annam uxorem Ottonis ducis; pace apud Enns facta (supra p* 167*) Iohannes sine mora Vindobonam profectus est, cf. Chron Aulae-regiae III, c* 13, *p* 527 *et tabulas Iohannis Vindobonae datas a* 1336. *Oct* 18, *Boehmer l c, Addit III, 'Johann' nr.* 774.

verecundo atque puellari modo puella ait non esse opus, ut rex ad eam introeat, cuius abstractio eam ad sue incommoditatis inicia pertraxisset[a] [1]; verumtamen non competere, ut eum a suo contuitu dimoveret vel[b] colloquium denegaret, ad se affandam copiam ei dedit Extitit autem in sui cordis radice fixum, quod ei fuerat desponsata, et propter labem impotencie ab ea separatus, postea alia superducta[2]. Visa puella rex ingemuit[3] et condolens infirmitati sue tam generosi sanguinis virginem morituram in etate floride[4] iuventutis suffuso vultu lacrimis suspiria alta traxit. Hec[c] puella solacium singulare cum Deo habuit, oraciones in tabulis suis scriptas frequenter ad Dominum fudit, se ei salubriter commendavit*. Omnibus autem ad eius obitum dispositis fit questio, ubi debeat tumulari, quibusdam dicentibus apud matrem, que ad Minores fratres est condita gloriose[5] Puella vero salubriter informata in Mûrpach[d] ad fratres Carthusienses[e] in monasterio paterne fundacionis[6] postulat sepeliri, quod dux Albertus claris exequiis et processionibus ordinavit sollempniter adimpleri. Cuius morte[7] (Oct 23) terra illa quasi solis lucido speculo[8] spoliatur et mesticie caligine involvitur[9], gaudium[f] universe terre conticuit[10], omnis civitas et curie nobilitas fletum sumpsit, lamentum[11], merorem induit[12], nullum enim pauperem dicitur despexisse, sed omnes tam familiares quam extraneos officiosa semper salutacione suscepisse et cordis affectione tamquam bonis adornata universos[g] moribus dilexisse, et ergo dicere poterant · *Tu gloria Israel*[h], *tu leticia Ierusalem, tu honorificencia populi nostri* Et sic flos ille puellaris

(1336 in margin at first line; *Iudith* 15, 10 in margin beside "Tu gloria Israel")

*) *Ioh. postea in marg adscripsit* Impone hic de cometa[13].

a) pertraxasset *c* b) vel — dedit *a Ioh in marg add* c) Hec — commendavit *(l 14) a Ioh in marg add* d) Mûpach *c* e) Carthuf *c* f) gaud — conticuit *a Ioh in marg. add.* g) *transpone* mor. univ. h) Ierusalem, tu laet Israel *Vulg*

1) *Cf supra p* 154, *n* 6 2) *Beatrix, cf ibid n* 7 3) *Cf. Eccli*. 25, 25. ingemuitque . . et audiens suspiravit 4) *Cf. Prov* 17, 22 aetatem floridam 5) *Vindobonae, cf supra p* 137 *et Cont Claustroneob VII, SS IX. p.* 756 6) *Cf. supra p* 90, *n* 4 7) *Cf Cont Claustroneob VII ibid* 8) *Cf Eccli* 17, 30 Quid lucidius sole? 9) *Cf. Iob* 3, 5 occupet eum caligo, et involvatur amaritudine 10) *Cf. Is* 24, 8. Cessavit gaudium tympanorum, conticuit dulcedo citharae 11) *Cf Ier* 9, 10: Super montes assumam fletum ac lamentum 12) *Cf Ezech* 7, 27 princeps induetur moerore. 13) *Cf. infra p.* 175, *l* 6—18

1336 elanguit[1], decor eius virginalis corporis omnis interiit*,
2 Reg 14,14 quia[a] *omnes morimur et dilabimur in terram*, sicut scribitur in libro Regum, et *mors*[b] *est ultima linea [r]e]rum*, ut dicit Oracius[2].

De locustis. Capitulum X[m] **

1338. Anno Domini M°CCC°XXX°VIII° Albertus dux audiens adhuc aliquid in Karinthia contra fidem integram concinnari, videlicet de Iohanne filio regis Bohemie, genero ducis Heinrici, quasi habeat partem eius, clanculo confoventes[c] in terra, paratos, si veniret, castra sua ei sine contradictione aliqua aperturos et, si videretur, adiutorium prestaturos[d]. Quid in hoc verum censeri debeat, necdum indixit ad experienciam actus rei et usque hodie, nam claudicat spes concepta. Hoc subnixum est veritate, quod usque ad clausuras comitum Goricie non semel, sed et amplius in terram Karinthie introitum attemptavit[3] et prohibitus est obsistencia clausularum[e]. Albertus dux, cuius aures hac procella sepius sunt concusse[f], statuit dissolvere turbinis huius ventum[4] quasi sol dissipans atque scindens nebulam, veniens
*f. 42 (Iun. 24) Karinthiam, cum patriarcha prius *colloquium habuit in Villaco oppido[5], quod est de fundo ecclesie Babenbergensis super fluvii Trahe litus, de causis, quas ad invicem pro diversis incidentibus habuerunt, pacifica colloquia tenuerunt et, dum ad plenam reconciliacionem se connectere non valerent, treugas pacis amicabiles

*) *Sequuntur deleta*. Quia, ut dicit Ovidius[6]:
Non viole semper nec candida[g] *lilia florent*

**) *Ioh. in marg. aliam inscriptionem scripsit*: De adventu Alberti ducis in Karinthiam, de locustis et de regis Francie et Anglie . . . *(reliqua abscisa)*

a) quia — Oracius *(l. 4) a Ioh. in marg. add.* b) mors u. l. rerum est *Hor.* c) *supple* eum, *sed tamen locus remanet inconditus.* d) *nota anacoluthon, ita et in rec. D.* e) *sic c.* f) *sic rec. D,* concusse c. g) semperve hyacinthina *Ov.*

1) *Cf. Nahum* 1, 4: flos Libani elanguit, *Iac.* 1, 11: flos eius decidit, et decor vultus eius deperiit. 2) *Epist. I*, 16, *v.* 79. 3) *Cf. supra I, p. VIII, n. 5 hunc locum recensionis deperditae a Pezio nobis servatum.* 4) *Cf. Ezech.* 1, 4: ventus turbinis. 5) *Cf. Zahn, Austro-Friulana, Fontes rer. Austr. II, t. XL, p.* 47, *nr.* 36. 6) *Ars am. II, v.* 115.

statuerunt[1]. Deinde lustrata Karinthia et civibus ac 1338 (Iul.) nobilibus allocutis et sibi quoad composicionem status terre per omnia conformatis transiit Carniolam illaque (Aug.) similiter per eandem formulam ordinata per Styriam in (Sept.) Austriam est reversus.

Eodem* anno visa est cometa[2] amplius quam per 1337 tres menses tractu caude longissimo resplendere, quam dicunt astrologi signum eventuum lamentabilium, et est sic *dicta* secundum Ysidorum[3], *quod comas luminis ex se fundat*, et addit: *Dum*[a] *hoc genus sideris apparuerit, aut pestilenciam aut famem aut bella significat. Cometes*[a*] *Latine crinite dicuntur*[b], *quia*[c] *in modum crinium flammas spargunt.* Non enim est stella, ut[d] vult Aristoteles[4] in libro Metheororum, quia non est in firmamento cum ceteris stellis neque motu neque situ, sed est ignis conglomeratus et accensus in aere ad significandum aliquid apparens, sicut consequens magnorum[e] et tristium eventuum[f] a[cc]idencia approbarunt[g].

Igitur ex partibus orientis multitudo locustarum eruperat, Bawariam[h], Franconiam, Sueviam et montana et per Ungariam, Austriam, Styriam, Karinthiam, Carniolam, Forum-Iulii, Lombardiam usque ad litus Reni[5]

*) *Hic Ioh. in marg. scripsit*: De cometa superiori capitulo[6] scribe.

a) Quod genus sid. quando app. *Is.* a*) Cometae *Is.* b) appellantur *Is.* c) quod *Is.* d) ut — Metheororum *Ioh. in marg. add.* e) magnorum — accidencia *in marg., uncis inclusis abscisis.* f) *sic rec. D*, eventum *c.* g) [a]ppr. *corr. ex* approbavit, *[ut Ioh. scripsit, cum accid. substantivum generis feminini posuerat, pro quo rec. D* experiencia *habet, postea accid. pro plurali participii habuit, nec tamen* consequens, *ut et D habet, mutavit ut debuit. O. H.-E.]*, a *Ioh. delevit, fortasse quia cursus gratia, ne hiatum admitteret, comprob. corrigere voluit, ut rec. D habet.* h) Baw. — montana *Ioh. in marg. signo hoc loco apposito, (quod aptius post* Lombardiam *vel post* Carniolam, *ut in rec. D haec ex parte scripta sunt, ponendum erat. O. H.-E.)*

1) *Cf. epistolam Iohannae ducissae Bertrando a.* 1338 *Iul.* 22. *missam, Zahn l. l. p.* 46, *nr.* 35, *ex qua efficitur tunc pacem nondum factam fuisse.* 2) *A.* 1337. *Cf. Ioh. Villani XI, c.* 68, *Ann. Flor., Boehmer, Fontes IV, p.* 678, *Heinr. Surdus, ibid. p.* 520 *sq.; Ioh. de Beka, Mathaeus, Vet. aevi anal.* 2. *ed. III, p.* 225, *Gesta Trevir. l. c. p.* 254, *Chron. Aulae-regiae III, c.* 14, *p.* 530 *sq.* 3) *Etymolog. III,* 71, 16. 17. 4) *Meteor. I,* 7, *quem librum Ioh. ab Alberto Magno translatum legisse videtur, cf. eius Librum meteor. I, tract. IV. c.* 5—11, *Opp. ed. Jammy II, p.* 16 *sqq.* 5) *Cf. Chron. Aulae-regiae pars II, l. III, c.* 1, *p.* 560, *Ann. Windberg., SS. XVII, p.* 565, *Caspar Camentz, Boehmer, Fontes IV, p.* 431; *Ioh. Latomus, ibid. p.* 408; *Ann. Francofurt., ibid. p.* 394; *Vita Karoli IV, ibid. I, p.* 237, *et quae O. Holder-Egger, Mon. Erphesfurt. p.* 373, *n.* 5 *ad*

1338. Iul Aug omnia virencia terre[1] tempore Iulii et Augusti ad fundum et tocius absumpcionis ultimum dispendium dente sevissimo devoravit. Populus perterritus letanias, supplicaciones faciebat, corpus Domini, sanctorum reliquias circumferebat, cymbalis et aliis instrumentis eneis aera percuciebat, manus ad sidera eiulatu miserabili cum

Regino 873 validis clamoribus extendebat. Et mirum dictu, ut castrorum acies distinctis ordinibus per aera ferebantur et terre incumbentes castra metabantur Duces exercitum cum paucis itinere unius diei preibant, quasi loca apta multitudini provisuri Circa horam nonam, ubi duces hodie[a] venerant, insidebant nec a loco occupato movebantur, quousque sol suum ortum representaret, tunc per turmas suas proficiscebantur, ut in parvis animalibus disciplinam cerneres militarem Segetibus vescebantur, maxime illis, que adhuc in campis inveniebantur; et tardius in Karinthiam veniebant, quia in aliis partibus pastus copiam repperiebant, nam fenum, gramina, milium et quicquid talium fuerat penitus absumebant, partim avena iam recisa et condita salvabatur, partim que nondum falcata fuerat vorabatur Quatuor alas habebant et dentes quasi armatos ad instar gemmarum lucencium[2], ita ut in induviis feminarum intexerentur et gemme putarentur. Semen in sulcis terre et cespitibus reliquerunt, sed non disparuerunt, donec brumalis temporis strictitudinem persenserunt[3]. In quibusdam partibus in foveis, dum ingrassate essent vel adhuc graciles, ut se pre grassitudine vel teneritudine elevare non possent, incendio et[b] fustibus sunt absumpte, in quibusdam ventus eas dispersit, in quibusdam, dum non haberent sustentaculum, redire unde venerant videbantur. In Bawaria quedam ville conveniebant, ut omnes pullos[4] conducerent, qui eas deglutirent, dantes uni vel pluribus omnia ova proveniencia ex gallinis, ut ad hoc opus efficacem diligenciam adhiberent. Quod licet risu dignum sit, fructum tamen non modicum in

a) *sic et rec D*, pridie *Reg* b) et fust *in marg*

Chron S Petri a 1337 *adnotavit, et ibid p.* 387, *Flores temp, SS XXIV, p.* 235, *n* ** (1336) = *Chron. imp. et pont Ratispon, ibid p* 286 6) *Cf supra p* 173, *n* *.

1) *Cf Gen* 19, 25 cuncta terrae virentia. 2) *Simuliter Cont Novimont, SS IX, p* 671, *locustas describit* 3) *Idem dicunt Ann. Francofurt l c* 4) *Gallinas Ioh dicit, quam vox* pullus *haud raro in media Latinitate habet*

maximarum copiarum resecacione ruricolis afferebat*. *f. 42' 1338. Hec priscis temporibus leguntur contigisse, que ponenda censui, ut adhuc quarta[1] plaga Egypti mundi peccantis vicia non sinat inpunita pertransire. Ab Urbe condita anno sexcentesimo[2], ut in Romanorum Gestis[3] legitur et Augustinus[4] de civitate refert, anno, quo Carthago a Romanis funditus est deleta[5], per totam Affricam locusta- Paul H R. IV, 20 rum multitudo convaluit, simul fruges, herbas, arborum folia corticesque corroserunt, que repentino vento sublevate in Affricano pelago sunt dimerse, sed cum earum acervos fluctus per extenta litora pertulissent, pestiferum odorem congeries putrefacta exalavit, unde omnium animancium, avium, pecudum et bestiarum pestis existens vicium corrupcionis ampliavit. Qua pestilencia in Numidia nongenta milia hominum, circa Carthaginem plus quam ducenta milia perierunt, Romanorum vero militum, qui ibi ad presidium erant, triginta milia sunt extincta. Anno Domini octingentesimo LXXXIIII°, Regino 873. ut[a] in Gestis Francorum[6] scribitur, tempore Ludewici filii Lotharii, mense Augusto per Galliam contigisse, sed non tanta pestilencia subsequente, et omnes in mari Britannico periisse, sed estu atque refusione oceani reiecte marina litora repleverunt, tantaque[b] congeries facta est, ut instar moncium cumulate coacervarentur. Ex earum fetore aer corruptus pestem duram finitimis generavit. Item tempore Heinrici, filii primi Friderici imperatoris, per Carniolam et Marchiam sunt diffuse anno Domini M° [centesimo[c]] nonagesimo VI; 1196. que de marinis partibus surrexerunt[7], sed Carinthiam non leserunt[8]. Item anno Domini M°CCC°VII° sub 1307 Alberto rege[d] Carniolam et Marchiam invaserunt, sed

*) *Sequuntur deleta* per quatuor annos continuos

a) *incondita oratio, lege* idem. b) *sic Reg.*, tamque *c.* c) cent. *deest c.* d) *seq. rasura* item *c.*

1) *Hic Ioh. Hildeberti versum (cf. infra rec. D A2) in animo habens de musca cogitavit, in altera rec. rectius octavam plagam statuit.* 2) *Cf. Pauli diac. Hist. Rom.* IV, 10. 3) *Pauli diac. Hist. Romana* IV, 20. 4) *De civ. Dei* III, 31, *cf. Fournier p.* 50; 'N. Archiv' XXVIII, *p.* 168. 5) *Error, cum locustae aliquot annis post venerint.* 6) *Reginonis Chron. a.* 873, *sed Iohannis codex a.* 874 *praebuit, cf. supra I, p.* XVIII, *n.* 6 *et SS. rer. Germ., Regino p.* 105, *n.* e. 7) *Cont. Claustroneob. III, SS. IX, p.* 634, *l.* 13–16 *haec a.* 1195 *attribuit. Hic locus, qui ex auctoribus nobis notis, quos Ioh. ad historiam Heinrici VI conscribendam adhibuit, depromptus non est, ad Ottacari Styriensis Chronicon imperatorum deperditum referendus est, cf. supra I, p.* XIX. 8) *Alii tradunt locustas a.* 1196 *et Carinthiam devastasse, cf. Muchar, 'Gesch. d. Steiermark'* V, *p.* 14, *n.* 4.

1307 pauce Karinthiam intraverunt [1], quia celeriter abierunt
nec reditum continuaverunt nec semen reliquerunt nec
1338 in tantum segetes consumpserunt. Nunc autem per
quatuor annos circa eandem partem anni venientes vel
de suis latebris exurgentes iuxta maius et minus fructus
1341. et terre gemmina destruxerunt. In quarto anno, qui
iam volvitur [2], volucribus, ciconiis, cornicibus, sturnis ac
aliis rapacibus et ingluviosis volatilibus [a] devorati [b] in
maximo sunt numero diminute, nec tam ferociter ad
consumcionem omnium pervenerunt.

1338. Persecucio Iudeorum secuta est, qui in diversis
partibus, in Karinthia, Austria et in Reni partibus multis
bonis spoliati, alii submersi, alii exusti, alii eviscerati
misere perierunt [3] et multorum pauperiem nobilium et
civilium perditis cyrografis [c] ditaverunt, in magnis civitatibus
principes placaverunt, qui pro toto eos conamine
defenderunt, ut essent subplices, qui se ipsos maledic-
Matth 27,25. tionibus subdiderunt dicentes *Sanguis eius super nos* et
cetera, sibi ipsis mortis Christi testimonium conclamantes,
talibus enim testibus, scilicet adversantibus [d], in magis
veritas confirmatur.*

De causa regis Anglie et Francie ventilata [e] coram Lůdewico in Confluencia. Capitulum XI[m].

1339. Hoc [f. 4] anno Eduardus rex Anglie regem Francie,
. . . [iu]rans se nunquam ad [patrium s]o[lu]m reversurum,

1338 (*Mart* 30) *) *Paulo ante capitis finem Ioh in marg. scripsit.* Moritur
hoc anno venerabilis Fridericus archiepiscopus Salz-
(*Aug* 31) burgensis, et eligitur Heinricus [5] et cetera; *inferius*
Hic Mauricianos et cetera

a) volatibus *c* b) *sic h. l. c. et A 2 in rec. D* c) cyrograf, is *absciso, c* d) adversariis *Ioh corr* e) ventilacio *Ioh corr* f) Hoc — prelium (*p* 179, *l* 11) *a Ioh in marg scripta, multis abscisis, quae ex parte supplevimus*

1) *De hac re Ioh suo loco nihil narravit, fortasse caristia, de qua supra I, p* 343 *legimus, inde effecta est* 2) *Vides haec a* 1341 *scripta esse, cf supra I p VIII* 3) *Cf. Heinr de Diessenhofen p* 28 *Chron Aulae-regiae pars II, l III, c* 1, *p* 559, *Gesta Treuir p* 254, *Cron. S Petri Erford p* 375 *sq , Ann Mellic., Cont. Normont , Ann et Kal Zwetl , SS. IX, p* 512. 671 683 691; *Andreas Ratispon ed Leidinger p.* 86 *(e Chron. de ducibus Bavarie), Vita Benedicti XII prima Baluze I, c* 203 *sq quarta, ibid c* 228, *sexta, c* 236, *Ann Windberg , SS XVII, p.* 565 *Notae hist Argent , Boehmer, Fontes III, p* 120 4) *Haec ad expeditionem Eduardi III. a* 1339 *factam spectare patet.* 5) *Cf infra rec D A2*

sed se . . . . . de rege Francie[1] . . . . . tum saltem propositi 1339.
aliquid habiturum, in Cur[tr]aco[2] cum coniuge[3] habi[ta]vit, (Sept.-Oct.)
Gelria[a.4] . . . ., Alemannia florem [mi]litarem ex universis
angulis . . . . ep . ., rege Bohemie [et Ka]rolo filio eius[5]
in auxilium[6] properante contra Lûdewicum[7] prohibetur
. . . redire compellitur[8], [iter] per maria et [terra]m
crebrius attemptatum . . . casibus fortuitis . . , auris
ventisque alternantibus, [in Pi]cardie tandem partibus
. . . . . . sum se apprehenderunt[9], sed instante [hye]mis
austeritate ab [invicem] est discessum et [treuga] facta[10],
mansitque prelium In civitate Confluencia[11] coram 1338.
magnatibus regni presidente imperatore Lûdewico[b] pro (Sept. 5. 6.)
diversis terris, scilicet ducatu Northmandie, comitatu[12]
Aquitanie, Andegavense, Atrebatense[13] gravissimis queri-
moniis impetivit[14], insuper vice Roperti[15] filii sororis sue[16]
tamquam de vero germine et inmediata linea regum
Francie progeniti regni coronam repetivit, deditque
multa dona episcopis, ducibus, marchionibus, comitibus,
nobilibus regni ad parandum sibi subsidium ad regem
Francie invadendum[17]. Qui sub hac forma recepta pecunia[c], quod omnes imperii signa se precedencia sequerentur, conscriptis igitur singulis[d] imperator pecuniam
prestolatur; ad que, quia ad prefixum terminum non
pervenit[e], noluit obligari. Unde de necligencia et pro-

a) *forte* e G *legendum.* b) *supple hoc loco* Eduardus — Francie *e p* 178, *l* 25 *O H.-E.* c) promiserunt *vel simile verbum supplendum O H.-E.* d) *adde* pactis e) *scil* pecunia

1) *Philippo VI* 2) *De Cameraco, quod gens Eduardi III a* 1339. *obsedit, Ioh. cogitasse videtur, rec D* Durdracum *habet* 3) *Philippa, cf supra p* 79, *n* 8 4) *Cuius dux Rainaldus cum multis aliis principibus Rheni accolis Eduardo adstitit* 5) *Cf Vita Karoli IV p* 259 *sq* 6) *Philippi VI* 7) *Qui non interfuit* 8) *Oct* 24 9) *Hic de victoria navium longarum Eduardi de Gallicis super Sclusas a.* 1340. *Iun.* 24 *reportata agi videtur, cum sequentia ad hiemem a* 1339. *spectent, sed tota narratio confusa est.* 10) *A* 1340 *Sept* 25 11) *Ioh. temporum seriem turbavit, sequentia enim praecedentibus anteponenda erant Cf Heinr de Diessenh p* 29, *Math Neuenburg c* 62, *Heinr. Surdus p* 521 *sq , Chron Flandr. et Heinr Knyghton, Boehmer, Fontes I, p* 190—192 12) *Ducatu.* 13) *Immo Eduardus regnum Franciae postulavit, comitatum Atrebatensem pro Roberto comite; alias terras reges Angliae iam dudum cesserant, cf rec D* 14) *Eduardus Philippum Tunc Ludovicus IV Eduardum regem Franciae declaravit* 15) *Comitis Atrebatensis* 16) *Error, immo quia Isabella mater Eduardi III. filia Philippi IV regis Franciae fuerat Roberti atavus Robertus I comes Atrebatensis filius Ludovici VIII Franciae regis fuerat* 17) *Cf. Pauli, 'Die Bez. K Eduards III v England zu K Ludwig IV in d J.* 1338 *u* 1339, *Quellen u Erörterungen' VII, p* 417 *sq*

1338 missis[a] aliqualiter inculpatus misit sollempnes ad regem
Anglie nuncios, qui eum suis testimonialibus litteris
egregie sustulit ab hoc verbo[1], verum tamen rex Francie
1339 (Sept.-Oct.) invaditur per[b] singulas civitates et proceres regni, et
artatus satis et innumerabili fultus regum et pluri[ma]-
rum gencium auxilio persatis[c], intervencione magna-
1340 (Sept. 25) torum[d] bellum usque hodie stans in treugis terminandum
imperatoris dicitur arbitratu*[2]. Sed imperator velut
alter

Antenor censet belli precidere causam[3].

Sed et Albertus dux ⟨largis[e] promissionibus⟩ utrobique
convenitur, ut suos milites in auxilium dirigat, exoratur.
Qui sapienciori fretus consilio, regum non necessarius
stipendio, pro sibi incumbentibus suos statuit retinendos[4].

*f. 48 *De viduacione iunioris filie regis Friderici
et obitu ducisse consortis Ottonis Capitulum XII^m.

1338 (Mart. 17) Anno Domini quo supra[5] filia regis Friderici iunior[6]
mortuo Iohanne comite Goricie, eius[f] marito, adhuc in
etate inmatura vidua est effecta. Qui quidem Iohannes
de sanguine paterno[7] fuerat Tyrolensis, ex materno de
ducum Bawarie germine, scilicet filia ducis Stephani[8],
pullulavit. Comitatus[g] ille, quia[h] filium nec heredem
reliquit, filiis patrui, Alberto, Meynardo, Heinrico comitibus[9], dereliquit. Dux autem Albertus pro dotalicio

*) *Sequuntur deleta*: quod videtur, ut [dicit[i]] Oracius[10].
Stultorum regum et populorum continet estus.

a) *adde* non servatis. b) per — regni *a Ioh. post in marg. add.* c) persatis *(sic c.) in marg.* d) *sic c.* e) *uncis inclusa a Ioh. deleta.* f) eius — marito *a Ioh. in marg. add.* g) *lege* Comitatum illum. h) *adde* nec. i) *unam tantum litteram difficilem lectu cognosco.*

1) *Haec non recta sunt, cf. epistolas Ludowici et Eduardi, Boehmer l. c., 'Ludwig' nr.* 2184 *et 'Eduard III' nr.* 325, *Boehmer, Fontes I, p.* 221—225, *nr.* 26. 27. 2) *Haec ad res supra p.* 178, *l.* 25—179, *l.* 11 *narratas spectantia male hic inserta, cf. infra p.* 189, *n.* 8. 3) *Horatii Epist. I, 2, v.* 9. 4) *A.* 1337 *Ian.* 12. *Albertus et Otto duces cum Philippo VI. rege Franciae, a.* 1339 *Febr.* 16 *cum Eduardo III rege Angliae pacta foederis inierunt, sed Ioh. recte dicit eos re vera neutrum adiuvisse.* 5) *P.* 174, *l.* 6. 6) *Anna.* 7) *Avus eius Albertus I. frater Meinhardi III comitis Tirolis, ducis Carinthiae, fuerat.* 8) *I. Beatrice, quae Heinrico comiti Iohannis patri nupserat.* 9) *Filiis Alberti III comitis.* 10) *Epist. I, 2, v.* 8.

filie fratris sui, vidue iam premisse, et ut eos robustius 1338
ascisceret in suam partem contra Iohannem, de facto
comitem Tyrolensem, castra[a] quedam, que ad eos pertinebant in Carinthia et Carniola, nobiles et vasallos in
suam possessionem transtulit et sibi facere hominium requisivit. Iuvenes autem comites videntes sua sic concuti et tractari, res et homines distrahi et nutare, seque non posse ex equo tam magnarum virium principi contraire, consilio habito mittunt, consequenter veniunt ad 1339
Albertum ducem [1] adiunctis sibi amicorum et familiarium
catervis, de omnibus amicabiliter componentes sua non (Dec. 11)
ablata, sed ad tempus subducta recipiunt, ad pristinam gratiam ducis promptis animis se constringunt. Deinceps nec terrore concuciuntur nec promissionum vel munerum blandiciis seducuntur, suis theolonus[b] intermissis, usque hodie stare et esse de parte ducis suorumque fraternaliter statuerunt, quamvis non modicam iacturam suarum rerum pertulerunt, ut est notum.*

Hoc[c] anno nobiles Karinthiani iura quedam sua 1338.
antiqua innovaverunt, quedam alia[d], que non habuerant, petiverunt, in quibusdam ad iura se Styriensium subdiderunt et hoc publico instrumento ducis Alberti confirmari sibi et perpetualiter provide[e] meruerunt. Que supervacuum per singulos articulos est scribere, quia
lingua materna sunt digesta XVIII° Kal Octobr. in Sept 14
Græcz [2].

Regis [3] autem filia [4] super viri sui obitum nimium tristis facta viribus deficere, in gaudio seculi tepescere

*) *In marg Ioh scripsit:* Hoc anno in previg[ilia][f] nativi- 1338.
tatis beate virginis Marie de morte filie regis Bo- Sept 6
hemie, uxoris ducis Ottonis [5], VIII° Idus Septe[mbr.][f], scilicet anno Domini M°CCCXXXVIII°

a) castra quedam *in marg* b) *sic c* c) Hoc — Græcz *(l 26) a Ioh in marg add* d) adia *c* e) *lege* provident f) *quaedam abscisa*

1) *In oppidum Graz, Albertus dux tunc comitibus Goriciae palatinatum Carinthiae concessit, cf supra I, p* 291, *n* 3 2) *De curia Styriensium, Carinthianorum, Carniolanorum a* 1338 *in Graz civitate habita cf Muchar, 'Gesch d Steiermark'* VI, *p* 280, *v Krones, 'Landesfürst, Behörden u Stände d. Herz Steier* 1283—1411' *p* 210, *tabulas ed. v Schwind et Dopsch, 'Ausgew Urk z Verfassungsgesch d D-Österr Erblande' p* 175, *nr* 94 3) *Friderici.* 4) *Anna.* 5) *Annae, cf Ann Zwetl. et Cont Claustroneoburg VII, SS IX, p* 683 756, *qui Sept* 3 *habent, ut rec D, et Vita Karoli IV, p* 257.

1338 a solaciis hominum se subtrahere cepit, quousque nervorum contractu in quibusdam membris, quasi percussa paralisi, premortua videretur, que[a] in ministerio suorum actuum necessarium officium agere non valebant, sicque viribus corporis destituta, boni consilii radio illustrata, votum religionis sub habitu sancte Clare[1] appeciit et promisit; quo iniciato et ad reclusorium illius sancti
Luc. 1, 35 propositi iuvencula[b] introducta, *virtus* eam *altissimi* aliquantulum[c], si non e[x] tot[o], reddidit sanitati, ostendens eam inutilem[d] seculo, languidam, divinis usibus corporis exercicio reformatam.

De transitu ducis Ottonis et ortu Rudolfi ducis, filii Alberti ducis. Capitulum XIII[m]

1339 Anno M°CCC°XXXVIIII° dux Otto graviter infirmatus et veniens ab Austria in Styriam[e] [2] civitatem Græcensem*, infirmitas accrescebat. Dux Albertus audi-
Gen. 6, 6. ens, *tactus dolore cordis intrinsecus,* metuens, si decederet, et non prius eius colloquio potiretur[3], grave et dispendiosum periculum exurgere, mittendum pro eo celerius diffinivit, nempe quia consulcius secum in eius presencia ageretur, ad manum quoque haberet artis medicine peritos, naturam eius sagacius cognoscentes, arbitrans per eos morbum oportunioribus remediis accurandum. Mittit ergo rogans consulensque, ut memor fraterni amoris veniat et sibi se videndum exhibeat, affectuosissime instat, affirmans utile et commodum esse, terre statui eiusque saluti omnimodis profuturum. Medici secum existentes, sui curam gerentes, algorem hyemis et motum itineris ei esse contrarium probaverunt et discessum a loco, quantum poterant, vetaverunt[f], alii autem non obstare hec prefata dixerunt, quia mortis causam non haberet, scire[g] se quibusdam indiciis osten-

*) *Ioh. in marg. addidit, nec finivit sententiam* ad honorem nupciarum cuiusdam sui clientis, qui fil[iam] . . .[h] lantscribe dux

a) *scil.* membra b) inut. iuv. *a Ioh. transposita* c) aliq. — tot[o] *a Ioh. in marg. scripta, uncis inclusis abscisis* d) sec. inut. *a Ioh. transposita,* languidam *in marg. add.* e) *adde* in f) *sic c.* g) scire se *in marg.* h) *quaedam abscisa*

1) *Cf. Cont. Claustroneoburg. VII, l. c. p.* 756, *l.* 25—27. 2) *Error, cum per totum fere a.* 1338 *ibi fuerit* 3) *Albertus videlicet*

derunt Sermo ducis prevaluit[1], et facta lectica et vehiculo preparato rediit in Austriam, invalescenteque dolore confessus, contritus et sacramentis ecclesiasticis cum summa devocione armatus *et libertate spiritus et consciencie confortatus, ulterius hanc vitam non diligere nec se velle amplius superesse voce libera testabatur, tamquam ad eternam fiducialius animatus, et[a] iuxta morem principis testamento largo per ecclesias, monasteria et pia loca conscripto et per fratrem confirmato, executoribus commendato, sicque fratri filiis suis ac terris atque nobilibus commendatis in conspectu omnium assistencium eiulancium et lamentancium spiritum in manus Domini commendavit[2] Transiit autem XIIII° Kal. Marcii[3] et apud fratres Augustinenses[b] [4] prope castrum sollempnibus exequiis tumulatur.*

1339. — *f. 13' — Febr. 16

Deinde non longo temporis intersticio interiecto religiosus vir frater Tylo, prior Murbacensis ordinis Carthusiensis, visionem quandam divinitus demonstratam ad Albertum ducem detulit, ut fratris corpus ad locum fundacionis sue, monasterium scilicet Novi-montis, de-

*) *In inferiore marg folii 43'. Ioh scripsit* Ludewicus colloquium habuit cum Alberto prope Salzburgam in Halla et cetera. *In superiore marg folii 43' Ioh postea add* · Hoc anno Ludewicus imperator et Albertus dux iux[ta][c] Salzburgam prope[d] oppidum Salararum[5] colloquium habuerunt, et presuli Heinrico a Ludewico inducias, ut non eum arceret, ad biennium impetravit[6]; noluit enim presul confir[matus][c] a sede ei communicare[7] nec divina celebrare et cetera

1339 (Mai 11. 12)

a) et — commendato *in marg scripsit, ut et D* b) Augustin̄ *c*, *Ioh alibi* Augustinenses c) *uncis inclusa abscisa* d) prope *super* in *non deletum scriptum c*

1) *Cf* 1. *Par.* 21, 4· sermo regis magis praevaluit 2) *Cf Luc* 23, 46 in manus tuas commendo spiritum meum 3) *Cf Cont. Novimont*, *SS IX*, *p* 671; *Ann Zwetl*, *ib p* 683, *Cont Claustroneob V et VII*, *ib p* 735. 756 (13 Kal Martii), *Heinr de Diessenhofen p.* 31, *Seemuller l c p* 121 (1340 *Febr.* 17), *Vita Karoli IV. p* 257, *Werunsky I*, *p* 241, *n.* 2 4) *Ita et Cont. Novimont l c*, *rec codicis episcopalis* 5) *Reichenhall*, *cf Boehmer l l*, *'Ludwig' nr* 1990 *et Addit. III*, *'Reichssachen' nr* 435, *Heinr de Diessenhofen p.* 31, *Muller II*, *p* 136, *n* 5, *tabulas datas Mai* 11, *'Forsch z D Gesch' XX. p* 273, *nr* 41 6) *Cf Ioh Vitoduran p* 161; *Muller II*, *p* 123 7) *Cf sacramentum*, *quod archiepiscopus in curia praestitit*, *Lang l l. I*, 1, *p.* 290, *nr* 260[a]

1339 ferri debeat, sicut visio preostenderat, designavit[1], quia hoc eius purgacioni competeret et solucionem a penis purgatorii quantocius procuraret; cuius consiliis princeps velociter acquiescens[2] nec sermonibus sancti viri in aliquo contradicens diem, ut prelati, abbates, prepositi conveniant et corpus exhument atque ad locum predictum perducerent[a], sicut deceret et principalis magnificencia requireret, adhortatur[b], quibus assencientibus principis placito paruerunt, corpus effodientes iterato terre gremio tradiderunt[3].

Nec pretereundum puto, etsi non portentuosum extitit[c], nichilominus fuerat dolorosum et divine providencie, que disponit vitam humanam et actus hominum, preconium gloriosum: Quidam non ignotus, ducis Ottonis colende memorie notarius Nycholaus, postea Padensis ecclesie plebanus, intelligentis ingenii et acuti clericus, ante diem[d] mortis huius principis per sompnum affirmabat certissime se vidisse[e]. . . debat[f], et ecce duo angeli precincti[4], alacres ad laborem, habentes in manibus securium instrumenta[5], in[g] ameno viridario, quod est[h] castrum ducalis habitacionis, VI arbores[i], ex quibus quinque virentes in terre fundo firmiter fixas celeriter preciderunt et de soli superficie eiecerunt et cum ad sextam arborem aliqualiter[k] tepidam pervenissent similiter exstirpandam, parumper deliberantes mutuo loquebantur, quatenus ad prefinitum tempus persistere sineretur, ut, si refloresceret et fructum faceret[6], videretur, erat quippe quasi arida in ramusculis et deflexa, et abeuntes hanc in sua stare valetudine permiserunt. 'A'[l], inquit[7] ad socios sui [con]tubernii[m], 'dominum [n]ostrum

a) perduc. *in marg.* b) *iam nesciens Ioh. se supra l. 5.* diem *scripsisse, hoc verbum inepte pro* vidit *vel* prefigit *posuit. O. H.-E.* c) exiuti c. d) *supra* diem *Ioh.* aliquo *scripsit.* e) *supplere potes* que sequuntur. f) *tres litterae legi nequeunt, quas Ioh. corrigere nisus est.* g) in — quinque *a Ioh. in marg. scripta.* h) ante *ex rec. D. supplendum. O. H.-E.* i) *oratio claudicat.* k) al. tep. *a Ioh. in marg. add.* l) A — videbat *(p. 185, l. 3) a Ioh. in marg. scripta, quibusdam abscisis.* m) *supple* timeo, *ut rec. D habet.*

1) *Cf. Cont. Novimont. p. 672, rec. cod. episc.:* cum . . corpus Ottonis . . Albertus . . ad eundem locum, quem adhuc vivens elegerat, deferre tardaret, ammonitus per revelationem et visionem somniorum. 2) *Cf. Gen.* 27, 8: acquiesce consiliis meis. 3) *Cf. Cont. Novimont. l. c. p. 670, rec. codicis episcopalis.* 4) *Cf. Apoc.* 15, 6: septem angeli praecincti. 5) *Cf. Baruch* 6, 14: Habet etiam in manu gladium et securim. 6) *Cf. Matth.* 3, 10: Omnis ergo arbor quae non facit fructum bonum, *et alios Vulgatae locos.* 7) *Nicolaus scilicet.*

principem non [d]iu victurum, sed in brevi [a] nobis et 1339
ex hoc seculo [tra]nsiturum', disserens sompnium, quod
videbat. Qui coniecturam huius visionis subsannaverint,
derideant et Ioseph cum Daniele, qui regum casus in *Gen* 40 *Dan* 2
regno hominum clare et lucide dissolverunt cum futuris
eventibus eis divinitus demonstratis

Rex Albertus VI filios habuit. Rudolfum Bohemorum, Fridericum Romanorum reges, Lupoldum, Heinricum, Albertum et Ottonem, quorum quinque in robore
et flore iuventutis *de terra viventium* sunt *abscisi* quasi *Is* 53, 8
arbores virescentes, sextus autem, Albertus, cuius vitam
prolongare dignetur omnipotens[1] in ramulis manuum atque pedum invalidus[1] prestitutum sibi terminum prestolatur.

Reliquit Otto dux duos filios, Fridericum et Lûpoldum[2], de[a] quorum gestis nichil scribere potuimus, nisi
quod nobiliter educantur et ad omnem actum virtutis
eximie informantur. Fertur, quod Fridericus . . . .

Sed* et arbor, cuius semen radicum in terra fuerat
derelictum[3], quamvis invalida videretur, sicut pretendebat
visio, *fructum* sicut *lignum, quod plantatum est secus de-* *Ps* 1, 3
cursus aquarum, in tempore suo fecit, quia filium generosum Rudolfum nomine ducem Iohanna ducissa peperit
ei in die Kalendarum Novembrium[4], in quo festivitate *Nov* 1
sanctorum omnium Christi ecclesia gratulatur, quasi
alterum Samuelem a Domino postulatum, cuius alacritas *cf.* 1 *Reg* 1, 11.
multos in admiracionem trahens dicere cogit: *Quis, putas,* *Luc* 1, 66
puer iste erit? Et sicut de Noe nato dicitur, qui archam *Gen* 6-8
in salutem animarum in ea existencium gubernavit[b]
Iste est, qui *consolabitur nos ab operibus manuum nostra-* *ib* 5, 29
rum. In quibus, scilicet tribus pueris, speramus, quod

*) *Pro sequentibus Ioh antea in marg adnotaverat:* Anno Domini M°CCC°XXXIX. Alberto filius nascitur (*Nov* 1)

a) de — Fridericus . (*l* 18) *a Ioh in marg add, reliqua abscisa*
b) *seq* iterum dicitur

1) *Cf supra I, p* 298, *Heinr. de Diessenhofen p* 31, *Math Neuenburg c* 64, *Cont Novimont l c. p* 671, *rec codicis episcopalis* 2) *Cf supra p.* 131 *et* 133 3) *Cf Dan* 4, 23 ut relinqueretur germen radicum eius, id est arboris, *et ibid v.* 12 *et* 20 4) *Cf. Math Neuenburg l c, Heinr de Diessenhofen p.* 31. *Huber, 'Gesch d Herz. Rudolf IV v. Ostern' p* 10, *n* 2

terre gaudium[a] revirescet, pax florescet, omnis dolor et gemitus conquiescet[1].

Ezech. 17, 24 Nonne[b] videtur prophecia Ezechielis impleta, que dicit: *Et scient omnia ligna regionis, quia ego Dominus humiliavi lignum sublime et exaltavi lignum humile et siccavi* . . . . . .[c] *.

1339
(Mart. 19) Hoc[d] anno comes Ge[l]rie[2] in Francorum-vado dux efficitur in favorem gene[a]logie imperatricis[3], cuius sororem[4] habuit rex Anglie. Qui eciam comes sororem
(Mart. 20) regis Anglie[5] habuit et cetera, [ibi]dem eciam rex Iohannes a Lůdewico suscepit sua feoda[6], dicens 'Dicat papa, [di]cat regi Francie [quod] velit· ego et imperator [a]mici indivisibiles facti sumus'

Iun 23. (21). Hoc[e] anno IX[0] Kal. Iul. civitas Veronensis[7] in Hůchtya[8] libertate [s]ua glorians [in] se ducis Ottonis filium[9] [cum] omnibus circumsedentibus nobilibus in prelium[10] provocavit, in quo comes Subaudie[11] et comes Nidowie[12] cum nobilibus occiduntur, nobiles de [F]ûrstenberch[13] et alii . . .[f] et ortum ex antiquo odio Lůpoldi, quem Veronenses et vicini . . .[g] itas, simul comes [de] Nidowia spolium exercuit [in[h] via] regia, frumentum civitatis spolians et cetera. [Non[h] int]rans dux infra etatem existens prelium . . . [14].

*) *Sequuntur ibidem scripta:* Nota versus Vergilii[15]:
Vivite felices, si quid et cetera

a) *seq iterum* terre b) Nonne — siccavi *(l. 5. 6, reliqua abscisa) in inferiore marg folii 43' scripta huc spectare videntur.* c) *seq.* lignum viride et frondere feci lignum aridum *Vulg* d) Hoc — sumus *(l. 13) in marg inferiore folii 43' a Ioh scripta, abscisa supplevimus* e) Hoc — prelium *(l 23, reliqua abscisa) a Ioh infra praecedentia in marg scripta.* f) *quaedam litterae abscisae* g) *quaedam litterae, quarum ultima l fuisse videtur, abscisae* h) *ex rec D suppl , quinque circiter litterae abscisae*

1) *Cf Is* 35, 10. *et* 51, 11: fugiet dolor et gemitus 2) *Rainaldus. Cf. Boehmer l c, 'Ludwig' nr* 1977, *Ioh Latomus p* 408 3) *Margaretae.* 4) *Cf supra p* 179, *n 3* 5) *Eleonoram Eduardi III.* 6) *Cf Boehmer l l, 'Ludwig' nr* 1980, *Muller II, p* 136, *V Karoli IV p* 258; *Ioh Latomus ibid., Heinr. de Diessenhofen p.* 31; *Math Neuenburg c* 61; *Cont II. Bavarica l. c p* 339 7) *Bern.* 8) *Uchtland, sed ibi non sita est.* 9) *Fridericum, cf. supra p* 131 10) *Apud Laupen* 11) *Iohannes filius Ludovici II comitis Valdensis e gente Sabauda* 12) *Rudolfus* 13) *Cf Riezler, 'Furstenberg UB.' II, p* 142, *nr* 220, *qui de eo, quod rec D A 2 dicit eos cecidisse, iure dubitat, sed hic eos captos esse vel aufugisse Ioh scripsisse videtur* 14) *Cf Ioh Vitoduran p* 147, *Heinr. de Diessenh p.* 32 *sq., qui aeque ac alii auctores Helvetici Iun* 21. *proelium commissum esse tradit, et Studer, 'Die GQ. des Laupenkrieges, Archiv d hist. Ver d Kantons Bern' IV,* 3, *p* 17—76, *Dierauer, 'Gesch d Schweizer Eidgenossenschaft' I, p* 240—245. 15) *Cf infra p* 215 *rec D*

[1340 *f. 44] *Anno Domini M°CCC°XL° Fridericus Ottonis filius treugata causa inter nobiles superiores[a] et civitatem [(Aug. 9)] Veronensem et[b] partes illas et disposita terra in Austriam est reversus. Qui ab omnibus reverenter, sicut decuit, susceptus, causis rerum interesse, videre et audire personas, cognoscere, quantum valeat et quid possit sollicitudo oneris et honoris huius, quasi in preludio principandi sibi persuasum est intendere in presencia et audiencia Alberti patrui sui ducis. In quo gymnasio sollerter incipit desudare, nobiles alloqui et affabiliter salutare, se eorum moribus secundum racionem et congruenciam ad informacionem sui instructoris studet sagaciter conformare.*

Anno Domini eodem[c] Iohannes Bohemorum rex [(Dec.)] per Misnam et Thuringiam[1] in Bohemiam venit ⟨et[d] ducis Alberti atque consortis sue ducisse apud Linczam [1341 (Jan.)[2]] super totali concordia et amicicie perseverancia colloquium expetivit** [2]. Qui eciam ad Lůdewicum veniens[3]⟩ [(Febr. 24)] filium utrumque, scilicet Karolum marchionem Moravie et Iohannem, qui Tyrolis comitatus titulum et ducatus Karinthie in litteris suis effecit, super hiis statuit alloquendos, qui simul tunc in Berthrandi patriarche contra

*) *In marg. Ioh. scripsit* De Rudolfo presbitero, qui negavit eucharistiam, qui presentibus[e] domino Salzburgensi capitur, per Sekoviensem exuitur et persistens in duricia apud Hallam comburitur[4].

**) *Huc spectant, quae Ioh. in marg. scripsit, sed delevit* mate- [1341.] riam[f] pacis de diversis concussionibus et scissuris resolidandis verba sparsit et filiis se aliqualiter avertentibus ipse cecuciens[5] Bohemiam est reversus, Karthusiensi ordini in urbe Praga monasterium[6] iniciare [(Iun. 11)] disposuit et Karolo filio suo non multum approbante, magis antiqua fovenda monasteria asserente, ipse tamen primarium lapidem ibi iecit[7].

a) sup. *a Ioh. in marg. add.* b) et part. illas *a Ioh. inter lineas add., seq. iterum inter lineas* et illam partem c) eod. *pro* M°CCCXLI° *deleto* d) *uncis inclusa a Ioh. post deleta* e) *sic c.* f) *lege* super mat.

1) *Hoc regis iter alibi non traditum est; sed cum in Nov. e Galliis profectus Dec. 21 Wratislaviae, Dec. 23 Pragae fuerit, forte Ioh. bene narrat.* 2) *Cum Iohannes Ian. 28. Pataviae esset, circa m. Ian. convenisse videntur.* 3) *Monacum.* 4) *Cf. infra p.* 190, *n.* 9—191 *adnotata.* 5) *Cf. Vita Karoli IV. p.* 260, *Chron. Aulae-regiae pars II. l. III, c.* 2, *p.* 563. 6) *Hortum s. Mariae in Aujezd prope Pragam.* 7) *Cf. Chron. Aulae-regiae l. l. c.* 3, *p.* 567 *sq.*, *Schotter II, p.* 199, *n.* 5.

1340 comites Goricie[a] cum exercitu servicio desudabant[1] et
in armis in castro[b] Cremone[2] et Goricie et Portus-
granarii[3] obsidione strennue laborabant, et in ipsa vigilia
Dec 24 noctis nativitatis dominice ante castrum Goricie in ten-
toriis[4] patriarcha indutus lorica ferrea et aliis induviis militaribus, deinde superindutis patriarchalibus, obsequente sibi abbate[5] monasterii sancti Galli Mosacensis[6] ad altare, officium, multis mirantibus pugilem Christi armorum horum[c] duplici genere[d] ad divina misteria procedentem[e].

1341 Pater autem filios revocans ab his causis belli[7], cuius fomitem antiquus livor, quod Karinthiam non habebant ad libitum propter comitum[8] obstacula, ministrabat[9], et videns ac intelligens tam Lûdewico quam duci Austrie filiorum suorum contra comites Goricie patrocinium patriarche prebitum displicere, mandat, ut veniat[10] et se ad graciam dominorum et amicorum coaptet, precipit et precatur, se asserens iam preliis ineptum, corporalis visus invaletudine se vallatum, paci in posterum se modis omnibus vacaturum.

Anno Domini M°CCC°XLI.* Fridericus Libertinus[11]
ad Lûdewicum properans statum suum in gradum alcioris
dignitatis postulat inmutari. Quod dum peteret et
(Apr 16) optineret, in civitate Monacensi res ducitur in effectum,
et insignia comitatus[12] suscipit. Causa motiva huius fuit, quia consors sua[13], filia Ulrici[14] de Walsê, comiti Ungarice gentis prius fuerat sociata[15] et vidua effecta visa fuerat, si comitem, sicut ante, non haberet, ali-

*) *In marg. Ioh. scripsit.* De principis intoxicatore, qui deprehensus submergitur[16].

a) Gioricie *c* b) *corrige* castrorum *vel* castri. *O. H.-E.* c) horum *inter lineas add.* d) *fort.* munitum *supplendum.* e) *supple* celebravit.

1) *Cf. Reg. Imp. VIII, nr.* 94b-c. *Werunsky I, p.* 272—274. 2) *Clemona, Gemona.* 3) *Portogruaro.* 4) *Cf. Bertrandi epistolam supra p.* 145 *laudatam, p.* 771. 5) *Giberto.* 6) *Mosach vel Moggio in Carniola.* 7) *Cf. Vita Karoli IV. p.* 264, *Karolus Pragae Febr.* 1 *fuit, Huber nr.* 6396. 8) *Goriciae.* 9) *Cf. Gen.* 37, 8: invidiae et odii fomitem ministravit. 10) *Karolus scilicet, Iohannem Heinricum pater solum, ut a bello desisteret, hortatus est.* 11) *Cf. supra p.* 160, *n.* 5. 12) *Celeiae, cf. tabulas imperatoris datas Monaci a.* 1341. *Apr.* 16, *Boehmer l. c., Addit. III, 'Ludwig' nr.* 3458. 13) *Diemut.* 14) *I.* 15) *Hoc alibi non traditum est, cf. Krones, 'Die Freien von Saneck' I, p.* 109—112, *de quodam comite de Gussing tractari videtur.* 16) *Quem Ioh. dixerit, dubium.*

quantulum vocaliter obfuscata, et ideo ad hoc maritum 1341 frequentibus stimulis incitavit. Alia causa fuit: filiarum enim suarum unam comiti Ottoni[1] de Ortenburch sociavit, cuius honoris titulus 'filia comitis' magis quam 'filia liberi' secundum estimacionem elacionis huius seculi splendesceret in hoc mundo.*

Eodem anno venit Karolus marchio Moravie ad (Dec 14-16) Albertum ducem Austrie, asserens patrem suum velle sibi regnum ad consilium baronum et nobilium resignare, ita ut ad terram comitatus sui, scilicet natale solum, exceptis proventibus Kutinarum, triginta duo milia marcarum argenti annis singulis exhiberet, postulans sibi fulcitacionem consilii et auxilii impertiri, cum regnum per talem modum nullas omnino pro sui decore et honore vires optineret, si coronam gereret vel assumeret sic deflexam[2].

Imperator[a] hoc anno apud Franchenfurt indutus (Iun 10-Iul 2) imperialibus, presente Magontino[3], Treverensi[4], duce Saxonie[5], marchione Brandenburgense[6] et palatino[7], publicavit litteras regis Anglie, quibus [tes]tabatur[b] se infirmatum, ... [c] promissum stipendium non recepisse tempore debito, in eo eciam d[efec]isse, quod eos [non potuerit] concordare[8]. Unde sibi com-

*) *Huc spectant quae Ioh in marg inferiore scripsit, quorum quaedam abscisa sunt vel evanuerunt* De castro Celegi ab antiquo a Rug[o] Odovacro in Ythaliam eunte, ut creditur, destructum[d] et cogente b[eati] Maximiliani cla[ritate] sue dicionis titul[um] assequitur, sic que a[d] propria est rever[sus], ubi Arturi re[gis] tempore mirabili[a] gesta refer[untur][9].

a) Imperator — optineret *(p 190, l 1) in inferiore marg scripta, liquore chemico adhibito ex parte legimus misere corrosa* b) tes *legi nequit* c) 30 *circiter litterae abscisae.* d) destructo quod cog *legendum*

1) *VI, Annam* 2) *Cf Reg Imp VIII, n* 6400[b]; *Werunsky I, p.* 290—292 *Iohannes rex a* 1342 *Febr circiter Karolo administrationem Bohemiae ea condicione commisit, ut quinque milia marcarum solveret; cf Vita Karoli IV, p* 264, *Werunsky I, p* 297, *n* 3 3) *Henrico* 4) *Balduino* 5) *Rudolfo* 6) *Ludovico* 7) *Rudolfo et Ruperto palatinis* 8) *Ludovicus IV in curia Frankfurtensi nullas, quod sciamus, litteras Eduardi III publicavit, nec ea quae Ioh affert veritati congrua sunt* 9) *Haec ex libris supra I, p.* 5, *n* 3 *adnotatis vel simili tradicione, forte ex quadam Historia translationis Maximiliani, qui a* 1300 *elevatus est, Ioh assumpsisse videtur, unde Arturi regis nomen assumptum sit, nescimus, cf. Chron Aulae-regiae II, c* 7, *p* 404, *Ann S. Rudberti p* 805

1341 (Iun. 25) missionem vicariatus abstulit in civitatibus imperii in illis partibus constitutis[1] et regi Francie cont[ulit][2], cum quo iam a[ntea] am[iciciam][3] . . . . .[a] nupciarum[4] contra[xerat], et ut pape graciam facilius optineret.

1340 (Sept.) Rex[b] Francie et Anglie in campis Picardis convenientes ab invicem . . . . . . [sine] prelio discesserunt[5], treugatis causis eorum[6] rex Arrogonie cum suis veniens, transeuntes Avinionam de manu summi pontificis communi[one] sancta muniti[7], cum omnibus suis contra paganorum populum[c] armati fide et devocione perrexerunt Nov. 1. (Oct. 30) in die Kalendarum Novembrium et tantam multitudinem prostraverunt[8], ut excedat numerum et mensuram[9], et sequen[tibus][d] multis Theutonicis ferventes et sicientes prelium ibi . . .[e].

*f. 44' 1340 *Anno Domini M°CCC°XL. apud Hallis[10] Salzburgensis dyocesis fuit presbyter Rudolfus nomine, qui maligno inflammatus spiritu[11] et macula perverse fidei obcecatus in ecclesia beati Zenonis ibidem apud regulares canonicos[12] calicem post consecracionem sanguinis super altare recipiens ad murum proiecit, ut sanguis Domini hinc inde diffunderetur, et veniens Salzpurgam Ian. 25 in conversione beati Pauli idem fecit, et dum caperetur et custodiretur, si forte ex vertigine capitis esset, eductus dixit interrogatus coram presule urbis[13] et magistro Růtmaro[14] episcopo Sekoviense non verum esse corpus Christi nec sanguinem. Dixit eciam Iudeum et paganum posse sine baptismo salvari. Dixit eciam demones solo cogitatu peccasse, nec propter hoc eternaliter dampnandos, sed adhuc posse salvari. Dixit eciam patrem suum Rudolfum et se ipsum vocari Undique-lucentem, quia asseruit,

a) *quaedam abscisa, supple* per federa *vel simile*. b) Rex — ibi (l. 14) *a Ioh. in superiore marg. folii 44 scripta.* c) populorum *c.* d) *4 litterae abscisae, seq. iterum* et, *ut videtur.* e) *seq.* ad i° pium.

1) *Litteris supra p. 180, n. 1. allatis. Iam Apr. 25, Boehmer l. c., 'Ludwig' nr. 2845, Ludovicus IV. clam vicariatum Eduardo commissum revocavit.* 2) *Error.* 3) *Cf. Muller II, p. 154 sq. Ian. 24. imperator, Mart. 15. et Philippus VI. foedus confirmaverunt.* 4) *Hoc falsum.* 5) *De oppugnata civitate Tornaci agi videtur, cf. rec. D. p. 219.* 6) *Pactis d. Sept. 25. ictis.* 7) *Error.* 8) *De pugna apud Saladum flumen Oct. 30. commissa Ioh. cogitat, in qua Alfonsus XI. rex Castiliae cum Alfonso IV. rege Portugalliae Mauros vicit; Petrus IV. rex Arragoniae non interfuit, sed a. 1339. papae Avenione homagium praestitit. Eum affuisse et Ioh. Vitoduran. dicit, Chron. Aulae-regiae pars II, l. III, c. 2, p. 562 melius refert.* 9) *Cf. Gen.* 41, 49: mensuram excederet. 10) *Reichenhall.* 11) *Cf. Luc.* 8, 2: curatae a spiritibus malignis. 12) *S. Zenonis prope Reichenhall.* 13) *Heinrico.* 14) *De Hauleh.*

quia in carcere positus viderit nocturnali tempore lumina clarissima sibi divinitus demonstrata Exinde, dum nollet resipiscere, publice[a] domino Salzpurgense, Sekoviense, Chimense preposito[1], Salzburgense abbate Sancti Petri[2] infulatis productus degradatus est et seculari potestati traditus, concrematus. Decanus[3] cum canonicis religiose et devote, induti sacris vestibus, cum cereis et laudibus et lamentacione maxima sanguinem Domini cum diligencia abraserunt et operam adhibuerunt, ne eius vestigia in muris vel in locis, ad que respersus fuerat, relinquerentur.

a) *adde* coram *vel* presentibus, *ut in rec. D A2*

1) *Regularium canonicorum Seifrido, Lindner, Monast metrop Salzburg p* 105, *nr* 20 2) *Conrado II, ibid p* 74, *nr* 48 3) *Pilgrimus S. Rudberti Iuvavensis?*

INCIPIT LIBER SEXTUS. *(REC. D. A 2).*

De morte Heinrici[a] ducis Karinthie[b], et quod[c] duces Austrie terram obtinuerunt Capitulum[d] I

1335. Apr. 2 Anno[e] Domini MCCCXXXV. Heinricus dux Karinthie[b] dominica qua[e*] canitur *Iudica*[f] in castro Tyrolis[g] tempore misse in capella beati Pangracii[h] pressus colera circa precordia suffocatur et in ecclesia beati Iohannis sub castro tumulatur[1]. Fertur[i], quod post laxacionem colere respiraverit et alta voce clamaverit de sepulcro[k]. Transacto biennio ad monasterium Stamsense transfertur, quod pater eius gloriose fundavit ipseque multipliciter[l] locupletavit, ibique a Matheo Brixinense[m] sollempniter cum suis patribus sepelitur Hic ordinis Carthusiensis monasterium fundavit in montibus, quod Senhals[n] [2], alio nomine Vallis Omnium[o] Angelorum[3] dicitur.

Huius tempore principis in montanis sue dicionis gens gnana in cavernis moncium habitavit, cum hominibus vescebantur, ludebant, bibebant, choreas ducebant, sed invisibiliter Litteras scribebant, rem publicam inter se gerebant, leges habentes et principem, fidem katholicam profitentes, domicilia hominum latenter intrantes, hominibus consedentes et arridentes Et ne credatur fascinacio quod dicitur, ab episcopo Matheo Brixinensi[p]

a) Heyni *D1 passim*, Hainr *D2 3 passim*, Hairc *D3 saepe*, hein *A2* b) karinthie *h l et alibi, plerumque* carinth, *raro* carynth *D1* c) quod *om D2 3* d) Cap I *om D1 3* e) A D *om D1 2*, A D MCCCXXXV — tumulatur *(l 9) A2* e*) qua can *om A2*. f) me *add D2 3*, me deus *add D1* g) Tirol *D3 semper* h) pancracii *D1* i) Fertur — intenturum *(p. 193, l 13 14) om A2* k) sepulchro *D1*. l) mult loc ibique *om D3* m) prixinen *D3* n) Benhals *D3* o) sanctorum *add. D2* p) brisinensi *D1*

1) *Cf supra p* 151, *n* 5 *adnotata.* 2) *Schnals prope Meran, tabulae fundationis a* 1326. *Ian* 25 *datae* 3) *Cf. Tromby, 'Storia . del . ord. Cartus.' VI, p.* 105, *nr* 225

predicto, viro venerabili, et a pluribus utriusque sexus 1335
fide dignis personis, qui[a] experienciam cum eis habebant horum omnium[b], michi verissime sunt relata. Principe subducto nichil de eis amplius est auditum. Dicitur, quod gemmas gestent, que eos reddunt[c] invisibiles, quia deformitatem et parvitatem corporum erubescunt[d].

Filia Heinrici[1] et gener suus[2], Bohemorum regis[e] filius, de consilio nobilium mittunt ad[f] suum tutorem, scilicet regem[g] Bohemie, consulendum. Qui Parisius propter plagas exceptas debilis est repertus et corpore nichil potens, promisit nichilominus se venturum recuperatis viribus et causis[h] terre[i] se[k] fideliter intenturum.

Interea[l] duces Austrie Ludewicum[m] imperatorem (Maio)
accersiunt, et in civitate Lincza[n] super litus Danubii colloquia miscentes, Karinthiam petunt racione sanguinis matris[o], que filia Meinhardi[p] ducis Karinthie fuerat, Carniolam asserentes ad se legittime devolutam, quam duces Karinthie a suis progenitoribus iam longo[q] tempore vadis nomine possidebant. Ludewicus autem, eorum potenciam sibi arbitrans necessariam, adiudicavit fieri postulata. Et III.[r] Nonas Maii duces sollempniter in- Mai 5.
dutus[s] imperialibus, comitibus vexilla terrarum preferentibus, signis radiantibus, nobilibus ac militibus hinc inde cursitantibus, investivit. Miserant[t] eciam[u] duces nobilem ac magnificum virum de Phanberch[v] [3] et Ulricum[w] de Walse, Stiriensem capitaneum, Karinthiam apprehendere et armis bellicis coartare. Carniola vero sciens, de cuius dicione esset, absque strepitu omnis resistencie veris dominis se devovit, Karinthiani induciarum tempus poscentes, si sub medio, qui eos exsolveret, non veniret, ad ducum se placitum inclinarent[x]. Rex autem Bohemie moram faciens, et Tyrolenses, quid ageretur in Karinthia, nescientes, Iohannem abbatem de Victoria ad duces

a) *sic D* b) autem *D 3* c) reddant *D 1* d) erubescant *D 1* e) regio *D 1 3, o deleto D 3.* f) ad *om. D* g) regni *D 1 3* h) casis *D 2* i) terris *D 2 3* k) fid. se *D 2* l) Post hec duces — investivit *(l. 25) A 2* m) ludwic *D 2 3 semper,* ludwic *D 1 semper* n) lyntza *D 2,* Lincz *A 2* o) materni *D* p) meynh. *D 1* q) longe *D 3* r) quarto *D 3* s) indutos *D 1,* induti *D 3,* indutus — cursitantibus *om. A 2* t) *finem capitis A 2 ita contraxit:* Et sic Carinthia, Carniola (et Tyrolis *deleta*) ad duces Austrie redierunt u) enim *D 2* v) *sic infra, h. l.* phanberg *D 1,* pfannberg *D 2 semper,* phannberkh *D 3 semper.* w) Udalr. *D 3.* x) *intellege* Karinthianis . . . poscentibus . . . veniret ipsos . . se inclinaturos esse dicentibus

1) *Margareta.* 2) *Iohannes Heinricus.* 3) *Ulricum.*

1335 Austrie dirigunt, pupillatum suum atque patris obitum querulantes, eorum se patrocinio et defensionis adiutorio commendantes. Qui dum presente viro prudente et fideli Ottone de Liechtenstain[a] in facie principum sibi commissa in integrum perorasset, Albertus dux respondit se dolere et totam progeniem de morte avunculi, eo quod senior stirpis eorum fuerit, et filiam suam si suis intenderet consiliis, se affectuose et fideliter in omnibus tutaturum, sed Karinthiam de manu imperii iam susceptam nolle dimittere nec Carniolam, que sibi iure cessisset[b] obligacionis suo tempore iam elapso; ad presens eciam[c] non posse aliud respondere. Abbas autem ad imperatorem accedens, memoriam faciens avunculi sui et fidelium suorum[d] obsequiorum filiam cum terra sibi quanta potuit facecia commendavit. Cuius responsio nil vigoris habuit, nisi quod ait se velle clementer intendere super eo. Et ecce dux Heinricus[e] Bawarie, gener regis Iohannis[f] Bohemie, et Karolus marchio, filius eius, per Danubii alveum venientes, iniuste et enormiter agi cum pueris ducis Karinthie declamantes, qui et ipsi inefficaciter abscesserunt[1]. Post hec prepositus Wissegradensis, postea episcopus Olmunczensis[g], cum Bohemis nobilibus mittitur a ducibus nomine regis sui Karinthiam reposcens, vi magis quam iusticia pueris innocentibus subreptam involutis sentenciis[h] sylogizans. Duces breviter responderunt se pocius omnia sua ad libram casuum atque ad[i] periculum posituros quam Karinthiam reddituros[2].

Interim Karinthianorum inducie ad exitum dilabuntur, nullusque[k] fuit, qui subveniret. Dux Otto veniens nobilium et civium[l] recipit[m] sacramenta, maxime quia imperator scripserat terram ad imperium devolutam[3] eamque suis avunculis ducibus contulisse, ut omnes eis in reliquum pareant[n], demandavit. Que littere publice recitate omnem[o] terre populum constrinxerunt. Abbas Victoriensis reversus que egerat, viderat, audierat Tyrolensibus nunciavit. Otto dux primo suo introitu Chun-

a) liechtensteyn *D 1*, Lyecht. *D 2*. b) cepisset *D 2*. c) iam *add.* *D 1*. d) obs. suorum *D 2*. e) Baw. hainr. *D 2*, babar *D 3 passim*. f) Boh. Ioh. *D 1*. g) olmunc *D 1*, olmuntz *D 3*. h) *emendavi ex A supra p.* 159, *l.* 6 *(cf. ib. n. 2) O. H.-E.*, sciencius *D*. i) ad *om.* *D 3*. k) subv. null. fuit *(qui om.)* *D 3*. l) civium *rec.* *A*. m) recepit *D 3*. n) par. *om.* *D 2*, *lacuna relicta*. o) omnem terre *om.* *D 3*.

1) *Cf. supra p.* 154, *n.* 5—159, *n.* 2. 2) *Cf. ibid. p.* 159, *n.* 6. 7 *et p.* 162, *n.* 7. 3) *Mai* 5, *Boehmer l. c.*, *'Ludwig' nr.* 1673.

radum de Auvenstain[a], virum exercitatum et potentem, 1335
ab officio capitaneatus et alios officiales amovit, Ulricum[b] comitem de Phanberch, marschalcum[c] Austrie, in locum suum substituens, Carniolam pergit. Ibi[d] Fridericum[e] Libertinum capitaneum, quem Heinricus dux pridem ibi instituerat, confirmavit[1]. Utrumque, ut terre atque populis commissis iudicio et iusticia, communi moderacione et debita prospicerent, stricte et firmiter hortabatur. Utrique illud Claudiani[2] dicere videbatur:

Tu consule cunctis,
Nec tua te moveant, sed publica vota,

et item[f] illud poeticum[3]:

Insani sapiens nomen feret[g], equus iniqui,
Ultra quam satis est, virtutem si petat ipsam.

Determinacio[h] pape de statu animarum post mortem. Capitulum[i] II.

. . . .

De intronizacione Ottonis ducis in ducatum Karinthie et profectione[k] eius contra Iohannem regem Bohemie. Capitulum[l] III.

Anno[m] Domini MCCCXXXV. supradicto[n] dux Otto, ut fluctuaciones Karinthianorum dissolveret, qui dicunt[o] nullum principem terre sue rite posse feoda[p] concedere vel iudicia exercere, nisi in eo priscarum consuetudinum lex servetur, ut[q] scilicet super sedem suam sollempniter collocetur, venit[r] Karinthiam et in ecclesia Soliensi a Laurencio presule Gurcensi[s], presentibus Heinrico Laventino[t] pontifice, prepositis, abbatibus et prelatis, in
die[u] Processi et Martiniani benedicitur[4]. Populus gra- Iul. 2
tulatur[v], cum cerneret modum sue provincie recenseri; clerici[w] et religiosi murmurant, quia ad huius festi gaudia

a) awensteyn *D 1*, awffenstain *D 2*, Auuenstain *D 3*. b) Udalr. *D 3*. c) marscalcum *D 2*. d) Ibi *om. D 3*. e) frederic *D 1 passim*, fridric. *D 2. 3 semper*. f) *emendavi O. H.-E.*; idem *D*. g) fert *D 2*, ferat *Hor*. h) *cf. supra I, p. 180*. i) secundum cap. *D 1*, *quae in D sequuntur non ex Iohannis Vict. libro assumpta Bohmer recepit*. k) prefect. *D 1*, perfect. *D 3*. l) tercium cap. *D 1*. m) A. D. *om. D 1. 2*, A. D. MCCCXVI — reportavit *(p. 196, l. 11) A 2*. n) suprad. *om. D 2. A 2*. o) dicit *D 3*. p) feuda *D 3*, conc. feoda *D 2*. q) scil. ut *D 3*. r) ergo *add. D*. s) curc. *D 1*. t) Laventinen. *A 2*. u) sanctorum *add. D 3*. v) gloriatur *D 1*, congrat. *A 2*. w) clerici — ideo quia *(p. 196, l. 3) om. A 2*.

1) *Cf. supra p. 160, n. 5.* 2) *Panegyricus de quarto consulatu Honorii Aug. v. 294 sq.* 3) *Horatii Epist. I, 6, v. 15 sq.* 4) *Cf. supra p. 161, n. 2. 3.*

1335. contra ius et fas ad expensas iumentis et pecunia talliantur. Multa tamen in huius festi observacione sunt inprovide pretermissa, quia oblivioni tradita, et ideo, quia[a] ab intronizacione[b] Meinhardi[c] ducis, avi huius Ottonis, anni quinquaginta sex circiter computantur[1]. Australes[d] qui secum venerant, videntes suum principem sic circumagi, mirabantur et secum processum nove supersticionis huius velut ridiculum atque colludium in Austriam reportabant. Quibus peractis dux ad fratrem suum[e] Albertum reversus in Karinthia[f] votivam[g] obedienciam et exhibitam sibi reverenciam cum gaudio reportavit.

1338 Hoc tempore quidam zelans nostri salvatoris iniuriam crucifixi surrexit, dictus rex Armleder, Alsaticus, circa litora Reni et confinia conflata maxima multitudine se comitante ex oppidis et municionibus atque villis Iudaice plebis inestimabilem stragem[h] fecit[2]. Quidam miles Arnoldus pari ductus zelo per Orientalem Franciam idem fecit. Hic, quia pro stipendio imperialis obsequii Iudeos et Christianos arrestavit, capitur et capite spoliatur et in natali solo sepultus iuxta oppidum Kulshaim[i] territorii Moguntini. Tumulus eius pro fidei[k] merito pluribus miraculis dicitur coruscasse.

1335 (Iul.) Hoc anno Iohannes rex Bohemie, viribus corporis restitutus, gesta Karinthianorum audiens per Thuringiam et[l] aliarum viarum diverticula Bohemiam introivit. Et mittit episcopum Olmunczensem[m] et ducem Saxonie, petens a ducibus leges iusticie observari, ablata restituere; se pocius velle gladium intra vaginam permittere[3] soporare quam ad prelium denudare, hoc inconveniens non posse dissimulare, alioquin contra se bellum noscerent preparandum. Duces responderunt conclusione breviloqua se bellum pocius suscepturos quam Karinthiam di-
(Nov.). missuros. Rex reges Ungarie et Krakovie[n] alloquitur, Misnenses[o], Saxones advocat, cum sua gente exercitum

a) quia *om.* *D 3*. b) intr. enim Meinh. d. usque ad illum Ott. anni *A 2*. c) meynh. *D 1*, ducis meinh. *D 2*. d) Austr. — reportabant *(l. 9) om.* *A 2*. e) suum *om.* *D 1. 2*. f) rev. Karinthiam *D 1. 3*. g) votiva *D 3*. h) plagam *D 3*. i) kulsheym *D 1*, Kůlhaim *D 2*, Kulsahaim *D 3*. k) mer. fid. *D 2*. l) ac *D 2*. m) *cf. supra p. 194, n. g*. n) kracouie *D 2. 3*. o) missu *D 1*, Missn. et *D 3*.

1) *Error, Meinhardus a.* 1286. *Sept.* 1 *inthronizatus est, supra I, p.* 251. *et* 290. 2) *Cf. infra p.* 209 *sq., ubi iterum de Iudaeorum persecutione relatum est, quo haec rectius ponenda erant.* 3) *Cf. supra p.* 162, *n.* 2—10.

grandem[a] conflat, ducibus bellum pandit. Duces im- 1335
peratorem advocant, qui Wiennam[b] veniens honorifice 1336 (Ian.)
quidem suscipitur, sed organa divine laudis undique[c]
mutuerunt. Auxilium promittit, ne timeant, duces hortatur, et sic ad solum Bawaricum[d] est reversus[1].

Interea rex Austriam invadit, per incendia et ra- (Mart.).
pinas villas, oppida, ecclesias, monasteria dissipat et angariat, nulli parcit. Duces cum[e] Australibus, Stiriensibus, Karinthianis et Carniolanis[f] phalangas instruunt,
cum quibus Otto castra ex opposito regis collocat, imperatoris succursum prestolans. Quem dum diu frustra
per dies aliquos[g] expectarent, regis Bohemorum potencia
Ungarorum irruencium impetu adaugetur, et visum est
quibusdam iusti belli ordinem non servari, sed Ottonis
periculum clanculo pertractari. Quod dum[h] duci suggestum esset, declinacionem[i] concepte contra se mali-
volencie paucis consciis disponebat, et dum elevarentur
ad arma, *ut sonus erat multitudinis atque castrorum* quasi Ezech. 1, 24 (Apc. 24)
volencium iam pugnare, clamore invalescente dux Wien-
nam properat, et post eum tota milicia admirans, quid
fieret, anhelavit. Quidam tamen lente ducem sequentes
ut adversarios experirentur, et neminem videntes post
alios properabant. Albertus dux ingemiscens[k] tam fratrem
quam secum existentes aspere corripuit, dicens sue linee
nunquam tale aliquid contigisse[2] quasi cum Iosue di-
ceret: *Quid dicam, mi domine Deus, videns Israel*[l] *hostibus* Ios. 7, 8
suis terga vertentem? Nec tamen mirandum, si hoc fieret
vigente causa et dispensative, nam David rex[m], qui nunquam prelio succubuit, dum *Saul satellites suos misit*, 1 Reg. 19, 11. 12
ut eum occiderent, *aufugit*. Mandavit enim ei *Mychol*[n]
uxor sua 'Nisi salvaveris[o] *te nocte hac, cras morieris'*, et
deposuit eum per fenestram, et *abiens est salvatus*. Sic,
ut fertur, dux extitit premunitus[p], quatenus mortis de-
cipulam declinaret. Scribit eciam Valerius[3] Iulium Ce-
sarem in prelio Britannico[q] rebus bene gestis vulneratum

a) confl. gr. *D 3*. b) Viennam *D 3 semper*. c) und. *om. D 1*. d) Ba-barieum *h. l. D 3*. e) cum *om. D 3*. f) Carniolis *D 3*. g) aliquot dies *D 2*. h) cum *D 1*. i) declinacionis *D*. k) et *add. D, cf. rec. A, supra p.* 164, *l.* 2. 3. l) Israhel *D 3*. Israelem *Vulg. et A, supra p.* 164. m) rex *om. D 2*. n) mycol *D 1*, Nycol *D 2*. Micol *D 3*. o) hac salv. te nocte *D 3*. p) *cf. supra rec. A, p.* 164, *n.* d. q) bri-tanico *D 1*, Brittann. *D 3*.

1) *Cf. ibid. n.* 11. 2) *Cf. supra p.* 163, *n.* 1—3. 3) *Cf. supra p.* 164, *n.* 5. *Qui non Caesarem, sed Scaevium vulneratum eva-sisse dixit.*

1336 et multis[a] confixum iaculis per natandi diffugium evasisse. Unde Lucanus[1] dicit de eo:

Territa quesitis[b] ostendit terga Britannis[c].

De secundaria expedicione contra eundem regem et ibi gestis. Capitulum[d] IIII.

Anno[e] Domini MCCCXXXVI. tempestas gravior oritur. nam Iohannes rex non solum domesticos milites, quos habuit, reservavit, sed et conducticios[f] ab exteris partibus ad presidia per circuitum deputavit, quosdam secum esse constituit, sicque eventum rei non inprovide expectavit, ut, si necesse fieret, ad manus haberentur, et ne maioris periculi dispendio quererentur. Duces, quamvis suorum quosdam[g] ad sua domicilia redire permiserint, non tamen minus angebantur[h], quomodo vicem[i] in regem Bohemie retorquerent. Rex cognito, quod exercitum distraxissent, (Iun.) caput erigit, iterum cuneos instruit nec ociari seviciam suam sinit. Duces imperatoris accipiunt ambassatam admirantis[k], quod contra statutum et extra placitos[l] dies Otto dux egressus fuerat ad bellandum cominus, se paratum nunc succurrere et adesse. Qui[m] exhilarati miliciam cultam conflant ad abigendum regem. Iterum Otto vadit, Alberto ex latere comitante, ne dissolveretur negocium sicut prius. Quibus imperator habens secum Ulricum[n] de Wirtenberg[o] et Wilhelmum comitem Iuliacensem, qui sororem imperatoris habuit, (Aug.) se circa civitatem que Landawe[p] dicitur coaptavit[2]. Rex Iohannes cum Heinrico duce Bawarie, genero suo, locum sequestrum peciit, videns se copiis hostilibus imparem, fossis et paludibus se munivit et aggressum[q] inaccessibilem hosti fecit, et dum ei importune insisterent et ad prelium provocarent nec proficerent, imperator[r] comitem in gradum alciorem sublimavit amplioriqne magni- (Aug. 21) ficencia decoravit, nomen comitatus ad[s] marchionatus

a) multum *D* 1. 3, conf. multis *D* 2. b) ost. ques. *D* 3. c) Britann. *D* 3. d) quartum cap. *D* 1. e) A. D. *om.* *D* 1. 2. f) *sic A*, conductiuos *D*. g) quosdam *ex A supplevi.* *O. H.-E.*, *om.* *D*. h) aug. *D* 1. 3. i) facti *add.* *A*. k) admirantes *D* 2. l) placidos *D* 1. 2. m) *seq.* se *D* 2 — exhilerati *D* 1. 2. n) Udalr. *D* 3. o) wyrtenberg *D* 1, Wirtenberkh *D* 3. p) *sic D* 1, Landaw *D* 2, Landau *D* 3. q) aggres. *D* 2. r) Eodem a. *(scil. 1336)* Ludovicus imperator — cxtingentem *(p. 199, l. 7)* *A* 2. s) ad — circumductam *(p. 199, l. 6)* *a librario recensionis B 1 f. 134 scripta, a Ioh. deleta*, ad — conbinavit *(p. 199, l. 2)* *ab eodem librario f. 133 scripta in cod. Monac. exstant.*

1) *Cf. supra p.* 164, *n.* 4. 2) *Cf. supra p.* 165, *n.* 1—4.

cultum et titulum transformavit. Quem dux Otto sibi 1336 in familiaritatem militaris contubernii conbinavit galeeque[a] sue decus, quod pinnam[b] sive zimeram vel glareotam[c] dicunt, in bellis, tornetis[d] et hastiludiis utendum contradidit, coronam scilicet auree resplendencie galee circumductam et e medio pavonicorum speculorum relucencium fasciculum exurgentem[e,*,1]. Imperator quasi sub velamine in Heinricum ducem, regis Bohemorum[f] generum, vindictam retorsit, terram suam attrivit graviter, quem et[g] pridem obsidione civitatis que Straubingen[h] dicitur irritavit[2]. Et regi nunc cum effectu amplius insistere non valens, tempus non habens, municiones quasdam in valle Anasi atque circa fluenta Danubii a ducibus pro vicissitudine stipendii postulavit[3]. Qui abnuunt[i] postulata, dicentes[k] se nullatenus provinciam actenus integram velle saltem una[l] lacinia detruncare, se alias ad eius placita pro meritis promptos esse. Sicque superiorem Noricum[m] repetivit. Marchio quoque Iuliacensis et Ulricus[n] de Wirtenberg, dicentes se contra regem Bohemorum non venisse, pariter abscesserunt.

Interea rex Bohemie[o], concordiam optans cum ducibus Austrie, Linczam[p], deinde Liberam-civitatem (Sept.) veniens[q], ubi ex utraque parte causarum obstacula obiciuntur et solvuntur. Et difficultatibus plurimis[r] interiectis, Iohanna ducissa, Alberti consors, nunc regem, nunc ducem blandiciis liniens et amplexans, bonum semen amicicie et concordie seminavit[4], quo[s] in cordibus principum pullulante[t] fructificavit adeo gratam messem, ita ut Iohanni regi reconpensa fieret pecuniaria de expensis, et nulla in reliquum contra duces questio de repeticione Karinthie moveretur. Porro Iohannes[u] regis

*) *A 2 addit*: Iohannes filius Iohannis regis Bohemorum comitatum Tyrolis possedit. *Cf. rec. A, supra p.* 168, *l.* 6—8.

a) Galee *D 1*. b) pinnam *D 3*. c) glareotam *D*. d) in tornementis *A 2*. e) resurg. *D 3*. f) gen. Boh. *D 1*. g) pridem eciam *D 3*. h) Straubing *D 3*. i) abnuunt *corr.* abmisit *D 3*. k) dicente *D 1. 3*. l) lac. una *D 2*. m) *sic D 1. A*, Noricam *D 2*, Moricum *D 3*. n) Udalr. *D 3*. o) Bohemorum *D 3*. p) Lyntzam *D 1*, Lyncz(?)um *D 2 h. l.* q) *sic D pro* venit. r) inter plur. *D 1*. s) que *D*. t) pullulans *D 2*. u) Iohannis *D 2*.

1) *Cf. supra p.* 166, *n.* 1—12. 2) *A.* 1332 *Iul.-Aug.* 3) *Cf. supra p.* 167. 4) *Matth.* 13, 27: bonum semen seminasti.

1336 filius castrum Chunradi de Auvenstain[a] hereditarium, in districtu positum Tyrolensi, subvertit[b] usque ad fundum, imputans ei desidiam, quod terre capitaneus armis terram[c] minime defendisset[1].

Hoc anno sacerdos quidam Heinricus nomine, seculi actibus nimis intentus, sub castro Tyrolis super fluvium Athasim gravissime infirmatus vidit apertis oculis quadam nocte circa stratum suum terribiles visiones. Primo ex utraque parte audivit ranas sine intermissione loquaciter garrulantes, postea Mauros quosdam statura pigmeorum ore hyanti[d] se torvis[e] oculis horribiliter[f] intuentes, deinde armatos milites, ut exurgeret et armis se indueret et cum eis pergeret, exclamantes, postremo puellas choreas ducentes et lectum suum circumgirantes respicit patremque suum, olim Heinrici ducis Karinthie[g] cancellarium, se dolenter respicientem et dicentem sibi hanc viam secularis leticie per quam et ipse ambulaverat, declinandam. Et dum chorus iste pariter a tripudiis suis non desisteret, ianuam quidam aperuit, quomodo valeat, perquisivit[h]. Statimque chorus ipso cernente per hostium est egressus. Respondit se per totam noctem[i] in supradictis visionibus guttas[k] sanguinis[2] exsudasse, expositisque omnibus mane confessus et sacramentis ecclesie munitus vitam hanc acerbo transitu commutavit.

1337 Albertus dux ad papam pro sui et fratris devotacione virum nobilem de Eberstorf et postea episcopum Gurcensem[l] Laurencium destinavit[3]. Primus rediens nil profecit, alter in curia transiit ex hac vita[4]. Cui suc-
(Oct. 1) cessit Chunradus abbas Salemensis[m], per summum pontificem destinatus[5].

Hoc anno[6] inchoata est guerra inter Venetos et
1336. (Maio) Veronenses, qui pro tunc multorum districtuum dominio

a) auuensteyn D 1. b) subv. om. D 3. c) terre D, lege eam. d) hiami D 3. e) coruis D 1, curvis D 2. f) horr. om. D 2. g) Corinth. D 3 abhinc saepissime. h) perques. D 3. i) noctem totam D 2. k) sang. guttas D 3. l) curc. saepe D 1. 3. m) Salmensis D 1. 2.

1) Cf. supra p. 160, n. 3. 2) Cf. Luc. 22, 44: guttae sanguinis. 3) Cf. Lang, Acta Salzburgo-Aquileiensia I, 1, p. 202, nr. 246. 4) Post Aug. 2, qua die Benedictus XII ei ius testandi concessit. 5) Provisionis bullam vide apud Lang l. c. p. 202, nr. 247. Ad legationem spectare videtur epistola papae Alberto duci Aug. 25. directa, Riezler, 'Vat. Akten' p. 676, nr. 1898. 6) Cf. Liber regiminum Padue ed. Bonardi p. 363.

pociebantur[a], pro quodam iure salinali[b] [1]; in qua apud 1337 vicum Benivolum[2] de stipendiariis[c] Venetorum propter (Iun.-Iul.) infectionem[d] aeris periit nobilium et militum maxima multitudo. Et dum a Veronensibus fortuna vultum verteret[e] et Venetis iocundius arrideret, Marsilius de Kararia Paduanus Albertum de Verona, bona de se et nichil aliud suspicantem, dum in deductione alee mutuo consederent[3], procurata tradicione capit[f] et direptis bonis (Aug. 3) in suo palacio repertis et stipendiariis[g] distributis, ipse cum populo civitatem conservans dominus proclamatur[4] et Albertum Venetis consignavit Qui data civitate Tervisina Venetis et aliis quibusdam castellis Florentinis, 1339 qui in his casibus cum Venetis convenerant[h] [5], se exemit[6]. (Ian. 24) Deinde Veronensium gloria et potencia decrevit, Marsilio prodicionis atque tradicionis precium[i] secum ad tumulum deferente[7]

Et dum imperator Veronensibus succurrere decre- 1336. visset, per terram comitatus Tyrolensis eidem transitus denegatur[k]. Propter quod non modicum Iohanni Bohemorum regis filio indignatur Persuasu enim nobilium terre dicitur hoc fecisse, ut occasio daretur Ludewico contra eum, eo quod occulte[l] Ludewicum plus diligerent, ipsum minus propter animi feritatem. Fuit tamen inter imperatorem et regem Bohemie pro rei convenencia tractatus, ut fieret permutacio de marchionatu Brandenburgensi ad comitatum Tyrolensem[8]. Sed filius et nurus[m] regis omnino[n] obstitere et nobilium inductione admittere[o] noluerunt Porro idem Iohannes cum Karolo marchione, fratre eius, et nobilibus illius provincie in corpore Christi pariter iuraverunt nullatenus desistere, nisi Karinthiam reacquirant[9], pacta placitaque patris

a) pac D3 b) sic D c) stipendarius D2 3 d) interfect D1 3 e) redderet D1 f) caput D1, capitur D3 g) stipendariis D2 h) conuenerat corr conuenerat D1 i) precio D1 3 k) denegasset D l) Ludw occ D3 m) murus D3. n) omnimodo D1, fort recte, quia cursus ita servatur o) adde hoc vel eos.

1) Ibid l 24 occasione Castri salinarum olim positi in insula Calcinariae, cf Weiunsky I, p 190 n 2 2) Borolenta 3) Fabella, cf Ann Patav l c p 254 Albertus de Scala ab hostibus Paduanum ingressis captus est. 4) Cf Hist Cortus VII, c 1, Muratori, SS XII, col 881; Cont. Chron Veron, ib. VIII, col 651, Romanin, 'St doc di Venezia' III, p 126 5) A 1336 Iun 22 et 1337 Mart 10 6) De pace facta cf Romanin l c p 129—131. 7) Obiit a 1338 Mart 21 8) Cf de his tractatibus L Schonach, 'Zum tirol-brandenburg Tauschprojekt', Mitteil d Vereins f Gesch d Deutschen in Bohmen' XLIII, nr. 4 9) Cf supra p 168, n. 3—6

1336. eorum habita cum ducibus Austrie nichil[a] esse et non potuisse fieri affirmantes. Quam[b] sepe etenim introire Karinthiam convenerunt, sed clausure comitum Goricie laborantibus obstiterunt. Duces eciam Austrie minas huiusmodi contempnentes contra adversariorum[c] presumpcionem se Virgilianis[1] versibus munierunt, qui in persona magna sibi presupponencium dicit:

Grandia[d] sepe quibus mandavimus ordea sulcis,
Infelix lolium et steriles nascuntur avene.

Et Ovidius[e] [2] dicit:

Credita non semper sulci[f] cum fenore reddunt,
Nec[g] semper dubias adiuvat aura rates[h].

De cometa, que apparuit, de Elizabeth[i] et Anna, filiabus regis Friderici. Capitulum[k] V.

1337. Iun. Anno[l] Domini MCCCXXXVI. supradicto[m] visa est cometa per tres menses et amplius a tempore Iunii tractu caude longissime[n] resplendere, quam dicunt astrologi signum eventuum lamentabilium esse, et sic *dicta* secundum Ysidorum[o], *quod comas luminis de*[p] *se fundat*, et addit: *Dum*[q] *hoc genus sideris apparuerit*[r], *aut pestilenciam aut famem aut bella significat. Cometes*[s] *Latine crinite dicuntur*[t], *quia in modum crinium flammas spargunt.* Non enim est stella, ut in Naturalibus scribitur, quia non est in firmamento cum ceteris stellis neque motu neque situ, sed est ignis conglomeratus et accensus in aere ad signandum aliquid apparens[u], sicut consequens magnorum et tristium eventuum experiencia comprobavit[3].

Sept. 30. Hoc anno pridie Kal. Octobris ex hac vita Katherina Leupoldi ducis relicta transiit[v] et in Campo-regis sepelitur[4].

Hoc tempore infirmabatur gravissima infirmitate, qua et mortua est, Friderici regis filia Elizabeth. Que dum regi[w] Servie diceretur copulanda, in tantum ab-

a) nil *D 3.* b) *cf. de h. l. 'N. Archiv' XXIX, p. 349 et rec. A, supra p. 168, l. 24—26.* c) adversiorum *D 3.* d) Grandia — dicit *(l. 10) om. D 3.* e) *sic D 1*, oracius *D 2.* f) stulti *D 3.* g) Non *D 3.* h) *sequuntur in D alia non a Iohanne scripta.* i) Elyz. *D 2*, Elizabet *D 3 semper.* k) quintum cap. *D 1.* l) A. D. *om. D 1.* m) suprad. *om. D 1.* n) longissimo *A, supra p. 175, l. 7.* o) Isid. *D 2. 3.* p) ex *A et Isid.* q) *Isidori variam lectionem vide supra p. 175, n. a—c.* r) apparuit *D 3.* s) *sic D 1. 3. A*, Comete *D 2.* t) dicitur *D 1. 3.* u) *sic ex A emendavi O. H.-E.*, apparatus *D.* v) *sic D 1, om. D 2. 3.* w) regie (Servie *om.*) *D 3.*

1) *Eclog. V, v. 36 sq.* 2) *Ars am. II, v. 513 sq.* 3) *Cf. supra p. 175, n. 3. 4.* 4) *Cf. supra p. 165, n. **

horruit hominis scismatici fidem erroneam, ut coti- 1336
dianis[a] gemitibus Deum exoraret, ieiuniis corpus affligeret, suam semper Domino[b] pudiciam commendaret[c]
et mortem pocius quam nuptum huiusmodi exoptaret
Rex autem Bohemorum venit Wiennam filiam suam,
Ottonis consortem, visitare et inter se et duces de novo
factam amiciciam solaciis roborare[1]. Quem dux Otto,
gener suus, ad puellam per manum traxerat decumbentem, que verecundo atque puellari modo ad se affandam
copiam ei dedit. Extitit nichilominus in cordis sui
radice fixum, quod ei olim desponsata fuerat, et ab ea
propter labem inpotencie separatus, quam allegaverat,
et aliam superduxit[d]. Visa puella rex ingemuit[2] et[e]
suffuso vultu lacrimis, suspiria alta trahens, egreditur,
suorum consciencia excessuum[f] stimulatus. Languor
denique dum remedium non haberet, questio convertitur,
ubi conveniencius debeat tumulari, quibusdam dicentibus
circa matrem[3]. Que, ut dictum est . . . . .[g], in Maurbach[h]
monasterio, quod pater suus rex fundavit[4], postulat sepeliri
quod dux Albertus processionibus[i] et magnis exequiis
fieri procuravit. Transiit autem[k] X. Kal. Novembris[5]. *Oct 23*
Huius morte terra, quasi solis speculo spoliata, caligine
tristicie[l] involvitur[6], curia et civitas omnisque nobilitas
lamentum induit et merorem. Dicitur eciam cum Deo
familiare solacium[m] habuisse, oraciones in[n] tabulis frequenter scripsisse, Christum sibi sponsum specialiter
elegisse. Ulricus[o] comes de Phanberch eam preconiis
multarum laudum extulit, dicens in eius subductione
omnium nobilium gaudium siluisse. Venientes quoque
ad curiam nobiles per officia salutacionis cum reverencia
suscepit, nullum pauperem despexit, nullo fastu premi-
nencie se pedissequis vel sodalibus dicitur pretulisse.

Post hec soror eius Anna Iohanni comiti Goricie 1335
nupsit[7], qui quoad sanguinem maternum de ducibus *(Iun 18)*
Bawarie traxit ortum; quorum Wienne festive nupcie

a) quottid *D* 2, quotid *D* 3 b) pud dom *D* 1 c) comm *e rec A, supra p* 172, *suppleri, om D* d) supervixit illam *D* 3 e) quod *D* 2 f) exc *om D* 3 g) *e rec. A patet quaedam deesse post* est, *ut* ad Minores fratres est condita. Puella vero h) Mawrb *D* 2 i) processionis *D* 1 2 — et *om D* 2 k) autem *om D* 2. l) tristicie *D* 1 2, mesticie *A supra p* 173 m) consorcium *D* 3, hab sol *D* 1 n) freq in tab *D* 3. o) Udalr *D* 3

1) *Cf supra p* 172, *n.* 4—8 2) *Cf. supra p.* 173, *n* 1—3 3) *Cf ibid n* 5 4) *Cf supra p* 90, *n* 4 5) *Cf supra p* 172, *n* 7. 6) *Cf ibid n* 8—12 7) *Cf Riezler, 'Vat Akten' p* 667, *nr* 1874

celebrantur. Quibus non diu simul habitantibus iuvenis
1338 (Mart. 17) moritur, iuvencula viduatur. Castra comitatus in Marchia
et Karinthia racione dotalicii matertere sue a ducibus
arrestantur[a], quousque successores Albertus, Meinhardus[b]
Heinricus, Alberti comitis filii, cum principibus confor-
mantur[c] [1]. Porro Anna viduata, de comparis sui transitu acerbissimo[d] doloris aculeo sauciata, in corporis incidit languorem adeo invalescentem, ut virescentes artus
quasi aridi[e] contractu manuum atque pedum ad suum
officium rigescerent et inutiles viderentur. Sed Deus,
Iob 5, 11. 18 *qui merentes erigit sospitate*, qui[f] *vulnerat et medetur*, pectori
infirmantis misericorditer instillavit, ut votum ingre-
diendi religionem conciperet, a quo divelli non potuit
nec consiliis[g] neque precibus familiarium amicorum.
Presentibus igitur[h] preclaris turbis nobilium adhor-
tata nec tamen[i] a suo[k] proposito mota intra menia
urbis Wiennensis se divino servicio sub regula sancte
Clare[2] devotissime mancipavit, sufficientibus ei pro vite
sustentamento proventibus deputatis, secum pariter[l]
pluribus[m] suis sodalibus subeuntibus idem iugum. Sicque spretis huius mundi deliramentis claustri eligit
clausuram, ubi se tanquam in cubiculum cum sponso
concludens[n], velo sacro suscepto de manibus Chunradi
venerabilis Gurcensis episcopi, dicere videbatur[o] illud
Cant. 2, 16 Salomonis in Canticis: *Dilectus meus*[p] *michi, et ego illi*,
ib. 7, 10 et item[q] *Ego dilecto meo, et ad me conversio eius*, cogitans eciam, quod Anshelmus[3] dicit:

Res huius mundi sunt instabiles velut hora
Pro nichilo debent reputari cuncta decora.

De profectione Alberti ducis ad loca sancta et de[r] reditu eius in Austriam. Capitulum[s] VI.

1337. Anno[t] Domini MCCCXXXVII. Albertus dux superiores disposuit invisere regiones[4], et dum civitates at-

a) arestantibus *D* 3. b) meynh. *D* 1. c) confirm. *D* 3. d) amarissimo *D* 2. e) arido *D* 3. f) qui *om.* *D* 3. g) nec prec. nec cons. *D* 2. h) et *add.* *D* 1. 2. i) cum *D* 1, tum *D* 2. k) prop. suo *D* 2. l) cum *add.* *D*. m) suis plur. *D* 2. n) includ. *D* 2. o) illud vid. *D* 3. p) loquitur *add.* *D* 2. q) iterum *D* 3. r) de *om.* *D* 3. s) sextum cap. *D* 1. t) A. D. *om.* *D* 1.

1) *Cf. supra p.* 180 *sq.* 2) *Cf. supra p.* 182, *n.* 1. 3) *De contemptu mundi II, v.* 23 *sq.*, *ed. Gerberon I, p.* 201. 4) *Cf. supra p.* 169.

que municiones sue dicionis lustrasset ac pro necessitate 1337 causarum per[a] providenciam ordinasset et cum sorore Agnete dulcia colloquia[b] et terre negocia disputasset, cum familiaribus bruno fuscoque habitu[c] induitur, basilicam beate virginis Aquisgrani concipit visitare. Et dum sub habitu humilitatis clam procedere conaretur, ne cognosceretur, latere non potuit, sed a civitatibus ei[d] occurritur, undique[e] suscipitur et honorifice pertractatur, mirantibus universis, quid portenderet[f] ingressus suus ad illas partes, donec palam factum est, quod ad immolandum Domino venerit et offerendum sue genitrici dulcissime vota sua. Insistens itaque devocioni et oracioni se cum omnibus terrarum atque suarum[g] causarum oppressionibus beate virgini commendavit et, sicut effectus consequens probavit, pro prolis dono suppliciter interpellans obtulit gloriose virgini aureum calicem magni ponderis, preciose[h] estimacionis, a domina Agnete, sorore sua, regina quondam Ungarorum, sibi datum Expletis ibi munus[i] sue[k] devocionis venit in Coloniam Agrippinam, que trium regum Christum in cunabulis ab oriente querencium corporibus est insignis[1], eorundem se patrocinio[l] studiosissime commendavit. Datis ibi[m] largis elemosinis et ad honorem trium regum templique et ecclesie illius decorem xeniis[n] preciosis, civium confluxit[o] ad eum honorabilis multitudo, qui replicantes antiqua tam avi quam patris, quondam Romanorum regum, beneficia civitati liberaliter condonata[2] se ad eius placita post salutacionis festiva gaudia paratis animis obtulerunt. Et cum[p] eum[q] magnifice honorarent, 'Scimus', inquit[r], 'quod magnis opibus habundatis[s], sed non est, quo[t] nostrum [desiderium[u]] sacietis[v], quam in sanctorum reliquiis, quibus locum istum cognoscimus divinitus decoratum' Igitur cives ad diversa loca mittentes votivis et modestis precibus thesaurum reliquiarum sibi gratissimum[w] de diversis sanctorum corporibus, ecclesiarum et monasteriorum archivis et[x] conservatoriis obtulerunt et cum[y] gaudio

a) pro providencia *D* 3 b) habuisset *addendum* c) hab *ex A supra p* 170, *suppl*, *om D* d) ei occurr *om D* 1 2 e) susc. undique *D* 3. f) protend *D* 1 3 g) terr suarumque *D* 3 h) et pr *D* 3 i) munus *supra* ieiunius *(quod non deletum) scr D* 2 k) dev suc *D* 3 l) pcomio *D* 1, pconico *D* 3 m) ibi *om. D* 3 n) exenus *D* 2 o) ad eum confl *D* 2 p) quom *D* 3 q) eum *ex A suppl*, *om D* r) *sic A*, inquiunt *D* 1 2, inquirunt *D* 3 s) abundetis *D* 3 t) *sic A*, quod *D* u) desid *suppleri*, *cf rec. A*, *supra p* 171. v) sacietis *corr* facietis *D* 2 w) gratiss. *D* 2 x) *sic D* 2 *A*, itque *D* 1, seu *D* 3 y) cum *om. D* 3, cum, *quod supplendum est*, *et in rec A deest*

1) *Cf supra p* 170, *n* 2—5 2) *Cf ibid n* 6 7, *p*. 171, *n* 1

1337 dimiserunt[a]. Presul urbis Walramus, Wilhelmi marchionis[b] Iuliacensis frater, obviam ei processit[c] et iocunde susceptum per suos districtus perduxit et affluenter per omnem sufficienciam provisis necessariis procuravit.

Rediens[d] autem ad Alsaciam[1] ad sororem suam, dispositis rebus, relicto ibi Friderico ducis Ottonis filio et militibus recommisso et Nicolao de Egenspurg[e], viro morali, plebano in Marpurga Stirie, ad instructionem litteralis sciencie tradito, reditum parat in Austriam et (Nov.) imperatorem alloquitur in Augusta. Ubi Iohannes[2] purgravius[f] de Nûrnberg[g] de ducatu Karinthie instanciam ei facit, contradicens hostiliter per imperatorem et postea per se ipsum. Dux respondit se nichil, quod[h] sui sit[i] iuris, habere nec se alicuius conscium existere[k], sed temere inclamatum[l]. Qui postea veniens in Austriam, ducis gracia non quesita, solacia exercuit hastiludii militaris; et dum ab Ulrico[m] comite de Ottingen super temeritate argueretur, in se ipsum reversus abstractionem animi recognovit, sine offensa ad propria rediit, et quassacio huiusmodi conquievit.

Redeunte duce in civitatem[n] Wiennam[o] de thesauro sanctarum[p] reliquiarum civitas iocundatur, processiones fiunt, cum inmensis laudibus suscipitur, thesaurus dividitur, et in cappella castri pars[q] maxima collocatur et ad locum fundacionis sue[3] et ad alia pia[r] loca distribuitur, in quo principis devocio plurimum augmentatur. Deinde dux reficiens lassa membra communem se omnibus exhibebat[s], nichil propter corporis invalitudinem neglegebat, pauperum et divitum eque comodis intendebat, senibus, iuvenibus placere satagebat, dampna omnium precavebat, versus Oracii[4] in pectore iugiter revolvebat, qui dicit

Id quod
Eque pauperibus prodest, locupletibus eque,
Eque neglectum pueris senibusque nocebit.

a) dimis D3. b) comitis D3. c) pcessit D1. d) Redit D1. e) Egenspurkh D3. f) burggravius D1. g) *sic* D2, uurnb D1, Nûrenberga D3. h) *non supplendum esse conicio, cum non probabile censeam sui ad burgravium respicere O. H.-E.* i) iuris sit D3. k) esse D2. l) inclamaturus D3. m) Udalr. de Öttingen (comite *om.*) D3. n) W. civ. D2. o) wyenn D1 *saepius*, Vienn. D3 *semper*. p) sancto D2. q) max. pars D3. r) loca pia D1. s) exhibeat D2.

1) *Cf. supra p.* 171, *n.* 2. 3. 2) *II, nepos Alberti ducis Carinthiae, fratris Heinrici, cf. supra I. p.* 265, *n.* 7. 3) *Gamming cf. supra p.* 141. 172. 4) *Epist. I,* 1, *v.* 24—26.

De locustis et interfectione Iudeorum et quibusdam aliis. Capitulum[a] VII

Anno[b] Domini MCCCXXXVIII. Albertus dux 1338
audiens Iohannem Bohemorum regis filium, qui Tyrolensem tenuit comitatum, ut Karinthiam invaderet machinari, et quod non modicam spem haberet sibi in terra castra aliqua reserandi[c], pervenit etenim ad clausuras comitum Goricie, ubi sibi[d] processus intercluditur per resistenciam clausurarum, et rediens incendio districtus illius angustias demolitur. Albertus autem Karinthiam ingrediens, cuius aures hac procella sepius sunt concusse, quasi sol dissipans ac scindens condensam nebulam sua presencia dissolvit turbinis huius ventum. Et alloquens patriarcham Berthrandum de pluribus in (Iun. 6).
Villaco, dum ad plenum convenire nequirent propter difficultatem causarum, cum treugis usque ad tempus statutum ab invicem discesserunt[1]. Et lustrata[e] Karinthia atque disposita transiit Carniolam eaque[e*] similiter ordinata per Styriam in[f] Austriam iter flectit.

Patriarche autem ad propria revertenti per Ventzonum transitus denegatur. Qui mox instructus de iure suo et ecclesie occupat oppidum et obtinet. Quod anno Domini MCCLXXXVIII. Gwilhelmus[g] quidam in mani- 1288
bus domini Raymundi[h] patriarche cum aliis feodis ab ecclesia dependentibus resignavit, qui de eisdem Meinhardum[i] ducem tantum pro vite[k] sue tempore, ut[l] dicitur, recepto fidelitatis iuramento, investivit[2]. Filii autem eius predicta possidentes[m], quousque nunc post 1338
transitum omnium[n], Karinthia eciam ad duces Austrie translata, predictum oppidum artatum patriarcha incepit possidere, super quod ius suum usque hodie querere non desistunt[3].

Eodem[o] anno ex partibus orientis multitudo locustarum erupit et per Ungariam, Poloniam, Bohemiam, Moraviam, Austriam, Styriam[p], Karinthiam, Carniolam,

a) VII. cap. D1. b) A. D. om. D1. 2. c) reseranda D1. 3, reservanda D2, cf. rec. A, oratio claudicat. d) suis D2. e) lustra D3. e*) sic D1, ut A fere habet, eamque sim. ordinat D2. 3? f) sic D3. A, in om. D1. 2. g) Wilh. D1. h) Raim. D3. i) meinh. D1. k) vice suo D3. l) rec. ut dic. D2. m) possidebant legendum. n) omni D1. 2. o) Anno Domini MCCCXXXVIII ex part. — correxisse (p. 209, l. 9) A2. p) Stir. D2. 3.

1) *Cf. supra p.* 174, *n.* 3—5, *p.* 175, *n.* 1. 2) *Cf. notitiam de resignatione Guilelmi de Venzono et investitura Meinhardi, Zahn, Austro-Friulana p.* 323 *sq.* 3) *A.* 1335. *duces Austriae, a.* 1338. *Iohannes Heinricus comes de Tyrol terrae Venzoni renuntiaverunt, ib. p.* 324. *Cf. Werunsky I, p.* 272 *sq.*

1338. Sueviam[a], Bawariam, Lombardiam, Forum-Iulii et montana usque ad litus Reni[1] omnia terre virencia tempore *Iul. Aug.* Iulii et Augusti dente sevissimo usque ad tocius absumpcionis[b] dispendium[c] devoravit. Populus perterritus letanias et supplicaciones faciebat, manus[d] ad sidera *Regino 873.* extendebat[e,*]. Et mirum dictu[f], ut castrorum acies distinctis ordinibus per aera ferebantur et terre incumbentes castra mansionibus[g] metabantur. Duces exercitum[h] cum paucis[i] itinere unius diei preibant, quasi loca apta multitudini provisuri[k]. Circa horam nonam, ubi duces hodie[l] venerant, insidebant nec a loco occupato movebantur, quousque die altera[m] sol suum ortum representaret[n], et gravitas corporis humorosa per pluviam vel[o] per rorem *ib.* esset[p] solari radio leviata[q] et[r] exiccata. Et tunc per turmas suas proficiscebantur, ut[s] in parvis animalibus disciplinam cerneres militarem. Segetibus vescebantur et maxime illis, que adhuc[t] in campis reperiebantur, fenum, gramina, milium et quicquid talium fuerat penitus absumebant. Tardius namque in Karinthiam[u] venerunt, quia alibi pastus[v] sufficienciam habuerant; avena, que nondum falcata fuerat[w], vorabatur. Quatuor[x] alas habebant, dentes[y] quasi[z] armatos[a] ad instar gemmarum lucencium, que induviis feminarum intexte gemme splendide et nobiles putabantur. Semen in sulcis terre et cespitibus reliquerunt, sed non disparuerunt, donec brumalis[b] temporis strictitudinem persenserunt. In quibusdam partibus, dum[c] ingrossata[d] esset soboles vel adhuc gracilis, ut se grossitudine[e] vel teneritudine[f] elevare non posset, in foveis incendio et[g] fustium percussionibus[h] est deleta, in quibusdam locis**, dum non haberent pastum, redire unde venerant videbantur vel ad alia[i] loca se vertebant. In Bawaria quedam[k] ville conveniebant[l], ut omnes pullos[m] conduce-

*) *A 2 addit:* corpus dominicum, sanctorum reliquias circum ferebat, cymbalis et aliis instrumentis eneis sonos per aera faciebat. *Cf. supra p.* 176, *l.* 5—7.

**) *A 2 addit:* ventus eas rapuit et dispersit, in quibusdam. *Cf. ib. l.* 28.

a) Swev. *D 2.* b) assumptionis *D 3.* c) stipendium *D 1. 2*; stipitum *D 3*; disp. *coniecit Pez, habet A 2.* d) *sic A 2 cum A;* ad sid. manus *D.* e) extoliebat *A 2.* f) dictum *D 3.* g) mans. *deest rec. A et Reg.* h) exercitus *D 3.* i) *sic A 2*; pacis *D, superscr.* paucis *D 2.* k) previs. *D 2.* l) pridie *A 2*; *cf. supra p.* 176, *n.* a. m) altero *A 2*; alt. die *D 2.* n) present. *D 3.* o) et *D 2.* p) esse *D 1. 3.* q) levitata *D 3.* r) et exicc. *om. D.* s) et *A 2.* t) iu c. adhuc inveniebantur *D 3.* u) Carinthia quam alibi pastus sufficienciam habuerunt. Avena *A 2.* v) pastus *corr.* pasti *D 2.* w) erat *D 2.* x) Quatuor — putabantur *(l. 22) om. A 2.* y) *ex A emendavi. O. H.-E.;* dicentes *D 1. 2*; nitentes *D 3.* z) quasi *om. D 2.* a) armati *D 3.* b) pruinalis *A 2.* c) tum *D 2.* d) ingrass. *A.* e) pre grassit. *A.* f) *sic A 2 cum A;* teneritate *D 1. 2*; tenerite *D 3.* g) per *add. D 2.* h) percussione sunt delete *A 2.* i) talia *D.* k) quidam ville *corr.* villani *D 2.* l) veniebant *D 2.* m) pollos *D 1.*

1) *Cf. ad haec supra p.* 175, *n.* 5; *p.* 176, *n.* 1—4. *adnotata.*

rent, qui eas deglutirent, dantes uni vel pluribus ova pro- 1338
veniencia[a] ex gallinis, ut ad hoc opus efficacem diligenciam
adhiberent. Quod licet risu dignum sit, tamen fructum non
modicum ruricolis[b] afferebat. Per tres[1] annos continuos
de suis latebris exierunt et circa eandem partem anni
iuxta maius[c] et minus terre germina vastaverunt. Quarto
anno ab[d] avibus rapacibus, ciconiis, cornicibus, sturnis
et ab aliis ingluviosis devorati[e] in reliquum non venerunt.
Hec fuit octava[2] plaga Egypti[f] olim, qua et nunc[g] Deus
huius mundi obtenebrati vicia creditur correxisse. De
quibus decem plagis metrificator egregius[3] ita dicit:

Prima rubens unda, ranarum[h] plaga secunda,
Inde culex tristis, post musca nocivior istis,
Quinta pecus stravit, vesicam[i] sexta creavit,
Inde[k] subit grando, post brucus dente[l] nephando,
Nona tegit solem, primam necat[m] ultima prolem.

Hoc anno transiit ex mundo venerabilis archiepi- (Mai 30)
scopus Salczburgensis[n] Fridericus, qui, dum a papa Iohanne statutum processisset contra personas regularem
professionem non habentes[4], conventum puellarum[5] in
suburbio civitatis Frisacensis, que ab ecclesia beati
Mauricii Mauriciane vocabantur, ad professionem canonicalis regule beati Augustini transtulit, novum monasterium construxit, proventum adiecit, sub tytulo no- 1323
minis beate Marie Magdalene structuram novam de ce- (Aug 10)
tero appellavit[6]. Cui successit[o] Heinricus ecclesie ipsius 1338 (Aug 31)
canonicus[7], vir in disciplinis liberalibus eruditus.

Hoc[p] eciam anno fuit persecucio Iudeorum in diversis partibus, in Austria, Bawaria[q], Karinthia et in
Reno[r] ac in aliis Teutonie[s] finibus circumquaque[8]. Thesauris, bonis, litteris eorum spoliati, submersi, exusti,
precipitati, eviscerati[t] misere perierunt. In pluribus

a) provenientibus *D 1*. b) incolis *A 2*. c) magis *D 2*, magis vel m. *A 2*. d) a rap. av. *D 2*. e) *sic A supra p.* 178 *et A 2*, devorantur *D*. f) egipti *D 1. 2*, egipcii *D 3*. g) noster *D 2*, qua n. *D et D 3*. h) plagarum *D 3*, ranae tabesque *Hild.* i) *sic Ioh. Saresb.*, vesicas *Hild.* k) Pene *Hild.*, Pone *Ioh. Saresb.* l) dentes *D 1*. m) vexat *Hild.*, necat *et Ioh. Saresb.* n) Saltzpurg *D 3 passim*. o) succedit *D 1*. p) Eodem a. fuit — adiecerunt (*p.* 210, *l.* 7) *A 2*. q) Baw. *om. A 2*. r) circa Renum *A 2*. s) theut. *D 1. A 2*, Theutunice *D 3*. t) et ev. *A 2*.

1) *A p.* 177 *sq.* quatuor *bis, ubi Ioh. unum locum delevit.* 2) *Cf. supra p.* 177, *n.* 1. 3) *Hildebertus episc. Cenomanensis in carminibus miscellaneis, ed. Beaugendre col.* 1360, *carmen inscriptum* De decem plagis *et Iohannes Saresberiensis, Polycraticus VIII,* 21, *affert.* 4) *Extrav. commun. III,* 9, *c. un.* 5) *Beginarum.* 6) *Cf. Lang, Acta Salzburgo-Aquilei. I,* 1, *p.* 148 *sq.*, *nr.* 187. 7) *Cf. bullam confirmationis, ibid. p.* 214—216, *nr.* 259. 8) *Cf. supra p.* 178. 196.

1338. locis terrarum principes eos quantum poterant[a] defenderunt*. Christus enim suam causam vindicavit, quia in oppido Austrie quod Pulka[b, 1] dicitur et in civitate Karinthie Wolfsperg[c] corpus Domini eis traditum usque ad veri sanguinis stillamina[d] perfixerunt et candelis appositis[e] adusserunt, Christiane fidei constanciam adaugentes eternum sibi obprobrium adiecerunt et innumeris miraculis in sacramento radiantibus verbum illud maledictionis sue prime,
Math 27, 25. scilicet[f]: *Sanguis eius super nos et super filios nostros*, super se iterum nova recia[g] texuerunt. Que maledictio multis et innumerabilibus[h] cladibus a tempore mortis Christi legitur quasi ad perpetue rei memoriam super eos multipliciter cumulata, quas Iosephus[2] et alii plures innumerabiles et inexplicabiles descripserunt, iuxta Virgilium[3], qui dicit

Non, michi si[i] lingue centum, si corpora[k] centum,
Ferrea vox, omnes scelerum[l] deprendere[m] causas,
Omnia penarum percurrere[n] nomina possem[o].

Sed infelix ille populus sui delicti conscius Ovidii[4] versus dicere potest

Multa miser timeo, quia feci[p] multa proterve,
Exemplisque[q] metu terreor ipse meis.

Et item[5]:

Tot mala sum[r] passus, quot[s] in ethere sidera lucent,
Parvaque quot[s] terre[t] corpora pulvis habet.

(Iul 31) Eodem eciam anno obiit dominus Heinricus episcopus Laventinus[u], cancellarius domini Alberti ducis Austrie[6], in Neunkirchen[v] apud Novam-civitatem et post expiracionem suam statim omnes amici et famuli sui discesserunt ab eo et acceperunt omnia bona sua, equos et clenodia et alias res, quas secum habuerat, et eum solum mortuum ibi dimiserunt[w], et tantum non

*) *A 2 addit* tantum ab hominibus pauperibus trucidati sunt

a) pot *om A 2*, def q pot *D 3* b) *sic D 1 A 2*, prukka *D 2*, pulkha *D 3* c) vocatur *add D 1 2* d) stillamine *D 1*, stillaria *A 2*. e) oppos *A 2* f) scil *om D 1* g) *emendavi O H-E*, retencia *D 2*, recentia *D 1 3* h) inenum *D 1* i) sed *D 2* k) sint oraque *Verg* l) celerum *D 1* m) compr formas *Verg* n) perture *D 1. 3.* o) possim *Verg* p) multa feci *D 1. 3* q) Exemplique mei *Ovid.* r) sunt *D 2.* s) quod *D 1. 3* t) siccus *Ovid.* u) *sic D 2*, lauenten *D 1*, lauot *D 3* v) neunkyrchn *D 1*, neunkhirchn *D 3.* w) mis *D 1. 2*

1) *Pulkan Cf Chron. Aulae-regiae pars II, l. III*, c. 1, *p* 539; *Ann et Kal Zwetl, SS IX, p* 683 691; *litteras Benedicti XII. Alberto duci a* 1338 *Aug* 29. *directas, Raynald, Ann eccl* 1338, § 18—20. 2) *De bello Iud. VII*, 16 18 3) *Aen. VI, v* 625 *sqq, cf. Georg II, v* 43 *sq* 4) *Amores I*, 5, *v.* 45 *sq.* 5) *Tristia I*, 4, *v.* 47 *sq* 6) *Cf. supra p* 171, *n* 6 7 *Ante a.* 1339. *certe obiit, cf. v Zeissberg, 'Archiv f. Osterr. Gesch.' LX, p* 594.

habuit, quod eum sepelissent circa Sanctum Andream 1338
in Lavental, ubi acceptavit sepeliri. Hoc dictum fuit civibus Nove-civitatis. Venerunt in Neunkirchen[a] et acceperunt corpus eius et duxerunt ad civitatem et honorabiliter cum pecunia civium in parrochia[b] sepelierunt, ubi nunc est sepultus[1]. Tunc dux Albertus et dux Otto omnia bona eiusdem episcopi, que habebat Wienne, inter se diviserunt[2], sicut scriptum est[c] per prophetam: *Diviserunt sibi vestimenta mea* etc. *Matth* 27,35.

De causa regis Anglie contra regem Francie ventilata coram imperatore et privilegio Karinthianorum. Capitulum[d] VIII.

Anno[e] Domini MCCCXXXVIII. supradicto[f] Ed- (*Sept* 5 6)
wardus rex Anglie venit ad imperatorem Ludewicum in civitatem que Confluencia dicitur, dicionis et territorii Treverensis[3] Et sedente imperatore pro[g] tribunali contra regem Francie, presentibus Moguntino[h] [4], Treverensi[5] episcopis, ducibus, palatinis ac infinitis imperii magnatibus[6], incipit actionem, repetens ducatum Northmannie[i] et Aquitanie, comitatum Andegavensem et coronam regni Francie sibi et sororis sue filio, imperatorem, orbis[k] defensorem[l], iudicem[m] iusticie, interpellans, iudicium sibi fieri petens a male fidei possessore. Olim etenim inter horum regnorum reges eciam de comitatu Pictavie tempore Celestini tercii[7] questio vertebatur[n], ut in epistola ad Fridericum[o] primum Heinricus rex Anglie ducem Northmannie et Aquitanie et comitem Andegavensem legitur se scripsisse[8], dum inter eos pacis et amoris federa tractarentur. Huic igitur Edwardo cum a principibus communi omnium sentencia iusticia acclamaretur et hereditas patrum adiudicaretur, rex datis et promissis magnis stipendiis ipsum imperatorem, qui so-

a) neunkyrchñ *D* 1, neunkhirchñ *D* 3 b) barrochia *D* 2. c) est *om.* *D* 2. d) octavum cap. *D* 1. e) A. D. *om.* *D* 2, D. MCCCXXXVIII. *om.* *D* 1 f) suprad. *om* *D* 2 g) pro trib *om* *D* 3 h) Mag *D* 3 i) Nortm *D* 1 k) *emendavi O H.-E.*, vobis *D*, volens *Pez* l) defendens *D* 2 m) iudē *D* 1 n) fereb *D* 1 o) pr Fr. *D* 3.

1) *Immo Vindobonae, cf Cont. Claustroneoburg VII, SS. IX, p.* 756 2) *De tota narratione dubitamus* 3) *Cf supra p* 179 *adnotata* 4) *Heinrico.* 5) *Baldewino Gesta Trevir l c p* 254 *curiae Confluentiae celebratae non meminerunt* 6) *Cf Froissart ed Kervyn de Lettenhove II, p.* 548 7) *Immo Hadriani IV* 8) *Rahewini Gesta Friderici I imp III, c.* 7.

1338. rorem sue consortis habuit contthoralem[1], et pociores regni episcopos, duces, marchiones, nobiles conscribi fecit in suum auxilium et, ut parati essent, statuit eis tempus. Quibusdam tamen ex eis cum rege Francie iam constrictis visum fuit, ut, quocumque preirent signa imperialia, sequerentur sine sue fidei corruptela. Imperator expectans donacionem instante[a] expedicione se non movit, licet omnium desideria eius presenciam sustinerent, notam ex hoc maximi dedecoris incurrens, quousque regis littere per civitates et in auribus principum excusarent, quia pecuniam prefixo termino promissam[b] non recepit[2]. Fertur eciam, quod rex Francie et regina, imperatricis matertera[3], occultis litteris et sponsione papalis gracie ab hoc facto retraxerint Ludewicum.

1339. (Sept.-Oct.). Rex nichilominus apud Durdracum[c.4] civitatem Hollandie manens exercitum instruit et in Pikardorum[d] partibus contra regem Francie se componit, habundans plus fortitudine quam multitudine ex Alamannia[e] pugnatorum. Quem licet rex[f] Francie numero excederet[g], non tamen ad[h] prelium est deventum, rege[i] Anglie provinciam illam incendiis et rapinis devastante[k], propter hyemis[l] vero imminenciam utrique ad sua domicilia rediere. Hec causa, multorum[m] *regum continens estus*[5],
1340. (Iun. 24). eciam super maria ad navalia prelia se commovit[6]; ubi nunc pro hac, nunc pro illa parte, periclitatis rebus et hominibus, dubio turbine partes sibi obvie sunt concusse. Flandrensibus, Brabantinis, Selandinis[n] pro rege Anglie laborantibus cum virtute, communis[o] eciam concio populorum omnium regi Anglorum[p] favorabilis existebat. Cardinales a latere summi pontificis directi pro concordia inefficaciter sunt reversi[7], rege[q] Anglie durius respondente

a) instant *D* 1. 2. b) promisso *D* 2. c) Durdwicum *D* 2. d) Pyk. *D* 2. e) Alem. *D* 2. f) rex *om.* *D* 2. g) excederet *corr.* excederent *D* 2. h) est ad pr. *D* 2. i) regi *D* 2; Rex *D* 3. k) devastavit *D* 2. l) vero yemis non imm. *D* 2. m) *fortasse Ioh., ut in rec. A, supra p.* 180, *hic* stultorum *scripsit.* n) selandrinis *D* 1; Selandensibus *D* 2. o) communi *D* 3. p) Anglie *D* 2. q) regi *D* 1. 3.

1) *Cf. supra p.* 79, *n.* 8. 2) *Cf. supra p.* 180, *n.* 1. *Haec ad a.* 1340. *spectantia hic male inserta sunt.* 3) *Philippus VI. rex Franciae imperatricis avunculus erat.* 4) *Cf. supra p.* 179, *n.* 2. 5) *Horatii Epist. I, 2, v.* 8: Stultorum regum . . . continet aestus; *cf. supra p.* 180, *n.* *. 6) *Ioh. de pugna navali apud Sclusas commissa cogitasse videtur.* 7) *Petrus tit. S. Praxedis presbyter et Bertrandus S. Mariae in Aquiro diaconus cardinales diu de pace tractaverunt.*

non aliud se nisi iusticiam a papa vel[a] imperatore tam 1340.
nunc quam a longo tempore exegisse[b]. Post hec rex
Anglie filiam suam[1], quam imperatrix in suam curiam
susceperat educandam[c] et, sicut fertur, maritandam, ad 1334.
propria reassumpsit[2], et uterque regum ad futurum 1339
eventum prelii attractione militum et distribucione muneruin se disponit[d].

Hoc anno tercio Non. Septembris Anna Bohemorum 1338 Sept. 3
regis filia, ducis Ottonis Austrie[e] consors altera, sine
prole transiit ex hoc mundo. Que in monasterio Novimontis cum maximo dolore ducum et nobilium gemituque tocius populi sepelitur[3].

Hoc anno XVIII. Kal. Octobris ministeriales Ka- Sept. 14
rinthie communi decreto ad Albertum ducem in civitatem Stirie que Græcz[f] dicitur accesserunt dicentes, quod abolitis antiquis terre sue iuribus et in transacte[g] oblivionis caliginem emigratis vivendi forma sub certis legibus indigerent, petentes[h] novis sanctionibus et punctis super diversis casibus[i] terre populum communiri. Dux, sub quibus vivere legibus decrevissent et institucionem morum agere, sciscitatur, ut esset populus unus, et ne pro disparilitate[k] usuum sedicio vel aversionum gravitas orriretur. Ac[l] alii certos articulos expresserunt de feodalibus et propriis ac aliis[m] diversis specificatis, in reliquis non expressis iura[n] Stiriensium et iudicia, que a priscis ducibus et marchionibus processerant elegerunt, sive sit casus mortis sive[o] multacio pecuniaria vel mutilacio vel cuiuscumque generis transgressio sive pena iudiciale decretum diffinitur materna lingua lucide et expresse[4]. Super quibus privilegium accipiunt et ad lares[p] proprios[q] revertuntur, proferentes illud in publicum. Deinde ad castri fortissimi conservatorium quod Osterwicz[r] dicitur in terre meditullio recondunt, unanimiter promittentes se in iudiciis et tractatibus eius con-

a) ab *add.* D 3. b) exigisse D. c) ad educ. D 2. d) disposuit D 2. e) Austrie *om.* D 3. f) grete D 1. 3. g) et intranacte D 3. h) potentes D 1. 2. i) et *add.* D. k) disparitate D 2. l) Ac — propriis *om.* D 3. m) pr. aliisque D 3. n) *sic ex A supra p.* 181 *correxi* O. H.-E., intra D. o) uel D 1. p) aures D, *corr.* Pez. q) proprias D 1. 3. r) osterwytz D 1, Osterwitz D 3.

1) *Iohannam; cf. et Math. Neuenburg c.* 64. 2) *A.* 1339 *Dec., antequam amicitia imperatoris cum rege Angliae defecit.* 3) *Cf. supra p.* 181, *ubi Sept.* 6 *obiisse dicitur.* 4) *Cf. ibid. n.* 2.

1338 tinenciam servaturos et secundum illud[a] se in posterum habituros, sicut dicit Virgilius[1]:

Est legum servanda fides, suprema voluntas
Quod mandat fierique[b] *iubet, parere necesse est.*

De morte[c] ducis Ottonis et visione precedenti. Capitulum[d] IX

1339. Anno[e] Domini MCCCXXXIX. dux Otto a civitate Græcz[f] Stirie debilis in Austriam est perlatus, cui[g] motu atque concussione corporis et frigore in lectica, qua vehebatur, dolor dialiter augebatur. Igitur morbo[h] prevalente ad prelium mortis sacramentorum suscepcione devota, confessione et gloriosi testamenti disposicione fideliter se armavit, executores nobilem virum de Phanberg Ulricum[i] et Ulricum[k] de Pergaw cum constrictione fidei deputavit, et confortatus in spiritu libertatis[l] atque securitate consciencie ulterius se[m] non diligere vitam istam nec velle de cetero superesse voce libera testabatur. Et commendatis duobus filiis, Friderico et Leupoldo, totaque terra, populis et familiaribus fratri suo[n],

Febr. 26 (16) IIII.[2] Kal. Marcii transiit[o] et apud fratres Augustinenses[p] Wienne sollempnibus exequiis tumulatur[3]. Deinde non post longum temporis intersticium religiosus quidam ordinis Carthusiensis[q] visionem sibi divinitus ostensam detulit ad Albertum, quia iudicavit purgacioni[r] competere omnino, si sine mora ad locum sue fundacionis transportaretur, scilicet ad monasterium Novi-montis. Quod et factum est cum devoto, qui ad hoc[s] requiritur, apparatu.

Nec pretereundum puto, quod quidam de familia ducis huius, notarius Nicolaus, postea Padensis ecclesie prope Argowiam[t] pastor, intelligentis ac perspicacis[u] ingenii, sompnum[v] presagum previderit[w] futurorum. Videbat in ameno viridario, quod est ante castrum ducalis

a) id *D* 2. b) *emendavit Pez*, fieri *D*. c) obitu *supra I, p.* 180. d) IX. cap. *D* 1. e) A. D. *om. D* 1. 2, A. D. O. dux Austrie a — tumulatur *(l. 21) A* 2. f) gretz *D* 1. 3. g) *emendavi*, qui *D*, cuius *coniecit Pez*, *forte* quod *legendum. O. H.-E.*, *pro* cui — testab. Et *(l. 17. 18) A* 2 *habet*. et invalescente morbo. h) morte *D* 2. i) Udalr. de ph. *D* 3. k) Udalr. de pergau *D* 3. l) libertatus *D* 1. 3. m) non se *D* 3. n) Alberto *add. A* 2. o) transiuit *D* 3. p) Augusteñ *A* 2. — Wienne *om. A* 2. q) Karth. *D* 2. 3. r) purgationem *D* 3. s) huc *D* 1. t) argouiam *D* 2. u) prosperitatis *D* 1. 3. v) somnium *D* 2. w) previdit *D* 3.

1) *Non sunt versus Vergilii, nec cuius sint scimus.* 2) *Error pro* XIIII°, *ut rec. A p.* 183. *habet.* 3) *Cf. supra p.* 182—185.

1339. mansionis Wienne, arbores[a] sex procera altitudine elevatas, ex quibus quinque virescentes duo angeli precincti, alacres ad laborem, habentes securium armamenta in manibus[1], celeriter preciderunt et de terre superficie eiecerunt, et cum[b] ad[c] sextam accederent exstirpandam, parumper deliberantes mutuo loquebantur, quod eam relinquerent, ut, si refloresceret et fructum faceret[d, 2], videretur, erat enim aliquantulum arida in ramusculis et deflexa, et abeuntes eam persistere in sua valitudine permiserunt. 'O', inquit ad socios sui contubernii, 'timeo dominum nostrum ducem Ottonem ex hoc seculo breviter transiturum', disserens sompnium[e], quod videbat. Quicumque eius coniecturam subsannaverit, subsannet Ioseph cum Daniele, qui regum casus et eventus (Gen 40. Dan. 2.) rerum[f] lucide huiusmodi visionibus presagantibus[g] dissolverunt. Rex Albertus sex filios habuit: quinque in florida iuventute *de terra vivencium* sunt *abscisi* velut ar- (Is. 53, 8) bores virescentes[h], Albertus sextus superstes, cuius tempora prolonget gracia salvatoris prestitutum sibi terminum prestolatur[i]. Qui sicut arbor, cuius radicis semen in terra fuerat ab angelis, qui curam hominum gerunt, derelictum, fructum attulit expectatum. Affectus enim suus, quem effudit, dum sanctorum limina visitaret, coram altissimo in effectum[k] desiderabilem est productus[l], in capite enim Kalendarum Novembrium ducissa Iohanna (Nov. 1) peperit ei filium, qui tamquam alter Samuel a domino (1. Reg. 1, 11) postulatus[m], Rudolfus vocitatus, nomen priscorum regum et ducum huius germinis est sortitus. Huic facto consonat prophetia Ezechielis, qui dicit *Ego[n] Dominus sic-* (Ezech. 17, 24) *cavi lignum viride[o] et frondescere feci lignum aridum.* Pro tribus his iuvenibus ducibus tota dicio gratulatur exultans, quod heredes habere meruit naturales, in quibus omnium eorum principatuum[p] spes dependet. Ad quos Virgilii[3] versus mitto, qui dicit:

Vivite felices; si quid mea carmina possunt,
Nulla dies umquam memori vos eximet evo.

a) sex arb *D 3* b) quom *D 3.* c) ad *om D 2* d) facere *D 3* e) sompnum *D 1.* f) iterum *D 2.* g) *sic D pro* presagientibus, *ut Pez habet O H-E* h) arescentes *D 3.* i) prestolauit *D 2* k) affectum *D 1 2* l) perductus *D 3* m) postatus *D 2* n) Ecce ego *D 3* o) veride *D 3.* p) principatum *D 1. 3*

1) *Cf. ad haec supra p* 184, *n* 4 5 2) *Cf. ibid n.* 6. 3) *Aen III, v.* 493. *IX, v* 446 *sq.*

1339. Mart. 21 (19). Hoc[a] anno apud Frankenfurt[b] in festo[c] palmarum[1] imperator comitem Gelrie, virum divitem et potentem, honoris[d] ducalis titulo decoravit. Qui regis Anglie sororem habuit et in regno clarus clarior est effectus, ut heredes eius sanguini tam[e] preclaro propinqui et ipsi cla-
(Mart. 20) rescerent in seculi dignitate. Eodem tempore[f] Iohannes rex Bohemie ibidem ab imperatore feoda sua suscepit, qui invicem compactatam[g] amiciciam in posterum sepius fuscaverunt[h, 2].

(Mai 11 12) Eodem anno Albertus dux colloquium habuit cum imperatore prope Hallis[3] territorii Salczburgensis[i], in quo inter alia dux Heinrico presuli de curia noviter iam reverso, qui imperatori parere in suscepcione suorum regalium et in aliis recusavit, standi in pace et sine offensa inducias non sine difficultate ad biennium impetravit[4]. Qui gratulabundus graciam hanc suscepit et versum Lucani[5] dicere videbatur:

Pars michi pacis[k] *erat*[l] *dextram tetigisse tyranni.*

De Friderico filio Ottonis et quibusdam preliis et incidentibus illius temporis. Capitulum[m] X.

Anno Domini[n] supradicto Fridericus dux, Ottonis filius, in superioribus partibus in castro Lenczenburg[o] constitutus provide se gerebat, gratum se et placabilem[p] omnibus exhibebat. Contigit ipso inscio quoddam disturbium exurgere durum nimis. Nam comes Nidowie[q], vir potens, ad civitatis dispendium frumentum et alia in via regia depredatur, confidens ducis patrocinio se tuendum. Cives suum obprobrium circumpositis civitatibus postulantes suffragium querulantur, similiter comes proximis et amicis, ut assistant, precibus insistebat, fiunt[r] spolia et[s] abductiones, et gwerra sevissima excitatur. Dux coacto exercitu nobilium preclaroque agmine militari ad assistendum cause nobilium se disponit, cives

a) Hoc a. in festo palm. (apud Frank. *om.*) — suscepit (*l.* 7) *A2*. b) *sic D2*, franckenf *D1*, frankhenf *D3*. c) die *D1*. d) hon. *om. D3*. e) iam *D*. f) anno *A2*. g) compactam *D2*. h) suscitauerunt *D2. 3? an Ioh.* fuscitaverunt, *vocem quidem ignotam, scripserit, nescio. O. H.-E.* i) Saltzpurg *D3*. k) pars *D3*. l) erit *Verg.* m) decimum cap. *D1*. n) Dom. *om. D1*. o) Lentzenburkh *D3*. p) placib. *D1*. q) Nyd. *D1. 2*. r) sicque *D2*. s) et *om. D3*.

1) *Imperator privilegium Mart.* 19 *dedit, cf. supra p.* 186, *n.* 2—5. 2) *Cf. ibid. n.* 6. 3) *Cf. supra p.* 183, *n.* 5. 4) *Cf. ibid. n.* 6. 7. 5) *Est versus Vergilii, Aen. VII, v.* 266.

non ignave, sed viriliter se opponunt[a], et duce propter 1339
etatis teneritudinem prelium non intrante, IX. Kal. Iulii *Iun.* 23 (21).
prelium ex utraque parte est commissum. Plures vulnerati, captivati, prostrati ex utraque parte; tam[b] diu et adeo se alacriter mutuis percussionibus concidere, donec civibus sors faveret et victoria arrideret. Cecidit[c] comes de Nidowe[d], comes Subaudie[e], viri spectabiles de Furstenberg, qui fuge presidio poterant se salvare, sed elegerunt pocius periclitari quam nomen sue[f] glorie denigrare[1]. Ex hoc furor circumquaque nobilium et principum contra cives validissime seviebat, qui, licet de moncium clausuris et circumsepcionibus confiderent, occisorum tamen amicos non modicum metuebant. Facte
tamen treuge pacis[2], quousque[g] ad concordiam res ve- 1340 *(Aug. 9)*
niret.

Hoc anno Heinricus dux inferioris Bawarie[h] mori- 1339 *(Sept. 1, vel 2).*
tur[i] [3], gener regis Bohemorum. Et non longe post unico filio suo Iohanne, quem reliquit[4], et consorte[5], regis Bohemorum filia, sublatis Ludewicus terram[6] apprehendit. In qua filii fratris sui[7] Rudolfi palatini[8] et filii Ottonis ducis Austrie ex matris sue[9] sponsalibus, que soror defuncti fuerat, ius legaliter et porcionem debitam exigebant[10]. Imperator se racione sanguinis et imperialis iuris omnibus propinquiorem astruens terram sibi quodammodo coactive, receptis sacramentis nobilium, conservavit, glorians se solum iam subintrasse tocius Bawarie principatum a longo tempore in partes plurimas subdivisum, patrueles[11] enim eius paternam adhuc in latere possident portionem.

a) opponentes *D 3.* b) tam diu *om. D 2.* c) *lege* Ceciderunt. d) Nyd *D 1. 2*, Nid *corr.* Nyd *D 3.* e) subaudi *D 3.* f) gl. sue *D 2.* g) quoadusque *D 1.* h) I. bav. *D 3.* i) gener r. Boh. mor. *D 2.*

1) *De pugna apud Laupen Iun. 21 commissa cf. supra p.* 186, *n.* 7—14 *adnotata.* 2) *Agnete regina Ungariae mediante.* 3) *Cf. Ann. Matsee. a.* 1340 *Sept.* 1, *SS. IX, p.* 829, *Chron. de duc. Bav. p.* 144, *Necrol. Windberg., Mon. Boica XIV, p.* 103; *Necrol. Seligenthal., ib. XV, p.* 534. *Sept.* 2, *et item Necrol. Baumburg., MG. Necrol. II, p.* 249, *et Necrol. Raitenhaslach., ibid. p.* 275, *alia.* 4) *A.* 1340 *Dec.* 20 *obiit, Boehmer, 'Wittelsbach. Regesten' p.* 125. 5) *Margareta, quae obiit Pragae a.* 1341 *Iul.* 11; *cf. Werunsky I, p.* 280, *n.* 1. 6) *Quam iam inde ab a.* 1339 *Sept.* 13 *velut Iohannis tutor administraverat.* 7) *Ludovici imperatoris.* 8) *Rudolfus II, Rupertus I, Rupertus II nepos.* 9) *Elisabeth filiae Stephani ducis Bavariae inferioris.* 10) *Cf. Muller II, p.* 137, *Riezler, 'Gesch. Bayerns' II, p.* 451, *n.* 1. 11) *Filii Rudolfi palatini, fratris sui, cf. supra n.* 8.

1340 Anno[a] Domini MCCCXL. Rudolfus quidam presbiter calicem cum sanguine Christi apud Salczburgam[b] in maiori ecclesia de altari sumens diffudit[c], quod prius fecerat Hallis in ecclesia beati[d] Zenonis. Qui captus et postea productus dixit Iudeum et paganum sine baptismo posse[e] salvari et in altari non esse verum corpus[f] Christi et demones posse redire ad pristinam dignitatem, quia solo peccaverunt[g] cogitatu. Et[h] cum nollet resipiscere, per Heinricum episcopum[i] Salczburgensem, magistro[k] Ruthmaro[l] Sekoviense[m] presule, Chunrado Chiemense[n] presentibus[o] et aliis prelatis, degradatus seculari potestati traditur et crematur[1].

Hoc anno eciam Fridericus dux iuvenis in Austriam revertitur et lateri Alberti patrui cum fratre Leupoldo[p] adherens, in gymnasio bonorum actuum desudans, verbis et factis terre nobilibus se coaptat.

Hoc[q] anno rex Ruthenorum[2] moritur, et rex Krakovie[r, 3] racione[s] consortis[4], que filia regis Livonie[5] fuerat, terram apprehendere festinavit, et abductis inde spoliis pluribus, quibusdam civitatibus depredatis ad propria est reversus. Rex Tartarorum hoc audiens regnum asserit[t] esse suum, tamquam sibi et suis progenitoribus censuale, cum infinita multitudine Tartarorum ad metas Krakovie[u] venit Et depopulatis atque vastatis finibus illis compulit regem Krakovie[r] metuentem[v] auxilium Ungarorum[w] Teutonicorum[x], ut abigerentur, ne ulterius diffunderentur, nunciis et litteris implorare. Novissime tamen angariati[y] per prohibicionem obsistencium fluviorum interpositorum ac[z] armatorum occurrencium ad propria redierunt[6].

a) A D. *om.* *D* 1. 2; A. D. — crematur *(l 12) A* 2. b) Chr Salczburgc *A* 2. c) diffundit *D* d) sancti *A* 2 e) salv posse *D* 3 f) Chr corpus *D* 1. 2 g) cog pecc *D* 3 h) Et *om.* *D* 2 — quom *D* 3, dum *A* 2 i) archiepisc *A* 2 k) mag *om* *A* 2 l) Ruchmaro *D* 1 3, Richmaro *A* 2 m) Sekhovieñ *D* 3, Secouieñ (pres *om*) et *A* 2 n) Chiemeñ *D* 3 *A* 2, Chimense *D* 1. Chymense *D* 2, preposito *ex A addendum* o) presulibus pres *A* 2. p) Leop *D* 3. q) Hoc — redierunt *(l. 30) A* 2 r) Cracouie *h l* *D* 3. *A* 2. s) racione — fuerat *om* *A* 2. t) asseruit *A* 2. u) kakrouie *D* 1, kracouie *h l* *D* 2. 3 v) metuente *D* 2 w) atque *add.* *A* 2. x) theuton *D* 1; theutun. *D* 3 y) ang. *om.* *A* 2. z) et *A* 2.

1) *Cf. supra p.* 190 *sq.* 2) *Boleslaus de Halitsch, princeps Ruthenorum, secundum Cont Ann Polon., SS XIX, p.* 661, circa festum annunciacionis b. Marie *obiit* 3) *Casimirus III rex Poloniae* 4) *Annae* 5) *Potius Gedimini regis Lituaniae* 6) *Cf Cont. Ann. Polon. l c, quae maximum exercitum Ruthenorum et Tartarorum contra Casimirum profectum esse dicit.*

Hoc[a] anno iterum[b] rex Francie et Anglie in[c] partibus Pikardorum[d] conveniunt. 1340 (Sept.) Tornacum civitas a rege Anglie obsidetur, sed instante hyeme cum treugis ab invicem discesserunt[1] (Sept. 25) Imperator regem Anglie vicariatu quarundam civitatum imperii in partibus inferioribus 1341 (Iun. 25) spoliavit, quas sibi pridem in defensionis auxilium commendavit, et ideo, quia rex eum, eo quod in subsidium[e] eius non venerat, ut promisit, civitatibus et principibus detulerit. Nam iuxta Salomonem *occasionem querit qui vult recedere[f] ab amico.* Prov. 18, 1.

Hoc anno reges Castelle et Arrogonie[g] contra Sarracenos[h], scilicet regnum Granatorum, cum infinita multitudine se parabant. 1340 In die sanctorum omnium[i], communione sacra de manu pape percepta eiusque benedictione firmati, Nov. 1 (Oct. 30) abeuntes res egerunt et prostratis innumeris viris et mulieribus, que cum viris ad prelium venerant, cum gaudio redierunt[2]. Rex Castelle vexillum[k] sue victorie, sub quo triumphavit, summo pontifici destinavit, qui sollempni voce[l] *Vexilla regis prodeunt*[3] decantavit. Fecit quoque sermonem de libro Iudicum, ubi de victoria Barach et Debbore[m] morteque[n] Sisare agitur, dicens *Sic pereant inimici tui, Domine, qui autem diligunt te, sicut sol in ortu suo splendet, ita rutilent* Iud. 5, 31 Milites Kalatravie de professione Cisterciensis ordinis ibi[o] gloriose et mirabiliter pugnaverunt et inestimabilem multitudinem populi barbarici prostraverunt. Fertur, quod inter Christianos et barbaros stagnum latum[p] sive quoddam brachium maris fuerit, quod Dominus ad Christianorum[q] preces siccavit, ut possent in prelium convenire. Quidam magni principis Sarracenorum[h] filius cum pluribus captus[4], dum fidem Christi blasphemaret, occiditur[5], de quo gloriabantur, quod in ortum Machometi[r] introductus melle, lacte, balsamo et deliciis in-

a) Hoc — commendavit *(l. 6. 7)* *A 2*. b) item *D 1*, *om.* *D 2. A 2.* c) ex *D 2*. d) pyk. *D 1. 2*, Picardie *A 2*. e) auxilium ei non *D 3*. f) ab am. rec. *D 3*. g) arrag. *D 2. 3.* h) Sarac. *D 3 semper*. i) omn. *om.* *D 2*. k) sue vict. vex. *D 3*. l) ymum *add.* *D 1*. m) debbora *D 1*, delbore *D 3*. n) et morte *D 2*. — Syzare *D 2*. o) sibi *D 1. 3*. p) latum *om.* *D 3*. q) pr. Christ. *D 3*. r) Machometi *corr.*, Machmeti *D 3*, Machmeti *D 2*.

1) *Cf. supra p.* 190, *n.* 1—5. 2) *Cf. ibid. n.* 7. 8. 3) *Venantii Fortunati Carm. II*, 6, *Auct. ant. IV*, *p.* 34. — *Idem dicunt V. Benedicti XII. prima et quarta, Baluze l. c. col.* 204 *et* 228; *'Crónica del rey don Alonso XI.' c.* 257. *De tempore legationis cf. Rainald. l. l. a.* 1341, § 1. 2, *Schirrmacher, 'Gesch. Spaniens' V*, *p.* 216, *n.* 2. 4) *Abohamar filius Abul Hassan regis Mauretaniae.* 5) *Error.*

1340. estimabilibus perfruatur; et sic pater et mater consolabantur, et alii ad prelium sub spe harum deliciarum[a] alacrius armabantur.

1341. Hoc[b] eciam anno Fridericus Libertinus de Sůneck[c]
(Apr. 16). ab imperatore in civitate Monacensi comitis nomen accepit seque de Celeya[d] nuncupavit[1]. Qui locus olim Arcturi[e] regis tempore dicitur in exerciciis militaribus claruisse, quem rex Rugorum Odovacer[f] olim[g] pergens in Italiam cum multis aliis civitatibus creditur destruxisse, cuius ruina et collapsio[h] usque hodie demonstratur.*

1340. Hoc eciam anno patriarcha Berthrandus[i] cum comitibus Goricie bellum gessit, habens secum Karolum marchionem et Iohannem fratrem eius, regis Bohemorum filios. Patriarcha animo bene fidens, qui prius in causa ecclesie contra Venetorum exercitum[2] et contra Ritzardum[k] de Camino[3] et contra Iohannem comitem Goricie[4] res prospere gessit et eximie triumphavit, letanter et ad ista per omnia se habebat. Et dum protraheretur negocium in quorundam castrorum obsidione, et succursus comitibus[l] non adesset, ad castrum Goricie properat.
Dec. 24. Ubi suburbio devastato in nocte natalis Domini[m] patriarcha in castris, tam armis septus[n] materialibus quam in sacris induviis, misse nocturnalis officium, subministrante sibi Gwiberto[o, 5] abbate Mosacensi[p] ordinis sancti[q] Benedicti, vestito similiter armis utriusque generis, celebravit.

Fuit hoc tempore in Karinthia quedam gyrovaga mulier nomine[r] Katherina, que arte prestigiosa, virtute, ut fertur, quarundam radicum in latere stigmata, ma-

*) *A 2 addit:* Eodem anno Henricus dux inferioris Bavarie, gener regis Boemie, moritur in die sancti
1340. Sept. 1. Egidii, relinquens unicum filium Iohannem. *(Cf. supra p.* 217, *l.* 16. 17*)*.

a) ad prelium *iterum add. D* 3. b) Hoc anno *(eciam om.)* — demonstratur *(l.* 10*) A* 2. c) suneck *D* 1; Swenek *D* 2; Sẘnekh *D* 3; Swenegk *A* 2; *Ioh.* Sünek *scripsisse videtur.* d) *sic A* 2; geleya *D* 1; Cyleya *D* 2; Galeia *D* 3. e) Arturi *D* 1; Artturi *D* 3; Arthuri *A* 2. f) Odoacer *A* 2. g) olim *om. A* 2. h) collapsus *A* 2. i) Berchr. *h. l. et infra D* 2; Betrardus *D* 3. k) rytzhard. *D* 1. l) com. *om. D* 1; comitum *D* 2. m) cum *add. D* 2. 3. n) sepius *D.* o) Swib. *D* 2. p) *sic A;* mosnascensi *D* 1. 3; mosnaceusi *D* 2. q) beati *D* 1. r) nom. *om. D* 3.

1) *Cf. supra p.* 188, *n.* 11. 12; *p.* 189, *n.* *. 2) *In Istria, a.* 1335. *post Martium; cf. Hist. Cortus. V, c.* 9, *l. c. col.* 865; *epistolam Bertrandi supra p.* 144. *allatam p.* 770. *Iul.* 4. *lites compromisso terminatae sunt.* 3) *A.* 1335. *ante Sept.; Hist. Cortus. et epistola Bertrandi l. c.* 4) *Fortasse hoc bellum in V. Bertrandi c. I,* 7, *l. c. p.* 775, *dicitur.* 5) *Cf. supra p.* 188.

nibus[a] et pedibus demonstravit, nobiles in castris[b] femi- 1340 nas et simplices in civitatibus decipiens[c] et in villis, ut a pluribus sanguis ex artubus eius ubertim effluere videretur. Sed cum in patrocinio fraudis et doli deprehenderetur, quia in latebris vacabat deliciis, dicens sibi celitus missum cibum, personasque religiosas semper vitavit, quia *qui male agit, odit lucem,* postremo aufugit *Ioh* 3, 20. nec in his districtibus imago postea apparuit illius bestie Antichristi[d].

Anno[e] Domini MCCCXLI. Iohannes Boheme regis 1341. (Nov. 2) filius de comitatu expellitur Tyrolensi, nobilibus terre pertractantibus hoc cum imperatore, cuius consiliarii hoc[f] ad[g] provinciam venientes cum uxore sua, filia Heinrici ducis Karinthie, et[h] cum secretariis quibusdam clam mittentibus et[i] scribentibus litteras preluserunt[1]. Ex quibus tamen aliquos inturravit[k], aliquos rerum direpcione et municionum dissipacione acriter castigavit[2]. Ipse vero vasis suis argenteis ac aliis iocalibus pro expensarum viatico obligatis ad patriarcham Berthrandum in Forum-Iulii commigravit, a quo honorifice suscipitur et tractatur[3]. Papa autem Benedictus ipsi patriarche remissionem fecit, ut discerneret factum partibus con- (Nov 29) vocatis et per diffinitivam sentenciam terminaret, quia casus dissolucionem matrimonii tangere videbatur[4]. Cui mandato Margareta[l] coniunx Iohannis parere recusavit; quapropter processus contra eam et terram papales per patriarche nuncios publicantur.

Hoc anno filia regis Boheme[5] Casmaro[6] Lothonis filio regis Krakovie[m] desponsata, ut eam duceret cum venisset, moritur, et mox ad hortatum regis[7] filiam (Iul 11) lantgravii[n] Hassie[o, 8] duxit, et[p] in civitate Posna ipsa per (Oct)

a) in ped et man *D* 3, *corrige* in lat, man et ped stigm. *O H.-E.* b) castro *D* 2. c) et in villis decip *D* 2 d) *sequuntur in D quaedam, quae Bohmer recepit, ego non a Iohanne scripta esse reor.* e) A D. – terre tractantibus *(sic, l 11 12) A* 2. f) huc *D* 2, huius *corr* hoc *D* 3 g) per *D* 1 h) et *om D* 2 i) ac *D* 2 k) incurr *D* 1 l) Margaretha *D* 1 2 m) Kracovie *D* 2 3, r Kr filio *D* 2 n) langrauii *D* 1 o) hazzie *D* 2 p) et *om D* 2

1) *Cf Riezler, 'Gesch Bayerns' II, p* 471—474, *Huber, 'Gesch d Vereinigung Tirols' p.* 29—36. 2) *Cf V Karoli IV. p* 261, *Ioh de prima perduellione a Karolo marchione a* 1340 *Aug. suppressa cogitare videtur* 3) *Cf Huber l. c. p* 34, *n* 1 4) *Riezler, 'Vat. Akten' p* 763, *nr* 2116, *Heinr de Diessenh c* 13, *p* 36 5) *Margareta vidua Heinrici II ducis Bavariae inferioris, cuius mortem Ioh iam supra p* 217 *retulit* 6) *III, a* 1341. *paulo ante obitum.* 7) *Cf. tabulas regis Poloniae datas a.* 1341. *Iul* 13, *Boehmer l c p* 258, *nr* 236 *sq* 8) *Adelheidem filiam Heinrici II. landgravii*

1341. Glisnensem[a] archiepiscopum[1] coronatur et nupcias celebravit. In qua sollempnitate expensarum, distributorum[b] munerum, vestium, gemmarum, argenti et auri precium non poterat estimari[2].

1342 Hoc eciam anno reges Castelle et Arrogonie[c] [3] accensi zelo fidei et devocionis coadunatis multis nobilium atque militum turmis de diversis mundi partibus contra Sarracenos exercitum grandem ducentes[d] [4], quia
Num. 33, 55 regna illa quodammodo se contingunt et sunt *quasi clavi in oculis* eorum, necesse habent cotidie contra hostium Christi incursus et discrimina propria vigilare et non solum fidei pietate, sed et[e] armorum alacritate frequenter et vivaciter decertare. Ubi quoque rebus bene gestis redeunt atque ad inminencia prelia iterum se disponunt, iuxta quod Prosper[5] dicit

Numquam bella bonis, numquam discrimina desunt,
Et cum quo certet, mens pia semper habet

De casu Iohannis filii regis Bohemie cum uxore sua et[f] intronizacione Alberti in ducatum Karinthie et quibusdam aliis. Capitulum[g] XI.

1342 Anno[h] Domini MCCCXLII. imperator Ludewicus que in cordis affectu congessit de dominio Tyrolensi cepit effectu[i] operis ebullire. Nam Iohanne filio[k] Bohemorum[l] regis* de partibus Athasis eliminato fama percrebuit[m], quod causa fuerit in[n] eo impotencia coeundi, ipsaque sua consors[o] Margareta[p], cupiens esse mater, hoc sepius familiaribus** patefecit[q] et[r] heredem ardenter desideravit, quod per eius consorcium fieri[s] penitus desperavit.

*) *A 2 addit* qui comitem Tyrolis et ducem Carinthie se titulavit.

**) *A 2 addit* et cubicularus.

a) Glismensem *D 1 3* b) distributarum vestium numerum *D 3* c) Arrag *D 3.* d) ducem *D 1*, grande inducentes *D 2* e) et *om D 1 2* f) *sic D 2 et supra I, p* 180 et *om D 1 3* g) Cap. XI *om D 1 3* h) A D *om D 1 2*, A D — supprimendos *(p 224, l 16 17) A 2* i) in eff *A 2.* k) Boh. regis filio *D 3.* l) regis Boemie *A 2* m) percrebruit *D 1* n) in eo *om. D.* o) coniunx *D 2* p) filia ducis Henrici Carinthie *add A 2* q) patefecerit *D 1, 2* r) quod *D 2* s) fieri *om. D 3*

1) *Ianislaum, qui et Ianussius archiepisc.* 2) *Cf. Werunsky I, p* 282 *sq* 3) *Hic non interfuit, cf supra p.* 219 4) *De castro Algesiras obsesso inde ab a* 1342. *Aug, capto a* 1344 *Mart* 21 *agitur.* 5) *Epigr.* 96 (93), *v.* 1 *sq*

Ferebatur* a pluribus, quod hoc olim per Beatricem 1342
Heinrici ducis Karinthie terciam uxorem latenter fuerit procuratum per artem maleficii, precavere volentem, ne ex hiis soboles nasceretur, et ipsa, que fructum non habuit, dotaliciis frustraretur[a].

Imperator[b] audiens[c] quod est gestum[d] filium suum Ludewicum marchionem de Brandenburg[e], cuius uxor, filia regis Dacie[1], iam[f] dudum decesserat[2], stimulat, ut consortem[g] Iohannis ducat[h] terramque[i] inclitam apprehenderet[k]. Qui** dum reniteretur totis viribus et horreret, sermo patris prevaluit[3]. Et assumpto secum quodam sue partis episcopo intruso Frisingensi[4], ut divorcium celebraret, iter capiunt[l] ad montana. Et dum ad clivum

*) *Pro* Fereb. — frustraretur *(l. 5) habet A 2*: Multis indiciis predictus comes demonstravit se esse virilem cohabitacione aliarum mulierum[5]; sed si quoad suam maleficiatus fuerit tantum, multi multa sensere.

**) *Pro* Qui — Quo *(p. 224, l. 10) exhibet A 2*: quia hoc pro se et imperio expediat, edocebat. Quo totis viribus renitente et utrobique consanguinitatem pretendente, quia mater Henrici ducis Carinthie, scilicet regina Romanorum Elizabeth, amita, soror patris[6], et Gutta regina Boemie, de qua processit Elizabeth mater huius Iohannis, matertera, soror matris[7], extitit huius Ludovici imperatoris; cuius sermo prevaluit, et veniens[m] cum quodam intruso episcopo Frisingensi sue partis, ut divorcium celebraret et sic Margaretam filio suo sociaret; qui presul cum de clivo cuiusdam montis descenderet equo sedens, casum (Febr. 8)
faciens moritur. Et iudicii ecclesiastici ordine non servato quoad disiunctionem, nupcie celebrantur. Et (Febr. 10)
imperatore.

a) frustar. *D 1. 2.* b) igitur *add. A 2.* c) audiens *om. D 3.* d) gest. est *D 1.* quiam undiquo vulgabatur *A 2.* e) Brandenburkh *D 3*, march. Brandeburgen. *A 2.* f) iam *om. A 2.* g) dimissam *A 2.* h) uxorem *add. A 2.* i) terrasque inclitas *A 2.* k) possideret *A 2.* l) carpiunt *D 3.* m) *lege* cum imperator veniret.

1) *Margareta filia Christophori regis.* 2) *De tempore mortis eius vide Riezler, 'Gesch. Bayerns' II, p. 473, n. 1.* 3) 1. *Paral.* 21, 4: sermo regis magis praevaluit. *O. H.-E.* 4) *Ludovico de Chamerstein electo, quem Benedictus papa non probavit.* 5) *Postea cum Margareta de Troppau quinque liberos habuit.* 6) *Ludovici II. ducis, patris imperatoris.* 7) *Mechtildis, utraque filia Rudolfi I. regis erat.*

1342 cuiusdam[a] montis pervenissent[1], intrusus ille, dum de-
(Febr. 8) scenderet equo sedens, casum faciens expiravit. Nichi-
(Febr. 10) lominus ecclesiastici iuris formula postergata inter Ludewicum et Margaretam nupcie celebrantur. Que concepit, sed prevaricacio in primogenito[2] est multata, quia
natus celeriter est sublatus. Imperator castrum Tyrolis
ingressus armis munivit, exultans animo altisonis vocibus
cantica leticie cecinit, loci amenitate et possessione
moncium tantoque munimine ad introitum et exitum
(Mart.) Italie delectatus. Quo recedente filius manens de singulis scrutabatur. Qui[b] postea sequens patrem ait terram se famosam sine fructu subintrasse[c], quia nobiles
possessiones et[d] castra ad[e] principem spectancia possi-
derent* [3]. Pater ait longam tunicam inferius[f] pre-
cidendam[g] [4] et pallium amplum aliqua subtracta lacinia
angustandum, innuens potentes atque predivites supprimendos. Unde[h] mox quendam de pocioribus Volchma-
rum[i] [5] nomine cum filiis suis cepit et rebus sublatis
artissime custodie mancipavit, quibusdam, ut ferebatur,
in eis iudiciis corrupte fidei deprehensis[6]. Alii metuentes, cum processus papales terram concuterent, dicere
Gen. 42, 21 videbantur: *Merito hec patimur.* Monasteriis tamen sub
hoc turbine vivere grave fuit.

Hoc tempore venerabilis pater Berthrandus[k] patriarcha corpora beatorum[l] Elarii[m], qui tercius post beatum
Marcum Aquilegiensem[n] ecclesiam gubernavit, et sui
archidiaconi Taciani[o], cum quibus Felix, Letus[7], Dyonisius[p] passi leguntur a Berronio[q] preside sub Numeriano
principe[8], apud Aquilegiam devocione celebri transtulit

*) *A 2 addit:* Nec superesse tantum, quo cum consorte vite caperet sustentamentum.

a) montis cui *D 2*. b) et seq. *A 2*. c) intrasse *D 1*. d) atque *D 1. 2*. e) c. proventibus ad pr. spectantibus *A 2*. f) in seruis *D 1*. g) *sic D 1. A 2*, precind. *D 2*, prescind. *D 3*. h) Unde — quievisse *(p. 225, l. 5) om. A 2*. i) volckm. *D 1*. k) Berchr. *D 1. 2*, Bertr. *D 3*. l) sanctorum *D 3*. m) cleri *D 1. 2*, Cleti *D 3*. n) aquilegeñ *D 1*. o) Ticiani *D 2*. p) Dionis. *D 3*. q) ab heronio *D 1*; Bronio *D 3*.

1) *Fauces Iaufen dictas transiens.* 2) *Hermanno?* 3) *Cf. privilegia, quae Ludovicus marchio Tyrolensibus concessit imperatorque eis confirmavit, Boehmer l. l., 'Ludwig' nr.* 2212—14. 2221 *sq.* 3466—70, *Huber, 'Vereinig. Tirols' p.* 155 *sq., nr.* 83 *sq.* 4) *Cf.* 1. *Par.* 19, 4: praecidit tunicas. 5) *De Burgstall.* 6) *Cf. Ladurner, 'Volkmar v. B.', Archiv f. Gesch. u. Alterth. Tirols' II, p.* 134—180. 7) *Largus.* 8) *Ex Actis Hilarii, Tatiani, Felicis, Largi, Dionysii, Acta SS.* 16. *Mart. II, p.* 413—415. *De translatione ibi nihil legitur.*

et ad locum eminenciorem ecclesie venerabiliter elevavit. 1342
Corpora incorrupta totam basilicam atque omnes qui aderant mira suavitatis fraglancia[a] resperserunt. Estimati sunt autem mille et triginta annos vel circiter quievisse.

Porro* Iohannes rex Boheme Albertum ducem (Febr.)
affatur, querulans filii sui causam, et dum in conclavi, hic pene cecus, alter membrorum non compos, sermocinium facerent[b] super isto[c], finito colloquio rex, ut exiret, parietem palpitavit, non valens hostium reperire, dux regem de hostio informans cecucienti non valuit subvenire, quousque[d] utriusque[e] iocundo ridiculo pre foribus residentes hostium aperirent[1]. Deinde ad papam[2], ad regem Francie[3], ad principes, nobiles et amicos deferens negocium suum consilium et auxilium deprecatur.

Hoc anno, tempore incipientis Aprilis, glaciebus Apr. in.
undique dissolutis, graminibus de terre poris[f] erumpentibus, inopinatum frigus aquarum constrictione, ventorum atque nivium densitate, hyems altera irruit, ita ut multos percuteret vis algoris[4], et dum glacies solveretur et nivium congeries solaribus ignibus scinderetur, quasi omnium fluminum magnorum tocius Europe et parvu-

*) *Pro* Porro — deprecatur (*l.* 15) *habet A2:* Interea Iohannes rex ad papam, ad regem Francie, ad principes et amicos rem cecuciens defert, consilium postulat et iuvamen. Ab omnibus fede huius noxe piaculum et rei illicite facinus imponitur Ludovico et ab universis detestabile iudicatur[5]. Et exurgunt contra eum indignaciones pene omnium, ut in eum iuste ulcionis sentencia extendatur, generaliter exoptatur, principes communiter se subtrahebant ab eo nec tam fervidos sicut ante se illi exhibebant.

a) flagrancia *D1*, fragrantia *D2*. b) faceret *D2*. c) quo *D2*. d) quoadusque *D1*. e) utrisque *D3*. f) oris *D1*.

1) *Cf. Werunsky I, p.* 296 *sq.* 2) *Clementem VI. Iun.* 26 *Iohannes rex Avinione absolutionem recepit, Riezler, 'Vat. Akten' p.* 766, *nr.* 2125. 3) *Oct.* 4. *Iohannes rex Parisius tabulas dedit. Boehmer l. l. nr.* 308. *Fortasse iam Maii* 14. *ibi fuit, Boehmer, Addit. III p.* 408. 4) *Cf. Heinr. de Diessenh. c.* 13, *p.* 36, *Cont. Novimont. p.* 672 *(a.* 1341*).* 5) *Cf. infra p.* 228, *n.* 7.

1342 lorum incurrencium[a] inundacio[1] villas, homines, arbores[b], agros, prata radicitus evulsit atque ad inferiores alveos deportavit, quasi rediviva castigacione peccatorum hominum post primum humano[c] generi apertis celi catharactis[2] secundus exiluerit cathaclismus, et iuxta Lucanum[3]

Deuchalioneos fudisset Aquarius imbres.

Danubius[d], Renus et Mogus[e], qui Orientales Francos permeat, turres, muros fortissimos, pontes, domos et menia et civitatum propugnacula abstulerunt.

(Apr. 25) Hoc anno, Maii tempore Benedictus papa moritur,
Mai (7) et Clemens sextus eligitur. Qui predecessoris sui duriciam liberali munificencia pravit[4] gracias multas faciens advenientibus et, sicut fertur, impetrantes quoslibet admisit et misericorditer exaudivit, cardinales plures creavit et ex[f] eis in Hispaniam, Tusciam[g] et Lombardiam legatos aliquos destinavit.

Albertus dux audiens, quod Ludewicus* imperatoris filius se ducem Karinthie, comitem Tyrolensem et Goricie tytularet[5], cogitavit quod dicit Oracius[6]

*) *Pro* Ludewicus — elevari *(p. 227, l. 7) A 2 habet:* imperatoris filius Ludovicus, marchio Brandeburgensis, iam comes Tyrolis racione uxoris alterius surrepte effectus, eciam se ducem Carinthie nominaret, provide, ut futuris conatibus occurreret adversa molientibus, contractavit vel[h], ut se vel fratris filiorum unum in sede ducatus Carinthie collocatum iuxta terre consuetudinem sublimaret, ut per hoc in principatu firmaretur et spes presumpta pro apprehendendo dominio frustraretur. Ordinatis autem atque dispositis cunctis necessariis ad imperatoris noticiam

a) vi curienciam *forte emendandum O. H.-E.* b) agros arb. *D 3.* c) humane *D 1*, humani generis *D 2.* d) Danubium, Renum *D 1. 3.* e) Mogum *D 3.* f) de *D 2.* g) tuscliam *D 1.* h) vel *delendum aut* ut vel *scribendum O. H.-E.*

1) *Cf. Ann. Windberg., SS. XVII, p. 566; Cont. Novimont. l. c. a. 1342, Michael Herbipol., Boehmer, Fontes I, p. 469; Ann. Francofurt., ibid. IV, p. 394; Heinr. Surdus, ibid. p. 523; Gesta Trevir. l. c. p. 256, Cron. S. Petri Erford. p. 375. 388 quaeque ibi adnotata sunt; Cron. Aulae-regiae pars II, l. III, c. 4, p. 568 sq.; Vita Clementis VI. prima, Baluze I, col. 244, et sexta, ibid. col. 317.* 2) *Gen.* 7, 11: cataractae coeli apertae sunt. 3) *Phars. I, v.* 653. 4) *Cf. Math. Neuenburg. c.* 75, *Heinr. de Diessenh. c.* 14, *p.* 37, *Matthaeum Villani III, c.* 1. 5) *Cf. Werunsky I, p.* 295, *n.* 5. 6) *Epist. I,* 18, *v.* 84.

Tunc[a] *tua res agitur, paries cum proximus*[b] *ardet* 1342
ne Karinthiam invaderet, occurrere satagebat. Unde dispositis necessariis se vel[c] unum[d] de fratruelibus sublimare statuit in solium ducatus Karinthie[e] iuxta consuetudinem ante dictam. Et cum ad punctum fiendi negocium pervenisset, se ipsum ad thronum huius glorie *(Iul.)*
precipit elevari, Chunrado[f] Gurcensi presule benedictiones ad hoc spectantes sollempnizante sacre misse tempore super ipsum. Questio[g] autem non parva inter milites est exorta, cur fratruelibus non indulserit hunc honorem. Quidam senserunt, quod proprium filium per hoc eque in ducatu hoc[h] voluerit heredare, alii vero diffinierunt quod nobiles terre hoc egerint[i], ne constringerentur duplici iuramento, si forte principes dissentirent, in conservacione fidei alteri parti obnoxii haberentur[k], si iuvenes[l] penderent has habenas[1], ab eis difficilius agerentur[2], iuxta Ovidium[3], qui[m] dicit

Arbor[n], *que latam prebet spaciancibus umbram,*
Quo primum[o] *posita est tempore*[p], *virga fuit.*
Tunc[q] *poterat manibus summa tellure revelli,*
Nunc stat in[r] *immensum viribus aucta*[s] *suis.*

Hoc anno Veronenses Lucam Florentinis pro infinita 1341.
pecunia vendiderunt[4], quam mox Pisani, fulti adiutorio *(Aug.)*
Teutonicorum[t], obsidentes[5] fame vehementissima constrinxerunt. Cui dum Florentini cum[u] innumerabili exer-

---

detulit ipsum factum et venit in Carinthiam ibique presentibus terre ipsius, Austrie, Styrie, Suevie comitibus, nobilibus atque suis fratruelibus se ipsum in sedem precipit elevari et sibi gloriam atque potenciam proclamari. *Expliciunt quae A2 ex Libro cert. hist. assumpsit.*

a) Nam *Hor.*, Non *D3.* b) proximus *D3.* c) et *D2.* d) de fr. unum *D3.* e) *sic D2*, Karinthiam *D1*, Corinthiam *D3*, *cf. p.* 226, *l.* 24. f) Conradi ... presule (*ex -li corr.*) *D1*, Chunradi presulis Gurcensis *D3.* g) autem qu. *D1.* h) hoc duc. *D1*, hoc *om. D3.* i) egerunt *D3.* k) *intellege* fore ut hab. l) iuuenes *D*... m) qui dicit *om. D1. 2.* n) Que pr. latas arbor sp. umbras *Ov.* o) pos. est pr. *Ov.* p) virga temp. *D3.* q) Tum *Ov.* r) in *om. D3.* s) acta *D3.* t) Theuton. *D3.* u) cum *om. D2.*

1) *Fort. Ioh. de Horatii Epist. II, 2, v.* 15: metuens pendentis habenae *cogitavit, ubi vero vis verborum longe alia est.* 2) *Cf. Puntschart l. c. p.* 106 *sq.* 3) *Remedia amoris v.* 85—88. 4) *A.* 1341. *Aug.* 4. *Albertus et Mastinus de Scala domini Veronenses Lucam Florentinis CCL milibus florenorum vendiderunt, cf. tabulas Florentiae in archivo rei publicae, Capitoli XIII,* 20. *XXV,* 83, *exstantes, 'I capitoli del comune di Fir.' II, p.* 285. 5) *Obsidio Aug.* 22. *coepit.*

1341 1342 (Oct. 2) citu succurrere vellent, territi[1] confusibiliter aufugerunt et Pisanis urbem, pecunia[a] sua perdita, reliquerunt[2].

Hoc tempore in partibus Lombardorum[3] deficientibus stipendiis quedam conglomeracio surrexit militancium de partibus Germanorum, que estimata est circiter[b] ad quatuor vel amplius milia armatorum, et est vocata 'societas coronata'[4]. Campos tenebant, spolia circumquaque exercebant, timorem suum undique diffundebant. Principem statuerunt, quem ducem coronate societatis unanimiter vocaverunt, eique obedientes in omnibus extiterunt[5].

(Iul. 16). Hoc tempore moritur Karolus rex Ungarorum, cuius exequias papa cum cardinalibus Avinione[c], dux[d] Albertus cum militibus suis in Karinthia sollempniter peregerunt. Filius suus Ludewicus mox patre subterrato (Iul. 21) in Alba-regali a Strigoniensi episcopo[6] coronatur.

Imperatoris fama odorifera pro re gesta in Iohanne filio regis Bohemie cepit in naribus principum fetere[7], qui dixerunt eum ab imperio ob enormes excessus exfuscatum[e], et regnum filio fratris[8] feruntur obtulisse; qui patruum nolens[f] exacerbare[g] nec calumpniari dicitur rennuisse. Mox tamen[h] Ludewicus Albertum de Hohenberg[i], suum cancellarium, nobilem virum de Randeck[k] [9], prepositum Babenbergensem[l] — qui pridem[10] missus ad (Ps. 17, 44) Benedictum verbo[m] Psalmiste *Eripies me de contradictionibus populi, constitues me in caput gencium*, fecerat[n] pro Ludewico, affectuosissime papam monens[o] — provincialem Cruciferorum[p] de Nellenberg[q] [11] et magistrum

a) perd. pec. sua D 3. b) circ. *om.* D 2. c) Avione D 1. 2. d) Alb. dux D 3. e) exfestucatum *legendum?* f) uolens D. g) exacerbari D 1. 2. h) cum D 1, tum D 2, quom D 3. i) Hohenbergk D 3. k) Randekch D 2; Randekh D 3. l) brandenberg. D 1, babenburg D 3. m) verbo — gencium *post* papam monens *ponenda esse videntur* O. H.-E. n) fuerat D 2. o) monens D 3, *ante hoc verbum aliud turbata serie verborum omissum esse censeo* O. H.-E. p) cruciferum D 1. 2. q) Nellenberkh D 3.

1) *Prope Lucam. Omnia a.* 1341 *facta sunt.* 2) *A.* 1342. *Iul.* 6. *post varia proelia Lucani pactis se Pisanis submiserunt.* 3) *Pisis, propter pacem, quam civitas haec cum Florentinis init, 'Cron. di Pisa', Muratori, SS. XV, col.* 1012, *Andrea Dei, 'Cron. Sanese', ibid. col.* 105 *sq.* 4) *Sermo est de societate Werneri ducis de Urslingen, non legimus eam coronatam dictam esse, immo 'magnam'.* 5) *Cf. Ioh. Villani XII, c.* 9, *Ioh. de Bazano et Bonifat. de Morano, 'Cronache Modenesi' I, p.* 237—240. 6) *Stephano Csanády de Telegd.* 7) *Cf. Exod.* 5, 21 *et alios auctores simile referentes, quos enumerant Müller II, p.* 163 *et Werunsky I, p.* 295. 8) *Rudolfo palatino, cf. Cont. Martini Oppav., Eccard I, col.* 1458: dicuntur ... Rudolpho filio fratris sui *(Rudolfi I.)* regnum et imperium obtulisse. 9) *Markwardum.* 10) *A.* 1335. *Aug., Müller II, p.* 274. 11) *Wolframum.*

Ulricum[a] de Augusta ad curiam destinavit[b, 1] In quo- 1342. rum fulcitacionem rex Francorum suum cancellarium et Ulricum[d] de Subaudia direxit, mandans eis pape et cardinalibus pro negocio insistere diligenter Qui circa finem mensis Novembris[2] sunt ingressi et convenientes Nov. ex. pariter quantum poterant rem tractabant.

Hoc anno rex Castelle accepta a papa subvencione (Maio) LXXV galeas Granatorum[c] submersit, *Dei presencia* 2 Mach 15,27 *magnifice delectatus*[3] Rex Francorum et[d] Anglorum conveniunt sicut prius, et papa misit duos cardinales[4], qui (Mart 31) nil egerunt, nisi quod treugas[e] statuerunt[5] et, sicut 1343 fertur, omnem materiam litis arbitrandam de consensu parcium summo pontifici et cardinalibus detulerunt.

Hoc tempore quidam monachus Victoriensis vidit 1342 in sompnis, quod flexis poplitibus[f] confessionem faceret suarum culparum virgini gloriose Que[g] peracta confessione manum posuit super caput eius et absolucionem dixit, iniungens psalmum · *Benedicam Dominum*[h] *in omni* Ps 33, 2 *tempore* pro satisfactione dicendum, evigilansque hunc psalmum crebrius in reliquum decantavit.

Hoc anno, tempore Augusti pestifer ventus oram Aug Aquilegensis[i] portus afflavit de spumis maris Adriatici procellosis, qui in districtus illius complexu plurimos in mortem stravit, plurimos in infirmitatibus diucius colligavit.

Dux eciam Albertus gravissime infirmatus, oracionibus religiosorum communibus Deus distulit mortem eius, quamvis longe esset positus a spe vite[6], pro eo, ut creditur, quia terras[k] suas a contagio[l] excommunicacionis sagaciter conservavit, qua[m] propter imperatoris excessus alie regiones tenebantur miserabiliter implicate. Sed de Dei gracia in suarum terrarum gaudium con-

a) Udalricum *D 3* b) misit *D 3* c) grauat *D 3* d) *supple* rex e) streuges *D 1* f) poblicibus *D 1 3.* g) qua *D 1* h) domino *D 3* i) Aquilegiensis *D 2* k) suas terras *D 3* l) contigione *D 1* m) quo *D 3 forte recte*

1) *Cf. Heinr. de Diessenh* c 14, p 38, *Math Neuenburg* c 75. *Ioh Vitoduran* p 171 2) *Heinr de Diessenh l c* cum nuntius regis Francorum ingressi sunt Avinionum in Decembris . . et recesserunt in vigilia nativitatis Domini sine expeditione 3) *De pugna navali, qua Aegidius Boccanegra cum navibus Ianuensibus Castilianis, Lusitanicis Mauros a* 1342 *prope Algesiras vicit, Ioh tractat* 4) *Petrum de Pratis Praenestinum et Hannibaldum de Ceccano Tusculanum episcopos* 5) *Indutiae trium annorum a* 1343, *Ian* 19 *apud Malestroit initae sunt* 6) *Cf. Luch* 24, 25 spes vitae

1342. valescens, prospiciens futura, ad iuvenum ducum regimen et instructionem comites de Schawenberg[a] et de Phanberg[b] aliosque viros providos deputavit, ut biberent in puericia, quod postea ructuarent[c], et iuxta Oracium[1]:

Intendant[d] animum studiis et rebus honestis
Nam[e] puer[f] est, etas,

ut dicit Ovidius[2],

mollis et apta capi.

De statu Ludewici iterum et finalis[g] conclusio de diversis. Capitulum XII.[h] et ultimum.

1343 (Ian.). Anno Domini MCCCXLIII. nuncii Ludewici imperatoris a curia inefficaciter revertuntur, negocium retrocessum in regem Francie contorquentes[3], qui dudum[4] promiserat, quod eum sedis gracie reformaret. Obstitit eciam regis Bohemorum instans querela, suum ac filii dedecus ulcisci per iusticiam postulantis[i 5]. Fertur
(Apr. 12) nichilominus summus[k] pontifex terminum statuisse, ut errorem recognosceret, terram Tyrolensem redderet[l], imperium resignaret, et hac via et non alia se[m] graciam inventurum. Qui respondit divine providencie ad omnem eventum se pocius submissurum. Papa cancellarium suum Albertum de Hohenberg solum inter eos, qui missi fuerant, a Ludewico discedere persuasit, spondens sibi melius a sedis gracia providendum[6]. Pontifex denuo
(Apr. 10) contra terram Tyrolensem novos processus condidit et patriarche publicandos demandavit[7]. Similiter contra Ludewicum, si ceptis non desisteret et monitis salutaribus non intenderet, per[n] provincias locorum et ecclesiarum principalium undique statuit procedendum. Quod

a) *sic D 2*, schônberg *D 1*, Schônnberkh *D 3*. b) phannberg *D 1 h. l.*, *cf. supra p.* 193, *n.* x. c) *sic D 2. 3*, eructuar *D 1*. d) Incendurt *D 1*, Intendes *Hor.* e) Sed *Ov.* f) pueri *D 2*. g) finali conclusione *D 3*. h) undecimum *D 3*, XII capitulum (et ult. *om.*) *D 1*. i) postulantes (s *post add.*) *D 3*. k) summum pontificem *D 3*. l) et *add. D 3*. m) gram se *D 3*. n) per *om. D 3*.

1) *Epist. I, 2, v.* 36. 2) *Ars am. I, v.* 10. 3) *Cf. supra p.* 229, *n.* 2, *et Ioh. Vitoduran. p.* 171. 4) *A.* 1337. 5) *Qui tempore, quo legati imperatoris Parisius venerunt, ibi fuisse videtur, cf. Ioh. Vitoduran. p.* 171. *et Muller II, p.* 169, *n.* 4. 6) *Idem tradit Heinr. de Diessenh. l. c.* 7) *Apr.* 10, *in regestis Clementis VI epistolae inscriptum est:* patriarchae Aquileiensi eiusque suffraganeis, *Raynald., Ann. eccl.* 1343, *c.* 12, *cf. Lang l. c. I,* 1, *p.* 240, *nr.* 289a.

Albertus dux in suis fieri districtibus nullatenus . . . . .[a], 1343.
dicitur[b] quoque[c] Ludewicus[d] inniti[e] cuidam[f] dyalogo[1] quem Wilhelmus Okkam[g] ordinis Minorum, Anglice nacionis, de diversis materiis et sentenciis sub forma discipuli querentis et magistri edidit respondentis. Quem divisit in tres partes[2]. Prima tractat de hereticis, secunda de dogmatibus Iohannis pape XXII, tercia de gestis circa fidem altercancium orthodoxam. Qui eciam regulis artis loice[h] subtilissima[i] multorum ingenia occupavit.

Hoc anno moritur Rupertus rex Sicilie tempore *Ian* (19)
Ianuarii, duas relinquens filias[3]; quarum una[4] nupsit Andree Ungarorum quondam Karoli regis filio[5] quem post[k] se regnaturum designavit, altera[6] eque viro tradita nobili et potenti fuit[7], qui regnum racione coniugii similiter usurpavit. Mater autem Andree[8] transfretavit actura, ut filio suo coronam apud regnicolas et apud 1342
summum pontificem[l] obtineret[9]. Moritur et[m] hoc tem- *(Aug* 15)
pore Petrus[10] rex Sicilie, cui succedit filius suus senior[11], natus ex filia Ottonis ducis Karinthie[12]. Huic regno propter inhabitantes principes, sicut ab antiquo ex Friderici et Menfridi temporibus postquam[n] Arrogonii idem regnum post Karolum Provincialem obtinuerunt, aversum sedes apostolica vultum gerit, ambo tamen principes, unus in Sicilia, alter in Apulia et Kalabria, tytulo regnorum Sicilie et Ierusalem[o] perfunguntur. 1343

Ludewicus Ungarorum rex cum Karolo marchione, *(Febr* 25)
socero suo, solacium militaris exercicii in Bohemiam conduxit[p], in Teutonicorum[q] et Bohemorum milicia delectatus. Cui facto Fridericum ducem Austrie iuvenem contigit interesse, Alberto patruo parumper graviter[r]

a) voluit *add* D1, permisit *vel simile verbum addendum videtur. [Plura omissa esse censeo O H-E.]* b) admisisse *add* D2. c) quem D2 d) ludmicum D1 e) *emendavi O. H-E*, inniti D f) quodam D2 g) Occam D3 h) loyce D1, logice D3 i) subtilissimus *aut* subtilissime *corrigendum esse censeo O H-E* k) post *om* D3 l) pont *om* D2 m) *fort* eciam *legendum* n) post D3 o) Ihrlm D1, iherusalem D3 p) conduxit D2 q) teuthon D1, theuthun D3 r) gravate D2

1) *Cf Riezler, 'Die literar Widersacher d Papste' p 257—271* 2) *Haec e praefatione Dialogi* 3) *Neptes, filias Caroli ducis Calabriae, filii Roberti, qui iam a 1328 obiit* 4) *Iohanna* 5) *Minori* 6) *Maria.* 7) *A 1343 Apr 28 Carolo duci Dyrrhachii nupsit Summonte, 'Hist di Napoli' II, p 414* 8) *Elisabeth vidua Caroli I Roberti regis Ungariae.* 9) *Quae Iul 25. Neapolim pervenit* 10) *II* 11) *Ludovicus* 12) *Elisabeth*

1343 hoc ferente. Sed cum videret iuvenis animum ad opus virtutis et gloriam incitari, omnia impendia cum affluencia designavit. Et dum cunctos in omni illo apparatu dux precelleret, ut sibi singulare decus liberalis magnificencie acclamaretur, Albertus quod gestum fuerat collaudavit, iuxta versiculos Ovidii[1] qui dicit:

Excitat auditor studium, laudataque virtus
Crescit, et immensum gloria pondus[a] habet.

Hoc tempore familia Herquini[2] visa est in marchia Carniole pugnare per aera armis igneis intempeste noctis tempore. Et dum rei[b] experiencia quereretur, inventum est veteres mulieres plagatas et graviter vulneratas[c]. Quidam sacerdos audiens et videns perterritus vix ad vires corporis respiravit.

Apr. 12 Hoc anno in vigilia sancti[d] pasce in territorio Spirensi[e] solitarius quidam[f] Ludewicus nomine in nemore a Iudeis est morte horribili interemptus[3]. Nam ligatum super scalas capite demisso membra conscindentes, per venas sanguinem extrahentes, caput terebro[g] perforantes, mortuum relinquentes miseri[h] abierunt. Qui repertus et ad ecclesiam delatus maximis cepit miraculis choruscare. Iudei nephandissimi capti et exusti subito facinus sunt professi.

Hoc tempore civitates Lombardie agente Gwilhelmo[i] legato, Sanctorum quatuor Coronatorum presbitero car- (Mart. 28) dinale[4], ad sacramenta plene concordie convenerunt[5] et, ut illam societatem coronatam dissolverent, condixerunt. Primores etenim urbium in singulis vadis fluminum inmeabilium, ne transirent vel evaderent, insidias posuerunt. Qui dum inopia victualium premerentur, se ad exitum

a) calcar O. b) rex D 3. c) quaedam omissa esse videntur O. H.-E. d) sancte D 1, sancti om. D 3. e) spir. D 1. f) quodam D 3. g) cerebro D 1. 3. h) misi D 2. 3. i) wilh. D 1. Gvilh. D 3.

1) *Ex Ponto IV, 2, v. 35 sq.* 2) *Vox Gallica, saepius* Hellequinus, *cf. Grimm, 'D. Mythol.' II, ed. 3, p. 893; F. Panzer, 'D. Heldensage im Breisgau' p. 57.* 3) *Ioh. Vitoduran. p. 182* hoc in festo paschatis aput Wormaciam *factum esse tradit.* 4) *Cf. Vita Clementis VI prima, Baluze I, col. 245, eum tractatibus cum Wernero duce conclusis interfuisse alibi non legitur.* 5) *Secundum Chron. Estense, Muratori SS. XV, col. 407 sqq. Obizo marchio Estensis Ferrariae post foedus cum aliis principibus Lombardiae ictum Wernerum ducem pactis, ut secederet, commovit. Quae sequuntur ex parte ad tempora anteriora referenda sunt, cf. Hist. Cortus. VIII, c. 10, l. c. col. 909; Ioh. Vitoduran. p. 174 sq.*

paraverunt et circa montem Pardonis eis obsistentem 1343
rustice plebis infinitam multitudinem prostraverunt, sicque clausuras oppositas evaserunt; quidam vero assueti
in partibus illis hinc inde se[a] in civitatibus receperunt.

Hoc tempore puella quedam Iudaice gentis circiter
duodennis in Stiria manens vidit in sompnis se cum
Christianis in quadam ecclesia accedere ad altare, ut
assumeret corpus Christi. Quod dum sacerdos manum[b]
retrahens[c] denegaret, dicens eam non habere signaculum
fidei Christiane, expergefacta nutricem, que in domo
patris eius lactavit pueros, consulit[d] Christianam. Que
eam in[e] Karinthiam clam abduxit, ubi in oppido quod
Frisacum[f] dicitur cathezizatur[g] et magno cordis desi- *cf. Ps. 20, 3*
derio baptizatur, Christianis votivas solventibus Deo
laudes.

Hoc eciam anno, tempore Iunii principibus elec- 1343? *Iun.*
toribus de rege tractantibus, dum simul prope Confluenciam in pomerio Rensensi consisterent, Ludewicus
adveniens inopinate[1] eorum propositum faceta modestia
interrupit, spondens se sancte[h] matris ecclesie graciam
omni conamine quesiturum eorumque se nutibus atque
consiliis submissurum. Et rediens ad partes Noricas 1342
cum Ratisponensibus litis materiam adorditur, que licet
graviter a primordiis texeretur, Deo tamen volente ad
tempus biennii est treugata[2]. *(Nov. 24)*

Ludewicus Ungarorum rex precipitis animi cum 1343
immenso exercitu vadens ad partes Transilvinas[i], amissis
pluribus, redit, fremens vindictam cotidie meditatur[3].

In partibus superioribus Karinthie hoc tempore
quidam desperatus per fenestram ecclesie cuiusdam in
ymaginem dulcissime Marie virginis telum torsit. Filius
matris iniuriam non ferens presbitero cuidam[k] rapto

a) in civ. se *D 2.* b) manu *D 2.* c) detrah. *D 3.* d) Christ. cons. *D 1*; Christ. *ante* que in *D 2.* e) clam in Cor. *D 3.* f) Fris. *D 2.* g) *sic D 1. 3*; chatezi. *D 2.* h) sancte *om. D 1*, beate *D 3.* i) transsiluanas *D 2.* k) credam *D 3.*

1) *Cf. ad haec Muller II, p. 172, n. 2; Riezler, 'Gesch. Bayerns' II, p. 480, n. 2. Cum nihil eorum alibi referatur et hoc Ludowici iter ab itinerario eius discrepet, resque contra Ratisponenses a. 1342 gestae sint, nescimus an omnia ad declarationem a. 1338 factam referamus.* 2) *Haec ita non recta, Ratisponenses, qui Henrico de Stein episcopo imperatoris sequaci infesti fuerant, post quasdam inimicitias a. 1342 gestas Nov. 24 in Ludowici gratiam recepti sunt. A. 1343 et Ioh. Vitoduran. p. 198 haec attribuit.* 3) *Falsa, rex seditiones Transsilvaniae et Walachiae sine bello compescuit.*

1343. apparuit et indignacionem suam super genus humanum effusam[1] quasi iam ad perdicionis baratrum declaravit. Beata virgo, mater gracie, mater misericordie, precum suarum opposicione et prolis amplexacione, quam nichil negando[a] honorat filius, instantissime iram[b] filii mitigavit. Presbiter reversus[c] ad se ipsum letanias et oraciones populo persuasit et indixit, et ipse quidem post percepcionem corporis Domini in ministerio altaris calicem sumens quasi tenerrimi agnelli sanguinem respicit excrescere, ita ut ex ore eiceret et horreret; qui usque hodie in miraculum et fulcimentum Christiane fidei visus a pluribus conservatur.

Hoc tempore inter Bohemos et Australes in metis se contingentibus residentes, scilicet de Rosenberg[d] et de Walse[e], grave disturbium est exortum, quod nullatenus extinguendum sine terrarum periculo credebatur[f]. Sed Albertus alloquens Karolum marchionem breviter negocium ad[g] federa pacis traxit[2]. Sed et alias inter suos crebrius exuberantes spumas licium rigore, persuasione et paciencia equi moderaminis consopivit iuxta Salo-
Prov. 3, 17. monem, qui dicit: *Omnes semite illius pacifice.*

Renus[h] inundans hoc tempore pontes et edificia multa stravit[3].

Imperator receptis ambassatoribus[i] regis Francie[4] de obtentu gracie sedis apostolice spem concepit, quam sicut anchoram firmam tenet, et missis suis nunciis adhuc agentibus in curia[k. 5] relevacionem tedii prestolatur.

Aug. (Iul. 29). Hoc anno, tempore Augusti[6] moritur venerabilis Heinricus archiepiscopus Salczpurgensis[l], et eligitur Ortolfus[m] prepositus ecclesie, qui usque hodie in curia

a) hon. neg. *D* 1. 2. b) filii iram *D* 2. c) ad se ipsum rev. *D* 3. d) rosenberch *D* 1; rősenberkh *D* 3. e) Waltze *D* 3. f) *sic D* 1; uideb. *D* 2; redeb. *D* 3. g) de federe *D* 1. h) Renus — stravit *post sequentia* Imperator — prestolatur *(l. 24—27) D* 3. i) ambaşiat. *D* 1. 2. k) curiam *D* 2. l) saltzburg. *D* 1. m) Ordolfus *D* 3.

1) Effundere indignationem *pluries habet Ezech. O. H.-E. Cf. Is.* 42, 25. *Thren.* 2, 4. 3, 11. 2) *Cf. Kal. Zwetl., SS. IX, p.* 691. *(a.* 1346*); Doblinger l. c. p.* 277, *qui haec a.* 1345. *attribuere vult, quamvis in Kal. Zwetl. temporum series corrupta sit.* 3) *Heinr. de Diessenh. c.* 15, *p.* 39 *(Iul.* 25; *Aug.* 27*); Ioh. Vitoduran. p.* 183. 192. *(c. Aug.* 24*).* 4) *Cf. Müller II, p.* 174, *n.* 4. 5) *Markwardo de Randeck electo Babenbergensi, Eberhardo de Tumnau praeposito Augustano, Ulrico Augustano protonotario; haec legatio secundum Heinricum de Diessenh. c.* 15, *p.* 45. *a.* 1344. *post Apr.* 23. *a curia recessit.* 6) *Immo Iul.* 29.

manens confirmacionis et aliorum beneficiorum graciam 1343 sustinet et expectans[a.1].

Hoc anno[b], mense Octobris Elizabeth, relicta quon- Oct. dam Heinrici ducis Austrie, moritur[2] et in Campo-regis sepelitur[3], exequie eius Wienne ab Alberto duce pie et sollempniter celebrantur.

Mense Novembris adeo valida fulgura et tonitrua mu- Nov. gierunt per Karinthiam, ita ut plura castra et castrorum turres atque menia incenderent, deicerent et vastarent.

Igitur Ludewicus adhuc sub fluctibus navigans procellosis[4], bone tamen spei factus, quod ad portum sue tranquille stacionis sua figatur anchora, confidit animo inconcusso iuxta Oracium[5], qui dicit:

Ego utrum[c]
Nave ferar magna aut[d] *parva, ferar unus et idem*

sum, in prosperis scilicet et adversis. Albertus eciam nostrarum dux terrarum, fratruele Friderico ad superiores partes expedito, informatore et cancellario sibi Ulrico[e] Curiensi presule[f] deputato suisque terris regulatis, ad pacis comoda circumquaque . . . . . [g].

Ego, futura relinquens posteris melius annotanda, *finem faciam sermonis et siquidem bene et ut hystorie com-* 2 Mach. 15, 38. 39 *petit, et ipse velim. Si*[h] *autem minus digne, concedendum est michi* ad laudem sancte et individue trinitatis, cui sit honor, laus et gloria et maiestas per infinita secula seculorum! Amen.

a) sic D. b) tempore D 3. c) utrum unne ferar D 2. d) an Hor. e) Udalr. D 3. f) episcopo D 1. g) desunt quaedam, Wurdtwein et Boehmer suppleverunt vigilavit, Pez textus cursum servans convertitur, sed plura deesse putarim. h) Sin Vulg.

1) *Ortolfi de Weisseneck electione cassata a. 1343 Oct. 29 a Clemente VI de ipso provisum est, Lang l. c. I, 1, p. 246, nr. 295; Nov. 26 vel 27 etiamtum Avinione fuit, ib. p. 247, nr. 295a.* 2) *Cf. Cont. Claustroneoburg. VII, SS. IX, p. 756, Seemüller, 'Mitteil. d. Instit. f. Österr. Geschichtsf.' XIV, p. 121 (Sept. 14).* 3) *Cf. Liebenau, 'Kl. Königsfelden' p. 60, n. 6.* 4) *Cf. epistolam Benedicti XII Ludowico IV. a. 1337 Iul. 20 directam, Raynald a. 1337, § 4:* Navim tuam guerrarum fluctibus, quae ut plurimum periculosos sortiuntur eventus, provide non exponas. 5) *Epist. II, 2, v. 199 sq.*

LIBRI VI.

PARTES CODICIS WESSOBRUNNENSIS[a].

f. 142'. Hoc anno[1] iuvencula Iudea quatuordecim[2] habens annos Frisaci[b] veniens baptizari devotissime subplicavit, que retulit se vidisse, quod in ecclesia quadam splendida extiterit, ubi sacerdos omnes corpore Dei communiverit, sibique petenti corpus Domini denegatur, quia alterius legis esset. Que inflammata in fidem catholicam baptismi gratiam est adepta.

Marchio Moravie anticipavit nuptias cum[c] filia sua[3] et rege Ungarie.

1342. Anno Domini M⁰CCC⁰XLII⁰ massa armatorum sex milium[4] coadunata, dicta 'societas coronata', stipendiis in Ythalicis civitatibus minoratis se mutuo federe constrinxerunt, et precipue de partibus Germanie superioris et inferioris, paucis aliene[d] nacionis intermixtis, se numquam ab invicem deserturos, stipendia quarundam[e] civitatum, que[f] ipsum[g] metuerant, recipiebant, singulis mensibus XVIII milia florenorum. Ducem inter se statuerunt, quem[h] ducem societatis coronate vocaverunt, capitanei et primates civitatum ipsam sibi certatim allicere pro adversariorum internicione[i] prece[k] et precio studuerunt.

a) *Cf. supra I, p. XI.* b) *lege* Frisacum. c) filie sue cum rege *legendum.* d) aleene *c.* e) quor *c.* f) qui *c.* g) *sic c., fort. Ioh. de Wernero duce, cuius nondum meminit, cogitavit.* h) quem — voluit *(p. 337, l. 1) a Ioh. postea superius adscripta.* i) internicie *c.* k) precio *c.*

1) *Rec. D p.* 233 *haec a.* 1343 *attribuit.* 2) circiter duodennis *D.* 3) *Margareta, a.* 1338 *Mart.* 1 *Ludowico regi sponsa, quae a.* 1343. *intrante ei nondum nupserat, quod ex testamento Roberti regis Neapolis (qui obiit a.* 1343 *Ian.* 19*) efficitur. Haec ad curiam Pragae a.* 1343. *Febr.* 25. *habitam (cf. rec. D, supra p.* 231*) spectare videntur.* 4) *Alium numerum habent D p.* 228. *et Eccardi Cont. Martini col.* 1458.

Lûdewicus Moguntiam capere voluit. 1343

icicie[a] pariter habuerunt. Regis Anglie et Francie causa in summum pontificem et collegium cardinalium compromissa interim per triennium est treugata[1]. (Ian. 19)

Processus gravissimi iterum contra Lûdewicum marchionem Lûdewici filium et Margaretham [patr]iarche[b] Berthrando diriguntur per diversas provincias publicandi[2]. Insuper papa dedit auctoritatem procedendi contra singulos patriarche et nobiles absolvendi [a[b]] iuramento, quo ligati[c] [fuerunt[d]]. (Apr. 10)

Hoc anno ambassatores Lûdewici[3] de curia inefficaciter revertuntur[4], ipsam inefficaciam in regem Francie retorquentes, qui pridem promiserat se velle[e] indubitanter, quod Ludewicus reciperetur in graciam, procurare. Ita[f] fuit legacio pape ut honorem resignet, ut errasse se dicat, ut comitatum Tyrolis restituat. (Ian.)

Hoc anno Rupertus rex Sicilie *senex et grandevus*[5] moritur, et Karoli Ungarie regis filius, Lûdewici iam regnantis frater, Andreas a Carnotense et Tornacense cardinalibus[6], ut dicitur et creditur, coronatur. Lûdewicus rex Ungarie, Fridericus dux Austrie, Ottonis ducis filius, Karolus Moravie marchio in[g] Praga[7] solacium mutui colloquii et . . . . .[h]. (1 Reg. 17, 12) (Ian. 19) (Ian. 22) (Febr. 25)

a) *tres litterae abscisae, sed plura omissa esse vides, fort.* [mun]icicie par. hab. *sequentibus inseri debebant* b) *abscisa supplevimus* c) legati c. d) *omissam vocem cursus gratia ita supplevimus* e) velle indub. *supra lin. add.* f) Ita — restituat *(l. 16) ante* Hoc a. *(l. 11) scripta sine dubio huc spectant.* g) sol. in Pr. *a Ioh. transposita* h) *reliqua abscisa*

1) *Cf. supra p.* 229, *n.* 4. 5. 2) *Cf. supra p.* 230, *n.* 7. 3) *Cf. supra p.* 228, *n.* 9 — 229, *n.* 1. 4) *De tempore cf. supra p.* 229, *n.* 2. 5) *Octoginta fere annos natus.* 6) *Non ab his. Clemens VI Aimericum S. Martini in Montibus presb. card., antea Carnotensem episc., Iohannae tutorem regno praefecit, a quo haec a.* 1344 *Aug.* 31 *coronata est. Tornacensis episc. Andreas S. Susannae presb. card. antea fuerat.* 7) *Cf. supra p.* 231 *sq.*

APPENDICES.

I. PRAEFATIO III[1].

*f. 133 *Nos cum prole pia benedicat virgo Maria!*

Ab Adam usque ad diluvium secundum Methodium[2] annorum duo milia computantur, quamvis LXX interpretes magis et Ieronymus minus dicere videantur[3]. In quibus reges et principes non fuerunt, sed primates, qui summam rerum inter se velut familiarum capita gubernabant[4]. Noe autem genuit tres filios, Sem, Cham et Iaphet, et quartum nomine Yonitum, ut dicit Methodius[5], cuius in Genesi mencio non habetur, cui pater in terra Etham iuxta mare orientis, quod dicitur Elyochera, id est solis regio, contulit principatum Hic futurorum predixit eventus regnorum, quia dono sapiencie precipue
Dan. 2 floruit. De quibus Daniel prophetavit, videlicet quod de stirpe Cham primum exurgeret regnum Assyriorum, de Seth[a] Persarum dominacio et Medorum, de Iaphet potencia Romanorum[6] Primus enim Nemroth regnum Babiloniorum iniciavit qui de germine Cham processit[7], Iethram super filios Sem, Suffenes super filios Iaphet regnare primitus sunt exorsi, sicut in questionibus super

a) *sic Ioh., Sem legendum est*

1) *Hanc praefationem inter recensiones C exstantem, in rec. D, ut videtur, non receptam hoc loco addere visum est, cum, quo Ioh. eam inserere voluerit, scire non iam possumus* 2) *Pseudo-Methodius c. 2, ed. Sackur, 'Sibyll. Texte und Forsch.' p. 63*: in explicionem secundi miliarii factum est dilluvio aquarum 3) *Haec ex Ottonis Frising. Chron. I, 3*: Fuerunt autem ab Adam usque ad diluvium iuxta septuaginta interpretes anni 2262, iuxta Ieronymum 1666 4) *Otto Fris. pergit.* capita familiarum decem; *cf. ibid. c. 4—6* 5) *L. l. c. 3, p. 63 sq.*: Ionitus autem filius Noe introivit in Eoam usque ad mare qui vocatur Hiliuchora, id est regio solis 6) *Cf. Ottonis Fris. epistolam Regenaldo cancellario datam et Petri Comestoris Hist. scolast., Genesis c. 37* 7) *Ottonis Fris. Chron. I, 4*

Genesim[a] Philo dicit[1]. Romanum igitur imperium fortissimum omnium tres partes orbis, Asyam, Affricam et Europam, victoriosissime sicut statua f[errea][b] perdomuit et metalla cetera subegit[2], *et hoc exercicio armorum, disciplina castrorum usuque milicie*, ut Vegecius[3] protestatur. Exactis Romanis Greci subintraverunt, qui Romani nominis gloriam ad natale solum transferentes[4] Francis monarchie gubernacula reliquerunt[5], quibus defluentibus et regnum dividentibus et in posteros multipliciter subdividentibus Germani inter Europe gremium vix tam amplissimi amictus gracillimam laciniam prendiderunt[c] [6]. Et cum nostra[d] sit habitabilis, quoad propositum duas in ea Gallias[7] et eque duas Germanias[8] repperimus, prout virorum stilus illustrium declaravit. Prima siquidem Gallia dicitur Transalpina[9] et complectitur Ythaliam[10], que *Appennino* et *Pyreneis*[e] montibus *in longum ductis hinc inde septa* est *tamquam eorundem moncium umbilicus*[11], et dicuntur Appennine Alpes ab aperiendo, *quia Hannibal ab Hyspania veniens in Ythaliam eas aperuit et rupit aceto*, sicut asserit *Iuvenalis*[12], *Pyrenee* vero vocantur a frequenti *igne fulminum*, quo ardere videntur, ut dicit Ysidorus[13], et sunt *quasi* quoddam *inter* Ythaliam[14] et *Hyspaniam munimentum*. Igitur Ythalia, que est in Gallia Transalpina, distinguitur in interiorem et exteriorem[15]. *Interior a monte Appennino, qui dicitur* iam *vulgariter mons Pardonis, extenditur usque ad Farum, brachium* scilicet *maris* ultra *Siciliam, ubi terminus* est *Europe*, et includit Thusciam usque ad mare Tyrrenum.

a) gen c. b) *abscisa supplevimus* c) *sic* c d) *supple* terra e) is *atramento coperta* c

1) *In Philonis Alexandrini Super Genesim quaestionum et solutionum libro (in calce Antiq. bibliarum eiusdem translato ab incerto interprete, ed. Μικροπρεσβυτικόν, Vet. quorund. brevium theologorum elenchus, Basileae* 1527, *p.* 340—357) *haec non leguntur*. 2) *Cf. Dan.* 2, 40: et regnum quartum erit velut ferrum; quomodo ferrum comminuit et domat omnia, *et v.* 31: quasi statua una grandis, *Otto Fris. Chron. I*, 25: ab hinc ferrea successit aetas. 3) *De re militari I*, 1. 4) *Cf. Otto Fris. Chron. IV*, 31. 5) *Cf. ibid. c.* 32. *V*, 31. 6) *Cf. ibid. VI*, 22. 7) *Cf. Isidor. Etymolog. XIV*, 4, 25. 26, *a quo Ioh. aliquanto discrepat*. 8) *Cf. ibid. XIV*, 4, 4: Duae sunt autem Germaniae. 9) *Ibid.* § 26: Transalpina, id est trans Alpes contra septentrionem. 10) *Dubitamus, num Ioh. hoc absurdum in ullo libro legerit*. 11) *Ottonis Fris. Gesta Friderici imp. II*, 13. 12) *Isidor. XIV*, 8, 18, *qui Iuvenalis Sat. X, v.* 153 *affert*. 13) *Isidor. l. l.* § 15. 14) Galliam *Isidor.* 15) *Ex Ottonis Fris. Gestis Friderici imp. II*, 13.

Campaniam, Calabriam, Apuliam cum provinciis interiectis illamque oram maris, ubi olim Maior Grecia dicitur extitisse [1]. Hec *a rege Siculorum Ythalo* nunc *Ythalia*, prius *Lacium et Saturnia* dicebatur [2]. Exterior continet Emiliam, que nunc Romaniola dicitur, cuius metropolis est Ravenna [3], Liguriam, cuius metropolis est Mediolanum [4], Veneciam, cuius metropolis est Aquilegia, urbs quondam ante destructionem Athile regis Hunorum celebris et insignis [5]. In hac pro loci conveniencia Iulius Cesar forum rerum venalium instituit, et ob hoc Forum-Iulii usque hodie appellatur [6]. Alboynus autem ex Pannonia veniens exercitum auxit cum feminis, que crines ad mentum deflectentes virilem faciem simulabant, et prevalente eo in terra, hoc novo casu a barbis longis, quibus gens Hunorum utitur, Langobardie vocabulum provincia dicitur conservasse [7]. Secunda Gallia dicitur Cisalpina et scinditur in tres partes, scilicet Celticam, Belgicam et Togatam, que [a] et Lugdunensis vocitata [8], quamvis quidam primam Galliam, scilicet Transalpinam, Togatam a [b] vestitu protenso eorum et hanc secundam, scilicet Cisalpinam, Comatam a [c] cesarie dependente [d] asserere videantur [9]. Et quidem Celtice Bituricensis, Belgice Treverensis, Togate Lugdunensis presules primatum retinent dignitatis. Celtica Aquitaniam, Franciam, Vaschoniam, Provinciam cum pluribus districtibus comprehendit, et quidam eandem Aquitaniam, quam et Celticam esse volunt Belgica ab Alpibus nascitur, ab urbe Belgis, que et Belvacum, vocabulum trahens [10],

a) que — vocitata *in marg* b) a vestitu eorum *in marg*, protenso *inter lineas add* c) a ces dependente *inter lineas add* d) *supple* vocatas esse

1) *Ex Ottonis Fris Gestis l l, cf Isidor Etymol* XIV, 4, 18 Italia . magna Graecia appellata est 2) *Isidor l l* 3) *Otto Fris. Gesta l l :* ulterior Italia tribus distincta provinciis, Venetia, Emilia, Liguria, quarum primae Aquilegia, secundae Ravenna, terciae Mediolanum metropoles fuere, *et inferius* · ut ea pars Italiae, quae antea Emilia dicebatur, nunc Romaniola vulgo usque hodie dici soleat 4) *Cf. supra p* 18, *n* 8 5) *Cf. Otto Fris Chron* IV, 27 6) *Hoc loco Ioh Chronico quodam Italico nobis ignoto, quo et alibi (cf supra I, p. XIX, n 3) adhibuisse videtur, usus est, in quo Pauli diac Hist Langobard II,* 14 *exscriptum erat Similia in Gestis Berengarii I, v* 62, *MG Poetae IV,* 1, *p* 360, *et in Festi Epitome ed Thewrewk de Ponor p.* 59 *leguntur.* 7) *Ex Ottonis Fris Gestis l l* 8) *Cf Honorii Augustodun Imago mundi I, c* 29, *sed Galliae Celticae notitiam aliunde Ioh habuit, cf Plinii Hist natur IV,* 17, 105 9) *Honorius Augustod l l.* 10) *Cf Isidor. Etymol* XIV, 4, 26

contra aquilonem vergens, sinu oceani accipitur, hanc postea Lotharius a suo nomine vocavit Lotharingiam, ut patebit[1]. Togata sive Lugdunensis Burgundie complexum, litora Rodani, Sone, Tube fluminum colligit usque ad mare Marsilium cum finibus interclusis[2]. *Et *f. 133'* nota, quod *Galli a* lacteo *candore populi* sunt vocati; *gala enim Grece dicitur lac*[3] Latine. De quibus dicit Eutropius[4], quod *Gallorum animi feroces* in pugna contra Romanos, *corpora plus quam humana erant. Sed experimento deprehensum est, quod virtus eorum sicut primo impetu maior quam virorum, ita minor sequens quam feminarum. Alpina corpora humenti celo educata habent quiddam simile nivibus suis, cum ex*[a] *calore pugne statim in sudorem eunt et levi motu*[b] *quasi sole laxantur. Franci* autem ex Troyanorum semine trahentes originem[5] *a quodam proprio duce* suo vel secundum *alios a ferocitate nuncupantur. Sunt enim illis mores inconditi* et *naturalis ferocitas animorum*[6]. *Germania* est dicta secundum Ysidorum[7] *superior iuxta septentrionalem oceanum, inferior circa Renum, et est* vocata *a fecunditate gignendorum populorum. Germane gentes* sunt *dicte, quod sint inmania corpora inmanesque naciones, sevissimis durate frigoribus, qui mores ex ipso celi rigore traxerunt, ferocis animi et semper indomiti, raptu venatuque viventes; horum plurime gentes, varie armis, discolores habitu, linguis dissone et origine vocabulorum incerte*[8]. Et Iosephus[9]: *Quis vestrum non audivit multitudinem Germanorum? Virtutem et magnitudinem corporum, ut arbitror, sepe vidistis, spiritus maiores corporibus gerentes, animam contemptricem mortis, indignaciones vehemenciores feris habent* Nec mirandum, quia Vegecius[10] dicit *in omnibus locis ignavos et strennuos nasci*[c], *sed tamen gens gentem in bello precedit, et plaga celi ad robur non tantum corporum, sed eciam animorum plurimum valet* Secundum Honorium[11]

a) mox *Paul et Hist misc* b) modo *Paul*, motu *Hist misc* c) nasci — precedi et *a Ioh in marg add*

1) *Supra I, p* 22 14 66 106 2) *Haec omnia ita apud Iohannis auctores nobis notos non leguntur, patet eum librum quendam de Galliarum provinciis tractantem legisse Cf supra I, p* 259 *l* 11—14 3) *Isidor Etymol XIV*, 4, 25 4) *Pauli Hist Romana vel Hist. miscella III*, 5 5) *Haec ex Ottonis Fris Chron I*, 25 *IV* 32 6) *Isidor Etymol IX*, 2, 101. 7) *Ibid XIV*, 4, 4 8) *Ibid IX* 2, 97 9) *De bello Iud II*, 16, 4 10) *De re militari I*, 2 11) *Imago mundi I*, 24, *SS. X*, *p* 132.

superior Germania a Danubio usque ad Alpes et *versus* oceanum[a] *Reno, versus aquilonem Albia*[b] *fluvio terminatur. In hac est regio Suevia a monte Suevo,* que *et Alemannia* sive[c] Altimannia pro situs altitudine[1], *a Lemanno*[d] sive[e] Brigantino[2] *lacu dicta; hec et Recia, in* qua *Danubius nascitur. In* hac *est Noricus, qui et Bavaria, in qua est civitas Ratispona. Est et Orientalis Francia, cui Thuringia* et *Saxonia coniunguntur. Inferior* secundum eundem[3] *est ab Albia, que versus aquilonem* accipitur[f], *in* qua *est Dania, Norwegia, Messia, Pannonia, Bulgaria*[g]. Si cui hec particio displicuerit, legat Orosium, Plinium, Solinum, Ysidorum, Erodotum[4] et alios qui orbis clymata sunt scrutati, ex quibus eligant ponere quod placebit. Ego vero brevitatem sectans docilibus auditoribus sectionem distinxi facilem et succinctam, non multum, ut arbitror, differentem ab aliis. Unde Oracius in Poetria[5]:

Esto brevis, ut cito dicta
Percipiant animi dociles teneantque fideles.

II. PRAEFATIONIS IV. FRAGMENTUM[6]

f. 142 Opus, pater, si dignum duxeritis, subplementum poteritis appellare, eo quod subpleat aliqualiter alia chronicalia vel quedam adiecta priorum et modernorum temporum, [que[h]] vel ipse viderim*, audierim seu eciam

*) *Ioh. paulo superius add.:* memini me vidisse, audisse vel in scriptis autenticis repperisse.

a) occasum *Hon.* b) Albio *Hon. h. l., cuius ed. princeps* Albia. c) sive — altitudine *in marg. a Ioh. add.* d) ab Alamanno lacu *Hon.*, *quidam vero codd.* a Lemanno. e) sive Brigantino *inter lineas.* f) oceano excip. *Hon.* g) Vulgaria *Hon.* h) que *abscisum.*

1) *E prologo Vitae Galli auctore Walahfrido, SS. rer. Merov. IV, p.* 281, *l.* 11—15: terram, quam nos Alamanni vel Suevi incolimus, Altimanniam sepius nominari ... ab alto situ provinciae idem vocabulum a modernis confictum est. 2) *Ibid. p.* 282, *l.* 1. 2: Brigantium oppidum ... lacui qui Rheno interfluente efficitur nomen dedit. 3) *Honorius l. l. c.* 25. 4) *Orosium et Solinum Walahfridus l. l. laudat, Herodoti Isidor. Etymol. I, 42, 2 mentionem facit, unde Ioh. Plinium, cuius e. g. Paulus diac., Hist. Langob. I, 2 meminit, assumpserit, nescimus; cf. tamen supra p.* 240, *n.* 6. 5) *Epist. II, 3, v.* 335 *sq.* 6) *Hoc fragmentum inter recensiones classis C exstans num textibus C 2 an C 3 adscribendum sit, non constat. Certum quidem est posterius esse praefatione praecedente et ad dedicationem Bertrando patriarchae Aquileiensi scriptam vel scribendam pertinere, quod edidi et commentariolo instruxi 'N. Archiv' XXVIII, p.* 150 *sq.*

scripta reppererim, narracionis exordio a Karolo Magno sumpto, qui, licet Francigena fuerit et diversarum terrarum principatus habuerit, in Alemannia nichilominus coniugatus et maxime commorans*, quantum res permiserunt[a] bellice, versabatur. Quam velociter *flos glorie* temporalis decidat, et qualiter Deus, in cuius manibus est imperium et potestas, eterna *racione mundum gubernet, tempus ab evo ire iubens stabilisque, manens cuncta* iuxta Boecium[1] *dat moveri.* *Is 28, 4* *cf Eccli. 10,4*

De cuius terre prim[ordiis][b], quia et ipse eiusdem sum patrie, vertitur intencio secundum vel quantum vidi . . .[c] indigena consid . . . .[d].

III. VERSUS DEDICATORII BERTRANDO PATRIARCHAE AQUILEIENSI DIRECTI[2].

Aurea, que quondam splendebant, secula mundi *f. 142'*
Vespere vergente ferrea mixta luto
Progenuere[3]. Dolus ambit Saturnia regna,
Simplicitas periit, que rudis ante fuit.
Monstrum, natura quod non habet, undique ludit,
Arte Chymera sua, dypsa, capella, leo.
Serpit avaricia, luxus fetet, alta tumescunt
Colla, vorax mundus errat in hoc trivio[4].
Victa sedet[e] *pietas, terras Astrea reliquit*[5]
Et flet abisse suum virgo venusta decus.
Ad decliva ruit ordo, status et gradus omnis,

*) *Seq. deletum* commoratus, *in marg inferiore scripta* coniugatus[f] et maxime conversatus.

a) bellice perm *a Ioh transposita, in infer marg iterum* quanta res bellice permiserunt b) prim *supra deletum* gestis c) *tres vel quatuor litterae abscisae* d) considerari possum *vel simile suppleri potest* e) iacet *Or* f) *sic c, ut videtur*

1) *De cons III, metr* 9. O qui perpetua mundum ratione gubernas, Terrarum caelique sator, qui tempus ab aevo Ire iubes stabilisque manens das cuncta moveri! 2) *Hos versus minus emendate edidit Fournier, 'Abt Ioh v V.' p* 124—126. *Cf supra I, p* 180—182 *versus dedicatorios Alberto II. duci directos et praefationem ipsi inscriptam, aeque ac haec Alberto, versus qui sequuntur et fragmentum praefationis praecedens ad editionem Libri certarum historiarum Bertrando dedicatam vel dedicandam pertinere videntur. Cf 'N. Archiv' XXVIII, p* 150; *XXIX, p* 412—414. 3) *Cf Ovidii Met I, v.* 89 *sqq et supra I, p.* 181, *v* 21—26. 4) *V.* 5—8 *prorsus fere cum versibus supra I, p.* 181, *v.* 35—38. *concordant.* 5) *Ex Ovidii Met I, v.* 149 *sq.*, *v* 9. 10 = *supra I, p* 182, *v* 43. 44.

Nec servat studii federa quisque sui [1].
O pater et mitis rerum sator [2], optime princeps,
Qui nutu solo concutis omne ferum [3],
Fons et origo [4] boni, quo condita queque foventur,
Quo stant atque valent sceptra ducumque throni,
Respice de superis, imis miserere, creator [5],
Et miseros pace comple, qua frueris,
Berthrandum defende, fove, salva patriarcham,
Nostri qui decus est temporis atque decor,
Quem consertat aquis urbs circumquaque ligata [6],
Cuius onus metri ferre pedes nequeunt,
Hec cui devota sacratur mente supellex,
Quam si non aurum, lana caprina [7] libat.
Graculus in densis non ut phylomena rubetis
Clangit, sed modulos servat hic, illa suos.
Quod poterant humeri, studuit perferre voluntas;
Paupere cum vidua mitto minuta duo [8].
Annorum cinctus pertranseo plurima lustra,
Pontifices, reges atque duces memorans,
Et si materia peregrina coincidat, ipsum,
Estimo, non ledet nec maculabit opus.
Sensum sermonis distincta capitula pangunt,
Sub certis titulis ordine picta suo [9].
Hec sic oblectant ut aprici gramina campi [10],
Dum tellus pregnans veris opes renovat,
Cum violas parit atque rosas, dum lilia profert,
Oblectamentis emicat eximiis,
Que de pratellis studii decerpere priscis [11],
Ad iuvenem ritum semina sera serens;
Non commissure veteri nova texitur, atque

1) *Cum v.* 11. 12 *cf. supra I, p.* 181, *v.* 13 14. 2) *Cf. Silii Italici Pun IV, v.* 432 rerum sator 3) *Cf* 2 *Mach* 8, 18. Domino, qui potest universum mundum uno nutu delere *et Boeth De cons III, metrum* 9, *v* 1—3 4) *Cf Boethii De cons IV, metrum* 6, *v.* 36. fons et origo *et ibid III metrum* 9, *v* 23 5) *Cf supra I, p* 182, *v.* 50 6) *Aquileiam, cuius nomen versui dactylico discrepat,* urbem aquis . . ligatam *Ioh dicit etymologiam quandam ex ipso civitatis situ profectam alludens* 7) *Modeste loquens librum suum* (supellex) *rem minimi pretii Ioh. dicit recordatus proverbii* rixari de lana caprina *in Horatii Epist I,* 18, *v* 15 8) *Cf Luc* 21, 2· Vidit autem et quamdam viduam pauperculam mittentem aera minuta duo 9) *Cf praefationem I II, supra I, p* 145, *l* 30 31, 146, *l* 5 6. 10) *Cf Horatii Epist. II,* 3, *v.* 162 aprici gramine campi 11) *Cf. supra I, p* 144, *l* 23. 24, *p* 145, *l* 22. 23 *et infra v* 45.

Bachus ab antiquo funditur utre novus[1].
Sic et Athenarum studium nova dicit et audit[2],
Omne recens nempe corda movere solet.
Suscipe[a] fasciculum, pater inclite, suscipe florum,
Quo tedium vincas ac animum releves
Confer temperiem, ut, quam regit[3], archa feratur
Ad portum vite per mare fluctivagum,
Abbatis memorato tui, pater[b] alme, Iohannis,
Sedulo cor cuius ardet amore tuo,
Quem Cistercensis cultus Victoria vinxit[4]
Ad summi regis munia milicie[5],
Gaude, vive, vale, dominare, potire salute,
Et sit in angelicis sors tua scripta choris!*

*) *Ad hoc carmen versus in inferiore marg. f.* 142' *scripti pertinent.*

Personis qui nomen habes memorabile trinis,
Trine monosque Deus, Alpha dictus et O.

Alios Ioh. in f. 140' *alias vacuo scripsit*

. . . . . it crux et gladius f. 140'.
. . stirpis et ecclesie rex et regina.
rex et regina, crux et gladius
Et crux et gladius, rex et regina venustant,
In causis laycis ecclesieque locis.
Stirpis edigma[c] leo, rex ⟨inter[d] omnia palmam⟩ et regina

Alios versus ad carmen Alberto duci dedicatum, supra I, p. 180—182, *spectantes sed ibi deletos et ea parte carmini Bertrando dedicato aptatos hic addere libet*

Sub[e] quibus Albertum defende ducem, Deus alme, f. 46'
Qui nostri decus est temporis atque decor[6],
Quem[f] regni sceptrum vegetavit et armiger actus,

a) Suscipe *delet* b) Berthrande *corr.* pater alme *c.* c) *super* edigma *Ioh. super lineam scripsit* tuc d) *uncis inclusa a Ioh. deleta.* e) Sub — decor *(l.* 30*) post v.* 48 *supra p.* 182 *scripta, sed deleta* f) Quem — ducem *(p.* 246, *l.* 6*) ib. post v.* 52 *scripta, sed deleta*

1) *Cf. Matth.* 9, 16 Nemo autem immittit commissuram panni rudis in vestimentum vetus, *et v.* 17 Neque mittunt vinum novum in utres veteres. 2) *Cf. Act.* 17, 21 Athenienses autem omnes ad nihil aliud vacabant, nisi aut dicere aut audire aliquid novi. 3) *Scilicet Iohannes Victoriensis, qui v.* 49. *demum dicitur.* 4) *Nota alteram etymologiam eiusdem generis ac v.* 21. 5) *Cf.* 2 *Cor.* 10, 4: arma militiae nostrae non carnalia sunt, *a quo loco innumerae allegoriae huiusmodi apud auctores Christianos profectae sunt.* 6) *Cf. supra I, p.* 182, *v.* 49. 50. *Versus paulo mutati in carmine ad Bertrandum (v.* 19. 20*) leguntur.*

Reges cum ducibus et proceres generans
Hiis sub turbinibus dignare ducem, Deus alme,
Albertum regere.
Ergo sub hoc semper Albertum turbine rerum [1].
nostrum
Respice, summe sator, Christe, tuere ducem [2].
Tot mala mundus habet, quot in ethere sidera lucent
Ergo, summe sator [3], sub . . . . . [a] nostrum
Albertum semper, [Christ]e [a], tuere ducem.
Albertum [b], Deus alme, ducem sub turbine cunto,
Protege, qui ci [c] . . dominatus olive.
Albertum defende [4], ⟨sub hoc [d]⟩ defende rotatu,
Alme sub his Deus Albertum rege nubibus atris.
Ut sibi longeva vita salusque.
. clare [e] produxit nobilitatis.
. . nobile germen [5] . produxit ad ortus

a) *quaedam abscisa* b) Albertum — salusque *(l 14) in marg. superiore f 46'. supra carmen Alberto dedicatum scripta* c) *seq* rcū a, *ut videtur* d) *uncis inclusa a Ioh deleta* e) clare — ortus *(l 16) super praedicta in sinistra parte marg. superioris scripta.*

1) *Cf supra I, p* 182, *v* 49. 2) *Cf. ibid v.* 50 3) *Cf carmen ad Bertrandum v* 13. 4) *Cf ibid v* 19 5) *Cf. supra I, p* 182, *v.* 51.

IV. CONTINUATIO REC. A 2[1].

Anno Domini MCCCXLIII. Ludovicus imperator misit suos ambasiatores ad papam Clementem VI, sicut prius fecerat, ad petendam veniam, dans eis plenam potestatem agendi cum pergameno non scripto, sed sigillo imperiali appenso. Qui maliciose agentes et favorem pape captantes in pergameno scripserunt, quod Ludovicus imperator se fateretur esse hereticum et inique creasse antipapam et intrusum, non canonice electum in regem Romanorum. Hoc instrumento publice in consistorio recitato papa habens intentum suum Ludovicum deposuit et electoribus precepit, ut in regem eligerent Romanorum marchionem Moravie, filium regis Boemie[2].

Anno Domini MCCCXLIIII.[3] Clemens papa depo- 1346
suit Ludovicum imperatorem, non confessum sponte nec convictum, sed per ambasiatores suos, de quibus confi-

1) *Quae sequuntur a Iohanne Staindel in codice A 2 servata ex parte (a 1343 1347) prorsus fere cum Viti Arnpekh Chron Baioar, B Pez, Thes anecdot III, 3, col 338—341, ex parte et cum Florum temporum Continuatore (de quo cf O Holder-Egger, SS XXIV, p 229), Eccard, Corpus histor I, col 1639 sq (a 1343 1344 1346 1347) concordant, melius quidem cum hoc, sed quaedam ab eo omissa, quae apud Vitum Arnpekh leguntur, et Continuatio Libri cert hist exhibet, ut a 1347* in die sancti Gereonis, *neque annorum numeri a Continuatore Florum temp assumpti esse possunt, neque vero cum Vito Arnpekh plane congruunt, immo in Cont nostra rectius positi sunt. Quae a 1344 leguntur, minime ex Vito Arnpekh assumpta sunt; quae a 1345, neuter exhibet. Itaque Continuationem nostram ex neutro exscriptam, potius utriusque fontem esse contenderim, dubium tamen est, num integra an mutila ad nos pervenerit Cum Continuator Florum temp res usque ad a. 1349 gestas retulerit, fortasse conicere licet Continuationem nostram non multo post Librum certarum historiarum scriptam esse* 2) *Cf de hac fabella Riezler, 'Forsch. z. D. Gesch.' XIV, p 8, n 1 De legatione a. 1343 ad curiam missa, quae a 1344 Ian Avenionem venit, cf Müller II, p. 180—189* 3) *Error Demum a 1346 Apr 13 papa Ludovico maledixit et principes electores novum Romanorum regem eligere iussit*

1346 debat, seductum fallaciter, qui in pergameno sigillo imperatoris munito scripserunt quod eis placuit inscio imperatore.

1345 (Sept 18) Anno Domini MCCCXLV. Andreas rex Apulie, frater regis Hungarie, qui ambo fuerunt pronepotes sancti Ludovici ordinis Minorum et domini Roberti regis Apulie et Sicilie germanorum[1], in lecto dormiens cum uxore sua[2] strangulatus fuit[3] conscia consorte

1346. (Iul 11) Anno Domini MCCCXLVI. Carolus marchio Moravie, filius Iohannis regis Boemie, a quibusdam principibus[4] in Rense[5] prope Andernach apud Renum ex mandato pape electus est in regem Romanorum vivente adhuc Ludovico imperatore

1347. Anno Domini MCCCXLVII. Ludovicus imperator
Oct 10 (11) venacioni insistens de equo lapsus obiit die sancti Gereonis[6], intoxicatus, ut dicitur, per ducissam Austrie[7], quam redeuntem de Alsacia in Austriam preterita die benignissime hospicio receperat[8]. Que eciam ducem Ottonem, germanum sui mariti, et duos filios suos[9] veneno extinxisse dicitur.

1) *Ludovicus episc Tolosanus (cf supra p 115) frater Caroli Martelli regis Ungariae, avi Ludovici regis Ungariae et istius Andreae, de quo cf. et supra p 231, fuit.* 2) *Iohanna I regina Siciliae* 3) *Aversae* 4) *Gerlaco Maguntino, Walramo Coloniensi, Baldewino Treverensi archiepiscopis, Rudolfo duce Saxoniae, Iohanne rege Bohemiae* 5) Rheni prope Andernach *mendose Cont Fl temp* 6) *Hunc diem praeter Vitum Arnpekh l l col 340 et Andreas Ratispon et Annales Straubingenses, 'Sammelblatter z Gesch d. Stadt Straubing' p. 660. exhibent* 7) *Iohannam Alberti II ducis uxorem, cf de eius itinere Math Neuenburg c 99; insuper Ann Matsee, SS IX, p 829, Cont Bavarica II c 7, 'Deutsche Chron' II, p 339, quacum Vitus Arnpekh, qui hoc loco plures auctores adhibuit, congruit Imperatorem in venatione obiisse omnes fere auctores tradunt* 8) *Cf Vitum Arnpekh et Cont. Fl temp, alios auctores, qui fabellam intoxicati imperatoris retulerunt, vide apud Riezler, 'Gesch Baierns' II, p 499, n. 3.* 9) *Fridericum et Leopoldum*

V. EXCERPTA ANNALIUM FRISACENSIUM[1].

Anno Domini M°CC°XVI° ordo Predicatorum sub Innocencio[a] instituitur[2]. f. 138. 1216

M°CC°VIII° Philippus rex Romanorum occiditur. 1208 cf. A. S. Rudb.

M°CC°XVII° Andreas rex Ungarie et Lŭpoldus dux Austrie ad Terram Sanctam iverunt cum exercitu copioso[3]. A. Frisac.

M°CC°XXV° Heinricus rex Romanorum, filius Friderici, Margaretham duxit filiam ducis Lŭpoldi.

M°CC°XXX Lŭpoldus dux apud Sanctum Germanum in Capua moritur.

MCC°XXXIII° sancta Elizabeth miraculis claruit.

M°CC°XLI° Tartari Ungariam gladio et incendiis devastant.

M°CC°L° Fridericus imperator moritur.

M°CC°XLVI° Fridericus dux occiditur a Bela.

M°CC°LI° Otakarus Margaretham duxit. 1252

M°CC°LXI° Otakarus cum Bela pugnavit et vicit. Eodem 1260
anno veniunt flagellantes. Ex qua novitate ablata multa restitu- A. S. Iust.
untur, inimicicie reconciliantur, et multa ma[la][b], que subin- 1260
traverunt sub specie boni, sunt se[cuta][b], cum tota Ythalia esset
multis sceleribus inpiata, timor Domini iruit super eos, ita ut
nobiles, ignobiles, pueri, senes, iuvenes, infantes quinque annorum
se cederent nudi, coopertis[c] tantum pudendis, usque ad sanguinis
effusionem, Dei ac eius genitricis misericordiam implorarunt et
hyeme per noctem cereis accensis per ecclesias circuierunt[d]. Menfredus prohibuit potentes, ne per regnum suum aliquis tali scemate penitencie uteretur, sub pena mortis[4].

a) *seq.* IIII° *delet.* b) *abscisa ex Ann. Frisac. supplevimus.* c) *sic c.*, opertis *Ann. S. Iust.*, *quorum codex 1* cohopertis. d) circuirent *c.*

1) *Haec a Iohanne Victor. in codice Wessobrunnensi f. 138 scripta maxima ex parte cum Annalibus Praedicatorum Frisacensium, quos L. Weiland b. m., SS. XXIV, p.* 65—67, *edidit, ita concordant, ut ex ipsis, paucis praemissis, excerpta esse concludendum sit. Uno quidem loco praebet quaedam verba (a.* 1292 *diem rei gestae), quae a librario saec. XVI, qui hos Annales nobis servavit, omissa esse videntur. Tum vero quaedam addita sunt (a.* 1261*) ex Annalibus S. Iustinae Patavinensibus a.* 1260, *SS. XIX, p.* 179 *sq., excerpta, quos annales sane Iohannes ipse non habuit, sed exemplar eorum hoc loco et fortasse aliis auctum exscripsisse videtur.* 2) *Honorii III bulla a.* 1216 *Dec.* 22 *data.* 3) *Cf. supra I, p.* 89 *sq.* 183. 4) *Cf. ibid. p.* 137. 170, *quos locos scribens Ioh. hos Annales nondum cognovisse videtur.*

A. Frisac. Anno Domini M°CC°LXII° [Otakarus[a]] repudiavit Margaretham, ducens filiam regis Ruzzie.

M°CC°LXVI° in die Andree Chunradinus et Fridericus contra Karolum pugnant, capti decollantur.

M°CC°LXX° Ůlricus dux Karinthie moriens Otakaro terras commendavit et cetera.

M°CC°LXXI° Gregorius X eligitur.

M°CC°LXXIII° Rudolfus rex eligitur.

MCCLXXVIII° Rudolfus et Otakarus bellum committunt.

M°CC°LXXXVIII° Albertus dux venit Frisacum in die Agathe, expugnans eam[b], muris, turribus destructis, sub Rudolfo episcopo, devastavit penitus[c], et duravit inimicicia inter eos IX annis.

M°CC°LXXXXVII° sub Chunrado episcopo apud Wînnam pax et concordia stabilitur.

M°CC°LXXXXII° Adolfus eligitur Kal. May. Eodem anno *Iul. 22* in vigilia Marie Magdalęne[1] civitas Sancti Viti per homines archiepiscopi et per comitem Ulricum de Hûnenburch expugnatur.

M°CC°LXXXXVIII° in vigilia Iohannis baptiste Albertus rex proclamatur et postea[d] Ulrici occidit Adolfum. Eodem anno Iudei occiduntur et cetera.

M°CCC° rex Tartarorum vidit sibi Christum cum suis vulneribus tercio apparentem et dicentem: 'Vide me sic plagatum. Vindica sanguinem meum de Sarracenis'. Qui soldanum devicit* et Christianis terram reddidit, Templariis[e] et Hospitalariis reddidit perdita castra quondam. Religiosi multi mare transierunt pro humano genere sic in Babilonia et Egipto[2].

ib. *) *Huc spectant ante* M°CCC° rex (*l. 21*) *scripta:* Nota, quod signum crucis fecit fieri in vexillo suo.

a) Otak. *ex Ann. Frisac. add.* b) civitatem *ex Ann. Frisac. addendum.* c) devast. pen. *inter lineas add.* d) *adde* circa festum *ex Ann. Frisac.* e) Templ. — Egipto *in marg. scripta.*

1) *Dies alibi non traditus, cf. pacta archiepiscopi cum comite de Ludovico filio Meinhardi ducis Carinthiae ibi capto custodiendo Iul. 29 icta, Lorenz, 'Deutsche Geschichte' II, p. 593, n. 1.* 2) *Haec etiam a librario neglegenter legente inepte ex Ann. Frisac. effecta esse censeo. Ibi enim haec:* rex Cipri fere cum omnibus sibi subditis et religiosis bellicis ad Terram Sanctam tunc processerunt, et fratres nostri et alii religiosi super sepulchro Domini tunc celebraverunt. Item ... transeuntes mare. *Antea* Tartarus ... processit versus Egiptum et Babiloniam. *O. H.-E.*

ADDENDA ET CORRIGENDA.

I, p VIII, l 33, *n* 3. *in fine adde:* Specimen folii 47'. huius codicis praebet Arndt, 'Schrifttafeln' ed 4, curante Michaele Tangl V. Cl I, tab 27, cf infra p 90, n 2

p XIII, l 26 *post* evincatur *adde* Quae supersunt recensionis A 2 explicunt a 1342 Iul. post Alberti II inthronizationem in Carinthia, neque vero is codex Iohannis quo Staindel usus est, multo post desiit, cum Continuatio in A 2 asservata (infra II, p 247 sq) iam inde ab a 1343 incipiat

p XV, l 4 *post* 3445 *adde* (olim Trautmannsdorfianus, quem 'N Archiv' XXIX, p 416 perperam deperditum esse putavi, e fragmentis, quae Steyerer, Commentarii pro hist. Alberti II ducis, e codice quodam Trautmannsdorfiano assumpsit, facile evincitur hunc eundem ac D 3 esse; cf Boehmer, Fontes I, p 487 sq)

p 3 *dele adnotationem* 3

p 16, *l.* 9 10 *Verba* octo spinas de corona Domini *et* cui erant infixe *ex Legenda Karoli Magni II,* 24 *(ed G Rauschen) et l* 11 12 et cinctorium — cinxit *ex eadem II,* 21. *profecta minimis litteris exprimenda sunt.*

p 17, *l* 11 *post* vocata *adde adnotationem* Cf Iosephi Antiquitates Iud I, 8, 3

p 34, *l* 13. 14 *Verba* quorum — regnaverunt *ex Ottonis Fris Chron VI,* 22. *profecta sunt, cf. ibid VI,* 19 21.

p 37, *n* 1, *l* 42 *dele* neque Otto *et adde* · *Otto VI,* 13 *scribit* Monstratur tamen sepulchrum eius in monasterio b Emmerammi Ratisponae Poterat enim esse, ut huc postmodum transferretur

p 48, *l* 30, *n* 4 *lege VI,* 18 *(pro VI,* 15*), ubi legendum* Radolto

p. 51, *l* 15 *Verba* que — dicebatur *minimis litteris exprimenda sunt, ex Ottonis Fris Chron VI,* 4 *assumpta. Dele n* 1.

p. 53, *l.* 15 *dele in marg* cf Otto VI, 37; *l* 17 *lege in marg* Cont Reg *pro* A S Rudb 1032

p 62, *l* 12 *lege* Gregorio *litteris contractis*

p 62, *l* 25 *verba* Anglice g e n t i s d o c t o r e x i m i u s, die ascensionis Domini cum antiphona *O rex glorie* i n D o m i n o o b d o r m i v i t *sic litteris minimis exprimenda sunt*

p 64, *l* 22 *lege* Romanos *litteris contractis*, *l* 28 *lege* imperator *litteris contractis*

p 64, *l* 36 37 *Verba* octo — Domini *et* cui infixe erant *et l* 39 et cinctorium — *p* 65, *l* 1 cunabulis *minimis litteris exprimenda. p* 64, *l* 36 *in marg lege V Kar II,* 24 21 *Cf quae supra ad p* 16, *l.* 9—12 *adnotavimus*

p. 70, l 32. *post* decantavit *adde adnotationem* Cf supra p. XVIII, n 11

p 73, l 31 *lege* Agnetem

p 77, l 21 *lege* virtute (*pro* vitute)

p 80, l 18 *pro* supulchris *lege* sepulchris

p 81 *dele n* 1

p. 83, l. 22 *lege* fratrem, principem *virgula interposita.*

p. 84, l. 1 *in marg lege* Otto VII, 21. *et dele in marg ad l* 2 3 *adscripta In n* 1 *scribe* Monasterium S Crucis ab hoc marchione fundatum esse dicit Otto, Chron. VII, 25

p. 85 *sqq ubique Cont Sanbl in marg adscripta delenda, quae non a Iohanne exscripta est*

p. 90, l 16 *lege* regem Alemannorum *et ad* regem *adde notam* c) *seq* romanorum per *deleta, ad* Alemannorum *adde notam* d) *ex* alemannie *corr*, *sed* orum, *quod superscriptum erat, abscisum, l* 17 *ad* Suevorum *adde notam* e) *ex* sueuie *corr*, *ad* Tharantinorum *adde notam* f) *seq* price *delet*, *l* 18. *ad* regem *adde notam* g) lomb regem *transposita*, *l.* 18 19. *lege* Fridericum r e g e m Thuscorum. *ad* Thuscorum *adde notam* h) *ex* thuscie *corr*, *l* 19 *ad* signavit *adde notam* i) *pro* dep declarauit *deletis*

Ibid. l. 20 *lege* M°CC°XXXI; *l* 21 *post* magnificus *adde notam*· r) *Sequuntur deleta* rebus bene gestis in partibus transmarinis; *ad* Apuliam *adde notam* k) *seq* tuc (?) *delet*, *l* 23. *lege* corpus eius p o s t e a[l] in Austriam *cum nota* l) postea *delet*, *l* 24 *ad* dicitur *adde notam* n) *seq* ab eo fundatum sue fundacionis *deleta*, *l* 25 *lege* Ungarorum regis (reḡ *c*) Andree, *l.* 26 *ad* clarens *adde notam* o) *ex* clara *corr* (multis — Paduam *inter lineas post a Ioh add*) *l* 27 *lege* P o r r o Lůpoldus, *l* 29. 30 *lege* lantchravii (thuring *inter lineas textus B a Ioh post add*), *l* 31 *ad* quo *adde notam* p) *seq* duios *delet* (?), *n.* 2, *l.* 44 *lege I, tab* 27

p. 91, *l* 3 *dele* ex, *l* 4 *lege*· c o n t r a s e aliqua[a] moliebatur (*ut legere mihi videor O. H - E*), *dele notam* b, *l* 6 *ad* declaravit *adde notam* b) *pro* statuit *deleto*, *l* 9 *lege* Anno Domini, *l.* 11 *ad* Colomannum *adde notam* c) *seq* duc *delet*, *ad* ducem *adde notam* d) *seq* pn̄ pñ (?) *delet*, *l* 12 *ad* duo *adde notam* e) *seq. verbum deletum* Hii duo — extitere *inter lineas textus B post addita*; *l.* 14 rex ungarie sibi parcie *transposita in cod* sibi par. rex ung., *l* 14 *post* recusavit *adde notam* **) *Sequuntur post addita*· Versus Sub Bela quarto etc *Cf infra p* 186, *l* 24

Ibid l 17 *ad* finem *adde notam*· f) *bis scriptum, semel deletum, ad* mundis *adde notam* g) *seq* loquentem *delet*, *l* 18. *ad* hoc *adde notam* h) *pro* et *deleto* (monens *superscriptum,* mon *certo legere nequit*); *l.* 22. *lege* volumen[i] conpilatis decretalibus et ad iuris studium destinatis[k] (destinat *c.*) [l] *cum notis* i) *seq* decre *delet.*, k) per — destinatis *post a Ioh. inter lineas et in marg add* l) *duo circiter verba evanuerunt Dele notas* c *et* d *Ibid l* 23 *ad* beata *adde notam* m) *seq* el7 *delet*, *l* 24 *lege* Celestinus IIII[us], *l* 25 *lege* Innocencius IIII[us], *l* 26 *ad* filius *adde notam* n) *seq.* et fii *delet*, *ad* reliquit *adde notam* o) *seq* prin *delet*, *l* 27 *ad* principatum *adde notam* o) *seq* Inno *delet*, *l.* 28. *lege* Anno Domini M°CC°XL°.

Ibid l 31 *ad* vias *adde notam* p) *seq* re *delet*, *ad* imperium *adde notam* q) *seq. sillaba* (m?) *deleta*, *l.* 33. *pone* depo n i . . r *cum nota* r) *seq verbum deletum* (iub ?), *l* 35. *ad* egregie *adde notam* s) *pro* magnifice *post a Ioh superscripto et deleto*

Ibid l 37. *ad* qua *adde notam* t) *seq* alberfus(?) *delet*, *l* 39 *ad* Ythaliam *adde notam* u) *seq*. ad *delet*, *ad* gloria *adde notam* v) *seq* imperatoris *delet.*, *l*. 39 40 imperatorius *codex habere videtur*, *l* 41, *n* a *lege*· *seq* fe (?) *delet*

p 92, *l* 1 *ad* Quo (*in cod* quo) *adde notam* a) *seq* p *delet*, *l* 2 *ad* est *adde notam* b) est *a Ioh superscr*, *post* perpessus *adde notam* *) *Sequuntur deleta* novissime a Frisonibus, quos sibi subicere(?) voluit, est occisus

Ibid l. 10. *post* capitulum *dele* [a] *et l* 11. *post* filium* *adde* [elegit[a]]; *corrige n* a) *sic D*, elegit *om c*

p 94, *l* 13 *pro* [pre]dicans *fortasse* [pub]licans *legendum est*, *cf D p*. 132, *l* 32.

p 96, *l* 25 *in marg pone* Mart Imp

p. 98, *l* 2 *verba* Anno MCCLXVI° *magnis litteris exprimenda sunt*

p 99, *l* 23 24 *verbum* Gregorius *magnis litteris exprimendum est*

p 111, *l* 45, *n* 1 *adde* Lancea Maurícii *dicitur a Gotifredo Viterb. Panth. XXVI*, 3, *v*. 1 *Ibid. l* 47 48, *n* 2 *dele* nec de — memoria fit — Clavus-Dei *dicitur ibid XXVI*, 3, *v* 3

p 120, *l* 34 *lege* Romanum orbem

p 121, *l* 10 *in marg lege* Otto VII, 21 25, *dele in marg ad l* 11 12 *adscripta Ibid n* 2, *l*. 46 *dele* patri eius *et* l 47 *pro* quos hic — videtur *scribe* Falso Ioh hoc loco hunc marchionem in monasterio S Crucis sepultum esse dicit, ubi filium eius Leopoldum sepultum esse Otto VII, 25 refert

p. 122, *n*. 3 *post* nomina *adde* vel annorum notas.

p 124, *l* 27. *lege in marg* ib II, 54 55, *dele in marg ad l* 28 31. *adscripta. Ibid n* 3, *l*. 48 *adde Verba* que — fuerat *Ioh falso hoc loco ex Ottonis Chron. VII*, 26 *addidit*.

p 144, *l* 26 (*cf p* 145, *l* 24) *ad* phalerata *adde adnotationem Cf Roberti monachi praefationem* rusticitas *et* compositio minime phalerata.

p 150, *l* 21 *ad* comitem *adde adnotationem*. Cf Ottac v 13238

p 163, *l* 12 13 *lege*· vexillaciones *O II - E*.

p 173, *l* 36 *lege* iure eum (*pro* cum)

p. 179, *l*. 33 *post* sue *adde virgulam*

p 183, *l* 24 *lege* impleverat

p 184, *l* 5 *lege* M°CCXXV°. *Ibid l* 9 *ad* querulantis *adde notam* a) *ex* querulantes *corr Ibid. l*. 12 *ad* deplorantis *adde notam* b) *ex* deplorantes *corr Ibid l* 15 *lege* Constantia *L* 19 *lege*· Lantzensi. *Ibid l* 20 *lege* sangwine *Ibid l* 35, *n* a *lege* conthorali sua (prima *a Ioh superscriptum delet*) sibi, *l* 36, *n* b *lege* meinfredum *ex* meinhardum *corr scriba* (*pro* '*corr Ioh*'), *l* 37, *n* c *lege* '*quo deleto* eneium'

p. 188, *n*. 4. *adde* De armis Ulrici ducis Carinthiae cf etiam A Dopsch, 'Archiv f Oesterr. Gesch.' LXXXVII, p 11, n 2

p 205, *l* 39, *n* 2. *lege* p 98 *pro* p 97, n 2, *l*. 40, *n* 3 *lege* p 204 *pro* p 214

p 209, *l* 20 21 *Verba* a mari — orbis terre *litteris inclinatis exprimenda et in marg l* 20 *adscribendum* Ps 71, 8

p 209, *l* 30 *ad* generalem *adde adnotationem* Cf v Krones, 'Verfassung und Verwaltung der Mark und des Herzogt Steier . bis z Herrschaft d Habsburger' p 268 334

p 214, l 20 *pro* terorie *lege* terrore
p. 219, l 25 *adnota quod A Hofmeister affert. Augustin De civitate Dei IV*, 4. Remota itaque iustitia quid sunt regna nisi magna latrocinia?
p. 219, n 2 *in fine adde*· Et Ioh Saresber, Policraticus VII, 23. hos versus affert, quos cuidam ethnico attribuit.
p 229, l 40 *pro* 12975 *lege* 13975
p 234, n. 1. *adde:* Ioh haec fortasse e Pauli Hist. Romana XIV, 4 vel ex Hist miscella XV, 11 novit
p 237, l. 11. 12. *verba in manus Domini spiritum commendavit sic exprimenda sunt.*
p 254, n 4, l 40 *lege*· Hugo IV. *(pro* Rudolfus IV)
p 255 *dele* l 33 34. n c
p 258, l 32 *lege* Montis-Pelgardi
p. 259, l 17 *ad* Mauricii *adde adnotationem* Cf. nunc de lancea s. Mauricii A. Hofmeister, 'Die heil. Lanze', Breslau 1908. *Ibid* n 4, l. 39 40. *dele* Ex Ottonis — c 30
p. 267, n. 4 *adde* Cf. Thiel, 'Mitteil d Instit f Osterr Geschichtsf' XX, p 584 sq
p 272, l 6 *dele in marg* ib
p 280, l 15 *Verba* a facie timoris *litteris inclinatis exprimenda et in marg adscribe* Is 2, 10 *Ibid* l 44 45, n. 5. *lege* Latina I, p. 100.
p 290, l 16 *lege:* amicicie.
p 307, n 5, l 42. *post* statuit *adde.* Sed Busson, 'Wiener Sitzungsber, Phil-hist Cl' CXIX (1887), p 25—28 relationi Iohannis de Eberhardo ad Albertum misso fidem attribuit
p 326, l. 32, n c *pro* sub *lege* et
p 330, l 32, n. a *lege omissum in c), unco transposito.*
p. 363, *ad* l. 20. *adnota Marc* 13, 2 Non relinquetur lapis super lapidem; *cf. Matth* 24, 2. *Luc* 19, 44
p 370, *ad* l. 17 *adnota* 1. *Cor.* 7, 35· non ut laqueum vobis iniciam
p 371, l 17 *lege* Urbem
p. 375, l 4 *lege* re[gis] *unco addito*
p 381, l. 24. *ad* tenuit *adde adnotationem:* Cf. Lippert, 'N Archiv f Sachs Gesch' X, p. 4, n 12
p 387, *ad* l. 13 *adnota: Zach.* 4, 7: educet lapidem primarium. *Ibid* l. 35. *pro* Fontis-regis *corrige* Campi-regis.

II, p. 3, l. 30. *pro* michi *lege* mihi
p 4, n 2 *in fine adde* et Cont Vindob., SS IX, p 719, l 31.
p 7, l. 15. *post* excolendam *supple* [tradidit] *omissum*
p. 15, l. 6. *pro* commentandam *lege* communicandam *et dele* n. a
p 15, l. 29. *post* Victoris *dele* b *et adde* b l. 28. *post* quo: n b *lege* '*supple* erat *ex rec. B D p* 40'.
p 15, n 4 *in fine adde*· Cf quae de nummis Romanis in Styria repertis a 1297. Cont Florian, SS. IX, p 750 sq, narrat
p. 16, l 32. *pro* abrasae *lege* vix legibiles
p 19, l 9 *post* convolat *adde iugulam et dele iugulam post* angustias
p. 21, l 13 *post* quidam *dele* b *et adde* b *post* membra; n b *corrige.* 'per membra *legendum, cf infra p* 49, n a'
p 21, n e *lege.* 'quod *e rec. B D emendandum est*'
p 24, l 29 *verba de iure iurando sic litteris inclinatis exprimenda sunt.*

p. 30, l. 35, n 8 *lege. Cf. supra I, p* 336

p. 50, l 28 *lege* diligencia — *Ibid n* 1. *adde* Cf et Additam ad Vitas patriarch. Aquilei, Muratori, SS XVI, col 79, ubi Heinricus dux apud imperatorem Brixiam obsidentem fuisse dicitur.

p. 51, l 5. *lege:* inmundum.

p 53, l 35 *lege* in deperdito

p. 54, l 8 *lege* conamine

p 69, *ad l* 4 *adnota Is* 49, 4. *Philipp* 2, 16

p, 70, l 10 *lege* Swicensium

p 72, *n* a *lege:* '*sic rec D infra p* 110, adequac *c*'

p. 75, l 35 *lege n* e) *circiter* 50 *litterae desunt.*

p 76, l. 2. Heinri[cus] [sororem] (*non* fi[lius]) regis *legas oportet, l* 21 *lege*· ipsum et per contract[um]

p 77, l 5 6 *lege* educandum, pactis *et dele n* b

p 77, l. 23. *lege* officia, portarum custodias *virgula transposita.*

p. 81, l 26 27 *Verba* gloriosam — amplectens *litteris inclinatis exprimenda, adscribe in marg ad l* 26: 2 *Mach.* 6, 19, *ubi* gloriosissimam *et* complectens

p. 94, l. 24. *in margine et l* 42. *pro* Mali 17. *lege* Mali 12

p 94, *n* 5, *l* 38 *adde· Ier* 32, 34 Et posuerunt idola sua in domo

p. 94, *n* 8 *in fine adde* Cf I Matthias, 'Beitr z Gesch Ludwigs d B. wahrend s. Romzuges' (Diss Hallensis 1908) p 68, n 3

p. 96, l 37, *n* 2 *lege:* Thebais I, v 417 — *Ibid l* 23 *in marg lege* (Sept 30) *unco adiecto*

p. 107, l. 38, *n* 2 *cf quae supra ad I, p* 37, *n* 1 *adnotavimus*

p. 113, l 16 17. *ad* colligens *adde notam* g*) colligebat *D*

p 114, l 40, *n.* 12 *lege* Bonifaciam quae et Irene

p 115, l 8 *ad* diffugii *adde notam:* b*) refugii *D*

p 124, l. 21 *ad* partes *adde notam* i*) partem *D*

p. 127, l. 30. *lege:* a) suo tyt *om. D*

p 128, l 9 *ad* et *adde notam.* c*) et *om. D.*

p 128, l 26. *ad* ibique *adde notam.* l*) et ibi *D*

p 143, l. 33 *n* t *lege* prot. (*pro* prof)

p. 167, l. 41, *n.* 4 *lege·* Freistadt ad fl. Feldaist in Austria superiore.

p 189, l. 26 *lege* Rug[is]

p. 203, l 3. *lege* pudiciciam.

p 211, l. 22 *verba* iudicem, defensorem *transponenda esse videntur; cf Martini Poloni Cont ab Eccardo editam col* 1455 quem iudicem et iustitiae defensorem interpellabat *O H.-E*

INDEX.

SCRIPSIT A. HOFMEISTER

Maior numerus paginam, minor lineas quinas indicat. Loci posterioris tomi numero II praemisso, loci prioris tomi sine numero Latino indicati

A.

C. Ka-, Ko-, Ku-.

Carolus, Karolus.

Conradus, Chunradus, Chůnradus.

E.

Eberhardus, Eberardus.

F, V *Germ*

Ke-, Ki-. *Cf.* C

L.

N.

Nicolaus, Nicholaus, Nycolaus, Nycholaus.

O.

P.

Philippus, Phylippus, Phillippus.

Pippinus, Pipinus.

U.

Ulricus, Ůlricus.

W.

Y. *Cf.* I.

Z.

GLOSSARIUM.

Scripsit A HOFMEISTER

Maior numerus paginam, minor lineas quinas indicat. Loci posterioris tomi numero II praemisso, loci prioris tomi sine numero Latino indicati.

accersio militum 191, 25
accursans 385, 25 *II,* 110, 10
acephale terre 150, 35
acrisia *II,* 95, 1 133, 1
adaptare in amicum 309, 5 346, 20
adaquacio iumentorum *II,* 72, 10 110, 10
additicii *II,* 17, 20
aduncinare 378, 20
advocacia, *Vogtei* 351, 10
advocaticia, *Vogtei* 315, 10. — advocaticium ius 258, 30 274, 25 299, 5
advocatus 216, 25, Romane rei publ 211, 10, advocati provinciales *II,* 17, 20 43, 25.
affidacio 279, 10
affinare se, *sich verschwagern II,* 145, 10.
affinatum habere alicuius, cum aliquo 256, 1 296, 15 307, 5 345, 20
alapare 103, 5 *II,* 161, 25
aliqualis 206, 30
aliqualiter 64, 10 144, 5 153, 10. 229, 15 254, 20 261, 30. 275, 15. 294, 25 303, 5 311, 5 315, 1. 327, 10 350, 10 *II,* 32, 25. 33, 20. 40, 20 65, 10 104, 10 108, 25. 137, 10 155, 20 166, 25 180, 1 184, 20 187, 25 242, 20
allusiva visio 233, 5
alteracio 48, 5
ambasiator *II,* 247.
ambassata *II* 165, 15 198, 15
ambassator *II,* 234, 20 237, 10
angaria 161, 30 195 25 275, 10 *II,* 70, 5 87, 20 108, 15 121, 20 159, 10
angariare 155, 35 174, 10 339, 25 342, 5 343, 15 *II,* 12, 25 27, 5 77, 20 151, 1 197, 5 218 25
anteferri alicui, *vor jemand gebracht werden* 234, 30
antipapa *II,* 132, 30. 133, 25. 247, 5; antypapa *II,* 149, 15
apocrisarii 125, 1.
apoplosie (= *apoplexiae*) morbus *II,* 135, 25 — apoplasiacus morbus *II,* 101, 10
apotheca *pro* ypotheca 282, 30.
appensio 353, 1.
applicacio navalis 196, 30
apprehendere, *erreichen II,* 61, 15
appropriare sibi 7, 35
aptare alicui nomen 332, 5
aptitudo 3, 10.
aquilifera signa imperialia *II,* 119, 20 — aquiliferi *II* 84, 5
arcere = *urgere II,* 73, 1 110, 5
archicancellarius 52, 1 259, 25 260, 1 299, 15 300, 10 *II,* 33, 25
archiva *(pl.)* ecclesie 19 5, ecclesiarum et monasteriorum *II,* 171, 10. 205, 35
argumentare *II,* 93, 20
arismethica 17, 5
armarium, *Bibliothek II* 126, 10
arrestare 93, 15. 132, 5 *II* 196 15 204, 1
artitudo *II,* 109, 5
assistentia 51, 25 *II,* 91, 5
astrologi *II,* 175 5 202, 15
astronomica *pl. II,* 118, 1
attinencia *subst* 363, 30
attractio alicuius *II,* 80, 5

auditor causarum sacri palacii summi pontificis *II,* 26, 5. 56, 5.
aufugium 98, 15; auffugium 355, 1
augustale nomen 150, 15.
auricularius secretorum *II,* 31, 10, *cf* 2. *Reg* 23, 23
ava 283, 30.
avunculus = *fr matris* 236, 10 *et passim*, = *filius sororis et filius consobrinae II,* 87, 15; = *filius amitae II,* 40, 1. 148, 10 157. 194, 10; = *filius fratris matris II,* 157, 20 194, 30

banus 344, 15
baptismalis inquisicio 252, 15, gracia 292, 25.
barbarius, *Barbier II,* 56, 20
barones 158, 25 202, 10 248, 1 249, 5. 324, 25. 339, 1 359, 5. *II,* 30, 1 61, 25 71, 25 189 5; liberi *II,* 44, 30
bellicae naves 15, 35 282, 25
beneficium, *Lehen* 259, 30 *II,* 109, 15.
beneplacitum 202, 1, beneplacita *pl II,* 68, 5
benifactor 87, 25
bygamia 44, 30
bygamus 32, 15 45, 5.
binomice *II,* 8, 15. 32, 15
breviloqua conclusio *II,* 196, 30
brigae, *lites, Ital. briga* 308, 1
brunus habitus *II,* 170, 5. 205, 1
bulla aurea 93, 35 175, 15 209, 15, papalis 168, 1
bullatae litterae *II,* 89, 20 124, 25.
burchgravius *II,* 120, 20, burchravius 223, 15 225, 20. 236, 15 314, 15 341, 30. *II,* 14, 5. 15, 15. 85, 20, *cf.* purchgravius

c-, k-.

calopida (?), *Holzschuh* 285, 35.
calopidaria ars 246, 10
calopidarius, id est ligneorum artifex calceorum 285, 30
camera imperii *II,* 49, 20, camere prepositus 52, 5 67, 30
camerarius 52, 1 292, 10 *II,* 117, kamerarius 252, 1
canales *pl* 100, 20. 174, 25.
cancellarie officium *II,* 171, 25
cancellarius 238, 10 250, 25 281, 30. 290, 10. 330, 15 342, 25 366, 5 368, 25 *II,* 26, 20 146, 25 200, 15. 210, 25 228, 20. 229, 1. 230, 20. 235, 15. imperialis aule *II,* 51, 5.
canonicalis regula *II,* 209, 20.
canonizacio 227, 30. 242, 15
canonizare 186, 30. 193, 30 244, 10. 283, 1 *II,* 115, 10 121 123, 25
canopeum = *conopeum* 303, 10.
capitalis civitas 221, 1 229, 25
capitaneatus 250, 20 349, 5 *II,* 160, 10 195, 1
capitaneus 96, 20. 97, 20 135, 5 155, 15 176, 10 209 25 221 15 233, 1 269, 30. 277, 25 313 315, 10 340, 10 343, 10. 344, 1 351, 10. 382, 1. *II,* 12, 1 17, 25 36, 5 43, 25 62, 20 160, 15 161, 20 193 25 195, 5. 200, 1 236, 20, generalis 175, 10
capitulum *ecclesiae* 137, 30 149, 25 173, 5 189, 35 206, 30 296, 30
capparis 182, 1
cappella 20, 20
capsellula 326, 10
capucium *II,* 134, 5, cappucium *II,* 100, 10
carencia 151, 25 311, 5
caritativa hospitalitas *II,* 98, 10
castellanus, *qui castello praeest* 344, 1 381, 10
castellatus, *castello praefectus II,* 89, 5.
castimonialis flos *II,* 13, 1
kathedralis eccl 305, 5 352, 20, kathedralia loca 18, 1. 263, 10. 316, 15
kathedratus, *subst, cathedra ecclesiae episcopalis II,* 113, 5
cathezizare *II,* 233, 10
catta, *Katze* 239, 15. 243, 15 283, 15
caula, *Gehege II,* 146, 1
cedula = *schedula* 12. 10
cenobitalis locus *II,* 113, 20; vita *II,* 98, 10
cervisia *II,* 45, 5
chronic(a), cronic(a) 39, 10. 45, 35, imperatorum *II,* 67, 10 106, 25, Ottonis Fris *v in Indice*
chronicalia *II,* 242, 20
cyfus = *scyphus II,* 20, 5, ciphus *II* 47, 1
cinctura, *Belagerung* 156, 25

cingulatus 326, 5
circametans 166 10
circumagitare 326, 5. 362, 1
circumgirare *II*, 21, 10 48, 30 200, 10.
circumgiracio 364, 1.
circumsepcio 285, 15. *II*, 217, 10
cyrografum = *chirographum II*, 88, 1 178, 15
cirotheca = *chirotheca* 137, 15, cyrotheca 99, 10. 165, 1; cyroteca 206, 5
civiles, *Bürger* 219, 20. *II*, 90, 1 194, 25, leges 163, 35 *II*, 50, 15
clausula = *clausura II*, 80, 15
clausure 124, 25 *II*, 78, 1 168, 25 173, 15. 202, 1 207, 5, moncium 225, 25 *II*, 217, 10.
clenodia *pl. II*, 210 30.
clericalis status *II*, 114, 1
clericaliter 156, 10.
clericatus 20, 1
clientula = *clientela* 168, 15 256, 35 276, 30 *II*, 129, 1, clyentula 231, 5 *II*, 98, 30 171, 25
coactive *II*, 217, 25
coadiutor 162, 35
coaptare se alicui, *coniungere se II*, 166, 5 198, 25 218, 15; se ad graciam alicuius *II*, 188, 15
coatterere 172, 25
coercio = *coercitio* 323, 30
cognitiva experiencia 312, 5
coincidere *II*, 244, 20
collapsio *II*, 220, 10
collaterare *II*, 114 20
collegiata consistoria *pl* 270, 20, collegiatae ecclesiae 222, 15.
collegium cardinalium *II*, 237, 1
collicidium 206, 20 220, 15. 314, 5 349, 20
comitancia = *comitatus II*, 40, 1
comitatus, *Grafschaft* 88, 10 124, 30 127, 1 244, 30 255, 15 284, 30 352, 1 *II*, 40, 30 93, 1 132, 5. 145, 10 154, 25 168, 5 169, 20 187, 20 188, 25 189, 10 *etc*
comitia, *Grafschaft* 368, 30
comitiva = *comitatus, Gefolge* 191, 30. 250, 10. 333, 15 354, 10 *II*, 4, 5 58, 20 60, 25 92, 20 166, 1
commenda *II*, 143, 30
commendator, *Komtur* 314, 5 349, 20
commetacio 255, 25.
commissarius 150, 30
commissio, *Auftrag* 170, 30 250, 30 329, 25 *II*, 149, 10 158, 10 190, 1
commontani *II*, 109, 1
compactare 138, 20 172, 20 329, 15; compactata amicicia *II*, 216, 5
compactio 286, 15
compar = *maritus* 150, 10 *II*, 204, 5
compatriotales 93, 20 192, 15
competa *pl*. 153, 5. 323, 25. 356, 30 *II*, 95, 25.
compilare, *conscribendo congerere* 20, 30 *II*, 148, 15
complacencia 82, 10 93, 25 132, 10. 158, 10 248, 20 *II*, 107, 15. 133, 25, conplacencia *II*, 59, 15 129, 10
complaudere *II*, 100, 20
compromissa causa *II*, 237, 1
concionacio 288, 5 320, 20. 355, 15
concopulare 181, 1
condecencia *subst* 58, 25
condecevit = *condecuit II*, 2, 20
ex condicto 234, 20 328, 30 *II*, 112, 1, pro condicto 364, 20
conductus regius *II*, 11, 5, cond. securitatis 192 270, 25, regie securitatis *II*, 85, 20
confluerunt = *confluxerunt* 237, 20
conformitas 369, 15
confossiones *II*, 72, 10
confusibiliter *II*, 228, 1
congestura *II*, 115, 5
congiaticum = *congiarium II*, 27, 25.
congirare se 233, 15
coniacere *II*, 144, 5
consercio navalis, *Seeschlacht* 167, 5
consertare *II*, 244, 10
conservatorium, *Archiv* 292, 20 *II*, 171, 10 205, 35 213, 30.
consessio 346, 25
consignare, *übergeben* 41, 15 93, 35 111, 5 117 20 209, 35 210, 1 227, 10 310, 30 *II*, 68, 5 85, 20 151, 25 201, 10
consistencia 189, 30
consistorium (papae) *II*, 138, 25 247, 10, principum 271, 25 309, 10. publicum (principum) 320, 10, collegiata (principum) 270, 20, Romanorum 17, 15, collegiatarum ecclesiarum 222, 15.
consodalis 158, 25

constrictio fidei *II,* 214, 10; constrictiones montium 248, 35

constudentes 74, 15 75, 15.

contaxare *II,* 91, 15 134, 15

contemptibiliter 298, 5

contentari, *contentum se habere* 197, 15 291, 35

contestari, *bezeugen* 210, 5

conthoralis 198, 30 217, 15. 244, 15 256, 1. 267, 25 318, 20. 346, 30 357, 20 380, 25 *II,* 60, 5. 97, 5. 101, 25 129, 1 141, 20 156, 20 168, 10 212, 1; complexus 254, 1.

conthorata, *uxor* 266, 1

continencia 256, 30: (instrumentorum) 156, 30 *II,* 214, 1

contractare *II,* 5, 15 18, 15 82, 20 95, 10. 141, 15 226, 25

contumbare 43, 10. *II,* 11, 25. 35, 15. 343

conventualia loca 263, 10. 305, 5

convivacio *II,* 4, 1

cordatus, *beherzt* 157, 25 171, 10 321, 20. *II,* 22, 5 46, 15 63, 15 119, 20, ad resistenciam 266, 30

cordialiter 221, 10 236, 10. 319, 20 370, 10

corona, *Krone* 36, 1 48, 35 49, 15 111, 15 189, 15 *II,* 22, 1 110, 15 189, 10 231, 15, ferrea *II,* 18, 25 46, 1. 132, 10; imperii 86. 20 123, 20 208, 15 212, 25 218, 1 221, 10 267, 25. 270, 5. 274 333, 25 368, 20 376, 25 *II,* 9, 20 43, 10. 93, 15 132, 15; summa imperii *II,* 50, 25, regni 90, 10. 130, 5 171, 30, regni Francie *II,* 179, 15 211, 20; imperialis *II,* 52, 20; regalis 311, 5, Sicilie 204, 1; corone regales 158, 20; auree 88, 25 126, 10. 202, 10.

coronare, *kronen* 6, 25. 19, 20. 28, 30 43 45, 25 46. 5 50, 15. 64. 80, 30 85, 30 97 98, 10 100, 5 105, 30. 108 109, 20 111, 30 112, 5 114, 35. 116, 25 119 120, 15 123, 25 130, 30 136, 15 183, 1 195, 1 204. 228, 25. 268, 5 274, 30 310, 1 318, 1 323, 5 357, 25 *II,* 18, 25 *etc*

coronatio 40, 1 169, 10 179 215, 25 217, 20 268, 10. 317, 30 *II,* 23. 45, 20 51, 15 53, 5 *etc*

corporale, *pannus quo hostia involvitur* 185, 30

corpus iuris ecclesiastici 226, 5.

corrigiati calcei 251, 10. 291, 5

crementum vini 32, 20.

cronica *v.* chronica

crurifragium 176, 5. 210, 5 225, 5 *II,* 6, 1

curia (papae) 96, 1. 97, 10 100, 30 134, 30. 135, 35 139, 10. 144, 10 199, 25. 258, 1. 307, 20 337, 1 342, 25 345, 5. 352, 5 360, 5. 367, 5 374 *II,* 25, 10. 30, 15 36, 15 53 60, 10 70, 25. 89, 20 94, 15. 111, 5 113, 5 114, 25 124, 25 133, 10. 138, 10 144, 10 146, 15. 149, 10 150, 10 200, 25. 216, 10 229, 1 230, 10 234 237, 10, papalis 169, 30, summi pontificis *II,* 29, 10 51, 20. = *Reichstag* 83, 30. 91, 35 121, 5 123, 30 124, 35 177. 186. 189, 1 219 220, 20 221 223, 10. 224, 5 231, 5. 237 239, 15 245, 10. 247, 25 248, 1 269—271, 10. 282, 15 284, 1 285, 25 288, 1 294, 15. 306, 15 323. 324, 25 325, 1. 358 359, 10 360, 5 *II,* 10, 1 33 66, 15 105, 25 106, 1, sollempnis 269, 1. 324, 25 358, 30. *II,* 34, 30, electionis *II,* 62, 15: imperatoris 82, 1. *II,* 50, 30, (imperatricis) *II,* 213, 1, regis 237 250, 25 270, 1 290, 10 297, 1 384, 15. 386, 20 *II,* 3, 15 6 86, 25 92, 1: regalis 330, 15; principum 308, 20. *II,* 118, 1, (ducis Austr.) 348, 25 *II,* 102, 5 162, 1 173, 20. 203, *Hoffest* 158, 30. 179, 5 236, 25. 245, 10 280, 1. 285, 25. 306. 15. 308, 20. 318, 5 323 358, 5 *II,* 13, 15 42, 10 44, 20 106, 1

curiales tractatus ad erudicionem morum 85, 25

cuttella = *cultellus* *II,* 4, 10

dapifer 52 67, 30 252, 1. 292, 10. 300, 20 341, 15 378

debachare rapinis (spoliis) et incendiis 319, 10 *II,* 90, 5, errores *II,* 130, 30

decanatus *II,* 23, 10 53, 1

dechalagus pontificum 25, 1

decima sexannalis 226, 5. 273, 25. decimae ecclesiasticae (ecclesiarum) 39. 10. *II,* 89, 15. 124, 20.

declamatorie 3, 5.

decretalis epistola 287, 20, *cf* Decretales *in Indice*

decretista 334, 5 369, 20 *II*, 146, 20
decretorum doctor *II*, 60, 10
decrinare 231, 10
deductio alee *II*, 201, 5, secularis 245, 10
defalcare *II*, 38, 10
defedare 96, 15 122, 15 293, 10.
defedatio *II*, 26, 15
defensiva arma 374, 1
defensor sacri imperii 216, 25
defluxus transitorius *II*, 151, 10
defrustracio 347, 5.
defrustratus *pass* *II*, 155, 15
defuscare 290, 15 322, 25 *II*, 152, 15.
degradare *II*, 130, 10. 191, 5. 218, 10.
delibrare (?) se *II*, 165, 25
delinicio 154, 15
demonialis 297, 15, sacerdos *II*, 129, 20
dependenciam habere 100, 20
desistencia *II*, 167, 25
desolabiliter *II*, 87, 1
detricantes, *tardantes (?)* *II*, 3, 10
devetare 93, 20
devotacio *II*, 200, 25
dextrarius 125, 10 234, 20 278, 30 279, 30 314, 1 321, 25 356, 10. 361, 20. *II*, 75 140, 25.
dialiter 96, 1. 133, 35 191, 25 *II*, 214, 10
dictamina 114, 25, convenienca placitorum *II*, 38, 5
dietare *II*, 172, 10
dimembrare *II*, 80, 5
dimidiacio 188, 20.
dypsa 181, 10 *II*, 243, 20
discoloratus 251 291 292, 30
dispariliter *II*, 211, 25
dispensacio, *Dispensation* *II*, 98, 10. 131, 5 144, 5 153, 5
dispensare, *dispensieren* 333, 25 368, 20; *aufwenden* 381, 5.
dispensative *II*, 164, 10 197, 25
dissuetudo 259, 5 299, 15
districtitudo 57, 15 76, 10 77, 15
districtus, *Bezirk* 173, 10 192. 211, 5. 219, 10. 230, 30. *II*, 15, 25 33, 30.
disturbium 128, 15 172, 20 202, 5. 296, 25 315, 5 382. 10 *II*, 27, 25. 58, 10 216, 25 234, 15
diversificam intencionem gerere *II*, 106, 25
diversificare *II*, 67, 10.
diversimode 227, 1. *II*, 149, 25
in dotalia promittere *II*, 102, 5.
ducale nomen 308, 10, ducalis gloria 248, 30, habitacio *II*, 184, 20, mansio *II*, 214, 30
ducatus, *Herzogtum* 13, 30 15, 5 43, 25 46, 1 49, 1 58, 5 84, 10 108, 20. 111, 10 116, 20 121, 15 122 123, 30 124, 30 180 249 251, 1 253, 10 255, 25. 257, 15 275, 10 284, 25. 290, 35 293, 25 296, 1 298, 20 311, 1 *II*, 20, 15 *etc*
ducissa 81, 10 124, 30 128, 25 173, 20 207 266, 5 *II*, 97, 5 136, 167, 15. 172 180, 15. 199, 25 214, 30 248, 15
duellum, *Zweikampf* 11, 1
dulciloquium *II*, 150, 15
duodennis *II*, 233, 5, duodennium 128, 15

eclypticare *II*, 65, 15 104, 15
edigma, *signum militare*, *Wappen* 233 278, 5 *II*, 47, 10. 245, 20
effectualiter *II*, 87, 10
elargare *II*, 159, 25.
electores, *Kurfursten* 95, 10 134 162, 15 182, 20 189, 10 197, 10 211 215, 5 216 264, 5 267, 20 322, 30 359 (elector 359, 10) *II*, 9, 10 65, 10 104. 247, 10. principes 217, 20 247, 30 288 324, 25 *II*, 233, 15, proceres 239, 10
emenda *subst fem.* 213, 1.
emisperium *II*, 149, 5
episcopium 156, 20 269, 30. 326, 25
equipollencia 255, 30 296, 10
equitatura 104, 30
esoces *pl*, *salmones* 360, 5
exceptive 264, 20
excerebracio 176, 5 210, 5
excessive 12, 5 62, 5 377, 5
excessivus 277, 25 348, 30 *II*, 135, 15.
excessiva pecunia 348, 30
excredicio, *Kreditierung* 324, 20
exemplificare *II*, 137, 20
exempti et non exempti (clerici) *II*, 42, 15.
exfuscatus ab imperio *II*, 228, 15
exigencia 202, 5
exoculacio 43, 30
expeditor negociorum *II*, 33, 25
experimentaliter *II*, 85, 20

expressive *II*, 156, 15
exuviare 356, 25

falcare, *mahen* *II*, 176, 15. 208, 15
fatare, *prophezeien* *II*, 135, 10.
fatigium 341, 1. *II*, 155, 15
femoralis corrigia 246, 5 285, 25
feodale imperii 244, 30, feodalia *pl.* 155, 1 *II*, 213, 20, feodale ius 245, 1
feodum 100, 30 139. 175. 195, 15. 209, 25 218, 15 220, 1. 224, 5 237, 20 252, 5 253, 5 256, 20. 268, 5 269, 10. 270 285, 10 292, 15 293, 10. 294, 1. 296, 30 310, 1 312, 25 323, 5 344, 20 347, 15 349, 20. *II*, 10 1 33, 15 *etc*
festivales nuprie *II*, 144, 5.
festivare (curias) *II*, 106. 5.
fidelitatem facere 276, 10. 294, 1, recipere 281, 10; repromittere 209, 25
fiducialius 11, 20 *II*, 183, 5
filiale privilegium 248, 25
filiastri = *nepotes ex filia* 377, 20
fiscus regius 285, 15; fisci regii procuratores 269, 10; in fiscum suum redigere 380, 5
florenus, *nummus* 368, 35. *II*, 20, 5. 47, 1 78, 15 236, 15.
fluctivus 216, 10.
fontalis metropolis *II*, 115, 15
forensia loca 220, 5.
formaliter 145, 10 241, 15.
formare processus (processum) *II*, 123 1 149, 5; formata concionacio 355, 15
forum ecclesiasticum 222 15
fraglancia = *fragrantia* *II*, 225, 1
fraternalis amicicia 304, 30
fraternaliter *II*, 181, 15.
fruitus *II*, 96, 25.
fulcitacio *II*, 189, 10 229, 1.
fulcitus 234, 5; *cf* perfulcitus
furatus *pass* 36, 5.
fuscorium 72, 25
fustigare (?) 246, 35

galea, *Galeere* 167, 25 286, 20 *II*, 229, 5
galera, *Galeere* 167
gaudenter 289 1
genicium (= *gynaecium*) opus 17, 25
genuflexiones *II*, 133, 1
germanior *II*, 62, 15
gyrovagus *II*, 220, 25
gladialis extensio 252, 30. 292, 25.
glareota = zymera *II*, 166, 20 199, 1
grassare = *grassari* *II*, 129, 15.
grassitudo *II*, 176, 25
griseum stamen 251, 10 276, 30 291, 5.
guerra *II*, 200, 30; gwerra 36, 30. 91, 25 134, 5. 151, 10 184, 10 214, 1 316, 25. *II*, 98, 25 216, 30
gwerrare 36, 1
gymnasium, *schola, disciplina* 17, 5 *II*, 187, 5. 218, 15, studiorum 55, 1

habilitatus *II*, 89, 5
habitabilis *subst* = *terra* 196, 25. *II*, 239, 10
habituatus 326, 15.
hastiludium *II*, 166, 20 199, 1; militare 308, 20 *II*, 206, 15
heredare 374, 1. *II*, 227, 10; heredatus 291, 1. *II*, 115, 15
hominium 13, 20 125, 1. 253, 15. 259, 30 294, 1 299, 20. 311, 1 323, 5 347, 15. *II*, 181, 5

i-, y-.

ydemptitas 192, 20
ydolatrari 57, 25
illaqueacio 297
illitteratura = *litteratura* 222, 10.
imbrigatus *II*, 78, 10.
imm— *v.* inm—
imperiale diadema *II*, 132, 20, dyadema 228 309, 25. *II*, 51, 20; sigillum *II*, 247, 5; privilegium 93, 35. 132, 20 153, 30 194, 1. — imperialia 78, 20 83, 30 117, 30 123, 20 *II*, 25, 10. 87, 20 92, 20 158, 20 189, 15 193, 20 359, 20, signa 216, 30 *II*, 84, 5 119, 20 (aquilifera). 212, 5; insignia 310, 25. 347, 10. *II*, 121, 15 125, 25 — imperialis electio 51, 25, imperiales civitates 162, 30, thesauri 92, 35
impeticio 158, 15.
impiatus *II*, 219, 20

impignorare *II,* 139, 30; impignoratus 289, 5 *II,* 88, 20 98, 25, inpignoratus *II,* 41, 1.
impocionare 29, 35
impromptu *II,* 168, 1
impulsacio 315, 20.
inantea 360, 1.
incantatrix 12, 5
incarcerare 9, 1 22, 30 37, 15
incertitudinaliter 260, 30.
incimbatae, incymbatae, galeae *II,* 75, 5 112, 1
incineracio *II,* 97, 1 128, 25.
inconsuetudo *II,* 45, 30.
incontinencias exercere 211, 20
incorrigibilis 2, 20
indentatum, *quod dentibus arr eptum est* *II,* 99, 30.
indictiones bellicae 256, 30.
indilate 250, 15
indivisim 385, 30
indulgenciae maximae 16, 30
induviatus spiritu audacie *II,* 119, 25; induviata arma *II,* 75, 5
inefficacia *subst.* *II,* 237, 10
infallibilis 233, 15
infectio, *Beeinflussung* 275, 25. 283, 25
infederare 229, 30
infeodacio 349, 1.
infeodare 183 286, 5.
infiscare 47, 25. 52, 30 99, 35. 110, 20. 150, 20 207, 30 316, 15 *II,* 2, 1. 11, 20
informare de aliqua re, *informieren* 225, 20 230, 20 241, 5
informator, *praeceptor* 64, 25 104, 25 250, 5 *II,* 40, 30 235, 15
ingrassatus *II,* 176, 25
ingrossatus *II,* 208, 25.
iniciare manus ad res imperii *II,* 152, 25
inimicabilis 277, 1.
inmaritata *II,* 37, 1.
inmeabilis *II,* 232, 25
inmediatus heres 295, 20.
inquisitor (hereticorum) *II,* 122
insignia *neutr pl 2 decl* 268, 5 367, 20 372, 30. *II,* 169, 30, regalia 217, 30, comitatus *II,* 188, 25; *cf.* imperialia insignia
instancia, *Unbeständigkeit* *II,* 78, 20.
instructor canum 361, 20
instrumentum, *Urkunde* 96, 35 156, 30 202, 5 *II,* 77, 5. 88, 20 123, 15 151, 25. 247, 10, instrumenta litteralia, literalia 329, 15. *II,* 168, 1, regia 275, 25.
integraliter 28, 30 104, 25. 206, 35. 230, 10.
interagere 296, 25.
intercessori(a) *pl.* 99, 20 137, 30. 206, 30.
interlocutoria *pl.* 325, 15
intermedia *pl* 329, 10
interpolata tempora *II,* 116, 1
interpolatim 201, 1.
intersibilis *II,* 126, 10
interventiculum 256, 30
inthronizare 59, 15; inthronizate galee 284, 10
inthronizacio *v.* intron
intoxicator *II,* 188, 25.
intoxicatus *II,* 218, 15
intrinseci (cives) *II,* 126, 20
intronizacio 178, 10 180 *II,* 196, 1, inthronizacio 251, 1 290, 25
inturrare *II,* 221, 15
inungulatus *II,* 100, 15
invadiacio 326, 20
invasiva arma 374, 1
invective 231, 1
investitura 118, 25 249, 1 349, 1 *II,* 14, 15 35, 1 39, 10 161, 5, principis 293, ducatus 209, 15.
iocale munus *II,* 3, 25, iocalia *pl* 19, 5 37, 5 100, 5 138, 15 171, 30. 208, 15 *II,* 145, 5 221, 15
ius canonicum et civile 270, 15 *II,* 7, 30

k-. *v* c-.

lacessiret 343, 10
laicalis dignitas 125, 1, laycalis sexus *(perperam)* 327, 5
lancearii 233, 25 278, 15 *II,* 75, 10
lantgravia 186, 1
lantgraviatus 377, 25
lantgravius 130 183, 20 188, 5. 189, 1 266, 1 291, 10 352, 20 378 *II,* 221, 30; lanthgravius 160, 35, lantgrafius 212, 1, lantchravius 81, 15 148, 25 *II,* 252; lanchravius 91, 30 316, 25, landgravius 187, 25
lantscriba 315, 10. 351, 10 *II,* 182, 35
legista 370, 15 *II,* 137, 1 148.
leoniculus 188, 25
leviare *II,* 35, 5 208, 10.

licenciare *II,* 133, 30
litteraliter 270, 20; literaliter 222, 5
litteratura, *wissenschaftliche Bildung* 270, 20 307, 20. *II,* 116, 15; literatura *II,* 94, 15.

magnanimiter 214, 25.
magnates 183, 1 219, 20. 237, 20. 264, 20 361, 15 *II,* 44, 30. 51, 20 146, 20, imperii *II,* 211, 15, regni *II,* 179, 10
magnati 82, 35 222, 5. *II,* 180, 5.
maleficiare *II,* 144, 25 154, 20 223, 15.
mancipare custodie 21, 20 *II,* 224, 15; carceri 334, 15, effectui 58, 35. 78, 30.
maneries *II,* 11, 10.
manna 16, 10 64, 35
marca, *nummus* 65, 20. 96, 1 105, 25 134, 35 156, 30 199, 30. 212, 20 213, 5 236, 5 249. 257, 5 289, 5 311, 20 318, 25 319, 10. 325, 25 337, 15 347, 20 354, 25. 361, 25. 372, 15 *II,* 35, 10. 37, 20 38, 10 139. 189, 10 *etc.*
marchia *v. in Indice sub* Aquileia, Carniola, Forum-Iulii, Marchia, Sclavonia, Stiria, Verona.
marchio *passim.*
marchionatus 92, 20 124, 30 131, 20. 224, 5 230, 25 271, 10 330, 30 340, 25 377, 25. *II,* 126, 25. 137, 5 166, 15 198, 30. 201, 25
marchionissa 56, 30. 90, 10 94, 25 95, 30. 99, 30 133, 15. 134, 25. 169, 15 173, 20. 184, 15 196, 5. 203, 15.
maritacio 306. 307, 25. 310, 10 329, 30. 340, 20
marscalcatus 173, 1 *II,* 115, 15; marschalcatus 349, 25
marscalcus 267, 20, marschalcus 173, 25. 216, 30. 246, 5 252, 1 285, 25 292, 10 *II,* 195, 1
marschatus *(corruptum)* = marschalcatus 170, 25.
maternalis lingua 222, 20
matertera = *soror patris* 97, 10 196, 5. *II,* 112, 25, = *consobrina* *II,* 76, 10 86, 30. 157, 30; = *sobrina* *II,* 98, 1
matrimonialiter 155, 20 160, 30. 274, 25. 330, 30. 348, 10 368, 15. *II,* 79, 10 113, 1. 127, 1 172, 30
mauseolum 336, 25.
medo, *Met* *II,* 45, 5
meminens *II,* 156, 15.
mestibiles res *II,* 21, 10.
metreta 328, 25 364, 20.
metricans 186, 20
metrificator 300, 10. *II,* 57, 25. 209, 10
milicia, *Ritterschaft* 21, 30 78, 5. 92, 25 136, 25 170, 25. 255, 10 286, 25 361, 1 *etc.*, secularis 295, 15, milicia nova 324, 5. 358, 5 *II,* 45, 1; Iesu Christi 117, 30; crucis Chr 78, 5; veterana 265, 5, milicie cingulum 161, 5. 194, 15. *II,* 28, 5. 45, 1
militare contubernium *II,* 166, 20, decus 358, 10; exercicium *II,* 73, 10 220, 5 231, 25; opus *II,* 102, 10 136, 15. — militaris mos *II,* 59, 5, ordo, *Ritterorden* *II,* 110, 20; status 134, 5
milites, *Ritter* 161, 10 166 189, 25 191, 25 325, 10 *etc.* *saepissime*; novi 236, 25.
minare, *fuhren* *II,* 113, 20.
minera argentea, *Silberbergwerk* 372, 10.
ministeriales 319, 5 338, 10. *II,* 213, 10.
mirificare 114, 25.
missa, *Messe* 251, 30. 353, 15. *II,* 83, 5 130, 30 *etc*
missilia *pl.*, *litterae* *II,* 77, 5.
mollificare 354, 1.
monoculatus 328, 25
monos *II,* 245, 15.
morose, *langsam* 231, 30.
motiva causa *II,* 188, 25.
muta, *Maut, Zollstelle* *II,* 98, 25
mutuerunt *II,* 197, 1.

nexurae lignorum *II,* 80, 25.
novicialis honor *II,* 33, 15.
nupto = *nuptui* 137, 5.

obcaliginatus *II,* 70, 20.
obsidium, *Geiselschaft* 229, 20.
obsistencia 267, 15 274, 15. *II,* 174, 15
obviacio *II,* 72, 10. 134, 5.
occasionaliter *II,* 98, 30.
odorifer, *stinkend* *II,* 228, 15.

officiales 51,25 97,25. 136,5 174,5. 222, 15. 251, 15. 281, 10. 291, 15. 300, 15 326, 25 363, 1 381, 10 383 *II*, 17, 20 38, 15 41, 25. 43,20. 91,15 133,30 161,15 195,1

officiarius 101, 5 139, 20. 155, 15 *II*, 37, 5

organum, *Korperorgan* 104 25, *Orgel* 8, 30

orphanatus *subst. II*, 10, 25.

pactatus *depon.* 275, 15, quo pactato *pass II*, 61, 10.

pagani, *Mohammedaner* 16, 1. 64, 35. 105, 1. *II*, 110, 20. 190, 5.

palatinatus 148, 30 216, 30 275, 10. 327, 10. *II*, 44, 15

palatinus (comes Reni) 51, 30 52 67, 30 81, 15 95, 15. 98, 5 119, 25 130,25. 136,25. 160,30. 162 197,20 204. 212, 25. 213, 5 216. 217, 10 220 222,25 223,25 231,30. 238,1. 239, 1 265, 30 267, 15 270, 30 271 281, 25 300, 20 307, 5 310, 30. 314, 15 320, 25. 326. 328,1 329 350,1. 355,20. 356,10 359, 10 362, 1 364, 10 365, 1. 381, 20. *II*, 3, 15. 8, 20 10, 10 14, 5. 15, 10. 28, 30 32, 15 34, 10 36, 25 38, 5 40, 1 61, 5 67, 20. 69, 10 103, 15 108, 1 189, 15 211,15 217,20, (Bawariae) 128,10, (Karinthiae) 253. 291, 10 293, 25

palliare, *pallio donare aliquem* 20,15 21, 10, palliatus 175, 20; palliare *metaphorice, bemanteln II*, 142, 10.

pannerium, *Banner* 251, 10 291, 5

papalis auctoritas 6, 25. 122 15, benedictio *II*, 29,10, bulla 168,1, curia 169,30, electio 226,10 273,25, gracia *II*, 212, 10, processus *II*, 125, 1 150, 1 221, 25 224, 20, sentencia 96, 1 134, 25 136, 30 204, 15; — papale colloquium 225, 25, concilium 227, 1, ornamentum 336,1 370,25, palacium 335, 25 370, 15

papatus 317, 5. *II*, 132, 20

pariliter 262, 10 *II*, 99, 5

parrochiales ecclesiae 331,10 368,5

passagium, *Fahrt uber Meer, Kreuzfahrt* 57, 1 75, 25 76, 20 90, 5 116, 10 122, 30 129, 30. 183, 15, generale *II*, 36, 20

passus *pass.* 172, 15

pastor = *sacerdos II*, 214, 30

pastoralis baculus 170, 15 199, 10

paternalia bona *II*, 3, 25, paternalis hereditas *II*, 169, 25

paternaliter 182, 25

patriarchalia *pl*, *testes patriarchae II*, 188, 5, castra 174, 5.

patriarchatus 185, 20.

patriciatus titulus 14, 30. 43, 25. nomen 64, 20

patrimonialia bona 153, 35 170, 20. 194, 5 316, 25 352, 20

patruus = *frater matris II*, 115, 5, = *patruelis filius II*, 81, 5 166, 1; = *consobrinus* 242, 15 254, 1.

penitencialia cantica 98, 35 137, 5

penitencialiter 170, 10

penus 297, 20

peraudax *II*, 24, 15 53, 25

peraudire 366, 5.

percursitare 33, 35. 37, 25 108, 30. *II*, 115, 5

peremptorie citare *II*, 54, 20

perfulcitus 162, 5

pergamenum sigillo imperiali *munitum II*, 247, 5 248, 1

perpendiculum, *Aufschub II*, 75, 15

perpetualiter 13, 5 96, 35 112, 20. 155, 30 183, 5. 196, 15 322, 15 *II*, 13, 25 47, 10 124, 15 181, 20

persatis *II*, 180, 5

phalange *II*, 163, 5 197, 5, regie 321, 5.

pheodum 222, 25, *cf* feodum

pilleus habitus 251, 10 291, 5, rusticalis 291, 30; pilleum pallium 251, 10 291, 5

pincerna 52 67, 30 175, 10 209, 25 252, 1 292, 10 300, 20

pincernatus (imperii) 231, 5; officium 276, 30.

placitare, *verhandeln* 224, 1 257, 15 343, 25 *II*, 112, 10; placitata *pl* 276, 25

placiti dies, *zur Verhandlung (auf dem Reichstage) bestimmte Tage* 224, 25

placitum, *Verhandlung* 193, 20 196, 5 294, 10 *II*, 38, 5 134, 5 201, 30

placzus 328, 15 364, 15

plantula novella *II*, 98, 20

plebanus, *parochus* *II*, 102, 5 169, 15 184, 15. 206, 5.
plenaria amicicia 172, 25
plenarie 153, 35. 172, 25. 212, 20.
plexione capitis punire 68, 30. 113, 20
plurificare *II*, 84, 5. 119, 20.
pluritas 243, 5
poetria = *ars poetica* *II*, 159, 1.
policia civilis 142, 30. 143, 30
pomerium, *Obstgarten* 130, 25. *II*, 9, 5. 32, 30 233, 15.
pontificalia, *vestes pontificis* 37, 20. 110, 5
pontificium 57, 10. 156, 20 *II*, 31, 20.
pori terrae *II*, 225, 15
possessionaria potencia *II*, 156, 5
postergare, postteigare, *zurücksetzen* 33, 5 108, 30; *hintenansetzen* 8, 35 183, 5. 231, 20 271, 25. 338, 25 344, 25. 375, 25. *II*, 224, 1; *verlassen* 219, 10 339, 5
posterioritas 65, 5 105, 10
posteritas = *posterioritas* 17, 20
potestas, *podestà* *II*, 77, 20
potitus *pass.* 222, 25.
pratellum *II*, 244, 25
precamen 228, 35.
precapitulatus aureis litteris liber 37, 10
preconcipere *II*, 112, 35
preconizare 219, 20 269, 10. 324, 25 358, 30. *II*, 75, 10.
predisponere 239, 15 *II*, 97, 5
predistincta agmina 321, 15
prefelix 51, 15
pregestacio *II*, 119, 25
prehabere 45, 35 *saepius.*
preitinerans 320, 5. 355, 5.
prelati 183. 218, 10. 219, 20 221, 5 226. 248, 1 252, 1 259, 25. 269, 10 270, 5 273 285, 5 292, 5 334 359, 20 367, 5. 369. *II*, 16 (prelatibus). 34, 1. 67, 5 94, 1 106, 20 138, 15. 161, 5 184, 5. 195, 25 218, 10; ecclesiastici 324, 25. 359, 5, prelatus 292, 5, ecclesiasticus 183, 1
premunire = *premonere* *II*, 19, 5 46, 10 164, 5. 197, 30
prendiderunt *II*, 239, 10, prendidisse 221 10.
prepeditans 319, 20.
presagare, *vorher anzeigen* 23, 1. 38, 5 353, 5 *II*, 215, 15
presencialia *pl* 325, 15.
presencialiter 144, 20. 145, 20. 253, 5
presentacio 360, 5
presupponere *II*, 202, 5
primas (archiepiscopus) 126, 25 259, 25 299, 15, primates 259, 30. 299
primatus *II*, 240, 20; ecclesiarum 292, 5.
primogenitura 253, 20
principaliores *II*, 58, 10.
principatus, *Fürstentum* 85, 35. 91, 25. 94, 15 122, 30. 133, 1. 187, 10. 188, 20. 190, 15. 194, 30. 207, 30 224, 5. 231, 5 239, 5. 248, 30 288. 289 *etc.*
prioritas 17, 20. 65, 5. 105, 10.
privilegiari *pass.* 357, 25
proceriati principes 51, 25
processus *II*, 196, 5. 237, 5; iurium 292, 20; dictare 369, 15, processum (processus) formare *II*, 123, 1. 149, 5
prodigialius *II*, 71, 25
prolocucio 291, 35.
pronepos, *Grossneffe* *II*, 248, 5
prothoflamen 5.
protractus *subst* 338, 25
protunc 224, 30
provincialis, *Ordensprovinzial* *II*, 146, 20. 228, 25
pubescerat *II*, 139, 25
publicanus (?) 369, 25
pugillatus certaminis singularis 171, 20.
pupillatus *subst* 384, 20. *II*, 3, 25. 194, 1.
purchgravius 279, 25 350, 1. 379, 10. *II*, 39, 1 40, 5, purgravius 265, 20 271, 10 *II*, 140, 30 206, 10, *cf* burchgravius.

quartare *II*, 21, 10 49, 1.
querulare 228, 1, querulari 78, 25 112, 15. 117, 35. 124, 10 *II*, 36, 30 216, 30; querulans 184, 5. 291, 35. 292, 15 *II*, 3, 5. 11, 10 35, 1 40, 5 225, 5, querulando 155, 5.
quietare 15, 5. *II*, 137, 10. 155, 30. 172, 5

racionale, *vestimentum pontificale* *II*, 83, 25. 119, 10.

situatus 203, 10 247, 10 308, 20
solaciari *II,* 13, 15 28, 30
solaciosa colloquia 385, 10.
soldanus *v. in Indice*
ad soldum suum disponere negocia *II,* 78, 20
sollempnizare 19, 10. 52, 25 65, 15 105, 15 322, 15 324, 25 *saepius.*
sollempnizacio *II,* 16, 15
sorcialiter 3, 35. 29, 1
sororius = *uxoris frater* 314, 25
specificatus *II,* 213, 20.
spectabilitas curie 237, 25
speculatus *pass* *II,* 13, 5
stercoralis cloaca 285, 25
stillamina veri sanguinis *II,* 210, 5
stipendiare 334, 25. 354, 15 363, 10 369, 35, stipendiatus miles 378, 20, stipendiandus *II,* 95, 10.
strictitudo temporis brumalis *II,* 176, 20. 208, 20; strictitudines semitarum 315, 25.
studentes, *Studenten* *II,* 146, 15; *cf* constudentes.
studium, *Universität* 43, 20 325, 15 *II,* 146, 15, studia liberalia *II,* 7, 30 31, 15
sublevamen *II,* 41, 25
subpani, barones terrae Bohem, *župan* 339, 1 *II,* 153, 5
subterrare 322, 10. 381, 10 *II,* 96, 30 97, 1 114, 15 228, 10
successive 282, 5. *II,* 30, 20.
sudorose 271, 15.
sudorosus *II,* 133, 20
suffraganei (episcopi) 258. 298.
superoriri 230, 30 *II,* 157. 25
sustentamentum 151, 25 *II,* 204, 15. 224, 30

talliare *II,* 41, 25 196, 1.
tannus 176, 15
tediari *II,* 81, 25, tediati *II,* 133, 15
temporalia 190, 1, temporalis iurisdictio 185, 25
termalia *v* thermalia
testamentaliter 165, 5.
testare, *vermachen* (testatum regnum) 99. 15.
theolonium *II,* 181, 15
thermalia 18, 20; termalia balnea 16, 1.
thronizare 154, 1.
tonditur 245, 5
tonsorare 8, 15. 13, 30 45, 10. 62, 5 63, 10 103, 25; tonsurare 42, 40 44, 35.
tormentales machinae 302, 25
tormentare 234, 30 259, 20. 314, 5 349, 20. 380, 5 *II,* 88, 15.
tormentatio, tormentacio 147, 20 177, 20
torneta, *Turnier* *II,* 145, 5; tornetae *pl.* 308, 20 *II,* 154, 1. 155, 15. 166, 20. 199, 1, tornetarum ludus *II,* 147, 5.
tortici(a), *Fackel* *II* 72, 20. 110, 10
totalis concordia *II,* 187, 15.
toxicus, *vergiftet* 347, 20.
transalpinans 119, 10
transitus, *Tod* 191, 5. 306, 20. *II,* 42, 30 54, 10.
transmarinare 228, 15.
transmontana *pl*, *Deutschland* 183, 10.
transmontare 342, 10
transvadacio 319, 25
transvadare fluvium 260, 25 *II,* 65, 15 105, 1; aquam 301, 20
treugae 94, 30. 96. 133, 20. 135 155, 25. 157 196, 10 200. 208, 25 261, 30 303 328, 15. *II,* 14, 10. 39, 5. 88, 15. 137, 5. 161, 1 174 25. 180, 5 207, 15 217, 10. 219, 1. 229, 10; treuga (?) *II,* 179, 10.
treugare 172, 20 196, 5 208, 25 *II,* 187, 1 190, 5 233, 25. 237, 1.
trusalis cuttella *II,* 4, 10; gladiolus *II,* 14, 25. 39, 30; pugio 385, 20.
trutinacio 142, 25 143, 25
tuicio = *advocatia* 261, 1
tumbare 173, 20.
tyrannizare 80, 35, tyrannizans 38, 5.

ultimum vite facere 8, 20 31, 20.
urseus = *ursinus* 181, 20
uxoracio *II,* 18, 5
uxoralis sanguis 224, 10

vasallatus 173, 10
vasallus 100, 20 139, 5. 175, 5 209, 20. 218, 15 *II,* 181, 1.
venator imperii, *dux Karinthiae* 252, 10 292, 25
vertigo capitis, *Kopfverdrehung, Irrsinn* *II,* 190, 20.

vetavit 347, 5, vetaverat 199, 10, vetaverunt *II*, 24, 10 182, 30; vetasset *II*, 152, 15
vexillulum 251, 15. 291, 10. *II*, 151, 30 158, 20. 161, 10.
vicariatus *II*, 128, 20 137, 30 190, 1 219, 5
vicecancellarius 286, 10
vicedominus 329, 20 344, 10 365, 1
vicinare se 356, 5; vicinari 379, 25, vicinatus *pass.* 30, 35
vicinatus *subst* 173, 10
viduacio *II*, 180, 15.
vincivit 360, 1.
vinculare 329, 25
virtuosus 262, 30
volita *pl* 249, 1. 274, 20 313, 1 333, 15 376, 25. *II*, 32, 5. 90, 20. 108, 20. 167, 5.
vulgaria *(deutsche)* nomina 104, 40
vulgariter, *in der (deutschen) Volkssprache* 221, 20 269

Wernamentum 372, 1

Y - Z.

Zimera, zymera, galee decus, *Zimier* *II*, 166, 20 199, 1.

Addenda et Corrigenda.

I, *p* 43, *l.* 13 *lege* contumbati (*non* concumbati)
p 51, *l* 21 *lege* Brutenis (*pro* Brucenis)
p 64, *l.* 45. *pro* a 717 *lege*: infra p 104, l 17 18
p 97, *l* 20 *lege*: Australis (*non* australis)
p 219, *l.* 13 14 *post* superiores *et* postergans *pone cingulam*
p 284, *l* 36 *verba* Hoc anno *magnis litteris exprimenda sunt*
II, *p* 269, *col.* 1. *dele* Brucení *v.* Pruteni.

CPSIA information can be obtained at www.ICGtesting.com
Printed in the USA
BVOW09s1020180215

388285BV00016B/175/P